INTRODUÇÃO AO
NOVO TESTAMENTO

COLEÇÃO BÍBLIA E HISTÓRIA

- Culto e comércio imperiais no apocalipse de João – *J. Nelson Kraybill*
- Jesus exorcista: estudo exegético e hermenêutico de Mc 3,20-30 – *Irineu J. Rabuske*
- Metodologia de exegese bíblica – *Cássio Murilo Dias da Silva*
- O projeto do êxodo – *Matthias Grenzer*
- Os evangelhos sinóticos: formação, redação, teologia – *Benito Marconcini*
- Os reis reformadores: culto e sociedade no Judá do Primeiro Templo – *Richard H. Lowery*
- Para compreender o livro do Gênesis – *Andrés Ibañez Arana*
- Profetismo e instituição no cristianismo primitivo – *Guy Bonneau*

SÉRIE MAIOR

- A morte do Messias; comentário das narrativas da Paixão nos quatro Evangelhos (2 vols.) – *Raymond E. Brown*
- Anjos e Messias; messianismos judaicos e origem da cristologia – *Luigi Schiavo*
- Entre o céu e a terra, comentário ao "Sermão da Montanha" (Mt 5-7) – *Franz Zeilinger*
- Fariseus, escribas e saduceus na sociedade palestinense – *Anthony Saldarini*
- Introdução ao Novo Testamento – *Raymond E. Brown*
- O nascimento do Messias; comentário das narrativas da infância nos evangelhos de Mateus e Lucas – *Raymond E. Brown*
- Rei e Messias em Israel e no Antigo Oriente Próximo – *John Day (Org.)*
- Ressuscitado segundo as Escrituras – *Willibald Bölsen*
- Tobias e Judite – *José Vílchez Líndez*
- Paulo na origem do cristianismo – *Carlos Gil Arbiol*

Raymond E. Brown

INTRODUÇÃO AO
NOVO TESTAMENTO

Dados Internacionais de Catalogação na Publicação (CIP)

Brown, Raymond E.
  Introdução ao Novo Testamento / Raymond E. Brown : tradução Paulo F. Valério. 2. ed. – São Paulo : Paulinas. 2012 – (Coleção Bíblia e História: Série maior)

  Título original: An introduction to the New Testament
  Bibliografia
  ISBN: 978-85-356-1343-8

  1. Bíblia. N. T. – Estudos 2. Bíblia. N. T. – Introduções I. Título. II. Série.

12-00008   CDD-225.07

Índice para catálogo sistemático:
  1. Novo testamento : Estudo   225.07

2ª edição – 2012
3ª reimpressão – 2022

Título original: AN INTRODUCTION TO DE NEW TESTAMENT
© 1997 by The Associated Sulpicians of the U.S.

Para a tradução de textos bíblicos citados neste livro, foi utilizada a *Bíblia de Jerusalém* (ed. rev. e ampl., São Paulo, Paulus, 2002).

Direção-geral:	Flávia Reginatto
Editora responsável:	Noemi Dariva
Assessor bíblico:	Matthias Grenzer
Tradução:	Fr. Paulo F. Valério, ofmcap
Copidesque:	Denise Ceron e Anoar Jarbas Provenzi
Coordenação de revisão:	Andréia Schweitzer
Revisão:	Marina Mendonça
Direção de arte:	Irma Cipriani
Gerente de produção:	Felício Calegaro Neto
Capa:	Telma Custódio
Editoração eletrônica:	Sandra Regina Santana
Mapas:	Valéria Calegaro Pereira

Nenhuma parte desta obra poderá ser reproduzida ou transmitida por qualquer forma e/ou quaisquer meios (eletrônico ou mecânico, incluindo fotocópia e gravação) ou arquivada em qualquer sistema ou banco de dados sem permissão escrita da Editora. Direitos reservados.

Paulinas
Rua Dona Inácia Uchoa, 62
04110-020 – São Paulo – SP (Brasil)
Tel.: (11) 2125-3500
http://www.paulinas.com.br – editora@paulinas.com.br
Telemarketing e SAC: 0800-7010081

© Pia Sociedade Filhas de São Paulo – São Paulo, 2004

*A um grupo especial de candidatos ao Doutorado
que estudaram no Union Theological Seminary (NYC)
nos anos em que J. Louis Martyn e eu ensinamos Novo Testamento,
e que agora me ensinam com seus escritos.*

Prefácio e agradecimentos

O objetivo deste livro

Embora o título *Introdução ao Novo Testamento* pareça explicitar o objetivo deste livro, são necessários alguns esclarecimentos para que os leitores saibam o que se pretende.

Em primeiro lugar, o público-alvo comporta algumas implicações. Este livro é introdutório e, portanto, não foi escrito para especialistas.[1] Tenho em mente tanto os leitores que se interessaram pelo NT por conta própria quanto os que estão fazendo cursos introdutórios ao NT em diferentes níveis (p. ex., em grupos bíblicos, em cursos de educação religiosa, em cursos de preparação para exames de faculdade e em turmas iniciantes em seminários). Por ser básico, este livro deve igualmente prover os pesquisadores com informações gerais sobre o NT. Em outras palavras, procurei escrever um livro que pudesse orientar alguém que pela primeira vez lê profundamente algumas partes do NT e mais tarde ajudar a responder a questões mais específicas. O objetivo e o público-alvo levaram às seguintes considerações:

- Os leitores que sabem grego, a língua na qual o NT foi escrito, podem aplicar seus conhecimentos para apreender o que os autores tentaram expressar. Sem o conhecimento do grego, freqüentemente se perdem os jogos de palavras; além disso, alguns conceitos básicos da teologia neotestamen-

---

[1] Embora eu não pretenda que os peritos aprendam com o livro, tenho a esperança de que eles acreditem que seus alunos iniciantes possam tirar proveito dele. À guisa de comparação, acredito que a *Introdução* de W. G. Kümmel (*Introduction to the New Testament*, Nashville, Abingdon, 1986 [ed. bras.: *Introdução ao Novo Testamento*. São Paulo, Paulus, 1982]), que é erudita, é muitíssimo útil aos estudiosos, mas completamente inútil para estudantes iniciantes. Este é um livro introdutório bem diferente daquele.

tária (p. ex., *koinōnia*) desafiam uma tradução adequada. Apesar de tudo, o escopo desta *Introdução* é encorajar, não desencorajar. A maioria dos leitores deste livro não deve saber grego; mas eles podem estar certos de que, com o português como único instrumento lingüístico, é possível ter um bom conhecimento das Escrituras, mesmo que não seja do tipo profissional.

- Dado que esta *Introdução* deverá ser usada em cursos de diferentes níveis (alguns dos quais pressupõem leituras ou exames escritos), o conteúdo das bibliografias será variado. Por exemplo, elas conterão tanto estudos elementares quanto estudos mais detalhados, comentários breves e comentários longos.

- As bibliografias darão preferência a livros, e não a artigos de periódicos, uma vez que livros têm maior probabilidade de estar disponíveis para o leitor em geral. Privilegiarão também a literatura recente, embora clássicos de um período anterior sejam assinalados.

Em segundo lugar, este livro se concentra no NT, não no "cristianismo primitivo". Por quê? O estudo do cristianismo primitivo desemboca na história da Igreja, e, como tal, é um campo mais vasto do que o da pesquisa bíblica. Somente em sentido limitado o cristianismo é "uma religião do livro". Aqueles que seguiram e proclamaram o Cristo viveram durante mais ou menos vinte anos antes de um único livro do NT ser escrito (ou seja, antes do ano 50). Mesmo quando os livros do NT estavam sendo compostos (mais ou menos entre os anos 50-150), existiam comunidades cristãs em áreas onde nenhum livro conservado tinha nome de autor; além disso, certamente os cristãos tinham idéias e crenças que não foram registradas em nenhum dos livros do NT. (Com efeito, alguns dos que se consideravam seguidores de Cristo provavelmente tinham idéias que foram rejeitadas ou condenadas por escritores do NT.) Ademais, durante as últimas décadas nas quais os livros do NT foram escritos, os cristãos elaboraram outros escritos conservados (p. ex., *Didaqué, I Clemente,* Epístolas de Inácio de Antioquia, *Evangelho de Pedro, Proto-evangelho de Tiago*). Embora mencione neste livro tais obras no lugar apropriado e apresente um breve fundo histórico delas no Apêndice II, concentrar-me-ei nos 27 livros aceitos como o NT canônico.[2] Tal concentra-

---

[2] Unanimemente pelas Igrejas do Ocidente; com variações nas Igrejas do Oriente (cf. NJBC 66.85).

ção é legítima, pois os canônicos tiveram um lugar normativo sem paralelos na vida, na liturgia, no credo e na espiritualidade cristã.[3] Além do mais, esses livros ainda existem e, por isso, são mais seguros do que as reconstituições conjecturais, não documentadas ou esparsamente documentadas, do cristianismo primitivo.

Permitam-me oferecer um esclarecimento específico da abordagem feita nesta *Introdução*. Muitos leitores do NT querem saber como era Jesus, o que pensava de si mesmo e o que disse exatamente. Neste livro, porém, o tema do Jesus histórico será tratado somente no Apêndice I. A preocupação central da *Introdução* será o estudo dos evangelhos existentes, ou seja, dos retratos das atividades de Jesus, escritos de vinte e cinco a setenta anos depois da morte de Jesus, por autores que podem jamais tê-lo visto. Não temos narrativas exatas compostas durante a vida de Jesus por aqueles que o conheceram. Ao contrário, aquilo de que dispomos a respeito da vida e do ministério de Jesus chega-nos numa língua diferente da que ele falou regularmente e sob a forma de diferentes depurações de anos de anúncio e ensinamento sobre ele.[4] Por um lado, essa reminiscência esmaecida pode parecer um empobrecimento; por outro, contudo, os evangelhos entendidos dessa forma mostram como os cristãos, dependentes da palavra oral, mantiveram viva e desenvolveram a imagem de Jesus, respondendo a novas questões. Será que o fizeram mantendo-se fiéis a ele? A resposta a essa questão está relacionada com a teologia da inspiração divina, estudada no capítulo 2 deste livro.

Em terceiro lugar, este livro se concentra no texto existente dos livros do NT, não na pré-história deles. O NT tem recebido mais atenção dos estudiosos do que qualquer outra literatura de igual extensão no mundo, e esse desvelo tem resultado numa incontrolavelmente ampla variedade de teorias sobre fontes (não conservadas) que foram harmonizadas ou corrigidas a fim de produzir os livros que

---

[3] Alguns estudiosos, desafiando o *status* prevalecente atribuído aos livros canônicos, desejam estabelecer reconstituições acadêmicas do cristianismo primitivo como normativas para a vida cristã, alegando que o contexto eclesial do cânone representa controle do pensamento. Contudo, não precisa existir nenhum conflito entre pesquisa e Igreja, pois esta é capaz de oferecer considerável liberdade de interpretação; e, com certeza, entre as duas, a pesquisa pode ser bem mais autoritária em suas opiniões.

[4] Para aqueles que acreditam na Providência, esse testemunho indireto e não totalmente consistente de Jesus seria um instrumento escolhido por Deus — algo esquecido por aqueles que gastam suas energias "criando algo melhor" por meio da harmonização dos evangelhos.

chegaram até nós. Tal pesquisa é muitas vezes fascinante; certa porcentagem dela apresenta resultados plausíveis, mas não seguros. Em um livro introdutório, concentrar-se em "originais" inexistentes é impor demasiada teoria a leitores iniciantes. É mais sensato dedicar maior espaço ao que deveras existe e fornecer apenas uma breve indicação das hipóteses sobre o que pode ter existido.

Será feita, contudo, uma pequena concessão à teorização acadêmica ao dispor o estudo dos livros numa ordem lógica e cronológica, em vez de utilizar a seqüência que se tornou canônica. No correr dos séculos, nos vários elencos feitos pela Igreja os livros do NT apareceram em ordens diversas, de modo que a seqüência canônica, agora familiar em nossas Bíblias, não foi sempre seguida. Parte dela é regida por princípios que nada têm que ver com o significado; por exemplo, as cartas paulinas às comunidades são dispostas de acordo com o tamanho, da mais longa à mais breve. O sumário deste livro (partes II, III e IV) mostra que proponho estudar os livros do NT em três grupos. O primeiro grupo de oito abrange "os evangelhos e obras relacionadas", apresentando os evangelhos sinóticos na provável ordem cronológica (Marcos, Mateus, Lucas); a seguir, Atos, que foi escrito para dar continuidade a Lucas como um segundo volume; finalmente, João e as cartas/epístolas joaninas (uma vez que estas, de algum modo, fazem referência a temas levantados pelo evangelho). O segundo grupo engloba as treze epístolas/cartas que trazem o nome de Paulo, divididas em duas partes: as sete indiscutíveis, provavelmente escritas pelo próprio Paulo, listadas numa plausível ordem cronológica; depois, as seis obras deuteropaulinas, possível ou provavelmente escritas por discípulos de Paulo. O terceiro grupo inclui seis obras de difícil datação, organizadas parcialmente segundo o conteúdo: Hebreus vem em primeiro lugar porque apresenta certa relação com a teologia paulina e foi muitas vezes contada como a décima quarta carta de Paulo; a seguir, são estudadas quatro das epístolas católicas, começando com 1 Pedro, que se avizinha da teologia paulina (enviada pela Igreja de Roma, que pode ter sido a destinatária da carta aos Hebreus); depois, Tiago, que, como 1 Pedro, representa o empreendimento missionário hierosolimitano (mas hostil a um dogma paulino sobre a fé e as obras); seguem-se Judas (carta atribuída ao irmão de Tiago); e 2 Pedro, que se avizinha de Judas. Esse grupo termina com o Apocalipse, que trata da realização do plano de Deus em Cristo.

Em quarto lugar, o objetivo deste livro é levar as pessoas a ler o NT, e não simplesmente ler a respeito dele. Conseqüentemente, apenas um quinto desta

Introdução é dedicada à discussão geral ou tópica (capítulos 1 a 6, 15 a 17 e 25). A maior parte dos capítulos é voltada aos livros do NT, e é sobre tais capítulos que desejo falar agora. Se eu estivesse ministrando um curso introdutório, minha primeira tarefa seria pedir que os estudantes lessem o texto do NT. Muitas *Introduções* supõem que o público esteja ansioso por ou até mesmo se sinta obrigado a ler o NT; eu pressuponho que muitas vezes é preciso mostrar ao público quão interessantes são os livros do NT e como eles falam à vida e às preocupações das pessoas. Por conseguinte, deixarei as (muitas vezes discutidas) questões das fontes, autoria, datação etc. para o fim de cada capítulo[5] e começarei com uma "Análise geral da mensagem", destinada a acompanhar a leitura do respectivo livro do NT. Tal análise ressaltará o fluxo do pensamento, os elementos que são característicos do autor e o que é significativo e interessante. Em alguns casos a *análise* será quase um minicomentário para ajudar a tornar o NT inteligível e apreciável.

A organização dos capítulos dedicados aos livros do NT varia segundo estes fatores: a extensão do livro, sua importância e sua dificuldade. Uma estimativa do que melhor servirá aos interesses dos leitores é um fator determinante, pois às vezes os elementos se chocam. Por exemplo, os evangelhos e Atos são os livros mais longos do NT; todavia, são narrativos e mais facilmente compreendidos do que a argumentação nas epístolas ou cartas. Entre os escritos paulinos, Romanos pode ser o mais importante, mas seu estudo é muito difícil para o iniciante. Por isso, na escolha de uma epístola, destacada para um estudo especial, estimulo a concentração em 1 Coríntios, porque a maioria dos leitores poderá aplicar os ensinamentos de tal carta na resolução de problemas de seu tempo e de sua vida. Quanto às outras cartas/epístolas do NT, uma vez que são raramente abordadas em detalhes nos cursos introdutórios, tentei oferecer material suficiente para encorajar os leitores a estudá-las sozinhos.

Em quinto lugar, temas religiosos, espirituais e eclesiásticos suscitados pelo NT receberão ampla atenção neste livro. Com efeito, na maioria dos capítulos, a última subseção, antes da bibliografia, conterá "Temas e problemas para reflexão", e os leitores serão convidados a pensar sobre questões, levantadas por

---

[5] Dado que os leitores podem interessar-se por tais temas por terem ouvido falar nas controvérsias, algumas informações básicas serão encaixadas em um breve resumo em um boxe no início do capítulo, com o objetivo de evitar uma discussão mais longa logo no início.

um livro do NT, relacionadas a Deus, a Cristo, a outras figuras neotestamentárias, à Igreja etc. Embora certamente seja possível estudar o NT com base em uma perspectiva secular ou neutra, ou na religião comparada, a maioria dos leitores se interessa pelo livro porque supõe a importância religiosa deste.

Provavelmente, o maior número de leitores é cristão de formação. Sou católico romano e, de quando em vez, darei exemplos de trechos ou temas do NT ligados ao ensinamento e à prática católica. Contudo, passei muito tempo de minha vida acadêmica ensinando a outros cristãos (protestantes, episcopais, ortodoxos) e, por conseguinte, muito me interessa a camada mais ampla da prática e da crença cristãs — nada mais auspicioso nesta era ecumênica.[6] A maioria das principais figuras do NT e provavelmente todos os escritores eram judeus, e declarações do NT têm desempenhado papel decisivo (muitas vezes devastador) nas relações entre judeus e cristãos. O permanente significado delas (mais benevolente, espero) para tais relações não deve ser negligenciado. Finalmente, o NT tem tido um impacto na sociedade mundial e na ética para além da adesão religiosa. Não posso esperar fazer jus a todos esses fatores, mas ao menos tentarei não negligenciá-los.

Em sexto lugar, o livro busca ser centrista, não idiossincrásico. Os leitores deverão saber que essa escolha é feita com base nas controvérsias do mundo acadêmico. Uma introdução tem a tarefa de indicar em que pé se encontram os estudiosos. Contudo, determinar essa postura não é fácil. Teses novas e ousadas tendem a atrair a atenção e podem proporcionar graus e avanços acadêmicos àqueles que as propõem. Ao divulgar tais sugestões, a mídia pode dar a impressão de que os estudiosos, em geral, no momento, apóiam-nas. Certamente, uma ou outra dessas novas perspectivas podem alcançar larga aceitação; no mais das vezes, porém, aquilo que

---

[6] Meu livro recebeu um *imprimatur* declarando que, do ponto de vista católico romano, esta *Introdução* está isenta de erro doutrinal e moral. Essa declaração pode soar como uma ameaça a não-católicos; em minha opinião, porém, se tal declaração se tornasse uma prática universal, as autoridades episcopais, ortodoxas e protestantes principais, que não são literalistas em sua interpretação do NT, poderiam dizer o mesmo do meu livro. Afinal de contas, as várias Igrejas se pretendem fiéis ao NT; portanto, uma obra não-proselitista, que descreve o NT, deveria ser doutrinariamente inobjetável. As diferenças entre os cristãos de hoje surgiram depois da era neotestamentária e, no mais das vezes, têm suas raízes na possibilidade de as Igrejas pensarem que os desenvolvimentos posteriores ao NT sejam normativos.

atrai a mídia tem poucos seguidores e plausibilidade mínima.[7] Para ser mais útil aos leitores, tentarei avaliar aquilo que é considerado pela maioria dos peritos[8] — mesmo quando em um determinado assunto eu possa inclinar-me na direção de uma opinião minoritária. Inevitavelmente, porém, os juízos sobre a posição da maioria não estão totalmente livres dos preconceitos pessoais.

Agradecimentos

Neste livro, bem como nos anteriores, o editor David Noel Freedman me ofereceu verdadeiro apoio e o Prof. John Kselman, da Weston School of Theology, foi um leitor meticuloso. A combinação de dois estudiosos extremamente cuidadosos, revisando cada página de meu manuscrito, livrou-me de muitos erros. Dado que minha intenção é que este livro sirva a uma ampla faixa de leitores, submeti algumas partes dele à apreciação de professores formados em diversas áreas, aos quais muito agradeço: Craig Koester (Luther Northwestern Seminary), John Meier (Catholic University of America), Marion Soards (Louisville Presbyterian Seminary), Phyllis Trible (Union Theological Seminary, em Nova York) e Ronald Witherup (St. Patrick's Seminary, Califórnia). O Dr. Cecil White, bibliotecário da última instituição mencionada, facilitou muitíssimo minha pesquisa.

---

[7] Seus defensores, descartando a maioria dos estudiosos como intransigentes e indispostos a mudar, podem promover-se à "crista da onda" da erudição contemporânea.

[8] Quando o nome de um famoso estudioso estiver particularmente associado a uma tese importante, talvez como o primeiro a propô-la, incluí-lo-ei como informação útil. No entanto, com maior freqüência, simplesmente mencionarei a "maioria dos estudiosos", em vez de elencar cinco ou dez defensores que teriam pouco ou nenhum significado para os leitores aos quais me dirijo.

Sumário

Prefácio e agradecimentos 7

MATERIAL BÁSICO INTRODUTÓRIO

Abreviaturas 27
Informações úteis sobre a Bíblia 37
Quadro cronológico de personagens e acontecimentos pertinentes ao NT 42
Mapas da Palestina e da região mediterrânea 47

PARTE I: PRESSUPOSTOS PARA A COMPREENSÃO DO NOVO TESTAMENTO

Capítulo 1. Natureza e origem do NT 55
    A. Natureza do Novo "Testamento" 55
    B. Como foram escritos, conservados e reunidos os primeiros livros cristãos 57
    Bibliografia 70

Capítulo 2. Como ler o NT 75
    A. Panorama dos métodos de interpretação (hermenêutica) 75
    B. Questões especiais levantadas pelas teorias sobre a inspiração e a revelação 86
    C. O sentido literal 93
    D. Sentidos mais amplos do que o literal 101
    Bibliografia sobre a interpretação 107

Capítulo 3. O texto do NT 109
    A. Provas manuscritas do texto 109
    B. Observações acerca do uso das provas 113
    Bibliografia sobre a crítica textual do NT 116

Capítulo 4. Contexto político e social do NT 119
   A. Contexto político do NT 119
   B. Contexto social do NT 129
   Bibliografia sobre o contexto sociopolítico 137

Capítulo 5. Contexto religioso e filosófico do NT 141
   A. O ambiente religioso judaico 142
   B. Contexto religioso não-judaico 152
   C. Filosofias greco-romanas, Fílon e gnosticismo 157
   Bibliografia sobre o contexto religioso e filosófico do NT 164

PARTE II: EVANGELHOS E OBRAS AFINS

Capítulo 6. Evangelhos em geral; evangelhos sinóticos em particular 171
   Uso da palavra "evangelho" 171
   Origem do gênero evangelho 174
   Os três estágios da formação do evangelho 181
   O problema sinótico 186
   A existência de Q 193
   Bibliografia sobre os evangelhos em geral 200

Capítulo 7. Evangelho segundo Marcos 205
   Análise geral da mensagem 205
   Fontes 233
   Como interpretar Marcos 237
   Autoria 244
   Ambiente ou comunidade implícita 247
   Data da redação 250
   Temas e problemas para reflexão 252
   Bibliografia sobre Marcos 256

Capítulo 8. Evangelho segundo Mateus 261
   Análise geral da mensagem 263
   Fontes e características redacionais 300
   Autoria 306
   Ambiente ou comunidade implícita 311
   Data da redação 316

Temas e problemas para reflexão 317
Bibliografia sobre Mateus 323

Capítulo 9. Evangelho segundo Lucas 327
    Análise geral da mensagem 328
    Fontes e características redacionais 371
    Autoria 378
    Ambiente ou comunidade implícita 380
    Objetivo 382
    Data da composição 385
    Temas e problemas para reflexão 386
    Bibliografia sobre Lucas 388

Capítulo 10. Atos dos Apóstolos 393
    Análise geral da mensagem 393
    Fontes e características redacionais 437
    "Lucas", o historiador 441
    Autoria 444
    Temas e problemas para reflexão 450
    Bibliografia sobre os Atos dos Apóstolos 456

Capítulo 11. Evangelho segundo João 459
    Aspectos estilísticos 459
    Análise geral da mensagem 463
    João é genuinamente um evangelho?
    Fontes combinadas ou desenvolvimento de uma tradição? 493
    Comparação entre João e os evangelhos sinóticos 496
    Unidade e coerência de João 497
    Autoria e o Discípulo Amado 500
    Influências no pensamento joanino 504
    História da comunidade joanina 507
    Temas e problemas para reflexão 511
    Bibliografia sobre João 513

Capítulo 12. Primeira epístola (carta) de João 519
    Análise geral da mensagem 520
    Composição 526
    Temas e problemas para reflexão 530
    Bibliografia sobre as epístolas joaninas em geral e sobre 1 João 531

Capítulo 13. Segunda carta de João 535
   Contexto 535
   Análise geral da mensagem 536
   Presbíteros 538
   Tema para reflexão 539
   Bibliografia sobre 2 João 540

Capítulo 14. Terceira carta de João 541
   Análise geral da mensagem 541
   Diagnóstico da situação 543
   Tema para reflexão 545
   Bibliografia sobre 3 João 546

PARTE III: AS CARTAS PAULINAS

Capítulo 15. Classificação e formato das cartas do NT 549
   A. Classificação 550
   B. Formato 553
   C. Como se estudarão individualmente as cartas 561
   Bibliografia 563

Capítulo 16. Temas gerais da vida e do pensamento de Paulo 565
   A. A vida de Paulo 565
   B. A teologia de Paulo 583
   Bibliografia sobre a vida, a teologia e a cronologia de Paulo 589

Capítulo 17. Apreciação de Paulo 595
   A. Imagens de Paulo 595
   B. Motivação de Paulo 598
   C. Herança viva de Paulo 600

Capítulo 18. Primeira carta aos Tessalonicenses 607
   Contexto 607
   Análise geral da mensagem 611
   Temas e problemas para reflexão 615
   Bibliografia sobre 1 Tessalonicenses 618

Capítulo 19. Carta aos Gálatas ... 621
- Contexto ... 623
- Análise geral da mensagem ... 625
- Conseqüências da carta aos Gálatas na carreira de Paulo ... 629
- Para onde e quando? ... 630
- A "fé [pistis] de Cristo" (Gl 2,16 etc.) ... 633
- Temas e problemas para reflexão ... 634
- Bibliografia sobre Gálatas ... 638

Capítulo 20. Carta aos Filipenses ... 641
- Contexto ... 641
- Análise geral da mensagem ... 644
- Hinos nas cartas do NT e o hino cristológico de Fl 2,5-11 ... 649
- De onde e para quem? ... 654
- Unidade: uma carta, duas ou três? ... 658
- Temas e problemas para reflexão ... 660
- Bibliografia sobre Filipenses ... 663

Capítulo 21. Carta a Filêmon ... 665
- Contexto ... 665
- Análise geral da mensagem ... 668
- Importância social da visão de Paulo sobre a escravidão ... 670
- De onde e quando? ... 671
- Carreira subseqüente de Onésimo ... 673
- Temas e problemas para reflexão ... 673
- Bibliografia sobre Filêmon ... 675

Capítulo 22. Primeira carta aos Coríntios ... 677
- Contexto ... 677
- Análise geral da mensagem ... 683
- Aqueles que Paulo critica em Corinto ... 695
- A crítica de Paulo aos fornicadores e homossexuais (1Cor 6,9-10) ... 698
- Carismas em Corinto (1Cor 12 e 14), carismas hoje ... 701
- O "hino" à caridade (1Cor 13) ... 704
- Paulo e Jesus ressuscitado (1Cor 15) ... 705
- Temas e problemas para reflexão ... 707
- Bibliografia sobre 1 Coríntios ... 711

Capítulo 23. Segunda carta aos Coríntios 715
    Contexto 715
    Análise geral da mensagem 718
    Uma carta ou uma compilação de diversas cartas? 723
    As imagens de 2Cor 4,16–5,10 728
    Coleta de dinheiro para Jerusalém (2Cor 8–9) 729
    Os adversários ou falsos apóstolos em 2Cor 10–13 731
    Temas e problemas para reflexão 734
    Bibliografia sobre 2 Coríntios 735

Capítulo 24. Carta aos Romanos 737
    Contexto 738
    Análise geral da mensagem 744
    A unidade de Romanos e o cap. 16 756
    Justificação/retidão/direitura/justiça 757
    Visão de Paulo sobre a observância judaica da Lei 759
    Pecado original e Rm 5,12-21 762
    Temas e problemas para reflexão 763
    Bibliografia sobre Romanos 766

Capítulo 25. Pseudonímia e escritos deuteropaulinos 769
    A. Composições pseudônimas em geral 769
    B. Problemas acerca da pseudonímia 772
    Bibliografia sobre a pseudonímia no NT 774

Capítulo 26. Segunda carta aos Tessalonicenses 775
    Análise geral da mensagem 775
    Paulo escreveu 2 Tessalonicenses? 777
    Objetivo de 2 Tessalonicenses 780
    Temas e problemas para reflexão 783
    Bibliografia sobre 2 Tessalonicenses 785

Capítulo 27. Carta aos Colossenses 787
    Contexto 787
    Análise geral da mensagem 789
    Hino cristológico (Cl 1,15-20) 791
    Falso ensinamento (Cl 2,8-23) 794

Código doméstico (Cl 3,18–4,1) 798
Paulo escreveu Colossenses? 801
De onde e quando? 807
Temas e problemas para reflexão 809
Bibliografia sobre Colossenses 811

Capítulo 28. Epístola (carta) aos Efésios 813
Análise geral da mensagem 814
Eclesiologia de Efésios e catolicismo primitivo 818
Para quem e por quem? 820
Qual o gênero literário? 826
Contexto das idéias 829
Temas e problemas para reflexão 831
Bibliografia sobre Efésios 833

Capítulo 29. Carta pastoral: Tito 835
As cartas pastorais em geral: título e inter-relacionamento 835
Contexto (de Tito) 838
Análise geral da mensagem 839
Presbíteros/bispos nas pastorais 843
Temas e problemas para reflexão 848
Bibliografia sobre as cartas pastorais em geral e sobre Tito 850

Capítulo 30. Carta pastoral: Primeira a Timóteo 853
Contexto 853
Análise geral da mensagem 856
Quem escreveu Tito e 1 Timóteo? 864
Implicações da pseudepigrafia nas cartas pastorais 871
Temas e problemas para reflexão 874

Capítulo 31. Carta pastoral: Segunda a Timóteo 877
2 Timóteo e as probabilidades acerca das pastorais 877
Análise geral da mensagem 881
Escritura inspirada (2Tm 3,15-16) 885
Temas e problemas para reflexão 886
Bibliografia sobre 2 Timóteo 887

PARTE IV: OS DEMAIS ESCRITOS DO NOVO TESTAMENTO

Capítulo 32. Carta (epístola) aos Hebreus 891
    Análise geral da mensagem 892
    Gênero literário e estrutura 899
    Ambiente pressuposto 901
    Por quem, de onde e quando? 904
    A que destinatários? 908
    Temas e problemas para reflexão 913
    Bibliografia sobre Hebreus 917

Capítulo 33. Primeira carta de Pedro 919
    Contexto 920
    Análise geral da mensagem 923
    O sofrimento descrito: perseguição imperial ou desestima? 928
    1Pd 3,19 e 4,6 e a descida de Cristo ao inferno 930
    Relação com a tradição paulina 932
    De quem, para quem, onde e quando? 934
    Temas e problemas para reflexão 939
    Bibliografia sobre 1 Pedro 941

Capítulo 34. Epístola (carta) de Tiago 945
    Contexto 945
    Análise geral da mensagem 948
    Tg 2,24 e Paulo: a fé e as obras 954
    Tiago e Mateus: a tradição de Jesus 955
    Unção dos enfermos (Tg 5,14-16) 958
    Gênero literário 962
    Por quem, para quem, onde e quando? 964
    Canonicidade de Tiago 967
    Temas e problemas para reflexão 969
    Bibliografia sobre Tiago 971

Capítulo 35. Carta (epístola) de Judas 973
    Contexto 973
    Análise geral da mensagem 976
    Uso de literatura não-canônica em Judas 980
    Gênero literário 981

Por quem, para quem, de onde e quando? 983
Canonicidade de Judas 986
Bibliografia sobre Judas 987

Capítulo 36. Segunda epístola (carta) de Pedro 989
Contexto 989
Análise geral da mensagem 990
Por quem, para quem, de onde e quando? 995
Canonicidade e catolicismo primitivo 998
Temas e problemas para reflexão 1000
Bibliografia sobre 2 Pedro 1002

Capítulo 37. O livro da Revelação (Apocalipse) 1005
O gênero literário apocalíptico 1006
Análise geral da mensagem 1013
Estrutura do livro 1032
O papel da liturgia 1034
Milenarismo (o reino de mil anos: Ap 20,4-6) 1037
Autoria 1040
Data e situação vital: perseguição sob Domiciano? 1042
Temas e problemas para reflexão 1048
Bibliografia sobre o Apocalipse 1050

APÊNDICES

Apêndice I. O Jesus histórico 1057
Duzentos anos de pesquisa moderna (1780-1980) 1057
Depois de 1980: O *Jesus Seminar* e estudiosos afins 1060
Depois de 1980: opiniões diversas 1066
Observações críticas 1070
Bibliografia sobre o Jesus histórico 1073

Apêndice II. Escritos judaicos e cristãos ligados ao NT 1075
Escritos judaicos 1075
Escritos cristãos (e gnósticos) 1080
Bibliografia: obras gerais 1086

ÍNDICES

I. Índice bibliográfico de autores 1089
II. Índice de assuntos 1121

Material básico introdutório

(Dados que serão úteis em todo o volume)

- Abreviaturas
- Informações úteis sobre a Bíblia
- Quadro cronológico de personagens e acontecimentos pertinentes ao NT
- Mapas da Palestina e da região mediterrânea

Abreviaturas*

AAS	*Acta apostolicae sedis*
AB	The Anchor Bible (Garden City/New York, Doubleday). Série de comentários.
ABD	*The Anchor Bible Dictionary* (New York, Doubleday, 1992, 6 v.)
A/F	Augsburg e/ou Fortress publishers (Minneapolis)
AH	Irineu, *Adversus Haereses*
AJBI	Annual of the Japanese Biblical Institute
AnBi	Analecta Biblica
ANRW	*Aufstieg und Niedergang der römischen Welt*
Ant.	*Antigüidades Judaicas*, de Flávio Josefo
AT	*Antigo Testamento*
ATR	*Anglican Theological Review*
AugC	Augsburg Commentaries (Minneapolis, Augsburg)
BA	*Biblical Archaeologist*
BAR	*Biblical Archaeology Review*
BBM	R. E. Brown, *The birth of the Messiah* (2. ed., New York, Doubleday, 1993) [Ed. bras.: *O nascimento do Messias*: narrativas da infância nos evangelhos de Mateus e Lucas. São Paulo, Paulinas.]

---

* Para um título abreviado de um livro, seguindo-se ao sobrenome do autor — p. ex., Culpepper, Anatomy — ver Índice bibliográfico de autores no final do livro. Os títulos dos artigos citados nas notas de rodapé normalmente não estão incluídos, a menos que o exija a clareza ou ênfase especial.

BBR	*Bibliographies for Biblical Research*, ed. W. E. Mills (Lewiston, NY, Mellen)
BCALB	R. E. Brown, *The Churches the apostles left behind* (New York, Paulist, 1984) [Ed. bras.: *As Igrejas dos apóstolos*. São Paulo, Paulus, 1986.]
BDM	R. E. Brown, *The death of the Messiah* (New York, Doubleday, 1994, 2 v.)
BECNT	Baker Exegetical Commentary on the New Testament (Grand Rapids, Baker). Série.
BEJ	R. E. Brown, *The epistles of John* (Garden City, NY, Doubleday, 1982, AB, 30)
BETL	Bibliotheca Ephemeridum Theologicarum Lovaniensium
BGJ	R. E. Brown, *The Gospel according to John* (Garden City, NY, Doubleday, 1966, 1970, 2 v., AB, 29, 29A)
BHST	R. Bultmann, *The history of the synoptic tradition* (New York, Harper & Row, 1963)
BINTC	R. E. Brown, *An introduction to New Testament christology* (New York, Paulist, 1994)
BJRL	*Bulletin of the John Rylands University Library of Manchester*
BMAR	R. E. Brown e J. P. Meier, *Antioch and Rome* (New York, Paulist, 1983)
BNTC	Black's New Testament Commentaries (London, Black). Edição inglesa de HNTC.
BNTE	R. E. Brown, *New Testament essays* (New York, Paulist, 1983). Reimpressão da edição de 1965.
BR	*Biblical Research*
BRev	*Bible Review*
BROQ	R. E. Brown, *Responses to 101 questions on the Bible* (New York, Paulist, 1990)
BSac	*Bibliotheca Sacra*
BTB	*Biblical Theology Bulletin*
BulBR	*Bulletin for Biblical Research*

BZ	*Biblische Zeitschrift*
BZNW	Beihefte zur ZNW
CAC	*Conflict at Colossae: Illustrated by Selected Modern Studies*, eds. F. O. Francis e W. A. Meeks (Missoula, MT, SBL, 1973, Sources for Biblical Study, 4)
cap.	Capítulo (de livros bíblicos ou obras de outros autores). Remissões a outros capítulos desta *Introdução* vêm sempre escritas por extenso ou assinaladas nos cabeçalhos das páginas.
CBA	The Catholic Biblical Association
CBNTS	Coniectanea Biblica, New Testament Series
CBQ	*Catholic Biblical Quarterly*
CBQMS	Catholic Biblical Quarterly Monograph Series
CC	Corpus Christianorum
CCNEB	Cambridge Commentary on the New English Bible (Cambridge Univ.). Série.
cf.	Confira
CGTC	Cambridge Greek Testament Commentary (Cambridge Univ.). Série.
CHI	*Christian history and interpretation*, eds. W. R. Farmer et al. (Cambridge, Cambridge Univ., 1967, J. Knox Festschrift)
CLPDNW	R. F. Collins, *Letters that Paul did not write* (Wilmington, Glazier, 1988)
CRBS	*Currents in Research: Biblical Studies*
CSEL	Corpus scriptorum ecclesiasticorum latinorum
CTJ	*Calvin Theological Journal*
CurTM	*Currents in Theology and Mission*
DBS	H. Denzinger e C. Bannwart, *Enchiridion Symbolorum*, rev. por A. Schönmetzer (32. ed., Freiburg, Herder, 1965). Refs. a seções.
EBNT	*An exegetical bibliography of the New Testament*, ed. G. Wagner (Macon, Mercer, 1983-1996, 4 v.). Versículo por versículo.
EC	Epworth Commentaries (London, Epworth)

ed., eds.	Edição, editor(es)
EJ	*L'Évangile de Jean*, ed. M. de Jonge (Leuven Univ., 1977, BETL, 44)
ETL	*Ephemerides Theologicae Lovanienses*
EvQ	*Evangelical Quarterly*
ExpTim	*Expository Times*
FESBNT	J. A. Fitzmyer, *Essays on the Semitic background of the New Testament* (London, Chapman, 1971)
FGN	*The Four Gospels 1992*, ed. F. Van Segbroeck (Leuven, Peeters, 1992, 3 v., F. Neirynck Festschrift)
FTAG	J. A. Fitzmyer, *To advance the Gospel: New Testament studies* (New York, Crossroad, 1981)
GBSNT	Guides to Biblical Scholarship, New Testament (Philadelphia/ Minneapolis, Fortress). Série de comentários.
GCHP	*God's Christ and His People*, eds. J. Jervell e W. A. Meeks (Oslo, Universitet, 1977, N. A. Dahl Festschrift)
GNS	Good News Studies (Wilmington, Glazier). Série de comentários.
GNTE	Guides to New Testament Exegesis (Grand Rapids, Baker). Série.
GP	*Gospel Perspectives*, eds. R. T. France e D. Wenham (Sheffield, JSOT). Série.
HBC	*Harper's Bible Commentary*, eds. J. L. Mays et al. (San Francisco, Harper & Row, 1988)
HE	Eusébio, *História eclesiástica*
HJ	*Heythrop Journal*
HNTC	Harper New Testament Commentary (New York, Harper & Row). Série.
HSNTA	*New Testament Apocrypha*, eds. E. Hennecke e W. Schneemelcher, (rev. ed., Louisville, W/K, 1991-1992, 2 v.)
HTR	*Harvard Theological Review*
HUCA	Hebrew Union College Annual
HUT	Hermeneutische Untersuchungen zur Theologie

IB	*Interpreter's Bible* (12 v.). Ver NInterpB
IBC	Interpretation Biblical Commentary (Atlanta ou Louisville: W/K). Série.
IBS	*Irish Biblical Studies*
ICC	International Critical Commentary (Edinburgh, Clark). Série.
IDB	*The Interpreter's Dictionary of the Bible* (Nashville, Abingdon, 1962, 4 v.)
IDBS	Volume suplementar do livro anterior — IDB (1976)
ITQ	*Irish Theological Quarterly*
JB	*The Jerusalem Bible* (1966). Ver NJB. No Brasil, a primeira edição da *Bíblia de Jerusalém* é de 1973 (São Paulo, Paulus).
JBC	*The Jerome Biblical Commentary*, eds. R. E. Brown et al. (Englewood Cliffs, NJ, Prentice Hall, 1968). Referências (p. ex., 67.25) são feitas a um artigo (67) e a uma seção (25) ou seções de um artigo. Ver NJBC
JBL	*Journal of Biblical Literature*
JETS	*Journal of the Evangelical Theological Society*
JHC	*Journal of Higher Criticism*
JR	*Journal of Religion*
JRS	*Journal of Religious Studies*
JSNT	*Journal for the Study of the New Testament*
JSNTSup	Série suplementar de JSNT
JTS	*Journal of Theological Studies*
KENTT	E. Käsemann, *Essays on New Testament themes* (London, SCM, 1964, SBT, 41)
KJV	*King James* ou *Authorized version of the Bible*. Bíblia protestante-padrão, em inglês, durante muitos séculos; infelizmente, para o NT, essa tradução muitas vezes usou uma tradição textual grega inferior.
LD	Lectio Divina (Collegeville, Liturgical). Série.
LS	*Louvain Studies*
LTMP	Louvain Theological & Pastoral Monographs

LXX	Modo latino de escrever 70, um número redondo usado para a tradução grega do AT (Septuaginta). Tradicionalmente se admite que foi feita (de forma independente) por 72 tradutores do hebraico/aramaico, em Alexandria, por volta do ano 250 a.C. Em alguns livros bíblicos, como o de Jeremias, a divisão dos capítulos da LXX difere muito daqueles do AT hebraico; nos salmos, o número da LXX é freqüentemente um a menos que o número hebraico; por exemplo, o Sl 21 na LXX é o Sl 22 na Bíblia hebraica (e na maioria das traduções em português).
MMM	Manuscritos do Mar Morto (Qumrã)
MNT	*Mary in the New Testament*, eds. R. E. Brown et al. (New York, Paulist, 1978) [Ed. bras.: *Maria no Novo Testamento*. São Paulo, Paulus, 1985.]
ms., mss.	Manuscrito(s)
n.	Remissão a nota(s) de rodapé — no mesmo capítulo, a menos que venha indicado de outra forma
NAB	*New American Bible* (1970)
NABR	*New American Bible* (NT rev., 1986)
NCBC	New Century Bible Commentary (Grand Rapids, Eerdmans). Série.
NClarBC	New Clarendon Bible Commentary (Oxford, Clarendon). Série.
NIBC	New International Biblical Commentary (Peabody, MA, Hendrickson). Série.
NICNT	New International Commentary on the New Testament (Grand Rapids, Eerdmans). Série.
NIGTC	New International Greek Testament Commentary (Grand Rapids, Eerdmans). Série.
NInterpB	New Interpreter's Bible (Nashville, Abingdon). Série de comentários.
NIV	*New International Version of the Bible*
NIVAC	NIV Application Commentary (Grand Rapids, Zondervan). Série.
NJB	*New Jerusalem Bible* (1985)
NJBC	*The New Jerome Biblical Commentary*, eds. R. E. Brown, J. A. Fitzmyer e R. E. Murphy (Englewood Cliffs, NJ, Prentice-Hall,

	1990). Referências (p. ex., 67.25) são feitas a um artigo (67) e a uma seção (25) ou a seções de um artigo.
NovT	*Novum Testamentum*
NovTSup	Suplementos de *Novum Testamentum*
NRSV	*New Revised Standard Version* da Bíblia
NT	Novo Testamento
NTA	*New Testament Abstracts*
NTG	New Testament Guides (Sheffield, JSOT/Academic)
NTIC	The New Testament in Context (Valley Forge, PA, Trinity)
NTIMI	*The New Testament and Its Modern Interpreters*, eds. E. J. Epp e G. W. MacRae (Philadelphia, Fortress, 1989)
NTM	New Testament Message (Collegeville, Glazier/Liturgical). Série de comentários.
NTR	New Testament Readings (London, Routledge)
NTS	*New Testament Studies*
NTSR	New Testament for Spiritual Reading (New York, Herder & Herder). Série de comentários.
NTT	New Testament Theology (Cambridge, Cambridge Univ.). Série.
OTP	*The Old Testament Pseudepigrapha*, ed. J. H. Charlesworth (New York, Doubleday, 1983-1985, 2 v.)
P	Manuscrito em papiro (geralmente de um escrito bíblico)
PAP	*Paul and Paulinism*, eds. M. D. Hooker e S. G. Wilson (London, SPCK, 1982)
PAQ	*Paul and Qumran*, ed. J. Murphy-O'Connor (London, Chapman, 1968)
PBI	Pontifical Biblical Institute (Editora)
PC	Pelican Commentaries (Harmondsworth, Penguin)
PG	J. Migne, Patrologia graeca
PL	J. Migne, Patrologia latina
PNT	*Peter in the New Testament*, eds. R. E. Brown et al. (New York, Paulist, 1973)
ProcC	Proclamation Commentaries (Philadelphia/Minneapolis, Fortress)

PRS	*Perspectives in Religious Studies*
Q	*Quelle* ou fonte para material partilhados por Mateus e Lucas, mas ausentes em Marcos
RB	*Revue Biblique*
ResQ	*Restoration Quarterly*
rev.	Revisada
RevExp	*Review and Expositor*
RNBC	Readings: a New Biblical Commentary (Sheffield, Academic). Série.
RSRev	*Religious Studies Review*
RSV	*Revised Standard Version* da Bíblia
SBL	Society of Biblical Literature
SBLDS	SBL Dissertation Series
SBLMS	SBL Monograph Series
SBLRBS	SBL Resources for Biblical Study
SBLSP	SBL Seminar Papers
SBT	Studies in Biblical Theology (London, SCM; Naperville, IL, Allenson)
SJT	*Scottish Journal of Theology*
SLA	*Studies in Luke-Acts*, eds. L. E. Keck e J. L. Martyn (2. ed., Philadelphia, Fortress, 1980, P. Schubert Festschrift)
SNTSMS	Society for New Testament Studies Monograph Series
SP	Sacra Pagina (Collegeville, MN, Glazier/Liturgial Press). Série de comentários.
SSup	Suplemento de *Semeia*
ST	*Studia Theologica*
StEv	Studia Evangelica (volumes publicados em Texte und Untersuchungen)
STS	*Searching the Scriptures: Volume Two: A feminist commentary*, ed. E. Schüssler Fiorenza (New York, Crossroad, 1994)
TBAFC	*The Books of Acts in its first century setting*, eds. B. W. Winter et al. (Grand Rapids, Eerdmans, 1993-1997, 6 v.)

TBC	Torch Bible Commentary (London, SCM). Série.
TBOB	*The Books of the Bible*, ed. B. W. Anderson (New York, Scribner's, 1989, 2 v.)
TBT	*The Bible Today*
TD	*Theology Digest*
TDNT	*Theological Dictionary of the New Testament*, eds. G. Kittel e G. Friedrich
TH	Translator's Handbook (United Bible Societies). Série.
TIM	*The interpretation of Mark,* ed. W. R. Telford (2. ed., Edinburgh, Clark, 1995)
TIMT	*The interpretation of Matthew*, ed. G. N. Stanton (2. ed., Edinburgh, Clark, 1995)
TM	Texto Massorético
TNTC	Tyndale New Testament Commentary (Grand Rapids, Eerdmans). Série.
TPINTC	Trinity Press International NT Commentary (London, SCM). Série.
TRD	*The Romans debate*, ed. K. P. Donfried (ed. rev., Peabody, MA, Hendrickson, 1991)
TS	*Theological Studies*
TTC	*The Thessalonian correspondence*, ed. R. F. Collins (Leuven, Peeters, 1990, BETL, 87)
TZ	*Theologische Zeitschrift*
v., vv	Versículo, versículos
VC	*Vigiliae Christianae*
VE	*Vox Evangelica*
WBC	Word Bible Commentary (Waco/Dallas, Word). Série.
WBComp	Westminster Bible Companion (Louisville, W/K). Série.
W/K	Westminster and John Knox publishers (Louisville)
WUNT	Wissenschaftliche Untersuchungen zum Neuen Testament
ZNW	*Zeitschrift für die neutestamentliche Wissenschaft*

Abreviaturas padronizadas são utilizadas para os livros bíblicos e para os MMM (para informações sobre os rolos mais importantes, ver Apêndice II). De modo geral, os livros do AT, e particularmente os salmos, são citados de acordo com os números dos capítulos e versículos hebraicos (ver LXX). Nas traduções KJV, RSV e NRSV, o número do versículo de um salmo é muitas vezes um número a menos que o do texto original em hebraico; por exemplo, Sl 22,2 hebraico é Sl 22,1 na tradução RSV. Em outras passagens, em que a versificação difere, ofereço números alternativos de versículo entre parênteses (normalmente NRSV). Os leitores podem ficar confusos ao deparar com referências tais como Mc 14,9a, 9b e 9c. Isso significa que um estudioso subdividiu Mc 14,9 em três partes: *a* é a primeira parte, *b* é a segunda e *c* é a parte final. Em uma subdivisão como 14a*a* e 14a*b*, a primeira parte sofreu nova subdivisão!

Informações úteis sobre a Bíblia

O NT não existe só, mas, se une aos livros que os cristãos chamam de AT para formar a Bíblia. Destarte, a Bíblia é uma coleção; com efeito, pode-se falar de uma biblioteca, em que o AT representa a seleção dos livros sagrados do antigo Israel e o NT é composto de livros escolhidos da Igreja primitiva. Existe unidade na coleção, mas é preciso ser cauteloso ante expressões como "A Bíblia diz...", pois ninguém afirmaria: "A Biblioteca Pública diz...", para citar Jane Austen ou Shakespeare. Uma expressão melhor nomeia um livro ou autor específico: "Isaías diz" ou "Marcos diz", reconhecendo, assim, que indivíduos de períodos diferentes, com idéias diversas, escreveram cada livro da Bíblia. Embora adquiram um sentido a mais por fazerem parte da Bíblia como um todo, a individualidade dos livros não deve ser ignorada.

Falar dos livros sagrados do antigo "Israel" é uma generalização. O arco que separa Abraão de Jesus cobre pelo menos 1.700 (e talvez mais de 2 mil) anos, e termos diferentes designam os principais grupos envolvidos na narrativa.[1] Muitas vezes, "hebreus" designa os ancestrais antes de Moisés e do Sinai. "Israel" é apropriado para designar a confederação de tribos que emergiram depois do Sinai e se tornaram um reino na terra de Canaã/Palestina. (Após a morte de Salomão [cerca de 920 a.C.], "Judá" tornou-se o reino do Sul, centralizado em Jerusalém, e "Israel", o reino do Norte, tendo Samaria como capital.) O termo "judeus" (etimologicamente relacionado com Judá) é apropriado a partir do tempo em que o cativeiro da Babilônia teve seu fim e o reino persa estendeu-se

---

[1] O período antes de 1000 a.C. é extremamente complicado; para uma breve visão, cf. NJBC 75.26-63.

até Judá (séc. VI a.C).[2] Mais precisamente, "judaísmo primitivo" ou "judaísmo do segundo templo" designa o período da reconstrução do templo de Jerusalém após o retorno do cativeiro (520-515 a.C.) até a destruição pelos romanos (70 d.C.) — período em cujo final Jesus viveu.

Embora incluam componentes mais antigos, orais e escritos, os *livros* que constituem o AT foram compostos no período entre 1000 e 100 a.C. O título "Antigo Testamento" é uma designação cristã que reflete a crença numa segunda coleção de livros sagrados relacionados a Jesus, conhecida como "Novo Testamento". Na verdade, uma tendência contemporânea entre alguns cristãos e judeus evita a denominação "Antigo Testamento" por considerá-la pejorativa ("antigo" no sentido de ultrapassado, superado). As alternativas freqüentemente propostas — "Bíblia hebraica" ou "Escrituras hebraicas"[3] — constituem um problema por uma série de razões: 1) A designação "hebraica" pode ser compreendida como relativa aos hebreus como povo (conforme já dissemos), e não à língua hebraica; 2) algumas partes de Esdras e de Daniel, aceitas como Escritura canônica tanto por judeus quanto por cristãos, foram escritas em aramaico, não em hebraico; 3) sete livros do cânone bíblico usado pelos católicos romanos e por alguns outros cristãos são conservados totalmente ou quase na totalidade em grego, não em hebraico; 4) em quase toda sua história, a Igreja usou a Bíblia grega, e não as Escrituras em hebraico; 5) no Ocidente, durante séculos a Vulgata latina foi normativa, e não as Escrituras em hebraico; 6) "Escrituras hebraicas" confere (e provavelmente a intenção é conferir) autonomia aos livros assim designados, ao passo que o AT implica um relacionamento com o NT. Contudo, não existe Bíblia cristã sem as duas partes inter-relacionadas. Se os cristãos continuam a usar a

---

[2] Alguns não aceitam as abreviaturas a.C. e d.C., que refletiriam parcialidade cristã e seriam especialmente inapropriados para designar acontecimentos relacionados a Israel ou ao judaísmo. Muitos preferem "AEC" (antes da era comum) e "EC" (era comum), que seriam profissionalmente mais neutros, mesmo que tal datação ainda seja obviamente calibrada pela presumível data do nascimento de Cristo. Contudo, por serem usadas na mídia, a.C. e d.C. permanecem as designações mais identificáveis e inteligíveis.

[3] Essa não é uma designação judaica clássica ou tradicional para as Sagradas Escrituras. Às vezes é usado o acrônimo "TANAK", formado com as iniciais dos nomes hebraicos das três maiores divisões: *Torah* ("Lei"), *Nebi'im* ("Profetas") e *Ketubim* ("Escritos"). Cf. n. 5 a seguir. C. R. Seitz (Old Testament or Hebrew Bible?, *Pro Ecclesia* 5, 292-303, 1996) oferece uma estimulante discussão a respeito.

expressão "Antigo Testamento" (que é a preferível, em minha opinião[4]), precisam esclarecer que o termo não é pejorativo, mas descritivo, servindo como distinção entre os livros assim designados e o NT. No pensamento cristão tradicional, o AT é Escritura tão sacra e permanentemente válida quanto o NT.

Apesar de os judeus do tempo de Jesus terem certo consenso acerca de escritos sagrados estabelecidos nas duas áreas da "Lei" e dos "Profetas", ainda não existia nenhuma unanimidade sobre os livros que constituiriam os "escritos".[5] Alguns livros, como o dos Salmos, foram inicialmente aceitos como parte dessa última categoria (cf. Lc 24,44), mas para a maioria dos judeus, o amplo e geral consenso que fixava o conteúdo da Sagrada Escritura deu-se somente no decurso do século II d.C. Os livros reconhecidos naquele período eram os conservados em hebraico ou em aramaico.

Desde os mais antigos testemunhos, contudo, já que pregavam acerca de Jesus em língua grega, os cristãos tinham a tendência de citar as Escrituras judaicas na tradução grega, especialmente a versão chamada Septuaginta (LXX). Essa tradição, derivada dos judeus de Alexandria, considerava sagrados não somente os livros listados na nota 5, mas também alguns livros que foram primeiramente compostos em grego (p. ex., a Sabedoria de Salomão) ou conservados nessa língua (mesmo que escritos originalmente em hebraico ou aramaico; p. ex., 1 Macabeus, Tobias, Eclesiástico). Seguindo a orientação da LXX, as Igrejas latina, grega e orientais[6] assumiram como canônico um AT mais amplo do que a coleção de Escrituras que encontrou aceitação entre os judeus do período rabínico. Muitos séculos depois, na Igreja ocidental, alguns reformadores protestantes optaram

---

[4] Para evitar dificuldades seja com o termo "Antigo Testamento", seja com a expressão "Escrituras hebraicas", alguns defendem a terminologia "Primeiro Testamento" e "Segundo Testamento". Contudo, essas designações alternativas dificilmente seriam entendidas pelos leitores em geral se aparecessem num jornal, por exemplo.

[5] "A Lei" compreende os cinco primeiros livros do AT (o Pentateuco). "Os Profetas" são Josué, Juízes, 1 e 2 Samuel, 1 e 2 Reis, Isaías, Jeremias, Ezequiel e os Doze Profetas Menores. Finalmente, os "escritos" chegaram a incluir Salmos, Provérbios, Jó, Cântico dos Cânticos (ou Cantares), Rute, Lamentações, Eclesiastes (ou Qohelet), Ester, Daniel, Esdras, Neemias e 1 e 2 Crônicas.

[6] Por exemplo, a Igreja cópta no Egito e a Igreja etíope. Acerca do cânone do AT dessas Igrejas, ver NJBC 66.47.

por considerar autorizados apenas o cânone judeu mais breve, mas a Igreja Católica Romana, no Concílio de Trento, reconheceu como canônicos outros sete livros usados durante séculos (Tobias, Judite, 1 e 2 Macabeus, Sabedoria, Eclesiástico, Baruc, mais algumas partes de Ester e de Daniel). Tais livros são conhecidos como "apócrifos" nas Bíblias protestantes, e "deuterocanônicos" na terminologia católica.[7] Todos esses livros foram compostos antes do tempo de Jesus; alguns deles, provavelmente, eram conhecidos por autores do NT, que os teriam citado.[8] Conseqüentemente, certa familiaridade com eles é desejável, quer sejam, quer não sejam Escritura canônica numa determinada tradição. Recomenda-se vivamente a posse de uma Bíblia que os contenha.

Qual é a melhor tradução, em língua portuguesa, da Bíblia?

A tradução mais apropriada deve ser escolhida com base no objetivo da leitura. O culto normalmente assume um tom solene; portanto, traduções muito coloquiais da Bíblia podem não ser apropriadas para tal contexto. Por outro lado, para uma leitura particular, que visa a uma reflexão e arejamento espiritual, a tradução mais indicada é a que tem um estilo interessante e acessível.

Para uma leitura acurada ou estudo, o que nos interessa aqui, é preciso reconhecer que às vezes o autor bíblico não escreveu com clareza, de modo que os textos originais contêm certas frases que são ambíguas ou de difícil compreensão. Em algumas passagens, os tradutores precisam adivinhar o significado. Eles têm de optar entre traduzir literalmente e preservar a ambigüidade do original[9] ou traduzir livremente, eliminando a ambigüidade. Uma tradução livre, pois, repre-

---

[7] Esses livros seriam considerados canônicos por alguns anglicanos e (juntamente com outros livros) por muitos cristãos ortodoxos e orientais. Cf. S. Meurer (ed.), *The Apocrypha in Ecumenical Perspective* (New York, United Bible Societies, Monograph 6, 1992). Para ser mais exato, às vezes a lista protestante dos apócrifos contém livros não considerados deuterocanônicos pelos católicos romanos (*I e II Esdras, Oração de Manassés, III e IV Macabeus, Salmo 151*).

[8] Por exemplo, Jo 6,35 parece ecoar Eclo 24,21. Citar não significa colocar tais livros no mesmo nível da Lei e dos Profetas. No NT citam-se também livros que não são considerados canônicos nem por judeus, nem por protestantes, nem por católicos romanos: cf. o capítulo 35 deste livro, sobre a carta de Judas.

[9] Numa "Bíblia para estudo", uma tradução literal vem acompanhada de notas de rodapé ou comentários que sugerem uma possível solução para as obscuridades da tradução.

senta uma escolha previamente feita pelos tradutores quanto ao que *eles* pensam que uma passagem obscura significa — elaboram um comentário dentro do texto traduzido.[10] O texto, embora de leitura mais fácil, é inadequado para fins de estudo.

Antes de mais nada, de acordo com o objetivo (estudo, oração, liturgia), deve-se escolher cuidadosamente uma tradução. Nenhuma tradução é perfeita, e os leitores podem aprender muito comparando-as.

---

[10] Uma interessante tradução livre da Bíblia para a língua inglesa é a *Today's English Version — The Good News Bible* (1966-1979), de R. G. Bratcher, patrocinada pela American Bible Society. Uma palavra de advertência, porém, precisa ser dita a respeito de *The Living Bible* (1962-1971), do conservador homem de negócios K. A. Taylor, cuja formação deriva da Inter-Varsity Fellowship [espécie de associação interuniversitária — N.T.]. Em vez de verdadeira tradução, é declaradamente uma paráfrase: "Uma repetição do pensamento do autor, com palavras diferentes das que ele usou". Os desvios teológicos de Taylor (que ele caracteriza como "uma rígida postura evangélica") dá azo a espantosas leituras cristológicas: por exemplo, a substituição de "o Verbo" por "Cristo", em João 1,1, e a troca de "Filho do Homem" por "Messias". J. P. Lewis (em *The English Bible from KJV to NIV*, Grand Rapids, Baker, 1981, p. 246), fazendo eco às palavras de Thomas More, declara que os erros de *The Living Bible* são tão comuns quanto "água no mar".

QUADRO 1. CRONOLOGIA DE PERSONAGENS E ACONTECIMENTOS PERTINENTES AO NT

Imperadores romanos	Importantes sumos sacerdotes judeus	Dirigentes judeus e romanos na Palestina			Acontecimentos *Em itálico, acontecimentos cristãos*
		Herodes, o Grande (37-34 a.C.)			– *Nascimento de Jesus por volta do ano 6 a.C.* – Revolta por ocasião da morte de Herodes, o Grande; Augusto divide o reino de Herodes entre os três filhos deste.
Augusto (30 a.C.–14 d.C.)	Anás (Anã I) (6-15 d.C.)	**Judéia** Arquelau, Etnarca da Judéia (4 a.C.-6 d.C.). **Início do primeiro período da prefeitura romana** Copônio (6-9 d.C.).	**Galiléia** Herodes Antipas, tetrarca da Galiléia e da Transjordânia (4 a.C.-39 d.C.).	**L-NE da Galiléia** (Herodes) Filipe, tetrarca da Ituréia e Traconítide (4 a.C.-34 d.C.).	– A Judéia é transformada em província romana quando Arquelau é deposto (6 d.C.); censo de Quirino; revolta de Judas, o Galileu.
Tibério (14-37 d.C.).	Caifás (genro de Anás) (18-36 d.C.).	Valério Grato (15-26 d.C.). Pôncio Pilatos (26-36 d.C.).			– Nenhum indício de revoltas significativas na Judéia entre 7 e 36 d.C. Dá-se continuidade à reconstrução do templo de Jerusalém, iniciada por Herodes, o Grande. – Incidentes iniciais sob Pilatos mostram-no imprudente, mas não cruel ou desonesto. – *Jesus dá início a seu ministério público, e João Batista é executado por volta de 28 d.C.* – *Jesus é crucificado em 30 ou 33.* – A repressão de Pilatos aos samaritanos leva Vitélio, prefeito da Síria, a enviá-lo para Roma (36/37). – *Morte de Estêvão e conversão de Saulo (Paulo), por volta de 36.*

Quadro cronológico

Imperador	Sumo Sacerdote	Judéia	Região (Ituréia, etc.)	Região (Traconítide, etc.)	Galiléia	Eventos
Caio Calígula (37-41).	Jônatas (filho de Anás) (37). Teófilo (filho de Anás) (37-41).	Marcelo (36-37). Mário (37-41?).	Transferência dessa região para Herodes Agripa I (39).	Transferência dessa região para Herodes Agripa I (37).		– Agripa I vai de Roma para a Palestina, visita Alexandria — explosão antijudaica (38). – *Paulo escapa de Damasco e vai a Jerusalém (39); depois, a Tarso.* – Calígula ordena que sua estátua seja erigida no templo de Jerusalém. Petrônio, emissário sírio, ganha tempo até o assassinato de Calígula.
Cláudio (41-54).		**Fim do primeiro período da prefeitura romana** Transferência da Judéia para Herodes Agripa I (41).				– *Execução de Tiago, irmão de João; Pedro é preso sob Agripa I, mas escapa.* – *Paulo em Tarso (41-44).*
		De 41 a 44, Herodes Agripa I reina sobre a área que foi um tempo governada por Herodes, o Grande.				
		Segundo período de prefeitura romana direta ou governo procuratorial (44-66) — em princípio sobre toda a Palestina.				
		Galiléia e Judéia: Fado (44-46). Tibério Alexandre (46-48). Cumano (48-52).			L-NE da Galiléia	– Fado decapita "o profeta" Teudas (45). – Fome sob Cláudio (45-48). – Tibério Alexandre crucifica dois filhos de Judas, o Galileu. – *Paulo chega a Antioquia, na Síria; "Primeira viagem missionária" (46-49).* – Revoltas em Jerusalém e em Samaria sob Cumano. – *Encontro entre Tiago, Pedro e Paulo em Jerusalém (49). "Segunda viagem" de Paulo (50-52); ele escreve 1 Tessalonicenses (51).* – Agripa II intercede junto a Cláudio e Cumano é transferido.

43

QUADRO 1. Continuação

Imperadores romanos	Importantes sumos sacerdotes judeus	Dirigentes judeus e romanos na Palestina	Acontecimentos Em itálico, acontecimentos cristãos
Nero (54-68).	Ananias (47-59).	Félix (52-60). Em 53, Herodes Agripa II recebe os reinos da Ituréia e Traconítide	– *"Terceira viagem missionária" de Paulo (54-58); ele escreve suas cartas mais importantes.* – Na Palestina, durante o reinado de Félix, insurreições hostis, incluindo ladrões (lestai), terroristas hábeis na faca (sicários) e um "profeta" egípcio. *Prisão de Paulo em Cesaréia (58-60). O sumo sacerdote Ananias persegue-o. Festo, o procurador seguinte, leva Paulo perante Herodes Agripa II; Paulo é enviado a Roma (60).*
	Anã II (filho de Anás) (62).	Festo (60-62).	– Após a morte de Festo, um Sinédrio convocado pelo sumo sacerdote Anã II condena Tiago, o "irmão do Senhor", que foi apedrejado até a morte. Anã foi transferido sob o procurador seguinte. *Jesus, filho de Ananias, é capturado pelas autoridades judaicas de Jerusalém (início dos anos 60) por advertir que Deus iria destruir a cidade e o templo; foi entregue aos romanos para ser executado; contudo, depois de torturá-lo, Albino soltá-o.* Albino e Floro são governadores corruptos e tiranos, preparando o palco para a revolta.
		Albino (62-64).	
		Floro (64-66).	– Roma arde (64); Nero persegue os cristãos; *Pedro e Paulo são levados à morte.*

Quadro cronológico

Imperadores romanos	Importantes sumos sacerdotes judeus	Dirigentes judeus e romanos na Palestina		Acontecimentos *Em itálico, acontecimentos cristãos*
Galba, Oto, Vitélio (68-69). Ascensão da família flaviana de imperadores.		Exércitos romanos liderados por Vespasiano e (após 69) por Tito lutam contra revolucionários na primeira revolta judaica (66-70).	Herodes Agripa II permanece fiel aos romanos durante a revolta.	– Em maio de 66, Floro é forçado por batalhas de ruas a deixar Jerusalém; multidões assaltam a cidade. Revoluções por toda a Galiléia e Judéia. Grupos de zelotas (pela Lei) matam judeus que se opõem à revolta. Presumivelmente, cristãos deixam Jerusalém e vão para Pela, na Transjordânia. Josefo passa para o lado dos romanos.
Vespasiano (69-79).		Destruição do templo de Jerusalém pelos romanos (10 de agosto de 70). **Governo romano**	Herodes Agripa II conserva seu território até a morte, por volta do ano 100.	– Iohanan ben-Zakai, um legista que escapou de Jerusalém, funda a escola rabínica de Jâmnia (Iabne).

Imperadores após 70 d.C.	Palestina e judaísmo depois de 70 d.C.	Cristianismo depois de 70 d.C.
Vespasiano reina até 79. (*Celebra-se a vitória de Tito em Roma no ano 71*). Tito (79-81). Domiciano (81-96).	Governo romano na Palestina – Eleazar, neto de Judas, o Galileu, conquista Masada em 74. Em Roma, Josefo escreve *A Guerra*. – Professores rabínicos substituem os sumos sacerdotes como líderes do judaísmo palestinense. Rabino Gamaliel II (90-110) é uma figura proeminente. – Em Roma, Josefo escreve as *Antigüidades*.	– Muitos escritos do NT (evangelhos, cartas deuteropaulinas, Hebreus (?), 1, 2, 3 João); *1 Clemente* (de Roma, cerca de 96?). – Supostos parentes de Jesus dominam as igrejas da Palestina. – *Sob Domiciano, presumivelmente, são interrogados netos de Judas (irmão de Jesus); outras possíveis perseguições locais de cristãos.*
Nerva (96-98). Trajano (98-117).	– Apocalíptica judaica (*IV Esdras, II Baruc*; cerca de 95-120). – Revoltas judaicas no Egito, Cirene, Chipre, Mesopotâmia (115-119).	– *Didaqué* (depois de 100); Cartas de Inácio (110); *Carta de Policarpo*. – *Martírio de Inácio em Roma (110); Policarpo é bispo de Esmirna.*
Adriano (117-138).	– Jerusalém é reconstruída como Aelia Capitolina (por volta de 130). – Segunda revolta judaica liderada por Simeão Ben Koseba (Bar-Kôkeba) — aprovação de Rabi Aqiba: 132-135). – Após a derrota, expulsão dos judeus de Jerusalém; constrói-se um templo a Júpiter na área do templo.	– *2 Pedro, Pastor de Hermas* (130?), *Evangelho Secreto de Marcos, Evangelho de Pedro, Proto-evangelho de Tiago*. – Supostamente, por volta de 130, fim da liderança judaico-cristã em Jerusalém, dando lugar a bispos gentios. – *Policarpo continua a viver em Esmirna.*

Mapas da Palestina e da região mediterrânea

Os escritos neotestamentários sobre Jesus e seus discípulos narram fatos encenados no palco da história. Pessoas e lugares reais envolvem geografia, de modo que, no final das contas, os leitores precisarão consultar mapas. Os atlas gerais de Matthews e Moyer *(citados na p. 140)* e muitas "Bíblias para estudo" têm uma excelente série de mapas. Os dois mapas que se seguem aqui são apenas um guia geográfico básico.

O mapa da Palestina, que oferece nomes de lugares úteis para todas as histórias do NT situadas naquela terra, apresenta as fronteiras aproximadamente como existiam em fins dos anos 20, ou seja, no tempo do ministério público de Jesus. Tais fronteiras teriam mudado no decorrer de uma década após a morte de Cristo (no início dos anos 40, quando toda a Palestina, inclusive aquilo que tinha sido a província romana da Judéia, foi colocada sob o comando do rei judeu Herodes Agripa I), e, de novo, durante os anos 50 e 60, e mais uma vez depois da supressão da primeira revolta judaica em 70 d.C. Sobre o território físico, é útil compreender que a Palestina tem três características geográficas principais, que correm paralelas umas às outras. Partindo-se do Mediterrâneo em direção ao interior, uma planície costeira norte–sul sobe em direção a uma cadeia de montanhas norte–sul, que corre como uma espinha pelo centro da região. Na parte oriental de tais montanhas, a paisagem precipita-se para um perigoso vale fendido que (mais uma vez, de norte a sul) contém o Mar da Galiléia, o Vale do Jordão e o Mar Morto. A grande planície de Esdrelon — noroeste–sudeste — apresenta uma interrupção nas montanhas e dá acesso direto da costa ao vale.

Da mesma forma, o mapa da região mediterrânea pretende ser útil ao estudo das histórias narradas nos livros do NT que ultrapassam a Palestina, especialmente nas cartas de Paulo, nos Atos dos Apóstolos e no Apocalipse. Não existe, contudo, um mapa que possa traçar as fronteiras da província romana do século I, em constante mudança, ou a rede de estradas, em contínuo desenvolvimento. O mapa apresentado procura ser apenas um esboço que combina a situação dos anos 50 (quando Paulo floresceu) com nomes de lugares importantes em vários momentos do período neotestamentário (por exemplo, as sete cidades do Apocalipse, assinaladas com estrelas).

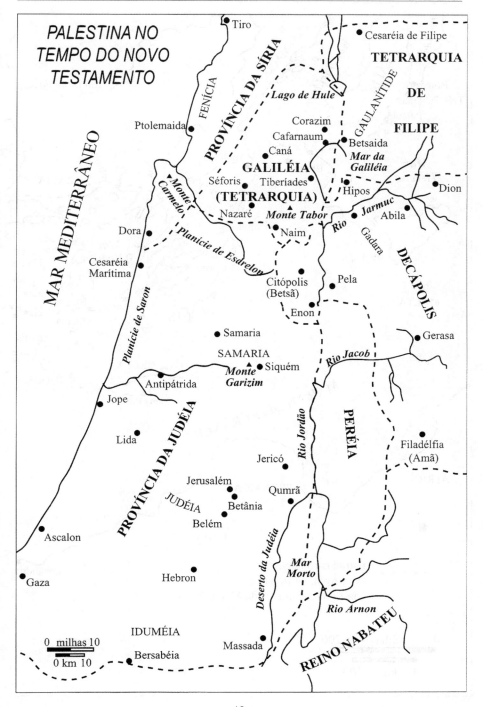

Introdução ao Novo Testamento

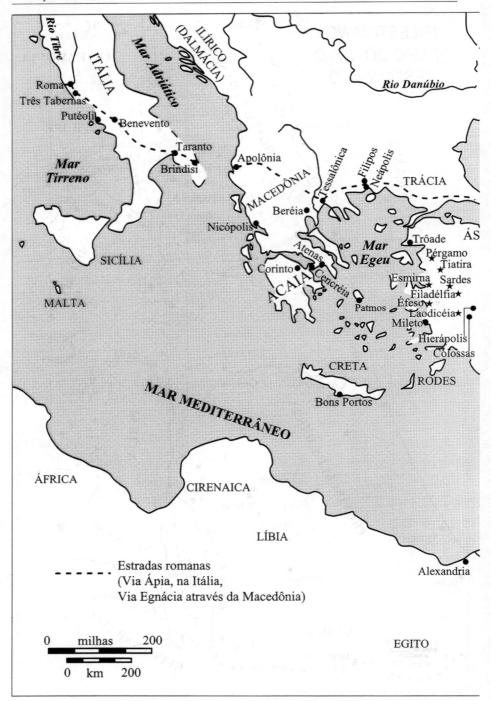

Mapas da Palestina e da região mediterrânea

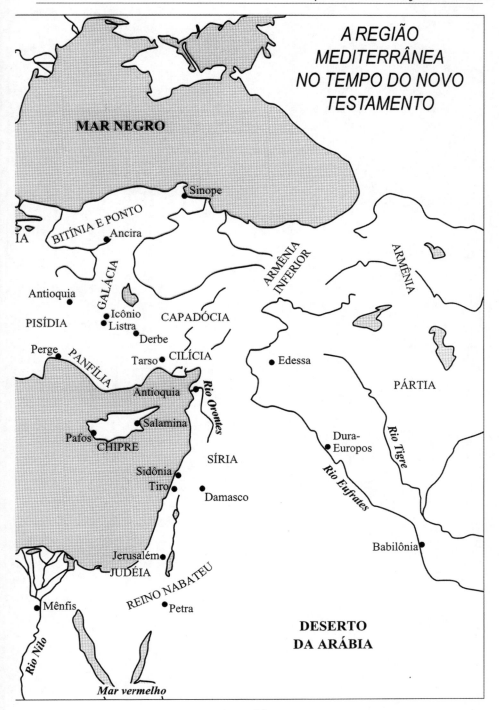

Parte I

Pressupostos para a compreensão do Novo Testamento

- Natureza e origem do NT
- Como ler o NT
- O texto do NT
- Contexto político e social do NT
- Contexto religioso e filosófico do NT

Capítulo 1

Natureza e origem do NT

Embora a expressão "Novo Testamento" remeta-nos a um corpo de literatura cristã, essa compreensão é o resultado de um longo processo.

A. Natureza do Novo "Testamento"

Antes de designar uma série de escritos, a palavra "testamento" se referia ao relacionamento especial de Deus com os seres humanos. Na história dos hebreus e de Israel, ouvimos falar de uma "aliança" (acordo ou pacto[1]) por meio da qual Deus assumiu um compromisso com Noé, Abraão e Davi, prometendo ajuda ou bênçãos especiais. Segundo a tradição, porém, a aliança mais importante foi a que Deus fez com Moisés e Israel (Ex 19,5; 34,10.27), tornando este o povo predileto de Deus.

Quase seiscentos anos antes do nascimento de Jesus, no momento em que a monarquia em Judá e em Jerusalém estava entrando em colapso ante os exércitos inimigos, Jeremias transmitia um oráculo do Senhor: "Eis que dias virão — oráculo de Iahweh — em que concluirei com a casa de Israel (e com a casa de Judá) uma aliança nova. Não como a aliança que concluí com seus pais, no dia em que os tomei pela mão para fazê-los sair da terra do Egito. [...] Porei minha lei no fundo do seu ser e a escreverei em seu coração. Então serei seu Deus e eles serão meu povo" (Jr 31,31-33).[2] Neste caso "nova" tem a conotação de "renovada", ainda que a renovação "não seja como a aliança feita com seus pais", e pode ter tido esse vigor quando usada pela primeira vez pelos que acreditavam em Jesus,

---

[1] A palavra hebraica *berît* foi traduzida na Bíblia grega por *diathēkē*, que no grego secular se referia a um tipo específico de aliança ou acordo relacionado à morte, um testamento ou última vontade.

[2] O tema da nova aliança reaparece em Jr 32,40; Ez 16,60.62; 37,26, mas, depois desses usos no século VI a.C, o tema virtualmente desaparece até ser retomado nos MMM e no NT.

pois faziam eco à linguagem e aos ideais de Jeremias (2Cor 3,6; Gl 4,24-26). Todos os relatos das palavras eucarísticas na ceia da noite antes da morte de Jesus[3] relacionam o termo "[nova] aliança/[novo] testamento" com o sangue de Cristo. Portanto, mediante a morte e a ressurreição de Jesus, os cristãos acreditavam que Deus renovara a aliança com uma revigorada dimensão e chegavam à compreensão de que, daquela vez, a aliança ultrapassava Israel e incluía os gentios no povo de Deus. Por fim, a reflexão teológica cristã e as relações hostis entre cristãos e alguns judeus que não aceitavam Jesus conduziram à tese de que o novo testamento (no sentido de aliança) havia substituído a aliança antiga, mosaica, que se tornara "obsoleta" (Hb 8,6; 9,15; 12,24).[4] Naturalmente, ainda assim, as Escrituras de Israel permaneceram como Escrituras para os cristãos.

Somente no século II temos deveras provas de que os cristãos usavam o termo "Novo Testamento" para designar seus próprios escritos, o que levou, finalmente, ao uso da designação "Antigo Testamento" para as Escrituras de Israel. Seriam necessários ainda muitos séculos até que os cristãos nas Igrejas latinas e gregas chegassem a um acordo[5] acerca dos 27 livros a ser incluídos em uma coleção normativa ou canônica. A próxima subseção (*p. 57*) tratará de modo geral da história do reconhecimento dos livros do NT como canônicos.

Muito cedo se manifestou a intuição de que os futuros leitores dos livros do NT necessitariam de informações históricas. Detalhes acerca dos livros do NT (autor e circunstâncias da composição) eram fornecidos em "Prólogos" ligados aos evangelhos e a algumas das epístolas (em fins do século II ou antes) e por um antigo fragmento que trazia o nome de "Muratoriano" (que data provavelmente do mesmo período).[6] O primeiro trabalho introdutório conhecido a ser considerado como tal é a breve *Intro-*

---

[3] Mc 14,24; Mt 26,28; Lc 22,20; 1Cor 11,25.

[4] Atualmente, muitos cristãos hesitam em chamar de obsoleto o antigo testamento/aliança, no sentido de um pacto de Deus com Israel, embora pensem que a lei mosaica não mais obriga aqueles que aceitaram a nova aliança.

[5] Tal acordo ainda deixou diferenças no cânone do NT das Igrejas siríacas, coptas e etíopes. Para um esboço da complexidade do cânone do NT nas Igrejas orientais, cf. NJBC 66.85.

[6] Essa importante testemunha para o cânone do NT foi datada do século IV por alguns estudiosos, por exemplo, A. C. Sundberg Jr. (HTR 66, 1-41, 1973) e G. M. Hahneman, *The Muratorian fragment and the development of the canon* (Oxford, Clarendon, 1992). Ver porém, a revisão deste em CBQ 56, 594-595, 1994, e E. Ferguson, *Studia Patristica* 17, 677-683, 1982. [O nome "muratoriano" se deve a Lodovico Muratori, historiador do século XVIII, que foi o primeiro a reconhecer sua importância — N.T.].

dução às Divinas Escrituras, de Hadriano ou Adriano[7] — um tratado de hermenêutica, ou seja, das formas de interpretação da Bíblia. Nos mil anos seguintes, várias obras que poderiam ser consideradas introduções juntaram e repetiram informações de tradições passadas acerca dos livros bíblicos. A honra de ser a primeira introdução científica ao NT, contudo, pertence a uma série de escritos de 1689-1695, do padre francês Richard Simon, que estudou como os livros do NT foram escritos e preservados em vários textos e versões. Suas conclusões foram consideradas escandalosas tanto por protestantes quanto por católicos mais tradicionais.

No final do século XVIII e durante o século XIX, "Introduções" tornaram-se o veículo para especulações conflitantes sobre a história do cristianismo primitivo, à medida que os estudiosos atribuíam vários livros do NT a diferentes escolas de pensamento dos séculos I e II. De certa forma, deu-se prosseguimento a essa tendência no cenário americano atual pelas *Introduções* ao NT de Norman Perrin (1. ed.) e Helmut Koester. Contudo, como a Bibliografia no final deste capítulo o indica, existe hoje uma ampla variedade de *Introduções* ao NT, muitas delas visando oferecer mais simplesmente informações sobre os livros do que reconstruir teorias gerais sobre a história do cristianismo primitivo.

B. Como foram escritos, conservados e reunidos os primeiros livros cristãos

Muitas pessoas supõem que os cristãos sempre tiveram Bíblias exatamente como as temos hoje ou que os escritos cristãos existiram desde o começo. Mas não foi bem assim. A formação do NT, que envolveu o surgimento e a preservação de livros compostos pelos seguidores de Jesus, foi algo complicado.

O surgimento de livros escritos por cristãos

Na introdução deste livro — "Informações úteis sobre a Bíblia" — há a informação de que, no tempo de Jesus, os judeus tornaram-se muito conscientes dos escritos sagrados: a Lei, os Profetas e os demais livros — a isso é que os cristãos primitivos aludiam quando falavam de Escritura. Por que os primeiros

---

[7] Ele foi provavelmente um monge de Antioquia, que viveu no início do século V. Antes dele, o *Liber regularum* do donatista Ticônio (cerca de 380) discutia hermenêutica. Como veremos no capítulo 2, a hermenêutica ainda é um tópico a ser tratado em uma *Introdução* ao NT.

cristãos, de alguma forma, tardaram em escrever seus próprios livros? Importante para essa demora foi o fato de que, diferentemente de Moisés, o qual, segundo a tradição, era o autor do Pentateuco, Jesus não elaborou um escrito que contivesse sua revelação. Não há registro de que ele tenha escrito uma única palavra durante sua vida ou ordenado a qualquer dos seus discípulos que escrevesse. Por conseguinte, a proclamação do reino de Deus, tornada presente em Jesus, não dependia da escrita. Ademais, as primeiras gerações cristãs eram fortemente escatológicas: para elas, "os últimos tempos" eram iminentes, e Jesus, indubitavelmente, logo voltaria — "Maranatha" (= *Maran atha*; 1Cor 16,22); "Vem, Senhor Jesus" (Ap 22,20). Tal antecipação do fim do mundo desencorajava os cristãos a escrever para as gerações futuras (que não existiriam para que pudessem ler livros).

Cartas. Não é por acaso, portanto, que os primeiros escritos cristãos de que temos conhecimento sejam cartas: uma vez que podiam ser concebidas com o fim de dar uma resposta a problemas urgentes e imediatos, afinavam-se com uma escatologia iminente. Que tais cartas tenham sido escritas por Paulo, esclarece-o outro elemento no surgimento da literatura cristã. Paulo era um missionário ambulante que proclamava Jesus em uma cidade e, a seguir, mudava-se para outra. As cartas tornaram-se seu meio de comunicação com os convertidos que viviam longe dele.[8] Assim, nos anos 50 do século I, Paulo elaborou os mais antigos documentos cristãos existentes: 1 Tessalonicenses, Gálatas, Filipenses, Filêmon, 1 e 2 Coríntios e Romanos. Existe um tom e uma ênfase de certa forma diferentes em cada um, de acordo com o que Paulo percebia serem as necessidades das respectivas comunidades em cada momento. Esse fato deveria tornar-nos prudentes acerca de generalizações no que diz respeito à teologia paulina. Paulo não era um teólogo sistemático, mas um pregador que evangelizava dando forte ênfase a determinado aspecto da fé em Jesus em um dado momento e, em outro, enfatizando um aspecto diverso — o que pode parecer-nos até certo ponto inconsistente. Pelo fato de Paulo não mencionar uma idéia ou prática, fazem-se, às vezes, muitas suposi-

---

[8] Se a expansão geográfica do cristianismo contribuiu para a produção das cartas cristãs, pode não ser mero acaso o fato de não dispormos de cartas dos Doze Apóstolos à comunidade judaico-cristã de Jerusalém. Com base no que é narrado no NT (distinguindo-se das legendas tardias), podemos supor que, à exceção de Pedro, os Doze viajaram pouco. Como tal, eles podiam ter-se comunicado oralmente com os ouvintes de Jerusalém, e, de fato, a forma oral parece ter permanecido o modo privilegiado ou esperado de proclamação, mesmo depois que passaram a existir relatos escritos (cf. Rm 10,14-15). Um testemunho desse fato é dado por Papias, por volta de 125 d.C. (HE 3.39.4).

ções temerárias a respeito de seus pontos de vista. Por exemplo, a eucaristia é mencionada apenas em um escrito paulino e, assim mesmo, por causa dos abusos presentes na ceia eucarística de Corinto. Excetuando-se aquela situação, os estudiosos, então, podem ser levados a supor erroneamente que não existia eucaristia nas Igrejas Paulinas, deduzindo que Paulo dificilmente poderia ter escrito tanto sem mencionar aspecto tão importante da vida cristã.

Em meados dos anos 60, a morte já tinha chegado para os mais notáveis da primeira geração (ou seja, aqueles que tinham conhecido Jesus ou que o tinham visto ressuscitado: cf. 1Cor 15,3-8), isto é, Pedro, Paulo e Tiago, "o irmão do Senhor". O desaparecimento da primeira geração de cristãos contribuiu para a produção de obras de natureza mais permanente. Cartas/epístolas permaneceram como importantes meios de comunicação cristã, ainda que já não fossem escritas pelo próprio Paulo, mas em seu nome, a fim de preservar seu espírito e sua autoridade. Muitos estudiosos atribuem 2 Tessalonicenses, Colossenses e as cartas pastorais (1 e 2 Timóteo e Tito) a essa categoria de escritos "deuteropaulinos", compostos no período de 70 a 100 (ou mesmo mais tarde), após a morte de Paulo. Uma explicação plausível é que discípulos ou admiradores de Paulo, ao tratar dos problemas da era pós-anos 70, davam conselhos que julgavam fiéis ao pensamento de Paulo. Mesmo quando tratam de problemas imediatos, tais como o dos falsos doutores ou o das cartas fraudulentas, as epístolas deuteropaulinas têm amiúde um tom mais universal ou duradouro. Por exemplo, a idéia da segunda vinda de Jesus não se perdeu, mas recebeu menos ênfase, de modo que 2 Tessalonicenses adverte aqueles que exageravam sua iminência. Colossenses e Efésios teologizam mais sobre "a Igreja" do que sobre as Igrejas locais, como nos escritos paulinos anteriores. A estrutura defendida pelas pastorais, que consistia em presbíteros/bispos e diáconos, tenciona ajudar a Igreja a sobreviver nas futuras gerações.

Na opinião de muitos estudiosos, pertencem também a esse período pós-anos 70 as cartas atribuídas a Pedro, Tiago e Judas, ou seja, cartas em nome dos grandes apóstolos ou membros da família de Jesus, que visavam aos problemas das gerações cristãs posteriores. Tais cartas têm freqüentemente um tom universal e permanente. Com efeito (juntamente com 1, 2 e 3 João), elas se tornaram conhecidas como cartas "católicas" (ou "gerais"), um termo que, no cristianismo oriental, era visto como apropriado para obras endereçadas à Igreja universal.

Evangelhos. Além das cartas, há também outros gêneros literários, dentre os quais os "evangelhos" são os mais dignos de nota. (Neste livro, o termo "evangelistas" estará restrito aos escritores/autores dos evangelhos canônicos; "evangelizadores" abrangerá a ampla categoria daqueles que pregavam a respeito de Jesus.) Consoante a opinião comum da exegese, em algum lugar, durante a década de 60 ou logo depois do ano 70, o evangelho segundo Marcos foi escrito, oferecendo uma narrativa dos feitos de Jesus e palavras notadamente ausentes nas cartas. Experiências ligadas às décadas que separavam Jesus do evangelista coloriam essa apresentação. A importância dada a problemas cristãos determinou a seleção do que foi conservado da tradição de Jesus. Por exemplo, o Jesus de Marcos enfatiza a necessidade de sofrer, e a cruz pode refletir perseguição sofrida pelos cristãos a quem Marcos se dirige. Era necessário expandir ou explicar a tradição de Jesus porque os ouvintes e leitores já não eram os judeus palestinenses do tempo de Jesus, mas gentios para os quais os costumes e as idéias judaicos eram estranhos (cf. Mc 7,3-4).

Os evangelhos segundo Mateus e segundo Lucas, escritos provavelmente entre dez e vinte anos depois de Marcos, oferecem bem mais informações a respeito da tradição de Jesus, especialmente por meio de ditos (acredita-se que foram tirados de uma coleção de ditos perdida, conhecida como Q). Essa tradição mais ampla revela experiências diferentes do contexto histórico da Igreja de Marcos. Outra visão da tradição de Jesus encontra ainda expressão no quarto evangelho (João), escrito por volta de 90-100 — uma visão tão diferente que os estudiosos têm laborado intensamente para reconstruir a história peculiar da comunidade que está por trás dessa composição. Apesar das peculiaridades dos quatro evangelhos canônicos, a importância geral deles foi preservar para os leitores do final do século I (e, sem dúvida, para aqueles de qualquer tempo) a memória de Jesus, a qual não pereceu quando as testemunhas oculares morreram.

Nenhum dos evangelhos menciona um nome de autor, e é possível que nenhum deles tenha sido escrito por aquele a cujo nome foi ligado no final do século II (João Marcos, companheiro de Paulo e, depois, de Pedro; Mateus, um dos Doze; Lucas, companheiro de Paulo; João, um dos Doze).[9] Aqueles nomes,

---

[9] A pressuposição de que Lucas tenha escrito o terceiro evangelho e os Atos é a mais plausível das quatro atribuições, seguida de perto pela suposição de que Marcos tenha sido um evangelista.

contudo, constituem uma reivindicação de que Jesus estava sendo interpretado de modo fiel à primeira e à segunda geração das testemunhas e pregadores apostólicos.

Atos, Apocalipse e outros gêneros literários. Outra forma de literatura cristã primitiva de natureza mais duradoura do que as cartas vem exemplificada pelos Atos dos Apóstolos. Concebido pelo autor como a segunda parte do evangelho segundo Lucas (que começou e terminou em Jerusalém), esse livro levou a história do cristianismo para além de Jerusalém e da Judéia, em direção a Samaria e até mesmo aos confins da terra. A atmosfera na qual a obra foi escrita vem recordada em At 1,6-11: o conhecimento da segunda vinda de Jesus não foi dado aos seus discípulos, e a expansão do cristianismo é mais importante do que olhar para o céu, na expectativa do que virá. Os Atos assinalam essa expansão começando por Jerusalém, com os Doze, e terminando em Roma, com Paulo, cujas últimas palavras proclamam que o futuro do cristianismo está no mundo gentio (At 28,25-28). Tal obra revela um cristianismo duradouro que precisa saber de sua continuidade com Jesus, Pedro e Paulo, e ter certeza de que seu desenvolvimento não foi fortuito, mas guiado pelo Espírito recebido de Jesus.

O livro da Revelação (também chamado de Apocalipse) representa ainda outro gênero nos escritos cristãos do período pós-anos 70. Enraizado em Ezequiel e Zacarias, esse livro é um exemplo de literatura "apocalíptica", designação derivada de uma palavra grega que significa "desvelamento", "revelação". A literatura apocalíptica era bem conhecida no judaísmo, como atestado por Daniel e por dois livros escritos depois da destruição do templo de Jerusalém em 70 d.C., a saber, *IV Esdras* e *II Baruc* (estes teriam sido mais ou menos contemporâneos do Apocalipse). A perseguição do povo de Deus por parte dos grandes impérios do mundo questionava até que ponto a história estaria sob o controle de Deus. A literatura apocalíptica responde a essa perseguição por meio de visões que abrangem o que está acontecendo ao mesmo tempo no céu e na terra — visões que só podem ser expressas em símbolos exuberantes. O paralelismo entre o céu e a terra fornece a certeza de que aquilo que se passa embaixo está sob o controle de Deus, lá no alto, e de que a perseguição terrena é o reflexo das lutas entre Deus e os mais importantes espíritos maus. Um aspecto especial do Apocalipse é que a mensagem apocalíptica estava ligada a cartas endereçadas a Igrejas específicas, de forma que, ao expressar os atributos de Deus num simbolismo que ultrapassa a descrição racional, o autor recordava aos cristãos do final do século I que o reino de Deus era mais amplo do que a história que eles estavam vivendo. O livro lhes dava esperança, ou melhor, certeza, de que, apesar (e até mesmo por causa) dos reveses que eles sofreram, Deus os tornaria vitoriosos. Infelizmente, muitos leitores modernos têm-se esquecido dos destinatários do século I; desconhecendo esse tipo de literatura e a plasticidade de suas imagens e símbolos do tempo (tão predominante na apocalíptica judaica citada anteriormente), pensam que o Apocalipse é uma predição exata do futuro a revelar-lhes segredos arcanos. Mas a grandeza de "o Alfa e o Ômega, o Primeiro e o Último" (Ap 22,13) está além da cronologia e do cálculo humanos.

Há ainda outras formas de literatura cristã, ocultas sob a designação "carta" ou "epístola". Precisamente porque as cartas constituíam a produção literária predominante dos primeiros cristãos, obras tardias, que não eram cartas no sentido comum, foram classificadas como tais. 1 Pedro e Tiago são casos limítrofes: têm elementos do formato de uma carta, mas o conteúdo se aproxima mais do de uma homilia (1 Pedro) ou do de um debate de oratória, conhecido como diatribe (Tiago). A "epístola" aos Hebreus tem a conclusão de uma carta, mas não traz o endereçamento epistolar, de forma que a destinação "aos hebreus", prefixada à obra por um estudioso antigo, provém de uma análise de seu conteúdo. O estilo polido é o da oratória helenística ou alexandrina. Apesar de ter em vista um problema particular (aparentemente a renegação da adesão cristã por causa das atrações do judaísmo), a obra elabora uma profunda cristologia do Filho de Deus, que é semelhante a nós, exceto no pecado — alguém que é superior aos anjos (que trouxeram a Lei) e a Moisés, e que, por sua morte, substituiu o culto e o sacerdócio israelitas. A distância no estilo e no desenvolvimento entre a "epístola" e as primeiras cartas de Paulo é por demais evidente. 1 João, que não possui formato epistolar e jamais menciona João, é de classificação extremamente difícil. Pode ser vista como a aplicação de temas do quarto evangelho para uma situação na qual a comunidade joanina já não é torturada pela expulsão da sinagoga, mas por desacordo e cisma internos.

Destarte, com vários gêneros literários, depois do ano 70, os cristãos continuaram a lutar contra problemas e ameaças, mas a redação de suas respostas criou obras que poderiam facilmente falar a situações cristãs de outros tempos e lugares — a ponto de muitas vezes não ser mais possível analisar o problema ou a situação particular que o autor tinha em mente. Por conseguinte, enquanto a literatura cristã primitiva (as cartas "protopaulinas", escritas durante a vida de Paulo) pode ser datada com relativa segurança, permitindo uma variação de apenas alguns anos ou mesmo uns poucos meses, deve-se quase sempre conceder uma margem de várias décadas às datas sugeridas para as obras pós-paulinas. Com efeito, no âmbito de alguns escritos neotestamentários (Marcos, Atos, 2 Pedro), as diferentes datas sugeridas por estudiosos eruditos variam de cinqüenta a cem anos.

A conservação e a aceitação de livros escritos por cristãos

As composições cristãs que vimos discutindo, escritas o mais provável entre os anos 50 e 150, não só foram conservadas, mas também foram finalmente consideradas singularmente sagradas e autorizadas. Foram colocadas no mesmo nível das Escrituras judaicas (a Lei, os Profetas e os outros escritos) e consideradas um NT (de modo que as Escrituras judaicas se tornaram AT). Como ocorreu esse desenvolvimento? Aqui, mais uma vez, tratarei do assunto apenas de forma geral, deixando os detalhes para a discussão de cada livro em particular. Na verdade, não se conhece inteiramente o processo de conservação,[10] mas diversos fatores contribuíram para ele.

Em primeiro lugar, origem apostólica, real ou putativa. No tópico anterior, afirmei que cartas que não foram escritas fisicamente por Paulo, Pedro e Tiago puderam tornar-se muito importantes porque foram escritas no nome, segundo o espírito e sob a autoridade dos apóstolos. Os evangelhos, afinal, foram atribuídos a apóstolos (Mateus, João) e a "homens apostólicos" (Marcos, companheiro de Pedro; Lucas, companheiro de Paulo). O livro do Apocalipse, contendo as visões de um profeta chamado João (1,1-2; 22,8), ganhou aceitação no Ocidente parcialmente porque se supunha que se tratava do apóstolo João. Quando Dionísio de Alexandria, por volta de 250, argumentou de forma perspicaz que o Apocalipse não poderia ter sido escrito pelo autor do quarto evangelho e das epístolas joaninas (que se supunha ter sido também o apóstolo João), a aceitação do livro diminuiu no Oriente (HE 7.25.6-27). Hebreus teve destino contrário. Embora mencionada em Roma por volta do fim do século I e início do II d.C., a carta aos Hebreus não foi incluída nas primeiras listas ocidentais de escritos sagrados. Cristãos orientais, porém, a partir do final do século II, pensavam que ela tivesse sido escrita por Paulo (HE 6.14.4), uma atribuição que as Igrejas ocidentais negaram durante

---

[10] Num nível mais amplo, a instrução de base, a publicação, a circulação e as bibliotecas são discutidas por H. Y. Gamble (*Books and readers in the early Church*, New Haven, Yale, 1995).

muito tempo, mas que teve um papel importante na inclusão de Hebreus no cânone. Por fim, nos séculos IV e V, a Igreja latina chegou a considerar Hebreus carta paulina e canônica.

Origem apostólica, contudo, não era um critério absoluto para a conservação nem para a aceitação. Cartas escritas por Paulo ou em seu nome para os coríntios (2Cor 2,4) e para a Igreja de Laodicéia (Cl 4,16) não sobreviveram. Ademais, cartas que se passavam por paulinas eram desconsideradas, conforme 2Ts 2,2, ainda que hoje os estudiosos não tenham a menor idéia de como tais cartas se distinguiam das deuteropaulinas. No final do século II, o *Evangelho de Pedro* foi rejeitado por um bispo por causa de seu conteúdo, sem discutir se provinha ou não de Pedro. Muitas obras apócrifas rejeitadas como espúrias ou falsas pelas autoridades posteriores da Igreja eram atribuídas aos apóstolos. É preciso, então, procurar outros critérios de preservação e de acolhida.

Em segundo lugar, importância das comunidades cristãs destinatárias. Aqueles a quem os escritos eram dirigidos tinham um papel na conservação e acolhida destes. Aparentemente, nenhuma obra endereçada às comunidades palestinenses ou hierosolimitanas sobreviveu, apesar de algumas fontes dos evangelhos e dos Atos terem sido provavelmente palestinenses. A desordem naquela área, causada pela revolta judaica contra Roma em 66-70, poderá ter contribuído para tal hiato. Com toda plausibilidade, Antioquia na Síria acolheu Mateus,[11] um evangelho que se tornou extremamente influente. Semelhantemente, as Igrejas da Ásia Menor (p. ex., Éfeso) e da Grécia conservaram a maior parte do NT, ou seja, os escritos paulinos e joaninos, e talvez Lucas e Atos também. Acredita-se que a Igreja de Roma tenha preservado Romanos e talvez Hebreus e Marcos, além de ser outra candidata a *locus* de Lucas e Atos. Quando Irineu, por volta de 170, rejeitou as pretensões dos gnósticos acerca da origem apostólica dos escritos deles (AH 3.3), as rastreáveis conexões de apóstolos com as Igrejas mais importantes da Ásia Menor, da Grécia e, acima de tudo, de Roma foram importantes argumentos para a inclusão de obras que ele considerava parte do NT canônico. Esse fator da Igreja destinatária (às vezes catalisado pela influência de alguma personalidade mencionada em um livro do NT, que mais tarde se tornaria importante na Igreja particular) pode estar na base da conservação de obras como Filêmon

---

[11] Antioquia ou Síria é também um *locus* sugerido para Marcos, João, e Lucas e Atos.

e Judas, que não são nem extensas nem importantes o bastante para sua inclusão no cânone ser facilmente explicada de outra forma.

Em terceiro lugar, conformidade com a regra de fé. A palavra "cânone" ou norma pode ter-se referido primeiramente às crenças-padrão das comunidades cristãs antes de designar a coleção de escritos que se tornaram modelo. A importância da conformidade com a fé pode ser ilustrada por uma história contada por Eusébio de Serapião (HE 6.12.2-6), bispo de Antioquia (cerca de 190), que encontrou a comunidade, nas proximidades de Rossos, lendo o *Evangelho de Pedro*, uma obra que não lhe era familiar. Ouvindo-o pela primeira vez, achou o escrito um pouco estranho, mas estava inclinado a tolerá-lo. Mais tarde, quando soube que esse evangelho estava sendo usado para fundamentar o docetismo (doutrina segundo a qual Jesus não seria verdadeiramente humano[12]), Serapião proibiu que se continuasse a usar a obra na Igreja. Alguns escritos gnósticos sustentam a tese de que Jesus não morreu verdadeiramente na cruz, uma visão que conduzia, conseqüentemente, a um desmerecimento do martírio cristão. Já os quatro evangelhos e as cartas de Paulo, que enfatizam a centralidade da cruz e da morte de Jesus, juntamente com os Atos dos Apóstolos, que descrevem a morte de Estêvão, teriam sido preferidos pelas comunidades cristãs nas quais o sangue dos mártires demonstrou ser a semente da Igreja. O livro do Apocalipse despertou inquietude de Dionísio de Alexandria, o qual examinou cuidadosamente a autoria do livro, pois este descrevia o Cristo reinando sobre a terra por mil anos (Ap 20,4-5): uma doutrina milenarista ou quiliástica que ele rejeitava.

Apesar de contribuir para a conservação e a importância de certos escritos, esses três fatores nem sempre fazem plena justiça àquilo que também parece ter envolvido uma intuição da Igreja em relação ao que seria guiado pelo Espírito.

Como foram reunidos os primeiros escritos cristãos

Os diversos gêneros literários discutidos tiveram diferentes histórias em uma coleção preliminar, e tais histórias lançam luz sobre as atitudes que deram forma à compilação final do NT.

---

[12] Os docetistas podem ter apelado para a passagem de *Evangelho de Pedro* 4,10, que apresenta Jesus calado, como se não sentisse dor alguma ao ser crucificado.

As cartas de Paulo. O nome de Paulo aparece em treze cartas do NT endereçadas a comunidades distintas, ou a indivíduos, escritas durante um período de aproximadamente cinqüenta anos (ou mais, se as Pastorais tiverem sido escritas depois do ano 100). Mesmo que se postule que o próprio Paulo[13] e os quatro ou cinco escritores das cartas deuteropaulinas tenham conservado cópias, não se sabe como essas cópias teriam sido colecionadas. Se os remetentes não conservaram cópias, as comunidades receptoras, não muito distanciadas umas das outras, podem ter permutado cartas (Cl 4,16), acumulando, assim, coleções. Algumas cartas, porém, parecem ter sido editadas depois de enviadas, e tal processo literário exigiria mais do que um intercâmbio comunitário. Uma hipótese razoável é que, depois que os Atos foram escritos e a carreira de Paulo tornou-se mais amplamente conhecida, suas cartas foram sistematicamente reunidas. Os estudiosos têm atribuído tal coleção a Onésimo (Fm 10), a Timóteo ou a uma escola paulina de escritores (talvez alguns dos autores das cartas deuteropaulinas). Esse trabalho teria tido continuação depois da primeira geração pós-paulina. Apesar de escritores por volta de 100-120 (tais como Inácio de Antioquia e os autores de I Clemente e 2 Pedro) demonstrarem conhecimento de várias cartas paulinas, a primeira evidência clara de uma ampla coleção aparece várias décadas depois, com Policarpo e Marcião. Este juntou dez cartas, mas não incluiu as Pastorais.[14] Por volta do fim do século II, treze cresceram em aceitação no Ocidente, e uma décima quarta (Hebreus) logo foi acrescentada no Oriente; Hebreus teve reconhecimento geral no Ocidente somente no século IV.

Os evangelhos. Por fim, a Igreja aceitou quatro evangelhos compostos no período aproximado de 65-100. Por que quatro? Embora Paulo não se refira a uma narrativa escrita, sua admoestação em Gl 1,8-9 contra um "evangelho diferente do que vos anunciamos" sugere a idéia de que apenas um evangelho pode ter sido axiomático (cf. 1Cor 15,11). O evangelho segundo Marcos, o primeiro a ser escrito, conforme a opinião da maioria dos estudiosos, autodenomina-se majestosamente "o evangelho [boa notícia] de Jesus Cristo (o Filho de Deus)", sem acenar para a existência de outra versão da proclamação. Várias décadas após Marcos, o autor de Mateus incluiu outro material, proveniente de modo especial

---

[13] D. Trobisch (*Paul's letter collection*, Minneapolis, A/F, 1994) afirma que Paulo reuniu e editou algumas de suas cartas. H. Y. Gamble (JBL 94, 1975, 403-418), porém, apresenta argumentos em favor de várias coleções de cartas paulinas.

[14] Sobre a ausência das Pastorais e de Filêmon no P^{46}, o Chester Beatty Papyrus II das cartas paulinas de cerca de 200 d.C. cf. n. 2 do capítulo 15.

de uma coleção de ditos chamada Q, em um Marcos remodelado, aparentemente com a suposição de que os leitores não mais teriam necessidade de consultar nenhuma daquelas duas fontes anteriores. Não obstante ter conhecimento de "muitas" narrativas prévias, o autor de Lucas (1,1-4) procurou elaborar sua própria "narração ordenada", com o intuito de que Teófilo (e outros leitores) pudesse conhecer mais efetivamente a verdade. O fato de não existir nenhuma citação de Marcos, Mateus ou Lucas nas epístolas joaninas, mesmo nos episódios em que os temas sinóticos poderiam ter servido bem ao autor, leva a crer que, para a comunidade joanina, "a mensagem que ouvimos" (1Jo 1,5; cf. 3,11) era somente o quarto evangelho. O bispo Papias (cerca de 125) conhecia diversos evangelhos, mas antes de 150 não existe nenhum exemplo claro de mais de um evangelho sendo lido em determinada igreja com autorização para uso público.

Com efeito, o uso de apenas um evangelho causava, às vezes, uma perturbadora exclusividade. Alguns judeus cristãos usavam um evangelho de composição própria, mas muitos preferiam Mateus por causa da judaicidade deste e de sua insistência em cada detalhe e cláusula da Lei (Mt 5,18). Presume-se que tenham feito isso para contrapor-se aos cristãos gentios, que faziam uso de outros escritos para defender a não-observância da Lei. Cedo apareceram comentários gnósticos de João, dado que tal evangelho poderia sustentar uma rejeição gnóstica do mundo.[15] Destarte, a concentração em um único evangelho poderia ser usada, eventualmente, para dar suporte a uma teologia rejeitada por um número maior de cristãos. Em reação a tal exclusividade, a aceitação de mais de um evangelho tornou-se a práxis na "Grande Igreja".[16] Quatro evangelhos encontraram aceitação cada vez mais ampla depois de 150. Taciano tentou fazer uma conciliação entre os quatro, compondo um único relato harmonizado com base nos quatro evangelhos (o *Diatessaron*) — uma acomodação que foi considerada legítima durante vários séculos pelas Igrejas de língua siríaca no Oriente, mas não pelas de língua grega e latina. Irineu, no Ocidente, e Orígenes, no Oriente, tiveram influência ao estabelecer a opinião de que Deus queria quatro evangelhos distintos para a Igreja.

---

[15] Cf. as declarações de que o Jesus joanino viera do alto, de que nem ele nem seus fiéis seguidores eram deste mundo (Jo 8,23; 17,16) e de que ele os levaria consigo para outro mundo (Jo 14,2-3).

[16] Termo usado pelo não-crente Celso, cf. Orígenes, *Contra Celso* 5.59. A passagem da escrita em rolo para a do livro ou do códice, que ocorreu provavelmente na primeira metade do século II, possibilitou aos cristãos conservar juntos vários evangelhos, copiados um após o outro. Cf. G. N. Stanton, NTS 43, 321-351, 1997.

Marcião (cerca de 100-160)[17] teve um importante papel ao acelerar a formação do cânone do NT. Educado como cristão (talvez até mesmo filho de um bispo) e teólogo brilhante, foi a Roma, proveniente do Oriente, por volta de 140, proclamando que o criador testemunhado pelo AT era apenas um demiurgo ("o deus deste mundo": 2Cor 4,4) que insistia estritamente na justiça. Tal criador não era o Altíssimo, o Deus amoroso (um Deus "estranho" e "alheio" a este mundo), responsável pelo envio de Jesus em forma humana.[18] Dado o crescente distanciamento dos cristãos em relação à Lei, ao culto e à sinagoga, tal como atestado em Paulo, Hebreus e João, a total rejeição da herança judaica por Marcião não causava surpresa. Sua atitude, contudo, foi condenada como herética pelos presbíteros da Igreja de Roma, por volta de 144, levando-o a fundar uma Igreja com estruturas próprias, a qual durou cerca de três séculos.

Marcião encontrou uma justificação especial para sua opinião nos escritos de Paulo, a quem ele interpretou como alguém que rejeitou completamente a Lei (e o AT). Ele selecionou um cânone de escritos cristãos que pudessem ser interpretados de forma favorável à sua tese, a saber, um evangelho (Lucas, sem os cap. 1–2: o *euaggelion*) e dez cartas paulinas (sem as cartas pastorais, o *apostolikon*).[19] A reação ao desprezo de Marcião pelo AT influenciou a decisão da Igreja mais ampla de manter o AT como palavra de Deus para o povo cristão. Da mesma forma, a oposição ao cânone truncado de Marcião foi um fator[20] que impulsionou as Igrejas em direção a um *euaggelion* mais amplo (quatro evangelhos, em vez de Lucas apenas) e a um *apostolikon* maior (no mínimo treze cartas paulinas, em vez

---

[17] ABD 4.514-20; KNOX, J. *Marcion and the New Testament*. Chicago, Chicago Univ., 1942; BLACKMAN, E. C. *Marcion and his influence*. London, SPCK, 1948; HOFFMAN, R. J. *Marcion*; On the restitution of christianity. Chico, CA, Scholars, 1984.

[18] Não, porém, por meio de verdadeira encarnação. Em seu pensamento, Marcião se aproximou de outras heresias do século II, por exemplo, o docetismo. Embora os escritores eclesiásticos antignósticos considerassem-no gnóstico (cf. *p. 162* deste livro), ele pode apenas ter partilhado algumas opiniões com os gnósticos, como o dualismo e o demiurgo.

[19] Marcião também emendou o texto grego, eliminando passagens das quais discordava. Embora míope, a ênfase que Marcião dava a Paulo era um primeiro testemunho do poder dos escritos do grande apóstolo. Numerosos estudiosos valorizariam os exageros de Marcião ao preservar a típica oposição de Paulo à Lei contra a primitiva harmonização cristã de Paulo com o pensamento da Igreja geral e com os outros apóstolos (como em Atos — cf., porém, *p. 449*, deste livro). Marcião tem sido considerado um precursor de Lutero no uso de Paulo para desafiar a Igreja.

[20] Outros fatores, como temos visto, incluíam a oposição aos cristãos judeus e aos gnósticos, o uso litúrgico, a lealdade à tradição e a necessidade de um apoio ante o martírio.

de dez). Uma expansão deste último pode também ser vista na inclusão dos Atos dos Apóstolos, a segunda metade da obra de Lucas. Com sua narrativa a respeito do trabalho de Pedro, o líder dos Doze companheiros de Jesus, anteposta à narrativa da obra de Paulo, os Atos poderiam logicamente figurar entre os quatro evangelhos reunidos, que tratam de Jesus, e a coleção de cartas de Paulo. O mesmo instinto de favorecimento dos Doze provavelmente explica a inclusão de 1 Pedro e 1 João. Em todo caso, nas décadas imediatamente antes e depois de 200 d.C., os escritores eclesiásticos gregos e latinos aceitaram largamente uma coleção de vinte obras[21] como um NT, ao lado do AT judaico.

Completando a coleção. As sete obras restantes (Hebreus, Apocalipse, Tiago, 2 e 3 João, Judas, 2 Pedro) eram citadas do século II ao século IV e aceitas como Escritura em algumas Igrejas, mas não em todas. Finalmente, porém, em fins do século IV, no Oriente grego e no Ocidente latino, existia amplo (mas não absoluto) consenso sobre um cânone de 27 obras.[22] Essa padronização levava algumas Igrejas a aceitar, da parte de outras, livros sobre os quais elas tinham algumas dúvidas, e tal "ecumenismo" refletia um crescente contato e comunhão entre o Oriente e o Ocidente. Orígenes foi a Roma e assimilou a visão bíblica da Igreja em que Pedro e Paulo foram martirizados, e que tinha lutado contra Marcião. Por outro lado, pensadores ocidentais posteriores, como Ambrósio e Agostinho, familiarizaram-se com as obras de Orígenes e, por meio dele, com as perspectivas bíblicas do cristianismo altamente literato de Alexandria. Jerônimo, o mais erudito Padre da Igreja latina, viveu grande parte de sua vida na Palestina e na Síria. Dessa forma, em certo sentido, o cânone mais amplo no século IV, semelhantemente à coleção menor no século II, testemunha a experiência daquilo que Inácio havia chamado anteriormente de "a Igreja Católica" (*Smyrnaeans* 8,2).

Jamais saberemos todos os detalhes sobre como os 27 livros foram escritos, conservados, selecionados e reunidos; um fato, porém, é indiscutível: reunidos como o NT, eles têm sido o instrumento mais importante para colocar milhões de pessoas, de diferentes tempos e lugares, em contato com Jesus de Nazaré e com os primeiros fiéis que o anunciaram.

---

[21] Quatro evangelhos, treze cartas paulinas, Atos, 1 Pedro e 1 João.
[22] Essa é a cifra do NT conhecida por nós hoje. As comunidades de língua siríaca finalmente substituíram o *Diatessaron* pelos quatro evangelhos, mas não incluíram as epístolas católicas menores e o Apocalipse. A Igreja etíope usava um cânone mais amplo, estimado em 35 livros.

Bibliografia[23]

ANDERSON, B. W. (ed.). *The books of the Bible*. New York, Scribner's, 1989. 2 v. O segundo volume tem artigos sobre todos os livros do NT.

BROWN, R. E. et al. (eds.). *New Jerome biblical commentary*. Englewood Cliffs, NJ, Prentice Hall, 1990.

EPP, E. J. & MACRAE, G. W. (eds.). *The New Testament and its modern interpreters*. Philadelphia, Fortress, 1989. Informações sobre o andamento da pesquisa em todos os aspectos do NT.

MAYS, J. L. et al. (eds.). *Harper's Bible commentary*. San Francisco, Harper & Row, 1988.

The anchor Bible dictionary. New York, Doubleday, 1992.

The interpreter's dictionary of the Bible. Nashville, Abingdon, 1962. 4 v.; supl. 1976.

Bibliografia geral sobre o NT

Elenchus bibliographicus biblicus (um anuário, anteriormente parte da revista *Biblica*, é o mais completo índex de todos os escritos sobre a Bíblia).

FITZMYER, J. A. *An introductory bibliography for the study of Scripture*. 3. ed. Rome, PBI, 1990. Oferece avaliações úteis e equilibradas.

FRANCE, R. T. *A bibliographic guide to New Testament research*. 3. ed. Sheffield, JSOT, 1983.

HARRINGTON, D. J. *The New Testament*; a bibliography. Wilmington, Glazier, 1985.

HORT, E. *The Bible book*; resources for reading the New Testament. New York, Crossroad, 1983.

HURD, J. C. *A bibliography of New Testament bibliographies*. New York, Seabury, 1966. Inclui bibliografias de estudiosos do NT.

KRENTZ, E. New Testament library. A recommended list for pastors and teachers. CurTM 20, 49-53, 1993.

LANGEVIN, P.-E. *Bibliographia biblique*; Biblical Bibliography... 1930-1983. 3. ed. Quebec, Laval Univ., 1985. Abrange toda a Bíblia.

MARTIN, R. P. *New Testament books for pastor and teacher*. Philadelphia, Westminster, 1984.

---

[23] Sobre os tópicos e livros do NT, pode-se começar, com proveito, pelos pertinentes artigos das seis obras seguintes. Com essa intenção, artigos dessas obras serão citados apenas excepcionalmente nas bibliografias individuais que concluem os capítulos deste livro.

METZGER, B. M. *Index to periodical literature on Christ and the Gospels.* Leiden, Brill, 1966. Abrange até 1961 e, como tal, é útil para o período anterior a NTA.

New Testament abstracts (periódico iniciado em 1956, oferece resumos em inglês de todos os artigos e da maioria dos livros sobre o NT; é o instrumental mais útil).

PORTER, S. E. & McDONALD, L. M. *New Testament introduction.* Grand Rapids, Baker, 1995. Bibliografia comentada (a ser atualizada a cada cinco anos).

Introduções ao Novo Testamento[24]

BEKER, J. C. *The New Testament;* a thematic introduction. Minneapolis, A/F, 1994.

BROWN, S. *The origins of Christianity;* a historical introduction to the New Testament. 2. ed. New York, Oxford, 1993.

CHILDS, B. S. *The New Testament as canon;* an introduction. Philadelphia, Fortress, 1984.

COLLINS, R. F. *Introduction to the New Testament.* New York, Doubleday, 1983.

CONZELMANN, H. & LINDEMANN, A. *Interpreting the New Testament.* Peabody, MA, Hendrickson, 1988 (da 8. ed. alemã).

DAVIES, W. D. *Invitation to the New Testament.* Sheffield, JSOT, 1993.

FREED, E. D. *The New Testament;* a critical introduction. Belmont, CA, Wadsworth, 1986.

FULLER, R. H. *A critical introduction to the New Testament.* London, Duckworth, 1974.

GUTHRIE, D. *New Testament introduction.* 4. ed. Downers Grove, IL, InterVarsity, 1990. Uma contribuição muito importante, muito conservadora.

JOHNSON, L. T. *The writings of the New Testament.* Philadelphia, Fortress, 1986.

KEE, H. C. *Understanding the New Testament.* 5. ed. Englewood Cliffs, NJ, Prentice Hall, 1993.

KOESTER, H. *Introduction to the New Testament.* Philadelphia, Fortress, 1982. 2 ed., v. 1: New York, de Gruyter, 1995.

KÜMMEL, W. G. *Introduction to the New Testament.* rev. enlarged ed. Nashville, Abingdon, 1986 [Ed. bras.: *Introdução ao Novo Testamento.* São Paulo, Paulus, 1982]. Um clássico.

MACK, B. L. *Who wrote the New Testament?* The making of the Christian myth. San Francisco, Harper, 1995.

MARTIN, R. P. *New Testament foundations;* a guide for Christian students. rev. ed. Grand Rapids, Eerdmans, 1986. 2. v.

MARXSEN, W. *Introduction to the New Testament.* Philadelphia, Fortress, 1968.

---

[24] Algumas das mais recentes e/ou mais importantes, representando várias abordagens.

METZGER, B. M. *The New Testament*; its background, growth, and content. 2. ed. Nashville, Abingdon, 1983.

MOFFATT, J. *An introduction to the literature of the New Testament*. 3. ed. Edinburgh, Clark, 1918. Um clássico erudito.

MOULE, C. F. D. *The birth of the New Testament*. 3. ed. London, Black, 1981.

PATZIA, A. G. *The making of the New Testament*. Downers Grove, IL, InterVarsity, 1995.

PERKINS, P. *Reading the New Testament*. 2. ed. New York, Paulist, 1988.

PERRIN, N. & DULING, D. C. *The New Testament, an introduction*. 3. ed. Fort Worth, Harcourt Brace, 1994. Modificações significativas em relação à primeira edição de Perrin (1974).

PRICE, J. L. *Interpreting the New Testament*. 2. ed. New York, Holt, Rinehart and Winston, 1971.

PUSKAS, C. B. *An introduction to the New Testament*. Peabody, MA, Hendrickson, 1989.

SCHWEIZER, E. *A theological introduction to the New Testament*. Nashville, Abingdon, 1991.

SPIVEY, R. A. & SMITH, D. M. *Anatomy of the New Testament*. 5. ed. Englewood Cliffs, Prentice Hall, 1995.

STOTT, J. R. W. *Men with a message*; an introduction to the New Testament. rev. ed. Grand Rapids, Eerdmans, 1995.

WIKENHAUSER, A. *New Testament introduction*. New York, Herder and Herder, 1960. Tradução de um clássico católico romano do qual a mais recente edição alemã, de J. Schmid, é a sexta (1973).

WRIGHT, N. T. *The New Testament and the people of God*. Minneapolis, A/F, 1992.

Teologias do Novo Testamento[25]

BALZ, H. & SCHNEIDER, G. (eds.). *Exegetical dictionary of the New Testament*. Grand Rapids, Eerdmans, 1990-1993. 3 v. Muito útil; oferece transliterações para aqueles que não conhecem o alfabeto grego.

BULTMANN, R. *Theology of the New Testament*. London, SCM, 1952, 1955. 2 v. Um clássico.

CAIRD, G. B. *New Testament theology*. Oxford, Clarendon, 1994.

CONZELMANN, H. *An outline of the theology of the New Testament*. New York, Harper & Row, 1969.

CULLMANN, O. *Salvation in History*. New York, Harper & Row, 1967.

GOPPELT, L. *Theology of the New Testament*. Grand Rapids, Eerdmans, 1981-1982. 2 v.

---

[25] Algumas são na verdade Introduções.

KITTEL, G. & FRIEDRICH, G. (eds.). *Theological dictionary of the New Testament.* Grand Rapids, Eerdmans, 1964-1976. Original alemão de 1932-1979. Um clássico. Também condensado em um volume por G. W. Bromiley (Grand Rapids, Eerdmans, 1985), com transliterações.

KÜMMEL, W. G. *The theology of the New Testament according to its major witnesses;* Jesus — Paul — John. Nashville, Abingdon, 1973.

LADD, G. E. *A theology of the New Testament.* Rev. by D. A. Hagner. Grand Rapids, Eerdmans, 1993.

LÉON-DUFOUR, X. *Dictionary of the New Testament.* San Francisco, Harper & Row, 1980.

MARXSEN, W. *New Testament foundations for Christian ethics.* Minneapolis, A/F, 1993.

MATERA, F. J. *New Testament ethics.* Louisville, W/K, 1996.

RICHARD, E. *Jesus: one and many;* the christological concept of New Testament authors. Wilmington, Glazier, 1988.

RICHARDSON, A. *A theological word book of the Bible.* New York, Macmillan, 1950.

_____. *An introduction to the theology of the New Testament.* New York, Harper & Bros., 1959.

SCHELKLE, K.-H. *Theology of the New Testament.* Collegeville, Liturgical, 1971-1978. 4 v.

SPICQ, C. *Theological lexicon of the New Testament.* Peabody, MA, Hendrickson, 1994. Original francês de 1978.

STAUFFER, E. *New Testament theology.* London, SCM, 1955.

Cânone do Novo Testamento

FARMER, W. R. & FARKASFALVY, D. M. *The formatin of the New Testament canon.* New York, Paulist, 1983.

GAMBLE, H. Y. *The New Testament canon;* its making and meaning. Philadelphia, Fortress, 1985.

HAHNEMAN, G. M. *The Muratorian fragment and the development of the canon.* Oxford, Clarendon, 1992.

LIENHARD, J. T. *The Bible, the Church, and authority.* Collegeville, Liturgical, 1995.

MCDONALD, L. M. *The formation of the Christian biblical canon.* Peabody, MA, Hendrickson, 1995.

METZGER, B. M. *The canon of the New Testament.* Oxford, Clarendon, 1987.

SOUTER, A. *The text and canon of the New Testament.* 2. ed. London, Duckworth, 1954.

WESTCOTT, B. F. *A general survey of the History of the canon of the New Testament.* 4. ed. London, Macmillan, 1875. Um clássico que reimprime os antigos textos básicos pertinentes ao cânone.

Panorama da pesquisa do Novo Testamento

BAIRD, W. *History of New Testament research.* Minneapolis, Fortress, 1992-). São vários volumes. O v. 1 abrange 1700-1870.

BRUCE, F. F. The history of New Testament study. Marshall, *New,* 1977, pp. 21-59.

FULLER, R. H. *The New Testament in current study.* New York, Scribner's, 1962.

HALL, D. R. *The seven pillories of wisdom.* Macon, GA, Mercer, 1990. Uma crítica elegante e moderada dos raciocínios encontrados na pesquisa neotestamentária.

HARRISVILLE, R. A. & SUNDBERG, W. *The Bible in modern culture... from Spinoza to Käsemann.* Grand Rapids, Eerdmans, 1995.

HUNTER, A. M. *Interpreting the New Testament 1900-1950.* London, SCM, 1951.

KÜMMEL, W. G. *The New Testament;* the history of the investigation of its problems. Nashville, Abingdon, 1972.

MORGAN, R. New Testament theology. In: KRAFTCHICK, S. J. et. al. (eds.). *Biblical theology;* problems and perspectives. J. C. Beker Festschrift, Nashville, Abingdon, 1995. pp. 104-130.

RÄISÄNEN, H. *Beyond New Testament theology.* Philadelphia, Trinity, 1990.

RICHES, J. *A century of New Testament study.* Valley Forge, PA, Trinity, 1993.

Como ler o NT

Capítulo 2

Na descrição geral do capítulo 1, vimos que diferentes tipos de escritos cristãos tornaram-se parte do NT. Agora, vamos analisar mais detalhadamente como tais diferenças afetam nosso modo de ler ou de interpretar. Essa discussão nos introduz numa área muito vivaz da pesquisa moderna chamada *hermenêutica*, o estudo da interpretação, ou a busca do significado.[1] Esse estudo emprega várias abordagens para os documentos escritos, cada uma chamada de "crítica", por exemplo, crítica textual, crítica histórica e crítica das fontes. (Não se trata de "crítica" no sentido mais comum de julgamento desfavorável, mas no sentido de análise cuidadosa.) A primeira parte deste capítulo analisa brevemente os diversos tipos de crítica bíblica; a segunda comenta o impacto das teorias da inspiração e da revelação; a terceira parte trata do sentido literal da Escritura; a quarta discute os sentidos mais amplos, que ultrapassam o sentido literal.

A. Panorama dos métodos de interpretação (hermenêutica)

Para ser franco, o estudo dos diversos tipos de interpretação é difícil — na verdade, demasiadamente difícil para iniciantes. Contudo, como muitos livros sobre a Escritura acenam aos métodos de interpretação, algum conhecimento do assunto é

---

[1] A palavra grega *hermēneia* abrangia um amplo raio de interpretação e esclarecimento — uma função que os estudiosos modernos estão tentando recuperar e expandir em sua compreensão da tarefa hermenêutica. Existe interpretação do discurso em si, quando a linguagem exprime o que se passa na mente de alguém, interpretação por meio da tradução de uma língua para a outra e interpretação por meio de comentário e explicação acerca do que um outro disse ou escreveu. Essa última forma de interpretação é muitas vezes o centro da hermenêutica moderna. Para maiores detalhes, cf. THISELTON, A. C. *New horizons in hermeneutics*; the theory and practice of transforming biblical reading. Grand Rapids, Zondervan, 1992.

essencial. Esta subseção oferece, embora brevemente, uma visão geral abrangente. Abordagens completas de aspectos fundamentais da interpretação virão mais adiante, de modo que os iniciantes que ficarem um pouco perdidos no quadro geral podem querer voltar a esta subseção. A fim de evitar que a discussão se torne demasiado abstrata, usaremos os evangelhos como exemplos concretos para analisar a aplicação dos diversos tipos de interpretação. (Tenha-se presente, porém, que as "críticas" têm uma aplicação mais ampla do que os evangelhos. J. B. Green — *Hearing the New Testament*; strategies for interpretation [Examinando o Novo Testamento; estratégias para interpretação], Grand Rapids, Eerdmans, 1995 — e S. L. McKenzie — *To each its own meaning*; an introduction to biblical criticisms and their application [Para cada coisa ter significado; uma introdução à crítica bíblica e sua aplicação], Lowsville, W/K, 1993 — têm ensaios sobre cada tipo de crítica, com exemplos mais abrangentes.)

1. *Crítica textual*. Há quase dois mil anos, foram escritos quatro evangelhos em grego. Não dispomos dos manuscritos originais (mss.), saídos da pena dos evangelistas, nem do original de nenhuma das obras do NT. Aquilo de que realmente dispomos são diversas cópias gregas manuscritas, confeccionadas em algum lugar entre 150 e 1.300 anos depois — para todos os fins práticos, até a invenção da imprensa. Muitas vezes, mas na maioria das vezes em pontos insignificantes, essas cópias não concordam entre si devido aos erros e alterações dos copistas. A comparação das diferenças nas cópias em grego (bem como em antigas traduções e citações do NT) é chamada de crítica textual. É uma área de pesquisa altamente especializada, e o capítulo 3 fornecerá informações gerais para ajudar os leitores a compreender as discussões acerca do "melhor texto" de um versículo e as diferenças entre as traduções da Bíblia.

2. *Crítica histórica*. Os quatro evangelistas tentavam transmitir aos seus leitores uma mensagem sobre Jesus. A mensagem é chamada de sentido literal, ou seja, aquilo que o autor literalmente quis dizer; a identificação deste sentido é *um* dos aspectos da crítica histórica.[2] Muitas vezes, é relativamente fácil de discernir o sentido literal; outras vezes, exige-se um bom conhecimento das lín-

---

[2] Cada intérprete compreende de forma diferente essa expressão. Por algum tempo, serviu de designação geral para toda investigação "científica" e, como tal, incluía aquilo que agora é mais comumente chamado de crítica das fontes e crítica das formas. Tal imprecisão deve ser lembrada quando se lêem exageros sobre a "esterilidade" da crítica histórica. Muitas vezes, o que se ataca não é a busca do sentido literal, mas a concentração nas fontes.

guas antigas, da gramática, dos estilos, costumes etc. Por exemplo, em Mc 7,11-12, Jesus diz: "Se alguém disser a seu pai ou a sua mãe: os bens com que eu poderia te ajudar são: *Corban*, isto é, oferta sagrada — vós não o deixareis fazer mais nada por seu pai ou por sua mãe". De que costume se trata? Qual a lógica que estava por trás? Por que o assunto era significativo para os leitores aos quais Marcos se dirigia? Essas e outras questões teriam de ser discutidas a fim de entender como Marcos representa a atitude de Jesus. A descoberta do sentido literal é fundamental para todas as outras formas de interpretação, de modo que toda uma parte deste capítulo (a terceira) será dedicada a ela.

3. *Crítica das fontes*. É o estudo dos antecedentes dos quais os escritores do NT tiraram suas informações. As fontes dos evangelhos têm uma importância particular porque, com toda probabilidade, os evangelistas não foram testemunhas oculares da vida de Jesus. Dado que as pessoas pregavam sobre Jesus, no primeiro estágio havia a tradição oral; a seguir, algo daquela tradição começou a ser escrito. É possível detectar e reconstruir tais fontes, uma vez que não foram conservadas? Os estreitos paralelos entre os evangelhos existentes, especialmente entre os três primeiros (Marcos, Mateus e Lucas), oferecem uma via de investigação desse problema. Um evangelista teria usado como base outro evangelho que já tinha sido escrito? Em caso de resposta afirmativa, qual foi a ordem de dependência, ou seja, Mateus depende de Marcos ou Marcos depende de Mateus? Tais questões devem ser estudadas, mas não consideradas de importância primordial. Na interpretação, a prioridade deve ser dada às obras atuais do NT, não às suas fontes altamente hipotéticas. A questão da crítica das fontes dos evangelhos será estudada no capítulo 6, como parte da abordagem geral daqueles, e também nos capítulos que tratam de cada evangelho em particular.

4. *Crítica das formas*. Não costumamos ler tudo da mesma forma. Quando damos uma olhada no jornal, lemos as manchetes pressupondo que se trata de informações razoavelmente confiáveis, mas quando chegamos às páginas de propagandas sabemos que devemos ser mais prudentes quanto à confiabilidade daquilo que é anunciado. O livro pego casualmente em uma livraria normalmente tem uma informação na capa ou na sobrecapa que o identifica como ficção, história, biografia etc. Em linguagem técnica, a sobrecapa especifica o gênero ou "forma" — um dado útil, pois geralmente lemos os diferentes gêneros com expectativas diversas. Conforme vimos no capítulo 1, o NT contém diversos gêneros, isto é, evangelhos, cartas e o Apocalipse. Todavia, é preciso ser mais específico. O ca-

pítulo 6 deste livro discutirá se os evangelhos são um gênero literário particular ou se se aproximam o bastante de outras formas antigas a ponto de serem classificados como histórias ou biografias. De forma semelhante, o capítulo 15 discutirá a classificação das cartas do NT à luz de gêneros antigos. Esse tipo de investigação é chamado de crítica das formas.

Ultrapassando a classificação geral de escritos inteiros, os estudiosos têm averiguado os gêneros ou as formas literárias dos componentes. Alguns são bastante óbvios. Adiante, nos capítulos sobre os evangelhos, por exemplo, estudaremos as parábolas e as histórias de milagres, as narrativas da infância e as narrativas da paixão. A classificação mais avançada das formas, porém, é um empreendimento altamente técnico. Quanto aos evangelhos, incluiriam: máximas de sabedoria, ditos proféticos ou apocalípticos, regras ou leis para a vida da comunidade, as expressões "Eu vos digo", metáforas, comparações, ditos enquadrados num esquema narrativo, anedotas breves, histórias longas de milagres, narrativas históricas, fábulas não-históricas etc.[3]

Embora a discussão de tais gêneros específicos ultrapasse esta *Introdução*, em um plano geral, alguns aspectos da crítica das formas são importantes. Teoricamente, cada forma ou gênero tem suas próprias características. A ausência ou presença de uma presumida característica numa determinada parábola ou história de milagre, portanto, pode ser estudada a fim de determinar como aquela parábola ou história passou para a tradição. Por exemplo, se Marcos contém uma parábola na qual está faltando uma característica tradicional e Mateus traz a mesma parábola incluindo tal característica, a disparidade *pode* até dizer-nos que Mateus conserva melhor o original. Contudo, os caprichos da composição humana são imprevisíveis. Não se pode ter certeza de que a forma menos completa não era a original, pois a mais completa pode refletir a tendência de suprir aquilo que se esperava.

---

[3] As principais críticas das formas do século XX eram alemãs (Karl Ludwig Schmidt, Martin Dibelius, Rudolf Bultmann); ao desenvolver (diversos) sistemas de classificação, atribuíram-lhes designações alemãs, às vezes derivadas do grego. Seus estudos clássicos estão disponíveis em tradução para o inglês: Dibelius, *From tradition to gospel*, ed. rev., New York, Scribner's, 1965; e Bultmann, BHST. Cf. a breve introdução de E. V. McKnight, *What is form criticism?* (Philadelphia, Fortress, 1969, GBSNT); e a mais técnica de K. Koch, *The growth of the biblical tradition*; the form-critical method (New York, Scribner's, 1969). Bons exemplos de comentários que aplicam sistematicamente a crítica das formas são os de V. Taylor (evangelho de Marcos) e J. A. Fitzmyer (evangelho de Lucas).

O diagnóstico da forma em si nada nos diz a respeito da historicidade do material modelado como um dito, uma parábola ou uma história de milagre. Será que Jesus pronunciou esse dito ou essa parábola? Será que ele fez tal milagre? A crítica das formas não pode responder a essas questões históricas.[4] Às vezes os intérpretes fecham os olhos a essa limitação, como o exemplifica a própria classificação de Bultmann em "lendas". Para Bultmann, apesar da forma, estas não são histórias de milagre em sentido próprio, mas narrativas religiosas, edificantes, não históricas. A última conclusão não está baseada simplesmente na identificação da forma, mas numa pressuposição acerca do que pode ser histórico. As histórias referentes à última ceia são simplesmente lendas religiosas, diz-nos Bultmann (BHST 244-245), embora outras indiquem que uma tradição acerca da ceia eucarística na noite em que Jesus foi entregue já estava estabelecida quando Paulo se tornou cristão em meados dos anos 30 (1Cor 11,23-26).

5. *Crítica da redação*. A inclusão de componentes individuais (história de milagres, parábolas etc.) no produto final (o evangelho como um todo) modifica drasticamente o significado daqueles; e o significado de todo o evangelho é a principal preocupação dos que lêem o NT. Na história da pesquisa neotestamentária do século XX, o desenvolvimento da crítica da redação debruçou-se sobre essa preocupação, após um domínio inicial da crítica das formas. Esta se concentrava nas unidades preexistentes compiladas pelos evangelistas; a crítica da redação, ou pelo menos o ramo dela que é mais bem conhecido como crítica do autor,[5] reconhecia que os escritores modelaram criativamente o material herdado por eles. A atenção passou, dessa forma, aos interesses dos evangelistas e à obra que eles produziram.

---

[4] Essa precaução será relembrada quando discutirmos o tema do Jesus histórico no Apêndice I.

[5] "Redator" é outro termo para "editor", embora possa implicar um editor mais importante. Existia uma forma de crítica da redação que se concentrava no isolamento e na história das tradições *anteriores ao evangelho* (distintas das adições editoriais feitas pelos evangelistas) e nas circunstâncias históricas nas quais foram editadas. A visão dos evangelistas como editores é melhor do que a visão deles como apenas compiladores; ainda assim, não se lhes faz justiça como autores que oferecem uma narrativa e uma orientação teológica para o que foi recebido. "Crítica da composição" ou "crítica do autor" são expressões que enfatizam a última visão. Uma visão panorâmica é oferecida por N. Perrin (*What is redaction criticism?* Philadelphia, Fortress, 1969, GBSNT), e uma excelente análise e bibliografia por J. R. Donahue (em *The new literary criticism and the New Testament*, eds. E. S. Malbon e E. V. Mcknight, Sheffield, JSOT, 1994, pp. 27-55). Para aplicações, cf. BORNKAMM, G. et al. *Tradition and interpretation in Matthew*. Philadelphia, Westminster, 1963; MARXSEN, W. *Mark the evangelist*. Nashville, Abingdon, 1969.

Nos casos em que é possível conhecer com razoável segurança o material usado, pode-se diagnosticar a ênfase teológica por meio das mudanças que o autor efetuou no que foi tomado à outra fonte. Por exemplo, se Mateus e Lucas usaram Marcos, o fato de eles estimarem grandemente os Doze torna-se evidente pela omissão dos versículos marcanos que acentuam as falhas dos apóstolos e pela adição de segmentos que apresentam os apóstolos numa situação favorável (Lc 9,18-22 omite informações de Mc 8,27-33 e Mt 16,13-23 acrescenta). As conclusões tornam-se sempre mais especulativas quando a reconstrução da fonte é incerta, um problema que tem atingido os estudos da teologia de Marcos e de João.[6] Mesmo quando não conhecemos as fontes, porém, a teologia dos redatores/autores emerge no final das obras que produziram. Quaisquer que sejam os componentes, quando um evangelho é lido tal como chegou até nós, fala teologicamente. Dessa forma, a crítica da redação conduz-nos à crítica narrativa (cf. adiante).

6. *Crítica canônica*. Essa abordagem[7] pode ser considerada, de alguma forma, uma extensão do interesse pelo produto final, evidente na crítica da redação. Não obstante cada livro do NT ter sua própria integridade, o livro só se tornou Escritura Sagrada como parte da coleção do NT, adquirindo novos significados quando relacionado com outros livros daquela lista canônica. (Cf. o capítulo 1, sobre como as obras foram individualmente recolhidas e agrupadas.) Enquanto outras formas de crítica estudam o significado de uma passagem em si ou no contexto do livro bíblico no qual aparece, a crítica canônica examina a passagem à luz de todo o NT, ou mesmo de toda a Bíblia, em que outros livros/passagens ajudam a compreendê-la. A subseção D, adiante, trata dessa crítica.

7. *Estruturalismo*. Embora a crítica das formas e a crítica da redação tenham componentes literários, estes ganham evidência em algumas outras abordagens. O estruturalismo (ou semiótica) concentra-se na forma final das obras do

---

[6] Uma boa avaliação é feita por C. C. Black, JSNT 33, 19-39, 1988.

[7] Foi iniciada por estudiosos do AT, especialmente B. S. Childs (*Introduction to the Old Testament as Scripture*, Philadelphia, Fortress, 1979) e J. A. Sanders (*Torah and canon*, Philadelphia, Fortress, 1972; *Canon and Community*, Philadelphia, Fortress, 1984). NJBC 71.71-74 oferece comparação e avaliação; cf. também CHILDS, B. S. *The New Testament as canon*; an introduction. Philadelphia, Fortress, 1984; O'CONNER, M. RSRev 21, #2, 91-96,1995. Embora aceite teoricamente a crítica histórica, Childs critica unilateralmente comentários do NT, não importa quão teológica a obra seja no nível histórico.

NT.[8] Ainda que a estrutura geral como guia para aprender a intenção do autor seja de longa data uma característica da interpretação — e é quase uma obrigação para todas as introduções bíblicas a apresentação de um esquema de cada livro do NT —, nessa abordagem, "estrutura" é bem mais do que um esquema geral. De modo particular nas contribuições dos teóricos literários francófonos, a semiótica tornou-se um estudo altamente técnico, semelhante à matemática. A estrutura que é detectada não é o esquema que salta aos olhos, visto que as mais profundas estruturas não aparecem na superfície, mas ajudam a construir o texto (tenham sido ou não conscientemente entendidas pelo autor). Essas estruturas precisam vir à luz a fim de que o texto seja percebido como um todo coerente. Com freqüência, os estruturalistas propõem esquemas de assustadora complexidade, levando os não-estruturalistas a perguntar-se se tal labirinto tem alguma utilidade e se a análise semiótica produz resultados que não poderiam ter sido obtidos pela exegese do senso comum.[9] Os leitores são convidados a fazer maiores investigações, pois não é fácil apresentar um simples exemplo. Na maioria das vezes, o estruturalismo ultrapassa o nível desta *Introdução*.[10]

---

[8] Uma explicação do estruturalismo para iniciantes (entre os quais me incluo) é oferecida por D. Patte (*What is structural exegesis?* Philadelphia, Fortress, 1976, GBSNT). Mais técnicos são: CALLOUD, J. *Structural analysis of narrative.* Philadelphia, Fortress, 1976. (SSup 4) — que trata do muito influente método de A. J. Greimas; POLZIN, R. M. *Biblical structuralism.* Philadelphia, Fortress, 1977. (SSup 5); GREENWOOD, D. C. *Structuralism and the biblical text.* Berlin, de Gruyter, 1985. D. O. Via (*Kerygma and comedy in the New Testament*, Philadelphia, Fortress, 1975) aplica o estruturalismo em Marcos; H. Boers (*The justification of the gentiles*; letters to the Galatians and the Romans, Peabody, MA, Hendrickon, 1994), em Gálatas e em Romanos.

[9] Nem todos estudiosos bíblicos francoparlantes se entusiasmam com o método. Escrevendo sobre a exegese semiótica de narrativas evangélicas infantis feita por R. Laurentin, L. Monloubou (*Esprit et Vie* 93, p. 648, nov. 24, 1983) pergunta à queima-roupa se a semiótica acrescenta algo novo à interpretação, e dá uma resposta que eu traduzo:

> Este revolto oceano da semiótica, cujas ondas espumantes varreram as tranqüilas praias da exegese, acha-se agora em processo de retraimento. Ele remodelou alguns lugares da praia exegética; deixou também muitos detritos. Uma inadequada soma de importância dada aos elementos formais de um texto relembra irresistivelmente os excessos da lógica formal, tão apreciada por um escolasticismo decadente.

[10] O mesmo acontece com o desconstrucionismo, às vezes chamado de pós-estruturalismo. Essa abordagem recente e vivamente discutida desafia muitas idéias sobre o significado desenvolvido na tradição intelectual ocidental. Não as mais profundas estruturas de um texto, mas os mais profundos níveis da mente produzem significados que, como a linguagem, permanecem intrinsecamente instáveis. O mais proeminente defensor da validade filosófica dessa abordagem é o estudioso francês J. Derrida. Cf. MOORE, S. D. *Poststructuralism and the New Testament*; Derrida and Foucault at the foot of the cross. Minneapolis, A/F, 1994; SEELEY, D. *Deconstructing the New Testament.* Leiden, Brill, 1994; ADAM, A. K. M. *What is postmodern biblical criticism?* Minneapolis, A/F, 1995, GBSNT.

8. *Crítica narrativa*. Mais clara e imediatamente produtiva é uma abordagem que, quando aplicada aos evangelhos, concentra-se neles como histórias.[11] À primeira vista, a terminologia empregada nessa exegese pode parecer formidável. Por exemplo, a crítica narrativa distingue o autor real (a pessoa que realmente escreveu) do autor implícito (aquele que pode ser inferido na narrativa) e o público real (aqueles que, no século I, deveras leram/ouviram o que foi escrito, ou mesmo aqueles que lêem hoje) do público implícito (aqueles a quem o autor se dirige ao escrever). Essas distinções, na verdade, têm razão de ser, e a atenção dedicada ao fluxo da narrativa pode lançar luz em muitos problemas exegéticos.

De modo particular, a crítica narrativa é útil para histórias contínuas como aquelas do nascimento e da morte de Jesus. Focalizações freqüentemente demasiado microscópicas sobre o texto revelam problemas que os exegetas podem mais facilmente explicar se sabem apreciar uma narrativa simplificada que pressupõe muita coisa. Por exemplo, é deveras um problema o fato de o Pilatos de Marcos saber o bastante a ponto de perguntar a Jesus: "Tu és o Rei dos Judeus?", sem que lhe tivessem falado explicitamente sobre esse assunto? Isso demonstra que Pilatos estava envolvido na prisão de Jesus desde o começo? Ou, antes, não deveriam os leitores *presumir* que as autoridades esclareceram o problema a Pilatos quando lhe entregaram Jesus, mesmo que jamais tenhamos sido informados a respeito disso na narrativa abreviada, quase corrida, de Marcos? Mais uma vez, logicamente os sumos sacerdotes não podem ter levado Jesus a Pilatos (Mt 27,2) e estar no santuário do templo quando Judas devolveu as trinta moedas de prata (Mt 27,3-5). Contudo, seria intenção dessa narrativa enfatizar a simultaneidade? Quando as passagens do evangelho eram lidas em voz alta, teriam os ouvintes aqueles pressupostos interpretativos pretendidos pelo autor, pelo menos até que os estudiosos descobrissem aí um problema? A crítica narrativa leva em conta os excessos da investigação histórica e ajuda a realçar a intenção principal do autor.

---

[11] BEARDSLEE, W. A. *Literary criticism of the New Testament*. Philadelphia, Fortress, 1970; PETERSEN, N. R. *Literary criticism for New Testament critics*. Philadelphia, Fortress, 1978; POWELL, M. A. *What is narrative criticism?* Minneapolis, A/F, 1990. (GBSNT); MINOR, M. *Literary-critical approaches to the Bible*; an annoted bibliography. West Cornwall, CT, Locust Hill, 1992. Exemplos desse tipo de análise são oferecidos por D. M. Rhoads (*Mark as story*; an introduction to the narrative of a Gospel, Philadelphia, Fortress, 1982); J. D. Kingsbury (*Matthew as story*, 2. ed., Philadelphia, Fortress, 1988) e Culpepper (*Anatomy of the fourth Gospel*; a study in literary design, Philadelphia, Fortress, 1983); também R. C. Tannehill, sobre os evangelhos de forma geral (in NInterpB 8.56-70).

Infelizmente, alguns estudiosos que abraçaram a crítica narrativa argumentam que ela é hermeneuticamente insignificante se aquilo que é narrado nos evangelhos jamais aconteceu. Em resposta a isso, dois fatores devem ser mantidos em tensão. Por um lado, a eficácia dos evangelhos decorre em grande parte da apresentação que fazem de Jesus numa longa, unificada e cativante narrativa (bem diferente das memórias dos grandes sábios rabínicos).[12] Por outro lado, por sua autocompreensão, o cristianismo é fundamentalmente baseado naquilo que Jesus realmente disse e fez para desdenhar a historicidade.

9. *Crítica retórica*. Ligada à crítica narrativa, é uma abordagem que analisa as estratégias usadas para tornar eficaz aquilo que foi narrado[13] (por exemplo, a descoberta de material adequado para ser narrado; a disposição orgânica desse material; a escolha das palavras apropriadas). (A classificação da argumentação retórica em judicial, deliberativa e demonstrativa será discutida no capítulo 15 deste livro, relacionando-a às cartas.) A crítica retórica admite que o texto escrito revela os contextos tanto do autor quanto do leitor, de modo que se ocupa não somente dos objetivos e métodos do escrito, mas também dos interesses, valores e emoções dos leitores do passado e do presente.

Tanto a crítica narrativa quanto a retórica levam seriamente em conta os evangelhos como literatura. Antigamente, em comparação com os grandes escritos clássicos greco-romanos, os evangelhos eram considerados produções literárias "menores" (*Kleinliteratur*) de tipo popular. Agora, porém, os estudos de literatura crítica estão fazendo mais justiça a um fato histórico inegável: o poder narrativo dos evangelhos, centrados na pessoa de Jesus, tem sido de uma eficiência singular em

---

[12] Os evangelhos, mesmo nas partes em que recordam o ensinamento de Jesus, diferem nitidamente da Mixná, a coleção das opiniões rabínicas sobre a Lei (cerca de 200 d.C. — *p. 151* deste livro), que, apesar de não ser Escritura, tornou-se virtualmente tão autorizada para o judaísmo quanto o NT para o cristianismo. Curiosamente, a maior parte de ambos os livros foi colecionada na mesma época.

[13] WILDER, A. N. *Early Christian rhetoric*; the language of the Gospel. London, SCM, 1964; KENNEDY, G. A. *New Testament interpretation through rhetorical criticism*. Chapel Hill, University of North Carolina, 1984; WUELLNER, W. Where is rhetorical criticism taking us? CBQ 49, 448-463, 1987; PORTER, S. E. & OLBRICHT, T. H. (eds.). *Rhetoric and the New Testament*. Sheffield, JSOT, 1993 (JSNTSup, 90); WATSON, D.F. & HAUSER, A. J. *Rhetoric criticism of the Bible*; a comprehensive bibliography with notes on history and method. Leiden, Brill, 1994. Uma explicação muito útil, seja das técnicas modernas, seja das antigas, usando Jonas como exemplo, é fornecida por P. Trible (*Rhetorical criticism*, Minneapolis, A/F, 1994), que chama a atenção para o papel significativo de J. Muilenburg. Trible (op. cit., pp. 32-48) distingue dois lados da retórica: composição habilidosa do discurso/escrita, e persuasão efetiva do público.

convencer milhões a tornar-se cristãos.[14] Embora eu apresente a vida judaica dos profetas (especialmente a carreira de Jeremias) como parcialmente antecipadora da abordagem do evangelho, não existem outros equivalentes mais próximos dessas composições do NT na subsistente literatura judaica da época.

10. *A crítica social*[15] estuda o texto como reflexo e resposta aos contextos social e cultural nos quais foi produzido. Considera o texto como uma janela que dá acesso a um mundo de opiniões e vozes conflitantes. Grupos diversos, com diferentes posturas política, econômica e religiosa, modelaram o texto a fim de que expressasse suas preocupações particulares. Esse importante ramo da pesquisa neotestamentária contribuiu para um revigoramento no estudo histórico. O capítulo 4, adiante, discutirá a matéria-prima dessa crítica, ou seja, o contexto político e social do NT, fornecendo aplicações.

11. *Crítica advocatória* é um título abrangente às vezes ligado aos estudos[16] liberacionistas, afro-americanos, feministas e afins, porque os seus promotores preconizam que os resultados devem ser usados para mudar a situação social, política e religiosa de hoje. (Uma máxima típica é que a libertação do oprimido é

---

[14] Apesar de apresentarem passagens muito persuasivas sobre a eficácia da morte e da ressurreição de Cristo para a justificação e salvação, as cartas paulinas jamais pintam "a face" do Cristo a quem Paulo proclama e ama. Os evangelhos mostraram ao mundo muito mais sobre quem era Jesus, retratando seu tipo de vida.

[15] KEE, H. C. *Knowing the truth*; a sociological approach to New Testament interpretation. Minneapolis, A/F, 1989; HOLMBERG, B. *Sociology and the New Testament*. Minneapolis, A/F, 1990; PILCH, J. J. *Introducing the cultural context of the New Testament*. New York, Paulist, 1991; MAY, D. M. *Social scientific criticism of the New Testament*; a bibliography. Macon, GA, Mercer, 1991; MALINA, B. J. & ROHRBAUGH, R. L. *Social-scientific commentary on the synoptic Gospels*. Minneapolis, A/F, 1992; THEISSEN, G. *Social reality and the early christians*. Minneapolis, A/F, 1992; PILC, J. J. & MALINA, B. J. *Biblical social values and their meaning*; a handbook. Peabody, MA, Hendrickson, 1993; ELLIOTT, J. H. *What is social-scientific criticism?* Minneapolis, A/F, 1993. (GBSNT) (bibliografia excelente); DULING, D. C. BTB 25, 179-193, 1995 (visão geral). Essa crítica é aplicada a Mateus por Balch (*Social history of the Mattheam community*, Minneapolis, A/F, 1991) e Saldarini (*Matthew's Christian-Jewish community*, Chicago, Univ. of Chicago, 1994) [Ed. bras.: *A comunidade judaico-cristã de Mateus*. São Paulo, Paulinas, 2000] e a Lucas por Neyrey (*The social-world of Luke-Acts*, Peabody, MA, Hendrickson, 1991).

[16] A bibliografia atinente é enorme. São exemplos representativos: BROWN, R. M. *Unexpected news*; reading the Bible with third world eyes. Philadelphia, Westminster, 1984; FELDER, C. H. (ed.). *Stony the road we trod*; african american biblical interpretation. Minneapolis, A/F, 1991; SCHÜSSLER FIORENZA, E. (ed.). *Searching the Scriptures*; a feminist commentary. New York, Crossroad, 1994; e sua obra mais importante: *In memory of her*. 2. ed., New York, Crossroad, 1994. [Ed. bras.: *As origens cristãs a partir da mulher*; uma nova hermenêutica, São Paulo, Paulinas, 1992.] TRIBLE, P. (*Christian Century* 99, 116-118, 1982) resume três abordagens diferentes da mulher na Escritura.

única óptica segundo a qual a Escritura deve ser lida.) Essa abordagem apóia-se nos pressupostos de que os textos bíblicos tinham sua própria apologética, ou seja, eram escritos por homens ou líderes da Igreja, refletindo, portanto, uma perspectiva patriarcal ou eclesiástica. Por conseguinte, superficialmente, a narrativa bíblica pode incrementar a opinião deles, alternativas silenciadas, de forma que os mais tênues indícios devem ser examinados a fim de se recuperar o que possa ter sido supresso consciente ou inconscientemente. Outros, porém, vêem nesse método o perigo de ler na Escritura aquilo que se gostaria de encontrar, sem o reconhecimento de que a situação sociológica do NT pode ter sido de fato (e não simplesmente por causa da supressão de elementos) desfavorável às causas modernas. Sem pretender resolver essa questão, todos deveriam reconhecer que, ao levantar questões que exegetas anteriores (em sua maioria do Primeiro Mundo, brancos e do sexo masculino) jamais levantaram, os pesquisadores advocatórios iluminaram valiosamente a situação do NT.

12. *Visão de conjunto.* Como podem os leitores do NT lidar com tantas "críticas" diferentes? *As diversas abordagens de um texto devem ser confrontadas a fim de que nenhuma "crítica" se torne a forma exclusiva de interpretação.* Os intérpretes que empregam as várias formas de crítica de maneira complementar atingirão um sentido muito mais completo do texto bíblico.[17]

A fim de descrever a extensão total desse significado, S. M. Schneiders (*The revelatory text*; interpreting the New Testament as Sacred Scripture [O texto revelador; interpretando o Novo Testamento como Escritura Sagrada], San Francisco, Harper, 1991) entrevê três "mundos", ou seja, o mundo por trás do texto, o mundo do texto e o mundo diante do texto. À guisa de ilustração, usemos os evangelhos. a) *O mundo por trás do texto* incluiria tanto a vida de Jesus quanto a reflexão religiosa sobre ele, por meio da fé, da pregação e da experiência religiosa da comunidade. b) *O mundo do texto,* tal como aparece agora (não importa como tenha surgido), contém o testemunho escrito dos evangelistas, refletindo sua própria compreensão e experiência de Jesus, e suas habilidades em expressar tal testemunho. (Sobre esse ponto, será dito algo mais na subseção C, adiante.) É

---

[17] A Pontifícia Comissão Bíblica de Roma insistiu sobre esse ponto em 1993; cf. FITZMYER, J. A. *The Biblical Commission's Document: "The interpretation of the Bible in the Church"*. Roma, PIB, 1995. (Subsidia Bíblica, 18.)

preciso fazer duas observações. Por um lado, embora os evangelhos estejam escritos, a tradição que está por trás deles era proclamada oralmente, e os sinais da oralidade ainda são fortes nos relatos escritos.[18] Na tese segundo a qual Mateus e Lucas usaram Marcos, não se deve presumir que a dependência deles em relação a um relato escrito tenha apagado as lembranças dos evangelistas acerca do que eles ouviram sobre Jesus. Por outro lado, uma vez escritos, os textos dos evangelhos passaram a ter vida própria, de forma que podem existir significados veiculados que ultrapassam aquilo que os autores tinham em mente ou aquilo que o público original compreendeu. c) *O mundo diante do texto* diz respeito à interação do texto dos evangelhos com os leitores que, por meio da interpretação, penetram-no, apropriam-se de seu significado e são transformados por ele (cf. a última parte da subseção D — "Sentido ampliado por leitura subseqüente"). Nesse nível interpretativo, a explicação/comentário dos evangelhos tem um importante papel. Ademais, muitos crentes presumem que, para uma completa apropriação do texto, é necessário um compromisso espiritual pessoal com o Jesus retratado nos evangelhos — uma pressuposição que vai de encontro à opinião, às vezes preconizada, de que somente aqueles que não estão comprometidos religiosamente podem ser intérpretes objetivos.

Nesta subseção introdutória, concentrei-me nos evangelhos para ilustrar a importância das diversas abordagens hermenêuticas. As variadas "críticas" (das formas, da redação, retórica etc.) são aplicadas igualmente aos demais escritos do NT, como os Atos, as cartas, o Apocalipse, em que surgem temas especiais, típicos do gênero individual. Contudo, uma vez que a idéia geral foi ilustrada por meio dos evangelhos, podemos esperar até o capítulo que trata daqueles escritos, a fim de realizar a importação imediata e prática de tópicos hermenêuticos mais evidentes.

B. Questões especiais levantadas pelas teorias sobre a inspiração e a revelação

Essa visão geral da hermenêutica pode certamente provocar uma óbvia objeção da parte de muitos leitores. Afinal, essas "críticas" tratam os livros do NT

---

[18] Cf. DEWEY, J. (ed.). *Orality and textuality in early christian literature* (*Semeia*, 65, 1994). Para uma avaliação da oralidade em Marcos, ver seus artigos em *Interpretation* 43, 32-44, 1989; CBQ 53, 221-236, 1991; para as narrativas da paixão, cf. BDM 1.51-53.

com a pressuposição de que foram escritos por seres humanos limitados no tempo, segundo as convenções literárias da época, de forma que as abordagens interpretativas adequadas para outros livros podem ser igualmente aplicadas a eles. Contudo, pelos séculos em fora, a maioria dos cristãos tem lido os livros bíblicos não por serem exemplos de literatura, mas porque Deus os inspirou. Essa fé, se é válida, qualifica as regras de interpretação? De que forma a opinião de que a Escritura é um elemento peculiarmente importante na revelação divina influencia a interpretação?

Inspiração

Entram em jogo quatro posições gerais diferentes (e até mesmo contraditórias) em relação à inspiração.

1. Alguns sustentam que a inspiração da Escritura é uma piedosa crença teológica sem nenhum valor. Muito da crítica do NT que surgiu na Alemanha no final do século XVIII e durante o século XIX foi uma reação à teologia cristã tradicional.[19] Deve-se ainda contar com esse tipo de reação, pois alguns estudiosos e professores neutralizam o literalismo bíblico, desbancando os escritos bíblicos do NT de qualquer *status* religioso especial. Para eles, o cristianismo neotestamentário deveria ser julgado somente com base em sua contribuição sociológica como um movimento religioso de somenos importância nos primórdios do Império Romano.

2. Sem comprometer-se com nenhuma visão, seja positiva, seja negativa, a respeito da inspiração, muitos intérpretes considerariam as referências a ela como totalmente inapropriadas num estudo erudito das Escrituras. O fato de ambos os Testamentos terem sido produzidos por crentes, endereçados a crentes e preservados por crentes com o objetivo de encorajar a fé não deveria interferir na interpretação. Quando passagens que têm peso teológico apresentam dificuldades, não se pode apelar para a inspiração ou para qualquer outro fator religioso (p. ex., tradição da Igreja) ao interpretá-las. Intencionalmente ou não, essa atitude tem como conseqüência tornar irrelevante uma doutrina da inspiração.

3. A ponta literalista do espectro dos intérpretes bíblicos tornaria a inspiração divina um elemento tão dominante que as limitações dos escritores huma-

---

[19] A obra de H. S. Reimarus, D. Strauss e F. C. Baur rejeitava virtualmente, com ceticismo, todos os elementos sobrenaturais na carreira de Jesus e dos apóstolos. Cf. NJBC 70 para a história da crítica do NT.

nos tornar-se-iam insignificantes, exatamente como acontece com muitos dos problemas hermenêuticos que levantei na subseção anterior. Deus conhece todas as coisas e se comunica por meio das Escrituras; portanto, as Escrituras respondem aos problemas de todos os tempos, mesmo àqueles jamais imaginados pelos autores humanos. Essa ênfase na inspiração é muitas vezes correlata com uma teoria de inerrância de amplo alcance segundo a qual dados bíblicos importantes para estudos científicos, históricos e religiosos são considerados infalíveis e inquestionáveis. Na prática, portanto, toda a literatura bíblica é vista como histórica, e as contradições aparentes, tais como aquelas entre as narrativas da infância segundo Mateus e segundo Lucas, precisam ser harmonizadas.

4. Alguns intérpretes assumem uma posição intermediária.[20] Eles aceitam a inspiração, considerando-a importante para a interpretação da Escritura; não pensam, porém, que o papel de Deus, como autor, tenha removido as limitações humanas. Segundo essa visão, Deus, que proveu Israel com um registro da história salvífica envolvendo Moisés e os profetas, também proveu os cristãos com um registro básico da mensagem e do papel salvífico de Jesus. Aqueles que puseram por escrito o registro cristão, contudo, estavam situados no tempo, condicionados ao século I e início do segundo, dirigiram-se a um público de seu tempo, segundo a cosmovisão daquele período. Eles não conheciam o futuro distante. Embora sejam importantes para a existência cristã futura, os escritos deles não produzem necessariamente respostas pré-fabricadas para os problemas teológicos e morais que surgiriam nos séculos subseqüentes. Deus não escolheu lidar com problemas posteriores eliminando todas as limitações humanas dos escritores bíblicos, mas oferecendo um Espírito que é um apoio vivo na constante interpretação.

Entre os defensores dessa posição intermediária, existem várias opiniões acerca da inerrância. Alguns descartam completamente a inerrância como uma dedução errônea de uma tese válida, segundo a qual Deus inspirou as Escrituras. Outros defendem a idéia de que a inspiração produziu realmente uma inerrância que afeta os assuntos religiosos (não, porém, ciência e história), de modo que todas as instâncias teológicas na Escritura estariam livres de erro. Outros, ainda, reconhecendo a diversidade no interior das Escrituras, até mesmo em assuntos

---

[20] Às vezes designados "centristas", estes podem bem constituir a maioria dos professores e escritores na área do NT.

religiosos, defendem somente uma inerrância teológica limitada. Finalmente, outra solução não postula uma limitação quantitativa da inerrância, confinando-a a certas passagens ou a certos assuntos,[21] mas qualitativa, segundo a qual toda a Escritura é inerrante à medida que serve ao objetivo para o qual Deus a destinou. O reconhecimento desse tipo de limitação está implícito na afirmação feita pelo Concílio Vaticano II: "Deve-se professar que os livros da Escritura ensinam com certeza, fielmente e sem erro a verdade que Deus, em vista de nossa salvação, quis que fosse consignada nas Sagradas Escrituras".[22] Contudo, essa resposta depara com o problema de se encontrar um critério: como alguém pode saber exatamente o que Deus quis consignar nas Escrituras visando à nossa salvação?

Desde a Reforma, dois critérios propostos para aquilo que a Escritura ensina com autoridade refletem divisões no cristianismo ocidental. Um é o de que o Espírito guia o leitor individual da Bíblia à verdade religiosa ou teológica, ou seja, à "interpretação privada" da Bíblia. O outro é de que o Espírito fornece orientação por meio do ensinamento da Igreja. Cada critério comporta dificuldades. A interpretação privada fica logicamente paralisada quando duas pessoas que pretendem ter o espírito discordam entre si. Nem todo espírito provém de Deus (1Jo 4,1-3), mas como saber de qual espírito se trata? Além disso, pelo menos nas Igrejas mais estáveis, oriundas da Reforma, a tradição da Igreja, de variados tipos (p. ex., credos, confissões de fé), tem tido uma função, explícita ou implícita, na orientação da interpretação privada. Os católicos romanos que explicitamente apelam para o ensinamento eclesial guiado pelo Espírito muitas vezes não estão conscientes de que sua Igreja raramente — quando não jamais — se pronunciou de forma categórica a respeito do sentido literal de uma passagem da Escritura, ou seja, do que um autor quis dizer quando escreveu. Com mais freqüência, a Igreja comentou o sentido permanente da Escritura, resistindo à pretensão daqueles que chegariam a rejeitar como não-bíblicas práticas e crenças estabelecidas. Ademais, as interpretações eclesiais da Escritura no catolicismo romano são afetadas por condições estabelecidas em referência ao ensinamento

---

[21] Qualquer esforço para sustentar a tese de que apenas algumas passagens do NT são infalíveis é problemático, se a inerrância brota da inspiração que abrange todas as Escrituras. Para um estudo geral, cf. LOHFINK, N. *The inerrancy of Scripture*. Berkeley, Bibal, 1992.

[22] *Dei Verbum*, nn. 3.11, 18 nov. 1965.

da Igreja em geral, o que traz como conseqüência o reconhecimento do condicionamento histórico.[23]

Numa *Introdução* destinada a um amplo número de leitores, como se devem julgar as quatro opiniões expostas a respeito da inspiração? O ceticismo de 1 ou mesmo o silêncio de 2 não iriam ao encontro do interesse religioso da maioria. Quanto a 3, uma opinião acerca da inspiração e da inerrância do NT que condicionasse as investigações hermenêuticas, equivalentes àquelas empregadas para outros livros, não facilitaria uma investigação aberta. Uma forma de 4 teria maior aceitação entre aqueles que estão interessados nas implicações religiosas do NT. Por conseguinte, ao tratar individualmente os livros do NT, chamarei a atenção para passagens que têm sido objeto de maior discussão cristã, ilustrando como variadas interpretações teológicas têm surgido com base em diferentes opiniões acerca do papel do Espírito e/ou da tradição na interpretação da palavra de Deus inspirada.

Revelação

As pessoas julgam crucial o problema da revelação, em parte, porque acreditam que a Escritura ocupa uma posição singular na revelação de Deus aos seres humanos, uma revelação que afeta sua vida e destino. Mais uma vez os cristãos têm visões diferentes acerca da revelação bíblica, as quais podem ser listadas numa seqüência paralela à lista de posições sobre a inspiração.

1. Cristãos radicais negam a existência de qualquer revelação vinda de Deus além daquela já implícita na criação. Baseando-se na metafísica ou em sua compreensão de Deus, consideram superstição todas as pretensas comunicações vindas de cima. Conseqüentemente, não aceitam a idéia de que a Escritura envolva revelação divina, tal como descartam a inspiração.

---

[23] *Mysterium Ecclesiae*, publicado no dia 24 de junho de 1973 pela Congregação para a Doutrina da Fé (ex-Santo Ofício; AAS 65, 394-407, 1973), afirma: 1. O significado dos pronunciamentos de fé "depende parcialmente do poder da linguagem usada em determinado [...] tempo"; 2. "Certa verdade dogmática é inicialmente expressa de forma incompleta (não, porém, falsa) e mais tarde [...] recebe uma expressão mais completa e mais perfeita"; 3. Via de regra, os pronunciamentos têm a limitada intenção "de resolver certas questões ou de corrigir certos erros"; 4. As verdades ensinadas "podem ser enunciadas com termos que portam os traços" das "mutáveis concepções de uma dada época" e podem precisar ser reformuladas pelo magistério da Igreja, a fim de apresentar o ensinamento com mais clareza.

2. Alguns que provavelmente crêem na revelação divina não lhe atribuem nenhum papel na interpretação, tanto quanto não permitem a intromissão da inspiração. A Escritura veicula idéias humanamente condicionadas, e a lógica, mais do que a fé, determina se devem ser aceitas.

3. Muitos cristãos, mais conservadores, pensam a Escritura como o produto da revelação, de modo que cada palavra da Bíblia constitui uma comunicação de verdades para os seres humanos. Essa abordagem, que identifica a Escritura com a revelação, vai de encontro à objeção de que algumas passagens da Escritura (lista de nomes, medidas do templo, descrições poéticas etc.) não parecem envolver verdades ou, pelo menos, verdades que afetem um modo de vida ou a salvação. A essa objeção tem-se respondido de diversas formas. Particularmente em tempos idos, interpretações alegoristas encontravam um sentido espiritual oculto sob a superfície das passagens mais prosaicas, em parte por causa da pressuposição de que o conhecimento comunicado por Deus deve ser importante, quer compreendamos ou não a razão. Sem apelar para a alegoria, tal pressuposição encontra-se amplamente difusa ainda hoje.[24]

4. Outros cristãos, não encontrando revelação em toda passagem bíblica, argumentam que a Escritura não é a revelação, mas a contém. Contudo, particularmente no Ocidente, os cristãos com essa visão estão divididos quando a pergunta se a Escritura é única evidência normativa ou testemunha da revelação. Se se quiser simplificar, muitos protestantes tendem a responder afirmativamente, enquanto os católicos não. Com o aguçamento de um mais afiado senso do desenvolvimento histórico, a situação tornou-se mais complicada. Não importa quão firmemente os cristãos modernos possam declarar que não conservam senão o que se encontra na Escritura: eles estão tão distantes da mundividência dos autores do AT e do NT que não podem considerar a realidade espiritual da forma como aqueles autores consideraram. Implicitamente, interpretações que se desenvolveram no confronto com problemas tardios têm influência. Destarte, muitos protestantes reconhecem uma reformulação da revelação bíblica através dos séculos. Não obstante, em sua maioria, não aceitam como revelada ou normativa nenhuma afirmação que não esteja, até certo ponto, explícita na Escritura.

---

[24] Por exemplo, pode-se perguntar, logicamente, por que muitos cristãos estão absolutamente convictos de que se deve considerar literalmente revelado o relato da criação. É quase como se um conhecimento de como o mundo começou (e como terminará) fosse necessário para a salvação.

A posição católica romana sofreu também algumas mudanças. A Igreja Católica ensina formalmente doutrinas que não podem ser encontradas literalmente na Escritura, como a Imaculada Conceição e a Assunção de Maria. Há vários modos populares de justificar tal ensinamento. Alguns católicos apelam para um sentido mais-que-literal de certas passagens bíblicas nas quais encontrariam doutrinas escondidas. Desse modo, encontram a Imaculada Conceição em Lc 1,28 ("Alegra-te, cheia de graça, o Senhor está contigo!") e a Assunção em Ap 12,1, com a imagem da mulher no céu com o Sol, a Lua e as estrelas. Outros defendem uma segunda fonte de revelação além da Escritura, a saber, a Tradição que era conhecida no século I (mas jamais posta por escrito) e transmitida oralmente. Nenhuma dessas duas opiniões tem seguidores eruditos hoje; com efeito, o Concílio Vaticano II rejeitou uma proposta que apresentou duas fontes de revelação.

Um parecer católico romano modificado (e simplificado) postula que a revelação envolve tanto a *ação* de Deus visando à salvação humana quanto a *interpretação* dessa ação por aqueles a quem Deus suscitou e orientou para esse fim. Sobre a ação reveladora, a Escritura descreve o que Deus realizou em Israel e em Jesus Cristo. A Bíblia também fornece a interpretação dessa ação, por exemplo, a interpretação da aliança do Sinai pelos profetas e a da missão de Jesus por ele mesmo e pelos apóstolos. De todas as interpretações da ação reveladora de Deus, a escriturística é a mais importante e essencial; ela deve guiar toda interpretação subseqüente, de forma que, no continuado pensar, exista uma constante credibilidade à Escritura. Entretanto, a interpretação escriturística é limitada, pois reflete a compreensão da ação de Deus apenas num período que vai aproximadamente de 1000 a.C. a 125 d.C. De acordo com a fé cristã, a ação de Deus chegou ao ápice em Jesus Cristo, que a realizou uma vez por todas (Hb 10,10), de forma que, após o dom do Filho divino, não é necessário nenhuma revelação ulterior — daí o axioma teológico de que a revelação se concluiu com a morte do último apóstolo. Entretanto, não há nenhuma razão para pensar que Deus parou de orientar uma interpretação crescente daquela ação. Na verdade, o papel subseqüente do Espírito na história humana, na história da Igreja e de seus pronunciamentos, nos escritos dos Padres e dos teólogos faz parte *de uma Tradição que personifica a interpretação pós-escriturística da ação salvífica de Deus descrita na Escritura.*[25] A Bíblia tem uma importância

---

[25] Naturalmente, em sentido lato, a Escritura mesma é tradição, ou seja, a tradição escrita de Israel e da Igreja primitiva.

singular porque contém tanto a narração da ação salvífica fundacional de Deus quanto a interpretação básica daquela ação, mas pode existir uma interpretação *normativa* posterior daquela ação, não encontrada na Escritura. Assim, por exemplo, o ressurgir de todos os fiéis discípulos de Cristo da morte para a glória é uma interpretação da salvação revelada no NT; embora não encontrada na Escritura, a doutrina da Assunção de Maria pode ser vista pelos católicos romanos como uma aplicação particular daquela interpretação — uma interpretação que se desenvolve com base em uma tendência neotestamentária tardia (presente em Lucas e João) que enxergava em Maria uma discípula privilegiada.

Além das teorias da revelação, amplamente descritas como protestantes e católicas, surgiram outras, mas todas apresentam dificuldades. Aquelas mostradas aqui são suficientes para capacitar os leitores desta *Introdução* a refletir por conta própria. Alguns professores de matérias do NT podem ficar surpresos ao deparar-se com estas páginas, por julgarem inoportuno levantar a questão em seus próprios cursos, receosos de que ela enfraqueça uma abordagem objetiva e científica da Escritura. Causaria estranheza, contudo, se muitos de seus estudantes não tivessem pressuposições (muitas vezes bem simples) acerca da relação entre revelação e Escritura, e dúvidas que brotam de tais pressuposições. Além do mais, consciente ou inconscientemente, uma visão a respeito da revelação inevitavelmente afeta a idéia que se tem da Escritura, não menos que a idéia daqueles que se professam agnósticos sobre o assunto.

C. O sentido literal

A subseção A deste capítulo ofereceu uma visão geral de muitas abordagens do NT (tipos de "crítica") que deveriam ser consideradas complementares. Seja-me permitido voltar a uma daquelas abordagens que suscitaram os estudos bíblicos modernos e que permanece fundamental, ainda que controvertida: a crítica histórica.[26] A controvérsia origina-se parcialmente da falta de um acordo a respeito do que está implícito. Para muitas pessoas, a crítica histórica tem tido quase uma aura de pura ciência ao estudar as fontes com base nas quais um livro bíblico foi composto: seu valor histórico, as circunstâncias da composição, o au-

---

[26] Cf. KRENTZ, E. *The historial critical method*. Philadelphia, Fortress, 1975.

tor e o conteúdo objetivo. Uma vez que a investigação histórica era freqüentemente associada a uma antipatia para com a teologia, os resultados mostraram-se estéreis para os leitores que buscavam um sentido espiritual aplicável à sua vida. Com efeito, essa abordagem crítica não parece explicar o NT como literatura religiosa vitalmente importante. O declínio e queda da crítica histórica foram anunciados várias vezes; no entanto, como Mark Twain descobriu ao ler o próprio obituário, o funeral foi um pouco prematuro. Em 1995, por exemplo, um novo periódico — *The Journal of Higher Criticism* — foi fundado trazendo em sua capa uma foto de F. C. Baur, o expoente radical da crítica histórica cento e cinqüenta anos atrás!

A teimosa sobrevivência da crítica histórica deveu-se, em grande parte, a sua preocupação com algo fundamental para todas as outras formas de interpretação (ainda que seguidores fervorosos das outras "críticas" possam não concordar). Quando se despe de alguns dos exageros (p. ex., entusiasmo desmedido na busca de fontes;[27] juízo arbitrário sobre as circunstâncias históricas), a crítica histórica se preocupa com a sensata observação de que os leitores de qualquer livro da Escritura desejam saber o que o autor daquele livro tentou transmitir. Para enfatizar esse aspecto da crítica histórica (e evitar alguns de seus infelizes "entulhos"), alguns escritores (entre os quais me encontro) optam por falar da necessidade de determinar "o sentido literal" das passagens bíblicas.

O sentido literal é o que os autores tencionavam e transmitiram aos seus ouvintes por meio daquilo que escreveram. Esse sentido não exaure o significado da Escritura, mas tem uma relação fundamental com os outros significados obtidos por outras formas de "crítica". Que o sentido literal possa não ser fácil de determinar torna-se claro quando analisamos, um por um, os componentes individuais de uma descrição.

Por meio daquilo que os autores escreveram. Os livros do NT foram escritos em grego, há cerca de 1.900 anos. Do ponto de vista da língua, nem a mais competente tradução pode apresentar todas as nuanças do original grego. Pelo aspecto da cultura e do contexto, os autores e seus ouvintes tinham uma mundividência

---

[27] Repetidas vezes, os estudiosos pensaram que podiam atribuir cada versículo de um evangelho a uma ou outra fonte ou à redação do autor; como, por exemplo, a descrição de 35 diferentes análises de fontes da narrativa da paixão em Marcos apresentada por M. L. Soards, in BDM 2.1492-1524. A única certeza a respeito da análise das fontes feita por qualquer estudioso é de que outro estudioso discordará dela.

muito diferente da nossa: contexto histórico diverso, conhecimento diverso, suposições diversas acerca da realidade. Não podemos esperar abrir um livro do NT e lê-lo com a mesma facilidade com que lemos um livro escrito de acordo com nossa própria cultura e visão do mundo. Conseqüentemente, um esforço inteligente para compreender o contexto histórico e o esquema dos autores do NT pode ser de grande utilidade e é uma das preocupações maiores desta *Introdução*.

Uma vez que escreveram em épocas diferentes e em lugares diversos, todos os autores não têm necessariamente o mesmo contexto vital e a mesma visão. Permitam-me dar alguns exemplos de possíveis diferenças que afetam o significado. Parece provável que a maioria — se não todos os autores do NT — era judia de nascimento. Em que medida conheciam bem o judaísmo e com que visão particular? Foi a grega na qual os autores bíblicos escreveram uma língua com a qual cresceram; ou a língua materna deles foi o aramaico ou o hebraico, de modo que eles (ou um secretário) traduziam mentalmente para o grego? Os autores conheciam as Escrituras Judaicas, por certo, mas em que língua? Às vezes as Escrituras em hebraico diferem consideravelmente da LXX e do Targum ou das traduções aramaicas (a maioria das quais foi feita depois da LXX). Há indícios de que Mateus, João[28] e Paulo possam ter tido conhecimento do aramaico e/ou do hebraico, enquanto Marcos e Lucas podem ter tido conhecimento apenas do grego — mas estamos longe de uma certeza. Os evangelhos e os Atos situam cenas em Jerusalém, na Judéia, na Galiléia, em Antioquia e em outras partes do mundo antigo. Como podem certos autores ter estado nos lugares que mencionam? Aqueles que estiveram escreveram com conhecimento de causa; os que não, provavelmente, escreveram usando a imaginação ou com base naquilo que ouviram.

---

[28] Nesta *Introdução*, Marcos, Mateus, Lucas e João são usados tanto para os evangelhos quanto para seus escritores. Essas designações tradicionais serão mantidas, ainda que, como veremos, a autoria seja bem mais complexa. Teoricamente, não sabemos se todos os livros foram escritos por homens, e alguns comentadores modernos insistem em referir-se a um autor desconhecido do NT como ele/ela. Mais concretamente, porém, na tradição primitiva acerca dos autores, nada indica que algum deles fosse mulher; com efeito, tanto a educação do tempo quanto os costumes sobre os cargos públicos entre os judeus tornam essa possibilidade altamente improvável. À exceção de quando apresento citações *literais* da Escritura em referência a Deus, tentarei sempre respeitar a sensibilidade moderna contra o uso de pronomes masculinos para aqueles que não são do sexo masculino; não creio, porém, que as probabilidades garantam um pronome feminino aos autores do NT.

O público-alvo.[29] Os escritores dirigiam-se a um público-alvo particular dos séculos I e II. Como aquele público entendeu o que foi escrito? Não podemos responder com certeza, mas alguns fatores devem ser considerados.

Em primeiro lugar, a intenção do autor e a compreensão dos leitores podem diferir. Por exemplo, depois de refletir sobre o ambiente vital de um autor do NT e sobre a mensagem que ele estava tentando transmitir, podemos sentir a necessidade de perguntar como um público formado por cristãos de nascimento gentio, que adquiriram uma familiaridade apenas parcial com o judaísmo, entendeu aquilo que foi escrito. A descrição que Paulo faz de Jesus como o Filho de Deus muito provavelmente tem suas raízes na promessa de Natã a Davi, segundo a qual Deus trataria o descendente real de Davi como um filho (2Sm 7,14). Contudo, qual era a compreensão do título entre os ouvintes/leitores[30] de Paulo que haviam prestado homenagem pública a deuses e deusas e a seus filhos divinos — ao menos até que horrorizados missionários judeu-cristãos tenham corrigido o engano? Até que ponto tais possibilidades devem ser introduzidas numa discussão sobre o significado das Escrituras?

Em segundo lugar, não obstante o conteúdo de um livro do NT entrar na reconstrução tanto do autor quanto dos destinatários, temos conhecimento limitado acerca da identidade do público-alvo (com exceção das comunidades nominadas em algumas cartas paulinas). Por exemplo, em Mc 7,3, o evangelista explica que os fariseus, assim como todos os judeus, lavam as mãos e purificam-se como parte de um procedimento ritual que antecede o comer e o beber. Com base nisso, pode-se pressupor que o autor ou era um judeu ou conhecia os costumes judaicos, enquanto seu público sabia pouco sobre eles. Essa suposição pode ter certa im-

---

[29] Aqui temos de levar em conta o público real, para o qual os escritos do NT foram lidos em primeiro lugar, e o público pretendido, ou seja, os leitores que os autores pretendiam atingir, conforme podemos inferir de indicações presentes nos textos. (Cf. *p. 7*, sobre o público-alvo desta *Introdução*; às vezes, porém, ela pode ser lida por outros). Cf. McKnight, E. V. (ed.). *Reader perspectives on the New Testament* (*Semeia* 48, 1989).

[30] Nós *lemos* as cartas de Paulo. Embora o nível de instrução fosse respeitavelmente alto no Império Romano, originalmente as cartas eram provavelmente lidas em voz alta, publicamente; isso significa que a maioria daqueles atingidos pelas cartas *ouviam*-nas. Os evangelhos representam um estágio em que as tradições sobre Jesus eram escritas; no entanto, nos primeiros anos, cópias deles teriam sido conservadas em arquivos da Igreja e lidas em voz alta nos cultos comunitários. Com efeito, até o agrupamento da impressão e a Reforma, a maioria dos cristãos conhecia as Escrituras mais por meio da escuta do que da leitura; a situação permaneceu assim em muitas comunidades católicas romanas até o século atual, e pode ainda ser a situação dominante nas missões cristãs.

portância na avaliação do significado de uma difícil passagem de Marcos (15,38), envolvendo o rasgar-se do véu do santuário do templo (paralelos em Mt 27,51; Lc 23,45b). Havia certo número de véus no templo, com funções e decorações diferentes (descritas pelo historiador judeu Josefo). Os estudiosos desenvolveram diversas interpretações da cena, dependendo do tipo e do significado do véu que pensam ter-se rasgado. Mas os evangelistas sabiam que havia diversos véus no santuário? Algum deles já tinha visto o edifício do templo ou o véu que o enfeitava? Se um tinha visto enquanto outros não, os evangelistas podem ter tido compreensões diferentes do rasgar-se do véu. Mais especificamente, existe alguma probabilidade de que os ouvintes de Marcos tenham entendido uma remota referência a um determinado véu do templo de Jerusalém se não tinham sequer um conhecimento elementar do judaísmo? E quanto ao público-alvo de Mateus e Lucas? Sobre o sentido literal, pode-se falar adequadamente do "significado" de uma passagem quando não existe a menor possibilidade de que o auditório original tenha compreendido tal sentido? Provavelmente não se pode interpretar o rasgar-se do véu do santuário como mais do que as palavras mesmas significariam para qualquer um que já tenha estado num templo, ou seja, que a divisão de um véu do lugar sagrado do templo de Jerusalém foi um rasgão de alto a baixo, privando assim aquele lugar daquilo que o fez santuário de Deus e o distinguiu em santidade de outros lugares na região.

Em terceiro lugar, um debate particular se concentra na compreensão que os ouvintes de cada um dos escritores do NT tiveram da "Escritura", ou seja, dos sagrados escritos judaicos do período antes de Jesus, aos quais os evangelistas fazem apelo com freqüência.[31] Os ouvintes teriam captado alusões sutis? Se uma passagem era citada, estariam eles conscientes do contexto do AT, de modo que, com base na perícope, teria vindo à mente mais do que a linha citada? O vocabulário usado por um escritor numa passagem citada da Escritura teria evocado na mente dos leitores outras passagens da Escritura que continham o mesmo vocabulário, como às vezes os estudiosos presumem em seus comentários? Teriam os ouvintes conhecido uma tradição judaica viva que tivesse expandido o significado de um texto bíblico? As respostas podem variar de um público a outro.

---

[31] Para o grande número de problemas sobre o uso e a compreensão do AT no NT, cf. BEALE, G. K. (ed.). *The right doctrine from the wrong text?* Grand Rapids, Baker, 1994.

Em quarto lugar, além de atentar para a bagagem intelectual e religiosa do público-alvo, a hermenêutica moderna tem-se concentrado na análise sociológica do autor e de seu público. Estudos históricos das Igrejas às quais Paulo e o Apocalipse se dirigiram tornaram-se há muito populares; a sociologia moderna, porém, fortalecida por uma aplicação mais astuta da técnica arqueológica, tornou-nos mais conscientes das diferenças centradas na cidadania, riqueza, educação e *status* social no interior das Igrejas destinatárias (ver capítulo 4, item B, deste livro). Às vezes, é claro, os estudiosos não são unânimes em seu diagnóstico da situação sociopolítica. Há divergências, por exemplo, sobre a diferença entre a situação política na Palestina durante o ministério público de Jesus (em minha opinião, relativamente pouco agitada, pois Jesus não era um revolucionário) e quinze ou vinte e cinco anos mais tarde (agitação muito séria). A diagnose da situação sociopolítica do público do evangelho geralmente depende dos dados internos, e é uma questão altamente especulativa.

O que os autores bíblicos tencionavam e transmitiram. Os dois verbos são uma tentativa de fazer justiça a uma situação complexa. Os escritores do NT certamente conheciam mais da tradição do que foram capazes ou optaram por transmitir em seus escritos. Jo 21,25 é claro a esse respeito. Portanto, deveríamos conservar certa desconfiança de argumentos negativos com base no silêncio, como se a ausência de texto escrito fosse falta de conhecimento. Por exemplo, somente Mateus e Lucas nos falam da concepção virginal de Jesus. O fato de os outros escritores do NT não a mencionarem não significa necessariamente que não a conhecessem (ou, *a fortiori*, que a negassem[32]); contudo, tampouco podemos supor que o assunto fosse amplamente conhecido. No nível do sentido literal, a exegese que assume aquilo que o evangelista na verdade não transmitiu *por escrito* torna-se muito especulativa.

Um assunto mais delicado é a relação entre aquilo que as palavras escritas transmitem e aquilo que o autor tencionava. Existe um leque de possibilidades: de acordo com a habilidade do escritor, um texto pode transmitir o que aquele desejou, ou um pouco menos, ou o contrário, ou qualquer outra coisa que o autor

---

[32] Uma "hermenêutica da suspeita" detecta supressão consciente ou inconsciente pelos autores escriturísticos — supressão muitas vezes daquilo que alguém gostaria de encontrar ali ou pensa que deveria ter estado ali. Deve-se levar em consideração, porém, que a idéia "supressa" jamais ocorreu ao antigo escritor.

não quis nem previu.[33] Ao interpretar qualquer obra, porém, é preciso começar por supor uma correspondência *geral* entre aquilo que o autor tinha em mente e o que transmitiu. Somente em casos excepcionais, portanto, os comentadores da Bíblia precisam deveras alertar os leitores para ocasiões em que aquilo que as palavras parecem transmitir pode não ser o que o autor pretendeu.

Pode-se bem objetar: "Como pode um intérprete moderno saber que autores antigos tencionavam algo diferente daquilo que suas palavras referiram?" Às vezes, a orientação pode ser encontrada no contexto ou em outras passagens. À guisa de exemplo, pode-se notar que Lucas não narra uma flagelação de Jesus pelos soldados romanos, como o fazem Marcos e Mateus; conseqüentemente, em Lc 23,26, o antecedente de "eles" — os que conduziram Jesus para ser crucificado — gramaticalmente são "os chefes dos sacerdotes e os chefes do povo" de Lc 23,13. Muitos comentadores enxergariam nessa passagem uma deliberada tentativa de Lucas de tornar os judeus agentes da crucifixão, absolvendo os romanos. Entretanto, o uso descuidado de palavras antecedentes não é raro em Lucas.[34] Finalmente, Lucas deixa claro que havia soldados (romanos) envolvidos na crucifixão (23,36) e, em outra parte, assinala que os pagãos mataram Jesus (18,32-33; cf. At 4,25-27). Com base em outras indicações do NT, pode-se supor que todos — ou a maioria dos cristãos — teriam ouvido falar ou sabiam do papel dos romanos na crucifixão de Jesus, de modo que o auditório de Lucas teria entendido o "eles" de Lc 23,26 naquele sentido (como o têm feito os ouvintes cristãos desde então). Com muita probabilidade, portanto, o sentido gramatical daquilo que Lucas escreveu não foi o que pretendeu transmitir.

Contudo, apenas raramente se deveria apelar para tal interpretação que distingue o que foi escrito do que foi tencionado. Com freqüência, os comentadores detectam contradições na seqüência de um livro do NT e supõem que o escritor não pode ter sido responsável pelo texto tal qual se apresenta hoje, ou que o escritor combinou diversas fontes, sem reconhecer que eram inconciliáveis. Tal solução não é impossível, mas também não é necessariamente provável. A narra-

---

[33] Adiante falarei acerca da "mais-valia" ou do sentido mais amplo de um escrito quando novas gerações vêem possibilidades no texto que estão em harmonia com a intenção do autor, mas também que a ultrapassam.

[34] Com efeito, Lucas às vezes é um editor descuidado: ele narra a profecia de Jesus acerca da flagelação (18,33), mas depois, ao omitir o flagelo romano, deixa a profecia não realizada.

tiva, tal qual se apresenta, teve um sentido para alguém antigamente, e, portanto, aquilo que parece contraditório para os intérpretes modernos pode não sê-lo. Por exemplo, alguns comentadores veriam uma contradição entre Mc 14,50 — que diz dos discípulos: "Então, abandonando-o, fugiram todos" — e Mc 14,51 — que traz certo jovem que segue Jesus — e Mc 14,54 — que apresenta Pedro seguindo-o a distância. Nesse tipo de narrativa, trata-se de contradições ou de modos cumulativos para ilustrar a falha dos discípulos? Todos fugiram ou foram embora, negando Jesus, até mesmo aqueles que, ainda a segui-lo, procuraram não fugir.

Uma última observação acerca do tema da intenção do autor é que estamos falando do autor final ou substancial de um livro do NT. Às vezes os autores do NT usaram fontes, a maioria delas não mais existente. Por exemplo, a opinião predominante é que Mateus e Lucas (além do uso que fazem de Marcos) serviram-se de Q, uma coleção de ditos do Senhor, em grego, detectada no que é comum a Mateus e Lucas, mas está ausente em Marcos. Conforme veremos no capítulo 6, existe uma indústria caseira de livros sobre Q, a analisar a ordem e a teologia exatas dessa fonte perdida, os possíveis ditos que não foram conservados, a natureza da comunidade para a qual Q foi endereçada, e a possibilidade de Q ter estado mais próxima de Jesus do que qualquer outra obra conservada etc. Embora tal pesquisa seja defensável como empreendimento acadêmico, o significado putativo de Q não deveria ser apresentado como um significado bíblico ou neotestamentário autorizado. O discernimento das complexas origens de um livro bíblico deveria fazer parte de um diagnóstico do significado daquele; mas *o NT canônico, a cuja autoridade os cristãos se submetem, consiste em livros inteiros, não em fontes reconstruídas, por mais fascinantes que estas sejam.*

Essa insistência protege parcialmente o estudo do NT contra uma objeção comum, a saber, de que, depois de alguns anos, os estudiosos mudam de opinião a respeito da composição e das fontes, e o cristianismo não pode depender dos caprichos de uma investigação oscilante. Ironicamente, apesar de a designação "estudiosos" referir-se aos grandes escritores cristãos da Antigüidade, ou seja, aos "Padres da Igreja", as Igrejas têm, de fato, dependido da pesquisa. Contudo, a respeito dessa objeção específica, as Igrejas ou seus representantes não precisam (nem devem) basear sua pregação ou prática em fontes hipotéticas, inexistentes. Embora os estudiosos discordem também quanto à exegese de textos nos livros existentes do NT, essa área é bem menos especulativa do que a reconstrução de fontes.

D. Sentidos mais amplos do que o literal

Não obstante basilar, o sentido literal não é o único significado de uma passagem, assim como a crítica histórica não é a única forma de interpretação. De modo especial, a natureza da Bíblia torna três questões acerca do sentido mais amplo extremamente importantes.

Sentido ampliado com base no reconhecimento do papel de Deus como autor

Na subseção B deste capítulo, foram explicadas quatro diferentes atitudes em relação à inspiração divina da Bíblia, e a quarta foi tratada como a mais plausível para aqueles que se interessam pelas implicações religiosas do NT. Ordinariamente, essa opinião sobre a inspiração concebe uma dupla autoria da Bíblia: divina e humana. Essa concepção de "autoria" não pressupõe que Deus tenha ditado a Bíblia para copistas humanos, mas que a composição dos livros bíblicos por escritores humanos era parte da providência de Deus, de modo que o AT e o NT podem expressar a revelação e fornecer orientação permanente para o povo de Deus. Como conseqüência do papel ativo de Deus na produção das Escrituras, não é ilógico pressupor que, além do sentido literal, tencionado e transmitido pelos autores humanos, exista um sentido mais completo, pretendido por Deus. Na história da interpretação bíblica do tempo do AT (p. ex., em Qumrã) até a Reforma, essa dimensão da Escritura foi reconhecida de diversos modos (para uma breve história, cf. NJBC 71.31-44). Na maioria das vezes, os cristãos fazem apelo a um sentido mais-que-literal, proveniente da autoria divina, centrada em duas áreas: no uso do AT no NT e no uso da Bíblia na prática e pregação da Igreja pós-bíblica. Reconhecia-se que os autores do NT viam no AT antecipações de Jesus que iam além daquilo que os autores humanos originais tinham previsto, e que a liturgia e o imaginário eclesiástico, em áreas tais como a cristologia, a mariologia e a sacramentologia, viam antecipações de crenças posteriores que ultrapassavam o ensinamento específico do NT.

Esse tipo de interpretação tem sido descrito de diversas formas: sentido espiritual, tipologia,[35] promessa e cumprimento. O problema principal enfrentado por essa exegese mais-que-literal é o estabelecimento de critérios para se ler a

---

[35] Pensava-se que certas pessoas ou coisas de um período prefigurassem pessoas ou coisas de um período posterior.

intenção de Deus nas Escrituras, de modo que se mantenha distinto da simples ingenuidade humana ao refletir sobre as Escrituras. Os critérios sugeridos incluem um amplo acordo (incluindo-se os Padres da Igreja) quanto à interpretação proposta e alguma base nos padrões escriturísticos já existentes. Por exemplo, o uso de Melquisedec como um tipo de Cristo em Hb 7 é invocado para justificar a interpretação litúrgica da apresentação de pão e vinho feita por Melquisedec (Gn 14,18) como um tipo ou antecipação da eucaristia.

No período de 1925 a 1970, de modo especial em círculos católicos romanos, desenvolveu-se uma abordagem mais técnica do *sensus plenior* ("sentido mais completo") da Escritura, compreendido como o sentido mais profundo tencionado por Deus (mas não claramente pretendido pelo autor humano), considerado existente nas palavras da Escritura quando estudadas à luz de revelação ulterior ou de progresso na compreensão da revelação.[36] O *sensus plenior* tinha de ser homogêneo com o sentido literal. Contudo, desde a década de 1970, à medida que a exegese católica mergulhou na mais ampla abordagem centrista cristã da Escritura, ao menos algumas das opiniões favoráveis a um sentido mais-que-literal que sublinhavam o movimento do *sensus plenior* encontraram eco nas duas abordagens hermenêuticas descritas a seguir.

Sentido mais amplo obtido pela colocação do livro no cânone

Se, por um lado, o significado bíblico primário é aquele de um livro do NT, e não o de suas hipotéticas partes ou fontes preexistentes, por outro, o livro tem sentido não somente por si mesmo, mas na relação com outros livros bíblicos. Com efeito, um livro é verdadeiramente bíblico somente porque se tornou parte de uma coleção autorizada, ou seja, do NT ou mesmo de toda a Bíblia. Nenhum escritor neotestamentário sabia que seu escrito seria incluído numa coleção de 27 livros e lido como uma mensagem duradoura, séculos ou mesmo milênios depois. De fato, devido à forte ênfase em certos pontos, alguns escritores poderiam não ter-se sentido felizes em ter obras de diferentes origens colocadas ao lado das suas com autoridade semelhante. Considerando aquilo que escreveu em Gl 2,11-14 sobre Cefas (Pedro) e "alguns vindos da parte de Tiago", Paulo poderia ter

---

[36] Uma apresentação detalhada do *sensus plenior* é oferecida em JBC 71.56-70 e um estudo mais breve em NJBC 71.49-51.

considerado estranho encontrar sua carta no mesmo Testamento que duas epístolas atribuídas a Pedro e outra atribuída a Tiago.[37] Lucas poderia aborrecer-se ao ver seu segundo livro (Atos) separado do primeiro (o evangelho) e classificado como se fora de um gênero diverso. Contudo, fazer parte do cânone é uma dimensão essencial do significado dos livros que estamos discutindo.

Na subseção A deste capítulo, falei de "crítica canônica", mas tal designação pode ter nuanças diferentes. Se me é permitido usar um exemplo do AT, acredita-se que o livro de Isaías comporte três grandes divisões, compostas durante um longo período de tempo: Proto-Isaías (século VIII a.C.), Deutero-Isaías (meados do século VI) e Trito-Isaías, além de outros segmentos (final do século VI em diante). Os estudiosos escrevem comentários sobre cada uma dessas partes, mas o "significado canônico" seria o que as passagens daquelas divisões têm no contexto de *todo o livro*. Com outras nuanças, seria o sentido que a passagem tem, primeiramente, no contexto do *corpus* profético, a seguir, no do AT, por fim, no de *toda a Bíblia*, inclusive o NT; em outras palavras, o sentido canônico poderia incluir cerca de oitocentos anos de interpretação.[38]

A dimensão canônica total é negligenciada de duas maneiras. Primeiramente, alguns crentes ferrenhos têm a falsa idéia de que a mensagem bíblica é sempre (e, com efeito, necessariamente) uniforme, ao passo que não é. Pode-se explicar que não existe nenhuma *contradição* entre Rm 3,28 ("justificado pela fé, sem a prática da Lei") e Tg 2,24 ("justificado pelas obras e não simplesmente pela fé"), mas dificilmente se pode supor que a atitude de Paulo era a mesma de Tiago. Quando as pessoas citam Paulo — "a finalidade da Lei é Cristo" (Rm 10,4) — podem precisar acrescentar que em Mt 5,17-18 Jesus diz: "Não penseis que vim revogar a Lei [...] não será omitido nem um só i, uma só vírgula da Lei, sem que tudo seja realizado". Tem-se, assim, um quadro mais completo do que o NT diz sobre a relação do cristão com a lei. Quer consciente, quer inconscientemente, a Igreja pôs lado a lado, no mesmo cânone, obras que não partilham a mesma opinião. A resposta ao cânone não é suprimir ou desvalorizar a perspecti-

---

[37] Contudo, o testemunho de Paulo em 1Cor 15,5-11 de um ensinamento e de uma fé partilhada com Cefas e Tiago poderia significar que sua atitude final teria sido inclusiva.

[38] Essa consideração é uma outra razão por que os cristãos têm consciência de que não estão simplesmente interpretando livros que constituem as "Escrituras hebraicas" (ver *p. 38* deste livro), mas livros que formam um AT unido a um NT na mesma Bíblia.

va cortante de um determinado autor bíblico, mas assumir uma posição ante os diversos modos de ver que coexistem lado a lado.

Em segundo lugar, num nível mais erudito, em que tal diversidade de opinião é reconhecida, existe às vezes uma tendência de definir "o centro do cânone" ou "o cânone dentro do cânone". Todos devem reconhecer que certos livros bíblicos, por sua extensão e profundidade, são mais importantes do que outros livros; por exemplo, seria bizarro, da parte de um intérprete, atribuir a Judas a mesma importância que tem Romanos. Ao Pentateuco ou Torá (cinco primeiros livros) tem-se atribuído um *status* religioso especial no AT e, no NT, aos evangelhos. O lecionário dominical tradicional da Igreja concede importância dentro do cânone àquilo que é escrito para ser lido. A seleção tem tido seus problemas: antes da década de 1970, o lecionário católico romano deixou sistematicamente Marcos de lado em favor de Mateus e de Lucas — uma escolha que privou os ouvintes cristãos de escutar a singular agudeza do testemunho de Marcos. Podem-se desculpar as deficiências de tal prática do passado considerando-as involuntárias, provindas da ingênua presunção de que tudo o que se encontra em Marcos está contido nos outros dois evangelhos. Mas, em nossos dias, ênfase seletiva é muitas vezes deliberada.

Reconhecendo que existem diversas perspectivas no NT, alguns estudiosos decidem que algumas obras são enganosas, inferiores ou prejudiciais, e deveriam ser pouco enfatizadas[39] ou até mesmo excluídas do NT. Fazendo apelo à distinção paulina entre letra e espírito (2Cor 3,6-8), postulam que os cristãos não podem fazer do NT uma autoridade infalível, mas devem distinguir o verdadeiro espírito no NT. De modo especial, tem havido uma reação por parte de estudiosos mais radicais contra obras nas quais se descobrem aspectos do "catolicismo primitivo", vale dizer, os estágios iniciais de sacramentalismo, hierarquia, ordena-

---

[39] Em certa medida, pode-se remontar essa tendência moderna ao esforço inicial de Martinho Lutero (setembro de 1522) de reorganizar a ordem dos livros do NT, colocando Hebreus, Tiago, Judas e Apocalipse no final por considerá-los de qualidade inferior à dos "verdadeiros e autênticos livros principais" do NT, dado que, em tempos anteriores, foram vistos por outra ótica (ou seja, de origem não-apostólica). Problemas teológicos podem ser encontrados na afirmação de Hb 10,26, segundo a qual não haveria nenhuma possibilidade de expiação para o pecado cometido depois da conversão; na ausência de cristologia redentora em Tiago e em sua ênfase nas obras (2,24); na criação de um livro não-canônico (*I Henoc*) por Judas 14-15 e na expectativa milenarista (mil anos de reinado do Cristo sobre a terra) em Ap 20,4-6.

ção, dogma etc.[40] Por exemplo, alguns professores universitários protestantes se têm perguntado se 2 Pedro merece fazer parte do cânone, uma vez que, em 3,15-17, admoesta contra os perigos da duvidosa interpretação privada das cartas de Paulo — implicitamente, um passo em direção ao controle eclesiástico da Escritura. Contudo, são essas precisamente as passagens escriturísticas que outros cristãos citariam para justificar os desenvolvimentos eclesiásticos posteriores. Em outras palavras, as diferenças entre os cristãos de hoje estão sendo usadas como modelo para julgar o que é importante ou justificável no NT e para deixar de lado as obras com tendências contra as quais se fazem objeções. Esse movimento tem prestado o serviço de concentrar a atenção na agudeza do problema levantado pelas divergências no NT, mas a direção da solução é questionável.

No correr da história, de forma constante, os cristãos que discutiam tentando provar que estavam certos e que os demais estavam errados apelavam para passagens seletas do NT, inconscientemente ignorando outras passagens e presumindo seguir todo o NT. Seria isso remediado pelo esquecimento consciente de outras passagens? Aqueles que professam seguir o NT não deveriam tirar maior proveito de prestar maior atenção às passagens que julgam problemáticas e de perguntar-se se tais passagens não ressaltam algo defectivo em sua visão do cristianismo? Não ganhariam bem mais se mantivessem o cânone em sua totalidade, ainda que isso significasse para eles ser desafiados pelas divergências presentes nele? Os leitores podem permitir que a Escritura lhes sirva tanto de guia quanto de corretivo.

Sentido ampliado por leitura subseqüente

Vimos discutindo aquilo que os autores do NT *quiseram dizer* e também a dimensão do significado que seus escritos *assumiram* quando colocados no contexto de todo o cânone. Tais verbos no passado, porém, não fazem justiça a toda a questão do significado. As pessoas continuam a encontrar no NT um sentido para sua própria vida à medida que enfrentam novos problemas; elas se têm pergunta-

---

[40] Em seu trabalho *What is Christianity?*, de 1900 (edição inglesa: New York, Harper, 1957), A. Harnack, famoso historiador liberal da Igreja e estudioso do NT, atribuía muitas dessas características à cristandade do século II, que distorceu a contribuição original do NT. Em 1951, E. Käsemann (KENTT 95-107) aguçou a problemática apontando para a existência de tais traços no próprio NT. Abriu-se um debate com a resposta de H. Küng (*Structures of the Church*, New York, Nelson, 1964, pp. 151-169).

do sobre o que os livros do NT *querem dizer*, e não simplesmente sobre o que eles quiseram dizer. Essa questão pode ser levantada de forma ingênua, presumindo-se que os escritos neotestamentários são destinados diretamente ao mundo moderno, isto é, na leitura de uma carta paulina, supõe-se que Paulo estivesse falando dos problemas de uma comunidade paroquial de nosso tempo. Essa abordagem é ingênua, pois os autores do NT foram seres humanos que escreveram em um tempo e num espaço particulares e, mesmo quando olhavam o futuro, concebiam-no de acordo com sua própria experiência.

Entretanto, outro modo de enfrentar o problema não é de forma alguma ingênuo. Uma vez que uma obra é escrita, entra em diálogo com seus leitores, até mesmo futuros. Nas abordagens contextuais modernas da hermenêutica (p. ex., na crítica narrativa ou na crítica retórica), a obra literária não é simplesmente o texto escrito uma vez terminado; ela passa a existir quando texto e leitor interagem. O texto não é meramente um objeto sobre o qual o intérprete trabalha analiticamente a fim de extrair um sentido permanentemente inequívoco; é uma estrutura com a qual os leitores se embatem no processo de atingir o sentido, e está aberta, portanto, a mais de um sentido válido. Uma vez escrito, um texto não mais está sob o controle do autor e jamais pode ser interpretado duas vezes com base na mesma situação.[41] Embora a fraseologia hermenêutica seja recente, tem havido um constante compromisso com o texto ao longo dos séculos. O NT tem suscitado reflexão teológica, espiritual e artística que, por ir além daquilo que o autor tencionou, não é mera acomodação ao espírito de uma época posterior. O maior problema na avaliação de tal reflexão repousa, mais uma vez, nos critérios para distinguir um desenvolvimento autêntico de uma distorção. Por exemplo, em termos de impacto, quando Francisco de Assis introduziu o presépio ou a manjedoura cristã, tornou-se o mais importante intérprete da narrativa da infância de Jesus feita por Mateus e Lucas da história.[42] Alguém pode apreciar aquela enorme contribuição e, ainda assim, perguntar-se se, ao incentivar um sentimentalismo embriagado, o presépio/manjedoura não poderia, *em certas circunstâncias*, tornar-se falso em relação aos objetivos teológicos principais daquelas narrativas.

---

[41] Cf. S. M. Schneiders, NJBC 71.63-64, e um tratado completo em seu livro *The revelatory text*, cit.

[42] O presépio combina os evangelhos (magos mateanos, pastores lucanos), os bíblicos e não-bíblicos (o estábulo, a gruta) e ecos do AT (camelos, bois, ovelhas). Enfatiza as dramáticas potencialidades e a relação com a vida simples em família.

A preocupação torna-se particularmente acentuada na avaliação de desenvolvimentos teológicos que têm apelado para a Escritura. A Reforma trouxe ao proscênio posições teológicas radicalmente diferentes com a reivindicação de que estavam baseadas no NT; destarte, a Igreja ocidental ficou dividida acerca de pontos tais como se Cristo estabelecera dois ou sete sacramentos. Tal problema é real; não obstante, as discussões modernas têm reconhecido que o NT não fala de "sacramento" e, provavelmente, no século I, jamais tenha existido tal termo global para abranger ações sagradas diversas, tais como o batismo e a eucaristia. Na permanente discussão ecumênica acerca do número dos sacramentos, uma abordagem moderna seria o estudo dos elementos comuns nas visões neotestamentárias em torno do batismo e da eucaristia que teriam conduzido ao desenvolvimento pós-NT de "sacramento" como um termo abrangente, e a possível existência de outras ações sagradas no período do NT, as quais, de uma forma ou de outra, partilhavam tal característica comum.

De quando em vez, nesta *Introdução*, pedirei aos leitores que reflitam sobre temas pertinentes aos livros do NT que ultrapassam o sentido literal. Sem tomar decisões quanto aos pontos discutidos, o reconhecimento dessa "mais-valia" pode esclarecer as diferenças subseqüentes e talvez ajude a desarmar os juízos sobre qual posicionamento é deveras bíblico.

Bibliografia sobre a interpretação[43]

BLOUNT, B. K. *Cultural interpretation*; reorienting New Testament criticism. Minneapolis, A/F, 1995.

BRAATEN, C. E. & JENSON, R. W. (eds.). *Reclaiming the Bible for the Church*. Grand Rapids, Eerdmans, 1995.

FEE, G. D. *New Testament exegesis*; a handbook for students and pastors. Ed. rev. Louisville, W/K, 1993.

FITZMYER, J. A. *Scripture*; the soul of theology. New York, Paulist, 1994. Trata das diferentes formas de exegese. [Ed. bras.: *Escritura, a alma da teologia*, São Paulo, Loyola, 1997.]

---

[43] A bibliografia para as abordagens particulares do NT encontra-se nas notas de rodapé, atreladas às discussões da respectiva forma de crítica.

FITZMYER, J. A. *The Biblical Commission's Document: "The interpretation of the Bible in the Church".* Roma, PIB, 1995. (Subsidia Biblica, 18.) [Ed. bras.: *A Bíblia na Igreja*, São Paulo, Loyola, 1997.]

GREEN, J. B. (ed.). *Hearing the New Testament*; strategies for interpretation. Grand Rapids, Eerdmans, 1995. Ensaios.

LÜHRMANN, D. *An itinerary for New Testament study.* Philadelphia, Trinity, 1989. Vários tipos de crítica, inclusive crítica textual (capítulo 3, a seguir).

MALBON, E. S. & MCKNIGHT, E. V. (eds.). *The new literary criticism and the New Testament.* Sheffield, JSOT, 1994. (JSNTSup 109.) Vários tipos de crítica.

MARSHALL, I. H. *New Testament interpretation.* Rev. ed. Exeter, Paternoster, 1985.

MCKENZIE, S. L. & HAYNES, S. R. (eds.). *To each its own meaning*; an introduction to biblical criticisms and their application. Louisville, W/K, 1993.

MCKIM, D. K. (ed.). *A guide to contemporary hermeneutics*; major trends in biblical interpretation. Grand Rapids, Eerdmans, 1986.

MCKNIGHT, E. V. *Meaning in texts*; the historical shaping of a narrative hermeneutics. Philadelphia, Fortress, 1978.

MEYER, B. F. *Reality and illusion in New Testament scholarship*; a primer in critical realist hermeneutics. Collegeville, Liturgical, 1994.

PORTER, S. E. & TOMBS, D. (eds.). *Approaches to New Testament study.* Sheffield, JSOT, 1995. (JSNTSup 120.)

PREGEANT, R. *Engaging the New Testament*; an interdisciplinary introduction. Minneapolis, A/F, 1995. Ampla série de métodos.

RICOEUR, P. *Essays on biblical interpretation.* Philadelphia, Fortress, 1975.

RYKEN, L. (ed.). *The New Testament in literary criticism.* New York, Ungar, 1984.

SCHNEIDERS, S. M. *The revelatory text*; interpreting the New Testament as Sacred Scripture. San Francisco, Harper, 1991.

SCHOTTROFF, L. *Let the oppressed go free*; feminist perspectives on the New Testament. Louisville, W/K, 1993.

STENGER, W. *Introduction to New Testament exegesis.* Grand Rapids, Eerdmans, 1993.

THISELTON, A. C. *New horizons in hermeneutics*; the theory and practice of transforming biblical reading. Grand Rapids, Zondervan, 1992.

TOMPKINS, J. P. (ed.). *Reader-Response criticism*; from formalism to post-structuralism. Baltimore, Johns Hopkins, 1980.

VAN VOORST, R. E. *Readings in Christianity.* Belmont, CA, Wadsworth, 1997. Um texto interessante, que combina leituras bíblicas com os documentos da teologia posterior.

Capítulo 3

O texto do NT

O NT conhecido pelos leitores foi traduzido para as línguas modernas do grego antigo, no qual os livros do NT foram originalmente compostos. O problema da localização do texto grego é complicado, de modo que apresentarei aqui apenas um resumo elementar daquilo que possa ser útil ao não-especialista.

A. Provas manuscritas[1] do texto

Cerca de 3 mil manuscritos do NT em grego (em partes ou por inteiro) foram preservados e copiados entre os séculos II e XVII, além de mais de 2.200 lecionários manuscritos contendo seções (perícopes) do NT organizadas para a leitura na liturgia da Igreja do século VII em diante. As muitas cópias do texto do NT não são unânimes, mas relativamente poucas diferenças entre elas são significativas.[2] Nenhum autógrafo ou manuscrito original de um livro do NT foi conservado; as diferenças surgiram no processo de cópia do original. Nem todas as diferenças provêm de erros de copistas;[3]

---

[1] A palavra "manuscrito" (ms.) significa "escrito à mão", distinguindo-se das obras impressas (que tiveram início com Gutenberg em 1456). Usavam-se dois tipos de escrita: *uncial*, que pode ser comparada a nossas letras de forma maiúsculas, e *minúscula*, composta de letras pequenas cursivas (ligadas). Às vezes o texto antigo é assinalado com divisões de seções conforme as mudanças de sentido (de quando em vez correspondendo às leituras litúrgicas). A divisão moderna em capítulos começou com Stephen Langton, no século XIII, e a divisão atual em versículos teve início com a versão impressa de Robert Stephanus (Estienne), em 1551. Sobre a subdivisão mais precisa de versículos (p. ex., Mc 14,9a), cf. *p. 36* deste livro.

[2] Metzger (*The text of the New Testament*, 3. ed., New York, Oxford, 1992, p. 281) afirma: "Nenhuma doutrina da fé cristã depende unicamente de uma passagem que é textualmente duvidosa".

[3] Erros de copistas aconteciam tanto pelos olhos (má leitura ou cópia descuidada de um texto) quanto pelos ouvidos (mal-entendido de uma pessoa que ditava o texto em voz alta). Deve-se considerar também a má leitura da pessoa que ditava para os copistas.

alguns surgiram de mudanças deliberadas. Às vezes os copistas sentiam-se impelidos a melhorar o texto que recebiam, a modernizar a escrita, a completar com frases explicativas, a harmonizar os evangelhos e até mesmo a omitir algo que parecesse duvidoso. Poder-se-ia pensar que as mais antigas cópias conservadas do NT grego (em parte ou no todo) seriam o melhor guia para os originais; mas não é bem assim. Por exemplo, um manuscrito do século VI pode ser o único exemplar restante de uma cópia mais antiga, agora perdida, que estava mais próxima do texto original do que uma cópia do século II ou IV existente.

Famílias textuais. Os estudiosos têm juntado em grupos ou famílias os manuscritos que partilham textos e peculiaridades semelhantes,[4] mas nenhum desses agrupamentos tem uma proveniência incontaminada dos originais. Ordinariamente os mais reconhecidos são os seguintes:

Alexandrino: por volta do fim do século II, a pesquisa cristã florescia em Alexandria, e, nos séculos seguintes, manuscritos foram ali cuidadosamente copiados por escribas que tinham um refinado conhecimento do grego (se os textos plausíveis que demarcam esse grupo de manuscritos eram originais ou melhoramentos eruditos era problema às vezes descartado). É caracterizado por leituras mais breves.

Ocidental: é um grupo abrangente, denominado pela circulação ocidental (África do Norte, Itália, Gália) de alguns manuscritos gregos que a ele pertencem. Contudo, junto àqueles, encontram-se manuscritos gregos que podem estar relacionados ao Egito e às Igrejas de língua siríaca do Oriente. Muitas vezes as parafrásticas versões textuais desse grupo são mais longas do que as sóbrias e econômicas versões alexandrinas, como se palavras tivessem sido acrescentadas (interpolações); mas, num significativo número de casos em Lucas, o texto ocidental omite o que é encontrado no alexandrino (as assim chamadas "não-interpolações", isto é, as palavras eucarísticas em Lc 22,19b-20). Em Atos, o texto é quase um décimo mais longo do que aquele encontrado na tradição alexandrina.

Cesariense: nos séculos III e IV, Cesaréia era o mais importante centro cristão da costa da Palestina. Era famosa por ter a maior biblioteca e pelos sábios que a freqüentavam. Os textos básicos desse grupo, datados do começo do século

---

[4] O nome dado a um grupo reflete (às vezes de forma imprecisa) a origem ou distribuição de muitos dos manuscritos que pertencem a ele.

III, provavelmente foram levados do Egito para Cesaréia. A seguir, foram transferidos para Jerusalém e depois levados, por missionários armênios, para a Geórgia, no Cáucaso. Tendo como base seu desenvolvimento, os textos cesarienses encontram-se entre os alexandrinos e os ocidentais.

Bizantino (ou coiné):[5] esse texto compósito, que atenua dificuldades e harmoniza diferenças, foi usado na liturgia da Igreja bizantina (tornando-se quase normativo a partir do século VI) e é visto como um desdobramento bem tardio e secundário. Não obstante, algumas de suas leituras são antigas e remontam à Igreja de Antioquia, por volta do ano 300. O *Textus Receptus* (cf. adiante) que subjaz à KJV NT exemplifica essa tradição.

Provas textuais. Uma seleção das mais importantes e antigas provas textuais do NT dá uma idéia da diversidade. (Descrições úteis da maior parte do que se segue podem ser encontradas em B. Metzger, *Manuscripts of the Greek Bible*; an introduction to palaeography [Manuscritos da Bíblia grega; uma introdução à paleografia], New York, Oxford, 1981.) Os estudiosos distinguem três tipos de manuscritos gregos:

1. *Papiros* (abreviatura: P):[6] o Egito produziu fragmentos bem antigos do NT e livros do NT em grego em papiros; desde 1890 descobriu-se uma centena, datando dos séculos II e VIII. (A datação baseia-se no estilo da escrita à mão, ou seja, na paleografia.) Entre os mais antigos encontram-se:

- P^{52} (John Rylands Papyrus 457): consiste num fragmento menor do que um marcador de livros no qual está inscrita parte de Jo 18,31-34. A data de cerca de 135 torna impossíveis as teorias de uma datação de João muito tardia.

---

[5] ROBINSON, M. A. & PIERPONT, W. G. *The New Testament in the original Greek according to the byzantine/majority textform.* Atlanta, Original Word, 1991.

[6] Os escritos antigos eram feitos em papiro ou em pergaminho. Papiro, uma espécie de papel, era confeccionado cortando-se verticalmente as hastes de uma espécie de junco do pântano, colocando-se as folhas das hastes cortadas sobrepostas e pressionando-as a fim de formar uma única folha. Não era muito duradouro e podia sobreviver aos séculos somente em climas secos (p. ex., no deserto egípcio e na área ao redor do Mar Morto). O pergaminho e o velino, de qualidade superior, eram preparados com peles de animais, e eram mais duráveis. Os rolos consistiam em folhas de papiros prendidas lado a lado e enroladas; os códices, como nossos livros, eram feitos de folhas empilhadas e unidas na parte inferior. Obviamente, se alguém procurasse uma página no meio, um códice era mais conveniente do que um rolo, que precisava ser desenrolado.

- P⁴⁶ (Chester Beatty Papyrus II): consta de 86 páginas de códices (livros), datados aproximadamente do ano 200 ou antes, contém as cartas paulinas, inclusive Hebreus (seguida de Romanos — uma ordem baseada em extensão decrescente), mas não as pastorais. Pertence ao grupo cesariense.

- P⁶⁶ (Bodmer Papyrus II): datado de cerca de 200, contém muito do texto de João, bastante corrigido. Pertence ao grupo de Alexandria, próximo ao texto do Códice Sinaítico (ver adiante).

- P⁷⁵ (Bodmer Papyri XIV-XV): datado de cerca de 225, contém Lc 2,18–18,18 e Lc 22,4 a Jo 15,8. Pertence ao grupo alexandrino, próximo ao Códice Vaticano (ver adiante).

2. *Grandes códices unciais*: esses livros, compostos de páginas de velino ou de pergaminho escritas com letras gregas maiúsculas (unciais: ver n. 1), eram os mais notáveis do século III ao IX. O imperador Constantino determinou a tolerância do cristianismo nos albores do século IV, tornando possível a existência pública de centros de aprendizado e mosteiros onde muitos códices eram copiados e conservados. Freqüentemente eles contêm toda a Bíblia grega e, às vezes, algumas obras cristãs primitivas não-canônicas. Entre os trezentos códices unciais conhecidos, os mais importantes (designados por letras maiúsculas), começando pelo mais antigo, são:

- B (Códice Vaticano): de meados do século IV, não contém a última parte do NT. Representa o tipo de texto alexandrino, e é considerado pelos estudiosos a melhor cópia do texto original do NT.

- S ou ℵ (Códice Sinaítico): de meados do século IV, contém a totalidade do NT, mais a *Carta de Barnabé* e *O Pastor de Hermas*. Segue a tradição alexandrina nos evangelhos e nos Atos, embora alhures contenha leituras ocidentais.

- A (Códice Alexandrino): do início do século V, originalmente continha o NT por inteiro, mais *I e II Clemente* e os *Salmos de Salomão*; infelizmente, perderam-se páginas. Nos evangelhos, o texto é bizantino, mas o restante do NT é alexandrino.

- D (Códice Bezae): do século V, contém Mateus, João, Lucas, Marcos, 3 João e Atos em latim e grego em páginas espelhadas. É o principal representante da tradição ocidental.

3. *Minúsculos*. Por volta do século IX, um estilo cursivo de escrita (letras unidas) começou a substituir o uncial, e existem quase 2.900 manuscritos do NT com essa escrita. Duas de suas famílias (denominadas segundo o nome dos estudiosos K. Lake e W. H. Ferrar) são cópias da tradição do texto cesariense.

Além daquilo que conhecemos com base nesses manuscritos, informações sobre o NT são oferecidas por versões ou traduções para outras línguas antigas, uma vez que dão testemunho de um texto grego que estava na base da tradução. Cerca de duzentas traduções foram feitas para o latim e para o siríaco, chamadas de Vetus Latina (VL) e Vetus Syra (VS), para distingui-las respectivamente da tradução latina do fim do século IV (a Vulgata), por são Jerônimo, a qual se tornou a Bíblia-padrão da Igreja ocidental, e da tradução siríaca dos séculos IV-V (a Peshitta), que se tornou a Bíblia-padrão da Igreja siríaca. A Vetus Latina e a Vetus Syra são geralmente atribuídas à tradição do texto ocidental. Comentários às Escrituras, feitos por escritores eclesiásticos primitivos, oferecem informações sobre o texto grego ou sobre a tradição que os precede.

B. Observações acerca do uso das provas

A respeito de tudo isso, surgem várias observações:

- Muitas diferenças entre as famílias textuais visíveis nos grandes códices unciais do IV e do V séculos existiam já por volta do ano 200, como vemos nos papiros e nas traduções primitivas. Como puderam surgir tantas diferenças no período de cem anos depois que os livros originais foram escritos? A resposta pode estar na atitude dos copistas em relação aos livros do NT a serem copiados. Eram, com efeito, livros santos por causa de seu conteúdo e origens, mas não existia nenhuma devoção servil para com a reprodução exata deles. Foram feitos para ser comentados e interpretados, e algo resultante disso podia ser incluído no texto. Mais tarde, quando idéias mais estáveis acerca do cânone e da inspiração moldaram o esquema mental, a atenção começou a centralizar-se na conservação exata da escrita. O espírito da Reforma — "a Escritura somente" — e uma visão ultraconservadora da inspiração como ditado divino intensificaram tal atenção.
- Às vezes, a escolha da mais plausível entre leituras conflitantes não pode ser definida com base nas provas manuscritas somente, porque o peso do

testemunho textual pode ser mais ou menos dividido por igual. Deve-se, então, refletir sobre o modo de pensar mais provável dos copistas, e tal questão pode dar-nos uma idéia da teologia deles.[7] Por exemplo, há manuscritos ocidentais nos quais faltam as palavras de Jesus em Lc 23,34a: "Pai, perdoa-lhes: não sabem o que fazem". Um copista piedoso tê-las-ia acrescentado ao texto lucano original, no qual faltavam, porque julgou que Jesus certamente teria pensado assim? Ou um copista tê-las-ia apagado do original porque elas perdoavam os inimigos judeus de Jesus, enquanto os Padres da Igreja ensinavam que não se podiam perdoar aqueles que levaram à morte o Filho de Deus (cf. BDM 2.971-81)?

- Havia uma forte tendência na Reforma de produzir traduções vernaculares com base no original grego, porque eram julgadas mais bem cuidadas e mais acessíveis ao povo do que a Vulgata latina. A tradução padrão inglesa (a *Authorized* ou *King James Version* de 1611) foi elaborada com base na edição grega do NT de Erasmo (publicada pela primeira vez em 1516), especialmente reeditada por Robert Stephanus (Estienne) em 1550 e 1551 — designada como o grego do NT aceito ou recebido, o *Textus Receptus*. Infelizmente, Erasmo pilhou abundantemente manuscritos dos séculos XII e XIII, de tradição bizantina; ele não dispunha de nenhum dos papiros e não usou nenhum dos grandes códices enumerados anteriormente. Ironicamente, a Vulgata latina, traduzida mil e cem anos antes, era fundamentada em manuscritos gregos melhores; e a tradução inglesa da Vulgata (Rheims NT) era por vezes mais acurada, omitindo, por exemplo, a doxologia ("Pois vosso é o reino…") no final da forma mateana da Oração do Senhor (Mt 6,13).

- No final do século XIX, finalmente a pesquisa bíblica ganhou a batalha e substituiu o *Textus Receptus* inferior por novas edições do NT em grego baseadas nos grandes códices unciais e em outras provas tornadas disponíveis desde o tempo de Erasmo. Tais edições sofreram desde então correções à luz de descobertas ulteriores. A mais familiar aos estudantes é a edição de Nestle-Aland (constantemente atualizada[8]), que é também

---

[7] Às vezes, pode-se detectar um esquema teológico em todo um manuscrito (p. ex., o Códice Bezae parece exacerbar as tendências antijudaicas encontradas no NT).

[8] A 27ª edição é de 1993.

usada na edição grega do NT das United Bible Societies. A admiração pela erudição que penetrou nessa edição verdadeiramente crítica não deveria nos fazer negligenciar um fato importante: o texto impresso ali é eclético, bebendo em uma tradição para um versículo e em outra para outro. Em outras palavras, antes de a primeira edição de Nestle ser impressa em 1898, o texto de Nestle-Aland jamais existiu como unidade na Antiguidade e jamais foi lido em alguma comunidade cristã. Uma conclusão é que, enquanto os livros do NT são canônicos, nenhum texto grego em particular deveria ser canonizado; o máximo que se pode exigir de um grego do NT criticamente preparado é a aceitação por parte dos estudiosos.

- A Igreja Católica Romana decidiu a canonicidade com base num longo e estável uso na liturgia, não fundamentada no juízo dos pesquisadores acerca de quem escreveu isso ou copiou aquilo. Destarte, a história da mulher surpreendida em adultério em Jo 7,53–8,11 e o final longo de Mc 16,9-20 foram proclamados pelo Concílio de Trento como pertencentes à Escritura, ainda que estivessem faltando em muitas provas textuais do NT. Os católicos permanecem livres para aceitar a opinião de estudiosos competentes de que tais passagens não faziam parte do texto original dos respectivos evangelhos.

- Como adverti no início do capítulo, a crítica textual pode ser tarefa muito difícil; a maioria dos iniciantes do estudo do NT acham-na desinteressante e demasiado difícil, dado que ela envolve um conhecimento técnico de grego. O livro *A textual commentary on the Greek New Testament* [Um comentário textual do Novo Testamento grego] (2. ed., Stuttgart, United Bible Societies, 1994), de Metzger, é muito útil, pois percorre o NT em grego, versículo por versículo, explicando as divergências textuais e a razão fundamental por que os estudiosos preferem uma leitura a outra. Recentes traduções do NT às vezes incluem, no rodapé, indicações de leituras que diferem daquelas escolhidas no texto. Para exemplificar o lado interessante da crítica textual, observem-se os seguintes exemplos numa tradução que contém tais leituras alternativas, e reflita-se sobre o resultado da escolha:

Jo 1,18: "É Deus, o Filho único" ou "É o Filho único" — a primeira chama o Filho de "Deus".

Lc 24,12, que descreve a corrida de Pedro em direção à tumba de Jesus, falta em algumas fontes. Se for original, constitui um relacionamento muito próximo entre Lucas e João, o único outro evangelho que traz Pedro a correr para o túmulo (Jo 20,3-10).

Ef 1,1: algumas fontes não trazem nenhuma referência a Efésios. Uma hipótese é que se trate de uma carta geral, contendo um espaço em branco que poderia ser preenchido com o nome/lugar da assembléia para a qual estava sendo lida.

Jo 7,53–8,11, que narra a história de Jesus a perdoar a adúltera, falta em muitos manuscritos, e provavelmente foi inserta em João muito tempo depois que o evangelho original fora completado. Muitos pensam, porém, que era uma história primitiva de Jesus. Por que essa história era um problema para os escribas? Seria porque era contrária à prática cristã dos primórdios de recusar o perdão público a adúlteros?

Mc 16,9-20 e duas outras leituras alternativas (ver p. *231* deste livro) aparentemente foram acrescentadas por escribas para aliviar a dureza da conclusão do evangelho em 16,8. Quais são as conseqüências de o original de Marcos terminar sem descrever uma aparição pós-ressurreição? Uma vez que Mc 16,9-20 encontra-se na maioria das Bíblias, qual é o impacto causado pela leitura de Mc 16,1-20 seqüencialmente?

Bibliografia sobre a crítica textual do NT

ALAND, B. & DELOBEL, J. (eds.). *New Testament textual criticism*; exegesis and Church history. Kampen, Kok, 1995.

ALAND, K. & ALAND, B. *The text of the New Testament*. 2. ed. Grand Rapids, Eerdemans, 1989.

BIRDSALL, J. N. The recent history of New Testament textual criticism. ANRW, II, 26.1, pp. 99-197, 1992.

COMFORT, P. W. *Early manuscripts and modern translations of the New Testament*. Wheaton, Tyndale, 1990.

EHRMAN, B. D. *The orthodox corruption of Scripture*; the effect of early christological controversies on the text of the New Testament. New York, Oxford, 1993.

_____. & HOLMES, M. W. (eds.). *The text of the New Testament in contemporary research*. Grand Rapids, Eerdmans, 1995. (B. M. Metzger Festschrift.) Excelente panorama da pesquisa.

ELLIOTT, E. J. & MOIR, I. *Manuscripts and the text of the New Testament*. Edinburgh, Clark, 1995. Introdutório.

Epp, E. J. & Fee, G. D. *Studies in the theory and method of New Testament textual criticism.* Grand Rapids, Eerdmans, 1993. (Studies and Documents, 45.)

Greenlee, J. H. *Introduction to New Testament textual criticism.* rev. ed. Peabody, MA, Hendrickson, 1995. Introdutório.

Kilpatrick, G. D. *The principles and practice of New Testament textual criticism.* Louvain, Peeters, 1990. (BETL, 96.)

Metzger, B. M. *The early versions of the New Testament.* Oxford, Clarendon, 1977.

_____. *Manuscripts of the Greek Bible*; an introduction to Palaeography. New York, Oxford, 1981. Excelentes ilustrações de manuscritos importantes.

_____. *The text of the New Testament.* 3. ed. New York, Oxford, 1992.

_____. *A textual commentary on the Greek New Testament.* 2. ed. Stuttgart, United Bible Societies, 1994. Uma ajuda extraordinariamente valiosa.

Vaganay, L. & Amphoux, C.-B. *An introduction to New Testament textual criticism.* 2. ed. Cambridge Univ., 1991.

Capítulo 4

Contexto político e social do NT

No capítulo 2, vimos que é importante conhecer o contexto e a mundividência tanto do autor quanto do público-alvo. A maior parte do NT foi composta no século I d.C. Qual era a situação política naquela época, seja na Palestina, seja no Império Romano como um todo? Como era a vida das pessoas (ambiente social) e como isso afetou a proclamação da fé em Jesus? Qual era a situação religiosa entre os judeus? Qual era o contexto religioso dos gentios? Essas questões são tratadas neste capítulo e no próximo. O objetivo é oferecer aos leitores uma compreensão *geral* do período que emoldura o NT; uma ampla bibliografia será oferecida em cada capítulo para uma leitura aprofundada.

A. Contexto político do NT

Concentrando-nos no Império Romano, em geral, e na Palestina, em particular, começaremos por descrever a situação que precedeu o século I d.C. A seguir, por uma questão de conveniência, dividiremos o século I em três partes. Em relação ao NT, a primeira abrange o período no qual Jesus passou a maior parte da vida. A segunda parte abarca o período da proclamação oral cristã e da composição das principais cartas paulinas. A última parte engloba o período da crescente dominação gentia nas comunidades cristãs e da composição da maioria das obras do NT. A fim de cobrir qualquer imbricação, a primeira parte do século II, quando os últimos livros do NT foram compostos, será tratada juntamente com a última parte do século I.

Antecedentes do século I d.C.

Embora os contatos comerciais entre as terras gregas e a Palestina tenham existido durante séculos, em 332 a.C. começou um novo período. Depois de conquistar Tiro, na Fenícia, Alexandre Magno estendeu seu domínio por Samaria e

Judéia,[1] anteriormente sob o governo persa. Foi mais que uma conquista militar, pois os judeus da área siro-palestinense (e rapidamente aqueles do Egito) tornaram-se parte daquela amálgama da civilização grega com a oriental, que conhecemos como o mundo helenístico.[2]

323-175 a.C.: domínio da Palestina por reis gregos rivais. Após a morte de Alexandre, seu império foi dividido entre seus generais (denominados diádocos). Politicamente, os sumos sacerdotes na Judéia ficaram presos entre ambiciosas dinastias no Egito (os ptolomeus) e na Síria (os selêucidas), ambas descendentes dos generais gregos. Durante os primeiros cem anos os ptolomeus dominaram toda a Judéia. Por meio de acordos bem-sucedidos com os governadores do Egito, uma importante família mercante judaica, os Tobias, atingiu o ápice na Transjordânia e, por meio de uma estratégia de cooperação política e financeira, os sumos sacerdotes de Jerusalém evitaram a interferência ptolomaica na religião durante a maior parte do período. No Egito, os judeus se tornaram uma importante minoria e, por volta do início do século III a.C., o processo de tradução das Escrituras para o grego (a LXX) estava em bom andamento ali.[3]

A situação mudou quando, numa série de campanhas (223-200 a.C.), o governador selêucida sírio Antíoco III humilhou os ptolomeus e assumiu o controle de toda a Palestina. Durante esse período de conflitiva lealdade, os judeus

---

[1] Há lendas sobre a visita de Alexandre a Jerusalém e sobre a homenagem que teria prestado ao templo. Na ordem dos fatos, ele pode ter concedido aos judeus o direito de viver conforme suas leis ancestrais. Embora aparentemente tenha recrutado mercenários samaritanos para seu exército, provas da brutal supressão de uma rebelião samaritana são oferecidas por recentes achados em grutas no Wadi ed-Daliyeh, perto do vale do Jordão (incluindo-se os ossos de centenas de refugiados). Samaria foi refundada como uma colônia militar grega. A tese de que Alexandre tenha construído o templo samaritano no Monte Garizim pode ser uma simplificação da relocação e da reconstrução de Samaria.

[2] A realidade era mais complexa. Alexandre e seus generais eram macedônios, freqüentemente desprezados por outros gregos como bárbaros, e estavam mais interessados em aumentar o poder do que em expandir sua cultura para o Oriente. Contudo, suas vitórias fizeram surgir uma complicada interpenetração de culturas.

[3] As origens da LXX são complexas, pois os livros foram traduzidos em tempos diferentes, por estudiosos com habilidades diversas, e preservados com fidelidade desigual. A apócrifa *Carta de Aristéias a Filócrates* (século II a.C.) apresenta a lenda da tradução do Pentateuco por 72 anciãos, sob Ptolomeu II (285-246 a.C.). Nos séculos I e II d.C., fizeram-se versões mais literais, revisando-se a LXX (às vezes quase a ponto de constituírem novas traduções). Associadas ao nome de Luciano, Áquila, Símaco e Teodocião, estão parcialmente conservadas, muitas vezes misturadas à LXX. Às vezes as citações que o NT faz do AT em grego vêm literalmente da LXX ou de texto bem próximo; em outros casos, estão mais próximas daquelas versões (ou de outras desconhecidas).

sentiram-se perseguidos pelos ptolomeus, como atestam as lendas de *III Macabeus*. No início, Antíoco, como o novo senhor selêucida, parecia menos opressivo nas exigências financeiras; chegou até mesmo a prometer subsídios para o templo de Jerusalém. Contudo, após a derrota para os romanos (190 a.C.), que impuseram uma enorme indenização de guerra, cresceu a carência síria de dinheiro. O general sírio Heliodoro é lembrado por ter saqueado o tesouro do templo de Jerusalém no governo de Seleuco IV (187-175), filho de Antíoco.

175-163 a.C.: Antíoco Epífanes, a revolta macabaica e os sumos sacerdotes asmoneus. A difícil situação trazida pelos selêucidas tornou-se extremamente grave sob o voluntarioso Antíoco IV Epífanes[4] (175-164). Antíoco continuou sistematicamente a obter unidade entre seus subjugados fazendo-os todos partilhar a cultura e a religião gregas. A venalidade e ambição dos sumos sacerdotes em Jerusalém, que ele mudava constantemente, serviam a seus propósitos. Ele puniu tentativas de resistência atacando Jerusalém (169 e 167), massacrou a população, saqueou o templo, erigiu uma estátua a Zeus no altar do holocausto do templo ("a abominação da desolação" de Dn 11,31; 12,11; cf. Mc 13,14) e instalou uma guarnição síria permanente em uma fortaleza (a Acra), na cidade. Essa perseguição constituiu o contexto do livro de Daniel, que usou descrições dos reis babilônicos do século VI a.C. para condenar os governadores sírios do século II a.C. Em 167, irrompeu-se uma revolta judaica, liderada por Matatias, um sacerdote que vivia em Modin, a noroeste de Jerusalém. Tal revolta durou sucessivos trinta e cinco anos, por meio de Judas Macabeu, Jônatas e Simão, filhos de Matatias.[5] Alguns piedosos (os assideus) uniram-se à revolta, esperando que uma vitória pusesse fim à corrupção do culto do templo pelos reis selêucidas. Numa guerra do tipo "gangorra", os sírios continuaram a manipular os sumos sacerdotes, jogando com a ganância e a ânsia de poder deles, e os macabeus aproveitaram as mudanças internas na política síria, jogando uma reivindicação régia contra a outra e procurando atrair Roma para o lado deles. Momentos-chave incluem a vitória judaica em 164, que conduziu à purificação e reinauguração (a partir daí, "Hanuká") do

---

[4] Como um substituto para Epífanes ("Manifestação", como um deus), seus subjugados apelidaram-no de "Epímanes" ("Maluco").

[5] Os irmãos são comumente conhecidos como os Macabeus; a dinastia que teve início com João Hircano, filho de Simão, ainda que da mesma família, é mais freqüentemente chamada asmonéia, talvez por causa do nome do bisavô de Matatias (*Asamōnaios*).

lugar do altar; a indicação de Jônatas para o cargo de sumo sacerdote em 152; e a tomada da Acra e a expulsão da guarnição síria em 142.[6]

O fim das tentativas sírias de dominar a Palestina veio somente na primeira parte do reinado do sumo sacerdote João Hircano I (135/134-104 a.C.), filho de Simão, quando Roma reconheceu a independência judaica. Hircano destruiu o santuário samaritano no Monte Garizim, aumentando o ódio já existente entre samaritanos e judeus. Seu filho Aristóbulo (104-103) assumiu o título de rei. Essa combinação de sumo sacerdócio com realeza seria mantida por seus sucessores durante os quarenta anos seguintes, e os interesses políticos do cargo muitas vezes dominaram os interesses religiosos. Guerras custeadas por Alexandre Janeu (103-76) expandiram as fronteiras do reino. Dissoluto e cruel, costumava crucificar seus inimigos judeus. Sucedeu-o sua viúva Salomé Alexandra (76-69) e, subseqüentemente, seus dois filhos, Hircano II e Aristóbulo II, cujas querelas pelo poder abriram caminho para a intervenção de Roma por meio de Pompeu, que marchou sobre Jerusalém e o templo em 63 a.C. Para fins práticos, os romanos tornaram-se, então, os senhores da terra, ainda que agissem mediante governantes sumos sacerdotes subservientes e reizetes.

63-64 a.C.: domínio romano, Herodes, o Grande, e Augusto. Os romanos favoreceram o fraco Hircano II (63-41) contra Aristóbulo, como sumo sacerdote; mas, por meio de assassinatos e do casamento com uma aventureira iduméia,[7] Antípater II emergiu como uma força de grande importância na Palestina, primeiramente como conselheiro de Hircano e, a seguir, com a aprovação de Júlio César, como procurador ou superintendente com direito próprio. O filho de Antípater, Herodes (o Grande), argutamente forjou submissão durante as guerras romanas que se seguiram ao assassinato de César (44 a.C.). Por volta de 37 a.C, por meio de truculência e de rápida aliança com a família asmonéia, tornou-se rei inconteste da Judéia, realeza aprovada e ampliada por Otaviano em 31/30 a.C.[8] Considera-

---

[6] Esse fato é freqüentemente visto como o início da independência da Judéia, que durou até a conquista de Jerusalém por Pompeu, em 63 a.C.

[7] Nesse tempo, a Iduméia era uma área ao sul da Judéia; seus habitantes eram descendentes dos edomitas, que foram empurrados para o oeste, vindos da área sudoeste do Mar Morto pela expansão invasora dos árabes nabateus.

[8] Finalmente, Herodes sentiu-se forte o bastante para desvencilhar-se da herança asmonéia: assassinou Hircano II em 30 a.C. e sua própria esposa, Mariana I (neta tanto de Hircano II quanto de Aristóbulo II), em 29. Durante os anos 20 a.C. uma nova linhagem de sumos sacerdotes foi instalada.

do complacentemente apenas meio judeu[9] por muitos judeus submissos, Herodes afinava-se claramente com a cultura greco-romana. Seu reino foi marcado por extensos projetos de construção, incluindo-se: a reconstrução da antiga capital do Reino do Norte de Israel, Samaria, tornada agora Sebaste; a nova cidade portuária Cesaréia Marítima; e, em Jerusalém, a Fortaleza Antônia, um palácio real e uma grandiosa expansão do templo.[10] Sua desconfiança em relação a possíveis rivais levou-o à construção de inexpugnáveis fortalezas (incluindo a de Maqueronte, na Transjordânia, na qual João Batista morreria anos depois) e ao assassínio de alguns de seus próprios filhos. A brutal crueldade, sem dúvida virtual insanidade, dos últimos anos de Herodes fez surgir a narrativa de Mateus acerca da disposição desse rei em massacrar todas as crianças do sexo masculino até dois anos de idade, em Belém, como parte de seu desejo de matar Jesus. Depois da morte de Herodes (por volta de 4 a.C.), Josefo (*Guerra* 2.4.1-3; #55-65) descreve como três aventureiros com pretensões reais fizeram uso da força em tentativas de sucedê-lo; mas Roma escolheu os filhos de Herodes, como veremos.

Quanto ao mundo romano mais amplo, as conquistas de Otaviano, sobrevivente das guerras que se seguiram à morte de Júlio César nos idos de março de 44 a.C., foram reconhecidas pelo Senado, que lhe concedeu o título de "Augusto" em 27 a.C. Assumindo ares de pacificador, esse mestre da propaganda encheu o império com monumentos que celebravam suas vitórias. As cidades gregas da Ásia Menor adotaram o aniversário dele como o primeiro dia do ano; com efeito, uma inscrição em Halicarnasso chamava-o de "salvador do mundo". O altar da paz, em Roma, dedicado às conquistas de Augusto, foi parte da criação de sua mística. A narrativa da infância de Jesus em Lucas (2,11.14) — com anjos cantando paz na terra e a retumbante proclamação: "Nasceu-nos hoje um salvador, que é o Cristo-Senhor, na cidade de Davi" — pode bem fazer eco à publicidade de Augusto: o nascimento de Jesus é situado no decurso do recenseamento proclamado por ele. Quando Augusto começou seu governo, Roma era uma república. Ele foi ganhando gradualmente *imperium* mais permanente ("o poder administrativo supremo"), até que o conseguiu por toda a vida, com o direito de veto aos decretos do Senado; e, de fato,

---

[9] Josefo, *Ant.* 14.15.2; #403: ele provinha de uma família iduméia que se convertera ao judaísmo havia apenas meio século.

[10] Nomes como "Sabaste" (Augusto), "Cesaréia" (César Augusto) e "Antônia" (Marco Antônio) tinham o intuito de lisonjear os patrões romanos de Herodes.

portanto, nos últimos anos de Augusto, Roma foi governada por um imperador.[11] Parte de sua expansão política consistiu na criação de províncias imperiais nos territórios controlados por Roma, que deveriam prestar contas diretamente a ele, e não ao Senado, como em tempos anteriores.

Primeira terça parte do século I d.C.

Embora esse possa ser considerado o período da vida de Jesus, ele nasceu um pouco mais cedo, antes da morte de Herodes, o Grande (4 a.C.).[12] Depois da morte deste, Augusto dividiu o reinado entre os três filhos de Herodes. Nas duas áreas mais influenciadas pela vida de Jesus, Arquelau tornou-se etnarca da Judéia, de Samaria e da Iduméia, enquanto Herodes Antipas tornou-se tetrarca da Galiléia e de parte da Transjordânia.[13] O governo de Arquelau era autocrata e despertou o ódio de seus subjugados a ponto de eles enviarem uma delegação a Roma a fim de pedir sua remoção (uma situação que alguns pensam ecoar na parábola de Lc 19,14). Augusto respondeu no ano 6 d.C., fazendo do território de Arquelau a província imperial da Judéia. Quirino, o embaixador romano da Síria (uma província mais antiga), realizou um censo com o objetivo de coletar impostos como parte do controle romano. Tal censo, que deu origem à rebelião de Judas, o Galileu, é mencionado em At 5,37 e provavelmente Lc 2,1-2 o tem em mente.[14] A rebelião

---

[11] Vale salientar, porém, que no século I d.C., muito do aparato e da fachada exterior da república sobreviveu, com reconhecimento concedido ao Senado e ao povo romano, de modo que os imperadores não eram como os reis egípcios ou sírios. O imperador ainda era, ao menos teoricamente, responsável pela vontade do povo romano.

[12] Datar o nascimento de Jesus da época de Herodes, o Grande, é uma das poucas características que aparecem em ambas as narrativas evangélicas da infância (Mt 2,1; Lc 1,5). Supondo-se que a referência é correta, a anomalia de que Jesus nasceu "antes de Cristo" resulta de um antigo erro no cálculo do ano de seu nascimento. No século VI d.C., Dionysius Exiguus (Dionísio, o Pequeno) propôs contar os anos não mais a partir da fundação de Roma (A.U.C. [do latim: *ab urbe condita* ou *anno urbis conditae* — N. T.]), mas do nascimento do Senhor. Dionísio escolheu 754 A.U.C. como o ano do nascimento, uma data demasiado tardia, pois, segundo o cálculo *mais plausível*, Herodes morreu em 750 A.U.C.

[13] A respeito de complicada árvore genealógica herodiana, cf. NJBC, p. 1245, ou ABD 3.175. O terceiro filho a governar foi Filipe, que reinou de 4 a.C. a 34 d.C., na região Leste e Norte do Lago da Galiléia (Lc 3,1). Cidades como Betsaida e Cesaréia de Filipe, mencionadas nas narrativas dos evangelhos, encontravam-se nesse território. "Etnarca" (governador de uma comunidade étnica ou minoritária) e "tetrarca" (príncipe de uma pequena área) eram títulos menores do que "rei".

[14] A errônea seqüência temporal nos Atos dá a entender que o autor de Lucas-Atos não sabia precisamente quando aconteceu tal censo — com efeito, realizou-se após a deposição de Arquelau — e, assim pode tê-lo associado aos atribulados tempos que se seguiram à morte do pai de Arquelau, Herodes, o Grande, dez anos antes. Cf. n. 33 do capítulo 10 deste livro.

de Judas, que ocorreu quando Jesus tinha cerca de doze anos e mais ou menos vinte e cinco anos antes de sua crucifixão, foi o único levante judeu importante atestado na Palestina durante o período da infância e da maturidade de Jesus. Inevitavelmente, naquele período, como é comum em governo estrangeiro, houve distúrbios e momentos de tensão; no entanto, dois dos prefeitos da época, Valério Grato e Pôncio Pilatos, permaneceram dez anos, cada, no governo — uma indicação de que não era um tempo de revolução violenta.[15] O historiador romano Tácito (*História* 5.9) afirma que na Judéia, sob o imperador Tibério (14-37 d.C.), "as coisas estavam calmas".

Havia, pois, na Palestina da maturidade de Jesus um arguto e orgulhoso "rei" herodiano responsável pela Galiléia, terra natal de Jesus, e um prefeito romano que controlava Jerusalém e a Judéia, onde Jesus passou seus últimos dias e foi crucificado. Tanto Fílon (*Ad Gaium* 38; #300) quanto o NT (Lc 13,1; 23,12) afirmam que as relações entre Herodes (ou os príncipes herodianos) e Pilatos não eram sempre amigáveis. Alguns anos depois da morte de Jesus, o rigoroso uso da força da parte de Pilatos para suprimir um movimento religioso samaritano levou à intervenção do embaixador romano na Síria, o qual despachou Pilatos para Roma em 36 d.C.[16] O reinado de quatro anos do imperador Calígula (37-41) teve um aspecto aterrador para os habitantes de Jerusalém, dado que ele tentou erigir uma estátua para ser divinizado no templo.

Segunda terça parte do século I d.C.

O primeiro período de governo direto de Roma na Judéia por meio de prefeitos terminou em 39/40 d.C. Herodes Agripa I, que fora sucessor nos territórios de seus tios Filipe e Herodes Antipas, era amigo tanto de Calígula quanto do novo imperador Cláudio (41-54). Conseqüentemente, foi feito rei de toda a Palestina (41-44 d.C.), restaurando o reinado de seu avô, Herodes, o Grande. Agripa caiu

---

[15] Fílon, filósofo judeu, apresenta um quadro extremamente hostil de Pilatos, condenando seus "subornos, insultos, roubalheiras, injúrias, danos injustificados, execuções sem julgamento constantemente repetidas, crueldade sumamente insuportável e constante" (*Ad Gaium* 38; #302; escrito por volta de 39-40 d.C.). Hoje, muitos acreditam que essa visão era preconceituosa e retoricamente esboçada, a fim de engendrar a condição para a substituição dos prefeitos romanos por Herodes Agripa I. Os evangelhos pintam um quadro menos hostil de Pilatos, mas raramente mostram-no como um modelo da justiça romana.

[16] Josefo, *Ant.* 18.4.1-2; #85-89.

nas graças dos chefes religiosos judeus e esforçou-se por parecer piedoso. At 12 atribui-lhe a perseguição que matou Tiago, o irmão de João, filho de Zebedeu. Após a morte de Agripa (dramatizada em At 12,20-23), começou outro período de governo romano, mas os procuradores do período 44-66 eram incapazes, corruptos e desonestos, provocando intensa revolta por suas injustiças. O desgoverno deles provocou o surgimento dos sicários (terroristas que manejavam facas), dos zelotas (impiedosos seguidores da Lei) e de uma importante revolta judaica contra os romanos.[17] Na última década desse período, foi de particular importância para os cristãos a execução de Tiago, o "irmão do Senhor" (62 d.C.), que ocorreu depois de uma audiência convocada por Anã (Anás) II, um sumo sacerdote que foi removido a seguir pelo procurador Albino por ter agido ilegalmente. Somente dois anos mais tarde, após o grande incêndio de Roma em julho de 64, o imperador Nero (54-68) perseguiu os cristãos na capital. Nessa perseguição, consoante respeitável tradição, Pedro e Paulo foram martirizados. Assim, por volta de meados dos anos 60, as mais famosas personalidades cristãs dos evangelhos e dos Atos estavam mortas, de forma que a última terça parte do século I pode ser chamada de subapostólica ou pós-apostólica.

Forças romanas importantes e os melhores generais envolveram-se na supressão da revolta judaica. Uma tradição um tanto incerta afirma que os cristãos de Jerusalém se recusaram a juntar-se à revolta e se retiraram para Pela, cruzando o Jordão.

Última terça parte do século I e começo do II

A família flaviana de imperadores reinou de 69 até 96 d.C. Vespasiano, o primeiro, assumiu o comando da Judéia em 67 e deu uma reviravolta no até então frustrado esforço romano para extinguir a revolta judaica. Contudo, depois do suicídio de Nero em 68, a atenção de Vespasiano voltou-se para Roma e, em 69, as legiões proclamaram-no imperador. Ele deixou seu filho Tito como comandante, a fim de levar a termo a campanha na Judéia; Jerusalém foi tomada e o templo

---

[17] Acerca dos sicários e zelotas, cf. BDM 1.688-1.693. A batalha de 66-70 d.C. é muitas vezes chamada de a Primeira Revolta Judaica, para distingui-la daquela conduzida mais tarde por Simeão Bar-Kókeba (Ben Koseba) em 132-135. Na refrega, houve violentas lutas internas entre vários chefes zelotas, tais como João de Gíscala, Manaém (filho de Judas, o Galileu) e Simão Bargiora. Este foi arrastado para Roma para ser executado em triunfal desfile militar de Tito.

foi destruído em 70.[18] O arco de Tito no fórum romano retrata a parafernália sacra judaica e os cativos levados triunfalmente para a capital em 71. Em relação aos judeus, nos anos 70, Vespasiano impôs uma taxa punitiva especial, segundo a qual eles deveriam pagar duas dracmas para o sustento do templo de Júpiter Capitolino, em Roma, em vez do que tinham até então dado para o templo de Jerusalém. Por volta de 75, Tito vivia abertamente em Roma com sua amante, a princesa judia Berenice, irmã de Herodes Agripa II. Também em Roma, com o patrocínio desses imperadores, como se reflete no nome suplementar que assumiu (Flávio), o escritor judeu Josefo escreveu sua narrativa da guerra judaica e, no começo dos anos 90, sua grande história dos judeus, as *Antiguidades* — inestimáveis fontes para a compreensão do judaísmo do século I.

Domiciano, filho mais jovem de Vespasiano, teve o reinado mais longo (81-96) dessa dinastia de imperadores. Autocrático e vingativo, em sua busca de restaurar a pureza da religião romana, sob acusação de ateísmo, eliminou algumas pessoas atraídas pelo judaísmo. Há provas de que ele era igualmente hostil ao cristianismo (cf. *pp. 1042-1048* deste livro). Conforme mostrado pela carta da Igreja de Roma à Igreja de Corinto (*I Clemente*), presumivelmente escrita por volta de 96 d.C., o modelo da ordem imperial romana começava a afetar a mentalidade cristã.

Durante o reinado dos três imperadores flavianos, Jerusalém começou a perder importância para os cristãos em favor de outros centros que possuíam comunidades cristãs significativas, como, por exemplo, Antioquia, Éfeso e Roma. Provavelmente, nesse tempo, o número de cristãos gentios ultrapassou o número de cristãos judeus. Nas sinagogas, as relações entre judeus e seguidores de Jesus com certeza variavam de região para região, dependendo do tipo de cristãos (p. ex., se havia samaritanos e gentios entre os cristãos judeus), do modo como expressavam sua teologia (p. ex., se usavam um termo como "Deus" para Jesus, que poderia ser entendido como uma negação do monoteísmo) e do temperamento deles (p. ex., se se mostravam presunçosos em assuntos discutíveis — cf. Jo 9,34). Em algumas comunidades cristãs, surgiu forte antipatia em relação aos responsáveis judeus pelas sinagogas, tal como se reflete em algumas passagens de Mateus (6,2.5; 23,6); as sinagogas eram acusadas de perseguir os cristãos (Mt 10,17; 23,34) e de expulsá-los (Jo 9,22; 12,42; 16,2).

---

[18] A resistência judaica continuou na fortaleza de Massada, junto do Mar Morto, até 74.

Jo 9,28 faz nítida distinção entre os discípulos de Jesus e os discípulos de Moisés e em algumas passagens do NT "os judeus" (e sua Lei) são tratados como estranhos (Mt 28,15; Jo 10,34; 15,25).

Pouco tempo depois do assassinato de Domiciano, surgiu outra dinastia de imperadores, e o último período com o qual nos ocuparemos neste livro foi vivido sob Trajano (98-117) e seu sucessor Adriano (117-138). Administrador eficiente, dado a intervir nas províncias, Trajano promulgou decretos que levaram à perseguição de cristãos na Ásia Menor, conforme atesta a correspondência entre o imperador e Plínio (o Moço), governador daquela região. Plínio esperava encontrar os cristãos entre os escravos, especialmente entre mulheres escravas; ele falava dos cristãos reunidos a cantar hinos a Cristo "como a um deus". A necessidade de uma organização bem articulada nas Igrejas cristãs, caso sobrevivessem, é atestada por Inácio, bispo de Antioquia, o qual, enquanto era levado para Roma como prisioneiro para ser martirizado (por volta do ano 110), endereçava cartas às Igrejas, insistindo na importância de permanecerem unidas ao bispo.[19] No fim do reinado de Trajano (115-117) e nos primeiros anos do de Adriano, havia tumultos judeus por toda a parte oriental do Império. A insistência de Adriano em manter em Jerusalém um santuário dedicado a Júpiter Capitolino no espaço do templo que fora destruído no ano 70 e seu banimento da circuncisão contribuíram para a Segunda Revolta Judaica, liderada por Simeão Ben Koseba, conhecido por Bar-Kókeba.[20] Essa última designação significa "filho da estrela" (cf. a estrela davídica em Nm 24,17) e, consoante tradição tardia, foi reconhecido pelo famoso Rabi Aqiba como o Messias. Os romanos reprimiram impiedosamente a revolta; Aqiba foi martirizado e, a partir daí, a nenhum judeu era permitida a entrada em Jerusalém, sob pena de morte. No lugar da antiga cidade de Jerusalém foi construída uma nova cidade gentílica, Aelia Capitolina. Embora se pressuponha que parentes de Jesus tenham tido influência nas Igrejas da Palestina durante o tempo de Domiciano (HE 3.20), tal primazia chegou ao fim no tempo de Trajano (HE 3.32.6) e, sob

---

[19] Se, num período anterior, em muitas Igrejas havia uma dupla ordem constituída de bispos-presbíteros (plural) e diáconos, no tempo de Inácio, em algumas Igrejas da Ásia Menor, o bispo tinha emergido como a mais alta autoridade, tendo abaixo de si os presbíteros e os diáconos — a famosa tríplice ordem que, para todos os fins práticos, tornou-se universal por volta do ano 200.

[20] Cartas dele endereçadas a seus seguidores foram encontradas na região do Mar Morto em Murabba'at (NJBC 67.119).

Adriano, diz-se que a liderança da Igreja na Palestina passou para as mãos dos gentios (HE 4.6.3-5).

B. Contexto social do NT

A seção precedente mostrou um quadro amplo da história política do Império Romano, em geral, e da Palestina, em particular, durante o período que nos interessa. No entanto, o NT fala-nos da expansão ocidental do cristianismo fora da Palestina, especialmente em cidades da Ásia Menor e da Grécia. Tentar apresentar uma história daquela área comparada à mostrada da Palestina seria pouco útil, pois cada região, e até cada cidade, tinha sua história particular. Quando analisarmos as cartas paulinas, ilustraremos este ponto ao estudar brevemente cada cidade destinatária. O que pode ser mais útil neste capítulo introdutório é considerar alguns aspectos sociais da vida mediterrânea durante o Primeiro Império, o que pode ser proveitoso quando se lê o NT.

Os primeiros crentes em Jesus eram judeus; talvez todos os autores do NT fossem judeus. As memórias de Jesus e os escritos de seus seguidores estão recheados de referências às Escrituras, festas, instituições e tradições judaicas. Portanto, não há dúvida acerca da influência do judaísmo no NT. Entretanto, como já vimos, desde o tempo de Alexandre Magno, os judeus viveram num mundo helenístico. Durante um século, antes do nascimento de Jesus, a maioria deles vivera em áreas dominadas por exércitos romanos, e, no tempo em que Cristo viveu, boa porcentagem, talvez até mesmo a maioria, do mundo judeu falava grego. Os livros bíblicos compostos em hebraico e aramaico tinham sido traduzidos para o grego, e alguns dos livros deuterocanônicos, como Macabeus e Sabedoria, foram compostos em grego — o último demonstrando pelo menos uma consciência popular do pensamento filosófico grego.[21] Os judeus compravam mercadorias com moedas cunhadas por suseranos greco-romanos e muitas vezes com imagens de deuses impressas. Em várias formas e graus, por meio do comércio, das escolas e das viagens, os judeus eram influenciados por um mundo bem diferente

---

[21] Lieberman (*Hellenism in Jewish Palestine*, New York, Jewish Theological Seminary, 1950) afirma que a lógica grega, na forma dos princípios hermenêuticos alexandrinos, foi introduzida no pensamento judaico em Jerusalém já no tempo de Hillel, o Velho (final do século I a.C.), se é que se pode confiar na historicidade das tradições sobre ele.

daquele descrito na maior parte do AT. Destarte, no contexto social do NT, não se deve levar em conta apenas o judaísmo.

A maioria das comunidades cristãs mencionadas no NT vivia em cidades. Por diversas razões isso não surpreende. O sistema romano de estradas, originalmente construído com fins militares, muitas vezes facilitava as viagens dos pregadores judeu-cristãos, levando-os até as cidades à beira das estradas. Os comerciantes judeus tinham igualmente seguido as estradas; assim, surgiriam comunidades sinagogais na maioria das cidades às quais os pregadores poderiam fazer um apelo.[22] Além do mais, as cidades possuíam população mais densa do que o campo, e os evangelizadores queriam atingir a mais ampla audiência possível.

O intercâmbio entre pessoas de diferentes origens era importante nas cidades. Na Ásia Menor e na Síria, as populações citadinas foram levadas à esfera grega pelas conquistas de Alexandre Magno, e agora, depois de mais de trezentos anos, haveria a longa história de uma população miscigenada. A Grécia foi campo de batalha durante as guerras civis romanas, e o costume de recompensar soldados com territórios criou novos assentamentos romanos em regiões do país. O privilégio de ser cidadão dependia de circunstâncias particulares. Embora no Império houvesse uma classificação especial designada para os judeus, em algumas cidades era-lhes concedida a cidadania.[23] Inevitavelmente os costumes de um grupo impunham limitações a outros: aos estrangeiros era proibido o acesso ao templo de Hera em Argos, na Grécia; a nenhum não-judeu era permitida a entrada no templo de Jerusalém; somente os gregos podiam ser iniciados nos mistérios de Elêusis (p. 156 deste livro). Em geral, a administração romana tentava conservar a paz entre os diferentes segmentos da população, embora um oficial romano, em Alexandria, em 38 d.C. fosse simpático às rusgas antijudaicas.

Talvez porque as populações eram misturadas e porque existia grande mobilidade populacional, parece ter existido uma sensível necessidade "de pertença". É o que parece indicar o número de associações ou clubes que existiam: associações para a manutenção de ginásios onde se treinavam o corpo e a mente; associações profissionais e comerciais, que funcionavam como grêmios, corporações e

---

[22] Quanto aos indícios de atividade cristã nas sinagogas, cf. Mc 13,9 e par.; At 9,20; 13,5.14; 14,1; 17,1-2; 18,4.
[23] Em At 21,39 Saulo/Paulo descreve-se como nativo "de Tarso, da Cilícia, cidadão de uma cidade insigne".

confrarias; associações religiosas para aqueles que praticavam outros cultos além do serviço religioso público; e clubes para jovens e idosos. De modo particular, aqueles que não eram cidadãos conquistavam um senso de comunidade nessas associações.

Os judeus se distanciavam de certos aspectos da vida civil comum por causa de sua religião[24] e de suas leis alimentares, embora alguns oficiais judeus e membros abastados da sociedade fizessem concessões, por exemplo, patrocinando ou financiando festas. Às vezes, essa participação social dependia de um juízo pessoal. Fílon não participava de cultos pagãos[25] e reivindicava a pena de morte para os judeus que o fizessem, tornando-se, assim, idólatras; contudo, ele louvava o ginásio e freqüentava o teatro (onde a representação podia muito bem incluir atos cúlticos pagãos). Em Mileto, uma inscrição no teatro prestava homenagem a judeus. Jantar com não-judeus era particularmente complicado, não somente porque comidas proibidas podiam ser servidas, mas porque estas podiam ter sido dedicadas a um deus pagão. Os jantares eram, portanto, objeto de acirrado debate entre os judeus que acreditavam em Jesus, conforme Gl 2,12. Paulo condenava a participação de cristãos nas mesas-altares pagãs em que se realizavam os sacrifícios pagãos (1Cor 10,21). Contudo, com base no princípio de que os deuses pagãos não existiam, ele sustentava que alimentar-se de comidas sacrificais não era idolátrico. No entanto, como alguns que não possuíam tal percepção podiam cair em pecado ao comer tal alimento, dever-se-ia respeitar-lhes a consciência (1Cor 8,4-13). Ap 2,14.20 é mais áspero, condenando completamente alimentar-se de comida oferecida aos ídolos.

As pessoas que não partilham as mesmas práticas e crenças são sempre suspeitas, e era comum o antijudaísmo em regiões do Império. Contudo, as convicções particulares e os compromissos dos judeus estavam protegidos legalmente por privilégios concedidos por Júlio César e ratificados por seus sucessores. Provavelmente os cristãos receberam proteção semelhante enquanto foram considerados judeus; no entanto, uma vez que os cristãos, em sua maioria, eram gentios

---

[24] A noção romana de *religio* incluía ritos fixos em relação a toda a comunidade (dos quais os judeus não participavam). Cultos estrangeiros, com cerimônias estranhas, eram *superstitio* para os romanos.

[25] Aqui se mostra útil um breve artigo de P. Borgen (em *Explorations* 8, #1, 1994, pp. 5-6) sobre a participação de judeus e cristãos no culto pagão. Usarei o termo "pagão" num sentido técnico, não pejorativo, para indicar uma crença religiosa que não seja judaica (ou cristã).

ou judeu-cristãos rejeitados pelas sinagogas, não mais gozavam de proteção legal. Ademais, os cristãos eram mais perigosos para a sociedade do que os judeus. Embora estes conquistassem alguns convertidos e simpatizantes, seu crescimento se constituía predominantemente de nascimentos. Os cristãos, por outro lado, convertiam agressivamente os outros, e, ao longo de grande parte do século I, constituíam um fenômeno completamente novo, pois muitos de seus membros já nasciam de família cristã. Oposição popular aos cristãos ecoa em At 28,22: "[...] relativamente a esta seita, é de nosso conhecimento que ela encontra em toda parte contradição". Das razões ligadas à perseguição oficial, o comportamento dos cristãos, claramente estranho em relação às expectativas cívicas, era altamente suspeito: certamente eram ateus e anti-sociais, e provavelmente praticavam coisas abomináveis em seus cultos secretos. Em contrapartida, a ojeriza começava a pesar na psique dos cristãos. Tendo renunciado a sua antiga vida social em todos os níveis, os cristãos precisavam ser consolados. A primeira carta de Pedro é dirigida a crentes que se tornaram estrangeiros e peregrinos (1Pd 2,11), e eram difamados como malfeitores (1Pd 2,12) e insultados (1Pd 3,9); o texto lhes assegura que são uma raça escolhida, um sacerdócio régio, uma nação santa e o povo do próprio Deus (1Pd 2,9-10).

A avaliação do governo romano pela população dependia da história precedente: às vezes havia um melhoramento; às vezes, não. Sob o Primeiro Império, nem todas as cidades eram tratadas da mesma forma; Tarso era uma cidade livre, aliada, isenta de tributo imperial; cidades como Corinto e Filipos, por causa da reconstrução e do reassentamento romano, traziam o título de *colonia*, e, nelas, a terra cultivável não estava sujeita a taxação. Em cidades mais antigas, os nomes tradicionais de funcionários eram preservados (e o livro dos Atos mostra-se habilidoso em trazer tais títulos). Contudo, o governo democrático anterior, no qual os departamentos estavam abertos a todos os cidadãos, foi gradualmente substituído, e a preferência romana por uma administração aristocrática fez com que outras classes, mesmo a dos cidadãos, fossem excluídas de certos cargos. Durante o Império, deu-se uma reforma tributária que se tornou opressiva durante as guerras civis no final da república. Os administradores romanos, porém, em assuntos de impostos eram julgados não somente por suas próprias ações, mas também pelo comportamento de funcionários locais a quem eles empregavam. A cobrança de impostos era muitas vezes terceirizada a quem desse mais, de modo que um imposto visto como excessivo pode tê-lo sido de fato ou por causa da ganância e da impiedade do cobrador.[26] Existe uma imagem mista das autoridades gentias nos Atos que nem sempre deixa claro se as autoridades/magistrados locais que lidaram com Paulo eram romanos: em 16,22.36-38 e 17,6-9 eles são injustos e indiferentes; em 13,12 e 19,35-40, são simpáticos ou honestos.

Riqueza/pobreza e a sociedade de classes encontradas no Império Romano criaram seus problemas diferentes para o cristianismo primitivo, e ambas precisam ser discutidas sob pena de ser mal interpretadas à luz da experiência moderna. No NT há muitas referências ao "pobre",[27] e os leitores provavelmente associarão aquela pobreza à do Terceiro Mundo hoje, em que as pessoas não têm onde morar ou nem mesmo migalhas para comer e, portanto, correm constante perigo de perecer. Nos evangelhos, porém, que em parte refletem a situação vital de Jesus na Galiléia, os pobres eram pequenos agricultores, possuidores de terras insuficientes e improdutivas, ou servos em grandes latifúndios; nas cidades, sem o socorro dos produtos da terra, os pobres encontravam-se, de certa forma, em pior situação. Contudo, a condição de ambos os grupos de pobres do NT era economicamente melhor do que aquela dos desesperadamente pobres do mundo moderno. Quanto ao próprio Jesus, lembrado pela afeição que demonstrava pelos pobres, de acordo com Mc 6,3 era um *tektōn*, ou seja, "um carpinteiro" que fazia portas e móveis para as casas construídas de pedras ou de tijolos, bem como arados e cangas para os agricultores. Como artesão num povoado ele pode ser comparado a um "operário estadunidense de classe média baixa".[28]

Quanto aos escravos, as traduções do NT traduzem a palavra grega *doulos* quer como "servo", quer como "escravo";[29] mas os assim designados não devem ser comparados aos servos das famílias inglesas nem aos escravos africanos na

---

[26] Mt 9,10; 11,19; 21,31 coloca os cobradores de impostos no mesmo nível que os pecadores e as prostitutas; Lc 3,12-13 mostra João Batista exortando os cobradores de impostos a parar de cobrar mais do que o prescrito, e Lc 19,7-8 traz o cobrador de impostos Zaqueu defendendo-se contra a acusação de ser pecador, prometendo que, se ele tivesse extorquido algo, iria devolver quatro vezes mais.

[27] Às vezes é uma denominação espiritual para aqueles que não dão valor à riqueza; outras vezes, porém, refere-se aos economicamente pobres, e estes é que nos interessam.

[28] Sirvo-me aqui do excelente estudo de Meier, *Marginal*, pp. 1280-1285, que mostra a fragilidade de outras interpretações.

[29] Um ponto intrigante é se a forma feminina no Magnificat (Lc 1,48) pretende descrever Maria como "doméstica" (serva) do Senhor ou "escrava". Essa última forma ofereceria possibilidades de identificá-la com um elemento no público cristão de Lucas.

América, no século XIX. A escravidão existiu durante muitos séculos no tempo do NT, e estava começando a declinar. As antigas fontes de escravos eram os ataques de piratas e as freqüentes guerras que precederam o surgimento do Império Romano, em que os prisioneiros e às vezes toda a população de uma cidade conquistada eram vendidos como escravos. A paz conquistada por Augusto esvaziou parcialmente o suprimento, e a escassez foi agravada porque, ao mesmo tempo, os escravos estavam sendo postos em liberdade. Contudo, as enormes propriedades romanas precisavam de grande contingente de escravos. O *status* dos escravos era variado. Aqueles que remavam nas galeras ou trabalhavam nas pedreiras levavam uma vida desumana; às vezes (de modo especial na Itália, antes da inauguração do Império), os escravos se rebelavam social e politicamente, como na revolta de Espártaco (73-71 a.C.). No entanto, os escravos tinham direitos legais, e, durante o Império, abusar deles ou matá-los constituía crime passível de punição. Ademais, trabalhando em negócios, campos e famílias, os escravos podiam ser administradores, médicos, professores, estudiosos e poetas, e acumular riquezas. Além do mais, pagãos ilustres denunciaram a escravidão, enquanto algumas religiões orientais aceitavam escravos sem discriminação.

Os missionários cristãos fizeram muitos conversos entre os pobres e escravos citadinos, mas também fizeram consideráveis incursões na classe média. Embora existissem cristãos abastados, eram poucos os convertidos naquela classe social e entre os aristocratas. Em 1Cor 1,26, provavelmente Paulo não está sendo meramente retórico quando diz: "Não há entre nós muitos sábios [...], nem muitos poderosos, nem muitos de família prestigiosa". Um momento de tensão social cristã parece ter sido a refeição eucarística. A fim de que certo número de cristãos pudessem encontrar-se, era necessário um amplo espaço. A essa sala, muitas vezes no segundo andar da casa de um crente economicamente em melhor situação, teriam sido convidados cristãos de classe baixa, os quais, de outra maneira, não teriam contato algum com o proprietário. Segundo uma das interpretações de 1Cor 11,20-22.33-34, alguns proprietários teriam dado um jeito nessa embaraçosa situação social convidando primeiramente apenas amigos para uma refeição, de modo que eles pudessem comer e beber antes de o grupo maior ser recebido para a eucaristia. Paulo condenou tal atitude como não-cristã porque envergonhava aqueles que não tinham nada. A breve carta a Filêmon mostra Paulo defendendo um escravo fugitivo que se tornou cristão. Ele pede ao dono que receba o fugitivo de volta como a um irmão e, implicitamente, que não lhe imponha penas severas. Dessa forma, para Paulo a alforria era desejável. Contudo, o fato de Paulo, por pensar que o fim do mundo viria em breve, não ter condenado a estrutura social com seu número esmagador de escravos foi tragicamente mal interpretado durante muitos séculos como uma justificativa cristã para a existência da escravidão, sem dúvida uma escravidão muitas vezes mais cruel do que aquela existente na época do NT.

A educação é também um assunto a ser considerado na reflexão do NT: a de Jesus e dos pregadores, e a dos ouvintes. Existe enorme discussão acerca da natureza e extensão da educação judaica nesse período, pois certos estudiosos inspiram-se no quadro da escolaridade oferecida dois séculos depois pela Mixná (*p. 152* deste livro) e afirmam a existência tanto de escolas judaicas elementares para a leitura da Bíblia em todas as cidades quanto de escolas avançadas para o estudo da Lei. Outros (S. J. D. Cohen, *From the Maccabees to the Mishnah* [Dos Macabeus à Mixná], Philadelphia, Westminster, 1987, pp. 120-122) mostram-se céticos, e provavelmente é mais prudente supor que ainda não existiam tais instituições consolidadas. Apesar disso, não podemos medir a extensão da escolaridade com base nesse ponto, pois Josefo, *Contra Apião* 2.25 (#204), afirma que a lei judaica ordena que às crianças "sejam ensinados os assuntos que dizem respeito às leis e aos feitos dos seus antepassados". Se isso era feito, dependia da piedade dos pais e da existência de uma sinagoga nas redondezas. A capacidade de Jesus de debater a Escritura sugere que ele sabia ler o hebraico (tal como se imagina em Lc 4,16-21). O mesmo se pode dizer de seus discípulos, que tinham seu próprio comércio ou profissão (pescadores, cobrador de impostos), de forma que a depreciativa e retórica expressão "eram homens simples e iletrados", aplicada a Pedro e João em At 4,13, nada mais significa do que "não versados na Lei".

O modelo grego de educação, estabelecido em todo o Império Romano,[30] consistia em: uma escola elementar (cerca de sete anos) para o ensino de leitura, escrita, música e esporte; tutorização na gramática, particularmente na poesia; finalmente (para um número reduzido), um nível mais elevado de educação em retórica e filosofia. No que diz respeito à influência sobre Jesus, há pouca evidência de que as escolas gregas fossem difusas na Palestina da era do NT. Embora nas últimas décadas, por meio da ciência social e da arqueologia, nosso conhecimento

---

[30] Nos séculos I a.C. e I d.C havia um componente grego muito forte na cultura romana; particularmente durante o império de Augusto, havia uma renovada influência grega na arquitetura e na arte.

acerca da Galiléia do século I d.C. tenha crescido enormemente,[31] o ambiente vital de Jesus não é claro nesse contexto. A influência sobre ele da cultura de cidades helenísticas como Tiberíades, à margem do Lago da Galiléia (próximo de onde ele pregava), e Séforis (apenas a cerca de 6,5 quilômetros de Nazaré) não devia ser exagerada.[32] Por um lado, aldeões são notoriamente desconfiados em relação à cidade estrangeira; por outro lado, podem muito bem ter existido contatos econômicos entre Séforis e Nazaré, por exemplo, mediante trabalho assalariado e compra da produção. Que o jovem Jesus tenha exercido um comércio de carpintaria em Séforis é uma suposição romântica, além de que contatos materiais não estabelecem necessariamente a existência de um etos cultural sincretizado que possa tê-lo influenciado. Embora escavações em Séforis não tenham trazido à luz indícios de culto público pagão que horrorizasse os campesinos judeus, o fato de que tanto essa cidade quanto Tiberíades tenham servido como capitais para Herodes Antipas pode tê-las transformado em abominações para Jesus, que dele falava desdenhosamente como "aquela raposa" (Lc 13,32). De qualquer forma, não existe indicação evangélica alguma de contatos de Jesus com tais cidades. Tampouco temos provas concretas de que ele ou seus discípulos galileus mais freqüentemente mencionados falassem grego em grau significativo, ou que tenham formulado algum de seus ensinamentos naquela língua, ainda que seja plausível que ele e seus discípulos tenham tido familiaridade com algumas frases no contato com grecoparlantes no comércio ou na vida prática do dia-a-dia.

Quanto a Saulo/Paulo, que conhecia bem o grego, discute-se se ele cresceu na diáspora ou em Jerusalém (cf. capítulo 16). Se foi na diáspora, pode ter tido instrução grega básica.[33] Ademais, devemos recordar que, num centro como Tarso, havia também instituições públicas de educação que podiam tê-lo influenciado, por exemplo, bibliotecas e teatros em que as peças de poetas gregos teriam sido encenadas. Alguns pregadores cristãos podem ter tido uma educação grega

---

[31] Visão geral oferecida por J. A. Overman, CRBS 1, 35-57, 1993.

[32] Infelizmente, R. A. Batey (*Jesus and the forgotten city*, Grand Rapids, Baker, 1991) exagera a relação de Jesus com Séforis. S. Freyne oferece um equilíbrio em "Jesus and the urban culture of Galilee", (in *Texts and contexts*, eds. T. Fornberg e D. Hellholm, Oslo, Scandanavian Univ., 1995, pp. 597-622), afirmando que as cidades helenísticas e o interior rural galileu tinham sistemas de valores bem diversos.

[33] Ao discutir a classificação das epístolas/cartas, a seguir, no capítulo 15, veremos que variados tipos de retórica (de acordo com a classificação de Aristóteles) foram identificados nos escritos de Paulo.

mais refinada, como, por exemplo, Apolo, a quem At 18,24 descreve como eloqüente, e o autor de Hebreus, que teria escrito o melhor grego do NT, na opinião de muitos. De modo geral, porém, os escritos do NT eram em coiné, ou seja, o grego falado cotidianamente naquela época.[34] A forte influência semítica no grego de alguns livros do NT, o caráter coloquial de Marcos e os erros gramaticais do Apocalipse certamente podem ter feito tais obras soar grosseiras a ouvidos mais bem educados que tiveram escolaridade completa. Compreensivelmente, pois, à guisa de autodefesa, Paulo reconhece que não pregava "segundo a linguagem ensinada pela sabedoria humana" (1Cor 2,13).

Bibliografia sobre o contexto sociopolítico[35]

BAUCKHAM, R. J. *Palestinian setting* (TBAFC, v. 4.)

BOCCACCINI, G. *Middle Judaism*; Jewish thought, 300 B.C.E. to 200 C.E. Minneapolis, A/F, 1991.

BRUCE, F. F. *New Testament history*. London, Nelson, 1969. Muito útil para estudantes.

COHEN, S. J. D. *From the Maccabees to the Mishnah*. Philadelphia, Westminster, 1987.

CONZELMANN, H. *Gentiles—Jews—Christians*. Minneapolis, A/F, 1992.

ESLER, P. F. *The first christians in their social worlds*. London, Routledge, 1994.

FELDMAN, L. H. *Jew and gentile in the ancient world*; attitudes and interactions from Alexander to Justinian. Princeton, Princeton Univ., 1973.

FERGUSON, E. *Backgrounds of early christianity*. 2. ed. Grand Rapids, Eerdmans, 1993. Bom livro-texto.

FREYNE, S. *Galilee from Alexander the Great to Hadrian 323 B.C.E. to 135 C.E.* Wilmington, Glazier, 1980.

_____. *The world of the New Testament*. Wilmington, Glazier, 1980. (NTM, 2.)

GAGER, J. G. *Kingdom and community*; the social world of early Christianity. Englewood Cliffs, NJ, Prentice Hall, 1975.

GILL, D. W. J. & GREMPF, C. *Greco-Roman setting*. (TBAFC, v. 2.)

---

[34] O coiné era um dialeto do grego ático (isto é, do grego de Atenas, o qual, misturado ao grego jônico, foi difundido por Alexandre Magno por todo o mundo helênico). Havia diferentes níveis de coiné, por exemplo, uma forma literária mais rebuscada, apresentando influência do grego ático, e o coiné vernacular ordinário, encontrado em inscrições, em correspondências particulares (conservadas em papiros encontrados no Egito) e no NT (com Hebreus e Lucas apresentando alguns toques de coiné literário).

[35] Cf. também a Bibliografia do capítulo 5 e o Apêndice I.

GRABBE, L. L. *Judaism from Cyrus to Hadrian.* Minneapolis, A/F, 1991. 2. v.

HAMMOND, N. G. L. & SCULLARD, H. H. (eds.). *The Oxford Classical Dictionary.* 2. ed. Oxford, Clarendon, 1970. Muito útil para informações sucintas acerca da Antigüidade clássica.

HENGEL, M. *Jews, Greeks and Barbarians*; aspects of the hellenization of Judaism in the pre-Christian period. Philadelphia, Fortress, 1980.

_____. *Judaism and Hellenism.* Philadelphia, Fortress, 1974 (2 v.); 1981 (1 v.).

KRAFT, R. A. & NICKELSBURG, G. W. E. (eds.). *Early Judaism and its modern interpreters.* Atlanta, Scholars, 1986.

LEANEY, A. R. C. *The Jewish and Christian world, 200 BC to AD 200.* Cambridge, Cambridge Univ., 1984.

LIEBERMAN, S. *Hellenism in Jewish Palestine.* New York, Jewish Theological Seminary, 1950.

MALINA, B. J. *Windows on the world of Jesus.* Louisville, W/K, 1993.

McLAREN, J. S. *Power and Politics in Palestine... 100 BC-AD 70.* Sheffield, JSOT, 1991. (JSNTSup, 63.)

MENDELS, D. *The rise and fall of Jewish nationalism.* New York, Doubleday, 1992.

MOMIGLIANO, A. (ed.). *On Pagans, Jews, and Christians.* Middletown, CT, Wesleyan, 1987.

MOORE, G. F. *Judaism in the first centuries of the Christian Era.* Cambridge, MA, Harvard, 1927-1930. 3. v. Um clássico.

NEUSNER, J. (ed.). *Christianity, Judaism and other Greco-Roman cults.* Leiden, Brill, 1975. 3. v. (M. Smith Festschrift.)

_____. et al. (eds.). *The social world of formative Christianity and Judaism.* Philadelphia, Fortress, 1988.

NICKELSBURG, G. W. E. The Jewish context of the New Testament. NInterpB 8.27-42.

REICKE, B. *The New Testament Era.* Philadelphia, Fortress, 1968. Um livro-texto ainda útil.

RHOADS, D. M. *Israel in Revolution 6-74 C.E.* Philadelphia, Fortress, 1976.

RICHES, J. The social world of Jesus. *Interpretation* 50, 383-392, 1996.

SAFRAI, S.; STERN, M. et al. *The Jewish people in the first century.* Philadelphia, Fortress, 1974-1976. 2. v.

SANDERS, J. T. *Schismatics, sectarians, dissidents, deviants*; the final one hundred years of Jewish-Christian relations. Valley Forge, PA, Trinity, 1993.

SCHÜRER, E. *The history of the Jewish people in the age of Jesus Christ (175 B.C.-A.D. 135).* Rev. ed. G. Vermes et al. Edinburgh, Clark, 1973-1987). 3. v. in 4. Um clássico.

SCHWARTZ, D. R. *Studies in the Jewish background of Christianity.* Tübingen, Mohr-Siebeck, 1992.

SEGAL, A. F. *Rebecca's children*; Judaism and Christianity in the Roman world. Cambridge, MA, Harvard, 1986.

SHERWIN-WHITE, A. N. *Roman society and Roman law in the New Testament.* Oxford, Clarendon, 1963.

SMALLWOOD, E. M. *The Jews under Roman rule.* Leiden, Brill, 1976.

STAMBAUGH, J. E. & BALCH, D. L. *The New Testament in its social environment.* Philadelphia, Westminster, 1986.

TCHERIKOVER, V. *Hellenistic civilization and the Jews.* 3. ed. Philadelphia, Jewish Publ. Society, 1966.

WHITE, L. M. & YARBROUGH, O. L. (eds.). *The social world of the first Christians.* Minneapolis, A/F, 1995. (W.A. Meeks Festschrift.)

WILSON, S. G. *Related strangers*; Jews and Christians 70-170 C.E. Minneapolis, A/F, 1995.

ZEITLIN, S. *The rise and fall of the Judaean State.* Philadelphia, Jewish Publ. Society, 1962-1978. 3. v.

Josefo

COHEN, S. *Josephus in Galilee and Rome.* Leiden, Brill, 1979.

FELDMAN, L. H. *Josephus and modern scholarship (1937-1980).* Berlin, De Gruyter, 1984. Uma bibliografia.

_____. Flavius Josephus revisited. ANRW II.21.2, 763-862, 1984.

_____. *Josephus*; a supplementary bibliography. New York, Garland, 1986.

_____. Josephus. ABD 3.981-998.

_____. & HATA, G. (eds.). *Josephus, Judaism, and Christianity.* Detroit, Wayne State Univ., 1987.

LOEB CLASSICAL LIBRARY: nove volumes (original mais tradução).

MASON, S. *Josephus and the New Testament.* Peabody, MA, Hendrickson, 1992.

RAJAK, T. *Josephus*; the historian and his society. London, Duckworth, 1983.

RAPPAPORT, U. (ed.). *Josephus Flavius*; historian of Eretz-Israel in the Hellenistic-Roman Period. Jerusalem, Yad... Ben-Tsivi, 1982.

RENGSTORF, K. H. *A complete concordance to Flavius Josephus.* Leiden, Brill, 1973-1983. 5. v.

SCHWARTZ, S. *Josephus and Judaean politics.* Leiden, Brill, 1990.

THACKERAY, H. St. J. *Josephus, the man and the historian*. New York, Jewish Institute, 1929. Um clássico.

Arqueologia, cronologia, geografia

AVI-YONAH, M. (ed.). *Encyclopedia of archaeological excavations in the Holy Land*. London, Oxford, 1975-1978. 4. v. Cf. a nova edição de Stern.

BÁEZ-CAMARGO, G. *Archaeological commentary on the Bible*. Garden City, NY, Doubleday, 1986. Informação relativa a capítulo e versículo.

BICKERMAN, E. J. *Chronology of the ancient world*. 2. ed. Ithaca, Cornell, 1980.

DOIG, K. F. *New Testament chronology*. San Francisco, Mellen, 1991.

FINEGAN, J. *The archaeology of the New Testament*. v. 1: *The life of Jesus and the beginning of the early Church*. Ed. rev. Princeton, Princeton Univ., 1992; v. 2: *The Mediterranean world of the early Christian apostles*. Boulder, CO, Westview, 1981.

_____. *Handbook of biblical chronology*. Ed. rev. Peabody, MA, Hendrickson, 1997.

FREND, W. H. C. *The archaeology of early Christianity*. London, Chapman, 1996.

HOPPE, L. J. *The synagogues and churches of ancient Palestine*. Collegeville, Liturgical, 1994.

JEREMIAS, J. *Jerusalem in the time of Jesus*. Philadelphia, Fortress, 1969 [Ed. bras.: *Jerusalém no tempo de Jesus*. 3. ed. São Paulo, Paulus, 1983.].

KOPP, C. *The holy places of the gospels*. New York, Herder and Herder, 1963.

MATTHEWS, V. H. & MOYER, J. C. Bible Atlases: which ones are best? BA 53, 220-231, 1990. Boa visão geral.

MEYERS, E. M. (ed.). *The Oxford encyclopedia of archaeology in the near East*. New York, Oxford, 1997. 5. v.

_____. et al. Bibliography of the Roman period in Palestine (63 BC-AD 70). CRBS 3, 129-152, 1995. Inclui mais do que arqueologia.

MURPHY-O'CONNOR, J. *The Holy Land*; an archaeological guide from earliest times to 1700. 3. ed. New York, Oxford, 1992.

STERN, E. *The new encyclopedia of archaeological excavations in the Holy Land*. New York, Simon & Schuster, 1993. 4 v.

WILKINSON, J. *Jerusalem as Jesus knew it*; archaeology as evidence. London, Thames and Hudson, 1978.

YAMAUCHI, E. *The archaeology of the New Testament cities in Western Asia Minor*. Grand Rapids, Baker, 1980.

Capítulo 5

Contexto religioso e filosófico do NT

Os judeus desse período provavelmente tiveram algum conhecimento das religiões não-judaicas dos povos com os quais entraram em contato, enquanto muitos daqueles povos tiveram algum conhecimento da religião judaica. Freqüentemente, de ambos os lados, tal conhecimento teria sido parcial, inexato e até mesmo cheio de preconceitos. Portanto, embora eu tente apresentar uma visão favorável do judeu,[1] do pagão[2] e do mundo religioso sincrético no qual o cristianismo nasceu e se desenvolveu, os leitores devem ter em mente que essa apresentação pode não corresponder ao que as pessoas comuns percebiam. Da mesma forma, embora sejam utilizadas as designações "judeu" e "não-judeu", os leitores devem estar atentos aos perigos da compartimentagem. Na Palestina, mesmo nas áreas onde a maioria das pessoas era judia, havia forte influência helênica, mas não necessariamente difundida de maneira uniforme. Cidades profundamente greco-romanas na Galiléia, por exemplo, podiam estar rodeadas de povoados cujos habitantes mostravam pouco entusiasmo pelo pensamento e pela práxis gentia, e de outras aldeias cujo comércio as levava a um contato mais aproximado com o helenismo. Similarmente, nas cidades cosmopolitas da diáspora,

---

[1] Nas primeiras décadas, a maioria dos crentes em Jesus era judia, mas, neste capítulo comparativo, usarei o termo para referir-me às crenças e práticas de judeus não atingidos por Jesus ou por afirmações sobre ele.

[2] Conforme explicado no capítulo 4, n. 25, a palavra "pagão", está sendo usada, sem conotação pejorativa, como uma referência técnica a crenças religiosas que não são judaicas ou cristãs. No tempo do NT, o paganismo englobava as religiões que prestavam homenagem aos deuses gregos e romanos, bem como as várias religiões do Oriente Próximo e do Egito (culto a Baal, Adônis, Osíris, Ísis, Mitra etc.) que os judeus e os primeiros cristãos poderiam ter conhecido, teriam sido influenciados por elas ou tê-las-iam combatido. Os judeus na Babilônia teriam tido algum contato com o zoroastrismo; contudo, contato judeu com o hinduísmo ou com o budismo que possa ter tido alguma importância para o NT é praticamente incerto, não obstante as tentativas de encontrar influência daquelas religiões mundiais na cristologia.

os judeus não eram unânimes em relação às instituições e à cultura helênicas, tendo atitudes que iam da participação entusiástica e aculturação à rejeição isolatória.

A. O ambiente religioso judaico

Conforme explicado na *p. 37* deste livro, a designação "judaísmo" é apropriada para o período da história israelita que começou em 539 a.C. com a libertação dos cativos de Judá que tinham sido mantidos pelos persas na Babilônia, de modo que pudessem voltar a Jerusalém e a seus arredores.[3] De muitas formas, o judaísmo pós-exílico era a herança da religião pré-exílica do reino de Judá. O templo foi reconstruído; sacrifícios eram oferecidos; hinos ou salmos eram cantados; as principais festas de peregrinação eram celebradas.[4] Finalmente, encontros de oração, leitura espiritual, meditação e ensino conhecidos como sinagogas[5] tornaram-se um fator importante na vida judaica. A figura do profeta tornou-se menos comum; e o judaísmo assumiu uma coloração religiosa particular com a promulgação da Lei por Esdras (Ne 8,1–9,37), por volta de 400 a.C.[6] Certamente, a partir daquela época, a obediência à Lei de

---

[3] No tempo do retorno, muitas pessoas conhecidas como "judias" seriam descendentes da tribo de Judá com uma mistura de levitas e benjaminitas (cf. 1Rs 12,23). Saulo/Paulo, por exemplo, era da tribo de Benjamim (Rm 11,1). A idosa Ana, de Lc 2,36, era da tribo (nortista) de Aser. Os samaritanos reivindicavam ser descendentes das dez tribos nortistas de Israel, mas na Palestina eles não eram considerados "judeus" — cf. DEXINGER, F. Apud: SANDERS, E. P. et al. (eds.). *Jewish and Christian self-definition.* Philadelphia, Fortress, 1981. v. 2, pp. 88-114.

[4] Pães Ázimos, Semanas (Pentecostes), Tabernáculos (Tendas, Cabanas), quando se esperava que os judeus fossem a Jerusalém. A festa da Páscoa foi gradualmente unida à dos Pães Ázimos (Mc 14,1), e o cordeiro a ser comido pelos peregrinos na refeição em Jerusalém era sacrificado no templo pelos sacerdotes. Novas festas foram acrescentadas: por exemplo, o Dia da Expiação, Hanuká (Dedicação), Purim. Dado que o templo, os sacrifícios e as festas têm um papel importante no NT, os leitores são aconselhados a obter conhecimento mais detalhado sobre esses tópicos (NJBC 76.42-56,112-157).

[5] "Sinagoga", segundo o uso mais antigo, pode ter designado mais uma comunidade do que um edifício. Provavelmente no período posterior ao exílio da Babilônia, e primeiramente na diáspora (ou seja, fora da Palestina), surgiram edifícios utilizados para a oração e para o ensinamento, mas podem também ter sido utilizados para outros fins. Não sabemos quando o edifício específico da sinagoga tornou-se comum. Restos arqueológicos de sinagogas construídas antes de 70 d.C. são muito raros. Cf. HOPPE, L. J. *The synagogues and Churches of ancient Palestine.* Colegeville, Liturgical, 1994. pp. 7-14. FINE, S. BRev 12, #2, 18-26,41, 1996.

[6] A datação desse homem (Esd 7,6: "Era um escriba versado na Lei de Moisés, dada por Iahweh") é incerta e existem elementos lendários em sua descrição como um segundo Moisés.

Moisés (a Torá) tornou-se cada vez mais uma obrigação de suma importância para o judeu, como uma conseqüência da aceitação do único Deus. Até 70 d.C. as posturas em relação ao templo muitas vezes dividiam os judeus, e divisões religiosas internas, centradas em diferentes interpretações da Lei, existiram antes e depois de 70, como podemos ver nos MMM.

No meio de sua narração da luta dos macabeus sob Jônatas (cerca de 145 a.C.), Josefo escreveu uma famosa classificação: "Naquele tempo havia três *haireseis* [partidos, seitas, escolas de pensamento — das quais veio o termo "heresias" em uso posterior] de judeus que mantinham opiniões diversas sobre os negócios humanos: os primeiros eram chamados fariseus; os segundos, saduceus; os terceiros, essênios" (*Ant.* 13.5.9; #171).[7] É preciso cautela ao interpretar esse texto. Primeiramente, sabemos que existe uma tendência em dividir as pessoas em católicos, protestantes e judeus, ignorando o imenso número dos que não têm identidade religiosa firmada. De forma semelhante, podemos estar certos de que as diferenças entre os três grupos de Josefo não tinham nenhuma importância para muitos judeus. Em segundo lugar, as diferenças davam-se numa escala mais ampla, não se restringindo àquelas que possamos considerar meramente religiosas. Em terceiro lugar, nosso conhecimento acerca de como surgiram tais divisões é muito limitado, e há muitas suposições naquilo que os estudiosos escreveram sobre sua história. Em quarto lugar, é difícil saber a coloração precisa do pensamento de cada grupo: Josefo simplifica tentando explicá-los a leitores romanos, e as informações rabínicas posteriores refletem preconceitos. Tomando tais precauções, apresento o quadro mais provável com base nos dados atuais.

As raízes dos *saduceus* estavam provavelmente no sacerdócio do templo de Sadoc e de seus admiradores.[8] Parecem ter emergido como um grupo distinto no tempo dos macabeus, permanecendo identificados com o sacerdócio do templo de

---

[7] Em *Ant.* 18.1.2, #11, situando-se no ano 6 d.C., Josefo narra: "Desde os tempos mais antigos, existiam entre os judeus três filosofias provenientes de tradição ancestral: a dos essênios, a dos saduceus, e a terceira, dos chamados fariseus". Em 18.1.6, #23, ele fala de uma quarta filosofia, da qual Judas, o Galileu, declarou-se líder; à exceção de uma paixão extremada pela liberdade, esse grupo concordava com os fariseus nos demais aspectos. Judas, assim como alguns de seus filhos, era um revolucionário.

[8] A mais pura descendência sacerdotal reivindicava proveniência de Sadoc, sumo sacerdote do tempo de Davi e Salomão (2Sm 8,17; 1Rs 2,35; 1Cr 29,22; Ez 44,15-16). A piedade expressa em Sirácida, que não demonstra nenhuma consciência de uma vida após morte e, no cap. 50, exalta o sumo sacerdote Simão II (cerca de 200 a.C.) como "a glória de seu povo", pode representar os antecedentes do pensamento saduceu.

Jerusalém, enquanto outros se afastaram. As complicações de tal identificação tornam-se claras para os leitores que repassam os cem anos a partir das lutas macabaicas com os selêucidas, que começaram em 175 a.C., até a intervenção romana em 63 a.C. (ver capítulo 4). Os saduceus foram-se identificando sempre mais com a aristocracia helenizada que governava, a qual, presumivelmente, tinha pouco em comum com o povo. Contudo, nossas informações sobre os saduceus são particularmente lacunosas; Josefo nos diz pouco e os escritos rabínicos posteriores pintam-nos de forma polêmica.[9]

Alguns situam a origem dos *essênios* por volta de 200 a.C., na atmosfera das expectativas apocalípticas judaicas,[10] mas muitos estudiosos consideram-nos provenientes de uma oposição às evoluções no templo depois de 152 a.C. Seriam assideus, os piedosos, que se teriam unido à revolta macabaica (1Mc 2,42), parcialmente por causa da prática siríaca de substituir sumos sacerdotes sadoquitas, e se sentiam traídos por Jônatas e Simão, os irmãos de Judas Macabeu, que aceitaram essa honra dos reis sírios.[11] O que sabemos sobre os essênios foi grandemente incrementado pela descoberta, em 1947, de rolos ou fragmentos de cerca de 800 manuscritos próximo de Qumrã, junto ao Mar Morto (os MMM). A maioria desses documentos provém de um assentamento de essênios que havia naquele lugar mais ou menos entre 150 a.C. e 70 d.C.[12] Em *Guerra* 2.8.2-13, #119-161, Josefo oferece uma longa e admirável descrição da extraordinária piedade e vida comunitária dos essênios, que se assemelhavam, de certa forma, a um grupo monástico.[13]

---

[9] A. J. Saldarini (*Pharisees, scribes and saducces in Palestinian society*, Wilmington, Glazier, 1988, p. 299): "A tarefa de reconstruir os saduceus com base nas fontes é temerária e, em muitos pontos, impossível" [Ed. bras.: *Fariseus, escribas e saduceus na sociedade palestinense*. São Paulo, Paulinas].

[10] García Martínez (*The people of the Dead Sea Scrolls*; their writtings, beliefs, and practices, Leiden, Brill, 1995) acredita que a comunidade dos MMM era cismática, tendo rompido posteriormente com o grupo essênio principal, no século II, sob o comando do Mestre de Justiça — época em que a maioria acredita que os essênios surgiram.

[11] Pelos MMM, ficamos sabendo das mudanças nos costumes do templo, por exemplo, no cálculo do calendário das festas, que exacerbou a oposição. Para os nomes e o conteúdo desses documentos de Qumrã, cf. Apêndice II deste livro; também NJBC 67.78-117 ou ABD 2.85-101.

[12] Cf. BEALL, T. S. *Josephus, description of the essenes illustrated by the Dead Sea Scrolls*. Cambridge, Cambridge Univ., 1988. (SNTSMS, 58.) Que eles fossem essênios, e não saduceus, como o quer uma minoria, é mostrado de forma persuasiva por J. A. Fitzmyer (HJ 36, 467-476, 1995). Um texto crucial na discussão é 4QMMT; cf. BAR 20, #6, 48ss, 1994.

[13] Comparativamente, nossa documentação sobre os essênios é abundante. Fílon descreve-os (*Quod Omnis Probus* 12-13; #75-91; *Hypothetica* 11.1-18), além de oferecer a narrativa de um grupo semelhante no Egito, os terapeutas (*De Vita Contemplativa*). Igualmente Plínio, o Velho, *História Natural* 5.15.73.

Inúmeras características dessa descrição parecem ter sido verificadas nos MMM e nas escavações do sítio arqueológico de Qumrã, nas proximidades do Mar Morto. Josefo (*Ant.* 13.5.9, #172) enfatiza a teoria essênia de que todas as coisas são determinadas pelo destino; esse pode ser um modo de explicar, em termos helênicos, a tese qumranita de que todos os seres humanos são guiados tanto pelo Espírito de Verdade quanto pelo Espírito de Falsidade. O "Mestre de Justiça" homenageado nos MMM pode ter sido um sacerdote sadoquita que conduziu esses assideus ao deserto, onde os israelitas eram purificados no tempo de Moisés. Desprezando o templo, presididos agora por aqueles que, na opinião deles, eram sacerdotes maus, os qumranitas formavam a comunidade da nova aliança, que procurava tornar-se perfeita por uma prática extraordinariamente estrita da Lei (interpretada pelo Mestre) e esperava uma vinda messiânica iminente, mediante a qual Deus destruiria toda iniqüidade e puniria seus inimigos.

Os *fariseus* não formavam um movimento sacerdotal e, aparentemente, o fato de os macabeus assumirem o sacerdócio não era algo que os preocupava. Contudo, o próprio nome deles, que implicava separação, provavelmente resulta do fato de eles também, em última análise, terem rompido com os asmoneus, descendentes dos macabeus, que se tornaram governantes crescentemente secularizados. A abordagem farisaica da Lei escrita de Moisés era marcada pela teoria de uma segunda Lei, a oral (supostamente também derivada de Moisés); suas interpretações eram menos severas do que as dos essênios e mais inovadoras do que as dos saduceus, que permaneciam conservadoramente restritos à Lei escrita.[14] Por exemplo, diferentemente dos saduceus, os fariseus professavam uma crença na ressurreição do corpo e nos anjos — crença que receberam dos proscênios no período pós-exílico.

As relações entre esses grupos às vezes eram violentas. Vale a pena fazer referência a algumas ocasiões de hostilidades, a fim de que se possa contextualizar a inimizade religiosa que se encontra no NT. Os sumos sacerdotes que tinham afinidade com os saduceus[15] eram responsáveis por muitos atos violentos. Prova-

---

[14] Josefo fala sobre o assunto (*Ant.* 18.1.4, #16), mas inevitavelmente os saduceus tinham seus próprios costumes. Provavelmente, porém, eles não tinham um sistema de interpretação/lei que reconhecessem além da Lei escrita, enquanto os fariseus admitiam o caráter mais do que bíblico de algumas de suas interpretações.

[15] Ao menos presumivelmente; poucos indivíduos são identificados como saduceus.

velmente, no fim do século II a.C., um sumo sacerdote desconhecido tentou matar o Mestre de Justiça de Qumrã no Dia da Expiação, celebrado numa data peculiar ao calendário essênio (1QpHab 11,2-8). Em 128, João Hircano destruiu o santurário dos samaritanos no Monte Garizim, onde os patriarcas hebreus tinham adorado a Deus (*Ant.* 13.9.1, #255-256). Algumas décadas depois, Alexandre Janeu massacrou 6 mil judeus durante a festa dos Tabernáculos por causa da contestação (pelos fariseus?) de suas qualificações legais para desempenhar a função sacerdotal (*Guerra* 1.4.3, #88-89; *Ant.* 13.13.5, #371-373). Mais tarde, ele crucificou oitocentos (aparentemente incluindo fariseus), enquanto suas esposas e filhos eram dilacerados diante dos olhos deles (*Guerra* 1.4.6; #97; 1.5.3, #113; *Ant.* 13.14.2, #380). No período de 135-67 a.C., os fariseus instigaram o ódio entre as massas contra os sumos sacerdotes João Hircano (*Ant.* 13.10.5-6, #288,296) e Alexandre Janeu (*Ant.* 13.15.5, #402). Uma vez libertos de seus inimigos pela rainha judia Salomé Alexandra, eles executaram e exilaram seus adversários religiosos/políticos (*Ant.* 13.16.2, #410-411).[16] Os escritores dos MMM, presumivelmente essênios, queixavam-se amargamente da hierarquia dos saduceus em Jerusalém — condenando-os como maus sacerdotes que violavam os mandamentos — e ao mesmo tempo menosprezavam os fariseus. Por exemplo, eles criticavam "o jovem leão furioso [o sumo sacerdote Alexandre Janeu] [...], que se vingava daqueles que buscavam coisas amenas [fariseus] e enforcava pessoas vivas" (4QpNah 3-4.1.6-7). Enquanto exaltavam o Mestre de Justiça, falavam de um zombador e mentiroso (um essênio?) que perseguia os que buscavam coisas amenas (CD-A 1.14-21). Todos esses incidentes aconteceram antes da época de Herodes, o Grande, e da prefeitura romana na Judéia (e, portanto, antes do tempo de Jesus), talvez porque governadores fortes como Herodes e os romanos não tolerariam tal comportamento religioso destrutivo.

Três questões importantes que brotam do contexto religioso judaico precisam ser consideradas como parte de um estudo do NT e de Jesus.

1. Durante o tempo do ministério público de Jesus, qual era o grupo religioso mais importante? Josefo (*Guerra* 2.8.14, #162; *Ant.* 18.1.3, #14) qualifica

---

[16] BICKERMAN, E. J. *The Maccabees*. New York, Shocken, 1947. p. 103: "O farisaísmo primitivo era um movimento beligerante que sabia como odiar". E. P. Sanders (*Jewish Law from Jesus to the Mishnah*, London, SCM, 1990, pp. 87-88) enumera narrativas rabínicas de fortes controvérsias intrafarisaicas.

os fariseus como o grupo dominante, extremamente influente entre as pessoas das cidades. Isso pode explicar por que se narra que Jesus teve confrontos mais freqüentes com eles do que com qualquer outro grupo — um elogio indireto à importância deles.[17] Mais problemática é a imagem deles em Josefo (*Ant.* 18.1.3,4, #15,17), segundo a qual todas as orações e ritos sagrados eram realizados conforme a interpretação farisaica, e os saduceus deviam submeter-se ao que os fariseus diziam. O primeiro escrito de Josefo, a *Guerra*, omite alguns incidentes nos quais as *Ant.* sublinham a importância e a prevalência dos fariseus. Essa diferença levanta a séria possibilidade de que Josefo tenha engrandecido ficticiamente a imagem dos fariseus nas *Ant.*, escritas nos anos 90. Esse foi o período da influência rabínica emergente, e Josefo pode ter pretendido convencer seus patrocinadores romanos de que os ancestrais fariseus dos rabinos (cf. a seguir) eram também importantes.[18] Conseqüentemente, podemos duvidar, por exemplo, de que os procedimentos legais dos sumos sacerdotes em relação a Jesus tenham sido executados de acordo com as regras dos fariseus (os quais, na maior parte, estão curiosamente ausentes das narrativas evangélicas de tais processos).

2. Quem eram os fariseus e quais as opiniões que eles defendiam? Os evangelhos apresentam muitas vezes os fariseus como hipócritas[19] e legalistas sem coração. Não resta dúvida de que essa imagem está hostilmente exagerada, refletindo polêmicas tardias entre cristãos e judeus. Como uma refutação parcial desse fato, tem-se percebido uma tendência a considerar os rabinos posteriores como o reflexo dos fariseus, atribuindo-se aos fariseus do tempo de Jesus opiniões rabínicas atestadas na Mixná (codificada por volta de 200 d.C.) — opiniões

---

[17] Existe meia dúzia de confrontos com os fariseus em Marcos, mas apenas uma com os saduceus (12,18); os essênios jamais são mencionados no NT. Certamente os quadros evangélicos estão influenciados pelos conflitos pós-70 d.C. entre cristãos e mestres rabínicos emergentes (mais próximos dos fariseus do que de outros grupos), mas com certeza se trata mais de ênfase sobre um conflito histórico durante a vida de Jesus do que de uma invenção total. Uma das poucas pessoas que nesse período por acaso se identifica com o nome de fariseu, Saulo/Paulo, afirma ter perseguido os primeiros seguidores de Jesus (Gl 1,13).

[18] Os prós e os contras dessa tese são discutidos em BDM 1.353-357.

[19] Em parte, o quadro excessivamente negativo pode provir da conotação da tradução; o termo grego *hypokritēs* significa "escrupuloso em demasia, casuístico", mas não "insincero" (W. F. Albright e C. S. Mann, *Matthew*, AB, 1971, pp. cxv-cxxiii). O adjetivo "farisaico" pode ter o mesmo significado que "farisaical", ou seja, "marcado por censória e hipócrita autojustificação". Para evitar qualquer alusão a isso, neste estudo uso o nome "fariseu" como um adjetivo.

que não são absolutamente hipócritas nem estritamente legalistas. Mais especificamente, mestres famosos do período anterior à destruição do templo em 70 d.C., muitas vezes, são identificados como fariseus, mesmo que não haja nenhuma confirmação antiga que sustente tal idéia.[20] Indubitavelmente existem linhas de desenvolvimento dos primeiros fariseus do século I d.C. aos rabinos do século II e, sem dúvida, havia mestres fariseus de princípios morais sensatos durante o tempo de Jesus. Contudo, o estudioso judeu S. J. D. Cohen sabiamente adverte contra uma atribuição generalizada de tradições pré-rabínicas aos fariseus. (De fato, é preciso ter cuidado com o emprego de outro material da Mixná na interpretação do evangelho; por exemplo, a descrição de como o *seder* de Páscoa devia ser celebrado e a descrição do que constitui blasfêmia. O que se passou em 70 d.C. mudou muitos detalhes em tais assuntos; e a Mixná representa um resumo idealizado do século II.) Uma complicação particular no quadro do evangelho é a relação dos escribas com os fariseus. Historicamente, os saduceus e os essênios atraíam, com seu modo de pensar, escribas; mas pode bem ser verdadeiro que a maioria dos funcionários versados na Lei e nos processos era farisaica.

3. Como Jesus se relacionava com esses grupos? Os estudiosos não concordam entre si, às vezes presumindo que ele pertencia a um dos grupos. Não há nenhuma razão séria para pensar que Jesus fosse saduceu; tampouco um sacerdote ou um aristocrata: ele tinha crenças que eram contrárias às dos saduceus.[21] Sua crença em anjos e na ressurreição do corpo e as expectativas escatológicas atribuídas a ele nos evangelhos aproximam-no mais da teologia essênia e farisaica. Mesmo antes da descoberta dos MMM, estudiosos ousados haviam descrito Jesus como um essênio. Ele parece corresponder à descrição que Josefo e Fílon fazem da extraordinária piedade dos essênios, do seu menoscabo pelos bens mundanos, de seu apreço pelo celibato etc. Depois que os rolos foram descobertos, alguns encontraram um paralelo com Jesus na figura do Mestre de Justiça; outros pensa-

---

[20] Com efeito, no NT, em Josefo e na Mixná, apenas uma dúzia de indivíduos são identificados com o nome de fariseus.

[21] Os sumos sacerdotes de Jerusalém são lembrados como as figuras principais da condenação de Jesus, da tentativa de silenciar Pedro e Tiago (At 4,6; 5,17; cf. "saduceus" em 4,1; 5,17), da perseguição hostil a Paulo (At 24,1). Anã II, identificado especificamente como um saduceu, foi responsável pelo apedrejamento de Tiago, o "irmão" de Jesus (Josefo, *Ant.* 20.9.1, #199-200).

ram que Jesus serviu-se de algumas idéias desse grupo.[22] Contudo, nenhuma reminiscência no NT liga Jesus a tão distinta comunidade; ele é lembrado pelas visitas ao templo nos períodos em que outros judeus iam a Jerusalém para as festas (não de acordo com o calendário especial dos essênios de Qumrã); sua atitude até certo ponto livre diante da Lei dificilmente está em conformidade com a ultra-rigorosidade dos essênios. Com muito maior freqüência, Jesus foi identificado como um fariseu,[23] com a presunção (questionada anteriormente) de que se conhecem as opiniões dos fariseus durante a vida de Jesus e de que eles eram como aqueles apresentados na Mixná. A negligência dos evangelhos em relacionar Jesus a qualquer grupo específico provavelmente representa um quadro mais exato da situação histórica (de acordo com J. P. Meier, *A marginal jew* [Um judeu marginal], New York, Doubleday, 1991. v.1, pp. 345-349, ele era simplesmente um piedoso judeu leigo).

Além do tema Jesus, tem aparecido vasta literatura que procura ligar os primeiros cristãos aos sectários de Qumrã.[24] Parte dela beira o disparate, por exemplo, ao tentar encontrar nos MMM referências simbólicas a figuras cristãs como Jesus e Paulo. Às vezes essas improváveis conexões vêm acompanhadas de afirmações acerca de conspirações da parte de estudiosos cristãos e até mesmo do Vaticano para ocultar as implicações revolucionárias dos MMM, que desacreditariam o cristianismo. Infelizmente, graças à mídia "sensacionalista", tal fantasia é muitas vezes mais bem conhecida do que as sérias possibilidades que os MMM apresentam.[25] Uma proposta responsável envolve a hipótese de que as estruturas

---

[22] Para uma apreciação da plausibilidade dos aludidos pontos de contato, veja-se BROWN, R. E. The DSS and the NT. In: CHARLESWORTH, J. H. (ed.). *John and the Dead Sea Scrolls*. New York, Crossroad, 1990. pp. 1-8. O mais provável é que João Batista tenha sido influenciado pelos essênios de Qumrã (sem ter sido um deles). Conecções/paralelos parciais incluiriam a área perto do Jordão, onde tanto os qumranitas quanto João Batista prosperaram, a insistência dele na água batismal e sua descrição como aquele que preparava o caminho do Senhor no deserto.

[23] Por exemplo, H. Falk (*Jesus the Pharisee*, New York, Paulist, 1985) faria de Jesus um fariseu da linha de Hillel, acremente combatido por outros fariseus da linha de Shammai.

[24] A respeito da tese de que fragmentos de documentos cristãos foram encontrados entre os MMM, cf. capítulo 7, n. 95.

[25] Um sóbrio desmascaramento da tolice pode ser encontrado em FITZMYER, J. A. *Responses to 101 questions on the Dead Sea Scrolls*. New York, Paulist, 1992; García Martínez, op. cit., pp. 24-29, 194-198; e, de modo especial em BETZ, O. & RIESNER, R. *Jesus, Qumran and the Vatican*. New York, Crossroad, 1994.

da Igreja tenham sido influenciadas por estruturas existentes entre os grupos judeus. Ademais, ao indagar se os presbíteros/anciãos seguiam o modelo dos anciãos da sinagoga, dever-se-ia perguntar se os supervisores/bispos (*episkopoi*) seguiram o padrão dos supervisores descritos nos MMM. Será que a designação do movimento cristão como "o Caminho" e a ênfase na "igualdade/comunidade" (*koinōnia*) refletem a ideologia dos essênios de Qumrã que os conduziu ao deserto a fim de preparar o *caminho* do Senhor e a designação das diretrizes da comunidade deles como "a Regra para a *Unidade*"? Teologicamente, alguns encontrariam traços da influência de Qumrã no dualismo do evangelho de João traduzido como luz e trevas, verdade e mentira; na luta entre a luz do mundo (Jesus) e o poder das trevas (Lc 22,53); e na luta entre o Espírito da Verdade e o Príncipe deste mundo (Jo 16,11).

A revolta judaica de 66-70 d.C. e a destruição do templo de Jerusalém mudaram a dinâmica dos agrupamentos religiosos. Revolucionários tais como os sicários, os zelotas e a quarta filosofia foram exterminados; o assentamento essênio de Qumrã foi destruído em 68; a cessação de sacrifícios no templo enfraqueceu a base de poder dos saduceus, tendo em vista que a liderança deles era composta de famílias sacerdotais. Não temos clareza quanto ao modo segundo o qual os fariseus nutriram-se do movimento rabínico.[26] Contudo, no período pós-70, os mestres rabínicos, os sábios de Israel, gradativamente ganharam reconhecimento como os guias do povo; e os que estavam reunidos em Jâmnia (Iabne), na costa da Palestina, foram considerados porta-vozes dos judeus pelas autoridades romanas. No período aproximado de 90-110, Gamaliel II, filho e neto de famosos intérpretes da Lei, presidiu em Jâmnia.[27] Os escritos cristãos do período pós-70, quando falavam do judaísmo, referiam-se sempre a esse judaísmo rabínico emergente. Em algumas regiões, era agudo o conflito entre os que acreditavam em Jesus e os líderes das sinagogas judaicas, conforme atestado em descrições fortemente

---

[26] S. J. D. Cohen (*From the maccabels to the Mishnah*, Philadelphia, Westminster, 1987, pp. 226-228) nota que a Mixná, uma obra rabínica, não demonstra uma autoconsciência farisaica nem sublinha uma linhagem farisaica. Em parte, isso se pode atribuir ao fato de os fariseus serem lembrados como um grupo que se opunha a outros grupos, tais como os saduceus e os essênios, tendo, dessa forma, uma mentalidade sectária. O movimento rabínico era inclusivo, não sectário; existiam disputas legais entre os rabinos, mas jamais violência autodestrutiva. Cf. também, de Cohen, The significance of Yavneh, HUCA 55, 27-53, 1984.

[27] Entre os sábios mais jovens influenciados por ele estaria Rabi Aqiba, que teve um papel significante na segunda revolta judaica pelo apoio que ofereceu a Simeão Ben Koseba (Bar-Kókeba).

antifarisaicas (Mt 23), na referência hostil às "sinagogas deles" como lugares onde os seguidores de Jesus seriam maltratados (Mt 10,17) e na narrativa da expulsão da sinagoga de "um discípulo desse tal" (cf. Jo 9,28.34). A *Birkat hamînîm* ou "bênção" sinagogal (uma maldição, na verdade) contra os apóstatas era freqüentemente mencionada.[28] É duvidoso datá-la de 85 d.C., e a idéia de que se trata de um decreto universal contra cristãos é quase seguramente errônea. Sinagogas locais, em diferentes tempos e lugares, não mais toleravam a presença de cristãos.[29] Progressivamente (começo do século II?), uma fórmula de "bênção" denunciando hereges e apóstatas de diversos tipos presumia a inclusão de cristãos e, mais tarde, visava especificamente a estes. Por toda parte, em fins do século II, as linhas demarcatórias entre judeus que não acreditavam em Jesus e cristãos estavam nitidamente traçadas, embora tal delimitação possa ter acontecido cerca de um século antes em alguns lugares.

Os leitores do NT também precisam conhecer a literatura judaica pós-bíblica, a maioria datando de um período posterior ao de todos os documentos do NT.[30] Os Targuns (Targumim) são traduções aramaicas — algumas literais, outras bem livres — dos livros bíblicos, feitas para judeus que não mais falavam hebraico. Targuns de Jó anteriores a 70 d.C. foram descobertos em Qumrã (bem como o parabíblico *Genesis Apocryphon*, um adornamento aramaico do Gênesis). Targuns tardios do Pentateuco e dos Profetas, provenientes tanto da Palestina quanto da Babilônia, foram preservados (NJBC 68.106-115); as raízes dos mais antigos entre eles podem datar do século II d.C. Obras denominadas *Midrash*, escritas a partir do século II d.C., são comentários livres dos livros do Pentateuco (e até mesmo de outros livros bíblicos).[31]

A Mixná é uma codificação escrita em hebraico da lei oral judaica, de autoria do Rabi Judá, o Príncipe, feita por volta de 200 d.C.; a palavra significa

---

[28] Cf. capítulo 11, n. 102.

[29] Certamente por várias razões: o componente pagão dos cristãos; sua livre interpretação da Lei; sua proclamação da divindade de Jesus; seu proselitismo etc.

[30] São livros úteis para ulterior informação: NEUSNER, J. *Introduction to Rabbinic Literature*. New York, Doubleday, 1994; STRACK, H. L. & STEMBERGER, G. *Introduction to the Talmud and Midrash*. 2. imp. rev. ed. Minneapolis, A/F, 1996.

[31] O estilo de interpretação criativa usado em tais *midrashim* é chamado "*midráshico*", e exemplos de tal estilo podem ser encontrados anteriormente, por exemplo, na repetição da narrativa da história do êxodo em Sb 11,2ss.

"segunda", mostrando que era colocada ao lado da (primeira) Lei conservada no Pentateuco. Embora atribua seu conteúdo a cerca de 150 mestres que viveram entre 50 a.C e 200 d.C., ao tratar assuntos de suma importância para a vida judaica, torna-se uma resposta literária à influência da ocupação romana na situação dos judeus, especialmente depois de 70 d.C. Muitas de suas regras são idealistas, por exemplo, provisões para o templo e sua manutenção muito tempo depois que este foi destruído. A Tosepta (Tosefta) é outra coleção de leis e comentários, costumeiramente datada do século II ou IV d.C. Em certo sentido, é um complemento da Mixná, organizado da mesma maneira; no entanto, algumas das tradições variam e podem ser mais antigas. Existem dois longos comentários aramaicos da Mixná: o Talmude Palestinense (concluído no século V) e o Talmude Babilônico (século VI), extraordinariamente ricos em compilações de minutas de discussões legais, tradições, interpretações escriturísticas, histórias etc.

Existe um problema significativo no uso desse material judaico no estudo do NT. Uma vez que foi quase inteiramente escrito depois dos principais livros do NT, até que ponto pode ser usado para iluminar as narrativas da vida de Jesus e as reflexões sobre a Igreja primitiva? Certo número de estudiosos, presumindo que as tradições contidas nesses e até mesmo em obras mais tardias refletem o pensamento, a práxis e a terminologia judaica primitiva, citam livremente passagens escritas em qualquer época entre cem e mil anos depois do tempo de Jesus. Outros (entre os quais me incluo) demandam extrema precaução e exigem confirmação de que aquilo que está sendo citado era conhecido antes de 70 d.C.[32]

B. Contexto religioso não-judaico

Não resta dúvida de que Jesus, os missionários cristãos primitivos e os escritores do NT foram influenciados pelo AT e pelo judaísmo primitivo pós-AT. Mais discutível é o grau de influência que eles sofreram por parte das religiões e filosofias não-judaicas do mundo greco-romano. No capítulo 4, intertítulo B — "Contexto social do NT" —, vimos que, em diversos graus e modos, Jesus, Paulo e os cristãos estavam em contato com esse mundo que lhes oferecia possibilidades

---

[32] FITZMYER, J. A. *A wandering Aramean*. Missoula, MT, Scholars, 1979. pp. 1-27. (SBLMS, 25); O'BRIEN, J. M. & HORTON JR., F. L. Problems of the semitic background of the New Testament. In: *The Yahweh/Baal confrontation*. Lewiston, NY, Mellen, 1995. pp. 80-93. (E. W. Hamrick Festschrift.)

e problemas. Nesta seção e na subseqüente vamos tratar de uma questão mais precisa, a saber, em que medida a imersão na cultura, educação e economia greco-romanas influenciou o modo como eles concebiam Deus, o culto, a moral etc. Se começarmos com o próprio Jesus, a resposta é: não sabemos. De acordo com os evangelhos sinóticos, ele tem pouco contato com gentios ou pagãos, proíbe seus discípulos de aproximar-se deles (Mt 10,5) ou imitar-lhes o comportamento (Mt 6,32), e demonstra preconceitos judaicos em relação a eles ("cachorrinhos", em Mc 7,27-28; "até os gentios", em Mt 5,47). Sua afirmação de que eles eram prolixos em suas orações (Mt 6,7) não precisa implicar que ele testemunhou isso. Tampouco sabemos em que medida os primeiros pregadores galileus foram influenciados pelo ambiente religioso/filosófico pagão.

Influência não-judaica em Paulo é plausível: ele era proveniente de Tarso, escrevia e falava grego e usou alguns recursos de oratória grega em suas cartas. O discurso que os Atos atribuem a Paulo no areópago de Atenas[33] é dirigido a Epicuro e aos filósofos estóicos (17,17-31), e é redigido com termos que refletem um conhecimento popular da religião e da filosofia pagãs; no entanto, o contexto indica que Paulo procurava adaptar-se ao ambiente ateniense visando ao proselitismo, e, como tal, o discurso não oferece indícios de maior influência em seu pensamento. Efetivamente, existem raros traços de idéias religiosas pagãs nas cartas desse homem que se autodenominava "hebreu, filho de hebreus". Conforme veremos na seção seguinte, a possibilidade de influência filosófica é maior.

A tentativa de ver influência da ideologia pagã do "homem divino" (*theios anēr*) na imagem de Jesus mostrada pelos evangelistas é altamente controvertida.[34] A alegação de que a cristologia primitiva (que saudava Jesus como "Senhor" e "Filho de Deus") provinha da helenização da memória de Jesus sob a influência do politeísmo pagão já foi bastante popular, mas agora é opinião minoritária. A imagem, segundo João, de um mundo dividido entre filhos da luz e filhos das trevas, considerada antigamente expressa em linguagem proveniente

---

[33] Quer o Paulo histórico esteja ou não descrito nessa cena, os Atos mostram como o apóstolo era lembrado ou imaginado várias décadas depois.

[34] Que esse "homem divino" fosse até mesmo uma categoria bem definida tem sido questionado seriamente. Cf. Tiede, D. L. *The charismatic figure as a miracle worker*. Missoula, MT, Scholars, 1972 (SBLDS, 1); Holladay, C. R. *THEIOS ANER ind Hellenistic Judaism*. Missoula, MT, Scholars, 1977 (SBLDS, 40); Pilgaard, A. In: Borgen, P. et al. *The New Testament and Hellenistic Judaism*. Aarhus Univ., 1995. pp. 101-122.

de fontes religiosas não-judaicas, está agora atestada nos MMM. Em resumo, os estudiosos ainda não provaram que a *religião* pagã tenha modelado a teologia e a cristologia do NT de forma predominante.

Por que, então, aqueles que desejam estudar o NT deveriam familiarizar-se com o mundo religioso (e filosófico) pagão? A mentalidade do público que recebeu a mensagem do NT precisa ser levada em consideração. Por exemplo, ouvintes com uma experiência politeísta podem ter compreendido a pregação sobre o "filho de Deus" à luz de um deus grego que foi gerado por outro. O sincretismo estava muito em voga, e seria surpreendente se o evangelho cristão não fosse misturado por alguns evangelizados às suas próprias concepções, como no caso de Simão, o Mago, em At 8,9-24. Outros que ouviram a pregação cristã podem ter encaixado a mensagem de Jesus ou de Paulo em uma das filosofias com as quais estavam familiarizados, quer os pregadores o soubessem, quer não. Outros, ainda, podem ter considerado ridícula a mensagem anunciada, quando comparada com as próprias opiniões filosóficas, mais sofisticadas. Paulo certamente jamais se considerou um propagador de filosofias (1Cor 1,22-25; 2,1-2), não importa em que grau ele estivesse influenciado pelas técnicas retóricas dos filósofos; contudo, para alguns dos que o escutavam e observavam sua forma de vida, ele pode ter parecido um filósofo cínico. A fim de levarmos em conta todas essas possibilidades, vamos tratar de forma geral nesta subseção as religiões não-judaicas e, a seguir, na próxima subseção, as filosofias greco-romanas.

Os deuses e deusas da mitologia clássica. Assim como a cultura grega era um fator mais forte no ambiente do NT do que a cultura romana, na religião greco-romana, o tom predominante era o grego. Contudo, por esse tempo, o culto das divindades gregas e romanas tinha sido misturado, e a religião híbrida resultante obscureceu a tendência diferente das duas que existiram na Antiguidade. Os gregos Zeus, Hera, Atenas, Afrodite, Hermes e Ártemis passaram a ser identificados com os romanos Júpiter, Juno, Minerva, Vênus, Mercúrio[35] e Diana. Havia templos, sacerdócios e festas dedicadas ao deus ou deusa patrono de uma cidade ou região;

---

[35] Da combinação de Hermes-Mercúrio desenvolveu-se posteriormente a figura de Hermes Trismegisto (o Maior), na qual o mensageiro dos deuses tornara-se uma todo-sapiente corporificação da palavra divina (*logos*) e um redentor. Desenvolveu-se uma significante literatura, tal como o atesta o *Corpus Hermeticum*, que consiste em tratados filosófico-teológicos em grego (séculos II-V d.C.), com algumas idéias e expressões semelhantes em João e Paulo. Alguns acreditam que o hermetismo surgiu da combinação entre um gnosticismo pagão (ver *p. 162*) e a filosofia grega. O tratado mais importante para fins comparativos é

estátuas em homenagem aos deuses pontuavam os fóruns das cidades; a mitologia popular concentrava-se na intervenção deles.[36] Augusto incrementou as tradicionais cerimônias em honra dos deuses. Embora os dramaturgos cômicos tenham ironizado os pecadilhos sexuais de tais divindades, At 19,23-40 (em que Paulo ofende os seguidores de Ártemis/Diana entre os efésios) mostra quão perigoso podia ser um ardente fervor na defesa do culto oficial. Contudo, para muitos, esse culto oficial de deuses e deusas antigos não se traduz em genuína devoção religiosa; daí, a demitologização das divindades por parte dos filósofos (p. ex., a identificação estóica de Zeus com o *logos* ou razão que impregna o universo), o apelo de religiões mais recentes do Oriente e/ou de religiões mistéricas, e a predominância de adivinhos, oráculos consulentes, magia (amuletos, encantos, fórmulas) e astrologia.[37]

Culto ao imperador. Até mesmo no culto oficial houve mudanças no século I d.C. De modo particular no Oriente, com sua história de divinização de soberanos, havia uma tendência de considerar divino o imperador e colocá-lo no panteão.[38] Augusto, que foi tão aclamado e mesmo assim rejeitou a deificação durante sua vida, foi deificado depois da morte. Calígula queria estátuas divinizantes eretas em sua honra, e Nero se considerava divino. Domiciano exigia honrarias divinas, e a autodenominação "Senhor e Deus" provavelmente explica o ódio ao poder romano como usurpador daquilo que pertence a Deus no livro do Apocalipse. Plínio, o Moço (cerca de 110 d.C.), fez da disposição em oferecer sacrifício à imagem do imperador um teste para determinar quem era ou não cristão.

Poimandres (traduzido por B. Layton, *The Gnostic Scriptures*, Garden City, NY, Doubleday, 1987, pp. 452-459), que parece refletir o contexto de uma comunidade de culto. Os estudiosos estão divididos quanto à influência, mas o mais provável é que o NT e os escritos herméticos tenham sido influenciados independentemente por um ambiente comum.

[36] Tal mentalidade é manifesta em At 14,11-18: as multidões, em Listra, pensam que Barnabé e Paulo são Zeus e Hermes corporificados.

[37] O judaísmo era influenciado pela magia e pela astrologia. No papiro mágico da era romana havia considerável proporção de material judaico (forma de nomes hebraicos para Deus e frases hebraicas transcritas). Horóscopos baseados em astrologia foram encontrados em Qumrã, e nas sinagogas do período pós-NT existem decorações zodíacas. M. Smith (*Jesus the magician*, San Francisco, Harper & Row, 1978) equipara os milagres de Jesus à prática de magia. Sem aceitar tal equivalência (cf. Meier, op. cit., v. 2, pp. 538-552), alguns dos que ouviram falar dele podem tê-lo colocado nessa categoria (note-se o interesse pelo cristianismo expresso por Simão, o Mago, em At 8,18-19, e a tentativa de exorcistas judeus de invocar o nome de Jesus em At 19,13).

[38] Boa visão geral é oferecida em JONES, D. L. Christianity and the Roman imperial cult. ANRW II. 23.2.1023-1054; também ABD 5.806-809.

As religões mistéricas[39] envolviam encenações e cerimônias religiosas secretas por meio das quais os iniciados seriam levados a participar da vida imortal dos deuses. Os iniciados, que vinham de todas as classes, eram engajados num companheirismo duradouro. Alguns estudiosos buscaram nisso a fonte para o uso paulino de *mystērion* em relação a Cristo (1Cor 15,51; Rm 11,25; 16,25; Cl 1,26-27); tal uso, porém, reflete uma herança semítica, ou seja, a decisão oculta da corte celeste que rodeia Deus.[40] Uma relação mais plausível com o cristianismo seria esta: os pregadores da vitória sobre a morte por meio da crucifixão e ressurreição de Jesus teriam de competir com aqueles cultos e mitos (mutáveis de país a país) que ofereciam salvação, sem insistir na moral social e pessoal.

Os mais famosos cultos mistéricos gregos, os *mistérios eleusínios*, rendiam homenagem a Deméter (Ceres), a protetora da agricultura. Quando sua filha Perséfone foi levada para o mundo inferior por Hades, revoltada, Deméter não permitiu que a terra produzisse frutos. Por meio de um acordo, Perséfone ficava no mundo inferior durante quatro meses por ano (o tempo em que a semente permanece no solo), mas os outros oito meses (quando a lavoura cresce), ela ficava com sua mãe. Em Elêusis, bem a leste de Atenas, celebrava-se uma cerimônia anual e ritos religiosos secretos, garantindo vida aos neófitos.

Outro culto tinha como centro o deus do vinho, Dioniso (Baco), o filho de Zeus e Sêmele, que foi salvo da destruição, nas várias versões da lenda. Por meio de rituais e bebida, os participantes (entre os quais predominavam mulheres) entravam em transe e, em êxtase, tinham contato com o deus, que lhes oferecia o dom da vida. Eurípedes (século V a.C.) apresentou uma vívida narrativa de transe orgiástico em *As Bacantes*. Em 186 a.C., por causa do escândalo dos bacanais, o Senado romano tomou medidas corretivas.

As religiões orientais. O culto de Ísis, originário do Egito, era popular no império, particularmente entre mulheres. Depois que seu consorte Osíris foi esquartejado, a deusa, buscando insistentemente os pedaços, conseguiu, por meio de ritos mágicos, fazer Osíris reviver, e este se tornou o deus do mundo inferior.[41]

---

[39] Meyer, M. W. (ed.). *The ancient mysteries: a sourcebook.* San Francisco, Harper & Row, 1987.

[40] Brown, R. E. *The Semitic background of the term "mystery" in the New Testament.* Philadelphia, Fortress, 1968. (Facet Biblical Series, 21). Cf. Rahner, H. In: Campbell, J. (ed.). *Pagan and Christian mysteries.* New York, Harper, 1963. pp. 148-178.

[41] Em algumas formas de culto, Osíris foi substituído pelo deus sincretizado Serápis.

O mito está associado à enchente anual do Nilo, que traz fertilidade. Em Roma, as autoridades intervinham contra o culto a Ísis, mas este recebeu reconhecimento oficial sob Calígula. Apuleio, autor latino do século II, em suas *Metamorfoses* (*O asno de ouro*)[42] descreve o rito mistérico por meio do qual o neófito representava o trajeto de Osíris para a morte, garantindo, assim, vida após a morte. Em outros desdobramentos, Ísis era venerada como senhora do universo e onisciente — uma figura sapiencial.

Um motivo similar na forma de um deus que morre e ressurge aparece na história de Adônis, o amado de Afrodite: morreu ferido por um javali, e a anêmona que floresce na primavera brotou de seu sangue. O pesar da deusa comoveu os deuses do mundo inferior, os quais permitiram que Adônis passasse seis meses por ano com Afrodite sobre a terra. Esse mito, baseado na morte da natureza no inverno e no renascimento na primavera, é de origem fenícia e era celebrado em festas anuais. Átis, envolvido com a deusa-mãe Cibele, era outro deus da vegetação; sua morte, porém, envolveu autocastração; e os ritos relacionados a esse mito tinham um caráter orgiástico (os romanos não podiam participar). De forma semelhante, o culto das Cabiras ou *Kábeiroi*, originalmente divindades frígias, tinha ritos fálicos; finalmente foi fundido aos aspectos do culto de Dioniso e até mesmo do imperador.

O culto de Mitra, restrito aos homens, espalhou-se largamente entre os soldados persas e romanos. Com suas raízes no panteão zoroastra persa, o mitraísmo envolvia um mediador entre os seres humanos e o deus da luz (Ahura Mazda). O culto era normalmente celebrado em uma gruta-santuário (Mitreum), em cujo centro havia uma estátua de Mitra degolando um touro. Dos ferimentos do touro saíam ramos de grãos. O simbolismo geral era o domínio do mal e a vida trazida aos neófitos, que recebiam um banho de sangue.

C. Filosofias greco-romanas, Fílon e gnosticismo

Embora "filosofia" seja uma palavra que ocorre somente uma vez no NT (Cl 2,8), as filosofias greco-romanas e suas combinações com os motivos religiosos judeus e pagãos merecem atenção. De variadas maneiras, elas levavam em

---

[42] Uma boa tradução em inglês dessa importante obra é oferecida por P. G. Walsh (*Apuleius, "The Golden Ass"*, Oxford, Clarendon, 1994).

PARTE I • Pressupostos para a compreensão do Novo Testamento

conta a origem, o lugar e o destino dos seres humanos em relação ao cosmo, bem como o papel de uma força universal orientadora. Às vezes, tornavam-se mais próximas do monoteísmo do que qualquer outra das religiões pagãs e, freqüentemente, sustinham um exigente código de comportamento, mais uma vez superando a maioria das religiões. Embora eu discuta as filosofias individualmente, o interesse era muitas vezes eclético, pois as pessoas escolhiam elementos atraentes de diferentes sistemas.

Platonismo. A filosofia que Platão (427-347 a.C.) elaborou em diálogos nos quais Sócrates era o locutor principal havia declinado no tempo do NT, mas influenciou outras filosofias (e teria uma enorme influência nos Padres da Igreja). A doutrina mais importante era a de que, neste mundo, as pessoas vêem apenas as sombras insubstanciais projetadas por outro mundo ideal onde existem a verdade e a beleza perfeitas. Para cumprir seu destino, as pessoas precisam fugir do mundo material e partir para seu verdadeiro lar naquele outro mundo. Alguns vêem influência platônica (direta ou por meio do judaísmo helenístico) no contraste entre o mundo inferior e o mundo superior, em João e em sua descrição de um Jesus que veio do alto para oferecer a verdade (cf. Jo 3,31; 1,9; 4,23). À guisa de polêmica contra o cristianismo, a aceitação tranqüila e alegre, por parte de Sócrates, da morte que lhe fora imposta era contrastada com o modo segundo o qual Jesus encarou a morte. Escárnio e zombaria eram dirigidos à imagem de Jesus prostrado por terra, alma triste até a morte, implorando ao Pai que afastasse dele aquele cálice (Mc 14,33-36).

Cínicos. Estes provêm de outro discípulo de Sócrates, mas que discordava de Platão: o ateniense Antístenes, figura ofuscada por seu discípulo mais famoso, Diógenes de Sinope (cerca de 412-323 a.C.). O comportamento, mais do que o pensamento abstrato, caracterizava o pensamento cínico, especificamente a frugalidade, o retorno à natureza e a rejeição (às vezes satírica) das convenções artificiais. Acima de tudo, os cínicos não demonstravam nenhum interesse em falar sobre deus(es). Cínicos andarilhos assumiam o método socrático de fazer perguntas, mas, em vez de endereçá-las a colegas ou estudantes, iam pelas ruas ao encontro das pessoas normais, desafiando-as. De forma particular, empenhavam-se na "diatribe", não um ataque raivoso, mas um discurso pedagógico, caracterizado por estilo informal, perguntas retóricas, paradoxos, apóstrofes etc. (Atualmente, alguns estudiosos acreditam, porém, que o modelo de diatribe completo, que consiste em tese, demonstração por antítese e exemplos e resposta a objeções, foi desenvolvido antes em sala de aula do que na pregação pública.) Modelos de diatribe aparecem em Sêneca, Epíteto e Plutarco, e foram também constatados em Paulo[43] — por exemplo, as séries de questões em Rm 3,1-9.27-31 e a seqüência "Não sabeis?" em 1Cor 6. Apelando para os ditos de Q, partilhados por Mateus e Lucas, alguns classificam Jesus como pregador cínico,[44] um ponto que será discutido no Apêndice I, adiante. Contudo, a escatologia apocalíptica, associada tanto a Jesus quanto a Paulo, não se encaixa no pensamento cínico. Alguns diriam que o cinismo é o falso ensinamento combatido pelas cartas pastorais.

Epicureus. Outra tradição filosófica provém de Epicuro (342-270 a.C.). Em português, epicureu é alguém voltado para os prazeres sensuais ou gastronômicos e mesmo na Antigüidade essa pode ter sido uma opinião popular acerca da visão epicurista. No entanto, Epicuro era um homem virtuoso e honesto. Ele desprezava os mitos e as abstrações, enquanto se digiria às pessoas comuns fazendo dos sentidos o critério da verdade — sentimentos e percepções sensoriais seriam confiáveis. Sua filosofia pretendia libertar as pessoas de medos e superstições: a religião não seria necessária, pois os acontecimentos seriam determinados pelo movimento dos átomos; os deuses nada teriam que ver com a existência humana; a morte seria o fim, e não haveria ressurreição. Irmandades de epicureus uniam-se pela amizade e pelo cuidado mútuo. Esse pensamento era comum entre as pessoas letradas, como os poetas romanos Lucrécio (95-51 a.C.) e Horácio (65-8 a.C.). Não surpreende, portanto, que At 17,18.32 inclua os epicureus entre os ouvintes que zombaram de Paulo quando este falou das exigências de Deus e da ressurreição

---

[43] A tese doutoral de R. Bultmann, em 1910, foi sobre a diatribe cínico-estóica em Paulo. Embora essa seja a opinião majoritária, uma importante advertência foi feita por K. P. Donfried (False presuppositions in the study of Romans, CBQ 36, 332-355, 1974, reimpresso em TRD 102-125). Com base em alguns clássicos, ele se pergunta se existe uma forma literária distinta, conhecida como diatribe, já que muitas das características são encontradas no diálogo filosófico em geral. Ademais, questiona a tese de que, se Paulo usa o diálogo, esse formato estereotipado torna o material da diatribe inútil para a determinação da situação histórica da comunidade destinatária.

[44] Assim, DOUNING, F. G. *Cynics and Christian origins.* Edinburg, Clark, 1992; MACK, B. L. *The lost Gospel*; the Book of Q and Christian origins. San Francisco, Harper, 1993; cf. a crítica a Mack por P. Perkins (*Christian Century* 110, 749-751, 1993), o qual ressalta, com razão, que tal imagem, inaceitavelmente, quase tira Jesus do bem conhecido contexto judaico de seus dias. Da mesma forma, a revisão que A. Denaux faz de Vaage (Galilean, JBL 115, 136-138, 1996). Acerca de perigosas reconstruções baseadas em Q, cf. o capítulo 6 deste livro e TUCKETT, C. M. A Cynic Q? *Biblica* 70, 349-376, 1989.

dos mortos.[45] O pensamento epicurista explicaria por que Paulo diz que a pregação do Cristo crucificado é loucura para os gregos (1Cor 1,23).

Estoicismo. Essa filosofia origina-se de um contemporâneo de Epicuro, o cipriota Zenão (333-264 a.C.), que discursava sob um pórtico colunado (*stoa*) em Atenas e que tinha sido treinado por um cínico, de quem herdou o princípio de que a virtude é o único bem. O estoicismo considerava o mundo um organismo único, energizado por uma alma universal, o *logos* ou razão divina que guia todas as coisas. Não existiria um mundo das idéias separado, como na filosofia platônica. Como parte do universo, se as pessoas vivessem de acordo com a razão-guia ou lei natural, poderiam permanecer tranqüilas ante a adversidade. Afetos e paixões eram vistos como estados patológicos dos quais as pessoas poderiam ser libertadas. Destarte, era um sistema de pensamento que desenvolvia valores morais e a autoconquista. Contudo, a ênfase na razão divina, quase em tom monoteísta, ajustava-se a diversas mitologias, pois os deuses se tornavam símbolos do domínio da natureza. Um famoso hino do estóico Cleanto,[46] do século III a.C., louva a Zeus acima de todos os deuses: ele é aquele em quem o universo teve seu começo, cujas leis governam todas as coisas e que é rei de tudo para sempre; tal hino, em parte, seria apropriado ao Deus de Israel. Os estóicos tinham uma visão determinista acerca do que iria acontecer, usando a astrologia e a ciência natural como instrumentos para detectar o plano já fixado que iria culminar na grande conflagração purificadora, antes que um novo ciclo de eras tivesse início. Houve diversos estágios cronológicos na história do estoicismo, como o estoicismo médio (século II a.C.), no qual havia crescente valorização das filosofias mais antigas de Platão, Fílon e Aristóteles. Durante o período cristão, o estoicismo tardio tornou-se a filosofia dominante, exemplificada por Sêneca (contemporâneo de Paulo), Epiteto e Marco Aurélio. At 17,25.28 mostra Paulo repetindo fórmulas estóicas e Fl 4,11 — "Aprendi a adaptar-me às necessidades" — avizinha-se do pensamento estóico (cf. também 1Cor 4,11-13). Alguns afirmam que o uso que Paulo faz da diatribe avizinha-se mais do costume estóico (Epiteto) do que do cínico. Contudo, em 1Cor 6,12, Paulo pode estar questionando uma fórmula estóica

---

[45] Quando Paulo diz: "Se os mortos não ressuscitam, *comamos e bebamos, pois amanhã morreremos*" (1Cor 15,32), cita Is 22,13, mas pode também fazer eco a um conhecido dito epicurista.
[46] Texto em Barrett, *NT background*, p. 67.

e, em Rm 1,19.23, o argumento de Paulo, de que os ídolos distorcem o conhecimento de Deus que foi revelado a todos, é contrário à reivindicação estóica de que tais artefatos refletem o anseio humano pelo divino (A. J. Malherbe, The cultural context of the New Testament: the Greco-Roman world [O contexto cultural do Novo Testamento: o mundo greco-romano], NInterpB 8.12-26).

Sofistas. Embora houvesse filósofos sofistas, não existia a filosofia sofista. Sofistas eram mestres que assumiam a profissão de ir de cidade em cidade ensinando por uma taxa. Os antigos mais famosos foram Protágoras (480-411 a.C.), que ensinava a virtude ou a conduta de vida eficaz, e Górgias (483-376 a.C.), que ensinava o discurso eficaz e artístico, ainda que tenha desistido de alcançar o conhecimento positivo. Os sofistas enfatizavam o sucesso material e eram capazes de discutir em qualquer perspectiva, verdadeira ou não (daí o tom pejorativo de "sofisma"). Nos primeiros anos do Império Romano, uma segunda onda sofista concentrou-se na prática da retórica, um elemento importante na educação mais elevada.[47] Alguns vêem na insistência com que Paulo fala que pregava o Evangelho de Deus gratuitamente em Corinto (2Cor 11,7-10) um contraste implícito com a prática dos mestres sofistas na cidade.

Dois outros itens do ambiente religioso que devem merecer a atenção dos leitores do NT representam uma combinação de motivos judaicos e pagãos: os escritos de Fílon e o gnosticismo.

Fílon (cerca de 20 a.C.-50 d.C.) originava-se de abastada família judaica helenizada de Alexandria; sua educação deu-lhe um excelente domínio da língua, filosofia, poesia e drama gregos; e ele era um líder na grande comunidade local. Embora não tivesse um conhecimento das Escrituras tão detalhado quanto o dos rabinos e possa não ter sabido hebraico, era fiel à prática judaica, conhecia a LXX e estava bem preparado para traduzir sua tradição religiosa de tal modo que um mundo helenizado pudesse compreender. Em inúmeros escritos, Fílon envolveu-se em assuntos políticos, defendeu seus companheiros judeus contra calúnias, argumentou que o judaísmo era uma religião com herança respeitável e descreveu a vida dos essênios. O mais importante para nós é que Fílon tentou

---

[47] G. Anderson (*The second Sophistic*; a cultural phenomenon in the Roman Empire, London, Routledge, 1993) vê traços mais espalhados da influência sofista.

integrar filosofia com princípios bíblicos, seja diretamente, seja por meio de interpretação alegórica da Bíblia (especialmente do livro de Gênesis).[48] Estava familiarizado com o aristotelismo e com as especulações numéricas de Pitágoras, mas sua doutrina principal refletia o platonismo (especialmente em alguns de seus desenvolvimentos médio-platônicos) e o estoicismo. A descida da alma no corpo era explicada em termos platônicos; e, não obstante ter relacionado a Lei de Moisés com a idéia estóica de uma ordem racional na natureza, Fílon rejeitava o determinismo estóico em favor da liberdade. Discute-se se Fílon influenciou o pensamento do NT. Idéias médio-platônicas constatadas na carta aos Hebreus se assemelham às de Fílon, mas ambos, independentemente, podem refletir um ambiente judeu (e até mesmo alexandrino) helenístico comum. Alguns encontram um paralelo entre o uso joanino de *logos* (o Verbo) como aquele por meio do qual todas as coisas foram criadas e o uso que Fílon faz de *logos* como a atividade mental de Deus durante o ato criador e também como uma radiação do Deus único, relacionando este aos seres humanos.[49] Mais uma vez, porém, provavelmente tanto o *logos* filoniano quanto o joanino estão independentemente relacionados à sabedoria personificada da literatura sapiencial judaica do AT.

Gnosticismo (de *gnōsis*, "conhecimento") é um termo de difícil definição, usado para descrever um modelo de pensamento religioso, freqüentemente com elementos judeus e cristãos, defendido por grupos da parte oriental do Império Romano (Síria, Babilônia e Egito). Nossas informações provêm de diversas fontes. Os Padres da Igreja escreveram acerca de tais grupos, explicitando os sistemas gnósticos no decurso da polêmica contra eles.[50] Em 1945, em Nag Hammadi, a 480 quilômetros ao sul do Cairo, no Egito, fez-se a importante descoberta de treze códices coptos (contendo cinqüenta tratados distintos), enterrados por volta de 400 d.C. e aparentemente provenientes de um mosteiro (Chenoboskion?) infiltrado por gnósticos. Muitos desses códices são traduções de textos compostos

---

[48] Ainda que as interpretações alegóricas sejam mais características de sua tendência filosófica, Fílon também interpretou a Escritura literalmente e pode ter feito homilias para platéias judaicas na sinagoga de Alexandria.

[49] R. G. Hamerton-Kelly (*Pre-existence, wisdom, and the Son of Man*, Cambridge, Cambridge Univ., 1973, SNTSMS, 21) defende a influência de Fílon em João, ao passo que R. M. Wilson (ExpTim 65, 47-49, 1953-1954) rejeita-a.

[50] Irineu, *Adversus haereses* (por volta de 180), é o exemplo principal.

em grego no século II d.C. Encontram-se também elementos gnósticos na literatura dos maniqueístas (séculos IV-X) e dos mandeístas (ainda existentes no Iraque).

O que atraía no gnosticismo era o fato de ele oferecer respostas para questões importantes: de onde viemos? Aonde vamos? Como chegaremos lá? Não obstante as muitas diferenças entre os gnósticos, segundo as teses relativamente comuns, a alma humana ou os princípios espirituais não pertenceriam a este mundo material (muitas vezes descrito como mau e ignorante),[51] e poderiam ser salvos somente se recebessem a revelação de que pertenceriam a um reino celeste de luz (o *plēroma* ou "plenitude"), onde existiria uma hierarquia de emanações do verdadeiro Deus. A ascensão a esse reino dar-se-ia por meio do batismo, de complexos rituais cúlticos (freqüentemente envolvendo unção) ou, ainda, por meio da reflexão filosófica. Alguns grupos gnósticos tinham sua hierarquia própria e constituíam virtualmente uma Igreja paralela.[52]

Discutem-se as origens do gnosticismo: uma helenização do cristianismo, ou uma helenização do judaísmo e de suas tradições acerca da sabedoria; uma derivação do mito persa; uma combinação da filosofia grega com a mitologia do Oriente Próximo; ou uma novidade radical derivada da experiência do mundo como um lugar estranho. Usavam-se nomes semíticos para as emanações divinas, mas se incluíam também nomes de deuses pagãos, como Set. Muitos gnósticos pensavam que Jesus trouxera a revelação que permitiria o retorno ao mundo divino. Contudo, há correntes gnósticas nas quais o imaginário parece enraizar-se num judaísmo sincretista, de forma que a cristianização surge como desenvolvimento secundário. Foram detectadas semelhanças entre João e o gnosticismo, por exemplo, no tema joanino da não-pertença a este mundo (17,16) e no da vida eterna, que se estriba no conhecimento (17,3). No entanto, a alegação de que João foi fortemente influenciado pelo gnosticismo vai de encontro à objeção de que os dados disponíveis para um gnosticismo desenvolvido datam de um tempo *posterior*

---

[51] A explanação comum é de que um princípio mau aprisionou partículas de luz neste mundo ou houve uma queda na qual uma figura sapiencial feminina deu origem a um ser defeituoso, que é o criador veterotestamentário deste mundo.

[52] Algumas estudiosas feministas têm argumentado que as funções eclesiásticas e teológicas atribuídas às mulheres pelos gnósticos eram mais positivas do que as permitidas pela "Grande Igreja". D. L. Hoffmann (*The status of women and Gnosticism in Irenaeus and Tertullian*, Lewiston, NY, Mellen, 1995) defende veementemente o contrário.

à composição de João. O mais provável é que a relação entre o pensamento gnóstico e João represente uma interpretação exagerada daquele evangelho. É bem possível que os "anticristos" que abandonaram a comunidade joanina (1Jo 2,18-19) tornaram-se gnósticos e levaram o evangelho para aquele ambiente.

Bibliografia sobre o contexto religioso e filosófico do NT[53]

Documentos e contexto em geral

BARRETT, C. K. *New Testament background*; select documents. ed. rev. London, SPCK, 1987.

BORING, M. E. et. al. *Hellenistic commentary to the New Testament*. Nashville, Abingdon, 1995. Cerca de mil tópicos judaicos e não-judaicos, ordenados conforme a pertinência em relação às passagens do NT.

CARTLIDGE, D. R. & DUNGAN, D. L. *Documents for the study of the Gospels*. Rev. enlarged ed. Minneapolis, A/F, 1994.

CROSSAN, J. D. *Sayings parallels*. Philadelphia, Fortress, 1986. Ordenados conforme os ditos de Jesus nos evangelhos.

DEISSMANN, A. *Light from the Ancient East*; The New Testament illustrated by recently discovered tests of the Graeco-Roman world. 4. ed. Grand Rapids, Baker, 1978; reprint of 1927 ed. Um clássico.

FUNK, R. W. (ed.). *New Gospel parallels*. ed. rev. Sonoma, CA, Polebridge, 1990.

MURPHY, F. J. *The religious world of Jesus*. Nashville, Abingdon, 1991.

NEW DOCUMENTS ILLUSTRATING EARLY CHRISTIANITY. Um anuário que traduz documentos gregos.

WINTER, B. W. & CLARKE, A. D. *Ancient literary setting*. TBAFC, v. 1.

Contexto religioso judaico

BEALL, T. S. *Josephus' description of the essenes illustrated by the Dead Sea Scrolls*. Cambridge, Cambridge Univ., 1988. (SNTSMS, 58.)

HOLLADAY, C. R. *Fragments from hellenistic Jewish authors*. Chico, CA, and Atlanta, Scholars, 1983-1996. 4 v.

---

[53] Ver também a Bibliografia do capítulo 4, pois elenca muitos livros que tratam do contexto político ou religioso do NT.

MASON, S. *Flavius Josephus and the pharisees*. Leiden, Brill, 1991.

NEUSNER, J. *Judaism in the beginnings of Christianity*. Philadelphia, Fortress, 1984.

SALDARINI, A. J. *Pharisees, scribes and sadducees in Palestinian society*. Wilmington, Glazier, 1988. [Ed. bras.: *Fariseus, escribas e saduceus na sociedade palestina*. São Paulo, Paulinas].

SANDERS, E. P. *Jewish Law from Jesus to the Mishnah*. London, SCM, 1990.

_____. *Judaism*; practice and belief 63BCE-66CE. Philadelphia, Trinity, 1992.

_____. et al. (eds.). *Jewish and Christian self-definition: Vol. Two: Aspects of Judaism in the Greco-Roman period*. Philadelphia, Fortress, 1981.

SCHÜSSLER FIORENZA, E. (ed.). *Aspects of religious propaganda in Judaism and early Christianity*. Notre Dame Univ., 1976.

STEMBERGER, G. *Jewish contemporaries of Jesus*; pharisees, sadducees, essenes. Minneapolis, A/F, 1995.

STONE, M. E. (ed.). *Jewish writings of the Second Temple Period*. Philadelphia, Fortress, 1984 (Compendium Rerum Iudaicarum ad Novum Testamentum, 2.2.)

URBACH, E. E. *The Sages*; their concepts and beliefs. Cambridge, MA, Harvard Univ., 1979. 2 v.

MMM (Qumrã)

CROSS JR., F. M. *The ancient library of Qumran and modern biblical studies*. rev. ed. Minneapolis, A/F, 1995.

FITZMYER, J. A. *The Dead Sea Scrolls*; major publications and tools for study. Atlanta, Scholars, 1990. (SBLRBS, 20.)

_____. *Responses to 101 questions on the Dead Sea Scrolls*. New York, Paulist, 1992. Muito útil na correção das bobagens sensacionalistas sobre os MMM.

_____. The Dead Sea Scrolls and early Christianity. TD 42, 303-319, 1995.

GARCÍA MARTÍNEZ, F. *The Dead Sea Scrolls translated*. Leiden, Brill, 1994. A melhor coleção até 1996.

_____. & PARRY, D. W. *A bibliography of the finds in the Desert of Judah, 1970-1995*. Leiden, Brill, 1996.

_____. & TREBOLLE BARRERA, J. *The people of the Dead Sea Scrolls*; their writings, beliefs, and practices. Leiden, Brill, 1995.

JONGELING, B. *A classified bibliography of the finds in the Desert of Judah, 1958-1969*. Leiden, Brill, 1971.

VANDERKAM, J. C. *The Dead Sea Scrolls today*. Grand Rapids, Eerdmans, 1994.

VERMES, G. *The Dead Sea Scrolls in English*. 4. ed. London, Penguin, 1995. Manual acessível, mas numerado somente a cada cinqüenta linhas, o que dificulta encontrar as referências.

_____. *The complete Dead Sea Scrolls in English*. New York, Allen Lane/Penguin, 1997.

Contexto religioso e filosófico greco-romano (fora do judaísmo)

BELL, I. H. *Cults and creeds in Graeco-Roman Egypt*. Liverpool, Liverpool Univ., 1953.

BENKO, S. *Pagan Rome and the early Christians*. Bloomington, Indiana Univ., 1984.

BURKERT, W. *Greek religion*. Cambridge, MA, Harvard, 1985.

DOWNING, F. G. *Cynics and Christian origins*. Edinburgh, Clark, 1992.

FINEGAN, J. *Myth & mystery*; an introduction to the Pagan religions of the biblical world. Grand Rapids, Baker, 1989.

GRANT, F. C. (ed.). *Hellenistic religions*; the age of Syncretism. New York, Liberal Arts, 1953. Traduz textos pertinentes a religiões, cultos, filósofos.

_____. *Ancient Roman religion*. New York, Liberal Arts, 1957. Tradução de textos.

KOESTER, H. *Introduction*, v. 1. Muito completo.

LONG, A. A. *Hellenistic philosophy*. London, Duckworth, 1986.

MALHERBE, A. J. The cultural context of the New Testament: the Greco-Roman world. NInterpB 8.12-26.

_____. *Paul and the popular philosophies*. Minneapolis, Augsburg, 1989.

ROETZEL, C. J. *The world that shaped the New Testament*. Atlanta, Knox, 1985.

ROSE, H. R. *Religion in Greece and Rome*. New York, Harper & Row, 1959. Um clássico.

Fílon

BARRACLOUGH, R. Philo's Politics. ANRW II.21.1, 417-553, 1984.

BORGEN, P. Philo of Alexandria: a critical and synthetical survey of research since Word War II. ANRW II.21.1, 98-154, 1984.

_____. Philo of Alexandria. ABD 5.333-342.

_____. Philo's writings. In: *Philo, John and Paul*. Atlanta, Scholars, 1987. pp. 7-16.

GOODENOUGH, E. R. *An introduction to Philo Judaeus*. 2. ed. Lanham, MD, University Press of America, 1986; reprint of 1962 ed.

LOEB CLASSICAL LIBRARY. 10 v. (original e tradução).

MENDELSON, A. *Philo's Jewish identity*. Atlanta, Scholars, 1988.

RADICE, R. & RUNIA, D. T. *Philo of Alexandria*; an annotated bibliography, 1937-1986. Leiden, Brill, 1988. (Supplements to VC, 8.)

SANDMEL, S. *Philo of Alexandria*. Oxford, Oxford Univ., 1979.

TERIAN, A. Had the works of Philo been newly discovered. BA 57, 86-97, 1994.

WOLFSON, H. A. *Philo*; foundations of religious philosophy in Judaism. Cambridge, MA, Harvard, 1947. 2 v. Um clássico.

YONGE, C. D. *The works of Philo*. Peabody, MA, Hendrickson, 1993. Acessível tradução de todos os escritos em um volume.

Gnosticismo

EVANS, C. A. et al. *Nag Hammadi texts and the Bible*; a synopsis and index. Leiden, Brill, 1993.

FOERSTER, W. *Gnosis*. Oxford, Clarendon, 1972-1974. 2 v. Tradução de dados e textos patrísticos selecionados.

FRANZMANN, M. *Jesus in the Nag Hammadi writings*. Edinburgh, Clark, 1996.

HEDRICK, C. W. & HODGSON, R. *Nag Hammadi, Gnosticism, and early Christianity*. Peabody, MA, Hendrickson, 1986.

JONAS, H. *The Gnostic religion*. 2. ed. Boston, Beacon, 1963. Um clássico.

LAYTON, B. *The Gnostic scriptures*. Garden City, NY, Doubleday, 1987. Tradução de dados patrísticos selecionados, Nag Hammadi, e outros textos com contextos úteis.

LOGAN, A. H. B. *Gnostic truth and Christian heresy*. Edinburgh, Clark, 1995.

_____. & WEDDERBURN, A. J. M. *The New Testament and gnosis*. Edinburgh, Clark, 1983. (R. M. Wilson Festschrift.)

MACRAE, G. W. *Studies in the New Testament and Gnosticism*. Wilmington, Glazier, 1987.

PAGELS, E. H. *The Gnostic Gospel*. New York, Random House, 1979.

PERKINS, P. *The Gnostic dialogue*; the early Church and the crisis of Gnosticism. New York, Paulist, 1980.

_____. *Gnosticism and the New Testament*. Minneapolis, A/F, 1993.

ROBINSON, J. M. *The Nag Hammadi library*. 3. ed. San Francisco, Harper & Row, 1988. Tradução completa do *corpus*.

RUDOLPH, K. *Gnosis*; the nature and history of Gnosticism. San Francisco, Harper & Row, 1983.

_____. Gnosticism. ABD 2.1033-1040.

SCHOLER, D. M. *Studies in early Christianity. Vol. 5: Gnosticism in the early Church*. New York, Garland, 1993.

_____. (ed.). *Nag Hammadi bibliography, 1970-1994*. Leiden, Brill, 1996.

WILSON, R. M. *Gnosis and the New Testament*, Philadelphia, Fortress, 1968.

YAMAUCHI, E. *Pre-Christian Gnosticism*. 2. ed. Grand Rapids, Eerdmans, 1983.

PARTE II

EVANGELHOS E OBRAS AFINS

- Evangelhos em geral; Evangelhos sinóticos em particular
- Marcos
- Mateus
- Lucas
- Atos dos Apóstolos
- João
- Três cartas joaninas

Capítulo 6

Evangelhos em geral; evangelhos sinóticos em particular

Este capítulo trata de dois problemas inter-relacionados. Existe sério debate sobre até que ponto o gênero literário de um evangelho é típico do cristianismo ou trata-se de uma modificação do modelo da vida dos profetas judeus ou das biografias pagãs.[1] A resposta depende, em parte, da relação dos evangelhos com Jesus: o evangelho canônico mais antigo provém de memórias daquilo que Jesus fez e disse durante sua vida ou é principalmente uma criação imaginária que projeta crenças na pessoa do Jesus ressuscitado em sua vida terrena? As três primeiras subdivisões deste capítulo tratarão de questões gerais acerca dos evangelhos: Uso da palavra "evangelho"; Origem do gênero evangelho; e Os três estágios da formação do evangelho.

Além do quadro geral, existem questões acerca dos evangelhos sinóticos em particular. O íntimo paralelo entre esses três evangelhos sugere empréstimos mútuos. Mas em qual direção? Foi Marcos o primeiro evangelho, de modo que Mateus e Lucas tenham-no utilizado? Ou Marcos foi um resumo de Mateus e Lucas? Mateus e Lucas foram escritos independentemente um do outro ou o redator de Lucas serviu-se de Mateus (bem como de Marcos)? Duas subdivisões finais abordarão o Problema sinótico e a Existência de Q.

Uso da palavra "evangelho"

No tempo do NT, *euaggelion* ("boa notícia", que traduzimos por "evangelho") não se referia a um livro ou escrito, mas a uma proclamação ou mensagem. Isso é compreensível com base no contexto do termo. Palavras correlatas eram

---

[1] A discussão se concentra nos evangelhos sinóticos, uma vez que a ala mais radical da pesquisa não considera João um evangelho como os demais (p. 493, adiante).

usadas no grego não-cristão para boas-novas, especialmente anúncios de vitória em batalhas; no culto imperial, o nascimento e a presença do imperador constituíam boas-novas para o mundo romano. Na LXX, as palavras correlatas a *euaggelion* traduzem a expressão hebraica *bśr*, que tem a acepção semelhante de proclamação de boas-novas, especialmente da vitória de Israel ou da vitória de Deus. Mais amplamente, pode abranger a proclamação das ações gloriosas de Deus em favor de Israel.

Os estudiosos discutem se o próprio Jesus usou a palavra "evangelho" para descrever sua proclamação do reino. Seus seguidores com certeza o fizeram, enfatizando que as boas-novas implicavam aquilo que Deus fizera em Jesus. Em Rm 1,3-4, Paulo descreve seu evangelho usando termos que provavelmente já eram familiares aos romanos; tal evangelho compreende a dupla identidade de Jesus, isto é, da descendência de Davi segundo a carne, e constituído Filho de Deus, com poder, conforme o Espírito de santidade, pela ressurreição dos/entre os mortos. Mais comumente, para Paulo, o evangelho está centrado no sofrimento/morte/ressurreição de Jesus e no poder de justificação e salvação definitiva (Rm 1,16).

Mc 1,1 inicia sua narrativa com as palavras: "Princípio do Evangelho de Jesus Cristo". A boa notícia daquilo que Deus fez, já proclamada para Israel, será doravante proclamada em e por meio de Jesus Cristo a todas as nações (Mc 13,10). Compreende o reinado ou senhorio de Deus que se atualizam no perdão dos pecados oferecido por Jesus, na cura dos doentes, na saciação dos famintos, na ressurreição dos mortos, no apaziguamento das tempestades — um reinado/senhorio proclamado em seus ensinamentos e parábolas que procuram desmascarar e neutralizar os obstáculos humanos. Jesus é um rei a quem Deus torna vitorioso até mesmo quando os inimigos o crucificam. Ainda que Mateus ou Lucas não comecem da mesma forma que Marcos, o esquema básico do evangelho deles é praticamente o mesmo. Em Mateus, Jesus proclama o evangelho do reino (Mc 4,23; 9,35; 24,14), e Lucas usa a forma verbal *euaggelizein* ("proclamar a boa-nova") para descrever sua atividade (8,1; 16,16). Como ambos os escritos começam com dois capítulos que narram a história da infância, a versão que apresentam da boa-nova também envolve a concepção e o nascimento maravilhoso de Jesus (p. ex., Lc 2,10). Embora possua um conteúdo acerca de Jesus semelhante ao dos sinóticos, João não usa nem *euaggelion* nem a forma verbal. Contudo 1 João (1,5; 3,11) usa o termo correlato *aggelia* ("mensagem"), que pode ter sido a designação joanina para aquilo que conhecemos como o evangelho segundo João.

O século II atesta o uso de *euaggelion* para designar escritos cristãos.[2] A pluralidade de escritos evangélicos exigia a utilização de designações distintivas, de modo que, por volta do fim do século II, inseriam-se introduções aos evangelhos canônicos, segundo o modelo "Evangelho segundo..." (para a discussão acerca do número de evangelhos autênticos, cf. p. 66 deste livro). A existência de evangelhos além dos canônicos é uma questão agravada pelos problemas terminológicos: a) relativamente poucas obras canônicas se autodenominam evangelhos. Por exemplo, o *Protoevangelium* (ou seja, Proto-evangelho) *de Tiago*, a maior parte da coleção de Nag Hammadi e aquilo de que dispomos do *Evangelho de Pedro* não se autodenominam "evangelhos"; b) O título "evangelho" tem sido usado para designar obras não-canônicas, independentemente de sua autodenominação. Às vezes o uso é neutro e pretende simplesmente designar uma obra sobre Jesus, distinta das epístolas, dos apocalipses etc. Outras vezes o uso é tendencioso, procurando reivindicar para uma obra não-canônica o mesmo *status* de uma obra canônica. Na Antigüidade essa pode ter sido uma exigência daqueles a quem a grande Igreja designava como hereges; hoje, às vezes é a práxis de estudiosos revisionistas que procuram derrubar o cânone. A modo de exemplo da abrangência do uso, sob o título *The complete Gospels* [Os evangelhos por inteiro] (Sonoma, CA, Polebridge, 1992), R. J. Miller (ed.) apresenta o texto de dezessete obras (mais alguns ditos soltos): os quatro evangelhos canônicos; duas reconstruções completamente hipotéticas (uma coleção de sinais de João, e Q de Mateus e Lucas); quatro fragmentos de papiros que não trazem autodesignação; duas obras sobre a infância de Jesus (nenhuma delas se autodenomina evangelho); quatro coleções de ditos de Nag Hammadi, nenhuma delas trazendo no próprio texto a autodenominação evangelho;[3] e o *Evangelho secreto de Marcos*, descrito por Clemente de Alexandria como uma forma coligida do Marcos canônico.

Por causa dessas complicações terminológicas, pode ser útil manter distintas duas categorias: "material sobre Jesus" (narrativas da infância e da paixão, coleção de ditos, coleção de milagres, discursos atribuídos ao Jesus ressuscitado

---

[2] Os ensinamentos são encontrados ou não "no Evangelho", segundo *Didaqué* 15,3-4; *II Clemente* 8,5; *Martírio de Policarpo* 4,1. H. Koester (NTS 35, 361-381, 1989) atribui o uso a Marcião, que se opunha a tradições orais às quais as Igrejas conferiam autoridade apostólica.

[3] Um título acrescentado chama o *Evangelho de Tomé* de evangelho; este e o *Evangelho de Maria* falam em pregação da boa-nova.

— sem discutir se eram ou não chamados "evangelhos" na Antigüidade ou se deveriam ser assim chamados hoje) e "evangelhos", ou seja, narrativas completas tais como encontramos nos quatro escritos canônicos (que abrangem ao menos o âmbito do ministério público/paixão/ressurreição, e combinam milagres e ditos).[4] Seja-me permitido enfatizar que tal distinção é somente uma discriminação útil para a discussão sucessiva acerca do gênero de narrativa completa chamado "evangelho", e não um juízo preconceituoso em relação ao valor ou antigüidade do "material sobre Jesus".

Origem do gênero evangelho

Como surgiu a idéia de escrever evangelhos? Teve origem no AT? Era imitação de um gênero greco-romano? Foi uma intuição criativa única de Marcos, cujo modelo Mateus, Lucas e João copiaram? Ou foi um desenvolvimento natural oriundo da pregação cristã primitiva, de forma que a idéia básica poderia ser pré-marcana e bem mais difundida? Os estudiosos têm-se inclinado a defender exclusivamente uma ou outra dessas possibilidades.[5] Vamos explicar alguns elementos que contribuem para as várias soluções, deixando aberta a possibilidade de combinar alguns deles.

Origem no AT e desdobramentos judaicos derivados. W. M. Swartley, em seu livro *Israel's Scripture traditions and the Synoptic Gospels; story shaping story* [A tradição da Escritura de Israel e os evangelhos sinóticos; história modelando história] (Peabody, MA, Hendrickson, 1994), afirma que a estrutura dos evangelhos sinóticos foi definida pela história veterotestamentária da aliança de Deus com Israel. No livro de Jeremias, têm-se o contexto e a época do profeta (1,1-3); uma narrativa de sua vocação (incluindo uma referência ao plano de Deus antes de

---

[4] Nos evangelhos apócrifos dos primeiros séculos não se conservou nenhuma narrativa evangélica completa. Alguns podem querer argumentar que o *Evangelho Secreto de Marcos* é uma narrativa evangélica completa, visto que compilada de Marcos; contudo, dispomos apenas de duas pequenas passagens e, portanto, não sabemos até que ponto toda a obra era deveras distinta de Marcos. Do *Evangelho de Pedro* conservou-se apenas uma narrativa parcial da paixão/ressurreição. Orígenes conhecia um evangelho petrino que continha uma narrativa da infância (BDM 2.1337); se era a mesma obra, *Evangelho de Pedro* provavelmente era uma narrativa evangélica completa.

[5] De modo geral, reservarei o capítulo 11, adiante, para a discussão de outras hipóteses peculiares ao estudo de João.

seu nascimento: 1,4-10); uma exposição de suas palavras ou discursos e de suas ações proféticas (cf. especialmente suas ações e palavras à porta do templo, no cap. 7); advertências sobre a catástrofe iminente sobre Jerusalém; e um tipo de narrativa da paixão (caps. 26; 37-38). Embora a proporção dos discursos oraculares do profeta seja maior do que a das palavras de Jesus nos evangelhos canônicos, o livro de Jeremias ilustra em uma obra a junção de muitos elementos que estão reunidos nos evangelhos. Por volta do século I d.C. encontramos uma obra judaica, *Vida dos Profetas*,[6] que narra detalhes acerca dos vários profetas: nascimento, sinais, ações dramáticas, morte e lugar do sepultamento. Escrita provavelmente em grego, essa obra pode refletir a influência de antigas biografias que passamos a descrever. (Os leitores são advertidos a não pensar nas biografias modernas.)

Origem na imitação de biografias seculares. Em meio à abundante literatura greco-romana dos séculos imediatamente anteriores e posteriores a Cristo, encontravam-se vários tipos de biografias, como a *Vida* de gregos e romanos famosos, de Plutarco; *A vida dos Césares*, de Suetônio; *A vida de Apolônio de Tiana*, de Filostrato; e *A vida dos antigos filósofos*, de Diógenes Laércio.[7] Aquelas propostas como contraposição aos evangelhos têm tonalidades divergentes.

Em primeiro lugar, os estudiosos às vezes falam de "aretologia" como um gênero especial de biografia de um homem divino (*theios anēr*), com dotes sobrenaturais, que realiza milagres. Apesar do apelo a Filostrato, não está claro se tal gênero definível existia; ademais, muitos dos paralelos são pós-marcanos. Em segundo lugar, P. L. Shuler (*A genre for the Gospels* [Um gênero para os evangelhos], Philadelphia, Fortress, 1982) ressalta a "biografia laudatória", cuja preocupação principal é mostrar a grandeza da figura. No caso dos filósofos, de modo especial, existe uma ênfase em seus ensinamentos e uma idealização do que é mais nobre em sua vida, destinada a incentivar a valorização e a imitação. Contudo,

---

[6] A obra (OTP 2.385-399) tem uma história complicada, incluindo aparentemente alguns acréscimos cristãos. Cf. Apêndice II.

[7] Poder-se-ia também incluir a *Memorabilia* de Sócrates, por Xenofontes, e os elementos biográficos sobre Sócrates nos *Diálogos* de Platão; cf. o estudo de C. W. Votaw, *The Gospels and contemporary biographies in the Greco-Roman world*, Philadelphia, Fortress, 1970, pp. 30-62 (Facet Biblical Series, 27). (Em parte, os paralelos biográficos eram oferecidos como uma reação à tese de que os evangelhos eram um tipo de literatura popular distinta da literatura mais clássica.) Votaw, Talbert, Burridge e Stanton (para Mateus) têm sido os principais expoentes da abordagem biográfica dos evangelhos.

a diversidade entre as biografias laudatórias propostas tem de ser negligenciada a fim de isolar tal subgênero, de modo que sua definibilidade é incerta. Em terceiro lugar, C. H. Talbert (*What is a Gospel?* The genre of the Canonical Gospels [O que é um evangelho? O gênero dos evangelhos canônicos], Philadelphia, Fortress, 1971) analisa o retrato de "imortais" e de "eternos". Humanos (às vezes gerados por deuses) podiam tornar-se imortais com a morte, enquanto eternos eram os seres divinos que desceram à terra, viveram como humanos e finalmente subiram de novo aos céus. Ele argumenta que Mateus, Marcos e Lucas apresentam Jesus como um imortal, enquanto João descreve-o como um eterno — uma comparação que carece de fundamentação séria.[8]

Com efeito, existem consideráveis diferenças entre as biografias greco-romanas e os evangelhos, especificamente no anonimato destes, na ênfase claramente teológica e na intenção missionária,[9] na eclesiologia antecipada, na composição com base na tradição da comunidade e na leitura durante a liturgia comunitária. Marcos difere de modo especial do modelo de uma biografia que enfatizaria o extraordinário nascimento, a infância do herói, seu triunfo ou — se ele foi tratado injustamente — seu destemor e nobre aceitação. Contudo, essas dessemelhanças entre os evangelhos e a biografia greco-romana são observáveis do ponto de vista da pesquisa e levam em conta aquilo que os evangelistas provavelmente tinham em mente. É provável que muitos dos leitores/ouvintes do século I, acostumados com as biografias greco-romanas, não tenham sido tão acurados, e tenham pensado os evangelhos quase como vidas de Cristo, particularmente Mateus e Lucas, que começam com uma narrativa da infância.

Criatividade e evangelhos. Se Marcos é o evangelho mais antigo, foi o evangelho uma criação única de Marcos? A despeito do que foi insinuado nos dois

---

[8] Os evangelhos sinóticos não apresentam Jesus simplesmente como um mortal que ganha a imortalidade como recompensa; ao contrário, a ressurreição confirma a verdade daquilo que ele já era antes da morte. João não apresenta um ser eterno que desce à terra e vive como um humano, mas antes uma Palavra divina que *se tornou* carne e permaneceu carne. D. E. Aune (The problem of the genre of the Gospels, GP 2, 9-60, 1981) faz uma extensa crítica a Talbert.

[9] Poder-se-ia argumentar que os evangelhos são cristologia em forma narrativa, e M. A. Tolbert (*Sowing the Gospel*; Mark's world in literary-historical perspective, Minneapolis, A/F, 1989) chama a atenção para o romance antigo. G. N. Stanton (Matthew: *Biblos, Euaggelion,* or *Bios*, FGN 2. 1187-1201), porém, objeta que, apesar de existirem algumas convenções literárias semelhantes, os romances buscam oferecer diversão e entretenimento — dificilmente o objetivo dos evangelhos.

parágrafos precedentes, existe uma singularidade nos evangelhos. Ainda que a idéia de escrever uma descrição da carreira de Jesus possa ter sido estimulada pela existência de narrativas da vida dos profetas, de filósofos famosos e de personagens universais, o que se narra acerca de Jesus é dificilmente regido pelo simples desejo de oferecer informação (embora haja algo assim em Lucas — 1,3-4 —, dos quatro evangelhos, o que mais se aproxima de uma biografia grecoromana) ou de estimular rivalidade. Conforme vimos, ao discutir a palavra *euaggelion*, há uma compreensão segundo a qual aquilo que é narrado pretende receber uma resposta de fé e conduzir à salvação. Até certo ponto, a afirmação de João a respeito de seu objetivo em 20,31 aplica-se a todos os evangelhos: "Esses, porém, foram escritos para crerdes que Jesus é o Cristo, o Filho de Deus, e para que, crendo, tenhais vida em seu nome". A palavra *euaggelion* em Paulo, com significado semelhante (Rm 1,1-4; 1Cor 15,1-8; cf. 1Cor 11,23-26), indica que Marcos certamente não foi o primeiro a juntar o material sobre Jesus com um propósito salvífico, embora a sua tenha sido a mais antiga narrativa completa conservada.

Quanta inventividade era necessária para construir uma narrativa evangélica completa sobre Jesus? A resposta depende, em parte, da historicidade da narrativa: ficção, antes de tudo, ou fatos, principalmente? (Descreverei a pesquisa sobre o Jesus histórico brevemente no Apêndice I, em que ampliarei muitas observações feitas neste parágrafo.) Por um lado, certo número de estudiosos considera ficção muito do que Marcos narra. Para alguns, a narrativa da paixão é fictícia, totalmente criada com base em reflexões sobre o AT. Outros tantos consideram Jesus um mestre de sabedoria, de modo que as narrativas de milagres e da ressurreição eram criações propagandistas visando colocar Jesus à altura de concorrer com outras figuras taumaturgas. Alguns pensam que Jesus era um mágico que curava de diversos modos, e o ensinamento de sabedoria foi uma invenção a fim de torná-lo respeitável. Caso alguma dessas opiniões fosse verdadeira, exigir-se-ia ainda muita criatividade para passar daquilo que Jesus foi, de fato, para o quadro plausível, mas muito diferente, pintado nos evangelhos. (No Apêndice I veremos quão tênue é o dado sobre o qual muitas dessas teses são construídas.) Por outro lado, um número ainda maior de estudiosos considera realidade muito do que Marcos narra. Supondo-se que Jesus tenha sido batizado por João Batista e deveras proclamado a vinda do reino de Deus, tanto por meio de ditos/parábolas que desafiavam as atitudes enrijecidas das pessoas quanto pela cura dos doentes e pela expulsão daquilo que ele considerava demônios; supondo-se que ele tenha despertado a antipatia dos chefes judaicos ao mostrar liberdade excessivamente soberana em relação à Lei, reivindicando falar em nome de Deus de maneira considerada arrogante por eles e, ainda, desafiando a administração do templo por atos e admoestações, o próprio Jesus teria oferecido o material que entrou definitivamente nos evangelhos, não importa quanto tal material tenha-se modificado ao longo das décadas que o separavam dos evangelistas.[10]

Retratos de Jesus. Mesmo de acordo com essa última compreensão, a produção dos evangelhos exigia seleção do material sobre Jesus. Por conseguinte, é útil manter a distinção entre três retratos: o do Jesus real, o do Jesus histórico e o do Jesus evangélico. Um retrato do *Jesus real* incluiria tudo o que fosse interessante a seu respeito:[11] datas exatas do nascimento e da morte; detalhes reveladores sobre seus pais e sua família; como se relacionava com eles e como cresceu; como e onde trabalhou antes de começar a pregar; como era; quais eram suas preferências ao comer e ao beber; se adoeceu alguma vez; se era bem-humorado, amável e apreciado pelos moradores de Nazaré etc. Nos evangelhos, nada temos de semelhante a esses detalhes, e essa carência é a razão pela qual muitos estudiosos se recusam a descrever os evangelhos como biografias ou vidas de Cristo. A consciência dessa deficiência é importante para os leitores que poderiam, de outra forma, tratar os evangelhos do mesmo modo que tratariam a biografia de uma famosa figura moderna, sem nenhuma sensibilidade para a tendenciosa seletividade daqueles.

Um retrato do *Jesus histórico* é uma construção dos estudiosos baseada na leitura daquilo que jaz sob a superfície do evangelho, despido de todas as inter-

---

[10] Existe um tosco esboço da atividade de Jesus nos sermões dos Atos, por exemplo, em 2,22-24 e especialmente em 10,37-41: teve início na Galiléia, depois do batismo por João Batista, quando Jesus foi ungido com o Espírito Santo e com poder; ele prosseguiu fazendo o bem e curando os atormentados pelo demônio no país dos judeus e em Jerusalém; Jesus foi pendurado num madeiro, mas Deus o ressuscitou no terceiro dia, e ele foi visto pelas testemunhas escolhidas por Deus, aquelas que comeram e beberam com ele. C. H. Dodd (ExpTim 43, 396-400, 1931-1932) sugere que esse era o esquema de prédica comum corporificado pelos evangelhos. Mais provavelmente, trata-se de um esboço extraído do evangelho do próprio Lucas, inserido por ele nos sermões e obtido de Marcos. Embora o anúncio contivesse material sobre Jesus, a direção da Galiléia para Jerusalém reflete provavelmente uma simplificação de Marcos. Na opinião da maioria, João não é baseado em Marcos, pois, apesar de começar com o batismo por João Batista e conter palavras e ações de Jesus, não existe movimento linear da Galiléia a Jerusalém, mas freqüentes idas e vindas.

[11] Todas as biografias têm de ser seletivas; aqui, porém, refiro-me àquilo que dá vitalidade e cor à vida de figuras do passado, de modo que elas se tornem compreensíveis e se revele sua personalidade.

pretações, alargamentos e desenvolvimentos que possam ter acontecido dos trinta aos setenta anos que separaram o ministério público e a morte de Cristo dos evangelhos escritos. A validade da construção depende dos critérios empregados pelos pesquisadores. O detalhado reconhecimento de que o quadro evangélico reflete desdobramentos que ultrapassam a vida de Jesus foi apresentado pela primeira vez, e da mais ardorosa forma, nos dois últimos séculos por céticos desejosos de desafiar a teologia tradicional cristã. Destarte, a busca inicial pelo Jesus histórico tinha um tom de contestação, como se o Cristo da fé tivesse pouco que ver com o Jesus da história. Ainda hoje, líderes do *Jesus Seminar* (Apêndice I) afirmam publicamente a intenção de libertar Jesus da imagem que a Igreja faz dele. Todavia, como ilustra Meier (*A marginal Jew* [Um judeu marginal], New York, Doubleday, 1991-), a investigação sobre o Jesus histórico, que jamais pode ser puramente objetiva, não precisa ser desvirtuada por tais preconceitos. Na verdade, considerando nossa curiosidade moderna, essa pesquisa é inevitável e justificável, até mesmo útil — um dado que alguns daqueles que criticam os excessos do *Jesus Seminar* (p. ex., L. T. Johnson) não parecem levar suficientemente em conta. No entanto, é preciso cautela em tal busca. O retrato do Jesus histórico baseia-se em dados limitados e destinados a produzir uma visão minimalista que pode receber consenso científico. Ele pode oferecer-nos, no máximo, uma fração mínima da particularidade e do colorido do Jesus real, e será constantemente alterado à medida que os métodos exegéticos se refinam ou se redefinem. Uma vez que a investigação despoja a consideração teológica que os seguidores de Jesus fizeram dele, o quadro bidimensional que emerge será singularmente privado de profundidade teológica e espiritual, e quase com certeza estará parcialmente distorcido, porque refletirá aquilo que os pesquisadores desejam salientar. A idéia de que a fé cristã depende de reconstruções do Jesus histórico é um perigoso mal-entendido.

 O *Jesus evangélico* é o retrato pintado por um evangelista. Provém de arranjo altamente seletivo, feito pelo evangelista, do material sobre Jesus a fim de suscitar e fortalecer a fé que conduziria as pessoas para mais perto de Deus. O evangelista incluía somente informações que eram úteis ao seu objetivo, e as necessidades do público destinatário afetavam o conteúdo e a apresentação. Por essa razão os evangelhos, escritos por diferentes pessoas para públicos diversos, em variadas décadas, tinham de ser diferentes um do outro.

Note-se que, ao dar nome aos três retratos de Jesus, evitei falar do "Jesus verdadeiro", uma designação que tem conotação tanto de verdade quanto de valor. A vida do Jesus verdadeiro atraiu e convenceu discípulos que o proclamaram por todo o mundo conhecido. Como os retratos do Jesus real, do Jesus histórico e do Jesus evangélico combinam com o "verdadeiro"? Aspectos importantes do Jesus real não são narrados e, portanto, são desconhecidos; funcionalmente, então, esse retrato de Jesus é só parcialmente verdadeiro para as gerações subseqüentes. Por causa do que exclui, especialmente elementos de natureza religiosa e teológica, a descrição do Jesus histórico (ou melhor, do "Jesus reconstituído") é a que está mais longe de oferecer-nos o Jesus verdadeiro. Conforme veremos no Apêndice I, é difícil entender como o Jesus histórico, reconstituído por muitos estudiosos, teria despertado o ardente compromisso até a morte, que sabemos que Jesus suscitou naqueles que o conheceram. Se os retratos nos evangelhos conservam quantidade significativa de dados do Jesus real e se o propósito missionário deles não era estranho ao de Cristo, estão tão perto do Jesus verdadeiro quanto nós provavelmente podemos chegar.

Consoante o que se afirmou no Prefácio, esta *Introdução* pretende informar os leitores acerca do que de fato existe no NT. Em primeiro lugar, portanto, ocupar-se-á do Jesus evangélico. Trabalhando com opiniões defendidas por uma maioria de estudiosos moderados, em vez daqueles altamente especulativos, a próxima subseção exporá de forma simplificada uma teoria dos três estágios que contribuíram para os retratos de Jesus nos evangelhos.[12] Com o intuito de ajudar os não-especialistas, esta é a parte mais importante deste capítulo para a compreensão dos evangelhos.

---

[12] A pesquisa crítica protestante desenvolveu o estudo dos três estágios discutindo o efeito das variações do *Sitz im Leben* (contexto vital) de uma passagem, ou seja, o contexto que ela descreve da vida de Jesus, o ambiente que ela ocupou na vida da Igreja quando foi proclamada e o contexto em que se encontra no evangelho no qual foi incorporada. Em um documento eclesiástico, que tem força de autoridade para os católicos romanos (Instrução sobre a verdade histórica dos evangelhos, 21 abr. 1964; NJBC 72.35), a Pontifícia Comissão Bíblica de Roma propõe o desenvolvimento em três estágios como um modo de explicar que, embora contenham material histórico, os evangelhos não são históricos no sentido literal.

Os três estágios da formação do evangelho

1. *O ministério público ou a atividade de Jesus de Nazaré* (primeira terça parte do século I d.C.). Ele realizou coisas notáveis, proclamou sua mensagem e interagiu com outros (como João Batista e personalidades religiosas judaicas). Jesus escolheu companheiros que viajaram com ele, viram e ouviram o que ele disse e fez. O que eles lembraram de suas palavras e ações constituiu o "material sobre Jesus" em estado bruto. Tais memórias eram seletivas, pois eles se concentraram naquilo que dizia respeito à proclamação que Jesus fazia de Deus, e não às muitas trivialidades da vida cotidiana (ou elementos do "Jesus real"). Num nível prático, é importante que os leitores modernos continuem a lembrar-se de que essas eram memórias daquilo que foi dito e feito por um judeu que viveu na Galiléia e em Jerusalém na década de 20. O modo de falar de Jesus, os problemas que ele enfrentou, seu vocabulário e esquema mental eram os daquele tempo e lugar específicos. Muitos malogros nas tentativas de compreender Jesus e muitas aplicações errôneas de seus pensamentos provêm do fato de que os leitores dos evangelhos removem-no do espaço e do tempo, e imaginam que ele tratou de problemas que, na verdade, jamais enfrentou.[13] Existe até mesmo uma forma sofisticada de passar uma idéia errônea sobre Jesus impondo-lhe adjetivos que não se aplicam a ele, como camponês[14] ou apaziguador.

2. *A pregação (apostólica) sobre Jesus* (segunda terça parte do século I d.C.). Aqueles que viram e ouviram Jesus tiveram o seguimento deles confirmado pelas aparições após a ressurreição (1Cor 15,5-7) e chegaram à fé no Jesus ressuscitado como aquele mediante o qual Deus manifestou seu absoluto amor salvífico por

---

[13] Conservadores ou liberais, os cristãos cometem tal erro. Eles costumam perguntar se Jesus serviria como soldado numa guerra moderna (p. ex., no Vietnã) ou quantos sacramentos ele criou. As respostas exatas para tais questões são estas: um judeu galileu não teria sabido da existência do Vietnã ou de uma guerra mecanizada; não existia ainda uma palavra para designar "sacramento" naquele período. O que Jesus fez e disse tem implicações para esses problemas; mas, segundo a fé cristã, o Espírito Santo ilumina tais implicações por meio de um processo de tradução do tempo de Jesus para o nosso. Quando os documentos confessionais da Igreja falam sobre as ações de "Jesus Cristo", não se referem simplesmente ao Jesus do ministério público, mas ao Jesus transmitido no ensinamento apostólico e na tradição subseqüente.

[14] Adjetivos criticados por Meier, op. cit., v. 1, pp. 278-282: Jesus viveu numa sociedade agrária, mas trabalhou como carpinteiro (Mc 6,3). À guisa de um paralelo moderno, Meier afirma que Jesus estaria mais próximo de um "operário estadunidense de classe média baixa" do que de um camponês. Cf. *p. 133* deste livro.

Israel e finalmente por todo o mundo — uma fé que verbalizaram por meio de títulos confessionais (Messias/Cristo, Senhor, Salvador, Filho de Deus etc.). Aquela fé pós-ressurrecional iluminou as lembranças do que eles tinham visto e ouvido durante o período pré-ressurrecional; assim, eles proclamaram os feitos e palavras de Cristo com o significado enriquecido. (Os leitores modernos, acostumados com uma reportagem factual, descomprometida, como é o objetivo da mídia, precisam reconhecer a atmosfera bem diferente da pregação cristã primitiva.) Dizemos que esses pregadores são "apostólicos" porque compreendiam-se como enviados (*apostellein*) pelo Jesus ressuscitado, e a pregação deles é muitas vezes descrita como proclamação querigmática (*kērigma*), que tinha por objetivo conduzir outros à fé. Por fim, o círculo dos pregadores missionários alargou-se para além dos companheiros originais de Jesus, e as experiências de fé dos novos convertidos, como Paulo, enriqueceram o que foi recebido e proclamado.

Outro fator operante nesse estágio do desenvolvimento era a necessária adaptação da pregação a um público-alvo. Se Jesus foi um judeu galileu da primeira terceira parte do século I, que falava aramaico, em meados desse século, seu evangelho estava sendo anunciado na diáspora, em grego, uma língua que ele geralmente não falava (se é que deveras falou), a judeus e pagãos urbanizados. Essa mudança de língua implicava tradução, no mais amplo sentido do termo, ou seja, uma reconstrução do vocabulário e dos padrões que tornaria a mensagem inteligível e viva para novos públicos. Às vezes a reformulação (que deixou traços visíveis nos evangelhos escritos) afetava detalhes secundários, como a citação de um tipo de telhado familiar a ouvintes gregos em Lc 5,19, em contraste com o estilo palestinense de telhado no qual foi feita uma abertura em Mc 2,4. Outras reformulações, porém, tinham repercussões teológicas, por exemplo, a escolha de *sōma*, "corpo", para o componente eucarístico nos sinóticos e em 1Cor 11,24 (em contraste com a tradução mais literal *sarx*, "carne", em Jo 6,51 e Inácio, *Romanos* 7,3). Tal escolha pode ter facilitado o uso figurado da palavra corpo na teologia do *corpo* de Cristo do qual os cristãos são membros (1Cor 12,12-27). Dessa forma, o progresso na tradição de Jesus ensejava o crescimento da teologia cristã.

No mais das vezes, a palavra "pregação" serve de termo geral para esse segundo estágio do desenvolvimento do evangelho, embora outros elementos formativos tenham contribuído para o produto final. Por exemplo, a liturgia ou o culto tornaram-se parte da vida cristã, conforme se vê nas fórmulas batismais e eucarísticas do evangelho. A modelação do material por meio da catequese pode ser detectada em Mateus. As controvérsias comunitárias davam certo colorido, por exemplo, ao confronto com os líderes judeus da sinagoga (em Mateus e João) e, internamente, com alguns cristãos que clamavam "Senhor, Senhor", em Mt 7,21 (contra exaltados espirituais?).

3. *Os evangelhos escritos* (última terceira parte do século I, aproximadamente). Embora na metade do período anterior, enquanto o material sobre Jesus era anunciado, algumas coleções primitivas escritas (perdidas atualmente) tivessem surgido, e não obstante a pregação baseada na conservação e desenvolvimento *oral* do material sobre Jesus tenha continuado até o século II,[15] provavelmente os quatro evangelhos canônicos foram escritos entre os anos 65-100. Quanto aos evangelistas ou escritores/autores, conforme tradições provenientes do século II e refletidas nos títulos que precedem os evangelhos, por volta do ano 200 ou até mesmo antes, dois destes eram atribuídos a apóstolos (Mateus e João) e dois a homens apostólicos (ou seja, companheiros dos apóstolos: Marcos [companheiro de Pedro] e Lucas [companheiro de Paulo]). Contudo, a maioria dos estudiosos modernos não pensa que os evangelistas foram testemunhas oculares do ministério de Jesus. Isso certamente representa uma mudança de opinião;[16] mas a negação da tradição pode não ser tão forte quanto parece à primeira vista, pois as tradições primitivas sobre a autoria podem não ter-se referido sempre ao escritor que compôs o evangelho definitivo. A atribuição antiga pode ter sido feita à pessoa responsável pela tradição conservada e salvaguardada num evangelho particular (ou seja, à *autoridade* por trás do evangelho) ou a quem escreveu uma das fontes principais daquele. Cf. *p. 307* deste livro a respeito do que Papias quis dizer quando afirmou: "Mateus organizou os ditos [*logia*] em língua hebraica [= aramaica?], e cada um interpretava/traduzia-os conforme era capaz" (HE 3.39.16).

---

[15] Por volta de 115 d.C., Papias, bispo de Hierápolis, procurava por aqueles que tinham estado com a geração apostólica mais velha ou seus sucessores imediatos, buscando tradição oral independente dos evangelhos escritos, que ele também conhecia (HE 3.39.3-4).

[16] Ao menos no que diz respeito a Mateus e a João. Lc 1,2-3 afirma claramente que o escritor não era uma das testemunhas oculares, embora tivesse recebido informações delas.

Para compreender as diferenças entre os evangelhos, é importante admitir que os evangelistas não foram testemunhas oculares do ministério de Jesus. De acordo com a opinião mais antiga, de que os próprios evangelistas tinham visto o que contavam, era muito difícil explicar tais diferenças. Como poderia a testemunha ocular João (cap. 2) narrar a purificação do templo no começo do ministério e a testemunha ocular Mateus (cap. 21) situar o mesmo episódio no fim do ministério? A fim de reconciliá-los, os intérpretes argumentavam que tal fato aconteceu duas vezes e cada evangelista optou por relatar apenas uma das duas instâncias.[17] Contudo, se nenhum dos evangelistas foi testemunha ocular, e cada um recebeu o relato da purificação do templo de uma fonte intermediária, pode ser que nenhum dos dois (ou apenas um) tenha sabido quando isso ocorreu durante o ministério público. Em vez de depender da lembrança pessoal dos acontecimentos, cada evangelista organizou o material que recebeu a fim de retratar Jesus de forma tal que pudesse ir ao encontro das necessidades espirituais da comunidade para a qual estava endereçando o evangelho. *Dessa forma, os evangelhos foram organizados numa ordem lógica, não necessariamente numa ordem cronológica.* Os evangelistas emergem como autores que dão forma, desenvolvem, revisam o material transmitido sobre Jesus e, como teólogos, direcionam-no para um objetivo particular.

As conclusões sobre essa teoria da formação dos evangelhos são as seguintes:

- Os evangelhos não são registros literais do ministério de Jesus. Décadas de desenvolvimento e adaptação da tradição de Jesus interviram nos resultados. Quanto desdobramento se deu? Isso precisa ser determinado por cuidadosa pesquisa, que no mais das vezes traz como resultado opiniões que vão da possibilidade à probabilidade, mas raramente à certeza.

- Uma tese que não apresente os evangelhos como história literal é, às vezes, interpretada como se quisesse dizer que eles não são relatos verdadei-

---

[17] Poder-se-iam oferecer inúmeros outros exemplos de reconciliação improvável. Se Mateus narra um Sermão na Montanha e Lucas narra um Sermão semelhante na Planície (Mt 5,1; Lc 6,17), deve ter existido uma planície na encosta da montanha. Uma vez que, segundo Mateus, a Oração do Senhor foi ensinada naquele sermão e, conforme Lucas, foi ensinada mais tarde, a caminho de Jerusalém (Mt 6,9-13; Lc 11,2-4), os discípulos devem tê-la esquecido, obrigando Jesus a repeti-la. Mc 10,46 situa a cura do cego após a saída de Jesus de Jericó, ao passo que Lc 18,35; 19,1 narra-a antes da entrada de Jesus em Jericó. Talvez Jesus estivesse saindo da Jericó veterotestamentária e entrando na Jericó neotestamentária!

ros da vida de Jesus. A verdade, porém, deve ser avaliada de acordo com o objetivo pretendido. Os evangelhos podem ser considerados falsos se o propósito era oferecer descrição rigorosa ou biografia exata; mas, se a intenção era conduzir os leitores/ouvintes a uma fé em Jesus que os abrisse ao senhorio ou reino de Deus, as adaptações que tornam os evangelhos menos literais (acréscimo da dimensão da fé, adaptação a novos públicos) foram feitas precisamente para facilitar tal intento e, portanto, tornar os evangelhos verdadeiros.

- Para alguns, tal modo de tratar a verdade do evangelho não é satisfatório, pois, se ocorreram incrementos e adaptações, como sabemos se os evangelhos oferecem uma mensagem fiel à de Jesus? Os estudiosos não podem ser guias seguros, uma vez que discordam largamente quanto à extensão das mudanças, indo do máximo ao mínimo. Esse é um problema teológico, de forma que requer uma resposta teológica. Aqueles que acreditam na inspiração divina sustentarão que o Espírito Santo orientou o processo, garantindo que o produto final dos evangelhos reflita a verdade que Deus enviou Jesus a proclamar.

- Na história da exegese, tem-se gastado muito tempo buscando harmonizar as diferenças dos evangelhos, não apenas em pontos minoritários, mas também em larga escala, por exemplo, na tentativa de criar uma única e contínua narrativa com base nas tão diversas narrativas da infância em Mateus e Lucas ou no relato de aparições do Jesus ressuscitado em Jerusalém, segundo Lucas, e na narrativa da aparição sobre uma montanha, na Galiléia, conforme Mateus. Além de perguntar se isso é possível, precisamos questionar se tal harmonização não é uma distorção. Numa visão de fé, a Divina Providência forneceu quatro diferentes evangelhos, não uma versão harmonizada; deveríamos, pois, olhar para os evangelhos em sua particularidade, para cada um com sua própria perspectiva. Harmonização, em vez de enriquecer, empobrece.

- Na última metade do século XX, o respeito pela individualidade de cada evangelho teve um efeito na liturgia ou ritual da Igreja. Muitas Igrejas têm seguido o exemplo da reforma litúrgica católica romana, introduzindo um lecionário trienal no qual, no primeiro ano, as leituras do evangelho dominical são tiradas de Mateus, no segundo ano, de Marcos, e no terceiro, de

Lucas. Na Igreja romana, substituiu-se o lecionário anual no qual, sem nenhum esquema teológico perceptível, as leituras eram tiradas um domingo de Mateus, outro domingo de Lucas etc. Um fator importante nessa mudança foi o reconhecimento de que as perícopes evangélicas deveriam ser lidas seqüencialmente no mesmo evangelho para que se pudesse fazer jus à orientação teológica que cada evangelista deu às passagens. Por exemplo, uma parábola que aparece nos três evangelhos sinóticos pode ter significados diferentes, a depender do contexto no qual cada evangelista a situou.

O problema sinótico

É preciso um estágio mais avançado no estudo dos evangelhos para explicar o inter-relacionamento dos três primeiros, chamados "sinóticos", porque podem ser examinados um ao lado do outro (sin-oticamente). Eles têm tanto em comum que, no terceiro estágio descrito, deve ter existido alguma dependência de um ou dois em relação ao terceiro ou a uma fonte escrita comum. Embora a pesquisa tenha dedicado muita atenção e até mesmo paixão a esse problema, a maioria dos leitores do NT acha o tema complexo, irrelevante para seus interesses e aborrecedor, o que me leva a ser sucinto em minha abordagem. Será oferecida ampla bibliografia, mas os iniciantes ficam avisados de que o assunto tende a gerar complexidade, e podem contentar-se com as conclusões mais comuns, que estão em itálico, a seguir *(pp. 190, 191 e 200)*.

Estatística e terminologia: Marcos tem 661vv.; Mateus tem 1.068 e Lucas tem 1.149. Oito por cento dos versículos de Marcos estão reproduzidos em Mateus e 65% em Lucas.[18] O material marcano encontrado nos dois outros é chamado de a "Tríplice Tradição". Os cerca de 220 a 235 vv. (no todo ou em parte) do material não-marcano que Mateus e Lucas têm em comum são chamados de a "Dupla Tradição". Em ambos os casos, a ordem segundo a qual esse material comum é apresentado e a fraseologia na qual vem expresso são tão semelhantes que se deve postular muito mais uma dependência no nível escrito do que simplesmente

---

[18] Números colhidos em Neirynck, NJBC 40:5. Muito poucas perícopes marcanas não têm paralelo em Mateus ou em Lucas.

no nível oral.[19] Seja-me permitido apenas listar algumas propostas apresentadas para explicar essas estatísticas, incluindo para cada uma delas os principais argumentos pró e contra. No final, tirarei conclusões com base nas soluções mais comumente aceitas.

Soluções que postulam um ou mais proto-evangelhos. Surgiram muitas propostas (algumas sem muitos seguidores hoje) que tentaram explicar a inter-relação dos evangelhos sinóticos afirmando a existência de um evangelho anterior àqueles. No século XVIII, G. E. Lessing argumentou que os três sinóticos foram extraídos de um evangelho aramaico desaparecido, uma teoria desenvolvida por J. Eichhorn, que pensava ser essa fonte uma vida completa de Cristo. Uma variante dessa tese foi retomada por estudiosos que pretendiam fazer dos evangelhos apócrifos a fonte dos canônicos. (O *Evangelho de Tomé* será discutido em relação à hipótese Q mencionada adiante.) M. Smith argumenta que o *Evangelho Secreto de Marcos* — uma forma fundida de Marcos, conhecida de Clemente de Alexandria, que muitos acreditam ter sido composta no começo do século II — representa, com maior probabilidade do que os evangelhos canônicos, a mais antiga fonte evangélica cristã detectável. H. Koester afirma que o *Evangelho Secreto de Marcos,* na verdade, foi escrito antes do Marcos canônico. O fato de que tudo o que conhecemos desse evangelho são dois pequenos fragmentos, que podem ser compreendidos como tirados dos evangelhos canônicos, desencorajou a ampla aceitação de tais pretensões.[20] Além do *Evangelho Secreto de Marcos,* J. D. Crossan postula a prioridade de uma forma mais breve do *Evangelho de Pedro,* do qual os quatro evangelhos canônicos

---

[19] Tuckett (ABD 6.263-264) cita dois exemplos de seqüência e de fraseologia que exigem mais do que dependência oral. Mateus (14,3-12) e Marcos (6,17-29) interrompem a narrativa do ministério de Jesus após seu retorno a Nazaré para narrar a morte de João Batista. Os três evangelhos trazem a mesma sentença interrompida quando Jesus se dirige ao paralítico (Mt 9,6; Mc 2,10-11; Lc 5,24). A ordem de Marcos pode concordar com a de Mateus, com a de Lucas ou com a de ambos; contudo, quanto à ordem, Mateus e Lucas jamais concordam entre si contra Marcos. (Para sete casos propostos em contrário, ver J. A. Fitzmyer, *Luke the theologian.* New York, Paulist, 1989, v. 1, pp. 68-69: cinco são casos de dependência mais de Q do que de Marcos; dois casos são muito duvidosos.) Em si, o paradigma da concordância não prova que Marcos foi escrito em primeiro lugar e que os outros dois basearam-se nele, mas simplesmente que Marcos, de alguma forma, se posiciona entre Mateus e Lucas.

[20] SMITH, M. *Clement of Alexandria and a Secret Gospel of Mark.* Cambridge, MA, Harvard, 1973; também HTR 75, 449-461, 1982; KOESTER, H. In: CORLEY, B. (ed.). *Colloquy on New Testament studies.* Macon, GA, Mercer, 1983. pp. 35-57; MEYER, M. W. *Semeia* 49, 129-153, 1990. Crítica: BROWN, R. E. CBQ 36, 466-485, 1974; NEIRYNCK, F. *Evangelica II.* Leuven Univ., 1991. pp. 716-724. (BETL, 99.)

tiraram suas narrativas da paixão. Mais uma vez a opinião preponderante é de que o *Evangelho de Pedro* é baseado nos evangelhos canônicos.[21]

Em uma busca mais tradicional de um proto-evangelho, alguns invocam Papias ("Mateus organizou os ditos em língua hebraica [= aramaica?]": *p. 307* deste livro) e afirmam que ele falou, não sobre o Mateus que conhecemos, mas sobre uma coleção anterior (às vezes designada M) da qual Marcos e também o Mateus canônico (seja diretamente, seja por meio de Marcos) se utilizaram. Essa coleção hipotética conteria o que não pode ser facilmente explicado com base na dependência por parte de Marcos do Mateus canônico ou vice-versa.[22] Outros estudiosos julgam ser preciso uma teoria multidocumentária mais complexa, pois a fonte não era simplesmente M aramaica, mas uma tradução grega de M, além de uma coleção aramaica de ditos traduzidos para o grego. Postulam-se também fontes orais ao lado das escritas. Numa sinopse francesa em três volumes, elaborada nos anos 1970, M.-É. Boismard e A. Lamouille apresentam quatro documentos-fonte utilizados pelos evangelistas sinóticos, não diretamente, mas num nível pré-evangélico: Documento A, de origem cristã palestino-judaica, produzido por volta de 50 d.C.; Documento B, uma reinterpretação de A por cristãos gentílicos, escrito antes de 58 d.C.; Documento C, uma tradição palestinense independente, em aramaico, muito arcaica, e talvez as memórias de Pedro — usadas também em João; Documento Q, contendo material comum a Mateus e a Lucas. Esse tipo de teoria virtualmente postula uma nova fonte para resolver cada dificuldade. Não pode ser nem confirmada, nem desmentida, mas a maioria a julga demasiado complexa para que possa ajudar no estudo comum dos evangelhos. De fato, a maior parte da pesquisa, em seu esforço para explicar as diferenças e semelhanças sinóticas, em vez de apostar em proto-evangelhos não mais existentes e em apócrifos bem antigos, utiliza-se do relacionamento entre os evangelhos existentes, ou seja, de hipóteses de mútua dependência, para as quais nos voltamos agora.

---

[21] CROSSAN, J. D. *Four other Gospels*. Minneapolis, Winston, 1985; *The cross that spoke*. San Francisco, Harper & Row, 1988; *Semeia* 49, 155-168, 1990. Crítica: BROWN, R. E. NTS 33, 321-343, 1987; BDM 2.1317-49; NEIRYNCK, F. *Evangelica II*, 2.732-49; WRIGHT, D. F. *Themelios* 12 (2; jan. 1987), 56-60; KIRK, A. NTS 40, 572-595, 1994.

[22] Outras teorias de um proto-evangelho incluem *Protomarcos* (C. Lachmann; H. J. Holtzmann), que Mateus e Lucas usaram em vez do Marcos canônico, e *Protolucas* (B. H. Streeter), que consistiria em Q e em material lucano especial, composto por Lucas antes de ele ter acrescentado material influenciado por Marcos.

Hipótese de que Mateus foi o primeiro evangelho e foi usado por Lucas. Essa hipótese, que remonta a Agostinho, no IV século, é a mais antiga explicação; foi aceita pelos católicos romanos até meados do século XX e conta ainda com respeitáveis defensores (B. C. Butler; J. W. Deardorf; J. Wenham). Nessa abordagem agostiniana, a ordem canônica é também a seqüência de dependência: Mateus foi escrito primeiro, Marcos abreviou severamente Mateus e, a seguir, vieram Lucas e João, cada um utilizando-se de seu predecessor. Em 1789, J. J. Griesbach propôs uma teoria de dependência de acordo com a qual a ordem seria Mateus, Lucas e Marcos.[23] A base da teoria da prioridade mateana é que, desde a Antiguidade, Mateus tem sido considerado o primeiro evangelho. A grande dificuldade em qualquer hipótese que dá prioridade a Mateus é explicar Marcos. Na hipótese agostiniana, qual seria a lógica de Marcos ao omitir tanta coisa do relato de Mateus? A hipótese de Griesbach procura resolver essa dificuldade colocando Marcos por último e considerando-o principalmente um resumo que narra material nos quais Mateus e Lucas estão de acordo. Contudo, Marcos omite toda a Dupla Tradição na qual eles estão de acordo!

O argumento principal para a tese de que Lucas utilizou Mateus repousa em passagens da Tríplice Tradição, nas quais Lucas e Mateus estão de acordo, contrariamente a Marcos, ou seja, as "Concordâncias Menores". Por exemplo, no episódio em que os judeus zombaram de Jesus, tanto Mateus quanto Lucas trazem uma pergunta dirigida a Jesus expressa de forma idêntica, ausente em Marcos: "Quem é que te bateu?" — uma citação que dá mais sentido à provocação para que ele profetizasse (Mt 26,68; Lc 22,64; Mc 14,65). Se Lucas e Mateus escreveram independentemente um do outro, poderia tal concordância acontecer por pura coincidência? Não é mais plausível que Lucas tenha copiado a pergunta de Mateus?[24] Contudo, existem sérios argumentos contra uma dependência lucana de Mateus (cf. Fitzmyer, *Luke the theologian* [Lucas, o teólogo], cit., v. 1, pp. 73-75). Nos

---

[23] Ele não deixou claro se Lucas dependia de Mateus, mas a hipótese modificada de Griesbach, defendida hoje, supõe realmente essa dependência. Eminentes defensores são W. R. Farmer, B. Orchard e D. L. Dungan.

[24] W. D. Davies e Allison (*Matthew*, pp. 109-114, ICC) respondem cuidadosamente a objeções feitas por H. H. Stoldt (*History and criticism of the Markan hypothesis*, Macon, GA, Mercer, 1980) a Q com base nesse ponto; ver também n. 26. Ironicamente, as Concordâncias Menores oferecem dificuldades para o restante da hipótese de Griesbach; por exemplo, no caso apenas citado da zombaria, se Marcos usou Mateus e Lucas, por que omitiu a pergunta que ambos os evangelhos trazem e que corrobora o sentido?

casos em que Lucas e Mateus trazem relatos quase contraditórios, por que Lucas não fez algum esforço para conciliar a dificuldade? Por exemplo, a narrativa da infância em Lucas não só é maciçamente diferente da feita em Mateus, mas é também, nos detalhes, virtualmente inconciliável com esta no caso do lar de José e Maria (em Belém, segundo Mt 2,11[casa]; em Nazaré, cf. Lc 2,4-7, sem residência em Belém) e das viagens deles depois do nascimento de Jesus (para o Egito, em Mt 2,14; para Jerusalém e Nazaré, em Lc 2,22.39). Além disso, a narrativa lucana da morte de Judas em At 1,18-19 é dificilmente reconciliável com Mt 27,3-10. Quanto à ordem, se Lucas usou Mateus, por que o lugar no qual insere o material de Q difere tanto do de Mateus (exceto as palavras de João Batista e a história da tentação: ver quadro 2 na *p. 196*)? O argumento se torna mais forte se Lucas usou Marcos também (tese de Agostinho), pois aquele segue de perto a ordem de Marcos. Outro problema seria o de Lucas omitir as adições mateanas a Marcos (p. ex.: Mt 3,14-15; 12,5-7; 16,17-19; 21,14-16; 26,52-54).

Hipóteses baseadas na prioridade de Marcos. Marcos foi escrito primeiro e tanto Mateus quanto Lucas se utilizaram dele. Uma versão dessa teoria chega a postular que Lucas se utilizou de Mateus também, mas enfrenta as dificuldades descritas no parágrafo anterior. *A tese mais comum, portanto, argumenta que Mateus e Lucas dependem de Marcos e escreveram independentemente um do outro.* O que eles têm em comum e não proveio de Marcos (a Dupla Tradição) é explicado com base em Q (uma fonte reconstruída inteiramente valendo-se de Mateus e de Lucas, a ser discutida na próxima subseção). Destarte, essa é conhecida como a Teoria das Duas Fontes.[25]

Podemos compará-la com a hipótese de Griesbach da seguinte forma:

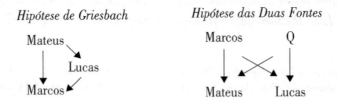

---

[25] Na verdade, sugere-se que tanto Mateus quanto Lucas tenham-se utilizado de material especial para muitas passagens que aparecem em apenas um dos dois evangelhos, portanto uma espécie de terceira fonte; mas aqui estamos discutindo soluções apresentadas para aquilo que os sinóticos têm em comum.

O argumento básico para a prioridade de Marcos é que ela resolve mais problemas do que qualquer outra teoria. Oferece a melhor explicação para o fato de Mateus e Lucas concordarem tão freqüentemente com Marcos na seqüência e na fraseologia, e permite razoáveis conjecturas para o fato de Mateus e Lucas diferirem de Marcos quando isso acontece independentemente. Por exemplo, nenhum dos evangelistas gostava das redundâncias de Marcos, de suas deselegantes expressões gregas, da apresentação pouco lisonjeira dos discípulos e de Maria, e de declarações embaraçosas acerca de Jesus. Ao utilizar Marcos, ambos expandem as narrativas marcanas à luz da fé pós-ressurreição. O argumento básico contra a prioridade marcana repousa nas Concordâncias Menores citadas anteriormente em referência à hipótese de Griesbach. Para muitas delas, podem-se oferecer boas explicações,[26] mas outras permanecem muito difíceis de explicar.

Uma conclusão realista seria que *nenhuma solução para o problema sinótico resolve todas as dificuldades.* Autores modernos, cujos livros exigem pesquisa e que tentam, há várias décadas, a quase impossível tarefa de reconstruir precisamente como eles juntaram suas fontes ao escrever aqueles livros, serão condescendentes com nossa inabilidade em reconstruir precisamente o modo segundo o qual os evangelistas procederam 1.900 anos atrás. O processo foi provavelmente mais complexo do que a mais complicada reconstrução moderna. Se não se podem resolver todos os enigmas, é realista aceitar e trabalhar com uma solução relativamente simples, mas amplamente satisfatória, para o problema sinótico. Esse é o espírito segundo o qual a teoria da prioridade marcana (como parte da Teoria das Duas Fontes) é recomendada aos leitores do evangelho. Mesmo permanecendo uma hipótese, deve-se ter consciência de que sua aceitação traz importantes conseqüências.

---

[26] Ver, de F., Neirynck, *The minor agreements of Matthew and Luke against Mark* (Gembloux, Duculot, 1974) e The minor agreements and Q (em *The Gospel behind the Gospels*; current studies on Q, Leiden, Brill, 1995, pp. 49-72, editado por R. A. Piper). Ver também, de T. A. Friedrichsen, *L'Évangile de Luc*, editado por F. Neirynck (Leuven, Peeters, 1989, pp. 335-392, BETL, 32) de R. H. Stein, CBQ 54, 482-502, 1992. Omissões são menos difíceis, dado que coincidentemente ambos os evangelistas podem ter julgado Marcos desnecessariamente problemático; por exemplo, tanto Mt 26,45 quanto Lc 22,46 omitem a palavra virtualmente intraduzível *apechei* ("basta/valeu") de Mc 14,41. Em relação aos acréscimos, em algumas das Concordâncias Menores uma minoria de provas textuais de Marcos concorda com o que Mateus e Lucas acrescentaram (p. ex., "e perverso" em Mc 9,19, para concordar com Mt 17,17; Lc 9,4), mas isso pode ser resultado de harmonizações de copistas.

Aqui estão alguns *pontos que se deve ter em mente ao trabalhar com a prioridade de Marcos:*

- Mesmo depois que Marcos foi escrito, a memória da tradição oral sobre Jesus não cessou. Com demasiada freqüência, imagina-se a composição dos evangelhos como um empreendimento totalmente realizado por escrito. Contudo, Papias é uma testemunha do contínuo interesse na tradição oral no século II (n. 15). Os estudiosos divergem acerca de quanto da tradição oral foi memorizada (num modelo rabínico), como algo distinto da transmissão repetida de viva voz.[27] Muitos pensam que alguns problemas não resolvidos pela Teoria das Duas Fontes podem ser solucionados incluindo no quadro a influência das memórias transmitidas oralmente. Por exemplo, a questão comum a Mateus e Lucas — "Quem é que te bateu?" —, em contraposição a Marcos, pode ser explicada como uso independente de uma pergunta tradicional no jogo de cabra-cega impingido a Jesus (BDM 1.579).

- Se tanto Mateus quanto Lucas utilizaram Marcos, a teologia deles pode ser estudada com base nas alterações que eles fizeram na narrativa de Marcos — crítica redacional. Esse tem sido o nexo de alguns estudos ecumênicos que traçam o desenvolvimento de idéias no século I do cristianismo, indo de Marcos a Lucas, passando por Mateus.[28]

- Se alguém conclui que Mateus ou Lucas acrescentaram material ao que foi tomado a Marcos, tal adição, às vezes provinda de material especial, peculiar a ambos os evangelistas, não precisa ser datada mais tardiamente do que o material marcano. Uma passagem interessante é a de Mt 16,17-19, compos-

---

[27] Para alguns, o evangelho escrito era uma tentativa, consciente ou inconsciente (e talvez, de algum modo, antagônica), de controlar as divagações da tradição oral — uma teoria que não faz jus ao papel da autoridade apostólica ao moldar a tradição sobre Jesus (1Cor 15,11). Ver, de W. H. Kelber, *The oral and the written Gospel* (Philadelphia, Fortress, 1983), que é discutido por B. Gerhardsson, em *The Gospel tradition* (Lund, Gleerup, 1986, Coniectanea Neotestamentica, 15). Cf. também *Jesus and the oral tradition*, editado por H. Wansbrough (Sheffield, Academic, 1991), e, de B. W. Henaut, *Oral tradition and the Gospel* (Sheffield, JSOT, 1993, JSNTSup, 82).

[28] Assim, PNT e MNT. As opiniões acerca de Pedro e de Maria tornam-se mais favoráveis (num modelo de trajetória) à medida que se percorre os evangelhos segundo a ordem Marcos-Mateus-Lucas. Embora alguns católicos romanos tenham elogiado a hipótese de Griesbach como uma abordagem mais tradicional, ficam com uma trajetória desfavorável, já que o último dos sinóticos (Marcos) seria o menos favorável a Pedro e a Maria (cf. *p. 252*).

ta de material tomado emprestado a Mc 8,29-30. O material acrescentado, que tem um cunho semítico muito forte, pode muito bem ser primitivo.

A existência de Q[29]

Q é uma fonte hipotética, postulada pela maioria dos estudiosos para explicar o que anteriormente foi denominado Dupla Tradição, ou seja, concordância (muitas vezes nas palavras) entre Mateus e Lucas em material não encontrado em Marcos.[30] Por trás da hipótese está a pressuposição plausível de que o evangelista mateano não conheceu Lucas e vice-versa, de modo que devem ter tido uma fonte comum. É preciso muitas precauções antes de reconstituir Q. Usualmente se estima o conteúdo em cerca de 220-235 versículos ou partes de versículos.[31] Independentemente, porém, tanto Mateus quanto Lucas omitem passagens encontradas em Marcos; portanto, é admissível que eles, livremente, tenham omitido material que existia em Q. Em alguns casos, somente Mateus ou Lucas conserva material de Marcos; é igualmente possível que material encontrado somente em um dos dois evangelhos tenha existido em Q.[32] Não estamos certos da seqüência do material em Q, pois Mateus e Lucas não o apresentam na mesma ordem; todavia,

---

[29] Julga-se que a designação "Q", do alemão *Quelle*, "fonte", tenha sido criada por J. Weiss em 1890. Cf. F. Neirynck, ETL 54, 119-125, 1978.

[30] Ou pelo menos não encontrado em Marcos na forma encontrada em Mateus e Lucas. Por exemplo, Mc 1,12-13 menciona a tentação de Jesus por Satanás, mas não na forma extensa encontrada em Mt 4,1-11 e Lc 4,1-13. Mc 3,22 narra a controvérsia sobre Beelzebu (Beelzebub), mas não ligada à expulsão do demônio de um mudo, como em Mt 12,22-24 e Lc 11,14-15. I. Havener (*Q: the sayings of Jesus*, Wilmington, Glazier, 1987, pp. 153-160) fixa o texto das passagens marcanas paralelas a Q; e H. T. Fleddermann (*Mark and Q*; a study of the overlap texts, Leuven, Peeters, 1995, BETL, 122) oferece uma discussão exaustiva. Alguns poucos estudiosos acreditam que Marcos conheceu Q; cf. DUNDERBERG, I. NTS 41, 501-511, 1995.

[31] A obra muito útil de J. S. Kloppenborg, *Q parallels, synopsis, critical notes & concordance* (Sonoma, CA, Polebridge, 1988), oferece um texto grego de Q, com tradução em inglês. Um texto em inglês está impresso em Havener (op. cit., pp. 123-146) e em Miller (op. cit., pp. 253-300). Neirynck (NJBC 40.14), Davies e Allison (op. cit., v. 1, pp. 117-118) e o início de *A concordance to Q* (Missoula, MT, Scholans, 1975) de R. A. Edwards (com os números da sinopse de Alland) oferecem listas. Catchpole (*The quest for Q*, Edinburgh, Clark, 1993) oferece na verdade um comentário. Existe um ardoroso debate acadêmico acerca de alguns versículos e palavras; J. M. Robinson (International Q project, JBL 109, 499-501, 1989) traz a discussão de cada versículo.

[32] Neirynck (NJBC 40.13) alude a passagens propostas: Mt 10,5b-6; 10,23; Lc 6,24-26; 9,61-62; 12,32.35-38.49-50 (54-56); 15,8-10; 17,28-29. Havener (op. cit., pp. 147-151) traz impressos textos duvidosos, possivelmente pertencentes a Q.

muitas reconstruções seguem a ordem lucana, pois, aparentemente, Mateus elaborou material de Q em seus grandes discursos (p. ex., no Sermão da Montanha, nos caps. 5–7, e o Discurso Missionário, no cap. 10).

O quadro a seguir apresenta elementos de Q na ordem lucana aceitos de modo geral; e doravante, a menos que especificado diversamente, neste capítulo, as *referências ao material de Q serão feitas por meio da versificação lucana*. Q é normalmente reconstruído como um documento grego escrito porque o único guia são dois evangelhos em grego e porque um corpo de tradição puramente oral não explicaria as amplas seções da Dupla Tradição que se encontram na mesma ordem. Já que Mateus e Lucas muitas vezes não concordam na fraseologia com o que obtiveram de Q (em maior escala eles concordam com o que apanharam de Marcos), é preciso estudar as tendências de cada evangelho, a fim de determinar qual versão representa com maior probabilidade uma mudança efetuada, particularmente, pelos evangelistas. É igualmente improvável que existisse apenas uma cópia de Q em circulação, à qual Mateus e Lucas tiveram acesso individualmente, e é possível que *algumas* das diferenças de fraseologia entre Mateus e Lucas derivem de cópias levemente diferentes de Q.[33]

A fonte Q reconstruída consiste em ditos e em algumas parábolas com um mínimo absoluto de contexto narrativo;[34] existe, portanto, um acento fortemente sapiencial. A descoberta do *Evangelho de Tomé* em copto, que representa um grego original do século II, provavelmente, mostra que havia composições cristãs formadas por coleções de ditos. (A relação exata entre Q e *Tomé* é altamente discutida, pois alguns datam *Tomé* de bem cedo, enquanto outros acreditam que *Tomé* foi produzido um século depois de Q e em considerável dependência dos evangelhos canônicos.)[35] Presumivelmente, tal como outros

---

[33] Um modo diverso de estudar o problema é admitir que o original de Q era em aramaico (F. Bussby, ExpTim 65, 272-275, 1954-1955 — em tal caso, Q pode ser identificado com a suposta coleção de *logia* do Senhor organizada por Mateus em hebraico/aramaico). Mateus e Lucas teriam tido acesso, portanto, a diferentes traduções gregas daquele texto aramaico. Contudo, relativamente poucas diferenças podem ser explicadas de modo razoável por meio dessa hipótese.

[34] Existem três narrativas dignas de nota: a tentação de Jesus, o servo enfermo do centurião e a ida dos discípulos de João Batista até Jesus.

[35] Confrontem-se S. J. Patterson (*The Gospel of Thomas and Jesus*, Sonoma, CA, Polebridge, 1993) e C. M. Tuckett (ETL 67, 346-360, 1991).

materiais evangélicos, esses ditos foram preservados porque eram considerados importantes para os cristãos de então. Um exame da coluna Conteúdo no quadro 2 ajuda a realçar a ênfase de Q. Existe um impulso fortemente escatológico nas admoestações, nos lamentos e em algumas parábolas. Tem-se a impressão de que o julgamento é iminente; contudo, Lc 12,39-40 mostra que a hora da vinda do Senhor não é conhecida; Lc 17,23-24 adverte que haverá sinais enganadores; e Lc 19,12-27 sugere que há um período de tempo para que os contemplados possam fazer render os denários/talentos. Conseqüentemente, espera-se que os seguidores de Jesus tenham uma vida altamente ética, observando até mesmo a Lei (Lc 16,17), sem hipocrisia superficial (Lc 11,39-44). Existe expectativa de perseguição e encorajamento para aqueles que a padecerem por causa do Filho do Homem (6,22-23).

Muitos atribuem a Q uma cristologia baixa, pois nela Jesus emerge simplesmente como um sofista ou mestre de sabedoria cínico. No entanto, o Jesus de Q está para chegar e batizar com o Espírito Santo, conforme anunciado por João Batista (Lc 3,16-17; 7,18-23). Ele é maior do que Salomão e o profeta Jonas (Lc 11,31-32). É descrito como o Filho do Homem que virá para trazer o julgamento (Lc 17,23-27.30.37), mas é rejeitado e sofre durante seus dias (Lc 7,31-35; 9,57-60). Ele é o Filho a quem tudo foi dado; é conhecido apenas pelo Pai, e somente ele conhece o Pai (Lc 10,22). Não basta simplesmente chamar Jesus de Senhor; é preciso ouvir suas palavras e praticá-las, se se quiser viver (Lc 6,46-49). Jerusalém deve bendizê-lo (Lc 13,34-35). Seus seguidores devem preferi-lo à família (Lc 14,26-27). Ele pode proclamar com segurança que, no reino de Deus, aqueles que o seguem sentar-se-ão em tronos para julgar as doze tribos de Israel. Tal Jesus é muito mais do que um mestre de sabedoria.

Esse ponto nos conduz a um aspecto altamente discutido nos estudos recentes de Q: a tentativa de reconstruir a comunidade de Q, sua história, sua teologia, o local onde foi escrita (provavelmente na Palestina ou na Síria) e seus líderes (talvez profetas). De fato, a análise de Q aponta para cerca de dois a quatro estratos redacionais, cada um com um esquema teológico. Na verdade, sabe-se que, à semelhança do material evangélico restante, o material de Q sofreu mudanças (redação) durante o período anterior à sua recepção por Mateus e Lucas, e, em certos casos, comparando a versão de um dito nesses evangelhos, podemos traçar o padrão de mudanças. Contudo, a pressuposição de que podemos atribuir

QUADRO 2. MATERIAL COMUMENTE ATRIBUÍDO A Q

Mateus	Lucas	Conteúdo
3,7b-12	3,7-9.16-17	João Batista: admoestações, promessa da vinda do Messias
4,2b-11a	4,2-13	três tentações (provas) a Jesus pelo demônio (ordem diferente)
5,3.6.4.11-12	6,20b-23	bem-aventuranças (ordem e fraseologia diferentes)
5,44.39b-40.42	6,27-30	amar os inimigos; oferecer a outra face; conceder o manto; atender aos que pedem
7,12	6,31	aquilo que desejas que te façam, faze-o aos outros
5,46-47.45.48	6,32-33,35b-36	ama mais do que aqueles que te amam; sê tão misericordioso quanto o Pai
7,1-2	6,37a.38c	não julgues e não serás julgado; medida usada é medida recebida
15,14.10,24-25a	6,39-40	pode cego guiar cego; discípulo não está acima do mestre
7,3-5	6,41-42	cisco no olho do irmão, trave no próprio
7,16-20 (12,33-35)	6,43-45	nenhuma árvore boa produz maus frutos; espinhos não dão figos
7,21.24-27	6,46-49	chamar-me Senhor e não agir; ouvir minhas palavras e obedecê-las
8,5a-10.13	7,1-2.6b-10	em Cafarnaum, centurião implora ajuda para servo doente; fé maravilhosa
11,2-11	7,18-28	discípulos de João Batista; mensagem para ele; elogio a ele: mais que um profeta
11,16-19	7,31-35	nem João Batista nem o Filho do Homem agradaram a esta geração
8,19-22	9,57-60	o Filho do Homem não tem onde repousar a cabeça; para segui-lo, deixar que os mortos enterrem os mortos
9,37-38; 10,7-16	10,2-12	colheita abundante, poucos operários; instruções missionárias
11,21-23; 10,40	10,13-16	ai de nós, Corazim e Betsaida; quem vos ouve ouve a mim
11,25-27; 13,16-17	10,21-24	agradecimento ao Pai por revelar aos pequenos todas as coisas dadas ao Filho, o único que conhece o Pai; felizes os olhos que vêem o que vedes
6,9-13	11,2-4	oração do Senhor (formas variadas — mais longa a de Mateus)
7,7-11	11,9-13	pedi e recebereis; se dais boas coisas, quanto mais o Pai
12,22-30	11,14-15.17-23	demônios expulsos por Beelzebu; homem forte defende seu palácio; não comigo, contra mim
12,43-45	11,24-26	espírito impuro saído de alguém volta e traz outros sete, tornando-se pio
12,38-42	11,29-32	geração busca sinal; sinal de Jonas; julgamento pelo povo de Nínive, rainha do sul
5,15; 6,22-23	11,33-35	não pôr a lâmpada sob o alqueire; olho luz do corpo: se doente, trevas
23,25-26.23.6-7a.27	11,39-44	fariseus limpam o exterior do copo; ai do dízimo das coisas irrelevantes; busca do primeiro lugar
23,4.29-31	11,46-48	ai dos legistas que atam pesados fardos, constroem túmulos aos profetas
23,34-36.13	11,49-52	eu falo/a sabedoria de Deus fala: eu lhes enviarei profetas que serão perseguidos; ai dos juristas

QUADRO 2. *Continuação*

Mateus	Lucas	Conteúdo
10,26-33; 12,32	12,2-10	tudo o que está velado será descoberto; reconhecer-me diante de Deus
10,19-20	12,11-12	ante sinagogas o Espírito Santo ajudará
6,25-33	12,22-31	não vos preocupeis com o corpo; considerai os lírios dos campos; o Pai sabe do que precisais.
6,19-21	12,33-34	nada de tesouros na terra, mas no céu
24,43-44.45-51	12,39-40.42-46	dono de casa e ladrão; servo fiel preparado para a vinda do senhor
10,34-36	12,51-53	veio não para trazer a paz, mas a espada; divisões na família
16,2-3	12,54-56	habilidade para reconhecer os sinais que capacitariam para interpretar o tempo presente
5,25-26	12,58-59	negociar antes de ir ao juiz
13,31-33	13,18-21	reino dos céus/Deus: cresce como grão de mostarda; como fermento que a mulher coloca na farinha
7,13-14.22-23; 8,11-12	13,23-29	portão estreito através do qual poucos entrarão; dono de casa recusa os que batem; pessoas vindas de todas as direções para entrar no reino dos céus de Deus
23,37-39	13,34-35	Jerusalém, que mata os profetas, deve bendizer o que vem em nome do Senhor
22,2-10	14,16-24	o reino dos céus de Deus: um grande banquete; os convidados dão desculpas, outros são convidados
10,37-38	14,26-27	quem quiser vir, deve preferir-me à família e deve carregar uma cruz
5,13	14,34-35	inutilidade do sal que perde o sabor
18,12-14	15,4-7	o homem que deixa 99 ovelhas para buscar a perdida
6,24	16,13	não se pode servir a dois senhores
11,12-13; 5,18.32	16,16-18	lei e profetas até João Batista; nenhum acento da Lei passará; divorciar-se da mulher e esposar outra é adultério
18,7.15.21-22	17,1.3b-4	ai dos tentadores; perdoar o irmão após insulto; Pedro: quantas vezes perdoar
17,20	17,6	se tivésseis fé do tamanho de um grão de mostarda, poderíeis mover montanhas
24,26-28	17,23-24.37	sinais da vinda do Filho do Homem
24,37-39	17,26-27.30	a vinda do Filho do Homem será como nos dias de Noé
10,39	17,33	quem encontra sua vida, perdê-la-á; quem a perde, encontrá-la-á
24,40-41	17,34-35	naquela noite, dentre dois, um será levado e o outro deixado
24,40-41	19,12-27	parábolas dos denários/talentos
19,28	22,38.30	os seguidores sentar-se-ão em tronos para julgar as doze tribos de Israel

com considerável exatidão realces diversos a diferentes estágios de evolução[36] subentende uma improvável sistematização da vida cristã. Muita publicidade tem estado ligada a essa forma de reconstrução; portanto, por questão de equilíbrio, os leitores devem ficar informados de que as teses em torno do assunto são largamente discutidas ou postas em dúvida, e não somente por comentadores conservadores.[37]

Permitam-me referir brevemente algumas das propostas. (A seguir, entre parênteses, faço algumas observações indicando o aspecto precário do raciocínio.) Alguns se referem ao "Evangelho Q", muitas vezes, com a suposição de que ele tem todo o direito de ser considerado tão importante quanto os evangelhos canônicos. Pensa-se que a classificação seja justificada pela constatação de que uma coleção de ditos traz o nome de "O *Evangelho* de Tomé". (Contudo, esse título é um acréscimo secundário, talvez uma tentativa, feita por gnósticos do século II, de dar *status* a *Tomé*. F. Neirynck[38] prefere conservar a designação "A *Fonte* de ditos [sinóticos] Q", como uma advertência de que Q permanece um texto hipotético ao qual não temos acesso direto.) Muitas vezes, pressupõe-se basicamente que Q foi produzida por uma única comunidade cuja visão está ali representada. (Alguém, tendo ouvido os ditos e parábolas atribuídas a Jesus, pode tê-los colecionado. Existe deveras uma teologia coerente que caracteriza esses ditos justapostos, freqüentemente agrupados em torno de diversos motivos unificadores? Uma olhadela na seqüência da coluna Conteúdo no quadro 2 dá, ao contrário, impressão de casualidade.) A próxima conjectura é de que Q representa a visão completa (ou suficiente) daqueles que a coligiram, de modo que pode ser usada para diagnosticar a postura deles como cristãos. (O próprio fato de que ela foi conservada independentemente por Mateus e Lucas somente em combinação com material marcano pode inclinar a probabilidade para outra direção, ou

---

[36] Jacobson (*The first Gospel*; an introduction to Q, Sonoma, CA, Polebridge, 1992) e Kloppenborg (*The formation of Q*, Philadelphia, Fortress, 1987) são fortes defensores. Por exemplo, uma hipótese postula um primeiro estágio de Q, que era sapiencial (e estava próximo do Jesus histórico, que não era um apocalíptico), um segundo estágio, no qual Q foi apocalipsizado, e um terceiro estágio, no qual houve uma mudança na narrativa, e Jesus tornou-se um defensor da estrita observância da Torá (o que tornou Q propenso a Mateus).

[37] Cf. ATTRIDGE, H. W. Reflections on Research into Q. *Semeia* 55, 222-234, 1992.

[38] Q: From Source to Gospel, ETL 71, 421-430, 1995. Embora o dito de Q em Lc 7,22 fale do anúncio do evangelho aos pobres (*euaggelizein*), isso foi um empréstimo de Is 61,1.

seja, a de que jamais passou de uma coleção adicional de ensinamentos para aqueles que aceitavam a história de Jesus.) O argumento do silêncio torna-se um fator importante nessa pressuposição. Por exemplo, dado que não existe nenhuma referência à crucifixão ou à ressurreição no material de Q, argumenta-se que os cristãos de Q ignoravam, rejeitavam ou davam pouca importância a tal crença. (Na concordância que fizeram, Mateus e Lucas não encontraram contradição alguma entre Q e Marcos, com sua forte ênfase na paixão, ou entre Q e a relevância deles na ressurreição. Não podemos supor que os dois evangelistas tenham-se servido independentemente de uma fonte que desejavam corrigir; ao contrário, uma hipótese justificável é de que Mateus e Lucas ou concordavam com Q, ou não a teriam utilizado. Ademais, existem alguns paralelos de Q em Marcos. Poderiam as teologias de Marcos e de Q ter sido tão contraditórias? Que prova existe de que cristãos do início do século I acreditavam em um Jesus que não fosse distinto unicamente pelo fato de ter sido crucificado e ressuscitado?[39] Rejeição da crucifixão/ressurreição é característica de um gnosticismo não claramente datável antes do século II.)

Na hipótese de que Mateus e Lucas usaram tanto Q quanto Marcos, não é insensatez pressupor que Q era tão antigo quanto Marcos e já em circulação nos anos 60. Alguns, porém, levantam a improvável proposição de que Q é mais antiga do que Marcos e, de fato, é a mais antiga apresentação de Jesus. Existem provas contra uma datação tão remota, pois alguns ditos em Q sugerem que houve um intervalo desde o tempo de Jesus. Em Lc 11,49-52, tem-se a impressão de que os profetas e apóstolos cristãos foram perseguidos. Lc 11,39-44.46-48 apresenta considerável hostilidade em relação aos fariseus e juristas; intensos conflitos com os fariseus acentuaram-se provavelmente em um período posterior na história dos cristãos palestinenses, e não mais cedo.

Hipóteses extravagantes, baseadas nesse documento hipotético, deixaram suas marcas na pesquisa moderna sobre o "Jesus Histórico" (cf. Apêndice I). O retrato do Jesus mestre de sabedoria ou filósofo cínico, sem nenhuma mensagem apocalíptica ou anúncio messiânico, surge de especulações sobre o primeiro es-

---

[39] Os ditos de Q relacionam a rejeição e a morte de Jesus ao destino semelhante dos profetas (Lc 13,34; 11,49; 6,23); contudo, não existe prova de que tal conexão significasse que a ressurreição de Jesus não tivesse seu valor singular para os cristãos que liam/ouviam Q.

tágio da teologia de Q — um retrato que alguns gostariam de pôr no lugar do Jesus dos evangelhos e da fé da Igreja.[40] Um tanto ríspida, mas digna de reflexão, é a definição de J. P. Meier (op. cit., v. 2, p. 178), que os exegetas deveriam repetir toda manhã: "Q é um documento hipotético cuja extensão exata, comunidade originadora, extratos e estágios de composição não podem ser conhecidos". Linnemann (Is there a Gospel of Q? [Esse é um evangelho de Q?], B Rev 11, #4, 18-23, 42-43, ago. 1995) é ainda mais acerbo. Diante do que foi exposto, na opinião da maioria, *a existência de Q (sem muitas das hipóteses aventadas) continua sendo o melhor modo de explicar as concordâncias entre Mateus e Lucas no material que eles não tomaram emprestado de Marcos.*

Bibliografia sobre os evangelhos em geral

Introdução e gênero evangelho

AUNE, D. E. The problem of the genre of the Gospels. GP 2, 9-60, 1981.

BURRIDGE, R. A. *What are the Gospels?* A comparison with Graeco-Roman biography. Cambridge, Cambridge Univ., 1992. (SNTSMS, 70.)

GOOSEN, G. & TOMLINSON, M. *Studying the Gospel*; an introduction. Ridgefield, CT, Morehouse, 1994. Texto popular interessante.

O'GRADY, J. F. *The four Gospels and the Jesus tradition.* New York, Paulist, 1989.

ROBBINS, V. K. Mark as genre. SBLSP, 371-399, 1980.

SHULER, P. L. *A genre for the Gospels.* Philadelphia, Fortress, 1982.

STANTON, G. N. Matthew; *Biblos, Euaggelion,* or *Bios.* FGN 2.1187-1201.

SWARTLEY, W. M. *Israel's Scripture traditions and the Synoptic Gospels*; story shaping story. Peabody, MA, Hendrickson, 1994.

TALBERT, C. H. *What is a Gospel?* The genre of the Canonical Gospels. Philadelphia, Fortress, 1971.

VOTAW, C. W. *The Gospels and contemporary biographies in the Greco-Roman world.* Philadelphia, Fortress, 1970. (Facet Biblical Series, 27.)

---

[40] Não é preciso concordar com a defesa que Farmer (*The Gospel of Jesus*; the pastoral relevance of the synoptic problem, Louisville, W/K, 1994) faz da hipótese de Griesbach para compreender que ele tem razão (*Gospel*) quando argumenta que a solução proposta para o problema sinótico tem relevância pastoral.

O problema sinótico

BARR, A. *Diagram of synoptic relationships*. Edinburgh, Clark, 1995.

BELLINZONI, A. J. et al. (eds.). *The Two-Source Hypothesis*. Macon, GA, Mercer, 1985. Várias opiniões.

BUTLER, B. C. *The originality of St. Matthew*. Cambridge, Cambridge Univ., 1951. Hipótese agostiniana.

DEARDORFF, J. W. *The problems of New Testament Gospel origins*. San Francisco, CA, Mellen, 1992. Hipótese agostiniana.

DUNGAN, D. L. (ed.). *The interrelations of the Gospels*. Leuven, Peeters, 1990. (BETL, 95.)

FARMER, W. R. *The synoptic problem*. 2. ed. Dillsboro, Western North Carolina, 1976. A favor da hipótese de Griesbach.

_____. Modern developments of Griesbach's hypothesis. NTS 23, 275-295, 1976-1977.

_____. *The Gospel of Jesus*; the pastoral relevance of the synoptic problem. Louisville, W/K, 1994.

JOHNSON, S. E. *The Griesbach hypothesis and redaction criticism*. Atlanta, Scholars, 1991. (SBLMS, 41.) Contra Griesbach.

LONGSTAFF, T. R. W. & THOMAS, P. A. (eds.). *The synoptic problem*; a bibliography, 1916-1988. Macon, GA, Mercer, 1988.

NEIRYNCK, F. (ed.). *The minor agreements of Matthew and Luke against Mark*. Gembloux, Duculot, 1974.

NEVILLE, D. J. *Arguments from order in synoptic source criticism*. Macon, GA, Mercer, 1994.

NEW, D. S. *Old Testament quotations in the Synoptic Gospels and the Two-Document Hypothesis*. Atlanta, Scholars, 1993. Contra Griesbach.

ORCHARD, B. *Matthew, Luke, and Mark*. Collegeville, Liturgical, 1976. A favor de Griesbach.

_____. & RILEY, H. *The order of the Synoptics*; Why three Synoptic Gospels? Macon, GA, Mercer, 1987. A favor de Griesbach.

RILEY, H. *The making of Mark*. Macon, GA, Mercer, 1989. A favor de Griesbach.

STANTON, G. N. *The Gospels and Jesus*. New York, Oxford, 1989.

_____. *Gospel truth?* Valley Forge, PA, Trinity, 1995.

STEIN, R. H. *The synoptic problem*. Grand Rapids, Baker, 1987.

STOLDT, H.-H. *History and criticism of the Markan hypothesis*. Macon, GA, Mercer, 1980. Contra a prioridade marcana.

STRECKER, G. (ed.). *Minor agreements*. Göttingen, Vandenhoeck & Ruprecht, 1993.

STYLER, G. M. The Priority of Mark. In: MOULE, C. F. D. *The birth of the New Testament*. 3. ed. London, Black, 1981. pp. 285-316. Bons exemplos confirmadores.

TAYLOR, V. *The formation of the Gospel tradition*. London, Macmillan, 1953. Ainda importante.

THEISSEN, G. *The Gospels in context*; social and political history in the synoptic tradition. Minneapolis, A/F, 1991.

TUCKETT, C. M. *The revival of the Griesbach hypothesis*. Cambridge, Cambridge Univ., 1982. (SNTSMS, 44.) Contra Griesbach.

WENHAM, J. *Redating Matthew, Mark & Luke*. Downers Grove, IL, InterVarsity, 1992. Hipótese agostiniana.

Pesquisa sobre "Q"

BORING, M. E. *Sayings of the Risen Jesus*. Cambridge, Cambridge Univ., 1982. (SNTSMS, 46.)

_____. *The continuing voice of Jesus*. Louisville, W/K, 1992. Revisão da obra anterior.

CATCHPOLE, D. R. *The quest for Q*. Edinburgh, Clark, 1993.

DOWNING, F. G. A genre for Q and a socio-cultural context for Q. JSNT 55, 3-26, 1994.

EDWARDS, R. A. *A concordance to Q*. Missoula, MT, Scholars, 1975.

_____. *A theology of Q*. Philadelphia, Fortress, 1976.

FARRER, A. On dispensing with Q. In: NINEHAN, D. E. (ed.). *Studies in the Gospels*. Oxford, Blackwell, 1995. (R. H. Lightfoot Festschrift.)

FLEDDERMANN, H. T. *Mark and Q*; a study of the overlap texts. Leuven, Peeters, 1995. (BETL, 122.)

HAVENER, I. *Q: the sayings of Jesus*. Wilmington, Glazier, 1987.

JACOBSON, A. D. The literary unity of Q. JBL 101, 365-389, 1982.

_____. *The first Gospel*; an introduction to Q. Sonoma, CA, Polebridge, 1992.

KLOPPENBORG, J. S. Bibliography on Q. SBLSP 24, 103-126, 1985.

_____. *The formation of Q*. Philadelphia, Fortress, 1987.

_____. *Q parallels, synopsis, critical notes & concordance*. Sonoma, CA, Polebridge, 1988.

_____. The sayings Gospel Q: recent opinions on the people behind the document. CRBS 1, 9-34, 1993. Extensa bibliografia.

_____. (ed.). *The shape of Q*. Minneapolis, A/F, 1994.

KLOPPENBORG, J. S. et al. *Q-Thomas Reader*. Sonoma, CA, Polebridge, 1990.

_____. & VAAGE, L. E. (eds.). *Early Christianity, Q and Jesus*. Atlanta, Scholars, 1992. (Semeia, 55.)

LINNEMANN, E. Is there a gospel of Q? BRev 11, #4, 18-23,42-43, Aug. 1995.

LÜHRMANN, D. The Gospel of Mark and the Sayings Collection Q. JBL 108, 51-71, 1989.

MACK, B. L. *The lost Gospel*; the book of Q and Christian origins. San Francisco, Harper, 1993.

MEYER, P. D. The gentile mission in Q. JBL 89, 405-417, 1970.

NEIRYNCK, F. Recent developments in the study of Q. In: DELOBEL, J. (ed.). *Logia — the sayings of Jesus*. Leuven, Peeters, 1982. pp. 29-75.

_____. *Q-Synopsis*; the double tradition passages in Greek. Leuven, Peeters, 1995.

PIPER, R. A. *Wisdom in the Q-tradition*. Cambridge, Cambridge Univ., 1989. (SNTSMS, 61.)

_____. (ed.). *The Gospel behind the Gospels*; current studies on Q. Leiden, Brill, 1995. (NovTSup, 75.)

ROBINSON, J. M. LOGOI SOPHON: On the gattung of Q. In: ROBINSON, J. M. & KOESTER, H. (eds.). *Trajectories through early Christianity*. Philadelphia, Fortress, 1971. pp. 71-113.

_____. International Q project. JBL 109, 499-501, 1989 e anos subseqüentes.

_____. (ed.). *Documenta Q*. Leuven, Peeters, 1996-##. O primeiro volume trata da reconstrução dos dois últimos séculos. No final, cada um dos 235 versículos de Q é discutido.

TUCKETT, C. M. On the relationship between Matthew and Luke. NTS 30, 130-142, 1984.

_____. *Studies on Q*. Edinburgh, Clark, 1995.

_____. *Q and the history of early Christianity*. Peabody, MA, Hendrickson, 1996.

TURNER, N. Q in recent thought. ExpTim 80, 324-328, 1969-1970.

VAAGE, L. E. *Galilean upstarts*; Jesus' first followers according to Q. Valley Forge, PA, Trinity, 1994.

VASSILIADIS, P. The nature and extent of the Q Document. NovT 20, 49-73, 1978.

WORDEN, R. D. Redaction criticism of Q: a survey. JBL 97, 532-546, 1975.

Capítulo 7

Evangelho segundo Marcos

O primeiro passo para a análise de qualquer livro do NT é lê-lo por inteiro, vagarosa e atentamente. Uma leitura cuidadosa deve preceder (e tornar compreensível) toda especulação erudita sobre o livro. Isso é particularmente importante para os evangelhos, pois as pessoas estão muitas vezes mais familiarizadas com eles do que com qualquer outra parte do NT e, a menos que elas leiam cuidadosamente, suas pressuposições é que dominarão as respostas, e não os textos reais. Para facilitar uma leitura atenta de Marcos, a "Análise geral da mensagem" inicial ignorará a pré-história do material e tratará a narrativa tal como chegou até nós, procurando revelar suas características e ênfases. Nos evangelhos (e nos Atos) a Análise quase sempre constituirá um minicomentário no qual as peculiaridades do pensamento e da técnica do autor são trazidas indutivamente à tona por meio do texto bíblico. Proporcionalmente, a Análise de Marcos será um pouco mais longa do que a de Mateus e de Lucas, pois muitas das características do evangelho são tratadas primeiramente aqui (p. ex., parábolas, milagres). A seguir, serão dedicadas subdivisões a: Fontes, Como interpretar Marcos, Autoria, Ambiente ou comunidade implícita, Data da redação, Temas e problemas para reflexão e Bibliografia.

Análise geral da mensagem

Muitos estudiosos vêem em Mc 8 uma importante divisão, mais ou menos na metade da narrativa do ministério de Jesus. Ali, depois de ter sido repetidamente rejeitado e incompreendido, não obstante tudo o que disse e fez, Jesus começa a falar da necessidade do sofrimento, da morte e da ressurreição do Filho do Homem no plano de Deus. Com esse desenvolvimento, que serve para revelar a identidade cristológica de Jesus, Marcos procura ensinar uma lição. Os leitores podem aprender muito sobre Jesus por meio das tradições de suas parábolas e poderosas ações, mas, a menos que isso esteja intimamente ligado ao quadro de sua vitória por meio do sofrimento, não poderão compreendê-lo, tampouco a vocação de seus seguidores.

PARTE II • Evangelhos e obras afins

Informações básicas

DATA: 60-75, mais provavelmente entre 68 e 73.

AUTOR SEGUNDO A ATRIBUIÇÃO TRADICIONAL (SÉCULO II): Marcos, seguidor e "intérprete" de Pedro, normalmente identificado como João Marcos, dos Atos, cuja mãe tinha uma casa em Jerusalém. Ele acompanhou Barnabé e Paulo na "primeira viagem missionária", e pode ter colaborado com Pedro e Paulo em Roma, nos anos 60. Alguns dos que rejeitam essa atribuição acreditam que o autor possa ter sido outro cristão desconhecido chamado Marcos.

AUTOR DEDUZIDO DO CONTEÚDO: alguém que falava grego, não foi testemunha ocular do ministério de Jesus e fez afirmações inexatas acerca da geografia palestinense. Serviu-se de tradições pré-moldadas sobre Jesus (orais e provavelmente escritas) e se dirigiu pessoalmente a uma comunidade que aparentemente sofreu perseguição e foi malsucedida.

AMBIENTE IMPLÍCITO: tradicionalmente, Roma (onde os cristãos foram perseguidos por Nero). Outras propostas: Síria, Norte da Transjordânia, Decápolis e Galiléia.

UNIDADE: não há nenhum motivo importante para pensar em mais de um autor; uns poucos apelam para diversas redações a fim de explicar as diferenças no uso diverso que Mateus e Lucas fazem de Marcos.

INTEGRIDADE: Provavelmente Marcos terminou em 16,8. Os manuscritos acrescentaram finais secundários, recontando a(s) aparição(ões) de Jesus ressuscitado. O "final mais longo" (16,9-20) é considerado o mais das vezes o canônico.

DIVISÃO*

1,1–8,26: Primeira parte: ministério de cura e de anúncio na Galiléia
1. Apresentação feita por João Batista; dia inaugural; controvérsias em Cafarnaum (1,1–3,6)
2. Jesus escolhe os Doze e educa-os como a discípulos por meio de parábolas e ações portentosas; divergência entre seus parentes de Nazaré (3,7–6,6).
3. Missão dos Doze; saciação dos 5 mil; caminhada sobre a água; controvérsia; saciação dos 4 mil; mal-entendido (6,7–8,26)

8,27–16,8: Segunda parte: sofrimento predito; morte em Jerusalém; ressurreição
+ 16,9-20
1. Três predições da paixão; confissão de Pedro; a transfiguração; ensinamento de Jesus (8,27–10,52)
2. Ministério de Jesus em Jerusalém; entrada; ações no templo e oposição; discurso escatológico (11,1–13,37)
3. Unção, Última Ceia, paixão, crucifixão, sepultamento, túmulo vazio (14,1–16,8)
4. Um final que descreve aparições do ressuscitado acrescentado por um copista posterior (16,9-20)

*A divisão de Marcos segundo esse esquema pretende capacitar os leitores a seguir o fluxo do pensamento, mas não se sabe se o evangelista dividiu o evangelho dessa forma (embora o começo das predições da paixão no cap. 8 pareça realmente ser um importante divisor intencional). De modo particular, a distinção entre as unidades (assinalada numericamente) e as subunidades é bem arbitrária, pois estas poderiam ser facilmente elevadas à categoria de unidades. Estruturas diferentes são apresentadas por P. J. Achtemeier (*Mark*, ABD 4.546), P. Perkins (*Mark*, NinterB, 1994, 521-523) e H. M. Humphrey (*He is risen! A new reading of Mark's Gospel*, New York, Paulist, 1992, p. 4) (esquema quiástico). Uma divisão tripartida, tendo Mc 8,27–10,45(52) como o tópico central devotado ao discipulado, é largamente defendida, por exemplo, por E. Best, em seus escritos.

Primeira parte: ministério de cura e anúncio na Galiléia (Mc 1,1–8,26)

Marcos, como os outros evangelhos, prefacia o início das atividades públicas de Jesus com a proclamação de João Batista. A seguir, a primeira metade do evangelho descreve um ministério de anúncio e de poderosos feitos (curas, multiplicação de pães, acalmação de tempestades), bem como de ensino na Galiléia e em seus arredores. Embora desperte muito interesse, Jesus luta contra demônios, contra divergências (da parte de sua família e, mais significativamente, da parte dos Doze que ele escolheu para que permanecessem consigo) e contra hostil rejeição (dos fariseus e dos escribas).

1. Apresentação feita por João Batista; dia inaugural; controvérsias em Cafarnaum (Mc 1,1–3,6). Trata-se de uma unidade, com três ou quatro subunidades, ou todas as subunidades deveriam ser erigidas em unidades autônomas? Mais importante: Marcos tende claramente a agrupar as coisas segundo o tempo (em um dia), de acordo com o assunto (controvérsias) ou consoante a forma (parábolas no cap. 4).

A introdução de Marcos (Mc 1,1-15) apresenta o começo do evangelho de Jesus Cristo[1] como a realização da profecia de Ml 3,1 e de Is 40,3. João Batista é o mensageiro profetizado, que clama no deserto a fim de preparar o caminho do Senhor, ou seja, de anunciar aquele que batizará com o Espírito Santo: Jesus. Uma voz vinda do céu, fazendo eco ao Sl 2,7 e a Is 42,1, dirige-se a ele como o Filho amado de Deus; no batismo de Jesus, o Espírito desce.[2] As afirmações de que Jesus foi testado por Satanás (o oponente do Espírito) e de que João Batista foi aprisionado insinuam ao leitor, desde o princípio, que a proclamação que Jesus

---

[1] Embora Mc 1,1 seja muitas vezes tratado como um título, o evangelista pode tê-lo pensado como uma proclamação. A frase "Filho de Deus", embora atestada por manuscritos importantes, pode ser uma adição de copista. Se autêntica, oferece uma inclusão com a identificação de Jesus como "Filho de Deus" pelo centurião romano em 15,39, no final — a primeira confissão de fé em Jesus sob tal epíteto no evangelho.

[2] Esse texto tem sido lido de forma adocianista, como se Marcos julgasse Jesus um ser humano comum a quem Deus estaria adotando como filho e revestindo de poder divino. Nada existe de definitivo que apóie tal interpretação, mas o silêncio marcano acerca do "quando" da filiação divina pode ter despertado em alguns essa idéia. Teria sido com a intenção de corrigir o adocianismo com o qual Mateus e Lucas, que se serviram de Marcos, prefaciaram o material marcano com uma narrativa da infância que deixa claro que Jesus era Filho de Deus desde o momento da concepção, e que João, que conhecia a tradição comum acerca de Jesus, começou com um prólogo que apresenta Jesus como a Palavra de Deus antes mesmo da criação? J. Marcus (NTS 41, 512-521,1995) pensa que uma visão que Jesus tivera (cf. Lc 10,18) subjaz ao relato batismal.

faz do reino encontrará grandes obstáculos. Embora alguns possam interpretar a proclamação como o anúncio de que o reinado ou senhorio de Deus já veio, a melhor tradução do verbo *eggizein* é, provavelmente, "aproximou-se" — o reino está-se fazendo sentir, mas ainda não chegou completamente. Jesus começa *chamando quatro homens para serem seus seguidores e "pescadores" de homens* (Mc 1,16-20), pressagiando, assim, que tais homens terão um papel na proclamação. Na verdade, a reação desses discípulos determinará estágios marcantes no evangelho.

Ao descrever o que aparece como *o primeiro dia do ministério de Jesus* (Mc 1,21-38), Marcos familiariza os leitores com o tipo de coisas realizadas durante a proclamação do reino: o ensinamento com autoridade na sinagoga de Cafarnaum, o exorcismo de um espírito impuro (a contínua oposição de Satanás), a cura da sogra de Simão e de muitos outros doentes e possessos, e, finalmente, a busca de um lugar para orar na manhã seguinte, sendo apenas importunado por seus discípulos, que o apressam com seus pedidos. Diversos fatores devem ser notados. Ensinamento e exercício do poder divino na cura e na expulsão de demônios[3] estão reunidos na proclamação do reino, dando a entender que a vinda do senhorio de Deus é complexa. Aqueles que pretendem ser o povo de Deus precisam reconhecer que algumas de suas atitudes obstaculam o caminho; devem, portanto, mudar de mentalidade; a presença do mal, visível na aflição humana, no sofrimento e no pecado precisa ser contraposta; o demônio, por sua vez, deve ser derrotado. Jesus pode ensinar com autoridade, diferentemente de outras pessoas, e até mesmo os demônios devem obedecer-lhe — tudo isso está relacionado ao fato de ele ser Filho de Deus. No entanto, Marcos jamais descreve Jesus recebendo tal autoridade e poder; Cristo simplesmente os possui por causa daquilo que é (ver n. 2). Paradoxalmente, um espírito impuro que se opõe a Jesus reconhece que este é o Santo de Deus, enquanto os discípulos, que o seguem, não o compreendem completamente, não obstante seu ensinamento e seus atos prodigiosos.

---

[3] Por causa de seus exorcismos e milagres, existe uma tendência em descartar Jesus como um típico exorcista ou mágico de seu tempo. Contudo, Achtemeier (op. cit., v. 4, p. 555) realça que Jesus difere do exorcista comum, que precisa descobrir o nome do demônio e enganá-lo, levando-o a pensar que o exorcista tem mais poder sobrenatural. Um exorcismo que não envolve uma doença/enfermidade (como exemplificado em Mc 1,21-27) é raro nos paralelos helenísticos propostos. Para as diferenças vocabulares, cf. KEE, H. C. NTS 14, 232-246, 1967-1968; para a historicidade dos exorcismos de Jesus, STERLING, G. E. CBQ 55, 467-493, 1993. J. P. Meier (*A marginal Jew*, New York, Doubleday, 1991-##, v. 2, pp. 537-552) faz uma clara distinção entre Jesus e os mágicos.

Em Mc 1,34, Jesus proíbe os demônios de falar, "porque eles o conhecem". Essa é a primeira menção daquilo a que os estudiosos chamam de "segredo messiânico" de Marcos: Jesus parece esconder sua identidade de Filho de Deus até que isso se torne patente após sua morte na cruz. Comentaremos mais adiante *(p. 238)* a descoberta e interpretação do segredo feita por W. Wrede, mas seu significado mais simples na narrativa é que o conhecimento que os demônios têm de Jesus, apesar de conter um título verdadeiro, não capta o mistério de sua pessoa (o qual, conforme veremos, implica sofrimento e morte). Em Mc 1,35-38 acena-se a uma tensão entre a oração tranqüila e a atividade na vocação de Jesus.

A expansão da atividade de Jesus (Mc 1,39-45). A ação evangelizadora de Jesus, expulsando demônios e curando, continua pelas cidades da Galiléia, uma área geográfica que se alargará nos capítulos subseqüentes de Marcos. Note-se que o motivo do silêncio (ou segredo) estende-se agora ao leproso curado,[4] porque a publicidade impediria Jesus de circular abertamente. Implicitamente, também, o entusiasmo pelo maravilhoso levaria a uma compreensão equivocada sobre Jesus.

Controvérsias em Cafarnaum (Mc 2,1-3,6). Nessa cidade, que ora se tornou o lar de Jesus, às margens do Mar da Galiléia, Marcos concentra cinco incidentes nos quais os fariseus e os escribas fazem objeções a Jesus, enquanto outros questionam o fato de ele perdoar pecados, de associar-se aos pecadores, de os discípulos não observarem o jejum e fazerem, em dia de sábado, o que não está de acordo com a Lei. Jesus é claramente apresentado como alguém que, baseado em sua própria autoridade (Mc 2,28: "... O Filho do Homem é senhor até do sábado"), não corresponde às expectativas religiosas de seus contemporâneos, atitude que dá ensejo a um conluio entre os fariseus e os herodianos a fim de destruí-lo. A proclamação do reino de Deus encontra resistência não apenas por parte dos demônios, mas também por parte dos seres humanos, e tal oposição será direcionada para Jesus, o proclamador.

---

[4] No NT, a lepra é um tipo de problema de pele, não a doença hanseníase, que conhecemos hoje como lepra.

2. Jesus escolhe os Doze e educa-os como a discípulos por meio de parábolas e ações portentosas; divergência entre seus parentes de Nazaré (Mc 3,7–6,6). Marcos conclui a seção anterior e começa outra com *um resumo* (Mc 3,7-12)[5] que mostra como o ministério de Jesus estava atraindo pessoas de uma região cada vez mais ampla do que a Galiléia de 1,39. Em meio a esse apelo a muitos, Jesus sobe à montanha e *admoesta os Doze* (Mc 3,13-19), os quais ele quer consigo e os quais enviará (*apostellein*, relativo a "apóstolo") a pregar. Os próximos capítulos mostram o que Jesus faz e diz quando os apóstolos estão com ele, presumivelmente a fim de instruí-los para o envio (Mc 6,7).[6] Pode-se observar que Lc 6,13-15 e At 1,13 apresentam uma lista dos Doze que difere da de Marcos (e da de Mt 10,2-4) em um dos quatro últimos nomes;[7] portanto, no tempo em que os evangelistas escreveram, em meio ao consenso acerca da escolha dos Doze por parte de Jesus, a lembrança dos membros menos importantes era incerta (cf. *pp. 306, 945 e 973* deste livro e NBJC 81, 137-146).

Na seqüência (Mc 3,20-35) deparamo-nos com um ajuste narrativo que os estudiosos reconhecem como uma característica do estilo marcano, uma intercalação chamada deselegantemente de "sanduíche marcano".[8] Neste, Marcos inicia uma ação que exige tempo para ser completada, interrompe-a com outra cena que preenche o tempo (o recheio entre os dois pedaços de pão que o envolvem) e, finalmente, retoma a ação inicial conduzindo-a a um desfecho. Uma ação começa com os parentes de Jesus, que não compreendem a mudança na vida deste, que nem sequer reserva tempo para comer (Mc 3,20-21), e pretendem levá-lo de volta para casa. O tempo que se exige para ir de Nazaré, onde eles se acham, até a nova

---

[5] A respeito da discutida função dos resumos, cf. HEDRICK, C. W. NovT 26, 289-311, 1984. Será que delineiam a estrutura literária (Perrin) ou expandem intencionalmente o ministério para além dos poucos incidentes específicos na narrativa que os envolve?

[6] Se o tema do envio enquadra essa seção por meio de uma inclusão, o mesmo acontece com a questão do relacionamento de Jesus com sua família, pois, em Mc 3,20-21 (mais 3,31-35), eles partiram de onde estavam para apanhá-lo em Cafarnaum, enquanto em Mc 6,1-6 Jesus vai a Nazaré, onde eles se encontram. Em ambas as cenas eles são apresentados como quem não compreende.

[7] Tadeu, em Marcos e na maioria dos manuscritos e Mateus; Lebeu em alguns manuscritos ocidentais de Mateus; Judas, em Lucas e Atos. Todos os três são nomes semíticos e dificilmente referem-se à mesma pessoa, ainda que a hagiografia posterior tenha criado o binômio Judas Tadeu. Cf. LINDARS, B. NTS 4, 220-222, 1957.

[8] Cf. EDWARDS, J. R. NovT 31, 193-216, 1989; SHEPHERD, T. NTS 41, 522-540, 1995.

"casa" de Jesus em Cafarnaum é preenchido com os escribas que vieram de Jerusalém (Mc 3,22-30). A objeção dos familiares — "[Ele] enlouqueceu" — é paralela à dos escribas — "Está possuído por Beelzebu". Uma que expressa incompreensão radical e outra, descrença antagônica. No final da intercalação (Mc 3,31-35), a mãe e os irmãos de Jesus finalmente chegam; mas, uma vez que a proclamação do reino começou, eles foram substituídos: "Quem fizer a vontade de Deus, esse é meu irmão, irmã e mãe".[9] A cena intermediária com os escribas vindo de Jerusalém constitui uma das mais claras afirmações marcanas de Jesus acerca de Satanás, cujo reino se opõe ao de Deus. Com o surgimento de Jesus, os dois reinos estão engalfinhados em luta. A parábola alegórica[10] em Mc 3,27 sugere que Satanás é forte, dono de sua casa e de seus bens (este mundo), e que Jesus é ainda mais forte, e veio para amarrá-lo e apoderar-se de suas posses. A blasfêmia imperdoável em Mc 3,28-30 consiste em atribuir as obras de Jesus não ao Espírito Santo, mas a um espírito impuro.[11]

A subseção seguinte (Mc 4,1–34) é uma coleção de parábolas e ditos parabólicos relativos ao reino de Deus, cuja maioria trata do crescimento da semente. Embora o ministério de Jesus se concentre em Cafarnaum, junto ao Mar da Galiléia, e o cenário de tais parábolas seja um barco, parece que o material das parábolas foi tirado dos povoados e fazendolas das colinas da Nazaré de sua infância. Não existe nenhuma dúvida séria de que Jesus tenha historicamente elaborado seu ensinamento

---

[9] É cristologicamente significativo que Jesus não diga "pai". Como essa cena parece descartar Maria, os católicos romanos acham-na amiúde difícil; o mesmo parece ter acontecido com Mateus e Lucas. Mateus (12,24-50), que conserva o resto do material marcano da cena, omite o prelúdio em que os "íntimos" de Jesus pensam que ele está fora de si. Lucas (8,19-21) omite não somente isso, mas também todo o contraste entre a mãe/irmãos naturais e os discípulos. Cf. também n. 21. A opinião de que a mãe de Jesus era uma fiel especial cresce nos evangelhos posteriores (inclusive João). Para discussão posterior, ver o livro ecumênico MNT e, de S. C. Barton, *Discipleship and family ties in Mark and Matthew* (Cambridge, Cambridge Univ., 1994, SNTSMS, 86).

[10] Seguindo o comentador alemão A. Jülicher (1888), os intérpretes inclinaram-se a fazer uma nítida distinção entre parábola (imagem que insiste num único ponto) e alegoria (as figuras individuais têm um significado no simbolismo). A subseqüente atenção ao AT e ao uso rabínico da linguagem figurada desafiou tão forte separação, e hoje se reconhece largamente que algumas parábolas do NT trazem traços alegóricos (NJBC 81.62-63).

[11] A idéia de um pecado imperdoável aparece noutro lugar no NT (Hb 6,4-6; 10,26; 1Jo 5,16-17). R. Scroggs (JBL 84, 359-373, 1965) relaciona Mc 3,28-29 com 1Cor 12,2-3 e o problema do cristianismo extático, que não aceita limitação alguma às ações do Espírito. Cf. também BORING, M. E. NovT 18, 258-279, 1977.

em parábolas.¹² Dada a sua polivalência, o ponto particular das parábolas assume a coloração do contexto no qual são pronunciadas ou colocadas. Os estudiosos têm dedicado muito tempo à reconstrução do contexto original das parábolas durante a vida de Jesus, buscando distingui-lo das reinterpretações e acréscimos subseqüentes feitos à medida que as parábolas iam sendo anunciadas nas primeiras décadas cristãs¹³ (ambos os contextos pré-evangélicos são especulativos). O único contexto seguro é o lugar das parábolas nos evangelhos existentes — o fato de o contexto ser, às vezes, diferente em Marcos, Mateus e Lucas exemplifica o uso criativo que o evangelista faz da tradição para seus próprios fins pedagógicos.

Na atual seqüência narrativa de Marcos, três parábolas de semente (o semeador e a semente, a semente que cresce por si mesma e o grão de mostarda) servem como comentário ao que aconteceu com a proclamação do reino feita por Jesus.¹⁴ Na parábola do semeador, a ênfase recai nos diferentes tipos de solo. A interpretação apresentada em Marcos, mesmo que não derive do próprio Jesus, pode estar bem perto da idéia original: apenas alguns aceitaram a proclamação do reino e, mesmo entre estes, existem prevaricações. Contudo, a semente tem sua própria força e amadurecerá no devido tempo; é como o grão de mostarda, que é miúdo no início, mas tem um grande crescimento. Daqueles que ouviam/liam Marcos, esperava-se que vissem essas parábolas como explicação dos malogros e desapon-

---

[12] O estudo das parábolas do evangelho deu origem a uma literatura imensa e a calorosos debates. Os leitores recebem boa informação introdutória em NJBC 81.57–88 e no manual de H. Hendrickx, *The parables of Jesus* (San Francisco, Harper & Row, 1986). Entre os livros que representam diferentes abordagens estão: Dodd, C. H. *The parables of the Kingdom*. rev. ed. New York, Scribner's, 1961; Jeremias, J. *The parables of Jesus*. 8. ed. New York, Scribner's, 1972 [Ed. bras.: *As parábolas de Jesus*. São Paulo, Paulus, 1986.]; Crossan, J. D. *In parables*. New York, Harper & Row, 1973; Idem. *Cliffs of fall*. New York, Seabury, 1980; Perrin, N. *Jesus and the language of the Kingdom*. Philadelphia, Fortress, 1976; Boucher, M. I. *The mysterious parable*. Washington, CBA, 1977. (CBQMS, 6); Tolbert, M. A. *Perspectives on the parables*. Philadelphia, Fortress, 1979; Lambrecht, J. *Once more astonished*. New York, Crossroad, 1981; Donahue, J. R. *The Gospel in parable*. Philadelphia, Fortress, 1988; Stein, D. *Parables in Midrash… Rabbinic literature*. Cambridge, MA, Harvard, 1991; Hedrick, C. W. *Parables as poetic fictions*. Peadoby, MA, Hendrickson, 1994.

[13] Por exemplo, a explicação do semeador e da semente em 4,13-20 é considerada de modo geral uma interpretação homilética da parábola de Jesus, centrada nos obstáculos encontrados pelos cristãos e fazendo uso de termos gregos encontrados nas epístolas.

[14] Mas também como uma introdução ao que se segue, ou seja, a explícita incompreensão dos discípulos, de acordo com N. R. Petersen, The composition of Mc 4,1–8,26, HTR 93, 185-217, 1980. Cf. o excelente estudo dessas parábolas feito por J. Marcus, *The mystery of the kingdom of God* (Atlanta, Scholars, 1986, SBLDS, 90). Ver também Henaut, B. W. *Oral tradition and the Gospels*. Sheffield, JSOT, 1993. (JSNTSup, 82.)

tamentos em sua experiência de cristãos e como um sinal de esperança de que, por fim, haveria enorme crescimento e abundante colheita.

Costurados às parábolas de semente encontram-se comentários e ditos parabólicos sobre o "objetivo" das parábolas. De modo particular, Mc 4,11-12,[15] em que Jesus afirma que as parábolas são endereçadas aos de fora a fim de que *não* vejam, entendam ou convertam-se, é um texto agressivo, se não se compreende a abordagem que a Bíblia faz da providêcia divina, de acordo com a qual o que de fato resulta é muitas vezes apresentado como a intenção de Deus. (Assim, em Ex 7,3, Deus revela o plano de tornar o faraó obstinado, de modo que ele não escute Moisés — uma prévia descrição do fato de que o faraó oporá resistência.) Marcos deveras descreve aquilo que vê como o *resultado* negativo do anúncio de Jesus para sua própria gente, cuja maioria não compreendeu e não se converteu. Conforme as visões simbólicas concedidas a Daniel no AT, as parábolas constituem um "mistério" cuja interpretação é dada somente por Deus aos eleitos (Dn 2,22.27-28). Os demais não compreendem, e o mistério se torna uma fonte de destruição. Is 6,9-10, que previu o insucesso do profeta em converter Judá, foi largamente usado no NT para explicar o malogro dos seguidores de Jesus em convencer a maioria dos judeus (Rm 11,7-8; At 28,26-27; Jo 12,37-40) e Marcos emprega-o no comentário às parábolas (4,12). Que o objetivo de Jesus (em sentido próprio) não era obscurecer torna-se claro pelos ditos sobre a lâmpada e as coisas ocultas em Mc 4,21-23, bem como pelo sumário em Mc 4,33-34, que traz Jesus dirigindo a seus seguidores a palavra em parábolas "conforme podiam entender".

Seguem-se quatro ações miraculosas em Mc 4,35–5,43. Estas servem para lembrar ao leitor atual que a mentalidade do século I era bem diferente da nossa. Muitos estudiosos modernos descartam completamente a historicidade dos milagres;[16]

---

[15] BEAVIS, M. A. *Mark's audience*; the literary and social setting of Mark 4,11-12. Sheffield, JSOT, 1989. (JSNTSup, 33.)

[16] Quase metade do relato de Marcos sobre o ministério público (cerca de 200 a 450 vv.) trata de milagres. O evangelista descreve-os como *dynameis* (relativo à palavra "dinamite" = "ato de poder"), evitando uma palavra grega que atrairia a atenção para o maravilhoso, como "milagre" (relacionada com o latim *mirari*, "maravilhar-se de"). O estudo dos milagres evangélicos, como o das parábolas, deu ensejo a uma extensa discussão à qual os leitores são introduzidos por NJBC 81.89-117 e pelo manual de H. Hendrickx, *The miracle stories of the Synoptic Gospels* (London, Chapman, 1987). Dentre os livros que representam abordagens diversas incluem-se: RICHARDSON, A. *The miracle-stories of the Gospels*. London, SCM, 1941; FULLER, R. H. *Interpreting the miracles*. London, SCM, 1963; VAN DER LOOS, H. *The miracles of Jesus*,

outros estão dispostos a aceitar as curas de Jesus porque podem ser relacionadas à vinda do reino como uma manifestação da misericórdia de Deus, mas rejeitam a historicidade dos milagres da "natureza", tais como o apaziguamento da tempestade em Mc 4,35-41. Contudo, essa distinção não encontra apoio algum no contexto do AT, no qual Deus manifesta poder sobre toda a criação. A doença e a aflição refletem o reino do mal da mesma forma que uma perigosa tormenta; conseqüentemente, Jesus repreende o vento e o mar em Mc 4,39 assim como o faz com um demônio em Mc 1,25. (A fim de que não se julgue essa cena absurdamente ingênua, deve-se notar que, quando uma tempestade causa morte e destruição, as pessoas se perguntam por que Deus permitiu tal coisa; elas não exprimem seu desgosto contra um sistema opressor.) A vitória de Jesus sobre a procela é vista como a ação do mais forte (Mc 3,27), ao qual até mesmo o vento e o mar obedecem.

A peleja de Jesus com o demoníaco é ainda mais dramática na cura do endemoninhado geraseno (Mc 5,1-20), do qual Jesus expulsa uma "legião". O modelo do milagre assemelha-se àquele da história demoníaca em Mc 1,21-28, até mesmo com o reconhecimento da identidade de Jesus. Todavia, os elementos coloridos e imaginativos são mais fortes aqui. Note-se, por exemplo, a extensa descrição da violência do homem; a necessidade que os demônios têm de um lugar para ficar,[17] levando-os a transferir-se para os porcos; finalmente, o retrato detalhado do homem curado. O final, no qual o favorecido é enviado a proclamar pela Decápole o que o Senhor lhe fez, é significativo, pois vai de encontro à sugestão do "segredo messiânico". Os dois milagres em Mc 5,21-43 são outra circunstância de intercalação marcana (130-131: o "sanduíche"): Jesus se dirige à casa de Jairo em Mc 5,21-24 e chega para ressuscitar a filha deste em Mc 5,35-43. O lapso de tempo entre essas ações é preenchido pela cura da hemorroíssa, em Mc 5,25-34. Note-se que, na história da mulher, o poder é mostrado como uma posse de Jesus que

---

Leiden, Brill, 1965. (NovTSup 9); FRIDRICHSEN, A. *The problem of miracle in primitive christianity*. Minneapolis, Augsburg, 1972; orig. 1925; KEE, H. C. *Miracle in the early Christian world*. New Haven, Yale, 1983; BROWN, C. *Miracles and the critical mind*. Grand Rapids, Eerdmans, 1984; WENHAM, D. & BLOMBERG, C. L. (eds.). *The miracles of Jesus*. Sheffield, JSOT, 1986 (GP, 6); Meier, op. cit., v. 2, pp. 507-1038.

[17] Cf. Mt 12,43-45. Existe um sério problema geográfico envolvendo o lugar onde Marcos situa a cena, de onde os porcos podem descambar pela ribanceira e afogar-se no mar. Gerasa é um lugar situado a quase cinqüenta quilômetros do Mar da Galiléia, e a leitura alternativa — Gadara — não ajuda em nada, pois esta também se encontra a quase dez quilômetros do mar.

pode sair deste sem que ele saiba. A questão "Quem tocou minhas vestes?", a resposta sarcástica dos discípulos e a confissão da mulher acentuam o drama. No entanto, talvez não propositadamente, esses fatos dão a impressão de que Jesus não sabia todas as coisas — talvez por isso a versão mais breve dessa história em Mt 9,20-22 omita tais detalhes. A declaração de Jesus — "Tua fé te salvou" (Mc 5,34; 10,52) — mostra que Marcos não possui uma compreensão mecânica do poder miraculoso de Jesus. Na história de Jairo, ficamos sabendo do trio formado por Pedro, Tiago e João, escolhidos para acompanhar Jesus.[18] Eles foram os primeiros chamados entre os Doze; elementos presentes em Paulo e nos Atos sugerem que eles eram os mais largamente conhecidos. O "feito prodigioso" é ressuscitar a menina para a vida cotidiana, mas os leitores cristãos poderão ter sido levados a ver o pedido do pai — "Que ela seja salva e viva" (Mc 5,23) — e o resultado — a menina "se levantou" (Mc 5,42) — como uma previsão do dom da vida eterna, dado por Jesus.[19] A cena conclui-se com outra ocorrência do segredo marcano (Mc 5,43).

Em Mc 6,1-6, Jesus volta a Nazaré, sua cidade natal; isso forma uma continuação do encontro com "os seus" de Nazaré, no início da cena (Mc 3,21.31-35). Seu ensinamento na sinagoga produz ceticismo. As pessoas do lugar recordam-no como o carpinteiro, e conhecem sua família,[20] de forma que nem sua sabedoria religiosa nem suas obras poderosas parecem ter origem plausível. Jesus reconhece que um profeta não é honrado em sua própria região, entre seus parentes e em sua própria casa.[21] Não obstante todas as parábolas e milagres narrados nos capítulos intermediários, o ministério de Jesus não desperta a fé

---

[18] Também em Mc 9,2; 13,3 (com André); 14,33.

[19] Capítulo 11, n. 41. O uso que Marcos faz da fórmula aramaica transcrita *Talítha kum* (5,41), a qual, como sempre, ele tem o cuidado de traduzir para seus leitores, tem levado alguns a pensar que conserva uma fórmula mágica (cf. At 9,40). Contudo, ao descrever um tão estupendo exemplo do poder divino, Marcos pode escolher o uso do aramaico para dar um senso de autenticidade, como provavelmente o faz nas últimas palavras de Jesus em Mc 15,34. Possivelmente, gerações posteriores atribuiriam eficácia mágica àquilo que lhes parecia uma expressão exótica.

[20] A descrição que menciona a mãe, irmãos e irmãs sugere que o não mencionado José está morto. Quanto à discussão a respeito de os irmãos e irmãs serem filhos de Maria, cf. capítulo 34, n. 2, e BROQ 92-97.

[21] A cena paralela em Mt 13,53-58 omite a indicação de que um profeta não recebe honra entre seus próprios parentes, e Lc 4,24 omite a falta de honra seja "entre seus próprios parentes", seja "em sua própria casa". Cf. n. 9.

entre aqueles que deveriam conhecê-lo, e seu poder (que, como vimos, está ligado à fé) é ineficaz ali.

3. Missão dos Doze; saciação dos 5 mil; caminhada sobre a água; controvérsia; saciação dos 4 mil; mal-entendido (Mc 6,7–8,26). Mais uma vez pode-se discutir se essa é uma unidade com subunidades ou estas formam unidades distintas. Começa-se com o envio dos Doze e se conclui com a permanente incompreensão destes e, como um tema de peso, a vã tentativa de Jesus de conduzi-los a uma fé satisfatória — um insucesso que levará à segunda parte do evangelho, em que Cristo proclama que somente mediante seu próprio sofrimento e sua morte pode brotar a fé.

Na subseção que trata da *missão dos Doze e de Herodes* (Mc 6,7-33), encontramos mais uma intercalação marcana; entre o envio (*apostellein*) dos Doze, narrado em Mc 6,7-13, e o retorno, em Mc 6,30-32, há um relato sobre a atividade de Herodes em Mc 6,14-29 para ocupar o tempo intermediário. A missão dos discípulos de pregar a conversão, de expulsar demônios e de curar os doentes é uma extensão da missão de Jesus, e ele lhes concede o poder de realizá-la. As condições austeras (nada de alimento, dinheiro, bagagem) demonstravam claramente que os resultados, quaisquer que fossem, não seriam afetados pelos meios humanos; provavelmente os cristãos marcanos chegaram a esperar tal austeridade dos missionários.[22] Entre o começo e o fim da missão, somos informados de que o rei Herodes (Antipas) matou João Batista, e agora está temeroso de que Jesus seja o Batista, que ressuscitou dos mortos.[23] O destino de João Batista é uma advertência sobre qual será provavelmente o destino de Jesus — e daqueles enviados a dar continuidade à sua obra.

A saciação dos 5 mil e a caminhada sobre as águas (Mc 6,34-52) constituem uma unidade nos quatro evangelhos. As diferenças no milagre da saciação em João e a presença daquela que pode ser outra forma do mesmo milagre, como

---

[22] Bem como uma casa acolhedora e a estada ali. Em Mc 6,13, os doentes devem ser ungidos com óleo. Jesus não procedia assim, e mais uma vez a descrição de Marcos pode ter sido influenciada pela prática da Igreja primitiva (Tg 5,14-15).

[23] Mc 6,17 é impreciso (Herodíades não era mulher de Filipe, mas de outro irmão chamado Herodes), e muitos duvidam de que uma princesa herodiana pudesse dançar conforme descrito. Essa bem pode ser uma história popular dramatizada mais tarde na arte, na música e no drama, sob o comando da dança de Salomé com véus, embora a narrativa bíblica não mencione nem Salomé nem os véus.

a saciação dos 4 mil em Mc 8,1-9[24] (bem como Mateus), apontam para uma tradição muito antiga que sofreu diversas adaptações no período da evangelização. É um exemplo interessante de vários níveis de significado. No nível mais direto da narrativa, a multiplicação apresenta o poder divino de Jesus colocado a serviço de uma multidão faminta cuja penúria toca-lhe o coração. Entretanto, há também ecos veterotestamentários, como por exemplo, a saciação dos cem, por Eliseu, com pães, em 2Rs 4,42-44, e talvez o milagre do maná no tempo de Moisés ("lugar deserto", em Mc 6,32); até mesmo o caminhar de Jesus sobre as águas pode ser eco da travessia do Mar Vermelho a pé enxuto. Começando por Jesus e desenvolvendo-se fortemente na pregação da Igreja, a ênfase nos paralelos entre o decurso da existência de Jesus e cenas do AT tornou-se um elemento decisivo para a compreensão do plano de Deus. Contudo, outra camada de significado era provavelmente clara aos leitores de Marcos, pois a ação de Jesus em Mc 6,41 antecipa aquilo que ele fará na Última Ceia, em 14,22-23, em relação ao pão que é seu corpo, uma ação com a qual eles estariam familiarizados na eucaristia.[25] Seja como parte daquele simbolismo, seja separadamente, a multiplicação pode também ter sido vista como uma antecipação do banquete messiânico. Desse modo, tal como as parábolas, os milagres de Jesus podiam ser polivalentes; e, com efeito, o milagre podia assumir um papel parabólico.

No segundo milagre, a caminhada sobre as águas, Marcos oferece um tipo de teofania ou epifania; a identidade divina de Jesus, na verdade, é sugerida não somente pelo caráter extraordinário do milagre, mas também pela resposta de Jesus em Mc 6,50: "Sou eu".[26] É muito lastimoso, pois, que os discípulos não tenham entendido nem esse milagre, nem a multiplicação, pois o coração deles estava endurecido (Mc 6,52). Em seguida aos milagres paralelos, vem um *resumo marcano* (Mc 6,53-56) sobre o entusiasmo dos aldeães galileus por causa das muitas curas de Jesus, algumas realizadas pelo simples toque em suas vestes; mas aos leitores cabe deduzir que tal entusiasmo não é verdadeira compreensão e fé.

---

[24] R. M. Fowler (*Loaves and fishes*. Chico, CA, Scholars, 1981, SBLDS, 54) argumenta que Marcos compôs 6,30-44 com base no tradicional 8,1-9.

[25] Um banquete com pães e peixe tornou-se uma representação-padrão da eucaristia na arte primitiva das catacumbas. De forma diferente, a narração joanina da multiplicação desenvolve o tema eucarístico e o tema Eliseu, de modo que essas interpretações podem ter sido comuns na Igreja primitiva.

[26] Para o uso de *egō eimi* como um nome divino, cf. *p. 476*. Marcos pode representar uma forma inicial do uso na tradição de Jesus.

Uma controvérsia sobre a pureza ritual (Mc 7,1-23) é a próxima amostra de incompreensão. Não obstante todos os milagres, os fariseus e os escribas que vieram de Jerusalém se irritam com alguns dos discípulos de Jesus que não observam a pureza ritual, um conceito que Marcos (7,3-4) precisa explicar aos leitores. A polêmica leva Jesus a condenar abertamente interpretações mesquinhas como tradições humanas que desprezam e até mesmo frustram o verdadeiro objetivo do mandamento de Deus, a pureza de coração. Embora a atitude básica em relação à Lei em Mc 7,8.15 provenha plausivelmente de Jesus, muitos especialistas acreditam que a afirmação de que todos os alimentos são puros (Mc 7,19) representa uma convicção desenvolvida na tradição que Marcos abraça. Se Jesus tivesse estabelecido esse ponto desde o começo, seria difícil explicar as acirradas disputas acerca do alimento ritual, atestadas nos Atos e em Paulo.[27] Um nítido contraste com a hostilidade das autoridades judaicas é oferecido pela fé da *mulher siro-fenícia* (Mc 7,24-30), na região de Tiro. (Dificilmente é por acaso que Marcos coloca em seqüência uma controvérsia sobre comida e a surpreendente fé de uma pagã que vai espontaneamente até Jesus: esses eram os assuntos mais graves que dividiam os primeiros cristãos.) Alguns sentem-se ofendidos pela resposta de Jesus em Mc 7,27, que não é igualitária, uma vez que coloca os judeus em primeiro lugar (os filhos) e refere-se aos gentios como a cães.[28] Tal escândalo, porém, pode refletir a incapacidade de aceitar Jesus como um judeu do século I. Paulo também dá prioridade aos judeus (Rm 1,16), e 1Pd 2,10 faz eco à tese veterotestamentária de que os gentios não possuem o *status* de povo. Se a filha da siro-fenícia é curada a distância, o próximo milagre, o do *surdo-gago* (Mc 7,31-37), descreve um contato incomum de Jesus com os aflitos. Ele até coloca sua saliva na língua do mudo e usa a fórmula aramaica transcrita *Effatha*.[29] Marcos mostra que o entusiasmo do povo com o poder de Jesus sobrepuja-lhe a ordem de manter segredo.

---

[27] Por exemplo, Gl 2,11-14; Rm 14,14-21; At 10,14-15. Cf. as diversas opiniões expressas por N. J. McEleney, em CBQ 34, 431-460, 1972, e por H. Räisänen, em JSNT 16, 79-100, 1982.

[28] A tradução do grego "cães" pelo diminutivo "cachorrinhos" não é, provavelmente, nenhum melhoramento justificável, pois, naquele período, os diminutivos (mais freqüentes em Marcos) eram muitas vezes variantes insignificantes.

[29] Cf. n. 19 acerca de Mc 5,41. Somente Marcos e João (9,6) narram milagres com o uso de saliva. Teriam as outras correntes da tradição evangélica eliminado esse elemento por receio de que fosse interpretado como magia?

Ainda que originalmente *a saciação dos 4 mil* (Mc 8,1-9) possa ter sido uma duplicação da saciação anterior, possui um denso efeito cumulativo em Marcos como outra manifestação do estupendo poder de Jesus. Mais uma vez o contexto é uma multidão sem nada para comer, e o uso do verbo *eucharistein* (Mc 8,6) sugere interpretação eucarística.[30] A cena seguinte, com *os discípulos no barco* (Mc 8,10-21), dramatiza em grau máximo a absoluta improbabilidade de que Jesus seja aceito ou compreendido. Após tudo o que ele fez, os fariseus que se apresentam ainda procuram um sinal para pô-lo à prova, e os discípulos que estão no barco demonstram claramente que não compreenderam os dois milagres. *A cura do cego* (Mc 8,22-26) serve como um comentário à situação, em forma de parábola. O homem recupera a visão somente por etapas, pois a primeira ação de Jesus dá-lhe apenas uma visão embaçada. Essa é também a situação dos discípulos, oriunda de tudo o que Jesus lhes fez até então. Somente quando Jesus age pela segunda vez é que o homem vê claramente. A próxima metade do evangelho descreverá o que Jesus deve fazer para que os discípulos vejam com clareza, ou seja, sofrer, ser entregue à morte e ressuscitar.

Segunda parte: sofrimento predito; morte em Jerusalém; ressurreição (Mc 8,27-16,8 + 16,9-20)

Jesus indica uma mudança de tom ao predizer claramente três vezes seu destino. A terceira previsão é feita a caminho de Jerusalém, onde tudo se cumprirá. Observa-se uma mudança no paradigma narrativo nessa segunda metade, pois relativamente poucos atos de poder (milagres) acontecem, como se Jesus reconhecesse que milagres não conduziriam seus discípulos ao entendimento. As multidões apreciam suas atividades em Jerusalém, mas o chefe dos sacerdotes e os escribas odeiam-nas. Por fim, eles armam um plano para matá-lo e, com a cooperação de Judas, conseguem prendê-lo depois de Jesus comer a ceia pascal com seus discípulos. Jesus é, então, conduzido ao sumo sacerdote e ao governador romano, e condenado a ser crucificado. Depois da morte de Jesus, um centurião romano reconhece a identidade daquele como Filho de Deus. No terceiro dia depois disso, o túmulo no qual Jesus foi sepultado é encontrado vazio, e um jovem (anjo) proclama que Cristo ressuscitou e será visto na Galiléia.

---

[30] Cf. BECK, N. A. CBQ 43, 49-56, 1981.

1. Três predições da paixão; confissão de Pedro; a transfiguração; ensinamento de Jesus (Mc 8,27–10,52). A segunda parte começa com *a confissão de Pedro sobre Jesus, a primeira predição da paixão e os fatos subseqüentes* (Mc 8,27–9,1). Na primeira parte, ouvimos juízos negativos acerca de Jesus ("Enlouqueceu!"; "Está possuído por Beelzebu"). A confissão de Pedro (Mc 8,27-30) insere-se em avaliações mais positivas dele, como o Batista, Elias ou um dos profetas. Esse porta-voz dos discípulos, que esteve com ele desde Mc 1,16, vai mais longe ainda ao proclamar Jesus como o Messias; Jesus, porém, acolhe isso com o mesmo comando de silenciar com o qual restringiu a identificação que os demônios fazem dele como Filho de Deus (Mc 3,11-12). Ambos os títulos estão corretos, mas são proferidos sem a inclusão do inevitável componente do sofrimento. Jesus agora começa a sublinhar tal elemento mais claramente com a predição de sua paixão (Mc 8,31).[31] Mas Pedro recusa esta imagem do Filho do Homem sofredor; conseqüentemente, Jesus classifica sua falta de entendimento como digna de Satanás. Não somente Jesus terá de sofrer, mas também aqueles que quiserem segui-lo (Mc 8,34-37). Em Mc 8,38, Jesus adverte que aqueles que se envergonharem dele serão julgados com vergonha quando o Filho do Homem vier na glória de seu Pai com os santos anjos. Essa notável exigência cristológica aparentemente se refere à parusia (ou segunda vinda de Cristo). Mas será que o versículo seguinte (Mc 9,1) também se refere a isso, quando fala de alguns ali que não provariam a morte antes que vissem o reino de Deus vir com poder? (Mt 16,28 fala da vinda do Filho do Homem.) Ou será que se refere à transfiguração que se segue imediatamente (como está implícito na numeração do versículo como 9,1, em vez de 8,39), uma interpretação que torna o "não provar a morte" mais fácil?[32]

---

[31] As três predições marcanas da paixão do Filho do Homem nos caps. 8, 9 e 10 (dos quais Mateus e Lucas se servem, talvez com uma forma independente em Jo 3,14; 8,28; 12,34) têm sido objeto de muita discussão. É possível que alguém preveja o futuro? As "predições" teriam sido totalmente elaboradas depois dos acontecimentos que descrevem? Sobre a contenda e a bibliografia, cf. BDM 2.1468-1491.

[32] Cf. Nardoni, E. CBQ 43, 365-384, 1981. A transfiguração, assim, antecipa a gloriosa parusia. A idéia de que se trata de uma aparição do ressuscitado transposta para o ministério é implausível. (Onde se encontram provas do Jesus ressuscitado aparecendo entre santos do AT ou com uma voz celeste, diferente da sua, identificando-o como o Filho?) Tem havido considerável debate entre estudiosos acerca da historicidade da transfiguração. Ela está claramente relacionada ao batismo de Jesus, e, em ambas as situações, um incidente na carreira de Jesus pode ter-se tornado o objeto de densa reflexão teológica e dramatização.

A transfiguração (Mc 9,2-13) provoca uma reação que é outro exemplo da fé insuficiente dos discípulos. No começo da primeira parte, a identidade de Jesus como Filho de Deus foi proclamada durante seu batismo por uma voz vinda do céu; mas os discípulos não estavam presentes naquele momento e, até então, na atividade pública de Jesus, nenhum de seus seguidores fez daquela identidade uma confissão de fé. Agora, no início da segunda parte, dado que a glória de Jesus, até então oculta, é desvelada a três de seus discípulos (ver n. 18), a voz celeste identifica mais uma vez Jesus. A cena faz eco às maiores teofanias do AT, pois acontece numa montanha, com a presença de Moisés e Elias, que se encontraram com Deus no Sinai (Horeb). A expressão "Seis dias depois" — de Mc 9,2 — parece evocar Ex 24,16, em que uma nuvem encobre o Sinai durante seis dias, e somente no dia seguinte a isso é que Deus chama Moisés. Desajeitadamente, Pedro propõe prolongar a experiência procurando construir três tabernáculos, da mesma forma que o Tabernáculo foi construído após a experiência do Sinai (Ex 25–27; 36–38); na realidade, porém, ele está aterrorizado e não sabe o que dizer (Mc 9,6). A discussão durante a descida da montanha desperta ressonâncias da predição da paixão (isto é, de que o Filho do Homem precisa sofrer e ressuscitará dos mortos), mas agora relacionada a Elias. A identificação implícita de Elias com João Batista, que veio antes de Jesus e foi morto (Mc 9,13), pode representar o resultado da reflexão da Igreja primitiva sobre como relacionar as duas grandes figuras do evangelho à luz do AT.

A história do menino endemoninhado (Mc 9,14-29),[33] o qual os discípulos de Jesus não foram capazes de curar enquanto este se encontrava na montanha, é narrada por Marcos com duração incomum. Os sintomas são típicos da epilepsia (como Mt 17,15 reconhece); no entanto, na mentalidade evangélica, o mal causado ao menino por tal doença é descrito como possessão diabólica. A questão relacionada à razão pela qual os discípulos não puderam expulsar o demônio enfurece Jesus: é uma geração incrédula (Mc 9,19). Existe também uma falta de fé implícita no pedido de ajuda do pai: "Se tu podes" (Mc 9,23). O "espírito mudo e surdo" obedece ao comando de Jesus e vai-se, mas os leitores ficam com uma sensação de mistério quando Cristo, no final (Mc 9,29), diz aos discípulos: "Essa espécie não pode sair a não ser com oração".

---

[33] P. J. Achtemeier (CBQ 37, 471-491, 1975) explica como uma tradição que remonta a Jesus foi interpretada por Marcos.

Jesus começa uma viagem pela Galiléia fazendo *a segunda predição da paixão* (Mc 9,30-32), a qual os discípulos, mais uma vez, não compreendem. (A dificuldade em rejeitar todos esses vaticínios como criações pós-Jesus é justificada em Mc 9,31, em que muitos estudiosos reconhecem traços semíticos e tradição antiga.) Em Cafarnaum, e finalmente quando parte numa viagem prodigiosa para a Judéia (10,1.17), Jesus comunica a seus discípulos *uma rica instrução pertinente ao reino* (Mc 9,33–10,31). Marcos junta nessa passagem o que ele considera as últimas comunicações importantes de Jesus antes de sua chegada a Jerusalém, para morrer.[34] Em Mc 9,33-35 Jesus adverte os Doze para que não procurem ser os maiores no reino, mas servos. A abrangência do reino é exemplificada em Mc 9,36-41[35] pela ordem de Jesus de acolher uma criança (ou seja, uma pessoa insignificante) em seu nome e de acordo com sua máxima: "Quem não está contra nós está a nosso favor". A proteção contra o escândalo (isto é, levar a pecar: Mc 9,42-48), que Jesus estende aos pequeninos que crêem, seria interpretada pelos leitores de Marcos como pertinente não somente ao tempo de vida de Jesus, mas também ao tempo deles. Os Doze são desafiados a ser semelhantes ao fogo e ao sal (Mc 9,49-50), a um só tempo purificação e condimentação antes do julgamento.

A viagem para a Judéia, o ensinamento às multidões e a pergunta dos fariseus são o contexto para o ensinamento de Jesus acerca do matrimônio e do divórcio (Mc 10,1-2). Os fariseus, baseados em Dt 24,1-4, permitiam que o esposo escrevesse uma carta de divórcio para a esposa por causa de "alguma indecência nela", e os rabinos discutiam se tal indecência deveria ser algo deveras sério ou poderia ser algo trivial. Jesus, porém, apelando para Gn 1,27 e 2,24, em favor da unidade realizada pelo matrimônio, proibia a ruptura dos laços matrimoniais, de modo que um segundo casamento depois de um divórcio constituía adultério. (A mesma atitude é encontrada entre os judeus que confeccionaram os MMM.)[36]

---

[34] A conexão entre alguns desses ensinamentos parece estabelecer-se mediante cadeias de palavras ou de idéias: a noção de que não se perde a recompensa por um copo d'água dado àqueles que pertencem a Cristo em Mc 9,41 conduz ao que acontece com aqueles que causam escândalo, em Mc 9,42: são condenados à geena; e o fogo da geena em Mc 9,48 leva ao tempero pelo fogo em Mc 9,49. O fato de, em Mc 9,41, o Jesus marcano falar sobre pertencer "a Cristo" mostra até que ponto o evangelho "modernizouse" na linguagem desde o tempo de Jesus até o tempo da Igreja.

[35] Note-se a implicação altamente teológica de Mc 9,37: "[...] aquele que me recebe, não é a mim que recebe, mas sim àquele me enviou".

[36] Especialmente 11QTemple^a 57,17-19 e CD 4,20-21; cf. o importante artigo de J. A. Fitzmyer, em FTAG 79-111.

Uma forma de proibição está conservada em Mateus (duas vezes), Lucas e 1Cor 7,10-11; de modo que não é improvável que, historicamente, houvesse uma controvérsia entre Jesus e outros judeus a respeito do assunto. A dificuldade de defender essa postura foi reconhecida pelos primeiros cristãos, de forma que a declaração de Jesus logo angariou comentários.[37] Por exemplo, Mc 10,12, que estende essa afirmação à mulher que se divorcia do esposo (prática não prevista pela lei do AT), é, provavelmente, uma adaptação à situação dos ouvintes gentios do evangelho, entre os quais as mulheres podiam divorciar-se dos homens.

Jesus retoma o tema daqueles que entram no reino (Mc 10,13-31). A maioria opina que, na passagem acerca das crianças em Mc 10,13-16, existe a correção de uma atitude errônea que exigia conquistas, habilidades, modos de agir ou *status* da parte daqueles que quisessem ser conduzidos ao reino, ao passo que, para Jesus, o reino/senhorio de Deus exige apenas receptividade humana, da qual a criança é um ótimo símbolo. Essa interpretação aproxima bastante Marcos da noção paulina de justificação pela fé.[38] Como, porém, os adultos mostram ou expressam receptividade? Esse é o ponto por trás da questão do homem rico em Mc 10,17. Na resposta,[39] Jesus não se afasta dos mandamentos de Deus enunciados no AT; mas, quando o homem diz tê-los observado, Jesus amavelmente pede-lhe que venda seus bens e dê o montante aos pobres. Isso é necessário para herdar a vida eterna ou aplica-se apenas a um discipulado especial de seguimento de Jesus? Obviamente nem todos os cristãos primitivos venderam suas posses, e

---

[37] Isso continua hoje. A opinião de que Jesus proferiu essa exigência numa situação condicionada pelo tempo é realmente sem sentido, pois toda afirmação que já foi feita sobre a face da terra teve uma situação condicionada pelo tempo. O problema é se isso deve ser considerado uma exigência permanente, que compromete os seguidores de Jesus (posição dos católicos romanos em relação ao matrimônio, considerado sacramento), ou apenas um ideal que, para todos os fins práticos, pode ser dispensado, seja com relativa facilidade (muitas Igrejas protestantes), seja por um motivo grave, específico, como o adultério (posição ortodoxa, baseada em Mt 19,9).

[38] Por exemplo, Rm 3,28. Ademais, outros acreditam que o assunto pode versar sobre a abertura ao batismo de crianças.

[39] "Ninguém é bom senão só Deus" (Mc 10,18) é uma frase difícil. Muitos consideram-na um expediente pedagógico: "Não me chame de bom, a não ser que você me reconheça como Deus". Outros entendem o contrário: "Não sou Deus". Contudo, tal distância entre Jesus e Deus não é um tema marcano. Uma terceira possibilidade é que, embora Jesus fosse percebido como divino ("Deus", em nossa compreensão), o termo "Deus" ainda não era usado para designá-lo na esfera marcana, porque se referia ao Pai celeste de Jesus. Por fim, para poder aplicar o termo "Deus" a Jesus, os cristãos tiveram de expandi-lo para incluir tanto o Pai celeste quanto o Filho, que tinha uma existência terrena.

Mc 10,24-27 mostra que Jesus pede o impossível, segundo os padrões humanos, mas não segundo Deus. Aqueles que fazem grandes sacrifícios por causa de Jesus serão recompensados tanto neste mundo quanto naquele que há de vir (Mc 10,29-31); mas a expressão "com perseguições" — quer de Jesus, quer de Marcos — é um toque realista importante acerca do destino deles.

Tal realismo encontra-se expresso também na *terceira predição da paixão* (Mc 10,32-34) — mais detalhada do que as outros porque os acontecimentos antecipados se aproximam. Apanhados por essa imediatez, Tiago e João levantam a questão dos *primeiros lugares no reino* (Mc 10,35-45). O desafio que Jesus lança, de imitá-lo bebendo o cálice e sendo batizado, é simbolicamente um convite ao sofrimento. (A fuga dos discípulos no Getsêmani mostrará que a confiante resposta "Podemos" é demasiado otimista.) Embora existam lugares distintos preparados (por Deus), os discípulos precisam aprender que o paradigma gentio, segundo o qual os reis dominam os povos, não será seguido no reino que Jesus proclama. Neste o que faz alguém ser grande é o serviço. "Pois o Filho do Homem não veio para ser servido, mas para servir e dar sua vida em resgate por muitos" (Mc 10,45) é um adequado resumo do espírito desse reino, que é antecipado em Is 53,10-12.

A trajetória para Jerusalém comporta uma última cena na região de Jericó, na qual *Jesus cura o cego Bartimeu* (Mc 10,46-52). Este, que insiste em gritar pedindo a misericórdia de Jesus, enquanto outros pedem-lhe para calar-se, é símbolo dos muitos que virão ao Cristo e ouvirão: "Tua fé te salvou". Marcos oferece-nos essa cena de recuperação da vista como um elemento positivo, antes das cenas sombrias, em Jerusalém, que ele está prestes a descrever.

2. Ministério de Jesus em Jerusalém; entrada; ações no templo e oposição; discurso escatológico (Mc 11,1–13,37). A narrativa dá a impressão de que tudo o que é descrito nesses capítulos aconteceu em três dias (Mc 11,1.12.20). No primeiro dia, *Jesus entra em Jerusalém* (Mc 11,1-11). Dois discípulos são enviados da base de operações de Jesus no Monte das Oliveiras, e tudo acontece como predito. Jesus monta o jumento que os discípulos lhe trazem ao voltar (talvez uma referência implícita a Zc 9,9 sobre a vinda do rei de Jerusalém) e é aclamado por um grito laudatório de hosana, por um verso do Sl 118,26 e pela exaltação da multidão diante da vinda do reino de "nosso pai Davi". Destarte, Jesus é proclamado como um rei que restaurará o reino terreno de Davi — uma honra, mas outro mal-entendido. Uma intercalação marcana ("sanduíche") domina as ações do dia seguinte e do início do outro dia: *maldição da figueira, purificação do templo e encontro da figueira ressequida* (Mc 11,12-25).⁴⁰ Amaldiçoar uma árvore porque não dá frutos parece irracional para muitos, pois, como lembra Marcos, o tempo que antecede a Páscoa não era a estação de figos. Contudo, a maldição assemelha-se às ações proféticas do AT, cuja peculiaridade atrai a atenção para a mensagem que está sendo simbolicamente representada (Jr 19,1-2.10-11; Ez 12,1-7). A árvore estéril simboliza as autoridades judaicas cujos pecados estão demonstrados na ação interveniente de purificação do templo, que se havia transformado em um covil de ladrões, em vez de uma casa de oração para todas as nações (Jr 7,11; Is 56,7). Às escondidas, os sumos sacerdotes e os escribas procuram matar Jesus, e o julgamento futuro deles está prefigurado no ressecamento da árvore. O elemento miraculoso na maldição/ ressecação em Mc 11,22-25 serve de ocasião para Jesus ensinar aos discípulos uma lição sobre a fé e sobre o poder da oração.⁴¹ (A instrução aos discípulos para perdoar a fim de que Deus possa perdoar-lhes as ofensas assemelha-se a um tema que Mt 6,12 situa na Oração do Senhor.)

A malevolência das autoridades, despertada pela purificação do templo, continua no *desafio à autoridade de Jesus* (Mc 11,27-33). Esse é o primeiro dos muitos casos de "armadilha" nos quais Marcos mostrará a sabedoria superior de Jesus quando confrontado com oponentes mesquinhos. Note-se que no fio da história, apesar de estar morto, João Batista permanece uma figura com a qual se deve contar. A *parábola dos vinhateiros homicidas* (Mc 12,1-12), que ficam, no final das contas, privados da vinha,⁴² tem o mesmo tema da maldição da figueira, para maior aborrecimento das autoridades. Novos laços são lançados contra Jesus nas perguntas dos fariseus e dos herodianos sobre os *impostos a*

---

[40] Cf. Telford, W. R. *The barren temple and the withered tree*. Sheffield, JSOT, 1980. (JSNTSup, 1.) Para o significado da ação de Jesus, cf. BDM 1.454-460; Watty, W. W. ExpTim 93, 235-39, 1981-1982; Evans, C. A. CBQ 51, 237-270, 1989. Ceticismo extremo acerca da historicidade é representado por D. Seeley, em CBQ 55, 263-283,1993.

[41] Dowd, S. E. *Prayer, power, and the problem of suffering*; Mark 11,22-25. Atlanta, Scholars, 1988. (SBLDS, 105.)

[42] A vinha representa Israel, como o mostra o contexto de Is 5,1-2; o proprietário é Deus; e o filho é Jesus (rara instância dessa autodescrição em Marcos). Muitos pensam que os servos são os profetas, enquanto os outros, aos quais a vinha é dada, são os gentios. Cf. n. 10 sobre os traços alegóricos nas parábolas do evangelho. Há uma versão dessa parábola no *Evangelho de Tomé* 65.

César (Mc 12,13-17)[43] e na dos saduceus acerca da *ressurreição* (Mc 12,18-27). Elas têm como objetivo mostrar a ampla hostilidade a Jesus entre as autoridades de todos os grupos, mas também podem ter sido instrutivas para os cristãos marcanos que lidavam com problemas semelhantes: a primazia de Deus e a esperança na ressurreição. (É difícil saber até que ponto o evangelista [ou Jesus] trata de uma contenda política contemporânea a respeito de impostos.) Embora Marcos pinte os adversários de Jesus com mão pesada, faz uma exceção ao retrato de um escriba sensato que pergunta acerca do *maior mandamento* (Mc 12,28-34) e ganha a aprovação de Jesus como quem não está longe do reino de Deus. A linha inicial da resposta de Jesus é fascinante, pois ele cita a oração judaica diária, a Shemá ("Ouve, Israel..."), de Dt 6,4.[44] Isso significa que, décadas depois dos começos cristãos, ainda se ensinava os gentios a rezar uma oração judaica como parte da exigência fundamental estabelecida por Deus! Os dois mandamentos inculcados por Jesus, combinando Dt 6,5 e Lv 19,18, partilham uma ênfase no amor, que se tornou o que os cristãos consideram a característica identificadora de sua religião — um traço, infelizmente, muitas vezes falho.

Em resposta a tantas perguntas provocantes, Jesus propõe a difícil *questão acerca do filho de Davi* (Mc 12,35-37). Quer o problema tenha ou não surgido durante a vida de Jesus, os primeiros cristãos tinham de lutar com a compreensão de que aclamar Jesus como o Messias significava mais do que sua unção como rei da Casa de Davi (cf. FESBNT 113-126). A *denúncia da ostentação pública dos escribas* (Mc 12,38-40) fornece um contexto para um relato de um genuíno comportamento religioso, *o óbolo da viúva* (Mc 12,41-44).

A maior parte das atividades de Jesus em Jerusalém até aqui ocorreu na área do templo. Depois de refletir na magnificência dos edifícios do templo, sentado no Monte das Oliveiras, Jesus profere *o discurso escatológico* (Mc 13,1-37) — o último de seu ministério, que trata do fim dos tempos. O discurso é uma

---

[43] Quanto a uma outra versão dessa questão, cf. *Papyrus Egerton 2*, frag 2 (HSNTA 1.96-99). Como Nicodemos em Jo 3,2, os oponentes começam: "Jesus, Mestre, sabemos que vens de Deus". E continuam: "É lícito pagar a reis o que lhes é devido?". Jesus responde iradamente, citando Isaías como fizera anteriormente (Mc 7,6). Alguns, como Crossan, afirmam que *Egerton* é mais primitivo do que os evangelhos canônicos, mas a maioria considera que seja uma mistura deles. Há também uma versão ampliada da história no *Evangelho de Tomé* 100, na qual a moeda é ouro e a questão é: "Os agentes de César cobram taxas".

[44] GERHARDSSON, B. *The Shema in the New Testament*. Lund, Novapress, 1996.

coleção de terríveis admoestações proféticas (demolição dos edifícios do templo, perseguição futura dos discípulos, necessidade de vigilância) e de sinais apocalípticos (impostores, guerras, abominação da desolação onde não deveria estar, fenômenos no céu). A interpretação apresenta muitos problemas.[45] Presumindo que o discurso tenha sido ordenado seqüencialmente, e que Jesus tinha um detalhado conhecimento do futuro, alguns têm procurado identificar, com base em nossa perspectiva, o que já aconteceu e o que ainda está por vir. (O literalismo distorce de modo particular o significado dos elementos simbólicos do AT, enquanto a apocalíptica intertestamentária é assumida como descrição exata de acontecimentos esperados; ver *p. 1010*.) Mesmo aqueles que levam em consideração a natureza simbólica da apocalíptica e não fazem uma abordagem literalista pensam que, em parte, o relato marcano está colorido com aquilo que o evangelista sabe que já aconteceu, como a perseguição nas sinagogas e a presença ante governadores e reis.[46] Para muitos leitores, a "conclusão" de uma leitura atenta do discurso é que nenhuma indicação de tempo é oferecida: por um lado, os seguidores de Jesus não se devem deixar enganar por especulações ou suposições de que o fim está às portas; por outro lado, eles devem ficar de sobreaviso.

3. Unção, Última Ceia, prisão, julgamentos, crucifixão, sepultamento, túmulo vazio (Mc 14,1–16,8). Outra inclusão marcana é feita com a *traição de Judas e a unção de Jesus* (Mc 14,1-11); a unção está imprensada no tempo intermediário entre a trama das autoridades para prender Jesus e a apresentação de Judas para entregá-lo a eles. O fato de a unção ter em vista o sepultamento indica ao leitor que o plano terá sucesso. (Sobre a mulher não identificada que realiza a unção, cf. o capítulo 9, n. 33.) *As preparações para a Páscoa* (Mc 14,12-16) não somente oferecem um contexto ritual para a ação de Jesus na Última Ceia, mas também exemplificam a habilidade de Jesus em predizer o que acontecerá. Esse último

---

[45] HARTMAN, L. *Prophecy interpreted.* Lund, Gleerup, 1966. (CBNTS, 1); VORSTER, W. S. TIM 269-288; GEDDERT, T. J. *Watchwords. Mark 13 in Markan eschatology.* Sheffield, JSOT, 1989. (JSNTSup, 26); BLACK, C. C. In: WATSON, D. F. (ed.). *Persuasive artistry.* Sheffield, JSOT, 1991. pp. 66-92. (JSNTSup, 50); YARBRO COLLINS, A. FGN 2.1125-1140; VERHEYDEN, J. FGN 2.1141-1159; BEASLEY-MURRAY, G. R. *Jesus and the last days.* Peabody, MA, Hendrickson, 1993 (revisão das edições de 1953 e 1963).

[46] A abordagem complica-se com a hipótese de que Marcos tenha assumido e editado um apocalipse no qual as indicações de tempo podem referir-se a um período anterior. Por exemplo, a "abominação da desolação" é uma referência à tentativa de Calígula, no ano 40 d.C., de colocar uma estátua dele mesmo no templo de Jerusalém (segundo N. H. Taylor, JSNT 62, 13-41, 1996) ou refere-se a acontecimentos em Jerusalém por volta do fim da revolta judaica nos anos 68-70 d.C.?

tema terá continuidade quando Jesus predisser o que Judas, os discípulos e Pedro farão. A *Última Ceia* (Mc 14,17-25), narrada mui brevemente em Marcos, fornece o contexto para a primeira daquelas previsões, e a idéia de que Judas entregará Jesus oferece um dramático contraste com a entrega que Jesus faz de si mesmo na bênção eucarística do pão e do vinho como seu corpo e sangue.

A *seção do Getsêmani* (Mc 14,26-52) começa com o trecho de sofrimento da narrativa marcana da paixão,[47] quando Jesus passa da ceia ao Monte das Oliveiras. Nessa transição, as predições da fuga dos discípulos e das negações de Pedro emprestam uma atmosfera trágica, e, na seqüência, o elemento da fraqueza e do abandono é mais forte em Marcos do que em qualquer outra narrativa da paixão. O isolamento de Jesus é dramatizado em três passos,[48] à medida que ele se afasta do grupo dos discípulos, dos três escolhidos e finalmente cai por terra, sozinho, para implorar ao Pai, por três vezes, que afaste dele o cálice — um cálice de sofrimento que em Mc 10,39 ele desafiara os discípulos a beber! Quando o Pai silencia e os discípulos são encontrados adormecidos por três vezes, Jesus aceita a vontade de Deus e anuncia que agora o Filho do Homem está para ser entregue aos pecadores — conforme ele predissera três vezes. O primeiro passo de uma longa seqüência de abandono acontece quando, com um beijo (um toque dramático), Judas entrega-o à multidão que vem da parte dos sumos sacerdotes e dos escribas.[49] Não somente todos os discípulos põem-se em debandada, mas também um jovem, que seguia Jesus, foge nu. Provavelmente são inúteis as tentativas de identificar o jovem (BDM 1.294-304); ele simboliza falha: aqueles que tinham deixado tudo para segui-lo agora deixam tudo para fugir dele.

O julgamento judaico: Jesus é condenado por um Sinédrio e escarnecido, enquanto Pedro o renega (Mc 14,53–15,1). O grupo que prendeu Jesus entrega-o

---

[47] Para a bibliografia, cf. BDM 1.97-100. Incluem-se: DONAHUE, J. R. *Are you the Christ?* The trial narrative in the Gospel of Mark. Missoula, Scholars, 1973. (SBLDS, 10); KELBER, W. H. (ed.). *The passion in Mark*. Philadelphia, Fortress, 1976; JUEL, D. H. *Messiah and temple*. Missoula, MT, Scholars, 1977. (SBLDS, 31); SENIOR, D. P. *The passion of Jesus in the Gospel of Mark*. Wilmington, Glazier, 1984.

[48] A freqüência de trios, explícitos ou implícitos, enfatiza o caráter altamente narrativo da paixão, pois o modelo ternário é uma particularidade bem conhecida em anedotas (irlandesas, escocesas, inglesas) e outras narrações orais.

[49] É digno de nota que em Marcos, diferentemente dos outros evangelhos, Jesus não responde a Judas; da mesma forma, o sujeito anônimo que corta a orelha do servo do sumo sacerdote com uma espada não é identificado como um discípulo.

aos sumos sacerdotes, anciãos e escribas que se reúnem em um Sinédrio[50] para decidir seu destino. Oscilando para frente e para trás para criar simultaneidade, Marcos narra duas cenas contrastantes: numa, Jesus confessa corajosamente que é o Filho de Deus; noutra, Pedro o maldiz e nega conhecê-lo. Ironicamente, no exato momento em que Jesus é escarnecido como falso profeta, a terceira de suas profecias sobre seus discípulos é cumprida. Embora as autoridades não creiam que Jesus possa destruir o santuário, nem que seja o Messias, o Filho do (Deus) Bendito,[51] haverá uma verificação de ambos os pontos no momento de sua morte. Aqui, provavelmente, os leitores de Marcos percebem antecipações de altercações de seu próprio tempo, pois, afinal, os cristãos viam na condenação de Jesus o motivo pelo qual Deus permitiu que os romanos destruíssem Jerusalém; a identidade de Jesus como o Filho de Deus tornou-se, então, o principal ponto de divisão entre cristãos e judeus.

O julgamento romano: Jesus é entregue por Pilatos para ser crucificado e é alvo de zombarias (Mc 15,2-20a). As autoridades judaicas entregam Jesus a Pilatos. Marcos traça um nítido paralelo entre os dois julgamentos a fim de enfatizar de forma eficaz o ponto principal de cada um. Em cada julgamento, uma figura representativa principal, respectivamente o sumo sacerdote e Pilatos, faz uma pergunta-chave que reflete seus interesses: "És tu o Messias, o Filho de Deus Bendito?" e "És tu o rei dos judeus?"[52] Existem falsas testemunhas no julgamento judaico e Pilatos sabe que Jesus foi entregue por inveja. No entanto, Jesus é condenado no fim de cada julgamento, recebe cusparadas e é escarnecido como um profeta, pelos membros do Sinédrio judaico, e como rei dos judeus, pelos

---

[50] Muitos intérpretes da paixão de Jesus fazem uso da imagem posterior do Sinédrio na Mixná (cerca de 200 d.C.). No tempo de Jesus, porém, o Sinédrio não parece ter sido formado por um número fixo de membros, ou ter-se reunido regularmente, ou servido em primeira instância como um tribunal. Com base em Flávio Josefo, historiador do século I, tem-se a impressão de que o sumo sacerdote costumava convocar um Sinédrio formado por aristocratas, sacerdotes e outras figuras importantes quando havia algum assunto sobre o qual ele precisava de conselho ou apoio, especialmente assuntos que diziam respeito ao relacionamento com os romanos.

[51] É importante observar que Marcos não apresenta os fariseus com um papel ativo nas últimas ações contra Jesus, nem faz das discussões sobre o sábado ou sobre a Lei parte das acusações contra ele. A oposição letal vem da parte das autoridades do templo.

[52] Para Marcos, Jesus é deveras ambas as coisas, mas não segundo o modo hostil e descrente pretendido pelos dois interrogadores. Por isso é que ele responde acrescentando a expressão corretiva "Filho do Homem", em 14,62, e "Tu o dizes", em 15,2.

soldados romanos. Rejeitado por todos, Jesus é entregue por Pilatos aos soldados romanos para ser crucificado.

Crucifixão, morte e sepultamento (Mc 15,20b-47). Antes da crucifixão, a caminho do lugar chamado Gólgota, Marcos realça a ajuda prestada por Simão de Cirene e, depois da morte de Jesus na cruz, a dispensada por José de Arimatéia — ironicamente, os únicos que lhe prestam assistência são aqueles que, quanto sabemos por Marcos, não tiveram nenhum contato prévio com ele. Os detalhes da crucifixão mencionados por Marcos evocam as descrição veterotestamentárias do justo sofredor: por exemplo, o vinho, com mirra, no começo; o vinagre, no final (Pr 31,6-7; Sl 69,22); e a divisão das vestes (Sl 22,19). Três períodos de tempo são indicados: a terceira, a sexta e a nona hora (9 horas da manhã; meio-dia; 3 horas da tarde), com um colorido crescentemente trágico. No primeiro período, atribui-se um papel a três grupos junto à cruz de Jesus: passantes, sumos sacerdotes e escribas, criminosos crucificados. Todos zombam dele, reavivando os temas do julgamento judaico (destruição do santuário, identificação como o Messias). No segundo período, trevas recobrem toda a terra. No terceiro período, Jesus fala do alto da cruz uma única vez. Marcos começa a narração da paixão de Jesus em 14,36 com a oração em aramaico transcrito e em grego — "Abba (Pai), [...] afasta de mim este cálice" — e conclui em 15,34 com outra oração, citando em aramaico e em grego as palavras desesperadas do Sl 22,2: *"Eloi, Eloi, lemá sabachtáni [...] Deus meu, Deus meu, por que me abandonaste?"*[53] Sentido-se abandonado e não ousando apelar para o termo intimamente familiar "Pai", Jesus reduz seu apelo a uma forma comum a todos os seres humanos: "Deus meu". E nenhuma resposta é dada antes que Jesus morra. Contudo, num despertar do torpor, no momento em que ele expira, Deus o vinga no teor dos exatos tópicos do julgamento judaico: o véu que demarcava o santuário do templo se rasga, privando de santidade o lugar, enquanto um gentio reconhece a verdade que o sumo sacerdote não pôde aceitar: "Verdadeiramente este homem era filho de Deus".

De acordo com a narrativa, mulheres que tinham servido a Jesus na Galiléia e acompanharam-no até Jerusalém observam a morte de Jesus a distância. Como

---

[53] Muitos comentadores acentuam que se trata do início de um salmo que se alonga por trinta versículos e é concluído com um tom positivo. Isso não faz justiça ao fato de que a linha mais pessimista do salmo é que vem citada, e não uma triunfante. Cf. ROBBINS, V. K. FGN 2.1175-1181.

também viram o lugar onde Jesus foi sepultado, elas servem de ligação importante entre a morte e a descoberta do túmulo vazio, que revela a ressurreição.[54] O sepultamento é feito por José de Arimatéia, um piedoso membro do Sinédrio; provavelmente, querendo observar a lei, segundo a qual o corpo de alguém suspenso num madeiro não poderia permanecer ali durante a noite.

O túmulo vazio e a ressurreição (Mc 16,1-8). O corpo de Jesus foi sepultado às pressas; assim, nas primeiras horas da manhã do domingo, depois do repouso sabático, as mulheres compram perfumes para ungi-lo. A dramática questão retórica acerca da remoção da pedra sublinha a intervenção divina na cena: o túmulo está aberto; um jovem que, quase com certeza, deve ser identificado com um anjo está lá, mas o corpo de Jesus não. A sonora proclamação: "Ressuscitou [...], ele vos precede na Galiléia. Lá o vereis" representa o triunfo do Filho do Homem predito três vezes por Jesus (Mc 8,31; 9,31; 10,34).[55] A reação das mulheres em Mc 16,8 é surpreendente. Desobedecendo à ordem do jovem de contar aos discípulos e a Pedro, elas fogem e, com medo, nada contam a ninguém.[56] A teologia de Marcos é consistente: nem mesmo uma proclamação da ressurreição produz a fé, a não ser que o ouvinte tenha encontrado pessoalmente o sofrimento e tenha carregado a cruz.

4. Um final que descreve aparições do ressuscitado acrescentado por um copista posterior (Mc 16,9-20). O que acabei de escrever é a opinião da maioria: o evangelho original terminava em Mc 16,8. Contudo, existem estudiosos que argumentam fortemente a favor de um final perdido (A última folha de um códice que se desprendeu?), afirmando que Marcos certamente teria narrado a aparição na Galiléia, prometida em 16,7 (como o faz Mt 28,16-20). A proclamação de uma boa-nova (um evangelho) que termina com as mulheres "nada dizendo a ninguém, porque

---

[54] Com exceção de Lc 8,2, Maria Madalena é mencionada somente nos episódios da crucifixão, do sepultamento e do túmulo vazio. Cf. capítulo 9, n. 33.

[55] A tentativa de considerar Mc 16,7 não a referência a uma aparição do Jesus ressuscitado na Galiléia, mas a uma parusia é muito forçada, especialmente por causa dessas três predições. As aparições do ressuscitado destinam-se a uma audiência restrita, ao passo que a parusia confinada aos discípulos e a Pedro é ininteligível. Além do mais, isso implicaria que, ao descrever uma aparição na Galiléia, ou Mateus não entendeu Marcos, ou discordou deste.

[56] Danove, P. L. *The end of Mark's story*; a methodological study. Leiden, Brill, 1993.

tinham medo" (cf. Mc 16,8) é perturbadora.[57] O problema foi percebido na Antigüidade, pois manuscritos de Marcos testemunham três finais diferentes acrescentados por copistas, presumivelmente numa tentativa de corrigir a aspereza de Mc 16,8.

O final mais bem atestado, discutido aqui, é chamado de Apêndice Marcano ou Final Mais Longo, e vem impresso como parte do texto de Marcos em muitas Bíblias.[58] O texto narra três aparições de Jesus ressuscitado (a Maria Madalena, a dois discípulos no campo e aos onze que se achavam à mesa) e a ascensão. Não obstante as origens tardias desse apêndice, o leitor comum de hoje pode lê-lo como seqüência de Mc 16,1-8. As mulheres estavam com medo de falar em Mc 16,8; agora, porém, a aparição de Jesus a Maria Madalena desperta-lhe a fé. Ela partilha a novidade com os discípulos de Jesus, mas eles não lhe dão crédito. Contudo, quando Jesus aparece a dois deles, estes atingem a fé e contam aos demais, que se recusam a crer. Por fim, Jesus aparece aos onze, repreende-lhes a incredulidade e os envia por todo o mundo a proclamar o evangelho: "Aquele que crer e for batizado será salvo". Os três exemplos dos que erroneamente não creram, com base nas palavras dos outros, pretendem admoestar aqueles que deveriam crer na palavra dos discípulos. O apêndice termina com a alentadora nota sobre a cooperação do Senhor com os discípulos missionários e a confirmação deles por meio de sinais miraculosos.

---

[57] Esse, porém, pode ser um fim em suspenso, no qual se espera que os leitores completem a história com base em leves insinuações no texto. Assim, Marcos estaria comunicando uma reunião pós-ressurreição sem narrá-la. Cf. MAGNESS, J. L. *Sense and absence*. Atlanta, Scholars, 1986. (Semai Studies.) Os oponentes afirmam que essa é uma solução interessante, mas que supõe considerável sutileza.

[58] FARMER, W. R. *The last twelve verses of Mark*. Cambridge, Cambridge Univ., 1974. (SNTSMS, 25.) O Concílio de Trento declarou Mc 16,9-20 como Escritura canônica; os católicos romanos, porém, não são obrigados a acreditar que o texto foi escrito por Marcos. O material assemelha-se a relatos da ressurreição encontrados em Mateus, em Lucas e em Atos (e talvez em João [para Maria Madalena]), mas ninguém sabe se o copista que o compôs serviu-se diretamente daqueles evangelhos ou simplesmente de tradições parecidas. Os "sinais" prometidos em Mc 16,17-18 assemelham-se aos milagres narrados nos Atos.

Fontes

Quaisquer que tenham sido suas fontes, Marcos[59] foi um verdadeiro autor que criou um todo eficaz. Como mostramos, o evangelho tem um plano geral que prepara, na primeira parte, a primeira predição da paixão, feita na segunda parte. Uma referência, na conclusão da primeira parte (Mc 8,18-21), reúne as duas multiplicações de pães a fim de enfatizar a incompreensão dos discípulos. Os dois julgamentos de Jesus são cuidadosamente postos em paralelo. As profecias de Jesus sobre os discípulos cumprem-se à meia altura da narrativa da paixão, e os temas vindos à tona de permeio (julgamento judaico) são completados no final, quando Jesus morre. Algo dessa disposição pode ter provindo das fontes, mas grande parte provavelmente proveio do próprio Marcos. Sua autoria, portanto, mostra-se no modo como dispôs o material, conectou as histórias, escolheu os detalhes a ser narrados e os assuntos realçados. Consistiu também na criação total de parábolas, ou de milagres, ou de outras histórias até agora ausentes na tradição de Jesus? Os estudiosos discutem essa questão, mas a resposta depende, obviamente, da natureza e da extensão das fontes marcanas e de nossa habilidade em reconstruí-las. Aqui estão algumas das hipóteses:

Fontes ainda existentes alheias a Marcos. O *Evangelho Secreto de Marcos* foi proposto como uma fonte para Marcos, e uma versão abreviada do *Evangelho de Pedro* como uma fonte para a paixão em Marcos. Essa teoria requer um grande esforço de imaginação e tem poucos seguidores. (Os leitores interessados nela são convidados a ler as críticas listadas no capítulo 6, nn. 20 e 21.) Alguns estudiosos acreditam que Marcos conhecia Q e dela se serviu;[60] mas, dado que, por definição, Q consiste em material partilhado por Mateus e Lucas, não encontrado em Marcos, essa tese praticamente ultrapassa nossa verificação.

Blocos de material preservados em Marcos. Grande número de peritos argumenta que havia uma narrativa (ou narrativas) da paixão escrita, pré-marcana, que pode ser detectata em Marcos. Infelizmente, a reconstrução difere amplamente.

---

[59] Usaremos esse nome para o evangelista, embora não possamos saber sua identidade, conforme se tornará mais claro adiante.

[60] Como, por exemplo, B. H. Throckmorton (JBL 67, 319-329, 1948), J. P. Brown (JBL 80, 29-33, 1961) e J. Lambrecht (NTS 38, 357-384, 1992). Cf. a rejeição dessa teoria por F. Neirynck, em ETL72, 41-74, 1996.

Em BDM 2.1492-1524, M. Soards analisa 35 opiniões de estudiosos sobre a paixão pré-marcana, e dificilmente se acha um versículo que possa ser atribuído ao mesmo tipo de fonte ou tradição. Os que pensam que João escreveu independentemente de Marcos servem-se da harmonia existente entre os dois evangelhos como uma lista de material pré-evangélico da paixão, mas tal concordância não oferece o fraseado de um relato consecutivo. A probabilidade de que possa ter havido um relato pré-marcano da paixão não afasta a dúvida real a respeito da eficácia da metodologia de que dispomos para reconstruí-lo com exatidão ou por inteiro.

Fontes para blocos menores de material têm sido também propostas. Por exemplo, discute-se se Marcos tirou de uma fonte as cinco controvérsias de 2,1–3,6.[61] Para as parábolas de Mc 4,1-34, existe uma fonte (ou até mesmo uma fonte oral e outra escrita) largamente proposta.[62] Quanto aos milagres marcanos, existem inúmeras teorias. Por exemplo, P. J. Achtemeier acredita que dois ciclos foram conjugados,[63] compondo-se cada um de um milagre realizado no mar, três curas e uma multiplicação de pães (respectivamente em Mc 4,35–6,44 e 6,45–8,26), entre os quais Marcos teria interpolado um bloco de material (respectivamente em 6,1-33 e 7,1-23). Da mesma forma, muito se tem discutido se um apocalipse pré-marcano subjaz a Mc 13 (ver n. 46).

Por que existe tanto desacordo na detecção das fontes escritas pré-marcanas? Na raiz do problema jazem dúvidas sobre a aplicabilidade dos critérios empregados para determinar a contribuição marcana para a(s) fonte(s) (não mais existentes) que ele usou.[64] Por exemplo, têm aparecido cuidadosos estudos sobre estilo, vocabulário e sintaxe marcanos, que são muito úteis, na discussão do problema

---

[61] M. J. Cook (*Mark's treatment of the Jewish leaders*, Leiden, Brill, 1978) isola três fontes escritas diferentes, das quais o autor tirou suas narrativas das controvérsias de Jesus; cf. também J. D. G. Dunn, em NTS 30, 395-415, 1984. Contudo, J. Dewey (JBL 92, 394-401, 1973 — reimpresso em TIM 141-151) alega que o próprio Marcos juntou unidades independentes em 2,1–3,6 empregando um esquema quiástico no qual a primeira é paralela à quinta, e a segunda, à quarta.

[62] PARKIN, V. IBS 8, 179-182, 1986. Em JBL 108, 613-634, 1989, P. Sellew faz distinção entre cenas didáticas tiradas de tradição pré-marcana e aquelas compostas por Marcos.

[63] JBL 89, 265-291, 1970. Para outras análises das cadeias ou seqüências de milagres, cf. L. E. Keck, JBL 84, 341-358, 1965; T. A. Burkill, JBL 87, 409-417, 1968.

[64] Cf. o acurado estudo de C. C. Black, The quest of Mark the redactor (JSNT 33, 19-39, 1988) e os caps. 7-8 de seu *Disciples according to Mark* (Sheffield, JSOT, 1989). De modo particular, é preciso ter cuidado para não colocar Marcos numa relação dialética com suas supostas fontes.

sinótico, para distinguir o texto de Marcos do de Mateus e de Lucas.[65] É bem mais difícil usar com acerto a informação obtida com tais estudos no reconhecimento das supostas fontes de Marcos. O estilo dessas fontes diferia do de Marcos? Não é inconcebível que Marcos tenha adquirido seu estilo religioso de escrever de uma fonte que ele considerava autorizada (e até mesmo sagrada) o bastante para ser usada, exatamente como alguns pregadores modernos, consciente ou inconscientemente, colhem de uma tradução em língua portuguesa da Bíblia o fraseado e estilo de sua oratória. Se o estilo da fonte era diferente do de Marcos, este o teria copiado servilmente, possibilitando-nos assim distingui-lo de seus próprios acréscimos? Ou, depois de ter lido a fonte, ele teria reescrito o conteúdo segundo seu estilo peculiar? A última técnica tornaria virtualmente impossível fazer uma distinção entre o que ele absorveu e o que ele criou.

Apela-se muitas vezes para os conectivos (costuras) como um guia para o que é marcano e para o que é pré-marcano; contudo, eles não constituem uma indicação tão satisfatória quanto muitos julgam. Examinando Marcos (ou qualquer dos evangelhos), percebe-se que certa seqüência fica truncada porque, num ponto específico, a transição de uma seção a outra é pobre. Se o material em cada um dos lados dessa "costura" é algo dissonante, pode-se deduzir que a aspereza não provém de uma pobreza de redação, mas da junção de dois materiais que não tinham a mesma origem. Aqui, porém, surge a dúvida. Foi Marcos quem fez a junção ou a desajeitada união já se encontrava na fonte? A juntura é deveras imprópria ou a inabilidade surge aos olhos do espectador, que julga com base em uma perspectiva que jamais ocorreu ao evangelista? (Cf., para alguns exemplos, J. C. Meagher, *Clumsy construction in Mark's Gospel* [Construção desalinhavada no evangelho de Marcos], Toronto, Mellen, 1979.) Sobre esse ponto, é preciso reconhecer que o texto atual, considerado desconexo, era coerente para o escritor/redator final, quer o tenha copiado ou composto.

Mais uma vez, a presença de material com estilos diferentes em Marcos é utilizada como critério para distinguir a composição marcana das fontes reputadas. Mas esse critério também comporta riscos. Teria Marcos mudado deliberadamente de estilo segundo o que estava a descrever? Se Marcos não era

---

[65] F. Neirynck (*Duality in Mark*, rev. ed., Leuven, Leuven Univ., 1988, BETL, 31) revela um consistente esquema de dualidade em todo o texto de Marcos.

sempre consistente, a presença de estilos diferentes não é um guia seguro para a discriminação entre o pré-marcano e o marcano. Ademais, ao apreciar o estilo, precisamos levar em conta a forte influência da oralidade em Marcos. A tradição sobre Jesus foi proclamada oralmente durante décadas e, mesmo quando foi posta por escrito, a influência oral continuou. Alguns, como W. H. Kelber (ver capítulo 6, n. 27), enxergam uma clara cisão entre oralidade e textualidade em Marcos, o primeiro evangelho escrito. Contudo, os modelos de oralidade de Kelber são tirados de uma sociedade pré-literária, ao passo que Jesus e aqueles que o anunciaram viveram um judaísmo cujo paradigma para a preservação da Palavra de Deus era a Escritura, e, portanto, num contexto religioso em que oralidade e textualidade eram combinadas.[66] E. Best (*Mark, the Gospel as atory* [Marcos, o evangelho como narrativa], Edinburgh, Clark, 1983) insiste que há uma forte continuidade entre a tradição oral e a escrita em Marcos. Com efeito, sinais de oralidade são evidentes no escrito marcano, como J. Dewey mostrou convincentemente.[67] A oralidade manifesta-se não somente naquilo que Marcos aproveitou, mas no modo segundo o qual ele o apresenta. Num contexto em que oralidade e textualidade se misturavam, Marcos teria sido sempre coerente no modo de tratar sua(s) suposta(s) fonte(s) ou teria algumas vezes copiado e reescrito, especialmente nos casos em que juntava material provindo de um contexto oral com outro proveniente de um contexto escrito? Tal possibilidade enfraquece os argumentos em favor de fontes baseadas em diferentes estilos no evangelho de Marcos.

Essas dificuldades não foram mencionadas para desprezar o intensivo estudo dedicado à detecção das fontes marcanas, mas elas realmente chamam a atenção para a imprecisão dos resultados. A importância dessa observação tornar-se-á aparente na próxima subseção.

---

[66] L. W. Hurtado (JSNT 40, 15-32, esp. 16-17, 1990) chama a atenção para modelos que combinavam oralidade e textualidade no mundo greco-romano; cf. também ACHTEMEIER, P. J. JBL 109, 3-27, 1990; SCHOLES, R. & KELLOG, R. *The nature of narrative*. New York, Oxford, 1966, esp. pp. 1-56.

[67] *Interpretation* 43, 32-44, 1989; CBQ 53, 221-236, 1991. Isso é sustentado também por T. P. Haverly em sua tese doutoral, *Oral traditional narrative and the composition of Mark's Gospel* (Edinburgh, Edinburgh Univ., 1983); ver também SELLEW, P. NTS 36, 234-267, 1990; BRYAN, C. A. *A preface to Mark*. Oxford, Oxford Univ., 1993, esp. pp. 67-151. Acerca da narrativa marcana como discurso e efeito de releitura, cf. MALBON, E. S. JBL 112, 211-230, 1993.

Como interpretar Marcos

Marcos tem sido interpretado de diversos modos. Parte da variedade provém dos diferentes métodos de interpretação empregados. Cf. Bibliografia deste capítulo: tais métodos estão exemplificados por capítulos no livro de Anderson e Moore, mas, de forma mais extensiva, por livros inteiros dedicados à crítica da redação, à crítica da resposta do leitor, às formas de estruturalismo, à crítica narrativa, à crítica sociorretórica e à crítica sociopolítica.[68] Já se afirmou que Marcos, no todo ou em parte, tem origem na liturgia, por apresentar, por exemplo, lições para ser lidas na igreja (Carrington), uma liturgia batismal pascal (jovem com um traje branco no Domingo de Páscoa em Mc 16,5) e a oração das horas da Sexta-feira Santa (Mc 14,17-15,42: um dia interrompido pelas indicações marcanas dos intervalos de três horas). Para G. C. Bilezikian (*The liberated Gospel*; a comparison of the Gospel of Mark and Greek tragedy [O evangelho liberto; uma comparação entre o evangelho de Marcos e a tragédia grega], Grand Rapids, Baker, 1977), Marcos foi produzido segundo o modelo clássico da tragédia grega e V. K. Robbins (*Jesus the teacher*; a socio-rhetorical interpretation of Mark [Jesus, o mestre; uma interpretação sociorretórica de Marcos], Philadelphia, Fortress, 1984) compara o evangelho aos relatos de Xenofontes sobre Sócrates, ou seja, a biografia de um mestre que angariava discípulos. Humphrey vê a personificação veterotestamentária da Sabedoria, especialmente na Sabedoria de Salomão, como o padrão orientador. Os leitores podem enriquecer-se com essas abordagens (ou com o fato de discordar delas), mas seja-me permitido concentrar-me aqui em problemas específicos que os estudiosos encontraram (ou criaram) ao interpretar Marcos, muitas vezes refletidos em interpretações radicalmente diferentes.

Algumas vezes encontram-se problemas na versão atual do evangelho, de modo especial em passagens enigmáticas. Estas incluem: o propósito aparentemente negativo de Jesus ao dirigir-se em parábolas aos de fora (Mc 4,11-12: a fim de que não possam entender, converter-se e ser perdoados); o simbolismo do jovem que foge nu (Mc 14,51-52); e o brusco final em que as mulheres não transmitem a notícia de que Jesus ressuscitou nem dizem a Pedro e aos discípulos que

---

[68] Cf. Davidsen, Fowler, Hamerton-Kelly, Heil, Myers, Robbins, Tolbert e Waetjen na Bibliografia; ver também o capítulo 2.

eles devem ir para a Galiléia (Mc 16,8). No entanto, tais passagens difíceis não são insuperáveis nem numerosas demais.

Além desses, podem-se citar problemas especiais realçados nas diversas interrupções do evangelho. Em 1901, o estudioso alemão W. Wrede[69] propôs sua teoria de que um segredo acerca do Messias é fator importante em Marcos: embora seja o Messias (ou Filho de Deus), Jesus oculta esse fato e ordena aos discípulos que não revelem suas curas milagrosas a outros, resultando daí que apenas os demônios reconhecem sua identidade. Wrede considerava esse quadro historicamente improvável. O segredo messiânico tinha sido inventado (mesmo antes de Marcos, mas tornado central por ele) para facilitar a proclamação de Jesus como o Messias utilizando tradições primitivas que não eram messiânicas. A tese de Wrede teve ampla aceitação na Alemanha e tornou-se um fator-chave na demonstração de que Marcos é uma composição altamente teológica, mais do que um relato basicamente histórico. Contudo, existem objeções a essa tese. Embora Marcos seja uma obra claramente teológica, é possível argumentar que a cristologia remonta aos mais antigos níveis e até mesmo ao próprio Jesus (cf. BINTC 73-80). O segredo marcano (considerado por muitos um exagero de Wrede) pode ter suas raízes na rejeição histórica por Jesus de algumas aspirações messiânicas de seu tempo e na falta de uma linguagem teologicamente desenvolvida para expressar sua identidade. Em todo caso e por várias razões, provavelmente, a maioria dos peritos não mais pensa que o segredo messiânico seja um tema-chave na interpretação de Marcos.

Por causa da reputação de F. Kermode como crítico literário, sua crítica narrativa de Marcos[70] tem recebido muita atenção. Escrevendo sem muito apreço pela crítica bíblica, Kermode acentua a obscuridade de Marcos, que, em meio a momentos de clareza, permanece basicamente um mistério, assim como as parábolas que excluem arbitrariamente do reino os leitores. Deixando de lado as críticas ao livro de Kermode, se ele entendeu a exegese ou se não substituiu ciência

---

[69] *The messianic secret*, London, Clarke, 1971. Cf. também BLEVINS, J. L. *The messianic secret in Markan research 1901-1976*. Washington, Univ. Press of America, 1981; TUCKETT, C. M. (ed.). *The messianic secret*. Philadelphia, Fortress, 1983; RÄISÄNEN, H. *The "messianic secret" in Mark's Gospel*. Edinburgh, Clark, 1990.

[70] *The Genesis of secrecy*, Cambridge, MA, Harvard, 1979. Cf. a revisão feita por J. R. Donahue, em CBQ 43, 472-473, 1981, e a importante crítica de J. Marcus, em JBL 103, 557-574, 1984.

por arte, pode-se objetar que ele isolou o escrito marcano de sua cristologia fundamental. Os temas da desobediência, queda, incompreensão e escuridão são importantes em Marcos; mas a morte de Jesus na cruz, que é o momento mais obscuro do evangelho, não é o fim. O poder de Deus irrompe, e um estranho, como o centurião romano, não está excluído, pois compreende. Não importa quão confusas as mulheres ficaram junto ao túmulo; os leitores não ficam na incerteza: Cristo ressuscitou e pôde ser visto.

Outros problemas de interepretação baseiam-se em pressuposições acerca daquilo que precedeu Marcos. Desde o começo, vale a pena sublinhar duas precauções (elas reaparecerão nas observações a seguir). Primeira: a maioria dos estudiosos acredita que Mateus e Lucas se serviram de Marcos e de Q, mas as fontes de Marcos e de João são muito mais hipotéticas. A reconstrução da teologia dessas fontes, das quais não dispomos (como se uma fonte representasse o pensamento total daqueles que a escreveram/ouviram), é duplamente hipotético. Por conseguinte, avaliar a teologia marcana e a joanina com base em mudanças corretivas efetuadas no que foi conservado dessas fontes é triplamente hipotético. Segunda: os comentadores também usam as supostas alterações para compor a história da comunidade marcana e/ou a intenção de Marcos ao corrigir outros grupos de cristãos. Os quatro evangelistas, quer estivessem em contato ativo com os judeus, quer não estivessem, condenam hostilmente o erro destes ao não reconhecer Jesus como o Messias. Dos evangelhos, porém, apenas João (6,61-66; 12,42) critica especificamente grupos de crentes em Jesus cuja fé considera inadequada; dessa forma, é legítimo ler João como se tivesse sido escrito, ao menos em parte, como um corretivo para outros cristãos. Não existe tal crítica exacerbada em Marcos, e interpretá-lo de forma semelhante é extrapolar consideravelmente o texto. Aqui vão alguns exemplos:[71]

1. Se Marcos conhecia o *Evangelho Secreto de Marcos*, o *Evangelho de Pedro* e/ou alguns dos apócrifos gnósticos, e corrigiu-os/rejeitou-os, pode ter apoiado uma cristologia mais sólida e crível, contra as opiniões extravagantemente imaginativas, exóticas (e até mesmo eróticas) sobre Cristo, que eram mais originais. Por exemplo, teoricamente Marcos teria omitido a afirmação de que Jesus

---

[71] Deve-se acrescentar que algumas dessas interpretações de Marcos têm o efeito de apoiar práticas sociais ou religiosas modernas.

não sentiu dor alguma na cruz (*Evangelho de Pedro*), ou a imagem de um gigantesco Jesus ressuscitado, seguido de uma cruz que caminhava e falava (*Evangelho de Pedro*), ou a cena na qual Jesus comeu e passou a noite com um jovem, virtualmente nu, que ele havia ressuscitado dos mortos (*Evangelho Secreto de Marcos*). Marcos, ao referir-se aos Doze e ao afirmar que as mulheres não falaram sobre a ressurreição, pode defender um cristianismo masculino, autoritário, contra um cristianismo carismático, no qual as mulheres tinham papel igual e recebiam revelações pós-ressurreição (evangelhos gnósticos). Embora peritos como Crossan e H. Koester suponham dependência de Marcos em relação a obras apócrifas, as evidências são tão fracas que tal hipótese é rejeitada pela maioria dos estudiosos. Sem imputar nenhuma intencionalidade, pode-se perguntar se tal interpretação implicitamente não despreza um cristianismo confessional que considera Marcos normativo para a fé.

2. Se Marcos usou uma coleção de milagres pré-evangélica, pode ter rejeitado a consideração de Jesus como um *theios anēr* ("homem divino") em tal fonte.[72] (Em um comentário geral sobre os milagres, T. J. Weeden[73] declara que a cristologia do *theios anēr* prevalecia entre os membros da comunidade destinatária de Marcos, e que eles associavam-na com os discípulos de Jesus; Marcos escreve para desacreditar os discípulos e a miraculosa cristologia sem sofrimento associada a eles.) Além do caráter hipotético de tal fonte de milagres e do uso corretivo que Marcos faz dela, existem os problemas em relação à existência de uma ideologia do *theios anēr* em circulação *(pp. 153 e 175)*, se os ciclos veterotestamentários dos milagres de Elias e de Eliseu não oferecem uma melhor analogia para os milagres do evangelho do que os alegados feitos dos milagreiros

---

[72] Cf. *p. 153*, e os artigos de Keck e Burkill, citados na n. 63. Ver, também, ACHTEMEIER, P. J. JBL 91, 198-221, 1972; *Interpretation* 26, 174-197, 1972; BETZ, O. *Studies in New Testament and early christian literature*. Leiden, Brill, 1972. pp. 229-240. (A. Wikgren Festschrift.)

[73] ZNW 59, 145-158, 1968 (reeditado em TIM 89-104); cf. também PERRIN, N. Towards and interpretation of the Gospel of Mark. In: BETZ, H. D. (ed.). Christology and a modern pilgrimages. Claremont, CA, New Testament Colloquium, 1971. pp. 1-78. (e JR 51, 173-187, 1971, reeditado em TIM 125-140). Certo número de estudiosos liga uma imagem marcana hostil em relação aos discípulos com hostilidade à eclesiologia errônea (dinástica, elitista: E. Trocmé [*The formation of the Gospel according to Mark*, Philadelphia, Westminster, 1975]), à escatologia equivocada (espera da parusia em Jerusalém: W. H. Kelber [*Mark's story of Jesus*, Philadelphia, Fortress, 1979]), ou à Igreja de Jerusalém, que se enganava quanto à cristologia (defendia Jesus como um Messias régio: J. B. Tyson, JBL 80, 261-268, 1961).

helênicos e se a teoria do corretivo ao milagreiro não é um reflexo do ceticismo moderno ante qualquer imagem de Jesus como taumaturgo. Se se aceita a possibilidade de milagres (curas, ressuscitação de mortos, multiplicação de pães etc.), uma fonte na qual Jesus os operava revesti-lo-ia de poderes sobrenaturais. (No evangelho, somente os descrentes atribuem seu poder a Beelzebu, ao passo que uma fonte cristã atribuí-los-ia ao alto *status* de Jesus ou à relação pessoal deste com Deus.) Marcos não comporta nenhum sinal de ceticismo sobre a realidade das *dynameis*, ou obras poderosas de Jesus.[74] No entanto, o evangelho pode ser visto como uma crítica a dois modos de ver os milagres. O Jesus marcano recusa-se abertamente a operar milagres para exibir-se ou provar seus poderes; implicitamente, a imagem dele como um homem que realiza obras portentosas vem combinada à de um mestre que tem autoridade e à de alguém que sofre. Assim, se Marcos usou uma fonte que considerava Jesus apenas um taumaturgo triunfante ou alguém que fez uma demonstração inútil de poder sobrenatural, corrigiu tal fonte. Quanto aos discípulos, E. Best[75] declara, de forma persuasiva, que a descrição que Marcos faz da falha deles tencionava funcionar como um exemplo pastoral para os receptores que tinham também tropeçado, e não apenas como uma polêmica contra um falso posicionamento. Os leitores devem reconhecer-se nos discípulos.

3. Se Marcos fez uso de uma coleção de parábolas pré-evangélica, talvez em tal fonte Jesus fosse apenas um mestre andarilho, semelhante a um sofista, a desafiar os costumes ordinários da época. Marcos teria, então, imposto uma cristologia à fonte, combinando-a com outro material que apresentava Jesus como Messias e Filho de Deus. Essa opinião é, de certa forma, uma derivação da teoria de Wrede sobre o segredo marcano, combinada, porém, com teses acerca da prio-

---

[74] Não existe nenhuma discussão em Marcos sobre se Jesus recebeu o poder de operar milagres em um determinado momento de sua existência; portanto, a tese de que a fonte apresenta Jesus como um ser humano comum, a quem Deus elevou ao conceder-lhe repentinamente poderes sobrenaturais, é pura especulação.

[75] *Following Jesus*; discipleship in the Gospel of Mark. Sheffield Univ., 1981. (JSNTSup, 4.) Para J. R. Donahue (*The theology and setting of discipleship in the Gospel of Mark*, Milwaukee, Marquette Univ., 1983), Marcos apresenta as implicações do discipulado para as Igrejas destinatárias, enfatizando o serviço contra uma tendência de institucionalização autoritária. Cf. também W. Shiner, *Follow Me! Disciples in the Markan Rhetoric* (Atlanta, Scholars, 1995), e a discussão levantada por E. S. Malbon, em *Semeia* 62, 81-102, 1993.

ridade de Q e da visão de Cristo na comunidade de Q *(pp. 198-200 e 1068)*. Mais uma vez, porém, estágios não-cristológicos pré-marcanos do cristianismo são puramente hipotéticos e carentes de dados suficientes.

Embora muitos estudiosos famosos do NT construam análises do pensamento marcano com base na correção de supostas fontes, a incerteza da reconstrução de fontes torna suas análises muito discutíveis. Ademais, mesmo quando Marcos critica certo padrão de pensamento — por exemplo, uma cristologia sem sofrimento —, o modelo defeituoso poderia ser simplesmente uma tendência cristã geral, sem que existisse uma fonte específica do evangelho ou mesmo um grupo determinado de cristãos que a apoiasse.

Ler o evangelho com base na impressão inicial.[76] Pode parecer ingênuo, mas, por questões práticas, eu aconselho aos leitores que iniciam o estudo de Marcos ignorar as pressuposições eruditas baseadas em controvérsias detectadas em fontes, bem como as teorias propositadamente obscuras. Eles entenderão melhor Marcos por meio de uma leitura superficial. De modo particular, a probabilidade de que tanto Mateus quanto Lucas basearam-se em Marcos pode significar que a cristologia deste era largamente ensinada.[77] Deixem-me apresentar uma breve descrição da história marcana básica que emerge de uma leitura superficial, deixando que os vários títulos cristológicos de Jesus (Filho do Homem, Messias, Filho de Deus) colorizem-se mutuamente, de forma harmoniosa.[78]

Cumprindo as profecias de Isaías, João Batista anuncia uma nova ação divina para libertar o povo de Deus. Uma voz celeste, fazendo eco ao Sl 2, informa aos leitores, desde o início, que Jesus é o único Filho de Deus. A fim de inaugurar

---

[76] Gundry (*Mark*, Grand Rapids, Eerdmans, 1993, p. 1) elenca uma maravilhosa lista de 25 "nada de", rejeitando pressuposições na interpretação de Marcos: "Nada de cifras, nada de significados ocultos [...] nada de inimigos eclesiásticos [...] nada de adivinhação envolta em mistério, em um enigma". Como não sabemos se tais fatores existiram ou não, o melhor é ler Marcos sem eles: "O significado de Marcos está na superfície".

[77] C. R. Kazmierski, *Jesus the Son of God* (Würzburg, Echter, 1979), afirma que Marcos conservou tradições sobre o Filho de Deus que recebera de um ensinamento anterior; ele não procurou corrigir aquela cristologia com as afirmações sobre o Filho do Homem, nem modelou sua cristologia corrigindo falsas visões em suas fontes. Cole (*Mark*, TNTC, 2. ed. 1989, p. 12) adverte contra a elaboração de teorias complexas do messianismo cristão primitivo não baseadas em Marcos. Cf. também KINGSBURY, J. D. *The christology of Mark's Gospel*. Philadelphia, Fortress, 1983.

[78] Cf. ACHTEMEIER, P. J. *Mark*, ABD 4.551-553, 556.

o reino ou senhorio de Deus neste mundo, Cristo tem o poder de ensinar e de perfazer ações que ultrapassam toda expectativa. Contudo, ele é provado e contradito por Satanás ou pelos demônios que já detêm o controle — uma prefiguração do desfecho da história na paixão. As curas de Jesus, o apaziguamento da tempestade, a saciação dos famintos e o perdão dos pecados, tudo é demonstração de que o mal está sendo vencido; no entanto, os demônios resistem a essa invasão de seu território pelo reino de Deus. Outra resistência é oferecida por aqueles que rejeitam o ensinamento de Jesus e desafiam seu poder, uma repulsa verbalizada de modo particular pelos fariseus e escribas. Finalmente, a oposição se reflete no fato de aqueles que chegaram a aceitar e seguir Jesus não o compreenderam. Eles têm suas próprias idéias acerca do reino: este deveria ser marcado por sucesso triunfal imediato e domínio sobre os outros, à moda dos reis deste mundo. Jesus procura mostrar a seus seguidores que os valores de Deus são diferentes: aqueles que não têm poder estão mais abertos ao reino de Deus do que os poderosos, e não existe nada mais eficaz do que o sofrimento para fazer alguém reconhecer a necessidade de Deus. Contudo, por volta da metade do evangelho, torna-se claro que Jesus não está tendo êxito, de forma que ele começa a proclamar que terá de sofrer e morrer. (Ainda que Jesus preanuncie sua ressurreição, suas palavras em Mc 13 mostram que o fim não virá imediatamente, e que seus discípulos não serão poupados da perseguição e do desfalecimento.) Os discípulos ainda não compreendem, e todos falham quando Jesus é preso. É abandonado em sua paixão, condenado injustamente pelo sumo sacerdote de seu povo e pelo governador romano, e insultado por todos. Nem mesmo Deus parece escutá-lo; e, no entanto, no justo momento em que atinge as profundidades do sofrimento na morte, Deus o vinga, mostrando que era verdade o que Jesus dissera. Ele é ressuscitado dos mortos, com a indicação de que seus discípulos o verão na Galiléia. No lugar aonde eles foram pela primeira vez para segui-lo, segui-lo-ão de novo, mas depois de começar a aprender a lição do sofrimento.

Quando Marcos escreveu, Jesus já estava sendo anunciado como o Cristo havia muitas décadas. A fim de apreciar a contribuição que esse primeiríssimo relato escrito conservado deu à herança cristã, podemos perguntar-nos o que saberíamos sobre Jesus se dispuséssemos apenas das cartas de Paulo. Teríamos uma magnífica teologia a respeito daquilo que Deus realizou em Cristo, mas Jesus ficaria praticamente sem um rosto. Marcos teve a honra de pintar esse "rosto" e torná-lo parte de uma boa-nova duradoura.

Autoria

Se retrocedermos no tempo, perceberemos que o título "Evangelho segundo Marcos" foi acrescentado a esse escrito por volta do fim do século II (ou talvez mais cedo; cf. M. Hengel, *Studies in the Gospel of Mark* [Estudos sobre o evangelho de Marcos], Philadelphia, Fortress, 1985, pp. 64-84). Em meados do século II, Justino (*Trifo* 106.3) refere-se às "memórias de Pedro", que trariam uma passagem encontrada apenas em Mc 3,16-17. Eusébio (HE 3.39.15-16) narra uma tradição do início do século II a respeito de Marcos e Mateus, a qual Papias recebera do "ancião":[79]

> Marcos, tornando-se o intérprete/tradutor de Pedro, escreveu acuradamente, mas não em ordem, tudo o que recordava daquilo que foi dito ou feito pelo Senhor. É que ele nem ouvira nem seguira o Senhor; mais tarde, porém (como já disse), ele seguiu Pedro, que costumava adaptar suas instruções às necessidades [do momento ou da audiência], mas não com a intenção de elaborar um relato metódico dos ditos [*logia*] do Senhor. Conseqüentemente, Marcos não cometeu erro nenhum ao escrever assim algumas coisas tais como delas se lembrava, pois o fizera com o propósito de não omitir nada do que ouvira, nem afirmar nada que aí fosse falso.
>
> Tais coisas Papias realmente contou a respeito de Marcos; sobre Mateus, porém, ele disse o seguinte:
>
> Agora Mateus dispôs ordenadamente os ditos [*logia*] em língua hebraica [= aramaica?], e cada um interpretava/traduzia conforme era capaz.

Deixando de lado, por um momento, o valor histórico da tradição de Papias, perguntemo-nos sobre o Marcos de quem ele fala. O nome Marcos (em grego, *Markos*, do latim *Marcus*) não era incomum (por ex., Marco Antônio), e isso ajuda a complicar as referências neotestamentárias a alguém assim chamado. O livro dos Atos traz informações sobre um homem por três vezes chamado de "João, cujo sobrenome era Marcos", mas apenas uma vez (At 15,39) simplesmente de "Mar-

---

[79] A idéia de ancião (*presbyteros*) em Papias será explicada na p. 539. A porção mateana da mencionada tradição será discutida no próximo capítulo. Para diferentes opiniões acerca dessa tradição: KÜMMEL, W. G. *Introduction to the New Testament*. Nashville, Abingdon, 1986. pp. 95-97; TURNER, H. E. W. ExpTim 71, 260-263, 1959-1960; Hengel, op. cit., pp. 47-50. De forma mais geral, BLACK, C. C. *Mark; images of an apostolic interpreter*. Columbia, Univ. of S. Carolina, 1994.

cos", associado a Pedro, Paulo e Barnabé.[80] Em Fm 24, uma inquestionável carta autêntica, enviada entre 55 e 63, Paulo menciona Marcos como um colaborador que estivera com ele no lugar de onde escreve (talvez de Roma, mais provavelmente Éfeso), durante a "terceira viagem missionária". Cl 4,10, que pressupõe a mesma situação que Filêmon e pode ser dependente deste, cria a imagem de tal Marcos: é o primo de Barnabé.[81] 1Pd 5,13, escrita em Roma, identifica Marcos como "filho" de Pedro, que se encontra com ele lá. Em 2Tm 4,11, quando Paulo cogita morrer na prisão (em Roma?), pede que Marcos seja levado até ele, "pois me é útil no ministério". É possível reunir tudo isso no quadro compósito de um João chamado Marcos: era conhecido de Pedro, em Jerusalém; foi subseqüentemente companheiro de Paulo, mas se desentendeu com este no período de 46-50; depois de alguns anos, Marcos reconciliou-se com o apóstolo e, mais uma vez, tornou-se um companheiro, indo finalmente a Roma, nos anos 60, onde se tornou útil tanto a Paulo quanto a Pedro antes do martírio desses.

O mais provável é que a tradição de Papias referia-se a esse (João) Marcos como aquele que escreveu o que foi dito e feito pelo Senhor. Até que ponto essa tradição é plausível? Por um lado, se Papias deveras obteve-a do ancião, estaríamos lidando com uma tradição formada nas poucas décadas do escrito. Se alguém estava inventando uma tradição acerca da autoria, por que atribuir o evangelho a uma figura menor do cristianismo? Por outro lado, o conteúdo do evangelho oferece pouca base para o quadro de Papias e deixa margem a muitas dúvidas. O fato de ser, em Marcos, o mais importante dos Doze e quase o representante deles, não significa necessariamente que Pedro era a fonte do evangelho. Paulo, em Gálatas

---

[80] De acordo com At 12,12, ao ser libertado da prisão, por volta de 42-43 d.C., Pedro foi para a casa de Maria, mãe desse homem, em Jerusalém. (Presumivelmente, então, João Marcos era um hierosolimitano, a menos que devamos pensar que ele e sua mãe tinham ido de Chipre para Jerusalém com o primo Barnabé.) Barnabé e Saulo voltaram de Jerusalém para Antioquia, por volta do ano 40, com João Marcos (At 12,25) e levaram-no com eles durante a "primeira viagem missionária" (mais ou menos em 46?); quando foram para a Ásia Menor (At 13,4.13), porém, ele deixou-os e voltou para Jerusalém. No início da "segunda viagem missionária", partindo de Antioquia, por volta do ano 50, Barnabé queria convocar João Marcos de novo; no entanto, por causa de seu comportamento anterior, Paulo recusou-se e levou Silas no lugar dele. Barnabé levou Marcos consigo para Chipre (At 15,36-40).

[81] Essa informação torna bem provável que o Marcos de Colossenses seja o mesmo João, chamado Marcos, ainda que nenhum escrito paulino identifique-o com o nome de "João". Existe grande possibilidade, porém, de que Colossenses seja pseudo-epigráfica, escrita nos anos 80, quando os cristãos começaram a identificar Marcos, mencionado em Filêmon, com João Marcos, com quem (segundo os Atos) Paulo recusou-se a viajar.

e 1 Coríntios, deixa entrever impressão semelhante de Pedro, de modo que sua importância era simplesmente um fato. É difícil conciliar a idéia de o autor desse evangelho grego ser João Marcos, um judeu de Jerusalém (presumivelmente de língua aramaica), que se tornara bem cedo cristão, com a impressão de que o texto não seja uma tradução do aramaico,[82] que dependa de tradições (e talvez fontes já elaboradas) recebidas em grego e que seja confuso em relação à geografia da Palestina.[83] (A tentativa de provar que Marcos usou teologicamente a geografia, não se importando, portanto, com a exatidão, parece forçada.) Se tais considerações não se encaixam no João Marcos do NT e se alguém deseja dar alguma credibilidade à tradição de Papias, pode especular que uma tradição anterior atribuiu o evangelho a outro cristão, desconhecido, chamado Marcos, que subseqüentemente foi amalgamado com João Marcos.

Teria o relacionamento de (João) Marcos com Pedro em Atos e em 1 Pedro originado a tradição de Papias de que o evangelista Marcos recorreu a Pedro? É importante fazer algumas distinções na afirmação de Papias. O fato de Marcos ser designado "intérprete" não significa necessariamente que Pedro falava aramaico e que aquele traduzia as palavras deste para o grego; podia significar que Marcos reescrevia o ensinamento de Pedro.[84] Papias declara que Marcos não foi uma testemunha ocular, mas dependia do anúncio e impunha seu próprio esquema àquilo que escrevia — tudo o que pudesse combinar com os dados internos do evangelho sobre o evangelista. Contudo, a relação íntima e imediata entre o

---

[82] O autor fornece a tradução de algumas palavras aramaicas. Estaria apenas preservando o significado de termos que teriam chegado até ele na tradição de Jesus? (cf. Cole, op. cit., pp. 59-60). O número proporcionalmente alto de palavras aramaicas convence Hengel do contrário: o autor "era um judeu-cristão de língua grega que também entendia o aramaico" (op. cit., p. 46).

[83] Mc 5,1.13 é impreciso em relação à distância de Gerasa ao Mar da Galiléia (ver n. 17). Mc 7,31 descreve uma viagem de Tiro, passando por Sidônia, para o Mar da Galiléia, situado na Decápole. A rigor, vai-se do sudeste de Tiro para o Mar da Galiléia; Sidônia está ao norte de Tiro, e a descrição do Mar da Galiléia na região da Decápole é desconexa. Que um barco aproado rumo a Betsaida (na costa nordeste do Mar da Galiléia) chegue a Genesaré (lado noroeste: Mc 6,45.53) pode assinalar também confusão. Ninguém jamais conseguiu localizar a Dalmanuta de Mc 8,10, que pode ser uma corruptela de Magdala. Ao considerar indicações confusas como critério de procedência, é preciso admitir, porém, que até mesmo os nativos de um lugar às vezes não têm clareza quanto à geografia.

[84] Contudo, o uso que Papias faz da mesma terminologia para referir-se a Mateus pode acenar para a probabilidade de uma tradução: Pedro falava aramaico; Marcos, que escrevia em grego, traduziu-o. Mateus escreveu em hebraico/aramaico, e cabia a cada um pessoalmente traduzi-lo para o grego.

evangelista e Pedro (uma testemunha ocular), afirmada por Papias, oferece dificuldades, pois alguns relatos de palavras e feitos de Jesus em Marcos parecem secundários nos relatos de Q e dos outros evangelhos. Se alguém, mais uma vez, quiser atribuir a Papias ao menos uma credibilidade limitada, pode considerar "Pedro" uma figura arquetípica, identificada com a tradição apostólica de Jerusalém e com uma pregação que harmonizava os ensinamentos, as obras e a paixão de Jesus.[85] (A observação da crítica das formas, que detecta diferentes tipos de ditos, parábolas, narrativas, controvérsias etc., não seria, em Marcos, nenhum obstáculo a essa abordagem, pois estes teriam sido elaborados durante a pregação.) *Papias poderia, portanto, contar de modo dramatizado e simples que Marcos, em seu texto sobre Jesus, reorganizou e reescreveu um conteúdo derivado de um padrão de ensinamento que era considerado apostólico.* Isso poderia explicar duas posições freqüentemente mantidas sobre o relacionamento dos evangelhos: primeira, o evangelho de Marcos foi tão bem aceito no decorrer de uma década que foi conhecido e aprovado como um guia por Mateus e Lucas, que escreviam em áreas diferentes; segunda, João poderia ser independente de Marcos e mesmo assim assemelhar-se a ele no esquema e em algum conteúdo. Alguns chegam a descartar totalmente a tradição de Papias, mas a possibilidade apenas aventada pode fazer alguma justiça ao fato de que tradições antigas muitas vezes contêm elementos de verdade em uma formulação confusa.

Ambiente ou comunidade implícita[86]

Dispomos de dados sobre o lugar de ou para onde o evangelho foi escrito (ou ambos, se o autor viveu entre os destinatários)? Alguns defensores da crítica literária argumentam que a audiência implícita no texto do evangelho pode não ter sido o público histórico que de fato recebeu o evangelho. Mesmo sem essa tese

---

[85] Várias passagens em Paulo indicam que, historicamente, Pedro era conhecido como um evangelizador e, talvez, uma fonte de tradição acerca de Jesus (uma combinação de 1Cor 15,3.5.11; uma interpretação de Gl 1,18). O livro dos Atos personifica Pedro como *o* evangelizador da comunidade de Jerusalém. O livro ecumênico PNT defende a idéia de que, após sua morte, Pedro tornou-se uma figura idealizada para certas funções na Igreja. 2Pd 1,13-19 compõe a imagem de Pedro como o preservador da memória apostólica.

[86] DONAHUE, J. R. FGN 2.819-834; CBQ 57, 1-26, 1995; BOTHA, P. J. J. JSNT 51, 27-55, 1993.

(que tornaria impossível a detecção do ambiente destinatário real), os dados internos não nos dizem se estamos nos ocupando com a visão do autor, ou com a dos destinatários, ou com ambas. Essa dificuldade é a razão pela qual usei a palavra neutra "implícita" no título desta subseção.

Por volta do final do século II, Clemente de Alexandria (HE 6.14.6) cita Roma como o lugar onde Marcos escreveu o evangelho, uma tese defendida por amplo número de estudiosos.[87] Contudo, como havia forte tradição segundo a qual Pedro teria sido martirizado em Roma, a antiga proposição pode ter sido uma decorrência imaginativa da conexão que Papias fez entre Marcos e Pedro. Julga-se que vários fatores internos apontam Roma com o local. A presença de palavras helenizadas, em Marcos, derivadas do latim, e de expressões que refletem a gramática latina pode indicar um ambiente onde se falava o latim.[88] Embora muitos dos latinismos, que são palavras do comércio e da vida militar, pudessem ser encontrados em qualquer lugar do Império Romano, Hengel (op. cit., p. 29) afirma que a descrição da mulher como grega e siro-fenícia em Mc 7,26 equivale a usos lingüísticos do Ocidente (e assim, possivelmente, de Roma). Argumenta-se também que a moeda chamada *kodrantēs* (latim: *quadrans*) em Mc 12,42 não circulava no Oriente. Além disso, detectaram-se paralelos entre Marcos e a carta de Paulo aos Romanos. Por exemplo: "Assim, ele declarava puros todos os alimentos", de Mc 7,19, assemelha-se a Rm 14,14: "Eu sei e estou convencido no Senhor Jesus que nada é impuro em si. Alguma coisa só é impura para quem a considera impura". A forte ênfase na incapacidade dos discípulos de compreender e em sua fuga no momento em que Jesus foi preso tem levado a pensar que Marcos se dirigiu a uma comunidade que foi perseguida e sucumbiu. Talvez tenha sido uma perseguição romana, pois Mc 10,42 critica asperamente aqueles que governam os gentios e detêm o domínio sobre eles. Não obstante os cristãos fossem atormentados em diversos lugares, sabe-se que apenas a comunidade cristã

---

[87] Cf. ORCHARD, B. FGN 2.779-800; ELLIS, E. E. FGN 2.801-816; Hengel, op. cit., p. 28; SENIOR, D. P. BTB 17, 10-20, 1987; BLACK, C. C. ExpTim 105, 36-40, 1993-1994. Posteriormente, na Antigüidade, a tradição de que Marcos tornou-se bispo de Alexandria conduziu à sugestão de que o evangelho fora escrito ali. *O Evangelho Secreto de Marcos* é tido como representante de acréscimos feitos em Alexandria aos "Atos do Senhor" que Marcos levou para Roma.

[88] Por exemplo, *Legiōn* ("legião") em Mc 5,9.15; *dēnarion* ("denário") em Mc 6,37; 12,15; 14,5; *kentyriōn* ("centurião") em Mc 15,39; *hodon poiein* em Mc 2,23, que substitui *iter facere* ("seguir caminho"); *to hikanon poiēsai* em 15,15, equivalente a *satisfacere* ("tornar suficiente, satisfazer").

da capital padeceu mais dura perseguição romana antes de 70 d.C., ou seja, sob Nero. Durante aquela perseguição, tanto *I Clemente* 5,2-7 (referência à inveja) quanto Tácito (*Anais* 15,44: "as revelações deles") acenam para a fraqueza e para a traição entre cristãos.

Outros situam os destinatários de Marcos mais perto da Palestina, na Síria ou ao norte da Transjordânia. Se Mateus e Lucas foram escritos na região de Antioquia (especulação duvidosa!), o conhecimento independente que cada um tinha de Marcos poderia ser explicado se este tivesse sido escrito nos arredores. H. Kee (*Community of the new age*; studies in Mark's Gospel [Comunidade da nova era; estudos sobre o evangelho de Marcos], Macon, GA, Mercer), encontra indicações ao sul da Síria nas referências a Tiro e Sidônia em Mc 3,8 e, especialmente, em Mc 7,24.31.[89] A Galiléia é outra possibilidade. Uma tese associada ao nome de E. Lohmeyer e continuada por B. H. Lightfoot e W. Marxsen aponta para um contraste entre a Galiléia e Jerusalém em Marcos, de forma que o futuro da comunidade crente está na Galiléia como a terra prometida da salvação (Mc 16,7), ou como um símbolo do mundo gentio (embora, em rigor, a Galiléia fosse fortemente judaica e nacionalista). W. Kelber acredita que os profetas da Igreja de Jerusalém aguardavam a parusia que iria trazer proteção contra os romanos; contudo, depois da destruição de Jerusalém, Marcos foi escrito como uma polêmica cristã galiléia contra a equivocada visão cristã hierosolimitana. Mais simplesmente, porém, o fato de Jesus ter partido da Galiléia pode explicar o interesse de Marcos por aquela área. Ainda que a Galiléia fosse um fator na composição de Marcos, seria provavelmente muito mais o lugar *no qual* o evangelho foi escrito do que o lugar *para o qual* foi escrito. Termos aramaicos são traduzidos como se o público-alvo não conhecesse aquela língua (Mc 3,17; 7,34; 10,46; 15,22.34) e, dificilmente, isso aconteceria na Galiléia. Da mesma forma, o autor não teria de explicar rituais judaicos básicos de purificação (Mc 7,3-4) para uma maioria de galileus.

A aceitação de que não podemos conhecer exatamente o lugar ao qual Marcos se dirige deixa-nos livres para concentrar-nos naquilo que pode ser desco-

---

[89] Cf. também Mack, B. L. *A myth of innocence*; Mark and Christian origins. Philadelphia, Fortress, 1988. pp. 315-318. As cidades da Decápole, a área helênica da Palestina e a Transjordânia têm sido propostas. Ver Marcus, J. JBL III, 441-462, 1992; Rohrbaugh, R. I. *Interpretation* 47, 380-395, 1993; BTD 23, 114-127, 1993.

berto a respeito dos destinatários com base em uma leitura cuidadosa de Marcos, não importa onde eles tenham vivido. *Resumindo*, no todo ou em parte, o públicoalvo do evangelho é formado por pessoas de língua grega que não conheciam o aramaico. O autor, ou os ouvintes, ou ambos viviam numa área onde o latim era usado e tinha influenciado o vocabulário grego. Em grande parte, os receptores não eram judeus, uma vez que o autor tinha de explicar-lhes os costumes judaicos de purificação.[90] Contudo, ele poderia presumir que eles estariam acostumados com termos provenientes do judaísmo (Satanás, Beelzebu, geena, rabi, hosana e amém), de modo que provavelmente eram cristãos que tinham sido convertidos por evangelizadores familiarizados direta ou indiretamente com a tradição judaico-cristã. Com maior probabilidade, eles tinham ouvido muita coisa a respeito de Jesus antes que o evangelho de Marcos lhes fosse lido.[91] Teologicamente, os ouvintes mantinham uma exacerbada expectativa de uma iminente parusia (daí a razão de Mc 13), provavelmente atiçada pela perseguição que tinham sofrido e durante a qual um número considerável havia sucumbido.

Data da redação

Aqueles que dão crédito à tradição de Papias acreditam que Marcos escreveu pouco antes ou pouco depois da morte de Pedro; portanto, em meados ou fins dos anos 60.[92] Internamente, tal datação pressupõe basear-se na ausência, em Marcos, de qualquer conhecimento dos detalhes da primeira revolta judaica contra Roma em 66-70 d.C., e de menção à queda de Jerusalém. Alguns, que sugerem uma data pós-70 para Marcos, perguntam-se se muitas pessoas fora da Palestina conheciam detalhes da revolta e se a queda de Jerusalém garantia menção simbólica em um evangelho antes que fosse considerada castigo de Deus por causa do que acontecera a Jesus. Contudo, a atenção que Josefo e os apocalipses judaicos dão à queda e destruição do templo de Jerusalém conduz outros a objetar

---

[90] Outros detalhes judaicos em Marcos seriam amplamente conhecidos pelos de fora: que os judeus observam o sábado, que freqüentam a sinagoga, que não comem carne de porco (Mc 5,1-20).

[91] Por exemplo, Mc 15,1 não precisa identificar Pilatos para eles; Mc 15,21 sugere que eles conheciam Alexandre e Rufo, filhos de Simão Cireneu. Provavelmente eles sabiam quem eram os fariseus e os escribas muito mais por meio de tradições sobre Jesus do que por contato pessoal com aquelas personagens.

[92] Hengel (op. cit., pp. 21-28) data a atmosfera de Mc 13 no período posterior ao suicídio de Nero — especificamente em 69 d.C., quando três imperadores perderam a vida.

que cristãos de raízes judaicas dificilmente poderiam ignorar o simbolismo desses fatos depois que tivessem acontecido.[93]

Quanto a um período após o qual não é provável que Marcos tenha sido escrito, as relações sinóticas constituem um argumento. Se Marcos foi usado independentemente por Mateus e Lucas, e se estes foram escritos nos anos 80 ou início dos anos 90, como o julga a maioria dos estudiosos, uma data posterior a 75 parece improvável.[94]

O outro extremo do espectro é mais problemático, pois não há como saber com certeza antes de que período Marcos foi escrito. Isso permanece verdadeiro não obstante a reivindicação de J. O'Callaghan, em 1972, de ter encontrado algumas palavras de Mc 6,52-53 num fragmento de papiro grego (7Q5) de Qumrã (MMM), datado paleograficamente de entre 50 a.C. e 50 d.C. (subtraindo-se ou acrescentando-se vinte e cinco anos). Tal identificação pode fazer supor que o evangelho já circulava havia uma década ou mais antes da destruição da comunidade de Qumrã em 68. Poucos estudiosos estão de acordo,[95] e a maioria supõe que o avan-

---

[93] Mt 22,7 e Lc 21,20 são considerados mais exatos do que Marcos com respeito à destruição de Jerusalém. Durante a paixão de Jesus, Mt 27,25 e Lc 23,28 admoestam o populacho de Jerusalém para o castigo reservado aos "filhos" (próxima geração). No entanto, as referências são feitas apenas por meio de alusões. É muito difícil explicar a falha das obras do NT ao não fazer menção detalhada e específica à destruição de Jerusalém e do templo. J. A. T. Robinson (*Redating the New Testament*, London, SCM, 1976) usou esse elemento de forma integral, para simplesmente datar a maior parte do NT antes do ano 70 d.C.; não devemos, porém, presumir que dispomos de resposta satisfatória.

[94] H. Koester (History and development of Mark's Gospel, in *Colloquy on New Testament studies*, ed. B. Corley, Macon, GA, Mercer, 1983, pp. 54-57) apela para a falta de citações de Marcos em escritores eclesiásticos extra-NT antigos para argumentar, de forma não-convencional, que o final de Marcos pode provir do fim do século II, embora ele defenda que uma forma mais antiga de Marcos, ligada ao *Evangelho Secreto de Marcos*, seria anterior a Mateus e Lucas, e dela foram eliminadas as seções consideradas inapropriadas.

[95] C. P. Thiede defende tal opinião em *The earliest Gospel manuscript?* (Exeter, Paternoster, 1992); da mesma forma (com M. D'Ancona) em *Eyewitness to Jesus* (New York, Doubleday, 1996). Em primeiro lugar, porém, a coleção exclusivamente grega da Gruta 7 de Qumrã pode não ter vindo de um membro da comunidade dos MMM. De fato, relativamente poucos fragmentos gregos têm sido encontrados nas outras grutas, e estavam misturados a grande número de manuscritos hebraicos e aramaicos. Teoricamente, é possível que um cristão tenha vindo a Qumrã durante o tempo em que o local foi destruído, e usou a Gruta 7 para guardar um manuscrito. Em segundo lugar, existem sérios problemas com a identificação de Marcos. Todos os demais manuscritos antigos do evangelho, em papiro, de que se tem conhecimento provêm de códices. 7Q5 provém de um rolo. Traz apenas umas dez letras gregas completas, em quatro linhas, com apenas uma palavra completa (*kai*, "e"). Para que seja de Marcos, deverá estar faltando uma frase grega ("para a região") em Mc 6,52-53, encontrada em todos os outros manuscritos gregos e versões antigas. Thiede argumenta que, se for admitida a leitura (altamente discutida) de letras

çado estado da tradição grega de Jesus em Marcos indica que muitas décadas haviam passado desde o tempo de Jesus. Portanto, existe amplo consenso entre os estudiosos de que Marcos foi escrito no final dos anos 60 ou logo após o ano 70.

Temas e problemas para reflexão

1. Conforme explicado no capítulo 6, esta *Introdução* trabalha com a tese de que Mateus e Lucas utilizaram Marcos. Contudo, durante muitos séculos, a opinião predominante foi a tese agostiniana de que Marcos era pouco mais do que um resumo de Mateus, e, recentemente, tem-se dado atenção à hipótese (modificada) de Griesbach, de acordo com a qual Marcos bebeu em Mateus e Lucas (ver *p. 189*). É instrutivo considerar as conseqüências teológicas de defender a dependência de Marcos em relação aos demais sinóticos. Por exemplo, Marcos teria omitido a Oração do Senhor e as quatro bem-aventuranças sobre as quais Mateus e Lucas estão de acordo. Quanto à cristologia, se Marcos foi escrito depois de Mateus e dele se utilizou, num período em que o título de "Deus" para Jesus tornava-se mais comum, Mc 10,17-18 teria complicado Mt 19,16-17, introduzindo gratuitamente uma objeção a que se desse a Jesus um título que pertencia a Deus somente. Mc 6,5 teria introduzido a idéia de que Jesus não pôde realizar milagres em Nazaré, mudando a afirmação de Mt 13,58, de que ele não realizou nenhum. Alguns dizem que a prioridade mateana e a dependência marcana confirmam posicionamentos católicos romanos tradicionais, mas a apresentação marcana de Maria e de Pedro torna-se tanto mais difícil se o evangelista tinha conhecimento de Mateus e/ou de Lucas. Marcos teria intencionalmente omitido as narrativas da infância contidas em Mateus e Lucas, e até os detalhes sobre os quais existe consenso entre eles, como o fato de Maria ter concebido Jesus por intermédio do Espírito Santo. Marcos teria conscientemente acrescentado dois itens ausentes em Mateus e Lucas, relativos à Maria, a saber, que a própria família de Jesus pensava que ele "estivesse fora de si" (cf. Mc 3,19b-21) e que ele não era honrado por seus próprios parentes (Mc 6,4). Com respeito à visão marcana

---

gregas incompletas, pode-se demonstrar, por computador, que a combinação dessas vinte letras em cinco linhas, em toda a literatura grega conhecida, existe apenas em Marcos. Obviamente, porém, 7Q5 pode provir de uma composição grega até agora desconhecida. Ver a resposta de G. N. Stanton, em *Gospel Truth?* (Valley Forge, PA, Trinity, 1995, pp. 20-29). Em terceiro lugar, datação tão antiga não provaria que o evangelho foi escrito por João Marcos nem que é história literal, como o querem alguns.

de Pedro e dos apóstolos, Marcos teria voluntariamente subtraído Mt 16,16-19, que faz de Pedro a rocha sobre a qual a Igreja estava construída, e Lc 22,31-34, que narra a ocasião em que Pedro fortalece seus irmãos depois de sua própria queda. (Conquanto Mateus e Lucas não compartilhem essas passagens, dificilmente Marcos não teria notado o impacto da omissão de passagens tão importantes.) Marcos teria livremente deixado de mencionar a promessa de Jesus aos discípulos em Mt 19,28 e em Lc 22,29-30, segundo a qual eles sentar-se-iam em tronos para julgar as doze tribos de Israel. Mc 4,38 teria tornado os discípulos mais grosseiros em relação a Jesus do que o eram em Mt 8,25. Utilizando um livro contendo os evangelhos em colunas paralelas, os leitores são convidados a confrontar outros exemplos do pensamento marcano e do procedimento da hipótese de Griesbach.

2. Deixando de lado o problema levantado no item 1 e assumindo Marcos por seus próprios méritos, note-se que certo número de exegetas interpreta esse evangelho como um ataque contra os apóstolos, a ponto de, depois da falha deles durante a paixão, jamais terem sido redimidos (também *pp. 220 e 241*). Quando se percorre o evangelho, porém, justifica-se tal interpretação negativa? A constante incompreensão deles não é simplesmente o tropeçar humano do qual todos podem ser culpados? Jesus realmente os abandona mesmo quando sabe que eles vacilarão? Será que Mc 14,28 e 16,7 não despertam a confiança de que Jesus lhes devolveria o papel que tinha em mente quando os enviou em missão em Mc 6,7-13?[96] (Alguns estudiosos negam que essas passagem representam acréscimos de Marcos a uma fonte anterior, afirmando que elas pertencem ao evangelho tal qual chegou até nós.)

3. Se dispuséssemos apenas de Marcos, e não de Mateus, não teríamos a colorida narrativa da infância, com Herodes e os magos, o Sermão da Montanha, a Oração do Senhor, a fundação da Igreja sobre Pedro e alguns elementos mais pitorescos na paixão (p. ex., o suicídio de Judas). Se tivéssemos apenas Marcos, e não Lucas, faltar-nos-ia o tocante quadro de Maria na narrativa da infância, a história dos pastores, algumas das mais lindas parábolas (o Bom Samaritano, o

---

[96] Na verdade, Marcos termina em 16,8 sem dizer-nos se os discípulos realmente foram para a Galiléia para ver o ressuscitado, mas aos leitores cabe concluir a história (ver *p. 231*). Sobre a hipótese de que os discípulos não foram rejeitados, cf. R. C. Tannehill, JR 57, 386-405, 1997, reeditado em TIM 169-195.

Filho Pródigo) e cenas deveras comoventes na paixão (a cura da orelha do servo, as mulheres de Jerusalém no caminho da cruz, o "Bom Ladrão"). Essa constatação de carência, por vezes, tem levado a uma avaliação de Marcos como um primo pobre dos outros evangelhos sinóticos. A título de correção, um exercício útil seria ler Marcos inteiramente, excluindo todo o conhecimento de Jesus proveniente dos outros evangelhos, e considerar quão rica é a imagem de Jesus que ele oferece (ver cf. *p. 243*).

4. Na narrativa marcana da paixão, os sumos sacerdotes, juntamente com os escribas e anciãos, conspiram contra Jesus, reúnem-se como um Sinédrio buscando testemunho que o possa levar à morte, condenam-no como digno de morte, cospem-lhe a face, açoitam-no e zombam dele, acusam-no ante Pilatos, agitam a multidão para que exija sua morte e, mais uma vez, escarnecem dele quando pende da cruz. Alguns intérpretes vêem isso como uma imagem criada para promover o antijudaísmo. Tal avaliação carece de fundamento. Obviamente a narrativa da paixão dramatizou os acontecimentos, mas é bastante provável que as autoridades judaicas do templo e do Sinédrio estivessem seriamente envolvidas na morte de Jesus e o tivessem entregue aos romanos, que o executaram. Essa probabilidade é sustentada pela afirmação de Paulo, no ínterim dos vinte anos da morte de Jesus, de que houve participação judaica na morte de Jesus (1Ts 2,14-16), pelo testemunho do historiador judeu do século I, Flávio Josefo, de que Pilatos condenou Jesus à cruz "por indiciação dos homens do primeiro escalão entre nós" (*Ant.* 18.3.3, #64) e pela prova paralela confirmante das ações empreendidas contra outros judeus em Jerusalém, nos anos 60, que foram ora entregues pelos chefes judeus, após uma surra (Jesus, filho de Ananias), ao procurador romano para ser executados, ora, durante a ausência do prefeito romano, executados diretamente pelo sumo sacerdote, que convocara um Sinédrio (Tiago, irmão de Jesus).[97]

Na imagem cristã daquilo que foi feito a Jesus, não havia inicialmente nada antijudaico na descrição do papel das autoridades judaicas em sua morte, pois ele e seus discípulos, de um lado, e as autoridades do Sinédrio de Jerusalém, do outro, eram todos judeus. A descrição daqueles judeus que se opuseram a

---

[97] Tudo isso está detalhadamente exposto em BDM 1.364-368, 372-383, 539-541. Sobre o tema antijudaísmo, cf. BDM 1.383-397.

Jesus como quem tramava o mal não era diferente da figuração veterotestamentária do perverso que conspirava contra o inocente. Por exemplo, em Sb 2,17-21, os maus argumentam que, se o justo é filho de Deus, Deus denfendê-lo-á; então eles decidem insultá-lo e matá-lo. Os maus-tratos e o sofrimento inflingidos a Jesus tomaram emprestadas suas cores do lamentoso hinista do Sl 22 e do Servo Sofredor de Is 52–53. Será que eram más todas as autoridades judaicas que se opunham a Jesus? Não — não mais perversos do que todos os que discordavam da política de Jeremias para Judá, seiscentos anos antes. Contudo, o relato do AT descreve-os assim, simplificando seus motivos e dramatizando suas ações. Com efeito, algumas das mais tocantes palavras na paixão de Jesus são encontradas em Jr 26.[98]

Contudo, o relato da paixão de Jesus chegou finalmente a ser "ouvido" de um modo antijudaico. Um fator decisivo foi a conversão dos gentios ao seguimento de Jesus. Às vezes, as comunidades cristãs deparavam-se com a hostilidade dos chefes da sinagoga local, e viam um paralelo entre essa agressividade e o tratamento dispensado a Jesus pelas autoridades de seu tempo. Mas, então, o problema não mais se situava em um nível intrajudaico: o outro grupo, os judeus, estava fazendo tais coisas contra nós, cristãos gentios, e foram responsáveis pela morte de Jesus. Destarte, o caso de Jesus tornou-se diferente do de Jeremias. Tanto os judeus que não aceitavam Jesus quanto os primeiros seguidores deste podiam ler a história de Jeremias como Escritura. Os chefes judeus perseguiram Jeremias; no entanto, ainda que a acusação de homicídio apareça no relato, ninguém sugeriu que o sangue de Jeremias precisava ser vingado. Ao contrário, seja para os judeus, seja para os cristãos, Jeremias era um eminente exemplo do inocente relegado ao sofrimento pelos líderes do próprio povo de Deus; os sofrimentos do profeta ofereciam a oportunidade para um auto-exame sobre aquilo que *nós*, que nos consideramos povo de Deus, fazemos aos *nossos* profetas, àqueles que Deus suscita entre nós. Não obstante quase a mesma história ser atribuída a Jesus, a questão tornou-se emocionalmente dissímil porque os que pensavam que Jesus tinha razão, no final, formaram outra religião. Judeus e cristãos não foram capazes de dizer, nessa ocasião, que um dos *nossos*, a quem Deus ressuscitou, fora entregue ao sofrimento por *nossos* líderes. Ao contrário, os cristãos falavam

---

[98] Quando, com a autoridade de Deus, Jeremias ameaçou destruir o templo, os sacerdotes e *todo o povo* ouviram-no; então os sacerdotes e os profetas exigiram sua morte. Jeremias advertia-os de que eles estavam derramando *sangue inocente* sobre Jerusalém e seus cidadãos.

aos judeus sobre *vossos* chefes que fizeram isso a *nosso* salvador, enquanto, para os judeus (nos séculos passados), *nossos* líderes é que fizeram isso ao (falso) profeta *deles*.[99] Felizmente, as atitudes, em ambos os lados, agora estão mudando; contudo, permanece muito difícil superar a mentalidade do "nosso", "vosso" e "deles". Será útil aos leitores do NT lembrar que as coisas não eram assim quando a crucifixão estava acontecendo, nem quando a história foi configurada pela primeira vez.

Bibliografia sobre Marcos[100]

Comentários e estudos em série
ACHTEMEIER, P. J. ABD 4.541-557.
_____. ProcC, 2. ed., 1986.
ANDERSON, H. NCBC, 1976.
COLE, R. A. TNTC, 2. ed., 1989.
CRANFIELD, C. E. B. CGTC, 1959.
GUELICH, R. A. WBC, 1989, cap. 1-8.
HARE, D. R. A. WBComp, 1996.
HOOKER, M. D. BNTC, 1991.
HUNTER, A. M. TBC, 1974.
HURTADO, L. W. NIBC, 1989.
JOHNSON, S. E. BNTC, 2. ed. corrected, 1977.
JUEL, D. H. AugC, 1990.
LANE, W. L. NICNT, 1974.
MANN, C. S. AB, 1986.
MOULE, C. F. D. CCNEB, 1965.
NINEHAM, D. E. PC, 2. ed., 1968.

---

[99] Note-se que em um lugar eu falei de "vossos" e no outro de "deles". O evangelismo cristão, durante séculos, tem forçado os judeus a um debate direto sobre a crucifixão porque esse era um assunto importante para os cristãos. Os judeus não têm dado grande importância ao tema e, até tempos recentes, os escritos judaicos sobre a crucifixão serviram apenas para comentários internos (implícitos ou explícitos) sobre acusações cristãs.

[100] Os negritos indicam as obras mais importantes, de modo geral comentários. Cf. também a Bibliografia do capítulo 6 sobre o problema sinótico e a pesquisa sobre Q.

PERKINS, P. NInterpB, 1994.
TELFORD, W. R. NTG, 1996.
WILLIAMSON, L. IBC, 1983.

Bibliografias

HUMPHREY, H. M. *A bibliography for the Gospel of Mark, 1954-1980*. New York, Mellen, 1981; TIM 307-326.
MILLS, W. E. BBR, 1994.
NEIRYNCK, F. et al. *The Gospel of Mark: 1950-1990*. Leuven, 1992. (BETL.)
WAGNER, G. EBNT, 1983.

Panoramas de pesquisa

KEALY, S. P. *Mark's Gospel*; a history of its interpretation. New York, Paulist, 1982.
MARTIN, R. P. *Mark, evangelist and theologian*. Grand Rapids, Zondervan, 1973.
MATERA, F. J. *What are they saying about Mark?* New York, Paulist, 1987.
TELFORD, W. R. TIM 1-61; FGN 2.693-723. Sobre a tradição pré-marcana.

* * *

AMBROZIC, A. M. *The hidden kingdom*; a redaction-critical study of the references to the kingdom of God in Mark. Washington, CBA, 1972. (CBQMS, 2.)
ANDERSON, J. C. & MOORE, S. D. (eds.). *Mark and method*. Minneapolis, A/F, 1992.
BEST, E. *Mark*; the Gospel as story. Edinburgh, Clark, 1983. Breve estudo de temas.
_____. *The temptation and the passion*; the Markan Soteriology. 2. ed. Cambridge, Cambridge Univ., 1990. (SNTSMS, 2.)
BILEZIKIAN, G. C. *The liberated Gospel*; a comparison of the Gospel of Mark and Greek tragedy. Grand Rapids, Baker, 1977.
BROADHEAD, E. K. *Prophet, Son, Messiah*; narrative form and function in Mark 14–16. Sheffield, Academic, 1994. Cristologia. (JSNTSup, 97.)
BRYAN, C. A. *A preface to Mark*. Oxford, Oxford Univ., 1993.
CARRINGTON, P. *According to Mark*. Cambridge, Cambridge Univ., 1960.
COOK, J. G. *The structure and persuasive power of Mark*; a linguistic approach. Atlanta, Scholars, 1996.
DAVIDSEN, O. *The narrative Jesus*; a semiotic reading of Mark's Gospel. (Aarhus Univ., 1993.)

ELLIOTT, J. K. (ed.). *The language and style of Mark*. Leiden, Brill, 1993. (NovTSup, 71.) Desenvolvimento dos estudos de C. H. Turner na década de 1920.

FOWLER, R. M. *Let the reader understand*; reader-response criticism and the Gospel of Mark. Minneapolis, A/F, 1991.

GUNDRY, R. H. *Mark*. Grand Rapids, Eerdmans, 1993.

HAMERTON-KELLY, R. G. *The Gospel and the sacred*; poetics in the Gospel of Mark. Minneapolis, A/F, 1994. A mimética teoria de R. Girard.

HEIL, J. P. *The Gospel of Mark as a model for action*; a reader-response commentary. New York, Paulist, 1992. Aplicação ao leitor na seção "Action".

HENGEL, M. *Studies in the Gospel of Mark*. Philadelphia, Fortress, 1985.

HUMPHREY, H. M. *He is risen!* A new reading of Mark's Gospel. New York, Paulist, 1992. Disposição quiástica; modelo sapiencial.

JUEL, D. H. *A master of surprise*; Mark interpreted. Minneapolis, A/F, 1994.

KEE, H. C. *Community of the new age*; studies in Mark's Gospel. rev. ed. Macon, GA, Mercer, 1983.

KELBER, W. H. *Mark's story of Jesus*. Philadelphia, Fortress, 1979.

KINGSBURY, J. D. *The christology of Mark's Gospel*. Philadelphia, Fortress, 1983.

_____. *Conflict in Mark*. Minneapolis, A/F, 1989.

KINUKAWA, H. *Women and Jesus in Mark*. Maryknoll, Orbis, 1994.

KOESTER, H. History and development of Mark's Gospel. In: CORLEY, B. (ed.). *Colloquy on New Testament Studies*. Macon, GA, Mercer, 1983. pp. 35-57.

LIGHTFOOT, R. H. *The Gospel message of St. Mark*. Oxford, Clarendon, 1950.

MACK, B. L. *A myth of innocence*; Mark and Christian origins. Philadelphia, Fortress, 1988. Cética avaliação histórica.

MALBON, E. S. *Narrative space and mythic meaning in Mark*. San Francisco, Harper & Row, 1986. Análise estrutural.

MARCUS, J. *The way of the Lord*; christological exegesis of the Old Testament in the Gospel of Mark's Gospel. Louisville, W/K, 1992. Firmado no contexto do Deutero-Isaías.

MARXSEN, W. *Mark the evangelist*. Nashville, Abingdon, 1969. Crítica da redação.

MEAGHER, J. C. *Clumsy construction in Mark's Gospel*. Toronto, Mellen, 1979.

MORTON, A. Q. *The making of Mark*. Lewiston, NY, Mellen, 1995. Regularidade numérica na estrutura marcana.

MYERS, C. *Binding the strong man*; a political reading of Mark's story of Jesus. Maryknoll, Orbis, 1988. Exegese.

_____. *Who will roll away the stone?* Maryknoll, Orbis, 1994. Teologia.

PERRIN, N. Towards an interpretation of the Gospel of Mark. In: BETZ, H. D. (ed.). *Christology and a modern pilgrimage*. Claremont, CA, New Testament Colloquium, 1971. pp. 1-78.

PETERSEN, N. R. (ed.). *Perspectives on Mark's Gospel* (*Semeia* 16, 1980).

QUESNELL, Q. *The mind of Mark*. Rome, PBI, 1969. (AnBib, 38.)

RHOADS, D. M. & MITCHIE, D. *Mark as story*; an introduction to the narrative of a Gospel. Philadelphia, Fortress, 1982.

ROBBINS, V. K. *Jesus the teacher*; a socio-rhetorical interpretation of Mark. Philadelphia, Fortress, 1984.

_____. *New boundaries in old territories*; form and social rhetoric in Mark. New York, Lang, 1994.

ROBINSON, J. M. *The problem of history in Mark*. London, SCM, 1957. (SBT, 21.) Cf. também *Union Seminary Quarterly Review* 20, 131-147, 1964-1965.

SCHMID, J. *The Gospel according to Mark*. Staten Island, Alba, 1968.

SCHWEIZER, E. *The good news according to St. Mark*. Richmond, Knox, 1970.

STOCK, A. *The method and message of Mark*. Wilmington, Glazier, 1989.

TAYLOR, V. *The Gospel according to St. Mark*. 2. ed. London, Macmillan, 1966. Um clássico.

TOLBERT, M. A. *Sowing the Gospel*; Mark's world in literary-historical perspective. Minneapolis, A/F, 1989.

TROCMÉ, E. *The formation of the Gospel according to Mark*. Philadelphia, Westminster, 1975.

VAN IERSEL, B. M. F. *Reading Mark*. Collegeville, Liturgical, 1988.

VIA, D. O. *The ethics of Mark's Gospel — in the middle of time*. Philadelphia, Fortress, 1985.

WAETJEN, H. C. *A reordering of power*; a sociopolitical reading of Mark's Gospel. Minneapolis, A/F, 1989.

WEEDEN, T. J. *Mark*; traditions in conflict. Philadelphia, Fortress, 1971. Tese resumida num artigo em TIM 89-104.

WILLIAMS, J. F. *Other followers of Jesus*; minor characters as major figures in Mark's Gospel. Sheffield, JSOT, 1994. (JSNTSup, 102.)

YARBRO COLLINS, A. *The beginning of the Gospel*; probings of Mark in context. Minneapolis, A/F, 1992.

Capítulo 8

Evangelho segundo Mateus

Mateus (com cerca de 18.300 palavras em grego) é mais de 50% maior que Marcos (com cerca de 11.300 palavras). Essa extensão explica-se principalmente pelos dois capítulos prefaciadores da narrativa da infância e pelos longos sermões formados por um conjunto de ditos ausentes em Marcos. A cura do jovem servo do centurião e a do endemoninhado cego e mudo (Mt 8,5-13; 12,22-23), tiradas de Q, são as únicas histórias de milagre inteiramente não-marcanas no ministério do Jesus mateano. Por outro lado, estima-se que Mateus reproduza cerca de 80% de Marcos.

Embora os cursos modernos sobre o evangelho tendam a dedicar maior atenção a Marcos, entre os sinóticos, Mateus aparecia em primeiro lugar nos grandes códices bíblicos antigos e tem sido o evangelho da Igreja por excelência. De fato, Mateus serviu como o documento neotestamentário fundamental da Igreja, enraizando-a no ensinamento de Jesus — uma Igreja construída sobre a rocha contra a qual as portas do inferno não prevaleceriam. O Sermão da Montanha, as (oito) bem-aventuranças e a Oração do Senhor, em Mateus, estão entre os mais difusamente conhecidos tesouros da herança cristã. Habilidade e clareza organizacional, além de uma queda por imagens inesquecíveis, têm dado a esse evangelho a prioridade como instrumento do ensinamento da Igreja.

Mais uma vez, começaremos com uma "Análise geral da mensagem" apta a trazer à luz, por meio do texto do evangelho, o pensamento e a técnica do evangelista. Aqui, porém, existe um problema especial: muito do esquema narrativo mateano é paralelo ao marcano, e uma *Introdução* não dispõe de espaço, nem pode dar-se ao luxo de repeti-lo. Maior atenção terá de ser dada ao que não foi discutido no capítulo anterior. A Análise não é o lugar para uma discussão acerca das fontes de Mateus. No entanto, todos reconhecem que Mateus tem seções paralelas a

Informações básicas

DATA: 80-90, adicionando-se ou subtraindo-se uma década.

AUTOR SEGUNDO A ATRIBUIÇÃO TRADICIONAL (SÉCULO II): Mateus, cobrador de impostos entre os Doze, escreveu tanto o evangelho quanto uma coleção de ditos do Senhor em aramaico. Alguns dos que rejeitam essa hipótese acreditam que algo escrito por Mateus pode ter sido incluído no evangelho atual.

AUTOR DEDUZIDO DO CONTEÚDO: alguém que falava grego, que sabia aramaico ou hebraico, ou ambos, e que não foi testemunha ocular do ministério de Jesus, utilizou-se de Marcos e de uma coleção de ditos do Senhor (Q), bem como de outras tradições disponíveis, orais ou escritas. Um judeu-cristão, provavelmente.

AMBIENTE IMPLÍCITO: presumivelmente a região de Antioquia.

UNIDADE E INTEGRIDADE: não há nenhum motivo importante para pensar em mais de um autor nem em adições consideráveis ao que ele escreveu.

DIVISÃO

1,1–2,23: Introdução: origem e infância de Jesus, o Messias
 1. A identidade de Jesus (1,1-25)
 2. O nascimento e o destino de Jesus (2,1-23)

3,1–7,29 Primeira parte: proclamação do reino
 1. Narrativa: ministério de João Batista, batismo de Jesus, as tentações, início do ministério galileu (3,1–4,25).
 2. Discurso: Sermão da Montanha (5,1–7,29)

8,1–10,42 Segunda parte: ministério e missão na Galiléia
 1. Narrativa combinada com breve diálogo: nove milagres, que incluem curas, apaziguamento de uma tempestade, exorcismo (8,1–9,38)
 2. Discurso: Sermão da Missão (10,1-42)

11,1–13,52 Terceira parte: questionamento e oposição a Jesus
 1. Contexto narrativo para ensinamento e diálogo: Jesus e João Batista, "ais" contra os descrentes, ação de graças pela revelação, controvérsias em torno do sábado e do poder de Jesus, a família de Jesus (11,1–12,50)
 2. Discurso: sermão em parábolas (13,1-52)

13,53–18,35 Quarta parte: cristologia e eclesiologia
 1. Narrativa combinada com muito diálogo: rejeição em Nazaré, saciação de 5 mil e caminhada sobre a água, controvérsias com os fariseus, curas, saciação de 4 mil, confissão de Pedro, primeira predição da paixão, transfiguração, segunda predição da paixão (13,53–17,27)
 2. Discurso: sermão sobre a Igreja (18,1-35)

19,1–25,46 Quinta parte: viagem e ministério em Jerusalém
 1. Narrativa combinada com muito diálogo: ensinamento, parábolas de julgamento, terceira predição da paixão, entrada em Jerusalém, purificação do templo, conflito com as autoridades (19,1–23,39)
 2. Discurso: Sermão Escatológico (24,1–25,46)

26,1–28,20 Clímax: paixão, morte e ressurreição
 1. Conspiração contra Jesus, Última Ceia (26,1-29)
 2. Prisão, julgamentos judaico e romano, crucifixão, morte (26,30–27,56)
 3. Sepultamento, vigilância do túmulo, abertura do túmulo, suborno dos guardas, aparições do ressuscitado (27,57–28,20)

Marcos, bem como seções paralelas a Lucas, mas ausentes em Marcos (o material de Q, no quadro 2 do capítulo 6). Atentar para o que é semelhante e o que é diferente em tais seções pode ajudar a realçar o próprio esquema de Mateus. (Essa é uma forma de crítica da redação, discutida no capítulo 2.) Contudo, como advirto na *p. 306*, não podemos permitir-nos perder de vista a altamente eficiente narrativa de Mateus detendo-nos em detalhes comparativos. À guisa de método, permitam-me propor que os leitores percorram inteiramente uma subseção do texto do evangelho (cujos parâmetros estão indicados em negrito na Análise), às vezes breve, às vezes abrangendo vários capítulos, a fim de apreciar o fluxo da história — a admirável organização de Mateus facilita a tarefa. Destarte, minhas observações acerca da subseção, chamando a atenção para o que é especificamente mateano, serão mais proveitosas para a compreensão do pensamento de Mateus.

Depois da Análise, virão as seguintes subdivisões: Fontes e características redacionais, Autoria, Ambiente ou comunidade implícita, Data da redação, Temas e problemas para reflexão e Bibliografia.[1]

Análise geral da mensagem

Dois capítulos da narrativa da infância prefaciam o relato mateano do ministério. O ápice do evangelho é atingido na narração da paixão, morte e ressurreição, alguns aspectos da qual correspondem à narrativa da infância como uma inclusão. O relato mateano do ministério público de Jesus está situado entre a narrativa da infância e a da paixão. Notável é que tal relato obedece a um padrão de cinco longos discursos ou sermões, balizados por frases semelhantes, mas com traços diferentes.[2]

---

[1] Aqueles que desejarem prosseguir com a leitura e a pesquisa precisam apenas consultar a excelente bibliografia em W. D. Davies e D. C. Allison (*Matthew*, ICC, 1988, 1991, 1998).

[2] O esquema dos cinco discursos foi percebido na Antiguidade. O Sermão da Montanha (Mt 5,3–7,27) começa situando os discípulos sobre a montanha em Mt 5,1-2 e termina em Mt 7,28-29: "[...] ao terminar Jesus essas palavras [...]". O Sermão da Missão (Mt 10,5-42) começa apresentando os Doze em Mt 10,1-4; segue-se uma transição em Mt 11,1: "Quando Jesus acabou de dar instruções a seus doze discípulos [...]". O sermão em parábolas (Mt 13,3-52) começa em Mt 13,1-2 com Jesus sentado à beira-mar e com a multidão reunida; segue-se uma transição em Mt 13,53: "Quando Jesus acabou de contar essas parábolas [...]". O sermão sobre a Igreja (Mt 18,1-35) contém, no início, um diálogo com os discípulos; segue-se uma transição em Mt 19,1: "Quando Jesus terminou essas palavras [...]". O Sermão Escatológico (Mt 24,4–25,46) tem dupla introdução no diálogo de Mt 24,1-2 e na pergunta dos discípulos em Mt 24,3; segue-se uma transição em 26,1: "Quando Jesus terminou essas palavras todas [...]" (a palavra "todas" indica que esse é o último discurso).

A inspiração básica de todos esses discursos pode provir dos dois discursos marcanos (parábolas em Mc 4; escatologia em Mc 13). Dessa forma, o esquema mais popular divide o corpo mateano em cinco partes que se alternam entre narrativa e discurso, e, na Análise a seguir, adotarei essa proposta por ser a mais útil para uma compreensão inicial. Obviamente o esquema não é perfeito, como o indiquei no esquema Informações básicas. (É improvável que Mateus estivesse tentando fazer um paralelo com o Pentateuco de Moisés, conforme proposto na clássica apresentação de B. W. Bacon.) Embora devamos ser cautelosos ao distinguir uma divisão que corresponde aos interesses modernos da estrutura retórica própria do documento, é bastante provável que o esquema seguido represente o modo segundo o qual o evangelista procedeu, ainda que ele não tenha pensado necessariamente em uma divisão formal de sua obra de maneira tão detalhada.[3]

Introdução: origem e infância de Jesus, o Messias (1,1–2,23)[4]

A frase de abertura do evangelho — em grego: *biblos geneseōs* (Mt 1,1) — exemplifica a dificuldade em conhecer seguramente o esquema do evangelista.[5]
a) O mais provável é que signifique *"registro das gerações* [= registro de nascimento] *de Jesus Cristo"*, equivalendo à frase hebraica *sēfer tôlĕdôt* de Gn 5,1. Embora no AT essa frase seja seguida de uma lista de descendentes, em Mateus constituiria o título de uma genealogia dos ancestrais de Jesus (Mt 1,2-16 emprega

---

[3] Foram sugeridas outras divisões: DAVIES & ALLISON, op. cit., 1.58-72; SENIOR, D. P. *What are they saying about Matthew?* 2. ed. New York, Paulist, 1996. pp. 20-27; BORING, M. E. *Matthew* 110-118. NInterpB, 1994; MEIER, J. P. *Matthew*, ABD, 4.627-629. Uma divisão geográfica abrangeria a preparação pré-Galiléia (Mt 1,1–4,11), Jesus na Galiléia (Mt 4,12–18,35); Jesus na Judéia e em Jerusalém, e retorno à Galiléia (Mt 19,1–28,20). J. D. Kingsbury (*Mathew*; structure, christology, Kingdon, Philadelphia, Fortress, 1975) chamou a atenção com uma divisão tripartida: Mt 1,1–4,16 trataria de Jesus como o Messias; Mt 4,17–16,20 ocupar-se-ia com a proclamação do Messias, Jesus; e Mt 16,21–28,20 lidaria com o sofrimento, morte e ressurreição de Jesus, o Messias. (Ver também, de D. R. Bauer, *The structure of Matthew's Gospel*, Sheffield, Almond, 1988, JSNTSup 31.) Kingsbury crê que o "A partir desse momento, começou Jesus [...]" em Mt 4,17 e 16,21 são indicadores estruturais de Mateus. Contudo, existem sérias objeções: por exemplo, "E a partir disso [...]" ocorre também em Mt 26,16 e é mais plausível que a narrativa da infância seja uma unidade separada daquilo que se segue em Mt 3,1. Cf. BBM 48-50, 584; Meier, J. P. *The vision of Matthew*. New York, Paulist, 1979. pp. 56, 95.

[4] Uma exaustiva bibliografia até 1992 é apresentada para cada aspecto de Mt 1–2 em BBM.

[5] Davies e Allison (op. cit., 1.149-60) são a favor da posição *c* com elementos de *d*. J. Nolland (NTS 42, 463-471, 1996) defende *a*.

continuamente o verbo grego cognato *egennēsen*, "gerou"). b) Essa interpretação não exclui um jogo com *gênese* ("origem"), de forma que a frase inaugural em Mt 1,1, compreendida como "a história da origem", poderia encerrar todo o cap. 1, incluindo, assim, a concepção e o nascimento de Jesus Cristo. (Outros chegam a incluir o cap. 2, fazendo a frase abarcar tudo o que precedeu o início do ministério, ou até mesmo os caps. 3,1–4,16 e tudo o mais antes de Jesus começar a pregar.) c) Alguns comentadores associam o uso de *gênese* em Mt 1,1 com o título grego dado ao primeiro livro das Escrituras de Israel. Assim, para substituir Marcos — "Princípio do Evangelho de Jesus Cristo, Filho de Deus" — Mateus usaria um título para todo o seu evangelho com um amplo eco da história israelita: "Livro do Gênesis, conforme manifestado por Jesus Cristo, filho de Davi, filho de Abraão". d) Um sentido polivalente para *gênese* é possível: a frase prefacia a origem ancestral, nascimento e primórdios de Jesus, mas engloba também a visão de toda a história de Jesus como uma nova criação, até mesmo maior do que a antiga.

1. O quem e o como da identidade de Jesus (Mt 1,1-25). Esse capítulo trata da genealogia e da concepção de Jesus. A *genealogia mateana* (Mt 1,2-17) estimulou uma literatura imensa (discutida em BBM 57-95, 587-600). Não é clara a maneira como são contadas as catorze gerações em Mt 1,17, mas a impressão geral é de que Deus fez preparações matematicamente precisas para a vinda do Messias. Dado esse meticuloso cuidado, admissivelmente existe um fator comum entre as quatro mulheres veterotestamentárias mencionadas (Tamar, Raab, Rute, a mulher de Urias [Betsabéia]), talvez preparando para a experiência da comunidade cristã e/ou para Maria. As três primeiras mulheres não eram israelitas, e a quarta não era casada com um israelita. Será que esse fato nos antepassados de Jesus prepara para a aceitação do anúncio do Messias pelos não-judeus e, assim, para a comunidade de Mateus, formada por judeus e gentios? O contexto das uniões maritais das quatro mulheres com os homens mencionados na genealogia era irregular, conforme percebemos em Gn 38, Js 2, Rt 3 e 2Sm 11. No entanto, tais mulheres eram instrumentos de Deus para a continuação da linha messiânica. Isso seria uma preparação para a inaudita concepção de Maria e para sua união com José? Mais segura é a contribuição teológica de toda a genealogia: introduz na história de Jesus um extenso arco da história israelita, envolvendo os patriarcas (os primeiros catorze nomes), os reis (os catorze seguintes) e até os desconhecidos (os últimos catorze). Dessa maneira, Mateus dramatizou os motivos de Abraão e Davi encontrados alhures no NT (Gl 3,16; Rm 1,3).

A interrupção do modelo em Mt 1,16 (não "José gerou Jesus", mas "de Maria nasceu Jesus") prepara o caminho para o extraordinário modo da *concepção de Jesus* (Mt 1,18-25). Como em Lc 1, mas de modo mais claro, Maria concebe uma criança não por meio de sêmen humano, mas pelo Espírito Santo a concepção virginal (para a historicidade, cf., neste capítulo, Temas e problemas para reflexão, 4). No livro do *gênese* de Mateus, novo ato criador dá origem ao Messias, de um modo que o relaciona de maneira singular com Deus. No entanto, Jesus é também o Filho régio de Davi[6] porque José, da casa de Davi, reconhece-o como filho ao receber Maria, sua mulher, e ao dar um nome à criança. Destarte, José, um judeu zeloso e observante da Lei (Mt 1,19), torna-se o realizador do plano de Deus, que teve início há muito tempo, quando Abraão gerou Isaac. Esse primeiro capítulo de Mateus diz aos leitores *quem* Jesus é (o Messias, o único concebido do Espírito Santo, o Emanuel ou "Deus conosco") e *como* isso aconteceu.

2. O onde e o aonde do nascimento e destino de Jesus (Mt 2,1-23). Depois do nascimento de Jesus, *magos vão render homenagem ao Rei dos Judeus* (Mt 2,1-12), e *os planos de Herodes são frustrados quando José leva a família para o Egito e depois para Nazaré* (Mt 2,13-23). Os magos são gentios guiados por uma estrela (uma revelação natural para aqueles que não dispõem das Escrituras); o título "Rei dos Judeus" reaparecerá quando Jesus for crucificado, quando mais uma vez os gentios reconhecem a verdade a seu respeito (Mt 27,54), enquanto aqueles que dispõem das Escrituras e as podem ler não crêem. Herodes, "toda Jerusalém", os sumos sacerdotes e os escribas de Mt 2,3-4 — em sua perturbada reação e atentado contra a vida de Jesus (Mt 2,20: "aqueles") — antecipam Pilatos, "todo o povo", os sumos sacerdotes e os escribas da narrativa da paixão em Mateus. Em ambas as instâncias, Deus malogra os planos desses adversários hostis (mediante o retorno de Jesus do Egito e a ressurreição). O cap. 2 amplia o contexto do AT. O cap. 1 realçara o patriarca Judá, filho de Jacó/Israel, porque era um ancestral de Davi. Agora, o patriarca José, outro filho de Jacó/Israel, vem ao proscênio, porque José, pai putativo de Jesus, é modelado à sua imagem: ambos interpretam sonhos e salvam a família indo para o Egito.

---

[6] BBM 586; Bauer, D. R. CBQ 57, 306-323, 1995. Na narrativa da infância, Mateus não chama explicitamente Jesus de "Filho de Deus", embora isso esteja implícito em Mt 2,15. J. Nolland (JSNT 62, 3-12, 1996) pode estar sendo muito radical ao excluir essa cristologia de Mt 1,18-25.

A história de Moisés[7] insere-se também no quadro quando o malvado governador (faraó, Herodes) tenta matar todas as crianças do sexo masculino (dos hebreus, dos belemitas), dos quais apenas um (Moisés, Jesus) escapou e tornou-se o salvador de seu povo. Os magos contribuem para o paralelismo mosaico, pois, nas lendas judaicas do tempo de Jesus, o faraó recebera informação por meio de sábios. Portanto, quando mais tarde Moisés conduzia Israel pela Transjordânia, o malvado rei Balac ordenou a Balaão (a quem Fílon chama de um *magos*), do Oriente, que amaldiçoasse Israel, mas aquele viu surgir a estrela do rei Davi (Nm 22–24).

Finalmente, para completar sua incursão no AT, Mateus urde em sua narrativa cinco citações-fórmula dos profetas,[8] mostrando que Deus fizera uma preparação para a concepção virginal, para o nascimento do Messias em Belém, para o sofrimento de outras crianças junto à tumba de Raquel e, finalmente, para a volta do Filho de Deus do Egito e sua ida para Nazaré. Se o cap. 1 de Mateus tratou da identidade de Jesus, as citações escriturísticas ajudam o cap. 2 a explicitar *onde* foi seu nascimento e o *aonde* ou o lugar para o qual sua infância o levou. Quando os leitores terminam a narrativa da infância, dispõem de todo um contexto veterotestamentário da Lei e dos profetas. Trata-se de uma predisposição para a manifestação pública de Jesus, o Messias régio da Casa de Davi e o único Filho de Deus, que sairá da Galiléia para ser batizado por João Batista.

Primeira parte: proclamação do reino (Mt 3,1–7,29)

1. Narrativa: (3,1–4,25): *Ministério de João Batista, batismo de Jesus, tentações, início do ministério galileu.*[9] O modelo de abertura de Marcos é imitado. O surgimento de Jesus é introduzido com *João Batista* (Mt 3,1-12) pregando no deserto, conforme predissera Isaías, e batizando com água, antecipando aquele

---

[7] Para os inúmeros paralelos entre Jesus e Moisés em Mateus, cf., de D. C. Allison, *The new Moses*, Minneapolis, A/F, 1993.

[8] 1. Mt 1,23 = Is 7,14; 2. Mt 2,6 = Mq 5,1 + 2Sm 5,2; 3. Mt 2,15 = Os 11,1; 4. Mt 2,18 = Jr 31,15; 5. Mt 2,23 = Is 4,3?; Jz 16,7? O uso mateano geral de citações-fórmula ou citações de realização profética será discutido adiante, em Temas e problemas para reflexão.

[9] Aqui Mateus une-se a Marcos. Suponho que os leitores tenham lido a Análise geral de Marcos, de modo que não é necessário repetir o que foi explicado ali.

que batizaria com o Espírito Santo. Além disso, Mateus incorpora a condenação dos fariseus e saduceus, e as ameaças de destruição (Mt 3,7-12) feitas por João Batista, tiradas de Q. Agindo assim, ele torna compreensível a rejeição de João Batista a ser narrada em Mt 21,26. Esta é uma notável inserção mateana na *narração do batismo de Jesus* (Mt 3,13-17), visando tratar de um problema cristológico implícito: João Batista reconhece que Jesus, que é maior, deveria proceder ao batismo, ao passo que Jesus aceita o batismo realizado por aquele como parte do plano salvífico de Deus ligado ao reino ("justiça", cf. Mt 6,33). Segundo Marcos, a voz celeste durante o batismo dirigia-se a Jesus ("Tu és o meu Filho querido"); em Mateus, a declaração é feita a um público mais amplo: "Este é o meu Filho amado".

A menção, em Mc 1,12-13, de que Jesus foi tentado (provado) durante quarenta dias, no deserto, por Satanás, é complementada, na *narrativa das tentações*, em Mt 4,1-11,[10] com material de Q. A narrativa de Mateus foi parcialmente elaborada com base nos tipos de prova a que Jesus foi submetido durante o ministério. As três tentações procuram desviar a proclamação do reino de Deus, de modo que se torne um reino segundo os padrões deste mundo. O demônio desafia Jesus a transformar pedras em pão para sua satisfação pessoal; Jesus multiplicará pães, mas somente para os outros (Mt 14,13-21; 15,32-38). O demônio tenta Jesus ao oferecer-lhe todos os reinos da terra; Jesus receberá todo o poder no céu e na terra (Mt 28,18), mas não o buscará; tê-lo-á quando Deus lho conceder.[11] A recusa de Jesus a ter seus objetivos desvirtuados são todos expressos com citações de Dt 6–8, em que, durante os quarenta dias de provação de Israel no deserto, Deus, por intermédio de Moisés, falou ao povo que se via tentado a rebelar-se contra o plano divino, por meio de queixas e falso culto. No final (Mt 3,10), depois

---

[10] GERHARDSSON, B. *The testing of God's Son*. Lund, Gleerup, 1966 (CBNTS, 2/1); GIBSON, J. B. *The temptations of Jesus in early christianity*. Sheffield, Academic, 1995. (JNSTSup, 112.)

[11] Em João, algumas cenas mostram claramente que as três "tentações" ou provas (ganhar poder real, realizar uma transformação de pedras em pães para um fim equivocado, exibir superioridade em Jerusalém), dramatizadas em Mateus e Lucas como um conflito direto entre Jesus e o demônio ou Satanás, tinham uma equivalência no ministério de Jesus. A multidão em Jo 6,15 reage à multiplicação dos pães tentando fazer de Jesus um rei terreno e, em Jo 6,26-27, buscando mais daquele pão tão facilmente adquirido. Em Jo 7,1-9, os irmãos de Jesus querem que ele deixe os "cafundós" da Galiléia e vá para a Judéia, onde poderá mostrar-se ao mundo.

de Jesus demonstrar que é o Filho de Deus e que faz plenamente a vontade deste, Satanás é enxotado.

Ato contínuo, *Jesus vai para a Galiléia a fim de dar início ao seu ministério e chamar seus primeiros quatro discípulos para tornarem-se pescadores de "homens"* (Mt 4,12-22). A essa seqüência tirada de Marcos, Mateus acrescenta uma indicação geográfica precisa, ligando Cafarnaum a Zabulon e Neftali, o que prepara para uma citação-fórmula (ver *p. 304*) de Is 8,23-9,1, que fala da "Galiléia dos gentios". Mais uma vez Mateus tem em mente sua comunidade, na qual se misturavam muitos gentios. O *resumo da expansão do evangelho* (Mt 4,23-25), embora tirado de Marcos, enfatiza que a fama de Jesus se espalhava "por toda a Síria", talvez porque o evangelho fora escrito lá (cf. Ambiente ou comunidade implícita, neste capítulo).

2. Discurso: Sermão da Montanha (Mt 5,1–7,29).[12] É a composição mais grandiosa de Mateus. Combina material de Q[13] com passagens tipicamente mateanas, numa harmoniosa obra-prima de ensinamento ético e religioso. Mais do que qualquer outro mestre de moralidade, o Jesus mateano ensina com *exousia*, isto é, com poder e autoridade divinos, e, mediante esse revestimento de poder, torna possível uma nova existência. Existem paralelos entre Moisés e o Jesus de Mateus. O mediador veterotestamentário da revelação divina encontrou Deus numa montanha; *o revelador neotestamentário fala a seus discípulos em uma montanha* (Mt 5,1-2). Para os cristãos, ao lado dos Dez Mandamentos como expressão da vontade

---

[12] Da imensa bibliografia, note-se a seguinte: DAVIES, W. D. *The setting of the Sermon on the Mount.* Cambridge, Cambridge Univ., 1964; KISSINGER, W. S. *The Sermon on the Mount;* a history of interpretation and bibliography. Metuchen, NJ, Scarecrow, 1975; GUELICH, R. A. *The Sermon on the Mount.* Waco, Word, 1982; BETZ, H. D. *Essays on the Sermon on the Mount.* Philadelphia, Fortress, 1985; SYREENI, K. *The making of the Sermon on the Mount.* Helsinki, Suomalainen Tiedeakatemia, 1987 (crítica da redação); STRECKER, G. *The Sermon on the Mount.* Nashville, Abingdon, 1988; CARTER, W. *What are they saying about Matthew's Sermon on the Mount?* New York, Paulist, 1994; BETZ, H. D. *The Sermon on the Mount.* Minneapolis, A/F, 1995 (Hermeneia.); SCHNACKENBURG, R. *"All things are possible to believers".* Louisville, W/K, 1995; CARTER, W. CRBS 4, 183-215, 1996.

[13] Segundo a visão pouco convencional de H. D. Betz (op. cit.), Mateus redirecionou completamente uma forma judaico-cristã de Sermão da Montanha, virtualmente completa, à qual faltavam uma cristologia e uma soteriologia significativas, e apresentou Jesus como um mestre ortodoxo da Lei. Esse seria um relato condensado que apresentava a teologia de Jesus de forma sistemática, assemelhando-se aos epítomes da tradição retórica greco-romana, e teria sido endereçado contra o pensamento de Paulo (que é criticado em Mt 5,19)! Cf. a crítica em STANTON, G. N. *A Gospel for a new people;* studies in Matthew. Edinburgh, Clark, 1992. pp. 310-318.

de Deus, *as oito bem-aventuranças* (Mt 5,3-12)[14] têm sido reverenciadas como expressão sucinta dos valores priorizados por Jesus. Na passagem lucana semelhante de Q (Lc 6,20-23), existem apenas quatro bem-aventuranças (expressas de forma mais concreta: "Vós, os pobres [...] que agora tendes fome [...] que agora chorais [...] quando os homens vos odiarem") e é provável que Mateus tenha acrescentado frases espiritualizantes ("pobres *em espírito*"; "famintos e sedentos *de justiça*") e quatro beatitudes espirituais ("mansos"; "misericordiosos"; "puros de coração"; "os que promovem a paz"). Aparentemente, a comunidade de Mateus comporta pessoas que não são materialmente pobres ou famintas, e o evangelista quer que elas saibam que existe algo mais de Jesus para elas também, desde que tenham atitudes sintonizadas com o reino. Jesus ensina essas bem-aventuranças aos discípulos que estão destinados a ser "o sal da terra" e "a luz do mundo" (Mt 5,13-16).

O ensinamento ético do novo legislador (Mt 5,17-48) constitui uma admirável seção, não somente pelo modo segundo o qual Mateus elabora a compreensão cristã dos valores de Jesus, mas também por sua cristologia implícita. O Jesus mateano apresenta a exigência de Deus não descartando a Lei,[15] mas pedindo uma observância mais profunda que alcança a razão pela qual aquela foi formulada, ou seja, "ser perfeitos como o vosso Pai celeste é perfeito" (Mt 5,48). As polêmicas do tempo de Mateus são ilustradas pela declaração de que a justiça de Jesus excede a dos escribas e fariseus. Na série das seis sentenças levemente variantes — "Ouvistes que foi dito [...] Eu, porém, vos digo" —, Jesus ousa modificar ou corrigir explicitamente o que Deus falou por intermédio de Moisés. Ele

---

[14] As beatitudes (do latim *beatus*) são às vezes chamadas de macarismos (do grego *makarios*). Não são a expressão de uma bênção pronunciada, mas o reconhecimento de um estado atual de felicidade ou de bem-estar — um anúncio de confirmação, significando amiúde que a alegria escatológica chegou. Existem mais ou menos 28 beatitudes diferentes no NT, incluindo outras quatro bem-aventuranças em Mateus (11,6; 13,16; 16,17; 24,46). Cf. COLLINS, R. F. ABD 1.629-631.

[15] Alguns têm procurado evitar a implicação de Mt 5,18, de que nem mesmo a mínima parte da Lei passará (uma asseveração que parece exigir dos seguidores de Jesus a observância de toda a Lei do AT; cf. também Mt 23,23), enfatizando a última frase — "até que tudo seja cumprido" — e argumentando que, com a morte de Jesus, ela foi cumprida. Mas a afirmação está escrita em um evangelho pós-ressurrecional e, certamente, alguns cristãos ouviam isso como uma exigência permanente — provavelmente cristãos semelhantes aos "da parte de Tiago", que se opuseram a Paulo em Antioquia (Gl 2,12). Quando se lê o que se segue em Mateus, porém, percebe-se que o modo da observância é deveras sutil. Muitos estudiosos acreditam que a luta principal de Mateus não teria sido com o cristianismo paulino, mas com as interpretações da Lei apresentadas pelos fariseus e pelo judaísmo rabínico emergente.

torna mais aguda a exigência da Lei (p. ex., proíbe não somente matar, mas também enraivecer-se; não somente o adultério, mas também a lascívia); proíbe completamente aquilo que a Lei permite (o divórcio,[16] o juramento); e passa da Lei ao su oposto (nada de retaliação [Dt 19,21], mas generosidade com os ofensores; nada de ódio aos inimigos [Dt 7,2], mas amor a eles). Com outras palavras, o Jesus mateano, falando com mais segurança do que qualquer rabino do século I, dá a entender que tem mais autoridade do que Moisés, e parece legislar com toda a convicção do Deus do Sinai.

Em Mt 6,1-18, *Jesus reformula o exercício da piedade: esmola, oração, jejum.* Suas admoestações não são contrárias às práticas piedosas, mas à ostentação, e serão reiterada em Mt 23,1-27, em que os escribas e os fariseus são repetidamente chamados de hipócritas. (Para esse termo, cf. o capítulo 5, n. 19; para uma aplicação aos nossos dias, cf. Temas e problemas para reflexão, 8, neste capítulo). A Oração do Senhor, tirada de Q,[17] foi elaborada por Mateus, seguindo parcialmente as linhas familiares da oração sinagogal, por exemplo, o reverente "Pai nosso que estás no céu". A organização em seis petições reflete o gosto de Mateus pela ordem. As primeiras três — "Santificado seja o teu Nome, venha o teu Reino, seja feita a tua vontade na terra, como no céu" — são diferentes modos de pedir a Deus que instaure definitivamente seu reino. (Essa oração, portanto, ao menos em sua ênfase inicial, não se distancia do tom de *Maran atha* — "Vem, Senhor Jesus" [1Cor 16,22; Ap 22,20].) As três seguintes ocupam-se com o destino dos suplicantes ao antecipar aquele momento futuro. A vinda do reino comportará o banquete celestial, de modo que eles pedem para participar de sua comida (pão); envolverá julgamento, e, por isso, eles pedem perdão sob a condição de perdoar aos demais, o que Mateus salienta (25,45); compreenderá uma

---

[16] Sobre o problema do divórcio em geral, cf. *p. 222*, relacionado a Mc 10,1-12. A frase exceptiva em Mt 5,32 — "a não ser por motivo de 'prostituição' [*porneia*]" — será discutida adiante, no estudo de Mt 19,9.

[17] A fórmula lucana, mais breve (Lc 11,2-4), pode estar mais próxima do original Q na linguagem (p. ex., "Pai") e na forma (ausência das petições sobre a vontade de Deus e a libertação do mal). Algo do tom escatológico original foi atenuado pela adaptação que Mateus faz à vida ordinária e também pela discutida tradução da palavra *epiousios*, antes de "pão", por "cotidiano". J. A. Fitzmyer (*Luke*, AB 2.901) oferece uma reconstrução aramaica. Da abundante literatura, note-se a seguinte: Brown, R. E. TS 22, 175-208, 1961 (reeditado em BNTE 217-253); Lohmeyer, E. *Our Father.* New York, Harper & Row, 1965; Jeremias, J. *The prayers of Jesus.* London, SCM, 1967 (SBT, 6); Harner, P. B. *Understanding the Lord's prayer.* Philadelphia, Fortress, 1975; Petuchowski, J. J. & Brocke, M. (eds.). *The Lord's prayer and Jewish liturgy.* New York, Seabury, 1978; Houlden, J. L. ABD 4.356-362.

perigosa luta com Satanás, de forma que eles pedem para ser libertados da tribulação apocalíptica e do Maligno. (A adenda da KJV — "Pois teu é o reino..." — será discutida em Temas e problemas para reflexão, 2, neste capítulo.)

Tiradas de Q, as *instruções ulteriores acerca do comportamento apto para o reino* (Mt 6,19–7,27) referem-se à total dedicação a Deus em oposição à preocupação com as coisas deste mundo. Exige-se que cada um examine-se cuidadosamente antes de inspecionar os outros, garante-se a generosidade de Deus em responder às orações e propõe-se a regra de ouro (Mt 7,12): "Tudo aquilo, portanto, que quereis que os homens vos façam, fazei-o vós a eles". As advertências sobre a estreiteza do portão (que dá acesso ao reino) e sobre o perigo dos falsos profetas, que abusarão do "meu nome" (presumivelmente cristãos ativos na comunidade mateana), emprestam um tom apocalíptico ao final do sermão. O louvor àqueles que ouvem as palavras de Jesus (Mt 7,24-27), comparando-os a quem constrói uma casa bem alicerçada, praticamente constitui-se num julgamento contra os que o rejeitam. A fórmula "ao terminar Jesus essas palavras" (ver n. 2) conclui o sermão, acompanhada pelo tema da admiração à autoridade do ensinamento de Jesus.

Segunda parte: ministério e missão na Galiléia (8,1–10,42)

1. Narrativa combinada com breve diálogo (Mt 8,1–9,38). *Nove milagres,*[18] *que incluem curas, apaziguamento de uma tempestade, exorcismo, entremeados com diálogos, na maior parte concernentes ao discipulado.* Até aqui, Mateus apresentou Jesus como um pregador e mestre do reino — um Messias da palavra. Agora, exemplificando seu gosto pela organização de materiais de conteúdo semelhante, Mateus liga-se ao esquema marcano (inserindo aqui e ali algumas passagens de Q) e concentra-se nos feitos poderosos (milagres) de Jesus, realizados por sua palavra.[19] Primeiramente, Jesus realiza *uma série de três curas* (Mt 8,1-17),

---

[18] Alguns contam dez, separando a cura interposta da hemorroíssa da ressuscitação da filha de Jairo em Mt 9,18-26. Existe probabilidade, porém, de que se teve em mente um padrão de três (cf. capítulo 7, n. 48).

[19] Quanto aos milagres de modo geral, ver capítulo 7, n. 16; para os milagres em Mateus, ver: HELD, H. J. In: G. BORNKAMM et al. *Tradition and interpretation in Matthew*. Philadelphia, Westminster, 1963. pp. 165-299. B. Gerhardsson (*The mighty deeds of Jesus according to Matthew*, Lund, Gleerup, 1979, Scripta Minora, 5) enfatiza que os milagres mateanos realizam profecias.

envolvendo um leproso, o jovem servo do centurião (de Q) e a sogra de Pedro, com um resumo acerca da cura de muitos doentes. Entre os atraídos por seu poder, um escriba desejoso de segui-lo leva Jesus a fazer uma consideração acerca das *severas exigências do discipulado* (Mt 8,18-22). O fato de o seguimento de Jesus ser uma exigência maior do que o sepultamento do pai de alguém (segundo o pensamento rabínico, um dever que estava acima de qualquer outro) reflete mais uma vez uma extraordinária cristologia implícita. Sua máxima provavelmente deve ser assim compreendida: "Deixa que os espiritualmente mortos (ou seja, aqueles que se recusam a aceitar o reinado) enterrem seus mortos (fisicamente)". *A autoridade de Jesus vem expressa em outra série de três milagres* (Mt 8,23–9,8) tirados de Marcos: ele acalma a tempestade e dá azo à admiração de que o vento e o mar lhe obedeçam; expulsa demônios que o reconhecem como Filho de Deus; cura um paralítico quando o questionam sobre seu poder de perdoar pecados, algo que somente Deus pode fazer. Esses milagres têm igualmente implicações para o discipulado e para a cristologia. Eles conduzem aos *diálogos sobre os seguidores de Jesus e o discipulado* (Mt 9,9–17), provocados pelo chamado de Mateus, um cobrador de impostos (adaptação mateana da vocação de Levi em Marcos). Jesus justifica seu comportamento proclamando que veio para chamar os pecadores, e não os justos, que seus discípulos não precisam jejuar enquanto ele (o noivo) está com eles e que vinho novo não deve ser colocado em odres velhos — palavras que refletem o caráter surpreendentemente diferente daquilo que ele está inaugurando. Segue-se ainda outra *série de três curas* (Mt 9,18-34), envolvendo: a filha de Jairo juntamente com a hemorroíssa, dois cegos e um endemoninhado mudo.[20] Estes preparam para o reconhecimento de que *a colheita das multidões carece de operários* (Mt 9,35-38), o que, por sua vez, leva Jesus a voltar-se para os operários que escolhera, os quais está prestes a enviar em missão.

---

[20] Embora o relato entretecido da cura da filha de Jairo e da hemorroíssa seja tirado de Mc 5,21-43, a narrativa mateana da cura da mulher é mais breve, ignora a grosseria dos discípulos e mostra Jesus em absoluto controle da situação, sem nenhuma sugestão de conhecimento limitado. A história dos dois cegos (Mt 9,27-31) é peculiar a Mateus, mas assemelha-se bastante à cura dos dois cegos em Mt 20,29-34, que provém do relato marcano do cego Bartimeu (Mc 10,46-52). (Mateus tem uma queda pelos dubletos, talvez ligada à capacidade de confirmação de duas testemunhas.) Não obstante a cura do endemoninhado mudo em Mt 9,32-34 seja típica de Mateus, é quase um dubleto da cura de um endemoninhado mudo em Q, presente em Mt 12,22-23 e em Lc 11,14. Conseqüentemente, existe aqui considerável trabalho criativo de Mateus.

2. Discurso: Sermão da Missão (Mt 10,1-42). Composto, na maior parte, de Marcos e de Q,[21] é colocado no contexto do envio de doze "discípulos" com autoridade sobre espíritos impuros e com poder de curar. Jesus concede-lhes esse poder para que proclamem o reino (compare Mt 10,7 com Mt 4,17). Mateus detém-se para citar o nome dos doze "apóstolos",[22] relacionando, assim, a missão dos discípulos durante o ministério com o envio apostólico depois da ressurreição (Mt 28,16-20). Mesmo antes de ser crucificado, Jesus sabia que outros desempenhariam um papel na divulgação da boa notícia do reino, e as diretrizes do sermão têm uma força permanente na missão cristã conhecida pelos leitores de Mateus. O discurso começa em Mt 10,5-6 com a admoestação a não ir ter nem com os gentios, nem com os samaritanos, mas com "as ovelhas perdidas da casa de Israel". Conforme veremos adiante (em Ambiente ou comunidade implícita), isso pode refletir a história do cristianismo mateano, em que inicialmente havia uma missão quase exclusivamente direcionada aos judeus e, somente mais tarde, voltada para os gentios (Mt 28,19: "[...] fazei que todas as nações se tornem discípulos").[23] As exigências de austeridade nas provisões e na vestimenta dos pregadores itinerantes em Mt 10,9-10 têm curiosas diferenças menores em relação a Mc 6,8-9, como, por exemplo, a proibição de levar alforge e sandálias. (Seriam elementos desnecessários na situação de Mateus?) Ao descrever a provável recepção que seria dispensada aos pregadores missionários, Mt 10,12–13,15-16 acentua o julgamento adverso para aqueles que os rejeitarem. Mt 10,17-22 adverte os pregadores do destino que terão, deslocando para esse contexto material do discurso escatológico de Mc 13,9-12. Assim, num envio durante o ministério, Mateus antecipa o tipo de perseguição que virá de encontro aos apóstolos após a ressurreição. (A fusão dos dois períodos de tempo seria perceptível até mesmo se não soubéssemos nada sobre Marcos, visto que Jesus proibira os discípulos de ir

---

[21] Para uma análise crítica literária, cf. WEAVER, D. J. *Matthew's missionary discourse*. Sheffield, Academic, 1990. (JSNTSup, 38.)

[22] Essa lista em Mt 10,2-4 concorda substancialmente com a lista de Marcos, mas não com aquela encontrada em Lucas e Atos (ver capítulo 7, n. 7). Cf. n. 82 deste capítulo para o "Mateus" que aparece em todas as listas.

[23] Contudo, os estudiosos estão divididos a respeito do ponto de demarcação. O tempo da missão para Israel foi apenas aquele do ministério público de Jesus, concluindo-se com sua morte e ressurreição, ou toda a sua vida, a ser seguida pela missão da Igreja aos gentios, ou, ainda, o período até o ano 70 d.C. e a destruição do templo de Jerusalém?

ter com os gentios e mesmo assim fala de suas tribulações perpetradas tanto pelos gentios quanto pelas autoridades judaicas.) Embora o Espírito do Pai celeste capacite os atribulados para falar corajosamente, as famílias estarão divididas pelas aflições. E os discípulos perseguidos deverão fugir de uma cidade para outra: "Em verdade vos digo que não acabareis de percorrer as cidades de Israel até que venha o Filho do Homem".[24]

A essa predição de perseguição, seguem-se palavras de encorajamento que asseguram o cuidado divino (Mt 10,26-33). A seguir, Jesus declara que sua vinda trará divisão e reclama escolhas difíceis (Mt 10,34-39), até mesmo sacrifício da própria vida. A passagem de Q em Mt 10,32-33 contém uma cristologia alta, fazendo da reação a Jesus a base do julgamento no céu. A conclusão mateana do discurso (Mt 10,40-42) amplia essa correlação para aqueles a quem Jesus envia: quem os recebe, recebe a ele, e quem o recebe recebe o Deus que o enviou. Desse modo a missão dos discípulos comporta a extensão da salvação de Deus para todos.

Terceira parte: questionamento e oposição a Jesus (Mt 11,1–13,52)

1. Contexto narrativo para ensinamento e diálogo (Mt 11,1–12,50). *Jesus e João Batista, "ais" contra os descrentes, ação de graças pela revelação, controvérsias em torno do sábado e do poder de Jesus, a família de Jesus.* Uma vez que essa seção não é um dos cinco sermões mateanos, algumas vezes é considerada uma narrativa. Contudo, os versículos narrativos são breves e introdutórios ao ensinamento. Mateus apresenta material combinado de Marcos e de Q no contexto das andanças de Jesus e de sua entrada em uma sinagoga da cidade "deles" (ou seja, da Galiléia:

---

[24] Ainda que 10,23 seja peculiar a Mateus, alguns o têm atribuído a Q e sugerido que Lucas o eliminou. É um versículo-chave na tese de A. Schweitzer, segundo a qual o desapontado Jesus esperava que o julgamento final acontecesse durante sua vida, e caminhou para a morte esperando realizá-lo. Se foi pronunciado por Jesus e está relacionado com Mc 9,1 e 13,30, poderia apoiar a tese de que Jesus não tinha conhecimento exato de quando o julgamento final aconteceria e fez afirmações que expressavam tanto a esperança de que acontecesse logo quanto a admissão de um longo período de tempo (BINTC 52-58). Que significado Mateus atribuiu à afirmação? Teria o evangelista visto uma vinda judicativa do Filho do Homem nos acontecimentos apocalípticos que acompanharam a morte de Jesus (Mt 27,51-53; cf. 26,64), de modo que, literalmente, a missão direcionada a Israel teria terminado antes de sua morte? Ou, em virtude do malogro dos pregadores cristãos em converter grande número de judeus, Mateus estaria mostrando pessimismo em relação à conversão de todos os judeus a Cristo antes do fim do mundo? Essa seria, então, outra diferença entre Mateus e Paulo (Rm 11,25-27).

Mt 11,1.20; 12,9). Não obstante não haver informação sobre o retorno dos discípulos da missão, eles se encontram com Jesus em Mt 12,2.49. Mateus introduz o *episódio referente a João Batista e a Jesus* (Mt 11,2-19) por meio de um João Batista prisioneiro, que ouvira falar das ações do Messias, de modo que Mt 11,4-6 explica que Jesus é o Messias profetizado por Isaías (em Is 29,18-19; 35,5-6; 61,1). Jesus revela, então, quem é João Batista (Mt 11,7-15). Mais do que um profeta, ele é o mensageiro angélico enviado por Deus para conduzir Israel à terra prometida (Ex 23,20) e o Elias mandado para preparar Israel para a ação divina (Ml 3,1.23-24 [4,5-6]). João Batista realizou essa tarefa ao preparar o caminho para Jesus, tornando-se, assim, o maior ser humano jamais nascido antes da vinda do reino do céu.[25] (Mt 11,12-15 não deixa claro se João Batista precede o tempo do reino [ou seja, se pertence ao tempo dos profetas e da Lei] ou se pertence a ele [mais provavelmente].) Uma luta apocalíptica precede a vinda plena do reino, e a prisão e, finalmente, a execução de João Batista são sinais disso. (Obviamente, em sua experiência, os leitores de Mateus teriam visto outros sinais de violência.) Tendo falado de sua própria identidade e da de João Batista, em Mt 11,16-19 Jesus critica asperamente "esta geração" por não estar disposta a aceitar nenhum dos dois. Uma combinação entre Mt 11,2 e 19 sugere que Mateus apresenta Jesus quer como Messias, quer como Sabedoria divina,[26] mas uma geração descrente não pode reconhecer suas obras.

A nota corretiva com a qual se conclui a seção da história de João Batista conduz aos *"ais" endereçados às cidades descrentes às margens ou perto do Mar da Galiléia* (Mt 11,20-24). Jesus passa a um modelo profético: por não terem dado importância às obras poderosas (milagres) de Jesus, as cidades galiléias terão um destino pior do que aquelas às quais Isaías (23,1) e Ezequiel (26–28) se dirigiram e aquelas que foram condenadas em Gn 19,24-28. No entanto, há pessoas que correspondem e, referindo-se a estas, Jesus fala ao estilo da Sabedoria divina *agradecendo ao Pai a revelação* (Mt 11,25-27) concedida àqueles que se assemelham às crianças, incluindo os que nada valem para este mundo. O grito de júbilo,

---

[25] É duvidoso se os judeus *pré-cristãos* viam em Elias aquele que preparava o caminho para o Messias (JBL 100, 75-86, 1981; 103, 256-258, 1984; 104, 295-296, 1985), mas os primeiros cristãos chegaram a designar Malaquias como aquele que profetizou tal função. Mt 11,14 identifica claramente João Batista com Elias, como faz Mt 17,12-13 (cf. Mc 9,13).

[26] Suggs, M. J. *Wisdom, christology and Law in Matthew's Gospel*. Cambridge, MA, Harvard, 1970; Johnson, M. CBQ 36, 44-64, 1974.

tirado de Q, representa um tipo de cristologia alta muito próxima do que encontramos no evangelho de João, em que Jesus se autodenomina Filho de Deus, a quem o Pai entregou todas as coisas (Jo 3,35; 5,22.26-27), declara que ninguém conhece a Deus a não ser o Filho (Jo 1,18; 14,9), e revela o Pai aos escolhidos (Jo 17,6).[27] O "Vinde a mim", *convite aos sobrecarregados* (Mt 11,28-30), que Mateus acrescenta ao material de Q, duplica tanto o estilo de Sabedoria quanto o joanino (Pr 9,3-5; Eclo 24,19; 51,23; Jo 1,39; 6,44). Tal como Deus em Ex 33,14 e a Sabedoria em Eclo 6,23-31, Jesus promete descanso aos que trazem sobre si as obrigações do reino, usando algumas das mais tenras palavras jamais atribuídas a ele — palavras que tornam inteligível a consideração de Paulo sobre a "mansidão e bondade de Cristo" (2Cor 10,1).

A seguir, Mateus situa o ensinamento de Jesus em uma série de controvérsias. A primeira, que envolve os discípulos *arrancando espigas em dia de sábado* (Mt 12,1-8), tem conteúdo cristológico, pois Jesus não somente reivindica o direito de fazer o que fez Davi, como também declara que sua presença é maior do que o templo e que o Filho do Homem é senhor do sábado. *A cura em dia de sábado* (Mt 12,9-14) abre caminho para outro desafio. Não dispomos de informações suficientes, provindas de fontes judaicas, acerca da reação a curas em dia de sábado, no tempo de Jesus. Mateus, porém, atribui aos fariseus uma atitude negativa, dizendo que eles estão mais preocupados com os preceitos humanos do que com o desejo de Deus. Ao corrigi-los, Jesus age com o espírito dos profetas (Mt 12,7 = Os 6,6). As disputas terminam com uma nota de mau agouro, na qual os fariseus planejam destruir Jesus. Ciente disso, Jesus retrai-se, seguido de uma multidão; no entanto, *cura muitos, conforme os profetas predisseram* (Mt 12,15-21).[28] A esplêndida passagem de Is 42,1-4 reforça o quadro mateano da ternura de Jesus, que não quebra o caniço rachado nem extingue a chama bruxuleante.

---

[27] Inevitavelmente se tem questionado se essa passagem de Q proveio do próprio Jesus e se ele realmente se autodenomina "Filho". Cf. Mc 13,32; BINTC 80-89. Intimidade baseada em mútuo conhecimento ecoa na relação entre Deus e Moisés em Ex 33,12ss. Deus revelou seu nome divino a Moisés, de modo que este conheceu aquele e o revelou ao povo de Israel. Cf., em 1Cor 13,12, as eloqüentes palavras de alguém a quem Deus revelou Jesus como Filho.

[28] Mateus aqui se une a Marcos, mas omite cuidadosamente Mc 3,19b-21, em que a absorção de Jesus em seu ministério leva os membros de sua própria família a pensar que ele está fora de si e a decidir detê-lo. (Assim, a chegada da mãe e dos irmãos em Mt 12,46 é inopinada.) Após Maria ter concebido Jesus por meio do Espírito Santo, como o evangelista Mateus poderia fazê-la pensar isso dele?

Uma *controvérsia com os fariseus acerca do poder de Jesus* (Mt 12,22-37) baseia-se em material de Mc 3,22-30. Em Mt 11,2, João Batista associou Jesus com o Messias; agora a mesma identificação ("Filho de Davi") é sugerida ao povo admirado, quando Jesus cura um endemoninhado cego e mudo (um milagre que duplica Mt 9,32-34; cf. n. 20). Com uma reação adversa, os fariseus atribuem esse poder sobre o demônio à subserviência de Jesus a Beelzebu. Jesus refuta a acusação, compara a expulsão de demônios que realiza à investida contra a casa do homem forte (ou seja, o reino de Satanás), e adverte que a blasfêmia contra o Espírito Santo (ou seja, a atribuição obstinada do poder de Deus ao demônio) não terá perdão. O tom da condenação torna-se mais agudo em Mt 12,33-36 (adaptado de Q), pois Jesus chama os fariseus de raça de víboras de quem emerge o mal e cujas obras os condenarão no dia do julgamento. Quando os *escribas e fariseus pedem um sinal* (Mt 12,38-42), Jesus apresenta-lhes apenas o sinal de Jonas (que operou o arrependimento em Nínive) e o da rainha do Sul (que apreciou a sabedoria de Salomão) — um argumento *a fortiori*: alguém que é maior está aqui, e esta geração não lhe dá valor.[29] Ele expulsou espíritos maus, mas *a volta destes* (Mt 12,43-45) tornará a última condição desta geração perversa pior do que antes. A inesperada chegada da mãe e dos irmãos de Jesus levanta *a questão da família de Jesus* (Mt 12,46-50). Agora que o reino foi proclamado, os discípulos que fazem a vontade do Pai celeste são irmão, irmã e mãe de Jesus.

2. Discurso: sermão em parábolas (Mt 13,1-52).[30] Estruturalmente situadas no centro do evangelho, as parábolas servem como um comentário variado sobre

---

[29] Isso parece duplicar material que aparece em Mt 16,1-4. Conquanto se encontre em Q, provavelmente já tinha uma história de composição ali.

[30] Quanto às parábolas, em geral, cf. capítulo 7, n. 12. Para as parábolas em Mateus, cf. J. Lambrecht, *Out of the Treasure*, Louvain, Peeters, 1993. J. D. Kingsbury (*The parables of Matthew 13*, Richmond, Knox, 1969) enfatiza a crítica da redação. O capítulo mateano contendo oito parábolas exemplifica um gênio colecionador: uma (semeador e semente + interpretação) tirada de Marcos; outra (grão de mostarda) de Marcos, mas talvez misturada com Q; uma (fermento) provém de Q; cinco são próprias de Mateus (erva daninha + interpretação, tesouro escondido, pérola de grande valor, rede, mordomo). Nem Mateus nem Lucas optam por repetir a parábola de Marcos sobre a semente que cresce sozinha. Cada um, independentemente, tê-la-ia considerado enigmática ou demasiado fatalista? A parábola mateana do joio semeado no meio do trigo a substitui. O capítulo das parábolas é dividido de diversas formas pelos vários estudiosos. Davies e Allison (op. cit., 2.370-372), por exemplo, dividem-no em três partes: Mt 13,1-23, terminando com a exposição das parábolas e uma interpretação do semeador; Mt 13,24-43, terminando com a exposição das parábolas e a interpretação do joio; Mt 13,44-52, terminando com o questionamento sobre a compreensão dessas coisas e da instrução a respeito do reino do céu.

a rejeição de Jesus pelos fariseus nos dois capítulos precedentes. Ao apresentar a *parábola do semeador e sua interpretação* (Mt 13,1-23), o evangelista acrescenta dois elementos: uma citação-fórmula (Mt 13,14-15) de Is 6,9-10, citada implicitamente em Marcos, e uma bênção de Q, que amplia a felicidade daqueles que são favorecidos com o conhecimento dos segredos do reino (Mt 13,16-17). Essa parábola enfatiza os diversos obstáculos e percalços encontrados pelo anúncio do reino. Em Mt 13,13, Jesus fala em parábolas "porque [eles] vêem sem ver" — uma leitura mais fácil do que a de Mc 4,11-12 (ver *p. 213*), que afirma que as parábolas são dadas aos de fora "a fim de que" não possam ver. A próxima parábola mateana, *o joio no meio do trigo e sua interpretação* (Mt 13,24-30.36-43), parece passar a outro nível de preocupação. Os adeptos ("filhos"), conquistados pelo anúncio do reino, continuarão vivendo no mundo juntamente com pessoas más (que são "filhas do" Maligno).[31] Por que não eliminar os maus? Isso poderia levar a arrancar também os bons, de modo que a separação tem de ser deixada para um julgamento futuro realizado pelo Filho do Homem.

As parábolas paralelas do *grão de mostarda e do fermento* (Mt 13,31-33)[32] ilustram o pequenino começo do reino e seu futuro grandioso com exemplos do extraordinário crescimento familiares a um homem e a uma mulher, respectivamente. *O objetivo das parábolas* (Mt 13,34-35) é ilustrado com uma citação-fórmula tirada do Sl 78,2, de modo que parte do objetivo agora é cumprir as Escrituras. Após a interpretação da parábola do joio, vêm as parábolas paralelas *do tesouro escondido e da pérola de grande valor* (Mt 13,44-46). Elas realçam o grande valor do reino e a necessidade de aproveitar a oportunidade única de ganhá-lo, ainda que isso signifique desfazer-se de tudo o mais. A parábola da *rede e sua interpretação* (Mt 13,47-50), tal como a da erva daninha, adiam a separação dos bons e dos maus no reino até o fim dos tempos. O sermão conclui-se com a parábola-sumário *do mordomo e do tesouro antigo e novo* (13,51-52). Os ouvintes (Mt 13,2), que dizem ter compreendido as parábolas, provavelmente são escribas experientes

---

[31] D. R. Catchpole (SJT 31, 555-570, 1978) relaciona o tema do julgamento nessa parábola com a parábola da rede, no final do capítulo. Curiosamente, o mundo parece ser identificado, em Mt 13,41, como o reino do Filho do Homem e distinto do reino futuro do Pai. Muitos têm proposto que, ao menos no nível do discurso de Mateus, a parábola seria compreendida, por seu público-alvo, como a presença de pessoas boas e de pessoas más na Igreja. Em relação à Igreja como reino do Filho de Deus, cf. Cl 1,13.

[32] R. W. Funk (*Interpretation* 25, 149-170, 1971) e E. Waller (*Union Seminary Quarterly Review* 35, 99-109, 1979-1980) apresentam intuições interessantes sobre a parábola do fermento.

que apreciam a nova revelação de Jesus e a antiga revelação de Moisés.[33] Provavelmente o evangelista vê-se por esse prisma.

Quarta parte: cristologia e eclesiologia (Mt 13,53–18,35)

1. Narrativa combinada com muito diálogo (13,53–17,27). *Rejeição em Nazaré, saciação de 5 mil e caminhada sobre as águas, controvérsias com os fariseus, curas, saciação de 4 mil, confissão de Pedro, primeira predição da paixão, transfiguração, segunda predição da paixão* (Mt 13,53–17,27). Em Mt 13,10-11 Jesus disse que falava em parábolas porque os discípulos deviam conhecer os mistérios do reino do céu; conseqüentemente, na seqüência, Jesus volta sua atenção principalmente aos discípulos, por meio dos quais a Igreja se desenvolverá, especialmente Pedro, a rocha sobre a qual a Igreja será construída. A *rejeição em Nazaré* (Mt 13,53-58) ajuda a explicar por que Jesus precisa concentrar-se em seus discípulos, já que até mesmo seus conterrâneos não o aceitam. Para demonstrar maior reverência por Jesus e sua família, Mateus efetua três pequenas alterações na história de Nazaré tirada de Mc 6,1-6: ele não diz que Jesus era carpinteiro, ou que era um profeta desonrado "entre seus próprios parentes", ou que "não pôde realizar ali nenhum milagre". (A substituição de "carpinteiro", de Marcos, por "filho do carpinteiro" deu origem ao costume artístico de pintar José como carpinteiro.) A falta de fé em Nazaré é seguida da narrativa que explica *como Herodes matou João Batista* (Mt 14,1-12) *e encontrava-se supersticiosamente inquieto acerca de Jesus*. Numa tentativa de afastar-se de Herodes, Jesus retira-se para um lugar afastado, onde *alimenta cinco mil e, a seguir, caminha sobre as águas* (Mt 14,13-33).[34] (A respeito da ênfase teológica principal nesses dois milagres — veterotestamentária, eucarística e cristológica —, cf. *p. 217*.) O final da cena da caminhada sobre as águas é digno de nota em Mt em 14,33, pois os discípulos, em vez de não compreenderem, como em Mc 6,52, adoram Jesus como "Filho de Deus". (Marcos teria esperado que *os leitores* reconhecessem a identidade Jesus,

---

[33] Observe-se a ordem, "novo" antes de "velho", em Mt 13,52; Jesus Cristo torna-se as lentes através das quais Moisés é lido. Cf. Mt 9,17 sobre não colocar vinho novo em odres velhos.

[34] Tanto em Mt 14,1-12 quanto em Mt 14,13-33, o evangelista abrevia as histórias bem mais coloridas de Mc 6,14-52. No milagre da saciação, Mateus elimina a sarcástica pergunta dos discípulos sobre a ida para comprar pão e omite a confusa intenção de navegar rumo a Betsaida, bem como as referências à multidão como ovelhas sem pastor e ao assentar-se dela em grupos de cem e de cinqüenta.

mas Mateus deixa tudo claro.) De máxima importância é a cena acrescentada por Mateus, na qual Jesus convida Pedro a ir a seu encontro sobre as águas, e, quando Pedro começa a afundar, Jesus o ajuda (Mt 14,28-31). Essa é a primeira de três passagens com material petrino especial em Mateus (cf. PNT 80-83). A impetuosidade de Pedro, a inadequação de sua fé e o cuidado pessoal de Jesus em levá-lo mais além são bem marcantes. Como homem de pouca fé, que afundaria se o Senhor não o tivesse salvo, Pedro representa os outros discípulos; a fé daquele e destes no Filho de Deus adquire força por meio da poderosa e solícita mão de Jesus.

O barco leva Jesus e os discípulos a *Genesaré, onde Jesus cura todos os doentes* (Mt 14,34-36); a seguir, *fariseus e escribas de Jerusalém discutem com ele acerca do que torna alguém impuro* (Mt 15,1-20), uma controvérsia da qual participam tanto a multidão quanto os discípulos. Em Mateus, o ataque contra os fariseus é duro: são guias cegos que serão arrancados (Mt 15,12-14). Enquanto em Mc 7,17 os discípulos lhe perguntam acerca daquilo que torna alguém impuro, em Mt 15,15 Pedro é quem faz a pergunta, e Mateus omite o comentário de que Jesus declarou puras todas as coisas (Mc 7,19b) — um comentário que não somente oferece dificuldades históricas, como vimos, mas também pode ter ofendido Mateus, para quem a Lei não é tão facilmente abolida (Mt 5,17).[35] Depois disso, dirigindo-se a Tiro e Sidônia, *Jesus cura a filha de uma mulher cananéia* (Mt 15,21-28),[36] uma história tão admirável quanto a da cura do jovem servo do centurião em Mt 8,5-13. À medida que Jesus prossegue, passando ao longo do Mar da Galiléia, *um sumário sobre a cura de muitos doentes* (Mt 15,29-31) é usado por Mateus para substituir a história de Mc 7,31-37, sobre a cura de um surdo-mudo com saliva (omitido porque podia ser entendido como magia?). Por fim, somos informados *da segunda multiplicação de pães, a saber, para os 4 mil* (Mt 15,32-39).

---

[35] Meier, *Vision* 103, afirma, porém, que nada de substancial fica alterado pela omissão e que Mateus aceitou a revogação dos alimentos legais — um assunto discutido em Antioquia, onde o evangelho de Mateus pode ter sido escrito (ver *p. 311*). Sobre Mateus e a Lei, cf. G. Barth in Bornkamm, op. cit., pp. 58-164; CARLSTON, C. E. NTS 15, 75-96, 1968-1969.

[36] Essa história tem um número de diferenças extraordinariamente grande em relação a Marcos, incluindo a descrição da mulher (de siro-fenícia a cananéia — com mais cheiro de AT?); alguns acreditam que Mateus serviu-se de uma versão diferente. Provavelmente, porém, ele modificou a história marcana da cura da filha de uma pagã à luz da ordem anterior de Jesus aos discípulos de não ir ter com os gentios (Mt 10,5) e da reiteração em Mt 15,24 da declaração de Mt 10,6, de que a missão de Jesus visava somente às ovelhas perdidas da casa de Israel.

Logo após, *acirrados confrontos com os fariseus e os saduceus*[37] seguem-se aos milagres que Jesus realizou. Tais milagres tornam inteligível a resposta de Jesus ao pedido de um sinal da parte dos descrentes: os fariseus e os saduceus não são capazes de interpretar os já presentes sinais dos tempos.[38] Criticando seus discípulos por serem pessoas que têm fé apoucada, pois não compreenderam inteiramente os milagres dos pães, Jesus previne-os contra o fermento ou ensinamento dos fariseus e saduceus, os quais ele equipara a uma geração má e adúltera. (De forma verossímel essa admoestação era ainda apropriada para os leitores/ouvintes de Mateus nos anos 80, os quais podiam estar influenciados pelo ensinamento rabínico; não é, porém, facilmente conciliável com Mt 23,2-3, em que Jesus diz que seus discípulos devem praticar e observar tudo o que os escribas e fariseus lhes disserem, pois estes estão sentados na cadeira de Moisés.)

Não obstante, os discípulos de Jesus têm uma fé considerável, conforme se pode ver na culminante *confissão de Pedro em Cesaréia de Filipe e na primeira predição da paixão* (Mt 16,13-23). Mais do que no relato de Mc 8,27-30, em que, em meio às avaliações positivas que os outros fazem de Jesus, Pedro o confessa como o Messias, em Mt 16,16b-19 existe mais material petrino. Pedro agora confessa que Jesus é o Filho do Deus vivo — uma revelação vinda do Pai do céu, e não uma questão de raciocínio humano ("carne e sangue"). A revelação da filiação divina de Jesus a Paulo é verbalizada quase na mesma linguagem (Gl 1,16). Se aquela revelação fez de Paulo um apóstolo, esta faz de Pedro[39] a rocha sobre a qual Jesus construirá sua Igreja, uma Igreja contra a qual nem mesmo os portões

---

[37] Por quatro vezes Mateus introduz nessa seção os saduceus, enquanto em Marcos eles não aparecem. Cf. *p. 309*, para o uso que os estudiosos têm feito desse fato.

[38] Em Mt 16,4 Jesus também afirma que somente o sinal de Jonas será dado, uma passagem que faz eco a Mt 12,38-41.

[39] Que Jesus tenha mudado o nome de Simão para *Petros*, "Pedro" ou *Kēphas*, "Cefas" (formas gregas traduzidas e transliteradas respectivamente do aramaico *Kēphāʾ*), está bem documentado (cf. Mc 3,16; Lc 6,14; Jo 1,42). A respeito do nome, cf. FTAG 112-124. Uma explicação que põe em relevo a futura significação da mudança do nome de Pedro (cf. Abraão e Jacó em Gn 17,5; 32,29) é dada somente por Mateus, que joga com o substrato aramaico: "Tu és *Kēphāʾ* (= em grego, *Petros*, Pedro), e sobre esta *kēphāʾ* (= em grego, *petra*, pedra) construirei minha Igreja". Davies e Allison, *Matthew* 2.627, classificam como vã ingenuidade as várias tentativas (algumas antigas, outras destinadas a contestar os católicos romanos) de evitar a idéia de que a Igreja de Jesus esteja construída sobre um Pedro que confessou aquilo que Deus lhe revelou. Entre essas, incluem-se as hipóteses de que *kēphāʾ* significa "pedra", não "rocha", ou que a rocha não é Pedro, mas Cristo ou a fé de Pedro.

do inferno (ou seja, provavelmente o poder destrutivo de Satanás) prevalecerão. O contexto veterotestamentário do reconhecimento petrino de Jesus como o Messias davídico, o Filho de Deus, é a profecia de 2Sm 7: o descendente de Davi reinará depois dele, e Deus tratá-lo-á como filho. Essa promessa foi provocada pelo desejo de Davi de construir uma casa ou templo para Deus; assim, a promessa de Jesus de construir uma Igreja sobre Pedro, que o reconhece como o cumprimento da promessa feita a Davi, não é ilógica. Is 22,15-25 descreve a investidura de Eliaquim como o novo primeiro-ministro do rei Ezequias, de Judá: Deus lhe coloca sobre os ombros "a *chave* da Casa de Davi; ele a *abrirá...* e *fechará*". As palavras em itálico ressoam em Mt 16,19, em que Jesus entrega a Pedro as chaves do reino, de forma que tudo aquilo que ele liga/desliga na terra é ligado/desligado no céu. Existem discussões acerca do significado dessa ligação/desligamento. Trata-se do poder de perdoar/não perdoar pecados (como em Jo 20,23) ou de ensinar aquilo que deve ser observado, resultando daí que Pedro é o rabino-chefe?[40] Uma vez que essa seção se segue a uma advertência contra o ensino dos fariseus e dos saduceus, a vantagem se inclina para a última probabilidade. Note-se, ainda, que em Mt 23,13 os escribas e fariseus são criticados por trancar o reino do céu aos seres humanos. (Em Temas e problemas para reflexão, 7, no final deste capítulo, será discutida a subseqüente aplicação da passagem mateana ao papado romano.) O quadro mateano da exaltação de Pedro, por causa de sua profissão daquilo que Deus lhe revelara, não leva o evangelista a eliminar a imediata e dura crítica de Jesus a Pedro como Satanás, que pensa num nível humano por não aceitar a idéia do sofrimento de Jesus no vaticínio da paixão. Como se não bastasse, Mateus agudiza a repreensão marcana, pois Mt 16,23 acrescenta: "Tu me serves de pedra de tropeço".

Essa sóbria correção conduz às instruções aos discípulos acerca do *sofrimento exigido para o discipulado* (Mt 16,24-28). De forma alentadora, porém, o sofrimento presente é contrastado com a glória futura; e Jesus, como o Filho do Homem, será a figura-chave naquela glória, quando trará consigo o reino no qual seus discípulos terão um papel. Algumas diferenças em relação a Mc 8,34–9,1 precisam ser notadas. Por exemplo, em Mt 16,27, o Filho do Homem virá com "seus" anjos e, em Mt 16,28, em vez de ver o reino de Deus, os que ali se encontram

---

[40] PNT 95-101; TIMT 101-114. Existe uma possibilidade de que o poder possa ter diferentes conotações em Mt 16,19 (ensinar) e em Mt 18,18 (excomungar).

verão "o Filho do Homem vindo em seu Reino". Qual é a interpretação que Mateus dá à linha do tempo nessa prometida visão da vinda? Qualquer que seja o significado de Mc 9,1 (ver *p. 220*), Mateus dificilmente estaria referindo-se à transfiguração que se segue imediatamente, pois não se mencionam anjos ali. Refere-se ele à crucifixão e à ressurreição em que haverá a presença de anjos? Aquele acontecimento é uma vinda do reino do Filho do Homem diversa da vinda do reino de Deus que acontecerá no final dos tempos? Ou essa é outra passagem acerca da parusia, vagamente expressa porque Jesus não tinha um conhecimento exato de quando iria acontecer (ver n. 24)?

A *narrativa da transfiguração* (Mt 17,1-13) apresenta também traços particularmente mateanos.[41] A face de Jesus, brilhante como o sol (Mt 17,2), reproduz a descrição de Moisés em Ex 34,29-35 e aumenta o paralelismo com a grande teofania do Sinai. O papel de Pedro é salientado, pois ele mesmo fará as três tendas. A voz vinda da nuvem em Mt 17,6 repete mais exatamente aquilo que a voz celeste dissera no batismo de Jesus (Mt 3,17: "Este é o meu Filho amado, em quem me comprazo"). Por conseguinte, esse é mais um passo na seqüência cristológica mateana referente à filiação divina que começa com a anunciação angélica a José de que a criança foi concebida por meio do Espírito Santo (Mt 1,20), passa pela revelação de Deus a respeito de "meu Filho" (Mt 2,15), pela voz celeste no batismo, falando de "meu Filho amado" (Mt 3,17), pelo reconhecimento dos discípulos depois da caminhada sobre as águas (Mt 14,33), e culmina com a confissão de Pedro (Mt 16,16). Obviamente, "Filho de Deus" é um motivo mateano de grande importância. A questão acerca de Elias, levantada pela presença do profeta na montanha, conclui a transfiguração, quando Jesus e os discípulos descem.[42]

Na *história do menino epiléptico* (Mt 17,14-21), o evangelista abrevia quase pela metade o vívido relato marcano.[43] Embora não negue que o menino tem

---

[41] Moses, A. D. A. *Matthew's transfiguration story and Jewish-Christian controversy*. Sheffield, Academic, 1996. (JSNTSup, 122.)

[42] A identificação mateana de Elias com João Batista é mais específica do que a de Marcos (ver n. 25). Mateus também amenizou ambigüidades marcanas; por exemplo, a frase "como dele está escrito" (Mc 9,13), em referência aos maus-tratos de Elias, é eliminada — não existe nenhuma passagem escriturística explícita equivalente, como presumivelmente Mateus sabia. Ver M. Black, em *Scottish Journal of Theology* 39, 1-17, 1986.

[43] Como o faz Lucas. O fato de ambos omitirem muitas das mesmas linhas de Marcos (9,14b-16.20-25a.25c-26.28a.29) apresenta uma dificuldade para a teoria do uso independente que eles fazem de Marcos.

um demônio (Mt 17,18), ele suprime muitos traços da cena em favor de um diagnóstico de epilepsia (Mt 17,15). A informação de que os discípulos não puderam curar o menino é reafirmada pela introdução de uma forma de uma passagem de Q a respeito da fé insuficiente deles: fé tão pequena quanto um grão de mostarda que faria o impossível, ou seja, moveria a montanha (da transfiguração). Mateus prossegue com a *segunda predição da paixão* (Mt 17,22-23). O fato de o evangelista não eliminar essa passagem como dobre, conforme faz freqüentemente com as repetições marcanas, pode indicar o caráter fixo do esquema das três predições. Segue-se, então, outra cena tipicamente mateana, envolvendo Pedro, centrada no *imposto (do templo?)* (Mt 17,24-27). Essa história reflete a tradição oral, acrescida de um toque quase folclórico pela moeda encontrada na boca do peixe. Mais importante é o problema implícito. Durante o tempo de Jesus, os judeus deveriam contribuir para o sustento do templo.[44] Mateus, porém, jamais menciona o templo, e o imposto em questão pode ser a taxa de um denário a que se refere Mt 22,15-22. Se levarmos em consideração o período depois de 70 d.C., quando Mateus escreveu, a taxa pode referir-se ao imposto punitivo da didracma (= dois denários), exigido aos judeus para a manutenção do templo de Júpiter Capitolino, em Roma, ou mesmo a uma coleta para subsidiar a academia rabínica em Jâmnia. Qualquer que seja o sentido, é significativo que Pedro seja o intermediário nessa história que ensina os cristãos a evitar o escândalo público, pagando o imposto voluntariamente e comportando-se como cidadãos pacíficos (Rm 13,6-7; 1Pd 2,13-16). Seu papel torna-se tanto mais importante se, no evangelho, Mateus estiver lidando com um problema enfrentado pelos cristãos depois da morte de Pedro. (Cf. Temas e problemas para reflexão, 7, a respeito da continuação da função petrina.)

2. Discurso: sermão sobre a Igreja (Mt 18,1-35). Essa coleção de ensinamentos éticos algo disparatada, em grande parte dirigida anteriormente aos discípulos de Jesus, tem recebido uma perspectiva que a faz surpreendentemente apta para uma Igreja estabelecida, o tipo de Igreja que somente o Jesus de Mateus menciona (Mt 16,18). Mateus combina eclesiologia e cristologia,[45] pois os apóstolos

---

[44] Ex 30,11-16 prescreve a contribuição de meio ciclo para o Senhor. Contudo, não sabemos se a oferta para o templo era uma taxa ou um pagamento parcialmente voluntário feito por judeus mais observantes, como, por exemplo, os fariseus. Ver, a respeito, Cassidy, R. J. CBQ 41, 571-580, 1979; Mandell, S. HTR 77, 223-232, 1989; Daube, D. In: *Appeasement or resistance and other essays on New Testament Judaism.* Berkeley, Univ. of California, 1987. pp. 39-58; Garland, D. E. SBLSP 1987, 190-209.

[45] Sobre esse item, cf. Carlston, C. E. FGN 2.1283-1304.

devem interpretar e ensinar tudo o que Jesus ordenou (Mt 28,20). Contudo, ainda que uma Igreja estruturada se torne o caminho de preservação da tradição e da memória de Jesus, Mateus reconhece o perigo de que toda estrutura erigida neste mundo tende a estabelecer seus valores com base em outras estruturas que a rodeiam. Esse capítulo pretende assegurar que tais valores não suprimem os valores de Jesus. Para os leitores que lutam com os problemas da Igreja hoje, esse pode ser o mais útil dos discursos de Mateus.[46]

O sermão é prefaciado pela *discussão sobre quem é o maior no reino do céu* (Mt 18,1-5), aparentemente tomada de Marcos com ampla adaptação. No ministério de Jesus, isso pode ter estado ligado ao estabelecimento definitivo do reino de Deus quando da vinda do Filho do Homem. No entanto, vimos que Mateus fala de um *reino* do Filho do Homem neste mundo, de modo que há um debate que teria tido também significado para a Igreja, no qual inevitavelmente teriam surgido ambições por posições de comando. Na escala de valores de Jesus, os humildes são mais importantes do que os poderosos, pois a dependência de Deus é o que torna alguém disponível ao senhorio divino, de forma que uma criancinha é citada como exemplo. A *condenação de escândalos e tentações* (Mt 18,6-9) que levam os crentes a pecar seria apropriada para a Igreja destinatária de Mateus, a julgar pelas disputas nas comunidades paulinas (1Cor 8,13; 11,19; Rm 8,13). A adaptação mateana da *parábola da ovelha perdida* (Mt 18,10-14), ou seja, do pecador transviado, proveniente de Q, tem igualmente uma aplicação institucional, pois, de acordo com os padrões mais mundanos, as organizações são bem-sucedidas se controlam a maioria. Um líder político que pudesse manter 99% de seu eleitorado teria os mais favoráveis níveis de pesquisa de opinião da história, refletindo o "princípio de Caifás" em Jo 11,49-50: é melhor que pereça uma só pessoa do que ter toda a instituição destruída. Jesus, porém, que veio para salvar o que se perdeu (Mt 10,6; 15,24), tem outros princípios, verbalizados por ele numa diretriz "não-funcional" que revela sua visão escatológica, ou seja, deixar as 99 e ir à procura daquela que se perdeu.[47]

---

[46] BCALB 124-145, especialmente 138-145; THOMPSON, W. G. *Matthew's advice to a divided community, Mt. 17,22–18,35*. Rome, PBI, 1970. (AnBib 44.)

[47] O acento recai sobre a alegria de encontrar a ovelha que se perdera, mas o fato de que a busca é feita ao custo de descuidar das 99 não deve ser subestimado. Outras instruções nesse sentido incluem: Mt 5,32 (proibição do divórcio); Mt 5,39-40 (oferecer a outra face; permitir a quem toma o manto levar também a túnica); Mt 10,9-10 (nada levar consigo durante o anúncio do evangelho); Mt 20,1-15 (pagar ao operário de uma hora o mesmo que ao de um dia inteiro).

Nenhuma grande Igreja (ou, em nossos dias, nenhuma grande paróquia) poderia seguir isso como uma práxis regular, pois 99% dos que não se extraviaram poderiam revoltar-se por ser negligenciados. Contudo, os valores de Jesus não devem ser esquecidos, pois naquele momento e naquele lugar em que são colocados em prática, posto que raramente, o reino de Deus torna-se realidade.

Mateus agora apresenta um corpo de material bastante específico de seu evangelho. As orientações acerca *do modo como corrigir o próprio "irmão [e irmã]"*, *o acesso dos discípulos ao céu e a freqüência do perdão* (Mt 18,15-22) são claramente adaptadas a uma situação eclesial, pois, depois dos malogrados esforços individuais para conquistar o réprobo, deve-se fazer um relatório à "Igreja" (= comunidade local, diferente do uso de "igreja" em Mt 16,18). O processo destina-se a prevenir um uso demasiado prematuro e freqüente da autoridade — um perigo em qualquer comunidade estruturada. A quarentena do malvado recalcitrante em Mt 18,17, tratado "como o gentio ou o publicano", soa bem definitiva, reforçada pelo poder de ligar e desligar em Mt 18,18.[48] Precisamos lembrar, porém, que a comunidade de Mateus era um misto de judeus e gentios, e que a instrução final de Jesus era para ir ao encontro dos gentios e ensiná-los (Mt 28,19). Ademais, Jesus mostra particular interesse por um coletor chamado Mateus, convidando-o a segui-lo (Mt 9,9; 10,3). Portanto, o cristão repudiado pode ainda ser objeto de busca e carinho. A plausibilidade de tal interpretação é ampliada em Mt 18,21-22, que trata do perdão constante ao irmão (irmã) "que peca" (a mesma expressão usada para a pessoa a ser corrigida em Mt 18,15). Mais uma vez Pedro (cf. Mt 17,24-27) é a imagem da autoridade que obtém de Jesus instrução sobre como deve agir. Conquanto esteja sendo um pouquinho "legalista" ao tentar saber quantas vezes deve perdoar, sua oferta é bastante generosa — com exceção do círculo familiar, poucas pessoas perdoam a alguém sete vezes. Jesus dá uma admirável resposta: setenta e sete é um número infinito de vezes (cf. Gn 4,24). O

---

[48] Cf. Lv 19,15-18; Dt 19,15. O procedimento na comunidade dos MMM (1QS 5,24-6,1; CD 9,2-8.16-20) é semelhante ao que consta em Mateus. Para a quarentena ou expulsão de cristãos, cf. 1Cor 5,1-5; 2Ts 3,14; Tt 1,13. Jesus é apresentado como quem estende, ainda durante sua vida, o poder de ligar/desligar aos seus discípulos, mas tal poder tem um peso permanente, de modo que os julgamentos da comunidade mateana são também ratificados no céu. Às vezes Mt 18,18 é usado para contrabalançar Mt 16,19, com o argumento de que o poder concedido a Pedro não deve ser exagerado, pois foi dado a todos os discípulos. Para ser exatos, porém, notamos que os discípulos não são tidos como a rocha sobre a qual Jesus construirá sua Igreja nem recebem as chaves do reino do céu.

perdão cristão, pois, deve imitar o ilimitado alcance do perdão de Deus, conforme ratificado pela eloqüente *parábola do servo implacável* (Mt 18,23-35), que invoca o julgamento divino contra aqueles que se recusam a perdoar. Tudo isso tem uma aplicação muito real na vida da Igreja, pois é imenso o número de pessoas que se afastam dela por não encontrar aí o perdão. Acima de tudo, à medida que as Igrejas ouvem o Jesus que fala aos discípulos nesse capítulo, manterão vivo seu espírito, em vez de apenas recordar-se dele. Então Mt 18,20 cumprir-se-á: "Pois onde dois ou três estiverem reunidos em meu nome, ali estou eu no meio deles".

Quinta parte: viagem e ministério em Jerusalém (Mt 19,1-25,46)

1. Narrativa combinada com muito diálogo (Mt 19,1-23,39). *Ensinamento, parábolas de julgamento, terceira predição da paixão, entrada em Jerusalém, purificação do templo, conflito com as autoridades.* Jesus revelou a intenção de fundar sua Igreja e deu instruções sobre as atitudes que devem caracterizá-la. Tendo feito isso, ele sobe a Jerusalém, onde suas predições sobre a morte e ressurreição do Filho do Homem verificar-se-ão.

O relato do que aconteceu no caminho para Jerusalém[49] começa com um exemplo dos modelos de Jesus para o reino. *A questão sobre o divórcio* (Mt 19,1-12) é colocada no contexto de um teste que os fariseus impõem a Jesus. O traço mateano mais notável (cf. p. 222) é o acréscimo da frase exceptiva em Mt 19,9: "[...] todo aquele que repudiar sua mulher — *exceto por motivo de 'fornicação'* [*porneia*] — e desposar outra, comete adultério [verbo: *moichasthai*]"; tal exceção também aparece em Mt 5,32, mas em nenhuma das outras três citações de proibição de divórcio (Lucas, Marcos e 1 Coríntios, embora os dois últimos tenham suas próprias adaptações da ordem de Jesus). Essa exceção é importante principalmente para as Igrejas cristãs que consideram normativa a proibição de Jesus acerca do divórcio. O que quer dizer *porneia*? A palavra grega abrange uma ampla série de imoralidades, mas permitir o divórcio por qualquer tipo de indecência pareceria anular a força da proibição. Alguns interpretam a exceção como adultério, de modo que permitem o divórcio e um novo casamento para a parte inocente num matrimônio em que a outra foi adúltera. Contudo, *moicheia* é a palavra apropriada para adultério, conforme atestado no verbo mateano correlato

---

[49] Mt 19-20 avizinha-se de Marcos, mas contém parábolas de Q e outras típicas de Mateus.

para "comete adultério". Uma interpretação mais provável encontraria uma referência aos matrimônios envolvendo o que os judeus consideravam os graus proibidos de parentesco.[50] Mateus estaria insistindo em que a proibição de divórcio da parte de Jesus não se aplicava a tais matrimônios contraídos pelos gentios que chegaram à fé em Cristo — com efeito aqueles matrimônios deveriam ser dissolvidos como se jamais tivessem acontecido (cf. FTAG 91-97). A consternação dos discípulos ante a severidade de Jesus é peculiar a Mateus (19,10-12). Em resposta, Jesus levanta a possibilidade de serem eunucos (ou seja, totalmente abstinentes) por causa do reino de Deus. Semelhante ao matrimônio sem a possibilidade de divórcio, o celibato é um valor escatológico (cf. Is 56,3-5); ambos impõem exigências que este mundo considera impossíveis.

A passagem sobre a *rejeição das crianças pelos discípulos* (Mt 19,13-15), em Mateus, não somente elimina a indicação, em Mc 10,14, de que Jesus ficou indignado com os discípulos, como também oferece uma atmosfera mais eclesial para que se trouxessem as crianças: "para que lhes impusesse as mãos e fizesse uma oração". A história do *jovem rico e seus desdobramentos* (Mt 19,16-30) acrescenta aos mandamentos do Decálogo a exigência de amar o próximo como a si mesmo (Mt 19,19); ainda assim, para seguir Jesus, ninguém está apto enquanto não sacrifica todas as suas posses. Mais uma vez a austeridade da exigência escatológica cria desalento entre os discípulos. Na resposta de Jesus, Mt 19,28 incorpora uma importante promessa de Q acerca do elevado papel futuro dos discípulos: na regeneração (*palingenesia*), eles sentar-se-ão em doze tronos para julgar as doze tribos de Israel. Discute-se se as doze tribos são uma referência ao antigo Israel ou à Igreja cristã. De forma mais ampla, porém, o julgamento pode incluir todos os que adoram o Senhor Deus (cf. também Ap 21,14). A recompensa no final tem o mesmo caráter paradoxal do reino: não é concedida aos primeiros e mais poderosos deste mundo, mas aos últimos, que deixaram para trás coisas preciosas por causa do nome de Jesus (Mt 19,29-30). O tema dos primeiros e dos últimos e o da recompensa regem também a *parábola dos trabalhadores da vinha* (Mt 20,1-16), que é própria de Mateus e considerada por alguns uma ilustração

---

[50] Em At 15,20, quatro itens são proibidos para os cristãos gentios. Como os outros três são paralelos às proibições de Lv 17, muitos pensam que o quarto, *porneia*, refira-se a relações sexuais com parente próximo, conforme descrito em Lv 18. A chocante *porneia* condenada por Paulo (1Cor 5,1) é o caso de um homem vivendo com sua madrasta.

explanadora, feita pelo evangelista, a fim de realçar a soberania e a gratuidade de Deus, que não estão baseadas no merecimento.[51]

Em meio a essas reflexões sobre a recompensa escatológica, a *terceira predição da paixão* (Mt 20,17-19) constitui uma consideração paradoxal sobre o papel do sofrimento na vitória. A predição leva à incompreensão, expressa no *pedido de lugares no reino* (Mt 20,20-28). Para evitar desonra aos discípulos, Mateus transfere o pedido dos filhos de Zebedeu para a mãe deles.[52] Aos Doze foram assegurados tronos de julgamento quando o Filho do Homem assentar-se em sua glória; evidentemente isso não é a mesma coisa que sentar-se à direita e à esquerda no reino. A diferença-chave pode estar na advertência contra o domínio sobre os outros, pois, quer se trate do Filho do Homem, quer dos discípulos, a atitude necessária é a do serviço. A continuação da viagem para Jerusalém conduz Jesus a Jericó[53] e à *cura de dois cegos* (Mt 20,29-34). Essa é claramente uma variante mateana da cura, em Marcos, do cego Bartimeu e ilustra a prefência de Mateus pelo número dois (reflexo provável da exigência de duas pessoas como testemunhas conforme a Lei).

A entrada em Jerusalém (Mt 21,1-9) está baseada em Marcos, e, em Mt 21,4-5, acrescenta-se uma citação-fórmula de Is 62,11 e Zc 9,9, que enfatiza a docilidade e a pacificidade do rei messiânico. Celebremente ilógica é a combinação mateana, em Mt 21,7, de uma jumenta com um jumentinho (originalmente eram designações paralelas para indicar um mesmo animal), de modo que Jesus "montou sobre eles".[54] A seqüência da *purificação do templo* (Mt 21,10-17) e da

---

[51] Qualquer tentativa de justificar a parábola com base na justiça social ou nas relações trabalhistas desvirtua o sentido. Para um estudo de Mt 19–20 no contexto social de Antioquia, cf. CARTER, W. *Households and discipleship*. Sheffield, Academic, 1994. (JSNTSup, 103.)

[52] Mateus omite igualmente a complicada referência simbólica a um batismo com o qual seriam batizados em Mc 10,38 (cf. Meier, *The vision of Matthew*, cit., p. 142).

[53] Mc 10,46 traz: "Chegaram a Jericó. Ao sair de Jericó [...]". Mateus, presumivelmente à guisa de simplificação, optou por narrar apenas a última parte: "Enquanto saíram de Jericó [...]". Essas referências a Jesus saindo de Jericó constituem um famoso conflito com Lc 18,35, que apenas diz: "Quando ele se aproximava de Jericó [...]". Existem harmonizações implausíveis (p. ex., deixando a Jericó do AT e aproximando-se da Jericó do NT); a explicação crítica-padrão é dada por Fitzmyer (op. cit., 2.1212): "O relato de uma cura [...] nas proximidades de Jericó tem dado origem a diversas tradições literárias sobre ela".

[54] Alguns alegam que essa é uma prova de que o autor era um gentio que não entendia o paralelismo hebraico (dois modos de dizer a mesma coisa). Contudo, no NT, paralelismo sinonímico é muitas vezes negligenciado em favor da completeza literária; por exemplo, em Jo 19,23-24, "vestes" (*himatia*) e "túnica" (*himatismon*) são consideradas duas peças diferentes; em At 4,25-27, "reis" e "governadores" são tratados como pessoas diversas.

maldição e ressecação da figueira (Mt 21,18-22) reorganiza Mc 11,12-25, em que a purificação vem "intercalada" entre a maldição e a ressecação. A purificação do templo acontece no dia em que Jesus entra em Jerusalém (não no dia seguinte, como em Marcos) e é colocada no contexto da agitação de toda a cidade, que também reconhece Jesus como *o* profeta (Mt 21,10-11). Da mesma forma, a juntura da maldição e da ressecação produz o efeito de salientar o miraculoso, pois agora a figueira resseca-se no exato momento em que Jesus lhe lança a maldição (e não é descoberta apenas no dia seguinte).

Ao *desafio à autoridade de Jesus* (Mt 21,23-27), lançado pelos sacerdotes e anciãos e respondido com uma referência a João Batista, Mateus junta uma parábola de sua própria lavra, a *dos dois filhos* (Mt 21,28-32). Comparando as autoridades ao filho que diz obedecer ao pai, mas não obedece, Jesus elabora um contraste altamente polêmico: publicanos e prostitutas que acreditaram em João Batista entrarão no reino de Deus antes das autoridades. A agudeza do julgamento continua na *parábola dos vinhateiros homicidas* (Mt 21,33-46), pois nos vv. 43 e 45, o sumo sacerdote e os fariseus compreendem que eles próprios são o alvo da admoestação de que o reino de Deus será tirado e dado a uma nação que produza frutos. Mateus tem em mente a Igreja composta de judeus e gentios que acreditam em Jesus. A *parábola do banquete nupcial* (Mt 22,1-14), aparentemente adaptada de Q, é outra ocasião de rejeição dos líderes. Os que foram convidados em primeira instância pelo rei mostram-se indignos e não comparecem; porque matam os servos enviados com o convite, o rei envia suas tropas e destrói a cidade deles. A parábola sobre o homem sem a veste nupcial, outrora independente e que foi acrescentada como conclusão, trata de uma realidade que Mateus conhece muito bem: para o seio da Igreja, foram trazidos tanto os bons quanto os maus, de modo que os que aceitaram o chamado inicial devem enfrentar um julgamento ulterior. Os cristãos que não forem achados dignos, sofrerão a mesma sorte daqueles que anteriormente possuíam o reino, mas não foram dignos de conservá-lo (cf. Mt 8,11-12). Destarte, em nenhuma dessas parábolas a questão é simplesmente a substituição de Israel pela Igreja ou dos judeus pelos gentios; para Mateus, o problema é a substituição do que é indigno no judaísmo (especialmente os líderes) por uma comunidade de judeus e de gentios que chegaram à fé em Jesus e dignamente responderam aos seus apelos para o reino.

Como em Marcos, segue-se agora uma série de questões capciosas: *imposto a César* (Mt 22,15-22), proposta pelos fariseus e herodianos; *a ressurreição* (22,23-33), proposta pelos saduceus; *o grande mandamento* (Mt 22,34-40), proposto por um legista fariseu.[55] Depois dessas, Jesus apresenta uma questão aos fariseus acerca do Messias como *filho de Davi* (Mt 22,41-46). A fim de fazer sobressair a superioridade de Jesus, Mateus adiciona observações, por exemplo, em 22,33, sobre a admiração da multidão pelo ensinamento de Jesus e, em 22,46, sobre ninguém mais ousar fazer perguntas a Jesus.

Funcionando como uma ponte para o último grande discurso, *a denúncia contra os escribas e fariseus* (Mt 23,1-36) é uma extraordinária construção mateana.[56] A hostilidade demonstrada por essas autoridades nas ardilosas questões do cap. 22 é devolvida pelo ataque de Jesus contra o comportamento ostensivo deles e o amor aos títulos,[57] e pelos "ais" contra a casuística deles — "ais" que funcionam quase como a antítese das bem-aventuranças no cap. 5. A instrução inicial (Mt 23,2-3) de observar tudo o que os escribas e fariseus dissessem, porque estariam sentados na cátedra de Moisés, é desconcertante, pois, em outra parte, o Jesus mateano critica seus discursos e ensinamentos (p. ex., em Mt 15,6; 16,11-12; 23,16-22). Não é totalmente satisfatório argumentar que Mateus conserva essa afirmação simplesmente como tradição do passado, embora discorde

---

[55] Em Mc 12,28-34, o questionador é um escriba bem intencionado, que concorda com a resposta de Jesus; todos os versículos favoráveis ao escriba são omitidos por Mateus, que também elimina a oração judaica, o Shemá, com o qual Mc 12,29 prefacia a resposta de Jesus — uma possível indicação da ruptura de Mateus com a sinagoga.

[56] Provém de Marcos, de Q e de material próprio de Mateus, de acordo com D. E. Garland (*The intention of Matthew 23*, Leiden, Brill, 1979, NovTSup, 52), A. J. Saldarini (CBQ 54, 659-680, 1992) e K. G. C. Newport (*The sources and Sitz im Leben of Matthew 23*, Sheffield, Academic, 1995).

[57] Mt 23,6-10 censura três títulos usados nos círculos judaicos (rabínicos) no tempo em que o evangelho foi escrito: "Rabi", "Pai" (*Father*), "Mestre". Anticatólicos literalistas têm apelado para essa passagem para criticar o costume que se instaurou nos ambientes de língua inglesa de chamar os sacerdotes de "Pai", embora eles não pareçam ter problemas em dirigir-se às pessoas instruídas chamando-as de "Professor" (*Professor*) ou "Doutor" (*Doctor*), que são os equivalentes seculares de "Rabi" e "Mestre". O texto de Mateus critica o gosto pelas honrarias — um gosto que encontrará expressão em diversos títulos, em diferentes épocas. A verdadeira lição é esta: não importa quais títulos sejam usados, "todos são irmãos [irmãs]" em Cristo, e o maior deve ser um servidor.

dela.[58] Os oponentes escribas e fariseus são criticados pelos discursos e aparência desacompanhados pela ação, e também pelo comportamento mesquinho. (Compare-se a crítica aos seguidores de Jesus, em Mt 7,21-23, por venerarem Jesus como Senhor sem praticar a vontade de Deus; ver na seção Temas e problemas para reflexão as repercussões modernas nas relações judaico-cristãs). Conquanto os sete "ais" sejam descritos como críticas de Jesus aos líderes de seu tempo, os leitores de Mateus provavelmente os vêem como críticas aos chefes da sinagoga da época deles, cerca de meio século depois.[59] (E os cristãos de hoje deveriam ouvi-los como uma crítica àquilo que geralmente acontece em uma religião estabelecida e, portanto, aplicá-los ao comportamento no cristianismo.) Alguns dos "ais" envolvem polêmicas em torno da Lei, mas o último (Mt 23,29-35) associa os escribas e os fariseus aos assassinos dos profetas, sábios e escribas.[60] Para os cristãos da Igreja de Mateus, a crucifixão de Jesus teria aguçado o tom dessa polêmica. A declaração: "Em verdade vos digo: tudo isso sobreviverá a esta geração!" (Mt 23,36) teria sido considerada realizada na tomada de Jerusalém e na destruição do templo em 70 d.C. O capítulo conclui-se com uma *interpelação a Jerusalém* (Mt 23,37-39), tirada de Q. Jesus não conseguiu persuadir a cidade. Por conseguinte, a casa dela (o templo) está esquecida e desolada, e ela não verá Jesus de novo até que diga: "Bendito aquele que vem em nome do Senhor".

---

[58] Mateus não hesita em alterar Marcos quando discorda do que aquele evangelho narra sobre Jesus; portanto, por que hesitaria em mudar tal tradição? Esse princípio era ainda vigente na comunidade de Mateus em relação aos judeu-cristãos como parte do que podia ser tolerado no reino do Filho do Homem até a colheita do fim dos tempos (Mt 13,39)? M. A. Powell (JBL 114, 419-435,1995) sustenta que "sentados na cátedra de Moisés" não ratifica a autoridade dos escribas e fariseus para ensinar ou interpretar a Lei, mas reconhece que eles detêm o controle das cópias da Torá e podem, portanto, narrar o que Moisés disse.

[59] Mt 23,15 é particularmente interessante a respeito dos escribas e fariseus atravessando mar e terra para fazer prosélitos — conversos ao judaísmo ou ao farisaísmo? M. Goodman (*Mission and conversion*, Oxford, Clarendon, 1994) nega que nesse tempo houvesse insistente atividade missionária por parte dos judeus a fim de converter gentios. J. C. Paget (JSNT 62, 65-103, 1996), porém, questiona as provas para tal tese e afirma que, provavelmente, existia consciência missionária entre alguns judeus.

[60] O período entre Abel (Gênesis) e o sangue de Zacarias, assassinado entre o santuário e o altar (2Cr 24,20-22), cobre uma extensão que vai do início da Bíblia hebraica (o primeiro livro da Lei) ao fim (os Escritos). No entanto, envolve também uma famosa inexatidão, pois o Zacarias descrito era filho de Joiada, e não de Baraquias (BINTC 38).

2. Discurso: Sermão escatológico (Mt 24,1–25,46).[61] Dessa forma Mateus preparou o caminho para uma longa fala acerca dos últimos tempos, a qual, apropriadamente, é o último dos cinco grandes discursos. *Uma série de admoestações* (Mt 24,1-36) começa com a questão dos discípulos em Mt 24,3. Eles percebem a distinção presente em Mt 23,38-39, perguntando acerca da destruição dos edifícios do templo e da segunda vinda.[62] A seqüência em Mt 24 conserva a obscuridade apocalíptica de Mc 13, que mescla o tempo presente do evangelho com o futuro. Algumas adaptações podem ilustrar a história e os tempos conhecidos por Mateus, como, por exemplo, a dupla referência a falsos profetas desviando o povo (Mt 24,11.24), que pode refletir uma luta contra certo entusiasmo cristão. Em Mt 24,15, a predição da desolação sacrílega é claramente situada no templo (cf. a obscuridade em Mc 13,14), sendo mais aplicável, portanto, à profanação romana do Lugar Santo. O contexto judaico de alguns dos ouvintes de Mateus está refletido no pedido para que a fuga nos últimos tempos não aconteça em dia de sábado (Mt 24,20), um problema delicado, seja porque eles ainda observavam aquele dia, seja porque não queriam inimizar-se com outros judeus que o observavam. Marcos já indicara que não havia nenhum hora marcada para os acontecimentos finais, e o *material sobre a vigilância* em Mt 24,37-51 sublinha que não se pode saber quando o Filho do Homem virá. A advertência de que o servo que não estiver vigiando quando da chegada do seu senhor será lançado fora com os hipócritas (Mt 24,51) mostra que os cristãos infiéis (e talvez especificamente os líderes da Igreja) serão julgados não menos duramente do que os escribas e fariseus. O tema da vigilância prossegue na *parábola das dez virgens* (Mt 25,1-13),[63] exclusiva de Mateus. O motivo do julgamento torna-se mais forte na *parábola dos talentos* (Mt 25,14-30), de Q, a qual mostra quanto Mateus e Lucas (Mt 19,12-27)

---

[61] Mt 24,1-36 contém material abundantemente tirado do discurso escatológico de Mc 13 e o restante dos caps. 24 e 25, material proveniente de Q e da própria tradição de Mateus. O resultado é um discurso quase duas vezes maior do que o de Marcos. BURNETT, F. W. *The testament of Jesus-Sophia*; a redaction-critical study of the eschatological discourse in Matthew. Washington, DC, Univ. of America, 1981.

[62] Essa explicação não é encontrada na questão paralela de Mc 13,4, e dá a entender que Mateus escreve no período entre os dois acontecimentos.

[63] A história mostra muito bem como uma parábola muitas vezes focaliza um único ponto. Se essa parábola era um quadro geral da vida cristã ideal, as virgens prudentes deveriam ter a caridade de partilhar o óleo com as insensatas. K. P. Donfried (JBL 93, 415-428, 1974) considera essa parábola uma chave para a teologia de Mateus.

podem diferenciar-se ao narrar o mesmo fato. Para os leitores de Mateus,[64] a mensagem não é a de uma recompensa meritória, mas a de uma resposta dedicada e frutuosa do cristão ao dom de Deus em e por meio de Jesus. O discurso termina com material típico de Mateus: *o Filho do Homem, entronizado, separa as ovelhas dos bodes* (Mt 25,31-46).[65] Uma vez que fala de Deus como "meu Pai", o Filho do Homem é o Filho de Deus no contexto apocalíptico do julgamento do mundo inteiro. O admirável princípio de que o veredicto será pronunciado com base no tratamento dispensado aos excluídos é a última advertência do Jesus mateano aos seus seguidores e à Igreja, reclamando um comportamento religioso bem diferente tanto daquele dos escribas e fariseus, criticados no cap. 23, quanto daquele de um mundo que dá mais atenção ao rico e ao poderoso.

Clímax: paixão, morte e ressurreição (Mt 26,1–28,20)

1. Conspiração contra Jesus, Última Ceia (Mt 26,1-29).[66] Ao fazer Jesus predizer, bem no início, que o Filho do Homem seria entregue durante a Páscoa (um tipo de quarto anúncio da paixão), Mateus enfatiza a precognição de Jesus. Na *deslealdade de Judas e na unção de Jesus* (Mt 26,1-16), o cenário do conluio contra Jesus é situado no palácio do sumo sacerdote Caifás, a fim de preparar o palco para o julgamento judaico, mais tarde. A soma paga (não simplesmente prometida) a Judas é especificada como *trinta* moedas de prata a fim de ligar-se a Zc 11,12. *Os preparativos para a Páscoa* (Mt 26,17-19) são narrados brevemente, passando-se diretamente *à narrativa da Última Ceia* (Mt 26,20-29).[67] Mateus torna específica a identificação daquele que irá entregar Jesus (o que Marcos deixara obscuro). Judas não apenas é nomeado, mas também responde a Jesus chamando-o de "Rabi", precisamente o título que Jesus proibira em Mt 23,7-8.

---

[64] Existe muita discussão acerca do que a parábola possa ter criticado quando pronunciada durante o ministério de Jesus. Ver L. C. McGaughy, JBL 94, 235-245, 1975. Na forma citada em *Gospel of the Nazaraeans* 18 (HSNTA 1.161), o homem a ser castigado não é o que oculta o talento, mas o que viveu dissolutamente e malbaratou-o — uma interpretação moralizante.

[65] Cf. J. R. Donahue, TS 47, 3-31, 1986.

[66] Com algumas mudanças secundárias, até o fim do julgamento judeu, Mateus segue de perto Mc 14.

[67] Um leve toque mateano é o acréscimo de "para remissão dos pecados" às palavras de Jesus ao identificar o cálice de vinho com o seu sangue; a morte de Jesus é claramente apresentada como um sacrifício expiatório. Em Mc 1,4, o batismo de João Batista é que se destina ao perdão dos pecados

2. Prisão, julgamentos judaico e romano, crucifixão, morte (Mt 26,30–27,56).[68]

No *Getsêmani* (Mt 26,30-56), a tendência de Mateus em evitar duplicações leva à omissão da oração de Jesus a fim de que, se fosse possível, aquela hora se afastasse dele — ver, em Mc 14,35, a gêmea da oração em discurso direto, pedindo que o cálice fosse afastado. Essa omissão tem por objetivo tornar o Jesus mateano menos desesperado. Mateus preenche também o esquema da oração de Jesus, em três momentos, verbalizando a segunda oração em 26,42 (fazendo eco à oração do Senhor de Mt 6,10). Na prisão (Mt 26,49-50), mais uma vez Judas se dirige a Jesus chamando-o de "Rabi", e Jesus responde de um modo que mostra sua consciência do que Judas planejara. Visto que Mateus deixa claro (contrastando com Marcos) que foi um dos seguidores de Jesus que cortou a orelha do servo do sumo sacerdote, é moralmente importante que Jesus faça um comentário desfavorável sobre tal violência. Dizer que o Pai teria enviado mais de doze legiões de anjos se Jesus tivesse pedido (Mt 26,53: algo em torno de 72 mil!) atenua a falha do Pai em responder à oração de Jesus pedindo que aquele afastasse o cálice. Tipicamente mateana é a ênfase em Mt 26,54.56 de que, naquilo que estava acontecendo, cumpriam-se as Escrituras, em harmonia com as inúmeras citações de cumprimento ao longo do evangelho.

O julgamento judaico: Jesus é condenado pelo Sinédrio e insultado, enquanto Pedro o renega (Mt 26,57–27,1). Mateus inclui o nome do sumo sacerdote Caifás e destaca a iniqüidade porque se disse que as autoridades procuraram um *falso* testemunho desde o início. A indicação de que duas testemunhas se apresentaram e a impossibilidade de qualificar o testemunho delas como falso (contraste com Marcos) indicam que, para Mateus, Jesus realmente disse: "Posso destruir o templo de Deus e edificá-lo depois em três dias". Essa afirmação e a não-rejeição do título de "Messias, o Filho de Deus", constituem a base da acusação de blasfêmia. (Sobre a provocação — "Quem é que te bateu?" — zombaria contra Jesus como Messias-profeta [Mt 26,68], cf. *pp. 189 e 192*.) Mateus realça a ironia da negação de Pedro em conhecer Jesus no exato momento em que este confessa ser o Messias, o Filho de Deus, porque esse foi precisamente o título que Pedro

---

[68] Existe enorme literatura sobre a narrativa mateana da paixão (enumerada em BDM 1.100-101). De modo particular, cf. SENIOR, D. P. *The passion narrative according to Matthew*. Louvain Univ., 1975. (BETL, 39); idem, *The passion of Jesus in the Gospel of Matthew*. Wilmington, Glazier, 1985; WITHERUP, R. D. *The cross of Jesus*; a literary-critical study of Matthew 27. Ann Arbor, University Microfilms, 1986.

confessou em Mt 16,16. O senso de ordem de Mateus apresenta três personagens diferentes (não duas, como em Marcos) a provocar as três negações de Pedro.

O julgamento romano: enquanto Jesus é entregue a Pilatos, Judas procura evitar ser réu de sangue; Pilatos sentencia Jesus, que é, a seguir, escarnecido (Mt 27,2-31a). Nessa seção da narrativa da paixão deparamo-nos com episódios memoráveis, peculiares a Mateus. O fio narrativo permanece o mesmo de Marcos: o interrogatório ante Pilatos, Barrabás, a intervenção dos sumos sacerdotes e das multidões, a flagelação, a entrega para a crucifixão e a zombaria dos soldados romanos. Contudo, o material mateano torna o relato mais vívido e dramatiza a responsabilidade pela morte de Jesus utilizando a imagem do "sangue inocente". (Cf. *p. 303* a respeito desse tipo de material mateano, no qual quase toda linha faz eco ao AT e talvez tenha sido apanhado diretamente de tradição oral popular.) Mt 27,3-10 interrompe o começo do julgamento romano com a história da reação de Judas à decisão dos judeus contra Jesus. Judas não quer ser responsável por sangue inocente (cf. Mt 23,34-35; Dt 21,9; 27,25). Tampouco os sumos sacerdotes o querem, de modo que eles usam as trinta moedas de prata pelas quais Judas vendeu Jesus[69] para comprar o campo do Oleiro (Zc 11,12-13; Jr 19,1-13; 32,9). O auto-enforcamento de Judas é paralelo ao suicídio de Aquitofel (conselheiro de confiança de Davi que foi ter com o rebelde Absalão, filho de Davi), a única figura do AT que se enforcou (2Sm 17,23).[70] Exatamente como na narrativa da infância em Mateus havia revelações por meio de sonhos e os gentios mostravam-se sensíveis, enquanto as autoridades judaicas não o eram, aqui também a esposa de Pilatos recebe uma revelação onírica de que Jesus é um justo (Mt 27,19). (O título "o Rei dos Judeus" é também partilhado por essa cena e pela narrativa da infância.) Pilatos lava as mãos para dar a entender que é inocente do sangue de Jesus; finalmente, porém, "todo o povo" diz: "O seu sangue caia sobre nós e sobre nossos filhos" (Mt 27,24-25). Não se trata de uma automaldição do povo judeu; é uma fórmula legal pela qual se assume a responsabilidade pela morte de alguém

---

[69] Judas tem o mesmo nome que Judá, um dos doze filhos de Jacó, que em Gn 37,26-28, em vez de derramar o sangue de seu irmão José, vendeu-o por vinte (ou trinta) moedas de prata.

[70] A história de Aquitofel em 2Sm 15–17 está entretecida também numa seção anterior da paixão de Jesus, pois, ao fugir de Absalão, Davi foi para o Monte das Oliveiras, onde chorou e rezou. O relato mateano da morte de Judas difere de outros dois que, por sua vez, divergem entre si: At 1,16-20 e Papias (BDM 2.1404-1410).

considerado criminoso. Mateus sabe o que o povo ignora, ou seja, que Jesus é inocente; então acredita que a responsabilidade (e punição) pela morte desse justo abateu-se sobre todo o povo judeu posteriormente, quando os romanos destruíram Jerusalém e o templo (daí a referência a "filhos").[71]

A crucifixão e morte (Mt 27,31b-56).[72] Mt 27,36 afirma que os soldados romanos que crucificaram Jesus sentaram-se e vigiaram-no; dessa forma, o centurião romano contava com companheiros (gentios) ao confessar que Jesus era verdadeiramente o Filho de Deus (Mt 27,54). O insulto das autoridades judaicas a Jesus crucificado (Mt 27,41-43) é ampliado para emparelhar-se com as Escrituras (Sl 22,9; Sb 2,17-18). As duas bebidas oferecidas a Jesus tornam-se vinho misturado com *fel* e vinagre (Mt 27,34.48) para equiparar-se ao fel e ao vinagre do Sl 69,22. A adição mateana de maior peso, mais uma vez de tipo vivaz, popular, expande poeticamente o que se passou quando Jesus morreu. Não somente o véu do santuário foi rasgado de cima a baixo, mas também a terra foi sacudida, as rochas fenderam-se, as tumbas abriram-se e muitos corpos de santos, que haviam adormecido, ressurgiram e, depois da ressurreição de Jesus (Mt 27,51-53), saíram dos sepulcros e apareceram na cidade santa. Esse é um modo bíblico de descrever os últimos tempos. Se o nascimento de Jesus foi marcado por um sinal dos céus (o levantar-se de uma estrela), sua morte foi marcada por sinais na terra (um tremor) e sob a terra (túmulos). Sua morte traz a condenação do templo, mas também a ressurreição dos santos de Israel. As relações humanas com Deus mudam, e o cosmo transforma-se.

3. Sepultamento, vigilância do túmulo, abertura do túmulo, suborno dos guardas, aparições do ressuscitado (Mt 27,57–28,20). Enquanto o sepultamento, em Mar-

---

[71] Tal tipo de julgamento, por mais duro que nos soe aos ouvidos, não era estranho ao tempo; por exemplo, o historiador judeu Josefo (*Ant.* 20.8.5; #166) afirma que Deus infligiu destruição a Jerusalém pelos romanos por causa da impiedade judaica. Além disso, a linguagem mateana repercute o AT; por exemplo, Jeremias (26,12.15) admoesta os príncipes e "todo o povo": "[...] se me matardes, é sangue inocente que poreis sobre vós, sobre esta cidade [...]". Contudo, a passagem mateana tem sido usada tragicamente para apoiar horrível antijudaísmo, que precisa ser repudiado (BDM 1.388,396,831-839). Cf. Temas e problemas para discussão, 8, sobre o tom antijudeu em Mateus.

[72] Mateus continua acompanhando a seqüência de Marcos. Omissões menores de Marcos incluem o nome dos filhos de Simão Cirineu e que Jesus foi crucificado à terceira hora (às 9 horas). A Salomé de Marcos é substituída pela mãe dos filhos de Zebedeu entre as mulheres mencionadas, que observavam, de longe, a crucifixão.

cos, faz parte do relato da crucifixão, em Mateus a seqüência é reorganizada para estabelecer uma relação mais direta entre o sepultamento e a ressurreição. Num esquema parecido com o da narrativa da infância, Mateus traz cinco subseções dispostas num padrão que se alterna entre a favor de Jesus, contra Jesus, a favor etc. (cf. Mt 1,18–2,23 e as subseções alternantes de José e Herodes). *A narrativa do sepultamento* (Mt 27,57-61) esclarece que José de Arimatéia era um homem rico e discípulo de Jesus. O posicionamento *da guarda junto ao túmulo* (Mt 27,62-66), específica de Mateus, reflete intenções apologéticas destinadas a refutar a polêmica judaica contra a ressurreição. A cooperação de Pilatos com os sumos sacerdotes e os fariseus,[73] usando soldados para acautelar-se contra a ressurreição/remoção do corpo de Jesus, assemelha-se ao acordo entre Herodes, os sumos sacerdotes e os escribas para mandar matar o menino Jesus (Mt 2,16-18 [+ 2,4 e o pl. em 2,20]).

A subseção intermédia dos cinco relatos, tanto da infância quanto do sepultamento/ressurreição, mostra a intervenção divina para frustrar a trama adversa, pois a história mateana do *túmulo vazio* (Mt 28,1-10) é significativamente diferente. Houve um terremoto; um anjo desceu e rolou a pedra, enquanto os guardas foram tomados de medo e ficaram como mortos. A mensagem do anjo às mulheres sobre a vitória de Jesus provoca uma reação diferente daquela ante a mensagem em Marcos, pois elas correm com alegria para contar aos discípulos e, de fato, Jesus mesmo aparece-lhes. O modelo alternante das subseções agora volta a atenção para *o suborno da guarda* (Mt 28,11-15) pelos sumos sacerdotes e a mentira de que os discípulos roubaram o corpo. A conclusão dá-se quando *Jesus aparece aos Onze* (Mt 28,16-20) sobre uma montanha na Galiléia. Conforme veremos nas aparições pós-ressurrecionais em Lucas e João, existem detalhes típicos: dúvida, reverência a Jesus e incumbência. A montanha é o lugar simbólico mateano da revelação de Jesus (Mt 5,1), e o Jesus glorificado, que ora fala, recebeu todo o poder no céu e na terra. (Isso se liga a Dn 7,14; por isso Meier (*The vision of Matthew* [A visão de Mateus], cit., p. 212) afirma que a cena representa o Filho do Homem vindo para sua Igreja numa parusia proléptica). O envio a todas as nações, no fim do livro, corrige a missão restrita às ovelhas perdidas da casa de Israel instituída no meio do evangelho (Mt 10,5-6). A fórmula batismal em nome

---

[73] Na narrativa da paixão, Marcos e Lucas jamais mencionam os fariseus; Mateus cita-os apenas essa vez.

de três agentes divinos provavelmente era usada na Igreja mateana nesse período,[74] substituindo um antigo costume de batizar em nome de Jesus (At 2,38; 8,16 etc.). O encargo de ensinar a todas as nações "tudo quanto vos ordenei" refere-se provavelmente ao conteúdo dos cinco grandes discursos de Mateus, ou até mesmo a tudo o que Mateus narrou (cf. Mt 26,13). O verso final —"E eis que estou convosco todos os dias, até a consumação dos séculos!" — retoma a revelação de Deus sobre Jesus por intermédio do profeta Isaías no começo do evangelho (Mt 1,23): "[...] e o chamarão com o nome de Emanuel, o que traduzido significa: 'Deus está conosco'".

Fontes e características redacionais

Aqueles que aceitam a prioridade marcana e a existência de Q (cf. capítulo 6) trabalham com duas fontes escritas de Mateus. Vamos discuti-las em primeiro lugar e, a seguir, voltaremos a outros elementos composicionais comumente aceitos.

a) *Marcos*. É a principal fonte de Mateus. Embora o evangelista possa ter-se espelhado em Marcos tal qual era lido na comunidade litúrgica, a obra detalhada demonstra que Mateus tinha diante de si uma forma escrita de Marcos. A idéia de que um evangelista posterior tenha reescrito um evangelho original não é estranha à cena bíblica, pois o deuteronomista reescreveu material já existente do Pentateuco, e o cronista (1-2 Crônicas) revisou material contido no livro de Samuel e no dos Reis. Marcos fora concebido para tornar Jesus inteligível a um público gentio. Já Mateus, a fim de prestar serviço a uma comunidade que se tornava cada vez mais gentia, encontrou em Marcos um esquema útil ao qual pôde incorporar Q, uma coleção autenticamente judaica do ensinamento de Jesus.[75]

Mateus é notavelmente fiel a Marcos, quase como um escriba copiando a fonte. Contudo, nas mudanças (menores, em extensão) do que foi tirado de Marcos,

---

[74] As raízes do modelo triádico podem estar na apocalíptica veterotestamentária, por exemplo, o Ancião dos Dias, um filho de homem e o anjo intérprete em Dn 7. Cf. Schaberg, J. *The Father, the Son, and the Holy Spirit.* Chico, CA, Scholars, 1982. (SBLDS, 61.) Ver também Hubbard, B. J. *The Matthean redaction of a primitive apostolic commissioning.* Missoula, MT, Scholars, 1974. (SBLDS, 19.)

[75] De fato, tem-se sugerido que a harmonia com Marcos evitou um desenvolvimento ulterior demasiadamente livre do ensinamento de Jesus numa direção gnóstica que o teria separado de sua carreira terrestre.

podem-se detectar o pensamento e as inclinações mateanas. As alterações mais características efetuadas por Mateus estão listadas abaixo, acompanhadas, cada uma, de alguns exemplos.

- Mateus escreve em grego com mais elegância do que Marcos, eliminando a fraseologia difícil, as expressões duplicadas e homogeneizando os padrões. Exemplos: Mt 15,39 muda o irreconhecível topônimo de Mc 8,10 "Dalmanuta"; Mt 26,34 elimina a primeira indicação de tempo em Mc 14,30, "hoje, esta noite"; Mt 26,45 deixa de lado a intraduzível palavra grega *apechei* de Mc 14,41; Mt 26,42 verbaliza a segunda oração de Jesus no Getsêmani, em contraste com Mc 14,29.

- Mateus omite ou muda passagens que em Marcos são desfavoráveis àqueles cuja carreira subseqüente os faz dignos de respeito. Exemplos: *omite* Mc 3,21, em que a família de Jesus pensa que ele está fora de si; Mc 8,17, em que Jesus pergunta se os discípulos têm o coração endurecido; Mc 8,22-26, que dramatiza a morosidade dos discípulos em ver; e Mc 9,10.32, em que os discípulos não entendem o conceito de ressurreição dos mortos; da mesma forma, *substitui* os ambiciosos requerentes, de Mc 10,35 — os filhos de Zebedeu — pela mãe deles, em Mt 20,20.

- Demonstrando sensibilidade cristológica, Mateus mostra-se mais reverente acerca de Jesus e evita aquilo que possa limitá-lo ou fazê-lo parecer ingênuo ou supersticioso. Exemplos: Mt 8,25-26 substitui a repreensiva pergunta dos discípulos a Jesus em Mc 4,38 e elimina as palavras que Jesus dirige ao vento e ao mar no versículo seguinte; Mt 9,22 suprime a implicação, em Mc 5,30-31, de que Jesus não sabia quem o tocara e os discípulos julgaram que ele fizera uma pergunta tola; Mt 13,55 altera para "filho do carpinteiro" a descrição que Mc 6,3 faz de Jesus como carpinteiro; Mt 15,30-31 não toma conhecimento da narrativa marcana (Mt 7,32-36) da cura do surdo-mudo por meio de saliva; Mt 19,16-17 modifica Mc 10,17-18 para evitar a implicação de que Jesus não podia ser chamado bom, pois somente Deus é bom; Mt 21,12-13 omite Mc 11,16 e a cena de Jesus a obstruir o templo.

- Mateus destaca o elemento miraculoso encontrado em Marcos. Exemplo: Mt 14,21 aumenta os cinco mil de Marcos na multiplicação dos pães, acrescentando mulheres e crianças; Mt 14,24 alonga a distância do barco dos discípulos em relação à costa na cena da caminhada sobre as águas; Mt 14,35 insiste que Jesus curou *todos* os doentes; Mt 15,28 mostra que a cura da filha da mulher cananéia foi instantânea.

b) *A fonte Q*. Ao incluir material de Q, Mateus enfatiza fortemente Jesus como mestre. Muita gente descobriu outras idéias e tendências mateanas mediante as alterações que o evangelista fez em Q; uma vez, porém, que Q é uma construção hipotética, derivada em parte de Mateus, devemos admitir incertezas e ser cautelosos ante raciocínios circulares. Em relação ao conteúdo, Mateus mostra-se razoavelmente fiel a Q, quase como o faz com Marcos. No entanto, o uso de Q não é consistentemente o mesmo; dessa forma, a ordem de Q é adaptada ao gosto da ordem mateana. Por exemplo, Mateus reorganiza o material de Q em sermões ou discursos. Ao grupo das quatro bem-aventuranças (Lc 6,20-23), Mt 5,3-11 acrescenta outras para ampliar o número até oito. Mt 6,9-13 preenche a Oração do Senhor com petições que faltam em Lc 11,2-4.

c) *Material mateano especial* (freqüentemente chamado M). Quando se discute material de Mateus não encontrado em Marcos ou em Q, entra-se num campo que não é homogêneo e sobre o qual os estudiosos discordam seriamente. Quanto representa a composição/criação do próprio evangelista mateano e quanto ele tirou de uma fonte ou fontes (M), conhecida(s) unicamente por ele, entre os quatro evangelistas? Certamente o evangelista poderia ter criado suas próprias concepções, modeladas segundo o que ele encontrou em Marcos e em Q;[76] contudo, ele realmente parece ter-se servido de outras fontes, como por exemplo, um corpo especial de material sobre Pedro (14,28-31; 16,17-19; 17,24-27). Permitam-me apresentar como exemplo o problema da narrativa da infância e da paixão. BBM 52 defende a idéia de que a narrativa mateana da infância serviu-se de diversos materiais não-elaborados: listas dos nomes dos patriarcas e reis; árvore genealógica messiânica (Mt 1,13-16, à qual acrescentou José e Jesus); um anúncio do nascimento do Messias moldado em anúncios de nascimento veterotestamentários; e, de forma mais decisiva, *uma história de nascimento com muitos sonhos, envolvendo José e o menino Jesus, espelhada no patriarca José e nas lendas em torno do nascimento de Moisés; e uma história de magos e estrela*

---

[76] Stanton, op. cit., pp. 326-345.

moldada no mago[77] Balaão, que veio do Oriente e viu a estrela de Davi que teria surgido de Jacó. (Os dois últimos itens [em itálico] são reconstruídos como fontes pré-mateanas em BBM 109, 192, mas advirto que esse material foi revisado de forma tão integral que muitas vezes foi mantido apenas o conteúdo, mas não o escrito original.) De forma semelhante, a respeito da narrativa da paixão, acredito que Mateus acrescentou material de outras fontes ao que foi tirado de Marcos (BDM 1.755): o auto-enforcamento de Judas (Mt 27,3-10), o sonho da esposa de Pilatos (Mt 27,19), o lava-mãos de Pilatos em relação ao sangue de Jesus (Mt 27,24-25), a quadra poética sobre os acontecimentos inusitados que se seguiram à morte de Jesus (Mt 27,51b-53) e a história da guarda junto ao túmulo (Mt 27,62-66; 28,2-4.11-15). São características desse material do nascimento e da paixão: vívida imaginação (sonhos, assassinato de crianças, réu de sangue, suicídio, conspiração, mentiras), extraordinários fenômenos celestes e terrenos (interferência de anjos, estrela que parte do Oriente e pára sobre Belém, terremoto, ressurreição de mortos), quantidade desusada de influência escriturística (quase como se as histórias tivessem sido compostas com base no AT, em vez de apenas glosadas com referências veterotestamentárias) e (infelizmente) aguda hostilidade contra os judeus que não acreditaram em Jesus, contrabalançadas por simpáticas imagens dos gentios (Magos, mulher de Pilatos) — traços que refletem criatividade, interesses e preconceitos do povo comum,[78] a maioria dos quais ausente em outras partes de Mateus. Senior e Neirynck, que acentuam quase exclusivamente a dependência escrita de Mateus em relação a Marcos, consideram criação mateana muito ou todo esse material, com base, talvez, numa vaga tradição. É provável que o evangelista mateano, que em outras passagens trabalhou estreitamente com Marcos e Q, operando mudanças convencionais, à maneira de um escriba, de repente tenha libertado um impulso criativo e produzido histórias vibrantes, diferenciadas, na qualidade, das transformações introduzidas naquelas duas fontes? Mais provavelmente, em minha opinião, Mateus dispunha de uma fonte popular,

---

[77] Uma pessoa com poderes ocultos especiais: um mágico, adivinho, profeta. Na perspectiva bíblica, geralmente, uma figura negativa, como o mago Simão, em At 8,9, e os magos Bar-Jesus e Elimas, em At 13,6.8.

[78] Parte do material da paixão encontra-se, com desdobramentos, no *Evangelho de Pedro*, que reflete um cristianismo popular, com elementos imaginários que ultrapassam Mateus, como, por exemplo, uma cruz falante. Serapião, bispo de Antioquia, encontrou-o sendo lido numa pequena cidade da Síria, um contexto em que sua fantasia era apreciada. Cf. *p. 1081*.

oral talvez, formada por tradições folclóricas sobre Jesus (que podem ter tido um núcleo histórico ora irrecuperável).

Em adição a esses grandes blocos de material, existem passagens e máximas mateanas menores que não são derivadas de Marcos e de Q. Algumas delas podem representar a criatividade de Mateus;[79] outras podem reproduzir um tipo particular de tradição recebida. Por meio da pregação oral sobre Jesus, a qual deu origem ao cristianismo, o evangelista mateano com certeza obteve informações a respeito de Jesus antes que tivesse lido Marcos; destarte, é possível, ou ainda mais provável, que alguns acréscimos secundários representem a utilização de tradição e axiomas orais a fim de expandir o que o evangelista encontrou nas fontes escritas.[80] Numa perícope apanhada de Marcos, uma chave para a existência pré-mateana de uma tradição oral poderia ser a presença independente em Mateus e em Lucas do que falta em Marcos. (Algumas das "concordâncias menores"; cf. os exemplos de Mt 26,68, na *p. 193*, e de Lc 22,64, em que ambos os evangelistas podem ter recebido influência oral.)

d) *Citações-fórmula ou citações de cumprimento.* Em mais ou menos dez de catorze ocasiões em que Mateus cita o AT (Isaías em oito delas), a passagem escriturística vem acompanhada pela seguinte fórmula (com leves variantes): "Tudo isso, porém, aconteceu para se cumprirem os escritos dos profetas". Essa é quase uma particularidade mateana entre os evangelhos sinóticos.[81] Relacionar Jesus às Escrituras é um lugar-comum no cristianismo primitivo, mas Mateus padronizou de forma singular a realização da palavra profética. Na busca desse cumprimento, Mateus normalmente não procura interpretar o amplo significado contextual

---

[79] Teriam sido motivadas pelos mesmos interesses vistos em *a*. Por exemplo, Mt 3,14-15 é acrescentado ao relato do batismo para assegurar o reconhecimento cristológico de que Jesus não é submisso a João Batista.

[80] Meier (*The vision of Matthew*, cit., p. 12) mostra que Marcos e Q chegaram a Mateus incrustados de tradições orais, e este delas se serviu.

[81] Lc 22,37 é a outra única citação-fórmula sinótica inconcussa, embora fale de realização, mais do que de cumprimento. Menos seguras são Mc 15,28; Lc 18,31; 24,44. João contém nove citações de cumprimento, mas com uma fórmula menos padronizada (cf. capítulo 11, n. 43). A literatura sobre o assunto é bastante numerosa: FITZMYER, J. A. NTS 7, 297-333, 1960-1961 (reimpresso em FESBNT 3-58); GUNDRY, R. H. *The use of the Old Testament in Matthew's Gospel.* Leiden, Brill 1967. (NovTSup, 18); STENDAHL, K. *The school of St. Matthew and its use of the Old Testament.* 2. ed. Philadelphia, Fortress, 1968; SOARES-PRABHU, G. M. *The formula quotations in the infancy narrative of Matthew.* Rome, PBI, 1976. (AnBib, 63.) Ver também a discussão sucinta em BBM 96-104.

da passagem veterotestamentária citada; antes, concentra-se nos detalhes em que existe uma semelhança com Jesus ou com o acontecimento do NT. Alguns acreditam que existe um motivo apologético nessas citações (provas apontadas contra a sinagoga); mas, nesse caso, haveria outras tantas no relato da paixão de Jesus, que era a "pedra de tropeço para os judeus" (em vez de apenas em Mt 26,56; 27,9-10). Mais plausivelmente, as citações têm um propósito didático: informar os leitores cristãos e apoia a fé deles. Alguns se apegam às minúcias da carreira de Jesus, como enfatizar que toda a vida deste, até no menor detalhe, está de acordo com plano preestabelecido de Deus. Mateus pode estar dando continuidade ao uso da Escritura iniciado na pregação cristã primitiva, mas o faz agora quando o destinatário principal são comunidades cristãs estabelecidas que precisam ser instruídas.

Tais citações deram origem à narrativa que elas acompanham, ou foram acrescentadas a uma narrativa já existente? Instâncias de cada um desses processos podem existir, mas os melhores argumentos favorecem a última como um esquema geral. Por exemplo, na narrativa da infância, em quatro de cinco casos (Mt 1,22-23; 2,15b.17-18.23b), o fio narrativo é perfeitamente inteligível sem as citações, e flui até mesmo de forma mais linear. É difícil imaginar como a história em Mt 2,13-23 pudesse ser elaborada com base nas três citações-fórmula nela contidas. Numa passagem da qual temos controle externo, Mc 1,14 e Lc 4,14 concordam em que, após o batismo, Jesus foi para a Galiléia; assim, a citação-fórmula em Mt 4,12-16 não originou aquela história, mas emprestou-lhe um colorido com a referência aos gentios. Em alguns casos Mateus pode ter introduzido, no material tirado de Marcos, uma citação largamente usada (Mt 21,4-5 usa Zc 9,9, que ressoa também em Jo 12,15-16). Muitas vezes, porém, é difícil pensar que as citações mateanas pudessem ter sido usadas em outro contexto. O mais razoável, portanto, é que Mateus tenha começado o costume de usar muitas das citações introduzidas por uma fórmula.

Quanto ao contexto lingüístico das citações-fórmula de Mateus, Gundry (*The use of the Old Testament in Matthew's Gospel* [O uso do Antigo Testamento no evangelho de Mateus], cit.) demonstra que Mateus, ao reproduzir citações encontradas em Marcos (mesmo que implicitamente), mantém-se bem próximo da linguagem da LXX. No uso não-marcano da Escritura, em citação-fórmula ou não, Mateus mostra-se bastante livre. Stendahl (*The school of St. Matthew and its use of the Old Testament* [A escola de são Mateus e seu uso do Antigo Testamento], cit.) lembra-nos de que o século I dispunha de uma multiplicidade de tradições textuais — não apenas das padronizadas tradições hebraica (TM) e grega (LXX), mas também de escritos hebraicos divergentes, *targumim* aramaicos e certo número de traduções gregas, inclusive algumas mais próximas do TM que da LXX. Quando acrescentamos a tudo isso a possibilidade de uma versão livre do próprio evangelista, o processo de decisão a respeito de que texto escriturístico é mateano ou pré-mateano torna-se altamente incerto. Nas muitas ocasiões em que o evangelista mateano foi o primeiro a perceber as possibilidades de um complemento do AT, presumivelmente escolheu ou até mesmo adaptou a redação que melhor se adequasse a seus objetivos. A escolha de Mateus pode não ter representado os estudos de uma escola de escritores, como sugeriu Stendahl, mas ao menos foi cuidadosa e erudita, digna de um escriba cristão. Além do mais, para harmonizar a teologia geral da unidade do plano de Deus, o evangelista mateano selecionou citações-fórmula que servissem a seus interesses particulares e pastorais ao dirigir-se a uma comunidade cristã formada por judeus e gentios.

Permitam-me concluir esta subseção com uma advertência. Embora o evangelista tenha realmente bebido em conjunto de escritos e em material oral, não produziu uma coleção de fontes ligadas umas às outras. Trabalhando com uma cristologia, uma eclesiologia e uma escatologia desenvolvidas, ele elaborou uma narrativa altamente convincente sobre Jesus, entretecendo de forma homogênea o que recebeu. Sua narrativa conquistou para a fé em Cristo importantes regiões do mundo antigo. Academicamente pode ser útil detectar as fontes que ele empregou, mas concentrar-se no contexto composicional e perder o impacto do resultado é deixar escapar a beleza da floresta enquanto se contam as árvores.

Autoria

Se retrocedermos no tempo, veremos que o título "segundo Mateus"[82] foi acrescentado a esse escrito na segunda metade do século II (ou talvez mais cedo;

---

[82] Certo "Mateus" aparece nas quatro listas dos Doze no NT (no segundo grupo de quatro nomes); somente na lista de Mt 10,3 existe uma identificação: "o publicano". Isso está ligado à única outra vez em que ele aparece, ou seja, na história em que Jesus chama um publicano a quem Mt 9,9 chama de Mateus, mas a quem Mc 2,14 e Lc 5,27 chamam de Levi. (Um homem não deve ter tido dois nomes semíticos de

Davies e Allison, *Matthew* [Mateus], cit., 1.7-8). Por volta do ano 125, Papias escreveu: "Mateus dispôs ordenadamente os ditos [*logia*] em língua hebraica [= aramaica?], e cada um interpretava/traduzia conforme era capaz" (HE 3.39.16). Na *p. 244*, propositadamente transcrevi o texto de Papias em seu contexto real: *depois de* uma referência a Marcos, seqüência que não deixaria pensar que Papias julgava que Mateus tenha sido escrito antes de Marcos. (A pretensão de que Mateus fosse o primeiro evangelho aparece com Clemente de Alexandria, Orígenes e Eusébio.) Tem havido muita discussão sobre se, ao referir-se a "ditos" (*logia*), Papias queria dizer que Mateus escreveu um evangelho completo (como escritores posteriores compreenderam, pensando no Mateus canônico, p. ex., HE 5.8.2-3). *Logoi* seria o termo comum para "ditos", no sentido de "palavras" e, assim, *logia* poderia significar tudo o que constituía as "revelações" de Jesus (cf. At 7,38 para os *logia* ou revelações transmitidas por Moisés). Ademais, dado que, segundo Papias, Marcos foi um seguidor de Pedro que não elaborou um relato ordenado dos *logia* do Senhor, e existe amplo consenso em que Papias referia-se ao *evangelho* de Marcos, é provável que ele se referisse a um evangelho quando disse que Mateus dispôs ordenadamente os *logia* em hebraico/aramaico.[83] O significado de *syntassein*, que traduzi por "dispôs ordenadamente", não é indiscutível. Não precisava ter nenhuma conotação de ordem cronológica ou mesmo lógica; podia referir-se a uma disposição literária convincente ou agradável, ou até a um relato mais completo.

O evangelho mateano canônico existe em grego. Estaria Papias referindo-se a um original semítico do qual o texto foi traduzido? Três observações diferentes apontam naquela direção. 1. Na Antiguidade, havia um evangelho judeu, prova-

---

nascimento, de modo que, se identificarmos Levi com Mateus, um membro dos Doze, deveremos supor que Jesus mudou seu nome.) Segundo a costumeira solução harmonizadora, somente o evangelista mateano, porque era Mateus, sabia que esse Levi era Mateus; assim, substituiu o nome "Levi" por "Mateus" na história. Menos provável é que ele tivesse uma lista que identificava Mateus, um dos Doze, como um publicano, e tivesse chegado à conclusão de que esse homem deveria ser identificado com Levi, o publicano, uma vez que, na história, Levi tornou-se um discípulo de Jesus. É possível também um jogo com a semelhança de *Maththaios* com *mathētēs*, "discípulo".

[83] "Hebraico", entre os que escrevem em grego, até mesmo os evangelistas, muitas vezes refere-se ao aramaico. Num artigo alemão de 1960, freqüentemente citado, J. Kürzinger afirma que Papias quis dizer que Mateus compôs de *maneira* hebraica, não em língua hebraica. Para uma crítica, cf. Davies e Allison, op. cit., 1.14-16. Sobre não levar muito a sério a crítica de Eusébio a Papias como um homem de pouca inteligência, cf. Davies e Allison, op. cit., 1.13-14.

velmente em aramaico, usado pelos cristãos palestinenses e associado pelos Padres da Igreja aos judeu-cristãos nazarenos (ou nazireus), especialmente em Alefos, na Síria.[84] As referências a esse evangelho relacionam-no com Mateus. Jerônimo afirmou que o traduziu para o grego e, por vezes, o trata quase como se fosse o original semítico por trás de Mateus. Quando, porém, são comparadas ao evangelho canônico, as poucas passagens nazarenas conservadas nas citações patrísticas parecem ser expansões secundárias de Mateus, ou interpolações. 2. Existem formas hebraicas medievais de Mateus consideradas, pela maioria dos estudiosos, retroversões do Mateus grego canônico, feitas muitas vezes para ser usadas nas disputas entre cristãos e judeus. Mesmo assim, alguns acreditam que esses textos são um guia para o original hebraico de Mateus.[85] 3. Outros estudiosos ainda pensam que podem reconstruir o original hebraico ou aramaico que subjaz ao todo ou a partes do texto grego canônico de Mateus, com a pressuposição de que o original era semítico.[86]

A maioria dos estudiosos, porém, acredita que o evangelho que conhecemos como de Mateus foi composto originalmente em grego e não é tradução de um original semítico. Quanto ao fato de Papias ter atribuído os *logia* a Mateus, se o Mateus canônico serviu-se do Marcos canônico, é implausível a idéia de que Mateus, como testemunha ocular, membro dos Doze, tenha usado como fonte primária um relato grego secundário (Marcos). (Essa objeção realmente não apóia a tese segundo a qual Mateus escreveu um evangelho aramaico que foi traduzido para o grego somente depois que Marcos foi escrito, e, portanto, sob a influência deste — não somente o estilo grego de Mateus, mas também a organização e o conteúdo material parecem ter sido influenciados por Marcos.) Assim, ou Papias estava errado/

---

[84] Posteriormente veio a ser conhecido como o *Evangelho dos Nazarenos*, mas, como estava escrito em caracteres hebraicos, às vezes os Padres da Igreja referem-se confusamente a ele como Evangelho Hebraico ou o Evangelho segundo os Hebreus. Contudo, havia outra obra, o *Evangelho segundo os Hebreus*, que parece ter sido composto em grego e não está intimamente ligado a Mateus. Havia também um evangelho judeu-cristão usado pelos ebionitas, provavelmente dependente dos evangelhos sinóticos.

[85] Peritos franceses como J. Carmignac e M. Dubarle têm contribuído para essa tese. Cf. HOWARD, G. E. *The Gospel of Matthew according to a primitive hebrew text*. Macon, GA, Mercer, 1987; *Hebrew Gospel of Matthew*. Macon, GA, Mercer, 1994.

[86] Antigos greco-parlantes como Clemente de Alexandria e Orígenes não viam problema algum em afirmar que o Mateus canônico foi traduzido do semítico, mas isso pode ter sido em grande parte devido ao fato de eles aceitarem como tradição recebida a existência de um original semítico (perdido).

enganado ao atribuir um evangelho (ditos) em hebraico/aramaico a Mateus, ou a composição hebraica/aramaica que ele descreveu não era a obra que nós conhecemos em grego como o Mateus canônico.

Na última hipótese, o que Mateus escreveu em aramaico/hebraico teve alguma importância no pano de fundo do Mateus canônico, explicando-se assim o título dado à obra posterior? Ao falar de "ditos", estaria Papias referindo-se a Q, que o Mateus canônico usou? Q, como uma forma reconstruída com base em Mateus e Lucas, é uma obra *em grego* que teve vários estágios de composição. Já que Papias não podia descrevê-la, estaria falando de um original semítico do estágio mais antigo de Q, um estágio que somente com muita dificuldade e incerteza pode ser reconstruído? Outros lançam a hipótese de uma coleção aramaica de ditos da qual se serviram Mateus, Marcos e Q. Não podem ser descartadas tais sugestões como impossíveis, mas elas explicam o não-sabido pelo ignorado.

À guisa de avaliação geral sobre o problema de "Mateus", o melhor é aceitar a opinião comum de que *o Mateus canônico foi escrito originalmente em grego por uma testemunha não-ocular, cujo nome nos é desconhecido e que dependeu de fontes como Marcos e Q*. Se, em algum lugar da história das fontes de Mateus, alguma coisa escrita em semítico por Mateus, um dos Doze, teve alguma influência, não podemos saber. Não é prudente para a pesquisa de mil e novecentos anos depois descartar tão facilmente como completa ficção ou ignorância a afirmação de Papias, um antigo porta-voz que viveu nas quatro décadas da composição do Mateus canônico.

Hoje, um tópico muito discutido é se o desconhecido evangelista canônico era um judeu-cristão ou um gentio-cristão. A investigação corrente fica em torno de quatro a um em favor de um judeu-cristão; mas comentadores importantes defendem uma autoria gentia.[87] Por exemplo, às vezes eles descobrem erros em Mateus julgados inconcebíveis para um judeu, como a junção que o evangelista faz dos fariseus e saduceus, por quatro vezes, no cap. 16, como se eles tivessem o

---

[87] Além de P. Nepper-Christensen (1958) e G. Strecker (1962), que escreveu em alemão, cf. CLARK, K. W. JBL 66, 165-172, 1947; COOK, M. J. HUCA 53, 135-146, 1984; Meier, *The vision of Matthew*, cit., pp. 17-25. Freqüentemente se alega em favor de uma autoria gentia o fato de Mateus omitir ou substituir alguns aramaísmos marcanos por termos gregos (*Boanērges, talitha koum, korban, Bartimaios, rabbounei, Abba*); muitos destes, porém, podem simplesmente ser uma questão de preferência estilística ou de comunicabilidade.

mesmo ensinamento (Mt 16,12). No entanto, tal juntura pode simplesmente ser um modo de reunir os inimigos de Jesus,[88] e Mt 22,34 mostra que o evangelista está consciente das diferenças entre eles. A favor da identificação do evangelista como um judeu-cristão, a tradição de Papias pelo menos sugere um contexto judaico para Mateus. O uso que o evangelista faz do AT indica que ele sabia o hebraico e talvez até o aramaico — uma proeza improvável para um gentio. Embora não sejam conclusivos e possivelmente reflitam muito mais fontes do que o próprio evangelista, existem muitos traços do pensamento e da teologia judaica em Mateus:[89] a narrativa da infância com uma genealogia; um paralelismo entre Moisés e Jesus; o conhecimento das lendas judaicas; o Sermão da Montanha com modificações da Lei; disputas com os fariseus; as imagens da autoridade de Pedro (chaves do reino, poder de ligar e desligar); a ordem de obedecer aos que estão sentados na cátedra de Moisés (Mt 23,2-3); a preocupação com uma guerra em dia de sábado (Mt 24,20); e o material especial no relato da paixão, que é quase um *midrash* de passagens veterotestamentárias. Há, portanto, muitas evidências que favorecem a identificação do evangelista como um judeu-cristão.

Mas que tipo de judeu-cristão? O grego de Mateus não é provavelmente um grego traduzido; o evangelista corrige amiúde o estilo de Marcos, e faz uso de jogos de palavras. Essa habilidade lingüística pode apontar para uma educação na diáspora (testemunha-o Paulo). Teologicamente, o evangelista não pertencia nem ao mais extremo conservadorismo, que se opunha à admissão de gentios incircuncisos nas comunidades cristãs (cf. Mt 28,19), nem ao mais radical liberalismo, que considerava a Lei irrelevante (cf. Mt 5,17-18). Ainda assim, não é fácil construir a exata posição intermediária de Mateus em relação à Lei, pois, conforme veremos na próxima subseção, o evangelho reflete a história de uma comunidade complexa. Muitos encontrariam em Mt 13,52 a auto-descrição do evangelista: "[...] todo escriba que se tornou discípulo do Reino dos Céus é semelhante ao proprietário que do seu tesouro tira coisas novas e velhas". Tal reverência pelo passado está testemunhada no acréscimo mateano (Mt 9,17) a Mc 2,22, que enfatiza

---

[88] A antipatia de Mateus pelos saduceus pode ser influenciada pelo fato de um sumo sacerdote saduceu ter sido o responsável pela execução de Tiago, irmão de Jesus, no começo dos anos 60. A conjunção dos fariseus e saduceus pode refletir igualmente o confuso período depois do ano 70, quando os líderes judeus em Jâmnia (Iabne), embora próximos aos fariseus em sua herança intelectual, conquistaram a influência popular que detinham os sumos sacerdotes saduceus antes do ano 70.

[89] Davies e Allison (op. cit., 1.26-27) são muito úteis aqui.

que tanto o velho quanto o novo são conservados. Se compararmos o evangelista a Paulo, o outro grande escritor sobre a Lei no NT — ainda que em assuntos práticos os dois possam estar de acordo e ambos acatam os dez mandamentos (Mt 19,18-19; Rm 13,9) — um pode considerar a declaração do outro demasiado excludente: "Não penseis que vim revogar a Lei [...]" (Mt 5,17); "[...] não estais debaixo da Lei" (Rm 6,14-15).

Ambiente ou comunidade implícita[90]

Por volta do final do século II, escritores eclesiásticos situavam a composição de Mateus na Palestina.[91] Provavelmente era uma suposição baseada na tradição mais antiga de que Mateus escrevera em hebraico/aramaico e na evidência interna das controvérsias com os judeus. Entretanto, alguns dos contextos palestinenses propostos (p. ex., descrição da forma como os fariseus se comportavam em público em Mt 23,5) podem refletir o tempo de Jesus, e não o ambiente vital do evangelho. *A opinião majoritária liga Mateus à Síria, especificamente a Antioquia.* Em Mt 4,24 acrescenta-se "Síria" à descrição marcana da expansão da atividade de Jesus. O primitivo e judaico *Evangelho dos Nazarenos*, ligado a Mateus (ver n. 84), circulava na Síria. O argumento, tirado do uso que Mateus faz do grego, de que deveríamos supor uma *cidade* síria porque o aramaico era falado na zona rural, é incerto; um ambiente urbano, porém, pode estar implícito no uso da palavra "cidade", presente vinte e seis vezes no evangelho, em contraposição a "povoado", que aparece quatro vezes. A influência predominante que Mateus teria no cristianismo subseqüente sugere que ele foi usado como o evangelho de uma Igreja cristã importante, numa grande cidade, como Antioquia. Se, como assinalado a seguir na discussão sobre a datação, Inácio e a *Didaqué* oferecem a mais antiga prova de que Mateus era conhecido, aquele (certamente) e esta (pro-

---

[90] Recordo aos leitores as precauções enunciadas na *p. 247*, que tornam difícil saber se os dados provêm do lugar onde o evangelho foi escrito ou para o qual foi escrito, ou de ambos, e se o autor viveu entre os destinatários, como normalmente se supõe.

[91] Irineu, AH 3.1.1, situa Mateus "entre os hebreus, na própria língua deles"; o segundo parágrafo do prólogo "antimarcionita" de Lucas (Fitzmyer, *Luke* 1.38-38) conta que Mateus escreve na Judéia; e Eusébio (HE 3.24.6) situa a composição antes da partida de Mateus da Palestina. Para uma lista dos estudiosos que defendem os diversos lugares, cf. Davies e Allison, op. cit., 1.138-139. Não tentarei discutir aqui as propostas minoritárias, como Alexandria, Cesaréia Marítima, Galiléia, Pela, Edessa e a costa marítima da Síria, ainda que propostas por estudiosos altamente respeitados.

vavelmente) estão associados a Antioquia. Contudo, o elemento mais persuasivo provém da correspondência entre a evidência interna e aquilo que sabemos da Igreja em Antioquia, como veremos a seguir.

A interação dos interesses judaicos e gentios em Mateus é complexa. Existem passagens que ecoam fortemente os interesses de um cristianismo judaico obediente à Lei (Mt 5,17-20; 10,5-6; 23,1-3); contudo, outras passagens corrigem a Lei ou as práticas judaicas (Mt 5,17-48; 23,1-36). Não obstante todas as discussões mateanas centradas em tópicos da Lei judaica, "os judeus" são considerados estrangeiros em Mt 28,15, assim como as sinagogas das autoridades judaicas (Mt 10,17; 23,34). Mateus serviu-se de Marcos, um evangelho endereçado a gentios, mas omitiu a explicação de costumes judaicos em Mc 7,3-4, como se a porção gentia da comunidade mateana soubesse do problema da purificação referente às refeições. *A interpretação mais plausível é a de que o evangelho de Mateus foi endereçado a uma Igreja, no início, fortemente judaico-cristã, cuja composição se tornou progressivamente gentia.* J. P. Meier (BMAR 45-72) demonstrou como a história do cristianismo na Antioquia se encaixa nessa hipótese. Presumivelmente existiam mais judeus em Antioquia do que em qualquer outro lugar da Síria, e as cerimônias deles atraíam muitos (Josefo, *Gerra* 7.3.3; #45). Não surpreende, portanto, que os judeu-cristãos helenistas, quando foram expulsos de Jerusalém depois do martírio de Estêvão (por volta do ano 36 d.C.; At 8,1) e chegaram a Antioquia, tenham falado do Cristo aos gentios ali também (At 11,19-20). A lista dos "profetas e doutores" em Antioquia (At 13,1: início dos anos 40?) inclui companheiros de infância de Herodes Antipas, de modo que a comunidade cristã daquele lugar pode ter contado com pessoas ricas e influentes.[92] A missão de Paulo entre os gentios, iniciada com Barnabé, estava sob o patrocínio da Igreja de Antioquia, e as objeções de alguns judeu-cristãos ultraconservadores ao seu bom êxito levou à assembléia em Jerusalém, no ano 49 d.C. Depois do acordo segundo o qual os gentios podiam ser acolhidos sem a circuncisão, foi em Antioquia que Paulo, Pedro e os da parte de Tiago ("o irmão do Senhor") discordaram asperamente a respeito de como as leis judaicas acerca dos alimentos afetavam as relações comensais entre os judeus e os gentios cristãos. Paulo perdeu essa batalha e

---

[92] Foram detectados elementos de riqueza na comunidade mateana: somente em Mt 10,9 os discípulos são advertidos a não levar ouro e prata; as parábolas de Mt 18,23-35; 25,14-30 lidam com enormes somas de dinheiro; José de Arimatéia é descrito como um homem rico (Mt 27,57).

deixou Antioquia, de modo que, durante o período imediatamente depois de 50, o cristianismo naquela área teria sido dominado por uma mentalidade mais conservadora no que diz respeito às obrigações impostas pela Lei aos gentios conversos (conforme explicitados no decreto de Tiago, de Jerusalém, em At 15,28-29, incluindo a proibição da *porneia*). Pedro desempenhava um papel moderador, mantendo unida a comunidade (BMAR 40-41).

Nos anos 60, aconteceria outra mudança importante. Naquela década, Pedro foi executado em Roma, e Tiago, em Jerusalém. Os cristãos foram expulsos de Jerusalém quando estourou a revolta judaica (66-70). Ali e em Antioquia, a antipatia dos judeus pelos judeu-cristãos pode ter aumentado porque estes não apoiaram seus compatriotas na revolta.[93] Nesse período, em Antioquia, a imagem judaica deve ter sido afetada pelo judeu renegado Antíoco, que agitou os gentios à violência com falsas histórias sobre tramas judaicas para incendiar a cidade (Josefo, *Guerra* 1.3.3; #46-53). Nos anos 70, depois da repressão da Primeira Revolta Judaica pelos romanos (ver *p. 126*), surgiu, às escondidas, em Jâmnia, na costa palestinense, uma escola de doutores com poderosa influência; avizinhavam-se do pensamento dos fariseus e veneravam os rabis. Nesse mesmo período pós-70, em Antioquia, provavelmente os gentios tornaram-se maioria no grupo cristão (BMAR 74-52), enquanto a ala extremamente conservadora dos judeu-cristãos rompeu a *koinōnia* ("unidade, comunhão") e separou-se. Tornar-se-iam a fonte dos ebionitas sírios[94] e daqueles que foram responsáveis, mais tarde, pelas *Aprovações Pseudoclementinas*, que fazem apelo à memória de Tiago de Jerusalém como o grande herói.

Essa história de relacionamentos instáveis entre judeus e gentios cristãos combina muito com o que se encontra em Mateus. Pedro e Tiago eram ilustres em Antioquia. Pedro surge mais proeminentemente nesse evangelho (Mt 14,28-31;

---

[93] O modo segundo o qual a cristologia estava sendo verbalizada e a presença de gentios no grupo cristão teriam levantado dúvidas na sinagoga sobre os seguidores de Jesus: mantinham-se ainda fiéis à fé de Israel no Deus único? Alguns estudiosos apelam para a *Birkat ha-mînîm*, supostamente datada do ano 85 d.C., como uma prova da expulsão dos cristãos da sinagoga; vejam-se, porém, as distinções na *p. 151*.

[94] Os ebionitas são mencionados na literatura patrística, especialmente entre os séculos II e IV, como um grupo judaico-cristão (herético) que observava partes da lei mosaica e tinha uma visão cristológica baixa de Jesus (de origem não-divina, não-concebido virginalmente). Quanto à literatura pseudoclementina, cf. capítulo 34, nn. 6 e 44.

16,17-19; 17,24-27) do que em qualquer outro, e à lista dos Doze, tirada de Marcos, Mt 10,2 acrescenta a palavra "primeiro" antes do nome de Pedro. O material de Q, conservado em Mateus, é muito aparentado à epístola atribuída a Tiago (ver p. 955).[95] Em relação à variedade de opiniões que marcou a história do cristianismo da Antioquia, uma ríspida rejeição de uma missão entre os gentios é mencionada em Mt 10,5-6 e 15,24. Contudo, mais adiante, em Mt 28,19, Jesus ordena uma missão voltada para os gentios. Na história dos magos, no início do segundo capítulo, o resultado é prefigurado como plano de Deus, mas, historicamente, tratar-se-ia da oposição da sinagoga, que expulsou os pregadores cristãos em direção aos gentios?[96] Se existiam libertinos entre os gentios conversos, que confundiam a liberdade cristã, Mateus serviria como um firme corretivo para eles. Mt 5,18 reafirma o respeito pela menor letra da Lei; Mt 5,21-48 mostra uma atitude muito exigente em relação ao espírito da Lei; Mt 19,9 introduz uma cláusula oposta à *porneia* na rejeição por Jesus do divórcio (cf. Mt 5,32). No entanto, existem outras seções que mostram forte antipatia pelas práticas externas judaicas e que tratam os fariseus como casuístas, legalistas (a denominação *hypokritēs* é usada mais de uma dezena de vezes, enquanto em Marcos, aparece apenas duas vezes). A rejeição mateana do título de "Rabi" (Mt 23,7-8) é singular. Davies (*The setting of the Sermon on the Mount* [O cenário do Sermão da Montanha], cit.) declara vigorosamente que Mateus foi escrito como uma resposta cristã ao judaísmo que estava surgindo, depois do ano 70 d.C., em Jâmnia, onde os rabinos eram reverenciados como intérpretes da Lei. Talvez os cristãos mateanos vivessem à sombra de uma grande comunidade judaica que se ressentiu deles. Se os dois grupos partilhavam as mesmas Escrituras e muitas das mesmas convicções, suas

---

[95] Q circulava em Antioquia? Consoante a tradição, Lucas teria vivido em Antioquia (ver *p. 378*) e pode ter conhecido Q na forma que ali estava em circulação. Marcos, mesmo que tenha sido redigido em Roma, pode também ter sido conhecido em Antioquia, pois a comunicação entre Roma e a capital da Síria era boa. No período pós-anos 70, Roma, onde Pedro foi martirizado, pode ter assumido a herança do comando de Jerusalém, mantendo acesas as relações com as Igrejas fundadas pelos missionários hierosolimitanos (BMAR 51-53,132).

[96] D. C. Sim (JSNT 57, 19-48, 1995) argumenta que não existe nenhuma propensão pró-gentia em Mateus, e que o foco se manteve nos judeus, pois estes eram perseguidos pelos gentios. Contudo, a comunidade mateana se sentia hostilizada tanto pelos judeus quanto pelos gentios (Mt 10,17-18; 23,34).

diferenças podem, com maior probabilidade, ter sido objeto de polêmicas. Tudo isso se encaixa na situação de Antioquia, de modo que a Igreja de Mateus pode ter sido a antecedente da Igreja da Antioquia, que duas ou três décadas depois teve Inácio como bispo (BMAR 73-86).[97]

O público-alvo de Mateus teria abandonado ou teria sido expulso das sinagogas judaicas locais? Depende muito de certas afirmações no evangelho representarem a situação passada (pré-70; cf. Data da redação, a seguir) ou o estado atual (anos 80?). Mt 10,17 profetiza que os discípulos de Jesus serão açoitados nas sinagogas; destarte, Mateus sabe de cristãos, no passado ou no presente, que estavam sujeitos à autoridade sinagogal. Mt 23,2-3 diz que os escribas e os fariseus sucederam Moisés, de forma que se deve observar o que eles dizem (mas não o que fazem). Se isso espelha a situação de então, os cristãos mateanos ainda estariam sob o jugo da sinagoga. Contudo, por cinco vezes Mateus (4,23; 9,35; 10,17; 12,9; 13,54) traz Jesus a ensinar na(s) "sinagoga(s) *deles*"; e em Mt 23,34, Jesus se dirige aos escribas e fariseus: "Por isso vos envio profetas, sábios escribas[98] [...]; a outros açoitareis em *vossas* sinagogas [...]". Em Mt 28,15 lemos: "E espalhou-se essa história entre os judeus até o dia de hoje". Essa linguagem de distanciamento sugere uma separação do judaísmo[99] da parte dos judeu-cristãos que, juntamente com os gentio-cristãos, fundaram uma Igreja auto-suficiente. (Cf. n. 55, sobre a possibilidade de a Igreja de Mateus não mais ter recitado a oração judaica básica, o Shemá; sugeriu-se até que o "pai-nosso" mateano era ensinando a fim de que a Igreja nascente pudesse ter sua própria oração para corresponder ao que era recitado na sinagoga.)

---

[97] Se Mateus pelejou tanto com judeu-cristãos ultraconservadores, que aderiam às interpretações farisaicas da Lei, quanto com gentio-cristãos demasiado liberais, que precisavam aprender o comportamento ético implícito na Lei, Inácio parece ter-se visto às voltas com um grupo judaizante, de um lado, e com um grupo docético gnosticizante, de outro.

[98] Embora Mateus pareça ter em mente uma Igreja estruturada, ficamos na conjectura sobre aqueles que a administravam. A passagem de Mt 23,34 pode refletir uma situação semelhante à da Igreja de Antioquia, com seus profetas e doutores (At 13,1).

[99] Essa é a opinião de Meier, Hare e Stanton *versus* Bornkamm, Barth e Hummel. (Saldarini, em *Matthew's Christian-Jewish community* [Chicago, Univ. of Chicago, 1994], acredita que os cristãos mateanos eram um grupo rebelde, obediente à Torá, inserido no judaísmo do século I, deslocado das sinagogas locais da Síria, que se legitimava deslegitimando o judaísmo rabínico emergente.) Em minha opinião, a separação mateana não deixou um senso de estranhamento tão agudo quanto aquele encontrado em João.

Data da redação

A opinião majoritária data Mateus no período entre 70 e 100, mas alguns importantes estudiosos conservadores defendem uma data anterior a 70. Na parte final superior do espectro, Papias pode ter tido seu tempo áureo nos começos de 115; se ele tinha conhecimento do Mateus canônico, a datação no século II está descartada.[100] Mateus não deixa entrever nenhuma noção do problema do gnosticismo; portanto, se Mateus foi escrito na região de Antioquia, foi escrito provavelmente antes do tempo de Inácio (por volta de 110), para quem o gnosticismo era uma ameaça. Tem-se mais uma confirmação desse ponto se Inácio, em *Ef.* 19, demonstra conhecimento de Mt 2 e, em *Esm.* 1.1, de Mt 3,15; e se a *Didaqué* 1.4 sabe de Mt 5,39-41, e a *Didaqué* 8,2, de Mt 6,9-15.[101] *O Evangelho de Pedro*, razoavelmente datado de cerca de 125 d.C., serviu-se de Mateus.

No extremo mais baixo do espectro, muitos dos que julgam que o próprio apóstolo Mateus escreveu o evangelho tendem a uma datação pré-70 (não obstante o apóstolo possa, obviamente, ter vivido até bem depois, século afora).[102] Existem argumentos de peso, porém, contra a hipótese de uma redação tão antiga. Por

---

[100] Davies e Allison (op. cit., 1.127-28) fazem um inventário das datações propostas por uns cinquenta estudiosos. Cinco do século XIX, mas nenhum do século XX, optam por uma datação depois de 100.

[101] Em 1957, H. Koester demonstrou que esses paralelos poderiam simplesmente demonstrar conhecimento da tradição oral de Jesus. Em 1950, E. Massaux, porém, defende a dependência de Inácio em relação a Mateus. Muitos vêem 3,15 como redação mateana; se assim for, Inácio conhecia Mateus. Para ulterior discussão, ver Smit Sibinga, J. NovT 8, 263-283, 1996; Trevett, C. JSNT 20, 59-67, 1984; e especialmente Meier, J. P. In: Balch, D. L. (ed.). *Social history of the Matthean community*. Minneapolis, A/F, 1991. pp. 178-186.

[102] Proeminentes entre as antigas cópias de Mateus em papiro são P[64/67], um total de cinco fragmentos conservados no Magdalen College de Oxford e em Barcelona, até agora datados do final do século II d.C. (C. Roberts, HTR 64, 73-80, 1953). Em dezembro de 1994, porém, em meio a uma artilharia de publicidade em jornais, C. P. Thiede fez surpreendentes (e provavelmente improváveis) declarações sobre uma datação mais antiga dos fragmentos de Magdalen. Em *Eyewitness to Jesus* (New York, Doubleday, 1996, p. 125), Thiede declara: "Os fragmentos de Oxford e de Barcelona pertencem a um tipo particular de escrita uncial que se desenvolveu em meados do século I d.C." (Tal datação para uma cópia do evangelho favoreceria uma data bem antiga para a composição de Mateus.) Stanton (*Gospel Truth?*, Valley Forge, PA, Trinity, 1995, pp. 11-19) aponta a impropriedade dos argumentos de Thiede (que emprega um fragmento de Qumrã para atribuir igualmente a Marcos uma data bem anterior! — ver capítulo 7, n. 95); e em, 1995, dois especialistas em epigrafia, K. Wachtel e S. Pickering, contestam Thiede, afirmando que a datação de Roberts dos papiros de Magdalen está correta; cf. também Skeat, T. C. NTS 43, 1-34, 1997.

exemplo, em Mt 21,13, a omissão da declaração de que o templo de Jerusalém estava à disposição de "todos os povos" (Mc 11,17) e a referência em Mt 22,7 ao rei que incendeia a cidade[103] podem espelhar a destruição de Jerusalém pelos exércitos romanos em 70 d.C. Em relação ao desenvolvimento teológico, a fórmula triádica em Mt 28,19 ("em nome do Pai, do Filho e do Espírito Santo") é o passo mais avançado do NT numa direção trinitária, e é mais facilmente compreendido se dado no final do período neotestamentário. Da mesma forma, em Mt 28,20, é dada mais ênfase à presença constante de Jesus do que à segunda vinda. As polêmicas com os fariseus em Mateus e a condenação do uso indiscriminado do título "rabi" é apropriada para a atmosfera do período rabínico primitivo depois do ano 70. Duas passagens (Mt 27,8; 28,15) descrevem tópicos na narrativa mateana da paixão que são lembrados como "até hoje", usando uma frase veterotestamentária para explicar topônimos bem antigos (Gn 26,33; 2Sm 6,8). Tais descrições seriam inadequadas se Mateus tivesse sido escrito somente duas ou três décadas depois de 30/33 d.C. Provavelmente, o melhor argumento para uma data pós-70 seja a dependência de Mateus em relação a Marcos, um evangelho comumente datado do período entre 68 e 73.

Tudo isso faz de 80-90 d.C. a datação mais plausível; os argumentos, porém, não são exatos, de modo que, pelo menos uma década em cada direção deve ser consentida.

Temas e problemas para reflexão

1. A leitura mais bem documentada de Mt 1,16 é: "Jacó gerou José, o esposo de Maria, da qual nasceu Jesus chamado Cristo". Há leituras variantes desse versículo (BBM 61-64): uma destinada a evitar chamar José de "esposo de Maria", outra preservando o padrão usual de X gerou Y, mas ainda assim chamando Maria de virgem. É muito improvável que as leituras variantes representem uma compreensão diferente da concepção de Maria; são tentativas canhestras de copistas para endireitar a gramática da leitura mais bem atestada.

---

[103] Isso não se encaixa bem na parábola. É como se Mateus tivesse acrescentado a referência. Cf. também Mt 21,43.45: o reino é tirado das autoridades judaicas (os sacerdotes e os fariseus) e dado a um povo que o fará frutificar; Mt 23,38: a casa de Deus (templo) ficará abandonada e desolada; Mt 27,25: todas as pessoas assumem a responsabilidade pelo sangue de Jesus "sobre nós e sobre nossos filhos", o que implica contar com uma geração que viveu depois do tempo de Jesus.

2. Mt 6,13, na KJV, tem uma doxologia ou atribuição que conclui a oração do Senhor — "Pois teu é o reino, o poder e a glória para sempre. Amém" — tirada do manuscrito grego (inferior) usado naquela versão. A sentença faltava na Vulgata de Jerônimo, na qual as traduções católicas romanas se baseavam; daí, originou-se um problema ecumênico: havia dois modos diferentes de concluir a Oração do Senhor. Hoje, a maioria dos críticos textuais reconhece que a vinculação não foi escrita pelo evangelista mateano, mas era uma antiga expansão para uso litúrgico, baseada em 1Cr 29,11. (Algumas de suas formas concluem-se com uma referência ao Pai, ao Filho e ao Espírito Santo.) A atestação mais antiga encontra-se em *Didaqué* 8.2: "Pois teu é o poder e glória para sempre", seguindo-se à Oração do Senhor, mas também aparecendo mais duas vezes (9.4; 10.5), e em um contexto eucarístico. O problema ecumênico foi parcialmente resolvido hoje, pois na missa católica romana, depois da Oração do Senhor e de uma breve invocação, esta atribuição foi incorporada: "Vosso é o reino, o poder e a glória para sempre".

3. Os principais acentos teológicos de Mateus, especialmente quando comparados a Marcos, são muitas vezes enumerados como cristologia, eclesiologia e escatologia. Permitam-me acenar para alguns aspectos de cada uma como um convite a que os leitores continuem a aprofundar os tópicos.

Cristologicamente: a revelação divina acerca de Jesus como o Messias, o Filho do Deus vivo, aparece no meio do evangelho (Mt 16,16); as expressões Filho de Deus e Filho do Homem predominam amplamente e a denominação Emanuel surge no começo e no fim. Jesus é comparado implicitamente a Moisés na narrativa da infância e no Sermão da Montanha; o paralelismo davídico é forte na genealogia e nos últimos dias da vida de Jesus. A identificação de Jesus como a divina Sabedoria também se faz presente (cf. Mt 11,19.27). O Filho é colocado junto com o Pai e o Espírito Santo no final do evangelho.

Eclesiologicamente: encontram-se reflexos da vida da comunidade mateana por toda a parte, e também a questão da fundação da Igreja aparece em Mt 16,18-19. As qualidades a ser salientadas na vida da Igreja encontram-se no cap. 18. O reino do céu[104] tornou-se bem complexo, envolvendo tanto uma varredura na história da salvação quanto uma consumação escatológica. A Igreja não faz fronteira

---

[104] Cf. McIver, R. K. JBL 114, 643-659, 1995.

com o reino do céu, mas tem uma função na qualidade de o lugar onde Jesus é confessado como Senhor. Em Mt 21,43, o reino é transferido das autoridades judaicas descrentes para um povo digno, que o faz frutificar, constituindo a Igreja. A concentração em Pedro, entre os Doze, em cenas peculiares a Mateus, tem igualmente uma função eclesial, pois Pedro é a pedra sobre a qual a Igreja é fundada. Os discursos que estabelecem o modo de ser do discipulado (especialmente no cap. 18) têm também um peso na vida da Igreja.

Escatologicamente: o surgimento de Jesus assinalando uma mudança decisiva na história já é antecipado no relato da infância, em que seu nascimento é sinalizado por uma estrela nos céus. À moda de inclusão, esse motivo é retomado pelos acontecimentos tipicamente mateanos que acompanham tanto a morte de Jesus (terremoto, ressurgimento dos santos, aparição em Jerusalém) quanto a ressurreição (terremoto, anjo que desce para abrir o túmulo). Nos ensinamentos morais de Mateus, algumas das mais difíceis exigências refletem uma moralidade escatológica (cf. n. 47). O Sermão Escatológico nos caps. 24–25 é mais longo do que o paralelo em Marcos, e conclui-se com a grande parábola do último julgamento das ovelhas e dos bodes. O surgimento de Jesus, com o qual termina o evangelho, reproduz a visão de Daniel do triunfo final, e a prometida presença de Jesus até o fim dos tempos introduz-nos na vitória do Filho do Homem.

4. Mt 1,16.18-25 descreve claramente a concepção virginal de Jesus. Embora o interesse de Mateus seja teológico (Jesus é verdadeiramente o Filho *de Deus*), não há motivo para pensar que o evangelista desacreditasse na historicidade dessa concepção. Os estudiosos modernos, porém, estão divididos.

Por um lado, muitos realmente não crêem, apresentando vários argumentos que transcrevo conforme segue (com meus próprios questionamentos/comentários entre parênteses): a) Tal milagre é impossível. (Como se pode sabê-lo?) b) Trata-se de um relato simplesmente fantasioso, baseado na versão da LXX de Is 7,14 — "Eis que a virgem conceberá e dará à luz um filho" — citado por Mateus. (O texto hebraico de Is 7,14, de modo claro, e o da LXX, menos claramente, realmente *não* predizem uma concepção virginal [cf. BBM 145-149], e não havia nenhuma expectativa judaica de uma concepção virginal do Messias.) c) Trata-se de uma adaptação cristã de lendas pagãs, de acordo com as quais o sêmen do deus engendra um filho em uma mulher. (Em tais lendas não se trata de concepção virginal, mas de acasalamento divino; não há nada de sexual no relato de

Mateus ou de Lucas; Mt 1-2 provavelmente surgiu nos círculos judaico-cristãos, que não devem ter apreciado tais lendas estrangeiras.) d) o evangelista mateano escreve simbolicamente, tal como o fez Fílon, filósofo judeu que descrevia alegoricamente o nascimento dos patriarcas: "Rebeca, que é a perseverança, tornou-se grávida de Deus". (Fílon descreve as virtudes, não o nascimento real do povo.) e) É uma piedosa tentativa cristã de encobrir que Maria foi violentada e que Jesus era filho bastardo. (Essa teoria é acima de tudo uma suposição, sem nenhuma prova no NT que a sustente; ademais, tal despistamento teria de ter acontecido extremamente cedo, pois é comum a Mateus e a Lucas.)

Por outro lado, existem estudiosos sérios que acreditam na historicidade literal da concepção virginal: a) É afirmada independentemente por Mateus e por Lucas, o que sugere uma tradição anterior a ambos os evangelistas. b) Em ambos os evangelhos a concepção virginal situa-se em circunstâncias embaraçosas: Maria engravida antes de coabitar com José, com quem se casara — uma improvável invenção dos cristãos, pois poderia levar ao escândalo. c) Por serem apenas indícios, os argumentos aistóricos são muito fracos. d) Existe fundamento teológico para uma concepção virginal: alguns protestantes a aceitam como verdadeira com base na inerrância ou autoridade bíblica; os católicos a aceitam baseados no ensinamento da Igreja; e alguns teólogos relacionam-na intimamente à compreensão que têm de Jesus como divino. (Para discussão completa e bibliografia, cf. BBM 517-533, 697-712.)

5. O Jesus mateano é muitas vezes descrito como um mestre de moralidade, por exemplo, no Sermão da Montanha. A despeito do contexto do século I, muitos cristãos ainda considerariam lei moral sua crítica à ostentação no dar esmolas, na oração e no jejum (Mt 6,1-8.16-18). Contudo, deve-se também reconhecer que se Jesus estivesse falando no contexto do século XXI, poderia também rebater o vício oposto. Muitas vezes uma sociedade altamente secular ficaria embaraçada ante qualquer ação piedosa, como a oração, e não veria sentido algum no jejum como renúncia. Jesus poderia muito bem dizer em tal situação: quando vocês rezarem, façam-no publicamente para estimular aqueles que jamais rezam e não vêem sentido na oração; quando jejuarem, que outros saibam, de modo que as pressuposições destes acerca do bem-estar possam ser questionadas. Aos leitores pode parecer frutuoso constatar que existem outras injunções em Mateus que poderiam ser parafraseadas a fim de fazer os ouvintes do século XXI compreen-

der o *desafio* do reino de Deus. Isso, porém, comporta riscos, pois pode levar a apresentar Jesus como permissivo em relação àquilo que alguns cristãos de hoje gostariam que ele permitisse. O "desafio" do reino que propõe exigências firmes às pessoas não deve ser parafraseado.

6. Conforme indicado no Apêndice II, alguns dos ditos de Jesus aparecem tanto nos evangelhos canônicos quanto no *Evangelho de Tomé*, e se discute se os ditos deste derivam ou são independentes dos daqueles (ou ambas as coisas). Mt 13, com a mistura de parábolas derivadas de Marcos, Q e M, oferece boa oportunidade para um estudo comparativo que os leitores são convidados a fazer. *Evangelho de Tomé* 9 pode ser comparado com Mt 13,3-8.18-23 (o semeador e a semente e a interpretação, de Marcos) e *Evangelho de Tomé* 57 com Mt 13,24-30.36-43 (o joio no meio do trigo e a interpretação, de M). Em ambas as ocasiões, a parábola do *Evangelho de Tomé* é mais breve e não traz a interpretação. Seria por querer ser mais original ou porque o autor da coleção do *Evangelho de Tomé* rejeitava a explicação canônica e gostaria que as parábolas ficassem abertas a aplicações gnósticas? As parábolas conjugadas do grão de mostarda e do fermento (Mt 13,31-33, de Q) aparecem separadas no *Evangelho de Tomé* 20 e 96, em forma mais curta, mas com uma sugestão algo diferente: o grão de mostarda apresenta folhagem abundante porque caiu em terreno arado, e o fermento produz pães enormes. Seriam elementos gnósticos (exatamente como no *Evangelho de Tomé* 107, em que a ovelha parabólica perdida é a maior do rebanho)? As parábolas emparelhadas do tesouro escondido e da pérola de grande valor (Mt 13,44-46, de M) aparecem separadas no *Evangelho de Tomé* 109 e 76, em forma bastante longa, com muito mais ênfase no aspecto oculto do tesouro e da pérola. Isso reflete a idéia gnóstica do divino oculto no mundo material? O emparelhamento canônico pode ser uma disposição secundária de parábolas outrora independentes, mas podemos ter certeza de que *o Evangelho de Tomé* não representa uma reorganização posterior, provinda de um uso gnóstico de Mateus?

7. Mt 16,16c-19 ("Tu és Pedro [...]") é uma das passagens mais discutidas do NT,[105] principalmente porque os católicos romanos têm-na usado para justificar o

---

[105] Cf. PNT 83-101; Davies e Allison, op. cit., 2.602-652 (ambos com bibliografias). Sobre Pedro, de modo geral, além de PNT, cf. PERKINS, P. *Peter*; apostle for the whole Church. Columbia, SC, Univ. of S. Carolina, 1994. O fato de que, na visão do cristianismo primitivo, Jesus foi um sucessor de João Batista pode ter facilitado a idéia de que o principal discípulo de Jesus seria seu sucessor.

papel do papa. O pano de fundo da linguagem, inédita e demasiadamente semítico, torna provável que não tenha sido criada por Mateus, mas aproveitada de uma fonte anterior pelo evangelista. Muitos negam que a frase tenha sido pronunciada pelo próprio Jesus, por exemplo, baseando-se na ausência desse dito no relato da cena em Marcos, presumivelmente mais antigo, e no fato de que contém uma referência à "Igreja" (significando "Igreja" em sentido amplo), que é única na tradição de Jesus. Contudo, Bultmann (BHST 258) deduz que Mateus conservou um relato mais antigo da confissão de Cesaréia de Filipe do que Marcos. Uma tese mais largamente seguida é a de que Mateus acrescentou à forma marcana da confissão de Pedro sobre a messianidade de Jesus, em Cesaréia, um passo confessional petrino que tinha originalmente outro contexto. Um contexto pós-ressurreição seria apropriado pelas seguintes razões: é quando se encontram provimentos para o futuro da Igreja nos quadros neotestamentários de Jesus, quando Paulo recebe a revelação de Deus acerca de Jesus como "Filho de Deus", sem depender nem da carne nem do sangue (Gl 1,16), e quando o poder de perdoar ou reter pecados é concedido em Jo 20,23. Em todo caso, essa passagem petrina pode ser colocada ao lado de Lc 22,31-32 (Jesus promete que Simão [Pedro] não desfalecerá, não obstante a tentativa por parte de Satanás de destruí-lo, e voltará para fortalecer seus irmãos) e de Jo 21,15-17 (por três vezes Jesus solicita que Pedro apascente seus cordeiros/ovelhas), prova de que nos evangelhos escritos na última terça parte do século I, depois da morte de Pedro, este era lembrado como uma figura a quem Jesus assinalara um papel especial no apoio aos outros cristãos. A essa prova neotestamentária é que muitos teólogos chamam de função petrina na Igreja atual (cf. PNT 157-168). Obviamente, deu-se um largo passo daquela imagem do NT para a contenda, que surgiu mais tarde na história, acerca de o bispo de Roma ser o sucessor de Pedro. Tal desenvolvimento foi favorecido por diversos fatores: Roma era a capital do Império Romano, o mundo gentio, para o qual a missão cristã progressivamente se voltava (At 28,25-28); o martírio de Pedro (e de Paulo) aconteceu em Roma; e a Igreja romana, que considerava Pedro e Paulo suas colunas (*I Clemente* 5), começou a demonstrar, em cartas, certo zelo pelas outras Igrejas do império (BMAR 164-166). Os cristãos de hoje estão divididos, mormente segundo linhas denominacionais, quanto a se o desenvolvimento do papado deve ser considerado plano de Deus para a Igreja; mas, dada a evidência neotestamentária pertinente ao crescimento da imagem de Pedro, não é fácil para aqueles que rejeitam o papado configurar o conceito de um sucessor de Pedro como contraditório ao NT.

8. A crítica extremamente hostil de Mateus aos escribas e fariseus como casuístas (de modo especial no cap. 23)[106] não é algo atípico nas duras censuras de um grupo judeu a outro nos primeiros séculos a.C. e d.C.[107] Tais discordâncias às vezes desembocavam na calúnia. Tragicamente, quando o cristianismo começou a ser visto como outra religião, contraposta ao judaísmo, a crítica de Mateus tornou-se o veículo da reivindicação de que o cristianismo era equilibrado e honesto, enquanto o judaísmo era legalista e superficial. "Farisaico" tornou-se sinônimo de autojustificação hipócrita. Os textos mateanos continuaram a ser melindrosos nas relações entre cristãos e judeus, pois muitas das opiniões exaradas pelos rabinos do século II d.C. (freqüentemente vistas como herança dos fariseus) não são casuísticas, mas sensíveis e corretas. O livro de R. T. Herford, *The pharisees* [Os fariseus] (New York, Jewish Theological Seminary, 1924) prestou um grande serviço ao alertar os cristãos contra uma visão simplista e preconceituosa. Contudo, alguns fazem notar que, nos escritos rabínicos, falam os intelectuais, virtuosos representantes do amor judaico pela Lei, que não impregnavam necessariamente o pensamento e comportamento no plano local (tal como os Padres da Igreja não caracterizavam o pensamento e o comportamento cristão no plano local). Seja como for, o mais importante é a compreensão de que Mateus usa os escribas e fariseus para caracterizar atitudes que não quer ver imitadas pelos cristãos, as quais condena tão firmemente entre os crentes em Jesus quanto entre seus opositores judeus. A abordagem casuística da lei, criticada por Mateus, é inevitável em qualquer religião estabelecida, até mesmo a Igreja. Fazendo algumas adaptações dos matizes ambientais do século I para o nosso, os que estão estudando Mateus podem percorrer frutuosamente o cap. 23 à procura de paralelos no cristianismo e/ou na sociedade para os comportamentos censurados.

Bibliografia sobre Mateus[108]

Comentários e estudos em série

ALBRIGHT, W. F. & MANN, C. S. AB, 1971.

---

[106] Sobre o termo "hipócrita", cf. capítulo 5, n. 19.
[107] Cf. JOHNSON, L. T. JBL 108, 419-441, 1989.
[108] Os negritos indicam as obras mais importantes, de modo geral comentários. Cf. também a Bibliografia do capítulo 6 a respeito do problema sinótico e da pesquisa sobre Q.

Betz, H. D. Hermeneia, 1995. Sobre Mt 5–7.
Boring, M. E. NInterpB, 1994.
Davies, M. RNBC, 1993.
Davies, W. D. & Allison, D. C. ICC, 1988, 1991, 1998.
France, R. T. TNTC, 1985.
Hagner, D. A. WBC, 1993, 1995.
Hare, D. R. A. IBC, 1993.
Harrington, D. J. SP, 1991.
Hill, D. NCBC, 1972.
Kingsbury, J. D. ProcC, 1977.
Luz, U. NTT, 1995.
Meier, J. P. ABD 4.622-641.
Mounce, R. H. NIBC, 1991.
Overman, J. A. NTIC, 1996.
Riches, J. NTG, 1996.
Smith, R. H. AugC, 1988.

Bibliografias

Davies, W. D. & Allison, D. C. *Matthew.* Excelente bibliografia para cada seção de Mateus.
Mills, W. E. BBR, 1993.
Neirynck, F. et al. *The Gospel of Matthew (1950-1992).* Leuven, Peeters, 1998. (BETL, 126.)
Wagner, G. EBNT, 1983.

Panorama de pesquisa

Anderson, J. C. CRBS 3, 169-218, 1995.
Bauer, D. R. *Summary of the proceedings of the American Theological Library Association* 42, pp. 119-145, 1988.
Harrington, D. J. *Heythrop Journal* 16, pp. 375-388, 1975.
Senior, D. P. *What are they saying about Matthew?* 2. ed. New York, Paulist, 1996.
Stanton, G. N. *The interpretation of Mathew.* 2. ed. Edinburgh, Clark, 1995. pp. 1-26. (Resumida TIMT.)

* * *

ANDERSON, J. C. *Matthew's narrative web*. Sheffield, Academic, 1994. (JSNTSup, 91.) Crítica retórica e narrativa.

BACON, B. W. *Studies in Matthew*. London, Constable, 1930.

BALCH, D. L. (ed.). *Social history of the Matthean community*. Minneapolis, A/F, 1991. Ensaios reunidos que ilustram abordagens interdisciplinares.

BAUER, D. R. & POWELL, M. A. *Treasures new and old*. Atlanta, Scholars, 1996. Ensaios importantes.

BLOMBERG, C. L. *Matthew*. Nashville, Broadman, 1992.

BORNKAMM, G. et al. *Tradition and interpretation in Matthew*. Philadelphia, Westminster, 1963. Crítica redacional.

BYRSKOG, S. *Jesus the only teacher*. Stockholm, Almqvist & Wiksell, 1994. (CBNTS, 24.) Autoridade de ensinar e transmissão em Israel e em Mateus.

CARTER, W. *Matthew*; storyteller, interpreter, evangelist. Peabody, MA, Hendrickson, 1995.

DEUTSCH, C. *Lady Wisdom*; Jesus and the sages. Valley Forge, PA, Trinity, 1991.

ELLIS, P. F. *Matthew*; his mind and his message. Collegeville, Liturgical, 1974. Uso excessivo de quiasmo.

GOULDER, M. D. *Midrash and lection in Matthew*. London, SPCK, 1974.

GUNDRY, R. H. *Matthew*. 2. ed. Grand Rapids, Eerdmans, 1994.

HOWELL, D. B. *Matthew's inclusive story*. Sheffield, Academic, 1990. (JSNTSup, 42.) Retórica narrativa.

KILPATRICK, G. D. *The origins of the Gospel according to Matthew*. Oxford, Clarendon, 1946.

KINGSBURY, J. D. *Matthew*; structure, christology, kingdom. Philadelphia, Fortress, 1975.

_____. *Matthew as story*. 2. ed. Philadelphia, Fortress, 1988. Crítica narrativa.

_____. The rhetoric of compheension in the Gospel of Matthew. NTS 41, 358-377, 1995.

LUZ, U. *Matthew 1–7*. Minneapolis, A/F, 1989.

_____. *Matthew in history*. Minneapolis, A/F, 1994.

MALINA, B. J. & NEYREY, J. H. *Calling Jesus names*; the social value of labels in Matthew. Sonoma, CA, Polebridge, 1988.

MEIER, J. P. *Law and history in Matthew's Gospel*. Rome, PBI, 1976. (AnBib, 71.)

_____. *The vision of Matthew*. New York, Paulist, 1979. Boa introdução.

_____. *Matthew*. Wilmington, Glazier, 1980.

MENNINGER, R. E. *Israel and the Church in the Gospel of Matthew*. New York, Lang, 1994.

OVERMAN, J. A. *Matthew's Gospel and formative Judaism*. Minneapolis, A/F, 1990 [Ed. bras.: *O evangelho de Mateus e o judaísmo formativo*. São Paulo, Loyola, 1997.].

Patte, D. *The Gospel according to Matthew*. Philadelphia, Fortress, 1986. Estruturalismo.

Powell, J. E. *The evolution of the Gospel*. New Haven, Yale, 1994. Comentário — idiossincrásico.

Powell, M. A. *God with us*; a pastoral theology of Matthew's Gospel. Minneapolis, A/F, 1995.

Przybylski, B. *Righteousness in Matthew and his world of thought*. Cambridge, Cambridge Univ., 1980. (SNTSMS, 41.)

Saldarini, A. J. *Matthew's Christian-Jewish community*. Chicago, Univ. of Chicago, 1994 [Ed. bras.: *A comunidade judaico-cristã de Mateus*. São Paulo, Paulinas, 2000.].

Schweizer, E. *The Good News according to Matthew*. Atlanta, Knox, 1975.

Stanton, G. N. *A Gospel for a new people*; studies in Matthew. Edinburgh, Clark, 1992. Boa introdução.

Stock, A. *The method and message of Matthew*. Collegeville, Liturgical, 1994.

Wainwright, E. M. *Toward a feminist critical reading of the Gospel according to Matthew*. Berlin, De Gruyter, 1991. (BZNW, 60.)

Capítulo 9

Evangelho segundo Lucas

Lucas é o mais longo dos quatro evangelhos. No entanto, é apenas metade do grande escrito lucano, pois originalmente o livro estava unido aos Atos como parte de uma obra em dois volumes que, em extensão, constitui um quarto do NT — uma esplêndida narrativa que conjuga a história de Jesus com a da Igreja primitiva.[1] Lucas afasta-se de Marcos mais do que Mateus, e pode-se dizer que, teologicamente, fica a meio caminho entre Marcos/Mateus e João. De fato, embora todos os evangelistas sejam teólogos, o número de escritos sobre a teologia de Lucas é estonteante. Em minha abordagem de cada evangelho, tenho feito do detalhamento da narrativa na Análise geral da mensagem a ocasião para salientar as características e os padrões de pensamento do evangelista. Em vez de dedicar uma subseção especial à teologia lucana, incluirei observações pertinentes a ela na Análise, pois, talvez mais do que em qualquer outro evangelho, a história é intrínseca à teologia. Parte da teologia constitui o modo pelo qual a história evangélica de Jesus prepara para o que acontece em Atos, especialmente a respeito de Pedro, Estêvão e Paulo. Tal preparação será evidenciada na Análise. A seguir,

---

[1] A unidade dos dois volumes é mantida por indiscutível número de estudiosos, baseados na continuidade de estilo, pensamento e esquema. C. H. Talbert (*Literary patterns, theological themes and genre of Luke-Acts*, Missoula, MT, Scholars, 1974) mostra como os pontos de contato ultrapassam o que salta aos olhos. Contudo, um questionamento é apresentado por M. C. Parsons e R. I. Pervo (*Rethinking the unity of Luke and Acts*, Minneapolis, A/F, 1993). Apelando para a separação de Lucas e Atos já no século II e nos primeiros cânones, eles enfatizam que dois gêneros diferentes (biografia e historiografia) estão envolvidos. Não obstante, o uso de "nos" [pronome] no prólogo do evangelho, para incluir o autor, antecipa o uso semelhante de "nós" em Atos (cf. n. 84) — uma similaridade que faz duvidar de que o autor pensasse estar escrevendo dois livros usando gêneros diferentes. Já na Antiguidade levantou-se a hipótese de um terceiro livro lucano, perdido, que trataria da carreira de Paulo depois de sua prisão em Roma, entre 61-63. Todavia, os argumentos apresentados são fracos; por exemplo, a tese de que At 1,1 fala do evangelho como "o primeiro livro" (de três), em vez de, mais corretamente, "o livro anterior" (de dois).

dedicar-se-ão subdivisões aos seguintes tópicos: Fontes e características redacionais, Autoria, Ambiente ou comunidade implícita, Propósito, Data da redação, Temas e problemas para reflexão e Bibliografia.[2]

Análise geral da mensagem

Dos quatro evangelistas, somente Lucas e João escrevem alguns versículos que explicam, em forma de reflexão, o que eles pretendem transmitir: João, no final (20,30-31), e Lucas, no começo.

Prólogo (Lc 1,1-4)

É um longo período, em estilo mais formal do que o que se encontra alhures no evangelho,[3] escrito para orientar o leitor. Alguns intérpretes têm indicado paralelos nos prefácios clássicos dos historiadores gregos (Heródoto, Tucídides) e dos tratados ou manuais médicos e científicos helênicos.[4] Houve muitos escritores, e agora o evangelista também põe-se a escrever. A fonte para todo o livro é uma geração precedente: "as testemunhas oculares e ministros da Palavra". Alguns, especialmente aqueles que defendem a hipótese historicizante de que as testemunhas oculares incluíam Maria, no que toca as narrativas da infância, acreditam que Lucas se refere a dois grupos: testemunhas oculares e testemunhas. A maioria, porém, põe-se a favor de duas atribuições de um único grupo: os que foram testemunhas oculares do ministério de Jesus e tornaram-se ministros da Palavra, ou seja, os discípulos/apóstolos. Para alguns, mais uma vez segundo o interesse historicizante, "após acurada investigação de texto [...], escrever-te de

---

[2] Ao longo de todo este capítulo, darei preferência a livros e artigos escritos depois de 1980; para o período precedente, aqueles que desejam prosseguir a leitura e a pesquisa precisam apenas consultar a bibliografia excelente em J. A. Fitzmyer (*Luke*, AB, 1981, p. ex., 1.259-270) sobre a teologia.

[3] Os vv. 1-2 são orações subordinadas, enquanto os vv. 3-4, a oração principal; cada uma tem três segmentos paralelos. O prólogo é parcialmente comparável a Lc 3,1-2; 9,51; At 1,1-2, que servem como subprefácios.

[4] Cf. a notável discussão do Prólogo feita por H. J. Cadbury, in: FOAKES JACKSON, F. J. & LAKE, K. (eds.). *The beginnings of Christianity*; the Acts of the Apostles. London, Macmillan, 1920-1933. 5 v., 2.489-510; também ROBBINS, V. K. PRS 6, 94-108, 1979; DILLON, R. J. CBQ 43, 205-227, 1981; CALLAN, T. NTS 31, 576-581, 1985; ALEXANDER, L. NovT 28, 48-74, 1986; e *The preface to Luke's Gospel*. Cambridge, Cambridge Univ., 1993. (SNTSMS, 78.)

Informações básicas

DATA: 85, adicionando-se ou subtraindo-se entre cinco e dez anos.

AUTOR SEGUNDO A ATRIBUIÇÃO TRADICIONAL (SÉCULO II): Lucas, médico, colaborador e companheiro de viagem de Paulo. Menos bem atestado: um sírio de Antioquia.

AUTOR DEDUZIDO DO CONTEÚDO: pessoa instruída, que falava grego, escritor habilidoso, que conhecia as Escrituras judaicas em grego e que não foi uma testemunha ocular do ministério de Jesus. Serviu-se de Marcos e de uma coleção de ditos do Senhor (Q), bem como de algumas tradições disponíveis, orais ou escritas. Provavelmente não foi educado como judeu, mas talvez convertido ao judaísmo antes de tornar-se cristão. Não era palestino.

AMBIENTE IMPLÍCITO: Igrejas afetadas direta ou indiretamente (por meio de outros) pela missão de Paulo. Propostas sérias concentram-no em áreas da Grécia ou da Síria.

UNIDADE E INTEGRIDADE: em manuscritos gregos ocidentais faltam passagens significativas encontradas em outros manuscritos (não-interpolação ocidental: ver Temas e problemas para reflexão, 1).

DIVISÃO*

1,1-4:	Prólogo
1,5–2,52	Introdução: infância e adolescência de Jesus
	1. Anunciação da concepção de João Batista e de Jesus (1,5-45.56)
	2. O *Magnificat* e outros cânticos (1,46-55)
	3. Narrativa do nascimento, circuncisão e nominação de João Batista e de Jesus (1,57–2,40)
	4. O menino Jesus no templo (2,41-52)
3,1–4,13	Preparação para o ministério público
	Pregação de João Batista, batismo de Jesus, sua genealogia, as tentações
4,14–9,50	Ministério na Galiléia
	1. Rejeição em Nazaré; atividades em Cafarnaum e no lago (4,14–5,16)
	2. Reações a Jesus: controvérsias com os fariseus; escolha dos Doze e pregação à multidão na planície (5,17–6,49)
	3. Milagres e parábolas que demonstram o poder de Jesus e ajudam a revelar sua identidade; missão dos Doze (7,1–9,6)
	4. Questões sobre a identidade de Jesus: Herodes, saciação de 5 mil, confissão de Pedro, primeira e segunda predições da paixão, transfiguração (9,7-50)
9,51–19,27	Viagem a Jerusalém
	1. Primeiro estágio: segunda menção de Jerusalém (9,51–13,21)
	2. Segundo estágio: terceira menção de Jerusalém (13,22–17,10)
	3. Último estágio da viagem até a chegada a Jerusalém (17,11–19,27)
19,28–21,38	Ministério em Jerusalém
	1. Entrada em Jerusalém e atividades na área do templo (19,28–21,4)
	2. Discurso escatológico (21,5-38)
22,1–23,56	Última Ceia, paixão, morte e sepultamento
	1. Conspiração contra Jesus, Última Ceia (22,1-38)
	2. Oração e prisão no Monte das Oliveiras, julgamentos judaico e romano (22,39-23,25)
	3. Caminho da cruz, crucifixão, sepultamento (23,26-56)
24,1-53	Aparições do ressuscitado na região de Jerusalém
	1. Junto ao túmulo vazio (24,1-12)
	2. Aparição no caminho de Emaús (24,13-35)
	3. Aparição em Jerusalém e ascensão ao céu (24,36-53)

*Embora se possa dividir o corpo do evangelho de Lucas geograficamente, levando-se em conta a Galiléia e a estrada para Jerusalém, ulterior subdivisão é difícil e inevitavelmente arbitrária, dado que um episódio conduz ao outro. A facilidade na abordagem teve um papel decisivo nas subdivisões feitas aqui.

modo ordenado", no v. 3, significa que o evangelista foi um seguidor dos apóstolos e escreveu literalmente história. Provavelmente o autor nada mais quer dizer senão que planejou as coisas com cuidado e as reordenou logicamente. O objetivo teológico é explicado ao "ilustre Teófilo",[5] isto é, a confirmação do ensinamento cristão que lhe foi transmitido. A "confirmação" refere-se ao valor salvífico daquilo que é contado, e não necessariamente à historicidade ou à objetividade do relato — não obstante a narração ter suas raízes nas tradições provenientes das testemunhas oculares primitivas e dos ministros da palavra. Lucas-Atos é uma narrativa (1,1: *diēgēsis*) escrita por um crente para estimular a fé.

A teologia lucana é encenada na história e na geografia. Seguindo a inspiração de H. Conzelmann (*The theology of St. Luke* [Teologia de são Lucas], New York, Harper, 1960), os exegetas têm traçado, com muitas variações, três estágios da história lucana da salvação.[6] Essa análise oferece uma proposta viável: *Israel* (= uma história narrada na Lei e nos Profetas ou no AT; cf. Lc 16,16[7]), *Jesus* (= uma história contada no evangelho, começando em Lc 3,1), a *Igreja* (= uma história relatada em Atos, começando em 2,1 e prosseguindo além dos confins da terra, até que venha o Filho do Homem). Jesus é o ponto central que une Israel e a Igreja; seu tempo pode ser calculado do batismo à ascensão (At 1,22). A transição do AT para Jesus e deste para a Igreja é feita por duas pontes construídas pelo evangelista. Em Lc 1–2, as personagens do AT que representam Israel (Zacarias, Isabel, os pastores, Simeão, Ana) encontram-se sobre a ponte para encontrar as

---

[5] Embora alguns se perguntem se o nome "amigo de Deus" não é puramente simbólico, para indicar todo cristão, os dados favorecem uma pessoa real e importante (de quem nada mais sabemos) que acreditava em Jesus ou se sentia atraída por aquilo que se pregava a respeito dele. Em parte, Lucas pode ter escolhido Teófilo como seu destinatário porque esse nome poderia aplicar-se também a outros leitores esperados.

[6] Particularmente discutível é a tese de Conzelmann de que a salvação foi oferecida no passado e será oferecida novamente no futuro, mas não agora, no tempo da Igreja. (Alguns têm refinado tal idéia sugerindo que agora existe salvação individual depois da morte.) H. Flender (*St. Luke*; theologian of redemptive history, Philadelphia, Fortress, 1967) acredita que, até certo ponto, a vinda do Espírito nos Atos substitui a parusia porque, com a ascensão de Jesus, a vitória está garantida no céu. Uma solução interessante é que Lucas pensa a salvação como existencialmente aplicável aos que acreditam em Jesus e se tornaram membros da Igreja, a qual, porém, tem ainda a tarefa de renovar o mundo (M. A. Powell, *What are they saying about Luke?*, New York, Paulist, 1989, p. 79).

[7] Para Conzelmann, o período de Israel acaba em Lc 4,13, e o período do "Diabo solto", no qual Jesus vive, termina em Lc 22,3. Essa divisão negligencia totalmente a narrativa da infância, liga João Batista a Israel e não faz justiça à clara introdução dos Atos.

personagens do evangelho (Maria, Jesus); em At 1, o Jesus do evangelho encontra-se na ponte para instruir os Doze e prepará-los para a vinda do Espírito, que estabelecerá a Igreja por meio da pregação e dos milagres deles. Destarte, existe uma continuidade entre o começo e o fim do plano de Deus. Com tal plano em mente, voltemo-nos para a primeira ponte.

Introdução: infância e adolescência de Jesus (Lc 1,5–2,52)

Podem-se detectar sete episódios: duas anunciações de concepção (João Batista, Jesus), a visita de Maria a Isabel, dois relatos de nascimento, apresentação de Jesus no templo, o menino Jesus no templo, aos doze anos. Existem diferenças menores entre os estudiosos acerca da disposição e subordinação dos episódios,[8] mas se reconhece um cuidadoso paralelismo nos seis primeiros. O quadro 3 é um comentário à popularíssima proposta segundo a qual Lucas tinha em mente duas tábulas. A tradição evangélica universal de que João Batista apareceu em cena antes de Jesus foi aplicada à concepção e ao nascimento, de modo que agora eles são apresentados como parentes. Contudo, não resta dúvida de que Jesus é maior.

1. Anunciação da concepção de João Batista e de Jesus (Mt 1,5–45.56). Vimos que Mateus começa a narrativa da infância ecoando o livro do Gênesis: Abraão gerou Isaac. Lucas mergulha no mesmo primeiro livro bíblico, não denominando Abraão e Sara, mas evocando-os no retrato de Zacarias e Isabel[9] — uma técnica semelhante a uma fotografia que passou por dupla exposição, de modo que uma série de imagens é vista através da outra. O anjo Gabriel, que faz a anunciação, é nomeado no AT somente no livro de Daniel, que figurava mais ou menos no fim do cânone das Escrituras judaicas (entre os Escritos — assim, a seu modo, Lucas cobre todo o leque das Escrituras). Em Daniel, como em Lucas, Gabriel aparece no momento da oração litúrgica; o visionário fica estupefato (Dn 9,21; 10,8-12.15). O mais importante é que Gabriel interpreta as setenta semanas de anos, uma descrição panorâmica do plano final de Deus, em cuja última parte "terá início

---

[8] Cf. BBM 248-253, 623-625; esse volume oferece uma bibliografia exaustiva, completa até 1992, que não repetirei aqui. Desde então, especialmente digno de nota é M. Coleridge, *The birth of the Lukan narrative... Luke 1–2*, Sheffield, JSOT, 1993 (JSNTSup, 88) — abordagem crítico-literária.

[9] Esses são os únicos casais na Bíblia que se tornam pais embora os homens sejam velhos e as mulheres sejam avançadas em idade e estéreis. Zacarias pergunta ao anjo: "De que modo saberei disso?" (cf. Gn 15,8) e, por fim, Isabel alegra-se (cf. Gn 21,6-7).

uma justiça eterna, visão e profecia serão ratificadas e um Santo dos Santos será ungido" (cf. Dn 9,24). Esse período de tempo começa com a concepção de João Batista,[10] que fará o papel de Elias (Lc 1,17), aquele que, consoante o último livro profético (Ml 3,23-24 [ou 4,5-6]), será enviado antes do Dia do Senhor.

Se o anúncio da concepção de João Batista traz à lembrança aquilo que aconteceu em Israel, a anunciação do nascimento de Jesus leva a um grau maior a novidade que Deus já começou a realizar. O anjo Gabriel aparece agora não a pais idosos, desesperados por um filho, mas a uma virgem, totalmente surpreendida pela idéia da concepção. A concepção não se realizará por geração humana, mas pelo Espírito criador de Deus, que cobrirá a virgem com sua sombra,[11] o Espírito que trouxe o mundo à existência (Gn 1,2; Sl 104,30). A criança que vai nascer é objeto de uma dupla proclamação angélica. Em primeiro lugar, as expectativas de Israel tornar-se-ão realidade, pois a criança será o Messias davídico. Gabriel anuncia isso em Lc 1,32-33, evocando a promessa profética a Davi, que era o fundamento de tal expectativa (2Sm 7,9.13.14.16). Em segundo lugar, a criança ultrapassará tais esperanças, pois será o único Filho de Deus, revestido do poder do Espírito Santo. Gabriel proclama isso em Lc 1,35, antecipando a linguagem cristológica do querigma cristão (Rm 1,3-4). A resposta de Maria — "[...] faça-se em mim segundo tua palavra!" (Lc 1,38) — conforma-se ao critério evangélico para pertencer à família do discipulado (Lc 8,21).

Assim, prolepticamente, o anjo anuncia o evangelho da dupla identidade de Jesus, filho de Davi e Filho de Deus, e Maria torna-se a primeira discípula.

Embora alguns cheguem a classificar a visitação (Lc 1,39-45) como uma cena separada que reúne as *dramatis personae* das duas anunciações, a cena pode ser vista como um epílogo da anunciação a Maria, pois ela está cumprindo, sem delongas, a primeira tarefa do discipulado: partilhar o evangelho com outros.

---

[10] Provavelmente Lucas entendeu o "ungido" de Daniel como uma referência ao Ungido, ou seja, o Cristo. João Batista pertence, de modo antecipado, ao tempo de Jesus, e o que é profetizado a respeito dele por Gabriel faz eco ao que se dirá dele durante o ministério público de Jesus (compare-se Lc 1,15 com 7,27.28.33).

[11] Que Lucas tinha em mente uma concepção virginal, cf. BBM 298-309, 517-533, 635-639, 697-712; cf. também *p. 319*.

QUADRO 3. ESTRUTURA DA NARRATIVA DA INFÂNCIA EM LUCAS

Tabela da anunciação
(Primeiro estágio da composição lucana)

1,5-25	1,26-45.56
Anunciação sobre João Batista	Anunciação sobre Jesus
Apresentação das *dramatis personae*: Zacarias e Isabel, de família sacerdotal, idosa, estéril (5-7).	*Apresentação*: o anjo Gabriel enviado a Maria, uma virgem prometida a José, da Casa de Davi (26-38).
Anunciação da concepção de João Batista comunicada pelo anjo do Senhor (Gabriel) a Zacarias no templo (8-23).	*Anunciação* da concepção de Jesus comunicada por Gabriel a Maria, em Nazaré.
Contexto (8-10): os costumes sacerdotais: é a vez de Zacarias oferecer incenso.	
Parte central (11-20):	
1. O anjo do Senhor apareceu a Zacarias.	1. Gabriel aparece a Maria.
2. Zacarias ficou surpreso	2. Maria ficou surpresa.
3. A mensagem:	3. A mensagem:
a) Zacarias	a) Alegra-te... Maria
	b) Favorecida
c) Não temas	c) Não temas
	d) Conceberás
e) Isabel te dará um filho	e) e darás à luz um filho
f) a quem chamarás João	f) a quem chamarás Jesus
g) Será grande diante do Senhor etc. (15-17).	g) Ele será grande etc. (32-33).
4. De que modo saberei disso?	4. Como acontecerá isso?
Resposta do anjo (19).	Resposta do anjo (35).
5. O sinal: ficarás mudo e sem poder falar.	5. O sinal: também tua parenta concebeu.
Conclusão (21-23): Zacarias saiu do templo incapaz de falar e voltou para casa.	Maria respondeu com disponibilidade e o anjo foi-se embora.
Epílogo: Isabel concebeu; escondida, ela refletia e louvava ao Senhor (24-25).	*Epílogo*: Maria foi à casa de Zacarias e saudou Isabel, que ficou cheia do Espírito Santo e proclamou o louvor da mãe do Senhor. Maria voltou para casa (39-45.56).

QUADRO 3. *Continuação*

Tabela do nascimento
(Primeiro estágio da composição lucana)

1,57-66.80 Nascimento/nominação/grandeza de João Batista	2,1-12.15-27.34-40 Nascimento/nominação/grandeza de Jesus

Notícia do nascimento: alegria dos vizinhos (57-58).
 	
Cena da circuncisão/nominação (59-66): pais envoltos em maravilhas em torno da nominação e da indicação da grandeza futura da criança.
	Cena do nascimento (1-20)
	Contexto (1-7): censo envolvendo os pais; nascimento em Belém.
	Anunciação (8-12):
	  1. Anjo do Senhor reaparece aos pastores da região.
	  2. Pastores enchem-se de medo.
	  3. A mensagem:
	    c) Não temam; grande alegria
	    e) Hoje nasceu na cidade de Davi
	    f) Um Salvador, que é o Cristo-Senhor
	  5. O sinal: um menino envolto em panos e deitado numa manjedoura.
	Reações (15-20):
	Pastores foram a Belém, viram o sinal; contaram o fato

Todos ficaram assombrados:
Zacarias falou louvando a Deus;
Todos os vizinhos ficaram espantados;
Todos os que ouviam guardavam os acontecimentos no coração.
	Os ouvintes ficaram assombrados;
	Maria guardava esses acontecimentos em seu coração;
	Pastores voltaram, glorificando e louvando a Deus.
	Notícia da circuncisão/nominação (21).
	
	Cena da apresentação no templo (22-27.34-38)
	  Contexto (22-24): purificação dos pais; consagração do primogênito de acordo com a Lei.
	  Profecia de Simeão (25-27.34-35): movido pelo Espírito Santo, Simeão abençoou os pais e profetizou o futuro da criança.
	  Profecia de Ana (36-38).

Conclusão (80): Vida oculta e crescimento da criança. Sua vida no deserto.	*Conclusão* (39-40): Retorno para Nazaré, na Galiléia. Vida oculta e crescimento da criança.

João Batista, no ventre da mãe, começa seu papel de despertar o povo para a vinda do Messias (cf. Lc 3,15-16), e a reação de Isabel, bendizendo Maria como a mãe cujo ventre dá à luz o Messias, e a seguir, como aquela que acreditou na palavra do Senhor, antecipa as prioridades de Jesus em Lc 11,27-28.

2. O Magnificat (Lc 1,46-55) e outros cânticos. No quadro 3, referi-me ao "primeiro estágio da composição lucana" a fim de compartilhar a tese comum de que, no segundo estágio (não necessariamente no tempo), Lucas acrescentou a esse esquema básico cânticos tirados de uma coleção de antigos hinos em grego: o *Magnificat*, o *Benedictus* (Lc 1,67-78), o *Gloria in excelsis* (Lc 2,13-14) e o *Nunc Dimitis* (Lc 2,28-32).[12] Todos esses poderiam ser facilmente removidos do contexto atual e, de fato, à exceção de um versículo ou frase ocasional que possam ter sido inseridos (p. ex., Lc 1,48.76), não são específicos em suas referências à ação que está sendo descrita. Os cânticos refletem o estilo da hinologia judaica contemporânea, conforme vista em 1 Macabeus (conservado em grego) e nos Salmos de Ação de Graças de Qumrã (*Hodayot*, em hebraico), pois cada linha constitui um paralelo com o AT, de modo que o todo é um mosaico de temas escriturísticos reutilizados para nova expressão de louvor. Por conseguinte, os cânticos complementam o tema da promessa/cumprimento das narrativas da infância.[13] (Além disso, o *Magnificat* segue nitidamente o padrão do hino de Ana, a mãe de Samuel, em 1Sm 2,1-10). A cristologia é indireta, proclamando que Deus realizou algo definitivo, mas jamais explicitando isso em relação à carreira de Jesus[14] — daí a hipótese de que os cânticos podem provir de cristãos bem antigos. De certa forma, Lucas permanece fiel à origem dos cânticos, colocando-os nos lábios dos primeiros a ouvir a mensagem sobre Jesus. O *Magnificat* pronunciado por

---

[12] Existe maior consenso em relação aos dois primeiros do que em relação aos dois últimos, atribuídos, por alguns, a composições lucanas. Que os cânticos tenham sido traduzidos do hebraico ou aramaico é uma tese minoritária, muitas vezes defendida por estudiosos ansiosos por atribuir historicamente a composição daqueles cânticos às pessoas que, segundo o evangelho, proclamaram-nos. Cf. BBM 346-366, 643-655.

[13] Cf. FARRIS, S. *The hymns of Luke's infancy narratives*. Sheffield, JSOT, 1985. (JSNTSup, 9.)

[14] Contrastem-se os hinos mais desenvolvidos, explicitamente cristológicos, de Fl 2,6-11; Cl 1,15-20; Jo 1,1-18. Muitos exegetas acreditam que o *Magnificat* e o *Benedictus* eram composições judaicas, não cristãs; o tempo verbal usado (aoristo), porém, sugere que foram compostos por aqueles que creram que a ação decisiva de Deus tinha-se realizado, enquanto os hinos judaicos desse período consideravam a intervenção futura de Deus.

Maria, a primeira discípula, é especialmente significativo porque, tendo ela ouvido que seu filho seria o filho de Davi e o Filho de Deus, traduz isso em boas notícias para os pequenos e famintos, bem como em "ais" contra os poderosos e ricos. Em Lucas, o filho dela faz a mesma coisa. A voz celeste diz: "Tu é meu Filho amado" (Lc 3,22), e Jesus expressa isso em bem-aventuranças para aqueles que são pobres, famintos, enlutados, e em "ais" contra aqueles que são ricos, saciados e folgazões (Lc 6,20-26). Conseqüentemente, o *Magnificat* tem grande importância na teologia da libertação (BBM 650-652).

3. Narrativa do nascimento, circuncisão e nominação de João Batista e de Jesus (Lc 1,57–2,40). Nessa tábula, as semelhanças entre os dois lados não são tão estreitas como na tábula da anunciação porque a grande dignidade de Jesus recebe ampla atenção. Os acontecimentos em torno de João Batista fazem eco à cena da anunciação: Isabel dá inesperadamente o nome de João à criança, e Zacarias recupera a fala. O *Benedictus* exalta o cumprimento de tudo o que fora prometido a Israel. A descrição do crescimento e fortalecimento espiritual de João Batista (Lc 1,80) ressoa o desenvolvimento de Sansão (Jz 13,24-25) e de Samuel (1Sm 2,21).

O contexto do nascimento de Jesus é indicado pelo decreto de César Augusto, convocando um censo para todo o mundo, o primeiro levantamento feito quando Quirino era governador da Síria. Historicamente, essa narração está repleta de problemas: jamais se fez um censo de todo o império sob Augusto (apenas certo número de arrolamentos locais), enquanto o censo da Judéia (não da Galiléia) sob Quirino, o governador da Síria, aconteceu nos anos 6-7 d.C., provavelmente no mínimo dez anos depois do nascimento de Jesus. A melhor explicação é esta: embora Lucas aprecie situar seu drama cristão no contexto bem conhecido da Antigüidade, às vezes faz isso de modo impreciso.[15] Teologicamente, ao associar o nascimento de Jesus ao decreto de Augusto, Lucas introduz um plano divino que culminará quando Paulo proclamar o evangelho em Roma (At

---

[15] Sobre o censo, cf. BBM 412-418, 547-556, 666-668. Lc 23,45 explica a escuridão escatológica no momento da morte de Jesus como um eclipse do Sol; mas, no Oriente Próximo, houve um eclipse em novembro de 29, não na Páscoa de 30 ou 33. Em At 5,36-37, por volta do ano 36 d.C., ele mostra Gamaliel falando sobre a revolta de Teudas, acontecida em torno de 44-46, e afirma que Judas surgiu "durante o censo", depois de Teudas, quando de fato ele viera quarenta anos mais cedo. Os que estão convencidos do literalismo da Bíblia vêem-se forçados a explicar todas essas inexatidões.

28). Na verdade, os fatos que Lucas narra aconteceram numa pequena cidade da Palestina, mas, ao designar Belém como a cidade de Davi, situando-a num recenseamento romano, o evangelista exprime simbolicamente a importância daqueles acontecimentos para a herança real de Israel e, em última instância, para todo o império. O anúncio do anjo — "Nasceu-nos hoje um Salvador, que é o Cristo-Senhor, na cidade de Davi" (Lc 2,11) — imita uma proclamação imperial. Se Augusto é representado em inscrições como um grande salvador e benfeitor, Lucas apresenta Jesus de forma ainda mais grandiosa.[16] Trata-se de um evento que acontece no palco cósmico, enquanto a multidão angélica sublinha-o ao declarar solenemente glória a Deus nos céus e paz na terra (cf. Temas e problemas para reflexão, 2).[17] Os pastores, com quem a revelação sobre Jesus é partilhada e que reagem com louvores, são o contrapeso lucano para os magos de Mateus. No final, tanto os pastores quanto os magos saem de cena e não mais reaparecem; dessa forma, Lucas e Mateus evitam contradizer a difusa tradição de que um reconhecimento cristológico público de Jesus não ocorreu no momento do batismo. Maria é a única pessoa adulta que permanece da narrativa da infância ao ministério público de Jesus. Lc 2,19.51 usa fórmulas de ponderação tiradas de descrições visionárias judaicas (Gn 31,11; Dn 4,28; LXX) para indicar que Maria ainda não compreende plenamente as implicações do que acontecera. Isso conserva seu *status* de discípula mesmo depois de toda a revelação que lhe foi concedida; ela ainda precisa aprender sobre a identidade de seu Filho, conforme revelada pelo sofrimento do ministério e da cruz. Conseqüentemente, em Lc 2,35 é-lhe dito: "[...] e a ti, uma espada transpassará tua alma".

Assim como a visitação, é possível classificar a apresentação de Jesus no templo (2,22-40) em uma cena separada; existe, porém, um paralelismo entre Lc 1,80 e 2,39-40 e, portanto, uma base para manter a cena no padrão de uma tábula (cf. quadro 3). Deve-se notar que existem dois temas importantes que se

---

[16] F. W. Danker (*Luke*, pp. 28-46, ProcC, 2. ed., 1987) elabora detalhadamente a comparação entre Jesus e aqueles tidos como benfeitores no mundo romano.

[17] É discutível se o *Gloria in excelsis* (Lc 2,13-14), em duas linhas, é suficientemente longo para caracterizar um hino; Lc 19,38, porém, pode oferecer-nos outra linha de uma composição originalmente mais longa (talvez antifonal — a terra responde ao céu), quando os discípulos louvam cantando: "Paz no céu e glória no mais alto dos céus!"

correspondem: os pais de Jesus eram fiéis à Lei[18] e Simeão e Ana, representantes dos judeus piedosos que aguardavam o cumprimento das promessas de Deus em Israel, aceitaram Jesus. Isso faz parte de tese de Lucas, segundo a qual nem Jesus nem sua proclamação eram contrárias ao judaísmo; por exemplo, no início dos Atos, ele mostra milhares de judeus dispostos a aceitar o ensinamento apostólico. No entanto, a luz que está para ser a revelação para os gentios e a glória para Israel é colocada tanto para a *queda* quanto para o soerguimento de muitos em Israel (Lc 2,32.34).

4. O menino Jesus no templo (Lc 2,41-52). Pela ótica das fontes, esse episódio parece ter chegado a Lucas independentemente de outro material da infância; em Lc 2,48-50, não existe indicação alguma de uma revelação prévia sobre a identidade de Jesus como o Filho de Deus ou sobre sua extraordinária concepção. Existia um gênero de histórias da infância de Jesus, ou "vida oculta", mais bem documentado no *Evangelho da infância segundo Tomé*, que narra "os poderosos feitos da infância de nosso Senhor Jesus Cristo" entre os cinco e os doze anos. O motivo fundamental implícito é uma resposta à questão que deve ter surgido: se, durante o ministério público, Jesus perfazia milagres e podia falar com Deus, quando ele adquiriu tais poderes? As histórias da infância são destinadas a mostrar que ele detinha tais poderes desde tenra idade (cf. BINTC 126-129).

Qualquer que tenha sido a origem da história de Jesus até os doze anos, ao inseri-la entre a infância e o ministério público, Lucas construiu um seqüência cristológica altamente persuasiva. Na anunciação, um anjo proclama que Jesus é o Filho de Deus (Lc 1,35); aos doze anos, Jesus, ao falar pela primeira vez, mostra claramente que Deus é seu Pai (Lc 2,49); aos trinta anos, no início da atividade pública de Jesus, a voz do próprio Deus, vinda do céu, declara: "Tu és o meu Filho" (Lc 3,22-23). Mais uma vez, porém, dado que historicamente tal revelação em idade tão prematura poderia colidir com a ignorância local posterior, acerca de sua identidade única (Lc 4,16-30), certificamo-nos de que Jesus obedeceu a seus pais ao retornar a Nazaré (Lc 2,51), presumivelmente não provocando mais incidentes reveladores como aquele no templo.

---

[18] Lc 2,22-24.39 (também Lc 2,41). A respeito da visão lucana de que Jesus cumpre a Lei, que não foi abolida, cf. FITZMYER, J. A. *Luke the theologian*. New York, Paulist, 1989. pp. 176-187.

Preparação para o ministério público: pregação de João Batista, batismo de Jesus, sua genealogia, as tentações (Lc 3,1–4,13)[19]

Percebemos o senso histórico de Lucas e o conteúdo de sua teologia do mundo no subprefácio (Lc 3,1-2) que ele usa para demarcar o início da era de Jesus e o evangelho propriamente dito. Existe um sêxtuplo sincronismo a situá-lo no tempo (provavelmente por volta do ano 29 d.C.), através de reinados imperial, governamental e sumo sacerdotal. *O ministério da pregação de João Batista* (Lc 3,1-20), que inaugura a era de Jesus (At 1,22), culmina com a predição de Gabriel a Zacarias, em Lc 1,15b-16. Lucas ajusta material de Marcos, de Q (Lc 3,7b-9)[20] e material próprio (Lc 3,10-15). Com a expressão "a palavra de Deus foi dirigida a João, filho de Zacarias" (Lc 3,2), Lucas iguala a vocação de João Batista à de um profeta do AT (Is 38,4; Jr 1,2 etc.). A profecia de Isaías, que está ligada a João Batista nos quatro evangelhos, é expandida (Is 40,3-5) para incluir "toda a carne verá a salvação de Deus" como parte da preocupação teológica de Lucas com os gentios. A vituperação que Mt 3,7 dirige aos fariseus e saduceus, Lc 3,7 direciona para as multidões — um reflexo da tendência lucana em remover algo do colorido palestinense local, a fim de generalizar a mensagem. Tipicamente lucano é o ensinamento de João Batista em Lc 3,10-14, com sua ênfase na partilha dos bens, na justiça pelo pobre e na sensibilidade terna. Tudo isso se assemelha ao que o Jesus lucano porá em relevo, uma similaridade que explica Lc 3,18, em que se diz que João Batista já está pregando a boa notícia. Entre os sinóticos, somente Lc 3,15 levanta a questão sobre se João Batista era o Messias,[21] um problema usado para introduzir o ensinamento de João Batista acerca daquele que haveria de vir (Lc 3,16-18). Demonstrando, então, seu gosto pela ordem (Lc 1,3), em Lc 3,19-20 o evangelista antecipa a reação de Herodes contra João Batista (de Mc 6,17-18),

---

[19] Nesta Análise, dedico um tratamento mais amplo ao material peculiar a Lucas (como a narrativa da infância); ao tratar do material que Lucas partilha com Marcos (tríplice tradição) e com Mateus (material de Q), evitarei repetir informações já apresentadas nos dois capítulos anteriores. Podem-se consultar antecipadamente as mudanças tipicamente lucanas efetuadas em Marcos, descritas neste capítulo na subseção Fontes e características redacionais.

[20] O problema de Q é mostrado acuradamente. Sessenta, de sessenta e quatro palavras aqui, são idênticas às de Mt 3,7b-10; contudo, resta explicar como, sem conhecer Mateus, Lucas dispôs tais palavras na mesma seqüência que aquele, em meio ao material emprestado de Marcos.

[21] Essa opinião é descrita entre os seguidores pós-NT de João Batista como parte de sua rejeição a Jesus. Cf. Jo 3,25-26.

a fim de concluir a história do ministério deste último antes de dar início à história da atividade de Jesus. Destarte, Lucas evita qualquer subordinação de Jesus a João Batista, que não é sequer mencionado na cena batismal seguinte.

A história *do batismo de Jesus* (Lc 3,21-22) indica que Jesus está rezando (um tema lucano que concluirá também o ministério: Lc 22,46[22]) e, em resposta, o Espírito Santo desce em forma *corporal* (imagem lucana para acentuar a realidade; cf. Lc 24,39-43). Esse mesmo Espírito Santo, que vem sobre Jesus no início do evangelho, virá sobre os Doze em Pentecostes, no começo dos Atos (2,1-4). Lucas detém-se aqui para descrever a *genealogia de Jesus* (Lc 3,23-38).[23] Enquanto a genealogia de Mateus vai de Abraão até Jesus, a de Lucas começa em Adão (a fim de preparar o caminho para toda a humanidade, ultrapassando a descendência física de Israel), até o próprio Deus (Lc 3,38). A localização da genealogia antes do início do ministério de Jesus retoma Ex 6,14-26, em que a genealogia de Moisés é apresentada depois de sua história precedente e antes que ele comece sua tarefa de conduzir os israelitas para fora do Egito. *As provações/tentações de Jesus* (Lc 4,1-13) são introduzidas pela indicação de que Jesus estava "cheio do Espírito", um realce lucano que visa preparar o proeminente papel do Espírito em Atos (p. ex., At 6,5; 7,55). Derivadas de Q, as tentações em Lucas, como em Mateus, corrigem uma falta de compreensão da missão de Jesus.[24] Particularmente digno de nota é o fato de que, diferente de Marcos e Mateus, Lucas não apresenta nenhum anjo prestando serviço a Jesus, e explicita que o

---

[22] Cf. PLYMALE, S. F. *The prayer texts of Luke-Acts*. New York, Lang, 1991; CRUMP, D. M. *Jesus the intercessor*; prayer and christology in Luke-Acts. Tübingen, Mohr-Siebeck, 1992. (WUNT, 2/49.) Crítica da redação.

[23] Existem muitas diferenças em relação à genealogia de Mateus (especialmente a partir de Davi). Aqueles que pensam que Lucas dispunha de tradição provinda de Maria tentaram provar que a dele é a verdadeira genealogia da família de Jesus (ou de Maria, não obstante Lc 3,23!) ou até mesmo reconciliar as duas genealogias. A inspiração bíblica não é garantia de historicidade nem de reconciliação; ao contrário, Deus deveria ter inspirado os dois evangelistas a fornecer-nos o mesmo escrito. Enquanto a lista de Lucas pode ser considerada menos classicamente monárquica do que a de Mateus, existe pouca probabilidade de que qualquer uma delas seja histórica.

[24] Cf. p. 268. A diferença mais óbvia entre Mateus e Lucas é a ordem das duas últimas tentações, que constitui uma verdadeira provação para a crítica da redação (cf. p. 79). A ordem de Q era a mesma de Lucas, e Mateus mudou-a a fim de que a cena terminasse na montanha, correspondendo ao motivo da montanha em Mt 5,1; 28,16? Ou a ordem de Q era a mesma de Mateus, e Lucas inverteu-a a fim de que a cena terminasse no templo de Jerusalém, onde o evangelho se conclui segundo Lc 24,52-53? A maioria julga que a ordem de Mateus seja a original.

demônio o deixou até outra ocasião. No início da paixão, somente Lucas, dos sinóticos, é claro acerca da presença de Satanás, o poder das trevas (Lc 22,3.31.53); no Monte das Oliveiras, quando Jesus é provado de novo, um anjo virá para fortalecê-lo (Lc 22,43-44).

Ministério na Galiléia (Lc 4,14-9,50)

Com sua sensibilidade para a geografia teológica, Lucas chama a atenção para o retorno de Jesus à Galiléia (Lc 4,14)[25] e sua partida dali em direção a Jerusalém (Lc 9,51). No meio, Lc insere a maior parte do relato sobre o ministério público, recolhido de Marcos, ao qual impõe sua própria organização.

1. Rejeição em Nazaré; atividades em Cafarnaum e no lago (Lc 4,14–5,16). A fim de explicar por que Jesus de Nazaré desenvolve a maior parte de sua atividade em Cafarnaum, Lucas começa a história com *a rejeição de Jesus em Nazaré* (Lc 4,14-30), que aparece bem mais tarde em Mc 6,1-6 e em Mt 13,54-58. Da mesma forma, a cena de Nazaré é bastante dilatada para além de "num sábado, pôs-se a ensinar na sinagoga", de Marcos, pois Lucas informa sobre o ensinamento: Jesus comenta o rolo do profeta Isaías (a única prova evangélica de que Jesus sabia ler). A passagem (Is 61,1-2), que reflete a anistia do ano jubilar para os oprimidos,[26] é usada para representar Jesus como um profeta ungido e é programática em relação àquilo que Jesus realizará em seu ministério. (Supõe-se que tenha tocado profundamente os que pertenciam às classes inferiores entre os destinatários de Lucas.) A rejeição do profeta Jesus pelos de sua terra natal é paralela a Marcos, mas não há indicação, em Lucas, de que entre os que o rejeitaram incluíam-se os de sua casa ou seus parentes (cf. Mc 6,4). A atenção que Jesus dedica aos excluídos é justificada por paralelos proféticos. A fúria do povo contra Jesus, a ponto de tentar matá-lo, ultrapassa em muito o relato marcano e serve para preparar os leitores, desde o começo, para seu destino.

---

[25] A maioria dos estudiosos acredita que o ministério galileu começa aqui; outros, porém, influenciados pelo esquema de Marcos, começam-no em Lc 4,31. Resumos são uma característica do estilo lucano (especialmente em Atos), e Lc 4,14-15 funciona como um resumo do tipo de atividade que Jesus empreende durante seu ministério na Galiléia.

[26] SLOAN JR., R. B. *The favorable year of the Lord*; a study of jubilary theology in the Gospel of Luke. Asutin, Schola, 1977; RINGE, S. H. *Jesus, liberation, and the biblical jubilee*. Philadelphia, Fortress, 1985.

Lucas narra *quatro ações ligadas a Cafarnaum* (Lc 4,31-44), que se torna, a partir de agora, o centro operacional do ministério galileu de Jesus. O primeiro dos 21 milagres lucanos (sinais de poder: cf. capítulo 7, n. 16) é um exorcismo — ainda que Satanás tenha-se afastado até outra ocasião, Jesus lutará com muitos demônios. A cura da sogra de Simão (Lc 4,38-39) omite a presença dos quatro discípulos-pescadores do relato marcano porque, em Lucas, Jesus ainda não os tinha chamado. Em um resumo acerca dos atos de Jesus em Cafarnaum (Lc 4,40-41), o evangelista evita o exagero de Mc 1,33 — que afirma que toda a cidade se reuniu diante da porta — talvez uma amostra do gosto de Lucas pela ordem. O que acontece quando Jesus retira-se para um lugar deserto (Lc 4,42-44) demonstra a universalização tipicamente lucana, pois o povo, e não Simão e seus companheiros, vêm à procura de Jesus. Comparado com Mc 1,39, que apresenta Jesus percorrendo as sinagogas da Galiléia, Lc 4,44 localiza as sinagogas na Judéia. Isso pode exemplificar a imprecisão das idéias lucanas sobre a geografia palestinense, pois, no próximo versículo (Lc 5,1), Jesus ainda se encontra na Galiléia, à margem do lago. Ou será que a Judéia de Lucas simplesmente indica "o país dos judeus"?

A *pesca milagrosa e o chamado dos discípulos* (Lc 5,1-11) elucidam a engenhosa (re)organização lucana. A vocação dos primeiros discípulos, que Marcos situou antes dos quatro episódios de Cafarnaum, foi transferida para depois destes, após um milagre de pesca que somente Lucas, entre os sinóticos, narra. O fato de Jesus ter curado a sogra de Simão e provocado uma fabulosa captura de peixes[27] ajuda a compreender por que Simão e os outros seguiram Jesus tão prontamente como discípulos. A vocação de Simão, que se confessa como um pecador indigno, é uma apresentação vocacional dramatizada e prepara o caminho para o chamado de Paulo, que se julga também indigno por ter perseguido os cristãos (At 9,1-2; Gl 1,13-15). O tema de deixar "tudo" para seguir Jesus (Lc 5,11) revela a ênfase lucana no desapego aos bens. A seguir, Lucas narra *a cura de um leproso* (Lc 5,12-16).

---

[27] Deparamo-nos, aqui, com uma eventual semelhança entre Lucas e João, pois o milagre da pesca acontece num contexto pós-ressurrecional em Jo 21,3-11. R. E. Brown (*John*, 2.1089-1092 AB, 1966, 1970) e Fitzmyer (*Luke*, AB, 1981, cit. 1.560-562) acreditam que o contexto pós-ressurrecional é mais original. Argumentando com base em uma visão conservadora, D. L. Bock (*Luke*, 1.448-449, BECNT, 1994, 1996) opta por dois milagres diferentes, pois se um único acontecimento fosse descrito pelos dois evangelistas não haveria diferenças!

2. Reações a Jesus: controvérsias com os fariseus; escolha dos Doze e pregação à multidão na planície (Lc 5,17–6,49). Servindo-se de Mc 2,1–3,6, Lucas apresenta uma série de *cinco controvérsias* (Lc 5,17–6,11) nas quais os fariseus[28] se envolvem. As disputas envolvem um paralítico, a vocação de Levi, o jejum, a colheita de grãos e a cura em dia de sábado. Os fariseus criticam vários aspectos do comportamento de Jesus: sua pretensão de ser capaz de perdoar pecados, seus companheiros, sua falha em não obrigar os discípulos ao jejum, a colheita de grãos da parte destes e o fato de ele curar em dia de sábado. Note-se o acento lucano na oração de Jesus (Lc 5,16). A cura do paralítico torna-se mais solene quando Lucas amplia a audiência aos fariseus e doutores da Lei de todas as aldeias da Galiléia, da Judéia e de Jerusalém. Lucas ainda informa que Jesus tinha o poder do Senhor para curar (Lc 5,17). Para tornar o contexto mais inteligível para seu público helenista (na Grécia?), Lc 5,19 descreve uma cobertura de telhas, em vez da cobertura feita de juncos entrelaçados e de barro seco, típica da Palestina, na qual se podia cavar um buraco (Mc 2,4). Na vocação de Levi, por causa do respeito lucano a Jesus, a ira dos fariseus e dos escribas agora se volta contra o comportamento dos discípulos (Lc 5,30), e não contra Jesus (como em Mc 2,16). Na questão do jejum e da resposta sobre o novo e o velho, Lc 5,39 é o único a enfatizar a superioridade do velho. Trata-se de um gesto de respeito de Lucas para com os descendentes de judeus que estavam entre seus destinatários e encontravam dificuldades em abandonar suas crenças? Essas controvérsias levam os inimigos de Jesus a maquinar contra ele (Lc 6,11). Os herodianos de Mc 3,6, porém, são eliminados do quadro como insignificantes para o público de Lucas (cf. também Lc 20,20 com Mc 12,13).

Lucas volta-se para o lado favorável da reação a Jesus narrando *a escolha dos Doze, a cura e o ensinamento à multidão na planície* (Lc 6,12-49) — um paralelo com o Sermão da Montanha de Mateus, que fora dirigido aos Doze (Mt 5,1-2).[29] Seguindo sua inclinação metódica, Lucas transfere as duas cenas de Mc

---

[28] GOWLER, D. B. *Host, guest, enemy, and friend;* portraits of the pharisees in Luke and Acts. New York, Lang, 1991. Uma combinação entre crítica narrativa e crítica social.

[29] A composição de Lucas, baseada em seu próprio material (L), em Marcos e em Q é apenas cerca de 30% do tamanho da de Mateus. Com ela, inaugura-se a "Pequena Interpolação" de Lucas em Marcos, conforme será explicado em Fontes e problemas para reflexão. Quanto à extensão do material de Q nesse discurso, cf. quadro 2, no capítulo 6.

3,7-12 e 3,13-19, a cura da multidão e o chamado dos Doze,[30] de forma que os Doze acham-se junto de Jesus quando ele cura "todos" que fazem parte de uma multidão sobre uma planície (Lc 6,17-19). Isso significa que o sermão lucano da planície, que começa em Lc 6,20, é endereçado a todos os discípulos, não somente aos Doze. Quatro bem-aventuranças lucanas abrem o discurso, repercutindo o programa para o ministério lido em alta voz na sinagoga de Nazaré. As beatitudes são dirigidas aos que são deveras pobres, famintos, consternados e odiados "agora". Os "ais" subseqüentes, talvez de criação lucana e semelhantes aos contrastes do *Magnificat*, acenam para os antagonismos perpetrados pelos ricaços entre os destinatários. A condenação parecida em Tg 2,5-7; 5,1-6 pode indicar que a razão para a forte oposição era a prática da injustiça pelos ricos. Contudo, como veremos em capítulos posteriores, às vezes, mas não consistentemente, Lucas parece considerar a verdadeira posse de riqueza (a menos que distribuída aos pobres) uma corrupção do relacionamento com Deus. O ideal de Lucas é a comunidade hierosolimitana dos crentes que dispuseram suas posses para o fundo comum, descrita em At 2,44-45; 4,32-37.

Abrindo mão do "Ouvistes que foi dito [...]. Eu, porém, vos digo", que caracteriza Mt 4,17-48, Lc 6,27-36 proclama os valores de Jesus. Embora por vezes estes sejam chamados de "a ética do reino", tal designação é muito mais apropriada para Mateus, em que "reino" aparece oito vezes no decurso do Sermão da Montanha, do que para Lucas, que menciona o "reino" apenas uma vez em todo o discurso (Lc 6,20). Há um tom menos escatológico para as surpreendentes exigências que o Jesus lucano faz aos discípulos de amar os que os odeiam e maltratam. A passagem sobre não julgar (Lc 6,37-42, ampliada em Mt 7,1-5) é uma extensão do amor. Somos lembrados de que as exigências são endereçadas a todos os que ouvem (Lc 6,27.47) e não são cumpridas por aqueles que não produzem frutos, mas apenas dizem "Senhor! Senhor!" (Lc 6,43-49).

3. Milagres e parábolas que demonstram o poder de Jesus e ajudam a revelar sua identidade; missão dos Doze (Lc 7,1–9,6). A versão *da cura do servo do centurião* em Lc 7,1-10 (um milagre de Q), em que dois emissários são enviados a Jesus, em

---

[30] A lista lucana dos doze apóstolos (cf. também os Onze, em At 1,13) parece provir de uma tradição diferente da de Mc 3,16-19 e de Mt 10,2-4 (cf. capítulo 7, n. 7).

vez de o oficial ir pessoalmente, e em que um servo (*doulos*), e não um menino/ filho, é curado (cf. Mt 8,5-13; Jo 4,46-54), pode ser secundária. A história contrasta a resposta de fé de um gentio a Jesus com a rejeição deste por parte das autoridades judaicas. O centurião amou o povo judeu e construiu a sinagoga, prefigurando Cornélio, o primeiro gentio a ser convertido em Atos (10,1-2). O próximo milagre, *a ressuscitação do filho da viúva de Naim* (Lc 7,11-17), é próprio de Lucas. Essa estupefaciente manifestação de poder alcança reconhecimento cristológico (Lc 7,16 faz eco ao motivo da visitação profética e divina de Lc 1,76-78), mas mostra também seu compassivo cuidado por uma mãe privada de seu filho único. (Para ressuscitação, cf. capítulo 11, n. 41).

Voltando ao material de Q (= Mt 11,2-19), Lucas apresenta-nos *uma cena envolvendo João Batista* (Lc 7,18-35) que esclarece sua relação com Jesus.[31] A resposta do Jesus lucano aos discípulos de João Batista, fazendo apelo a Isaías, é coerente com sua leitura proléptica de Isaías em Nazaré. Somente Lucas (7,29-30) declara que o elogio de Jesus a João Batista respondia aos anseios de todo o povo e dos publicanos, que foram batizados por João Batista e reconheceram seu papel no plano de Deus (Lc 3,10-13); não, porém, aos dos fariseus e legistas, que não foram batizados e refutaram tal plano. Essa reação ajuda a explicar a comparação, de Q, com as crianças malcriadas que nunca estão satisfeitas (Lc 7,31-34). A versão lucana do versículo final (Lc 7,35) traz a sabedoria justificada "por todos os seus filhos", isto é, João Batista, Jesus e aqueles que são seus discípulos. Quiçá como uma continuação da objeção ao Filho do Homem que come e bebe (Lc 7,34), Lucas narra habilidosamente, no contexto de uma refeição à mesa de Simão, o fariseu, uma linda história envolvendo *uma mulher pecadora penitente, que chora aos pés de Jesus e unge-os* (Lc 7,36-50).[32] Pode ser um texto compósito, pois envolve uma parábola que compara dois devedores. Seria a história lucana idêntica à da unção da cabeça de Jesus por uma mulher, na casa de Simão, o leproso, em Mc 14,3-4 e Mt 26,6-13, e àquela da unção dos pés de Jesus por

---

[31] É interessante perceber o efeito das diferentes disposições: aos discípulos de João Batista Jesus diz que ressuscitou os mortos: em Mateus a declaração se refere à filha de Jairo (Mt 9,18-26: uma cena anterior); em Lucas, deve-se referir ao filho da viúva.

[32] D. A. Neale (*None but the sinners*; religious categories in the Gospel of Luke, Sheffield, Academic, 1991, JSNTSup, 58) discute a idéia de "pecador" em várias cenas de Lucas, inclusive essa.

Maria, irmã de Marta e Lázaro, em Jo 12,1-8?[33] Discute-se também se a mulher pecadora, em Lucas, foi perdoada porque muito amou ou se amou porque fora perdoada anteriormente. Tanto um quanto outro significados se harmonizam com a ênfase de Lucas no perdão de Deus em Cristo e na resposta de amor. Depois da história dessa mulher, a última parte da "pequena interpolação" de Lucas no esquema mateano descreve as *mulheres galiléias seguidoras de Jesus* (Lc 8,1-3), que haviam sido curadas de espíritos maus e de enfermidades. Três delas são nomeadas: Maria Madalena; Joana, esposa de Cuza, o procurador de Herodes; e Susana. As duas primeiras reaparecerão junto ao túmulo vazio (Lc 24,10). Curiosamente, os outros evangelhos dão nomes às mulheres galiléias exclusivamente na narração da crucifixão e ressurreição, de modo que somente Lucas nos conta o passado delas, como serviram (*diakonein*), com seus próprios bens, a Jesus e aos Doze em suas necessidades — um retrato de mulheres discípulas diligentes.[34] Essa defesa antecipa, parcialmente, a participação das mulheres em Atos, como Lídia, em Filipos (At 16,15).

Unindo-se ao esboço marcano em seu capítulo das parábolas (Mc 4,1-20), Lucas narra, a seguir, *a parábola do semeador e da semente e sua explicação, interrompida pelo objetivo das parábolas* (Lc 8,4-15). De particular interesse é a simplificação da semente que cai em solo fecundo. Menciona-se apenas o fruto centuplicado (não o multiplicado trinta ou sessenta vezes), e essa semente é interpretada como aqueles que ouvem a palavra e conservam-na num coração honesto e bondoso, produzindo frutos com paciência (Lc 8,15). A breve relação de *ditos parabólicos centrados na lâmpada* (Lc 8,16-18) também se conclui com o tema do ouvir e prestar bastante atenção, desembocando na *chegada da mãe e dos irmãos*

---

[33] Muitos acreditam que duas histórias — a de uma pecadora penitente que chorou aos pés de Jesus, durante seu ministério, e a da mulher que ungiu a cabeça de Jesus com perfume precioso — confundiram-se na tradição que chegou até Lucas e João. Outros defendem uma história básica (cf. Fitzmyer, op. cit., 1.684-686). Tradição e lenda hagiográfica teriam juntado as três histórias e, mais adiante, confundiram a situação, identificando Maria, irmã de Marta, com Maria Madalena; daí, toda a arte passou a representar Maria Madalena como uma prostituta penitente, de cabelos soltos. Cf. THOMPSON, M. R. *Mary of Magdala*; apostle and leader. New York, Paulist, 1995.

[34] Rosalie Ryan (BTB 15, 56-59, 1985) nota que algumas biblistas (E. Tetlow, E. Schüssler Fiorenza) acusam Lucas de assumir uma atitude patriarcal, reduzindo as mulheres às tarefas domésticas. Ryan argumenta que tais mulheres e os Doze são descritos de forma semelhante como proclamadores da boa notícia do reino. Igualmente J. Kopas, *Theology Today* 42, 192-202, 1986, e R. J. Karris, CBQ 56, 1-20, 1994. Cf., principalmente, REID, B. E. *Women in the Gospel of Luke*. Collegeville, Liturgical, 1996.

de Jesus (Lc 8,19-21). Não obstante o episódio ser tirado de Mc 3,31-35, o conteúdo é mudado completamente. Já não há contraste desfavorável entre a família natural e a família dos discípulos; antes, existe apenas o louvor da mãe e dos irmãos, que ouvem a palavra de Deus e põem-na em prática — eles ilustram a boa semente e preenchem as condições do discipulado.

Lucas, então, apresenta *uma seqüência de quatro histórias de milagres* (Lc 8,22-56): o apaziguamento da tempestade no mar, a cura do endemoninhado geraseno,[35] a ressuscitação da filha de Jairo e a cura da mulher hemorroíssa. Nesse capítulo, os milagres são elaborados, como se pode notar comparando o exorcismo de Lc 8,26-39 com o de Lc 4,33-37; ademais, a majestade de Jesus é mostrada amplamente no seu exercício de poder sobre o mar, sobre os demônios, sobre doenças incuráveis e até sobre a morte. Ato contínuo,[36] Lucas prossegue com *o envio dos Doze* (Lc 9,1-6). Tendo mostrado seu poder, Jesus agora o partilha com os Doze, dando-lhes autoridade sobre demônios[37] e enviando-os a pregar o reino/evangelho e a curar (Lc 9,2.6).

4. Questões sobre a identidade de Jesus: Herodes, saciação de 5 mil, confissão de Pedro, primeira e segunda predição da paixão, transfiguração (Lc 9,7-50). Enquanto os Doze estão a caminho, somos informados acerca da *decapitação de João Batista por Herodes* (Lc 9,7-9). Lucas omite toda a narrativa marcana do banquete de Herodes e da dança da filha de Herodíades, revelando, quiçá, pouco apreço pelo espetacular. O ponto importante para Lucas é a curiosidade do "tetrarca" (Lc 3,1) a respeito de Jesus (preparando para Lc 13,31 e Lc 23,8). O tema da identidade de Jesus é concluído nas cenas subseqüentes, que começam com *o retorno dos doze apóstolos e a saciação dos 5 mil* (Lc 9,10-17), uma adaptação de Mc 6,30-44. Lucas salta, então, a narrativa de Mc 6,45-8,26 (a "grande

---

[35] A descrição da região em Lc 8,26 como "à frente da Galiléia" é muitas vezes considerada (juntamente com a omissão lucana posterior da história da mulher siro-fenícia; n. 38) um reflexo da geografia teológica de Lucas, que conserva essa primeira parte do ministério totalmente nos confins da Galiléia.

[36] Lucas segue o traçado geral de Mc 4,35–6,13, mas salta Mc 6,1-6a (Jesus em Nazaré), que foi usado anteriormente, em Lc 4,16-30.

[37] Essa autoridade adquire importância especial em Lucas-Atos por causa da luta de Pedro com Simão, o mago (At 8,9-25), e o encontro de Paulo com Bar-Jesus e os sete filhos de Sceva (At 13,4-12; 19,13-20). Cf. GARRETT, S. R. *The demise of the Devil*; magic and the demonic in Luke's writings. Minneapolis, A/F, 1989.

omissão"), deixando de lado tudo o que vem depois da saciação dos 5 mil, incluindo a saciação dos 4 mil.[38] Possivelmente, o evangelista lucano considerou essas passagens dubletos, e decidiu registar apenas uma versão. Contudo, as diferenças da narrativa marcana dos 5 mil e a presença de outra variante em Jo 6,1-15 podem significar que Lucas combinou dois relatos na única multiplicação de pães que narra. (Sobre as possibilidades eucarísticas, cf. *pp. 217 e 474*.)

Conectando-se ao esquema de Mc 8,27, Lucas narra a seguir a *tríplice hipótese acerca de quem é Jesus e a confissão de Pedro* (Lc 9,18-20), introduzida pela nota tipicamente lucana de que Jesus estava a orar. No que se segue, a confissão de Pedro — "o Cristo de Deus" — é o modo lucano de responder à pergunta de Herodes — "Quem é este?" — dez versículos antes.[39] Essa confissão é recebida por Jesus com a *primeira predição da paixão* (Lc 9,21-22), mas em Lucas (diferentemente de Marcos e Mateus) não há mal-entendido da parte de Pedro nem repreensão a ele. Aliás, Jesus continua a *ensinar sobre a cruz e o julgamento* (Lc 9,23-27). Se o Filho do Homem tem de sofrer, assim também o devem seus seguidores, se esperam partilhar sua glória. Nessa série de ditos, vagamente conectados, acerca do discipulado, incluem-se como traços lucanos interessantes a exigência de que a cruz deve ser carregada "diariamente" e a especificação de que o Filho do Homem tem sua própria glória ao lado do Pai (Lc 9,26). A *transfiguração* (Lc 9,28-36), situada no contexto da oração de Jesus, descreve aquela glória como algo já presente na vida terrena de Jesus (Lc 9,32).[40] Contudo, ele também afirma o aspecto sofredor do Filho do Homem, pois Jesus fala com Moisés e Elias sobre seu "êxodo", ou seja, sua partida para Deus, mediante a morte em Jerusalém. A glória e o sofrimento são confirmados pela voz de Deus, a qual identifica Jesus como o Filho e o Escolhido (Servo Sofredor). A *história do menino*

---

[38] A grande omissão inclui: a caminhada sobre as águas, a discussão acerca do que torna alguém impuro e a declaração de Jesus de que todos os alimentos são puros, o pedido da mulher siro-fenícia em prol de sua filha, a cura do surdo, a saciação dos 4 mil e a cura do cego, em etapas. Cf. Fontes e características redacionais e o quadro 4.

[39] Kingsbury e outros consideram esse um título confessional central de Jesus no evangelho de Lucas. Uma comparação entre a confissão de Pedro em Lucas e nos outros evangelhos é apresentada em Temas e problemas para reflexão, 3.

[40] Há muitas variações em relação a Marcos, bem como paralelos com Mateus, e tem-se levantado a questão sobre se Lucas não se serviu de um relato não-marcano. Cf. REID, B. E. *The transfiguration*. Paris, Gabalda, 1993. Lucas omite a narração do diálogo sobre Elias enquanto Jesus desce da montanha, em Mc 9,9-13, talvez porque o anjo Gabriel já tenha identificado João Batista com Elias em Lc 1,17.

endemoninhado (Lc 9,37-43a) não é tão explícita a respeito da epilepsia como em Mt 17,15, e abrevia o vívido relato marcano mais ainda do que o faz Mateus. De modo particular, Lucas suprime a maior parte da ênfase que Marcos põe na incapacidade dos discípulos para curar a criança, mostrando maior interesse no milagre como manifestação da "majestade de Deus". De forma semelhante, *na segunda predição da paixão e na discussão sobre a grandeza* (Lc 9,43b-50), Lucas mais uma vez atenua o quadro marcano explicando que os discípulos não compreenderam porque o sentido das palavras de Jesus lhes foi ocultado e moderando o confronto acerca de qual entre eles seria o maior. Não somente o menor entre eles é o maior, mas até mesmo um estranho ao grupo, que usa o nome de Jesus, tem seu lugar.

Viagem a Jerusalém (Lc 9,51-19,27)

Nesse ponto, Lucas escreve outro subprefácio (comparável a Lc 3,1-2) para demarcar uma grande mudança. Está chegando a hora de Jesus ser elevado (ao céu), de forma que ele toma decididamente o caminho de Jerusalém, onde deve morrer. Lucas mostra um Jesus que conhece seu destino e o aceita porque este último vem de Deus. A longa viagem[41] é um esquema (artificial) para a "grande interpolação" (Lc 9,51–18,14), e Lucas abandona o traçado marcano durante quase toda essa segunda metade do evangelho e insere grandes blocos de Q e de suas próprias fontes (L). Esta seção do evangelho é em sua maior parte tipicamente lucana. O material pode ser dividido em três subseções, conforme os pontos em Lc 13,22 e Lc 17,11, em que Lucas nos recorda o esquema da viagem.[42]

1. Primeiro estágio: segunda menção de Jerusalém (Lc 9,51–13,21). Vimos alguns paralelos entre os evangelhos de Lucas e de João, mas agora percebemos que eles também se distanciam um do outro. Entre os evangelhos, somente Lucas

---

[41] O Jesus que prega durante essa viagem antecipa as pregações itinerantes de Paulo. H. L. Egelkraut (*Jesus' mission to Jerusalem*; a redactional study of the travel narrative, Frankfurt, Lang, 1976) vê um tema conflitante a percorrer a narrativa, de forma que os elementos da viagem explicitam o julgamento de Deus contra Jerusalém, enquanto Jesus instrui os discípulos que irão constituir uma comunidade crente. D. P. Moessner (*The Lord of the banquet*; the literary and theological significance of the Lukan travel narrative, Minneapolis, A/F, 1989) encontra um antecedente na viagem de Moisés, no Deuteronômio. De forma mais imediata, ele inspirou-se na "pequena omissão" lucana de Marcos (ou seja, de Mc 10,1, em que Jesus deixa a Galiléia e vai para a Judéia e para além do Jordão). O resumo em At 10,37-39 faz uma distinção entre o ministério na Galiléia e tudo "o que aconteceu na Judéia".

[42] C. L. Blomberg (GP 3.217-261) apresenta disposições quiásticas.

traz *a inamistosa acolhida em um povoado samaritano* (Lc 9,51-56), diameralmente oposta à calorosa recepção que os samaritanos dispensam a Jesus em Jo 4,39-42. Bem lucana é a recusa de vingança contra os samaritanos, proposta por Tiago e João. O diálogo com *três possíveis seguidores* (Lc 9,57-62) ilustra a condição absoluta imposta pelo reino. Vimos o envio dos Doze em Mc 6,7-13, Mt 10,5-42 (costurados no sermão da Missão) e Lc 9,1-10. Somente Lucas registra uma segunda missão, *o envio dos 72* (Lc 10,1-12). Na verdade, Lucas parece ter-se baseado no mesmo material de Q usado para o envio dos Doze. O dubleto pode ter em vista a preparação para os Atos, em que os Doze têm uma função proeminente no início da missão, mas, a seguir, outros, como Paulo, Barnabé e Silas, assumem a iniciativa. A necessidade de um segundo envio no evangelho (Lc 10,2) é explicado pela madurez da colheita. A designação dos "72" seria, para Lucas, um eco do número das nações em Gn 10,2-31, segundo a LXX, tornando-se, assim, um prognóstico da extensão definitiva da colheita?[43] A proclamação de que "o Reino de Deus está próximo" contém um elemento judicatório, pois é seguido pelos *"ais" contra as cidades descrentes* (Lc 10,13-16).

 A alegria pela sujeição dos demônios marca, em Lucas, o retorno dos 72 (Lc 10,17-20) (cf. a volta impassível dos Doze em Lc 9,10). Jesus liga sua missão (e talvez a missão da Igreja tal como Lucas a conheceu) à idéia da queda de Satanás. A autoridade sobre serpentes e escorpiões conferida aos discípulos em Lc 10,19 é semelhante à da missão pós-ressurrecional no apêndice marcano (Mc 16,17-18). O motivo pelo qual os discípulos deviam alegrar-se por ter o nome escrito no céu (Lc 10,20) é explicado a seguir. *Jesus agradece ao Pai a revelação* (Lc 10,21-22), uma passagem que tem paralelos joaninos (cf. *p. 276*). *A bênção dos discípulos* (Lc 10,23-24) mostra que eles foram escolhidos pelo Filho para receber a revelação, um macarismo sobre a confissão do que eles viram. O próximo episódio lucano envolve *a pergunta do legista sobre a vida eterna e a resposta de Jesus sobre o amor a Deus e ao próximo* (Lc 10,25-28).[44] Embora o legista proponha um teste, Jesus aprecia sua resposta, e isso conduz ao segundo teste sugerido pelo

---

[43] Os manuscritos estão divididos entre o número 72 e 70. O primeiro (6 x 12) é um número incomum, e provavelmente foi simplificado pelos escribas para o número 70, mais usual, talvez sob a influência de Ex 24,1, em que Moisés tinha 70 assistentes.

[44] Assemelha-se à pergunta e à resposta em Mc 12,28-31, que envolvem um escriba e o problema do mandamento mais importante.

legista e à *parábola*[45] *do bom samaritano* (Lc 10,29-37). Como o mandamento do amor conduz à vida (eterna), o legista procura saber casuisticamente a quem o mandamento se aplica. É-lhe dito, porém, que é possível apenas definir o sujeito do amor, não o objeto. O samaritano é escolhido para exemplificar um assunto cujo alcance é ilimitado, talvez preparando para At 8, com sua imagem positiva da reação dos samaritanos ao evangelho.

A história de *Marta e Maria* (Lc 10,38-42) é outro exemplo em que material peculiar a Lucas tem paralelos joaninos (Jo 11,1-44; 12,1-8). Todavia, existem diferenças consideráveis: o irmão Lázaro está ausente em Lucas, e a casa da família, em Betânia, segundo João, dista cerca de três quilômetros de Jerusalém, e não é um povoado ao longo do caminho que vai da Galiléia, passa pela Samaria e chega a Jerusalém. O núcleo da história lucana é: ouvir a palavra de Jesus é a única coisa que importa — uma lição que se harmoniza com a resposta anterior acerca do amor a Deus e ao próximo como a observância fundamental para a vida eterna. A história demonstra que o que é exigido não é complicado. Similarmente simples é o ensinamento dado ao discípulo que pergunta sobre a *Oração do Senhor* (Lc 11,1-4) — uma versão mais breve e, de certa forma, mais antiga do que aquela conservada em Mateus, mas também menos escatológica.[46] O estímulo à oração tem continuidade na exclusivamente lucana *parábola do amigo importuno* (Lc 11,5-8), uma história que reflete as cores da Palestina de então, pois apresenta toda a família amontoada num único aposento da casa. Acrescenta-se material de Q sobre a *persistência no pedir* (Lc 11,9-13) para dar realce ao tema. A variante mais importante em relação a Mt 7,7-11 é a promessa em Lc 11,13 àqueles que pedem: Mateus refere-se às boas coisas concedidas pelo Pai celeste; Lucas refere-se ao Espírito Santo dado, conforme se verifica em Atos.

---

[45] As parábolas exclusivamente lucanas, além de estar em harmonia com a teologia do evangelho e fazer uso de hábeis técnicas narrativas (p. ex., a regra de três no número de personagens), são muito ricas na caracterização e nos pormenores humanos e nas intuições acerca dos costumes palestinenses. A do bom samaritano e a do filho pródigo são as mais populares. Fitzmyer oferece duas páginas cheias de bibliografia sobre cada uma delas. Cf. K. E. Bailey, *Poet and peasant and through peasant eyes*; a literary-cultural approach to the parables in Luke (Grand Rapids, Eerdmans, 1983, 2 v.), com a ressalva de que, às vezes, ele se mostra demasiado otimista sobre a aplicabilidade dos exemplos do atual Oriente Próximo à antiga Palestina.

[46] "Cada dia", em vez de "hoje"; "assim como perdoamos", em vez de "assim como temos perdoado", bem como a omissão da petição acrescentada por Mateus sobre a libertação do Maligno. Cf. capítulo 8, n. 17.

Inopinadamente, nessa amigável seqüência em que Jesus ensina a seus discípulos, Lucas elabora *uma passagem que contém uma controvérsia e ditos sobre o espírito mau* (Lc 11,14-26). A referência à peleja entre o homem forte (Beelzebu) e o mais forte (Jesus) prepara os leitores para a batalha que terá lugar em Jerusalém, durante a paixão. Peculiarmente lucana é *a beatitude da mulher do meio da multidão* (Lc 11,27-28). O esquema de duas bênçãos, com prioridade dada à obediência à palavra de Deus, já fora antecipado em Lc 1,42-45. Nos *sinais de advertência para esta geração, nos ditos parábolicos sobre a luz e nos "ais" contra os fariseus* (Lc 11,29–12,1), encontram-se notáveis características lucanas. Diferentemente de Mt 12,40, que interpreta o sinal de Jonas considerando os três dias no ventre da baleia (preparação para o sepultamento e ressurreição de Jesus), Lc 11,32, como Mt 12,41, interpreta-o como a pregação ao povo de Nínive. Tipicamente lucano (em Lc 11,41) é a ênfase na importância da esmola, dada daquilo que realmente é importante. Enquanto, em Mt 23,34, Jesus pronuncia um dito em seu próprio nome (simplesmente "eu"), Lc 11,49 atribui o mesmo dito "à Sabedoria de Deus", deixando dúvidas sobre se ele aqui identifica Jesus com a Sabedoria divina. Se Mt 23,13 acusa os escribas e fariseus de obstruir o reino dos céus, Lc 11,52 mostra os legistas apoderando-se da chave do conhecimento. Por fim, Lucas conclui a passagem com a admoestação às multidões a prevenir-se contra "o fermento dos fariseus, que é hipocrisia". Essa é a menor distância entre Lucas e as freqüentes designações mateanas dos fariseus como hipócritas (cf. capítulo 5, n. 19).

A *exortação a confessar destemidamente* (Lc 12,2-12) promete recompensa para qualquer um que proclamar a verdade e admoesta acerca do julgamento para aquele que não o faz. Mesmo um evangelho que tanto enfatiza o perdão, como o de Lucas, conserva a tradição da imperdoável blasfêmia contra o Espírito Santo (Lc 12,10). A asseveração "o Espírito Santo vos ensinará naquele momento o que deveis dizer" quando enfrentardes a hostilidade da sinagoga e das autoridades seculares (Lc 12,11-12) ganha significado suplementar nas histórias que ilustram as provações dos cristãos nos Atos. A perícope sobre *a ganância e a parábola do rico construtor de celeiros* (Lc 12,13-21) são inconfundivelmente lucanas. A esperança de dividir eqüitativamente uma herança ou de aumentar um próspero negócio, compreensível em si mesma, vai de encontro à proposição de que o grande interesse por bens materiais não se concilia com o interesse por Deus. De forma idealista, os cristãos são convidados a viver segundo a máxima de que "a vida do homem não é assegurada por seus bens" (Lc 12,15; cf. At 2,44; 4,34). O destino do construtor de celeiros representa a expectativa de um julgamento individual que terá lugar antes do julgamento geral, no fim do mundo. Uma passagem *desabonadora dos cuidados pelas coisas terrenas* (Lc 12,22-34) mostra como alguém pode viver bem sem tais preocupações. O ensinamento "Vendei vossos bens e dai esmola" (Lc 12,33) é bem lucano em sua perspectiva.

Lucas muda de assunto com uma seção acerca da *necessidade de vigilância confiante* (Lc 12,35-48). Em meio a material de Q (que Mt 24,43-51 incorporou no sermão escatológico), Lc 12,41 é uma inserção: uma pergunta de Pedro sobre se o ensinamento é "para nós ou para todos", que jamais foi especificamente respondida. Contudo, uma vez que os próximos ditos envolvem um *administrador* que toma conta do pessoal da casa, pode-se inferir que uma obrigação maior pesa sobre os apóstolos e sobre os líderes cristãos. O material de Q, que acaba em Lc 12,46 com uma ameaça de punição para o servo que não vigia, é matizado pelo adendo de Lc 12,47-48, que distingue o castigo daqueles que sabiam do daqueles que ignoravam. (Ao narrar os ditos de Jesus durante a paixão, Lucas é o mais atento dos evangelhos em distinguir o povo de seus líderes.) Tal distinção conduz a uma aterradora descrição dos *diversos resultados do ministério de Jesus* (Lc 12,49-53). Usando linguagem escatológica, Jesus fala do fogo que trará à terra e do batismo a ser experimentado como parte de seu destino. Divisão, não paz, será o resultado. A predição, em Lc 2,34, de que Jesus foi estabelecido para a queda e o soerguimento de muitos em Israel torna-se mais exata com a descrição de como as famílias ficarão divididas. Como outras afirmações favorecem a paz (Lc 2,14; 19,38) e a união das famílias (papel de João Batista em Lc 1,17), o fruto do ministério de Jesus é ambivalente, com um movimento em ambas as direções. Evidentemente muitas dessas coisas acontecerão em breve, pois Jesus demonstra ira contra a *incapacidade das pessoas em ler os sinais do tempo presente* (Lc 12,54-56). Ao material de Q, sobre *pôr-se em acordo antes de ser julgado* (Lc 12,57-59), Lucas acrescenta seus próprios *exemplos de destruição a fim de inculcar o arrependimento* (Lc 13,1-5). Não temos nenhuma outra notícia de galileus mortos por Pilatos enquanto ofereciam sacrifícios (em Jerusalém) ou da queda de uma torre em Siloé (a fonte de Jerusalém), embora alguns acreditem que o primeiro incidente explique a inimizade entre Herodes (tetrarca da Galiléia) e Pilatos, narrada em Lc 23,12. A *parábola da figueira* (Lc 13,6-9) oferece mais uma oportunidade para que a árvore produza fruto antes de ser cortada. Muitos se perguntam se não se trata de uma benevolente versão lucana da maldição da figueira em Mc 11,12-14.20-23 e em Mt 21,18-21, e, assim, de um milagre que se tornou parábola. A seguir, Lucas retrata Jesus ensinando numa sinagoga, em dia de sábado, e compassivamente *curando uma mulher encurvada* (Lc 13,10-17), feito que causa indignação ao chefe da sinagoga. Apesar de a cura provocar alegria entre as pessoas, envergonha as autoridades e, na seqüência atual, pode demonstrar que alguns não se arrependerão nem ouvirão. Contudo, *as parábolas gêmeas do grão de mostarda e do fermento* (Lc 13,18-21) asseguram que, afinal, o reino dilatar-se-á e será grande, não obstante seu modesto começo.

2. Segundo estágio: terceira menção de Jerusalém (Lc 13,22–17,10). Detendo-se para lembrar-nos de que Jesus está a caminho de Jerusalém, Lucas apresenta uma questão inicial sobre quantos serão salvos e introduz material sobre a *exclusão e admissão ao reino* (Lc 13,22-30). Muitos que dizem conhecer Jesus ficarão do lado de fora, ao passo que os excluídos de toda parte do mundo entrarão. O relato dos fariseus acerca da *hostilidade homicida de Herodes* (Lc 13,31-33) oferece a explicação para a ida de Jesus a Jerusalém. É provável que o leitor seja convidado não somente a pensar que os fariseus estão dizendo a verdade, mas também a desconfiar de seus motivos, pois eles podem estar tentando tirar Jesus de cena, pressionando-o para que salve a própria vida saindo da Galiléia. Paradoxalmente, Jesus sabe que a ida a Jerusalém o conduzirá à morte. (Herodes reaparecerá durante o julgamento romano, quando Pilatos devolver-lhe Jesus para que o julgue.) Os pensamentos de Jesus acerca de sua destinação conduzem-no à plangente *apóstrofe a Jerusalém* (Lc 13,34-35): como profeta, Jesus morrerá ali, mas a cidade será punida por aquilo que faz aos profetas.[47]

Os três episódios subseqüentes são situados na casa de um fariseu importante: *a cura de um hidrópico em dia de sábado, duas instruções sobre o comportamento à mesa e a parábola do grande banquete* (Lc 14,1-24). A cura do homem forma praticamente uma parelha com a cura da mulher em Lc 13,10-17, em dia de sábado, e tem quase a mesma mensagem. (Com efeito, em Qumrã existia a proibição de tirar de um poço um animal recém-nascido, em dia de sábado: CD 11,13-14.) O primeiro ensinamento, ou seja, não ocupar os lugares privilegiados

---

[47] Cf. GIBLIN, C. H. *The destruction of Jerusalem according to Luke's Gospel.* Rome, PBI, 1985. (AnBib, 107.)

no banquete, avizinha-se das precavidas boas maneiras, especialmente se o objetivo é gozar de maior honra à mesa (Lc 14,10). Contudo, não adverte contra a autoconsideração. A lição, ou seja, convidar os desfavorecidos em lugar dos próprios pares, encaixa-se perfeitamente na invertida escala de valores do reino, em que os pobres são mais importantes do que os ricos. A visão escatológica é clara na linha final (Lc 14,14), em que a recompensa por tal atitude é prometida para a ressurreição dos justos. A parábola do grande banquete[48] pronuncia um julgamento daqueles que foram convidados em primeiro lugar, mas rejeitaram o convite porque tinham prioridades que se antepuseram ao reino.

A seguir, sem mencionar a saída de Jesus da casa do fariseu, Lucas mostra Jesus falando às grandes multidões que o seguem a respeito *do preço do discipulado* (Lc 14,25-35). Tipicamente lucanas são as parábolas prudenciais acerca da necessidade de calcular os custos antes de começar uma casa ou uma guerra (Lc 14,28-32) — parábolas dignas de um mestre de sabedoria veterotestamentário. Essa mensagem é muito diferente da postura mais profética de não preocupar-se com as necessidades desta vida, inculcada anteriormente em Lc 12,22-34.

O próximo capítulo é formado de *três parábolas: a da ovelha perdida, a da moeda perdida e a do filho perdido (pródigo)* (Lc 15,1-32). Mt 18,12-14 insere a parábola da ovelha perdida no sermão sobre a Igreja, dirigido aos discípulos;[49] Lucas endereça-a (assim como as duas outras) aos fariseus e aos escribas que faziam objeções ao convívio de Jesus com os pecadores. As referências à alegria no céu mostram que as parábolas dão uma lição sobre a amorosa misericórdia de

---

[48] BRAUN, W. *Feasting and social rhetoric in Luke 14*. Cambridge, Cambridge Univ., 1995. (JSNTSup, 85.) Lc 14,15-24 assemelha-se (com muitas diferenças, porém) à parábola da festa de casamento dada pelo rei a seu filho em Mt 22,1-10. A antiguidade de outra versão no *Evangelho de Tomé* 64 é aceita até mesmo por alguns dos que não são muito entusiastas da prioridade dos evangelhos apócrifos. No *Evangelho de Tomé*, um homem prepara um jantar e envia seu servo a quatro convidados, os quais recusam o convite: um deve ficar em casa porque os comerciantes estão chegando; outro acabou de comprar uma casa e as pessoas precisam dele lá; o terceiro precisa preparar um jantar para um amigo que está se casando; o quarto acabou de comprar uma aldeia e precisa cobrar o aluguel. Quando o servo retorna e conta tudo, o senhor lhe diz para sair pelas ruas e trazer todos os que encontrar. "Compradores e vendedores não entrarão nos aposentos de meu Pai." Essa idéia difere do ponto enfatizado por Mateus e por Lucas.

[49] Para as versões da parábola no *Evangelho de Tomé* 107 (a ovelha maior, a qual Jesus mais amou) e no *Evangelho da Verdade* 31,35–32,9 (jogando com o simbolismo das 99), bem como argumentos de que nem um nem outro é mais primitivo do que as formas canônicas, cf. FITZMYER, J. A. *Luke*, AB, 1985, 2.1074.

Deus e dramatizam o valor daqueles a quem outros desprezam como perdidos. Nas duas primeiras, Lucas apresenta um homem e uma mulher, respectivamente, como *dramatis personae* (pastor, dona de casa) parecidos com a combinação homem–mulher nas parábolas do grão de mostarda e do fermento em Lc 13,18-21. O filho perdido ou pródigo enfatiza que o irmão mais velho não deve sentir inveja do tratamento benevolente que o pai concede ao filho pecador mais jovem, e isso é apropriado ao contexto da correção da atitude dos fariseus em relação aos pecadores. Por outro lado, o ponto enfatizado no meio da parábola, em Lc 15,20, é importante para a compreensão do conceito cristão de amor. A imagem do pai correndo em direção ao filho mais novo e beijando-o antes que este possa pronunciar o discurso de arrependimento pode servir como uma exemplificação de Rm 5,8 — "Mas Deus demonstra seu amor para conosco pelo fato de Cristo ter morrido por nós quando éramos ainda pecadores" —, e de 1Jo 4,10 — "Nisto consiste o amor: não fomos nós que amamos a Deus, mas foi ele quem nos amou" (cf. *p. 705*).

Muitos têm-se deparado com dificuldades ao interpretar a *parábola do administrador injusto* (Lc 16,1-15), estritamente lucana, porque parece recomendar aos discípulos a prática de negócios escusos; no entanto, o que é elogiado é a prudente e enérgica iniciativa do administrador, não sua desonestidade.[50] Vários ditos que tratam da riqueza foram anexados à parábola, mas é discutível em qual versículo eles começam: 8b, 9 ou 10. Acima de tudo, eles se prestam ao princípio teológico de Lucas de que muito dinheiro corrompe, e o modo correto de usá-lo é dá-lo aos pobres, fazendo, destarte, amigos que, ao irem para o céu, podem ajudar. No final da perícope, Lc 16,14-15 passa a desafiar os fariseus, que são "amigos do dinheiro" e que se justificam/se exaltam diante dos outros. Talvez a devoção farisaica à Lei ofereça a conexão do pensamento com os subseqüentes *ditos sobre a Lei e o divórcio* (Lc 16,16-18), de Q. Melhor interpretação do v. 16 é a de que a vinda de João Batista assinalou o fim da Lei e dos profetas e o começo da pregação do evangelho do reino (Lc 3,1-2.18). Não existe descontinuidade alguma entre as duas eras, pois no ensinamento de Jesus sequer um acento da lei é

---

[50] Certo grupo de intérpretes acredita que, segundo o costume da época, o agente poderia legitimamente emprestar a propriedade de seu senhor por uma comissão, e que o homem não estava fazendo nada de desonesto ao cancelar a comissão. Se essa era a idéia de Lucas, ele escreveu com extraordinária obscuridade, além de não realçar o detalhe do precavido esforço do administrador. Ademais, o uso de *adikia* ("falta de justiça") no v. 8, para descrever o administrador, parece implicar uma desonestidade que ultrapassa o esbanjamento mencionado no v. 1.

eliminado (v. 17). Qual a relação que existe entre o dito sobre o divórcio (v. 18) e o princípio precedente sobre a Lei? Obviamente a proibição de Jesus ao divórcio não concorda com a permissão concedida ao homem para divorciar-se em Dt 24,1-4. Embora Lucas não mencione Gn 1,27 e 2,24, como fazem Mc 10,6-12 e Mt 19,4-9, essa referência (que é parte da Lei) ter-se-ia tornado parte inerente à interpretação cristã, de forma que a proibição do divórcio era considerada em consonância com a Lei? Tal alusão fazia parte da adesão qumranita à Lei (cf. *p. 222*). O tema dos efeitos condenatórios da riqueza volta na *parábola do homem rico e Lázaro* (Lc 16,19-31), singularmente lucana.[51] Os diferentes destinos após a morte não estão baseados no fato de o homem rico ter levado uma vida de vícios e de Lázaro ter sido muito virtuoso; fundamentam-se no fato de o rico ter levado uma vida confortável e bem saciada, enquanto Lázaro era faminto e miserável (Lc 16,25). Esse ataque ao amor dos fariseus pelo dinheiro (que serviria também como advertência aos cristãos; cf. At 5,1-11) torna-se mais agudo num segundo momento, no final da parábola. Se eles nem ouviram Moisés e os profetas, não ouviriam alguém que ressurgisse dos mortos. Para os leitores/ouvintes de Lucas isso parece profético, pois Atos mostra que o povo não deu ouvidos nem mesmo depois que Jesus ressuscitou dos mortos.

O tema desloca-se à medida que Jesus dirige aos discípulos quatro *advertências sobre a conduta* (Lc 17,1-10), sem relação entre si. Advertindo contra o fato de escandalizar os outros, elas acentuam o perdão aos companheiros discípulos, o poder da fé e a distinção entre grandes conquistas e o dever. O último aviso, que é tipicamente lucano, é um desafio interessante: os discípulos que seguiram Jesus podiam acalentar a idéia de que fizeram algo grandioso, mas deviam considerar-se servos inúteis, que apenas fizeram sua obrigação.

3. Último estágio da viagem até a chegada a Jerusalém (Lc 17,11–19,27). Tem início com *a cura de dez leprosos, inclusive o samaritano agradecido* (17,11-19), tipicamente lucana. Jesus estava viajando rumo a Jerusalém desde Lc 9,51, e, em Lc 9,52, seus mensageiros chegam a um povoado samaritano. O fato de que a essa altura da história ele ainda esteja passando entre Samaria e a Galiléia indica que a viagem é um esquema artificial (e também que Lucas podia não ter

---

[51] Aqui está outra semelhança entre Lucas e João: somente eles mencionam Lázaro, e o tema da ressurreição dos mortos está ligado a ele em ambos os evangelhos.

uma idéia exata da geografia da Palestina). Contudo, o esquema explica por que há um samaritano entre os leprosos, o único a demonstrar gratidão, recebendo, portanto, a salvação. Sua reação antecipa a alegre recepção da boa-nova sobre Jesus por parte dos samaritanos em At 8,1-25. Visto que a viagem de Jesus logo terminará com sua partida deste mundo, é conveniente que ele agora passe aos fariseus e, a seguir, aos discípulos um *ensinamento escatológico* (Lc 17,20-37), tirado de Q, de L e de composições próprias de Lucas, como uma prévia e quase um dubleto do sermão escatológico a ser apresentado no cap. 21. A instrução adverte a não deixar-se enganar, de um lado, por falsas afirmações de que o reino ou os dias do Filho do Homem chegaram visivelmente, de outro lado, por uma vida despreocupada, como se jamais fosse haver um julgamento. Os traços lucanos mais interessantes incluem: o reino de Deus não pode ser observado e se encontra no meio de nós (cf. Temas e problemas para reflexão, 4); o julgamento é imprevisivelmente discriminatório, escolhendo uma pessoa e deixando outra (Lc 17,31).

Ante esse julgamento, a *parábola do juiz injusto* (Lc 18,1-8), exclusiva de Lucas, tem a função de encorajar os discípulos por meio de um princípio *a fortiori*. Se o pedir continuamente consegue persuadir um juiz totalmente amoral, não há dúvida de que as persistentes e confiantes preces deles serão escutadas por Deus, que faz justiça aos escolhidos. O tema da oração leva à lucana *parábola do fariseu e do publicano* (ou coletor: Lc 18,9-14). Além de demonstrar a misericórdia de Deus para com os pecadores, a história levanta a questão da rejeição do fariseu, que não é justificado. O fariseu não é um hipócrita; embora um tanto prepotente, ele vive fielmente os mandamentos de Deus tais como os entende. Estaria o problema no fato de ele, embora agradecendo a Deus, não ter mostrado nenhuma necessidade de Deus, da graça ou do perdão? Ou o Jesus lucano aproxima-se do pensamento paulino segundo o qual a observância das obras da Lei não justifica por si mesma? O exemplo da graciosidade de Deus com o publicano excluído leva Lucas a narrar a *ternura de Jesus para com as criancinhas* (Lc 18,15-17),[52] que servem como modelo da dependência em relação a Deus, que é condição para entrar no reino.

---

[52] Finalmente aqui Lucas conclui sua "grande interpolação", iniciada depois de 9,50 (= Mc 9,39-40), para unir-se a Marcos (em 10,13-16). Assim como o fariseu considerou o publicano indigno da misericórdia de Deus, os discípulos consideraram as crianças indignas da atenção de Jesus. A pecaminosidade do publicano está relacionada à correção em Lc 3,12-13, que aconselha a não recolher mais do que está prescrito.

Essa passagem, por sua vez, conduz à pergunta de um chefe acerca do *que é necessário para a vida eterna e ao obstáculo oferecido pelas riquezas* (Lc 1,18-30). Embora Lucas agora esteja seguindo Marcos cuidadosamente (com a notável exceção de que Lucas não diz que Jesus "olhou com carinho" para o homem rico), o tema harmoniza-se com a insistência de Lucas na necessidade de vender *tudo* e distribuir aos pobres. Mesmo aqueles que observam os mandamentos são desafiados a ir mais longe, não simplesmente a fim de ser perfeitos, como no mais tolerante Mt 19,21, mas para entrar no reino. Lc 18,29 acrescenta "mulher" à lista daquilo que deve ser deixado para trás (cf. Mc 10,29) por causa do reino. Estaria ele pensando em seu herói Paulo, que era solteiro? Lc 18,30 promete que aqueles que fizerem tais sacrifícios receberão "muito mais" nesta vida — uma asseveração mais prudente do que o cêntuplo em casas, irmãos, irmãs etc., em Mc 10,30. O fato de que próprio Jesus será sacrificado vem articulado na *terceira predição da paixão* (Lc 18,31-34). Esta segue de perto Mc 10,32-34, a ponto de predizer que os gentios lançarão escarros sobre o Filho do Homem e castigá-lo-ão — algo que jamais acontece na narrativa lucana da paixão![53]

A *cura do cego quando Jesus se aproxima de Jericó* (Lc 18,35-43) é uma variante da cura de Bartimeu, quando Jesus deixa Jericó (Mt 20,29). Provavelmente Lucas transpôs geograficamente a cena para a entrada de Jesus na cidade porque desejava introduzir uma cena colorida de sua própria autoria, envolvendo *Zaqueu* (Lc 19,1-10), em Jericó. Além da gentileza de Jesus com um publicano reputado pecador, a história ilustra a atitude lucana em relação à riqueza: Zaqueu é um homem rico, mas a salvação pode entrar em sua casa porque ele dá metade de seus bens aos pobres.[54] A temática do uso correto da riqueza prossegue na *parábola das minas* (Lc 19,11-27). A história do homem nobre que partiu em viagem, dando a cada um dos dez empregados uma mina, a qual um dos empregados transformou em dez minas, outro em cinco minas, e um terceiro simplesmente

---

[53] Curiosamente, Lucas omite o dado de Mc 10,33, segundo o qual o Filho do Homem será entregue aos sumos sacerdotes e aos escribas (ainda que informação semelhante tenha sido incluída na primeira predição lucana da paixão e o fato realmente aconteça na narrativa lucana da paixão), e estes o condenarão à morte (não obstante Lc 24,20 atribuir aos sumos sacerdotes e aos "nossos" chefes a condenação à morte).

[54] Em Lc 18,22-23, Jesus pedirá a um seguidor virtual, bastante rico, que distribua aos pobres *tudo* o que possui. Seria o espírito de sacrifício, mais do que a percentagem, o ponto importante?

conservou,[55] assemelha-se à história mateana (Mt 25,14-30) do homem que entregou talentos a três servos, respectivamente cinco, dois e um. Os cinco são transformados em outros cinco, os dois em outros dois e o último é simplesmente guardado. Nos dois casos, o último servo é castigado. A intenção da parábola é desafiar os discípulos a fazer uso produtivo de tudo o que Jesus lhes revelou sobre o reino. Além das diferenças com Mateus, que podem representar uma elaboração de uma história comum de Q, Lucas parece ter entretecido outra história sobre o homem nobre que parte para um país distante a fim de ser nomeado rei: seus concidadãos odiavam-no e mandaram uma embaixada para tentar impedir que ele fosse entronizado como rei, com o único resultado de tê-lo de volta como rei, e este acabou por matá-los.[56] Isso prepara para a rejeição de Jesus em Jerusalém, sua crucifixão como Rei dos Judeus, sua volta, na ressurreição, e a destruição definitiva de Jerusalém.

Ministério em Jerusalém (19,28–21,38)

Ao final dessa longa viagem, que teve início em Lc 9,51, Jesus chega a Jerusalém, onde seu "êxodo", ou partida para Deus, acontecerá.[57] Ele pernoitará em Betfagé e em Betânia, nos arredores de Jerusalém, mas a maior parte de sua atividade estará concentrada na área do templo; no final, ele pronunciará um discurso escatológico.

1. Entrada em Jerusalém e atividades na área do templo (Lc 19,28–21,4). *A majestosa entrada em Jerusalém* (Lc 19,28-38) cola-se ao relato marcano (Mc 11,1-10), mas altera o tema do entusiasmo dos espectadores pela chegada do reino, para o do louvor dos discípulos a Jesus como rei (cf. Jo 12,13). Em Lc 7,18-19, os discípulos de João Batista apresentaram a Jesus a pergunta do mestre deles: "És tu aquele que há de vir?" Agora os discípulos de Jesus confirmam quem

---

[55] Jamais se ouve falar dos outros sete empregados. Mateus seria mais original por ter apenas três empregados, ou teria podado o relato, retirando o acidental?

[56] O pano de fundo de Lc 19,12.14.15a.27 pode ter sido sugerido pela história de Arquelau, o filho de Herodes, o Grande. Depois da morte de seu pai, ele foi a Roma, tentando ser confirmado como rei pelo imperador Augusto. Durante sua ausência da Palestina, estouraram revoltas contra seu governo; mais tarde, ao voltar como etnarca, tratou brutalmente seus súditos.

[57] KINMAN, B. R. *Jesus' entry into Jerusalem in the context of Lukan theology and the politics of his day.* Leiden, Brill, 1995.

é ele. Lucas insere um refrão sobre a paz e a glória que se assemelha ao *Gloria in excelsis* (Lc 2,14). Quando os fariseus pretendem que os discípulos sejam repreendidos, *a contragosto, Jesus prediz a destruição de Jerusalém* (Lc 19,39-44). Trata-se da continuação das admoestações em Lc 11,49-52 e Lc 13,34-35; agora, porém, a possibilidade de uma mudança parece coisa do passado. (Os estudiosos discutem se a descrição em Lc 19,43 é tão exata pelo fato de Lucas tê-la escrito [ou ao menos reescrito] depois da histórica destruição pelos romanos.) O fato de Jesus chorar ao proferir essa profecia quer mostrar aos leitores de Lucas que os cristãos não devem alegrar-se com tal catástrofe. Diferente de Mc 11,11-19, que situa a purificação da área do templo no dia seguinte à entrada de Jesus em Jerusalém, mas de forma semelhante a Mt 21,10-13, Lucas posiciona seu quadro (menos violento) da *purificação do templo* (Lc 19,45-46) no mesmo dia em que Jesus entrou em Jerusalém.[58] De outra forma, Lucas começa uma seção cujo material, em sua maioria, é tirado de Marcos, com alterações secundárias.

Jesus então começa *ensinar diariamente na área do templo, provocando o debate sobre a autoridade* (Lc 19,47–20,8). Num sumário peculiar, Lucas narra como os sumos sacerdotes e os escribas procuram destruir Jesus por causa de seu ensinamento; em seguida o evangelista conta como, frustrados pela popularidade de Jesus entre "todo o povo", o máximo que eles conseguem é questionar sua autoridade — um questionamento contrabalançado pela pergunta que Jesus lhes faz a respeito de João Batista. (Lucas não precisa explicar aos leitores que a autoridade de Jesus provém de Deus; cf. Lc 4,43.) A *parábola dos arrendatários perversos* (Lc 20,9-19) serve de crítica a essas autoridades (conforme elas reconhecem no v. 19), porque elas não entregaram o fruto da vinha. O v. 18, exclusivamente lucano, é uma ameaça, pois a pedra que tais autoridades rejeitaram não somente se torna pedra angular de uma nova construção, mas também despedaça e esmaga as pessoas. As autoridades reagem espionando Jesus e procurando encurralá-lo com *uma questão acerca do tributo a César* (Lc 20,20-26), que ele inteligentemente evita. Outra tentativa de enfraquecer a autoridade do ensinamento de Jesus é feita pelos saduceus com a *questão sobre a ressurreição* (Lc 20,27-40), mas a resposta

---

[58] A historicidade do acontecimento, particularmente em sua forma marcana, mais elaborada, é discutida. Se alguém argumenta que se dramatizou uma simples ação profética, pode-se ainda discutir se isso aconteceu no início do ministério (como em Jo 2,13-17) ou pouco antes da morte de Jesus. Em ambos os relatos, Jesus está em Jerusalém, em época próxima da Páscoa.

de Jesus atrai a aprovação até mesmo dos escribas (vv. 39-40). Saltando a pergunta do escriba em Mc 12,28-34 sobre o mandamento mais importante, Lucas continua com a *questão sobre o filho de Davi* (Lc 20,41-44), levantada pelo próprio Jesus. Tais confrontos concluem-se com a desmoralizadora *condenação dos escribas* (Lc 20,45-47) por parte de Jesus. A acusação de que eles "devoram as casas das viúvas" leva à história da *oferta da viúva* (Lc 21,1-4), a qual, embora tirada de Marcos e abreviada, tem uma ressonância especial em Lucas, pois favorece os pobres ante os ricos exibicionistas e exemplifica como alguém entrega tudo o que possui.[59]

2. Discurso escatológico (Lc 21,5-38). Como em Marcos e Mateus, a admiração pelos edifícios do templo provoca em Jesus uma *predição da destruição do templo* (Lc 21,5-6); o passo seguinte é um sermão acerca das últimas coisas — um discurso que se complica pelo fato de que Jesus já havia exortado à vigilância escatológica em Lc 12,35-48 e transmitido um ensinamento escatológico em Lc 17,20-37. Distintamente de Marcos e Mateus, Lucas situa o discurso no templo, como uma continuação do ensino diário de Jesus ali (Lc 19,47; 20,1; 21,38), e há mais interesse naquilo que acontece a Jerusalém, que se distingue do que acontecerá com o mundo inteiro. No *corpo do discurso* (Lc 21,7-36), Lc 21,8-24, de acordo com alguns, refere-se ao destino de Jerusalém e Lc 21,25-36 diz respeito ao destino do mundo quando da vinda do Filho do Homem.[60] Estes pontos são particularmente lucanos: Lc 21,12 fala da perseguição por causa do "nome" de Jesus (cf. At 3,6.16; 4,10 etc.); Lc 21,13-15 promete uma sabedoria que não pode ser contradita quando for tempo de dar testemunho (cf. Lc 7,35; 11,49; At 6,3.10; 7,10); Lc 21,18 oferece uma segurança extra aos seguidores de Jesus, pois nem sequer um cabelo da cabeça deles cairá (cf. Lc 12,7); no lugar da abominação da desolação de Marcos, Lc 21,10 fala de Jerusalém rodeada de exércitos (com base em um conhecimento daquilo que aconteceu em 70 d.C.?); entre a destruição de Jerusalém e o final dos tempos, Lc 21,24 parece referir-se a um longo período: Jerusalém será pisoteada "até que se cumpram os tempos das nações"; Lc 21,28

---

[59] Uma variedade de interpretações, muitas das quais bem alheias ao texto (p. ex., dar conforme as próprias posses), é discutida por A. G. Wright, em CBQ 44, 256-265, 1982.

[60] Contudo, a decisão a respeito da estrutura depende de onde se acredita que Lucas dissociou a parusia dos acontecimentos da história contemporânea. Cf. Fusco, V. In: O'Collins, G. & Marconi, G. *Luke and Acts.* New York, Paulist, 1991. pp. 72-92.

fala da redenção futura; Lc 21,33ss omite a indicação marcana (Mc 13,32) de que ninguém, nem mesmo o Filho, conhece o dia e a hora (um tema que Lucas conserva até At 1,7, sem a limitação no conhecimento do Filho); Lc 21,34-36 é uma exortação que serve para concluir o discurso enquanto Jesus põe seus ouvintes de sobreaviso acerca do julgamento que há de vir sobre toda a terra. Depois desse final, Lc 21,37-38 apresenta um sumário que descreve a atividade cotidiana de Jesus e serve como uma transição para a narrativa da paixão.

Última Ceia, paixão, morte e sepultamento (22,1–23,56a)

Vimos que, quando Lucas segue Marcos, o faz com substancial fidelidade; a narrativa da paixão, porém, é uma exceção. Apesar de muitos estudiosos defenderem a dependência de uma narrativa pré-lucana da paixão, separada de Marcos, uma hipótese mais plausível pode ser feita pela dependência lucana de Marcos, combinada com algumas tradições especiais. Aqui, Lucas pode simplesmente ter imposto maior organização do que alhures, talvez com o propósito de tornar mais convincente sua narrativa mais importante. De modo particular, tanto no relato da paixão quanto no da ressurreição, Lucas serve-se de tradições que deixaram igualmente um rastro em João.

1. Conspiração contra Jesus, Última Ceia (Lc 22,1-38). O primeiro exemplo de aprimoramento lucano é a *conspiração contra Jesus* (Lc 22,1-6), que Marcos interrompe para intercalar a história da unção[61] de Jesus, mas Lucas conserva numa unidade. Lucas explica que Satanás entrara em Judas (igualmente Jo 13,2.27). Depois das tentações no deserto, o demônio deixara Jesus até ocasião mais oportuna (Lc 4,13); agora ele volta à ofensiva com um ataque direto contra Jesus. Além dos sumos sacerdotes, alinham-se também contra Jesus os capitães ou oficiais (do templo: Lc 22,4.52; At 4,1; 5,24.26).

Pedro e João são mencionados como os discípulos que seguiram adiante para preparar a *Última Ceia* (Lc 22,7-38). O relato lucano é duas vezes maior do que o de Marcos e o de Mateus. O ardente desejo de Jesus de comer essa refeição pascal com seus apóstolos está imbuído da afabilidade do relacionamento entre eles, especialmente agora que a hora chegou (Lc 22,14-15; cf. Jo 13,1). As sen-

---

[61] Adiante será discutida a questão a respeito de Lc 7,36-50 ser uma variante da unção em Mc 14,3-9.

tenças de Jesus a respeito de não comer e não beber "até que ela se cumpra no Reino de Deus" ou "até que venha o Reino de Deus" (Lc 22,16.18) expandem o simbolismo escatológico da Ceia, mas são obscuras em sua referência exata. (Em Lc 24,30-31, depois da ressurreição, Jesus partirá o pão com seus discípulos, o que pode ser considerado uma forma de vinda do reino.) Problema ainda maior representa o fato de Lucas fazer Jesus falar do cálice duas vezes (Lc 22,17-18.20), antes e depois de falar do pão.[62] Provavelmente, a primeira taça pertence à descrição da refeição pascal comum (Lc 22,15-18), enquanto o segundo cálice, que é precedido do pão, pertence à descrição da eucaristia (Lc 22,19-20). Esta é paralela à descrição eucarística em Mc 14,22-24 e Mt 26,26-28, mas com as diferenças grifadas no que se segue: "Isto é o meu corpo *que é dado por vós. Fazei isto em minha memória*" (assemelhando-se a 1Cor 11,24: "Isto é o meu corpo, que é para vós; fazei isto em memória de mim"), e não "sangue da aliança", mas "Esta *taça é a Nova Aliança em meu sangue, que é derramado por vós*" (a primeira parte assemelha-se a 1Cor 11,25). Assim, deve ter havido duas tradições acerca da Última Ceia de Jesus, uma preservada em Marcos e Mateus e outra em Paulo e Lucas. A festa da Páscoa tinha um motivo-memória (*anamnēsis*): "[...] para que te lembres do dia em que saíste da terra do Egito, todos os dias da tua vida" (Dt 16,3). Para os cristãos, porém, isso se transfere para a memória de Jesus. As sentenças lucanas que trazem o corpo e o sangue dados ou derramados "por vós"[63] enfatizam o rasgo soteriológico da morte de Jesus e da eucaristia.

Marcos e Mateus narram três predições do destino dos discípulos: uma (envolvendo Judas) feita durante a Última Ceia e duas (envolvendo Pedro e os outros discípulos) feitas a caminho do Monte da Oliveiras. O relato mais "organizado" de Lucas situa as três na Última Ceia (como o faz João). A predição da entrega de Jesus por Judas (Lc 22,21-23) é substancialmente uma reelaboração de Mc 14,18-21, com a exceção de que em Marcos ela precede as palavras eucarísticas.[64]

---

[62] A complicação provém de um problema textual, pois em algumas fontes textuais ocidentais (Códice D, Vetus Latina), Lc 22,19b-20, que contém a segunda menção ao cálice, está faltando; cf. Temas e problemas para reflexão, 1. A melhor solução é reconhecer que a forma abreviada representa uma emenda de escribas para livrar-se do que pareceria repetição.

[63] Cf. Jo 6,51: "O pão que eu darei é a minha carne para a vida do mundo".

[64] Fazendo a predição da traição de Judas (cf. a designação "traidor" em Lc 6,16) aparecer depois que ele participou da eucaristia, estaria Lucas advertindo seus leitores de que a participação na eucaristia não é nenhuma garantia de comportamento correto?

A predição acerca do grupo dos discípulos/apóstolos (Lc 22,24-30), composta e adaptada de Marcos e de Q, é bem lucana em sua benevolência. Na discussão sobre quem entre os discípulos seria o maior, Jesus louva-os pela fidelidade a ele em suas tribulações e lhes promete lugares à mesa em seu reino e tronos dos quais julgarão as doze tribos. Isso é virtualmente o oposto da predição, em Mc 14,27, de que eles ficarão escandalizados e dispersos; com efeito, diferente de Marcos, Lucas não descreve a fuga dos discípulos quando Jesus é preso. Da mesma forma, Lc 22,31-34 é uma introdução singular que modifica a predição da tríplice negação de Pedro, pois, enquanto Satanás se esforça para joeirar os apóstolos como ao trigo, Jesus promete orar por Simão (Pedro) a fim de que a fé deste não desfaleça. Quando ele retornar, deverá fortalecer seus "irmãos" (os outros apóstolos, todos os crentes, ou ambos?). Próprio de Lucas, também, é o diálogo que conduz à afirmação de que os apóstolos levam duas espadas (Lc 22,35-38). A situação de uma missão sem provisões (com em Lc 10,4 — os 72) agora é outra: cada um precisa estar preparado, levar uma bolsa, ou sacola, ou espada, pois Jesus será contado entre os fora-da-lei. Os apóstolos compreendem mal a linguagem figurada, e Jesus responde: "É suficiente" à informação deles de que dispõem de duas espadas.[65]

2. Oração e prisão no Monte das Oliveiras, julgamentos judaico e romano (Lc 22,39-23,25). Lucas não traz nenhum diálogo no caminho que separa o Cenáculo do lugar "costumeiro" aonde Jesus se dirige agora (cf. Jo 18,2), na montanha próximo a Jerusalém, onde *Jesus ora e é preso* (Lc 22,39-53). Lucas simplifica a dramática descrição marcana do distanciamento entre Jesus e os discípulos. Não há separação alguma entre Jesus e o grupo dos discípulos, e, depois, entre Cristo e Pedro, Tiago e João, para retirar-se sozinho; tampouco existe uma descrição das emoções de Jesus e sua queda ao chão. Circunspecto, o Jesus lucano ajoelha-se para rezar (uma posição familiar aos cristãos: At 7,60; 9,40; 20,36; 21,5); ele reza apenas uma vez (não três vezes) e encontra os discípulos dormindo uma vez somente (e "por causa da tristeza"). Se Lc 22,43-44 (a aparição de um anjo a Jesus) foi escrito pelo evangelista, e não acrescentado por um copista posterior (cf. BDM 1.179-186), Lucas difere de Marcos e Mateus por ter uma resposta à oração de

---

[65] Não está claro por que eles têm aqui duas espadas e um deles tem uma espada quando Jesus é preso (BDM 1.268-271), mas dificilmente isso os transformaria em revolucionários! Para um estudo detalhado de Lc 22,24-30, cf. NELSON, P. K. *Leadership and discipleship*. Atlanta, Scholars, 1994. (SBLDS, 138.)

Jesus, um toque ilustrativo da intimidade do Jesus lucano com seu Pai. Em Marcos e Mateus, depois que Jesus foi tentado pelo demônio durante quarenta dias no deserto, os anjos o serviram. Lucas omite isso, mas agora um anjo conforta Jesus, preparando-o para entrar na segunda e maior prova ou tribulação.

As palavras de Jesus durante a prisão mostram que ele sabe da má intenção de Judas por trás do ato de beijá-lo (Lc 22,48). Retomando a discussão sobre as espadas durante a Ceia, os discípulos demonstram sua contínua falta de entendimento quando perguntam se devem golpear com a espada. Essa pergunta leva Jesus a ordenar-lhes que desistam, um conselho que Lucas passaria aos cristãos que enfrentavam a prisão e a perseguição. Entre os evangelhos, somente Lucas leva os sumos sacerdotes em pessoa ao Monte das Oliveiras; Jesus recorda-lhes seu ensinamento diário na área do templo como um desafio à força armada que estava sendo usada para prendê-lo (cf. o interrogatório de Jesus por Anás em Jo 18,20). A teologia lucana da cena encontra expressão em Lc 22,53: essa hora pertence ao poder das trevas. Contudo, mesmo nesse momento desesperado, Jesus mostra sua misericórdia ao deter-se para curar a orelha direita do servo do sumo sacerdote que veio para prendê-lo.

Em Marcos, Mateus e João, as negações de Pedro estão urdidas (de modos diferentes) com a cena noturna na qual Jesus encontra-se diante das autoridades judaicas; a metodização lucana leva-o a colocar *as negações de Pedro* (Lc 22,54-62) em primeiro lugar, antes do julgamento judaico, donde resulta que Jesus encontra-se no pátio enquanto Pedro o nega. O momento tocante em que Jesus olha para Pedro relembra a promessa da Última Ceia, quando Jesus prometeu rezar por Simão Pedro a fim de que sua fé não desfalecesse. Lucas também situa no cenário do átrio noturno a *zombaria judaica de Jesus* (Lc 22,63-65), que ele atribui aos que o mantinham preso, enquanto Marcos e Mateus inserem tal cena no final do julgamento judaico e perpetrada pelos membros do sinédrio. A reorganização leva Lucas a simplificar a apresentação do *julgamento judaico* (Lc 22,66-71)[66]

---

[66] Tem-se questionado se se deve falar de um julgamento em Lucas, pois sua narrativa não comporta nenhuma testemunha, nenhuma referência ao sumo sacerdote como inquiridor, nenhuma acusação de blasfêmia e nenhuma sentença de morte. De fato, no quadro lucano total, "julgamento" não é apropriado. No final do processo (Lc 22,71), os membros do Sinédrio dizem: "Que necessidade temos ainda de testemunho [testemunhas]?" Lc 24,20 diz que os sumos sacerdotes haviam-no entregue para uma sentença de morte (*krima*). At 13,27-28 fala que os chefes de Jerusalém julgaram-no (*krinein*).

e situá-lo completamente na manhã. Os sumos sacerdotes perguntam a Jesus se ele é o Messias, o Filho de Deus. A questão, porém, é dividida em dois segmentos, de modo que se evita uma resposta direta ao primeiro, pois eles não acreditariam — características encontradas em Jo 10,24-25.33.36.

A narrativa lucana do *julgamento romano* (Lc 23,1-25) afasta-se significativamente da de Marcos. Uma série de acusações é apresentada a Pilatos: Jesus subleva o povo, conforme exemplificado na proibição de pagar tributos a César e na pretensão de ser o Messias-rei. Lucas conhece os padrões dos julgamentos romanos (cf. as acusações apresentadas no julgamento de Paulo em At 24,5-9) e procura encaixar a tradição sobre Jesus naqueles padrões. Lc 23,4.14.22 dramatiza a inocência de Jesus, pois por três vezes Pilatos diz que não encontra culpa nele — cf. as três vezes em João 18,38 e 19,4.6, em que Pilatos não encontra motivo de julgamento contra Jesus. Somente Lc 23,6-12 narra que Pilatos enviou Jesus a Herodes, que o interrogou e fez pouco caso dele — uma continuação do material especial sobre Herodes (Lc 9,7-9; cf. *p. 377*), mas também um paralelo antecipatório do julgamento em At 25–26, em que o perplexo governador romano Festo devolve Paulo ao rei herodiano Agripa II a fim de ser interrogado. Em ambos os casos (Lc 23,15; At 26,32) o acusado é devolvido ao governador sem ter sido considerado culpado. Tipicamente lucana é a observação de que a presença de Jesus ante Pilatos e Herodes eliminou a inimizade que existia entre os dois últimos. O Jesus que a tantos curara durante seu ministério público continua a curar durante sua paixão. Depois que Jesus retorna, Pilatos faz duas novas tentativas para libertá-lo, até mesmo propondo a condenação menor do açoitamento; mas, no final das contas, ele entrega Jesus "ao arbítrio deles" (Lc 23,25). Isso é feito sem que Lucas narre a punição e o escárnio de Jesus pelos soldados romanos encontrados nos outros três evangelhos.[67] Teria sido a omissão provocada pelo desprazer da repetição, pois Jesus já havia sido escarnecido ante Herodes?

3. Caminho da cruz, crucifixão, sepultamento (Lc 23,26-56). Elevando *o caminho da cruz* (Lc 23,26-32) para além da frase transicional encontrada nos outros evangelhos, Lucas constrói um episódio que ocupa um lugar-chave na

---

[67] Essa omissão significa que Lucas não menciona soldados até 23,36, a meio caminho da narrativa da crucifixão, e tem levado à (falsa) acusação de que Lucas mostra os judeus participando fisicamente da crucifixão de Jesus. Cf. *p. 99* e BDM 1.856-859.

estruturação da morte de Jesus. Aqui, imediatamente antes de Jesus ser crucificado, Lucas agrupa Simão Cirineu, uma grande multidão de pessoas e as "filhas de Jerusalém"; em Lc 23,47-49, logo após a morte de Jesus na cruz, ele reúne o centurião romano, as multidões e as mulheres da Galiléia — um tríptico que tem no meio a crucifixão e um grupo de três partidos favoráveis a Jesus em cada um dos lados. Lucas declara que, quando Jesus nasceu, havia muitos judeus que o acolheram favoravelmente; ele afirma que isso também é verdade quando Jesus morre, mas agora apenas um gentio faz parte do quadro. Fazendo eco ao AT, as admoestações de Jesus às filhas chorosas de Jerusalém (Lc 23,28-32) representam uma continuação do tema por meio do qual Jesus relutantemente proclamou o destino da cidade a ser selado (Lc 19,41-44) — apesar da presença de alguns que simpatizavam com ele. A especificação "vós mesmas e vossos filhos" reconhece que o fardo da catástrofe vindoura recairá sobre outra geração.

Lucas também remodela os *incidentes que culminam na morte de cruz* (Lc 23,33-46). Somente em Lucas Jesus fala no momento da crucifixão. Em alguns manuscritos faltam as palavras de Jesus em Lc 23,34a — "Pai, perdoa-lhes: não sabem o que fazem" (BDM 2.971-981) —, mas a extensão do perdão encaixar-se-ia admiravelmente no esquema lucano. Marcos descreve três grupos de zombeteiros junto à cruz, antes que Jesus morra: os passantes, os sumos sacerdotes e os dois outros crucificados. Depois de separar o povo como mero espectador, Lucas compõe seu trio de zombadores com os chefes, os soldados e um dos outros crucificados. A cena singular com o outro crucificado em Lc 23,40-43 é uma obra-prima da teologia lucana. A generosidade de Jesus ultrapassa o que o bandido[68] pede, e este se torna o primeiro a ser recebido no paraíso! A firme e confiante palavra final de Jesus na cruz — "Pai, em tuas mãos entrego o meu espírito" (Lc 23,46) — é bem diferente do plangente grito do Jesus marcano ao sentir-se abandonado. Todos os sinais negativos que acompanham a crucifixão, até mesmo o rasgar-se do véu do santuário, são antepostos à morte de Jesus, de modo que os frutos positivos e salvíficos da morte possam sobressair-se com clareza.

---

[68] Este é chamado freqüentemente de "o bom ladrão"; Lucas, porém, chama-o de "malfeitor", sem especificar-lhe o crime, e, embora o homem reconheça que está sendo punido justamente, jamais demonstra arrependimento. (Cf. Lc 15,20.) Seria mera coincidência o fato de esse malfeitor, nesse ou em qualquer outro evangelho, ser o único a chamar Jesus simplesmente de "Jesus", sem nenhum adjetivo suplementar?

Para ilustrar tais resultados, Lucas relata a *reação dos três partidos à morte de Jesus, seguida do sepultamento* (Lc 23,47-56). O centurião romano junta seu testemunho ao de Herodes, ao de Pilatos e ao de um dos malfeitores crucificados de que Jesus era um justo e de que nada fizera de errado. As multidões demonstram pesar. As mulheres seguidoras mantêm-se a distância, observando: elas serão o elo com o futuro, pois observarão também o sepultamento[69] e irão ao túmulo. O toque final quer informar-nos de que as mulheres observavam a lei do sábado. Lucas foi muito insistente ao narrar que, no momento do nascimento de Jesus, tudo fora feito segundo a Lei: de uma ponta à outra de sua vida, Jesus viveu de acordo com os preceitos do judaísmo.

Aparições do ressuscitado na região de Jerusalém (Lc 24,1-53)[70]

Lucas afasta-se da indicação marcana de que o Jesus ressuscitado apareceria na Galiléia, e concentra sua três cenas de aparição nos arredores de Jerusalém. Isso liga a seqüência mais estreitamente à paixão. Mais importante, Lucas pode assim concluir o evangelho no lugar onde começou: na cidade que simboliza o judaísmo.

1. Junto ao túmulo vazio (Lc 24,1-12). Não obstante seguir Mc 16,1-8, Lucas modifica-o enormemente, adicionando explicações (v. 3: quando entraram, as mulheres não encontraram o corpo), uma pergunta dramática (v. 5: "Por que procurais entre os mortos aquele que vive?") e adaptações (v. 6: não há uma aparição na Galiléia, mas uma recordação do que Jesus disse ali; v. 9: as mulheres não se calam, mas contam tudo isso aos demais). Lucas dispõe de sua própria tradição acerca da presença de Joana (a mulher de Cuza: 8,3). Deveras estranho é o textualmente duvidoso v. 12, segundo o qual — embora não tivesse acreditado nas mulheres — Pedro correu em direção ao túmulo, viu somente os lençóis fúnebres; depois voltou para casa estranhando o que acontecera. Isso avizinha-se extremamente do que se narra em Jo 20,3-10 (sem, porém, o discípulo a quem Jesus amava). A referência lucana posterior ao episódio, no plural, em Lc 24,24, depois da visita das mulheres ao túmulo, é desconcertante: *"Alguns* dos nossos foram ao túmulo [...]".

---

[69] Aqui Lucas elabora o retrato de José de Arimatéia para explicar que, embora ele fosse membro do Sinédrio, não concordara com a decisão contra Jesus.

[70] DILLON, R. J. *From eyewitnesses to ministers of the word:... Luke 24.* Rome, PBI, 1978. (AnBib, 82.)

2. Aparição no caminho de Emaús (Lc 24,13-35). Esse dramático e longo relato de aparição é inteiramente próprio de Lucas, embora ressoe no apêndice marcano (Mc 16,12-13). Existem algumas boas técnicas narrativas, como a esperança frustrada dos discípulos de que Jesus pudesse ter sido o libertador; Jesus fingindo que seguia adiante. Existem, porém, elementos curiosos: Emaús, que está a sessenta estádios (cerca de doze quilômetros) distante de Jerusalém, não é facilmente localizada; nada sabemos desse tal de Cléofas ou, *a fortiori*, de seu companheiro anônimo; é difícil calcular como se pode dividir dessa maneira o tempo no final do dia (vv. 29.33); finalmente Lucas (v. 34) não nos narra as circunstâncias da aparição a Simão (Pedro), que aconteceu antes do anoitecer desse dia.[71] É tipicamente lucano que a primeira narrativa de aparição acontecesse durante uma viagem: assim como durante a longa viagem para Jerusalém, em Lc 24,27 Jesus transmite revelações importantes aos discípulos: ele apela para o todo da Escritura a fim de explicar o que fez como Messias. No livro dos Atos, os pregadores apostólicos farão o mesmo, e Lucas deseja enraizar o uso que eles fazem da Escritura numa revelação dada por Jesus. Contudo, ainda que o coração dos discípulos se aqueça enquanto Jesus lhes desvela o sentido das Escrituras, eles reconhecem-no somente quando ele parte o pão. Isso prepara para o partir do pão (eucarístico) nas comunidades cristãs descritas em Atos[72] e (juntamente com as outras refeições pós-ressurrecionais) podem estar na raiz da crença cristã da presença do Senhor ressuscitado no banquete eucarístico.

3. Aparição em Jerusalém e ascensão ao céu (Lc 24,36-53). Como em João (e de forma semelhante ao apêndice marcano — Mc 16,14-18), a *primeira aparição aos discípulos reunidos*, em Lc 24,36-49, é situada em Jerusalém, na noite do dia da ressurreição. Tanto em Lucas quanto em João (20,19-29), encontram-se os seguintes traços: Jesus põe-se no meio dos apóstolos e diz: "A paz esteja convosco!"; existe uma referência aos ferimentos de Jesus (mãos e pés em Lucas; mãos e lado em João); a missão confiada aos discípulos por Jesus comporta o perdão dos pecados e o papel do Espírito (explícito em João; simbolicamente designado como

---

[71] Existe um apoio para essa aparição em 1Cor 15,5, que coloca a aparição de Jesus a Cefas em primeiro lugar.

[72] A combinação entre a leitura da Escritura e o partir do pão tornar-se-ia eventualmente o componente básico do culto cristão e, portanto, o alimento da vida cristã. A respeito de Lucas-Atos, cf. JUST JR., A. A. *The ongoing feast*; table fellowship and eschatology at Emmaus. Collegeville, Liturgical, 1993.

"aquele que meu Pai prometeu", em Lucas). Lucas é particularmente insistente no realismo da aparição de Jesus, pois este se alimenta e afirma que tem carne e osso. (Em sua referência ao corpo ressuscitado, Paulo fala de um corpo espiritual, e não de carne e sangue [1Cor 15,44.50].) Jesus também explica as Escrituras a esses discípulos — um sinal de que elas são fundamentais para a compreensão daquilo que Deus realizara nele. Aqui, a revelação consiste numa missão (cf. Mt 28,18-20;[73] Jo 20,22-23) direcionada a todas as nações, começando por Jerusalém. Um detalhado programa dessa missão será dado em At 1,8. Jesus ordena que seus discípulos sejam testemunhas das coisas que aconteceram com ele como cumprimento das Escrituras. No início do evangelho, Lucas prometera que seu relato metódico basear-se-ia naquilo que as testemunhas oculares e os ministros da palavra transmitiram; obviamente, pois, ele acredita que os discípulos cumpriram a missão.

A aparição termina com uma *cena de ascensão* (Lc 24,50-53)[74] na qual Jesus vai a Betânia, abençoa os discípulos e é elevado ao céu. Ato contínuo, os discípulos retornam alegres a Jerusalém e ao templo, louvando a Deus. Essa cena da ascensão, que ocorre na noite do domingo de Páscoa, conclui a história evangélica de Jesus. O evangelho começara no templo, quando um anjo veio do céu até Zacarias; por inclusão, ele acaba no templo, enquanto Jesus vai para o céu.

Fontes e características redacionais

O evangelista admite fontes: "As testemunhas oculares originais e os ministros da palavra" transmitiram a narração do que aconteceu, e muitos já haviam empreendido compilar relatos (Lc 1,1-2). O evangelho freqüentemente tem em vista o livro dos Atos, e tal orientação afeta o modo segundo o qual Lucas trata suas fontes. Por exemplo, enquanto o evangelista mateano incorporou em sua

---

[73] Em Mateus, a missão terá êxito porque nela o Jesus ressuscitado, a quem foi dado todo poder no céu e na terra, estará com os Onze todos os dias, até o fim dos tempos; em Lucas, será bem-sucedida porque o Espírito prometido revestirá os Onze com poder.

[74] O texto ocidental (cf. Temas e problemas para reflexão, 1) omite "ele foi elevado ao céu". Em minha opinião, a omissão ou é um erro de copista (o olho pode ter pulado palavras gregas), ou uma excisão para evitar duas ascensões em Lucas-Atos, malgrado B. D. Ehrman (*The orthodox corruption of Scripture*; the effect of early christological controversies on the text of the New Testament, New York, Oxford, 1993, pp. 227-232).

narrativa do ministério de Jesus avançadas intuições teológicas — por meio das confissões dos discípulos e de Pedro sobre Jesus como o Filho de Deus, por exemplo —, o escritor lucano adia tais confissões até a pregação apostólica dos Atos. A ênfase nas viagens paulinas influencia Lc 9,51 e 19,28-29 no uso das indicações da caminhada de Jesus para Jerusalém (de Mc 10,1.32; 11,1) a fim de enquadrar dez capítulos (Lc 9,51-19,27), de modo que essa viagem se torne o cenário para a maior parte do ensinamento de Jesus. Às vezes, também, a antecipação de Atos influencia a organização do material, como quando o governador romano Pilatos manda Jesus a Herodes para que este tome uma decisão, exatamente como em At 25 o governador romano Festo entregará Paulo a (Herodes) Agripa para uma decisão. Como fizemos com Mateus, trataremos primeiramente das duas fontes escritas, Marcos e Q, das quais podemos falar com mais segurança e, a seguir, de outro material composicional.

QUADRO 4. O USO DE MARCOS EM LUCAS

Material de Marcos em Lucas		Interpolações lucanas importantes
Mc 1,1-15	= Lc 3,1-4,15	
Mc 1,21-3,19	= Lc 4,31-44; 5,12-6,19	4,16-30 (em Nazaré) 5,1-11 (pesca) 6,20-8,3 (pequena interpolação)
Mc 4,1-6,44 Mc 8,27-9,40	= Lc 8,4-9,17 = Lc 9,18-50	
Mc 10,13-13,32 Mc 14,1-16,8	= Lc 18,15-43; 19,29-21,33 = Lc 22,1-24,12	9,51-18,14 (grande interpolação) 19,1-28 (Zaqueu, parábola)

a) *Marcos*.[75] O material tirado de Marcos constitui cerca de 35% de Lucas. Na opinião da maioria dos estudiosos, o evangelista lucano tinha diante de si uma versão escrita de Marcos, embora alguns se tenham perguntado se em todos os detalhes esta era idêntica à versão de Marcos usada por Mateus. O procedimento lucano é seguir a ordem marcana e assumir grandes blocos de material marcano. Note-se que Lucas omite duas seções seqüenciais: a "grande omissão" de Mc

---

[75] Comparados aos 80% de Marcos reproduzidos em Mateus, apenas cerca de 65% está reproduzido em Lucas, que é pouco mais extenso do que Mateus.

6,45–8,26 (desde depois da primeira multiplicação dos pães até após a segunda multiplicação) e a "pequena omissão" de Mc 9,41–10,12 (tentações, ensino sobre o divórcio). A razão para tais omissões não são totalmente claras; fatores prováveis, além das preferências teológicas de Lucas,[76] foram o desejo de evitar repetição e a intenção de elaborar o material de acordo com o planejado fluxo geográfico da história.

Embora, no geral, seja bastante fiel a Marcos, Lucas efetuou mudanças que nos permitem detectar seu pensamento e suas tendências. No que se segue, as alterações mais típicas feitas pelo evangelista lucano estão listadas com alguns exemplos.

- Lucas corrige o grego de Marcos, melhorando a gramática, a sintaxe e o vocabulário. Exemplos: em Lc 4,1.31.38 e *passim*, omite o repetido "imediatamente" marcano; em Lc 20,22, altera o latinismo *kēnsos* (= *census*), de Mc 12,14; em Lc 20,23, substitui a palavra "hipocrisia" de Mc 12,15 pela mais exata "astúcia".

- No início, Lucas declara sua intenção de escrever cuidadosa e ordenadamente (Lc 1,3); conseqüentemente, ele reestrutura a seqüência marcana para alcançar esse objetivo. Exemplos: a rejeição de Jesus em Nazaré é inserida na abertura do ministério galileu, de preferência depois de um lapso de tempo (Lc 4,16-30 *versus* Mc 6,1-6), a fim de explicitar por que o ministério galileu estava concentrado em Cafarnaum; a cura da sogra de Simão é colocada antes da vocação deste e companheiros (Lc 4,38–5,11 *versus* Mc 1,16-31), com o propósito de tornar mais lógica a disposição de Simão em seguir Jesus; as negações de Pedro são postas antes do julgamento do Sinédrio, em vez do complicado entrelaçamento desses fatos em Marcos. Às vezes a metodização de Lucas se reflete na fuga dos dubletos marcanos (Lucas não narra a segunda multiplicação dos pães), enquanto Mateus gosta de duplicar características e pessoas. Não obstante, Lucas narra um duplo envio dos apóstolos/discípulos (Lc 9,1-2; 10,1).

- Por causa das mudanças realizadas no material recebido de Marcos, eventualmente Lucas cria inconsistências. Exemplos: embora em Lc 5,30 os parceiros da discussão sejam "os fariseus e seus escribas", Lc 5,33 fala

---

[76] M. Pettem (NTS 42, 35-54, 1996) acredita que Lucas discordou da tese de Mc 7,18-19 ("grande omissão"), segundo a qual o próprio Jesus contradisse a Lei a respeito dos alimentos; cf. At 10.

dos "discípulos dos fariseus", como se os fariseus não estivessem presentes; ainda que em 18,32-33 assume de Marcos a predição de que Jesus será escarnecido e açoitado e receberá cusparadas dos gentios, Lucas (diferentemente de Mc 15,16-20) jamais realiza tal profecia; Lucas mudou a ordem marcana das negações de Pedro e da zombaria judaica dirigida a Jesus, mas se esqueceu de inserir o nome do próprio Jesus na nova seqüência, de modo que, à primeira vista, Lc 22,63, ao dizer que caçoavam "dele" e o espancavam, parece referir-se a Pedro, não a Jesus (Cf. também n. 67.)

- Lucas, ainda mais do que Mateus, elimina ou altera as passagens que em Marcos são desfavoráveis àqueles cuja carreira posterior torna-os dignos de respeito. Exemplos: Lucas omite Mc 3,21.33.34 e (em Lc 4,24) muda Mc 6,4 a fim de evitar referências desairosas à família de Jesus; Lucas omite Mc 8,22-26, que dramatiza a dificuldade dos discípulos em compreender, e Mc 8,33, em que Jesus chama Pedro de "Satanás"; na paixão, Lucas omite a profetizada fraqueza dos discípulos, Jesus a encontrá-los adormecidos por *três* vezes e a fuga deles narrada em Mc 14,27.40-41.51-52.

- Demonstrando sensibilidade cristológica, Lucas é mais reverente no trato com Jesus, evitando passagens que possam fazê-lo parecer emotivo, ríspido ou fraco. Exemplos: Lucas elimina: Mc 1,41.43, em que Jesus é movido pela piedade ou pela rispidez; Mc 4,39, em que Jesus fala diretamente ao mar; Mc 10,14a, em que Jesus fica indignado; Mc 11,15b, em que Jesus revira as mesas dos cambistas; Mc 11,20-25, em que Jesus amaldiçoa uma figueira; Mc 13,32, em que Jesus diz que o Filho não sabe nem o dia nem a hora; Mc 14,33-34, em que Jesus fica perturbado e sua alma entristecida até a morte; Mc 15,34, em que Jesus fala que Deus o abandonou.

- Lucas acentua o desapego às posses,[77] não apenas em seu material especial (L), como veremos adiante, mas também nas mudanças que ele operou em Marcos. Exemplos: os seguidores do Jesus lucano deixam *tudo* (Lc 5,11.28) e os Doze são proibidos de levar até um bastão (Lc 9,3).

---

[77] PILGRIM, W. E. *Good news to the poor*; wealth and poverty in Luke-Acts. Minneapolis, Augsburg, 1981; JOHNSON, L. T. *Sharing possessions*. Philadelphia, Fortress, 1981; SECCOMBE, D. P. *Possessions and the poor in Luke-Acts*. Linz, Plöchl, 1982.

- Lucas corta nomes e palavras aramaicas transcritas em Marcos (até mesmo algumas que Mateus inclui), provavelmente porque não tinham mais nenhum significado para o público-alvo. Exemplo: a omissão de Boanerges, Getsêmani, Gólgota, *Eloi, Eloi, lemá sabachtháni*.[78]

- Lucas pode tornar as informações de Marcos mais exatas, talvez para melhorar o fluxo narrativo e garantir maior persuasão ou clareza. Exemplos: Lc 6,6 especifica que a próxima cena (Mc 3,1: "novamente") aconteceu "em outro sábado"; Lc 6,6 detalha "a mão direita", e Lc 22,50, "a orelha direita"; Lc 21,20 explica ou substitui a "abominação da desolação" de Marcos.

b) *Fonte Q*. O material tirado de Q constitui apenas cerca de 20% de Lucas; ele acrescenta um tom fortemente ético à imagem de Jesus. Diversamente do evangelista mateano, que passeia pelo material de Q a fim de elaborar cinco sermões ou discursos importantes, julga-se que o escritor lucano, na maior parte, preservou a ordem original do documento Q (cf. quadro 2). De quando em vez Lucas insere material de Q em um bloco emprestado de Mateus — por exemplo, o ensinamento de João Batista (Lc 3,7-9.16c-18) no primeiro bloco em que o descreve. A maior parte do material de Q, no entanto, vem inserida em dois lugares em que Lucas desenvolve a seqüência marcana (cf. quadro 4), ou seja, em um corpúsculo de material de Q em Lc 6,20–8,3, como parte da pequena interpolação, e em um grande corpo de material de Q em Lc 9,51–18,14, a grande interpolação (apresentada como parte da viagem de Jesus a Jerusalém). Em ambas as ocasiões, ele mistura-o com outro material de origem não-marcana. Conforme vimos na Análise geral da mensagem, a fim de expressar suas opiniões teológicas, Lucas adapta de diversas formas o material de Q. Entretanto, como não dispomos de Q, muitas vezes é difícil saber se foi Marcos ou Lucas que efetuou a mudança. As parábolas do grande banquete e dos talentos/minas, em que os dois relatos diferem sensivelmente (Mt 22,2-10; 25,14-30 *versus* Lc 14,16-24; 19,12-27), mostram a dificuldade de saber exatamente o que Lucas acrescentou.

---

[78] Ligada a isso estaria a omissão ou modificação lucana de detalhes culturais, locais mencionados em Marcos, por exemplo, as pessoas comendo de um mesmo prato durante a refeição pascal (Mc 14,20) e a correção lucana da duvidosa afirmação marcana de que, durante a festa, Pilatos libertaria qualquer prisioneiro que a multidão judaica pedisse (Mc 15,6).

c) *Material lucano especial* (freqüentemente designado pela letra L). De um terço a 40% de Lucas não são tirados nem de Marcos nem de Q. Diante do reconhecimento do evangelista às testemunhas oculares/ministros da palavra primitivos e aos muitos escritores que já se dispuseram a compilar relatos sistemáticos (Lc 1,1), não surpreende que os estudiosos tenham pressuposto tradições e fontes peculiares a Lucas — ainda mais numerosas do que aquelas peculiares a Mateus. Todavia, existem duas grandes dificuldades quando consideramos a porcentagem do evangelho que não é encontrada em Marcos ou em Q. Em primeiro lugar, sendo Lucas um escritor muito capaz, é extremamente difícil reconhecer o material que o próprio evangelista compôs livremente e o que ele tirou de tradições ou fontes já elaboradas. Em segundo lugar, nos casos que o autor serviu-se de outro material, não é fácil distinguir tradições pré-lucanas de possíveis fontes pré-lucanas. (Nesta *Introdução*, supõe-se que L abranja ambas). Nas *pp. 332 e 363*, foi exposto o problema em relação às narrativas da infância e da paixão. Se me é permitido emitir opiniões pessoais, embora pense que Lucas conhecesse algumas tradições sobre as origens e a morte de Jesus e sobre João Batista, duvido que existissem fontes elaboradas, provindas de Maria (da família) e de João Batista, ao alcance de Lucas, ou uma completa narrativa da paixão, além daquela de Marcos. Existem certas concordâncias entre Lucas e Mateus, contra Marcos, mas não vejo nenhuma prova convincente que Lucas tivesse conhecimento do evangelho de Mateus.[79] Existem claros paralelos lucanos com João, mas duvido que Lucas conhecesse o evangelho joanino; o mais provável é que algumas tradições semelhantes tenham chegado a ambos.[80]

Contudo, os intérpretes têm plausivelmente pressuposto algumas fontes para o evangelho (para as fontes dos Atos, cf. *p. 437*). Por exemplo: uma coleção de hinos ou cânticos primitivos (*Magnificat, Benedictus, Gloria in excelsis, Nunc dimittis*); uma história de Jesus aos doze anos — exemplo de um difuso gênero de

---

[79] BBM 618-619; Fitzmyer, *Luke*, AB, 1981, cit., 1.73-75. Tentativas importantes para estabelecer dependência lucana em relação a Mateus são feitas por J. Drury (*Tradition and design in Luke's Gospel*, London, DLT, 1976), M. D. Goulder (*Luke*; a new paradigm, Sheffield, JSOT, 1989, 2 v., JSNTSup, 20) e E. Franklin, *Luke*; interpreter of Paul, critic of Matthew, Sheffield, JSOT, 1994, JSNTSup, 92).

[80] BGJ 1.xlvi-xlvii; BDM 1.86-92; Fitzmyer, *Luke*, AB, 1981, cit., 1.87-88. Aqueles que postulam a dependência, normalmente, afirmam que João serviu-se de Lucas (cf. *p. 497*).

história da infância de Jesus; uma genealogia davídica de origem popular em circulação entre os judeus que falavam grego; um grupo de parábolas especiais que pode ter incluído as seguintes:[81] a do bom samaritano, a do amigo insistente, a do rico construtor de celeiros, a da figueira estéril, a da moeda perdida, a do filho pródigo, a de Lázaro e o homem rico, a do juiz iníquo e a do fariseu e o publicano; um grupo de histórias de milagres, que pode ter incluído as seguintes: a pesca milagrosa, a ressurreição do filho da viúva e as curas da mulher encurvada em dia de sábado, a cura do hidrópico e dos dez leprosos. Em acréscimo, e diferentemente das fontes maiores, o autor parece ter tido elementos especiais da tradição ou informação acerca de João Batista (de origem familiar), de Maria, a mãe de Jesus, de Herodes Antipas, das mulheres discípulas galiléias. Alguns desses dados podem ter chegado por intermédio de pessoas que autor menciona, como informações sobre Herodes (Lc 9,7-9; 13,31-32; 23,6-12) provindas de Manaém, da Igreja de Antioquia (At 13,1).

Ao concluir esta discussão sobre a fontes lucanas, devemos nos lembrar, como o fizemos no caso de Mateus (cf. *p. 305*), de que o evangelista fez muito mais do que coletar e organizar material desigual. Bem no começo da obra, Lucas fala de narrativa metódica, e tudo aquilo que ele recebeu ou criou foi entretecido num percurso épico que começa no templo de Jerusalém e termina na corte imperial, em Roma. Essa epopéia pode ser lida sem conhecimento algum das fontes,[82] e provavelmente esse é o modo segundo o qual foi escutada ou lida pelos primeiros ouvintes e leitores. Lucas é um talentoso contador de histórias, que demonstra verdadeiro senso artístico (cf. a maravilhosamente equilibrada narrativa da infância) e apresenta cenas de extraordinária ternura (o "bom ladrão"). Sua escolha ou criação de material de L inclui algumas das mais memoráveis passagens de todos os evangelhos, como, por exemplo, as parábolas do bom samaritano e do filho pródigo. Com acerto, Dante descreveu-o como "o escriba da ternura de Cristo". Mais do que qualquer outro evangelista, Lucas entregou o mundo ao amor de

---

[81] Parábolas e milagres exclusivos de Lucas são a chave para as fontes das parábolas e dos milagres discutidos anteriormente. Supondo-se que Lucas serviu-se daquelas fontes, ele pode muito bem ter composto algumas parábolas e/ou histórias de milagres imitando as contidas nas fontes.

[82] R. C. Tannehill (*The narrative unity of Luke-Acts*; a literary interpretation, Philadelphia/Minneapolis, A/F, 1986, 1990, 2 v.) é útil nesse ponto.

Jesus. Se harmonizarmos isso aos motivos teológicos comentados na Análise geral da mensagem e nos lembrarmos de que o mesmo escritor produziu o livro dos Atos, reconheceremos o terceiro evangelista como um dos mais significativos modeladores do cristianismo.

Autoria

Por volta da segunda metade do século II (de acordo com P[75], Irineu, Fragmento Muratoriano), esse livro era atribuído a Lucas, o companheiro de Paulo. Três referências no NT (Fm 24; Cl 4,14; 2Tm 4,11) falam dele como um colaborador e estimado médico que era fiel a Paulo num último aprisionamento. A afirmação de Cl 4,11 de que todos os homens mencionados anteriormente a esse versículo são da circuncisão sugere que Lucas, que é citado depois desse versículo, não é judeu.[83] A informação do NT é muito ampla e a obtemos por meio da inclusão de Lucas em "nós", ou seja, pela referência feita a ele mesmo em algumas narrativas de Atos nas quais Paulo não viaja sozinho (intervalos entre 50-63 d.C.).[84] Fora do NT, um prólogo do final do século II acrescenta que Lucas era um sírio de Antioquia que morreu na Boécia, na Grécia (cf. Fitzmyer, *Luke* [Lucas], AB, 1981, cit., 1.38-39). Os estudiosos estão divididos quase meio a meio quanto à aceitação da historicidade dessa atribuição a Lucas, no caso de ele ser o autor de Lucas-Atos.[85]

A principal objeção à autoria de um companheiro de Paulo provém dos Atos no que respeita às diferenças/discrepâncias históricas e teológicas com relação às cartas paulinas; deixaremos, porém, de lado esse problema até discutirmos a autoria no próximo capítulo. Não faz grande diferença que o autor do evangelho tenha sido ou não um companheiro de Paulo, pois em ambos os casos não

---

[83] O nome *Loukas*, forma grega abreviada de um nome latino (Lucius?), não nos diz se ele era gentio ou judeu.

[84] As seções "nós" são: At 16,10-17 ("segunda viagem missionária", de Trôade a Filipos); At 20,5-15; 21,1-18 (fim da "terceira viagem missionária", de Filipos a Jerusalém); At 27,1–28,16 (Paulo é enviado como prisioneiro a Roma).

[85] Fitzmyer (*Luke the theologian*, cit., pp. 1-22) e Franklin (op. cit.) defendem-na vigorosamente. Uma opinião minoritária acredita que Lucas, o companheiro de Paulo, após os Atos, escreveu também as epístolas pastorais, de modo que as informações geográficas e biográficas compensam o final abrupto de Atos. Cf. Quinn, J. D. In: Talbert, C. H. (ed.). *Perspectives on Luke-Acts*. Edinburgh, Clark, 1978. pp. 62-75; Wilson, S. G. *Luke and the Pastoral Epistles*. London, SPCK, 1979; e n. 1 deste capítulo sobre a teoria dos três volumes.

haveria nenhum motivo para considerá-lo um companheiro de Jesus.[86] Portanto, como um cristão da segunda ou terceira geração, ele dependia de tradições conservadas por outros — conforme defendido em Fontes e características redacionais.

Com base no evangelho, o que se pode deduzir do evangelista? A última observação, no parágrafo precedente, parece ser confirmada em Lc 1,1-3, em que o autor inclui-se entre aqueles que tomaram conhecimento dos fatos acontecidos por meio das primeiras testemunhas oculares e dos ministros da palavra. Dos quatro evangelistas, era o que melhor dominava o grego e facilmente usava diversos estilos.[87] Em Atos, ele exibiu conhecimento das convenções retóricas dos historiadores gregos e algum conhecimento da literatura e do pensamento gregos. Não é claro se ele sabia o hebraico ou o aramaico, mas com certeza conhecia a LXX, como se pode ver não somente em suas citações da Escritura, mas também no forte uso do estilo da LXX em partes apropriadas de sua obra. A habilidade no uso do grego levou alguns à hipótese de que o evangelista seria um gentio convertido ao cristianismo. O conhecimento do AT, porém, é tão detalhado que outros têm defendido a idéia de que ele tenha vindo ao Cristo com certa experiência de vida judaica. Não obstante, o engano quanto à purificação em Lc 2,22 ("deles", erroneamente, implica a purificação do pai) é inadmissível da parte de alguém que tenha crescido numa família judaica. Uma solução que faz jus a ambas as faces do problema é postular que o evangelista era um gentio que se tornou prosélito ou temente a Deus, ou seja, foi convertido ou atraído ao judaísmo alguns anos antes de ser evangelizado.[88]

O evangelho é inexato quanto à geografia palestinense (cf. Lc 4,44; 17,11); isso parece excluir um evangelista oriundo da Palestina (mas também parece pôr em questão que ele possa ter sido o "nós"-companheiro que aparentemente pas-

---

[86] No final do século IV, Epifânio (*Panarion* 51.11.6) defendia que Lucas era um dos 72 discípulos (Lc 10,1). Contudo, quase dois séculos antes, Tertuliano (*Adv. Marcion* 4.2.1-2) considerava Lucas um "homem apostólico", nitidamente distinto dos apóstolos testemunhas oculares.

[87] Por exemplo, formulação introdutória imitativa no Prólogo, estilo septuagintal na narrativa da infância, refinamento clássico no discurso de Paulo no Areópago de Atenas (At 17,16-31) e, no sermão de Estêvão, um padrão diferente do de Pedro e Paulo. Tem-se proposto que o estilo lucano torna-se menos bíblico e mais helenista à medida que a narrativa passa do evangelho (centrado na Palestina) aos Atos (a caminho de Roma).

[88] Se a primeira passagem "nós" (At 16,10-17) é extensiva a At 16,20, o companheiro "nós" é descrito como um judeu.

sou os anos 58-60 na região). O conhecimento da Igreja de Antioquia mostrado em At 11,19–15,41 (terminando por volta do ano 50 d.C.) tem sido apresentado como um apoio à tradição extra-NT segundo a qual ele era de Antioquia [89] (ou ele deu origem àquela tradição?). Muitos pensam que a fórmula eucarística de 1Cor 11,23-25, que Paulo diz ter recebido da tradição, proveio da prática da Igreja de Antioquia, da qual Paulo tinha sido enviado em suas viagens missionárias. A versão da fórmula em Lc 22,19-20 não deriva de Marcos e é semelhante à de Paulo, de modo que pode assinalar contato com a Igreja de Antioquia. Têm-se feito várias tentativas para firmar que o evangelista era médico, como o era Lucas, apontando para a linguagem médica técnica e percepções introduzidas no material tirado de Marcos.[90] No entanto, numa série de escritos, H. J. Cadbury persuadiu quase todos os estudiosos à opinião de que as expressões lucanas não são mais técnicas do que aquelas usadas por outros instruídos escritores gregos que não eram médicos.[91] Acrescentaremos algo mais à imagem do autor quando discutirmos Atos, no capítulo 10.

Ambiente ou comunidade implícita

A tradição externa de que Lucas (identificado com o evangelista) era natural de Antioquia não nos diz de onde ou para onde o evangelho foi escrito. A tradição de que Lucas era um companheiro de Paulo levanta a probabilidade de que Lucas e Atos tenham sido endereçados a Igrejas oriundas da missão paulina. Mais especificamente, um prólogo do fim do século II registra que o evangelho foi escrito na Grécia (Acaia) e que Lucas morreu ali (Fitzmyer, *Luke*, AB, 1981, cit., 1.38-39).

---

[89] Existe uma passagem "nós" de valor duvidoso, que aparece no Códice de Beza de At 11,28, uma cena situada na Igreja de Antioquia, por volta de 44 d.C. Fitzmyer (*Luke*, AB, 1981, cit., 1.43-47) acrescenta a possibilidade de que Lucas fosse um sírio de nascença, que morava em Antioquia (ou seja, um gentio semita).

[90] Por exemplo, Lc 4,38 acrescenta "alta" à febre em Mc 1,30; Lc 8,43 atenua a dura crítica aos médicos em Mc 5,26. W. K. Hobart (*The medical language of St. Luke*, Dublin, Hodges, Figgis, 1882) foi o grande defensor dessa tese. Não era muito hábil em crítica bíblica (p. ex., 80% de sua lista de quatrocentas palavras são encontrados na LXX); contudo, a tese ganhou o apoio de estudiosos muito conhecidos: W. M. Ramsay (*Luke the physician and other studies*, New York, Doran, 1908) e A. von Harnack (*Luke the physician*; the author of the third Gospel and the Acts of the Apostle, New York, Putnam's, 1907).

[91] Cf. CADBURY, H. J. *The style and literary method of Luke*. Cambridge, MA, Harvard Univ., 1920. pp. 50-51. 2 v.; JBL 45, 190-206, 1926; 52, 55-65, 1933.

Com base na evidência interna dos dois volumes da obra lucana, a concentração da segunda metade dos Atos na carreira de Paulo (independentemente do "nós" identificativo) torna provável que os destinatários estivessem de alguma forma ligados à proclamação apostólica da mensagem do evangelho. O evangelho lucano difere de diversos modos do de Mateus. Se este foi escrito para a Igreja de Antioquia, é muito improvável que Lucas fosse endereçado à mesma Igreja (p. ex., as duas diferentes narrativas da infância não teriam sido criadas na mesma área, para as mesmas pessoas). Esporadicamente, tem-se sugerido Roma como o destino, porque os Atos terminam ali; mas, no final dos Atos, Roma é principalmente símbolo do centro do mundo gentio. Ademais, se o evangelho foi escrito depois do ano 70 d.C., para a capital, seria de esperar algum eco da perseguição de Nero em meados dos anos 60. (Se Marcos foi enviado para Roma, haveria ali necessidade de outro evangelho?) À guisa de estreitamento do campo, as últimas linhas dos Atos (28,25-28), atribuídas a Paulo, indicam que o futuro do evangelho está nos gentios,[92] não nos judeus. Isso pareceria estranho se Lucas estivesse visando a uma ampla audiência judaico-cristã.[93] As referências de Lucas à sinagoga têm um tom diferente das de Mateus. Como observa plausivelmente J. P. Meier (*The vision of Matthew* [A visão de Mateus], New York, Paulist, 1979, p. 17), para a Igreja de Mateus a sinagoga tornou-se uma instituição estranha, enquanto para os destinatários de Lucas, a sinagoga sempre foi uma instituição estranha.[94] Vimos que Lucas omite as expressões aramaicas e os topônimos marcanos, bem como as referências da cultura local ("telhado" de barro, herodianos), como se não fossem compreendidos, e coloca no lugar algo que seria mais inteligível para pessoas de

---

[92] J. B. Tyson (*Images of judaism in Luke-Acts*, Columbia, SC, Univ. of S. Carolina, 1992) acredita que os leitores-alvo eram gentios atraídos ao judaísmo (tementes a Deus) e que o objetivo do escrito lucano era fazê-los aceitar o cristianismo, em vez do judaísmo. Eu opinaria que esses gentios podem ter sido um elemento importante entre os endereçados, mas não a clientela total. O tom de Lucas-Atos que favorece essa direção poderia ser resultado, em parte, de o destinatário ser Teófilo (Lc 1,3; At 1,1), que pode bem ter sido um gentio simpatizante do judaísmo. O nome é atestado tanto para judeus quanto para gentios.

[93] J. Jervell (*Luke and the people of God*; a new look at Luke-Acts, Minneapolis, Augsburg, 1972) e D. L. Tiede (*Prophecy and history in Luke-Acts*, Philadelphia, Fortress, 1980) postulam um público formado por judeu-cristãos. Segundo Tiede, eles teriam ficado desnorteados pela destruição do templo, de modo que Lucas teria de explicar que isso foi conseqüência da falha de Israel em não dar ouvidos aos profetas e a Jesus. Contudo, gentios convertidos, a quem se ensinara o valor da aliança do AT, poderiam ter igualmente ficado perplexos com o que aconteceu a Jerusalém.

[94] Uma comparação extremamente interessante entre as diferentes comunidades destinatárias de Mateus e de Lucas é oferecida por E. A. La Verdiere e W. G. Thompson, TS 37, 567-597, 1976.

ambiente grego. (Assim, se houvesse judeu-cristãos entre os destinatários, aparentemente eles não falavam aramaico.) Na apresentação de Jesus, foram detectados no evangelho indícios que refletem o mundo gentio, como o prefácio da narrativa, que trata da infância e da adolescência de Jesus e empresta ao evangelho algo do aspecto de uma biografia helenista. Os ensinamentos de Jesus por ocasião de um banquete têm sido comparados aos de um sábio num simpósio (Lc 14,1-24). A relutância em mostrar Jesus sofrendo durante a paixão enquadra-se na resistência helenista em demonstrar emoções.[95] Tudo isso faria sentido se Lucas e Atos fossem endereçados a uma ampla área gentia evangelizada direta ou indiretamente (por intermédio de discípulos) pela missão paulina.[96] Obviamente tal descrição poderia aplicar-se a muitos lugares. De modo específico, a tradição primitiva segundo a qual o evangelho foi escrito em e para uma área da Grécia combinaria com essa prova interna e poderia encontrar alguma confirmação em At 16,9-10, que retrata o movimento de Paulo da Ásia Menor à Macedônia, conforme ditado por revelação divina. Note-se que falei de uma área, pois, em vez de pensar no público de Lucas como uma simples Igreja doméstica, ou mesmo pessoas que vivem em uma cidade, talvez devêssemos pensar em cristãos com o mesmo pano de fundo, espalhados por uma imensa região.

Objetivo

Intimamente relacionada com o problema dos destinatários encontra-se a altamente discutida questão do objetivo de Lucas e Atos.[97] Muito depende das relações com os romanos e com os judeus descritas em tais livros. Dado que o Pilatos lucano declara por três vezes que Jesus não é culpado, estaria Lucas tentando persuadir os leitores greco-romanos de que os judeus foram totalmente res-

---

[95] NEYREY, J. H. *Biblica* 61, 153-171, 1980.

[96] A ênfase do evangelho nos pobres, a crítica aos ricos e a idealização da partilha voluntária dos bens nos Atos podem significar que a comunidade comportava grande proporção das classes baixas da sociedade. Cf. MOXNES, H. *The economy of the kingdom*; social conflict and economic relations in Luke's Gospel. Philadelphia, Fortress, 1988; também JOHNSON, L. T. *The literary function of possessions in Luke-Acts*. Missoula, MT, Scholars, 1977. (SBLSDS, 39.)

[97] Bock, op. cit., 1.14, enumera onze hipóteses, das quais tratarei somente as mais importantes. C. H. Talbert (*Luke and the gnostics*; an examination of the Lucan purpose, Nashville, Abingdon, 1966) não teve muitos seguidores de sua tese, segundo a qual, ao enfatizar a humanidade e o sofrimento de Jesus e ao realçar uma linha legítima de autoridade, Lucas escreveu contra os gnósticos; cf. Fitzmyer, *Luke*, AB, 1981, cit., 1.11.

ponsáveis pela crucifixão? At 4,25-28, porém, claramente culpa Pilatos. Uma vez que Atos termina com Paulo sendo levado a Roma como parte de um apelo ao imperador, sugeriu-se que o autor tinha em mente uma súmula de defesa para Paulo. No entanto, não teria ele, então, narrado os resultados do julgamento de Paulo em Roma? Outra hipótese é de que, mediante algumas de suas descrições de oficiais romanos perspicazes (p. ex., Gálio, em At 18,14-15), o autor estaria tentando persuadir os oficiais romanos a tratar os cristãos de modo tolerante. Mesmo assim, ele descreve oficiais romanos covardes, que se sentem intimidados por líderes judeus hostis (Pilatos, os magistrados em Filipos e Félix). Ademais, a hipótese de que autoridades pagãs provavelmente iriam ler obras como Lucas e Atos é muito especulativa. Semelhante objeção pode ser levantada contra a tese de J. C. O'Neill (*The theology of Acts in its historical setting* [A teologia de Atos em seu contexto histórico], 2. ed., London, SPCK, 1970) segundo a qual Atos procurou persuadir os romanos instruídos a tornar-se cristãos, uma tese complicada por sua idiossincrática datação de Atos nos anos 115-130, destinada a estabelecer uma comparação entre Atos e o escrito apologético de Justino Mártir.[98]

Hipótese mais plausível é de que o escrito lucano poderia ajudar os leitores/ ouvintes cristãos em sua *autocompreensão*, especialmente quando calúnias circulavam entre os descrentes, sejam judeus, sejam gentios. Os cristãos precisavam saber que nada havia de subversivo em suas origens, nada que os levasse a entrar em conflito com o governo romano, e que era falso associar Jesus e seus primeiros seguidores aos judeus revolucionários[99] que se envolveram com os exércitos romanos em guerra nos anos 60. Quanto à relação do público de Lucas com os judeus que não acreditaram em Jesus, alguns revelam um quadro esmagadoramente hostil, como se Lucas estivesse escrevendo para descrever a rejeição dos judeus.[100] Ape-

---

[98] H. F. D. Sparks (JTS 14, 457-466,1963) oferece uma crítica à primeira edição do livro de O'Neill.

[99] Cassidy, *Jesus*, encontra uma potencialidade para uma revolução na inversão de valores no *Magnificat* e nas bem-aventuranças; outros preferem falar de uma revolução não-violenta ou mesmo de pacifismo. FORD, J. M. *My enemy is my guest*; Jesus and violence in Luke. Maryknoll, Orbis, 1984.

[100] Existe considerável literatura sobre o assunto: BRAWLEY, R. L. *Luke-Acts and the Jews*; conflict, apology, and conciliation. Atlanta, Scholars, 1987 (SBLMS, 33); SANDERS, J. T. *The Jews in Luke-Acts*. Philadelphia, Fortress, 1987; MATERA, F. J. JSNT 39, 77-93, 1990 (nuança útil); TYSON, J. B. (ed.). *Luke-Acts and the Jewish people*; eight critical perspectives. Minneapolis, Augsburg, 1988; Tyson, *Images of Judaism in Luke-Acts*, cit. (bibliografia muito boa); e WEATHERLY, J. A. *Jewish responsibility for the death of Jesus in Luke-Acts*. Sheffield, Academic, 1994. (JSNTSup, 106).

sar de tudo, o retrato lucano do papel do povo (judeu) na paixão é mais matizado e mais favorável do que o de outros evangelhos e, em Atos, ele descreve muitos judeus abraçando a fé em Jesus. Não resta dúvida de que os Atos descrevem os chefes judeus, tanto em Jerusalém quanto nas sinagogas da diáspora, resistindo à proclamação de Cristo (e, com efeito, isso pode ser histórico), mas isso parece brotar de um desejo de explicar por que os pregadores cristãos, especialmente Paulo, voltaram-se para os gentios.

De fato, todo o fluxo de Lucas-Atos sugere uma empreitada para explicar o *statu quo*. Nos três estágios da história da salvação, o evangelho vem depois da Lei e dos Profetas porque Jesus é leal a Israel — nele Deus não mudou o plano divino, mas levou-o à plenitude. Atos segue-se como o terceiro estágio, porque o Espírito que vem depois da partida de Jesus transforma o ministério dos apóstolos na legítima continuação da proclamação de Jesus sobre o reino. A revelação a Pedro acerca de Cornélio, a vocação de Paulo e o acordo entre Paulo, Pedro e Tiago em Jerusalém, tudo legitima o ministério de Paulo aos gentios como parte dessa continuação. Por divina providência, um evangelho que tivera seu início em Jerusalém, a capital do judaísmo, finalmente chegou a Roma, a capital do mundo gentio. Os gentios destinatários de Lucas e Atos poderiam, assim, estar certos de que sua adesão a Jesus não foi um acidente ou uma aberração, mas parte do plano de Deus, retomando a criação, um plano que, em última análise, incluiria a conversão de todo o mundo romano. Ademais, embora eles tivessem sido evangelizados por aqueles que não viram Jesus, o evangelho que receberam remontava a "testemunhas oculares e ministros da palavra". Destarte, o objetivo não era uma apologia contra adversários, mas uma asseveração para companheiros cristãos,[101] como o próprio autor indicou no começo: "[...] para que verifiques a solidez dos ensinamentos que recebeste" (Lc 1,4). Se o autor era um gentio cristão, dirigindo-se a companheiros gentios cristãos, escreveu com a certeza de que "eles escutariam" (At 28,28).

---

[101] J. T. Squires (*The plan of God in Luke-Acts*, Cambridge, Cambridge Univ., 1993, SNTSMS, 76) mostra como os leitores no mundo helenista poderiam encontrar, na literatura greco-romana, paralelos que enfatizavam a providência divina.

Data da composição

O mesmo antigo prólogo que situa os destinatários lucanos na Grécia diz-nos que Lucas, ao morrer, tinha 84 anos e que escreveu depois de Mateus e de Marcos. Com base nas provas internas, é muito provável que Lucas tenha usado Marcos; mas se Marcos deve ser datado do período entre 68-73, *uma data anterior a 80 para Lucas é improvável*. (Como Mateus e Lucas parecem ser totalmente independentes um do outro, com base em provas internas não há como decidir qual é mais antigo.) O pessimismo lucano constante quanto ao destino dos chefes judeus e de Jerusalém torna provável que Jerusalém já tinha sido destruída pelos romanos em 70.[102]

Objeções a uma data pós-80 provêm principalmente do fato de Atos terminar por volta de 63, com os dois anos de prisão de Paulo, em Roma, e do argumento segundo o qual, se Lucas tivesse escrito mais tarde do que isso, teria narrado a carreira subseqüente de Paulo e sua morte. Conforme veremos no próximo capítulo, porém, essa objeção provavelmente confunde o objetivo dos Atos, que não era contar a vida de Paulo, mas dramatizar a difusão do cristianismo, culminando com o simbolismo do grande missionário chegando a Roma, a capital do império gentio. Sem dúvida, a relação estabelecida pelo Paulo de At 28,25-28 entre a missão aos gentios e o malogro da missão aos judeus é tão diferente daquilo que o próprio Paulo escreveu em Rm 9–11, por volta de 57-58, que é difícil imaginar uma data anterior aos anos 60 para os Atos.

Quanto tempo depois de 80 Lucas-Atos foram escritos? *Indica-se uma data não posterior a 100.*[103] O interesse simbólico do evangelho por Jerusalém como um centro cristão não combina com a visão da literatura cristã do século II. No que diz

---

[102] Lc 11,49-51; 13,34-35; 19,41-44; 21,20-24; 23,28-31. Há uma discussão a respeito de se Lc 19,43-44 é uma passagem tão exata que deva ter sido escrita depois da destruição da cidade; Lc 19,46 omite, da descrição marcana paralela, o dito de que o templo seria uma casa de oração "para todas as nações" presumivelmente porque o templo já tinha sido destruído quando Lucas escreveu; Lc 21,20 substitui a simbólica "abominação da desolação" de Marcos pela imagem de Jerusalém cercada de exércitos; Lc 21,23 omite a referência marcana à fuga durante o inverno (porque Lucas sabia que Jerusalém fora destruída em agosto/setembro?). Contudo, admitimos que a ausência de uma referência evangélica (ou, de fato, neotestamentária) inquestionável, clara, específica à destruição do templo como fato consumado permanece um problema, pois teria tido um impacto enorme nos cristãos (cf. capítulo 7, n. 93).

[103] Uma opinião minoritária data Lucas e Atos do século II (às vezes até 150 d.C.), escritos a fim de corrigir movimentos heterodoxos daquele período; por exemplo, O'Neill, op. cit., J. T. Townsend, in Talbert, *Perspectives on Luke-Acts*, cit., pp. 47-62.

respeito à Ásia Menor e, especialmente, a Éfeso, o escritor dos Atos parece conhecer somente uma estrutura eclesial de presbíteros (At 14,23; 20,17). Não há nenhum sinal do modelo desenvolvido com um bispo em cada Igreja, tão bem atestado por Inácio, naquela área, na década anterior a 110. Tampouco o escritor dos Atos demonstra grande conhecimento das cartas de Paulo, que foram coletadas no começo do século II. No leque entre 80 e 100, a fim de salvaguardar a possibilidade de existir verdade na tradição de que o autor era um companheiro de Paulo, a melhor data parece ser 85, adicionando-se ou subtraindo-se entre cinco e dez anos.

Temas e problemas para reflexão

1. Um problema textual particular, inapropriadamente chamado não-interpolações ocidentais,[104] afeta a interpretação de Lc 22,19b-20;24,3b.6a.12.36b.40.51b.52a e talvez outros versículos. A família ocidental das fontes textuais muitas vezes traz leituras mais longas do que as de outras tradições manuscritas, mas nesses versículos ela tem textos mais breves. Seguindo a orientação dos famosos críticos textuais do século XIX, Westcott e Hort, muitos estudiosos e tradutores atêm-se à brevidade ocidental e omitem de Lucas as leituras mais longas, mais bem atestadas. Algumas delas são importantes; por exemplo, Lc 22,19b-20 descreve a taça de vinho eucarística; Lc 24,12 descreve a ida de Pedro ao túmulo vazio. A tendência atual, porém, é aceitá-las como genuínas, em parte porque P[75], o mais antigo manuscrito de Lucas que conhecemos, publicado em 1961, contém-nas.

2. "Glória a Deus no mais alto dos céus, e paz na terra aos homens que ele ama" (Lc 2,14). Na segunda oração, existem quatro itens, sendo os três primeiros inquestionáveis ("na terra", "paz" [nominativo], "aos homens" [dativo]). Para o quarto e último item, os mais antigos e melhores manuscritos gregos, seguidos pela Vulgata Latina, trazem um genitivo de *eudokia*, "boa vontade, benevolência", que conduz à clássica tradução católica romana: "E paz na terra aos *homens de boa vontade*". Manuscritos gregos inferiores, conhecidos dos tradutores da KJV, lêem um nominativo, e Lutero preferiu-o porque evita qualquer sugestão de que Deus proporcione a paz segundo a medida do mérito humano; daí, a clássica

---

[104] Cf. SNODGRASS, K. JBL 91, 369-379, 1972; G. E. Rice, in Talbert, *Perspectives on Luke-Acts*, cit., pp. 1-16; ZWIEP, A. W. NTS 42, 219-244, 1996.

tradução protestante: "Paz na terra, *boa vontade para os homens*". Intérpretes modernos, rejeitando o nominativo, têm procurado resolver o problema teológico apelando para frases hebraicas e aramaicas dos MMM: "um homem/filhos de sua boa vontade", de modo que o genitivo lucano de *eudokia* poderia significar não "da [humana] boa vontade", mas "da benevolência [de Deus]", estendendo a paz ao povo favorecido por Deus. Para o debate atual, cf. BBM 403-405, 677-679.

3. A confissão de Pedro aparece nos quatro evangelhos e exemplifica as teorias das relações interevangelhos:

- Mc 8,29: "Tu és o Cristo";
- Mt 16,16: "Tu és o Cristo, o filho do Deus vivo" (a seguir, nomeia-se "Pedro");
- Lc 9,20: "O Cristo de Deus";[105]
- Jo 6,69: "[...] és o Santo de Deus".

De acordo com a Teoria das Duas Fontes, Mateus e Lucas teriam expandido Marcos de modos diferentes. Na hipótese de Griesbach, Marcos, usando Mateus e Lucas, escolheu o único elemento comum a ambos. Aqueles que sustentam que Lucas conheceu Mateus pensam que ele abreviou a fórmula mateana, talvez sob a influência da forma marcana mais breve. A probabilidade de que exista uma relação especial entre Lucas e João pode explicar o genitivo ("de Deus") em ambos. Contudo, a relação com João é complicada, pois existem paralelos joaninos igualmente com Mateus. Em Jo 1,40-42, André chama seu irmão Simão (Pedro) e diz-lhe: "Encontramos o Messias", ocasião na qual Jesus lhe dá o nome de Pedro; e, em Jo 11,27, Marta confessa: "[...] tu és o Cristo, o Filho de Deus". Tudo isso seria porque João conhecia os sinóticos ou porque tradições comuns alimentaram as correntes sinóticas e joanina de formação dos evangelhos?

4. Lucas tem textos que ilustram a complexidade da noção do reino de Deus.[106] Há dúvida sobre se o conceito envolve reinado ou reino, se e até que ponto já veio e/ou ainda está por vir e se é visível ou invisível. Imagens tangíveis

---

[105] O tema do Cristo reaparece fortemente em Atos; cf. STRAUSS, M. L. *The davidic Messiah in Luke-Acts*. Sheffield, Academic, 1995. (JSNTSup, 110.)

[106] Aqui, Fitzmyer (*Luke*, AB, cit.) é muito útil com sua tradução exata dos verbos nas passagens sobre o reino e nos diversos detalhamentos do tópico "reino" (p. ex., 1.154-157; 2.1159).

como portão, mesa e expulsão do reino são empregadas em Lc 13,24.28.29; Lc 9,27 refere-se àqueles que aqui se encontram e que não provarão a morte até que tenham visto o reino de Deus. Contudo, em Lc 17,20-21, Jesus assevera que a vinda do reino não é matéria de observação, de modo que alguém possa dizer: "Ei-lo aqui! Ei-lo ali!" Em Lc 11,2, os discípulos são ensinados a rezar a fim de que o reino venha. Em Lc 10,9, os discípulos devem proclamar nas cidades que visitam: "O Reino de Deus está próximo de vós"; em Lc 11,20, Jesus diz que, se é pelo dedo de Deus que ele expulsa demônios, "o Reino de Deus já chegou a vós"; e em Lc 17,21 ele diz: "[...] o Reino de Deus está no meio de vós". Em Lc 21,31-32 (o sermão escatológico), acerca de compreender os sinais dos últimos tempos, o evangelista diz: "[...] o Reino de Deus está próximo" e tudo isso acontecerá antes que esta geração passe. Esse esquema variado é um reflexo do problema da escatologia vindoura e já realizada que se encontra alhures no NT (cf. Temas e problemas para reflexão, 2, no capítulo 10, e *p. 469*).

Bibliografia sobre Lucas[107]

Comentários e estudos em série

Bock, D. L. BECNT, 1994, 1996, 2 v.

Browning, W. R. F. TBC, 3. ed., 1972.

Caird, G. B. PC, 1963.

Craddock, F. B. IBC, 1990.

Culpepper, R. A. NInterpB, 1995.

Danker, F. W. ProcC, 2. ed., 1987.

Ellis, E. E. NCBC, 2. ed., 1974.

Evans, C. A. NIBC, 1990.

Evans, C. F. TPINTC, 1990.

Fitzmyer, J. A. AB, 1981, 1985, 2 v.

Geldenhuys, N. NICNT, 1951.

Green, J. B. NTT, 1995.

---

[107] Os negritos indicam as obras mais importantes, de modo geral comentários. Cf. também a bibliografia do capítulo 6 a respeito do problema sinótico e da pesquisa sobre Q. Os livros marcados com asterisco tratam também dos Atos.

JOHNSON, L. T. ABD 4.403-420; SP, 1991.
LEANEY, A. R. C. BNTC, 2. ed., 1966.
MARSHALL, I. H. NIGTC, 1978.
MORRIS, L. TNTC, 1974.
NOLLAND, J. WBC, 1989, 1993, 3 v.
PLUMMER, A. ICC, 5. ed., 1922.
REILING, J. & SWELLENGREBEL, J. L. TH, 1971.
STÖGER, A. NTSR, 1969, 2 v.
THOMPSON, G. H. P. NCIarBC, 1972.
TIEDE, D. L. AugC, 1988.
TINSLEY, E. J. CCNEB, 1965.
TUCKETT, C. M. NTG, 1996.

Bibliografias

FITZMYER, Luke. Excelentes bibliografias para cada seção de Lucas, de modo que esta Bibliografia dedica maior atenção às obras posteriores a 1980.

GREEN, J. B. & MCKEEVER, M. C. Luke-Acts and New Testament historiography.* Grand Rapids, Baker, 1994. Comentada.

MILLS, W. E. BBR, 1995.

VAN SEGBROECK, F. The Gospel of Luke; a cumulative bibliography 1973-1988. Leuven, Peeters, 1989. (BETL, 88.)

WAGNER, G. EBNT,* 1985.

Panoramas da pesquisa

BARRETT, C. K. Luke the historian in recent study.* London, Epworth, 1961.

BOVON, F. Luke the theologian; thirty-three years of research (1950-1983).* Allison Park, PA, Pickwick, 1987.

FITZMYER, J. A. Luke, 13-34.

KARRIS, R. J. What are they saying about Luke and Acts?* New York, Paulist, 1979.

POWELL, M. A. What are they saying about Luke? New York, Paulist, 1989.

TALBERT, C. H. Interpretation 30, 381-395, 1976.

VAN UNNIK, W. C. In: KECK, L. E. & MARTYN, J. L. Studies in Luke-Acts. Nashville, Abingdon, 1966. (P. Schubert Festschrift.). pp. 15-32.

* * *

BROWN, S. *Apostasy and perseverance in the theology of Luke.* Rome, PBI, 1969. (AnBib, 36.)

*CADBURY, H. J. *The style and literary method of Luke.* Cambridge, MA, Harvard Univ., 1920. 2 v.

*_____. *The making of Luke-Acts.* 2. ed. London, SPCK, 1958. Um clássico.

*CARROLL, J. T. *Response to the end of history*; eschatology and situation in Luke-Acts. Atlanta, Scholars, 1988. (SBLDS, 92.)

CASSIDY, R. J. *Jesus, politics and society*; a study of Luke's Gospel. Maryknoll, Orbis, 1978.

*CASSIDY, R. J. & SCHARPER, P. J. *Political issues in Luke-Acts.* Maryknoll, Orbis, 1983.

CONZELMANN, H. *The theology of St. Luke.* New York, Harper, 1960.

CREED, J. M. *The Gospel according to St. Luke.* London, Macmillan, 1930.

DANKER, F. W. *Jesus and the new age*; a commentary on St. Luke's Gospel. rev. ed. Philadelphia, Fortress, 1988.

*DARR, J. A. *On character building*; the reader and rhetoric of characterization in Luke-Acts. Louisville, W/K, 1992.

DAWSEY, J. M. *The Lukan voice*; confusion and irony in the Gospel of Luke. Macon, Mercer, 1986.

DRURY, J. *Tradition and design in Luke's Gospel.* London, DLT, 1976. Abordagem midráshica.

EDWARDS JR., O. C. *Luke's story of Jesus.* Philadelphia, Fortress, 1981.

*ELLIS, E. E. *Eschatology in Luke.* Philadelphia, Fortress, 1972. (Facet Biblical Series, 30.)

*ESLER, P. F. *Community and Gospel in Luke-Acts*; the social and political motivations of Lucan theology. Cambridge, Cambridge Univ., 1987. (SNTSMS, 57.)

*EVANS, C. A. & SANDERS, J. A. *Luke and Scripture*; the function of sacred tradition in Luke-Acts. Minneapolis, A/F, 1993.

*FITZMYER, J. A. *Luke the theologian.* New York, Paulist, 1989.

*FLENDER, H. *St. Luke*; theologian of redemptive history. Philadelphia, Fortress, 1967.

*FRANKLIN, E. *Christ the Lord*; a study in the purpose and theology of Luke-Acts. Philadelphia, Westminster, 1975.

*_____. *Luke*; interpreter of Paul, critic of Matthew. Sheffield, JSOT, 1994. (JSNTSup, 92.)

GOULDER, M. D. *Luke*; a new paradigm. Sheffield, JSOT, 1989. 2 v. (JSNTSup, 20.)

*HARNACK, A. (von). *Luke the physician*; the author of the third Gospel and the Acts of the Apostles. New York, Putnam's, 1907.

*HASTINGS, A. *Prophet and witness in Jerusalem*; a study of the teaching of Saint Luke. Baltimore, Helicon, 1958.

INTERPRETATION 48, Oct. 1994. Edição dedicada a Lucas.

*JERVELL, J. *Luke and the people of God*; a new look at Luke-Acts. Minneapolis, Augsburg, 1972.

*_____. *The unknown Paul*; essays on Luke-Acts and early christian history. Minneapolis, Augsburg, 1984.

*JUEL, D. H. *Luke-Acts*; the promise of history. Atlanta, Knox, 1983.

KARRIS, R. J. *Invitation to Luke.* Garden City, NY, Doubleday, 1977.

_____. *Luke*; artist and theologian. New York, Paulist, 1985.

*KECK, L. E. & MARTYN, J. L. *Studies in Luke-Acts.* Nashville, Abingdon, 1966. (P. Schubert Festschrift.) SLA resumida.

KILGALLEN, J. J. *A brief commentary on the Gospel of Luke.* New York, Paulist, 1988.

KINGSBURY, J. D. *Conflict in Luke*; Jesus, authorities, disciples. Minneapolis, A/F, 1991.

KODELL, J. The theology of Luke in recent study. BTB 1, 115-144, 1971.

*KURZ, W. S. *Reading Luke-Acts.* Lousville, W/K, 1993.

*MADDOX, R. *The purpose of Luke-Acts.* Edinburgh, Clark, 1982.

*MARSHALL, I. H. *Luke*; historian and theologian. Grand Rapids, Zondervan, 1971.

*MATTILL JR., A. J. *Luke and the last things.* Dillsboro, NC, Western North Carolina, 1979.

*MORTON, A. Q. & MACGREGOR, G. H. C. *The structure of Luke and Acts.* London, Hodder & Stoughton, 1964.

NAVONE, J. *Themes of St. Luke.* Rome, Gregorian Univ., 1970.

*NEYREY, J. H. *The social-world of Luke-Acts.* Peabody, MA, Hendrickson, 1991.

*O'COLLINS, G. & MARCONI, G. *Luke and Acts.* New York, Paulist, 1991. Ensaios.

*O'FEARGHAIL, F. *Introduction to Luke-Acts*; a study of the role of Lk 1,1–4,44 in the composition of Luke's two-volume work. Rome, PBI, 1991. (AnBib, 26.)

*O'TOOLE, R. F. *The unity of Luke's theology*; an analysis of Luke-Acts. Wilmington, Glazier, 1984. (GNS, 9.)

*RAVENS, D. A. S. *Luke and the restoration of Israel.* Sheffield, Academic, 1996. (JSNTSup, 119.)

REICKE, B. *The Gospel of Luke*. Richmond, Knox, 1964.

*RICHARD, E. (ed.). *New views on Luke and Acts*. Collegeville, Liturgical, 1990. Ensaios.

*RICHARDSON, N. *The panorama of Luke*; an introduction to the Gospel of Luke and the Acts of the Apostles. London, Epworth, 1982.

ROBINSON JR., W. C. *The way of the Lord*; a study of history and eschatology in the Gospel of Luke. Basel, 1962. Dissertation.

SCHWEIZER, E. *The good news according to Luke*. Atlanta, Knox, 1984.

*SHEELEY, S. M. *Narrative asides in Luke-Acts*. Sheffield, JSOT, 1992. (JSNTSup, 72.)

*SHEPHERD JR., W. H. *The narrative function of the Holy Spirit as a Character in Luke-Acts*. Atlanta, Scholars, 1994. (SBLDS, 147.)

*SQUIRES, J. T. *The plan of God in Luke-Acts*. Cambridge, Cambridge Univ., 1993. (SNTSMS, 76.)

*TALBERT, C. H. *Literary patterns, theological themes and the genre of Luke-Acts*. Missoula, MT, Scholars, 1974. (SBLMS, 20.)

*_____. (ed.). *Perspectives on Luke-Acts*. Edinburgh, Clark, 1978. Artigos importantes.

*_____. (ed.). *Luke-Acts*; new perspectives from the society of Biblical Literature Seminar. New York, Crossroad, 1984. Artigos.

_____. *Reading Luke*; a literary and theological commentary on the third gospel. New York, Crossroad, 1986.

*TANNEHILL, R. C. *The narrative unity of Luke-Acts*; a literary interpretation. Philadelphia/Minneapolis, A/F, 1986, 1990. 2 v.

*TIEDE, D. L. *Prophecy and history in Luke-Acts*. Philadelphia, Fortress, 1980.

*TUCKETT, C. H. (ed.). *Luke's literary achievement*. Sheffield, Academic, 1995. (JSNTSup, 116.)

*WALASKY, P. W. *"And so we came to Rome"*; the political perspective of St. Luke. Cambridge, Cambridge Univ., 1983. (SNTSM, 49.) Uma apologia endereçada ao Império Romano.

*WILSON, S. G. *The gentiles and the gentile missions in Luke-Acts*. (SNTSMS, 23.) Cambridge, Cambridge Univ., 1973.

*_____. *Luke and the Law*. Cambridge, Cambridge Univ., 1983. (SNTSMS, 50.)

*_____. Lukan eschatology. NTS 16, 330-347, 1969-1970.

Capítulo 10

Atos dos Apóstolos

Como Lucas e Atos constituem um livro em dois volumes, as subseções Objetivo e Data da composição, do capítulo anterior, aplicam-se igualmente aos Atos. Depois da Análise geral da mensagem, dedicar-se-ão subdivisões aos seguintes tópicos especiais: Fontes e características redacionais; "Lucas", o historiador; Autoria; Temas e problemas para reflexão; e Bibliografia.

Análise geral da mensagem

O autor não dá título algum a esse livro, como não dera também ao evangelho, mas escritores eclesiásticos posteriores cognominaram-no de "Atos" (no sentido de feitos), comparando-o, assim, implicitamente, aos escritos helenistas de mesmo nome, que descreviam a carreira e as conquistas de homens famosos. O qualificativo "dos Apóstolos"[1] não é exato, pois há apenas duas figuras proeminentes: Pedro (que é um dos doze apóstolos, e aparece primeiramente com João) sobressai-se em nove ou dez capítulos e Paulo (que é chamado de apóstolo apenas duas vezes e aparece primeiramente com Barnabé) predomina em dezessete capítulos. De quando em vez, portanto, os estudiosos preferem a denominação: Atos de Pedro e de Paulo. No que se segue, dedicar-se-á proporcionalmente maior discussão aos primórdios pré-paulinos porque em nenhuma outra parte do NT eles são tão pormenorizados. Nesse material, voltaremos nossa atenção para a continuação, em Atos, do retrato de Jesus em Lucas. Quanto à seção paulina de

---

[1] Em 28 capítulos aparecem referências esporádicas aos apóstolos (p. ex., At 1,2; 4,36-37; 5,12; 8,1), que são consistentemente Doze (cf. At 6,2.6), com exceção de Paulo e Barnabé em At 14,4.14. A única figura que recebe amplo tratamento nos Atos, além de Pedro e Paulo (e Barnabé, como companheiro de Paulo), é Estêvão, que não é designado apóstolo.

Atos, além da discussão aqui, o capítulo 16 aborda de modo geral a vida de Paulo,[2] e o capítulo 17 oferece uma apreciação de Paulo.

Introdução: preparação dos seguidores de Jesus para o Espírito Santo (At 1,1-26)

1. Jesus instrui seus discípulos e ascende ao céu (At 1,1-11). Em At 1,1-2, *um tipo de subprólogo* (cf. Lc 1,1-4), o autor esforça-se para ligar seu segundo volume ao primeiro. Não somente menciona mais uma vez Teófilo, a quem fora dedicado o evangelho (Lc 1,3), mas também resume o conteúdo deste: "Fiz meu primeiro relato, ó Teófilo, a respeito de todas as coisas que Jesus fez e ensinou desde o início, *até o dia em que foi arrebatado ao céu*, depois de ter dado instruções aos apóstolos que escolhera sob a ação do Espírito Santo". Nesse novo livro, aquilo que Jesus começou tem continuação mediante o mesmo Espírito que opera nos apóstolos. A oração grifada prepara-nos para uma aparente duplicação: Lc 24,50-51 narra a ascensão ou elevação de Jesus ao céu na noite do Domingo de Páscoa, em Betânia (no Monte das Oliveiras), mas At 1,9-12 relatará uma ascensão de Jesus ao céu no mínimo quarenta dias depois, no Monte das Oliveiras.[3] Em seu fio narrativo o autor usa um único complexo ressurreição-ascensão como articulação. Do ponto de vista de Deus, a ascensão do Jesus ressuscitado depois da morte é atemporal, mas existe uma seqüência com base na perspectiva daqueles cuja vida ele tocou. Para o evangelho, a ascensão põe visivelmente fim à atividade de Jesus sobre a terra, pois Atos preparará os apóstolos para testemunhá-lo até os confins da terra.

O Jesus ressuscitado aparece aos discípulos durante quarenta dias depois da paixão (At 1,3-7) como uma preparação para a vinda do Espírito. Tradições primitivas falam de várias aparições de Jesus;[4] Atos, porém, encaixou-as arquitetonicamente em quarenta dias a fim de corresponder aos quarenta dias que Jesus passou no deserto (Lc 4,1-2.14), antes que saísse, revestido do poder do Espírito, para dar início ao ministério na Galiléia. Em ambas as circunstâncias, o autor evoca os quarenta dias no deserto durante os quais Deus preparou Israel para a

---

[2] O quadro 5, naquele capítulo, compara elementos dos Atos com dados das cartas paulinas; o quadro 6 esboça a cronologia paulina.

[3] PARSONS, M. C. *The departure of Jesus in Luke-Acts*; the ascension narratives in context. Sheffield, JSOT, 1987. (JSNTSup, 21.)

[4] Por exemplo, 1Cor 15,5-8, mas presumivelmente durante tempo mais longo, já que Paulo aí se inclui.

Capítulo 10 • Atos dos Apóstolos

Informações básicas

Data, autor, ambiente: os mesmos de Lucas (p. 329).

Integridade: manuscritos gregos ocidentais têm um número significativo de passagens (muitas delas com informações adicionais) ausentes em outros manuscritos.

Divisão

1,1-2	Introdução: preparação dos seguidores de Jesus para o Espírito Santo 1. Jesus instrui seus discípulos e ascende ao céu (1,1-11) 2. À espera do Espírito; substituição de Judas (1,12-26)
2,1-8,1a	Missão em Jerusalém 1. A cena de Pentecostes; sermão de Pedro (2,1-36) 2. Recepção da mensagem; vida comunitária em Jerusalém (2,37-45) 3. Atividade, pregação e julgamento dos apóstolos (3,1-5,42) 4. Os helenistas: tolerância; julgamento e martírio de Estêvão (6,1-8,1a)
8,1b-12,25	Missões em Samaria e na Judéia 1. Dispersão de Jerusalém; Filipe e Pedro em Samaria (8,1b-25) 2. Filipe e o eunuco etíope a caminho de Gaza (8,26-40) 3. Saulo a caminho de Damasco; retorno a Jerusalém e a Tarso (9,1-30) 4. Pedro em Lida, Jope, Cesaréia e de volta a Jerusalém (9,31-11,18) 5. Antioquia; Jerusalém; perseguição de Herodes; partida de Pedro (11,19-12,25)
13,1-15,35	Missões de Barnabé e Saulo convertem gentios; aprovação em Jerusalém 1. A Igreja de Antioquia envia Barnabé e Saulo: missão em Chipre e no sudeste da Ásia Menor (13,1-14,28) 2. Controvérsia em Jerusalém e aprovação; retorno a Antioquia (15,1-35)
15,36-28,31	Missão de Paulo até os confins da terra 1. De Antioquia, através da Ásia Menor, à Grécia e retorno (15,36-18,22) 2. De Antioquia a Éfeso e à Grécia e retorno a Cesaréia (18,23-21,14) 3. Detenção em Jerusalém; prisão e julgamento em Cesaréia (21,15-26,32) 4. Viagem a Roma, como prisioneiro (27,1-28,14a) 5. Paulo em Roma (28,14b-31).

entrada na Terra Prometida. (Para a correlação entre quarenta dias e quarenta anos, cf. Nm 14,4; Ez 4,6.) Aqui, o período preparatório permite a Jesus dar provas da ressurreição (At 1,3; cf. o tom apologético de Lc 24,36-43) e apresentar claramente sua idéia do reino. Os apóstolos devem esperar, em Jerusalém, o batismo com o Espírito Santo, conforme prometido por João Batista (Lc 3,16). Acima de tudo, em relação à vinda plena do reino, Jesus lhes diz: "Não compete a vós conhecer os tempos e os momentos [...]".[5] Levando em conta as muitas especulações

---

[5] At 1,7 é uma variação lucana de Mc 13,32: "Quanto à data e à hora, ninguém sabe, nem os anjos no céu nem o Filho, somente o Pai". Atos omite a falta de conhecimento do Filho, pois agora fala o Senhor ressuscitado.

acerca do fim dos tempos, essa firme resposta era essencial para a composição de Atos nos anos 80: se o fim estivesse prestes a acontecer, não seria sensato escrever um livro para leitores futuros ou ter em mente uma missão que alcançaria o mundo inteiro.

O esquema desse segundo volume é apresentado em At 1,8 por meio de uma instrução de Jesus aos apóstolos: "[...] sereis minhas testemunhas em Jerusalém, em toda a Judéia e Samaria, e até os confins da terra".[6] A história de Atos, que começa em Jerusalém, terminará em Roma (cap. 28), o centro de um império em extensão para os confins conhecidos da terra. Tendo, assim, preparado os discípulos para o futuro, *Jesus é elevado ao céu* (At 1,9-11). De repente, dois homens vestidos de branco aparecem ali, de pé, a fim de interpretar o acontecimento para os seguidores de Jesus, exatamente como dois homens (angélicos), com vestes brilhantes, estavam de pé à entrada da tumba como intérpretes para as mulheres (Lc 24,4-7). Uma vez que a ascensão acontece no Monte das Oliveiras, onde Deus, no julgamento final, manifestará seu senhorio sobre toda a terra (Zc 14,4-21), os dois podem profetizar que Jesus virá do mesmo modo como foi visto partir.

2. À espera do Espírito; substituição de Judas (Lc 1,12-26). *Aqueles que esperavam a vinda do Espírito prometido são denominados e enumerados em At 1,12-15.* Orando juntos, em Jerusalém, no cenáculo, encontram-se os Onze (apóstolos, menos Judas), as mulheres, Maria, a mãe de Jesus (cronologicamente a última referência do NT a ela), e seus irmãos. Esse rol também indica a continuidade do evangelho. Os apóstolos podiam dar testemunho do ministério público de Jesus e de sua ressurreição; as mulheres, do sepultamento e do túmulo vazio (Lc 23,55–24,10); Maria, dos acontecimentos do nascimento e da infância de Jesus (Lc 1–2). Uma estimativa em At 1,15 calcula o número dos crentes em cerca de 120, e expressa a inclinação do autor pelos números e pelo simbolismo. A seguir, ele narra como o número apostólico deixado vacante por Judas foi preenchido a fim de completar os Doze (120 = 10 crentes para cada um dos 12?).

---

[6] Essas são palavras do Jesus ressuscitado, segundo o livro dos Atos, mas precisam ser entendidas corretamente, pois o livro mostrará que os discípulos não tinham nenhuma consciência de terem sido informados sobre tal plano. Escrevendo cerca de cinqüenta anos depois da evangelização primitiva, o autor faz uma retrospectiva da expansão geográfica que ocorreu, e compreendeu-a como aquilo que o Cristo quis para sua Igreja; daí a atribuição ao Jesus ressuscitado, que a profetizara.

Pedro toma a iniciativa nessa completação narrando *como Judas perdeu sua parte no ministério apostólico* (At 1,16-20). A narrativa do suicídio de Judas em Mt 27,3-10 é bem diferente (*p. 297*, BDM 2.1404-1410). Com base no que as duas histórias têm em comum, podemos suspeitar que Judas morreu de forma rápida e violenta, e que os cristãos primitivos apelaram para a morte de figuras perversas do AT a fim de explicar o castigo de Deus para o homem que entregara Jesus.[7]

O lugar de Judas é preenchido com a *eleição de Matias* (At 1,21-26). O fato grifado não faz justiça ao elemento-chave. Matias não tem nenhuma importância pessoal, e não será mencionado uma segunda vez; o que é essencial é que o número dos Doze esteja completo. O antigo Israel tinha doze patriarcas que representavam as doze tribos; no decorrer do tempo, Levi perdeu a quota prevista da Terra Prometida (ainda que contivesse cidades) e os filhos de José (Efraim e Manassés) foram contados a fim de que o padrão de doze pudesse ser mantido. A história do Israel renovado em Jesus não pode começar com menos de Doze. Não se espera que eles constituam uma instituição permanente nos séculos seguintes, mas são um símbolo definitivo para todo o Israel renovado, e jamais devem ser substituídos quando morrerem (cf. At 12,2). Judas desertou e não ocupou um dos doze tronos celestes para julgar Israel, tal como os outros ocuparão, conforme Jesus prometeu (Lc 22,30; Mt 19,28).[8] Assim como os Doze foram originalmente escolhidos por Jesus (Jo 15,16), a escolha do substituto de Judas é entregue à vontade de Deus, lançando-se a sorte. A comunidade agora está preparada para a vinda do Espírito.

Missão em Jerusalém (At 2,1–8,1a)

1. A cena de Pentecostes; sermão de Pedro (At 2,1-36). A Festa das Semanas ou Pentecostes (assim chamada porque era celebrada sete semanas ou cinqüenta dias depois da Páscoa) era um evento de peregrinação, em que os judeus piedosos

---

[7] Conforme vimos, Mateus tece um paralelismo com a morte de Aitopel, fazendo eco a 2 Samuel, Deuteronômio, Jeremias e Zacarias. Atos faz um paralelo com a morte da figura antidivina de Antíoco IV Epífanes (2Mc 9,7-12), ressoando Sb 4,19; Sl 69,26; 109,8.

[8] Podemos conceber esses homens como pessoas que tinham duas funções: eram os Doze e eram também apóstolos (cf. a distinção em 1Cor 15,5-7). *Os Doze* eram figuras escatológicas insubstituíveis, e não parte da estrutura administrativa da Igreja. *Os apóstolos* (um grupo mais amplo, que incluía os Doze) fundaram e alimentaram comunidades e os "bispos" (figuras da estrutura da Igreja) sucederam os apóstolos no cuidado daquelas Igrejas.

iam ao templo ou ao santuário central, em Jerusalém. O núcleo histórico provável da *vinda do Espírito* descrita em At 2,1-13 é este: na festa de romaria seguinte, após a morte e ressurreição de Jesus, seus discípulos galileus e sua família foram a Jerusalém e, quando ali se achavam, a presença do Espírito[9] manifestou-se carismaticamente e, em conseqüência disso, começaram a falar em línguas. Isso foi visto como um sinal de que deveriam proclamar publicamente o que Deus realizou em Jesus.

O livro dos Atos reapresentou aquele núcleo com percepção teológica, realçando o lugar central que ele ocupa na história cristã da salvação. Na reapresentação, o significado de Pentecostes desempenha um papel-chave. Uma festa agrária de ação de graças, celebrada em maio ou junho, como as demais festas judaicas, adquirira um significado adicional com a recordação daquilo que Deus fizera pelo povo escolhido na "história da salvação". A libertação do Egito, em meados do primeiro mês (Ex 12), era comemorada na Páscoa. No terceiro mês (At 19,1), portanto cerca de um mês e meio depois, os israelitas chegaram ao Sinai; destarte, Pentecostes, acontecendo quase no mesmo intervalo depois da Páscoa, tornou-se a comemoração da aliança oferecida por Deus a Israel, no Sinai — o momento em que Israel foi chamado a ser o povo de Deus.[10]

Ao descrever a aparição de Deus no Sinai, Ex 19 inclui trovão e fumaça, e o escritor judeu Fílon (contemporâneo do NT) descreve anjos pegando o que Deus dizia a Moisés no alto da montanha e levando em forma de línguas ao povo lá embaixo, na planície. Atos, com a descrição do som de um poderoso vento e línguas de fogo, faz eco àquela imagem, apresentando, assim, o Pentecostes em Jerusalém como uma renovação da aliança de Deus, chamando mais uma vez um povo para ser propriedade divina. Consoante o Êxodo, na aliança do Sinai, os que ouviram o convite para tornar-se posse de Deus e o aceitaram eram israelitas. Depois do Sinai, na linguagem bíblica, as demais nações permaneceram "não-

---

[9] O Espírito tem um papel importantíssimo nos Atos. Cf. HULL, J. H. E. *The Holy Spirit in the Acts of the Apostles*. London, Lutterworth, 1967; DUNN, J. D. G. *Jesus and the Spirit*; a study of the religious and charismatic experience... in the New Testament. Philadelphia, Westminster, 1975; MENZIES, R. P. *The development of early christian pneumatology, with special reference to Luke-Acts*. Sheffield, JSOT, 1991. (JNSTSup, 54.)

[10] No AT, não se atribui nenhum sentido histórico-salvífico às Semanas (Pentecostes), mas, na literatura do rabinismo tardio, o significado dado acima é atestado. Graças ao livros dos *Jubileus* e aos MMM, temos provas de que esse significado era conhecido no tempo de Jesus.

povo".¹¹ At 2,9-11, com seu largo leque que toca as extremidades orientais do Império Romano (partos, medas, elamitas) e a própria Roma, descreve a nacionalidade dos que observavam e ouviam, em Pentecostes, o que o Espírito realizava na renovação da aliança em Jerusalém. Dessa forma, Atos antecipa o amplo alcance da evangelização, agora começada, que finalmente transformará até mesmo os gentios em povo de Deus (At 28,28).¹² Subentende-se que esse Pentecostes é mais importante e de alcance mais amplo do que o primeiro Pentecostes no Sinai.

A reação aos discípulos cheios do Espírito, falando em línguas — comportamento extático que parecia embriaguez aos espectadores — leva Pedro a fazer *o primeiro sermão* (At 2,14-36), um discurso que o livro dos Atos concebe como a apresentação fundamental do evangelho.¹³ Pedro interpreta a ação do Espírito em Pentecostes como a realização dos sinais dos últimos dias vaticinados pelo profeta Joel — uma antecipação que corresponde à forte ênfase dada à profecia em Atos.

Notável é o fato de Pedro começar tal proclamação com o que chamaríamos de termos veterotestamentários: citando uma profecia. O início afirma a consistência fundamental daquilo que Deus realizou em Jesus Cristo com o que o Deus de Israel fez e prometeu ao povo da aliança. A seguir, Pedro volta a contar o que Deus levou a cabo em Jesus: um breve sumário de suas ações portentosas, a crucifixão e a ressurreição, culminando com as provas escriturísticas de que Jesus era o Senhor e o Messias (At 2,36). De certa forma, essa concentração na cristologia representa uma mudança de estilo do próprio Jesus, conforme narrado no evangelho

---

[11] Subentendido em Dt 32,21; "não-povo" é uma categoria à qual o Israel desobediente é reduzido em Os 1,9; cf. 1Pd 2,10.

[12] Uma possibilidade é de que a lista em At 2,9-11 descreva as áreas evangelizadas pelos missionários da Igreja de Jerusalém (p. ex., o Oriente e Roma) como distintas das áreas evangelizadas por outros centros, como Antioquia (p. ex., nas viagens de Paulo). Em At 2,5, Lucas descreve os habitantes dessas áreas como judeus devotos, uma identificação que se harmoniza com o contexto da festa de peregrinação. Contudo, podemos também ser convidados a ver aqui uma antecipação de que todas essas nações (At 2,17: "toda carne") seriam evangelizadas. Para tradições subjacentes a At 2,1-13, cf. WEDDERBURN, A. J. M. JSNT 55, 27-54, 1994.

[13] Nas subseções Fontes e características redacionais e "Lucas", o historiador, levantar-se-á a questão da historicidade. Teria Pedro proferido pessoalmente um sermão em Pentecostes? Que disse ele? O sermão em Atos é composto pelo autor do livro. Dispunha ele de uma tradição sobre o núcleo da pregação apostólica? O falar em línguas deve tornar-nos cautelosos na avaliação. Em um nível primitivo da narrativa, o falar era extático, donde a semelhança ao balbuciar da embriaguez. Tem-se reinterpretado essa narrativa de Atos como o falar outras línguas ou linguagens que eram compreensíveis — uma reinterpretação que não cancelou a antiga tradição.

de Lucas. Ali, embora tanto um anjo quanto Deus tenham testemunhado que Jesus é Messias e Filho divino, e os discípulos tenham-no chamado de Senhor, Jesus não fala diretamente sobre ele mesmo. Ele fala sobre o reino de Deus e questiona os valores estabelecidos. No entanto, Atos confirma a informação de Paulo, ou seja, de que os pregadores desviaram o foco primário de seu anúncio para o próprio Jesus, como se não pudessem anunciar o reino sem primeiro contar sobre aquele por intermédio do qual o reino se tornou presente. A boa-nova fundamental centralizou-se na identidade cristológica do Jesus ressuscitado como Messias e Filho de Deus (cf. Rm 1,3-4).

2. Recepção da mensagem; vida comunitária em Jerusalém (At 2,37-45). Tendo apresentado seu modelo de pregação, At 2,37-41 dramatiza em forma de pergunta e resposta *os motivos para a aceitação do evangelho*. O que é preciso fazer depois que o povo acreditou na proclamação cristológica (At 2,36-37)? Pedro faz exigências específicas, seguidas de uma promessa. A primeira prescrição é "arrepender-se".[14] O livro dos Atos mostra a continuidade entre o começo do ministério público de Jesus (em que João Batista pregava "um batismo de arrependimento": Lc 3,3: *metanoia*) e o início da igreja, entre a primeira prescrição da proclamação do reino e a primeira exigência da pregação apostólica.

Em seguida, Pedro pede insistentemente ao povo que se batize para o perdão dos pecados (At 2,38b). Embora João Batista tenha insistido em que o povo recebesse o batismo de arrependimento, Jesus não o exigiu; nos três primeiros evangelhos, ele jamais é apresentado batizando alguém.[15] O perdão dos pecados era concedido pelo poder de sua palavra. Para Atos, o poder de Jesus sobre o pecado permanece, mas agora é exercido por meio do batismo; dessa forma, em sua segunda exigência, Pedro ultrapassa o padrão da vida de Jesus. O batismo,

---

[14] Literalmente, o verbo grego *metanoein* (*meta* = "mediante, além"; *noein* = "pensar") significa "mudar a mentalidade, o modo de pensar, a visão das coisas"; para os pecadores, mudar de mentalidade envolve o arrependimento. A exigência de mudança de mentalidade, proposta a pessoas religiosas, não pode ser realizada por meio de uma resposta dada uma vez por todas; elas devem estar dispostas a mudar sempre que uma nova apresentação da vontade de Deus lhes venha ao encontro. Cf. WITHERUP, R. D. *Conversion in the New Testament*. Collegeville, Liturgical, 1994. (Zacchaeus Studies.)

[15] Uma vez em João (3,22), diz-se que ele batizava, mas isso é corrigido e negado em Jo 4,2. Em uma aparição pós-ressurrecional, o Jesus mateano diz para os Onze (os Doze, menos Judas) fazerem discípulos de todas as nações, batizando-os (Mt 28,19). Não há razão para pensar que os leitores dos Atos teriam conhecimento dessa ordem encontrada apenas em Mateus, especialmente porque envolve a experiência retrospectiva da comunidade mateana por volta do fim do século I.

como ato público,[16] é importante para nossa reflexão aqui: Pedro é a imagem daquele que pede que o povo faça uma profissão visível e verificável de sua adesão a Jesus. Isso equivale a pedir às pessoas que "alistem-se". A idéia israelita fundamental é de que Deus escolheu *um povo* para salvar, e a renovação da aliança em Pentecostes não mudou isso. Existe um aspecto coletivo da salvação: alguém é salvo desde que pertença ao povo de Deus. O tempo da Igreja está começando, e a importância desta para o plano de Deus é uma decorrência direta da importância de Israel.

Depois, Pedro especifica que o batismo tem de ser "em nome de Jesus Cristo". O fato de João Batista ter batizado até mesmo Jesus era certamente importante e levava os seguidores de Jesus a insistir no batismo. No entanto, At 18,24–19,7 afirma que existia uma clara distinção entre o batismo de João e o batismo "em nome do Senhor Jesus" (At 19,5). Não temos certeza de como se procedia na prática batismal primitiva, mas mui provavelmente, "em nome de" significa que o batizando confessava quem era Jesus (e, assim, pronunciava o nome dele):[17] "Jesus é Senhor"; "Jesus é o Messias (Cristo)"; "Jesus é o Filho de Deus"; "Jesus é o Filho do Homem".[18] Tais confissões batismais explicariam por que títulos eram tão comumente aplicados a Jesus no NT.

Depois de recitar as exigências para aqueles que crêem em Jesus, Pedro faz uma promessa solene (At 2,38-39): "Então recebereis o dom do Espírito Santo. Pois para vós é a promessa [...] para quantos o Senhor chamar". (Embora exista um convite para que os ouvintes mudem de vida, a prioridade na conversão pertence a Deus.) Pedro e seus companheiros receberam o Espírito Santo e, agora, prometem que o mesmo Espírito Santo será dado a todos os crentes. Em relação ao que é fundamental na vida cristã, não existem cidadãos de segunda classe, e a mesma igualdade na recepção do dom do Espírito será comprovada quando os primeiros gentios forem batizados (At 10,44-48). Esse princípio precisará ser recordado quando, inevitavelmente, surgirem arengas acerca de funções especiais (1Cor 12).

---

[16] O batismo é visto de formas diferentes nos vários livros do NT, e a teologia posterior do batismo representa um amálgama das variadas opiniões.

[17] O uso da fórmula triádica em Mt 28,19 ("em nome do Pai, do Filho e do Espírito Santo") teria sido um desdobramento ulterior, oferecendo um quadro mais completo do plano salvífico de Deus.

[18] Jo 9,35-38 pode indicar que a cerimônia batismal da Igreja envolvia uma pergunta do batizador — "Crês no Filho do Homem?" — com a resposta: "Creio, Senhor!", seguida de um ato de adoração.

At 2,41 declara que cerca de 3 mil entre os que ouviram o discurso de Pedro acolheram seus pedidos e foram batizados; a seguir, procede à narração de como eles viviam. As memórias são altamente seletivas, de modo que temos praticamente uma teologia da Igreja primitiva como história. Um sumário em At 2,42-47 cita *quatro características da vida comunitária dos primeiros crentes*.[19] Os primeiros anos em Jerusalém (até cerca de 36 d.C.) são idealizados como o tempo em que os cristãos[20] eram unânimes (At 1,14; 2,46; 4,24; 5,12). As quatro características serão analisadas na seguinte ordem: *koinōnia*, orações, partir do pão e ensinamento dos apóstolos.

A *koinōnia* ("companheirismo, comunhão, comunidade"). Vimos que a introdução do batismo funcionava como um notável impulso para o "alistamento", de modo que os crentes formaram rapidamente um grupo. No NT, a ampla disseminação do termo *koinōnia* (relacionado a *koinos*, "comum", como no grego coiné) mostra que os crentes sentiam fortemente que tinham muito em comum. Traduzido, às vezes, como "companheirismo", o termo literalmente significa "comunhão", ou seja, o espírito que une as pessoas, ou "comunidade", isto é, a associação que resulta desse espírito. Mas *koinōnia* pode também expressar em grego o nome semítico primitivo de um grupo judeu que acreditava em Jesus, comparável à autodesignação do grupo judeu responsável pelos MMM como os *Yahad*, "a unicidade, a unidade".[21] Um aspecto importante descrito em At 2,44-45; 4,34-

---

[19] Sobre o papel dos sumários em Atos, cf. Fontes e características redacionais. A seleção dessas quatro particularidades é feita com base em perspectiva posterior, mais vantajosa, a respeito daquilo que o autor considera mais importante e duradouro — a comunidade primitiva representando aquilo que uma comunidade cristã deveria ser.

[20] Ao longo dos primeiros capítulos de Atos, situados na Jerusalém imediatamente pós-ressurrecional, falar de cristãos ou cristianismo é um anacronismo; nenhuma designação, até agora, foi dada àqueles que acreditaram em Jesus. Se o autor de Atos (11,26) estiver historicamente correto, em Antioquia (aparentemente no final dos anos 30) os crentes foram chamados pela primeira vez de cristãos. Mesmo tendo chamado a atenção para esse detalhe, por uma questão de simplificação, anteciparei a terminologia.

[21] Outro nome primitivo pode ter sido "o Caminho". At 24,14: "É segundo o Caminho [...] que eu sirvo ao Deus de meus pais [...]" (idem At 9,2; 19,9.23; 22,4; 24,22). Essa era também uma autodenominação dos MMM: "Quando essas pessoas se juntam à comunidade [*Yahad*], [...] vão para o deserto a fim de preparar o caminho do Senhor". Reflete-se o idealismo do retorno de Israel do exílio (Is 40,3), quando Israel percorreu "o caminho" preparado por Deus para a Terra Prometida. A designação que se tornou mais popular, ou seja, *ekklēsia*, "igreja", provavelmente espelha o primeiro êxodo no qual Israel teve origem, pois, em Dt 23,2, o grego traduziu *qāhāl*, no AT, "assembléia", por *ekklēsia*, a fim de descrever Israel no deserto como "a Igreja do Senhor".

5,11 é a distribuição voluntária dos bens entre os membros da comunidade. Enquanto o idealismo de Atos exagera ("todos os bens"), o fato de que existiam bens comunitários na comunidade dos MMM mostra que a imagem da partilha é plausível num grupo judeu convencido de que os últimos tempos haviam começado e a riqueza deste mundo havia perdido o sentido.[22] Esse "socialismo cristão" empobreceu a comunidade de Jerusalém? Paulo refere-se aos (cristãos) pobres de Jerusalém, em prol dos quais recolhia dinheiro (Rm 15,26; Gl 2,10; 1Cor 16,1-3). A boa vontade dos gentios, nas Igrejas longínquas, em repartir um pouco de sua riqueza com os judeu-cristãos de Jerusalém foi para Paulo uma prova tangível da *koinōnia* que unia os cristãos — uma manifestação da fé comum e da salvação comum que existia no coração da "comunidade". A importância de manter essa comunhão é exemplificada em Gl 2,9, em que Paulo considera um grande êxito o resultado da discussão sobre os gentios, por volta de 49 d.C., em Jerusalém, porque, no final, os chefes da Igreja de Jerusalém estenderam a ele e a Barnabé a mão direita da *koinōnia*. Para Paulo, seria um atentado à convicção da existência de um só Senhor e um só Espírito o rompimento da *koinōnia* entre as Igrejas judaicas e as gentias.[23]

As orações. Rezar uns pelos outros era outro aspecto da *koinōnia*, e as cartas de Paulo dão eloqüente testemunho da oração constante pelas comunidades que ele fundou. Quais as formas de oração usadas pelos primeiros judeus que chegaram à fé em Jesus? Considerando-se que não deixaram de ser judeus, continuaram a recitar no culto orações que conheceram anteriormente, e novas orações teriam sido formuladas conforme os modelos judaicos. Entre as últimas, At 2,42 teria incluído os hinos ou cânticos da narrativa lucana da infância, muito provavelmente composições cristãs que Lucas adaptou e pôs nos lábios das primeiras personagens do evangelho (cf. *p. 335*). Tal com os hinos judaicos da época (conforme exemplificados nos livros dos Macabeus e nos MMM), esses são um pastiche de repetições veterotestamentárias. Ademais, os primeiros cristãos teriam

---

[22] Mais do que os outros evangelhos, Lucas insiste que a riqueza é um obstáculo para a aceitação dos padrões de Jesus e que os ricos correm perigo (Lc 1,53; 6,24; 12,20-21; 16,22-23). Embora os cristãos não conheçam os tempos ou as estações para a intervenção final do senhorio/reino de Deus (At 1,7), apreciam valores consoantes com uma teologia de que este mundo não é uma entidade eterna.

[23] Somente por volta do fim do período neotestamentário temos evidências de que a *koinōnia* cristã rompera-se. O autor de 1 João, para quem é necessário manter a *koinōnia* "conosco" a fim de ter *koinōnia* com o Pai e o Espírito Santo, condena "aqueles que se separaram de nós" como anticristos (1Jo 1,3; 2,18-19).

adaptado o próprio estilo de oração de Jesus, visível na Oração do Senhor, conservada em Lc 11,2-4, na qual algumas petições ressoam as orações da sinagoga (cf. *p. 271*). Gradualmente, a oração cristã foi centralizando-se na rememoração e no louvor daquilo que Jesus fizera, refletindo progressivamente a peculiaridade cristã.

O partir do pão. O livro dos Atos retrata cristãos primitivos como Pedro e João indo freqüentemente, até mesmo diariamente, ao templo, a fim de rezar nas horas regulares (At 2,46; 3,1; 5,12.21.42). Isso implica que os primeiros judeus que acreditaram em Jesus não viam ruptura alguma no padrão comum de oração deles. O "partir do pão" (presumivelmente a eucaristia) teria sido, pois, adicionado aos sacrifícios e cultos de Israel, sem substituí-los. Note-se a seqüência em At 2,46: "Dia após dia, unânimes, mostraram-se assíduos no templo e partiam o pão pelas casas [...]". Como interpretaram os primeiros cristãos a eucaristia? Paulo, escrevendo em meados dos anos 50 (1Cor 11,23-26), faz menção ao modelo de eucaristia que lhe foi transmitido (possivelmente, dos anos 30) e diz: "Todas as vezes, pois, que comeis desse pão e bebeis desse cálice, anunciais a morte do Senhor até que ele venha". A evocação da morte do Senhor *pode* ser uma repetição do modelo da comemoração (hebraico: *zikkārôn;* grego: *anamnēsis*) da Páscoa judaica, tornando mais uma vez presente o grande ato salvífico, passando do êxodo à crucifixão/ressurreição. O "até que ele venha" reflete uma visão escatológica perceptível na Oração do Senhor e no *Maran atha (Mārána' 'āthā':* "Nosso Senhor, vem"), ligada, porém, a uma refeição sagrada. Essa expectativa pode ter sido um pano de fundo judeu especial, pois a comunidade dos MMM prefigurava a presença do Messias numa refeição, no final dos tempos. O fato de o Jesus ressuscitado ter-se mostrado presente em refeições (Lc 24,30.41-43; Jo 21,9-13; Mc 16,14), de modo que os discípulos o reconheceram ao partir do pão (Lc 24,35), pode estar ligado à fé em sua vinda durante a celebração eucarística.[24] Uma refeição sagrada, tomada somente por aqueles que acreditavam em Jesus, era uma manifestação importante de *koinōnia* e, em todo caso, fazia os cristãos sentir-se distintos dos demais judeus.

O ensinamento dos apóstolos. A autoridade das Escrituras era reconhecida por todos os judeus, de modo particular a Lei e os profetas; isso teria sido verda-

---

[24] Nesses diferentes detalhes podemos descobrir o pano de fundo de uma posterior teologia da eucaristia; por exemplo, a celebração da eucaristia como sacrifício pode estar relacionada à evocação da morte do Senhor e o conceito da presença real de Cristo na eucaristia pode estar ligado à crença de que o Senhor ressuscitado apareceu durante refeições e voltará durante a refeição sagrada.

deiro também para os primeiros seguidores de Jesus. Dessa forma, o ensinamento cristão primitivo teria sido, na maior parte, ensinamento judaico.[25] Os tópicos nos quais Jesus modificou a Lei ou divergiu das interpretações estabelecidas nesta eram recordados e tornaram-se o núcleo de um ensinamento especial. À medida que transmitiam isso, os pregadores cristãos teriam aplicado o ensinamento a situações com as quais Jesus não se deparara.[26] Essa forma expandida daquilo que provinha de Jesus era o que Atos, presumivelmente, quis expressar com "ensinamento dos apóstolos". Tal instrução, embora secundária para o ensinamento das Escrituras judaicas, tinha autoridade em relação aos pontos específicos de que tratava. Quando foram colocadas por escrito, as composições resultantes estavam em via de tornar-se uma segunda série de Escrituras.

As quatro características da vida comunal de Jerusalém selecionadas por Atos mostram tanto continuidade com o judaísmo quanto distinção que diferenciava os judeus que criam em Jesus dos demais. Tais aspectos achavam-se em tensão, inclinando-se para direções opostas: o primeiro mantinha os cristãos próximos aos companheiros judeus que encontravam nas reuniões sinagogais; o segundo emprestava à *koinōnia* cristã identidade e potencialidade de auto-suficiência. Fatores externos de rejeição e reação, porém, teriam intervindo antes que os cristãos constituíssem um grupo religioso separado, e tal desenvolvimento será objeto de capítulos posteriores de Atos. Entrementes, os caps. 3–5 usam as ações de Pedro e de João para focalizar as narrativas dos primeiros intercâmbios com os companheiros judeus (antes de 36 d.C.).

3. Atividade, pregação e julgamento dos apóstolos (At 3,1–5,42). As afirmações dos sumários em At 2,43 (milagres realizados pelos apóstolos) e At 2,46 (presença diária no templo) preparam a estrada para *o dramático relato da cura que acontece quando Pedro e João vão ao templo* (At 3,1-10). Jesus começou seu ministério manifestando o poder sanativo do senhorio (reino) de Deus, causando admiração a todos (Lc 4,31-37); agora vemos que Pedro e os apóstolos levam a obra adiante com o mesmo poder. A cura é "em nome de Jesus Cristo, o Nazareu"

---

[25] Esse fato é, às vezes, negligenciado por aqueles que buscam uma teologia ou uma ética neotestamentária. Os pontos de importância máxima, mencionados no NT, são como a ponta do *iceberg* cuja maior parte é o ensinamento de Israel, não mencionado, mas pressuposto.

[26] Ver o exemplo de dois ensinamentos sobre o matrimônio e o divórcio, um do Senhor e outro de Paulo, em 1Cor 7,10.12.

(At 3,6), ou seja, operado mediante o poder do Cristo celestial, não por qualquer auto-suficiência dos apóstolos. "Graças à fé em seu nome, este homem [paralítico] que contemplais e a quem conheceis, foi o seu nome que o revigorou" (At 3,16).[27]

O relato lucano do ministério de Jesus equilibrava curas e palavras; aqui, com um modelo semelhante, *a cura realizada por Pedro é seguida de um sermão* (At 3,11-26). Esse sermão serve para ilustrar a apresentação de Jesus aos judeus. Tal como o sermão de Pedro em Pentecostes,[28] mescla ecos veterotestamentários com aquilo que Deus operou em Jesus. Assim como o sermão de Pentecostes começou sua incitação com a profecia de Joel, tida como realizada naquilo que estava acontecendo, esse arrazoado concluir-se-á (At 3,22-26) com uma provocação baseada na promessa de Moisés (em Dt 18,15) de que Deus suscitaria um profeta como ele, que deveria ser escutado atentamente. Em At 3,19, o convite a "arrepender-se" ou a "mudar o modo de pensar" (*metanoein*) surge mais uma vez, mas dessa feita com maior especificação. Os judeus de Jerusalém entregaram e renegaram Jesus, o servo de Deus, na presença de Pilatos, que havia decidido libertá-lo (At 3,13 = Lc 23,16); rejeitaram o Santo e Justo e preferiram um assassino (At 3,14 = Lc 23,18-19.25: Barrabás). Apesar de tudo, eles agiram por ignorância (At 3,17 = Lc 23,34a),[29] bem como seus chefes; conseqüentemente, agora se lhes oferece a oportunidade de converterem-se. Ante a pregação apostólica, a ignorância deixa de ser uma desculpa, e a mudança de mente/coração é necessária se eles quiserem receber Jesus como o Messias, quando ele for enviado de novo, dos céus (At 3,19-21). A continuação da história nos Atos insistirá que muitos entre o povo realmente mudaram, mas a maioria dos líderes judeus não.

A pregação apostólica e seu êxito (At 4,4: 5 mil) desperta ira e leva *à prisão de Pedro e João* (At 4,1-22). A atitude de Jesus a respeito da ressurreição provocara a oposição dos saduceus, "que diziam não haver ressurreição" (Lc 20,27-38); dessa feita, os sacerdotes e os saduceus se irritam pelo fato de Pedro e João terem proclamado a ressurreição de Jesus dentre os mortos (At 4,2). Realizou-se uma

---

[27] O respeito judaico pelo nome de Deus (YHWH ou Yahweh) e seu assombroso poder está refletido no respeito cristão pelo nome (mais freqüentemente, "Senhor") dado a Jesus, ante o qual "todo joelho deverá dobrar-se, no céu, na terra e no abismo" (cf. Fl 2,9-11).

[28] R. F. Zehnle (*Peter's Pentecost discourse... Acts 2 and 3*, Nahsville, Abingdon, 1971, SBLMS, 15) acredita que parte do material de At 3 é mais antiga do que o de At 2.

[29] Também At 13,27; Rm 10,3; nem todo mundo queria que Jesus morresse (Lc 23,27.48).

sessão do Sinédrio, que reuniu chefes, anciãos, escribas e sumos sacerdotes contra eles (At 4,5-6), tal como um Sinédrio de anciãos do povo, sumos sacerdotes e escribas se reunira contra Jesus (Lc 22,66). (Em nenhum dos casos se diz que os fariseus envolveram-se diretamente, o que pode ser um dado histórico.) O inquisidor focaliza o milagre, interrogando: "Com que poder ou por meio de que nome fizestes isso?" — uma pergunta que prepara a resposta de Pedro: "[...] em nome de Jesus Cristo, o Nazareu, aquele a quem vós crucificastes, mas a quem Deus ressuscitou dentre os mortos [...]. Pois não há, debaixo do céu, outro nome dado aos homens pelo qual devamos ser salvos" (At 4,10.12).

Irritados com a ousadia da proclamação religiosa dos apóstolos, que não eram formalmente educados em matéria religiosa ou na Lei de Moisés,[30] as autoridades do Sinédrio interrompem grosseiramente o debate e ordenam arbitrariamente que Pedro e João não mais falem em nome de Jesus (At 4,18). Menos de dois meses antes, Pedro, na casa do sumo sacerdote, negara Jesus por três vezes; agora, ante uma bateria de sumos sacerdotes, ele não pode calar sobre Cristo (At 4,19-20). Dos evangelhos, somente Lucas (Lc 22,31-32) mostrou que Jesus rezaria a fim de que a fé de Pedro não desfalecesse e de que ele voltasse para fortalecer seus irmãos, ainda que Satanás quisesse peneirá-lo e aos outros como ao trigo. Vemos aqui a oração realizar-se, pois Pedro e João saem firmemente do Sinédrio e vão contar aos companheiros crentes o que lhes acontecera — uma narrativa que consiste *numa oração triunfal de louvor a Deus* (At 4,23-31), fazendo uma comparação entre as forças que se uniram contra Jesus (Herodes e Pilatos, os gentios e a "gente" de Israel) e as forças que agora vomitam ameaças contra seus seguidores. Todos os crentes ficam cheios do Espírito Santo e, assim fortalecidos, continuam a pregar a palavra de Deus destemidamente (At 4,31).[31]

A fim de demonstrar que os seguidores de Jesus eram um só coração e uma só alma, *um sumário* (At 4,32-35) enfatiza os mesmos traços do sumário anterior em At 2,42-47, especialmente mantendo "tudo em comum" (*koinos*). Seguem-se dois exemplos. O primeiro envolve *Barnabé* (At 4,36-37), que vendeu um campo

---

[30] Esse é o provável sentido de *agrammatoi*, "iletrados", em At 4,13. Uma interpretação exagerada descreveria os apóstolos como analfabetos.

[31] Mt 27,51; 28,2 mostra um terremoto como manifestação do poder divino que corrobora a morte e a ressureição de Jesus; em Atos o abalo se dá quando o Espírito Santo manifesta a presença confirmativa de Deus na comunidade dos crentes.

e levou o dinheiro para os apóstolos, a fim de colaborar com a caixa comum. Além de exemplificar positivamente o espírito de *koinōnia*, essa referência predispõe para a próxima narrativa. Barnabé é um levita, e At 6,7 nos dirá que muitos sacerdotes (que teriam pertencido à tribo de Levi) chegaram à fé. Ademais, Barnabé é de Chipre e, quando mais tarde, em Antioquia, torna-se missionário, juntamente com Paulo, primeiramente vai a Chipre (At 13,1-4).

O outro exemplo, envolvendo *Ananias e Safira* (At 5,1-11), é negativo e ilustra o castigo divino para aqueles que violassem a pureza da comunidade primitiva. Nenhuma história capta melhor a mentalidade israelita dos primeiros crentes. Os Doze estavam destinados a sentar-se em tronos para julgar Israel (Lc 22,30); aqui, por intermédio de Pedro, o julgamento é efetuado no Israel renovado. No AT (Js 7), a tentativa de Israel de passar vitoriosamente além de Jericó, rumo ao coração da Terra Prometida, foi malograda porque Acã tinha escondido secretamente bens que deveriam ser dedicados a Deus. Seu pecado levou Deus a julgar que Israel tinha pecado e carecia de purificação. Somente quando Acã foi condenado à morte e seus bens queimados, Israel pôde continuar como povo que tinha de ser perfeito como Deus era perfeito. Da mesma forma, o novo Israel tinha sido profanado pela fraudulenta retenção de bens que estariam destinados a contribuir com o fundo comum. Satanás entrara em Judas, um dos Doze, e este entregou Jesus (Lc 22,3-4); agora ele entrou no coração de Ananias, um crente em Jesus, levando-o a mentir ao Espírito Santo (At 5,3). A impureza é erradicada pelo julgamento de Pedro, que realiza a ação fatal de Deus. Ao descrever o medo que tal intervenção despertou, Atos usa o termo "Igreja" pela primeira vez (At 5,11).[32]

A *segunda confrontação dos apóstolos com o Sinédrio* (At 5,12-42), que tem muitos paralelos com a primeira, demonstra o gosto do autor por passagens simetricamente emparelhadas como um modo de intensificar um assunto. Dessa vez, não somente uma cura, mas muitos sinais e milagres estão envolvidos. Pessoas até mesmo das aldeias vizinhas começam a levar seus doentes para ser curados pelos apóstolos, especialmente Pedro. Mais uma vez os sumos sacerdotes e os saduceus prendem os apóstolos, mas ficam frustrados quando um anjo do Senhor liberta-os e eles voltam ao templo — uma libertação um tanto irônica, uma vez

---

[32] Obviamente o autor não pensa que tal ato de julgamento seja alheio à natureza da Igreja. Estamos bem perto de uma antiga compreensão do poder de ligar e desligar!

que os saduceus não crêem em anjos. Desse modo, a sessão do Sinédrio, convocada para discutir o caso dos apóstolos, manda prendê-los de novo, e, tal como na prisão de Jesus (Lc 22,6), tomou-se cuidado para não agitar o povo (At 5,26). Pedro exprime sua provocação ao sumo sacerdote com uma frase memorável — "É preciso obedecer antes a Deus do que aos homens" — e, a seguir, faz um sermão cristológico, como se esperasse converter o Sinédrio (At 5,30-32).

A fúria despertada alcança o ponto de quererem matar os apóstolos (At 5,33), mas são interrompidos pela intervenção do famoso fariseu Gamaliel I (que teria vivido em Jerusalém nesse tempo). Os estudiosos mantêm discussões infindas acerca da historicidade dessa cena.[33] Muito mais importante é o lugar da cena na narrativa de Lucas. O livro dos Atos não mencionou os fariseus como opositores dos seguidores de Jesus e agora mostra Gamaliel, um fariseu, defendendo a tolerância para com eles.[34] Apresentando exemplos de outros movimentos que falharam, Gamaliel resume a situação: "[...] se o seu intento ou sua obra provém dos homens, destruir-se-á por si mesma; se vem de Deus, porém, não podereis destruí-los".[35] O conselho de Gamaliel é seguido. Embora os apóstolos sejam açoitados, são deixados em liberdade; tacitamente, o Sinédrio adota a política de deixá-los em paz, enquanto eles continuam, diariamente, a pregar o Cristo (At 5,42).

4. Os helenistas: tolerância; julgamento e martírio de Estêvão (6,1–8,1a).[36] Após a sessão do Sinédrio durante a qual Gamaliel pronunciou-se, Atos dá início a uma era (cerca de 36 d.C.?) na qual, à exceção do breve período de governo do rei judeu Herodes Agripa I sobre a Palestina (41-44 d.C.; At 12,1-23), o ramo da Igreja de Jerusalém intimamente associado aos Doze não foi perseguido.[37] (Tal

---

[33] Existem anacronismos no discurso de Gamaliel; por exemplo, ele menciona a revolta de Teudas e "depois dele, Judas, o Galileu". Se essa reunião do Sinédrio aconteceu por volta de 36 d.C., a revolta de Teudas ainda não tinha acontecido e a de Judas teria acontecido trinta anos antes.

[34] At 22,3 diz que Paulo estudou com esse grande mestre da Lei, descrito aqui como um homem imparcial. Depois, At 23,6-9 mostrará os fariseus advogando tolerância para Paulo no confronto com os saduceus.

[35] Pode não ser verdade que todo movimento religioso que tem origem humana seja malsucedido; contudo, a Igreja teria sido mais sábia, muitas vezes em sua história, se tivesse usado o princípio de Gamaliel para avaliar novos desenvolvimentos no cristianismo, em vez de agir de forma tão precipitada e violenta.

[36] RICHARD, E. *Acts 6,1–8,4*; the author's method of composition. Missoula, Scholars, 1978. (SBLDS, 41.)

[37] Antecipando uma objeção, permitam-me salientar que o ramo helenista da Igreja de Jerusalém (p. ex., Estêvão) foi perseguido, mas, durante aquela perseguição e expulsão, os "apóstolos" não foram incomodados (At 8,1b).

período chegaria ao fim no ano 62 d.C., quando Tiago, o irmão do Senhor e líder da Igreja de Jerusalém, foi assassinado.) Isso é plausível, pois, durante aqueles anos (36-40, 45-62), Paulo pôde ir a Jerusalém ao menos três vezes e ver os líderes da Igreja sem precisar esconder-se.

Contudo, a remoção de ameaça externa não significava que tudo estivesse bem. De repente, depois da imagem de unanimidade da Igreja, At 6,1-6 narra *a hostil divisão entre os cristãos de Jerusalém*, uma separação que ensejará perseguição contra um segmento deles e conduzirá a grandes empreendimentos missionários. Provavelmente, Atos aqui se serve de uma antiga tradição, pois o relato é esquemático. Os bens em comum já não são um sinal de *koinōnia*, pois dois grupos de judeus crentes, no interior da comunidade de Jerusalém, lutam entre si. Por quê? A designação de um grupo como helenista (de língua grega), cujos líderes tinham nomes gregos (At 6,5), dá a entender que era formado por judeus que falavam (apenas?) grego e que cresceram aculturados numa civilização greco-romana. Dedutivamente, por contraste, o outro grupo era o dos hebreus, que falavam aramaico ou hebraico (às vezes grego também) e tinham uma mentalidade culturalmente mais judaica.[38] Além da diferença cultural, aparentemente havia também divergência teológica. Os apóstolos, que eram claramente judeu-cristãos, não permitiram que sua fé em Jesus os fizesse deixar de freqüentar o templo (At 2,46; 3,1; 5,12.21). No entanto, Estêvão, que se tornaria o líder dos helenistas, falava como se o templo não mais tivesse significado algum (At 7,48-50). Com efeito, sabemos que os judeus desse período encontravam-se francamente divididos acerca do templo de Jerusalém como o único lugar sobre a terra no qual se poderia oferecer sacrifícios a Deus; destarte, não é improvável que judeus de convicção oposta quanto ao assunto possam ter-se tornado crentes em Jesus. Em todo caso, a discórdia entre os cristãos hierosolimitanos traduziu-se em problemas financeiros (tal como têm sido tantas lutas internas na Igreja desde então), porque os hebreus (seguramente um grupo maior) tentavam forçar os helenistas a concordar que suas viúvas fossem privadas dos benefícios do fundo comum, apoio do qual provavelmente dependiam por inteiro.

A fim de lidar com a situação, os Doze convocam "a multidão" dos discípulos (talvez um nome técnico para aqueles que podiam votar) para decidir o

---

[38] Paulo, um judeu estritamente observante da Lei, que provavelmente conhecia o hebraico e o aramaico, bem como o grego, considerava-se hebreu (2Cor 11,22; Fl 3,5), não importa se tal indicação significasse para ele o mesmo que para o autor dos Atos.

assunto. Nessa reunião, os Doze evitam o óbvio, soluções simplistas. Embora sejam hebreus, não exigem que os helenistas aceitem ou vão-se embora. Ademais, recusam-se a assumir a administração dos bens comuns; especificamente, não querem envolver-se no auxílio ou serviço[39] à mesa, a fim de assegurar uma justa distribuição dos alimentos. Preferem que os helenistas tenham seus próprios líderes e administradores dos bens comuns.

Essa breve cena oferece importantes assuntos para reflexão.

Em primeiro lugar, em nenhuma outra passagem vemos mais claramente o papel singular dos Doze na manutenção da unidade do novo povo de Deus. Por meio dessa solução, eles preservam a *koinōnia*, pois os helenistas permanecem irmãos em Cristo plenamente reconhecidos.

Em segundo lugar, a aceitação da sugestão feita pelos Doze foi uma opção da Igreja primitiva pelo pluralismo e por aquilo a que hoje chamamos de "hierarquia de doutrina". Os desacordos culturais e teológicos que existiam em Jerusalém entre os hebreus e os helenistas foram considerados menos importantes do que sua fé comum em Jesus. A maioria dos crentes em Jesus decidiu, bem cedo, que era melhor tolerar certas diferenças de prática e de pensamento do que destruir a *koinōnia*, baseada na cristologia (cf., porém, n. 23).

Em terceiro lugar, no que diz respeito à estrutura da Igreja, eles não dispunham de nenhum projeto detalhado, vindo de Jesus, acerca de como a comunidade cristã deveria ser administrada. Durante o tempo descrito em At 6 (cerca de 36 d.C.?), os crentes cresciam em número e discutiam — dois fatores sociológicos que sempre produzem uma necessidade de definir de forma mais clara a liderança. Conseqüentemente, ficamos sabendo dos sete que se tornaram os administradores dos crentes helenistas. É provável que também tenham surgido administradores para a comunidade judaico-cristã ao mesmo tempo, pois doravante Tiago (o irmão do Senhor) e os anciãos (presbíteros) aparecem como autoridades em Jerusalém, ao lado dos apóstolos (At 11,30; 12,17; 15,2; 21,18). A escolha dos administradores em At 6,6 é feita num contexto de oração e de imposição de mãos. Embora o

---

[39] Como o verbo "prestar um serviço, servir" em At 6,2 é *diakonein*, essa cena chegou a ser interpretada como o estabelecimento dos primeiros diáconos. A posição dos chefes helenistas que são escolhidos nessa passagem não é semelhante à dos diáconos descritos nas cartas pastorais. Cf. capítulo 30, n. 11.

desenvolvimento da estrutura da Igreja reflita necessidade sociológica, na autocompreensão do cristianismo, o Espírito Santo dado pelo Cristo ressuscitado guia a Igreja de modo tal que o desenvolvimento estrutural básico é visto como parte da vontade de Jesus Cristo para sua Igreja.

Em quarto lugar, conforme descrito em Atos, os Doze fizeram uma boa proposta, aprovada "pela multidão" da comunidade de Jerusalém. Contudo, nenhum dos que estavam presentes nesse encontro podia prever quão longe tal decisão os levaria.[40] Ao manter os helenistas dentro da *koinōnia* cristã, a comunidade de Jerusalém torna-se responsável pelas ações e pela pregação dos líderes helenistas. Os sumos sacerdotes e o Sinédrio implicitamente tinham decidido estender a relutante tolerância aos que acreditavam no Cristo ressuscitado; isso, porém, não significava que tolerassem ataques ao templo por parte dos crentes em Jesus, tanto quanto não haviam tolerado por parte de outros judeus.

Um *sumário* (At 6,7) sobre a expansão da palavra de Deus e da conversão dos sacerdotes prepara o cenário para *um conflito centrado em Estêvão* (At 6,8–8,1a). Estêvão, figura do primeiro escalão helenista, desperta a oposição de uma sinagoga de Jerusalém, largamente freqüentada por judeus estrangeiros. Estes arrastam-no diante de um Sinédrio e levantam uma (falsa) acusação sobre a mensagem que ele anuncia — de modo geral, suas palavras contra Moisés e a Lei e, de modo específico, a declaração de que Jesus destruiria o santuário do templo. Em seu longo discurso (At 7,2-53), em resposta à acusação sobre o templo, Estêvão verbalizará aquelas implicações radicais numa afirmação culminante: "[...] o Altíssimo não habita em obras de mãos humanas" (At 7,48).

Apesar de Atos relatar sermões de Pedro e de Paulo, nenhum é tão bem elaborado quanto o de Estêvão.[41] Seu panorama da história da salvação, do patriarca Abraão à entrada de Israel na Terra Prometida, sob liderança de Moisés e de Josué, tem fascinado os estudiosos, pois os elementos contidos no sermão não

---

[40] Os resultados de decisões importantes na Igreja podem ultrapassar o previsto, sem possibilidade alguma de parar num ponto considerado prudente; cf. *pp. 424-425*, acerca da conferência de Jerusalém em At 15.

[41] A grande atenção deve-se ao fato de que o cristianismo existente no tempo do autor seguia a senda de Estêvão, com a rejeição ao templo, em vez do caminho de Pedro e de Paulo, ambos descritos como freqüentadores do templo? Para opiniões gerais, ver SCHARLEMANN, M. H. *Stephen*; a singular saint. Rome, PBI, 1968 (AnBib, 34); KILGALLEN, J. J. *The Stephen speech*. Rome, PBI, 1976 (AnBib, 67); *Biblica* 70, 173-193, 1989; WIENS, D. *Stephen's sermon and the structure of Luke-Acts*. N. Richland Hills, TX, Bibal, 1995.

parecem refletir uma compreensão padronizada do AT. Alguns têm até proposto que há nessa passagem reflexões com pano de fundo samaritano,[42] concordes com a missão em Samaria que logo seria empreendida pelos helenistas. Os últimos versículos são surpreendentemente polêmicos, vindos de alguém que se achava sob julgamento, pois Estêvão acusa seus ouvintes de ter entregado e matado o justo Jesus, assim como os pais deles haviam perseguidos os profetas. Como previsto, essa acusação provoca revolta contra Estêvão ao ponto de ebulição: ele é arrastado para fora da cidade e apedrejado até a morte (At 7,54-60). A cena é deveras significativa, não somente porque Estêvão é o primeiro mártir cristão, mas também porque a morte dele, em Atos, tem um estreito paralelo com a morte de Jesus, em Lucas. Ambos os relatos falam do Filho do Homem à mão direita de Deus (Lc 22,69; At 7,56); os dois trazem uma oração pelo perdão daqueles que estão levando a execução a cabo (Lc 23,34a; At 7,60); um e outro mostram a figura moribunda entregando seu espírito ao céu (Lc 23,46; At 7,59). Na figura de Pedro, Atos faz conexão com o ministério de cura e pregação de Jesus; na figura de Estêvão, Atos estabelece conexão com a morte de Jesus. Assim como a morte de Jesus não era o fim, pois os apóstolos receberiam o Espírito, para dar continuidade à obra, a morte de Estêvão não é o fim, pois um jovem chamado Saulo observa-o (At 7,58). Este é conivente com a morte daquele (At 8,1a), mas, na providência divina, Saulo dará continuidade ao trabalho de Estêvão.

Missões em Samaria e na Judéia (At 8,1b–12,25)

1. Dispersão de Jerusalém; Filipe e Pedro em Samaria (At 8,1b-25). Atos 1,8 traçou o plano divino de evangelização: "[...] sereis minhas testemunhas em Jerusalém, em toda a Judéia e Samaria, e até os confins da terra". Ouvimos testemunhas (*martyria*) nascidas em Jerusalém e vimos o martírio de Estêvão; ouviremos agora o anúncio nas duas próximas regiões à medida que os helenistas são espalhados pela Judéia e Samaria (At 8,1b; 9,31).[43] O passo mais importante no movimento de saída de Jerusalém para pregar a um público mais amplo não é

---

[42] Cf. a discussão entre C. H. H. Scobie (NTS 19, 390-414, 1973) e R. Pummer (NTS 22, 441-443, 1976). Ver também Munck, J. *Acts*, AB, 1967, Appendix V, pp. 285-300.

[43] Na complicada narração de At 8,1b, o autor declara que os apóstolos (e aparentemente os cristãos hebreus) não foram expulsos, presumivelmente porque não falavam contra o templo, como o faziam os helenistas. Nessa perseguição, Saulo é um agente feroz, e sua conversão será dramaticamente narrada em At 9.

resultado de planejamento, mas de perseguição. Os que são escorraçados e tornam-se missionários em outras áreas são os helenistas, os cristãos mais radicais em sua relação com o culto no templo judaico. A atividade missionária pode ter sido neutra no modo segundo o qual inculcava o judaísmo, mas, tendo os helenistas como porta-vozes, estava destinada a ser uma força centrífuga. Os convertidos por eles a Jesus não teriam mais nenhuma ligação com figuras importantes do culto judaico.

De acordo com At 8,5, os helenistas encontram-se com os samaritanos e, assim, começam a anunciar Jesus a não-judeus. (Mais tarde [At 11,19-20], na Fenícia, em Chipre e em Antioquia, alguns pregam aos gentios.) Os helenistas eram idealmente aptos para evangelizar Samaria porque os samaritanos não aceitavam o templo de Jerusalém como o único lugar de culto.[44] A pregação bem-sucedida atrai Simão, o mago.[45] No entanto, o único a enfrentá-lo é Pedro, não Filipe, o helenista sucessor de Estêvão, pois a Igreja de Jerusalém, tendo ouvido falar do resultado positivo dos helenistas, enviou Pedro e João a fim de que os samaritanos pudessem receber o Espírito Santo.[46] Simão deseja o poder dos apóstolos e, para esse fim, oferece dinheiro, imortalizando duvidosamente, assim, seu nome na "simonia". Pedro desafia-o a converter-se, mas, ao contrário da oração de Estêvão por seus adversários, essa moção à conversão é caracterizada como se Simão pudesse realmente mudar seu coração (At 8,22-23). Durante a volta para Jerusalém, Pedro e João também pregam aos samaritanos (At 8,25).

2. Filipe e o eunuco etíope a caminho de Gaza (At 8,26-40). Mais ação evangelizadora acontece na parte sul da Judéia, mostrando expansão geográfica.

---

[44] Muitos julgam que existe uma corrente helenista em João, o único evangelho segundo o qual Jesus entra em Samaria e conquista seguidores samaritanos. Se assim for, em Jo 4,21, podemos ouvir o tipo de anúncio feito em Samaria pelos helenistas: "nem nesta montanha [Garizim, o lugar santo samaritano] nem em Jerusalém adorareis o Pai".

[45] Essa figura curiosa tornou-se mais tarde objeto de especulação, aparecendo em lendas como o grande adversário do cristianismo. Será que a designação de Simão como "a Força de Deus, chamada a Grande", significa que ele relacionava-se com uma emanação gnóstica que se situava entre o Deus distante e escondido e os seres humanos? A categorização dele como *mago* é a polêmica classificação de um mestre gnóstico em Atos? Inclui o autor de Atos a história da derrota de Simão porque os gnósticos já começavam a fazer dele um herói?

[46] Atos dá a impressão de que a recepção do Espírito exigia a colaboração dos Doze. Aqui, suspeita-se que o objetivo básico da visita apostólica era verificar se a conversão de excluídos, como os samaritanos, harmonizava-se com a proclamação de Jesus.

O eunuco etíope, ministro de Candace,[47] provém de uma exótica região da África (provavelmente não a moderna Etiópia, mas o Sudão ou a Núbia, ao sul do Egito — um dos "confins da terra"). Ele está lendo Isaías, e a habilidade do helenista Filipe em interpretar o profeta a fim de explicar o Cristo é uma continuação do Jesus ressuscitado a interpretar as Escrituras aos discípulos (Lc 24,27.44-45). Embora Dt 23,2(1) excluísse a admissão do castrado na comunidade de Israel, Filipe não hesita em atender ao pedido do eunuco para ser batizado na comunidade do novo Israel. (Estava Filipe agindo segundo a benevolência escatológica de Is 56,3-5 com os eunucos?) Tal abertura prepara-nos para a admissão dos gentios e, à guisa de transição, Atos detém-se para contar-nos sobre Saulo/Paulo, que seria o grande emissário dos gentios.

3. Saulo a caminho de Damasco; retorno a Jerusalém e a Tarso (At 9,1-30). Após narrar a história da conversão de Saulo/Paulo, o autor contá-la-á mais duas vezes pelos lábios de Paulo em seus discursos de autodefesa (At 22,3-21; 26,2-23).[48] Nas últimas versões, a vocação de evangelizar os gentios será misturada com o relato da conversão. O autor aqui contenta-se com mover-se por etapas: Ananias, que o cura e o batiza, é informado da futura missão, mas o próprio Saulo não é. Todavia, nitidamente porque tudo aquilo deverá ser realizado mediante esse "instrumento escolhido" (At 9,15), o livro dos Atos está vivamente interessado em repetir essa dramática conversão realizada pelo próprio Jesus.[49] O toque dramático da história é grandioso, por exemplo, na personalização da hostilidade de Saulo em At 9,4: "Saulo, Saulo, por que *me* persegues?" A hesitação de Ananais em haver-se com Saulo, não obstante a instrução do Senhor, esclarece a metamorfose de Saulo, que era um perseguidor deveras medonho. Atos tem todo o cuidado em narrar que Saulo recebeu o Espírito Santo (At 9,17), pois a proclamação de Paulo será, afinal, tão potente quanto a de Pedro e dos outros que receberam o Espírito em Pentecostes. Em significativa harmonia com a ênfase anterior de Atos

---

[47] Atos apresenta Candace como o nome pessoal da rainha etíope, mas, ao que parece, era um título.

[48] Para o padrão lucano de narrativas repetidas, cf. ROSENBLATT, M.-E. In: RICHARD, E. (ed.). *New views on Luke and Acts*. Collegeville, Liturgical, 1990. pp. 94-105; WITHERUP, R. D. JSNT 48, 67-86, 1992.

[49] O Jesus ressuscitado apareceu na terra aos Doze e depois partiu para o céu, de onde agora fala a Paulo. Isso significa que o autor dos Atos defende uma diferença qualitativa de *status* entre os Doze e Paulo, quanto à experiência que eles tiveram do Cristo? 1Cor 15,5-8, do próprio Paulo, dá a impressão de que não havia diferença entre as aparições de Jesus ressuscitado a Pedro ou aos Doze (ou a Tiago) e a aparição a Paulo (exceto porque os Doze são nomeados primeiro e Paulo, por último).

na fé cristológica, o recém-convertido declara que "Jesus é o Filho de Deus" (At 9,20). Atos também lança as bases da futura atividade de Barnabé junto com Paulo, contando que aquele apoiou este contra os que em Jerusalém não podiam acreditar que o perseguidor tivesse mudado.[50] Quiçá sob a pressão da cronologia atual, Atos pospõe as mais famosas atividades de Saulo/Paulo, dizendo que ele voltou para Tarso (At 9,30). Sua grande missão será descrita depois na narração sobre Pedro. Segundo a técnica narrativa, a sobreposição de duas figuras ajuda a mostrar que o mesmo evangelho era pregado por ambas.

4. Pedro em Lida, Jope, Cesaréia e de volta a Jerusalém (9,31–11,18). O primeiro dos Doze era o porta-voz da atividade missionária apostólica em Jerusalém (At 2–5), mas, quando a Igreja começou a espalhar-se pela Judéia e Samaria, os helenistas e Saulo ocuparam o centro do palco (com Pedro chamado principalmente para enfrentar Simão, o mago). Agora, porém, com a Igreja em paz (At 9,31 — *um sumário de transição*), Pedro volta ao proscênio. Vimos que, em nome de Jesus, Pedro podia curar e pregar. *Pedro cura Enéias, em Lida* (At 9,32-35) com uma ordem para que se levante; tal comando soa bem próximo à cura de um paralítico, realizada por Jesus (Lc 5,24-26). Ainda mais aproximada é a *ressuscitação de Tabita realizada por Pedro em Jope* (At 9,36-43), muito parecida com a ação de Jesus ao ressuscitar a filha de Jairo (Lc 8,49-56).[51] Nenhum poder foi retirado da Igreja, nem mesmo o poder sobre a própria morte. No entanto, agora estamos prestes a ultrapassar os paralelos com o ministério de Jesus e penetrar numa nova área. O relato de Jesus, no evangelho lucano, começou e terminou no templo de Jerusalém. O que Pedro fará a seguir dará início a uma série de ações

---

[50] At 9,19b-30 narra a pregação de Paulo em Damasco, seu confronto com uma conspiração judaica, após muitos dias, e sua descida em um cesto através de um muro a fim de fugir para Jerusalém, onde, depois que Barnabé o apresentou aos apóstolos, ele pregou e discutiu insistentemente antes de ser enviado a Tarso. Existe uma famosa discrepância entre esses dados e aquilo que o próprio Paulo narra em Gl 1,15-22: após a revelação, ele não subiu a Jerusalém para encontrar-se com os apóstolos, mas se dirigiu imediatamente à Arábia; a seguir, retornou a Damasco, antes de ir, após três anos, a Jerusalém, onde permaneceu quinze dias, encontrou-se e conversou apenas com Cefas (Pedro) e Tiago; finalmente, seguiu para a Síria e para a Cilícia (ainda não era conhecido pessoalmente das Igrejas de Cristo na Judéia). Possivelmente, o breve sumário de Paulo acerca do que acontecera quase vinte anos antes é vaga; provavelmente, o autor de Atos conhecia somente a versão simplificada. Cf. capítulo 16, subseção A (A vida de Paulo).

[51] Cf. o paralelo marcano (Mc 5,41) para o último *"Talitha koum(i)"*, que é notavelmente semelhante à ordem "Tabita, levanta-te" em At 9,40. Para ressuscitações, cf. capítulo 11, n. 41.

que acidentalmente levará o cristianismo dos judeus aos gentios[52] e a Roma, que representava os confins da terra.

Em At 10,1-48, *o autor, como um narrador em terceira pessoa, conta como Pedro foi levado pelo Espírito a batizar Cornélio* (e os de sua casa), um gentio que participava das orações na sinagoga e aceitava os preceitos morais do judaísmo.[53] Em At 11,1-18, *Pedro repete o que aconteceu com uma narração em primeira pessoa*, ao defender seu comportamento ante os cristãos de Jerusalém. (Tal como nas repetições da história da conversão de Paulo, a duplicação assinala que esse relato tem uma importância central.) Existem seis subdivisões na narrativa dos Atos: 10,1-8: o piedoso centurião romano Cornélio recebe a visão de um anjo de Deus em Cesaréia, dizendo-lhe para mandar chamar Simão, cognominado Pedro, em Jope; 10,9-16; em Jope, Pedro tem uma visão que lhe afirma três vezes que as comidas tradicionalmente consideradas impuras na verdade não são; 10,17-23a: refletindo sobre a visão, Pedro recebe os homens enviados por Cornélio, os quais o convidam a ir à casa de Cornélio; 10,23b-33: Cornélio recebe Pedro e eles comparam suas visões; 10,34-49: Pedro pronuncia um sermão, e o Espírito Santo desce sobre os incircuncisos presentes, de modo que Pedro ordena que sejam batizados; 11,1-18: voltando a Jerusalém, Pedro tem de narrar sua ousadia em batizar gentios.

Como existem revelações celestiais concedidas tanto a Cornélio quanto a Pedro, os leitores são convidados a reconhecer que o que ocorre aqui é unicamente vontade de Deus. Tal ênfase era provavelmente necessária por causa da natureza controvertida dos dois problemas envolvidos.

---

[52] O autor retrata uma expansão gradual: Pedro entra em contato com um gentio bondoso (cap. 10); a pregação dos helenistas aos gentios de língua grega (At 11,19-20); depois, Barnabé e Saulo são enviados de Antioquia, pregando primeiramente aos judeus nas sinagogas, mas gradativamente voltando a atenção para os gentios (At 13,4ss), que se tornaram a preocupação central.

[53] A tais gentios simpatizantes do judaísmo, que não se converteram, Lucas chama *tementes a Deus* (ou *veneradores de Deus*, devotos: At 10,2.22; 13,43; 17,4.17). Tem-se discutido sobre a exatidão de tal designação: KRAABEL, A. T. *Numen* 28, 113-126, 1981, e (com R. S. MacLennan) BAR 12, 46-53, 64, #5, 1986. Contudo, M. C. de Boer (in C. M. Tuckett, [ed.] *Luke's literary achievement*, Sheffield, Academic, 1995, pp. 50-57, JSNTSup, 116) mostra que dificilmente Lucas inventaria essa terminologia para pessoas que certamente existiram. J. B. Tyson (*Images of judaism in Luke-Acts*, Columbia, SC, Univ. of S. Carolina, 1992, pp. 35-39) argumenta que esses são leitores para os quais Lucas endereçou Lucas-Atos, representados no texto por Cornélio, o eunuco etíope e Teófilo (cf. capítulo 9, n. 92). Para uma análise da história de Cornélio, cf. WITHERUP, R. D. JSNT 49, 45-66, 1993.

Primeiramente, estavam os cristãos ligados às regras judaicas quanto aos alimentos legítimos? A tese de que, aos olhos de Deus, todos os alimentos são ritualmente puros (At 10,15) constitui uma importante ruptura com a prática judaica, uma fratura destinada agora a ser suportada não somente pelos helenistas radicais, mas também pelo primeiro dos Doze. De forma crescente, até que ponto vinho novo não pode ser colocado em odres velhos (Lc 5,37) torna-se claro. Muitas vezes, estudiosos judeus e cristãos modernos, ao analisar a história desse período primitivo, lamentam o grande fosso que se abriu entre o cristianismo e o judaísmo, e sugerem que, se no século I, tivesse havido maior tolerância e compreensão de ambos os lados, a divisão poderia ter sido evitada. Algumas indicações no NT, porém, mostram que *propostas radicais* de Jesus eram deveras inconciliáveis com conteúdos e práticas importantes do judaísmo.[54]

Em segundo lugar, *os gentios* teriam de ser circuncidados a fim de receber o batismo e a graça de Cristo?[55] Implícita ou explicitamente, quem insistia em que os gentios precisavam ser circuncidados (ou seja, tornar-se judeus) declarava que os judeus tinham primazia sobre a fé em Cristo, no que diz respeito à graça de Deus. Pedro rejeita tal posição com palavras e ações em At 10,34-49. Os exegetas discutem se o autor de Atos age como historiador ao apresentar Pedro como o primeiro a aceitar gentios incircuncidados na *koinōnia* cristã. Pode-se argumentar com base em At 11,19-20 que os helenistas foram os primeiros a agir assim, e, mais tarde, Paulo claramente se tornou o maior porta-voz dessa prática. Contudo, já que Paulo afirma que Pedro (ou Cefas) está em Antioquia, vivendo com os gentios (Gl 2,11-12), e talvez em Corinto (1Cor,1,12; 9,5), o que pode estar na base de Atos é a lembrança de que, entre os líderes de Jerusalém, Pedro foi pioneiro em demonstrar tal abertura, graças à sua habilidade, ou à sua imagem, para atrair ambos os lados da comunidade cristã.[56] De qualquer forma, At 10,44-48 descreve a aceitação de Cornélio como um passo importante, acompanhada

---

[54] Sobre esse ponto, cf. NEUSNER, J. *A rabbi talks with Jesus*. New York, Doubleday, 1993.

[55] O NT (inclusive Paulo) não discute se pais *judeu-cristãos* deveriam circuncidar seus filhos. Aqueles que assim agiram, a fim de assegurar os privilégios por serem judeus (cf. Rm 9,4-5), podiam constituir um problema teológico somente se pensassem que a circuncisão era *necessária* (juntamente com o batismo) para que alguém se tornasse filho de Deus e parte do povo de Deus novamente escolhido em Jesus Cristo.

[56] Paulo (Gl 2,7) fala que a Pedro foi confiado o evangelho dos cincuncisos; no entanto, uma carta atribuída a ele, 1 Pedro, é claramente endereçada a gentios cristãos (2,10: "Vós, que outrora não éreis povo").

por um derramamento do Espírito manifestado pelo falar em línguas, comparável a Pentecostes — o começo da Igreja dos gentios iguala-se ao começo da Igreja do Israel renovado.[57]

O caráter radical do que Pedro fez e proclamou é questionado, em At 11,2-3, pelos confrades da Igreja de Jerusalém: "Entraste em casa de incircuncisos e comeste com eles!" Não é claro se, no íntimo, esse "partido da circuncisão" cristão opunha-se à conversão dos gentios à fé em Cristo ou simplesmente insistia em que os gentios somente podiam converter-se após ter-se feito judeus. Pedro responde ao partido da circuncisão relatando-lhe suas visões e a vinda do Espírito sobre a casa de Cornélio. Esse argumento existencial silencia o partido da circuncisão (por enquanto) e conduz à aceitação dos gentios em grupos de judeucristãos existentes (At 11,18). O problema, porém, não foi totalmente resolvido, conforme At 15 mostrará, após descrever uma ativa missão entre os gentios.

5. Antioquia; Jerusalém; perseguição de Herodes; partida de Pedro (At 11,19–12,25). A atenção agora se desvia da Igreja de Jerusalém e se volta para *a Igreja de Antioquia* (At 11,19-26), na qual os seguidores de Jesus foram, pela primeira vez, chamados de cristãos, nome pelo qual seriam conhecidos pelo resto da vida. Como parte de sua técnica de simultaneidade, o autor retoma a história dos helenistas, interrompida no cap. 8, quando eles foram expulsos de Jerusalém para Samaria. Tardiamente ficamos sabendo que eles também foram à Fenícia, a Chipre e a Antioquia (na Síria), pregando primeiramente apenas aos judeus, mas a seguir, paulatinamente, aos gentios também. Embora um cristão hebreu como Pedro realmente tenha aceitado uma família gentia na comunidade, aparentemente o agressivo esforço para converter gentios começou com os helenistas. Quando Jerusalém ouviu isso, enviou Barnabé para Antioquia a fim de inspecionar o desenvolvimento, que foi aprovado (At 11,22-23). Essa se torna a ocasião para a ida de Saulo, mencionado pela última vez em At 9,30, para Antioquia. Dessa forma,

---

[57] Hoje, alguns defendem a idéia de que o "batismo no Espírito" é diferente e superior ao batismo na água, baseando tal opinião na seqüência de Atos. Contudo, isso não é um problema em Atos. Conforme seu objetivo e interesses, o autor mostra: a) os Doze e aqueles que estavam com eles receberam o Espírito sem (jamais) ter sido batizados com água; b) pessoas são batizadas (com água) e a seguir recebem o dom o Espírito (At 2,38; 19,5-6); c) pessoas recebem o Espírito antes de ser batizadas com água (no presente caso); d) pessoas que foram batizadas com água (com o batismo de João) nunca souberam que existia um Espírito Santo (At 18,24–19,7).

enquanto a Igreja de Jerusalém, representada por Pedro, dá os primeiros passos na admissão de alguns gentios, Antioquia desenvolve-se como um segundo grande centro cristão, envolvido de forma mais vibrante em missão.[58]

O desenvolvimento da base de Antioquia é uma graça, pois exatamente nesse tempo Jerusalém e a Judéia são particularmente atingidas por *uma fome profetizada por Ágabo* (At 11,27-30) e por uma situação política mudada, na qual o governo direto de Roma tinha sido substituído em 41-44 d.C. por um reino judaico que empreendeu a *perseguição dos cristãos sob Herodes Agripa* (At 12,1-23). A fome oferece aos cristãos de Antioquia a ocasião de demonstrar *koinōnia* na partilha de bens com os pobres crentes da Judéia; a perseguição dá aos cristãos de Jerusalém ensejo de testemunhar por meio do martírio, pois Tiago, filho de Zebedeu, irmão de João e um dos Doze, é levado à morte.[59] Até agora em Lucas-Atos tinha havido uma tendência em distinguir o povo judeu (mais favorável a Jesus) de seus chefes, mas At 12,3.11 associa o povo judeu à hostilidade anticristã de Herodes. Os leitores estão sendo preparados para a situação na qual judaísmo e cristianismo não apenas serão distintos, mas também hostis.

Grandes perigos ameaçam Pedro quando este é preso; Deus, porém, intervém por meio de um anjo para libertá-lo, da mesma forma que interviera por intermédio de um anjo para soltá-lo quando fora encarcerado pelo Sinédrio (At 5,19). Mais tarde, um terremoto libertará Paulo da prisão em Filipos (At 16,26). Essas intervenções divinas mostram o cuidado de Deus pelos grandes porta-vozes do evangelho.[60] O fato de Pedro, depois de escapar de Herodes, ter ido a outro lugar (At 12,17), deu origem à tradição imaginativa, mas provavelmente errônea,

---

[58] Diversas missões foram efetuadas pelos primeiros judeus que acreditaram em Jesus, refletindo diferentes teologias; cf. meu artigo em CBQ 45, 74-79, 1983. Todavia, M. D. Goulder (*A tale of two missions*, London, SCM, 1994) leva isso adiante demais ao rejeitar a idéia de uma Igreja unificada. Com base nos dados de que dispomos, não obstante as divergências, os primeiros cristãos teriam se imaginado unificados na *koinōnia* do novo Israel.

[59] Esse é Tiago, o Maior, que, segundo a lenda, teria ido à Espanha (venerado em Compostela) e evidentemente voltado para a Judéia, cedo o bastante para morrer por volta do ano 41 d.C.! Deve ser distinto de outros Tiagos do NT, especialmente Tiago, o "irmão" de Jesus (cf. capítulo 34). Conforme explicado ao falar sobre At 1,21-26, membros dos Doze não são substituídos quando morrem.

[60] À luz de tal tradição, pode-se imaginar a perplexidade cristã posterior quando nem Pedro nem Paulo escaparam da prisão de Nero, em Roma, onde foram executados. Teriam alguns julgado que o imperador fora mais poderoso do que o Cristo? Talvez seja essa a razão por que um livro como o Apocalipse enfatize tão firmemente o fato de que o Cordeiro pode e de fato conquistará a besta representada pelo poder imperial.

de que, na ocasião, o apóstolo foi a Roma e fundou uma Igreja. O episódio em que Pedro, ao deixar Jerusalém, enviou uma mensagem a Tiago (o "irmão" de Jesus, mas não um dos Doze) foi interpretado, também erroneamente, como se ele estivesse passando o controle da Igreja (e até mesmo o primado) a Tiago. Contudo, é preciso distinguir o papel dos dois homens: Pedro, o primeiro dos Doze a ver Jesus ressuscitado, é sempre nomeado em primeiro lugar e teria um papel único na Igreja, em grande parte por esse motivo; não há prova alguma de que Pedro tenha sido administrador da Igreja de Jerusalém — função administrativa recusada pelos Doze em At 6,2. Provavelmente, tão logo surgiu uma gestão criada para o lado hebraico da Igreja, Tiago assumiu tal papel, não ilogicamente, pois ele estava ligado a Jesus por laços familiares.[61] Em todo caso, a partida de Pedro de Jerusalém não foi definitiva; ele teria voltado na época da controvérsia naquela cidade, narrada em At 15 (por volta de 49 d.C.). O livro dos Atos conclui a matizada história da perseguição frustrada descrevendo (At 12,23) a horrível morte com a qual Deus puniu o rei Herodes Agripa no ano 44 d.C.: devorado pelos vermes. É bastante semelhante à morte do grande inimigo de Israel, o rei Antíoco Epífanes, em 2Mc 9,9. Ambos os relatos são interpretações teológicas de uma morte súbita: aqueles que ousam levantar a mão contra o povo de Deus enfrentam o castigo divino.

As histórias da *fome e da perseguição em Jerusalém terminam com uma nota triunfal* (At 12,24-25): o perseguidor caiu; a palavra de Deus cresce e multiplica-se; Barnabé e Saulo trazem de volta João Marcos para Antioquia (o evangelista? — cf. *pp. 244-246*).

Missões de Barnabé e Saulo convertem gentios; aprovação em Jerusalém (At 13,1–15,35)[62]

1. A Igreja de Antioquia envia Barnabé e Saulo; missão em Chipre e no sudeste da Ásia Menor (At 13,1–14,28). Essa seção começa com uma *breve descrição da*

---

[61] Esse relacionamento teria sido muito significativo para os que enfatizavam Jesus como o Messias régio, da Casa de Davi. As provas mais abundantes do evangelho mostram que os "irmãos" de Jesus não foram discípulos durante sua vida (Mc 3,31-35; 6,3-4; Jo 7,5), mas o Jesus ressuscitado apareceu a Tiago (1Cor 15,7), e este era um apóstolo em Jerusalém no tempo da conversão de Paulo (Gl 1,19; cerca de 36 d.C.). Cf. SCHMITHALS, W. *Paul and James*. London, SCM, 1965. (SBT, 46.)

[62] Poder-se-ia começar a missão "até os confins da terra" (At 1,8) aqui, e não em At 15,36 (cf. adiante). Os caps. 13,1–15,35 são mais introdutórios e exploratórios do que os que se seguem.

Igreja de Antioquia (At 13,1-3). Se Jerusalém tem os apóstolos (ou seja, os Doze), Antioquia tem profetas e doutores, entre os quais Atos coloca Barnabé e Saulo.[63] Barnabé é citado primeiro e Saulo, por último; somente durante a missão o nome Paulo começará a ser usado sistematicamente no lugar de Saulo e, na ordem inversa: Paulo e Barnabé (p. ex., 13,13.43). Em outras palavras, na missão, o grande proclamador do evangelho encontrará sua identidade e *status*.

Somos informados de que os profetas e os mestres de Antioquia estavam "realizando um serviço litúrgico [*leitourgein*] ao Senhor e jejuando". Conforme prometido em Lc 5,34-35, chegaram os dias em que o esposo se foi, e o jejum tornou-se parte da vida da Igreja primitiva. Em que consistia o serviço litúrgico? Era a eucaristia?[64] Nesse contexto de oração e de jejum, impõem-se as mãos sobre Barnabé e Saulo. Aqui não devemos falar anacronicamente de ordenação; é a delegação da Igreja de Antioquia para uma missão que muitas vezes é contada como a primeira viagem de Paulo, datada de 46-49 d.C.

Juntamente com João Marcos, *Barnabé e Saulo vão a Chipre* (At 13,4-12), território da pátria de Barnabé; pregam nas sinagogas judaicas. Como em seus escritos Paulo fala da conversão de gentios, os estudiosos têm dúvidas a respeito da exatidão de Atos aqui. Contudo, as cartas paulinas são endereçadas a Igrejas evangelizadas em viagens missionárias posteriores, num tempo em que Paulo já se voltara para os gentios — um desenvolvimento que pode ter-se originado na experiência, se ele obteve (como o indica Atos) maior êxito com eles.[65] O encontro de Paulo com o falso profeta e mago Bar-Jesus, derrotado em Chipre, estabelece um paralelismo com o encontro de Pedro com Simão, o mago, em Samaria.

---

[63] Cf. 1Cor 12,28: "E aqueles que Deus estabeleceu na Igreja são, em primeiro lugar, apóstolos; em segundo lugar, profetas; em terceiro lugar, doutores...". Paulo considera-se apóstolo, mas não no sentido lucano dos Doze.

[64] Em Lc 22,14.19, "Fazei isto em minha memória" é endereçado aos apóstolos. Mas uma eucaristia em Antioquia, em que os Doze não estavam presentes, quem teria presidido? Por volta da virada do século I, a *Didaqué* 10,7 descreve uma situação na qual os profetas celebravam a eucaristia, e esse deve ter sido também o costume anterior.

[65] Que Paulo, de fato, estivesse envolvido com sinagogas sugere-o fortemente sua afirmação em 2Cor 11,24: "Dos judeus recebi cinco vezes os quarenta golpes menos um" — uma punição sinagogal. Mesmo no final, Atos continuará a mostrar Paulo, quando de sua chegada a Roma, em cerca de 61, falando primeiramente a judeus. Contudo, embora em Rm 1,16, Paulo mostre que os judeus vieram em primeiro lugar na proclamação do evangelho, em Rm 11,13 ele declara que seu apostolado é "para os gentios".

Os inimigos do evangelho não são apenas forças terrestres (conforme Paulo afirmará claramente em suas cartas pessoais).

A passagem de Chipre *para Antioquia da Pisídia, na Ásia Menor* (At 13,13-50), pode ter sido uma extensão da missão mais arriscada do que Atos deixa transparecer, e talvez essa seja a causa da desistência de João Marcos e de sua volta para Jerusalém (At 13,13). Uma referência posterior (At 15,37-39) mostra que essa partida deixou uma péssima lembrança em Paulo. O autor faz do que aconteceu na Ásia Menor, em Antioquia da Pisídia, quase um modelo da missão paulina. Ali, Paulo (doravante chamado assim) faz um sermão sinagogal (At 13,16-41) que, em seu apelo ao AT e no resumo do que Deus realizou em Jesus, não é diferente dos sermões anteriormente proferidos por Pedro.[66] Assim, obtemos o quadro de uma mensagem consistente, pregada pelas duas grandes figuras que dominam a história da Igreja primitiva, Pedro e Paulo.[67] At 13,42-43 atesta uma reação de modo geral favorável ao sermão entre os judeus e seus simpatizantes, mas At 13,44-49 mostra que, no sábado seguinte, havia oposição da parte "dos judeus", de modo que Paulo e Barnabé voltaram seu apelo aos gentios.

A hostilidade judaica em Antioquia persiste, de modo que Paulo e Barnabé são expulsos da Pisídia e *prosseguem para Icônio* (At 13,51-14,5) — uma rejeição que evidentemente não os desencoraja, pois se encontram "repletos de alegria e do Espírito Santo" (At 13,52). Em Icônio, onde passam um período considerável, tanto o procedimento quanto a reação são quase os mesmos, e de novo devem *continuar — desta vez para as cidades da Licaônia, Listra e Derbe* (At 14,6-21a). Em Listra, Paulo cura um aleijado de nascimento, tal como Pedro curara um aleijado de nascença em At 3,1-10 — o poder curador de Jesus, que foi transmitido a Pedro no trato com os judeus de Jerusalém, foi passado a Paulo em sua lida

---

[66] Indubitavelmente o autor compôs o discurso atribuído a Paulo; contudo, a composição não é estranha ao pensamento cristológico atestado nas cartas de Paulo. Por exemplo, At 13,23 relaciona Jesus à posteridade davídica e At 13,33 faz da ressurreição de Jesus, operada por Deus, o momento de dizer: "Tu és o meu filho, eu hoje te gerei". Em Rm 1,3-4, Paulo fala daquele que era "nascido da estirpe de Davi segundo a carne, estabelecido filho de Deus com poder por sua ressurreição dos mortos, segundo o Espírito de santidade". Em At 13,39, existe linguagem de justificação semelhante àquela das cartas paulinas.

[67] Há divergências entre os dois homens (Gl 2,11.14), mas, quando se trata da mensagem essencial acerca de Jesus, Paulo associa-se a Cefas (Pedro) e aos Doze (e a Tiago!) na pregação comum e no convite à fé (1Cor 15,3-11).

com os gentios. A vívida reação gentia, saudando Barnabé e Paulo como os deuses Zeus e Hermes,[68] capta o modo de ser de um mundo diferente, no qual a mensagem do Deus único (At 14,15-18) ainda não se enraizou, tornando ainda mais difícil pregar o Cristo. A hostilidade despertada pelos judeus da cidade anterior perseguiu Paulo; ele é apedrejado e deixado como morto. (Em seus escritos, Paulo falará eloqüentemente de seus sofrimentos por Cristo, inclusive o apedrejamento; p. ex., 2Cor 11,23-27.) Paulo, porém, recupera-se e, a seguir, volta a Derbe com Barnabé. *Os dois discípulos voltam sobre os próprios passos através das cidades da Ásia Menor e, em seguida, navegam de volta à Antioquia síria* (At 14,21b-28). Numa frase ocasional, At 14,23 declara que eles designaram presbíteros (ou anciãos) em cada Igreja. Muitos duvidam de que tal tipo de estrutura existisse tão cedo.[69] Podemos ao menos deduzir que, por volta da última terça parte do século I, quando o livro dos Atos foi escrito, os presbíteros existiam nessas Igrejas e o *status* deles era considerado parte da herança paulina. A viagem acaba com um relatório à Igreja de Antioquia, a qual havia enviado Paulo e Barnabé: "Deus abriu a porta da fé aos gentios" (cf. At 14,26-27).

2. Assembléia em Jerusalém e aprovação; retorno a Antioquia (At 15,1-35). O que Paulo fez não agradou ao *partido da circuncisão em Jerusalém, que agora envia emissários a Antioquia* (At 15,1) para questionar a aceitação de gentios sem a circuncisão. Poder-se-ia pensar que esse problema havia sido resolvido anteriormente em Jerusalém (At 11), quando Pedro justificou a acolhida do gentio Cornélio sem a circuncisão. Uma coisa, porém, era incorporar alguns gentios numa ampla comunidade judaica; outra coisa era confrontar-se com Igrejas inteiras de gentios, como as que Paulo fundou — Igrejas que teriam pouca ligação com o judaísmo além da veneração pelas Escrituras judaicas. Podemos ver em Rm 11,13-26 a compreensão de Paulo sobre o que ele pensou que fosse acontecer a partir de sua missão gentílica: os gentios são um ramo de oliveira silvestre enxertado na árvore de Israel; e, em todo caso, por meio da inveja, todo o Israel chegará à fé em Cristo

---

[68] Muito da especulação a respeito da aparência de Paulo, como baixo e magro, baseia-se nessa prova insuficiente.

[69] Os presbíteros jamais são mencionados nas cartas genuinamente paulinas; a designação deles é um tópico importante somente nas epístolas pastorais pós-paulinas. Contudo, *episkopoi* e *diakonoi* são mencionados em Fl 1,1, e argumentos baseados no silêncio acerca da(s) estrutura(s) da Igreja no tempo de Paulo são muito incertos.

e será salvo. O partido da circuncisão pode ter sido bem mais realista em seus receios de que Paulo tivesse começado um processo segundo o qual o cristianismo tornar-se-ia quase inteiramente uma religião gentílica, o que, naturalmente, aconteceu. (Ultraconservadores, por mais distorcida que possa ser sua teologia, muitas vezes são mais perspicazes quanto à inevitável direção das mudanças do que os moderados que as propõem.) Em vez de permanecer enxertados em Israel, os cristãos gentios tornar-se-iam uma árvore. Para impedir essa catástrofe previsível, os adversários de Paulo atacam o princípio de que os gentios poderiam ser admitidos sem tornar-se judeus (isto é, sem circuncidar-se). Eles criam tantos problemas que *Paulo e Barnabé precisam ir a Jerusalém* (At 15,2-3) para discutir o assunto. Ali se segue a narração do que pode ser considerado o mais importante dos encontros[70] já realizados na história do cristianismo, pois, implicitamente, *na controvérsia em Jerusalém* (At 15,4-29), decidiu-se que o seguimento de Jesus logo ultrapassaria o judaísmo e tornar-se-ia uma religião separada, que atingiria os confins da terra.

Temos a sorte de possuir dois relatos, um em At 15 e outro em Gl 2. Essa dupla perspectiva ensina-nos muito sobre as grandes personalidades do cristianismo primitivo. Os estudiosos tendem a preferir a informação de testemunha ocular do próprio Paulo e descartam a narrativa dos Atos como um relato posterior retocado. Não há dúvida de que Atos apresente uma informação simplificada e menos acre, mas, no que respeita a Gálatas, deveríamos reconhecer que uma narrativa pessoal, escrita em autodefesa, tem sua ótica própria, excluindo-se do âmbito do puramente objetivo. Por exemplo, em Gl 2,1, Paulo diz: "[...] subi novamente a Jerusalém com Barnabé, tendo tomado comigo também Tito"; At 15,2 diz que Paulo, Barnabé e alguns outros foram designados para subir a Jerusalém. Que eles tenham sido delegados pela Igreja de Antioquia pode muito bem ser a informação mais verdadeira, ainda que (como parte de sua autodefesa em Gálatas) Paulo realce sua iniciativa em cooperar.

Atos indica que a gente de Jerusalém detinha o poder de decisão sobre o problema. Paulo fala desdenhosamente dos "assim chamados pilares", cuja reputação nada significava para ele, mas aquele título mesmo implicava que a fama

---

[70] Embora seja muitas vezes chamado de "Concílio" de Jerusalém, esse não deve ser confundido com os concílios ecumênicos posteriores da Igreja (Nicéia etc.).

deles significava realmente algo para outros, e, nessa longa corrida, Paulo não podia ficar sozinho. Embora tenha recebido o evangelho (gratuitamente dado aos gentios) por meio de uma revelação de Jesus Cristo, e não o mudaria nem que um anjo lho ordenasse (Gl 1,8.11-12), Paulo menciona a possibilidade de que tenha corrido em vão (Gl 2,2). Se isso é mais do que um toque retórico, ele pode ter admitido o poder dos "pilares": se eles tivessem negado às Igrejas gentílicas a *koinōnia* com a Igreja-mãe de Jerusalém, teria existido uma divisão que negaria a própria natureza da Igreja. Destarte, apesar da convicção de Paulo acerca da irrepreensibilidade de sua evangelização, incerto era o resultado do encontro de Jerusalém para as comunidades que ele evangelizara.

Levar consigo Tito, um gentio incircunciso (Gl 2,3), foi uma manobra inteligente. Provavelmente alguns dos fariseus cristãos, defensores da circuncisão,[71] jamais tivessem visto nenhum dos gentios incircuncisos, que eles negavam ser verdadeiros cristãos, e é sempre mais difícil enfrentar outros que patentemente crêem em Cristo e dizer-lhes face a face: "Vocês não são cristãos, pois não estão de acordo comigo". Outra medida prudente de Paulo (Gl 2,2) foi apresentar seu argumento, primeiramente, em particular àqueles que tinham reputação em Jerusalém. As reações iniciais das autoridades são muitas vezes defensivas; quando demonstradas em particular, podem ser modificadas mais tarde sem perda da dignidade. Confrontos públicos, "olho no olho", com autoridades resultam quase sempre em miopia.

A discussão pública em Jerusalém é o centro da história. Quatro participantes estão envolvidos: dois previsíveis (em lados opostos: os defensores da circuncisão e Paulo), um menos previsível (Pedro) e outro imprevisível (Tiago). Compreensivelmente, tendo em vista o objetivo de Gálatas, o relato de Paulo concentra-se em seu próprio papel, não se inclinando à submissão nem por um momento e buscando convencer os reputados pilares da verdade de seu evangelho. Atos, porém, dedica menor espaço a Barnabé e Paulo (At 15,12), imprensando o relato deles entre as palavras de Pedro (At 15,7-11) e as de Tiago (At 15,13-21) — uma disposição que dá a impressão de que este último é que teve a palavra final. É preciso ler nas entrelinhas dos dois relatos. O problema em questão é aquilo que

---

[71] Em lugar dessa terminologia mais neutra de At 15,5, Paulo fala polemicamente de "falsos irmãos" que espionam a liberdade de sua atitude com os gentios.

Paulo e Barnabé fizeram em sua atividade missionária e em que sentido a assembléia concentra-se em Paulo. Todavia, a verdadeira expectativa pode ter convergido para o que Tiago diria, dado que ele poderia arrastar consigo a Igreja de Jerusalém. Gl 2,9 dá a entender isso ao mencionar Tiago em primeiro lugar, entre os assim chamados pilares da Igreja, antes de Cefas (Pedro) e João.

Que argumentos foram apresentados pelos participantes? Paulo narra os feitos realizados entre os gentios (Atos) e o evangelho que ele lhes anunciou (Gálatas), o que seguramente significa um relato de como tais pessoas abraçaram a fé sem a circuncisão. O argumento de Pedro baseia-se também na experiência (Atos): Deus enviou o Espírito Santo ao incircunciso Cornélio. O raciocínio de Tiago é sensato (Atos) e, quanto se podia esperar de um cristão hebreu conservador, baseado nas Escrituras. Os profetas previram que os gentios viriam, e a Lei de Moisés permitia que gentios incircuncisos vivessem entre o povo de Deus, desde que se abstivessem de determinadas impurezas. Infelizmente, não conhecemos os argumentos apresentados pelo partido da circuncisão, além da simples afirmação em At 15,5 de que a Lei de Moisés exigia a circuncisão.

Mais significativo é um frustrante silêncio acerca de Jesus. Nenhum dos que são a favor da admissão dos gentios sem a circuncisão faz apelo ao exemplo de Jesus, dizendo "Jesus mandou-nos fazer assim". A razão para isso, naturalmente, é que ele jamais lhes disse para agir dessa maneira. Com efeito, podemos suspeitar de que os únicos que provavelmente mencionaram Jesus foram os do partido da circuncisão, argumentando precisamente que não havia nenhuma autorização da parte dele para tão radical distanciamento da Lei. Até mesmo Paulo recorda Jesus como "nascido sob a Lei" (Gl 4,4). Essa pode ter sido a primeira das muitas vezes em que aqueles que resistiam a mudanças na Igreja faziam-no argumentando que Jesus nunca agiu assim, enquanto aqueles que promoviam as mudanças apelavam para a autoridade do Cristo em uma situação que o Jesus histórico não enfrentou.[72] Em todo caso, tanto Atos quanto Gálatas concordam que Pedro (e João) e Tiago conservaram a *koinōnia* com Paulo e suas Igrejas

---

[72] Os evangelhos sinóticos dão atenção à aproximação de Jesus dos publicanos e prostitutas. Parte do motivo para a preservação de tal memória seria uma refutação implícita da posição a favor da circuncisão? Poderíamos formular assim a refutação: Jesus realmente foi ao encontro dos excluídos pela Lei, e agora, em nosso tempo, os gentios são os excluídos da Lei. Devemos reconhecer, porém, que tais argumentos oferecem suas próprias dificuldades, pois podem ser usados para justificar quase qualquer prática.

gentílicas. O caminho agora estava aberto para uma evangelização livre e eficaz até os confins da terra. De fato, aquela estrada iria conduzir também para longe do judaísmo. Ainda que o Salvador dos gentios tenha sido um judeu nascido sob a Lei, o cristianismo logo seria visto como uma religião gentílica, bastante distanciada do judaísmo, especialmente de um judaísmo para o qual a Lei tornar-se-ia cada vez mais importante, uma vez que o templo fora destruído.

Agora, *Paulo e Barnabé voltam a Antioquia* (At 15,30-35) levando uma carta de esclarecimento, segundo a qual não se deveria exigir a circuncisão dos gentios conversos. Contudo, os gentios estão obrigados a abster-se de quatro coisas prescritas em Lv 17–18 para estrangeiros que vivem em Israel: carne oferecida a ídolos, sangue, animais estrangulados (ou seja, animais que não foram ritualmente sacrificados) e uniões incestuosas (*porneia*, "impureza", mas aqui com um membro da família). Essa foi a posição defendida por Tiago durante a controvérsia em Jerusalém (At 15,20). Quando comparamos com o relato de Paulo em Gl 2,11ss, percebemos que a história foi certamente mais complicada.

Uma combinação plausível das duas fontes de informação pode resultar no seguinte: Paulo e Barnabé voltam a Antioquia com a boa notícia de que a dispensa da circuncisão fora reconhecida. Surgem novas controvérsias, porém, a respeito de se os gentios cristãos estão obrigados aos alimentos rituais, como os judeucristãos que formam a Igreja juntamente com eles. Paulo declara que eles não estão obrigados e Pedro participa dessa prática livre, até que emissários de Tiago chegam e exigem práticas específicas das leis alimentares.[73] Pedro passa para o lado de Tiago, para grande desgosto de Paulo. A perda de apoio de tamanha importância pode ter contribuído para que Paulo partisse em nova missão. As cartas de Paulo mostram que, nas Igrejas que ele evangeliza (nas quais os gentios cristãos teriam sido maioria), os convertidos não estão ligados às leis alimentares judaicas. Na área em que Tiago de Jerusalém tem influência (At 15,23: Antioquia, Síria e Cilícia, onde presumivelmente os judeu-cristãos são a maioria), os gentios estão obrigados. A assembléia de Jerusalém preservou a *koinōnia* no essencial para a conversão: os gentios não precisam tornar-se judeus. Contudo, isso não

---

[73] Gl 2,12. Os estudiosos estão divididos em relação a se os homens de Tiago incluíam Judas e Silas, que traziam a carta mencionada em Atos. Embora At 15,25.30 dê a entender que Paulo e Barnabé levaram a carta para Antioquia, uns dez anos depois, At 21,25 faz Tiago falar a Paulo acerca da carta como se fosse uma novidade para ele.

garante uniformidade no modo de vida. Paulo julgava que a liberdade ante as leis de pureza alimentar era tão importante que a considerava parte da verdade do evangelho (Gl 2,14); aparentemente, outros não davam tanta importância a isso.

Missão de Paulo até os confins da terra (15,36–28,31)

A segunda metade de Atos torna-se agora quase exclusivamente a história de Paulo. A polêmica acerca das leis alimentares não é discutida. Ao contrário, ficamos sabendo de uma ampla série de viagens que levarão Paulo duas vezes até Corinto, na Grécia, nos anos 50-58 d.C. É mais que provável que, durante esse período, Paulo tenha escrito sua indiscutível correspondência conservada. A combinação da decisão de Jerusalém, que habilitava as Igrejas a aceitar livremente os gentios, com a discussão em Antioquia, que impulsionou Paulo a agir mais por conta própria, parece ter incentivado a fase mais criativa da vida do apóstolo.

1. De Antioquia, através da Ásia Menor, à Grécia e retorno (15,36–18,22). Na controvérsia de Antioquia, Barnabé e João Marcos podem bem ter aceitado a posição exigida pelos homens de Tiago, pois Atos, que silencia acerca das lutas entre Paulo e Pedro, narra *o confronto de Paulo com Barnabé e Marcos* (At 15,36-39), de modo que não mais puderam trabalhar juntos. Conseqüentemente, *Paulo toma consigo Silas ao partir em outra missão* (At 15,40-41),[74] cuja primeira parte o conduz pela Síria e por sua nativa Cilícia. A seguir, *Paulo volta a Listra e Derbe* (At 16,1-5). Por ocasião dessa visita, Timóteo é circuncidado, mas os estudiosos duvidam da historicidade desse fato, pois julgam inconcebível que Paulo tenha mudado sua opinião acerca da circuncisão ainda que fosse a fim de ganhar convertidos. Contudo, se Timóteo era considerado judeu, não há prova clara de que Paulo tenha exigido que judeu-cristãos renunciassem à circuncisão (cf. n. 55).

Paulo prossegue, através da Frígia e da Galácia, até Trôade (At 16,6-10). Em Trôade, ele tem a visão de um homem da Macedônia implorando ajuda, o que

---

[74] Costumam-se detectar em Atos três viagens missionárias de Paulo: uma (46-49 d.C.) antes da controvérsia em Jerusalém e duas depois dela (50-52, 54-58 d.C. — datação tradicional; cf. quadro 6); quando for útil, usaremos tal denominação. Contudo, é improvável que Paulo tenha compreendido sua vida missionária tão nitidamente dividida assim; com efeito, não é seguro que o autor de Atos tenha feito tal divisão, pois é mais fácil considerar tudo, com base em At 15,40–21,17, como uma única longa viagem. O certo é que, depois da decisão de Jerusalém, Atos demonstra que a atividade mais importante de Paulo vai mais longe do que seu primeiro esforço evangelizador.

o leva a atravessar a Grécia. Isso é visto pelo autor de Atos como um momento inspirado. (A fórmula "nós" da narrativa começa em Trôade e continua durante a travessia até Filipos; destarte, a participação pessoal do autor pode ter incrementado sua apreciação daquele momento — cf. Autoria.) A expansão da fé cristã até a Macedônia (e assim, à Europa, embora Atos não enfatize o continente) é apresentada praticamente como um destino traçado; com efeito, olhando para trás, as imensas contribuições de 2 mil anos de cristianismo europeu poderiam justificar tal opinião. Mais do que o autor de Atos sonhou, o apelo do homem da Macedônia trouxe definitivamente o cristianismo aos confins da terra, confins cuja existência não era sequer conhecida no século I.[75]

A evangelização em Filipos (At 16,11-40) mostra-nos algo do melhor e do pior de uma missão entre os gentios. A generosa abertura e o apoio de Lídia,[76] uma gentia devota do culto judaico, são um modelo para a família cristã. Por outro lado, os problemas legais e financeiros provocados pela moça que tinha poder de adivinhar lembra-nos que Paulo estava lidando com um mundo estranho e supersticioso. À medida que o relato prossegue, a miraculosa abertura da prisão recorda as cenas das libertações miraculosas de Pedro da prisão e mostra que Deus está com seu emissário junto aos gentios. A complexidade do julgamento de Paulo, porque ele é um cidadão romano, indica como os primeiros cristãos, a fim de sobreviver, tinham de usar todos os meios disponíveis, até a lei romana. A fórmula "nós" da narrativa acaba quando Paulo deixa Filipos, de modo que é possível que o companheiro anônimo tenha permanecido lá durante sete anos, até que Paulo voltasse (At 20,6; 51-58 d.C.).

Em Tessalônica (At 17,1-9), Paulo incorre no mesmo tipo de oposição judaica que prejudicou sua missão na Ásia Menor, antes da assembléia de Jerusalém. A lista de acusações contra Paulo e aqueles que o apoiavam em At 17,6-7 assemelha-se à lista de acusações contra Jesus ante Pilatos em Lc 23,2 — um rol encontrado apenas em Lucas. Veremos outras semelhanças entre o tratamento de

---

[75] Alguns, de outros continentes evangelizados pela Europa, queixam-se de que foram doutrinados com uma cultura estrangeira. Provavelmente, contudo, a europeização teria acontecido de qualquer jeito, e o fato de a cruz de Cristo ter sido plantada ao lado da flâmula do respectivo rei foi potencialmente um corretivo útil — tanto para os abusos que existiam antes da vinda dos europeus (o que é às vezes esquecido) quanto para os abusos que eles trouxeram.

[76] Compare-se ao apoio das mulheres galiléias a Jesus em Lc 8,3. Cf. Matson, D. L. *Household conversion narratives in Acts*. Sheffield, Academic, 1996. (JSNTSup, 123.)

Jesus e o tratamento de Paulo, um paralelismo que se amolda à teologia de Lucas-Atos. Forçado pela oposição judaica, *Paulo segue adiante para Beréia* (At 17,10-14), onde, num gesto interessante de imparcialidade, o autor nos diz que os judeus eram nobres e menos belicosos.

Contudo, os judeus de Tessalônica seguiram Paulo, obrigando-o a *avançar até Atenas* (At 17,15-34). Da mesma forma que o autor de Atos expressou um senso de destinação, enquanto Paulo cruzava a Europa, mostra uma avaliação daquilo que Atenas significava para a cultura grega ao narrar a estada de Paulo ali. Ele fornece um dramático contexto de filósofos epicureus e estóicos (At 17,18)[77] que procuravam encaixar o novo ensinamento em suas categorias. O autor tem conhecimento da ágora ou praça pública (At 17,17) e da colina do Areópago (At 17,19); compõe o discurso pronunciado ali num grego de qualidade, demonstrando conhecimento dos inúmeros templos e estátuas da cidade. O ardil com o altar dedicado a um deus desconhecido e as citações filosóficas e poéticas permitem uma abordagem aculturada da mensagem sobre Cristo, bem diferente dos gambitos de outros sermões em Atos. O toque de mestre da cena pode ser a reação da audiência cosmopolita a tal eloquência: uns zombam, outros descartam-no para uma próxima vez, outros acreditam.[78] Dali, Paulo irá diretamente para Corinto. Em 1Cor 2,1-2, ele descreve o que pode ter sido uma lição aprendida: "[...] quando fui ter convosco, irmãos, não me apresentei com o prestígio da palavra ou da sabedoria para vos anunciar o mistério de Deus. Pois não quis saber outra coisa entre vós a não ser Jesus Cristo, e Jesus Cristo crucificado".

A permanência de Paulo em Corinto (At 18,1-18) tem um interesse a mais: dali, Paulo escreve 1 Tessalonicenses, o escrito cristão mais antigo conservado;

---

[77] GÄRTNER, B. *The Areopagus speech and natural revelation.* Uppsala, Uppsala Univ., 1955.

[78] Um momento de reflexão sobre as três cidades mais importantes é oportuno. Atenas era o centro da cultura, da filosofia e da arte; a mensagem de Paulo teve êxito bem limitado ali, e não ficamos sabendo de nenhuma outra missão naquela cidade. Alexandria era o centro de aprendizado, com sua magnífica tradição bibliotecária; o eloquente pregador Apolo veio de lá (At 18,24); por outro lado, porém (e a despeito de lendas posteriores), não sabemos de nenhuma atividade missionária cristã ali antes do ano 70. Roma era a sede do poder imperial e do governo do mundo. Houve uma missão cristã bem-sucedida na capital nos anos 40; Paulo pôde dirigir-se a diversas Igrejas domésticas ali, antes de 60; acredita-se que vários escritos do NT foram endereçados à Igreja de Roma ou enviados por ela; finalmente, Pedro e Paulo teriam morrido ali. Por que maior atenção a Roma? Evidentemente os primeiros cristãos eram realistas: nem Atenas — o museu —, nem Alexandria — a biblioteca — podiam balançar o mundo, de modo que a cidade que era capaz disso era um alvo mais frutífero.

bem mais tarde ele endereçará outra correspondência a Corinto, fazendo-nos conhecer aquela Igreja paulina mais do que qualquer outra. Áquila e Priscila (Prisca), os quais ele encontra ali, representarão um papel na correspondência e na carreira posteriores de Paulo. (Atos usa uniformemente o nome Priscila, enquanto Paulo usa repetidamente Prisca.) Eles tinham vindo de Roma (provavelmente já como cristãos) e desejavam voltar para lá e fazer parte dos contatos de Paulo ("colaboradores em Cristo Jesus") com Roma, antes mesmo que ele chegasse lá (Rm 16,3). Vemos Paulo formar um círculo de companheiros e amigos que estarão em contato com ele durante sua vida (cf. capítulo 17). A referência à tecelagem no começo da estada de Paulo em Corinto recorda-nos a informação, em suas cartas, segundo a qual ele normalmente provia-se e não pedia ajuda financeira a seus ouvintes (também At 20,33-35). Outra vez deparamo-nos com a resistência judaica, de modo que Paulo é conduzido ao tribunal do procônsul Galião — uma figura cuja presença em Corinto oferece uma importantíssima pista para datar a missão de Paulo ali nos anos 51-52 d.C. (cf. p. 579). A indisposição do oficial romano em envolver-se com as questões religiosas judaicas faz parte do quadro geral do período pré-Nero, quando Roma ainda não se opunha aos cristãos. O *retorno de Corinto a Antioquia* (At 18,19-22) é compactado em um breve (e algo confuso) relato, tendo Paulo passado por Éfeso, Cesaréia e Jerusalém (a "Igreja" de 18,22?) durante a viagem.

2. De Antioquia a Éfeso e à Grécia e retorno a Cesaréia (At 18,23–21,14). Depois de algum tempo, *Paulo parte de Antioquia, passando pela Galácia e pela Frígia* (At 18,23). Enquanto Paulo encontra-se em viagem, ficamos sabendo *da presença de Apolo de Alexandria em Éfeso* (At 18,24-28) e, a seguir, no início da *estada de Paulo em Éfeso* (19,1-40[41]), de pessoas que acreditaram em Jesus, mas receberam apenas o batismo de João, sem nada saber sobre o Espírito Santo. Pouco esclarecimento é dado acerca de como tal situação podia existir — teriam sido evangelizadas por pessoas que conheceram Jesus durante o ministério, mas deixaram a Palestina antes da crucifixão e ressurreição?

Paulo permanece em Éfeso cerca de três anos.[79] At 19,11-19 atiça nosso interesse com retratos de Paulo, o operador de milagres, e dos exorcistas judeus,

---

[79] Três meses em At 19,8, mais dois anos em At 19,10, mais um tempo acrescentado em At 19,21ss = "três anos" de 20,31? Dali, Paulo parece ter escrito Gálatas, Filipenses, Filêmon e 1 Coríntios. Alguns detectam uma deliberada mudança no estilo missionário — irradiando de uma base fixa de operações, em vez de mover-se freneticamente após algumas semanas em cada lugar.

tentando expulsar espíritos impuros em nome de Jesus (cf. Lc 9,49-50). Uma tensão entre os que apelavam para Jesus tem muito peso em grande parte da correspondência escrita de Éfeso (Gálatas? Filipenses? Filêmon? 1 Coríntios). O refrão "a palavra do Senhor crescia" (At 19,20; cf. 6,7; 12,24) assinala que, além de Jerusalém e Antioquia, o cristianismo agora tem outro centro importante — Éfeso — e que o ministério de Paulo tem sido abençoado, como o fora o ministério dos Doze. At 19,21 é a primeira indicação do firme propósito de Paulo de ir a Roma, via Grécia e Jerusalém, uma antecipação importante de como o livro acabará. Há um colorido relato do motim dos artesãos em torno de Ártemis ou Diana dos Efésios (At 19,23-40[41]), que põe fim à permanência de Paulo.

Narram-se brevemente *as viagens de Paulo pela Macedônia em direção à Grécia* (At 20,1-3a), ou seja, Corinto, onde ele fica por três meses. (Nesse período, 57-58 d.C., ele escreve 2 Coríntios, antes de chegar a Corinto, e Romanos, em Corinto.) A seguir, *ele retorna pela Macedônia e Filipos* (At 20,3b-6). A fórmula "nós" da narrativa reaparece quando Paulo vai de Filipos *a Trôade, onde ressuscita um morto* (At 20,7-12), da mesma forma que Pedro ressuscitou Tabita em Jope (At 9,36-42). Seria interessante saber se o partir do pão de Paulo em At 20,11 significa que ele presidiu a eucaristia. Apressando-se para estar em Jerusalém durante o Pentecostes (58 d.C.), *Paulo navega ao longo da costa da Ásia Menor em direção a Mileto, costeando Éfeso* (At 20,13-16).

Em Mileto, ele pronuncia *um eloqüente discurso de despedida para os presbíteros da Igreja de Éfeso* (At 20,17-38). Esse discurso tem grande valor como um guia para compreender como o autor de Atos vê os presbíteros (cf. At 14,23) que herdam de Paulo o cuidado da Igreja. Nas cartas pastorais, informações indicam que (presumivelmente depois de ir a Roma e ser libertado da prisão) Paulo voltou à Ásia Menor em meados dos anos 60. Atos não demonstra nenhuma noção desse fato, de modo que o sermão constitui as últimas diretrizes para aqueles que ele não mais verá (At 20,25.38).[80] Começa com uma *apologia pro vita sua* (At 20,18-21), à proporção que Paulo reflete como tem servido ao Senhor; isso dá ensejo à previsão da prisão e dos sofrimentos que ele deverá padecer. Esse ho-

---

[80] Essa parte de Atos lembra o contexto das cartas pastorais, em que o tempo da partida de Paulo chegou (2Tm 4,6-8). De fato, tanto Atos quanto as pastorais (nessa ordem) mui provavelmente foram escritos depois da morte de Paulo. Muitos estudiosos pensam que, da correspondência disponível, Romanos foi a última carta realmente escrita por Paulo, e contém conservados seus últimos pensamentos.

mem, que pela primeira vez encontrou a confissão de Cristo em Jerusalém, há uns vinte anos, durante o julgamento e apedrejamento de Estêvão, agora está sendo levado pelo Espírito de volta à cidade onde será conduzido a julgamento em meio a gritos que pedem sua morte (cf. At 22,22). Nesse portentoso contexto, Paulo admoesta os presbíteros que deixa atrás de si a ser pastores do rebanho do qual o Espírito Santo os fez supervisores.[81] Conforme percebemos em 1Pd 5,1-4, a comparação dos presbíteros com pastores do rebanho estava bem estabelecida no final do século I. Embora tal imagem denote autoridade, a verdadeira ênfase recai na obrigação de cuidar do rebanho, não permitindo que ele seja devorado — em resumo, aquilo que queremos dizer com "cuidado *pastoral*", uma terminologia derivada do pastoreio. O perigo mais iminente a ser enfrentado, como também nas cartas pastorais, é o falso ensinamento: aqueles que dirão "coisas pervertidas, para arrastarem atrás de si os discípulos" (At 20,30). Paulo sublinha que provê ao próprio sustento, sem cobiçar a prata ou ouro de quem quer que seja (At 20,33-35) e, de fato, em outra parte do NT, conselhos aos presbíteros previnem-nos contra a corrupção do amor ao dinheiro (1Pd 5,2; Tt 1,7; 1Tm 3,3), uma tentação constante, pois os presbíteros administravam os fundos comuns.

Depois dessa despedida em Mileto, a viagem de retorno à Palestina continua, levando *Paulo a Tiro* (At 21,1-6), e a outro adeus dramático, e a seguir *a Cesaréia* (At 21,7-14). Ali, em casa de Filipe, o helenista, e de suas quatro filhas profetisas, o profeta Ágabo vem e simbolicamente vaticina o aprisionamento de Paulo. Assim, o caminho de Paulo para Jerusalém e o sofrimento impendente ecoam a viagem de Jesus para Jerusalém, onde seria agarrado e levado à morte (Lc 9,51; 13,33).

3. Detenção em Jerusalém; prisão e julgamento em Cesaréia (At 21,15–26,32). Atinge-se claramente um clímax quando *Paulo sobe a Jerusalém* (At 21,15-17), onde a fórmula "nós" de narração chega ao fim (At 21,18), para reaparecer somente seis capítulos e dois anos depois. *Paulo é recebido por Tiago e pelos anciãos* (At 21,18-25) e narra-lhes seu êxito entre os judeus. O livro dos Atos não consegue disfarçar as impressões negativas despertadas entre as autoridades cristãs de

---

[81] At 20,28: plural de *episkopos*, literalmente, "aquele que supervisiona", que é a palavra grega para bispo. Mais uma vez estamos perto da atmosfera das pastorais, que citam grupos de presbíteros-bispos nas Igrejas pós-paulinas, ou seja, presbíteros que supervisionam a vida e o ensinamento da comunidade.

Jerusalém pelos rumores (falsos) acerca daquilo que Paulo ensinava.[82] O plano bem-intencionado de levar Paulo a mostrar sua lealdade ao judaísmo purificando-se no templo (At 21,24) malogra quando *fanáticos iniciam um motim, argumentando que ele profanara o lugar santo* (At 21,26-30) introduzindo ali gentios. Paulo é salvo da turba graças *à intervenção de um tribuno romano, com soldados* (At 21,31-40). Depois de ser preso, porém, Paulo declara em grego que é um cidadão romano. Obtém a permissão de falar à multidão em aramaico.

No discurso de defesa de Paulo (At 22,1-21) é narrada mais uma vez sua conversão e o que sucedeu depois, com algumas variantes do relato original em At 9,1-30 (cf. At 9,7 e 22,9). *O discurso gera conflito* (At 22,22-29): a multidão reage violentamente, mas, graças à cidadania romana, Paulo obtém a proteção do tribuno. No dia seguinte, *Paulo é conduzido ante um Sinédrio* (At 22,30–23,11). Ele faz surgir desacordo entre os saduceus e fariseus a respeito da ressurreição. (Aqui existem reflexos do comparecimento de Jesus ante o Sinédrio, bem como de sua discussão com os saduceus sobre a ressurreição [Lc 20,27].) Ainda que o tribuno o salve da violenta confusão, uma visão do Senhor adverte-o de que ele deverá testemunhar em Roma. O sobrinho de Paulo frustrou o *plano judaico para matar este* (At 23,12-22). *Paulo é então enviado a Cesaréia e ao prefeito romano Félix* (At 23,23-35). O *julgamento de Paulo por Félix* (At 24,1-27), que era procurador na Palestina entre 52 e 60, forma um paralelo com o julgamento de Jesus ante Pilatos. O sumo sacerdote e os anciãos judeus apresentam-se a Félix com uma lista de acusações (At 24,5-6) parecidas com aquelas apresentadas pelo Sinédrio dos sumos sacerdotes e anciãos contra Jesus (Lc 23,1-2). A autocompreensão de Paulo em At 24,14 é notável: "Isto, porém, confesso-te: é segundo o Caminho, a que chamam de seita, que eu sirvo ao Deus de meus pais, crendo em tudo o que está conforme a Lei e se encontra escrito nos Profetas".[83] Curiosamente, somos informados de que Félix conhecia o Caminho (At 24,22). Paulo diz que trouxera esmolas para Jerusalém (At 24,17), confirmando indiretamente as numerosas referências em suas cartas à coleta para Jerusalém (especialmente em Rm 15,25-28). Félix espera uma propina — Josefo confirma

---

[82] Não temos prova alguma de que ele ensinava que "todos os judeus, que vivem no meio dos gentios, a apostatarem de Moisés" (At 21,21).

[83] Para o Caminho, cf. n. 21. Josefo enumera três seitas de judeus (a dos fariseus, a dos saduceus e a dos essênios); no tempo em que Atos foi escrito, os cristãos podem ter sido classificados de seita.

sua venalidade — e Paulo é deixado na prisão[84] em Cesaréia durante dois anos (58-60 d.C.), até o fim da procuradoria de Félix.

Paulo é interrogado por Festo (At 25,1-12), o procurador que governou em 60-62 d.C.; o prisioneiro, porém, recusa uma proposta de ser julgado em Jerusalém, e apela para César. O senso do autor para o drama é captado na resposta romana lapidar (At 25,12): "Para César apelaste, a César irás!" O paralelismo com o julgamento lucano de Jesus é acentuado porque *Festo transfere Paulo ao rei herodiano Agripa II* (At 25,13–26,32) para ser ouvido,[85] da mesma forma que Pilatos enviou Jesus a Herodes (Lc 23,7). Mais uma vez o rei herodiano não encontra culpa no prisioneiro. Pela terceira vez a conversão de Paulo no caminho de Damasco é narrada (At 26,9-20).

4. Viagem a Roma, como prisioneiro (At 27,1–28,14a). Empregando uma vez mais a fórmula "nós", Atos agora narra a longa viagem marítima, subindo pela costa da Síria, passando por Chipre, ao longo da costa sul da Ásia Menor, através da costa sul de Creta e, em meio uma grande tempestade, por Malta, Sicília, subindo a costa Oeste da Itália, até uma ancoragem em Putéoli, perto de Nápolis. Essa viagem provavelmente começou no fim do verão de 60 e terminou em 61. A sobrevivência à tempestade e à picada de serpente ilustra o cuidado de Deus por Paulo, cuja preocupação com os companheiros no navio e as curas realizadas em Malta mostram que seu senso missionário não o abandonou. Detalhes vívidos sobre a navegação e os diversos navios emprestam verossimilhança, embora alguns autores ceticamente rejeitem o todo como aistórico.

5. Paulo em Roma (At 28,14b-31). A chegada de Paulo, depois de sua longa e perigosa viagem marítima, é descrita numa extraordinária atenuação: "E assim foi que chegamos a Roma" (At 28,14b). Esse é o último passo predito por Jesus ressuscitado em At 1,8: "[...] sereis minhas testemunhas em Jerusalém, em toda a Judéia e Samaria, e *até os confins da terra*". Por esse tempo, no início dos anos 60, as comunidades cristãs já existiam em Roma havia cerca de vinte anos. Mas, no fio narrativo da história centralizada em Pedro e Paulo, atinge-se o clímax com a

---

[84] B. Rapske (TBAFC 3, 1994) faz um estudo exaustivo de como Paulo teria sido tratado sob a custódia romana.

[85] O'Toole, R. F. *Acts 26.* Rome, PBI, 1978. (AnBib, 78.)

chegada do grande missionário à capital. Ironicamente, as autoridades romanas enviaram-no para lá por causa de seu apelo ao imperador, e tornaram-se, assim, responsáveis pela evangelização do império. Bem no final, Atos mostra Paulo fazendo apelo aos judeus locais com a insistência de que ele não fizera nada "contra os costumes de nossos pais". At 28,21 é importante: o autor retrata a comunidade judaica em Jerusalém em íntimo contato com a comunidade judaica de Roma (o que pode muito bem ser um fato).[86] A pregação de Paulo sobre Jesus não logrou êxito algum, e as últimas palavras atribuídas a ele no livro, desesperando da atenção dos judeus, voltam-se firmemente para os gentios, que o escutarão.[87] O sumário que conclui o livro dos Atos fala da frutuosa evangelização de Paulo durante dois anos em Roma.

Fontes e características redacionais

Neste item, consideraremos os vários elementos que compõem o livro dos Atos: tradições e/ou fontes, discursos e sumários.

a) *Tradições e/ou fontes.* No capítulo 9, no tópico Fontes e características redacionais, vimos que o evangelista lucano não somente reconheceu as fontes das quais recebeu a tradição sobre Jesus ("as testemunhas oculares e os ministros da palavra"), mas também usou com fidelidade razoável fontes escritas (Marcos, Q). Alguns opinam que o autor não teve esses moderadores em Atos, de modo que foi bem mais criativo e, portanto, fictício. Parte da argumentação deles é de que as histórias sobre Jesus foram conservadas, mas os cristãos não estavam suficientemente interessados nos apóstolos ou nas Igrejas a ponto de conservar *os primeiros* fatos sobre eles que tinham probabilidade de ser genuinamente históricos. (Eles concordam em que o autor pode ter usado as tradições posteriores da Igreja de seu próprio tempo, completadas com acréscimos lendários; cf. HAENCHEN, E. *The Acts of the Apostles* [Philadelphia, Westminster, 1971], pp. 81-89.) Na verdade,

---

[86] É estranho que os judeus de Roma não tenha ouvido nada de hostil acerca de Paulo, pois, ao escrever aos romanos, Paulo parece esperar que, ao chegar, encontrará resistência da parte dos cristãos particularmente ligados ao judaísmo. Cf. BMAR 111-112.

[87] Certo número de estudiosos pensa que o autor aguardava uma missão permanente para os judeus. Na verdade, não há razão alguma para pensar que a pregação aos judeus fosse interrompida, mas a opinião culminante atribuída a Paulo não pressagiava resultado feliz.

existem muitas provas em contrário nos escritos paulinos autênticos.[88] Ademais, uma vez que o autor indica a veracidade pela dedicação de ambos os volumes de Lucas-Atos a Teófilo, não há razão para pensar que o planejamento cuidadoso de tudo, desde o começo prometido em Lc 1,3, teria parado no evangelho. Conseqüentemente, as seguintes questões merecem uma resposta: que fontes o evangelista possuía para as tradições que incluiu e desenvolveu em Atos? Dispunha ele de fontes escritas ou ao menos já formadas para Atos?

Ao discutir o evangelho de Lucas, vimos que as fontes para certo material lucano peculiar (L) podem ter sido pessoas que aparecem em Atos, como, por exemplo, o Herodes Antipas da tradição de Manaém em At 13,1. Com a suposição de que o autor fosse um companheiro de Paulo nas passagens "nós" de Atos (cf. Autoria), o relato em At 21,8-10 — "[...] dirigimo-nos à casa de Filipe [...] desceu da Judéia um profeta chamado Ágabo" — sugere que as histórias sobre Filipe, os helenistas e Ágabo em At 6,5; 8,5-40; 11,27-28 provieram de um ou de ambos os indivíduos. Se a tradição, segundo a qual o autor era Lucas de Antioquia, é acurada, teve ele contato ali com Barnabé, que lhe contou sobre a "primeira viagem missionária" de Paulo, realizada com Barnabé e Marcos (primo de Barnabé: Cl 4,10)?[89]

Além de fontes pessoais de informação, propuseram-se fontes fixas. Dois fatores têm contribuído para as várias sugestões: 1) Os diversos conteúdos de Atos cobrem, em seqüência cronológica (mas com alguma sobreposição), as atividades de três diferentes agentes, em três áreas geográficas, a saber: os *apóstolos*, em Jerusalém; os *helenistas*, que foram expulsos de Jerusalém e tiveram um papel no desenvolvimento da Igreja de Antioquia; e, finalmente, *Paulo*, cujas missões, tendo começado em Antioquia, partiram em direção oeste, "aos confins da terra". 2) Foram detectados dubletos (p. ex., caps. 4 e 5) na primeira metade de Atos e explicados como o produto do entrelaçamento de duas fontes. Por con-

---

[88] Conforme J. Jervell e outros têm salientado, o que acontecia em uma Igreja era narrado às outras (1Ts 1,8-9; 2Cor 3,2-3; Rm 1,8). Existem também referências aos apóstolos e a figuras conhecidas da Igreja (1Cor 9,5; 15,5-7), à Igreja de Jerusalém e da Judéia (1Ts 2,14; Gl 2) e aos costumes de todas as Igrejas (1Cor 14,33-34). Tais referências pressupõem que os auditórios já sabiam algo sobre essas figuras e comunidades.

[89] Cf. GLOVER, R. NTS 11, 97-106, 1964-1965. O autor encontrava-se em Trôade quando as passagens "nós" começaram (At 16,11), mas é possível que ele tenha vindo de Antioquia.

seguinte, uma hipótese representativa[90] descobre as seguintes fontes (tendo as primeiras duas entretecidas):

- Fonte de Jerusalém (Cesaréia, Palestina): At 1,6–2,40; 3,1–4,31; 4,36–5,11; 5,17-42; 8,5-40; 9,32–11,18; 12,1-23.
- Fonte (helenista) de Antioquia: At 6,1-6; 6,8–8,4; 11,19-30; 15,3-33.
- Fonte paulina: At 9,1-30; 13,3–14,28; 15,35–28,31, inclusive as passagens "nós" (cf. n. 98).

Há uma pequena evidência de que o autor de Atos estava presente em grande parte dos acontecimentos que narrou (excetuando-se as passagens "nós") e pouca probabilidade de que ele tenha inventado tudo; assim, ele deve ter tido informações e tradições à disposição. Mas essas tradições já teriam sido modeladas em fontes seqüenciais? O argumento do estilo é pertinente à discussão, mas dificilmente resolve o problema. Alguns pressentem um forte estilo semítico na primeira metade de Atos, e usam isso como prova para uma fonte de Jerusalém.[91] Contudo, argumentos estilísticos não são totalmente convincentes, pois o autor é capaz de arcaizar ao narrar uma história que tem um pano de fundo declaradamente judaico[92] — nesse caso, é estabelecido um contraste entre a Palestina e as áreas gentílicas do oeste que enquadrarão a narrativa seguinte. Além do mais, outros estudiosos encontram sinais do estilo e do vocabulário lucanos em várias seções de Atos, de modo que, se o autor usou tradições soltas ou fontes fixas, reescreveu o material que tinha em mãos. À guisa de resumo, pode-se fazer a seguinte observação: no uso das fontes em Atos, não existe nada do amplo acordo acerca do uso das fontes Marcos e Q no evangelho. Quer Atos tenha-se servido de tradições,

---

[90] Minha descrição segue J. A. Fitzmyer (JBC 45.6). Para um panorama completo, cf. DUPONT, J. *The sources of the Acts*; the present position. New York, Herder and Herder, 1964. Provavelmente, a fonte mais largamente proposta é de Antioquia. Segundo a complicada teoria textual dos estudiosos franceses Boismard e Lamouille (cf. n. 110), a edição original de Atos, agora perdida, serviu-se de uma fonte altamente histórica, composta na Palestina, por volta do ano 50, na qual *Pedro* era a figura principal. A seguir, com base em material anterior, o autor daquela edição (um judeu-cristão) compôs as viagens de *Paulo*.

[91] Partindo de elementos sintáticos, R. A. Martin (NTS 11, 38-59, 1964-1965) propõe fontes aramaicas para At 1–15.

[92] Cf. por exemplo, o estilo semítico das narrativas da infância, cujas personagens são os primeiros judeus a ter contato com Jesus.

quer de fontes, permanece um ponto fundamental: qual o valor histórico da narrativa final? Isso será discutido no tópico "Lucas", o historiador.

b) *Discursos*. Aproximadamente um terço de Atos consiste de discursos, pronunciados principalmente por Pedro, Estêvão, Paulo e Tiago.[93] Em vez de narrar em terceira pessoa o que está acontecendo, Atos prefere oferecer um discurso no qual uma das personagens principais explica o fato. Por que Atos adota essa técnica? Alguns a consideram simples ardil literário helenista para tornar a narrativa mais interessante e vivaz. Mais precisamente, tem sido considerado um artifício de antigos historiadores que compuseram discursos que poderiam servir de comentários oportunos, tendo-os colocado nos lábios de homens famosos. Túcides (*História* 1.22.1) diz que, embora se mantenha tão próximo quanto possível do sentido geral das palavras que foram pronunciadas, fizera a personagem dizer aquilo que, em sua opinião, a situação exigia.[94] Isso apontaria para uma possível combinação entre a lembrança do que foi contado e a própria imaginação interpretativa do historiador? No caso de Atos, mais uma vez devemos reconhecer que (se podemos nos basear nos limites das passagens "nós") o próprio autor de Atos não esteve presente quando muitos desses discursos foram supostamente pronunciados.

Exegetas mais conservadores têm sugerido que discursos importantes teriam sido memorizados por discípulos do emissor que *estiveram* presentes, de modo que poderíamos dispor substancialmente daquilo que foi dito. Outros pensam que não houve memória real alguma, de forma que os discursos são na verdade pura criação lucana. Outros, ainda, optam por abordagens diversas para diferentes discursos em Atos. Por exemplo, os discursos de Paulo, que são preparados adrede para uma ocasião,[95] podem ter sido composições livres do

---

[93] Contam-se os discursos em número de 24 a 28. Foram estudados no passado por eminentes especialistas como H. J. Cadbury (*The making of Luke-Acts*, 2. ed., London, SPCK, 1958, pp. 184-193) e M. Dibelius (*Studies in the Acts of the Apostles*, MaryKnoll, Orbis, 1987, pp. 138-185); excelentes sumário e reexame são apresentados por M. L. Soards (*The speeches in Acts*. Louisville, W/K, 1994).

[94] Luciano de Samósata (*Como escrever história* 58) declara: "Se alguém deve ser levado a pronunciar um discurso, que sua linguagem seja acima de tudo apropriada a sua pessoa e ao assunto... Contudo, aí é que se pode exercitar a retórica e mostrar eloquência". A maioria dos modernos não considera esse processo genuinamente histórico, mas é óbvio que Luciano julgava-o conciliável com aquilo que escrevera anteriormente (op. cit., 39): "A tarefa única do historiador é contar simplesmente o que aconteceu".

[95] At 17,22-31: no Areópago; At 20,18-35: em Mileto; At 22,3-21: em Jerusalém; At 24,10-21: diante de Félix; At 26,1-23: ante o rei Agripa; e At 28,17-20.25-29: aos judeus de Roma.

autor de Atos, interpretando a mente do grande missionário. Por outro lado, os discursos querigmáticos algo estereotipados de Pedro (At 2,14-36; 3,12-26; 4,8-12; 5,29-32; 10,34-43) e de Paulo (At 13,16-41), que fala do mesmo modo que Pedro, podem ter sido modelados em Atos com base em lembranças de um estilo primitivo de pregação apostólica. Conforme vimos, o discurso de Estêvão é quase único no pensamento e na ênfase, e alguns têm-no usado como uma prova de que Atos se serviu de tradições até mesmo em discursos não-querigmáticos. Qualquer que seja a procedência do material nos discursos, nenhum apelo a convenções puramente literárias ou historiográficas faz justiça ao modo como os sermões contribuem para o desenvolvimento do impulso teológico de Atos. O progresso da compreensão cristã do plano de Deus na história encontra neles expressão e, nesse ponto, é que me concentrei na Análise geral da mensagem.

c) *Sumários*. No evangelho, Lucas usou e desenvolveu alguns dos sumários de Marcos, bem como acrescentou seus próprios resumos. A narrativa das atividades em Jerusalém, em Atos, faz uso de sumários (At 2,42-47; 4,32-35; 5,11-16; 6,7) a fim de retratar o crescimento e a santidade da comunidade em seus tempos áureos e demarcar os passos no desenrolar da ação. Posteriormente, no livro, a última função é exercida por sumários de uma frase (At 9,31; 12,24; 16,5; 19,20; 28,30-31). Esse esforço para efetuar transições amplia a legibilidade de Atos como uma narrativa que flui serenamente. Alguns dos sumários compreendem o conhecimento que o autor possuía acerca dos primeiros cristãos de Jerusalém. Consideremos, agora, quão acurado era tal conhecimento.

"Lucas", o historiador

Nossa breve análise das características redacionais salientaram as habilidades do autor como teólogo e narrador, mas deixou aberta a muito discutida questão de seu papel como historiador. Como ele inicia sua obra em dois volumes falando de um relato bem ordenado, baseado na palavra transmitida por testemunhas oculares originais, e de uma esquematização de tudo, desde o começo, escrito sistematicamente (Lc 1,1-3), em todos os níveis a questão da historicidade é oportuna. Contudo, sem considerar o que ele soubera por outros a respeito de Jesus, o que o autor sabia da Igreja primitiva de Jerusalém, sobre a expansão do cristianismo e acerca de Paulo? Estimativas desse conhecimento estão refletidas em avaliações de Atos que vão do quase puramente fictício ao notavelmente acurado.[96]

Antes de entrar nos detalhes da discussão, todos deveriam reconhecer que as narrativas de Atos são altamente seletivas, cronológica e geograficamente. Um cálculo razoável estima que os caps. de 1 a 8 compreendem um período de três anos e os caps. de 9 a 28, quase vinte e cinco anos. Os incidentes narrados naquele leque de tempo são realmente poucos. Concentrando-se nos cristãos de Jerusalém e na transição para Antioquia, Atos não nos diz quando e como os seguidores de Jesus se espalharam até Damasco (At 9,2). O autor possui informações acerca das viagens de Paulo a oeste, mas nada conta a respeito da difusão dos missionários ao leste da Síria e à África do Norte, ou à evangelização inicial de Roma (cf., porém, n. 12). Assim, ainda que tudo o que ele narra apareça como historicamente correto, seria um relato esquemático.

O que o autor de Atos sabia acerca das Igrejas primitivas de Jerusalém e de Antioquia? Visto que não existe nenhuma outra fonte detalhada desse período, há muita coisa que jamais poderemos verificar, como por exemplo, a importunação de Pedro e João da parte de autoridades sacerdotais, a existência e o martírio de Estêvão, o assassinato de Tiago, filho de Zebedeu, por Herodes Agripa. (Presumir que tais eventos são fictícios seria assumir um ceticismo propositado.) Dois elementos que podem contribuir para uma avaliação inteligente da historicidade são a determinação de *plausibilidade*, por meio do que sabemos de outras fontes acerca das cenas judaicas e cristãs, e a detecção de *prováveis erros* naquilo que é afirmado. Quanto à avaliação da plausibilidade, devemos levar em consideração o desejo do autor de confirmar a fé de Teófilo. Não há dúvida, por exemplo, de que ele romantizou o quadro dos primeiros cristãos de Jerusalém com relação à rapidez e ao número de conversões, à santidade de vida, à generosidade em desfazer-se

---

[96] W. Gasque (*A history of the criticism of the Acts of the Apostles*, Tübingen, Mohr-Siebeck, 1975) oferece um bom panorama. Pólos opostos na abordagem crítica anterior de Atos eram representados por F. C. Baur (que via em Atos uma solução conciliatória do século II entre os gentios seguidores de Paulo e os judaizantes seguidores de Pedro) e W. M. Ramsay (que apresentou seus estudos geográficos e arqueológicos da Ásia Menor para confirmar a historicidade de Atos). No começo do século XX, fortes argumentos a favor da historicidade foram apresentados pelo historiador liberal A. von Harnack (*Luke the physician*; the author of the third Gospel and the Acts of the Apostles, New York, Putnam's, 1907) e pelo historiador clássico alemão E. Meyer.

das posses, à unanimidade. Implicitamente ele admite essa simplificação quando, à moda de exceção, conta as histórias da traição de Ananias e Safira, bem como a divisão entre hebreus e helenistas. Contudo, levando-se em conta tal romantização e simplificação, o quadro de valores, ações e organização de uma comunidade judaico-cristã, de mentalidade apocalíptica, é bem plausível quando posto à prova comparando-o com os elementos da comunidade dos MMM. Sobre paralelos do NT, a importância dada a Pedro e a João entre os Doze é confirmada por Gl 2,9, da mesma forma que Pedro, como o principal evangelista missionário entre os Doze, é confirmado por Gl 2,7 e 1Cor 9,5. Conforme vimos, muitos estudiosos acreditam que a querela entre hebreus e helenistas em At 6 estava ligada à aderência ao templo. Se assim for, o quadro de Atos, segundo o qual não foram os Doze que evangelizaram Samaria, mas sim aqueles que não tinham nenhuma lealdade ao templo de Jerusalém, pode encontrar alguma confirmação em Jo 4,23.37-38.

Quanto a prováveis erros, os mais óbvios estão na história da Palestina, mais do que na história cristã. Se, talvez, por motivos anti-saduceus, o ancião Gamaliel defendeu ou não alguma tolerância no confronto com os primeiros seguidores de Jesus (At 5,34-39), não podemos saber, mas seu discurso é, na maior parte, criação lucana. Lc 2,2, combinado com Lc 1,5, é inexato acerca da data do censo de Quirino; há inexatidão semelhante em At 5,37 sobre a revolta de Judas, o Galileu, direcionada contra aquele recenseamento (cf. n. 33). No tempo em que Atos foi escrito, a corte romana itálica encontrava-se na Síria e, quando necessário, podia ser usada em Cesaréia; não é impossível que At 10,1 seja um anacronismo ao atestar sua presença ali por volta do ano 39. Contudo, essas pequenas incoerências não significam que possamos descartar a historicidade geral da imagem do cristianismo primitivo em Atos, da mesma forma que imprecisões em Josefo e as discrepâncias entre *Ant.* e *Guerra* não nos dão o direito de rejeitar sua historicidade geral.

O que o autor de Atos sabia acerca das viagens missionárias de Paulo? Na subseção Autoria, a seguir, discutiremos se o autor de Atos pode ter sido companheiro de Paulo por um período de tempo limitado, com base nas passagens "nós". (Ali, o retrato que o autor apresenta do relacionamento de Paulo com Jerusalém e seu conhecimento da teologia paulina serão comparados à própria expressão de Paulo nas cartas.) Aqui, interessam-nos os fatos das viagens de Paulo. Há muito tempo, os estudiosos britânicos J. B. Lightfoot e W. M. Ramsay salientaram a extraordinária exatidão do conhecimento de Atos sobre os títulos bem diferentes dos oficiais municipais e imperiais nas várias cidades visitadas (p. ex., At 13,12; 17,6; 18,12; 19,31.35) — uma precisão muitas vezes confirmada por inscrições datáveis, descobertas nos respectivos sítios. Acima de tudo, o livro é também acurado acerca das fronteiras e do posicionamento dos distritos e províncias nos anos 50. Essas observações constituem um fator importante no questionamento da tese de que Atos foi uma ficção escrita em meados do século II, pois, àquela altura, até mesmo um pesquisador meticuloso teria muita dificuldade em ser acurado acerca de tais detalhes. Da mesma forma, grande parte do que Atos nos conta corresponde muito bem ao que podemos determinar das cartas de Paulo (quadro 5, no capítulo 16).

Considerando que ele não foi uma testemunha ocular dos fatos que narra e que ele é altamente seletivo, o autor de Atos não obtém notas ruins quanto à precisão histórica nas várias seções de seu livro. Embora tenha escrito mais em estilo bíblico do que no estilo histórico clássico, não é ridículo pensar que o autor tenha sido um candidato adequado para membro da confraria dos historiadores helenistas, ainda que jamais pudesse ser eleito presidente da sociedade. Contudo, ao avaliar o historiador Lucas, vale a pena recordar que este jamais chamou seu evangelho de evangelho e jamais chama seu Atos de história. Ele designou os dois como *diēgēsis*, "narrativas".[97] Em Atos, a narrativa que ele desenvolve tem como objetivo primário oferecer segurança aos que crêem (Lc 1,4) e fortalecê-los com intuições teológicas. Portanto, seja qual for a história que Atos conserva, está colocada a serviço da teologia e da evangelização pastoral.

Autoria

Na subseção Autoria do capítulo 9, vimos a razoável possibilidade de o evangelista lucano ser um gentio (um sírio de Antioquia?) que se converteu ou sentiu-se atraído ao judaísmo alguns anos antes de ser evangelizado por pregadores

---

[97] Fitzmyer, J. A. *Luke*, AB, 1981, 1.17. R. I. Pervo (*Profit with delight*; the literary genre of the Acts of the Apostles, Philadelphia, Fortress, 1987), enfatizando que Atos apresenta uma mensagem edificante, com aparência de divertimento, argumenta que a classificação apropriada de Atos entre os escritos antigos seria a de romance popular. Essa é uma boa classificação para alguns dos *Atos* apócrifos, mas será que faz justiça ao sólido conteúdo histórico do Atos canônico? Na classificação da literatura moderna, alguns "romances históricos" contêm fatos altamente confiáveis, entretenidos num fio narrativo simplificado.

cristãos. Com base em Atos, o detalhe de que ele era companheiro de Paulo foi acrescentado tanto pela tradição da Igreja primitiva quanto pela análise interna. Tudo isso está conectado a diversas suposições interligadas: as passagens "nós"[98] são históricas; somente duas pessoas estavam implícitas no "nós" (Paulo e um companheiro anônimo); o autor de Atos era o "nós" companheiro. Demos uma olhada nessas suposições.

Não há nenhuma razão de peso para duvidar de que as passagens "nós" sejam históricas no sentido geral de que Paulo fez as viagens em questão. Será que havia um companheiro específico que o acompanhava (e sabia, portanto, os detalhes) ou o "nós" é simplesmente uma convenção literária para viagens a bordo de navios? Num artigo freqüentemente citado, V. K. Robbins[99] oferece exemplos de "nós" usado em tais viagens marítimas na literatura greco-romana contemporânea. Contudo, J. A. Fitzmyer examinou os exemplos e julgou-os insuficientes;[100] ademais, estão longe de explicar satisfatoriamente o uso em Atos. Se o "nós" é puramente convencional, por que esse uso pronominal não aparece ao longo de todo o caminho marítimo em Atos, em vez de em apenas algumas seções separadas por anos na narrativa? Além do mais, na primeira passagem "nós" (At 16,10-17), Paulo encontra-se em terra, em Filipos, em todos os versículos, menos em dois. (Cf. também At 20,7-12; 21,15-18, na segunda e na terceira passagens "nós".) Finalmente, pode-se argumentar que "nós", em Atos, deveria ligar-se ao "nos" de Lc 1,1-2, que nada tem a ver com viagem marítima.

Uma explicação simples considera o "nós" autobiográfico, de forma que as passagens "nós" constituem um tipo de diário a descrever momentos em que o escritor estava com Paulo. Normalmente, pois, seguir-se-ia que o escritor do diário seria o autor de todo o livro dos Atos, especialmente porque o estilo geral e os

---

[98] São elas: At 16,10-17 ("segunda viagem missionária", de Trôade a Filipos); At 20,5-15; 21,1-8 (final da "terceira viagem missionária", de Filipos a Jerusalém); At 27,1–28,16 (Paulo enviado como prisioneiro de Cesaréia a Roma).

[99] BR 20, 5-18, 1975, reimpresso em TALBERT, C. H. (ed.). *Perspectives on Luke-Acts*. Edinburg, Clark, 1978. pp. 215-242.

[100] *Luke the theologian*, New York, Paulist, 1989, pp. 16-22. Por exemplo, alguns estão na primeira pessoa do singular, e não do plural, sendo, portanto, simplesmente autobiográficos; em muitas partes da narrativa, não apenas durante as viagens, alguns usam um "nós" que é apenas levemente diferente de um "nós" editorial.

propósitos das passagens "nós" são os mesmos encontrados alhures no livro. No entanto, os estudiosos que não conseguem conciliar a imagem de Paulo em Atos com o Paulo "real" revelado por suas próprias cartas têm proposto que o autor obteve um diário de um verdadeiro companheiro de Paulo e incluiu seções dele em momentos adequados da narrativa elaborada ao redor delas. Antes de recorrer a solução tão complicada, precisamos examinar quão irreconciliáveis Atos e as cartas paulinas realmente são.

Atos oferece informação sobre *a vida anterior de Paulo*. Ele era de Tarso e seu nome era Saulo. Foi educado e estudou em Jerusalém e, ao que parece, não foi para lá sozinho, pois em At 23,16 encontramos o filho da irmã de Paulo em Jerusalém. Atos conta que, depois da conversão, Paulo voltou a Tarso (At 9,30), indo só mais tarde para Antioquia (At 11,25-26), mas nada informa acerca da vida ou das atividades de Paulo ali. Muitas dessas coisas superam as informações das cartas de Paulo, sem que sejam contraditórias, embora a educação de Paulo em Jerusalém, em vez de Tarso, seja discutida (capítulo 16).

O verdadeiro desafio para que o autor seja identificado com o "nós" companheiro relaciona-se ao seu conhecimento *da teologia e da carreira de Paulo como missionário de Cristo*. Na seção anterior — "Lucas", o historiador —, vimos que Atos se sai até bem no contexto da historiografia antiga. Todavia, alegando que um verdadeiro companheiro teria sido bem cuidadoso, aqueles que questionam a identidade do autor enfatizam as discrepâncias que podem ser detectadas entre Atos e as cartas paulinas. Em tais questionamentos, às vezes, uma divergência é injustificavelmente elevada a uma contradição. Por exemplo, Conzelmann (*Acts*, Hermeia, 1987, p. xlv) falsifica a prova: "Lucas nega o título apostólico até mesmo a Paulo". At 14,14 fala dos "apóstolos Barnabé e Paulo". Aquela referência (também At 14,4) é muitas vezes descartada sob a (indemonstrável) alegação de que Atos quer indicar os apóstolos da Igreja de Antioquia, algo como um título menor. (Os leitores seriam levados a suspeitar isso pela narrativa de Atos?) Ainda que assim fosse, o "nega" de Conzelmann é inapropriado, pois o dado prova apenas que, no uso de Lucas-Atos, "apóstolos" normalmente indica os Doze (que era provavelmente o uso comum na última parte do século I; cf. Mt 10,2; Ap 21,14). Não há nenhum sinal de que isso seja uma rejeição consciente do uso pessoal de Paulo — dificilmente é uma difamação de Paulo, que é o herói exaltado de toda a segunda parte de Atos.

No entanto, deixando de lado os exageros, ainda permanecem diferenças significativas. Os exemplos mais importantes envolvem a narrativa do retorno de Paulo a Jerusalém, após sua conversão por volta de 36 d.C., e a aceitação das regras de pureza alimentar por parte de Paulo, após o encontro de Jerusalém, em 49 (cf. *pp. 415-416 e 428-429*). O autor de Atos também demonstra desconhecer as cartas paulinas,[101] e silencia a respeito de muitos dos principais temas teológicos enfatizados nas cartas. Em um artigo famoso, P. Vielhauer[102] argumenta que a teologia natural de Lucas-Atos, a visão da obediência à lei mosaica, a cristologia (nada de preexistência ou de Cristo cósmico) e a escatologia (não iminente) são diferentes das de Paulo. Contudo, outros discordam e não encontram contradições.[103] Pelo menos não se deveriam subestimar as semelhanças. A fórmula eucarística em Lc 22,19-20 é bem próxima daquela de 1Cor 11,23-25. Que a primeira aparição do Senhor ressuscitado tenha sido a Simão Pedro indica-o Lc 24,34 e 1Cor 15,5. A imagem de Paulo em Atos como alguém que opera milagres é confirmada em 2Cor 12,12 e Rm 15,18-19. Quanto às diferenças, ainda que no geral Atos não acentue o tema da justificação e prefira o perdão dos pecados, At 13,38-39 fala de ambos e declara que a justificação vem da fé em Cristo, e não da observância da Lei (cf. também At 15,8-9). A cristologia básica de Jesus como Filho de Deus conforme verbalizada em At 13,33 não se distancia de Rm 1,3-4. A teologia natural do ser capaz de reconhecer Deus com base na criação é partilhada por At 17,24-30 e Rm 1,19-21; 2,15. Atos certamente enfatiza uma continuidade de Cristo com a história da salvação de Israel que é difícil conciliar com a compreensão radical, apocalíptica, de Paulo acerca da novidade

---

[101] Embora isso seja amplamente sustentado, cf. WALKER, W. O. *Acts and the Pauline corpus reconsidered*. ISNT24, 3-23, 1985; cf. também M. D. Goulder (PRS 13, 97-112, 1986), que sustenta que Lucas conhecia 1 Coríntios e 1 Tessalonicenses.

[102] On the Paulinism of Acts, SLA 33-50 (original alemão de 1950-1951). Grande parte de sua argumentação usa como modelo de julgamento a teologia de Gálatas, Romanos e 1–2 Coríntios. K. P. Donfried (TTC 3-26) acredita que a teologia do Paulo de Atos é bem próxima daquela refletida em 1 Tessalonicenses — um Paulo ainda influenciado pelo que aprendera em Antioquia, na Síria, e antes que sua postura acerca da justificação fosse aguçada pela polêmica posterior (Gálatas) contra missionários judeu-cristãos que insistiam na circuncisão e justificação mediante a observância das obras da lei mosaica.

[103] Gärtner, op. cit.; BORGEN, P. CBQ 31, 169-182, 1969. A. J. Mattill Jr. (*Luke and the last things*, Dillsboro, NC, Western North Carolina, 1979) nega que o autor acreditasse no fim iminente. Um amplo grupo de estudiosos considera que a ênfase em At 1,7 indica um teólogo a sustentar que não se sabe quando o fim virá — uma visão que é conciliável com a alternação entre a esperança de que virá em breve e o pensamento de que pode tardar. Cf. também Temas e problemas para refexão, 4, no capítulo 9.

de Cristo conforme expressa em Gálatas,[104] mas não é inconciliável com o quadro de Rm 9–11.

Fitzmyer, que acredita que Atos foi provavelmente escrito por Lucas, nota que o "nós" companheiro estava com Paulo apenas em determinados momentos.[105] As referências "nós" começam em Trôade, durante a "segunda viagem missionária", por volta de 50; portanto, o "nós" companheiro pode ter tido apenas um vago conhecimento de acontecimentos anteriores. A primeira passagem "nós" interrompe-se depois que o companheiro e Paulo foram de Trôade a Filipos, e a próxima reaparece quando Paulo navega de Filipos (At 20,5) à Palestina, em 58. Ficamos com a suposição de que o "nós" companheiro permaneceu em Filipos durante todo o período intermediário de mais ou menos sete anos (enquanto Paulo viajou a Corinto, voltou à Palestina e a Antioquia, foi a Éfeso, onde permaneceu por longo tempo, indo a seguir, mais uma vez, para Corinto). Se ele permaneceu em Filipos, não estava com Paulo durante o envio de 1 Tessalonicenses, Gálatas, Filipenses, Filêmon, 1–2 Coríntios e Romanos (conforme datadas pela cálculo mais plausível — quadro 6, no capítulo 16). Isto poderia explicar por que o companheiro, mesmo tendo escrito Atos, não sabia das cartas ou da teologia nelas modelada pelas situações que Paulo enfrentou.

Existe muito mais a ser dito em favor desse argumento, mas, como o reconhece Fitzmyer, restam problemas. O primeiro problema é com a carta de Paulo aos Filipenses, escrita enquanto ele estava na prisão — o "nós" companheiro não deveria conhecer tal carta? Existem três propostas para a datação do escrito: de Éfeso, em 54-56, de Cesaréia, na Palestina, em 58-60, e de Roma, em 61-63. O "nós" companheiro estaria com Paulo na Palestina em 58-60 (mas estava em Cesaréia ou permaneceu em Jerusalém?); foi com Paulo a Roma em 60-61 (contudo, como a passagem "nós" acaba em At 28,16, teria ele ficado com Paulo aí durante os dois anos descritos em At 28,30?). Na verdade, segundo a melhor opinião, Filipenses foi escrita em Éfeso, em 54-56 (cf. capítulo 20); mas, se o "nós" companheiro estava em Filipos de 50 a 58, ele teria estado ali quando a

---

[104] Fitzmyer (*Luke*, AB, 1981, cit., 1.21) pode ser demasiado otimista: "Exarando a mensagem cristã primitiva da história da salvação, em vez da apocalíptica, Lucas simplesmente toca a mensagem numa clave musical diferente".

[105] Nesse ponto ele contradiz aquilo que considera um exagero em Irineu, AH 3.14.1: "Lucas era inseparável de Paulo".

carta chegou. Se ele é Lucas, por que não é mencionado na carta?[106] Por outro lado, de todas as comunidades paulinas, os filipenses são os mais atenciosos com o bem-estar de Paulo, jamais esquecendo de enviar-lhe ajuda em suas atividades (Fl 4,14-18) e na prisão. Isso seria devido a alguém que fora até lá como companheiro de Paulo, permanecera em Filipos, orientando a comunidade e assegurando que ela não se esquecesse do apóstolo que a evangelizou? Poderia ele ser o "verdadeiro colaborador/companheiro" de Fl 4,3?

O segundo problema gira em torno da proposta de que, uma vez que o "nós" companheiro não se achava com Paulo entre 50 e 58, pode não ter conhecido ou no mínimo não ter sido afetado pela teologia dos grandes debates refletidos nas cartas daquele período. Contudo, o "nós" companheiro viajou com Paulo em longas andanças depois de 58, e certamente deveria ter-se informado acerca das controvérsias e da teologia desenvolvida em resposta. A objeção perde algo de sua força, porém, se Atos foi escrito diversas década depois da morte de Paulo, quando suas lutas com os judaizantes seriam uma lembrança longínqua e não mais tão importantes. Quando se avalia Atos, algumas diferenças em relação às cartas de Paulo podem provir não porque o autor ignorasse o pensamento de Paulo, mas por causa de sua ênfase naquilo que considerava mais apropriado para outra geração. Ele podia, por exemplo, ter sabido das dificuldades de Paulo com os cristãos de Corinto (refletidas em quatro ou mais cartas, mais uma visita corretiva), mas optado por guardar silêncio a fim de não escandalizar seus leitores? Ou ainda, se ele estava familiarizado com a certeza de Paulo de que todo o Israel seria salvo pela vinda a Cristo (expressa em Rm 11,25, em 57/58 d.C.), agora, vinte e cinco anos mais tarde, ele pode ter sentido que tal otimismo já não se justificava (At 28,25-28). Teria sido desonestidade do autor de Atos adaptar Paulo a situações posteriores, colocando uma visão diferente em seus lábios? Essa questão presume que Paulo tinha apenas uma opinião sobre o assunto — um pressuposição tornada suspeita pela variedade de posições atestadas nas cartas autênticas. Paulo era sempre otimista acerca do futuro do evangelismo entre os judeus ou a carta aos Romanos não estaria antes refinada para uma comunidade

---

[106] Contudo, entre os contatos filipenses, somente Epafrodito, que trouxera presentes para Paulo, as duas mulheres fofoqueiras, Evódia e Síntique, e Clemente são mencionados pelo nome em Filipenses, de modo que não estamos lidando com uma carta que oferece uma lista exaustiva.

que mantinha lealdade ao judaísmo? Não é possível que o autor de Atos tenha enfatizado uma vertente mais pessimista do pensamento paulino (talvez secundário) com o qual ele concordava? Podemos supor que os escritores antigos teriam ficado muitas vezes perplexos com o que os analistas modernos consideram contradições.

Em resumo, não é impossível que uma figura secundária, que viajara com Paulo durante pequenos períodos de seu ministério, tenha escrito Atos, décadas depois da morte do apóstolo, se se levar em conta que ele desconhecia detalhes da vida pregressa de Paulo, que simplificou e reorganizou a informação (da mesma maneira que fizera no evangelho com o material que pegou de Marcos), e que, como verdadeiro teólogo, repensou alguns dos pontos enfatizados por Paulo, que não vinham mais a propósito. Não dispomos de nenhuma prova para certificarnos de que o autor era Lucas, como o afirmava a tradição do século II, mas não existem sérias razões para propor um candidato diferente. Lucas é mencionado apenas uma vez nas cartas autênticas de Paulo (Fm 24) e duas vezes nas deuteropaulinas (Cl 4,14; 2Tm 4,11), de modo que ele certamente não era a personagem paulina mais óbvia à qual fixar-se como a um autor fictício.[107] Não há nada que contradiga que Lucas esteve com Paulo nos lugares e períodos indicados pelas passagens "nós", e ele corresponde ao perfil de uma figura importante. Essa proposta de autoria tem mais a favor de si do que as demais teorias, mas a única coisa que se poderia dizer é: "não é impossível".

Temas e problemas para reflexão

1. Atos tem um problema textual mais agudo do que qualquer outro livro do NT. Ao tratar de Lucas (capítulo 9, Temas e problemas para reflexão, 1), vimos que a família ocidental das provas textuais tem uma leitura mais breve em oito ou mais versículos. Em Atos, porém, as provas textuais ocidentais têm um texto grego do livro um décimo *mais longo* do que a tradição textual egípcia ou

---

[107] Como alguns dos companheiros de Paulo mais conhecidos, como Timóteo e Tito, encontravam-se em outra parte durante um ou outro dos períodos de tempo implicados, podem ser eliminados. De quando em vez tem-se sugerido que Lucas foi apontado porque Atos termina em Roma e, de acordo com 2Tm 4,11, escrito em Roma, Lucas teria sido o único companheiro de Paulo ali.

alexandrina![108] (A separação entre Atos e Lucas pode ter conduzido a uma história textual diferente). O material extra inclui frases, sentenças e versículos inteiros; cf. At 13,27; 15,29; 18,27; 19,1 e 28,31 (Fitzmyer, JBC 45.7). Com base nas provas manuscritas e patrísticas, apenas, não se pode decidir qual é mais antigo. A opinião geral considera o texto oriental mais original, enquanto o texto ocidental seria mais parafrástico, refletindo adições de glosas de enriquecimento religioso, feitas por copistas (como em At 6,8; 7,55), esclarecimentos (como em At 15,34; 16,35-40) e opiniões acentuadas.[109] Contudo, existem razões para desacordo: dados extras incluídos no texto ocidental combinam com o estilo do restante do texto, são muitas vezes neutros e às vezes parecem indicar conhecimento adicional mais acurado (cf. At 12,10; 19,9; 20,15; 28,16). A fim de resolver o problema, muitos têm recorrido a uma teoria de duas edições diferentes de Atos (em vez de remendos de copistas). Variações da teoria das duas edições são: a) Lucas fez ambos, o texto oriental como segunda tentativa, mais elaborado, ou o texto ocidental como um segundo esforço, mais extenso; b) um segundo escriba produziu o texto ocidental glosando o primeiro com notas que Lucas deixara de lado; c) o texto ocidental era a edição original, enquanto uma edição abreviada foi produzida no século II para mais ampla circulação ou para oferecer uma obra de grande elegância; d) uma edição original de Atos não mais existe; pode ser reconstruída com base no texto ocidental, cujo autor usou-a como sua fonte principal; outro autor produziu o texto oriental revisando o texto ocidental à luz do original, ao qual teve acesso independente.[110] Qualquer que seja a solução, a maioria dos comentários baseia-se no texto oriental, mais breve.

---

[108] Essa última é mais puramente representada pelo Codex Vaticanus, enquanto as mais importantes provas ocidentais são o Códice greco-latino de Beza, uma versão latina norte-africana e uma versão siríaca (Harclean). C. K. Barrett (*Acts*, ICC, 1994, 1.2-29) oferece uma discussão detalhada e equilibrada de provas textuais. A maioria das leituras ocidentais pode ser encontrada em notas da tradução apresentada em Foakes Jackson, *Beginnings*, vol. 4. Discute-se se havia um único texto ocidental ou apenas leituras ocidentais, e se Irineu conhecia a tradição textual ocidental, por volta de 180.

[109] Para E. J. Epp (*The theological tendency of Codex Bezae Cantabrigiensis in Acts*, Cambridge, Cambridge Univ., 1966, SNTSMS, 3) há uma crescente tendência antijudaica no texto ocidental.

[110] Essa é a tese de M.-E. Boismard e A. Lamouille, os quais, tendo começado em 1984, produziram um espetacularmente detalhado estudo francês em vários volumes, resumido por J. Taylor (The making of Acts: a new account, RB 97, 504-524, 1990). O autor do texto ocidental é indicado como aquele que dividiu Lucas-Atos em dois volumes, providenciando um prefácio para cada um.

2. Com relação ao estabelecimento definitivo do reino de Deus (e à segunda vinda de Jesus), At 1,7 — "Não compete a vós conhecer os tempos e os momentos que o Pai fixou com sua própria autoridade" — tornou-se a resposta da grande Igreja: crença de que tais coisas acontecerão, mas desconhecimento de quando e como. Muitas vezes, em agudo conflito com essa posição, os apocalípticos empreendem grandes esforços em cálculos e predições do fim dos tempos. Até agora, têm-se mostrado sempre enganados acerca das datas marcadas, de modo que os cristãos da grande Igreja tendem a olhar com desagrado predições futuristas, considerando-as fanáticas. Contudo, um cristianismo fortemente apocalíptico presta um serviço. Se os que afirmam que não sabem os tempos e as estações esquecerem a proposição de fé de que Jesus voltará a fim de julgar os vivos e os mortos, começarão a pensar que podem construir o reino de Deus. Os apocalípticos estão bem certos de que o fim dos tempos depende da instituição do reino de *Deus*, pois os homens, por conta própria, normalmente constroem apenas a Torre de Babel. Talvez os cristãos precisem professar com igual entusiasmo que não podem saber nem os tempos nem as estações, e que um dia, de um modo que provavelmente será uma surpresa para todos, Deus estabelecerá seu reino.

3. Muitos discursos e sermões em Atos começam contando a história do AT antes de narrar a história de Jesus. Esse padrão pode carecer de ênfase na pregação de hoje.[111] Ao longo dos séculos depois que Deus chamou os escravos hebreus e fez deles o povo de Israel, a autocompreensão deles seria posta à prova a fim de averiguar se algo havia realmente mudado com aquele chamado, especialmente quando perderam a Terra Prometida e foram levados para o exílio. Em outras palavras, eles viveram antecipadamente aquilo que muitas vezes acabou sendo a experiência cristã nos séculos posteriores a Jesus. Tanto os judeus quanto os cristãos acabaram precisando da fé para perceber as realidades de Deus em uma longa história da qual Deus, às vezes, parece ausente. O NT sozinho cobre apenas um período muito curto e também está demasiado pleno de êxito para ensinar aos cristãos essa lição. À guisa de exemplo particular, durante séculos, o AT (à exceção de versículos dos salmos) jamais foi lido nas igrejas católicas romanas aos domingos, uma negligência que deixou o povo sem familiaridade com aquilo que tão bem era ensinado ali. Após o Vaticano II, tal defeito foi corrigido, mas ainda é

---

[111] Cf. The preaching described in Acts and early christian doctrinal priorities, em meu livro *Biblical exegesis and Church doctrine*, New York, Paulist, 1985, pp. 135-146.

decepcionante quão raramente as leituras do AT são objeto da homilia. Os pregadores voltam-se demasiado fácil e rapidamente para as leituras do evangelho para suas reflexões, mesmo quando o ponto que mais poderia questionar seus ouvintes está na passagem do AT!

4. Para alguém que seria eventualmente comparado, correta ou erroneamente, a outros fundadores de religiões, Jesus foi notavelmente "não-organizacional". Certamente, narra-se que ele chamou algumas pessoas (particularmente os Doze) a deixar seus trabalhos e a segui-lo; por outro lado, porém, parece que se contentou em deixar sem conseqüências aqueles que o encontraram e mostraram-se visivelmente tocados por aquilo que dizia e fazia. Os evangelhos, com vaga generalização, dizem-nos que eles voltaram para suas cidades e aldeias, contando com entusiasmo o que tinham visto e ouvido, mas não há nenhuma prova de que tenham formado "grupos de Jesus" durante a vida deste. Após a ressurreição, porém, seus seguidores demonstraram predisposição para reunir e manter juntos aqueles a quem convenciam sobre Jesus, e a exigência que faziam de um sinal identificador como o batismo era o primeiro passo nesse processo de agrupamento. Com efeito, no primitivo empreendimento missionário cristão, temos poucas provas de que as pessoas eram livres para dizer: "Agora pertenço a Jesus" — e simplesmente seguir adiante por conta própria. Ao contrário, elas faziam parte de uma comunidade. Eram justificadas e podiam ser salvas, mas não simplesmente como indivíduos. Hoje, como todos sabem, existe divisão doutrinal entre as Igrejas cristãs. Contudo, pode existir uma divisão bem mais fundamental, a saber, entre aqueles que consideram importante a "Igreja", e aqueles para quem o cristianismo realmente é questão de "Jesus e eu", sem nenhuma intenção de ser salvos como parte do povo ou da Igreja.

5. Na primeira narração do batismo dos novos crentes em Jesus (At 2,38-41), o autor fala do batismo "em nome de Jesus". Desde o começo, a identidade dos seguidores de Jesus era estabelecida por aquilo que eles acreditavam e professavam a respeito de Jesus. (Credos tardios são uma expressão expandida da fé professada no batismo.) Essa era uma surpreendente diferença em relação ao judaísmo, pois, embora os judeus pudessem ser chamados de "discípulos de Moisés" (Jo 9,28), ninguém pensaria em defini-los com base naquilo que eles acreditavam acerca da identidade pessoal de Moisés. A necessidade de expressar a centralidade de Jesus na nova aliança transformou o cristianismo numa religião

de credo de maneira diferente do judaísmo. Seria uma tarefa fascinante, em algum domingo, pedir a todo mundo na igreja que escrevesse em um pedaço de papel uma frase que explicasse o que é um cristão. Certamente muitas respostas consistiriam em descrições comportamentais, ou seja, um cristão é alguém que pratica o amor ao próximo. De fato, não podemos ser grandes cristãos sem comportar-nos como Jesus ensinou, mas o comportamento não é definição suficiente: os cristãos não são os únicos que demonstram amor mútuo. Quantas respostas refletiriam a mais antiga e básica definição de que um cristão é aquele que acredita em Jesus Cristo?

6. Tal como outros aspectos da imagem da Igreja primitiva em Atos, a noção de *koinōnia* ("comunhão", apresentada em At 2,42) carece de realce em nossos dias. É escandaloso que as Igrejas cristãs tenham rompido a *koinōnia*, e o objetivo do ecumenismo é ver se podem reconquistar a comunhão. Depois da Reforma do século XVI, as Igrejas protestantes pareceram dividir-se sempre mais e, embora tenha havido alguma reunificação entre denominações, novas divisões surgem em torno de pontos sensíveis. Os católicos romanos orgulham-se de ser unidos; contudo, agora, depois da auto-reforma do século XX, no Vaticano II, os católicos estão dividindo-se. Ultraconservadores estão convencidos de que a Igreja distanciou-se demais dos "dias áureos"; liberais estão convictos de que a Igreja não se move suficientemente rápido, e ambos os grupos são extremamente críticos com o papa por não apoiá-los. Todos os cristãos precisam ser lembrados de que a ruptura da *koinōnia* decididamente não é reprodução dos valores da Igreja primitiva.

7. A Análise geral da mensagem salienta muitas características judaicas na vida e na prática dos primeiros cristãos descritas no início de Atos. Um padrão judaico pode também ter influenciado a escolha cristã de um tempo para a refeição eucarística. A descoberta do túmulo vazio na manhã do domingo ajudou a fixar a atenção cristã naquele que por volta do fim do século I seria conhecido como o "Dia do Senhor". Contudo, a escolha do domingo pode também ter sido facilitada pelo modelo judaico do sábado, que termina ao pôr-do-sol do sábado. Antes do crepúsculo, os judeus que acreditavam em Jesus tinham os movimentos restritos (uma jornada de sábado); quando, porém, o sábado passava (sábado à noite), eles estavam livres para reunir-se na casa de outro crente a fim de partir o pão eucarístico. Isso pode explicar a antiga memória cristã de uma celebração na noite entre o sábado e o domingo.

8. O comentário sobre At 6,1-6 ajuda-nos a perceber o desenvolvimento da estrutura da Igreja como o produto não somente de necessidade sociológica, mas também da ação do Espírito. Por essa razão, alguns cristãos consideram imutáveis certos aspectos básicos da estrutura. Dito de outra forma, por meio da analogia da encarnação, pode existir tanto o divino como o humano na Igreja e na sua estrutura. O reconhecimento disso permitirá algumas adaptações na estrutura da Igreja a fim de ir ao encontro das necessidades de hoje, sem dar a impressão de que cada geração é livre para reinventar a Igreja. A tarefa difícil é decidir quais os pontos são mutáveis, e o Espírito, que age na Igreja e entre os cristãos, precisa ter um papel em tal decisão.

9. Um ponto importante em At 10; 11 e 15 é a admissão dos gentios à *koinōnia* cristã sem a circuncisão. Esse ponto não foi esclarecido por Jesus durante sua vida porque ele mostrou pouco interesse pelos gentios.[112] Hoje, existem, em ambos os pólos do espectro eclesiástico, pessoas que pensam poder apelar para as palavras e ações de Jesus a fim de resolver qualquer problema na Igreja (paroquial, regional, universal). Se Jesus não resolveu a questão mais fundamental da missão cristã, podemos duvidar de que suas palavras escritas possam resolver a maioria dos subseqüentes problemas discutidos na Igreja. Como foi resolvido o problema da circuncisão em Atos? Pedro não age por iniciativa ou sabedoria próprias; ao contrário, Deus mostra-lhe que não deve considerar ninguém impuro (At 10,28). Como Cornélio recebera uma visão de Deus, este não mostra parcialidade (At 10,34). O incircunciso Cornélio pôde ser batizado porque o Espírito Santo veio sobre ele (At 10,47). Com outras palavras, temos o exemplo de cristãos que enfrentaram um problema imprevisto e resolveram-no não apelando para um projeto de Jesus para a Igreja,[113] mas por inspiração (vinda do Espírito Santo) em relação àquilo que Cristo desejava para a Igreja.

---

[112] As histórias da mulher siro-fenícia, que pediu a cura da filha, e a do centurião romano, cuja fé Jesus louvou, têm caráter especial e não decidem realmente a questão.

[113] Na verdade, o grupo mais conservador, que defendia a necessidade da circuncisão para os gentios, pode ter apelado para Abraão e Moisés como uma prova escriturística da exigência da circuncisão, bem como pode ter argumentado que não havia nenhuma prova de que Jesus alguma vez tenha mudado tal preceito.

Bibliografia sobre os Atos dos Apóstolos[114]

Comentários e estudos em série

BARRETT, C. K. ICC, 1994, 1998, 2 v.
BRUCE, F. F. NICNT, 2. ed. 1988.
CONZELMANN, H. Hermeneia, 1987.
HANSON, R. P. C. NClarBC, 1967.
JOHNSON, L. T. SP, 1992.
KRODEL, G. A. AugC, 1986.
LIEFELD, W. L. GNTE, 1995.
MARSHALL, I. H. TNTC, 1980; NTG, 1992.
MUNCK, J. AB, 1967.
NEIL, W. NCBC, 1973.
RINGE, S. H. WBComp, 1995.
WILLIAMS, D. J. NIBC, 1990.
WILLIAMS, R. R. TBC, 1965.
WILLIMON, W. H. IBC, 1988.

Bibliografias

MATTILL JR., A. J. & M. B. *A classified bibliography of literature on the Acts of the Apostles.* Leiden, Brill, 1966.
MILLS, W. E. *A bibliography of the periodical literature on the Acts of the Apostles*, 1962-1984. Leiden, Brill, 1986; BBR, 1996.
WAGNER, G. EBNT, 1985.

Panoramas da pesquisa

DUPONT, J. *The sources of the Acts*; the present position. New York, Herder and Herder, 1964.
GASQUE, W. *A history of the criticism of the Acts of the Apostles.* Tübingen, Mohr-Siebeck, 1975.

* * *

---

[114] Os negritos indicam as obras mais importantes, de modo geral comentários. Para todas as categorias a seguir, cf. também a Bibliografia do capítulo 9, sobre Lucas, especialmente as obras assinaladas com um asterisco. Para o material acerca da apresentação de Paulo em Atos, cf. a Bibliografia do capítulo 16 acerca da vida de Paulo.

Brown, R. E. *A once and coming Spirit at Pentecost*. Collegeville, Liturgical, 1993. Breve comentário.

Bruce, F. F. *Commentary on the Book of Acts*. Grand Rapids, Eerdmans, 1980.

Cadbury, H. J. *The Book of Acts in history*. New York, Harper, 1955.

Cassidy, R. J. *Society and politics in the Acts of the Apostles*. Maryknoll, Orbis, 1987.

Dibelius, M. *Studies in the Acts of the Apostles*. London, SCM, 1956. Ensaios muito importantes.

Dupont, J. *The salvation of the gentiles*; studies in the Acts of the Apostles. New York, Paulist, 1979.

Easton, B. S. *Early christianity*; the purpose of Acts and other papers. Greenwich, CT, Seabury, 1954.

Foakes Jackson, F. J. & Lake, K. (eds.). *The beginnings of christianity*; the Acts of the Apostles. London, Macmillan, 1920-1933. 5 v. Uma mina de informações úteis; o v. 4 contém uma tradução e comentário.

Gaventa, B. R. Towards a theology of Acts. *Interpretation* 42, 146-157, 1988.

Goulder, M. D. *Type and history in Acts*. London, SPCK, 1964.

Haenchen, E. *The Acts of the Apostles*. Philadelphia, Westminster, 1971.

Harnack, A. (von). *New Testament Studies III*; the Acts of the Apostles. London, Williams and Newgate, 1909. Estudos clássicos.

Hemer, C. J. *The Book of Acts in the setting of hellenistic history*. Tübingen, Mohr-Siebeck, 1989. (WUNT, 49.)

Hengel, M. *Acts and the history of earliest christianity*. Philadelphia, Fortress, 1979.

Karris, R. J. *Invitation to Acts*. Garden City, NY, Doubleday, 1978.

Knox, W. *The Acts of the Apostles*. Cambridge, Cambridge Univ., 1948.

Lentz Jr., J. C. *Luke's portrait of Paul*. Cambridge, Cambridge Univ., 1993. (SMTSMS, 77.)

Levinsohn, S. H. *Textual connections in Acts*. Atlanta, Scholars, 1987. (SBLMS, 31.)

Lüdemann, G. *Early christianity according to the traditions in Acts*; a commentary. Philadelphia, Fortress, 1989.

Mattill Jr., A. J. The date and purpose of Acts: Rackham reconsidered. CBQ 40, 335-350, 1978.

O'Neill, J. C. *The theology of Acts in its historical setting*. 2. ed. London, SPCK, 1970.

Pervo, R. I. *Profit with delight*; the literary genre of the Acts of the Apostles. Philadelphia, Fortress, 1987.

_____. *Luke's story of Paul*. Minneapolis, A/F, 1990.

REIMER, J. R. *Women in the Acts of the Apostles*. Minneapolis, A/F, 1993.

ROSENBLATT, M.-E. *Paul the accused*; his portrait in the Acts of the Apostles. Collegeville, Liturgical, 1995.

TAYLOR, J. The making of Acts: a new account. RB 97, 504-524, 1990.

VAN UNNIK, W. C. Luke's second book and the rules of hellenistic Historiography. In: KREMER, J. (ed.). *Les Actes des Apôtres*. Gembloux, Duculot, 1979.

WALKER, W. O. Acts and the Pauline corpus reconsidered. JSNT 24, 3-23, 1985.

WILCOX, M. *The semitisms of Acts*. Oxford, Clarendon, 1965.

WINTER, B. W. et al. (eds.). *The Book of Acts in its first century setting*. Grand Rapids, Eerdmans, 1993-1997. 6 v. Ensaios que cobrem cada aspecto de Atos. TBAFC abreviado.

Capítulo 11

Evangelho segundo João

João tem algumas características estilísticas significativas para as quais devemos chamar a atenção dos leitores desde o início. A seguir, como nos capítulos anteriores, na Análise geral da mensagem, percorreremos o quarto evangelho em sua forma atual, traçando os padrões de seu pensamento antes de teorizar acerca de suas origens. A teorização será subdivida nos seguintes tópicos: João é genuinamente um evangelho?, Comparação entre João e os evangelhos sinóticos, Unidade e coerência de João, Autoria e o Discípulo Amado, Influências no pensamento joanino, História da comunidade joanina, Temas e problemas para reflexão e Bibliografia.

Aspectos estilísticos[1]

João é um evangelho no qual estilo e teologia estão intimamente tecidos, conforme veremos a seguir.

1. Formato poético. Em algumas seções de João, muitos estudiosos reconhecem um estilo poético formal, até mesmo marcado por estrofes, como o prólogo e talvez Jo 17. O problema aventado aqui é mais amplo: um padrão singularmente solene nos discursos joaninos que alguns chamariam de semipoético. Um traço característico dessa poesia não seria o paralelismo de linhas (como no AT) ou de rima, mas de ritmo, ou seja, linhas da mesma extensão, aproximadamente, cada uma constituindo uma oração. Quer se concorde quer não com o fato de que

---

[1] Estudos pertinentes são WEAD, D. W. *The literary devices in John's Gospel.* Wilmington, Glazier, 1989; STALEY, J. L. *The print's first kiss*; a rhetorical investigation of the implied reader in the fourth Gospel. Atlanta, Scholars, 1988. (SBLDS, 82); DAVIES, M. *Rhetoric and reference in the fourth Gospel.* Sheffield, JSOT, 1992 (JSNTSup, 69); para um estudo capítulo por capítulo, CULPEPPER, R. A. *Anatomy of the fourth Gospel*; a study in literary design. Philadelphia, Fortress, 1983.

os discursos deveriam ser impressos em formato poético,[2] o fato de que Jesus fala de modo mais solene em João do que nos sinóticos é óbvio. Uma explicação é tirada do AT, em que o discurso divino (Deus, por meio dos profetas, ou a Sabedoria divina personificada) é poético, assinalando uma diferença em relação à comunicação humana mais prosaica. O Jesus joanino provém de Deus e, portanto, é adequado que suas palavras sejam mais solenes e rituais.

2. Mal-entendido.[3] Ainda que provenha do alto e fale daquilo que é "verdadeiro" ou "real" (ou seja, realidade celeste), Jesus, o Verbo encarnado, deve usar uma linguagem terrena para veicular sua mensagem. Para lidar com tal anomalia, ele emprega com freqüência uma linguagem figurada ou metafórica para descrever-se ou apresentar sua mensagem.[4] Num diálogo vindouro, o interlocutor irá entender mal a figura ou metáfora, apanhando apenas o sentido material. Isso permite a Jesus explicar seu pensamento de forma mais completa e, portanto, desenvolver sua doutrina. Tendo origem na teologia joanina da encarnação, tal equívoco tornou-se uma técnica literária estudada (cf. Jo 2,19-21; 3,3-4; 4,10-11; 6,26-27; 8,33-35; 11,11-13).

3. Duplos significados.[5] Às vezes levando a mal-entendidos, outras vezes simplesmente mostrando o multifacetado aspecto da revelação, um duplo significado pode ser encontrado no que Jesus diz. a) Existem jogos com vários significados de determinada palavra que Jesus usa, significados baseados tanto no hebraico como no grego; às vezes o interlocutor do diálogo pode entender um significado, ao passo que Jesus tencionava outro: vários termos em Jo 3,3.8 (cf. n. 20); "levantar" em Jo 3,14; 8,28; 12,34 (crucifixão e retorno para Deus); "água viva" em Jo 4,10 (água viva e água que dá vida); "morrer por" em 11,50-52 (morrer em lugar de ou a favor de). b) No quarto evangelho, o autor freqüentemente supõe que o

---

[2] Para exemplos, cf. BGJ, NAB (versão mais antiga do NT), JB e NJB. Para C. F. Burney (*The poetry of our Lord*, Oxford, Clarendon, 1925) e Bultmann, em sua teoria de uma Fonte de Discurso de Revelação (cf. *p. 494*), a poesia remonta a um original aramaico.

[3] CARSON, D. A. *Tyndale Bulletin* 33, 59-91, 1982.

[4] Para um tratamento completo, cf. KOESTER, C. R. *Symbolism in the fourth Gospel*. Minneapolis, A/F, 1995; também LEE, D. A. *The symbolic narratives of the fourth Gospel*. Sheffield, JSOT, 1994. (JSNTSup, 95.) Em certo sentido, as figuras ou metáforas joaninas (Jo 16,29) equivalem às parábolas dos sinóticos, pois em João a realidade representada pelo reino do céu nos sinóticos está em nosso meio na pessoa de Jesus. Nos sinóticos, as parábolas são freqüentemente mal-entendidas, tal como as metáforas em João.

[5] SHEDD, R. In: HAWTHORNE, G. D. (ed.). *Current issues in biblical and patristic interpretation*. Grand Rapids, Eerdmans, 1975. pp. 247-258. (M. C. Tenney Festschrift); RICHARD, E. NTS 30, 96-112. 1985.

Informações básicas

DATA: 80-110. Aqueles que acreditam que o evangelho foi redigido (editado) por outra mão depois que o escritor principal o compôs situam o corpo do evangelho nos anos 90 e as adições do redator em cerca de 100-110, mais ou menos na época de 3 João.

AUTOR SEGUNDO A ATRIBUIÇÃO TRADICIONAL (SÉCULO II): João, filho de Zebedeu, um dos Doze.

AUTOR DEDUZIDO DO CONTEÚDO: alguém que se considera da tradição do discípulo que Jesus amava. Se se propõe um redator, este também pode ter sido da mesma tradição. Possivelmente existia uma escola joanina de discípulos escritores.

LUGAR DA REDAÇÃO: tradicional e plausivelmente na área de Éfeso, mas alguns optam pela Síria.

UNIDADE: alguns acreditam que fontes (coleção de "sinais"; coleção de discursos; narrativa da paixão) foram combinadas; outros optam por um processo de diversas edições. Em ambos os casos, admissivelmente, o corpo do evangelho foi completado por um escritor, enquanto um redator posteriormente fez acréscimos (cap. 21; talvez 1,1-18); no entanto, nenhum texto do evangelho foi conservado sem esses "acréscimos".

INTEGRIDADE: a história da mulher surpreendida em adultério (7,53-8,11) é uma inserção que falta em muitos manuscritos; cf. Temas e problemas para reflexão, 1.

DIVISÃO

1,1-18: Prólogo: introdução e resumo da carreira da Palavra encarnada.

1,19-12,50: Primeira parte — O Livro dos Sinais: a Palavra revela-se ao mundo e aos seus, mas eles não a aceitam.
1. Dias inaugurais da revelação de Jesus aos discípulos sob diferentes títulos (1,19-2,11).
2. Do primeiro ao segundo milagre em Caná; tema da substituição e de reações a Jesus (caps. 2-4): mudança da água em vinho, purificação do templo, Nicodemos, a mulher samaritana junto ao poço, cura do filho do oficial real.
3. Festas veterotestamentárias e sua substituição; temas da vida e da luz (caps. 5-10):
SÁBADO — Jesus, o novo Moisés, substitui a lei do repouso sabático (5,1-47);
PÁSCOA — o Pão da Vida (sabedoria reveladora e a eucaristia) substitui o maná (6,1-71);
TABERNÁCULOS — a Fonte de água viva e a Luz do mundo substituem as cerimônias da água e da luz (7,1-10,21);
DEDICAÇÃO — Jesus é consagrado em lugar do altar do templo (10,22-42).
4. A ressuscitação de Lázaro e suas conseqüências (caps. 11-12): Lázaro ressuscitado à vida, Jesus condenado à morte pelo Sinédrio, Maria, irmã de Lázaro, unge Jesus para o sepultamento, entrada em Jerusalém, final do ministério público e vinda da hora assinalada pela chegada dos gentios.

13,1-20,31: Segunda parte — O Livro da Glória: para aqueles que a aceitam, a Palavra mostra sua glória ao voltar ao Pai mediante a morte, ressurreição e ascensão. Plenamente glorificado, ele comunica o Espírito de vida.
1. Última Ceia e último discurso de Jesus (caps. 13-17).
   a) A Última Ceia (cap. 13): a refeição, o lava-pés, a traição de Judas, introdução ao discurso (mandamento do amor, traições de Pedro preditas).
   b) Último discurso de Jesus (caps. 14-17):
   Primeira divisão (cap. 14): partida de Jesus, inabitação divina, o Paráclito.
   Segunda divisão (caps. 15-16): videira e ramos, o ódio do mundo, testemunho do Paráclito, temas da primeira divisão repetidos.
   Terceira divisão (cap. 17): a Oração "Sacerdotal".
2. Paixão e morte de Jesus (caps. 18-19): prisão, interrogatório diante de Anás, com as negações de Pedro, julgamento ante Pilatos, crucifixão, morte e sepultamento.
3. A ressurreição (20,1-29): quatro cenas em Jerusalém (duas junto à tumba, duas dentro de uma sala).
Conclusão do evangelho (20,30-31): declarações acerca do objetivo do escrito.

21,1-25: Epílogo: aparições do ressuscitado na Galiléia; segunda conclusão.

leitor perceba diversas camadas de significado na mesma narrativa ou na mesma metáfora. Isso é compreensível se pensarmos nas circunstâncias nas quais o texto foi composto, envolvendo diversos níveis temporais.[6] Existe um significado apropriado para o contexto histórico no ministério público de Jesus; contudo, pode existir um segundo nível que reflete a situação da comunidade crente cristã. Por exemplo, a predição de Jesus de que o santuário do templo seria destruído e substituído em Jo 2,19-22 é reinterpretada em referência à crucifixão e ressurreição do corpo de Jesus. O termo pão da vida parece dizer respeito à revelação e à sabedoria divina em Jo 6,35-51a e à eucaristia em Jo 6,51b-58. Até três significados diferentes podem estar implícitos na imagem do Cordeiro de Deus (Jo 1,29.36: cordeiro apocalíptico, cordeiro pascal, servo sofredor que foi imolado como um cordeiro). c) Discursos duplicados. De quando em vez um discurso de Jesus parece dizer essencialmente a mesma coisa que um discurso já registrado, ao ponto de, por vezes, os versículos se corresponderem. Na *p. 499* deste livro, apresenta-se uma solução possível: um redator (editor que trabalhou o evangelho depois que o evangelista acabou o trabalho básico) encontrou na tradição outras versões do material do discurso, duplicou parcialmente as versões que o evangelista incluiu, e acrescentou-as num lugar apropriado a fim de que não se perdessem. (Comparem-se Jo *3,31-36* a 3,7-18; Jo *5,26-30* a 5,19-25; Jo *10,9* a Jo 10,7-8; *10,14* a 10,11; Jo *16,4b-33* a Jo 14.) Às vezes existe um tom diferente no material duplicado.

4. Ironia.[7] Uma combinação especial de duplo significado com mal-entendido encontra-se quando os oponentes de Jesus fazem sobre ele afirmações derrogatórias, sarcásticas, incrédulas ou, no mínimo, inadequadas ao sentido que pretendiam. Contudo, por meio da ironia, essas afirmações muitas vezes, num sentido que os interlocutores não compreendem, são mais verdadeiras e mais significativas (Jo 3,2; 4,12; 6,42; 7,35; 9,40-41; 11,50).

5. Inclusões e transições. A cuidadosa estrutura do evangelho é indicada por certas técnicas. Por inclusão, entendemos que João, no final de cada seção,

---

[6] Existem outras interpretações desses níveis. A. Reinhartz (*The word in the world*; the cosmological tale in the fourth Gospel, Atlanta, Scholars, 1992, SBLMS, 45) que declara que o evangelho é fictício, postula um nível que diz respeito a Jesus, um nível pertinente aos cristãos joaninos na diáspora, no século I, e um nível cosmológico, que envolve o encontro do Verbo de Deus com o mundo.

[7] P. D. Duke (*Irony in the fourth Gospel*, Atlanta, Knox, 1985) trata de outras características joaninas sob esse título abrangente. Cf. também O'Day, G. R. *Revelation in the fourth Gospel*; narrative mode and theological claim. Philadelphia, Fortress, 1986.

menciona um detalhe (ou faz uma alusão) que corresponde a um pormenor do início daquela. É um modo de encaixar seções ligando o começo ao fim. Amplas inclusões são Jo 1,1 com Jo 4,54; Jo 9,2-3 com Jo 9,41; Jo 11,4 com Jo 11,40. Na transição de uma subdivisão do evangelho para outra, o evangelista gosta de usar uma seção ou "motivo-gancho" ("articulação") — um trecho que conclui o que aconteceu antes e introduz o que se segue. Por exemplo, o milagre de Caná conclui o chamado dos discípulos no cap. 1, completando a promessa de Jo 1,50, mas também abre a próxima subdivisão de Jo 2,1–4,54, que vai do primeiro ao segundo milagre de Caná. O segundo milagre de Caná conclui a subdivisão, mas, ao enfatizar o poder de Jesus de dar a vida (Jo 4,50), prepara para a próxima subdivisão (Jo 5,1–10,42), em que a autoridade de Jesus sobre a vida será desafiada.

6. Parênteses e notas de rodapé.[8] Muitas vezes João insere notas parentéticas, explicando o significado de termos ou nomes semíticos (p. ex., "Messias", "Cefas", "Siloé", "Tomé" em Jo 1,41-42; 9,7; 11,16), oferecendo um pano de fundo para desdobramentos na narrativa e para traços geográficos (p. ex., Jo 2,9; 3,24; 4,8; 6,71; 9,14.22-23; 11,5.13) e até mesmo oferecendo perspectivas teológicas (p. ex., esclarecendo referências por um ponto de vista posterior em Jo 2,21-22; 7,39; 11,51-52; 12,16.33; ou protegendo a divindade de Jesus em Jo 6,6.64). Algumas dessas notas podem refletir uma situação na qual a tradição transmitida em primeiro lugar em dado contexto (palestino ou judaico) é proclamada em outro contexto (diáspora ou gentílico).

Análise geral da mensagem

Será útil prestar atenção ao detalhado esquema do início do capítulo, pois, como indica o item 5 da subseção anterior, o evangelho foi cuidadosamente elaborado para ilustrar temas escolhidos pelo evangelista.[9]

---

[8] TENNEY, M. C. BSac 117, 350-364, 1960.

[9] Dois temas diferentes podem ser encontrados na mesma série de capítulos (p. ex., nos caps. 2–4). O esquema que propus é o mais conhecido e mais bem apoiado no texto. (A terminologia "Livro dos Sinais" e "Livro da Glória" é tirada de C. H. Dodd). A numerosa disposição quiástica detectada por P. F. Ellis (*The genius of John*, Collegeville, Liturgical, 1984), que teve poucos sequazes, supõe um esquema excessivamente complicado (21 seqüências: a 1ª corresponde à 21ª, a 2ª à 20ª etc.). Cf. a crítica em CBQ 48, 334-335, 1986: "um leito de Procusto de paralelismo quiástico". A divisão tripartida de C. H. Giblin (*Biblica* 71, 449-468, 1990) negligencia o que para muitos parece óbvio, a saber, que o evangelho indica o começo de uma nova importante seção em Jo 13,1.

Prólogo (Jo 1,1-18)

Servindo de prefácio ao evangelho, o prólogo[10] é um hino que condensa a visão joanina de Cristo. Um ser divino (Verbo de Deus [Jo 1,1.14], que também é luz [Jo 1,5.9] e Filho único de Deus [Jo 1,14.18]) vem ao mundo e torna-se carne. Embora rejeitado pelos seus, a todos aqueles que o aceitam confere o poder de tornarem-se filhos de Deus, de modo que participam da plenitude de Deus — um dom que reflete o contínuo amor do Pai,[11] que supera o dom amoroso da Lei por meio de Moisés. O pano de fundo dessa narração poética da descida do Verbo ao mundo e do eventual retorno do Filho para junto do Pai (Jo 1,18) encontra-se na imagem veterotestamentária da Sabedoria personificada (especialmente Eclo 24 e Sb 9), que se encontrava no início com Deus, quando da criação do mundo, e veio habitar com os seres humanos quando a Lei foi revelada a Moisés. Em assonância com a tradição de que o ministério de João Batista estava ligado ao início do de Jesus, o prólogo é interrompido duas vezes, a saber, para mencionar João Batista antes de a luz vir ao mundo (Jo 1,6-8) e para registrar o testemunho que o Batista deu de Jesus depois que o Verbo se fez carne (Jo 1,15). Esse testemunho será retomado na primeira parte, a seguir.

Primeira parte — o Livro dos Sinais (Jo 1,19–12,50)

Essa parte do evangelho mostrará Jesus levando diversas pessoas a crer nele e, ao mesmo tempo, provocando a hostilidade de muitos entre "os judeus". No final (Jo 12,39-40), o evangelho cita Is 6,10 para a constatação de que Deus lhes cegou os olhos e endureceu-lhes o coração, de modo que não podem ver. Dessa forma, esse "Livro" exemplifica o tema do prólogo (Jo 1,11): "Veio para o que era seu, e os seus não o receberam".

---

[10] Existe farta literatura sobre o prólogo, além dos comentários, por exemplo: BARRETT, C. K. *The prologue of St. John's Gospel*. London, Athlone, 1971; GIBLIN, C. H. JBL 104, 87-103, 1985; STALEY, J. L. CBQ 48, 241-264, 1986; EVANS, C. A. *Word and Glory*. Sheffield, JSOT, 1993 (JSNTSup, 89.); HARRIS, E. *Prologue and Gospel*. Sheffield, Academic, 1994. (JSNTSup, 107.)

[11] Os termos "graça" e "verdade" de Jo 1,14 reproduzem, provavelmente, a famosa parelha veterotestamentária *hesed* e *ĕmet*, ou seja, a *ternura* (misericórdia) de Deus na escolha de Israel, independentemente de qualquer mérito da parte deste, e a permanente *fidelidade* de Deus, que expressa essa ternura, à aliança com Israel.

1. **Dias inaugurais da revelação de Jesus aos discípulos sob diferentes títulos (Jo 1,19–2,11).** Num esquema de dias separados (Jo 1,29.35.43; 2,1),[12] João mostra um reconhecimento gradual acerca de quem é Jesus. *No primeiro dia* (Jo 1,19-28), *João Batista explica seu papel*, rejeitando identificações laudatórias e predizendo a vinda daquele de quem ele é indigno. *No dia seguinte* (Jo 1,29-34), *João Batista explica o papel de Jesus.* Como convém a "um homem enviado por Deus" (Jo 1,6), ele intuitivamente reconhece Jesus como o Cordeiro de Deus, como alguém que preexistia e o Eleito de Deus (ou Filho — leitura discutida de Jo 1,34). *No outro dia* (Jo 1,35-42), *Jesus é seguido por André e outro discípulo de João Batista* (aquele que à altura da segunda parte do evangelho tornar-se-á o discípulo que Jesus amava?). André saúda Jesus como mestre e Messias, e Simão (irmão de André) é levado até Jesus, que o chama de "Cefas" (isto é, Pedra = Pedro; cf. Mc 3,16; Mt 16,18). *No dia seguinte* (Jo 1,43-51), *Jesus encontra Filipe*, que por sua vez encontra Natanel, e Jesus é identificado sucessivamente como aquele descrito na lei mosaica e nos profetas, como o Filho de Deus, o Rei de Israel. Contudo, Jesus promete que eles verão coisas bem maiores e fala de si mesmo como o Filho do Homem sobre quem os anjos descem e sobem. As "coisas bem maiores" parecem começar em Caná, no terceiro dia (Jo 2,1-11), quando Jesus muda a água em vinho e seus discípulos acreditam nele.

Certa ênfase teológica joanina aparece nessa primeira subseção. Uma atmosfera de legalidade matiza a narrativa; por exemplo, João Batista é interrogado pelos "judeus";[13] ele testemunha e não nega — uma indicação de que algo da

---

[12] Alguns vêem um dia implícito em Jo 1,40, após a referência às 4 horas da tarde em Jo 1,39, e afirmam que João conta sete dias (calculados em BGJ 1.106) a fim de dar a entender uma semana da nova criação (prosseguindo a referência do prólogo à criação original [Jo 1,1 a Gn 1,1]). Contudo, embora no cap. 1 João especifique quatro dias distintos, pula para o "terceiro dia" em 2,1 (presumivelmente a partir do último dia mencionado) — um estranho modo de expressar sete. Ainda mais duvidosa é a proposta de encontrar uma inclusão numa semana final da vida de Jesus: Jo 12,1: "Seis dias antes da Páscoa"; Jo 12,12: "No dia seguinte"; Jo 13,1: "Antes da festa da Páscoa".

[13] O evangelista pode bem ser um judeu de nascença; no entanto, com muita freqüência ele usa essa expressão numa tonalidade hostil no confronto com os judeus de nascimento que desconfiam ou rejeitam Jesus e/ ou seus seguidores. A expressão "os judeus" inclui as autoridades judaicas, mas não pode confinar-se a elas. O termo generalizador pode ser uma tentativa de retratar os oponentes judeus das sinagogas do tempo de João — opositores que perseguem a comunidade de João (Jo 16,2), da mesma forma que judeus adversários no tempo de Jesus eram lembrados como seus perseguidores. Conseqüentemente, no mais das vezes, "os judeus" parece indicar um malquisto grupo separado dos seguidores de Jesus. Às vezes Jesus fala como um não-judeu (ou, no mínimo, não como um daqueles "judeus"): "escrito em vossa Lei" (Jo 10,34); "na sua Lei" (Jo 15,25); "como eu havia dito aos judeus" (Jo 13,33). Cf. p. 255.

tradição joanina foi modelado num contexto forense, possivelmente numa sinagoga onde os cristãos eram interrogados sobre sua fé em Jesus. Quanto à cristologia, não pode ser de forma alguma acidental que João coloque nesses dias iniciais confissões sobre Jesus sob muitos dos títulos tradicionais que encontramos espalhados nos outros evangelhos, a maioria amiúde mais tarde, durante o ministério (cf. Mt 16,16). É quase como se o evangelista quisesse deixar transparecer que a tradição cristológica conhecida dos demais evangelhos é elementar, a fim de começar seu texto no estágio em que os demais acabaram. Para os outros evangelhos, a visão do Filho do Homem acompanhado pelos anjos virá apenas no fim dos tempos; para João, isso acontece durante o ministério, pois o Filho do Homem já desceu do céu.[14] Essa seção também descreve o discipulado. Jesus faz uma pergunta inicial em Jo 1,38 — "Que procurais?" — e continua em 1,39 — "Vinde e vede". No entanto, somente quando permanecem com Jesus é que os primeiros seguidores tornam-se crentes. A seguir, de forma coerente, os primeiros discípulos saem a proclamar Jesus a outros, com uma percepção teológica aprofundada por essa mesma ação, conforme ilustrada nos títulos "mais altos" dados a Jesus dia após dia.

2. Do primeiro ao segundo milagre em Caná (Jo 2–4). A cena de Caná é "o princípio dos sinais"[15] (Jo 2,11); destarte, tal como uma porta giratória (Aspectos estilísticos, 5), ela fecha a revelação inicial e abre a próxima subdivisão importante, que se conclui em Jo 4,54, que nos informa de que a cura do filho do funcionário régio, anunciado em Caná, "foi o segundo sinal que Jesus fez, ao

---

[14] Os escribas reconheceram isso, pois eles combinam Jo 1,51 com Mt 26,64. Nenhum outro evangelho afirma que Jesus descera do céu, de modo que a terminologia "segunda vinda" realmente supõe a intuição joanina. MOLONEY, F. J. *The Johannine Son of Man*. 2. ed. Rome, Salesianum, 1978; BURKETT, D. *The Son of Man in the Gospel of John*. Sheffield, JSOT, 1991. (JSNTSup, 56.)

[15] João não usa *dynamis*, "ação poderosa" (que ajuda a estabelecer o reino de Deus), que é a denominação sinótica de milagre, mas *ergon*, "obra", ou *semeion*, "sinal". A descrição veterotestamentária do êxodo do Egito fala das "obras" de Deus (Ex 34,10; Dt 3,24; 11,3) e dos "sinais" que Deus realizou por intermédio de Moisés (Ex 10,1; Nm 14,22; Dt 7,19). No uso joanino mais característico, obras e sinais são feitos miraculosos (ou afirmações sobre o futuro: Jo 12,33; 21,19) que manifestam quem é Jesus, seu objetivo e/ou sua relação com o Pai. "Obra" expressa a perspectiva divina naquilo que está sendo realizado, tornando-se, assim, uma descrição apropriada para o próprio Jesus aplicar a seus milagres. "Sinal" indica o ponto de vista humano no qual a atenção está voltada não tanto para o miraculoso em si (que pode não conduzir à verdadeira fé: Jo 2,23-24; 4,48; 12,37), mas para aquilo que é revelado pelo milagre para os que conseguem enxergar mais longe.

voltar da Judéia para a Galiléia". O tema da substituição pervaga as ações e palavras de Jesus nos três capítulos assim demarcados.

No milagre inicial de Caná (Jo 2,1-11), o qual João chama de sinal, Jesus substitui a água prescrita para as purificações judaicas (em jarras de barro contendo mais de 120 galões) por um vinho tão bom que o mordomo se pergunta por que o melhor foi deixado para o fim. Isso representa a revelação e a sabedoria que ele traz de Deus (Pr 9,4-5; Eclo 24[21]), cumprindo as promessas veterotestamentárias de abundância de vinho nos dias messiânicos (Am 9,13-14; Gn 49,10-11). Um motivo intermediário envolve a mãe de Jesus, cujo pedido em estilo familiar em favor dos recém-casados ("Eles não têm mais vinho") é recusado por Jesus sob a alegação de que a hora dele não chegara ainda.[16] Contudo, a persistência da mãe, que honra as palavras de Deus ("Fazei tudo o que ele vos disser"), leva-o a conceder-lhe seu primeiro pedido — de forma semelhante, no segundo sinal de Caná, o funcionário real, graças à persistência, obtém a realização de seu pedido depois de uma recusa (Jo 4,47-50; cf. Mc 7,26-29). A mãe de Jesus reaparecerá ao pé da cruz (Jo 19,25-27), onde sua incorporação ao discipulado será completa, pois ela se torna a mãe do Discípulo Amado. Enquanto isso, num *versículo transicional* (Jo 2,12), vemos que ela e os "irmãos" de Jesus acompanham-no até Cafarnaum, mas não vão além, quando ele começa seu ministério público ao dirigir-se para Jerusalém.

Situada em Jerusalém, perto da Páscoa,[17] *a próxima subseção* (Jo 2,13-22) *trata da atitude de Jesus em relação ao templo*. Tem paralelos em duas cenas sinóticas: a purificação do templo (Mc 11,15-19.27-28 e par.), que acontece não longe de Jesus ser condenado à morte, e as falsas testemunhas durante o julgamento do Sinédrio na noite anterior à crucifixão, que disseram que Jesus destruiria o santuário do templo (Mc 14,58; Mt 26,61; cf. At 6,14). Em João, as cenas são combinadas e colocadas anteriormente, durante o ministério; a afirmação sobre o santuário encontra-se nos lábios de Jesus (construída, porém, como "Destruí", e

---

[16] Essa cena é, portanto, semelhante à de Lc 2,48-49 e à de Mc 3,31-35, nas quais Jesus faz prevalecer o relacionamento com Deus sobre os laços familiares.

[17] Essa, as duas outras Páscoas mencionadas em João e a festa dos Tabernáculos (Jo 6,4; 7,2; 11,55) são caracterizadas como "dos judeus"; parece que os leitores/ouvintes de João não consideravam suas tais festas.

não como "Destruirei"); ademais, não será construído outro santuário, mas o mesmo será reerguido. Deixando de lado o insolúvel problema sobre qual das tradições é mais histórica, notamos duas ênfases teológicas joaninas particulares. Ao mostrar antagonismo dos "judeus" desde o começo, João ilustra a incompatibilidade radical entre Jesus e os seus que não o recebem (cf. Jo 1,11). Da mesma forma, na interpretação de João, o santuário é o corpo de Jesus, "destruído" pelos "judeus", mas reerguido por Jesus.[18] Assim, o templo de Jerusalém, que fora transformado num mercado, foi substituído pelo corpo de Jesus como o verdadeiro lugar santo. *De acordo com Jo 2,23-25, muitos em Jerusalém acreditaram em Jesus por causa dos sinais que ele fazia*, mas ele não confiava na fé deles porque ela se detinha no aspecto miraculoso do sinal e não percebia o significado. Essa observação transicional apresenta a Jesus um desses futuros crentes que aparecerá na próxima subseção.

A cena de Nicodemos (Jo 3,1-21) é o primeiro dos importantes diálogos joaninos. Esse fariseu, membro do Sinédrio, vem a Jesus "durante a noite" (ou seja, porque ele ainda não pertence à luz) e reconhece-o como um "mestre que veio da parte de Deus". Com essa designação, Nicodemos quer apenas dizer "exaltado por Deus", quando na verdade Jesus veio de Deus. Por conseguinte, Nicodemos é o porta-voz de uma fé inadequada,[19] o que se torna evidente quando Jesus explica que somente o nascer do alto capacita alguém para entrar no reino de Deus, isto é, nascer da água e do Espírito.[20] O Jesus joanino fala da verdadeira vida de Deus adquirida somente quando alguém é gerado por Deus ("do alto"), o que acontece quando alguém é batizado na água e recebe o Espírito Santo. Nicodemos pensa no nascimento natural de uma mulher judia que torna alguém membro do povo eleito, povo que o AT considera filho de Deus (Ex 4,22; Dt 32,6;

---

[18] Enquanto, nas primeiras formulações, Jesus é ressuscitado (por Deus) ou Deus o ressuscita, em João (2,19; 10,17-18), Jesus ressuscita a si mesmo. Isso reflete a tese presente em Jo 10,30: "Eu e o Pai somos um".

[19] Entre outras personagens vindouras representantes de diversos encontros de fé incluem-se a mulher samaritana (cap. 4) e o cego de nascença (cap. 9). D. Rensberger, *Johannine faith and liberating community* (Philadelphia, Westminster, 1988), mostra-se útil.

[20] Há muitos jogos com as palavras gregas nesse diálogo, tornando a tradução muito difícil. O mesmo verbo pode significar "gerado por" (um princípio masculino; cf. 1Jo 3,9: "semente de Deus") e nascer de (um princípio feminino); o mesmo advérbio significa "do alto" e "novamente"; a mesma palavra significa vento e Espírito, daí Jo 3,8.

Os 11,1). Tal linhagem é rejeitada em Jo 3,6, pois a única coisa que a carne pode gerar ou fazer nascer é carne. O Jesus joanino, portanto, substitui radicalmente aquilo que estabelece os filhos de Deus, questionando qualquer *status* privilegiado proveniente de uma parentela natural. A ironia tipicamente joanina paira sobre Jo 3,9-11: ao Nicodemos que chega dizendo "Sabemos", mas incapaz de compreender, Jesus, falando em lugar daqueles que verdadeiramente crêem, contrapõe: "Falamos daquilo que sabemos, e damos testemunho do que vimos". A certeza de Jesus sobre a necessidade de nascer do alto provém de sua própria vinda do alto. O diálogo agora se torna um monólogo, enquanto Nicodemos desaparece na escuridão de onde saiu (até reaparecer ainda hesitantemente como um seguidor oculto em Jo 7,50-52 e, por fim, publicamente em Jo 19,39-42). Em Jo 3,15-21, Jesus proclama pela primeira vez a teologia joanina básica da encarnação salvífica: ele é o Filho de Deus que veio ao mundo trazendo a vida do próprio Deus, a fim de que todo aquele que crer nele tenha a vida eterna, já estando, assim, julgado.[21]

Testemunho final de João Batista sobre Jesus (Jo 3,22-30), resumindo Jo 1,15.19-34, no contexto da atividade de Jesus como batista[22] (que ajuda a reforçar a referência batismal na "água e no Espírito" de Jo 3,5). A oposição dos discípulos de João Batista a Jesus oferece ocasião para o Batista esclarecer, mais uma vez, quem ele precisamente não é e a grandeza daquele para quem ele prepara. A imagem é a do melhor amigo do noivo, vigiando e protegendo a casa da noiva (Israel), esperando ouvir o aproximar-se do noivo (Jesus) para levá-la à casa dele.

---

[21] Essa "escatologia realizada" é dominante em João (cf. também Jo 5,24); contudo, existem passagens de "escatologia final" também (Jo 5,28-29). Bultmann atribui essa última ao redator eclesiástico (cf. *p. 499*) como um corretivo à primeira, mas isso é demasiado mecânico. Não há prova alguma de que alguém, na tradição joanina, mantivesse exclusivamente uma forma de escatologia, e 1 João, que recorda o que existia "desde o início" é expressivo sobre a escatologia final (cf. *pp. 522 e 538*).

[22] Essa é a única referência no NT que mostra o próprio Jesus batizando durante seu ministério, e pode bem ser histórica, não obstante a negação em Jo 4,2. Tal negação e o completo silêncio sobre o ministério batizante de Jesus na tradição sinótica são compreensíveis se, tendo João Batista sido preso, Jesus desistiu de uma atividade batizante, não sendo, assim, lembrado por seus seguidores como um batista. A rivalidade entre os seguidores de João Batista e os de Jesus, o qual, eventualmente, obtinha mais êxito do que aquele (Jo 3,26), pode refletir a situação da época em que o evangelho foi escrito, pois At 18,24–19,7 oferece provas da contínua existência de seguidores de João Batista, e escritos dos séculos II e III fazem referência a alguns para os quais João Batista, e não Jesus, era o Messias.

O estilo do *desconcertante discurso* em Jo 3,31-36 é o do Jesus joanino, e parece duplicar coisas ditas em Jo 3,7.11-3.15-18, apoiando, assim, a tese daqueles que propõem que um redator completou o trabalho do evangelista acrescentando outras versões do material já encontrado ali. Contudo, o contexto sugere que João Batista é o locutor. Tal como Jesus, ele foi enviado por Deus, por isso fala como Jesus? Depois disso, Jo 4,1-3 oferece *uma transição geográfica* da Judéia para a Galiléia.

Nessa viagem, Jesus pára em Samaria junto ao poço de Siquém/Sicar. O *diálogo com a mulher samaritana e o que se segue* (Jo 4,4-42) é o primeiro exemplo completo da habilidade dramática de João. Uma personagem, que é mais do que um indivíduo, fora desenvolvida a fim de funcionar como porta-voz de um tipo particular de encontro de fé com Jesus.[23] A imagem concentra-se em como alguém chega à fé e nos muitos obstáculos que se interpõem ao longo do caminho. Sentindo-se ofendida pelo modo injusto como os judeus tratam as mulheres samaritanas, ela refuta o pedido de Jesus por um pouco d'água. Jesus não responde à objeção dela, mas fala sobre aquilo que ele pode dar-lhe, ou seja, água viva, que ela interpreta erroneamente como água comum, perguntando de forma desdenhosa se ele pensa ser maior do que Jacó. Segundo a ironia joanina, Jesus é maior; uma vez mais, porém, recusa ser desviado e explica que está falando da água que jorra para a vida eterna, uma água que extinguirá de uma vez por todas a sede. Com um toque de mestre, João mostra-a fascinada com a comodidade de não mais precisar ir ao poço. A seguir, no estilo tipicamente joanino, Jesus muda o foco para o marido dela, a fim de progredir noutra direção. A resposta da mulher é uma meia-verdade, e o onisciente Jesus mostra que sabe que ela teve cinco esposos e vive com um homem que não é seu marido.[24] A continuação da história mostra que o esforço de Jesus para conduzi-la à fé não será bloqueado pelo obstáculo de uma vida que estava longe de ser perfeita; mesmo assim, isso é algo que ela deve reconhecer. Confrontada com tão surpreendente conhecimento de sua situação, a mulher finalmente passa para um nível religioso, procurando evitar provas ulteriores, levantando uma polêmica teológica entre judeus e samaritanos,

---

[23] Cf. Lee, op. cit., para esse tema.

[24] Muitos estudiosos têm procurado um simbolismo nos cinco esposos; por exemplo, um reflexo do transplante, para Samaria, no século VIII a.C., de colonos vindos de cinco cidades gentias, levando seus deuses (2Rs 17,24ss e Josefo, *Ant.* 9.14.3; #288). Contudo, isso é desnecessário para a fluidez da história.

a saber, se Deus deveria ser adorado no templo de Jerusalém ou no Monte Garizim. Uma vez mais Jesus não aceita ser esquivado, pois, embora a salvação venha dos judeus, virá o tempo, e é agora, em que tal problema será irrelevante, pois o culto em ambos os lugares santos serão substituídos pela adoração em Espírito e em verdade. Agilmente a mulher procura, de novo, evitar o problema pessoal mudando de perspectiva para o futuro distante, quando vier o Messias.[25] Jesus, porém, não a deixará escapar. O "Eu (o) sou" de Jesus desafia-a com uma forte exigência para que creia.

João agora (Jo 4,27-39) adota a técnica do palco duplo, quando narra a reação dos discípulos que voltam também ao palco central, enquanto a mulher desaparece atrás do pano, indo para a aldeia. Embora os discípulos tenham estado com Jesus, a incompreensão deles acerca do alimento de Jesus é tão obtusa quanto o mal-entendido da mulher acerca da água. A pergunta indecisa da mulher — "Não seria ele o Cristo?" — significa que ela procura confirmação, que é oferecida pelos samaritanos da aldeia, os quais alcançam a fé quando se encontram com Jesus (Jo 4,40-42). As palavras deles à mulher — "Já não é por causa do que tu falaste que cremos. Nós mesmos o ouvimos" — refletem a teologia joanina de que todos devem ter um contato pessoal com Jesus. Provavelmente essa história reflete a história joanina na qual os samaritanos vieram a fazer parte da comunidade, juntamente com os judeus, mas isso está implícito. O mais óbvio é o permanente tema da substituição (aqui, da adoração no templo) e o contraste entre a fé mais aberta dos samaritanos e a crença menos adequada daqueles de Jerusalém (Jo 2,23-25) e de Nicodemos.

O segundo sinal em Caná (Jo 4,43-54) conclui essa subdivisão. Assemelha-se à primeira história de Caná no fato de que o requerente é repelido, mas persiste, obtendo, por fim, o que pretendia. A história do filho (*huios*) do funcionário real é, provavelmente, uma terceira variação da história do servo (*pais*) do centurião, que tem duas versões ligeiramente diferentes em Mt 8,5-13 e em Lc 7,1-10. As variantes são do tipo que poderia surgir na tradição oral; por exemplo, "boy", em inglês (uma das traduções de *pais*) tanto pode significar filho quanto

---

[25] Muita coisa na história mostra certo conhecimento de Samaria; contudo, os samaritanos não esperavam o Messias como um rei ungido da Casa de Davi. Se o evangelista sabia disso, pode ter traduzido a expectativa deles numa linguagem mais familiar a seus leitores.

servo. Na seqüência de temas joaninos, o texto transicional de Jo 4,43-45 fala de uma fé inadequada que não honra um profeta em sua própria pátria (cf. Mc 6,4; Lc 4,24).[26] Isso estabelece um contraste com a fé exemplificada pelo funcionário: ele acredita que aquilo que Jesus disse acontecerá, e volta para casa confiando nisso, conduzindo, no final, toda a sua casa à fé (cf. At 10,2; 11,14; 16,15.34). A Nicodemos, Jesus falara de uma geração/nascimento (doação da vida) do alto; à mulher samaritana falara da água que jorra para a vida eterna; agora ele dá a vida ao filho do funcionário real. Isso prepara para um dito-chave na próxima subdivisão: o Filho concede a vida aos que ele quiser (Jo 5,21).

3. Festas veterotestamentárias e sua substituição; temas da vida e da luz (Jo 5–10). O tema da vida, que será desenvolvido nos caps. 5–7, dará ensejo ao tema da luz nos caps. 8–10 — ambos os temas antecipados no prólogo. Um tema mais dominante, porém, é a seqüência de festas judaicas presentes em toda essa subdivisão (Sábado, Páscoa, Tabernáculo, Dedicação); em tudo o que Jesus faz ou diz, toca um aspecto significativo da festa e, até certo ponto, substitui-o.

No sábado, Jesus cura e dá vida, provocando um áspero diálogo (Jo 5,1-47). A combinação de um milagre com um discurso/diálogo que começa baseado no valor de sinal do milagre é uma técnica joanina (cf. também o cap. 6). Aqui, por ocasião de uma anônima "festa dos judeus", que é também em um sábado (Jo 5,9), Jesus cura um paralítico que estivera esperando para ser curado junto à piscina de Betesda.[27] Sua ordem de tomar o leito viola a lei sabática (conforme verificado mais tarde nas diretrizes codificadas da Mixná). A explicação que Jesus dá "aos judeus" não se baseia em razões humanitárias, como em Lc 13,15-16; 14,5, mas na sua suprema autoridade, como em Mc 2,28 e par. A lógica parece ser esta: embora o povo não deva trabalhar no sábado, Deus continua a agir na-

---

[26] Os estudiosos estão divididos quanto à "sua própria pátria" — se é a Judéia (o que significaria retroceder para Jo 2,23-25, pulando a cena de Samaria) ou a Galiléia, conforme indicado pelo contexto imediato e pelos outros evangelhos. A última interpretação encontra apoio na superficialidade (implícita) da acolhida por parte dos galileus em Jo 4,45, baseada naquilo que viram Jesus realizar em Jerusalém.

[27] Junto à Piscina dos Rebanhos ou Portão de Jerusalém — provavelmente aquilo que no Manuscrito de Cobre dos MMM é chamado de *"Bet 'Ešdatayin"*, que indica um lugar chamado Bet 'Ešda, onde havia duas bacias. É mais provável que esse lugar seja a área trapezoidal da piscina (dividida por um compartimento central em duas) na região nordeste da muralha de Jerusalém, bem na parte externa da igreja de santa Ana. Na Antiguidade, pensava-se que as fontes ali tinham poder sanativo. Jo 5,3b-4, no que respeita ao anjo agitando a água, falta nos melhores manuscritos e reflete tradição popular.

quele dia.²⁸ Deus é o Pai de Jesus, e o Pai deu ao Filho o poder sobre a vida e sobre a morte. "Os judeus" reconhecem o que está sendo reivindicado: "Então os judeus, com mais empenho, procuravam matá-lo, porque, além de violar o sábado, ele dizia ser Deus seu próprio pai, fazendo-se, assim, igual a Deus" (Jo 5,18). Diante disso, mais do que em outros evangelhos, em João aparece imediata e consistentemente uma letal antipatia para com Jesus, e uma reivindicação de divindade prevalece de forma clara. Compreensivelmente, muitos estudiosos pensam que aqui há dupla exposição: lembranças da hostilidade contra Jesus durante seu ministério, às quais foram superpostas as experiências posteriores de seus seguidores, que eram acusados de diteísmo pelas autoridades judaicas, ou seja, de fazer de Jesus um Deus, violando, assim, a doutrina fundamental de Israel: o Senhor nosso Deus é único. A resposta em Jo 5,19-30 é sutil: o Filho nada faz por si mesmo, mas o Pai entregou-lhe todas as coisas. Em Jo 5,31-47, cinco argumentos são apresentados como testemunho, como se fossem lançados em debates sinagogais: Deus (Outro) testemunhou em favor de Jesus, bem como João Batista, as obras que Jesus realiza, a Escritura e, finalmente, Moisés, que escreveu sobre Jesus.

Durante o tempo da Páscoa, Jesus multiplica os pães e os peixes, e profere um discurso sobre o pão da vida (Jo 6,1-71). Existem dois relatos sinóticos da multiplicação (seguindo-se, à primeira ocorrência, a caminhada sobre as águas); os quadros em BGJ 1.239-244 mostram como, em alguns detalhes, o relato de João parece mais próximo da primeira narrativa sinótica e, em outros pormenores, mais parecido com o segundo relato sinótico.²⁹ A apresentação de Filipe e de André como personagens que preparam a resposta de Jesus é caracteristicamente joanina (Jo 1,40.43-44; 12,22) e João comporta traços particulares que poderiam salientar o simbolismo eucarístico na multiplicação.³⁰ A combinação do alimento miraculosamente providenciado com a caminhada sobre as águas ecoa os mila-

---

[28] O fato de que as pessoas nascem e morrem no sábado mostra que Deus está agindo, dando vida, recompensando o bem e punindo o mal.

[29] Os dois relatos são encontrados respectivamente em Mc 6,30-53; Mt 14,13-34; Lc 9,10-17; e em Mc 8,1-10; Mt 15,32-39. É muito difícil entender como o quarto evangelista pôde elaborar sua narrativa com base neles; essa cena torna-se um forte argumento a favor da independência joanina. Quanto à idade respectiva, em alguns pontos o relato de João parece mais antigo; em outros, mais recente.

[30] Por exemplo, o verbo *eucharistein*, no v. 11; *klasma*, para pedaços (v. 12; usado na descrição eucarística na *Didaqué* 9,4); *synagein* (v. 12: "recolher", donde sinaxe).

gres de Moisés no Êxodo, depois da primeira Páscoa (maná, Mar Vermelho); até mesmo a murmuração de Jo 6,41 corresponde à ação semelhante de Israel durante a caminhada no deserto (Ex 16,2.8). Conseqüentemente, segue-se a comparação de Jesus com Moisés: este não deu o verdadeiro pão do céu, pois aqueles que comeram o maná morreram (Jo 6,32.58). Enquanto os relatos sinóticos não nos mostram a reação daqueles para os quais os pães e os peixes foram multiplicados, em João a multidão encontra Jesus no dia seguinte e faz-lhe pedidos, provando que não enxergou realmente, além do miraculoso, o verdadeiro significado. Jesus não veio simplesmente para satisfazer a fome terrestre, mas para dar o pão que alimentaria o povo para a vida eterna, e o discurso que se segue[31] parece oferecer duas interpretações de como isso seria feito.

Primeiramente, em Jo 6,35-51a, Jesus é o pão da vida porque sua revelação constitui ensinamento de Deus (Jo 6,45), de modo que se deve crer no Filho a fim de obter a vida eterna. A declaração "Quem vem a mim, nunca mais terá fome, e o que crê em mim nunca mais terá sede" (Jo 6,35) ecoa a promessa da Sabedoria divina[32] em Eclo 24,21(20). Em segundo lugar, em Jo 6,51b-58, Jesus é alimento em outro sentido, pois é preciso alimentar-se de sua carne e de seu sangue para obter a vida eterna. Os temas de Jo 6,35-51a estão duplicados, mas agora em linguagem que evoca a eucaristia. Com efeito, Jo 6,51b — "O pão que eu darei é a minha carne para a vida do mundo" — pode bem ser a fórmula eucarística joanina comparável a "Isto é o meu corpo que é dado por vós" de Lc 22,19 e 1Cor 11,24. Tomadas como um todo, as duas partes do discurso em Jo 6 revelam que Jesus alimenta seus seguidores tanto por meio de sua revelação quanto

---

[31] Ressoando Ex 16,4.15; Sl 78,24, o debate sobre "Ele lhes deu a comer um pão do céu" ("Ele" = Moisés ou Deus, "deu" ou "dá", "pão do céu" = maná ou Jesus) conduz a uma homilia, possivelmente em resposta a um argumento sinagogal contra os cristãos joaninos. Típica do estilo homilético do tempo era a introdução com um texto profético (Jo 6,45, de Is 54,13) para apoiar a interpretação. Veja-se a importante contribuição de P. Borgen, em *Bread from heaven* (Leiden, Brill, 1965, 2. ed. 1981, NovTSup, 10); *Logos was the true light* (Trondheim, Univ. of Trondheim, 1983, pp. 32-46). Menos provável é a opinião de que já existia uma série trienal de leituras sinagogais na qual o texto do Êxodo era uma leitura da Páscoa, como o era Is 54 — tese de A. Guilding (*The fourth Gospel and Jewish worship*, Oxford, Clarendon, 1960) criticada por L. Morris (*The New Testament and the Jewish lectionaries*, London, Tyndale, 1964).

[32] A Sabedoria é um tema muito importante na cristologia joanina, de acordo com M. Scott (*Sophia and the Johannine Jesus*, Sheffield, JSOT, 1992, JSNTSup, 71) e M. E. Willett (*Wisdom christology and the fourth Gospel*, San Francisco, Mellen, 1992). Para o contexto veterotestamentário geral, cf. HILL, R. C. *Wisdom's many faces*. Collegeville, Liturgical, 1996.

de sua carne e sangue eucarísticos. Em resposta, alguns dos discípulos de Jesus murmuram sobre esse ensinamento (Jo 6,60-61), tal como fizeram "os judeus" (Jo 6,41-43.52). No plano do ministério de Jesus, essa reação desfavorável é contra a pretensão das origens celestes do Filho do Homem; no plano da vida da comunidade, pode refletir a rejeição de uma alta visão da eucaristia por parte de outros cristãos.[33] Simão Pedro e os Doze estão entre aqueles que não se vão, pois reconhecem que Jesus tem palavras de vida eterna. (Assim, não obstante sua falha em não falar de "apóstolos" nem oferecer uma lista dos Doze, o evangelho de João inculca respeito por eles.) A cena sinótica confessional refere-se a Pedro como "Satanás" (Mc 8,33; Mt 16,23), mas, em Jo 6,70-71, Judas — Jesus já o sabe — é o demônio que o entregará.

A próxima festa judaica, a dos Tabernáculos (Tendas, Cabanas), parece cobrir Jo 7,1–10,21, antes da menção da festa da Dedicação em 10,22. Essa festa-peregrinação de oito dias, por ocasião da qual os judeus subiam a Jerusalém, além de celebrar a colheita da uva de setembro/outubro, era marcada por orações pela chuva. Um processão diária, partindo da piscina de Siloé, levava água como uma libação ao templo, onde a corte das mulheres era iluminada por tochas imensas — daí os temas da água e da luz. Recusando um pedido de "seus irmãos" que tem sabor de descrença, Jesus sobe a Jerusalém por iniciativa própria e secretamente (Jo 7,1-10). Idéias a seu respeito provocam divisões (Jo 7,11-15), refletindo o tema joanino de que Jesus leva as pessoas a julgar-se. O diálogo de Jesus com "os judeus" em Jo 7,16-36 relembra a hostilidade anterior por causa da violação da lei mosaica e culmina com uma advertência de que ele não permanecerá por muito tempo, e voltará para aquele que o enviou.[34] A substituição do tema da água da festa vem ao proscênio no último dia da festa dos Tabernáculos em Jo 7,37-39, quando Jesus anuncia que de dentro dele mesmo (a leitura mais provável) brotarão rios de água viva, ou seja, o Espírito que será

---

[33] A afirmação de que muitos de seus discípulos não mais o seguiram (Jo 6,66) é encontrada somente em João, entre os evangelhos, e pode refletir um período por volta do final do século, quando a *koinōnia* estava sendo rompida.

[34] "Irá, por acaso, aos dispersos entre os gregos?" (Jo 7,35) seria uma indicação irônica do futuro dos cristãos joaninos depois da expulsão da sinagoga? Até que ponto é mordaz a objeção em Jo 7,42 de que o Messias deve vir de Belém? Conhece o evangelista a tradição de que Jesus nasceu em Belém (encontrada alhures somente em Mt 2 e Lc 2)? Ele acredita que o lugar do nascimento terreno é irrelevante, dado que Jesus veio do alto, ou tenciona ambos os significados?

recebido quando ele for glorificado (cf. Jo 19,34). A divisão a respeito de Jesus, que levou a uma tentativa frustrada de prendê-lo (Jo 7,40-49), traz Nicodemos de volta à cena, defendendo Jesus, mas ainda não confessando que é um dos que crêem (Jo 7,50-52).

A continuação[35] em Jo 8,12-59 introduz a substituição do tema da luz da festa quando Jesus proclama ser ele próprio "a luz do mundo". Volta o clima judicial de testemunho defensivo contra as acusações judaicas,[36] e a situação torna-se deveras tensa, com insinuações de ilegitimidade e acusações de que o demônio é o pai dos oponentes. Conclui-se com uma das mais espetaculares afirmações atribuídas a Jesus no NT: "Antes que Abraão existisse, Eu Sou" (Jo 8,58), o que conduz a uma tentativa de apedrejamento de Jesus (implicitamente por causa da blasfêmia).

O cap. 9, ao narrar como o cego de nascença recuperou a vista, é uma obra de arte da narrativa dramática joanina, tão cuidadosamente elaborada que nem sequer uma palavra é desperdiçada. O tema da "luz do mundo" (Jo 9,5) e a referência à piscina de Siloé (Jo 9,7.11) provêem uma vaga relação com a festa dos Tabernáculos que, evidentemente, manteve Jesus em Jerusalém. O cego de nascença é mais do que um indivíduo;[37] foi elaborado para ser o porta-voz de um tipo especial de encontro de fé com Jesus. A mulher samaritana exemplificou os obstáculos encontrados para chegar à fé em Jesus no primeiro encontro. O cego, tendo-se lavado nas águas de Siloé (o nome é interpretado como "o enviado", uma designação joanina de Jesus), ilustra alguém que é iluminado no primeiro encontro, mas consegue ver quem realmente é Jesus somente mais tarde — depois de padecer tribulações e ser expulso da sinagoga.[38] Isso pode ser visto como uma mensagem aos cristãos joaninos que tiveram experiência semelhante, asseguran-

---

[35] Para a passagem em Jo 7,53–8,11, que trata da mulher adúltera, cf. Temas e problemas para reflexão, 1.

[36] Particularmente desnorteante é que as objeções hostis provêm de "judeus que acreditavam nele" (cf. Jo 8,30-31). Isso reflete a luta da comunidade joanina contra outros cristãos de cristologia mais baixa, que não podiam aceitar Jesus como o divino "Eu Sou"? Esse título tem sido objeto de amplo estudo. Cf., por exemplo: BALL, D. M. *"I AM" in John's Gospel*. Sheffield, Academic, 1996. (JSNTSup, 124.)

[37] Agostinho (*In Iohannem* 44,1; CC 36.381): "Esse cego representa a raça humana".

[38] "Iluminação" era um termo primitivo cristão para a conversão batismal, cf. Hb 6,4; 10,32; Justino, *Apologia* 1.61.13. As perguntas e respostas em Jo 9,35-38 podem refletir um interrogatório batismal joanino que levava o crente a confessar o nome de Jesus como o Filho do Homem que veio do céu. Na arte primitiva das catacumbas, a cura do cego de nascença era um símbolo batismal.

do-lhes que, mediante suas vicissitudes, tiveram a oportunidade de atingir uma fé bem mais profunda do que aquela do primeiro encontro com Cristo. A intensiva série de perguntas a que o cego é submetido, a crescente hostilidade e a cegueira dos inquisidores que o expulsam da sinagoga, a progressiva percepção a respeito de Jesus do cego sob interrogatório,[39] e a ansiosa tentativa dos pais em evitar tomar partido a favor ou contra Jesus — tudo isso é magistralmente desenvolvido num drama que poderia ser facilmente encenado num palco para ilustrar de que maneira, com a vinda de Jesus, aqueles que presumiam ver tornaram-se cegos e aqueles que eram cegos recuperaram a visão (Jo 9,39).

Na seqüência narrativa, o discurso metafórico sobre o bom pastor (Jo 10,1-21), embora tenha certa autonomia, é direcionado aos fariseus, acusados por Jesus de ser cegos em Jo 9,40-41. Por meio desse discurso e da descrição da vinha em Jo 15,1-17, João consegue chegar o mais perto possível das parábolas tão comuns nos sinóticos.[40] Em João, existe uma mistura de metáforas que oferecem diversos modos de considerar a mesma realidade: Jesus é o portão através do qual o pastor vai até as ovelhas e as ovelhas vêm ao aprisco e saem para o pasto; e Jesus é o modelo de pastor, que conhece suas ovelhas pelo nome e está disposto a dar a vida por elas. No ministério de Jesus, isso visava aos fariseus, que eram o público retratado; na vida da Igreja joanina, podia ser uma crítica a outros cristãos que haviam introduzido pastores humanos (guias espirituais) que pareciam rivalizar-se com as prerrogativas de Cristo. A famosa passagem em Jo 10,16 — em que Jesus, referindo-se a um rebanho que não pertence a seu redil, expressa o objetivo de um só rebanho, um só pastor — sugere que, quando o evangelho foi escrito, a divisão entre os seguidores de Jesus era um problema.

A próxima festa judaica é a da Dedicação (*Hanukkah*: Jo 10,22-42), que celebra a dedicação do altar e a reconstrução do templo de Jerusalém pelos Macabeus (164 a.C.), depois de vários anos de profanação sob governos sírios. O tema dessa festa é substituído quando Jesus, no pórtico do templo, reivindica ser aquele a quem o Pai consagrou e enviou ao mundo (Jo 10,36). Os pontos levantados

---

[39] V. 11: "o homem chamado Jesus"; v. 17: "É profeta"; v. 33: um homem de Deus.

[40] O simbolismo do pastoreio é enfatizado também nos sinóticos (Mc 14,27; Mt 18,12; 25,32; cf. At 20,28-29; 1Pd 5,2-4; Hb 13,20), refletindo uma longa história de uso veterotestamentário (Nm 27,16-17; 1Rs 22,17; Jr 23,1-4; Ez 34). BEUTLER, J. & FORTNA, R. T. (eds.). *The shepherd discourse of John 10 and its context*. Cambridge, Cambridge Univ., 1991. (SNTSMS, 67.)

contra Jesus por declarar-se Messias e a blasfêmia por ter dito que era o filho de Deus assemelham-se, na substância, ao inquérito do Sinédrio, narrado pelos evangelhos sinóticos pouco antes de Jesus morrer (cf. Jo 10,24-25.36 e Lc 22,66-71). Confrontado com tentativas de apedrejá-lo e de prendê-lo, Jesus declara de forma desafiadora: "O Pai está em mim e eu no Pai". Por inclusão, o evangelista agora faz Jesus voltar através do Jordão para onde a história começou em Jo 1,28. Ali, o testemunho de João Batista ainda ressoa (Jo 10,40-42).

4. A ressuscitação de Lázaro e suas conseqüências (caps. 11–12). Essa subseção serve de ponte entre o Livro dos Sinais e o Livro da Glória. *Jesus dá vida a Lázaro* (Jo 11,1-44), da mesma forma que deu vida ao cego (cf. Jo 11,37), perfazendo, assim, o maior de seus sinais; contudo, paradoxalmente, o dom da vida conduz à decisão do Sinédrio de que Jesus deve morrer (Jo 11,45-53), uma decisão que proporcionará seu retorno glorioso ao Pai. À narrativa do cego de nascença, seguiu-se um diálogo que explicava o valor simbólico da cura; na ressuscitação de Lázaro, o diálogo que explica o sinal vem antes — uma conversação depois que Lázaro tivesse saído do túmulo seria um anticlímax. No diálogo, Marta já acredita que Jesus é o Messias, o Filho de Deus (comparável à confissão de Pedro em Mt 16,16), e que seu irmão ressuscitará no último dia; Jesus, porém, a conduz a uma fé ainda mais profunda. Ele não é apenas a ressurreição, mas também a vida, de modo que quem nele acredita não morrerá jamais. O retorno miraculoso de Lázaro à vida realiza a aspiração de Marta, mas continua sendo um sinal, pois Lázaro morrerá de novo[41] — por isso é que ele sai do túmulo ainda envolto com as faixas mortuárias. Jesus vem para conceder uma vida eterna impérvia para a morte, conforme simbolizará sua ressurreição do túmulo deixando para trás as vestes fúnebres (Jo 20,6-7).

Uma sessão do Sinédrio (Jo 11,45-53) é provocada pelo número de seguidores que Jesus conquistou e pelo medo de que os romanos intervenham em detrimento da nação e do templo ("lugar santo"). Caifás, sumo sacerdote naquele ano fatal, é capacitado a proferir uma profecia, não obstante não o reconheça. Ele indica que Jesus deve morrer em lugar da nação, mas para João isso significa que

---

[41] As ações pelas quais Jesus trouxe mortos à vida (Lázaro, o filho da viúva de Naim [Lc 7,11-17], a filha de Jairo [Mc 5,35-43]) são narradas pelo evangelista como ressuscitações miraculosas, semelhantes àquelas realizadas pelos profetas veterotestamentários Elias e Eliseu (1Rs 17,17-24; 2Rs 4,32-37). A própria ressurreição de Jesus é de ordem superior, antecipando escatologicamente a ressurreição dos mortos que Deus realizará nos últimos dias. Ressuscitação restaura a vida ordinária; ressurreição implica a vida eterna.

Jesus morrerá em favor da nação, e "também para congregar na unidade todos os filhos de Deus dispersos". O destino de Jesus está selado pelo Sinédrio, que planeja matá-lo, e *os versículos intermediários* (Jo 11,54-57) *dispõem com antecedência a prisão, durante a Páscoa.*

As duas cenas que se seguem têm paralelos nos sinóticos, mas em ordem inversa. *Em Betânia, seis dias antes da Páscoa, Maria, irmã de Lázaro, unge os pés de Jesus* (Jo 12,1-11). Essa ação está em íntimo paralelo com Mc 14,3-9 e Mt 26,6-13: onde, em Betânia, dois dias antes da Páscoa, uma mulher anônima derrama ungüento na cabeça de Jesus.[42] Ambas as versões da história trazem o motivo da preparação para o sepultamento. A cena no dia seguinte, quando *Jesus entra triunfalmente em Jerusalém* (Jo 12,12-19), está em íntimo paralelo com a entrada em Jerusalém em Mc 11,1-10, Mt 21,1-9 e Lc 19,28-40, que aconteceu consideravelmente mais cedo. Somente João menciona os ramos de palmeira, e a escolha por Jesus de um jumentinho parece quase uma ação corretiva indicando o rei prometido em Zacarias, que deverá trazer paz e salvação (Zc 9,9-10).

O final do ministério público é assinalado pela chegada dos gentios (Jo 12,20-50), o que leva Jesus a proclamar: "É chegada a hora", e a falar do grão de trigo que deve morrer a fim de produzir muito fruto. A atmosfera lembra aquela da oração de Jesus no Getsêmani, na noite anterior à sua morte em Mc 14,34-36 e par. Em ambas as cenas, a alma de Jesus está perturbada/entristecida. Em Marcos, ele ora ao Pai a fim de que a hora se aparte dele; em João, ele se recusa a rezar ao Pai a fim de ser salvo daquela hora, pois para isso é que ele veio — reações diferentes que espelham aquilo que mais tarde será chamado de humanidade e divindade de Jesus. Em Marcos, ele pede que a vontade de Deus seja feita; em João, ele ora para que o nome de Deus seja glorificado — variantes das petições no "pai-nosso" e, portanto, reflexos do estilo de rezar de Jesus. A voz que responde do céu em Jo 12,28-29 é tomada erroneamente como a de um anjo; isso lembra a aparição de um anjo como resposta, em Lc 22,43, e a afirmação de Jesus de que, se ele quisesse, o Pai enviaria mais de doze legiões de anjos, em Mt 26,53 — exemplos interessantes de variação entre as diversas preservações da tradição sobre Jesus. A falha das multidões em aceitar a proclamação do Filho do Homem

---

[42] Lc 7,36-50, outro paralelo, é uma cena penitencial situada na Galiléia, onde uma mulher pecadora chora aos pés de Jesus e unge-os. Assim como em Marcos e em Mateus, a unção está situada na casa de Simão. Em nenhum relato evangélico a agente é Maria Madalena, não obstante a imaginação artística subseqüente.

torna-se, em Jo 12,37-41, um cumprimento da profecia de Isaías de que elas jamais acreditariam.[43] Na verdade, alguns do Sinédrio crêem em Jesus, mas, temendo os fariseus e não querendo confessá-lo, não proclamam a glória de Deus (Jo 12,42-43). Mais uma vez suspeitamos de que o evangelista também tem em mente os da sinagoga de seu tempo que não têm a coragem de confessar o Cristo. A última palavra de Jesus durante o ministério, resumindo a mensagem joanina (Jo 12,44-50), recorda o sumário de abertura, dirigido a Nicodemos em Jo 3,16-21: a luz veio ao mundo ensejando a ocasião de autojulgamento daqueles que acreditam nele e são libertados das trevas e daqueles que o rejeitam e são condenados.

Segunda parte: o Livro da Glória (Jo 13,1–20,31)

O tema dos caps. 13–20 é anunciado em Jo 13,1 com a proclamação de que Jesus estava consciente de que a hora na qual ele deveria passar deste mundo para o Pai chegara demonstrando até o fim seu amor pelos seus que estavam no mundo. Nos cinco capítulos que descrevem a Última Ceia, somente "os seus" estão presentes para ouvi-lo falar de seus planos, e, a seguir, nos três capítulos que descrevem a paixão, a morte e a ressurreição, Jesus é glorificado e sobe a seu Pai, que se torna agora o Pai deles (Jo 20,17). Dessa forma, esse "Livro" ilustra o tema do prólogo (Jo 1,12-13): "Mas a todos que o receberam, deu o poder de se tornarem filhos de Deus", ou seja, novos "seus", "aqueles que crêem em seu nome", e não aqueles que eram seu povo de nascimento.

1. Última Ceia e último discurso de Jesus (Jo 13–17). Em todos os evangelhos, Jesus fala nessa refeição na noite antes de sua morte, mas em João o discurso dura muito mais tempo.

a) Em seções iniciais da *Última Ceia (Jo 13)*, a narrativa tem paralelos com o material sinótico em que, à mesa, Jesus fala sobre Judas[44] e (ali e depois) adverte que Simão Pedro o negará por três vezes. No entanto, em vez de pronunciar palavras sobre o pão e o vinho, em João, Jesus lava os pés dos discípulos, um

---

[43] Vimos (na *p. 304*) que Mateus tem de dez a catorze citações de cumprimento do AT; João tem nove citações de realizações de forma menos padronizada. FREED, E. D. *Old Testament quotations in the Gospel of John.* Leiden, Brill, 1965. (NovTSup, 11); SCHUCHARD, B. G. *Scripture within Scripture.* Atlanta, Scholars, 1992.

[44] Para João e Lucas, Judas é o instrumento do demônio/Satanás.

gesto terno de humildade que serve como exemplo para eles.[45] Também única em João é a presença do "discípulo que Jesus amava". Agindo como intermediário para Simão Pedro, que é colocado a certa distância de Jesus, o "Discípulo Amado" reclina-se sobre o peito de Jesus para perguntar-lhe sobre a identidade daquele que o entregaria. Mencionado somente no Livro da Glória, distintivamente o Discípulo Amado está perto de Jesus, em contraste com Pedro (cf. *p. 501*).

Depois que Judas desaparece na noite (símbolo da escuridão satânica), João oferece uma breve introdução (Jo 13,31-38) ao último discurso, em que Jesus fala mais uma vez de sua glorificação próxima e profere seu novo mandamento: "Como eu vos amei, amai-vos também uns aos outros". É "novo" não porque o AT fosse falho no amor, mas porque agora existem duas modificações peculiarmente cristãs: o amor deve estar revestido da força e modelado segundo o modo pelo qual Jesus amou seus discípulos, morrendo e ressuscitando por eles (cf. também Rm 5,8), e deve ser estendido aos companheiros cristãos discípulos.

b) No *Último Discurso* (Jo 14-17), Jesus fala "aos seus" enquanto considera sua partida. Esse discurso é uma composição única, comparável ao Sermão da Montanha de Mateus ou à coleção das palavras de Jesus, em Lucas, pronunciadas no caminho da Galiléia para Jerusalém. O discurso de João apresenta como mensagem final diversos materiais encontrados nos sinóticos, não somente na Última Ceia, mas também espalhados por todo o ministério público. Equilibrado entre o céu e a terra, e já em ascensão para a glória, o Jesus joanino fala tanto como quem ainda está no mundo quanto como quem não mais nele está (Jo 16,5; 17,11). Esse caráter atemporal e atópico empresta ao discurso um valor permanente como mensagem de Jesus para aqueles que, em todos os tempos, acreditariam nele (Jo 17,20). Em forma e conteúdo, assemelha-se a um "testamento" ou discurso de despedida,[46] em

---

[45] Discutirei o sacramentalismo joanino em Temas e problemas para reflexão, 3. Muitas vezes, num nível secundário do simbolismo, referências ao batismo e à eucaristia parecem estar presentes; por exemplo, "Se eu não te lavar, não terás parte comigo" (Jo 13,8) tem levado a considerar o lava-pés como um símbolo do batismo.

[46] Ver aquele de Jacó aos seus doze filhos (Gn 49), de Moisés a Israel (Dt 33), de Josué a Israel (Js 23–24) e de Davi (2Sm 23,1-7; 1Cr 28–29). Esse gênero literário tornou-se muito popular nos últimos séculos a.C., conforme se pode ver na literatura apocalíptica; por exemplo, em *Jubileus* — a despedida de Noé (10), de Abraão (20-21) e de Rebeca e Isaac (35–36) — e em *Testamento dos Doze Patriarcas*. No NT, há testamentos atribuídos a Paulo em At 20,17-38 e 2Tm 3,1-4,8, e um a Pedro, em 2 Pedro. Paralelos ao último discurso de João nessa literatura estão listados em BGJ 2.598-601. De modo mais amplo, cf. TOLMIE, D. F. *Jesus' farewell to the disciples*. Leiden, Brill, 1995.

que o locutor (às vezes um pai aos filhos) anuncia sua partida iminente (cf. Jo 13,33; 14,2-3; 16,16), causando muitas vezes tristeza (Jo 14,1.27; 16,6.22); recorda sua vida passada, palavras e ações (Jo 13,33; 14,10; 15,3.20; 17,4-8), estimulando os destinatários a igualá-los ou até mesmo a superá-los (Jo 14,12), a guardar os mandamentos (Jo 14,15.21.23; 15,10.14) e a manter-se unidos (Jo 17,11.21-23). Ele pode desejar paz e alegria aos interlocutores (Jo 14,27; 16,22,33), rezar por eles (Jo 17,9), predizer que serão perseguidos (Jo 15,18.20; 16,2-3) e escolher um sucessor (passagens sobre o Paráclito).

Primeira divisão do último discurso (Jo 14). Enfatizando o tema da partida, Jesus consola seus discípulos com a promessa do retorno para levá-los consigo. A cada instante, o fluxo do discurso é prolongado pelos que estão presentes e que fazem perguntas que revelam incompreensão. Assim, a pergunta de Tomé (Jo 14,5) leva a uma das mais famosas proclamações no evangelho: "Eu sou o Caminho, a Verdade e a Vida"; a pergunta de Filipe (Jo 14,8) conduz Jesus a dizer: "Quem me vê, vê o Pai [...]; estou no Pai e o Pai está em mim". Essa habitação mútua, por sua vez, leva ao tema de como o Espírito (Jo 14,15-17), Jesus (Jo 14,18-22) e o Pai (Jo 14,23-24) irão morar no cristão.[47]

Particularmente interessante é a designação do Espírito como Paráclito.[48] À diferença da palavra neutra (*pneuma*) para Espírito, *paraklētos*, literalmente "Aquele que é invocado para ficar junto", é uma designação pessoal que descreve o Espírito invocado depois da partida de Jesus como "advogado"[49] e "consolador" dos cristãos. Tal como Jesus recebeu tudo do Pai e, enquanto está na terra, é o caminho para conhecer o Pai do céu, assim também quando Jesus voltar para o céu, o Paráclito, que recebe tudo da parte de Jesus, é o caminho para conhecer Jesus.[50] Jesus, po-

---

[47] As várias explicações de como essas três figuras virão aos crentes e permanecerão com eles são complicadas; cf. BGJ 2.602-603.

[48] Para a literatura joanina sobre o Paráclito-Espírito, cf.: BARRETT, C. K. JTS 1, 1-15, 1950; BROWN, R. E. NTS 13, 113-132, 1966-1967; também BGJ 2.1135-1144; WINDISCH, H. *The Spirit-Paraclete in the fourth Gospel*. Philadelphia, Fortress, 1968; original alemão de 1927, 1933. (Facet Biblical Series, 20); HOLWERDA, D. E. *The Holy Spirit and eschatology in the Gospel of John*. Kampen, Kok, 1959; JOHNSTIN, G. *The Spirit-Paraclete in the Gospel of John*. Cambridge, Cambridge Univ., 1970. (SNTSMS, 12); BURGE, G. M. *The anointed community*; the Holy Spirit in the Johannine tradition. Grand Rapids, Eerdmans, 1987.

[49] Do latim "chamado a apoiar", essa é uma denominação para advogado. *Paraklētos*, em grego, é um termo forense ou legal que designa um advogado de defesa, mas o Paráclito joanino é mais um promotor.

[50] O Jesus joanino é a verdade (Jo 14,6); o Paráclito é o Espírito da Verdade (Jo 14,17; 16,13), uma qualificação não encontrada no AT, mas nos MMM (em oposição dualística ao Espírito de falsidade), e usada para o Espírito Santo somente por João. Ver também 1Jo 5,6: "[...] o Espírito é a verdade".

rém, é o Verbo divino encarnado em um ser humano cuja estada neste mundo, com seus seguidores, é temporária. O Paráclito não se encarna, mas habita em todos os que amam Jesus e guardam seus mandamentos, e permanece com eles para sempre (Jo 14,15-16). Dois traços são característicos: ele está em relação de oposição com o mundo, que não o pode ver ou reconhecer (Jo 14,17), e age como um mestre que explica as conseqüências daquilo que Jesus falou.

O último motivo aparece na segunda passagem do Paráclito em Jo 14,26. Depois, Jesus dá aos discípulos o dom da paz, acompanhado por uma exortação de que o príncipe deste mundo está vindo (Jo 14,27-31b). As palavras finais de Jesus em Jo 14,31c — "Levantai-vos! Saiamos daqui!" — parecem sinalizar o fim do último discurso e conduzem perfeitamente a Jo 18,1: "Tendo dito isso, Jesus saiu com seus discípulos para o outro lado da torrente do Cedron".

Segunda divisão do último discurso (Jo 15–16). Muito surpreende que três capítulos de discurso se sigam a Jo 14,31c, o que tem levado muitos a supor uma inserção posterior à obra original do evangelista por um redator (cf. *p. 499*). O fato de Jo 16,4b-33 parecer tratar de muitos temas da primeira divisão, supondo, no entanto, que o público nada saiba daqueles temas, tem sugerido que essa inserção consistia num último discurso alternativo que o redator não quis que se perdesse. Seja como for, vamos dar uma olhada nas subseções, separadamente.

Jo 15,1-17: a videira e os ramos.[51] Assim como a comparação com o pastor, no cap. 10, essa é outra significativa instância joanina de linguagem parabólica/alegórica. No AT, Israel é muitas vezes descrito como a videira ou a vinha escolhida por Deus, tratada com extremado carinho apenas para produzir frutos amargos. Vimos Jesus substituindo festas e instituições judaicas; agora ele descreve-se como a videira do Novo Israel. Como ramos unidos a ele, os cristãos produzirão frutos agradáveis a Deus, o vinhateiro. Embora a videira não seque nem falhe, os ramos cairão, serão removidos e queimados. Alguns comparam essa imagem da comunidade cristã à imagem do corpo de Cristo em Paulo (1Cor 12,12-31); mas, enquanto a imagem de Paulo é invocada para equilibrar a relação entre os cristãos, a imagem de João está preocupada apenas com a habitação deles em Jesus. Como parte desses comentários sobre a imagem, Jesus proclama de novo seu mandamento: "Amai-vos uns aos outros como eu vos amei" (Jo 15,7-17, especial-

---

[51] Cf. Segovia, F. JBl 101, 115-128, 1982.

mente v. 12; cf. Jo 13,34-35). O amor inclui a disposição de dar a vida em favor dos outros.

Jo 15,18–16,4a: o ódio do mundo; o testemunho do Paráclito. A ênfase de Jesus sobre a necessidade do amor entre seus seguidores está ligada à sua percepção de como o mundo o odeia e àqueles a quem ele escolheu do mundo. Se, no início do evangelho, ficamos sabendo que Deus amou o mundo (Jo 3,16), "o mundo" agora se confina com aqueles que rejeitaram o Filho que Deus enviou. O fato de Jesus ter vindo e falado torna tal rejeição um pecado (Jo 15,22). O Paráclito virá e continuará o testemunho em favor de Jesus, e aqueles que estiveram com Jesus desde o começo precisam também testemunhar (Jo 15,26-27). Devem estar conscientes, porém, de que serão expulsos da sinagoga e até mesmo entregues à morte por causa de tal testemunho. Essa seção do último discurso joanino assemelha-se à parte final do discurso de Jesus antes da Ceia em Mc 13,9-13 (cf. também Mt 10,17-22).

Jo 16,4b-33: temas semelhantes aos da primeira divisão (cap. 14). Em Jo 16,4b-7, Jesus reitera o que disse no começo do discurso (Jo 14,1-5) ao anunciar sua partida, ao discutir aonde está indo[52] e ao reconhecer que o coração de seus discípulos está perturbado. Mais uma vez existem duas passagens sobre o Paráclito: a primeira em Jo 16,7-11, que corresponde à de Jo 14,15-17, sobre o tema de seu conflito com o mundo (e o príncipe deste mundo: cf. Jo 14,30);[53] a segunda, em Jo 16,13-15, que corresponde à de Jo 14,25-26, sobre o tema da repetição do ensinamento dado por Jesus. Enquanto Jo 14,16.26 diz que o Pai dará ou enviará o Paráclito, Jo 16,7 diz que Jesus é quem o enviará — um exemplo da afirmação de Jesus de que o Pai e ele são um (Jo 10,30).

Não obstante anteriormente, durante a Ceia (Jo 13,33; cf. 7,33; 12,35), Jesus ter falado que estaria com seus discípulos por pouco tempo, o desenvolvimento desse tema em Jo 16,16-22 não encontra nenhum paralelo íntimo com o

---

[52] Uma prova de que diferentes versões do último discurso podem ter sido colocadas lado a lado é oferecida pela comparação de Jo 16,5 ("Nenhum de vós me pergunta: 'Para onde vais?'") com as palavras de Tomé em Jo 14,5 ("Senhor, não sabemos aonde vais").

[53] O verbo na poética abordagem dos três tópicos (pecado, justiça, julgamento) nos quais o Paráclito mostrar-se-á ativo pode significar "expor", "demonstrar o erro a respeito de" ou "convencer". (Para padrão triádico semelhante, cf. 1Jo 2,12-14.16; 5,7.) O Paráclito aqui, agindo como um promotor que acusa o mundo a fim de estabelecer a justiça da causa de Jesus, assemelha-se à testemunha celeste em Jó (16,19), que, após a morte de Jó, assume seu lugar na terra e age como vingador ("defensor": Jó 19,25-27).

último discurso.⁵⁴ A morte dolorosa de Jesus e seu retorno subseqüente são comparados às dores do parto e ao subseqüente nascimento (ver a imagem semelhante para o nascimento do Messias em Ap 12,2.5). Em Jo 16,23-24, porém, com o motivo do pedir e receber, temos de novo um tema encontrado na primeira divisão do discurso (Jo 14,13-14). Jo 16,25-33 também traz alguns tópicos que foram ventilados anteriormente ("pois o próprio Pai vos ama, porque me amastes" em Jo 16,27 e Jo 14,21.23; "[...] vou ao Pai" em Jo 16,28 e 14,12; a promessa da paz em 16,33 e 14,27). Mas o contraste entre figuras de linguagem e linguagem simples, bem como a predição da dispersão dos discípulos, é novidade.⁵⁵ Embora, ao concluir a primeira divisão do discurso, Jesus tenha falado que o príncipe deste mundo não tem poder sobre ele (Jo 14,30), a frase mais simples "Eu venci o mundo!" é uma conclusão mais ressonante para essa divisão.⁵⁶

Terceira divisão do último discurso (Jo 17). Essa sublime conclusão do último discurso é muitas vezes considerada a Oração "Sacerdotal" de Jesus, que se consagrou por aqueles que enviaria ao mundo (Jo 17,18-19). Na primeira seção (Jo 17,1-8), Jesus ora pela glorificação (ou seja, a glória que ele tinha antes da criação), alegando que completou tudo o que o Pai lhe dera e revelou o nome de Deus. Não é uma oração egoísta, pois o objetivo é que o Filho glorifique adequadamente o Pai. Na segunda seção (Jo 17,9-19), Jesus reza por aqueles que o Pai lhe dera, a fim de que eles sejam preservados pelo nome que foi dado a Jesus.⁵⁷ Ele se recusa a rezar pelo mundo (o qual, rejeitando Jesus, tornou-se o reino do mal), pois seus discípulos não pertencem ao mundo. Bem diferente de um sábio gnóstico, Jesus não pede que seus discípulos sejam tirados do mundo, mas apenas que sejam preservados do Maligno (que é o príncipe deste mundo). Orando a fim de que eles sejam consagrados como ele mesmo se consagra, Jesus envia-os ao mundo para testemunharem a verdade. Na terceira seção (Jo 17,20-26), Jesus

---

[54] Contudo, tal como Jo 14,15-17; 14,18-22 e 14,23-24 trataram seqüencialmente do Espírito, de Jesus e do Pai, assim também Jo 16,13-15; 16,16-22 e 16,23-27.

[55] Em Marcos, imediatamente depois da Ceia, Jesus prediz que, durante a paixão, os discípulos escandalizar-se-ão, e cita Zc 13,7 acerca da dispersão das ovelhas. Em Jo 16,1, Jesus fala do sofrimento futuro dos discípulos a fim de preveni-los do escândalo e, em Jo 16,32, ele os adverte de que debandarão.

[56] Vemos como o cristão é conformado a Jesus quando consideramos 1Jo 5,5: "Quem é o vencedor do mundo, senão aquele que crê que Jesus é o Filho de Deus?"

[57] O nome de Deus tem poder. Em Fl 2,9-11, o nome ("Senhor") é dado por Deus a Jesus depois de sua crucifixão e exaltação; em João, Jesus já tem o nome divino ("Eu Sou"?) antes de sua morte.

ora por aqueles que acreditarão nele por meio da palavra dos discípulos — uma oração para que eles sejam um, tal como o Pai e Jesus são um. (Como em Jo 10,16, temos a impressão de que já no tempo de João os cristãos não eram unânimes.) Uma unidade levada a cabo entre os crentes seria convincente para o mundo. Afirmações maravilhosas sobre tais crentes são dirigidas ao Pai: "Eu lhes dei a glória que me deste"; "[Tu] os amaste como me amaste"; "Eles são um presente teu para mim"; e finalmente (17,26): "Eu lhes dei a conhecer o teu nome e lhes darei a conhecê-lo, a fim de que o amor com que me amaste esteja neles e eu neles". Com tal asseveração, o Jesus joanino prossegue a fim de ser levantado na cruz em seu retorno ao Pai.

2. Paixão e morte de Jesus (Jo 18–19). Aqui, mais do que em outra parte, João aproxima-se do esquema sinótico geral (Marcos). Ainda que detalhes importantes particulares sejam diferentes, o mesmo padrão de quatro "atos" pode ser detectado em ambos os relatos: prisão, interrogatório pelo sumo sacerdote judeu, julgamento diante de Pilatos, crucifixão/sepultamento.

Prisão no jardim do outro lado do Cedron (Jo 18,1-12). A designação sinótica do local aonde Jesus e seus discípulos foram depois da Última Ceia é o Getsêmani ou o Monte das Oliveiras. João narra que Jesus cruzou o ribeiro do Cedron[58] em direção a um jardim. A oração ao Pai a fim de ser livrado daquela hora, encontrada nesse contexto em Mc 14,35, apareceu previamente em João (12,27-28), de modo que toda a cena joanina concentra-se na prisão, na ânsia de Jesus em beber o cálice que o Pai lhe deu (cf. Mc 14,36).[59] Existem traços particularmente joaninos: Jesus, sabendo que Judas estava vindo, vai-lhe ao encontro e, quando Jesus se identifica com as palavras "Sou eu", o grupo que viera para prendê-lo, formado pela polícia judaica e por uma coorte de soldados romanos, recua e cai por terra diante dele. Isso corresponde à descrição da soberania de Jesus que domina a paixão em João: "Ninguém a tira [vida] de mim, mas eu a dou livremente. Tenho poder de entregá-la e poder de retomá-la" (Jo 10,18).

---

[58] Tanto essa designação quanto Encosta das Oliveiras aparecem na versão grega da narrativa da fuga de Davi quando Absalão atentava contra sua vida (2Sm 15,23.30).

[59] Somente em João aquele que corta a orelha do servo do sumo sacerdote é identificado como Simão Pedro. Trata-se de uma informação histórica ou ilustra a tendência de apresentar nomes para anônimos, baseando-se em verossimilhança (ou seja, este é o tipo de coisa estouvada que Pedro provavelmente teria feito)?

Interrogatório diante de Anás; negações de Pedro (Jo 18,13-27). Todos os evangelhos mostram que o bando que prendeu Jesus entrega-o à corte/palácio do sumo sacerdote judeu a fim de ser interrogado por essa autoridade — um interrogatório que é acompanhado por relatos de maus-tratos/zombaria infligidos a Jesus e das negações de Pedro. Somente em João não há uma sessão do Sinédrio para decidir a morte de Jesus (isso aconteceu mais cedo: Jo 11,45-53). Embora Caifás seja mencionado, Anás é quem conduz o inquérito.[60] As negações de Pedro são introduzidas pela presença de outro discípulo, que é conhecido do sumo sacerdote — provavelmente o Discípulo Amado que aparece somente em João.

Julgamento ante Pilatos (Jo 18,28–19,16). Todos os evangelhos narram que Jesus foi levado da casa do/pelo sumo sacerdote para ser julgado pelo governador romano, mas em João esse julgamento é um drama bem mais desenvolvido do que nos sinóticos. Apresenta-se um palco cuidadosamente montado, com "os judeus" fora do pretório e Jesus dentro. Sete episódios descrevem como Pilatos vai e vem tentando reconciliar os dois inamovíveis antagonistas (diagrama em BGJ 2.859). Unicamente João explica de forma clara por que Jesus foi levado a Pilatos (Jo 18,31: os judeus não tinham permissão de sentenciar ninguém à morte)[61] e por que razão Pilatos emitiu uma sentença de morte mesmo sabendo que Jesus não merecia tal punição (Jo 19,12: ele seria denunciado ao imperador por não ter sido diligente na punição do assim chamado rei). Jesus, que de forma alguma fala a Pilatos nos outros evangelhos, explica que seu reino não é político; ademais, "os judeus" admitem que o verdadeiro problema não é a acusação de ser "o Rei dos Judeus", mas o fato de Jesus ter pretendido ser Filho de Deus (Jo 19,7). Pilatos é questionado por Jesus a respeito de sua pertença à verdade (Jo 18,37); então, a cena se torna o julgamento de Pôncio Pilatos diante de Jesus, sobre quem Pilatos não tem poder real algum (Jo 19,11). Os maus-tratos da parte

---

[60] Lucas não traz o nome do sumo sacerdote aqui, mas conhece os sumos sacerdotes Anás e Caifás (Lc 3,2; At 4,6). Enquanto em Marcos e Mateus as autoridades maltratam/zombam de Jesus, em Lucas e João a polícia judaica é o agente.

[61] Isso tem sido questionado historicamente; no geral, porém, parece provável que João está sendo exato, ou seja, exceto no caso de crimes sobre os quais havia comum acordo, somente o governador romano da Judéia poderia ordenar uma execução. Obviamente tal norma nem sempre vigorava; por exemplo, quando ele se achava ausente ou distante, não podendo comandar a polícia romana, as autoridades/grupos judaicos podiam tomá-la nas próprias mãos e punir pessoas por infrações que exigiam a morte segundo as leis judaicas.

dos soldados romanos (no final, depois da condenação em Marcos e Mateus) são colocados no centro do julgamento para que Pilatos possa apresentar o Jesus torturado e escarnecido aos "judeus" na famosa cena do *Ecce homo*, com a vã esperança de que eles desistam do pedido de pena de morte. Embora Pilatos ceda, "os judeus" são compelidos a renunciar a suas expectativas messiânicas ao dizer: "Não temos outro rei senão o imperador" (Jo 19,15). Em Pilatos, João dramatizou sua tese de que aqueles que se esquivassem do julgamento provocado por Jesus não pertenceriam à verdade (Jo 9,18-23; 12,42-43).

Crucifixão, morte e sepultamento (Jo 19,17-42). Aqui também João é mais dramático do que os sinóticos, fazendo de detalhes da tradição episódios teológicos importantes. Num fraseado levemente diferenciado, os quatro evangelhos mencionam a acusação "Rei dos Judeus", mas em João esta se torna a ocasião para que Pilatos finalmente reconheça a verdade acerca de Jesus, proclamando-a como uma inscrição imperial em três línguas. Todos os evangelhos aludem à divisão das vestes de Jesus; em João, porém, o modo segundo o qual os soldados romanos cumprem assim as Escrituras até o "enésimo" grau é explicitado como um exemplo de como Jesus permanecia no comando. Depois da morte de Jesus, os outros evangelhos citam as mulheres galiléias postadas a distância; João mostra-as junto à cruz, enquanto ele ainda está vivo. Existem outras duas figuras cuja presença somente João assinala e cujos nomes ele jamais expressa: a mãe de Jesus[62] e o discípulo a quem Jesus amava. Jesus os conduz a uma relação mãe-filho, constituindo, assim, uma comunidade de discípulos que são sua mãe e seu irmão — a comunidade que conservou seu evangelho. Com isso, o Jesus joanino está pronto para proferir suas últimas palavras da cruz — "Está consumado" — e para entregar o Espírito à comunidade crente que deixa para trás (Jo 19,30). A cena da perfuração do lado de Jesus morto é particularmente joanina, completando Jo 7,37-39 — de dentro de Jesus brotaria água viva, símbolo do Espírito — e (uma vez que os ossos do cordeiro pascal não deviam ser quebrados) Jo 1,29 — ele era o Cordeiro de Deus. Típico de João é Nicodemos (Jo 3,1-2; 7,50-52), que não admitira abertamente acreditar em Jesus. Agora ele reaparece e (juntamente com o tradicional José de Arimatéia) publicamente oferece um sepultamento digno a Jesus, cumprindo a promessa de Jesus de que atrairia todos a ele quando tivesse sido elevado (Jo 12,32).

---

[62] Cf. GRASSI, J. A. CBQ 49, 67-80, 1986 (sem necessariamente aceitar seu modelo quiástico).

3. Quatro cenas em Jerusalém e fé no Jesus ressuscitado (Jo 20,1-29). Igual a Lucas e Mc 16,9-20, e diferente de Mateus e Mc 16,18, o cap. 20 de João situa todas as aparições do Senhor ressuscitado em Jerusalém, sem nenhuma indicação de aparições acontecidas na Galiléia. Em João, quatro tipos diferentes de resposta de fé ao Jesus ressuscitado são dramatizadas: duas em cenas que se passam junto ao túmulo vazio e duas numa sala onde os discípulos estão reunidos. A segunda e a quarta concentram-se em reações individuais: de Maria Madalena e de Tomé.[63] Parte do material tem paralelos com os evangelhos sinóticos,[64] mas a disposição desse material e de outro inédito reflete a queda de João por encontros pessoais com Jesus.

Junto ao túmulo (Jo 20,1-18). Uma introdução (Jo 20,1-2), na qual Maria Madalena vai ao túmulo, encontra-o vazio e conta o fato a Simão Pedro e ao Discípulo Amado, prepara para as duas cenas junto ao túmulo. A *primeira cena* (Jo 20,3-10) envolve Simão Pedro e o Discípulo Amado, que correm em direção ao túmulo. Ambos entram e vêem os panos mortuários e o sudário; contudo, somente o Discípulo Amado acredita.[65] O quarto evangelista não questiona a tradição de que Pedro foi o primeiro dos Doze a ver o Senhor ressuscitado (Lc 24,34; 1Cor 15,5), mas, em seu desejo constante de exaltar o Discípulo Amado, João faz tal discípulo chegar à fé antes mesmo que o Senhor ressuscitado apareça, ou que a profecia escriturística seja lembrada. Dessa forma, o Discípulo torna-se o primeiro crente na íntegra. Na *segunda cena* (Jo 20,11-18), Maria Madalena volta ao túmulo, onde agora dois anjos estão presentes. Nem as palavras deles, nem a súbita aparição de Jesus, a quem ela erroneamente identifica com um jardineiro, levam-na à fé. Isso acontece quando Jesus a chama pelo nome — uma ilustração do tema anunciado pelo bom pastor em Jo 10,34: ele chama os seus pelo nome, e eles conhecem sua voz. Maria é enviada a proclamar tudo isso aos discípulos,[66] que são agora chamados de irmãos de Jesus, porque, como conseqüência da res-

---

[63] Cf. Lee, D. A. JSNT 58, 37-49, 1995.

[64] Maria Madalena e outras mulheres ("nós", em Jo 20,2) encontram a tumba vazia; anjos falam a Maria; Pedro vai ao túmulo (Lc 24,12 — faltando em alguns manuscritos); aparição a Maria (Mt 28,9-10); aparição aos Doze e missão deles.

[65] Como é o costume joanino, os detalhes permanecem obscuros, como, por exemplo, o simbolismo (se é que existe algum) da superação do Discípulo em relação a Pedro na corrida e do motivo por que ao ver as roupas o Discípulo compreendeu que Jesus ressuscitara. As explicações dos estudiosos são infindas.

[66] Essa missão angariou-lhe na Igreja o título de *apostola apostolorum*, "apóstola dos apóstolos".

surreição/ascensão, o Pai de Jesus torna-se o Pai deles. Na linguagem do prólogo (Jo 1,12), àqueles que acreditam nele, Jesus deu o poder de tornarem-se filhos de Deus. Numa mentalidade tipicamente joanina, essas duas cenas junto ao túmulo ligam a fé na ressurreição à intimidade com Jesus. O evangelho agora se volta para cenas de caráter mais tradicional, nas quais fé e dúvida saúdam a aparição.

No interior de uma sala (Jo 20,19-29).[67] A *primeira cena* (Jo 20,19-25) acontece na noite do Domingo de Páscoa, num lugar cujas portas estão trancadas por medo "dos judeus". Comporta membros dos Doze (v. 24) e assemelha-se a uma cena culminante nos outros evangelhos (Mt 28,16-20; Lc 24,33-49; Mc 16,14-20), em que Jesus aparece aos Onze (Doze menos Judas) e os envia em missão. Depois de saudá-los com a paz, ecoando Jo 14,27 e Jo 16,33, o Jesus joanino confia aos discípulos uma missão que prolonga a dele. Numa ação simbólica que evoca o sopro criador de Deus, que deu vida ao primeiro ser humano (Gn 2,7), e a necessidade de ser gerado da água e do Espírito (Jo 3,5-8), Jesus sopra sobre eles e lhes dá o Espírito Santo com o poder sobre o pecado. As cenas de aparição dos outros evangelhos sempre incluem um elemento de descrença da parte dos Onze, mas João incorpora-o mais dramaticamente em Tomé, que verbaliza certa incredulidade (nos vv. 24-25, que servem como transição para o próximo episódio).

A *segunda cena* (Jo 20,26-29) situa-se no mesmo lugar, uma semana depois, estando Tomé presente. Embora a prova oferecida a Tomé, qual seja, examinar com seus dedos as mãos de Jesus e colocar sua mão no lado de Jesus,[68] apresente uma imagem tangivelmente corporal de Jesus ressuscitado, deve-se notar que não se diz que Tomé tocou Jesus. Se ele tivesse agido assim, significaria provavelmente que ele permaneceu na descrença. Ao contrário, sua disposição em crer sem tocar Jesus é fé genuína, com o irônico resultado de que aquele que representava a descrença profere agora a mais alta confissão cristológica nos evangelhos: "Meu Senhor e meu Deus!" — uma continuação da frase "o Verbo era

---

[67] Às vezes é chamada de "sala superior", mas isso exige harmonização com a cena depois da ascensão em At 1,13 (também Mc 14,15).

[68] Jo 19,34 dissera-nos que o lado de Jesus estava perfurado, mas somente combinando a aparição ressurrecional de Jo 20,25.27 e Lc 24,39 obtemos a informação de que as mãos e os pés de Jesus foram pregados na cruz. G. J. Riley (*Resurrection reconsidered; Thomas and John in controversy*, Minneapolis, A/F, 1994) nota que João tem uma concepção mais corporal da ressurreição do que o parcialmente gnóstico *Evangelho de Tomé*.

Deus", do prólogo. Em resposta, Jesus abençoa as futuras gerações que acreditarão nele sem tê-lo visto (Jo 20,29), mostrando assim uma consciência do público do evangelho para o qual João escreve.

Conclusão do evangelho (Jo 20,30-31): *declarações acerca do objetivo do escrito.* Lucas explica sua intenção no começo de seu evangelho (Lc 1,1-4), mas João conserva a declaração de sua intenção até o fim. No material selecionável a ser incluído no evangelho,[69] seu objetivo fora levar as pessoas à fé ou a crescer na fé (leitura discutível) em Jesus como o Messias, o Filho de Deus, e, mediante a fé, possuir a vida eterna em seu nome. Essa afirmação é verdadeira quanto às constantes ênfases do evangelho, mas também é uma advertência contra uma interpretação literalista de João, como se a intenção principal fosse relatar declarações de uma testemunha ocular.

Epílogo (Jo 21,1-25)

Embora o evangelho se conclua no final do cap. 20, segue-se outro capítulo de aparições ressurrecionais (dessa feita na Galiléia),[70] com outra conclusão. Esse capítulo contém duas cenas, uma que envolve pesca (Jo 21,1-14) e outra que conserva ditos de Jesus ressuscitado a Simão Pedro e ao Discípulo Amado (Jo 21,15-23). A conexão entre as duas cenas e sua harmonia interna são questionáveis, mas os temas parecem teologicamente relacionados.

A *primeira cena* (Jo 21,1-14), na qual Jesus ressuscitado não é reconhecido pelos discípulos (que já deviam tê-lo visto duas vezes no cap. 20), envolve uma pesca miraculosa semelhante àquela durante o ministério em Lc 5,4-11. Como Simão Pedro arrasta 153 peixes para a margem, e a rede não se rompe, a pesca

---

[69] Não fica claro o que significa a frase: "Jesus fez ainda [...] muitos outros sinais" (Jo 20,30) (cf. n. 15). O último milagre realizado por Jesus foi a ressuscitação de Lázaro no cap. 11, donde a designação de Jo 1,19–12,50 como "O Livro dos Sinais". O evangelista estaria querendo falar de outros sinais não registrados durante o ministério público de Jesus? (Se fosse o caso, esperar-se-ia que essa frase fosse acrescentada no final do cap. 12.) Ou será que ele considera algo nos caps. 12–20 como um sinal (daí "outros" sinais em Jo 20,30) ainda que nesses capítulos não use o termo, nem Jesus opere nenhum milagre? Alguns diriam que a ressurreição é um sinal, mas essa assemelha-se mais à realidade gloriosa.

[70] A tentativa de ligar o cap. 21 ao 20 em Jo 21,14 parece ser um pensamento acrescentado posteriormente. Muitos estudiosos atribuem o cap. 21 a um redator (cf. *p. 499*) que o acrescentou a um evangelho já completo. Para a defesa de uma autoria unificada dos caps. 1–21, cf. S. S. Smalley, NTS 20, 275-288, 1973-1974; P. S. Minear, JBL 102, 85-98, 1983.

torna-se símbolo do êxito missionário que conduz as pessoas para a comunidade de Cristo. Caracteristicamente joanina é a grande sensibilidade do Discípulo Amado, que, em Jo 21,7, é o primeiro dos discípulos a reconhecer o Senhor ressuscitado. A unidade da cena é ameaçada pelo fato de Jesus, de repente, já dispor de peixe na margem, no v. 9, antes de a pesca ser trazida. A refeição que ele providencia, composta de pão e peixe (vv. 12-13), pode ser a versão joanina da tradição segundo a qual o Senhor ressuscitado apareceu durante refeições, muitas vezes acentuadamente eucarísticas (cf. cap. 6).

A *segunda cena* (Jo 21,15-23) muda repentinamente de simbolismo quando, deixando de lado a pescaria de Pedro, Jesus fala-lhe a respeito de ovelhas. Provavelmente isso representa um segundo estágio na imagem de Pedro: conhecido como apóstolo missionário (pescador), torna-se agora o modelo de cuidado pastoral (pastor: cf. 1Pd 5,1-4; At 20,28). Esse desenvolvimento pode ter incluído uma concessão joanina posterior à estrutura da Igreja, pois, no cap. 10, Jesus é descrito como o único pastor. As qualificações, porém, permanecem fiéis ao idealismo joanino: o pastoreio de Pedro brota de seu amor por Jesus; o rebanho continua pertencendo a Jesus ("minhas ovelhas"), e Pedro deve estar disposto a dar a vida pelo rebanho. A unidade da cena fica um pouco comprometida pela aparição inesperada do Discípulo Amado, mas o contraste entre ele e Pedro é tipicamente joanino. A tradição de que Pedro é o símbolo da autoridade apostólica não é questionada, mas, sem aquela autoridade, o Discípulo Amado ainda mantém uma posição que Pedro não atinge — o Discípulo pode permanecer até que Jesus volte.[71] A preocupação pelo significado exato dessa declaração (Jo 21,23: "[...] não disse que ele não morreria"), que circulou na tradição joanina, sugere que o Discípulo estava morto naquele tempo.

A conclusão em Jo 21,24-25 identifica o Discípulo Amado como a testemunha por trás da narrativa do evangelho e atesta a verdade de seu testemunho. Recorda-nos também que Jesus não pode ser inteiramente confinado nas páginas de nenhum livro, nem mesmo de um livro como o quarto evangelho!

---

[71] Isso pode ser o equivalente joanino a Mt 24,34, que relata que todas essas coisas aconteceriam antes que aquela geração passasse.

João é genuinamente um evangelho?
Fontes combinadas ou desenvolvimento de uma tradição?

João é um evangelho como Marcos, Mateus e Lucas? Segundo a opinião da maioria, os evangelhos sinóticos têm suas raízes em memórias daquilo que Jesus realmente fez e disse, ainda que o material proveniente de tais memórias tenha sofrido seleção, reflexão teológica, efeitos narrativos e simplificação ao longo da pregação (e do escrito inicial?) que separava os acontecimentos factuais no final dos anos 20 e a composição escrita final de trinta ou setenta anos mais tarde. Tal declaração é verdadeira também para João?

Do século II ao século XVIII essa questão foi respondida afirmativamente, com a suposição de que João, um dos doze apóstolos de Jesus, não só dispunha das lembranças do que acontecera, mas também as escreveu. Dessa forma, o evangelho de João é um guia mais seguro do que Marcos ou Lucas, pois nenhum dos dois fora escrito por uma testemunha ocular. As diferenças entre João e os sinóticos eram explicadas com a conjectura de que, em sua velhice, o apóstolo lera os outros evangelhos e decidira completá-los com suas próprias memórias, mais meditativas.[72]

Nos dois últimos séculos, porém, uma mentalidade mais crítica reconheceu que em João não existe o menor sinal de que o autor tenha pretendido um suplemento, nem que tenha oferecido alguma pista de como seu material poderia ser harmonizado com o material sinótico, ao qual não faz nenhuma referência. Conseqüentemente, a maioria dos intérpretes passou a acreditar que João não foi produzido por uma testemunha ocular. Inicialmente tal percepção provocou o efeito de levar o pêndulo para o extremo oposto em relação à historicidade: o material em João então passou a ser considerado sem nenhum valor histórico

---

[72] As clássicas vidas de Jesus mais antigas refletem essa idéia. Como João (a testemunha putativa) menciona três Páscoas (Jo 2,13; 6,4; 12,1 — sendo a última a Páscoa da morte de Jesus), presumia-se que o ministério de Jesus durou dois ou três anos (dependendo de quanto tempo se concedia antes da primeira Páscoa). O material sinótico, portanto, era dividido e atribuído aos anos determinados por João. Os estudiosos modernos negam que o material sinótico esteja em ordem cronológica e questionam se João mencionou todas as Páscoas do ministério de Jesus e/ou se aquelas a que se referiu foram citadas como memória histórica ou simplesmente com função simbólica.

(diferentemente do material nos evangelhos sinóticos). Nessa abordagem, primeiramente se supôs que, no que diz respeito às informações sobre Jesus, o autor de João era inteiramente dependente dos sinóticos, dos quais ele reorganizou imaginativamente o material em narrativas fictícias.[73] Certo número de estudos, em diferentes perspectivas, porém, começou a favorecer a opinião de que João foi escrito independentemente dos sinóticos.[74] Surgiu, pois, a teoria de que o quarto evangelista serviu-se não dos sinóticos, mas de fontes aistóricas. A teoria das três fontes, de Bultmann, despertou muita atenção: a) uma fonte dos sinais (*Semeia*), que consistia em milagres selecionados de uma coleção maior[75] — segundo Bultmann, milagres não acontecem, de modo que estes eram histórias fictícias destinadas a projetar uma imagem mais competitiva de Jesus num mundo que acreditava em taumaturgos; b) uma fonte dos discursos de revelação, originalmente em formato aramaico poético, continha os sermões de um revelador vindo do céu;[76] foram traduzidos para o grego, adaptados para servir como discursos do Jesus joanino e, por fim, combinados com o material dos Sinais; c) uma narrativa da paixão e ressurreição, tirada do material sinótico.

Em meados do século XX, o pêndulo começou a oscilar para o outro lado. Na Alemanha, os estudos de E. Schweizer e E. Ruckstuhl[77] encontraram as mesmas particularidades lingüísticas nas três fontes propostas por Bultmann, uma observação que levava à irônica sugestão de que o autor do quarto evangelho teria

---

[73] Por exemplo, supostamente tendo lido a história de Marta e Maria (Lc 10,38-42) e a parábola de Lázaro (Lc 16,19-31), a quem o homem rico queria enviar de volta do mundo dos mortos, João criou a narrativa de Lázaro, irmão de Marta e Maria, que ressuscitou dos mortos.

[74] P. Gardner-Smith (*St. John and the Synoptic Gospels*, Cambridge, Cambridge Univ., 1938) foi muito influente; da mesma forma R. Bultmann e C. H. Dodd.

[75] As provas-chave são a enumeração dos sinais em Jo 2,11; 4,54, e a menção de outros sinais em Jo 12,37; 20,30. Para o texto grego da reconstrução bultmanniana da fonte dos sinais, cf. SMITH, D. M. *The composition and order of the fourth Gospel*. Yale, Yale Univ., 1953. pp. 38-44.

[76] Todos os paralelos apresentados por Bultmann datam de um período posterior ao escrito de João; por exemplo, o sírio *Odes de Salomão* e os escritos mandeístas. Ultimamente, alguns têm pretendido encontrar antecedentes em documentos gnósticos descobertos em Nag Hammadi (cóptico do século IV, de um grego do século II d.C.), particularmente nos discursos "Eu" em "O Trovão, Mente Perfeita" (VI,2). O texto grego da reconstrução bultmanniana da fonte dos discursos de revelação encontra-se em Smith, op. cit., pp. 23-24, e um texto em inglês em B. S. Easton, JBL 65, 143-156, 1946.

[77] Um artigo, em inglês, de Ruckstuhl aparece em EJ 125-147.

escrito pessoalmente as três fontes. C. H. Dodd (*Historical tradition in the fourth Gospel* [Tradição histórica no quarto evangelho], Cambridge, Cambridge Univ., 1963) teve um papel de liderança ao argumentar que, às vezes, nas palavras e feitos de Jesus, em João, existe tradição que tem todo o direito de ser considerada tão antiga quanto as tradições nos sinóticos. *A teoria segundo a qual João não era um evangelho diferente dos demais, e teve três estágios de desenvolvimento como os outros, ganhou seguidores* — teoria que eu abraço. 1. No início, havia memórias do que Jesus fez e disse, mas não as mesmas memórias conservadas nos sinóticos (especificamente em Marcos); talvez a diferença proviesse do fato de que, diferentemente da tradição pré-sinótica, as memórias de João não eram de origem apostólica padronizada (cf. o tópico Autoria). 2. A seguir, essas memórias sofreram influência da experiência de vida da comunidade joanina que as conservou e dos pregadores joaninos que as expuseram. 3. Finalmente, um evangelista, que era provavelmente um dos pregadores, com suas habilidades dramáticas e criativas particulares, modelou a tradição do segundo estágio para um evangelho escrito. Tanto os sinóticos quanto João, portanto, constituem testemunhos independentes de Jesus, testemunhos que conservaram a tradição primitiva[78] e que também foram submetidos a reflexões teológicas à medida que a mensagem sobre Jesus era adaptada às sucessivas gerações de crentes. Embora João tenha sido considerado algumas vezes o mais teológico dos evangelhos, a diferença teológica torna-se de intensidade e extensão tais que a intuição teológica acabou sendo criativa e imaginativamente entretecida nas memórias de Jesus.

Embora a abordagem recém-descrita tenha um respeitável séquito, hoje não se pode falar de uma abordagem unânime de João. Existem aqueles que pensam que podem detectar com grande precisão as fontes do evangelho (ou no mínimo a fonte dos sinais, normalmente sete sinais), ainda que o julgamento de Bultmann sobre a aistoricidade não mais pertença necessariamente ao quadro. Com freqüência, supõe-se que a fonte tenha-se originado na mesma comunidade que deu origem ao evangelho, de modo que as diferenças entre uma fonte e uma

---

[78] Dodd (op. cit.) é o expoente clássico dessa teoria; cf. também ROBINSON, J. A. T. *The priority of John*. London, SCM, 1985 (que contém boas observações independentemente de sua tendência em datar os escritos do NT de um período muito cedo). Deve-se ainda reconhecer que, desde os primeiros dias, a tradição sobre Jesus foi conservada por razões teológicas.

edição mais primitiva torna-se algo nebuloso.[79] No que diz respeito à relação com os sinóticos, embora a maioria provavelmente ainda sustente a independência joanina em relação a eles, um grupo bem estruturado (cujos argumentos são apresentados com determinação por F. Neirynck[80]) acredita que João serviu-se de Marcos e até mesmo de outros sinóticos. Pertinentes observações sobre essas diferenças serão feitas nas subseções que se seguem.

Comparação entre João e os evangelhos sinóticos[81]

Uma comparação do quarto evangelho com os três primeiros mostra diferenças óbvias. As particularidades de João incluem: um Jesus consciente de ter preexistido junto a Deus antes de vir ao mundo (Jo 17,5); um ministério público amplamente situado em Jerusalém, mais do que na Galiléia; a significativa ausência do motivo do reino de Deus (apenas em Jo 3,3.5); longos discursos e diálogos em vez de parábolas; nada de possessões diabólicas; um número muito restrito de milagres (sete?), incluindo alguns que são únicos (a transformação de água em vinho, em Caná; a cura de um cego *de nascença* e a ressuscitação de Lázaro). Conforme as estatísticas apresentadas por B. de Solages, num estudo em francês (1979), existem paralelos com Marcos em 15,5% da narrativa joanina da paixão; os paralelos com Marcos nas narrativas da paixão mateana e lucana seriam quatro vezes maiores.

---

[79] D. A. Carson (JBL 97, 411-429, 1978) examina, de modo geral, a análise das fontes joaninas. R. Kysar (*The fourth evangelist and his Gospel*, Minneapolis, Augsburg, 1975, pp. 26-27) descreve cinco reconstruções diferentes da fonte dos sinais. Cf., também, o trabalho de Fortna, Nicol, van Belle e von Wahlde. Ruckstuhl, que em 1951 isolou algo em torno de 50 características joaninas, por volta de 1987, aumentou o número para 153 e desenvolveu mais ainda seu argumento de que a presença difusa dos mesmos traços estilísticos em todo o evangelho tornava impossível o isolamento de fontes; mas Fortna, em particular, propôs que uma série de critérios mais sofisticada torná-lo-ia capaz de distinguir um relato anterior (um evangelho, não meramente uma fonte dos sinais) subjacente ao atual quarto evangelho. Ainda sobre as características estilísticas joaninas, cf. Timmins, N. G. JSNT 53, 47-64, 1994. Um estudo completo dos sinais em João, em alemão, de W. Bittner (1987), rejeita uma fonte dos sinais.

[80] Cf. EJ 73-106; Denaux, A. (ed.). *John and the Synoptics*. Leuven, Leuven Univ., 1992. pp. 1-62. (BETL, 101.)

[81] Em meio à abundante literatura, cf. Lindars, B. NTS 27, 287-284, 1981; Borgen, P. In: Dungan, D. L. (ed.). *The interrelations of the Gospels*. Leuven, Leuven Univ., 1990. pp. 408-437. (BETL, 95); Smith, D. M. *John among the Gospels*; the relationship in twentieth-century research. Minneapolis, A/F, 1992.

Contudo, existem também semelhanças importantes com os sinóticos, especialmente no relato inicial do ministério com a proeminência dada a João Batista e nas narrativas conclusivas da paixão e do túmulo vazio. De modo particular, a mais íntima semelhança é com Marcos, por exemplo, na seqüência dos acontecimentos comuns a Jo 6 e Mc 6,30-54; 8,11-33; e em detalhes de vocabulário como "nardo puro, muito caro" (Jo 12,3), 300 denários (Jo 12,5) e 200 denários (Jo 6,7). Existem paralelos com Lucas,[82] mais nos motivos do que nas palavras; por exemplo, figuras como Marta, Maria, Lázaro (parabólico em Lucas) e Anás; falta de um julgamento noturno perante Caifás; as três declarações de "inocente" no julgamento de Pilatos; aparições pós-ressurrecionais de Jesus *em Jerusalém* a seus discípulos; a pesca miraculosa (Jo 21). Existem menos semelhanças com Mateus; contudo, compare-se Jo 13,16 com Mt 10,24, e Jo 15,18-27 com Mt 10,18-25.

Uma variedade de soluções tem sido proposta. Num dos extremos do leque, alguns postulam um conhecimento de Marcos ou até mesmo dos três sinóticos da parte de João. (Tais propostas podem discordar quanto a se João *também* tinha uma tradição independente.) No outro extremo, considera-se que o quarto evangelista não conheceu nenhum dos evangelhos sinóticos; as similaridades ocasionais entre João e os outros são explicadas pelas tradições sinóticas e joaninas que reproduzem independentemente, com variações, os mesmos feitos e ditos. A posição intermediária (na qual me situo) sustenta que Marcos e João partilharam tradições pré-evangelho comuns, orais ou escritas, e que, não obstante o quarto evangelista não ter conhecido a forma final de Lucas, estava familiarizado com as tradições mais tarde incorporadas em Lucas. Aqueles que fazem em João a distinção entre um evangelista e um redator final defendem a idéia de que somente este conheceu um ou mais evangelhos sinóticos.

Unidade e coerência de João

Se deixarmos de lado o problema das fontes usadas em João, permanece a dúvida sobre se o evangelho é coeso. Existem transições abruptas (chamadas de aporias) entre algumas partes de João; por exemplo, com transições mínimas, o

---

[82] BAILEY, J. A. *The traditions common to the Gospels of Luke and John.* Leiden, Brill, 1963. (NovTSup, 7); CRIBBS, F. L. SBLSP, 1.215-261, 1978.

cap. 4 termina na Galiléia; o cap. 5 descreve Jesus em Jerusalém; o cap. 6 leva-o de volta à Galiléia. Alguns estudiosos chegaram a reorganizar esses capítulos na seqüência 4, 6 e 5, pressupondo que a ordem original fosse confusa. Com efeito, escreveram-se comentários seguindo a ordem reestruturada.[83] A proposta de reestruturação enfrenta sérias dificuldades. Em primeiro lugar, não existe nenhuma prova manuscrita que apóie tais rearranjos, e qualquer teoria propondo que as páginas de João foram misturadas de forma casual depende totalmente da imaginação. Em segundo lugar, a ordem que brota das reestruturações ainda apresenta problemas, a menos que se façam mudanças na fraseologia; por exemplo, enquanto a ordem 4, 6, 5 melhora a seqüência geográfica, a transição do fim do cap. 5 para o início do cap. 7 fica truncada. Em terceiro lugar, tais reorganizações baseiam-se em pressuposições acerca do que deveria ter interessado ao evangelista. Contudo, João nos dá um relato muito esquemático do ministério de Jesus e não se preocupa com transições, a não ser que estas tenham um propósito teológico (p. ex., a cuidadosa seqüência de dias nos caps. 1–2). Na série de festas nos caps. 2, 5, 6, 7 e 10, que serve como moldura para o ministério de Jesus, pouca atenção é dada ao longo intervalo que separa as festas. Alguém foi responsável pelo evangelho em sua forma final, e, a não ser que estejamos dispostos a supor incompetência, dificilmente ele poderia não ter percebido a seqüência obviamente imperfeita, se tivesse considerado isso importante.

No entanto, não podemos negar a presença de certas dificuldades de transição para as quais outra solução pode ser proposta. A mais claudicante é o relativamente claro final do evangelho em Jo 20,30-31, em que o escritor reconhece que existia outro material que ele poderia ter incluído, mas optou por não fazê-lo. A presença de outro capítulo ainda (21) e de outro final (Jo 21,24-25) levanta a possibilidade de que, depois que uma forma primitiva do evangelho estava completa (mas antes que qualquer forma conservada circulasse), alguém fez os acréscimos. Presumivelmente, esse alguém *não* era a pessoa que compôs a forma primitiva, e teve outras idéias depois, pois tal pessoa ter-se-ia sentido livre para inserir o material do cap. 21 antes do final que compusera anteriormente em Jo

---

[83] Schnackenburg altera a ordem desses capítulos; Bernard calcula o tamanho de uma folha de papiro e mexe livremente com passagens dessa dimensão; Bultmann efetua um amplo número de alterações, algumas delas com a extensão de algumas palavras apenas. Essa última proposta não explica como tais fragmentos se deslocaram. O evangelho foi escrito em microscópicos pedacinhos de papiro?

20,30-31.[84] Por conseguinte, o evangelho atual é considerado trabalho de duas pessoas, um evangelista, que compôs o corpo do evangelho, e um redator, que mais tarde fez os acréscimos.

Em tal hipótese, qual teria sido o objetivo desse redator e como ele trabalhou? Bultmann, que atribuiu seções importantes do evangelho à redação, criou a imagem de um redator eclesiástico. De acordo com essa abordagem, o escrito deixado pelo evangelista era demasiado radical em sua teologia; a fim de torná-lo mais aceitável para uma Igreja mais ampla (daí "eclesiástico"), uma espécie de censor acrescentou seções. Por exemplo, a um evangelho não-sacramental, o redator eclesiástico adicionou referências ao batismo em Jo 3,5, à eucaristia em Jo 6,51b-58 e a ambos os sacramentos em Jo 19,34b-35; a um evangelho que entendia as últimas coisas (vinda do céu, juízo, vida eterna) como já realizadas no ministério de Jesus, o redator eclesiástico acrescentou o motivo do julgamento final (Jo 5,28-29; 12,48). Postular tal censura soa demasiado a uma mentalidade moderna governada por um padrão tese–antítese, desnecessária para a teoria de um redator.

Um suposição mais provável é de que aquele que se deu ao trabalho de acrescentar algo à obra do evangelista concordava substancialmente com ele e era da mesma escola de pensamento. Com efeito, o estilo das supostas adições mostra respeito pelo que já fora escrito e um desejo de não intrometer-se nos modelos estabelecidos, por exemplo, ao acrescentar um capítulo de aparições ressurrecionais (cap. 21), depois do final já existente em Jo 20,30-31, em vez de romper a cuidadosa disposição das aparições no cap. 20. Existem vários tipos de material que o redator pode ter acrescentado. 1. Material omitido. Existem diversas indicações (Jo 20,31; 21,25) de um corpo mais amplo de tradição que não foi incluído. Parte disso pode não ter sido do conhecimento do evangelista ou não convinha a seus propósitos; por exemplo, as aparições na Galiléia. 2. Material duplicado. Na versão final de João, parecem existir coleções levemente diversas com substancialmente as mesmas palavras de Jesus. Por exemplo, Jo 3,31-36 (na qual obtusamente falta uma clara indicação de quem fala) parece duplicar coisas ditas em Jo 3,7.11-13.15-18. Igualmente, partes de Jo 16,4b-33 (ditas na Última Ceia, bem depois da indicação em Jo 14,31 de que Jesus estava partindo) duplicam temas já enunciados no cap. 14 e Jo 6,51b-58 duplica ditos de Jo 6,35-51a.

---

[84] Supostamente o próprio evangelista não estava mais disponível (morto? em outro lugar?) para efetuar as emendas.

Por que o redator teria acrescentado tal material à obra do evangelista? Temos de especular com base na natureza das adições propostas. Às vezes o material não é significativamente diferente no tom ou na ênfase, e, assim, pode ter sido incluído simplesmente porque se encontrava na tradição, e o redator não quis que se perdesse. Outras vezes, as supostas adições refletem uma ênfase teológica diferente, mais bem explicada se o pensamento da comunidade mudou com o tempo. Por exemplo, Jo 6,51b-58 mostra o aspecto eucarístico do pão da vida, completando a ênfase sobre o pão como revelação e ensinamento divinos em Jo 6,35-51a. Isso não precisa ser enrijecido num corretivo imposto pelo censor eclesiástico, pois já havia referências simbólicas à eucaristia no relato da multiplicação dos pães (Jo 6,1-15) que serviu de base para o discurso do pão da vida. Provavelmente o diálogo em Jo 21,15-17, que dá a Simão Pedro a responsabilidade do pastoreio, foi incluído porque oferece justificativa para o desenvolvimento da autoridade pastoral humana numa comunidade que até então considerara Jesus o único pastor — um desdobramento que, segundo teorizam alguns, fazia-se necessário pelo tipo de divisão cismática visível em 1 João. A tamanha distância, porém, não deveríamos saltar para a conclusão de que, se o motivo para a adição do redator foi proporcionado pelas circunstâncias da sucessiva história da comunidade, o material acrescentado era, em si mesmo, posterior. Ditos acerca do modo do martírio de Pedro (Jo 21,18) e da possibilidade de o Discípulo Amado não morrer (Jo 21,23) são tão vagos que certamente precedem a morte dos respectivos apóstolos. Em algumas instâncias, o redator estaria reavivando e incorporando tradição antiga.

Quanto possa ser confiável, a teoria de um redator no máximo resolve alguns pontos observáveis no evangelho tal como chegou até nós.

Autoria e o Discípulo Amado[85]

O evangelho chama a atenção para uma testemunha ocular junto à cruz (Jo 19,35) que, aparentemente, é "o discípulo que Jesus amava" (cf. Jo 19,26).

---

[85] Entre a literatura sobre o Discípulo, cf.: MINEAR, P. S. NovT 19, 105-123, 1977; PAMMENT, M. ExpTim 94, 363-367, 1982-1983; BYRNE, B. JSNT 23, 83-97, 1985; GRASSI, J. A. *The secret identity of the Beloved Disciple*, New York, Paulist, 1992; CHARLESWORTH, J. H. *The Beloved Disciple*. Valley Forge, PA, Trinity, 1995.

Jo 21,20.24 declara que esse anônimo Discípulo Amado tanto testemunhou quanto "escreveu tais coisas". Irineu (cerca de 180 d.C.) identificou o Discípulo como João (um dos Doze), que viveu em Éfeso[86] até a época de Trajano (por volta de 98). (Quando menino, Irineu conhecera Policarpo, bispo de Esmirna, que supostamente conheceu João.) Essa identificação do Discípulo Amado com o evangelista João (filho de Zebedeu), com uma variação secundária de que ele dispunha de assistentes, foi aceita, a seguir, pela Igreja. Todavia, conforme notado (*p. 183*), reconhece-se agora que tais suposições tardias do século II, acerca de figuras que viveram um século antes, eram muitas vezes simplificadas; ademais, a tradição sobre a autoria por vezes estava mais preocupada com a *autoridade* por trás de um escrito bíblico do que com o escritor material. Tal como para os outros evangelhos, a maioria dos estudiosos duvida de que João tenha sido escrito por uma testemunha ocular do ministério público de Jesus.[87]

Quem foi o Discípulo Amado? Existem três hipóteses. A *primeira* propõe uma figura neotestamentária conhecida. Além do candidato tradicional (João, filho de Zebedeu), outras sugestões têm incluído Lázaro, João Marcos e Tomé (Charlesworth). Embora possa existir uma passagem que apóie cada identificação, se a longa tradição por trás de João é rejeitada, ficamos com suposições. *Segunda*: alguns estudiosos têm considerado o Discípulo Amado apenas um símbolo, criado para modelar o discípulo perfeito. O fato de jamais lhe ser atribuído um nome e de aparecer junto a Pedro em cenas conhecidas por nós por meio dos evangelhos sinóticos, em que tal figura não é mencionada,[88] tem sido invocado

---

[86] Essa localização pode ser o aspecto mais consistente da informação de Irineu (AH 3.1.1), pois provavelmente a maioria dos pesquisadores ainda pensa que o evangelho foi escrito na área de Éfeso. Ver VAN TILBORG, S. *Reading John in Ephesus*. Leiden, Brill, 1996. Uma minoria significativa sugere a Síria como lugar da composição, com alguma opinião esporádica em favor de Alexandria. Quanto às tradições sobre João, cf. CULPEPPER, R. A. *John, the son of Zebedee*; the life of a legend. Columbia, SC, Univ. of S. Carolina, 1994. M.-É. Boismard, escrevendo em francês em 1996, reúne provas para mostrar que João morreu com seu irmão Tiago em Jerusalém no início dos anos 40, sendo, a seguir, confundido com João, o presbítero/ancião de Éfeso (cf. *p. 538*). Contudo, João encontrou-se com Pedro na assembléia de Jerusalém (Gl 2,9), que a maioria dataria do ano 49 (quadro 6, no capítulo 16).

[87] Uma exceção importante é M. Hengel (*The Johannine question*, Philadelphia, Trinity, 1989), que identifica o autor com João, o ancião (não João, o apóstolo), que era dirigente de uma escola na Ásia Menor, para onde se mudara, vindo da Palestina. Quando jovem, conhecera Jesus; a seguir, modelou-se como o Discípulo Amado.

[88] Comparem-se Mc 14,18-21; 14,54; 16,1-4 com Jo 13,26; 18,15-18; 20,1-10, respectivamente. Não há nenhum paralelo sinótico com Jo 21,20-23.

como uma prova da aistoricidade. Contudo, outra figura joanina não denominada, que tem um papel simbólico e aparece nas cenas em que está ausente nos sinóticos, a saber, a mãe de Jesus (Jo 2,3-12; 19,25-27), certamente era uma figura histórica. A presença do Discípulo Amado ao pé da cruz quando os Doze haviam fugido indica apenas que ele não era um dos Doze[89] nem apóstolo — termo jamais usado em João. *Terceira*: outros exegetas ainda (com os quais concordo) teorizam que o Discípulo Amado era uma figura secundária durante o ministério de Jesus, demasiado insignificante para ser lembrada pela tradição mais oficial dos sinóticos. Contudo, como essa figura tornou-se importante na história da comunidade joanina (talvez o fundador da comunidade), tornou-se o ideal na imagem do evangelho, capaz de ser contrastado com Pedro como mais íntimo de Jesus no amor.

O Discípulo Amado foi o evangelista? Essa é a impressão deixada por Jo 21,20.24: "escreveu essas coisas". Isso, porém, poderia ser uma simplificação do redator que acrescentou o cap. 21, fortalecendo a formulação mais exata de Jo 19,35: "Aquele que viu dá testemunho e seu testemunho é verdadeiro; e ele sabe que diz a verdade, para que também vós creiais"? A passagem de Jo 19 podia significar que o Discípulo Amado não era o evangelista, mas uma testemunha de Jesus, sendo assim a *fonte* da tradição que desaguou no quarto evangelho. O evangelista que escreveu a passagem pode ter sido um seguidor ou discípulo do Discípulo Amado (a quem ele descreve na terceira pessoa), e não ele próprio uma testemunha ocular do ministério. Com efeito, se se postula tanto um escritor diverso para as epístolas (*p. 538*) quanto um redator para o evangelho, pode-se concordar com aqueles que postulam uma "escola joanina",[90] ou seja, vários discípulos que empregavam o estilo e o material que eram tradicionais nessa comunidade — tradicionais porque, no todo ou em parte, foram modelados pelo Discípulo Amado.

Essa tese explica como alguns fatores em João[91] plausivelmente refletem uma origem no ministério de Jesus, enquanto outros elementos parecem distantes:

---

[89] Para a tradição de que havia discípulos de Jesus, além dos Doze, envolvidos na paixão, cf. BDM 2.1017-1018, 1171-1173.

[90] Cf. R. A. Culpepper (*The Johannine school*, Missoula, MT, Scholars, 1975, pp. 258-259, SBDLS, 26) para o possível significado de tal designação.

[91] Continuaremos a chamar de "João" tanto o evangelho quanto o evangelista, não importa quem tenham sido o Discípulo Amado e o evangelista.

a) Familiaridade com a Palestina. João conhece a localização de Betânia (Jo 11,18), o jardim do outro lado do ribeiro do Cedron (Jo 18,1), o pórtico de Salomão, no templo (Jo 10,23), as piscinas de Betesda (Jo 5,2) e de Siloé (Jo 9,7) e o Litostroto [Pavimento] (Jo 19,13). Esses sítios não são mencionados nos outros evangelhos, e, às vezes, algumas provas externas corroboram a exatidão joanina. Outras referências geográficas joaninas (Betharaba, além do Jordão, em Jo 1,28; Enom, perto de Salim, em Jo 3,23) ainda não foram identificadas, mas deveríamos ser cautelosos em recorrer a interpretações meramente simbólicas de tais nomes.

b) Familiaridade com o universo judaico. Festas judaicas são mencionadas em Jo 5,9b; 6,4; 7,2 e 10,22; o diálogo subseqüente mostra conhecimento das cerimônias festivas e da teologia. Costumes judaicos são mencionados quer explícita (normas sobre a pureza em Jo 2,6 e 18,28; cordeiro pascal em Jo 19,36), quer implicitamente (talvez o feitio da túnica do sumo sacerdote em Jo 19,23).

Se a tradição por trás de João está firmemente enraizada no judaísmo e na Palestina,[92] a transmissão daquela tradição ultrapassou consideravelmente o ministério de Jesus. De fato, o evangelista reconhece isso (Jo 2,22) e defende tal desenvolvimento como guiado pelo Espírito-Paráclito (Jo 16,12-14). Aqueles que confessaram Jesus foram expulsos da sinagoga (16,2). Vimos na n. 13 que o uso de "os judeus" em João manifesta atitudes desenvolvidas na história da comunidade joanina. Diferentemente do Jesus dos evangelhos sinóticos, o Jesus joanino fala explicitamente de sua divindade e preexistência (Jo 8,58; 10,30-38; 14,9; 17,5). Era saudado como Deus (Jo 20,28), e a discussão básica com "os judeus" não é meramente acerca da violação das leis sabáticas, mas sobre seu fazer-se igual a Deus (Jo 5,16-18; 19,7). Feitos tradicionais de Jesus, como curar paralíticos, multiplicar pães e abrir os olhos aos cegos, tornaram-se objeto de longas homilias envolvendo reflexão teológica e discussão ao longo das linhas de interpretação judaica da Escritura (Jo 5,30-47; 6,30-51a; 9,26-34). Contrariamente à tradição dos sinóticos, um grupo significativo de samaritanos acredita em Jesus, independentemente dos primeiros seguidores deste último (Jo 4,28-42).

---

[92] Bultmann defende a idéia de que uma das fontes por trás de João (Discursos de Revelação) foi composta em aramaico, enquanto outros estudiosos têm explicado certas passagens em João como uma tradução do aramaico. Cf. C. F. Burney (*The Aramaic origin of the fourth Gospel*, Oxford Univ., 1922) e a discussão em S. Brown (CBQ 26, 323-339, 1964).

Tal desenvolvimento pode ser mais bem explicado se a tradição sobre Jesus, provinda do Discípulo Amado, tiver sido meditada durante muitos anos e expandida à luz das experiências da comunidade joanina. Começando com a aceitação de Jesus como o último profeta e o Messias das expectativas judaicas (Jo 1,40-49), a tradição prosseguiu para "maiores do que essas" (Jo 1,50). Jesus não é somente o Filho do Homem que virá do céu no fim dos tempos para o julgar o mundo; a hora já chegou e ele já desceu do céu. Este é o segredo de seu ministério: aquilo que ele faz e diz é o que ele viu e ouviu quando estava com Deus antes de o Verbo tornar-se carne (Jo 5,19; 8,28; 12,49). Os mestres de Israel acreditavam em um Moisés que subiu o Sinai, teve contato com Deus e desceu para repetir o que ouvira; Jesus, porém, é maior do que Moisés. Ele não teve de subir para Deus, mas veio do alto do céu, onde viu Deus, de modo que todo aquele que nele acredita jamais será julgado (Jo 3,10-21).[93] O Discípulo Amado pode ter vivido durante o desenvolvimento histórico da comunidade (e talvez durante a expulsão da sinagoga), de modo que pode ter existido certa simbiose entre ele e o evangelho no qual se propôs escrever uma tradição que não somente tivesse raízes em sua experiência de Jesus, mas também incorporasse décadas de contínua reflexão e experiência. O evangelista, que teceu a tradição refletida teologicamente numa obra de habilidade literária única, teria sido um discípulo do Discípulo Amado, sobre quem ele escreveu em terceira pessoa. Quanto ao redator, se existiu algum, pode ter sido outro discípulo.

Influências no pensamento joanino

João é muitas vezes caracterizado como um evangelho helenista. O uso que ele faz de idéias abstratas como luz e verdade, a divisão dualista da humanidade em luz e trevas, verdade e mentira, a concepção do Verbo — tudo isso já foi

---

[93] Os samaritanos rejeitaram a obra de Davi; para eles, Moisés era a figura salvífica por excelência. É tentador especular se os samaritanos que acreditaram em Jesus (Jo 4,39-42) catalizaram essa visão de Jesus como o Filho do Homem vindo do alto, uma figura semelhante, maior, porém, do que Moisés. Significativamente, os judeus que se opunham ao Jesus joanino consideravam-no um samaritano (Jo 8,48). Sobre o problema dos samaritanos e João, cf.: BUCHANAN, G. W. In: NEUSNER, J. *Religions in Antiquity*. Leiden, Brill, 1968. pp. 149-175 (Festschrift E. R. Goodenough); FREED, E. D. CBQ 30, 580-587, 1968; SCOBIE, C. H. H. NTS 19, 390-414, 1973; PURVIS, J. D. NovT 17, 161-198, 1975; PAMMENT, M. ZNW 73, 221-230, 1982.

amplamente considerado produto do pensamento filosófico grego, ou da combinação entre filosofia e religião (p. ex., a literatura hermética), ou das religiões mistéricas pagãs. Segundo uma proposta intermediária, as obras do filósofo judeu Fílon (antes de 50 d.C.) serviram de canal para tal pensamento, particularmente em relação "ao Verbo".[94] Outro grupo de estudiosos tem acentuado o relacionamento de João com o (incipiente) gnosticismo. A imagem joanina de um salvador que veio do alto, de um mundo estranho,[95] que afirmou que nem ele nem aqueles que o aceitaram eram deste mundo (Jo 17,14) e que prometeu voltar para levá-los para as moradas celestes (Jo 14,2-3) poderia corresponder à imagem gnóstica do mundo (ainda que o amor de Deus pelo mundo, em Jo 3,16, não pudesse). Até então, pouquíssimas obras realmente gnósticas eram conhecidas, e nossas informações sobre o gnosticismo do século II provieram de registros dos Padres da Igreja. Deles ficamos sabendo que o primeiro comentador de João (Heracleão, discípulo de Vantino, em meados do século II) era gnóstico.[96] Agora, porém, com a descoberta em Chenobosquião (Nag Hammadi), no Egito, no final da década de 1940, temos obras gnósticas em copto (algumas traduzidas do original grego do século II d.C.). Embora existam fortuitos paralelos estilísticos com João (cf. n. 76), no geral esses novos documentos são muito diferentes do evangelho, e é altamente duvidoso que João tenha-se servido do gnosticismo.[97] Outras propostas, porém, vêem paralelos entre João e escritos mandeístas posteriores (cf. *p. 163*), com sua sincrética mistura de histórias judaicas e mitos gnósticos. Na substância, todas essas teorias concordam em que a particularidade lingüística e o pensamento joanino não provieram do mundo palestinense de Jesus de Nazaré.

---

[94] C. H. Dodd (*The interpretation of the fourth Gospel*, Cambridge, Cambridge Univ., 1953, pp. 10-73) apresenta uma análise conveniente dessas abordagens. Cf. também MACRAE, G. W. CBQ 32, 13-24, 1970; Kysar, op. cit., pp. 102-146. Borgen (*Bread from heaven*, cit.) serve-se bastante de Fílon, mas com prudência; cf. também HAGNER, D. A. JETS 14, 20-36, 1971.

[95] Essa imagem foi pintada por W. A. Meeks (The man from heaven in Johannine sectarianism, JBL 91, 44-72, 1972); cf. também a coleção de ensaios de M. de Jonge (*Jesus; stranger from heaven and the Son of God*, Missoula, MT, Scholars, 1977). Para uma forte rejeição de influência gnóstica, cf. C. A. Evans, op. cit.

[96] Gaio, um eclesiástico letrado de Roma, no final do século II, teria atribuído a autoria de João a Cerinto, que tinha inclinações gnósticas.

[97] Bultmann e Haenchen postulam influência gnóstica em João ou em suas fontes. Outros pensam que João lutou com muitos dos problemas que aparecem em escritos gnósticos posteriores, mas não obteve deles respostas (que são bem diferentes); cf. LIEU, J. M. ExpTim 90, 233-237, 1978-1979. Sobre João e o *Evangelho de Tomé*, BROWN, R. E. NTS 9, 155-177, 1962-1963; G. J. Riley, op. cit.

Uma abordagem bem diferente vê as origens básicas do cristianismo joanino no interior do mundo palestinense, com toda sua diversidade judaica — um mundo que fora influenciado pelo helenismo, mas no qual a reflexão sobre a herança de Israel era o dinamizador principal. Tal herança não seria composta simplesmente dos livros da Lei e dos Profetas, mas também da literatura sapiencial protocanônica e deuterocanônica (cf. *p. 40*) e pela literatura apócrifa e intertestamentária. De modo particular, o enriquecimento trazido pelos MMM entra no quadro. Nesses documentos, encontramos idéias e vocabulário que durante certo tempo os críticos não consideraram autenticamente palestinenses, a saber, um mundo dividido em luz e trevas (Jo 3,19-21); pessoas sob o poder de um princípio angélico do mal (1Jo 5,19), pessoas que caminham na luz ou nas trevas (Jo 8,12; 1Jo 1,5-7); pessoas que caminham na verdade (2Jo 4; 3Jo 4); teste dos espíritos (1Jo 4,1); os espíritos da verdade e da perversidade (1Jo 4,6). A semelhança no vocabulário e no pensamento entre os MMM e João deveria banir a idéia de que a tradição joanina não poderia ter-se desenvolvido em solo palestinense.

Não há nenhuma prova de familiaridade direta de João com os MMM; antes, existe a possibilidade de um conhecimento indireto do tipo de pensamento e de expressão correntes em Qumrã, e talvez de uma área maior. Existem paralelos interessantes entre o que sabemos de João Batista e as crenças atestadas nos Rolos (mesmo que não precisemos pensar que João Batista fosse membro da comunidade de Qumrã), e no NT, João demonstra grande interesse nos discípulos de João Batista. Ao retratar os primeiros discípulos de Jesus como discípulos do Batista, e Jesus exercendo ao menos um breve ministério de batista, João pode ser considerado histórico. Isso deixa aberta a possibilidade de que os discípulos de João Batista tenham sido um canal por meio do qual o vocabulário e as idéias qumranitas penetraram na tradição joanina.[98] O fato de muito do vocabulário semelhante ao de Qumrã aparecer nos discursos de Jesus em João (em maior extensão do que nos sinóticos) não precisa levar-nos a concluir rapidamente que o material primitivo em tais discursos tenham sido as composições artificiais do evangelista. Se Qumrã tem amostras de um leque mais amplo de pensamento, Jesus podia ter familiaridade com seu vocabulário e idéias, pois o Verbo encarna-

---

[98] À exceção da possível identificação do Discípulo Amado como uma figura não nomeada ao lado de André, em Jo 1,35-40, não estamos certos de que fosse um discípulo de João Batista.

do falou a linguagem de seu tempo. A tradição joanina, com afeição especial por esse estilo de pensamento, pode ter sido mais cuidadosa em preservá-lo,[99] bem como lembrar e enfatizar outras idéias que não pareceram importantes aos escritores sinóticos. A possibilidade de origens palestinenses e judaicas da tradição joanina sobre Jesus conduz-nos ao problema do desenvolvimento da comunidade joanina.

História da comunidade joanina

Conforme foi notado na exposição a respeito dos evangelhos sinóticos, dado que o material sobre Jesus foi modelado por cada evangelista para uma determinada audiência, indiretamente os evangelhos podem oferecer-nos informação teológica e sociológica sobre os cristãos que conservaram, modelaram e/ou receberam memórias dele. A apresentação de Jesus no evangelho de João é fortemente marcada por debates e situações adversas, e dispomos de três epístolas de João que claramente fazem eco ao pensamento joanino, mais abertamente endereçadas, porém, a um determinado público e a seus problemas. Conseqüentemente, é possível reconstruir algo do pano de fundo de João mais do que de qualquer outro evangelho. Contudo, não se deve confundir tal pesquisa reconstrutora com exegese, que se ocupa com aquilo que o evangelho pretendeu transmitir a seus leitores. O evangelista nos revela seu propósito em Jo 20,31, e este não era contar sobre seu contexto histórico.

Apresentarei agora uma reconstrução da história da comunidade,[100] advertindo que, apesar de ela explicar muitos fatores do evangelho, permanece uma hipótese, e a palavra "talvez" precisa ser adicionada a cada sentença. A reconstrução cobre não somente o evangelho e sua redação, mas também as epístolas joaninas (a serem tratadas mais detalhadamente nos capítulos 12-14). Contam-se quatro fases.

---

[99] Algumas expressões tipicamente joaninas têm um eco esmaecido nos sinóticos (p. ex., a "hora" em Mc 14,35; um solene "Sou eu" em Mc 6,50; 14,62.

[100] Explicada em detalhes em R. E. Brown, *The community of the Beloved Disciple* (New York, Paulist, 1979), com um mapa nas pp. 166-167. Minha opinião é muito semelhante à de J. L. Martyn, cuja obra, muito importante, é resumida ali, nas pp. 171-174. As opiniões diversas de G. Richter, O. Cullmann, M.-É. Boismard e W. Langbrandtner são apreciadas nas pp. 174-182. Cf. também MATTILL JR., A. J. Johannine community behind the fourth Gospel: Georg Ritcher's analysis. TS 38, 294-315, 1977; NEYREY, J. H. *An ideology of revolt*; John's christology in social science perspective. Philadelphia, Fortress, 1988; PAINTER, J. *The quest for the Messiah*; the history, literature and theology of the Johannine community. 2 ed. Nashville, Abringdon, 1993.

1. Uma fase que precede o evangelho escrito, mas que modela seu pensamento (até os anos 70 ou 80). Na Palestina, ou perto de lá, os judeus que nutriam expectativas relativamente tradicionais, inclusive seguidores de João Batista, aceitaram Jesus como o Messias davídico, aquele que cumpria as profecias, confirmadas pelos milagres (cf. os títulos em Jo 1). Entre tais judeus, insignificantemente, a princípio, havia um homem que conhecera Jesus, tornara-se discípulo seu durante o ministério público e se tornaria o Discípulo Amado. A esses primeiros seguidores, acresciam-se judeus de mentalidade contrária ao templo, que fizeram conversos em Samaria (Jo 4). Eles compreendiam inicialmente Jesus com base em um pano de fundo mosaico (distinto de um contexto davídico): Jesus estivera com Deus, a quem vira e cuja palavra trouxera ao mundo. A aceitação desse segundo grupo dinamizou o desenvolvimento de uma teologia alta da preexistência (vista pelo contexto da Sabedoria divina[101]) que levou a discussões com judeus que julgavam que os cristãos joaninos estavam abandonando o monoteísmo judaico ao fazer de Jesus um segundo Deus (Jo 5,18). Por fim, os líderes desses judeus expulsaram os cristãos das sinagogas (Jo 9,22; 16,2).[102] Estes, distanciados dos seus, tornaram-se bastante hostis "aos judeus", a quem consideravam filhos do demônio (Jo 8,44). Eles enfatizavam a realização das promessas escatológicas em Jesus a fim de compensar o que haviam perdido no judaísmo (daí a forte temática de substituição no evangelho). Ao mesmo tempo, os cristãos joaninos desprezavam os crentes em Jesus que não realizaram a mesma ruptura pública com a sinagoga (exemplificados pelos pais do cego em Jo 9,21-23; também Jo 12,42-43). O discípulo mencionado fez essa transição e ajudou outros a levá-la a termo, tornando-se assim o Discípulo Amado.

---

[101] Paralelos entre o Jesus joanino e a Sabedoria divina personificada são oferecidos em BGJ 1.521-523; ver também Scott, *Sophia*.

[102] Essa tese *não* está baseada na existência, interpretação ou datação (muitas vezes do ano 85 d.C.) da *Birkat ha-mînîm*, inserida como a décima segunda das *Dezoito Bênçãos (Shemoneh Esreh)*, ou seja, uma maldição judaica sobre aqueles considerados apóstatas. Não obstante a associação da inserção ao rabino Samuel, o Jovem/Pequeno, que floresceu por volta do ano 100 d.C., não sabemos quão rápida e amplamente essa maldição era usada. A inclusão dos cristãos entre os transgressores pode ter acontecido muito posteriormente à composição de João. Vejam-se as dúvidas levantadas por R. Kimelman, em *Jewish and christian self-definition*, ed. E. P. Sanders, Philadelphia, Fortress, 1981. v. 2, pp. 226-244; também HORBURY, W. JTS 33, 19-61, 1982; SCHIFFMAN, L. H. *Who was a Jew?* Hoboken, Ktav, 1985; MARTIN, V. *A house divided*. New York, Paulist, 1995.

2. A fase durante a qual o texto básico foi escrito pelo evangelista.[103] Desde que "os judeus" foram considerados cegos e descrentes (Jo 12,37-40), a conversão dos gregos passou a ser vista como cumprimento do plano de Deus (Jo 12,20-23). A comunidade ou parte dela pode ter-se mudado da Palestina para a diáspora para instruir os gregos (Jo 7,35), talvez para a região de Éfeso.[104] Tal mudança lançaria luz sobre a atmosfera helenista do evangelho e sobre a necessidade de explicar nomes e títulos semíticos (p. ex., rabi, Messias). Esse contexto produziu possibilidades universalistas no pensamento joanino, numa tentativa de falar a um público mais amplo. Rejeição e perseguição, porém, convenceram os cristãos joaninos de que o mundo (como "os judeus") opunha-se a Jesus. Eles não se consideravam pertencentes a este mundo, que se encontrava sob o poder de Satanás, o príncipe deste mundo (Jo 17,15-16; 14,30; 16,33). No relacionamento deles com outros cristãos, eles rejeitavam alguns por terem uma cristologia tão inadequada que eram verdadeiros descrentes (Jo 6,60-66). Outros, simbolizados em Simão Pedro, creram deveras em Jesus (Jo 6,67-69), mas não eram considerados tão perceptivos quanto os cristãos joaninos, simbolizados no Discípulo Amado (Jo 20,6-9). A esperança era de que as divisões entre esses cristãos e a comunidade joanina fosse sanada e eles pudessem tornar-se um (Jo 10,16; 17,11). Contudo, a ênfase unilateral do evangelho na divindade de Jesus (delineada pelas lutas com os líderes da sinagoga) e na necessidade do amor mútuo como o único mandamento (Jo 13,34; 15,12.17) abriu o caminho para alguns, na geração seguinte — cujo conhecimento sobre Jesus viera do evangelho —, desenvolverem visões exageradas.[105]

---

[103] Plausivelmente era um discípulo do Discípulo Amado — não uma testemunha do ministério de Jesus, mas talvez, como o sugere o parágrafo anterior, alguém que era mais helenizado do que o Discípulo Amado e/ou viveu na diáspora.

[104] Cf. n. 86. Dado o interesse desse Evangelho nos discípulos de João Batista, é digno de nota que o único lugar fora da Palestina onde eles são mencionados no NT é em Éfeso (At 19,1-7). Cassidy, *John's Gospel*, encontra ecos da perseguição romana em João, mas isso parece duvidoso.

[105] Embora o evangelho *não* fosse endereçado "aos judeus" (ou mesmo a gentios que recusaram a evangelização, constituindo, juntamente com "os judeus", "o mundo" antagônico a Jesus), seu apelo aos crentes (Jo 20,31), destinado a fortalecer-lhes a fé, foi cinzelado pela hostilidade encontrada na história da comunidade. Devemos distinguir o pensamento do próprio evangelista de como o evangelho pode ter sido lido por outros que tinham suas pressuposições pessoais. Diversas interpretações da humanidade de Jesus apresentada pelo evangelho são oferecidas por U. Schnelle (*Anti-docetic christology in the Gospel of John*, Minneapolis, A/F, 1992) e M. M. Thompson (*The humanity of Jesus in the fourth Gospel*, Philadelphia, Fortress, 1988).

3. A fase durante a qual as epístolas joaninas, 1 e 2 João, foram escritas (por volta do ano 100 d.C.). A comunidade dividiu-se em duas: a) alguns aderiram à visão representada pelo autor de 1 e 2 João (outro escritor joanino, distinto do evangelista). Ele complementava o evangelho realçando a humanidade de Jesus (vindo na carne) e seu comportamento ético (guardando os mandamentos); b) muitos desertaram (ao menos na opinião do autor de 1Jo 2,18-19) e eram anticristos e filhos do demônio, pois exageraram de tal forma a divindade de Jesus que não viam mais importância alguma em sua carreira humana ou no próprio comportamento deles (além de simplesmente crer em Jesus — cf. *pp. 527-528*). Contudo, na comunidade joanina, não havia nenhuma estrutura com autoridade suficiente para capacitar o autor a disciplinar os separatistas que buscavam ativamente mais adeptos; ele podia apenas convencer os que estavam confusos acerca da verdade de pôr à prova os espíritos (1Jo 4,1-6).

4. A fase durante a qual 3 João foi escrita e um redator acrescentou o cap. 21 a João (100-110? d.C.). A desintegração da comunidade joanina levou ao desenvolvimento de estruturas pastorais, e conduziu os simpatizantes da cristologia descrita em 3*a* a aproximar-se mais da "Igreja Católica" maior. Em 3 João, ainda que o escritor não gostasse dele porque se tornara autoritário, Diótrefes provavelmente representava essa nova tendência que era estranha à confiança joanina anterior no Espírito como o único mestre. Semelhantemente, em Jo 21,15-17, é confiada a Simão Pedro a tarefa de pastorear as ovelhas, reconhecendo, assim, pastores humanos ao lado de Jesus, o modelo de pastor. Esse desenvolvimento teria como resultado a vinda de alguns cristãos joaninos para a Igreja mais ampla, conservando nesta a herança joanina. Por outro lado, os partidários da cristologia descrita em 3*b* (talvez um grupo maior) incrementaram sua interpretação no docetismo (que não considerava Jesus verdadeiramente humano) e no gnosticismo (que considerava este mundo tão distorcido que não poderia ser criação de Deus)[106] e, finalmente, no montanismo (no qual Montano tornou-se a corporificação do Paráclito para guiar a Igreja).

---

[106] Conforme mencionado, o primeiro comentador de João, no século II, foi um gnóstico valentiniano; os separatistas podem ter sido o caminho pelo qual esse valioso instrumento teológico foi colocado à disposição daquela escola de pensadores gnósticos.

Temas e problemas para reflexão

1. A passagem de Jo 7,53–8,11, que trata de como Jesus julgou a mulher surpreendida em adultério, falta nos melhores manuscritos gregos. Apesar de, para muitos (inclusive católicos romanos), a história ser Escritura canônica, inspirada, quase com certeza está fora de contexto em João, mesmo que haja possível conexão com Jo 8,15.46a. Alguns manuscritos colocam a história depois de Lc 21,38, como continuação das capciosas perguntas apresentadas a Jesus antes de sua prisão (Lc 20,20-40). Possivelmente temos aqui uma antiga história sobre a misericórdia de Jesus com os pecadores (cf. Papias in HE 3.39.17), que teve um curso independente dos quatro evangelhos e não pôde ser incluída enquanto não houvesse uma mudança na hesitação da Igreja em perdoar o adultério (*Pastor de Hermas, Mandato* 4.1). A passagem oferece ocasião para reflexão sobre o relacionamento entre a tradição sobre Jesus e o ensinamento da Igreja.

2. No Sermão da Montanha em Mateus (5,44), Jesus diz: "[...] amai vossos inimigos e orai pelos que vos perseguem". No "amai-vos uns aos outros" de Jo 13,34; 15,12.17, Jesus pensa no amor pelos companheiros na fé, que são filhos de Deus; não se mencionam os inimigos (e, com efeito, o Jesus joanino não ora pelo mundo [Jo 17,9; cf. 1Jo 5,16c]). Destarte, o "novo mandamento" joanino do amor pode parecer, para alguns, estreito e até mesmo sectário. No entanto, de outra perspectiva, amar aqueles com quem se tem de conviver pode ser o mais difícil exercício do amor. Orações por aqueles que estão fora da fé cristã e preocupação com eles podem ser uma compensação pela falta de amor por outros crentes em Cristo. Ironicamente, as Igrejas têm lutado amargamente entre si em áreas missionárias onde todas estão proclamando seu amor por aqueles que ainda não acreditam em Cristo![107]

3. Existe aguda divisão a respeito da questão do sacramentalismo joanino. Um grupo de estudiosos vê pouca ou nenhuma referência a sacramentos (especial-

---

[107] Os católicos romanos podem ponderar que, antes do Concílio Vaticano II, em suas orações eles raramente mencionavam os não-cristãos (ou até mesmo os não-católicos) que sofriam desastres ou perseguição política; após o Concílio, louvavelmente, têm feito isso com grande empenho. Contudo, antes daquele Concílio, eles raramente, quando nunca, atacavam companheiros católicos romanos em público, mas hoje eles têm feito isso tanto feroz quanto publicamente, ao tratar de temas liberais ou conservadores. Podem ser persuasivos em seu cuidado com os de fora, se odeiam uns aos outros?

mente o batismo e a eucaristia); com efeito, alguns rotulam João de anti-sacramental. A hipótese desse grupo baseia-se na ausência de referências explícitas ao batismo (cf. Mt 28,19; Mc 16,16) e à eucaristia (cf. Mc 14,22-24 e par.). Daqui brota a tese de Bultmann de um redator eclesiástico que introduziu as referências sacramentais para tornar o evangelho aceitável na Igreja. Outros acreditam que João é o mais sacramental dos evangelhos; de fato, detectam cerca de vinte referências, alusivas ou simbólicas, ao batismo e à eucaristia no uso joanino da água, do pão, do vinho, da recuperação da vista etc.[108] A fim de evitar busca demasiado imaginativa de tais alusões, sugerem-se controles exteriores, por exemplo, insiste-se em que os supostos símbolos sacramentais joaninos sejam verificados em contextos sacramentais em outros escritos neotestamentários ou da Igreja primitiva e/ou na arte das catacumbas. Uma posição intermédia sustenta que as palavras e as ações do Jesus joanino são antecipações proféticas dos sacramentos, mais do que referências diretas. Além das interpretações batismais/eucarísticas, João tem sido visto com o escrito neotestamentário mais sacramental no amplo sentido de que *o Jesus joanino usou a linguagem deste mundo para referir-se a realidades do mundo de onde ele veio* — o terreno usado para simbolizar o celestial. Em minha opinião, uma compreensão mais ampla do simbolismo joanino, que é certamente verificável, inclina o pêndulo em favor da consideração de referências simbólicas específicas ao batismo e à eucaristia.

4. Na *p. 474*, sugeriu-se uma dupla interpretação do pão da vida: a revelação de Jesus e sua carne e seu sangue. Em Lc 24,27-35, existem dois modos segundo os quais a presença de Jesus ressuscitado é reconhecida: a interpretação das Escrituras e o partir do pão. Podemos ter aqui uma incipiente forma de serviço litúrgico no qual, através dos séculos, os cristãos têm buscado alimento: o serviço da palavra (leitura e pregação das Escrituras) e o serviço do sacramento (eucaristia). As Igrejas, às vezes, dividem-se quanto àquilo que merece maior ênfase, mas o ideal, muitas vezes, tem sido incluir ambos no serviço litúrgico dominical. Os leitores podem querer refletir sobre a própria experiência na vida

---

[108] Para diversas opiniões, ver CULLMANN, O. *Early Christian worship*. London, SCM, 1953. (SBT, 10); VAWTER, B. TS 17, 151-166, 1956; BROWN, R. E. TS 23, 183-206, 1962; também BNTE, cap. IV; LINDARS, B. SJT 29, 49-63, 1976; MATSUNAGA, K. NTS 27, 516-524, 1980-1981; PASCHAL, R. W. *Tyndale Bulletin* 32, 151-176, 1981; C. K. BARRETT, C. K. *Essays on John*. London, SPCK, 1982; MOLONEY, F. J. *Australian Biblical Review* 30, 10-33, 1982.

da Igreja, especialmente se houve mudanças nestas últimas décadas, verificando se existe equilíbrio.[109]

5. Insisti em que a investigação da história da comunidade joanina e a discussão sobre as fontes e a composição de João não constituem exegese no sentido de determinar o que o autor quis transmitir a seu público. Talvez, proporcionalmente, demasiada atenção tenha sido devotada aos problemas de pano de fundo, e pouca aos temas do evangelho, a fim de ajudar os leitores a acreditar que Jesus é o Messias, o Filho de Deus, e, assim, possuir a vida em seu nome (Jo 20,31). Clemente de Alexandria chamava João de "o evangelho espiritual". Muitos acentos joaninos facilitam essa intuição, como a imagem pedagogicamente simples de que, mediante a geração/nascimento pela água e pelo Espírito, os crentes recebem a vida de Deus e, por meio da carne e do sangue de Jesus, essa vida é alimentada e nutrida; o acento dramático no contato pessoal com Jesus; o papel de todo homem e de toda mulher em figuras joaninas como o cego e a mulher samaritana, personificando diferentes reações de fé; a linguagem do amor que une os crentes a Jesus, tal como o amor une o Filho ao Pai; a habitação do Paráclito, por intermédio do qual Jesus permanece atingível; a importância do discipulado, papel que todos podem partilhar. Para João, não existem cidadãos de segunda classe entre os verdadeiros crentes; todos são filhos do próprio Deus em Cristo.

Bibliografia sobre João

Comentários e estudos em série

BEASLEY-MURRAY, G. R. WBC, 1987.
BERNARD, J. H. ICC, 1928, 2 v.
BROWN, R. E. AB, 1966, 1970, 2 v.; © BGJ.
BURGE, G. M. GNTE, 1992.
HAENCHEN, E. Hermeneia, 1984, 2 v.

---

[109] Cf. CHILTON, B. D. *A feast of meanings*; eucharistic theologies from Jesus through Johannine circles. Leiden, Brill, 1994. (NovTSup, 72); MOLONEY, F. J. *A body broken for a broken people*; eucharist in the NT. Peabody, MA, Hendrickson, 1996.

Kysar, R. AugC, 1986; ABD 3.912-931.
Lindars, B. NCBC, 1972; NTG, 1990.
Macgregor, G. H. C. Moffatt, 1919.
Marsh, J. PC, 1968.
Michaels, J. R. NIBC, 1989.
Morris, L. NICNT, 1971.
Newman, G. M. & Nida, E. A. TH, 1980.
O'Day, G. R. NInterpB, 1995.
Richardson, A. Tbx, 1959.
Sanders, J. N. & Mastin, B. A. HNTC, 1969.
Sloyan, G. S. SBC, 1988.
Smith, D. M. ProcC, 2. ed., 1986; NTT, 1995.
Stibbe, M. W. G. RNBC, 1993; NTR, 1994.

Bibliografias

Haencher, E. *John* 2.254-346.
Malatesta, E. *St. John's Gospel 1920-1965*. Rome, PBI, 1967. (AnBib, 32.)
Mills, W. E. BBR, 1995.
Van Belle, G. *Johannine bibliography 1966-1985*. Leuven, Leuven Univ., 1988. (BETL, 82.)
Wagner, G. EBNT, 1987.

Panoramas da pesquisa

Carson, D. A. *Themelios* 9, 8-18, 1983.
du Rand, J. A. *Johannine perspectives*. South África, Orion, 1991. v. 1. Abrange epístolas e Apocalipse também.
Howard, W. F. *The fourth Gospel in recent criticism and interpretation*. 4. ed. London, Epworth, 1955.
Kysar, R. *The fourth evangelist and his Gospel*. Minneapolis, Augsburg, 1975. Cobre 1955-1975.
_____. The Gospel of John in current research. RSRev 9, 314-323, 1983. Cobre até 1983.
_____. The fourth Gospel: a report on recent research. ANRW 2.25.3, 2391-2480, 1985. Cobre até 1977.

MENKEN, M. J. J. In: DE BOER, M. C. (ed.). *From Jesus to John*; essays on Jesus and New Testament christology. Sheffield, JSOT, 1993. pp. 292-320. (M. de Jonge Festschrift; JSNTSup, 84). Cristologia joanina.

SMALLEY, S. S. ExpTim 97, 102-108, 1985-1986.

SLOYAN, G. S. *What are they saying about John?* New York, Paulist, 1991. Cobre 1970-1990.

* * *

ABBOT, E. A. *Johannine vocabulary.* London, Black, 1905.

ANDERSON, P. N. *The christology of the fourth Gospel.* Tübingen, Mohr-Siebeck, 1996. (WUNT, 2.78.)

ASHTON, J. *Understanding the fourth Gospel.* Oxford, Clarendon, 1991.

_____. (ed.). *The interpretation of John.* Philadelphia, Fortress, 1986. Artigos importantes.

BACON, B. W. *The Gospel of the hellenists.* New York, Holt, 1933.

BARRETT, C. K. *The Gospel according to St. John.* 2. ed. London, SPCK, 1978.

_____. *Essays on John.* London, SPCK, 1982.

BEASLEY-MURRAY, G. R. *Gospel of life*; theology in the fourth Gospel. Peabody, MA, Hendrickson, 1991.

BROWN, R. W. *The community of the Beloved Disciple.* New York, Paulist, 1979. [Ed. bras.: A comunidade do discípulo amado, São Paulo, Paulus, 1984.]

BULTMANN, R. *The Gospel of John.* Philadelphia, Westminster, 1971. (Original alemão: 1941/1966.)

_____. *Theology* 2,1-92. Análise da teologia joanina.

CARSON, D. A. *The Gospel According to John.* Grand Rapids, Eerdmans, 1991.

CASSIDY, R. J. *John's Gospel in new perspective.* Maryknoll, Orbis, 1992.

CULLMANN, O. *The Johannine circle.* Philadelphia, Westminster, 1976.

CULPEPPER, R. A. *The Johannine school.* Missoula, MT, Scholars, 1975. (SBLDS, 26.)

_____. *Anatomy of the fourth Gospel*; a study in literary design. Philadelphia, Fortress, 1983.

_____. & BLACK, C. C. (eds.). *Exploring the Gospel of John.* Louisville, W/K, 1996. (D. M. Smith Festschrift.) Coleção importante de artigos.

DAVIES, M. *Rhetoric and reference in the fourth Gospel.* Sheffield, JSOT, 1992. (JSNTSup, 69.)

DE BOER, M. C. *Johannine perspectives on the death of Jesus.* Kampen, Pharos, 1996.

_____. (ed.). *From Jesus to John*; essays on Jesus and New Testament christology. Sheffield, JSOT, 1993. (M. de Jonge Festschrift; JSNTSup, 84.)

DODD, C. H. *The interpretation of the fourth Gospel*. Cambridge, Cambridge Univ., 1953. Contexto e teologia.

_____. *Historical tradition in the fourth Gospel*. Cambridge, Cambridge Univ., 1963. Comparação com os sinóticos.

ELLIS, E. E. *The world of St. John*; the Gospel and epistles. New York, Abingdon, 1965.

FORESTELL, J. T. *The word of the cross*; salvation as revelation in the fourth Gospel. Rome, PBI, 1974. (AnBib, 57.)

FORTNA, R. T. *The Gospel of signs*. Cambridge, Cambridge Univ., 1970. (SNTSMS, 11.)

_____. *The fourth Gospel and its predecessor*. Philadelphia, Fortress, 1988. Modifica a reconstrução da obra anterior.

GLASSON, T. F. *Moses in the fourth Gospel*. London, SCM, 1963. (SBT, 40.)

HARNER, P. B. *Relation analysis of the fourth Gospel*; a study in reader-response criticism. Lewiston, Mellen, 1993.

HAWKIN, D. J. *The Johannine world*. Albany, SUNY, 1996.

HENGEL, M. *The Johannine question*. Philadelphia, Trinity, 1989.

HOSKYNS, E. *The fourth Gospel*. Ed. F. N. Davey. 2. ed. London, Faber, 1947.

INTERPRETATION 49, #4, Oct. 1995. Número dedicado a João.

KÄSEMANN, E. *The testament of Jesus according to John 17*. Philadelphia, Fortress, 1968.

KYSAR, R. *John's story of Jesus*. Philadelphia, Fortress, 1984.

_____. *John, the maverick Gospel*. rev. ed. Louisville, W/K, 1993.

LEE, E. K. *The religious thought of St. John*. London, SPCK, 1950.

LIGHTFOOT, R. H. *St. John's Gospel*. Ed. C. V. Evans. Oxford, Clarendon, 1956.

LINDARS, B. *Behind the fourth Gospel*. London, SPCK, 1971.

LOADER, W. *The christology of the fourth Gospel*. 2. ed. Frankfurt, Lang, 1992.

LOUW, J. P. On Johannine style. *Neotestamentica* 19, 160-176, 1985.

MARROW, S. B. *The Gospel of John*; a reading. New York, Paulist, 1995.

MARTYN, J. L. *The Gospel of John in Christian history*. New York, Paulist, 1978.

_____. *History and theology in the fourth Gospel*. 2. ed. Nashville, Abingdon, 1979.

MATTIL JR., A. J. Johannine communities behind the fourth Gospel: Georg Richter's analysis. TS 38, 294-315, 1977.

MEEKS, W. A. *The prophet-king*; Moses traditions and the Johannine christology. Leiden, Brill, 1967. (NovTSup, 14.)

NEYREY, J. H. *An ideology of revolt*; John's christology in social science perspective. Philadelphia, Fortress, 1988.

NICHOLSON, G. C. *Death as departure*; the Johannine descent-ascent Schema. Chico, CA, Scholars, 1983. (SBLDS, 63.)

NICOL, W. *The Sēmeia in the fourth Gospel*. Leiden, Brill, 1972. (NovTSup, 32.)

OLSSON, B. *Structure and meaning of the fourth Gospel*. Lund, Gleerup, 1974.

PAGELS, E. H. *The Johannine Gospel in gnostic exegesis*. Nashville, Abingdon, 1973. (SBLMS, 17.)

PAINTER, J. *Reading John's Gospel today*. Atlanta, Knox, 1980. Pequenas atualizações de seu *John, witness and theologian*.

_____. *The quest for the Messiah*; the history, literature and theology of the Johannine community. 2. ed. Nashville, Abingdon, 1993.

PANCARO, S. *The Law in the fourth Gospel*. Leiden, Brill, 1975. (NovTSup, 42.)

PERKINS, P. *The Gospel according to St. John*; a theological commentary. Chicago, Franciscan Herald, 1978.

POLLARD, T. E. *Johannine christology and the early Church*. Cambridge, Cambridge Univ., 1970. (SNTSMS, 13.)

PORTER, S. E. & EVANS, C. A. (eds.). *The Johannine writings*. Sheffield, Academic, 1995. Artigos importantes de JSNT.

PRYOR, J. W. *John: evangelist of the covenant people*; the narrative and themes of the fourth Gospel. London, DLT, 1992.

REIM, G. Jesus as God in the fourth Gospel: the Old Testament background. NTS 30, 158-160, 1984.

REINHARTZ, A. *The Word in the world*; the cosmological tale in the fourth Gospel. Atlanta, Scholars, 1992. (SBLMS, 45.)

RENSBERGER, D. *Johannine faith and liberating community*. Philadelphia, Westminster, 1988.

ROBINSON, J. A. T. *The priority of John*. London, SCM, 1985.

SCHNACKENBURG, R. *The Gospel according to St. John*. New York, Herder & Herder/Crossroad, 1968, 1980, 1982. 3 v.

SCHNELLE, U. *Anti-docetic christology in the Gospel of John*. Minneapolis, A/F, 1992.

SCROGGS, R. *Christology in John and Paul*. Philadelphia, Fortress, 1998.

SEGOVIA, F. *Love relationships in the Johannine tradition*. Chico, CA, Scholars, 1982. (SBLDS, 58.)

_____. *Farewell of the Word*; the Johannine call to Abide. Minneapolis, A/F, 1991.

SENIOR, D. P. *The passion of Jesus in the Gospel of John*. Wilmington, Glazier, 1991.

SMALLEY, S. S. *John*; evangelist and interpreter. Exeter, Paternoster, 1978.

SMITH, D. M. *The composition and order of the fourth Gospel*. Yale, Yale Univ., 1953.

Smith, D. M. *Johannine christianity*; essays on its setting, sources, and theology. South Carolina, Univ. of S. Carolina, 1984.

Staley, J. L. *The print's first kiss*; a rhetorical investigation of the implied reader in the fourth Gospel. Atlanta, Scholars, 1988. (SBLDS, 82.)

_____. *Reading with a passion*. New York, Continuum, 1995. Inédita aplicação pessoal da crítica retórica.

Stibbe, M. W. G. *John as storyteller*; narrative criticism and the fourth Gospel. Cambridge, Cambridge Univ., 1992. (SNTSMS, 73.)

_____. (ed.). *The Gospel of John as literature*. Leiden, Brill, 1993.

Talbert, C. H. *Reading John*. New York, Crossroad, 1994.

Teeple, H. *The literary origin of the Gospel of John*. Evanston, IL, Religion and Ethics Institute, 1974.

Thompson, M. M. *The humanity of Jesus in the fourth Gospel*. Philadelphia, Fortress, 1988.

Van Belle, G. *The signs source in the fourth Gospel*. Leuven, Leuven Univ., 1994. (BETL, 116.)

Vellanickal, M. *The Divine Sonship of Christians in the Johannine writings*. Rome, PBI, 1977. (AnBib, 72.)

von Wahlde, U. C. Literary structure and theological argument in three discourses with the Jews in the fourth Gospel. JBL 103, 575-584, 1984.

_____. *The earliest version of John's Gospel*. Wilmington, Glazier, 1989.

Wead, D. W. *The literary devices in John's Gospel*. Basel, Reinhardt, 1970.

Westcott, B. F. *The Gospel according to St. John*. London, Clark, 1958. (Reissue; orig. 1880.) Um clássico.

Whitacre, R. A. *Johannine polemic*; the role of tradition and theology. Chico, CA, Scholars, 1982. (SBLDS, 67.)

Wiles, M. E. *The spiritual gospel*; the interpretation of the fourth Gospel in the early Church. Cambridge, Cambridge Univ., 1960.

Wind, A. Destination and purpose of the Gospel of John. NovT 14, 26-69, 1972.

Witherington, B., III, *John's Wisdom*; a commentary. Louisville, W/K, 1995.

Woll, D. B. *Johannine christianity in conflict*. Chico, CA, Scholars, 1981. (SBLDS, 60.)

Primeira epístola (carta) de João

No estilo e no vocabulário existem tantas semelhanças entre 1 João e João que ninguém pode duvidar de que provêm da mesma tradição. Com efeito, 1 João faz mais sentido se considerada escrita num período seguinte à aparição do evangelho,[1] quando a luta com a sinagoga e "os judeus" já não era um problema importante. Mas acontecia agora uma divisão em dois grupos entre os cristãos joaninos, que tinham diferentes opiniões sobre Jesus. Ambos os grupos aceitavam a confissão de que o Verbo era Deus, mas discordavam sobre a importância do que o Verbo fizera na carne — o modo segundo o qual ele "caminhou". Um grupo achava que suas ações estabeleciam um padrão moral a ser seguido; o outro sustentava que acreditar simplesmente no Verbo era tudo o que importava, e que aquilo que os cristãos faziam não tinha mais importância do que o que Jesus fizera. Em Análise geral da mensagem, veremos como o discernimento de tal situação foi efetuado; a seguir, subdivisões serão dedicadas a Composição (autor, datação, estrutura), Temas e problemas para reflexão e Bibliografia.[2]

---

[1] Talvez antes do final da redação de João, especialmente a adição de Jo 21; a datação será discutida, porém, em Composição. A proximidade entre João e 1 João levou-me a tratar as epístolas joaninas aqui, depois do evangelho, em vez de na seqüência canônica entre outras epístolas católicas (*p. 919*), seguindo-se Tiago e 1 e 2 Pedro. Aquela ordem reflete a opinião de que as epístolas foram escritas pelo apóstolo João, filho de Zebedeu (cf. Gl 2,9). Mesmo sem nossa aceitação de tal ponto de vista, o cânone empresta valoroso apoio ao reconhecimento de que a teologia joanina está conforme à teologia atribuída a outros proeminentes líderes cristãos primitivos.

[2] Nos capítulos 12–14 darei preferência aos livros e artigos escritos depois de 1980; para os períodos precedentes, aqueles que desejam prosseguir a leitura e a pesquisa podem consultar as bastante completas bibliografias em BEJ.

Análise geral da mensagem

Conforme será explicado no final do capítulo, a estrutura de 1 João está relacionada com a estrutura de João.

Prólogo (1Jo 1,1-4)

O prólogo assemelha-se a um esquema primitivo do prólogo do quarto evangelho. Dizemos "primitivo" porque certamente não encontramos aqui a clareza presente no evangelho. Predomina a importância do "nós", os portadores da tradição e intérpretes da escola joanina (cf. *p. 499*), que conservam e desenvolvem o testemunho (ocular) do Discípulo Amado. O "princípio" em 1Jo 1,1 (diferentemente de "o princípio" de Jo 1,1) refere-se ao começo do ministério de Jesus, em que tal testemunha desempenhava um papel. O objeto da testemunha ocular é "o verbo da vida", mas com maior ênfase na "vida" do que no "verbo" — uma *vida* que se tornou conhecida. O "Verbo", no prólogo de 1 João, é menos personalizado do que no de João, pois, não obstante "o verbo da vida" aqui significar mais do que simplesmente as notícias ou mensagem sobre a vida divina, é menos do que o Verbo encarnado, que possui e dá a vida, no quarto evangelho. O "verbo", significando a proclamação da vida divina (v. 2), visibilizada em e por intermédio de Jesus, constitui a *aggelia* ou "mensagem" de 1Jo 1,5; 3,11, que possibilita aos leitores participar dessa vida e; assim, conviver[3] com o Deus vivo. Esse companheirismo (vv. 3-4) é a raiz da alegria cristã e um componente essencial da comunidade joanina ("conosco").

Primeira parte: Deus é luz e devemos andar na luz (1Jo 1,5–3,10)

A mensagem abre-se (1Jo 1,5-7) reiterando o pensamento joanino de um mundo dividido entre luz e trevas (cf. Jo 3,19-21), sendo Deus a luz dos justos.[4] Caminhar na luz e praticar a verdade garantem o convívio mútuo e "com ele", pois o sangue de Jesus purifica do pecado. *1Jo 1,8–2,2 volta-se para os falsos propagadores que se recusam a reconhecer seus delitos como pecado*. Os verdadei-

---

[3] *Koinōnia* ou "companheirismo", ou seja, associar e partilhar os bens e a vida (cf. *p. 402*), não ocorre no quarto evangelho.

[4] Essa imagem do mundo é uma reminiscência da fraseologia dos MMM, bem como as expressões "caminhar na luz" e "praticar a verdade".

Informações básicas

DATA: depois do evangelho segundo João; provavelmente, por volta do ano 100 d.C.

DESTINATÁRIOS: cristãos da comunidade joanina que sofreram cisma.

AUTENTICIDADE: certamente escrita por alguém da tradição joanina, mas provavelmente não pelo responsável pela maior parte do evangelho.

UNIDADE: a maioria dos exegetas considera-a uma composição unificada; a tese de Bultmann — uma combinação de fontes — tem poucos seguidores.

INTEGRIDADE: a "Coma Joanina" ou material trinitário adicional em 1Jo 5,6-8 (cf. n. 14) é uma glosa teológica latina dos século III-IV; fora isso, nenhuma outra adição.

DIVISÃO FORMAL

1,1-4	Prólogo
1,5–3,10	Primeira parte: Deus é luz e devemos andar na luz
3,11–5,12	Segunda parte: caminhar como filhos de Deus, que nos amou em Cristo
5,13-21	Conclusão

ros cristãos reconhecem ou confessam publicamente seus pecados,[5] para os quais Jesus é expiação. (Note-se a ênfase no valor salvífico da morte de Jesus, um tema encontrado em apenas algumas passagens de João.) Pretender não ter pecado é fazer de Deus um mentiroso, e mentir é uma característica de Satanás (Jo 8,44). 1 João não deseja encorajar o pecado, mas lembra-nos de que, se pecarmos, temos um Paráclito junto ao Pai, "Jesus Cristo, o Justo".[6] *Guardar os mandamentos e assim levar à perfeição o amor de Deus é o tema de 1Jo 2,3-11.* (É incerto se o escritor refere-se ao amor de Deus por nós, ou ao nosso amor para com Deus, ou a ambos.) De modo específico, o mandamento do amor pelo companheiro cristão ("irmão") é salientado, como em Jo 13,34; 15,12.17. Apesar de esse ser um antigo mandamento, conhecido dos cristãos joaninos "desde o começo", quando se converteram a Cristo, é novo porque ainda precisa ser posto plenamente em prática num mundo libertado do poder das trevas, por Jesus. ("[...] já brilha a luz verdadeira" em 1Jo 2,8 ressoa Jo 1,9.)

Uma passagem eloqüentemente poderosa, mas enigmática, *1Jo 2,12-14 usa duas vezes três títulos para os destinatários.*[7] "Filhos" pode significar uma

---

[5] O Concílio de Trento (DBS 1679) citava 1Jo 1,9 em relação ao sacramento da confissão.

[6] O escritor considera-o um advogado; as epístolas joaninas não usam *paraklētos* para o Espírito, como o faz João (cf. *p. 482*).

[7] No estilo semipoético dessa passagem, 1Jo 2,14 pode estar repetindo 1Jo 2,12-13 numa linguagem levemente diferente.

forma geral de interpelação para todos os cristãos joaninos, inclusive "pais" (que são cristãos há mais tempo e, portanto, conhecem aquele que é desde o princípio) e "jovens" (cristãos mais recentes que têm lutado contra o Maligno e vencido). A oração que se segue a cada interpelação começa com *hoti*, um conectivo que pode significar tanto "que", determinando o respectivo grupo, quanto "porque", apresentando as razões para aquilo que o grupo já deveria conhecer. A idéia de uma luta contra o Maligno leva a *uma apaixonada denúncia do mundo* (1Jo 2,15-17) e de suas atrações: cobiça sensual, a cobiça dos olhos e a pretensão da boa-vida.[8] A natureza transitória do mundo introduz o tema da luta com o agente do Maligno, o anticristo (ou a figura do antideus; cf. 2Ts 2,3ss). Na mentalidade de uma apocalíptica já realizada, *1Jo 2,18-23 considera essa luta já em andamento*, na oposição ao autor e aos verdadeiros cristãos joaninos apresentada pelos falsos mestres (que são os anticristos) e seus seguidores que desertaram da comunidade. Satanás é o mentiroso por excelência, e sua marca está em todo aquele que nega que Jesus é o Cristo (vindo na carne — cf. 1Jo 4,3). No entanto, o escritor do epistolário não precisa realmente falar a seus filhos sobre isso, pois eles têm a unção do Santo (ou seja, do Pai, do Filho, ou de ambos?). *Essa unção que aconteceu no começo* (Jo 2,24-27) — provavelmente a recepção do Espírito quando eles se tornaram cristãos — torna desnecessário o ensinamento de tais mestres, pois os verdadeiros crentes possuem tanto a vida eterna quanto a verdade na qual permanecem.

1Jo 2,28–3,3 trata do tema da aparição de Cristo, concluindo a seção sobre a última hora, em 1Jo 2,18, e retomando a idéia da união com Deus e com Jesus. Enquanto em João havia relativamente pouca ênfase na parusia ou no retorno de Jesus no final dos tempos (cf. Jo 5,26-29; 14,1-3), esse tema é importante em 1 João. A conexão entre a escatologia já realizada de João e a escatologia final de 1 João é esta: embora Jesus, que era justo, esteja já presente em todos os crentes que agem corretamente, a plena união só é possível em sua volta definitiva. A união atual com Jesus torna alguém capaz de aguardar confiadamente sua volta em julgamento (quer na morte, quer no fim do mundo). Asseveração entusiasta

---

[8] O Maligno aparece como "o príncipe deste mundo" em Jo 12,31; 14,30; 16,11. As atrações tornaram-se muito conhecidas como a concupiscência, a inveja e o orgulho, ligados àquela tríade mais ampla do mal: o mundo, a carne e o demônio. Contudo, o escritor não oferece um quadro assim tão abrangente; ele simplesmente tipifica a sociedade sensual e materialista que o cristianismo tinha de vencer.

é proferida em 1Jo 3,1: "Vede que manifestação de amor nos deu o Pai: sermos chamados filhos de Deus. E nós o somos!" Paulo fala de infância ou filiação *adotiva* (Gl 4,7; Rm 8,15); conceito ainda mais amplo é apresentado em 1Jo 3,4-10: *somos filhos de Deus porque o sêmen de Deus gerou-nos* (cf. Jo 1,12-13). Os filhos de Deus e os filhos do demônio são nitidamente distintos porque os primeiros agem na justiça e amam seus irmãos e irmãs.[9]

Segunda parte: caminhar como filhos do Deus de amor (1Jo 3,11-5,12)

No início da primeira parte (1Jo 1,5), o autor proclamou a *aggelia* ou mensagem como luz; agora, *1Jo 3,11-18 proclama a mensagem como amor*. Usando o exemplo de Caim, 1Jo 3,15 demonstra que o ódio é uma forma de assassinato.[10] Por contraste, Cristo deu sua vida por nós, de modo que devemos estar dispostos a dar nossa vida por nossos irmãos e irmãs (1Jo 3,16). De modo especial, a exigência específica de que aqueles que dispõem de bens ajudem "um irmão na necessidade" sugere que os separatistas eram os membros mais ricos da comunidade, e eram comparados ao mundo. Fazendo eco a Jo 14,15.21; 15,12.17, *a necessidade de guardar os mandamentos, especificamente o do amor, é inculcada em 1Jo 3,19-24*. "[Devemos] crer no nome do seu Filho Jesus Cristo e amar-nos uns aos outros conforme o mandamento que ele nos deu" — justamente os pontos da fé e da prática nos quais os falsos propagandistas eram deficientes.

1Jo 4,1-6 evoca um teste de "pelos seus frutos, conhecê-los-eis" a fim de discernir os falsos profetas com sua pretensão de ser guiados pelo Espírito. Há um Espírito de Deus e um espírito do anticristo, e toda pessoa, guiada pelo Espírito, que reconhece que Jesus Cristo veio na carne, pertence a Deus.[11] De forma mais prática, o princípio "Quem conhece a Deus nos ouve" torna-se o modo de

---

[9] Suspeita-se de que os oponentes do autor, embora pudessem não enfatizar a importância das boas obras, pretendiam amar seus irmãos e irmãs, mas isso não incluía amor pelo autor e seus seguidores. A áspera descrição que o autor faz de seus adversários torna difícil perceber que ele os ama; note-se, porém, que, ao chamá-los de filhos do demônio, não diz que foram gerados pelo demônio. Para tornar-se filho de Deus é preciso ser gerado por Deus; jamais é explicado como alguém se torna filho do demônio, mas provavelmente o autor considerava isso uma escolha deliberada, culposa, portanto.

[10] O demônio foi assassino desde o começo (Jo 8,44).

[11] DE BOER, M. C. NovT 33, 326-346, 1991: a vinda na carne está ligada à *morte* de Cristo como um ato exemplar e concreto de amor.

distinguir o espírito da verdade do espírito do engano.[12] Obviamente, pode-se supor que os separatistas dirigem a mesma polêmica contra o autor e seus seguidores; para os primeiros, *ele* é quem tem o espírito da mentira.

Abruptamente, *1Jo 4,7-21 volta ao tema do amor mútuo* com a sonora proclamação: "Deus é amor" (semelhante a "Deus é luz", na primeira parte: 1Jo 1,5). Sabemos disso não por causa de nossa iniciativa em amar a Deus, mas porque Deus tomou a iniciativa de enviar seu Filho único ao mundo, a fim de que pudéssemos ter a vida, e os pecados pudessem ser expiados — um amor divino pelos pecadores (cf. Jo 3,16; Rm 5,8). A claridade e beleza desse pensamento chega à culminância em 1Jo 4,12: "Ninguém jamais contemplou a Deus.[13] Se nos amarmos uns aos outros, Deus permanece em nós, e o seu Amor em nós é realizado". Visando à praticidade, o autor oferece um teste: aqueles que dizem amar a Deus, mas odeiam seus irmãos e irmãs (cristãos), são mentirosos.

A íntima interconexão dos motivos joaninos é ilustrada pela *abordagem da fé, do amor e dos mandamentos em 1Jo 5,1-5*. Lemos anteriormente que a ausência de pecado e a justiça eram os distintivos daqueles que foram gerados por Deus (1Jo 3,9-10); agora ficamos sabendo que todo aquele que acredita que Jesus é o Cristo nasceu de Deus e vencerá o mundo — uma vitória conquistada pela fé. (Note-se que "fé", aqui, parece envolver uma afirmação confessional cristológica.) Posto que retoricamente vigorosos, *os três que testemunham a fé em 1Jo 5,6-8*, ou seja, o Espírito, a água e o sangue, são obscuros e parecem fazer eco a Jo 19,34, em que o sangue que jorra do lado do Cristo traspassado mistura-se à água, um sinal do Espírito (Jo 7,38-39).[14] Essa ênfase no testemunho salvífico prestado pelo sangue de Jesus derramado é provavelmente um corretivo para os separatis-

---

[12] Essa seção tem particularmente íntimas afinidades com os MMM: em 1QS 3,18-19, as pessoas são dominadas ora por um espírito da verdade, ora por um espírito do engano, e lemos "provar os espíritos" em 1QS 5,20-21, em referência a novos membros da comunidade.

[13] Os separatistas reivindicam visões especiais de Deus para demonstrar que têm conhecimento?

[14] Um acréscimo meditativo a 1Jo 5,6-8 (grifado, abaixo), com variantes, aparece entre os escritos latinos na África do Norte e na Espanha nos século III e IV: "Pois existem três que testemunham *no céu: Pai, Verbo e Espírito Santo, e estes três são um; e* existem três que testemunham *na terra:* o Espírito, a água e o sangue, e os três estão de acordo". Faltando nas testemunhas textuais grega e oriental antes de 1400 d.C., esse material adicional conhecido como "Coma Joanina" ("coma" é uma parte de uma frase) representa reflexão trinitária dogmática sobre o texto original mais breve. Cf. BEJ 775-787 (com bibliografia).

tas que davam todo realce à compreensão do ato salvífico de Jesus no momento em que fora batizado, quando o Espírito descera.[15] Posteriormente, o uso sacramental da passagem num contexto litúrgico demonstra referências ao batismo e à eucaristia como testemunhos da fé em Cristo. *A segunda parte de 1 João culmina em 5,9-12*, acentuando que a aceitação do testemunho divino conduz à fé no Filho de Deus e à posse da vida (eterna).

Conclusão: 1Jo 5,13-21

O evangelista joanino optou por esclarecer sua intenção ao escrever (Jo 20,31): "[...] para crerdes que Jesus é o Cristo, o Filho de Deus, e para que, crendo, tenhais a vida em seu nome". Da mesma forma fez o epistológrafo: "Eu vos escrevo tudo isto a vós, que credes no nome do Filho de Deus, para saberdes que tendes a vida eterna" (1Jo 5,13). Ligado a esse motivo encontra-se o estímulo a rezar para que os pecadores possam receber a vida, pois tais preces serão escutadas. Existe, porém, uma exceção importante: o escritor não encoraja os fiéis a rezarem por aqueles que cometem "pecado mortal",[16] aparentemente o pecado de juntar-se aos separatistas, que era uma forma de apostasia.

Três solenes proclamações "Nós sabemos" são feitas em 1Jo 5,18-20, quando o escritor volta à sua visão dualista de que Deus e os gerados por ele opõem-se ao Maligno e ao mundo que jaz sob seu domínio. A garantia do conhecimento de Deus e da verdade é o reconhecimento de que o Filho de Deus veio. Com muita probabilidade, "Este é o Deus verdadeiro e a Vida eterna", no final de 1Jo 5,20, refere-se a Jesus. 1 João termina, portanto, como João (20,28), com a clara afirmação da divindade de Cristo. O apaixonado grito conclusivo de 1Jo 5,21 — "Filhinhos, guardai-vos dos ídolos [...]" — tem em mente os separatistas, pois a falsa cristologia deles é uma forma de idolatria.

---

[15] Cf. M. C. de Boer (JBL 107, 87-106, 1988) e B. Witherington III (NTS 35, 155-160, 1989), sobre a relação com Jo 3,5.

[16] Ele não está fazendo a distinção teológica posterior entre pecado mortal e pecado venial. Cf. TRUDINGER, P. *Biblica* 52, 541-542, 1971; SCHOLER, D. M. In: HAWTHORNE, G. F. *Current issues in biblical interpretation*. Grand Rapids, Eerdmans, 1975. pp. 230-346. (M. C. Tenney Festschrift.)

Composição

Autor. Tradicionalmente se admitia que o mesmo escritor compôs João e as três epístolas (ou cartas) de João. As semelhanças entre 1 João e João são numerosas, conforme foi indicado na Análise geral da mensagem.[17] De fato, muitas afirmações em 1 João poderiam ser colocadas nos lábios do Jesus joanino, e não haveria nenhum modo de distingui-las das palavras realmente atribuídas a ele em João. Todavia, existem também algumas surpreendentes diferenças:

- O prólogo de 1 João não enfatiza a encarnação do Verbo personificado, como o faz o prólogo de João; ao contrário, atesta a *palavra (mensagem) de vida*, que foi vista, ouvida e tocada — a carreira humana de Jesus.

- 1 João atribui a Deus qualidades que o evangelho confere a Jesus; por exemplo, em 1Jo 1,5, Deus é luz (cf. Jo 8,12; 9,5); em 1Jo 4,21 e 2 João, Deus dá o mandamento do amor mútuo (cf. Jo 13,34).

- Há menos ênfase epistolar no Espírito como pessoa, e o termo evangélico "Paráclito" jamais é usado para o Espírito. (Cristo é o Paráclito ou advogado em 1Jo 2,1.) Existe uma advertência de que nem todo espírito é o espírito da verdade ou espírito de Deus, de modo que os espíritos precisam ser testados (1Jo 4,1.6).

- A escatologia final é mais forte em 1 João do que em João, no qual a escatologia realizada predomina. Dá-se maior destaque à parusia como o momento da prestação de contas da vida cristã (1Jo 2,28–3,3).

- Especialmente quanto ao vocabulário, os paralelos com os MMM são ainda mais próximos em 1 João do que em João.[18]

Algumas dessas diferenças dão às epístolas a impressão de serem mais primitivas do que o evangelho, mas elas podem refletir a pretensão do autor de

---

[17] Ocupo-me aqui principalmente com 1 João, mas de quando em vez farei referência a 2 e 3 João, pois com toda probabilidade as três obras vieram de uma mesma mão (embora 3 João trate de um assunto diferente). BEJ 755-759 enumera todas as semelhanças entre as epístolas joaninas e João. Para o problema dos mesmos ou diferentes autores, cf. DODD, C. H. BJRL 21, 129-156, 1937; HOWARD, W. F. JTS 48, 12-25, 1947; SALOM, A. P. JBL 74, 96-102, 1955 (estudo gramatical); WILSON, W. G. JTS 49, 147-156, 1948 (provas lingüísticas).

[18] Cf. BOISMARD, M.-É. In: CHARLESWORTH, J. H. *John and the Dead Sea Scrolls.* New York, Crossroad, 1990. pp. 156-165.

apresentar o evangelho como era "desde o princípio" (1Jo 1,1; 3,11). De modo geral, dão a entender que provavelmente não foi a mesma pessoa que escreveu as epístolas e o evangelho. Por isso, alguns distinguem ao menos *quatro figuras na escola joanina* de escritores: o Discípulo Amado (que foi a fonte da tradição), o evangelista (que escreveu o corpo do evangelho), o presbítero (que escreveu as epístolas) e o redator do evangelho.

Datação e motivação do escrito. Policarpo e Justino conheciam 1 João; portanto, a carta certamente existia antes de 150 d.C. Quanto tempo antes e de que modo está relacionada a João e a 2 e 3 João? A maioria dos estudiosos pensa que as epístolas joaninas foram escritas depois do evangelho.[19] Mais precisamente, eu situaria 1 e 2 João uma década depois que o corpo do evangelho foi escrito pelo evangelista (por volta de 90), mas antes da redação do evangelho (que deve ter sido contemporânea a 3 João, logo depois do ano 100). O que diferencia particularmente 1 e 2 João do evangelho é a mudança de foco. "Os judeus", que eram os adversários principais no evangelho, estão ausentes, e toda atenção concentra-se nos enganadores que se separaram da comunidade[20] e, ao agir assim, mostraram falta de amor por seus antigos irmãos e irmãs. Tais "anticristos" poderiam seduzir os adeptos do escritor em diversos pontos:

a) Fé. Os separatistas negavam a importância total de Jesus como o Cristo, o Filho de Deus (1Jo 2,22-23). Como eram cristãos joaninos que acreditavam em Jesus como o Filho divino, presumivelmente isso significa que eles negavam a importância da carreira humana de Jesus ao não confessá-lo como o Cristo vindo na carne (Jo 4,3).[21] Provavelmente eles acreditavam que a salvação veio somente por intermédio da entrada do Filho de Deus no mundo, de modo que a atividade

---

[19] Teses mais complicadas são possíveis. Strecker, por exemplo, pensa que 2 e 3 João foram escritas em Éfeso, por volta do ano 100 d.C., e João e 1 João foram escritos mais tarde e independentemente, por outros membros da escola joanina.

[20] Separação ou abandono do grupo é a imagem passada pelo escritor epistolar (1Jo 2,19; 2Jo 7); aqueles que eram atacados, porém, possivelmente se consideravam preservadores de verdadeiras intuições joaninas, deturpadas pelo presbítero e seus sequazes. (Os católicos romanos tendem a acreditar que os protestantes abandonaram a [verdadeira] Igreja; os protestantes consideram-se os restauradores da [verdadeira] Igreja, que fora distorcida por Roma.) BEJ 762-763 enumera todas as afirmações em 1 e 2 João pertinentes às opiniões "separatistas".

[21] Não há nenhuma razão para pensar que eles eram docetistas que negavam a realidade da humanidade de Jesus; o que está em jogo é antes a importância religiosa daquela humanidade.

histórica de Jesus não tinha importância exemplar ou salvífica. De modo particular, eles parecem ter negligenciado a morte cruenta de Jesus como um ato de amor e de expiação, um motivo que o autor enfatiza (1Jo 1,7; 2,2; 4,10; 5,6).

b) Moral. Eles (provavelmente o mesmo grupo) gabavam-se de estar em comunhão com Deus e de conhecer a Deus, ao passo que caminhavam nas trevas e não guardavam os mandamentos (1Jo 1,6; 2,4); com efeito, eles não reconheciam que eram pecadores (1Jo 1,8.10; 3,4-6). Essa postura moral pode estar ligada à cristologia deles se, tendo negado a importância daquilo que o Filho de Deus realizou na carne após a encarnação, eles negavam a importância daquilo que eles mesmos faziam na carne depois que se tornaram filhos de Deus pela fé. O autor insiste que o verdadeiro filho de Deus evita o pecado (1Jo 3,9-10; 5,18) por meio de um comportamento correto e da observância dos mandamentos, especialmente o de amar o companheiro cristão (1Jo 3,11.23; 2Jo 5). Os filhos de Deus precisam caminhar na pureza e no amor, tal como fez Jesus, o Filho de Deus (1Jo 2,6; 3,3.7; 4,10-11).

c) Espírito. Aparentemente, os líderes separatistas pretendiam ser mestres e até mesmo profetas, conduzidos pelo Espírito. O autor desautoriza a necessidade de mestres (1Jo 2,27) e adverte contra os falsos profetas: "Amados, não acrediteis em qualquer espírito, mas examinai os espíritos para ver se são de Deus" (1Jo 4,1). Existem o espírito do erro, que guia os anticristos, e o espírito da verdade, que conduz o autor e seus adeptos (1Jo 4,5-6).

Tem-se tentado identificar os adversários separatistas de 1 e 2 João com "hereges" conhecidos, como os *docetistas* combatidos por Inácio de Antioquia (por volta de 110), que negavam que Cristo era verdadeiramente humano; ou *Cerinto* (descrito por Ireneu como um oponente de João), que sustinha que Cristo, um ser espiritual, desceu sobre Jesus, um homem normal, depois do batismo, e apartou-se dele antes da crucifixão;[22] ou os *gnósticos* do século II, que consideravam o mundo e a carne um engano. Essas "heresias" conhecidas, porém, podem ter sido descendentes do erro encontrado em 1 e 2 João. Esse erro (ilustrado nos três tópicos anteriores) é, provavelmente, um exagero, da parte dos cristãos joaninos, de certos aspectos do quarto evangelho. Por exemplo, o evangelho retrata a encarnação do Filho de Deus preexistente, que salva o povo de seus pecados

---

[22] Para o que se sabe acerca de Cerinto, cf. BEJ 766-771.

por meio dessa mesma entrada no mundo como a luz — aquele que vem à luz está livre do julgamento e da culpa do pecado (Jo 3,16-21; 9,39-41). Visto que o povo pareceu ser salvo pela fé durante o ministério de Jesus, em João não se enfatiza a morte de Jesus como salvífica. O evangelho oferece pouco ensinamento ético, à exceção do mandamento do amor mútuo. Consoante Jo 14,16-17.26; 16,13, o Paráclito (advogado) ou Espírito da Verdade vem morar em cada crente, guiando-o para toda a verdade.

Apesar da possibilidade de desenvolver tais temas do evangelho a fim de produzir as opiniões sustentadas pelos separatistas, o autor de 1 e 2 João declara que suas idéias, e não as dos separatistas, representam o verdadeiro "evangelho" conservado desde o começo.[23] (A palavra traduzida por "mensagem" em 1Jo 1,5 e 3,11 é *aggelia*, possivelmente o equivalente joanino de "evangelho" ou *euaggelion*.) Ele escreve como membro da escola joanina, que dá testemunho da tradição que proveio do Discípulo Amado — um "nós" que, pessoalmente ou por associação, ouviu, viu, contemplou e apalpou, a corporificação da vida de Deus (1Jo 1,1); um "nós" que sabe da importância do modo como Jesus viveu (caminhou) na carne e morreu pelos pecados. As diferenças de pensamento em relação ao evangelho, descritas, fazem sentido como uma reação à falsa interpretação de João por parte dos separatistas.

Gênero e estrutura. Os estudiosos divergem a respeito de ambos os assuntos. Quanto ao gênero, 1 João não tem *nenhuma* das características do formato de uma carta.[24] Plausivelmente, trata-se de uma exortação escrita, interpretando os temas principais do quarto evangelho à luz da propaganda separatista que detinha certa aceitação e continuava a atrair seguidores. Presume-se que circulava

---

[23] Cf. BROWN, R. E. In: BEST, E. WILSON, R. M. (eds.). *Text and interpretation*. Cambridge, Cambridge Univ., 1979. pp. 57-68. (M. Black Festschrift); VON WAHLDE, U. C. *The Johannine commandments*; 1 John and the struggle for the Johannine tradition. New York, Paulist, 1990. J. Painter (NTS 32, 48-71, 1986) sugere que os oponentes eram gentios convertidos que interpretavam a tradição joanina à luz de suas experiências anteriores.

[24] Conforme veremos no capítulo 15, alguns usam o termo "epístola" como designação para uma obra que tem o formato de carta, mas não é verdadeiramente uma carta. 1 João, porém, não se encaixa nessa designação. Naturalmente, ao falar de uma obra num contexto bíblico, não há como evitar o título tradicional "cartas/epístolas de João". O título deste capítulo traz "epístola" antes de "carta", para indicar que 1 João não é semelhante a 2 e 3 João, que são verdadeiras "cartas".

no principal centro do cristianismo joanino (Éfeso?), onde o evangelho foi escrito e onde o autor viveu.

No que toca à estrutura,[25] o autor não oferece nenhuma indicação clara de um plano. É repetitivo e usa versos-gancho que pertencem tanto ao que precede quanto ao que se segue. A teoria de Bultmann, segundo a qual o autor dispunha de uma fonte (escrita em dísticos poéticos) que utilizou ao escrever 1 João[26] tem tido pouca aceitação, e a maioria pensa que 1 João é uma obra unificada. Uma divisão tripartida é conhecida (três partes, precedidas por um prólogo e seguidas de um epílogo).[27] Contudo, aqueles que acreditam que 1 João é uma interpretação do quarto evangelho favorecem uma divisão bipartida, que corresponde à divisão do evangelho: um prólogo (1Jo 1,1-4), que comenta o hino que é o prólogo do evangelho (Jo 1,1-18), e uma conclusão (1Jo 5,13-21), que se serve de temas da conclusão pré-redacional do evangelho (Jo 20,30-31). As duas partes principais da epístola são demarcadas pela afirmação "Este é o evangelho" (*aggelia*, "mensagem"), em 1Jo 1,5 e 3,11. A primeira parte (1Jo 1,5–3,10) define o evangelho como "Deus é luz" e sublinha a obrigação de caminhar na luz. A segunda parte (1Jo 3,11–5,12) define o evangelho como: "Devemos amar-nos uns aos outros", e apresenta Jesus como o exemplo de amor pelos irmãos e irmãs cristãos.

Temas e problemas para reflexão

1. Exatamente como em João (cf. *p. 459*), em 1 João existe uma polêmica sobre se o texto deve ser impresso em formato semipoético. BEJ assim o faz porque se pode dividir o grego do escritor joanino em linhas que têm sentido, de extensão relativamente semelhante, que se correspondem num ritmo razoável.

---

[25] Alguns estudiosos não encontram estrutura ou padrão algum; outros apostam em padrões silábicos ou em estrofes de três linhas; alguns propõem padrões numéricos (três, sete, doze); outros detectam o padrão epistolar de uma seção doutrinal seguida de uma seção parenética ou hortativa. Cf. FEUILLET, A. BTB 3, 194-216, 1973; FRANCIS, F. O. ZNW 61, 110-126, 1970; JONES, P. R. RevExp 67, 433-444, 1970; MALATESTA, E. *The Epistles of St. John*; Greek text and English translation schematically arranged. Rome, Gregorian Univ., 1973; O'NEILL, J. C. *The puzzle of I John*; a new examination of origins. London, SPCK, 1966.

[26] Cf. BEJ 38-41 (especialmente 760-761).

[27] BEJ 764 detalha cerca de 35 propostas de divisão em três partes; com mais freqüência, a primeira é concluída em 1Jo 2,17, ou 27, ou 28; a segunda, em 1Jo 3,24 ou 4,6.

2. Às vezes a descrição do mundo em 1Jo 12,15-17 tem sido criticada como demasiado negativa, como se o autor se esquecesse de que Deus criou o mundo e viu que era bom. Seja como for, 1 João descreve o mundo que Deus criou depois que foi manchado pelo pecado. Ademais, uma geração do tipo "tudo convém" pode precisar ser lembrada de que a condenação da cobiça sensual e da concupiscência não pode ser descartada simplesmente como "vitoriana", mas tem profundas raízes na tradição judaico-cristã.

3. Alguns julgam quase uma contradição em 1 João a insistência no amor ("Deus é amor") e a recusa em rezar por aqueles que cometem pecado mortal (1 Jo 5,16c). (Compare-se com a recusa do Jesus joanino em rezar pelo mundo em Jo 17,9.) Não é arrogância reconhecer o mal e aqueles que o praticam; os cristãos, porém, devem ser cuidadosos para não julgar que tais pessoas são radicalmente más em si mesmas e que não se possa rezar por elas.

Bibliografia sobre as epístolas joaninas em geral e sobre 1 João[28]

Comentários e estudos em série[29]

ALEXANDER, N. TBC, 1962.
BROOKE, A. E. ICC, 1912.
BROWN, R. E. AB, 1982; = BEJ.
BULTMANN, R. Hermeneia, 1973.
CULPEPPER, R. A. ProC, 1995, rev. ed.
DODD, C. H. Moffatt, 1966.
EDWARDS, R. B. NTG, 1966.
GRAYSTON, K. NCBC, 1984.
HAAS, C. et al. TH, 1972.
HOULDEN, J. L. HNTC, 1973.
JOHNSON, T. F. NIBC, 1993.
KYSAR, R. AugC, 1987.

---

[28] Algumas obras da Bibliografia do capítulo 11 — por exemplo, sobre a teologia e a comunidade joaninas — tratam das epístolas joaninas e do evangelho.

[29] Todos os comentários e estudos referem-se a 1, 2 e 3 João.

Lieu, J. M. NTT, 1991.
Loader, W. EC, 1992.
Marshall, I. H. NICNT, 1978.
Moody, D. WBC, 1970.
Perkins, P. NTM, 1979.
Ross, A. NICNT, 1958.
Sloyan, G. S. NTIC, 1995.
Smalley, S. S. WBC, 1984.
Smith, D. M. IBC, 1991.
Stott, J. R. W. TNTC, 1988, 2. ed.
Strecker, G. Hermeneia, 1996.
Thüsing, W. NTSR, 1971.
Williams, R. R. CBC, 1965.

Bibliografia e panoramas da pesquisa

Bruce, F. F. Johannine studies since Westcott's day. In: Westcott, B. F. *The epistles of St. John*. Grand Rapids, Eerdmans, 1966. pp. lix-lxxvi.

Briggs, R. C. RevExp 67, 411-422, 1970.

Segovia, F. RSRev 13, 132-139, 1987.

Wagner, G. EBNT, 1987.

* * *

Black, C. C. The Johannine epistles and the question of early Catholicism. NovT 28, 131-138, 1986.

Bogart, J. *Orthodox and heretical perfectionism in the Johannine community as evident in the First Epistle of John*. Missoula, MT, Scholars, 1977. (SBLDS, 33.)

Bruce, F. F. *The epistles of John*. Old Tappan, NJ, Revell, 1970.

Coetzee, J. C. The Holy Spirit in 1 John. *Neotestamentica* 13, 43-67, 1981.

Cooper, E. J. The consciousness of sin in I John. *Laval Théologique et Philosophique* 28, 237-248, 1972.

Filson, F. V. First John: purpose and message. *Interpretation* 23, 259-276, 1969.

Hobbs, H. H. *The epistles of John*. Nashville, Nelson, 1983.

Law, R. *The tests of life*; a study of the First Epistle of St. John. Edinburgh, Clark, 1909.

MALATESTA, E. *Interiority and covenant*; a study of *einai en* and *menein en* in the First Letter of St. John. Rome, PBI, 1978. (AnBib, 69.)

NEUFELD, D. *Reconceiving texts as speech-acts*; an analysis of I John. Leiden, Brill, 1994.

O'NEILL, J. C. *The puzzle of I John*; a new examination of origins. London, SPCK, 1966.

PIPER, O. A. I John and the Didache of the primitive Church. JBL 66, 437-451, 1947.

RICHARDS, W. L. *The classification of the Greek manuscripts of the Johannine epistles*. Missoula, MT, Scholars, 1977. (SBLDS, 35.)

SCHNACKENBURG, R. *The Johannine epistles*. New York, Crossroad, 1992. Original alemão de 1975.

SONGER, H. S. The life situation of the Johannine epistles. RevExp 67, 399-409, 1970.

STAGG, F. Orthodoxy and orthopraxy in the Johannine epistles. RevExp 67, 423-432, 1970.

STREETER, B. H. The epistles of St. John. In: *The primitive Church*. New York, Macmillan, 1929. pp. 86-101.

VORSTER, W. S. Heterodoxy in 1 John. *Neotestamentica* 9, 87-97, 1975.

WESTCOTT, B. F. *The epistles of St. John.* Grand Rapids, Eerdmans, 1966. Ed. original de 1883. Um clássico.

Capítulo 13

Segunda carta de João

Vimos que determinar o gênero e a estrutura de 1 João não é fácil. Não existe tal problema com 2 e 3 João; são quase modelos exemplares de breves cartas antigas, próximas uma da outra na extensão, provavelmente determinada pela medida de uma folha de papiro. Depois do Contexto e da Análise geral da mensagem, dedicam-se subdivisões aos Presbíteros, a um Tema para reflexão e à Bibliografia.

Contexto

2 e 3 João assemelham-se no formato de carta, especialmente na introdução e na conclusão. Ambas identificam o escritor como "o ancião". 2 João tem semelhanças de conteúdo com 1 João (que não possui formato de carta), particularmente nos vv. 5-7, que enfatizam o mandamento do amor mútuo (= 1Jo 2,7-8) e condenam os mentirosos que se foram para o mundo como os anticristos que negam que Jesus Cristo veio na carne (= 1Jo 2,18-19; 4,1-2).[1] Portanto, embora o escritor de 1 João não se identifique, muitos estudiosos acreditam que o ancião compôs as três obras — alguém que, de acordo com 1 João, era discípulo do Discípulo Amado.

2 João é enviada a uma comunidade joanina afastada do centro. A divisão ainda não havia chegado até lá, mas os missionários separatistas estavam a caminho (2Jo 10-11). O ancião instrui a comunidade (a Senhora Eleita e seus filhos) a não receber "em casa" (casa-igreja onde a comunidade se reunia) os falsos mestres. A chegada de emissários, tanto do ancião quanto dos separatistas, deve ter causado muita confusão nas remotas comunidades joaninas. Como saberiam quem portava a verdade para autorizar os emissários a falar? O dano já estava feito.

---

[1] A expressão "veio na carne", de 1 João, refere-se claramente à encarnação; provavelmente acontece o mesmo com "encarnado" de 2Jo 7, embora alguns apliquem isso à parusia. Para uma lista completa das semelhanças entre 2 João e 1 João, cf. BEJ 755-756.

> **Informações básicas**
>
> DATA: mais ou menos a mesma época de 1 João, portanto, cerca do ano 100 d.C.
>
> DESTINATÁRIOS: cristãos de uma comunidade joanina ameaçada pela chegada de missionários separatistas.
>
> AUTENTICIDADE: um escritor da tradição joanina, que escreveu também 3 João e provavelmente 1 João.
>
> UNIDADE E INTEGRIDADE: não questionada seriamente.
>
> DIVISÃO FORMAL
>
> A. Fórmula introdutória: 1-3
> B. Corpo: 4-12
>   4: Expressão transicional de alegria
>   5-12:Mensagem
> C. Fórmula conclusiva: 13.

Análise geral da mensagem

Fórmula introdutória (vv. 1-3). As seções do remetente e do destinatário no *Praescriptio*[2] são redigidas sucintamente: "O ancião à Senhora eleita e a seus filhos, que amo na verdade", ou seja, em linguagem figurada, uma comunidade local anônima e seus membros,[3] na esfera de influência do remetente. O fato de que o ancião dá instruções àquela Igreja e envia também saudações da parte dos filhos de "tua irmã eleita" (v. 13) sugere que Ele é uma pessoa importante em outra Igreja joanina (talvez a Igreja-mãe, da qual foi fundada a Igreja destinatária). A saudação "a graça, a misericórdia e a paz" (v. 3), habitual numa carta cristã ("graça e misericórdia" em treze cartas; "paz" acrescentada em 1 e 2 Timóteo), é seguida do acréscimo joanino de "na verdade e no amor".

Expressão transicional de alegria (v. 4). No formato epistolar, uma afirmação de alegria é muitas vezes transicional para o corpo da carta (constituindo uma

---

[2] Cf. capítulo 15 para essa terminologia técnica do "formato carta".

[3] Além dessa interpretação de "a Senhora eleita [ou escolhida]" (grego: *elektē kyria*), outras sugestões são: a) *a senhora [chamada] Electa*, atestada na tradução latina de Clemente de Alexandria (cerca de 200), que tem levado à hipótese moderna de que 2 João era uma carta de amor (v. 5); b) *a nobre Kyria*, conforme proposto por Atanásio; existe melhor prova para Kyria como um nome próprio do que "Electa"; c) *querida senhora*, uma mulher anônima; contudo, como as sugestões anteriores, essa identificação do destinatário como um indivíduo é difícil de conciliar com o tom mais abrangente da carta: todos os que conhecem a verdade amam-na e a seus filhos (v. 1), alguns de seus filhos estão caminhando na verdade (v. 4) e os filhos de sua "irmã eleita" enviam saudações; d) *a Igreja de modo geral*; esta reconhece que não se pressupõe uma pessoa, individualmente; mas, então, quem é "a irmã eleita" do v. 13?

"abertura do corpo"); aqui, a menção de um mandamento do Pai, no v. 4, está relacionada com a exposição do mandamento no v. 5. Provavelmente o ancião, ao dizer que se alegra por encontrar "alguns dos teus filhos que vivem na verdade", no v. 4, pretende mostrar-se amável (*captatio benevolentiae*) e emprega a palavra "alguns" de forma generalizada ("aqueles que ele encontrou"), e não corretiva ("alguns, mas não todos").

Mensagem (vv. 5-12). A insistência em 2Jo 5-6 sobre o mandamento do amor e sobre a necessidade de viver segundo os mandamentos ressoa o impulso ético principal de 1 João. (Acerca de o mandamento não ser novo, mas aquele do começo, cf. 1Jo 2,7-8; sobre a pertença ao Pai, cf. 1Jo 4,21; 5,2-3; sobre caminhar, cf. 1Jo 1,6.7; 2,6.11; sobre o amor que implica fidelidade aos mandamentos, cf. 1Jo 5,3.) Similarmente, o corte cristológico de 1 João é reverberado pela insistência em 2Jo 7 no reconhecimento de que Jesus veio na carne, como um marco distintivo entre aqueles a quem o ancião reconhece como filhos amados e os anticristos impostores, que se foram para o mundo (cf. *p. 528*). Que o perigoso ensinamento destes, já claramente presente em 1 João, está prestes a surgir entre os destinatários de 2 João, torna-se aparente pelas admoestações de que eles devem acautelar-se (v. 8) e não receber em sua "casa (Igreja)" aqueles que portam outra doutrina (vv. 10-11). Do contrário, podem perder o fruto do próprio trabalho e compartilhar o mal. Os adversários (reais ou potenciais) são descritos no v. 9 como "progressistas" (literalmente como "os que avançam e não permanecem na doutrina de Cristo"). Isso corresponde ao argumento, em 1 e 2 João, de que a cristologia e a moral do escritor representam aquilo que era desde o começo.[4] Que a diferença seja vista como crucial afirma-o o v. 9: quem se conserva no ensinamento errôneo não possui a Deus!

Ao concluir o corpo ou a mensagem da carta no v. 12, o ancião utiliza uma marca comum: uma apologia pela brevidade daquilo que foi escrito (igualmente 3Jo 13-14). A esperança de uma visita em breve precisa ser considerada também segundo a mesma vertente convencional, e não como ameaça de supervisão punitiva, ainda que o ancião diga que seu coração pastoral se alegrará se tudo estiver bem. "Para que a nossa alegria seja perfeita" ecoa 1Jo 1,4, em que é óbvio que tal

---

[4] O capítulo 12 sugeriu que os separatistas provavelmente se viam como os que permaneceram fiéis às diretivas indicadas no evangelho de João, instruções que o escritor epistolar considerava unilaterais e perigosas más interpretações.

alegria provém da *koinōnia* dos cristãos joaninos uns com os outros, com Deus e com Jesus Cristo.

Fórmula conclusiva (v. 13). O fato de o ancião enviar não suas saudações pessoais, mas as da Igreja-irmã demonstra que essa carta foi enviada não como uma instrução pessoal, mas como parte da estratégia do "nós" joanino, do qual ouvimos falar em 1Jo 1,1-4.

Presbíteros

As demais cartas do NT trazem o nome do autor ou escritor, às vezes com um título identificador, como "apóstolo" ou "servo". 2 e 3 João são nossos únicos exemplos cristãos do período 50-150 d.C. de remetente de uma carta que apresenta um título ou uma designação, mas não o próprio nome. Pode-se supor que, numa comunidade de cristãos bem unidos, os destinatários saberiam o nome do remetente; todavia, a qualificação "o ancião" deve ter sido costumeira e/ou preferida por ele, por eles, por todos. (Pode-se perguntar se títulos de reverência não eram um traço joanino, pois em João figuras simbolicamente importantes como o Discípulo Amado e a mãe de Jesus jamais são identificadas pelo nome.) O que o autor de 2 João quer dizer com a autodesignação *ho presbyteros* ("presbítero/ancião")? Vimos que ele fala com autoridade a outros cristãos joaninos acerca da tradição e supõe que, ao recebê-los, desejem escutá-lo ainda mais. Em 3 João, ele envia missionários, pedindo a Gaio que os receba, ainda que uma autoridade regional, Diótrefes, seja-lhes hostil. De tudo isso, tem-se a impressão de que "o ancião" goza de prestígio, mas não de autoridade judicial. Se ele escreveu 1 João, como parece provável, faz parte de um "nós" joanino que fala sobre a tradição conservada desde o começo. Como essa imagem tirada das epístolas joaninas corresponde àquilo que sabemos sobre "presbíteros" de outros escritos? Pelo menos cinco exemplos diferentes de uso cristão primitivo de "presbítero/ancião" têm sido apresentados como paralelos.[5]

a) Um senhor idoso, honrado e importante — interpretação favorecida por aqueles que consideram o Discípulo Amado o autor, que tem sido tradicionalmente representado como alguém que morreu em idade avançada (Jo 21,22-23).

---

[5] Sobre "presbíteros", cf. BACON, B. W. JTS 23, 134-160, 1992; BORNKAMM, G. TDNT 6.670-672; MUNCK, J. HTR 52, 223-243, 1959; VAN UNNIK, W. C. GCHP 248-260. Cf. também *pp. 843-848*.

Todavia, o "nós" joanino que fala em Jo 21,24 é claramente distinto de tal figura, e "o ancião" pertence ao "nós" joanino, se escreveu 1 João. b) Autoridades da Igreja (muitas trazendo também a designição *episkopos*) que, em grupos, eram responsáveis pela administração das Igrejas locais no final do século I, conforme atestado em At 20,17; Tg 5,14; 1Pd 5,1; 1Tm 5,17; Tt 1,5; *I Clemente* 44,5.[6] No entanto, os escritos joaninos não trazem nenhuma prova da estrutura da Igreja com *presbyteroi*. c) Um dos doze apóstolos, conforme atestado quando Pedro identifica-se em 1Pd 5,1 como *"sympresbyteros"* ou "companheiro presbítero". Papias (HE 3.39.4) fala de Filipe, Tomé, Tiago, João e Mateus como *presbyteroi*. Em ambas as instâncias, porém, nomes pessoais, não os títulos, demonstram que os apóstolos estavam envolvidos; além do mais, não há referência alguma a "apóstolos" que tenham tido autoridade na tradição joanina. d) Um companheiro de Jesus, que não era um dos Doze, um uso provado também por Papias, o qual, após aludir aos Doze, fala de Aristião e do *presbyteros* João, discípulos do Senhor, que falou com autoridade. e) Um discípulo dos discípulos de Jesus, ou seja, uma figura da segunda geração que servia como transmissora da tradição que adveio da primeira geração. Irineu (AH 4.2.1) afirma: "Eu ouvi isso de certo presbítero que o ouvira daqueles que viram os apóstolos e daqueles que haviam ensinado".

Na teoria da composição apresentada nas *pp. 504, 507-510*, segundo a qual havia uma escola joanina de escritores que levavam adiante a concepção do Discípulo Amado, este poderia corresponder à categoria *d*, quer tenha sido conhecido, quer não como "o presbítero", ao passo que o evangelista, o escritor epistolar e o redator do evangelho poderiam encaixar-se na categoria *e*. Esta, portanto, é a que melhor corresponde ao uso de "ancião" em 2 e 3 João.

Tema para reflexão

Note-se o tratamento proposto em 2Jo 10-11 para aqueles considerados pelo escritor falsos mestres: eles não devem ser recebidos em casa ou cumprimentados. Mais do que provável, não se têm em vista evangelizadores que visitam, porta a porta, as casas particulares, mas aqueles que querem entrar numa igreja doméstica (Rm 16,5; 1Cor 16,19; Fm 2; Cl 4,15) a fim de pregar ou ensinar.

---

[6] Igualmente na maioria das cartas de Inácio de Antioquia, em que *um* dos presbíteros age como *episkopos* sobre os outros.

Uma visão segundo a qual as pessoas devem ser disciplinadas, em vez de deixá-las espalhar a falsidade ou o mau comportamento, é atestada também por Mt 18,17; 1Cor 5,3-5; Tt 3,10-11 e Ap 2,2.[7] Até certo ponto, tal atitude ligava-se a um ideal estabelecido por Jesus: "[...] quem recebe aquele que eu enviar, a mim recebe; e quem me recebe, recebe aquele que me enviou" (Jo 13,20). Percebemos aonde poderia conduzir uma interpretação estreita dessa passagem quando, com lógica latina, Tertuliano afirmava que os hereges não tinham o direito de apelar para as Escrituras[8] e quando, mais tarde, os cristãos concluíram que o meio mais seguro de certificar-se de que idéias heréticas não se disseminariam era executar os hereges. Na verdade, quando inquestionavelmente os outros são prejudicados, até a caridade tem limites; contudo, exclusividade feroz em nome da verdade, normalmente, estoura em seus praticantes. C. H. Dodd perguntou uma vez: "Será que a verdade não prevalece mais se não polemizarmos com aqueles cujo conceito de verdade difere do nosso — por mais desastroso que seja o erro deles?"

Bibliografia sobre 2 João[9]

BARTLET, V. The historical setting of the Second and Third Epistles of St John. JTS 6, 204-216, 1905.

CHAPMAN, J. The historical setting of the Second and Third Epistles of St John. JTS 5, 357-368, 517-534, 1904.

DONFRIED, K. P. Ecclesiastical authority in 2–3 John. In: JONGE, M. de. (ed.). *L'Evangile de Jean*. Gembloux, Duculot, 1977. pp. 325-333. (BETL, 44.)

FUNK, R. W. The form and structure of II and III John. JBL 86, 424-430, 1967.

LIEU, J. *The Second and Third Epistles of John*. Edinburgh, Clark, 1986.

POLHILL, J.B. An analysis of II and III John. RevExp 67, 461-471, 1970.

VON WAHLDE, U. C. The theological foundation of the presbyter's argument in 2 Jn (vv. 4-6). ZNW 76, 209-224, 1985.

WATSON, D. F. A rhetorical analysis of 2 John according to the Greco-Roman convention. NTS 35, 104-130, 1989.

---

[7] Irineu (AH 3.3.4) declara que João, o discípulo do Senhor, escapava de qualquer contato com Cerinto, o "inimigo da verdade", e que Policarpo, bispo de Esmirna, evitava Marcião como "o primogênito de Satanás".

[8] *De praescriptione haereticorum* 37,1-7; CC 1.217-218.

[9] Ver a Bibliografia do capítulo 12, sobre 1 João, que trata das epístolas joaninas em geral.

Capítulo 14

Terceira carta de João

O mais breve livro do NT e muito semelhante a 2 João no formato, no estilo, na autoria e na extensão, 3 João é, porém, bem diferente de 1 e 2 João no conteúdo. Não há crítica contra indiferença moral ou erro cristológico; apenas complicados relacionamentos eclesiais que envolvem autoridades rivais — uma situação muito difícil de diagnosticar. Após a Análise geral da mensagem, que descreve o que é dito na carta, dedicar-se-ão subdivisões a um detalhado Diagnóstico da situação, a um Tema para reflexão e à Bibliografia. Por enquanto, a seguinte informação é suficiente: em uma comunidade, certo Diótrefes, que emergiu como líder, decidiu excluir missionários itinerantes, até mesmo os enviados pelo ancião. Sua recusa de hospitalidade leva o ancião a escrever 3 João a Gaio, aparentemente uma pessoa rica de uma comunidade vizinha. Gaio tem oferecido hospedagem ocasional, mas o presbítero quer que ele assuma responsabilidade maior a fim de ajudar os missionários, como o bem conhecido Demétrio, que logo chegará.

Análise geral da mensagem

Fórmula introdutória (vv. 1-2). A seção do remetente e do destinatário (v. 1) é a mais breve do NT, mas muito próxima das cartas seculares do período. Um augúrio de bem-estar (v. 2) é igualmente uma característica na abertura de cartas seculares, mas o ancião estende seu cuidado ao bem-estar espiritual de Gaio — uma conexão entre alma e corpo (cf. Mt 10,28). Claramente o ancião considera Gaio uma pessoa simpática.

Expressão transicional de alegria (vv. 3-4). Tal como 2Jo 4, essa é uma transição para o corpo da carta (uma "abertura do corpo"). A alegria pelo fato de Gaio caminhar na verdade é mais do que convencional, pois o ancião está implicitamente apresentando Gaio em contraste com Diótrefes, o qual será mencionado no

v. 9. "Irmãos" que vieram ter com o ancião testemunharam sobre Gaio. Combinado aos vv. 5-6, essa declaração mostra que o ancião tem contatos com um grupo de viajores que são parcialmente missionários e parcialmente seus olhos e ouvidos para vigiar a situação da Igreja.

Mensagem (vv. 5-14). Os "irmãos" dos vv. 5-6, entre os quais Gaio goza a reputação de ser hospitaleiro, estão indo da comunidade do ancião àquela onde Gaio vive; pedem que Gaio os ajude um pouco mais em sua viagem. Obtemos aqui um quadro dos primeiros pregadores de Cristo, que partiram por causa "do Nome", cuidando de não receber ajuda dos pagãos (v. 7), e que dependem, portanto, da generosa assistência dos cristãos locais (vv. 5.8). Na bela expressão do ancião (v. 8), aqueles que ajudam os missionários tornam-se "cooperadores da Verdade". Se a carta tivesse acabado no v. 8, simplesmente teríamos pressuposto que Gaio ou era o cristão mais rico numa comunidade (mas, então, por que não uma carta endereçada à comunidade [como o foi 2 João], mencionando Gaio com louvor?), ou o cristão que formal ou informalmente liderava a comunidade. Nos vv. 9-10, porém, revela-se, de repente, uma situação bem mais complexa, pois certo Diótrefes, "que ambiciona o primeiro lugar" na Igreja,[1] não dá atenção ao ancião[2] cujas cartas tem desprezado. Ademais, Diótrefes está espalhando maledicência sobre o ancião, recusando-se acolher os "irmãos" (isto é, os missionários aparentemente enviados pelo ancião), impedindo aqueles que desejam recebê-los e expulsando-os da Igreja! Rejeição mais completa da autoridade do ancião é impossível imaginar.[3] Esperar-se-ia que o ancião simplesmente ordenasse a remoção ou exclusão de Diótrefes, mas a relativamente cordial exortação a não imitar o mal (v. 11) dá a entender que ele não tinha nem autoridade nem poder prático para agir contra Diótrefes. Pelo contrário, ele escreve a Gaio solidarizan-

---

[1] Muito provavelmente uma Igreja da vizinhança, não aquela em que Gaio vive, pois, no v. 14, o ancião declara que espera fazer uma visita cordial a Gaio, ao passo que a visita à Igreja conduzida por Diótrefes promete ser hostil (v. 10). O v. 9 contém a primeira referência a *ekklēsia* no *corpus* joanino (também no final de 3Jo 10).

[2] Mais exatamente "a nós". O plural é interessante por causa do singular "escrevi", no mesmo versículo. Aparentemente o ancião considera-se parte de uma comunidade de transmissores da tradição (1Jo 1,1-5 — cf. também 3Jo 12: "Nós também testemunhamos a seu favor, e tu sabes que o nosso testemunho é verdadeiro".

[3] Contudo, o ancião não descreve Diótrefes como anticristo, separatista, falso profeta ou alguém que nega que Jesus veio na carne (cf. 1Jo 2,18-23; 4,1-2; 2Jo 7), donde minha afirmação de que ele não considera Diótrefes um "herege" cristológico.

Informações básicas

DATA: talvez após 1 e 2 João, refletindo tentativas de lidar com a situação descrita naqueles escritos; 3 João pode estar ligada ao desenvolvimento pastoral em Jo 21 e, assim, ter sido escrita pouco depois do ano 100 d.C.

DESTINATÁRIO: Gaio, um cristão joanino amável com o ancião, dado que Diótrefes, que assumiu o comando (numa comunidade vizinha), não é amável.

AUTENTICIDADE: de um escritor pertencente à tradição joanina, que escreveu também 2 João e, provavelmente, 1 João.

UNIDADE E INTEGRIDADE: não questionada seriamente.

DIVISÃO FORMAL

A. Fórmula introdutória: 1-2

B. Corpo: 3-14

   3-4: Expressão transicional de alegria

   5-14: Mensagem

C. Fórmula conclusiva: 15.

---

do-se com alguém chamado Demétrio (v. 12), aparentemente um missionário para quem essa carta serve de recomendação.[4]

Como em 2Jo 12, o ancião conclui o corpo ou mensagem da carta, nos vv. 13-14, com uma apologia pela brevidade e com a esperança de ver Gaio em breve.

Fórmula conclusiva (v. 15). 2 João trazia as saudações dos filhos de uma Igreja-irmã de Electa; em 3 João, "os amigos daqui" (ou seja, da Igreja do ancião) enviam saudações a Gaio e aos amigos de lá, "cada um por seu nome".

Diagnóstico da situação

Ironicamente, a única obra do *corpus* joanino que traz nomes pessoais de cristãos (Gaio, Diótrefes, Demétrio[5]) é imprecisa quanto à relação destes entre si e com o ancião. a) Gaio. Oferece hospitalidade aos que foram recentemente rejei-

---

[4] Para cartas de recomendação identificando cristãos a ser recebidos, apoiados e ouvidos, cf. At 18,27; Rm 16,1-2; 1Cor 16,3; 2Cor 3,1; Fl 2,25-30 e Cl 4,7-9. Esse pode ter sido o início da prática nos círculos joaninos, prática tornada necessária pela recente circulação de missionários separatistas.

[5] Os três são nomes greco-romanos, não derivados do hebraico. Há duas ou três outras figuras chamadas Gaio nos círculos do NT (1Cor 1,14; At 19,29; 20,4), um Demétrio (At 19,24) e um Demas (diminutivo de Demétrio? Fm 24; Cl 4,14); não há, porém, nenhuma razão convincente para identificar esse Gaio e esse Demétrio com qualquer um deles. Diótrefes não é um nome particularmente comum.

tados por Diótrefes, ou Diótrefes recusa hospitalidade àqueles a quem Gaio está ajudando? Muitos optam pela primeira alternativa. Nesse caso, por que o presbítero precisa falar a Gaio a respeito de Diótrefes? Por motivo de ênfase retórica? Provavelmente Gaio não era membro da Igreja doméstica de Diótrefes (cf. n. 1); e Gaio, a quem o ancião quer bem, provavelmente não era o líder de outra Igreja doméstica — uma posição condenada pelo ancião no v. 9. Com outras palavras, o ancião pode estar lidando com duas Igrejas que têm organização diferente. b) Diótrefes. As coisas de que é acusado são: gostar de mandar na Igreja, não dar a mínima atenção ao ancião, impedir e expulsar os que oferecem hospitalidade. Muitos têm sugerido que ele era, pelo título e de fato, um exemplo do presbítero-bispo emergente, descrito com entusiasmo por Inácio de Antioquia (cf. *p. 538*). Sua emergência é muito perturbadora na cena joanina, na qual se tinha dado pouquíssima ênfase à estrutura da Igreja. Por contraste, o ancião-escritor representaria a situação joanina mais antiga, na qual deveria existir uma "escola" de portadores da tradição, mas estes não eram administradores autorizados pela comunidade.[6] c) Demétrio. Um missionário importante (que goza da estima de todos) está prestes a visitar Gaio, levando 3 João, ou pouco depois de ela ser recebida. A seriedade do testemunho a respeito dele reflete a opinião do ancião sobre a hospitalidade: ela precisa ser expandida a fim de que o evangelho seja proclamado.

    Não podemos saber com segurança as razões do antagonismo entre o ancião e Diótrefes. Em minha opinião, porém, a carta faz mais sentido se ambas as figuras se opunham aos missionários separatistas. Se admitirmos que o ancião escreveu também 1 João, julgou que não havia necessidade de mestres humanos: aqueles que têm a unção do Espírito são imediatamente ensinados sobre o que é verdadeiro, de modo que é preciso provar os espíritos a fim de detectar os falsos profetas (1Jo 2,27; 4,1-6). Diótrefes pode ter considerado tudo isso muito vago, pois os separatistas presumiam também ter o verdadeiro espírito, tornando impossível, para o povo, saber quem estava falando a verdade. Conforme foi desco-

---

[6] Tentativas de transformar o ancião-escritor em um representante "herético" da teologia joanina, que seria demasiado aventureira para a Igreja maior (a Grande Igreja representada por Diótrefes), são refutadas pelo fato de que as opiniões expressas em 1 e 2 João seriam mais tradicionais, segundo outros padrões neotestamentários, do que aquelas encontradas em João, como o indica o apelo do escritor epistolar ao que existia desde o começo.

berto em outras Igrejas (p. ex., Tt 1,5-16; 1Tm 4), Diótrefes teria decidido que era necessário haver mestres humanos autorizados, a saber, aqueles que tinham a experiência para conhecer o que era errôneo e autoridade administrativa para manter os falsos mestres a distância. Ele assumiu tal papel em sua Igreja, mantendo todos os missionários longe, até mesmo aqueles do ancião. Na opinião deste, Diótrefes era arrogante ao partir do princípio de que Jesus era o modelo de pastor e todos os outros pastores (humanos) eram ladrões e bandidos (Jo 10). No modo de pensar de Diótrefes, o presbítero era ingênuo e pouco prático. Que, no final das contas, a opinião de Diótrefes tenha prevalecido a respeito daquilo que salvaria o cristianismo joanino pode estar indicado em Jo 21 (o último elemento em João, escrito depois de 1 e 2 João?), em que Jesus concede a Pedro autoridade pastoral sobre o rebanho, modificando o arroubo de Jo 10.

Tema para reflexão

Se o diagnóstico de 3 João oferecido tem algum valor, temos no evangelho e nas epístolas traços de desenvolvimentos em uma comunidade particular no decorrer de várias décadas: a) lutas com as sinagogas judaicas locais que recusavam a confissão cristã joanina de que Jesus era Deus por ser inconciliável com o monoteísmo; b) amargo recuo ou expulsão dos cristãos joaninos das sinagogas, seguido do contrapeso da reivindicação cristã de que Jesus substituíra todo o conteúdo do judaísmo (culto no templo, festas, nascimento natural de pais judeus); c) intensificação simultânea de alto critério cristológico, fazendo os cristãos joaninos suspeitar de que alguns outros cristãos não confessavam Jesus adequadamente; d) divisão interna quando essa cristologia alta foi levada tão longe, por alguns cristãos joaninos, ao ponto de questionar a importância da humanidade de Jesus; e) tentativa de conservar um equilíbrio cristológico entre o humano e o divino, apelando para aquilo que era tradicional no ensinamento joanino e rejeitando como anticristos aqueles que se desviavam desse equilíbrio; f) embate acerca dos meios eficazes para combater os falsos doutores; g) gradual aceitação do tipo de estrutura autoritária encontrada em outras Igrejas, levando, assim, pelo menos parte da herança joanina a alinhar-se com a Grande Igreja que emergia rapidamente. Se considerarmos as lutas e divisões no cristianismo posterior, podemos compreender quão freqüentemente o modelo repetiu-se, no todo ou em parte.

Bibliografia sobre 3 João[7]

HALL, D. R. Fellow-Workers with the Gospel. ExpTim 85, 119-120, 1973-1974.

HORVATH, T. 3 Jn 11[b]: an early ecumenical creed? ExpTim 85, 339-340, 1973-1974.

MALHERBE, A. J. The inhospitality of Diotrephes. GCHP 222-232.

WATSON, D. F. A rhetorical analysis of 3 John. A study in epistolary rhetoric. CBQ 51, 479-501, 1989.

---

[7] Ver a Bibliografia do capítulo 12, sobre 1 João, que trata das epístolas joaninas em geral.

PARTE III

As cartas paulinas

- Classificação e formato das cartas do NT
- Temas gerais da vida e do pensamento de Paulo
- Apreciação de Paulo

Cartas protopaulinas
(incontestáveis)

- 1 Tessalonicenses
- Gálatas
- Filipenses
- Filêmon
- 1 Coríntios
- 2 Coríntios
- Romanos

Cartas deuteropaulinas
(possivelmente pseudônimas)

- 2 Tessalonicenses
- Colossenses
- Efésios
- Tito
- 1 Timóteo
- 2 Timóteo

Classificação e formato das cartas do NT

Dos 27 livros do NT, metade deles estão ligados ao nome de Paulo, todos em formato de carta. Os capítulos 18-31, a seguir, tratarão desses escritos, mas, antes disso, três capítulos serão dedicados a um quadro geral. O capítulo 15 analisará o formato de carta que modelou a comunicação de Paulo e explicará como as cartas serão estudadas, cada uma em particular. O capítulo 16 registrará aquilo que conhecemos da vida de Paulo e alguns aspectos importantes de seu pensamento. Esses dois capítulos um tanto técnicos expõem as questões levantadas pelas informações disponíveis. A seguir, em um nível mais humano, o capítulo 17 tentará oferecer uma breve apreciação de Paulo, procurando captar seu espírito.

Como vimos no capítulo 1, as sete cartas autênticas de Paulo (ou protopaulinas) provavelmente foram os primeiros livros do NT a ser compostos. Isso se explica, em parte, porque os primeiros cristãos pensavam que Cristo voltaria em breve, e, assim, apenas uma "literatura imediata", que tratava de problemas concretos, tinha importância. No entanto, escreveram-se cartas continuamente, mesmo quando literatura mais duradoura (evangelhos, Atos) começou a ser produzida. Com efeito, os índices das Bíblias impressas listam 21, dentre os 27 livros do NT, sob a rubrica "cartas" ou "epístolas" — uma estatística surpreendente quando nos damos conta de que nenhum dos 46 livros do AT[1] traz tal designação.

---

[1] Os 39 livros (proto)canônicos e os sete deuterocanônicos referem-se a ou contêm cartas. (Em algumas listas de apócrifos, a carta de Jeremias é contada como um livro separado, em vez de constar como o sexto capítulo de Baruc.) Para referências a cartas nas seções hebraicas do AT, cf. 2Sm 11,14-15; 1Rs 21,8-10; Jr 29,1-23 etc. (Foram encontradas reminiscências de quase cinqüenta cartas extrabíblicas nos escritos hebraicos durante o período bíblico, quase todas em óstracos, ou seja, cacos de cerâmica.) Nas seções aramaicas do AT, estão reproduzidas cartas inteiras; cf. por exemplo, Esd 4,7-22; 7,11-26. (Algo em torno de setenta cartas extrabíblicas antigas, em aramaico, foram conservadas em papiro ou pergaminho, além de 46 em óstracos.) Cartas estão também reproduzidas nas seções gregas do AT; cf. 1Mc 10,18-20.25-45; 2Mc 1,1–2,18; 5,10-13; 8,21-32; Br 6. Cf. At 23,26-30 para uma carta em um livro do NT (escrita por um centurião romano ao procurador Félix); também Ap 2–3.

Na seqüência canônica aceita nas Bíblias modernas, todas as cartas do NT, que pelo nome ou pela história estão associadas a apóstolos, acham-se depois dos Atos dos Apóstolos. As treze cartas/epístolas que trazem o nome de Paulo aparecem em primeiro lugar. Estão divididas em duas coleções menores: nove endereçadas a comunidades situadas em espaços geográficos definidos (Romanos, 1 e 2 Coríntios, Gálatas, Efésios, Filipenses, Colossenses, 1 e 2 Tessalonicenses) e quatro endereçadas a indivíduos (1 e 2 Timóteo, Tito e Filêmon). Cada coleção está organizada em ordem decrescente segundo o tamanho.[2] Hebreus, por muito tempo associada a Paulo, vem a seguir; por fim vêm as chamadas epístolas católicas, ligadas a Tiago, Pedro, João e Judas. As três primeiras seguem a ordem dos nomes deles em Gl 2,9, seguidas de Judas (são Judas), que não é mencionado por Paulo.

A. Classificação

Podemos começar com a terminologia "carta" e "epístola". Para muitos, esses dois termos são intercambiáveis. A. Deissmann, porém — cuja obra *Light from the Ancient East*; the New Testament illustrated by recently discovered texts of the Graeco-Roman world [Luz do antigo Oriente; o Novo Testamento ilustrado pelas recentes descobertas de textos do mundo greco-romano] (2. ed., London, 1927) foi uma contribuição marcante para realçar a importância das cartas gregas em papiro para o pano de fundo do NT —, estabeleceu uma distinção. "Epístola", para ele, era um exercício literário artístico, que via de regra apresentava um ensinamento moral a um público geral e era destinada a publicação; por exemplo, as *Epistulae Morales*, de Sêneca. "Carta" era um meio não-literário de trocar informações entre um escritor e um correspondente concreto, separados um do outro pela distância.[3] Segundo tal critério, das 21 composições do NT, todas ou a

---

[2] A única exceção é que Gálatas precede Efésios, ainda que, na maioria das estatísticas, Efésios tenha cerca de duzentas palavras a mais que Gálatas. No Chester Beatty Papyrus II (P[46]), do ano 200 d.C., aproximadamente, Efésios vem antes de Gálatas. Como argumento contra a antigüidade das cartas pastorais, nota-se amiúde que elas estão ausentes dos antigos códices em papiro, mas também Filêmon; portanto, o conteúdo de P[46] pode indicar apenas que o papiro conservou a primeira parte da coleção paulina, mas não a segunda (endereçada a indivíduos). Cf. QUINN, J. D. CBQ 36, 379-385, 1974.

[3] Tal como as cartas de hoje, algumas podem ser mais formais que outras. Para Deissmann, epístolas eram produzidas em círculos cultos e letrados, ao passo que cartas eram permutadas entre pessoas de baixa posição social e menos letradas. Esse é um aspecto muito duvidoso de sua teoria. Cf. QUINN, J. D. ABD 6.564.

maioria das treze redações associadas a Paulo, juntamente com 2 e 3 João, podem ser classificadas como "cartas", enquanto Hebreus e talvez 1 e 2 Pedro, Tiago, 1 João e Judas seriam "epístolas".

A maioria dos estudiosos matiza a distinção de Deissmann (e muitos a rejeitam). Os antigos manuais de retórica mostram uma ampla faixa de modelos de cartas greco-romanas — por exemplo, cartas laudatórias, corretivas, argumentativas, informativas etc. —, de modo que até mesmo uma homilia, visando à persuasão, pode ser escrita em formato de carta. Algumas cartas de Paulo (1 Coríntios e Romanos) são tão longas que podem ser classificadas como cartas-ensaio. Quando ao público, não fica claro se algum dos escritos paulinos, até mesmo aqueles rotuladas de "católicos" (ou "gerais", ou "universais") foram endereçados a cristãos de toda parte (ainda que alguns deles possam facilmente servir a todos os cristãos). Na verdade, somente algumas das cartas do NT são endereçadas a comunidades numa cidade ou cidades específicas; as outras, porém, podem ter em mente cristãos com uma herança particular, como os cristãos joaninos (1; 2 e 3 João), os cristãos paulinos (Efésios) ou os cristãos com forte ligação com o judaísmo (Tiago, Judas). Para as obras que, segundo minha opinião, são claramente "cartas", usarei esse título. Ao tratar 1 João, Efésios, Hebreus, Tiago, Judas e 2 Pedro, utilizarei tanto "carta" quanto "epístola" no título do respectivo capítulo, inserindo em primeiro lugar a designação que faz mais justiça à obra — supondo que alguém queira aplicar (com modificações) os padrões de Deissmann.

Cartas podiam ser escritas de diversas maneiras. Às vezes o próprio remetente escrevia, outras vezes ditava. Nesse caso, cada sílaba podia ser copiada por um secretário,[4] e um revisor corrigiria possíveis erro, ou, depois que o remetente indicasse apenas as linhas gerais da mensagem, maior autoridade para a formulação podia ser concedida a um escriba, que era quase um co-autor, criando a forma final da carta. No que respeita a Paulo, ele pode ter escrito uma carta breve, como

---

[4] A estenografia latina já era usada nesse tempo, e muito provavelmente também a grega. Um secretário profissional registraria taquigraficamente o ditado com um estilete numa tabuinha revestida de cera e, a seguir, transcrevia por extenso sobre folhas de papiros com cerca de 23 centímetros de largura. Para isso, usava normalmente uma pena feita de junco e tinta preta (à base de fuligem de chaminé). Se uma carta importante fosse enviada, o secretário escrevia e guardava uma cópia. Murphy-O'Connor, *Paul the Letter-Writer*, é muito útil para as informações técnicas.

Filêmon, inteiramente de próprio punho (Fm 19). Referências a linhas escritas por Paulo numa carta mais extensa (1Cor 16,21; Gl 6,11; 2Ts 3,17; Cl 4,18), porém, sugerem que o restante da carta saiu da pena de outro escritor; explicitamente, Rm 16,22 registra saudações de "Tércio, quem escreveu esta carta". (Cf. também 1Pd 5,12: Pedro escreve "por meio de Silvano"). Todavia, em tudo isso, não sabemos quão literalmente Paulo teria ditado o texto aos escribas (nem se ele trabalhava com secretários ou co-autores). Ele pode ter ditado com exatidão algumas cartas e pode ter concedido certa liberdade em outras, por exemplo, em Colossenses, que tem um estilo bem diferente das cartas protopaulinas.[5]

As cartas do NT, de modo especial as paulinas, destinavam-se à leitura em voz alta, com o fito de convencer. Conseqüentemente, tal como discursos, elas podem ser consideradas retóricas, no que diz respeito à autoridade do escritor, à qualidade do escrito e ao efeito desejado sobre o público. De modo particular, a crítica retórica (cf. p. 83) daria atenção ao modo segundo o qual o material foi escolhido e estruturado numa carta e ao modo pelo qual foi expresso (seja quanto ao vocabulário, seja quanto à organização), de forma que seria facilmente compreendida e relembrada.

Aristóteles (*Ars rhetorica* 1.3; §1358b) distinguia três modos de argumentação em retórica; recentemente, estudiosos têm procurado aplicá-los às cartas do NT:[6] 1. Argumentação judicial ou forense, tal como encontrada nos tribunais. Às vezes, por exemplo, Paulo está consciente de acusações feitas contra ele por aqueles que se opunham à sua política em relação à circuncisão e à lei mosaica; procura, então, defender seu ministério e o que fez no passado. 2. Argumentação deliberativa ou exortativa (parenética), tal como se encontra nas assembléias públicas ou políticas que discutem o que é conveniente para o futuro. Procura-se convencer o povo a tomar decisões práticas e a realizar tarefas. Ao escrever para os coríntos, Paulo assevera que, se sua carta não for recebida, irá e falará pessoalmente (2Cor 13,1-5). 3. Argumentação demonstrativa ou epidíctica, como os discursos feitos

---

[5] Muitos estudiosos, porém, consideram Colossenses deuteropaulina (ou seja, escrita por um discípulo de Paulo), pois tanto o estilo como o conteúdo diferem das cartas protopaulinas.

[6] Emboras as cartas tenham aspectos retóricos, elas não faziam parte originalmente de sistemas teóricos de retórica. Aos poucos somente é que foram penetrando nos manuais de retórica, por exemplo, no estudo de Julius Victor, no século IV d.C. De fato, Pseudo-Libânio (séculos IV-VI d.C.) lista 41 tipos de carta. Malherbe, *Ancient Epistolary Theorists*, pp. 2-14, é muito útil para esse contexto histórico.

em celebrações públicas. Destinam-se a agradar ou inspirar as pessoas, reafirmando crenças e valores comuns e angariando o apoio para as empreitadas do momento. Paulo muitas vezes escreve para encorajar seus convertidos, louvando-lhes a fé e a observância. À guisa de aplicação, C. B. Puskas Jr. (*The Letters of Paul*; an introduction [As cartas de Paulo; uma introdução], Collegeville, Liturgical, 1993, pp. 37-38, 59-61, 76-77) classifica Gálatas, 1 Coríntos e Romanos como retóricas judicial, deliberativa e demonstrativa, respectivamente, e oferece paralelos greco-romanos para cada uma.

Contudo, aconselha-se prudência nas tentativas de detectar modelos retóricos sofisticados. Não há nenhum modo de saber se Paulo conhecia análises clássicas ou retóricas e/ou se as seguia conscientemente.[7] As diferentes formas de argumentação podem ter sido simplesmente respostas inconscientes ao que devia ser feito. Ou, de fato, certos traços podem refletir padrões veterotestamentários; por exemplo, a atmosfera argumentativa ou exortativa (semelhante à retórica forense e deliberativa) em algumas passagens dos escritos de Paulo podem ser influenciadas pela *rîb* ou *rîv* (um litígio contratual no qual Deus leva seu povo ao tribunal: Is 3,13-15; Mq 6,1ss), e não (apenas) pela retórica greco-romana. O reconhecimento de exagerações emotivas, de arroubos de eloqüência, de argumentação bem ordenada etc. é significativo para a determinação daquilo que realmente é dito. Tal reconhecimento, porém, pode ser obtido sem o conhecimento das regras formais da retórica antiga. Assim, nem sempre fica claro até que ponto as discussões a respeito da classificação retórica exata são importantes para a interpretação.

B. Formato

O mundo helênico deixou-nos muitas cartas gregas e latinas de alta qualidade literária, bem como fragmentos de papiros de milhares de cartas do Egito que tratam das preocupações com a vida cotidiana (negócios, assuntos legais, amizade e família). As cartas tendem a seguir um formato fixo, e quem desconhece tal formato pode interpretar muito mal uma carta. (Por exemplo, numa carta

---

[7] E. A. Judge (*Australian Biblical Review* 16,37-50, 1968) oferece uma cuidadosa discussão a respeito de quanto se pode diagnosticar acerca do conhecimento retórico de Paulo com base em sua educação (seja em Tarso, seja em Jerusalém) e em suas cartas.

moderna em português, pode-se tirar uma falsa conclusão acerca do relacionamento entre o escritor e o destinatário se se atribui a "Prezado", na abertura, seu valor normal, e não se compreende que se trata de algo estereotipado numa carta.) Conseqüentemente, a influência do formato padronizado nas cartas do NT é um importante fator de interpretação.

No que se segue, concentrar-me-ei em um formato mais ou menos padrão, detectável na maioria das cartas (ou epístolas) do NT. De modo geral, distinguem-se quatro partes: 1. fórmula introdutória; 2. ação de graças; 3. corpo ou mensagem; 4. fórmula conclusiva. Naturalmente, a distinção habitual das partes não significa que os escritores dividiram necessariamente assim seus pensamentos. Tendo sido, porém, modelados pelas convenções de seu tempo, normalmente seguiram essa progressão.

1. Fórmula introdutória (Praescriptio)[8]

A fórmula introdutória das cartas greco-romanas consistia de três elementos básicos (remetente, destinatário, saudação), embora às vezes outro elemento pudesse expandir a saudação, como uma recordação (*mnēmoneuein*) ao destinatário ou desejo de boa saúde ao destinatário e informação sobre a própria (boa) saúde do escritor. Examinemos, agora, detalhadamente cada um desses três ou quatro elementos componentes tal como aparecem nas primeiras cartas cristãs.

Remetente (Superscriptio). Este envolve o nome do autor,[9] por vezes ulteriormente identificado com um título a fim de estabelecer sua autoridade. Embora em 1 e 2 Tessalonicenses encontremos simplesmente "Paulo", nove vezes ele se identifica como "apóstolo de/por meio de Cristo Jesus", duas vezes como "servo de Cristo Jesus" e, em Tito, também como "servo de Deus".[10] 2 e 3 João são

---

[8] Ocasionalmente se encontra o termo "endereço" para essa parte da carta, mas é mais sábio conservar tal designação para o que era escrito na *parte externa* do papiro dobrado (no interior do qual estava escrita a carta), ou seja, o equivalente ao nosso endereço em um envelope.

[9] Por causa do já mencionado costume de fazer uso de escribas, o remetente ou autor pode não ter sido o autor físico. No texto, porém, usarei os termos de forma intercambiável.

[10] Entre as cartas/epístolas católicas, "apóstolo" aparece em 1 e 2 Pedro, enquanto "servo" aparece em 2 Pedro, Tiago e Judas — este também fala como "irmão de Tiago". Nas cartas de Inácio de Antioquia encontramos: "Inácio, também chamado Teóforo [portador de Deus]".

anômalas no uso do título ("o ancião") para o remetente, sem a inclusão do nome. Oito das treze cartas paulinas designam co-remetentes em várias combinações: Timóteo (em seis), Silvano (em duas), Sóstenes (em uma). Relacionamentos especiais com as comunidades destinatárias não explicam adequadamente a inclusão desses nomes; de uma forma ou de outra, os co-remetentes contribuíram para a composição desses escritos (J. Murphy-O'Cornor, *Paul the Letter-Writer* [Paulo, o escritor de cartas], Collegeville, Liturgical, 1995, pp. 16-34).

Destinatário (Adscriptio). A fórmula mais simples é um nome pessoal, mas em algumas cartas neotestamentárias e subapostólicas escritas a indivíduos, inclui-se uma identificação adicional (por ex., "a Policarpo, bispo") e/ou uma expressão de afeto (p. ex., "ao caríssimo Gaio", em 3 João). Os destinatários na maioria das cartas neotestamentárias e subapostólicas são comunidades em regiões determinadas. Em cinco cartas paulinas (1 e 2 Tessalonicenses, 1 e 2 Coríntios, Gálatas), os destinatários são identificados como "Igreja"; em quatro (Filipenses, Romanos, Colossenses, Efésios), como "santos" — note-se que as comunidades de Colossas e de Roma não foram fundadas por Paulo. A destinatária de 2 João, "a Senhora eleita", provavelmente é uma designação simbólica para uma Igreja, mas a carta é atípica ao não indicar onde se encontra tal comunidade.

Saudação (Salutatio). De quando em vez é omitida. Cartas judaicas do período tendem a substituir "saudações" (grego *chairein* = latim *ave*, "salve") por "paz" (grego *eirēnē*, refletindo o hebraico *shālôm*) e a ser mais extensas na descrição das pessoas envolvidas; por exemplo, "Baruc, filho de Nerias, aos irmãos levados em cativeiro, misericórdia e paz" (*II Baruc* 78,2). Alguns exemplos do NT trazem regularmente *chairein*, como Tg 1,1: "[...] às doze tribos da Dispersão: saudações".[11] Contudo, nem o termo judaico "paz" nem o grego "saudações", usados isoladamente, são típicos das cartas do NT, pois estas empregam uma combinação de dois ou três termos como "graça, paz, misericórdia, amor", indicados como provindo de Deus Pai (e de Jesus Cristo) — assim em quase todas as cartas paulinas.[12] Em 2João temos "a graça, a misericórdia e a paz", mas de

---

[11] Também At 15,23 e um exemplo secular em At 23,26.

[12] A saudação favorita de Paulo — "graça" (*charis*) e "paz" (*eirēnē*, provavelmente indicando salvação) — é muitas vezes considerada a combinação de um substantivo que se assemelha ao *chairein* greco-romano com o judaico "paz".

forma inédita, como a afirmação de um fato cristão existente, e não como um fato. 3 João não tem nenhum dos termos, faltando qualquer saudação.

Recordação ou desejo de saúde. Nas cartas pessoais greco-romanas, ainda na fórmula introdutória, a saudação era muitas vezes expandida por uma lembrança ou por um desejo de saúde em que o remetente rezava pela saúde do destinatário e informava-lhe a respeito da saúde do remetente. Um exemplo de fórmula introdutória com esse quarto elemento é: "Serapião, a seus irmãos Ptolomeu e Apolônio, saudações. Se vocês estiverem bem, ótimo; estou bem".[13] Em 1 Tessalonicenses, esta lembrança faz parte da ação de graças, em vez da fórmula introdutória: depois de "damos graças", em 1Ts 1,2, a carta continua em 1Ts 1,3: "É que *recordamos* sem cessar, aos olhos de Deus, nosso Pai, a atividade de nossa fé". 3 João oferece o melhor e único exemplo claro de desejo inicial de saúde numa carta do NT: "Caríssimo, desejo [...] que tua saúde corporal seja tão boa como a da tua alma". Ainda que faltem as recordações e os desejos de saúde, a maioria das cartas do NT expande um ou outro elemento na "fórmula introdutória, anexando o *alto status* ou privilégio dos cristãos. Romanos, Tito e 2 Timóteo dilatam a designação do remetente da seguinte forma: "Paulo, [...] escolhido para anunciar o evangelho de Deus [...]". 1 Coríntios e 1 e 2 Pedro espargem a descrição do destinatário: "Aos estrangeiros da Dispersão [...] eleitos segundo a presciência de Deus Pai, pela santificação do Espírito [...]" (1Pd 1,1-2). Gálatas expande a saudação: "Graça e paz a nós da parte de Deus nosso Pai e do Senhor Jesus Cristo, que se entregou a si mesmo pelos nossos pecados [...]".

2. Ação de graças

Nas cartas helenistas, a fórmula introdutória é muitas vezes seguida por uma declaração na qual o remetente agradece (*eucharistein*) aos deuses por motivos específicos, como libertação de uma calamidade. 2Mc 1,11 oferece um bom exemplo judaico: "De graves perigos por Deus libertados, nós lhe rendemos grandes ações de graças como a quem combateu ao nosso lado contra o rei". Às vezes

---

[13] Papiro Paris 43, de 154 a.C., citado em Doty, W. G. *Letters in primitive christianity*. Philadelphia, Fortress, 1973. p. 13. Quando a carta devia ser interpretada por um mensageiro, outra forma de saudação podia ser uma declaração que estabelecia a credibilidade e as credenciais daquele, esclarecendo seu relacionamento com o remetente.

há uma oração a fim de que tal cuidado tenha continuidade. Um modelo diferente aparece na ação de graças paulina (ausente em Gálatas e Tito).[14] O texto introdutório é geralmente: "Eu/nós dou/damos graças a [meu] Deus porque...". A razão específica da gratidão não é a libertação de um desastre, mas a fidelidade do grupo destinatário, e a súplica é direcionada à continuação de tal fidelidade. Às vezes, alguns dos temas do corpo da carta são brevemente antecipados na ação de graças. Destarte, podem aparecer nessa seção admoestações ou um tom (estímulo) parenético específico.[15] Em 2 e 3 João não existe nenhuma expressão de agradecimento depois da fórmula introdutória, embora as expressões joaninas de alegria se prestem bastante para a função de ação de graças, como um elogio que predispõe de forma benevolente os leitores a acolher a mensagem (no corpo da carta), que pode conter um pedido ou até mesmo uma advertência.

3. Corpo ou mensagem

O corpo de uma carta é definido, às vezes, como aquilo que vem entre a fórmula introdutória (+ ação de graças) e a fórmula conclusiva. Esse conceito reflete dois fatores: primeiro, o Corpo, até recentemente, foi o elemento epistolar menos estudado do ponto de vista da forma; segundo, acredita-se que o corpo tenha forma pouco estabelecida.[16] De maneira crescente, porém, graças a estudiosos como Funk, Mullins e White, têm-se reconhecido no corpo discretas seções com características formais definidas, especialmente nas sentenças transicionais

---

[14] É preciso falar de modo geral, pois a ação de graças paulina não é tão nitidamente regular quanto a fórmula introdutória. Pode percorrer algumas linhas ou mais de 50% da carta (1 Tessalonicenses). Na ação de graças de 2Cor 1,3-11, uma bênção expandida (2Cor 1,3-10) precede a expressão de agradecimento (2 Cor 1,11); da mesma forma, na ação de graças de Ef 1,3-23, uma doxologia (Ef 1,3-14) antecede o agradecimento (Ef 1,15-23). Alguns defendem que a ação de graças de Gálatas foi substituída pela expressão de surpresa em Gl 1,6ss, um traço epistolar em cartas de reprovação mordaz.

[15] Sugeriu-se que Paulo começou sua pregação oral com uma ação de graças a Deus e que tal prática deixou marca no uso da ação de graças nas cartas. A prática de Paulo pode também refletir um pano de fundo da vida litúrgica judaica com suas bênçãos de Deus. Para melhor saber até que ponto a ação de graças de Paulo realmente corresponde ao estilo epistolar, cf. o debate entre P. Arzt (NovT 36, 29-46, 1994) e J. T. Reed (JSNTT 61, 87-99, 1996).

[16] Muitos falam de duas partes do corpo das cartas paulinas: primeiro, uma exposição doutrinal (o indicativo paulino) e, a seguir, uma exortação ética, parenética (o imperativo paulino). Por mais válida que seja, essa análise está baseada mais no conteúdo do que na forma, e ignora os elementos estereotipados da abertura e da conclusão do corpo.

no início (abertura do corpo) e no fim (conclusão do corpo). De permeio, acha-se o meio do corpo (na falta de um termo melhor), que é mais difícil de analisar pela ótica formal. As cartas greco-romanas oferecem uma ajuda limitada no estudo das características formais do corpo da maioria das cartas do NT, porque o Corpo das cartas neotestamentárias, especialmente as de Paulo e 1 e 2 Pedro, é consideravelmente mais longo do que o das cartas comuns. Já 2 e 3 João, com sua brevidade determinada pela extensão de uma folha de papiro, estão mais próximas das convenções ordinárias.

Abertura do corpo. Como esse elemento introduz o motivo que provocou a carta, taticamente tende a proceder com base em uma leve alusão ao que é comum no relacionamento entre o escritor e seu destinatário. Assim, existe uma faixa bastante estreita de sentenças de abertura no corpo das cartas seculares: "Desejo que saibais..."; "Não penseis que..."; "Por favor, [não]..."; "Senti muito [ou fiquei surpreso, alegrei-me] quando soube que vós..."; "Eu/vos escrevi/escrevestes anteriormente sobre..."; "Apelo a vós...".

Fórmulas equivalentes são encontradas na abertura do corpo das cartas paulinas. Geralmente elas envolvem uma expressão inaugural de alegria, mormente sobre as notícias sobre o bem-estar dos destinatários. Em Fl 1,4, é mencionada a alegria em rezar pelos destinatários; em 2Tm 1,4, o remetente deseja ardentemente ver o destinatário, a fim de poder encher-se de alegria; em Fm 7, a alegria já foi experimentada pelo remetente por causa da caridade do destinatário. Em Tg 1,2-3, o autor pede aos destinatários que considerem as vicissitudes como motivo de alegria, pois a provação produz perseverança. Em 2Jo 4 e em 3Jo 3-4, o ancião expressa alegria pela condição abençoada dos destinatários (caminham na verdade) — um assunto que aparece na ação de graças das cartas paulinas.[17]

Outro traço da abertura do corpo, transicional para a mensagem principal, é um pedido ou uma solicitação. Mullins nota que esse elemento aparece normalmente perto do início do corpo da carta e tem propriedades fixas: a) Oferece-se normalmente um contexto como prelúdio para o pedido, muitas vezes manifestan-

---

[17] Cf. também Policarpo, *Filipenses* 1,1-2. Talvez devêssemos falar de um estágio no formato das cartas cristãs no qual o estado de bênção dos destinatários era reconhecido pelo uso seja de *eucharistein*, "dar graças", seja de *cHairein*, "alegrar-se".

do alegria pela condição do destinatário. b) A solicitação, em si, é expressa em um a quatro verbos rogatórios. c) Escreve-se ao destinatário diretamente no vocativo. d) Há uma expressão de cortesia. e) Descreve-se a ação desejada.

Conclusão do corpo. O outro segmento do corpo de uma carta greco-romana que tem características previsíveis é a conclusão, na qual o escritor solidifica ou recapitula o que foi escrito no corpo, criando uma ponte para correspondência ou comunicação ulterior. Tanto cartas em papiro, como nas paulinas, os traços dessa parte incluem: a) declaração da razão de a carta ter sido escrita — a motivação; b) indicação de como os destinatários deveriam respondê-la — com uma nota sobre a responsabilidade (nos papiros, freqüentemente), ou uma expressão de confiança (em Paulo, muitas vezes); c) proposta de contato futuro por meio de uma visita, de um emissário ou da continuação da correspondência. Esse último elemento tem função escatológica em Paulo, pois, por meio dele, a autoridade apostólica, julgando ou consolando, far-se-á presente aos destinatários. (Pode-se usar a linguagem da escatologia, pois, na visão de Paulo, a autoridade apostólica reflete a autoridade julgadora de Deus ou de Cristo.) Os aspectos da "parusia apostólica", como Funk a denominou, envolvem a esperança de ter condições de fazer uma visita (concedida a possibilidade de ser retardada por um impedimento) e a referência a benefícios e alegria mútuos que dela resultarão.

Algumas poucas fórmulas paulinas ilustram claramente tais indícios: "Pessoalmente estou convicto, irmãos, de que estais cheios de bondade [...]. Contudo, vos escrevi, e em parte com certa ousadia, mais no sentido de avivar a vossa memória [...]. Assim, se Deus quiser, poderei visitar-vos na alegria e repousar junto de vós" (Rm 15,14.15.32). "Eu te escrevo certo de tua obediência e sabendo que farás ainda mais do que te peço. Ao mesmo tempo, prepara-me também um alojamento, porque, graças às vossas orações, espero que vos serei restituído" (Fm 21-22). Os estudiosos tratam a promessa de uma visita como parte da conclusão do corpo, mas em Paulo, normalmente, tal promessa não é propriamente o último elemento do corpo (antes da fórmula conclusiva), mas vem um pouco antes. Nas cartas a comunidades em que existe contenda, a promessa de uma visita apostólica pode ser seguida de alguma parênese ou exortação. Por exemplo: "Irei ter convosco depois de passar pela Macedônia [...]. Vigiai, permanecei firmes na fé, sede corajosos, sede fortes!" (1Cor 16,5.13); e: "Eu vos escrevo estas coisas, estando ausente, para que, quando aí chegar, não tenha de recorrer à severidade, conforme o poder [...]. Permanecei em concórdia, vivei em paz [...]" (2Cor 13,10-11). Conclusões de corpos são encontradas em 2Jo 12 e 3Jo 13-14, em que o ancião promete uma visita pessoal. Em 2 João, o objetivo da visita é "para que a nossa alegria seja perfeita"; em 3 João, existem duas referências a uma visita: no v. 10, o ancião acusa Diótrefes; no v. 14, ele anseia por falar com Gaio face a face.

4. Fórmula conclusiva

Duas expressões convencionais marcam o fim de uma carta greco-romana, a saber, um desejo de boa saúde[18] e uma palavra de despedida (*errōso*). Um exemplo de quão breve isso pode ser vem das duas últimas linhas do Papiro Oxirinco 746: "Quanto ao mais, cuide-se, a fim de que permaneça em boa saúde. Adeus" (Doty, *Letters in primitive christianity* [Cartas no cristianismo primitivo], cit., pp. 10-11). No período romano, uma expressão de saudação (*aspazesthai*) tornou-se costumeira como um terceiro elemento. Nessa parte do formato de carta, as cartas paulinas não seguem as convenções normais, pois Paulo jamais conclui com um desejo de saúde ou com *errōso*. O que ele traz realmente são saudações (*aspazesthai*) da parte de colaboradores que se encontram com ele, endereçadas a pessoas a quem ele conhece na comunidade destinatária. Por exemplo: "Saudai a todos os santos em Cristo Jesus. Os irmãos que estão comigo vos saúdam. Todos os santos vos saúdam, especialmente os da casa do Imperador" (Fl 4,21-22); "Todos os que estão comigo te saúdam. Saúda a todos os que nos amam na fé" (Tt 3,15). Tanto 2 quanto 3 João enviam saudações ao destinatário da parte da comunidade de onde a carta originou-se, e 3 João deseja que os destinatários queridos sejam saudados "nominalmente". (Isso assemelha-se ao costume paulino de listar os nomes daqueles que devem ser cumprimentados.)

Além das saudações, a fórmula conclusiva de Paulo contém, às vezes, uma doxologia a Deus (Rm 16,25-27; Fl 4,20) e uma bênção aos receptores. Em oito cartas paulinas, a bênção é uma leve variante desta forma geral: "A graça de nosso Senhor Jesus Cristo esteja com todos vós!";[19] cinco cartas, porém, têm uma forma mais breve: "A graça esteja convosco!" Essas características são encontra-

---

[18] Este, às vezes, duplica um augúrio de boa saúde, presente anteriormente na carta (ação de graças).
[19] Expandida pelo "amor de Deus e a comunhão do Espírito Santo" em 2Cor 13,13(14).

das igualmente nas fórmulas conclusivas de outras cartas do NT. Hebreus e 1 Pedro trazem saudações, ou uma bênção, enquanto uma doxologia acha-se em Hebreus, 1 e 2 Pedro e Judas.[20] 3 João e 1 Pedro trazem "paz", em lugar de "graça", e as combinações de "paz" e "graça" em Ef 6,23-24 e de "paz" e "misericórdia" em Gl 6,16 confirmam que "paz" era uma bênção alternativa nas fórmulas conclusivas das cartas cristãs.

Em quatro cartas paulinas (1 Tessalonicenses, 1 e 2 Coríntios, Romanos) e em 1 Pedro, a saudação deve ser feita com "um ósculo santo".[21] Emboras beijos fossem comuns entre os membros da família, havia certa reserva quanto a beijos públicos na sociedade greco-romana. Na maioria das vezes, são descritos em cenas de reconciliação ou no encontro de parentes, após uma separação. Durante seu ministério, Jesus e seus discípulos não trocam beijos, mas o uso que Judas faz do beijo no Getsêmani, num contexto em que ele não queria alarmar Jesus, pode significar que era uma saudação normal no grupo e, certamente, o beijo como cumprimento está atestado na Bíblia (Gn 33,4; 2Sm 20,9 e Lc 15,20). Evidentemente, a comunidade cristã adotara o beijo como sinal de amizade; era santo porque era trocado entre os santos.

Conforme assinalado, por vezes Paulo tem o cuidado de incluir uma linha na qual declara que está escrevendo de próprio punho. Ao menos nas quatro cartas mais longas, nas quais ele age assim (1 Coríntios, Gálatas, 2 Tessalonicenses, Colossenses), além de sugerir que o resto do texto foi materialmente escrito por outra pena, tais linhas podem dar a entender que Paulo tenha inspecionado o todo, de modo que a missiva podia justificadamente ser enviada em seu nome.

C. Como se estudarão individualmente as cartas

As sete cartas chamadas "católicas" (ou "gerais", ou "universais") serão divididas neste estudo. As três cartas joaninas foram tratadas nos capítulos 12 a 14, após o capítulo sobre o evangelho segundo João. As outras quatro cartas serão tratadas nos capítulos 33 a 36 na seguinte ordem: 1 Pedro, Tiago, Judas, 2 Pedro.

---

[20] Saudações (*aspazesthai*) são comuns nas cartas de Inácio de Antioquia; uma bênção aparece em *I Clemente* e em Inácio, *A Policarpo*; uma doxologia aparece em *I e II Clemente*.

[21] KLASSEN, W. The sacred kiss in the New Testament. NTS 39, 122-135, 1993.

As treze cartas/epístolas que trazem o nome de Paulo serão examinadas numa combinação de ordem tópica e cronológica, tanto quanto essa última possa ser determinada. Os capítulos 18 a 24 abrangem o grupo protopaulino (ou seja, das cartas escritas por Paulo, com certeza) na seguinte ordem: 1 Tessalonicenses, Gálatas, Filipenses, Filêmon, 1 e 2 Coríntios e Romanos.[22] Depois do capítulo acerca da pseudonímia e dos escritos deuteropaulinos, os capítulos 26 a 31 cobrem o grupo deuteropaulino (talvez ou provavelmente não escritas pelo próprio Paulo) na seguinte ordem: 2 Tessalonicenses, Colossenses, Efésios, Tito, 1 Timóteo e 2 Timóteo. No capítulo 32, discute-se Hebreus, que não é de Paulo, mas tem sido muitas vezes considerada paulina.

O tratamento geral começará com uma subseção sobre o Contexto, em que se narrará brevemente a história anterior do trato de Paulo com a comunidade destinatária (ou quanto sabemos sobre Pedro, Tiago e Judas na ocasião das cartas católicas). A seguir, a Análise geral da mensagem resumirá os pontos principais da carta. Visto que as cartas variam enormemente em relação tanto ao conteúdo quanto ao tom, a Análise terá abordagem diferenciada.[23] O número e os tópicos das subseções subseqüentes (autoria, datação, unidade, tópicos especiais etc.) serão determinados pelo caráter de cada carta. Na maioria das vezes, essas cartas eram direcionadas às necessidades e problemas de comunidades cristãs particulares no século I. Por conseguinte, a subseção Temas e problemas para reflexão é especialmente importante para as cartas do NT, pois é nela que se discutirá a importância da carta para a vida de hoje. Amiúde apresentarei diversas opiniões sobre um dado problema para que os leitores possam tomar suas próprias decisões, e a Bibliografia pode ser útil nessa empreitada.

---

[22] Não sabemos quando foram escritas Filipenses e Filêmon (em algum tempo entre 54 e 62), mas são convenientemente examinadas em conjunto porque Paulo as compôs na prisão. Não sabemos quando Gálatas foi escrita — talvez não antes de 54; com um tom diferente, trata de alguns dos problemas mais sistematicamente abordados depois, em Romanos (cerca de 58).

[23] A Análise geral da mensagem dos evangelhos e de Atos, nos capítulos 7 a 11, consistiu num minicomentário que procurava salientar as características e a teologia da respectiva obra, por meio de uma rápida leitura do texto. Mas aquelas obras neotestamentárias eram narrativas contínuas; as cartas não o são e, portanto, exigem tratamento diferente.

Bibliografia

DOTY, W. G. *Letters in primitive christianity*. Philadelphia, Fortress, 1973.

FIZTMYER, J. A. Aramaic epistolography. In: WHITE, J. L. (ed.). *Studies in ancient letter writing*. Chico, CA, Scholars, 1982. pp. 22-57. (*Semeia*, 22.)

FUNK, R. W. The apostolic parousia: form and significance. In: FARMER, W. R. et al. (eds.). *Christian history and interpretation*; studies presented to John Knox. Cambridge, Cambridge Univ., 1967. pp. 249-268.

KIM, Chan-Hie. *Form and structure of the familiar Greek letter of recommendation*. Missoula, MT, Scholars, 1972. (SBLDS, 4.)

MALHERBE, A. J. *Moral exhortation*; a Greco-Roman source book. Philadelphia, Westminster, 1986.

_____. *Ancient epistolary theorists*. Atlanta, Scholars, 1988. (SBLRBS, 19.)

MULLINS, T. Y. Petition as a literary form. NovT 5, 46-54, 1962.

_____. Disclosure: a literary form in the New Testament. NovT 7, 44-50, 1964.

_____. Greeting as New Testament form. JBL 87, 418-426, 1968.

_____. Formulas in New Testament epistles. JBL 91, 380-390, 1972.

_____. Visit talk in New Testament letters. CBQ 35, 350-358, 1973.

MURPHY-O'CONNOR, J. *Paul the Letter-Writer*. Collegeville, Liturgical, 1995. (GNS, 41.) Muito informativo.

O'BRIEN, P. T. *Introductory thanksgiving in the letters of Paul*. Leiden, Brill, 1977. (NovTSup, 49.)

PUSKAS JR., C. B. *The letters of Paul*; an introduction. Collegeville, Liturgical, 1993.

RICHARDS, E. R. *The secretary in the letters of Paul*. Tübingen, Mohr-Siebeck, 1991. (WUNT, 2/42.)

SANDERS, J. T. The transition from opening epistolary thanksgiving to a body in the letters of the Pauline corpus. JBL 81, 348-35, 1962.

SCHUBERT, P. *Form and function of the Pauline thanksgiving*. Berlin, Töpelmann, 1939. (BZNW, 20.)

STIREWALT JR., M. L. The form and function of the Greek letter essay. TRD 147-171.

THOMSON, I. H. *Chiasmus in the Pauline letters*. Sheffield, Academic, 1995. (JSNTSup, 111.)

WEIMA, J. A. D. *Neglected endings*; the significance of the Pauline letter closings. Sheffield, JSOT, 1994. (JSNTSup, 101.)

_____. Rhetorical criticism of the Pauline epistles since 1975. CRBS 3, 219-248, 1995.

WHITE, J. L. *The body of the Greek letter*. Missoula, MT, Scholars, 1972. (SBLDS, 2.)

_____. *Light from ancient letters*. Philadelphia, Fortress, 1986. Textos comparativos de cartas para o estudo das cartas do NT.

_____. New Testament epistolary literature in the framework of ancient epistolography. ANRW II/25.2, 1730-1756.

Capítulo 16

Temas gerais da vida e do pensamento de Paulo

Depois de Jesus, Paulo é a figura mais influente na história do cristianismo. Embora todos os escritores do NT elaborem as implicações de Jesus para comunidades particulares de crentes, Paulo é quem o faz na mais ampla escala em suas numerosas cartas. O alcance, a profundidade de seu pensamento e a paixão de seu envolvimento não permitem que nenhum cristão fique indiferente ante aquilo que ele escreveu, desde que suas cartas tornaram-se parte do NT. Quer conheçam bem as obras de Paulo, quer não, por meio daquilo que lhes foi ensinado sobre a doutrina e a piedade, todos os cristãos tornaram-se filhos de Paulo, na fé. Um capítulo geral, dedicado ao que sabemos sobre a vida de Paulo e a alguns pontos importantes de seu pensamento, é parte essencial, portanto, de uma *Introdução ao NT*.

A. A vida de Paulo

Há duas fontes para sua vida: detalhes biográficos em suas próprias cartas e relatos de sua carreira em Atos (começando em At 7,58). Existem três opiniões de como relacionar essas fontes: a) Confiança total em Atos. As vidas tradicionais de Paulo são fortemente guiadas por Atos, encaixando e adaptando informações das cartas num esquema tirado de Atos. b) Grande desconfiança de Atos. Como reação e como parte do ceticismo acerca do valor histórico de Atos, o que este livro conta sobre Paulo tem sido questionado. Com efeito, alguns estudiosos têm reconstruído a carreira de Paulo deixando inteira ou amplamente de lado as informações de Atos, ou corrigindo-as de forma drástica, elevando a contradições as diferenças entre Atos e as cartas (p. ex., Becker, Knox, Jewett, Lüdemann). c) Uma posição intermediária usa as cartas de Paulo como fonte primária e suplementa-as cautelosamente com Atos,[1] sem apressar-se em declarar contraditórias as diferenças aparentes. As possibilidades dessa terceira postura serão apresentadas aqui, e os leitores devem revisar a discussão sobre Atos no capítulo 10, especialmente a respeito da possibilidade de um companheiro de Paulo ser o autor (*pp. 444-450*).

Não há dúvida de que Atos apresenta uma interpretação teológica de Paulo, adaptando seu papel a fim de corresponder a uma visão geral do cristianismo espalhado "até os confins da terra" (At 1,8). Ademais, o autor pode ter tido uma visão apenas esquemática de partes da carreira de Paulo, de modo que encaixou e compactou acontecimentos complexos. Contudo, existe demasiada correspondência entre Atos e as observações autobiográficas nas epístolas de Paulo para que se possam descartar as informações de Atos: o autor conhecia grande número de fatos sobre Paulo. Para apreciar esse ponto, cf. quadro 5, nas *pp. 568-569*.[2] Façamos uma revisão do que pode ser reconstruído da vida de Paulo com base em um uso crítico das duas fontes.

Nascimento e educação

Paulo nasceu provavelmente por volta de 5-10 d.C., durante o reinado do imperador Augusto. Ele é descrito em At 7,58 como um jovem, na ocasião do apedrejamento de Estêvão, e em Fm 9 (escrito depois de 55 d.C.) como um "velho".[3] Nesse período, muitos judeus, especialmente na diáspora (ou seja, fora da Palestina), tinham dois nomes: um grego ou romano e outro semítico. "Paulo" (Paulus) era um nome romano de família bem conhecido. Uma vez que o apóstolo identifica-se como da tribo de Benjamim (Rm 11,1; Fl 3,5), não há motivo para duvidar de Atos de que seu nome judeu era "Saulo"[4] (chamado assim por causa do primeiro rei de Israel, um benjaminita [Saul]).

---

[1] Um princípio formulado por Knox, *Chapters* 32, conquistou ampla aceitação: "Podemos, com os devidos cuidados, usar Atos para completar os dados autobiográficos das cartas, mas nunca para corrigi-las" — um princípio válido desde que admitamos que a autobiografia, às vezes (mesmo inconscientemente), tende a seguir a visão do escritor.

[2] Foi composto por J. A. Fitzmyer e está reproduzido aqui com sua benévola permissão e a da editora Prentice-Hall, de NJBC, p. 1331. Ele se serviu de T. H. Campbell, Paul's "missionary journeys" as reflected in his letters, JBL 74, 80-87, 1955.

[3] Limite de idade estabelecido entre 50 e 60 anos; trata-se de uma leitura discutida.

[4] Um judeu com nomes judeus/gentios que soavam de forma semelhante, como Saulo/Paulo, não era raro por esse tempo; por exemplo, Silas/Silvano.

Paulo nunca nos diz onde nasceu, mas a informação em Atos de que ele era cidadão de Tarso, a próspera capital da Cilícia (At 22,3; 21,39: "cidade insigne"), é perfeitamente plausível. Tarso tinha uma colônia judaica importante; conforme o testemunho do próprio Paulo, em seus primeiros anos como cristão, ele apressara-se em ir para a Cilícia (Gl 1,21). Em At 16,37-38 e 22,25-29 Paulo é identificado como um cidadão romano de nascimento.[5] Alguns têm opinado que os habitantes de Tarso recebiam tal privilégio, mas a cidadania pode ter chegado a Paulo por sua família, e não por meio do *status* dos judeus em Tarso.

Provavelmente a maioria dos estudiosos sustenta que Paulo foi criado e educado em Tarso. Escreveu em bom grego, possuía as habilidades retóricas helenísticas básicas, citou as Escrituras em grego e conhecia os livros deuterocanônicos compostos ou conservados em grego. Tarso tinha a fama de possuir cultura e escolas excelentes, e, não obstante tais estruturas fossem gentias, um treinamento básico na arte da escrita, retórica e dialética pode ter estado à disposição dos meninos judeus a fim de permitir-lhes trabalhar competitivamente. Talvez ali Paulo tenha aprendido o ofício que At 18,3 define como de fabricante de tendas.[6] Sustentar-se com o próprio trabalho, ainda que um fardo assumido por causa do evangelho, para Paulo era motivo de orgulho em suas viagens missionárias posteriores, porquanto significava que ele não tinha de pedir dinheiro àqueles a quem evangelizava (1Ts 2,9; 1Cor 9,14-15; 2Cor 11,9).[7] Como um profissional, ele estava entre as classes sociais mais baixas, mas um degrau acima de alguém que se tornara cidadão ao ser liberto da escravidão.

Até que ponto a educação na diáspora (redutos de vida judaica fora da Palestina) influenciou Paulo, além das óbvias habilidades da língua e da retórica?

---

[5] Também At 25,6-12, porquanto somente cidadãos romanos podiam apelar para o imperador. P. van Minnen (JSNT 56, 43-52, 1994) defende vigorosamente a historicidade, desenvolvendo argumentação convincente de que Paulo era descendente de um ou mais escravos alforriados, dos quais ele herdou a cidadania.

[6] Esse título não traduz adequadamente a ampla atividade do artesão. Embora, segundo a opinião tradicional, Paulo trabalhasse com pele de cabra na Cilícia, alguns têm observado que uma arte versada em peles envolvia também o trabalho com couro, fabrico de tendas e toldos etc. (cf. Plínio, *Natural History*, 19,23-24). J. Murphy-O'Connor, (*St. Paul's Corinth*; texts and archaeology, GNSG, 1983) defende o último como a ocupação especial de Paulo. Cf. Hock, R. F. *The social context of Paul's ministry*; tentmaking and apostleship. Philadelphia, Fortress, 1980.

[7] Alguns filósofos viviam à custa de famílias ricas que os patrocinavam, para grande desgosto dos cínicos (cf. *p. 158*). Os rabinos também aprendiam ofícios manuais.

QUADRO 5. ATIVIDADES DE PAULO NAS CARTAS E EM ATOS

Cartas paulinas	Atos
Conversão perto de Damasco (implícita em Gl 1,17c) Rumo à Arábia (Gl 1,17b) Retorno a Damasco (1,17c): três anos Fuga de Damasco (2Cor 11,32-33) Rumo a Jerusalém (Gl 1,18-20) "As regiões da Síria e da Cilícia" (Gl 1,21-22) Igrejas evangelizadas antes de Filipos da Macedônia (Fl 4,15) "Em seguida quatorze anos mais tarde, subi novamente a Jerusalém" (para o "Concílio", Gl 2,1) Incidente em Antioquia (Gl 2,11-14) Galácia (1Cor 16,1) evangelizada pela primeira vez (Gl 4,13) Filipos (1Ts 2,2 [= Macedônia, 2Cor 11,9]) Tessalônica (1Ts 2,2; cf. 3,6; Fl 4,15-16) Atenas (1Ts 3,1; cf. 2,17-18) Corinto evangelizada (cf. 1Cor 1,19; 11,7-9) Timóteo chega a Corinto (1Ts 3,6), provavelmente acompanhado por Silvano (1Ts 1,1) Paulo insiste para que Apolo (em Éfeso) vá a Corinto (1Cor 16,12) Norte da Galácia, segunda visita (Gl 4,13) Éfeso (1Cor 16,1-8) Visita de Cloé, Estêvão e outros a Paulo em Éfeso (1Cor 1,11; 16,17), levando carta (7,1). Paulo prisioneiro (? cf. 1Cor 15,32; 2Cor 1,8) Timóteo enviado a Corinto (1Cor 4,17; 16,10) Segunda e "dolorosa" visita de Paulo a Corinto (2Cor 13,2); retorno a Éfeso Tito enviado a Corinto com carta "escrita em lágrimas" (2Cor 2,13)	Damasco (9,1-22) Fuga de Damasco (9,23-25) Rumo a Jerusalém (9,26-29) Cesaréia e Tarso (9,30) Antioquia (11,26a) (Jerusalém [11,29-30; 12,25]) 1ª missão: Antioquia (13,1-4a) Selêucia, Salamina, Chipre (13,4b-12) Sul da Galácia (13,13–14,25) Antioquia (14,26-28) Jerusalém (15,1-12) Antioquia (15,35); 2ª missão Síria e Cilícia (15,41) Sul da Galácia (16,1-5) Frígia e Norte da Galácia (16,6) Mísia e Trôade (16,7-10) Filipos (16,11.40) Anfípolis, Apolônia e Tessalônica (17,1-9) Beréia (17,10-14) Atenas (17,15-34) Em Corinto durante dezoito meses (18,1-18a) Silas e Timóteo chegam da Macedônia (18,5) Paulo deixa Cencréia (18,18b) Deixa Priscila e Áquila em Éfeso (18,19-21) Apolo é enviado para a Acaia por Priscila e Áquila (18,17) Paulo vai à Cesaréia Marítima (18,22a) Paulo vai a Jerusalém (18,22b) Em Antioquia, por algum tempo (18,22c) 3ª missão: Norte da Galácia e Frígia (18,23) Em Éfeso por três anos ou dois anos, três meses (19,1–20,1; cf. 20,31)

QUADRO 5. *Continuação*

Cartas paulinas	Atos
(Planos de Paulo para visitar a Macedônia, Corinto e Jerusalém/Judéia, [1Cor 16,3-8; cf. 2Cor 1,15-16]) Ministério em Trôade (2Cor 2,12) Rumo à Macedônia (2Cor 2,13; 7,5; 9,2b-4); chegada de Tito (2Cor 7,6) Tito enviado à frente para Corinto (2Cor 8,16-17), com parte de 2 Coríntios Ilíria (Rm 15,19)? Acaia (Rm 15,26; 16,1); terceira visita de Paulo a Corinto (2Cor 13,1)	(Planos de Paulo para visitar a Macedônia, Acaia, Jerusalém, Roma [19,21]) Macedônia (20,1b) Três meses na Grécia (Acaia) (20,2-3) Paulo parte de volta à Síria (20,3), mas vai via Macedônia e Filipos (20,3b-6a) Trôade (20,6b-12) Mileto (20,15c-38) Tiro, Ptolemaida, Cesaréia (21,7-14)
(Planos de visitar Jerusalém, Roma, Espanha [Rm 15,22-27])	Jerusalém (21,15–23,30) Cesaréia (23,31–26,32) Viagem a Roma (27,1–28,14) Roma (28,15-31)

Aculturação pelos judeus na língua e na educação conduzia a diversos graus de adaptação e até mesmo assimilação, de modo que não se podem fazer julgamentos universais.[8] Ele teria conhecido algo da religião dos gentios entre os quais viveu; por exemplo, tinha alguma consciência, provavelmente preconceituosa e antipatizante, dos mitos pagãos e das festas cívico-religiosas greco-romanas. Conforme veremos ao estudar as cartas, a noção de que ele tomou de empréstimo muitas idéias das religiões mistéricas (cf. *p. 156*) é exagerada, pois até mesmo não iniciados muitas vezes tinham uma concepção geral de seus ideais e temáticas. Existe probabilidade de que a educação de Paulo tenha incluído uma familiaridade sumária com as posturas morais e éticas dos estóicos, cínicos e epicureus. Num nível mais simples, Paulo sabia como os gentios comuns viviam e trabalhavam, de modo que, mais tarde, ele não esteve entre eles como alguém alheio às suas preocupações, aspirações, problemas familiares etc. Conforme podemos perceber com base em suas cartas, Paulo compreendia muito bem o importante papel do grupo familiar na cultura greco-romana, na qual seus destinatários viviam.

---

[8] BARCLAY, J. M. G., JSNT 60, 89-120, 1995.

Havia, porém, outro lado da educação de Paulo, pois seu completo conhecimento do judaísmo e das Escrituras judaicas precisa de explicação. A afirmação em At 22,3 de que Paulo fora levado para Jerusalém e educado por Gamaliel I, o Velho, que se sobressaiu por volta de 20-50 d.C. provavelmente carece de fundamento. As cartas não sugerem que Paulo tenha visto Jesus durante o ministério público ou na crucifixão;[9] assim, implicitamente, lançam dúvida sobre a presença contínua de Paulo em Jerusalém nos anos 26-30/33 d.C. Todavia, ele se identifica como hebreu e fariseu (Fl 3,5; 2Cor 11,22). Isso se harmoniza com At 23,6, que descreve Paulo como um filho de fariseus, e At 26,4-5, que insinua que Paulo era fariseu desde sua juventude. Paulo diz que era zeloso das tradições dos antepassados e, na prática do judaísmo, ultrapassava muitos de sua idade (Gl 1,14). Mestres fariseus fora da Palestina não deviam ser muito comuns. Paulo conhecia também, muito provavelmente, o hebraico (ou aramaico, ou ambos — At 21,40; 22,2; 26,14). Ordenando todas essas informações, surge a possibilidade de que no começo dos anos 30 (antes da morte de Estêvão), Paulo, que contava então uns vinte anos e já recebera sólida educação judaica em Tarso, tenha ido a Jerusalém para estudar a Lei[10] — algo que At 22,3 pode simplificar, romantizar e exagerar. Em todo caso, Paulo era um homem muito familiarizado com dois mundos e, em determinado momento da vida, tornou-se "um servo/escravo de Cristo Jesus".

Fé em Jesus e conseqüência imediata

Paulo afirma que perseguiu violentamente a Igreja de Deus e tentou destruí-la (Gl 1,13; 1Cor 15,9; Fl 3,6). Isso pode ser entendido como referência à participação na perseguição dos cristãos de Jerusalém e arredores, conforme afir-

---

[9] O texto de 2Cor 5,16 — "Também se conhecemos Cristo segundo a carne [...]" — significa apenas que, no passado, Paulo julgara Jesus consoante os padrões mundanos.

[10] At 23,16 indica que Paulo tinha parentes em Jerusalém, um dos quais, ao menos, era-lhe leal. Membros da família ter-se-iam mudado da Cilícia, de modo que havia parentes de Paulo residentes em ambos os lugares? Eram seguidores de Cristo? A hipótese de que Paulo tenha estudado em Jerusalém não faz dele necessariamente um rabino, nem apóia a tese (J. Jeremias) de que ele era um grande, imponente mestre da Lei em Jerusalém ou a pretensão de que ele era seguidor da escola de Hillel (mais comum) ou de Shammai (R. A. Martin, *Studies in the life and ministry of the early Paul and related issues*, Lewiston, NY, Mellen, 1993). Sobre Paulo e o farisaísmo, cf. LÜHRMANN, D. JSNT 36, 75-94, 1989. W. C Van Unnik (*Tarsus or Jerusalem*; the city of Paul's youth, London, Epworth, 1962) defende de forma veemente a idéia de que Paulo foi educado em Jerusalém, mas essa permanece uma opinião minoritária.

mado em At 8,3; 9,1-2; 22,3-5.19; 26,9-11 — cf. 1Ts 2,14, que indica que as Igrejas de Deus na Judéia tinham sido perseguidas. (A afirmação em Gl 1,22 de que, três anos depois da adesão de Paulo a Jesus, as Igrejas da Judéia ainda não conheciam sua face, não precisa contradizer seu papel em tal perseguição — a informação sobre seu comportamento violento pode ter sido levada aos ouvidos de muitos seguidores de Jesus que jamais o tinham visto [como em At 9,13]). Por que Paulo perseguia os seguidores de Jesus? E. P. Sanders (*Paul* [Paulo], New York, Oxford, 1991, pp. 8-9) declara que a perseguição era devida ao zelo de Paulo, não ao fato de ele ser um fariseu muito observante. Fazendo uma conexão entre as frases de Fl 3,5-6 — "quanto à Lei, fariseu; quanto ao zelo, perseguidor da Igreja; quanto à justiça que há na Lei, irrepreensível" — outros opinam que Paulo via nos seguidores de Jesus proclamadores de uma mensagem contrária à interpretação farisaica da Lei. De forma mais precisa, a hostilidade de Paulo contra essas pessoas estaria relacionada ao fato de elas considerarem Messias, aprovado por Deus, um homem que tinha sido condenado pelas autoridades judaicas como blasfemo? At 26,9 narra que, antes da conversão, Paulo fizera muitas coisas "contra o nome de Jesus, o Nazareu". Teria Paulo visto os seguidores de Jesus como blasfemos contra Moisés ao mudar os costumes que a Lei sancionava e ao pleitear a destruição do santuário do templo (ou seja, as acusações contra Estêvão: At 6,11-14; 8,1)?

Após um período de perseguição, segundo Gl 1,13-17 e At 9,1-9, Paulo recebeu uma revelação divina na qual encontrou Jesus, após o que permaneceu em Damasco. Esse relato deixa muitos problemas sem solução. Em 1Cor 9,1, Paulo diz que *viu* Jesus (também 1Cor 15,8), mas em nenhum dos três relatos da experiência em Atos isso acontece[11] (contudo, cf. At 9,27), embora o narrador diga que ele viu uma luz. Lucas situou essa aparição do céu num nível inferior às aparições do Senhor ressuscitado, aos Doze, na terra? A aparição do Senhor res-

---

[11] At 9,3-7; 22,6-9; 26,13-18. É um problema notório que esses três relatos da "conversão" de Paulo não concordem nos detalhes — indício de que Lucas ou não dispunha de uma tradição fixa, recebida em detalhes, ou sentiu-se livre na dramatização da tradição. Embora use o termo convencional — "conversão" — não quero com isso dizer que, ao chegar à fé em Jesus, Paulo passou a ter uma vida correta (Fl 3,6b: ele era anteriormente "irrepreensível" na prática da Lei) ou se converteu do judaísmo para uma nova religião. Com efeito, ele jamais fala de conversão, mas de chamado e encargo. Paulo, porém, sofreu uma mudança ou inversão de valores, pois passou a repensar o conteúdo da Lei mosaica à luz daquilo que Deus realizara em Jesus. Cf. CRAFFERT, P. F. *Scriptura* 29, 36-47, 1989.

suscitado foi um fator decisivo para Paulo tornar-se apóstolo; alguns, porém, duvidam de que Lucas o tenha considerado um apóstolo (cf. *pp. 415-416, 445*).

Teologicamente, o encontro com o Senhor ressuscitado revelou a Paulo que o escândalo da cruz não era o fim da história de Jesus. At 26,17 faz Jesus dizer que está enviando Paulo aos gentios e, em Gl 1,16, Paulo diz: A Deus aprouve "revelar em mim seu Filho, para que eu o evangelizasse entre os gentios". Isso significa que desde o primeiro momento de sua conversão Paulo sabia de sua missão entre os gentios?[12] Ou, em reflexão posterior, após perceber que os gentios eram bastante receptivos ao evangelho que pregava (que não insistia em que eles seriam merecedores do convite cristão se se deixassem circuncidar ou se observassem as obras da Lei), Paulo teria ligado o apelo a eles ao seu próprio chamado gratuito da parte de Cristo, quando ele ainda perseguia a Igreja? Essa última hipótese corresponde melhor aos dados de At 13,46-47; 17,4; 18,6.

Começarei agora a apresentar datas para a carreira de Paulo como crente em Jesus. Cronologias opostas têm sido sugeridas por estudiosos, e, no quadro 6, apresento dois tipos. Um pode ser chamado "tradicional", e é ainda seguido pela maioria; o outro, a que chamo "revisionista", tem um grupo menor de adeptos, mas bem representado. Conforme indicado no fim do quadro, diferenças em relação à data da crucifixão de Jesus e à confiabilidade dos dados de Atos são responsáveis por muitas das datas assinaladas. (Só mui raramente uma diferença cronológica tem deveras peso teológico na leitura das cartas de Paulo.) Na discussão que se segue, adotarei a cronologia tradicional porque é a que os leitores mais freqüentemente encontrarão e porque é a que me parece mais razoável.

---

[12] J. Murphy-O'Connor (Pauline missions before the Jerusalem Conference, RB 89, 71-91, 1982) afirma que o conhecimento era bem anterior, pois interpreta Gl 2,7 (a designação de Paulo para os incircuncisos e de Pedro para os circuncisos) como provindo do encontro entre Pedro e Paulo, quando este foi a Jerusalém, entre 37 e 39 (Gl 1,18); não existe, porém, nenhum sinal de que tal nomeação tenha sido produto de um encontro, e não simplesmente a essência daquilo que os dois homens vinham fazendo antes de 49.

QUADRO 6. CRONOLOGIA PAULINA

Tradicional	Acontecimento	Revisionista
36 d. C.	Conversão a Cristo	30/34 d.C.
39	Visita a Jerusalém depois de Damasco	33/37
40-44	Na Cilícia	após 37
44-45	Em Antioquia	
46-49	(Primeira) viagem missionária, começando em Antioquia, rumo a Chipre e ao Sudeste da Ásia Menor, voltando a Antioquia	após 37
cf. a seguir	(Segunda) viagem missionária, começando em Antioquia, através do Sudeste da Ásia Menor, rumo ao Norte da Galácia, Macedônia, CORINTO (1Ts), retorno a Jerusalém e Antioquia	39-41/43 (41-43)
49	Assembléia em Jerusalém	47/51
50-52 (51-52)	(Segunda) viagem missionária, começando em Antioquia, através do Sudeste da Ásia Menor, rumo ao Norte da Galácia, Macedônia, CORINTO (1Ts), retorno a Jerusalém e Antioquia	cf. anteriormente
54-58 (54-57)	(Terceira) viagem missionária, partindo de Antioquia, através do Norte da Galácia rumo a ÉFESO; três anos de estada ali — prisioneiro? (Gl, Fl, Fm, 1Cor)	Não distinta da segunda (48/55)
(verão de 57) (57/58)	Paulo atravessa a Macedônia em direção a Corinto (2Cor, Gl?), invernos em CORINTO (Rm), retorno a Jerusalém	(depois de 54)
58-60	Aprisionado em Jerusalém; na prisão em Cesaréia, por dois anos (Fl?)	52-55 ou 56-58
60-61	Enviado a Roma; longa viagem marítima	
61-63	Prisioneiro em ROMA durante dois anos (Fl? Fm?)	
após o verão de 64	Morte em Roma sob Nero	

QUADRO 6. *Continuação*

Observações:

Cidades nas quais Paulo teve longas estadas estão impressas em letras minúsculas. Os títulos das cartas paulinas estão abreviados e entre parênteses; um ponto de interrogação segue-se ao título para indicar uma data alternativa que é possível, mas menos provável. A cronologia tradicional, com suas principais datas, está impressa em negrito; a cronologia revisionista, com suas principais datas, esta impressa em itálico. É mais difícil representar em um quadro essa última, pois está baseada nas opiniões, amplamente diversas, daqueles que a defendem no todo ou em parte. Tais diferenças podem ser exemplificadas pela comparação entre as cronologias de Knox, Buck/Taylor, Lüdemann,* Jewett, Murphy-O'Connor e Donfried, abreviados com K, B, L, J, M e D, respectivamente:

- Crucifixão: L = 27 (30); J = 33 (ou, menos provavelmente, 30); D = 30
- Conversão a Cristo: B = 32; K = 34 ou 37; L = 30 (33); J = outubro de 34; M = cerca de 33; D = 33
- Visita a Jerusalém depois de Damasco: B = 35; K = 37 ou 40; L = 33 (36); J = 37; M = 37-39; D = 36
- Primeira chegada de Paulo a Corinto, antes da assembléia de Jerusalém (usualmente também 1 Tessalonicenses): K = cerca de 41; B** = 41; L = 41; J = 50; M = 49; D = cerca de 43
- Assembléia de Jerusalém: K = 51; B = 46-47; L = 47 (50); J = outubro de 51; M = 51-52; D = cerca de 50
- L situa o confronto entre Paulo e Pedro em Antioquia antes da assembléia de Jerusalém; J situa-o depois
- D associa o confronto com Galião com uma visita posterior de Paulo a Corinto
- Longa permanência (três anos) em Éfeso: B = 49-52; L = 48-50 (51-53); J = cerca de 53-55; M = terminando em 54; D = 52-55
- Redação de Romanos: K = 53/54; B = 47; L = 51/52 (53/54); J = cerca de 56; M = 55/56; D = cerca de 56
- Prisão em Jerusalém: K = 53/54; B = 53; L = 52 (55); J = 57; D = 56/57.***

*G. Lüdemann (*Paul: apostle to the gentiles;* studies in chronology, Philadelphia, Fortress, 1984, pp. 262-263) apresenta duas séries de datas dependentes de Jesus ter sido crucificado em 27 ou 30 d. C., com a segunda entre parênteses.

**Buck/Taylor situam a composição de 2 Tessalonicenses antes de 1 Tessalonicenses, e separam a chegada a Corinto, em 41, da composição de 1 Tessalonicenses, em 46.

***Lührmann (*Galatians*, Minneapolis, A/F, 1992, v. 3, p. 135) oferece uma combinação cronológica: tradicional quanto à estada em Corinto, de 51-52; mas sem a viagem intermediária a Jerusalém e Antioquia, e a longa permanência em Éfeso (e retorno a Corinto, pela Macedônia), em 52-56. Coleção trazida a Jerusalém em 56 (depois, Cesaréia); Paulo em Roma entre 58-60 e morte por volta do mesmo tempo.

Quando ocorreu a conversão de Paulo? Em At 7,58; 8,1; 9,1, a atividade persecutória de Paulo é associada com as conseqüências do resultante no martírio de Estêvão. Gl 1,17-18 parece indicar um interlúdio de três anos entre a conversão de Paulo e sua ida a Jerusalém (ou seja, o intervalo em que ele esteve na Arábia[13] e em Damasco); 2Cor 11,32-33 narra uma fuga de Paulo de Damasco quando o rei Aretas tentou agarrá-lo.[14] O rei nabateu Aretas recebeu o governo de Damasco da mão do imperador Calígula (37-41), de modo que muitos datam a conversão de Paulo por volta de 36, e sua fuga de Damasco e ida a Jerusalém por volta de 39.

De acordo com Gl 1,18-19, em Jerusalém Paulo visitou e conversou com Pedro e viu Tiago, o irmão do Senhor (mas nenhum dos outros apóstolos[15]). Às vezes, em suas cartas Paulo declara que recebeu *da tradição* a mensagem a respeito de Jesus (1Cor 11,23; 15,3); tem-se sugerido que foi nesse período que ele se inteirou de parte ou de toda aquela tradição. A permanência em Jerusalém foi breve (Gl 1,18; At 22,18). A seguir, Paulo partiu para Tarso, na Cilícia (At 9,30).[16] Não fica claro quanto tempo Paulo ali permaneceu, mas podem ter sido diversos anos.

Finalmente, Antioquia, na Síria (a terceira maior cidade do Império Romano, depois de Roma e Alexandria), tornou-se importante na vida de Paulo. At 11,25-26 narra Barnabé indo a Tarso e trazendo Paulo para Antioquia por causa das possibilidades abertas pela expansão do cristianismo aos gentios. Supõe-se que Paulo passou um ano lá, antes de ser enviado a Jerusalém com as provisões para aliviar a fome dos cristãos que lá viviam (At 11,26-30). Houve uma carestia nesta área oriental mediterrânea durante o reinado do imperador Cláudio, provavelmente por volta do ano 45, mas essa visita a Jerusalém é dificilmente conciliável

---

[13] Não a Arábia Saudita, mas o reino nabateu, que se estendia ao sul, através da Transjordânia, em direção ao Sinai, tendo Petra como centro. MURPHY-O'CONNOR, J. CBQ 55, 732-737, 1993; BRev 10 (#5, 46-47, 1994.

[14] Isso é conciliável com a narrativa, em At 9,23-25, sobre a fuga de Paulo de um conluio judaico para matá-lo em Damasco.

[15] No relato de Atos sobre a estada em Jerusalém, Barnabé levou-o aos apóstolos (At 9,27).

[16] Em Gl 1,21, Paulo fala da Síria e da Cilícia. Isso pode significar Antioquia, a caminho de Tarso, mas também pode ser uma descrição sucinta daquilo que Lucas narra como ida a Tarso, vindo de Antioquia, a "primeira viagem missionária" (de Antioquia a Chipre, no Sudeste da Ásia Menor, e volta a Antioquia) — numa palavra, tudo entre a saída de Paulo de Jerusalém, em cerca de 39, e o encontro lá, em 49.

com a afirmação de Paulo de que, em sua carreira cristã (até o ano 50 d.C.), a segunda vez que ele foi a Jerusalém foi catorze anos depois (Gl 2,1: depois de sua primeira visita ou, mais provavelmente, depois de sua conversão?). Em todo caso, Antioquia, e não Jerusalém, se tornaria a base para a atividade missionária itinerante de Paulo. O rio Orontes proporcionava a Antioquia o acesso a um porto no Mediterrâneo, e através desse mar é que Paulo sairia a proclamar Jesus mais amplamente.

Primeira viagem missionária; o encontro em Jerusalém; conseqüências em Antioquia

Uma das objeções principais ao uso de Atos como guia para a vida de Paulo é que, em suas cartas, Paulo não demonstra nenhuma consciência das viagens missionárias numeradas (três). Argumenta-se, de maneira vivaz, que se alguém perguntasse ao Paulo das cartas — "Em que viagem missionária você se acha agora?" — ele não saberia do que se tratava. Em certa medida, porém, pode-se dizer o mesmo sobre o Paulo de Atos, que jamais discerne explicitamente três viagens missionárias.[17] Sem dúvida, Atos mostra que, durante um ano e meio, Paulo esteve em Corinto e, durante três anos, esteve em Éfeso, não viajando, portanto, no sentido comum da palavra. *As três viagens são apenas uma classificação apropriada, desenvolvida por estudiosos de Atos, e usá-las-ei nesse sentido.* Conforme At 13,3–14,28, Barnabé, Paulo e João Marcos empreenderam uma viagem missionária de Antioquia, na Síria, pelo mar, rumo a Chipre e depois para as cidades da Ásia Menor: Perge e (após a partida de João Marcos) Antioquia da Pisídia, Icônio, Listra, Derbe, antes de Paulo e Barnabé retornarem a Antioquia, na Síria (por volta de 49 d.C.). Tendo encontrado resistência nas sinagogas, Paulo dirigiu-se aos gentios, entre os quais o evangelho foi bem recebido.[18] Em suas cartas autênticas, Paulo não nos dá informação alguma sobre essa viagem. No entanto, em Gl 2,1-3, ele recorda a pregação aos gentios antes do encontro em

---

[17] Com efeito, At 18,22-23 não oferece uma delineação muito clara entre a segunda e a terceira. (Sobre as cidades que tiveram importância nas missões e nas cartas de Paulo, cf. JOHNSON, S. E. *Paul the apostle and his cities.* Wilmington, Glazier, 1987. GNS, 21.)

[18] Ele fala do evangelho que traz salvação mediante a fé "primeiramente para o judeu, mas também para o grego" (Cf. Rm 1,16). Cf. Capítulo 10, n. 65, para a pregação de Paulo nas sinagogas. Ali ele teria encontrado gentios simpatizantes do judaísmo que podem ter-lhe oferecido os primeiros convertidos.

Jerusalém, em 49 d. C. (a ser discutido no próximo parágrafo), e, em 2Cor 11,25, declara ter sido apedrejado (como o foi em Listra, em At 14,19 — cf. também n. 16 e os topônimos em 2Tm 3,11).

Conforme At 10,44-48; 11,20-21, houve outros, antes de Paulo, que conquistaram conversos entre os gentios (aparentemente sem nenhuma insistência sobre a circuncisão), mas talvez em situações nas quais tais gentios podiam ser absorvidos nas comunidades judaico-cristãs. Ao que parece, a inovação de Paulo consistiu em compor comunidades inteiras de gentios cristãos com pouca ou nenhuma ligação com o judaísmo. O que isso preanunciava para o futuro do cristianismo? Depois que Paulo (e Barnabé) voltaram para Antioquia, houve um encontro em Jerusalém (cerca do ano 49) a fim de responder àquela questão (At 15,1-29; Gl 2,1-10). Embora haja divergências entre os dois relatos, eles concordam em que Paulo, Tiago (irmão do Senhor) e Pedro (Cefas) estavam envolvidos, e que havia um grupo que se opunha a Paulo, insistindo em que os gentios deveriam ser circuncidados. Por meio de discursos, Atos salienta as razões apresentadas por Pedro e Tiago para concordar com Paulo em que não se deveria exigir a circuncisão.[19] Gl 2,9 narra que os dois primeiros reconheceram a graça e o apostolado concedidos a Paulo e estenderam-lhe a mão direita como sinal de amizade.

A decisão de aceitar os gentios sem a circuncisão não resolveu todos os problemas. Estavam os gentios ligados a outras partes da Lei de Moisés, especialmente as leis da pureza quanto aos alimentos? Qual era o relacionamento dos judeu-cristãos, que observavam essas leis, com os gentios cristãos, que não as observavam? At 15,30 e Gl 2,11.13 são unânimes em que, após o encontro de Jerusalém, Paulo e Barnabé voltaram para Antioquia. Lá, segundo Gl 2,12-14, houve uma discussão importante: Pedro, que havia comido com os gentios, retrocedeu quando homens da parte de Tiago vieram com uma objeção. Para Paulo, essa tentativa de obrigar os gentios a viver como judeus violava a verdade do evangelho! Atos nada diz acerca de tal polêmica, mas, de modo confuso, fala de uma carta enviada (como o desejava Tiago: At 15,20) de Jerusalém a Antioquia, ordenando que, na Síria e na Cilícia, os gentios observassem as leis judaicas da

---

[19] Cf. *pp. 424-429*. At 15,20 complica a cena ao incluir o problema dos alimentos que não deveriam ser consumidos.

pureza, especialmente atinentes aos alimentos.²⁰ Gl 2,13 declara que, em Antioquia, Barnabé aliou-se aos homens de Tiago, e At 15,36-40 mostra que Paulo e Barnabé chegaram a uma desafortunada separação, de modo que Paulo deixou Antioquia com Silas imediatamente depois. Aparentemente, portanto, Paulo perdeu a batalha sobre as leis alimentares em Antioquia, e isso pode explicar por que a cidade deixou de ter participação relevante como ponto de apoio para a atividade missionária de Paulo.²¹ Em suas viagens, ele agora age bem mais por conta própria.

Segunda e terceira viagens missionárias

Embora, conforme já explicado, essa divisão das viagens seja usual entre os estudiosos, a atividade missionária narrada em At 15,40–21,15 pode ser considerada uma ilustração lucana do amplo empreendimento de Paulo depois que a decisão de Jerusalém abriu o mundo gentio para a fé em Jesus sem a circuncisão (50-58 d.C.).

Na primeira parte da atividade (50-52 d.C.; a "segunda viagem": 15,40–18,22), Atos declara que Paulo voltou a lugares evangelizados na primeira viagem, no Sudeste da Ásia Menor. A seguir, prosseguiu rumo ao Norte da Galácia e da Frígia (pela primeira vez); de Trôade, rumou para a Macedônia (Europa), claramente sob orientação divina.²² Suas andanças conduziram-no a Filipos, Tessalônica, Beréia, Atenas e Corinto. Cartas neotestamentárias que trazem o nome de Paulo teriam sido enviadas a três daquelas cinco cidades. De fato, a primeira carta paulina conservada (1 Tessalonicenses) foi escrita em Corinto, quando Paulo exprimia preocupação pela Igreja que evangelizara recentemente (50-51 d.C.). A estada de Paulo, durante dezoito meses, em Corinto foi mais longa do que em qualquer das de-

---

[20] Atos mostra que Paulo concordou com essa carta de Jerusalém. Dificilmente isso pode ser exato, conforme podemos constatar não somente em Gálatas, mas também em 1Cor 8, que enfatiza a *liberdade* acerca dos alimentos oferecidos aos ídolos — alimentos que eram proibidos nessa carta inspirada por Tiago. Cf. GASTON, L. Paul and Jerusalem. In: RICHARDSON, P. & HURD, J. C. (eds.). *From Jesus to Paul*. Waterloo, Canada, W. Laurier Univ., 1984. pp. 61-72. (F. W. Beare Festschrift.)

[21] Doravante, ao voltar de suas viagens, Paulo dirigir-se-á primeira ou exclusivamente a Jerusalém (At 18,22; 19,21; 21,15); em suas cartas, ele junta dinheiro para Jerusalém, mas jamais menciona Antioquia após Gl 2,11.

[22] Nesse momento é que Atos (16,9-10) usa "nós" pela primeira vez em referência aos missionários viajantes. Tradicionalmente isso tem sido interpretado como um sinal de que o escritor (Lucas?) começou a acompanhar Paulo (*pp. 448-449*).

mais Igrejas que fundara até então.[23] Ironicamente, lá ele deixaria uma comunidade que seria perturbada por mais problemas do que qualquer outra para a qual escreveria. Áquila e Priscila (Prisca), que encontraram Paulo em Corinto[24] e que velejariam com ele para Éfeso, tornaram-se amigos pela vida inteira e colaboradores em Éfeso e em Roma. O fato de Paulo, em Corinto, ter sido levado à força diante de Galião, procônsul da Acaia (At 18,12), tem sido usado como o ponto crítico da cronologia paulina, pois uma inscrição (NJBC 79.9) situa Galião como procônsul em Corinto no décimo segundo ano de Cláudio (41-54), que começou em 25 de janeiro de 52. Galião parece ter deixado Corinto por volta do fim de 52.[25] Esses perímetros aconselham datar a estada de Paulo em Corinto de 50/51-52. At 18,18b-22 diz que Paulo partiu de Cencréia, o porto de Corinto, aportou em Éfeso e Cesaréia (na costa palestinense), subindo a seguir para saudar a Igreja (em Jerusalém).

Na segunda parte do amplo labor missionário (53/54-58 d.C.; a "terceira viagem"; At 18,23–21,15), depois de passar "algum tempo" em Antioquia da Síria, Paulo foi, mais uma vez, atravessando a Galácia e a Frígia, até Éfeso,[26] a

---

[23] D. P. Cole (BRev 4, #6, 20-30, 1988) nota uma mudança no comportamento-padrão anterior de Paulo, de seguir rapidamente de cidade em cidade, uma mudança continuada na permanência subseqüente em Éfeso, por três anos (54-57 d.C.). Pelo visto, Paulo agora prefere permanecer em um lugar com amplas relações comerciais, onde encontrar muitos que vão e vêm, e de onde pode expandir suas atividades.

[24] Havia judeu-cristãos que tinham chegado "recentemente" a Corinto, vindos da Itália, "porque Cláudio ordenara que todos os judeus saíssem de Roma" (cf. At 18,2). Se a informação é histórica, provavelmente não se refere ao decreto de Cláudio, no ano 41 d.C., proibindo os numerosos judeus romanos de realizar encontros, mas *não* os expulsando (Díon Cássio, *História romana* 60.6.6). De preferência, pode-se referir ao que Suetônio (*Claudius* 25.4) narra: "Ele expulsou judeus de Roma por causa de seus constantes distúrbios motivados por Cresto". *Se* essas agitações diziam respeito à fé em Cristo e *se* o cristão Orósio, do século V, estava certo ao datar tal expulsão do ano 49 d.C., Priscila e Áquila teriam chegado a Corinto cerca de um ano antes de Paulo. J. Murphy-O'Connor (BRev 8, #6, 40-51,62, 1992), porém, afirma que eles chegaram nove anos antes de Paulo. Cf. *p. 432*.

[25] Assim J. A. Fitzmyer, NJBC 79:9. J. Murphy-O'Connor (Paul and Gallio, JBL 112, 315-317, 1993), rejeitando a tese revisionista de D. Slingerland (JBL 110, 439-449, 1991), data a presença de Gálio em Corinto de entre junho e outubro de 51 e a estada de Paulo do começo da primavera de 50 ao outono de 51.

[26] Esse itinerário tem sido questionado por alguns estudiosos, como Jürgen Becker (*Paul; apostle to gentiles*, Loisville, W/K, 1993, pp. 27-28), que nega qualquer volta à Palestina ou à Síria, mas admite uma possível visita à Galácia e à Frígia (refletindo a segunda visita aludida em Gl 4,13). Segundo At 18,24-26, antes de Paulo alcançar Éfeso, o pregador alexandrino Apolo havia chegado, falando eloqüentemente sobre a carreira de Jesus, mas inadequadamente sobre o Espírito, de modo que Priscila e Áquila tiveram de instruí-lo de forma mais completa. Novamente levantam-se dúvidas sobre o episódio de Apolo em Éfeso como teologização lucana; mas, se o objetivo de Lucas era subordinar o papel de Apolo, por que não coloca Paulo como seu instrutor? Apolo, pois, foi a Corinto (At 18,27–19,1) e, aparentemente

mais importante cidade da província romana da Ásia, onde permaneceu por três anos (de 54 até a primavera de 57: At 20,31; cf. 19,8.10; 1Cor 16,8). Entre os acontecimentos que At 19,1–20,1 narra, encontram-se tanto a luta de Paulo com os sete filhos de um sumo sacerdote judeu que eram exorcistas como o motim levantado contra Paulo pelos ourives devotos de "Ártemis/Diana dos Efésios",[27] o que levou à sua partida de lá. Em suas cartas, Paulo jamais fala explicitamente desses acontecimentos em Éfeso; no entanto, pode referir-se a esse último, implicitamente, na lista das aflições em 2Cor 11,23-26, em 2Cor 1,8 ("a tribulação que padecemos na Ásia") ou em 1Cor 15,32 ("De que me teria adiantado lutar contra os animais em Éfeso [...]?"(cf. também 1Cor 16,8-9: "[...] os adversários são numerosos"). De modo particular, tais alusões às provações de Paulo ensejam a possibilidade de que o apóstolo tenha sido aprisionado em Éfeso, ainda que Atos não narre tal fato. Esse ponto é importante porque muitos acreditam que Paulo enviou de Éfeso as cartas aos Filipenses e a Filêmon, ambas escritas enquanto estava preso. O consenso mais geral é de que, estando em Éfeso, ele escreveu aos Gálatas, exprimindo angustiada preocupação acerca do que acontecera lá durante os quatro ou cinco anos desde seus esforços evangelizadores no Norte da Galácia, em 50, aproximadamente. Por volta do final da estada de Paulo em Éfeso, os problemas da Igreja de Corinto chamaram-lhe a atenção; parte da correspondência com os coríntios foi escrita nesse tempo (1 Coríntios [16,8]; e uma carta em lágrimas [2Cor 2,3-4: perdida?]), intercalada por uma dolorosa visita (2Cor 2,1). Atos é completamente silente sobre as dificuldades de Paulo no trato com os coríntios.

Algum tempo depois de Pentecostes (final da primavera), em 57 Paulo deixou Éfeso, partindo para Trôade, mais ao norte, na costa asiática do Mar Egeu. Não encontrando lá Tito, a quem enviara para ajeitar as coisas em Corinto, ele partiu rumo à Europa e à Macedônia (Filipos? 2Cor 2,12-13), onde encontrou Tito, que trazia as boas notícias de que a reconciliação tinha acontecido. Paulo

---

sem o saber, fez surgir ali a facção de Apolo (1Cor 3,4-6). Voltou a Éfeso antes que Paulo partisse, na primavera de 57, e relutava em voltar a Corinto (1Cor 16,12), talvez porque temesse criar maior divisão. Tt 3,13 descreve Paulo, anos depois, ainda preocupado com a carreira missionária de Apolo

[27] A famosa estátua de Ártemis de Éfeso, com muitos bulbos protuberantes (seios? ovos?), está ornada com outros sinais de fertilidade, indicando que foi amalgamada com a grande Deusa-Mãe da Ásia Menor. A parte inferior da estátua é um tronco de árvore; cf. p. *1017*, sobre o enorme templo de Ártemis, em Éfeso, construído sobre o sítio de uma antiga árvore sagrada.

escreveu, então (talvez em dois momentos), aquilo que agora é 2 Coríntios. Finalmente, foi a Acaia e a Corinto, onde ele passou três meses invernais (57/58). Lá, Paulo juntou o dinheiro de uma coleta feita para os cristãos de Jerusalém, conseguido em várias Igrejas que evangelizara. Levou essa ajuda para Jerusalém em sua viagem planejada. Em Corinto, Paulo também compôs Romanos, avisando as Igrejas domésticas na capital do Império de que planejava visitá-las durante sua viagem à Espanha, logo que tivesse recolhido os donativos para Jerusalém (Rm 15,24-26). Naquela carta, existe um esforço em tornar-se aceitável, como se os romanos tivessem ouvido notícias exageradas a seu respeito.

Conforme At 20,2-17 (primavera de 58), Paulo partiu de Corinto para Jerusalém, via Macedônia, passando a Páscoa em Filipos. A seguir, navegando para Trôade, viu-se forçado a rumar para a costa asiática, em direção a Mileto, onde fez um discurso de despedida aos presbíteros de Éfeso que foram vê-lo (At 20,17-38).[28] Em Mileto, e de novo em Tiro e Cesaréia, quando atingiu a costa palestinense, Paulo demonstrava o pressentimento da prisão e da morte no final de sua viagem. Existe alguma confirmação disso em Rm 15,30-31, em que Paulo pede orações para sua visita vindoura a Jerusalém, "a fim de que possa escapar das mãos dos incrédulos da Judéia".

Paulo preso em Jerusalém; preso em Cesaréia; levado a Roma; morto

A maioria dos acontecimentos da última meia dúzia de anos da vida de Paulo (cerca de 58-64) é narrada em At 21,15–28,31: foram anos marcados pelo sofrimento, quatro deles passados na prisão. (Aqueles que não atribuem Filipenses e Filêmon ao suposto aprisionamento em Éfeso, atribuem-nas ao aprisionamento em Cesaréia ou em Roma, datando-as, assim, de mais tarde. Por outro lado, esse período da vida de Paulo não pode ser confirmado pelas cartas paulinas.) Apenas de passagem Atos (24,17) confirma que Paulo levou a doação em dinheiro para Jerusalém. Um encontro, bastante tenso, sob a aparência da cortesia, ocorreu entre Paulo e Tiago (o irmão do Senhor e líder dos cristãos de Jerusalém), no qual aquele foi aconselhado a comportar-se, enquanto estivesse em Jerusalém, como

---

[28] Com base nesse discurso (At 20,25.38: profetiza que eles não veriam a face de Paulo de novo), fica claro que Lucas não conhecia nenhuma atividade posterior de Paulo na Ásia Menor, tal como postulado nas cartas pastorais.

um judeu piedoso e praticante (At 21,17-25). Contudo, sua presença no átrio do templo provocou um tumulto, de modo que um tribuno romano teve de intervir para salvá-lo, e ele se viu obrigado a fazer um longo discurso de autodefesa em hebraico (aramaico? At 21,26–23,30). Por fim, Paulo foi levado ante uma sessão do Sinédrio, e conseguiu criar uma polêmica entre juízes saduceus e fariseus, obrigando o tribuno a levá-lo consigo a Cesaréia, para ser julgado pelo governador romano Félix, perante o qual ele de novo se defendeu (At 23,1–24,21). Félix, porém, desejoso de uma propina, adiou o julgamento e deixou Paulo na prisão por dois anos (At 24,22-27). Somente com a chegada de Festo, o procurador seguinte, e com as contínuas acusações do chefes judeus, retomou-se a causa de Paulo (At 25,1–26,32). Em julgamento diante de Festo, Paulo argumentou que não cometera crime algum contra a Lei judaica ou contra César. O procurador convidou o rei Herodes Agripa II para ouvir o caso, e, não obstante nenhum dos governadores considerar Paulo culpado, ele foi enviado a Roma como prisioneiro porque apelou para César.

A perigosa viagem marítima de Paulo (final do ano 60 d.C.) é narrada com grande vivacidade em At 27,1–28,14.[29] Tempestades, naufrágio e um inverno passado em Malta culminam com "E assim foi que chegamos a Roma" (importante teologicamente para Atos: cf. *p. 436*). Diz-se que Paulo ficou lá dois anos, em um tipo de prisão domiciliar que lhe possibilitava pregar para aqueles que iam até ele. A declaração de Paulo com a qual At 28,26-28 conclui a história (por volta de 63), ou seja, de que os judeus jamais escutarão, enquanto os gentios sim, não é absolutamente aquela expressa por Paulo em Rm 11,25-26 (talvez a última das cartas autênticas de Paulo), a saber, quando os gentios tiverem chegado, todo o Israel será salvo. Nem Atos nem as cartas nos falam sobre a morte, mas existe uma tradição segura de que ele foi martirizado sob Nero (HE 2.25.4-8), na mesma época que Pedro (64 d.C.) ou algum tempo depois (67). Segundo a tradição, Paulo foi sepultado na Via Ostiense, memorado pela basílica de São Paulo Extramuros.

Problemas pendentes. Se Atos é exato quanto à informação de prisão domiciliar de Paulo em Roma (dois anos), houve viagens ulteriores entre 63 e o ano de sua morte (64 ou 67)? Realizou o propósito de ir à Espanha? Lucas demonstra alguma

---

[29] Visto que não há nenhuma confirmação do apelo a César e da viagem a Roma nas cartas paulinas autênticas (ou mesmo nas pseudônimas), aqueles que questionam a historicidade de Atos descartam o relato como ficção romancista.

recordação disso quando, em At 1,8, faz Jesus estender o testemunho "até os confins da terra"?[30] No período de trinta anos da morte de Paulo, *I Clemente* 5,7 declara que Paulo "viajou para o extremo leste", antes de testemunhar ante as autoridades governantes e morrer. Ao discutir Atos, o *Fragmento Muratoriano* (cerca de 180?) faz referência a uma narrativa da partida de Paulo de Roma para a Espanha.

Ainda mais premente, o que devemos pensar da informação geográfica das cartas pastorais, segundo as quais Paulo, antes da morte, teria visitado de novo Éfeso, Macedônia (de onde escreve 1 Timóteo [1,5] para Éfeso) e Grécia (com planos de passar o inverno em Nicópolis [Tt 3,12])? 2Tm 3,13 alude a uma repentina partida de Trôade (porque fora preso?) e 2Tm 1,8.16-17 mostra Paulo prisioneiro em Roma. Se as pastorais foram escritas por Paulo, a informação sobre uma "segunda carreira" depois daquela descrita em Atos teria de ser considerada histórica. Se foram escritas por um discípulo paulino, ainda podem ser reputadas históricas (servindo-se de um genuíno itinerário paulino), ou podem constituir uma criativa série de cartas (mas escritas sem o conhecimento de Atos; cf. n. 28, acima). No começo do capítulo 31, discutir-se-ão os modos de avaliação desse ponto.

B. A teologia de Paulo

A teologia paulina é um amplo assunto ao qual já foram dedicados muitos livros, conforme se pode ver na Bibliografia no final do capítulo. Até mesmo um esboço ultrapassa o objetivo desta *Introdução*. Possível e frutuosa, porém, é uma lista que ofereça orientação acerca de alguns dos tópicos ou problemas importantes no estudo do pensamento paulino, de modo que os leitores possam refletir sobre eles à medida que estudam as cartas individualmente.[31]

1. *Paulo era coerente?* Quer se lide com cartas inteiras (deuteropaulinas), quer com seções de cartas (p. ex., Rm 9–11), julgar o que é ou não é paulino baseia-se, em certa medida, na conformidade com o resto do pensamento paulino. Até que ponto Paulo foi realmente coerente?[32] Requer-se prudência. Se isolarmos as cartas

---

[30] ELLIS, E. E. *Bulletin for Biblical Research* 1, 123-132, 1991.

[31] O pensamento será avaliado com base nas cartas, não em Atos.

[32] H. Räisänen (*Paul and the Law*, Philadelphia, Fortress, 1983) é um dos mais expressivos defensores da incoerência: as afirmações de Paulo sobre a Lei não se harmonizam e refletem o que ele decidiu à proporção que enfrentava situações diferentes.

aceitas como genuinamente de Paulo (1 Tessalonicenses, 1 e 2 Coríntios, Gálatas, Romanos, Filipenses, Filêmon), certamente não teremos a totalidade da teologia paulina. Portanto, quando se depara com uma nova idéia — por exemplo, a da detalhada estrutura eclesial defendida pelas pastorais —, não é tão fácil afirmar, à primeira vista, que ela não pode provir de Paulo. É necessário mostrar que essa nova idéia não é conciliável com o pensamento paulino. Tal critério, porém, pressupõe que Paulo não poderia ou não mudaria sua opinião (por razões teológicas, não meramente por uma questão de teimosia pessoal). Ele diz expressamente em Gl 1,8: "Entretanto, se alguém — ainda que nós mesmo ou um anjo do céu — vos anunciar um evangelho diferente do que vos anunciamos, seja anátema". No entanto, tal constância diz respeito ao princípio básico de Paulo acerca do dom gracioso de Deus da salvação em Cristo, independente das obras da Lei. Quão aplicável é essa imutabilidade à elaboração das ramificações da vida cristã? Podemos sentir-nos encorajados a reconhecer certa mutabilidade em 1Cor 9,19-23, em que Paulo enfatiza que pode ser tudo para todos: "Para: os judeus, fiz-me como judeu, a fim de ganhar os judeus. [...] Para aqueles que vivem sem a Lei, fiz-me como se vivesse sem a Lei [...] para ganhar os que vivem sem a Lei". (Tal declaração, porém, pode não implicar desenvolvimento linear, mas dialético.)

Aqui estão algumas instâncias do problema. Pode-se reconhecer alguma diferença, ultrapassando-se a oratória, entre Gl 5,2 — "[...] se vos fizerdes circuncidar, Cristo de nada vos servirá" — e Rm 3,1-2 — "Que vantagem há então em ser judeu? E qual a utilidade da circuncisão? Muita e de todos os pontos de vista"?[33] Paulo poderia repensar com maior sutileza o papel da circuncisão, mas não mudar seu evangelho, segundo o qual a salvação é possível sem ela? Tal mudança poderia provir das péssimas reações em Jerusalém à cáustica crítica de Paulo aos homens que eram as colunas da Igreja de Jerusalém (Gl 2,6-9), comunicadas por aqueles que se opunham a Paulo na Galácia. Em Rm 15,30-31, Paulo pede aos cristãos da capital que se solidarizem para sua aceitação em Jerusalém. Tal posicionamento poderia ter-se originado do reconhecimento de que, na polêmica atmosfera de Gálatas, ele exacerbou o assunto? Em outro ponto, em 1Cor 10,28-33 (não comer alimentos dedicados aos ídolos a fim de não escanda-

---

[33] A última passagem fala dos benefícios da circuncisão para os judeus, mas os gentios, que liam Romanos, obteriam melhor compreensão dos valores religiosos da circuncisão do que os gentios destinatários de Gálatas.

lizar os cristãos mais fracos), Paulo estaria mostrando tolerância por aquilo que Pedro teria feito em Antioquia, quando parou de fazer refeições com os gentios, pois isso escandalizava os enviados de Tiago — uma ação que Paulo questionou por amor ao evangelho (Gl 2,11-14)? O reconhecimento de que, de uma carta a outra, as declarações de Paulo não são rigidamente as mesmas não significa que seu pensamento seja incoerente ou instável. Ao contrário, admitir que Paulo estava longe de ser um ideólogo sublinha a importância de compreender as situações que ele enfrentava em cada carta e o motivo por que ele era a favor ou contra algo. A coerência de Paulo em meio à diversidade provém, em parte, de sua percepção pastoral do que as pessoas precisavam ouvir, quer gostassem, quer não. Existe grande diferença entre ser tudo para todos a fim de agradar, e ser tudo para todos com o intuito de salvar o maior número possível de pessoas (1Cor 9,22).

2. *Qual era a atitude de Paulo ante o judaísmo?* Com exceção de Romanos, as cartas autênticas de Paulo foram dirigidas a pessoas que tinham sido evangelizadas por ele próprio. Como ele se considerava aquele a quem foi confiado o evangelho para os incircuncisos, escrevia precipuamente para gentios. Muitos comentadores supõem que o que Paulo disse aos gentios tem aplicação universal e teria sido dito igualmente a judeus. Isso parece plausível em relação ao evangelho básico de salvação por meio de Cristo. No entanto, sabemos exatamente como ele aplicaria tal evangelho aos judeus? No parágrafo precedente, citei Gl 5,2, em que Paulo afirma que a circuncisão é inútil para os gentios. Contudo, suponhamos que ele tivesse esposado uma mulher judia que chegou à fé em Cristo e com ela tivesse um filho: ter-se-ia recusado circuncidar a criança? Com certeza não teria pensado que a circuncisão fosse necessária para a salvação, porquanto a criança cresceria para a fé em Cristo. Mas não quereria Paulo que a criança tivesse os privilégios de ser um "israelita", descrito eloqüentemente em Rm 9,4-5? O Paulo de At 24,14 afirma: "[...] seguindo o Caminho, a que chamam de seita, que eu sirvo ao Deus de meus pais [isto é, ancestrais], crendo em tudo o que está conforme a Lei e se encontra escrito nos Profetas". Poderia ou teria o Paulo histórico dito isso?[34]

3. *Até que ponto Paulo foi único?* Ligada ao tema precedente está a questão de quão inédito ou singular, até mesmo idiossincrático, foi o pensamento de Pau-

---

[34] Um aspecto ulterior desse ponto será discutido no capítulo 24 (Romanos), numa subseção a respeito do pensamento de Paulo sobre a observância da Lei.

lo, não somente em relação ao judaísmo, mas também em relação a seus companheiros cristãos. Claro está que a revelação do Filho de Deus mudou dramaticamente a visão de Paulo. Em sua abordagem cristã das questões, porém, quão diferente era ele de outros cristãos proeminentes e predominantes? Muitos fatores propendem a uma resposta maximalista. A ênfase nas diferenças entre Paulo e Cefas (Pedro) e os homens de Tiago, em Gl 2,11-14, e sua crítica aos superapóstolos, em 2Cor 11,5, têm modelado a imagem de Paulo como um solitário. No decorrer da história cristã, o estudo de Paulo tem levado teólogos de peso a propor desafios radicais ao pensamento dominante ou popular (Marcião, Agostinho [contra Pelágio], M. Lutero, K. Barth), e isso tem retrocedido para a imagem de Paulo. Contudo, existem perigos anacrônicos em tal retroversão; por exemplo, como o observou K. Stendahl, a luta de Lutero contra a culpa e o pecado não pode ser usada para interpretar a visão de Paulo em seu passado pré-cristão.[35] Gl 2,9 mostra Tiago, Cefas (Pedro) e João estendendo a mão direita em sinal de solidariedade a Paulo e 1Cor 15,3-11 traz Paulo unindo-se a Cefas, aos Doze, a Tiago e a todos os apóstolos em uma pregação e em uma crença comuns. Podemos perguntar-nos, pois, se, ao ver certa harmonia entre Pedro e Paulo (Atos; *I Clemente* 5,2-5) e ao expressar de modo benevolente os problemas de Pedro com Paulo (2Pd 3,15-16), as obras posteriores teriam simplesmente domesticado Paulo ou preservado validamente uma intuição de que ele não estava, de maneira hostil, isolado.[36]

4. *Paulo foi o criador de uma cristologia alta?* Em certos padrões do pensamento liberal, Jesus foi simplesmente um camponês judeu de tendência reformista, que criticou a hipocrisia e algumas das atitudes e instituições firmemente estabelecidas de seu tempo. Paulo, segundo se pretende, helenizou a memória, fazendo de Jesus o Filho de Deus; nesse sentido, Paulo foi deveras o fundador da religião cristã. Hoje, poucos expressam tão cruamente o contraste, mas permanece algo da tendência de tornar Paulo o arquiteto de uma cristologia alta. Isso é questionado no ponto central pela compreensão de que Paulo de forma alguma

---

[35] The apostle Paul and the introspective conscience of the West, HTR 56, 199-215, 1963, reeditado em seu *Paul among Jews, and gentiles and the other essays*, Philadelphia, Fortress, 1976, pp. 78-96. A condição pré-cristã de Paulo não deve ser interpretada como o "eu" de Rm 7,13-25 fosse autobiográfico, mas conforme Fl 3,6: "[...] quanto à justiça que há na Lei, irrepreensível".

[36] Outro modo de discutir esse ponto é trabalhar as imagens de Paulo no período pós-apostólico; cf. item 8, a seguir; BCALB; DE BOER, M. C. CBQ 42, 359-380, 1980; FURNISH, V. P. JBL 113, 3-17, esp. pp. 4-7, 1994.

criou títulos para Jesus como Filho de Deus ou Senhor (em sentido absoluto), pois estes tinham suas raízes no cristianismo palestinense (e até mesmo na fala semítica).[37] De fato, na exegese crítica centrista existe a tendência de ver considerável continuidade entre a cristologia do tempo de Jesus e a cristologia de Paulo (cf. BINTC).

5. *Qual é o centro da teologia de Paulo?* Apesar de concordarem em larga escala em que não se deve impor a Paulo os princípios organizacionais de uma teologia posterior, os estudiosos estão longe de um acordo sobre o tema-chave do pensamento paulino. A ênfase da Reforma na justificação por meio da fé ainda tem seus seguidores, como Käsemann, com modificações. F. C. Baur enfatizou a antítese entre carne humana e Espírito divino. Bultmann concede o impulso maior à antropologia, pois as afirmações paulinas concernentes a Deus relacionam a divindade aos seres humanos; assim, ele divide o pensamento de Paulo sob as denominações: "O ser humano antes da revelação da fé" e "O ser humano sob a fé". Um conceito de história da salvação é visto como central por muitos que não interpõem uma cunha afiada entre Paulo e o judaísmo.[38] Beker realça um contexto apocalíptico judaico: o evento Cristo como a consumação e fim da história. Fitzmyer prefere a linguagem "escatológica" à "apocalíptica", e fala de soteriologia cristocêntrica: Cristo crucificado e ressuscitado para nossa santificação. Todos têm seus elementos de verdade, conquanto compreendamos que se trata de juízos analíticos e provavelmente Paulo jamais tenha elaborado "o centro de sua teologia". Contudo, ele deveras expressou-se acerca de seu "evangelho", e o cristocentrismo é o que mais se lhe aproxima (cf. Rm 1,3-4; 4,24-25).

6. *Existe uma narração paulina central?* Em lugar de um tema teológico central, alguns estudiosos têm pensado numa narração. Assim como o judaísmo tinha uma história básica de como Deus escolheu e chamou Israel por meio de Moisés (uma história partilhada por fariseus, saduceus, essênios e extremistas

---

[37] Cf. WENHAM, D. *Follower of Jesus on founder of christianity*. Grand Rapids, Eerdmans, 1995. J. A. Fitzmyer, perito em aramaico, apresentou convincentes argumentos de que o hino pré-paulino filipense (Fl 2,6-11), com sua cristologia muito elevada, data dos anos 30 (cf. capítulo 20, n. 23).

[38] DAVIES, W. D. *Paul and rabbinic judaism*. 4. ed. London, SPCK, 1980. Por outro lado, o debate sobre a história da salvação está ligado à similaridade e à dissimilaridade entre o pensamento de Paulo e o apresentado em Lucas-Atos (*p. 446*). Paulo considerava a obra de Cristo um harmonioso prolongamento do que Deus realizara no judaísmo (uma história contínua da salvação) ou havia uma mudança apocalíptica, de modo que o que antes tinha valor agora era lixo?

nacionalistas), alguns suporiam logicamente que os cristãos tivessem uma história básica que recontaria como Deus escolheu Israel, recordando como Deus renovara o chamado mediante o ministério, crucifixão e ressurreição de Jesus. Certamente Paulo, quando chegava a um lugar, pregava a história de Jesus.[39] Conseqüentemente, não podemos avaliar o evangelho de Paulo com base em suas cartas, pois elas supõem a "história" sobre Jesus que ele contou quando foi pela primeira vez à comunidade destinatária, uma história difícil de reconstruir com base no que subjaz às cartas. Por diversas razões, essa "sensata" abordagem de Paulo é mais convincente do que qualquer apresentação segundo a qual ele era sistemático em seu pensamento.

7. *Que quis dizer Paulo com "justiça" e "justificação"?* Desde os tempos da Reforma, a justificação (*dikaiosynē*) tem sido um tema importante nos estudos paulinos. Conforme mencionado no item, alguns fazem dela o centro da teologia paulina, não obstante o tema encontrar-se notoriamente ausente em uma carta tão antiga como 1 Tessalonicenses.[40] (Talvez "justificação" não tenha sido a primeira formulação de Paulo a respeito do que aconteceu por meio de Cristo; pode representar a linguagem refinada nas batalhas com os judeu-cristãos missionários na Galácia.) Em numerosas passagens, Paulo fala da "justiça de Deus". Com a ajuda das provas de Qumrã, hoje é largamente reconhecido que essa expressão ecoa uma descrição apocalíptica judaica da gratuidade da aliança de Deus em um contexto de julgamento. Para Paulo, ela descreve a poderosa ação salvífica de Deus pela fé em Jesus Cristo. O outro lado da moeda é o efeito do evento Cristo: justificação (*dikaiōsis*; verbo: *dikaioun*, "justificar"), ou seja, o relacionamento dos seres humanos com Deus estabelecido pela benevolente e imerecida ação de Deus em Cristo: diante de Deus, são considerados não-culpados ou inocentes. O debate da Reforma sobre se Deus simplesmente declara as pessoas justificadas (posição usualmente identificada com a posição protestante) ou na verdade as

---

[39] Cf., com variações, WRIGHT, N. T. *The New Testament and the people of God.* Minneapolis, A/F, 1992; FOWL, S. E. *The story of Christ in the ethics of Paul.* Sheffield, JSOT, 1990. (JSNTSup, 36); HAYS, R. B. *The faith of Jesus Christ*; an investigation of the narrative substructure of Galation 3:1-4:11. Chico, CA, Scholars, 1983. (SBLDS, 56); WITHERINGTON, B. *Paul's narrative thought world.* Loisville, W/K, 1994.

[40] Essa ausência contribuiu para que F. C. Baur rejeitasse 1 Tessalonicenses como carta genuinamente paulina e P. Vielhauer nem sequer se refere a essa carta em seu artigo comparativo entre Paulo e Atos (cf. capítulo 10, n. 102). O advérbio *dikaiōs* é encontrado em 1Ts 2,10.

justifica ao transformá-las (posição católica) pode buscar uma particularização que está além do pensamento explícito de Paulo.[41]

8. *De que forma os escritos deuteropaulinos correspondem à imagem de Paulo?* Seis cartas estão envolvidas: 2 Tessalonicenses, Colossenses, Efésios, 1 e 2 Timóteo, Tito.[42] Se, de fato, não foram escritas por Paulo, são todas de autoria de discípulos paulinos, de modo que representam uma genuína continuidade? Pode a mudança de circunstâncias explicar diferenças de ênfase em relação às cartas autênticas de Paulo? O entusiasmo exagerado acerca do fim dos tempos pode explicar uma ênfase corretiva em 2 Tessalonicenses, enquanto Colossenses e até mesmo Efésios podem ser vistas como um desenvolvimento da visão pessoal de Paulo a respeito do corpo de Cristo, à luz de uma visão mais ampla da Igreja, por volta do fim do século. Alguns julgam a insistência na estrutura da Igreja, nas cartas pastorais, tão alheia aos interesses pessoais de Paulo que tais cartas deveriam ser consideradas um implante estranho. Contudo, a estrutura de comunidades estabelecidas, que lhes possibilitaria sobreviver, certamente era uma questão mais importante após do que durante a vida de Paulo. Assim, quão decisiva é a falha histórica de Paulo ao não interessar-se por isso? À primeira vista, o autor das pastorais considerou suas idéias tão afins às de Paulo que usou o nome do apóstolo. Temos provas suficientes para contradizer tal julgamento? Discussões ulteriores sobre esse ponto serão apresentadas nos capítulos 25 e 30.

Bibliografia sobre a vida, a teologia e a cronologia de Paulo

Paulo (em geral) e sua teologia[43]

ELLIS, E. E. *Paul and his recent interpreters*. Grand Rapids, Eerdmans, 1961.

FRANCIS, F. O. & SAMPLEY, J. P. *Pauline parallels*. Philadelphia, Fortress, 1975. Paralelos entre as cartas.

METZGER, B. M. *Index to periodical literature on the apostle Paul*. Grand Rapids, Eerdmans, 1960.

---

[41] Para ulterior discussão e bibliografia, cf. a subseção sobre justificação/justiça no capítulo 24 (Romanos).

[42] Dispostas em ordem ascendente de probabilidade de autoria não-paulina. Num extremo do leque, a defesa da autenticidade de 2 Tessalonicenses chega a 50% da crítica bíblica; no outro extremo, entre 80% e 90% rejeitam a autoria paulina das pastorais.

[43] Material para estudo (organizado tematicamente).

MILLS, W. E. *An index to periodical literature on the apostle Paul.* Leiden, Brill, 1993.

SABOURIN, L. Paul and his thought in recent research. *Religious Studies Bulletin* 2, 63-73, 117-131, 1982; 3, 90-100, 1983.

WEDDERBURN, A. J. M. ... Recent pauline christologies. ExpTim 92, 103-108, 1980-1981.

***

AAGESON, J. W. *Written also for our sake*; Paul and the art of biblical interpretation. Louisville, W/K, 1993.

BANKS, R. *Paul's ideas of community*; the early house churches. 2. ed. Peabody, MA, Hendrickson, 1994.

BARRETT, C. K. *Paul*; an introduction to his thought. Louisville, W/K, 1994.

BECKER, J. *Paul*; apostle to the Gentiles. Louisville, W/K, 1993.

BEKER, J. C. *Paul's apocalyptic gospel.* Philadelphia, Fortress, 1982.

_____. *Paul the Apostle.* 2. ed. Philadelphia, Fortress, 1984.

BORNKAMM, G. *Paul.* New York, Harper & Row, 1971. [Ed. bras.: Paulo, vida e obra. Petrópolis, Vozes, 1992.]

BRUCE, F. F. *Paul*; apostle of the heart set free. Exeter, Paternoster, 1984.

CERFAUX, L. *Christ in the theology of St. Paul.* New York, Herder & Herder, 1959.

_____. *The Church in the theology of St. Paul.* New York, Herder & Herder, 1959.

_____. *The christian in the theology of St. Paul.* New York, Herder & Herder, 1967.

CHICAGO STUDIES 24, #3, 1985. Número dedicado a Paulo.

COLLINS, R. F. *Proclaiming the epistles.* New York, Paulist, 1996. Pregações de Paulo baseadas no lecionário litúrgico.

CUNNINGHAM, P. A. *Jewish apostle to the Gentiles.* Mystic, CT, Twenty-Third, 1986.

DAHL, N. A. *Studies in Paul.* Minneapolis, Augsburg, 1977.

DAVIES, W. D. *Paul and rabbinic judaism* 4. ed. London, SPCK, 1980.

DIBELIUS, M. *Paul.* London, Longmans, 1953.

DODD, C. H. *The meaning of Paul for today.* London, Collins, 1958.

DONFRIED, K. P. & MARSHALL, I. H. *The theology of the shorter Pauline letters.* Cambridge, Cambridge Univ., 1993.

DRANE, J. W. *Paul*; libertine or legalist? London, PCK, 1975.

DUNGAN, D. L. *The sayings of Jesus in the churches of Paul.* Philadelphia, Fortress, 1971.

DUNN, J. D. G. Prolegomena to a theology of Paul. NTS 40, 407-432, 1994.

ELLIS, E. E. *Paul's use of the Old Testament*. Grand Rapids, Baker, 1957.

_____. *Pauline theology*; ministry and society. Grand Rapids, Eerdmans, 1989.

ENGBERG-PEDERSEN, T. (ed.). *Paul in his Hellenistic context*. London, Routledge, 1994.

EVANS, C. A. & SANDERS, J. A. (eds.). *Paul and the Scriptures of Israel*. Sheffield, JSOT, 1993. (JSNTSup, 83.)

FEE, G. D. *God's empowering presence*; the Holy Spirit in the letters of Paul. Peabody, MA, Hendrickson, 1994.

FITZMYER, J. A. *Paul and his theology*. 2. ed. Englewood Cliffs, NJ, Prentice Hall, 1989. Uma versão ampliada de NJBC, artigos 79 e 82.

_____. *According to Paul*. New York, Paulist, 1993.

FREED, E. D. *The apostle Paul, christian Jew*; faithfulness and Law. Lanham, MD, Univ. Press of America, 1994.

FURNISH, V. P. *Theology and ethics in Paul*. Nashville, Abingdon, 1968.

_____. Pauline studies. NTIMI 321-350. Bibliografia excelente.

_____. On putting Paul in his place. JBL 113, 3-17, 1994.

HANSON, A. T. *Studies in Paul's technique and theology*. London, SPCK, 1974.

HARRINGTON, D. J. *Paul on the mystery of Israel*. Collegeville, Liturgical, 1992.

HAWTHORNE, G. F. et al. *Dictionary of Paul and his letters*. Downers Grove, IL, Intervarsity, 1993.

HAYS, R. B. *Echoes of Scripture in the letters of Paul*. New Have, Yalen, 1989.

HENGEL, M. *The pre-christian Paul*. London, SCM, 1991.

JEWETT, R. *Paul the apostle to America*; cultural trends and pauline scholarship. Louisville, W/K, 1994.

JOHNSON, S. E. *Paul the apostle and his cities*. Wilmington, Glazier, 1987. (GNS, 21.)

KÄSEMANN, E. *Perspectives on Paul*. Philadelphia, Fortress, 1971.

KECK, L. E. *Paul and his letters*. 2. ed. Minneapolis, A/F, 1988.

LAMBRECHT, J. *Pauline studies*. Leuven, Peeters, 1994. (BETL, 115.)

LINCOLN, A. T. & WEDDERBURN, A. J. M. *The theology of the later pauline letters*. Cambridge, Cambridge Univ., 1993.

LÜDEMANN (LUEDEMANN), G. *Opposition to Paul in Jewish christianity*. Minneapolis, A/F, 1989.

LYONS, G. *Pauline autobiography*; toward a new understanding. Atlanta, Scholars, 1985. (SBLDS, 73.)

MARROW, S. B. *Paul*; his letters and his theology. New York, Paulist, 1986.

MARTIN, B. L. *Christ and the Law in Paul*. Leiden, Brill, 1989. (NovTSup, 62.)

MARTIN, R. A. *Studies in the life and ministry of the early Paul and related issues*. Lewiston, NY, Mellen, 1993.

MATLOCK, R. B. *Unveiling the apocalyptic Paul*. Sheffield, Academic, 1996. (JSNTSup, 127.)

MEEKS, W. A. *The writings of St. Paul*. New York, Norton, 1972.

_____. *The first urban christians*; the social world of the apostle Paul. New Haven, Yale, 1983. [Ed. bras.: *Os primeiros cristãos urbanos*; o mundo social do apóstolo Paulo, São Paulo, Paulus, 1992.]

MEINARDUS, O. F. A. *St. Paul in Ephesus and the cities of Galatia and Cyprus*. New Rochelle, NY, Caratzas, 1979.

_____. *St. Paul in Greece*. New Rochelle, NY, Caratzas, 1979.

_____. *St. Paul's last journey*. New Rochelle, NY, Caratzas, 1979. Estes três livros são breves e interessantes guias.

MUNCK, J. *Paul and the salvation of mankind*. Richmond, Knox, 1959.

MURPHY-O'CONNOR, J. *Becoming human together*; the pastoral anthropology of St. Paul. 2. ed. Wilmington, Glazier, 1982.

_____. *Paul*; a critical life. New York, Oxford, 1996 [Ed. bras.: *Paulo*; uma biografia crítica. São Paulo, Loyola, 2000.].

NEYREY, J. H. *Paul, in other words*; a cultural reading of his letters. Louisville, W/K, 1990. Leitura antropológica.

O'BRIEN, P. T. *Gospel and mission in the writings of Paul*. Grand Rapids, Baker, 1995.

PATTE, D. *Paul's faith and the power of the gospel*. Philadelphia, Fortress, 1983. [Ed. bras.: *Paulo, sua fé e a força do evangelho*; introdução estrutural às cartas de são Paulo. São Paulo, Paulus, 1987.]

PAULINE THEOLOGY. Minneapolis, A/F, 4 v.:

BASSLER, J. M. (ed.). *Thess, Phil, Gal, Phlm*. 1991, v. 1.

HAY, D. M. (ed.). *1 and 2 Corinthians*. 1993, v. 2.

JOHNSON, E. E. & HAY, D. M. (eds.). *Romans*. 1995, v. 3.

PENNA, R. *Paul the apostle*. Collegeville, Liturgical, 1996. 2 v. Exegético e teológico.

PORTER, S. E. & EVANS, C. A. (eds.). *The pauline writings*. Sheffield, Academic, 1995. Artigos importantes de JSNT.

RÄISÄNEN, H. *Paul and the Law*. Phildelphia, Fortress, 1983.

RAMSAY, W. M. *St. Paul the traveller and Roman citizen*. New York, Putnam, 1904. Um clássico.

RIDDERBOS, H. N. *Paul*; an outline of his theology. Grand Rapids, Eerdmans, 1975.

ROETZEL, C. J. *The letters of Paul*. 2. ed. Atlanta, Knox, 1985.

SANDERS, E. P. *Paul and Palestinian judaism*. Philadelphia, Fortress, 1977.

_____. *Paul, the Law, and the Jewish people*. Philadelphia, Fortress, 1983.

_____. *Paul*. New York, Oxford, 1991. (Past Masters.) Interessante, mais simples do que os outros.

SANDMEL, S. *The genius of Paul*. Philadelphia, Fortress, 1979. Visão judaica.

SCHMITHALS, W. *Paul and the gnostics*. Nashville, Abingdon, 1972.

SCHOEPS, H. J. *Paul*; the theology of the apostle in the light of Jewish religious history. Philadelphia, Westminster, 1961.

SCHREINER, T. R. *Interpreting the pauline epistles*. Grand Rapids, Baker, 1990. (GNTE.)

_____. *The Law and its fulfillment*; a pauline theology of Law. Grand Rapids, Baker, 1993.

SCHÜTZ, J. *Paul and the anatomy of apostolic authority*. Cambridge, Cambridge Univ., 1975. (SNTSMS, 26.)

SCHWEITZER, A. *Paul and his interpreters*. New York, Schocken, 1964; original alemão de 1911.

SEGAL, A. F. *Paul the convert*; the apostolate and apostasy of Saul the pharisee. (New Haven, Yale, 1990.

SOARDS, M. L. *The apostle Paul*; an introduction to his writings and teaching. New York, Paulist, 1987.

STENDAHL, K. *Paul among Jews and Gentiles and other essays*. Philadelphia, Fortress, 1976.

TAMBASCO, A. *In the days of Paul;* the social world and teaching of the apostle. New York, Paulist, 1991.

TAYLOR, M. J. *A companion to Paul*; readings in pauline theology. Staten Island, NY, Alba, 1975.

TAYLOR, N. H. *Paul, Antioch and Jerusalem*. Sheffield, JSOT, 1992. (JSNTSup, 66.)

THEISSEN, G. *Psychological aspects of pauline theology*. Philadelphia, Fortress, 1987.

THOMPSON, W. G. *Paul and his message for life's journey*. New York, Paulist, 1986.

TRILLING, W. *A conversation with Paul*. New York, Crossroad, 1987.

VAN UNNIK, W. C. *Tarsus or Jerusalem*; the city of Paul's youth. London, Epworth, 1962.

WATSON, F. *Paul, judaism, and the gentiles*. Cambridge Univ., 1986. (SNTSMS, 56.)

WHITELY, D. E. H. *The theology of St. Paul*. 2. ed. Philadelphia, Fortress, 1974.

WITHERINGTON, B. *Paul's narrative thought world*. Louisville, W/K, 1994.

ZIESLER, J. A. *Pauline christianity*. rev. ed. New York, Oxford, 1990.

Cronologia paulina

Buck Jr., C. H. & Taylor, G. *Saint Paul*; a study in development of his thought. New York, Scribner's, 1969.

Donfried, K. P. Chronology: New Testament. ABD 1.1011-1022, esp. 1016-1022.

Hurd, J. C. Pauline chronology and pauline theology: In: Farmer, W. R. et al. *Christian history and interpretation.* Cambridge, Cambridge Univ., 1967. pp. 225-248. (J. Knox Festschrift.)

Jewett, R. *A chronology of Paul's life.* Philadelphia, Fortress, 1979.

Knox, J. *Chapters in a life of Paul.* Nashville, Abingdon, 1950; rev. ed. Macon, Mercer, 1987.

Lüdemann (Luedemann), G. *Paul; apostle to the gentiles;* studies in chronology. Philadelphia, Fortress, 1984. Bibliografia excelente.

Murphy-O'Connor, J. Pauline missions before the Jerusalem Conference. RB 89, 71-91, 1982.

Ogg, G. *The chronology of the life of Paul.* London, Epworth, 1968.

Suggs, M. J. Concerning the date of Paul's Macedonian journey. NovT 4, 60-68, 1960-1961.

Capítulo 17

Apreciação de Paulo

Os dois capítulos anteriores oferecem informações gerais que possibilitarão ao leitor apreciar as cartas paulinas quando as examinarmos separadamente. Contudo, ao escrever aqueles capítulos, fiquei um tanto embaraçado, pois eles analisam exatamente o material que me deixou inquieto nos primeiros cursos sobre Paulo de que participei. Como estudantes, tínhamos de memorizar esquemas de cartas e traçar mapas das viagens de Paulo. Os professores passavam horas discutindo a cronologia paulina, se ele havia ido ao Sul da Galácia ou ao Norte da Galácia. Em meu magistério, cheguei à conclusão de que muitas daquelas coisas eram importantes; contudo, não me esqueci de que tal ênfase não despertava amor algum por Paulo e, pelo menos em alguns colegas de classe, mostrava-se um verdadeiro empecilho para saborear a herança que ele deixou. Os evangelhos despertavam atração espontânea, mas as cartas de Paulo exigiam penoso labor. Conseqüentemente, desejo oferecer um capítulo introdutório diferente, ou seja, centrado em uma apreciação desse homem que fez mais do que qualquer outro em seu tempo para levar as pessoas a perceber o que Jesus Cristo significou para o mundo.

A. Imagens de Paulo

Quais as imagens que Paulo evoca? A maioria dos quadros ou imagens mais conhecidas de Paulo é recriação imaginária de momentos dramáticos de Atos, mostrando Paulo sendo derrubado do cavalo sobre a estrada de Damasco, ou discutindo com os filósofos nos átrios de uma escola em Atenas, ou naufragando em sua viagem marítima para Roma. Ocasionalmente existe claro-escuro de um Paulo calvo escrevendo uma carta à bruxuleante luz de uma vela. O simbolismo comum de Paulo, com uma espada, faz eco à tradição de que ele foi martirizado, por decapitação, em Roma.

As palavras de Paulo não parecem ter alimentado a fantasia artística. Contudo, seus escritos são os mais autobiográficos do NT e, em toda a Bíblia, somente Jeremias se iguala a Paulo no autodesvelar-se. De modo particular, uma passagem cria imagens indeléveis:

> Muitas vezes vi-me em perigo de morte. Dos judeus recebi cinco vezes os quarenta golpes menos um. Três vezes fui flagelado. Uma vez, apedrejado. Três vezes naufraguei. Passei um dia e uma noite em alto-mar. Fiz numerosas viagens. Sofri perigos nos rios, perigos dos ladrões, perigos por parte de meus irmãos de estirpe, perigos dos gentios, perigos na cidade, perigos no deserto, perigos no mar, perigos dos falsos irmãos! Mais ainda: fadigas e duros trabalhos, numerosas vigílias, fome e sede, múltiplos jejuns, frio e nudez! E isto sem contar o mais: a minha preocupação cotidiana, a solicitude que tenho por todas as Igrejas. Quem fraqueja, sem que eu também me sinta fraco? Quem cai, sem que eu também fique febril? (2Cor 11,23-29).

A fim de avaliar a realidade terrível de tal descrição, os leitores modernos podem precisar de alguma informação histórica. Por exemplo, "numerosas viagens" oferece um vívido quadro mental se se compreendem as dificuldades que elas ensejavam.[1] Afirmou-se muitas vezes que a famosa malha de estradas romanas facilitou a expansão do cristianismo, e filmes sobre os tempos romanos mostram carruagens arrojando-se pelas estradas pavimentadas com pedra bruta. Sem dúvida Paulo, quanto pôde, tirou vantagem de tais estradas, mas em muitas regiões ele não dispunha de tal luxo. Ademais, o apóstolo era um artesão itinerante, que precisava lutar para conseguir dinheiro e comida; um veículo com rodas estava fora de suas posses. Viajar cavalgando era difícil, pois cavalos não eram usados para longas distâncias, e requeria-se habilidade para cavalgar (dada a ausência de selas e esporas que conhecemos). Provavelmente Paulo nem sequer podia ou queria gastar dinheiro com um asno para levar sua bagagem, pois os soldados eram inclinados a confiscar tais animais dos viajores, que não podiam oferecer

---

[1] Sirvo-me aqui livremente do artigo muito útil de J. Murphy-O'Connor, On the road and on the sea with St. Paul. BRev 1, #2, 38-47, 1985.

resistência. Temos, pois, de imaginar Paulo percorrendo as estradas a pé, levando suas limitadas provisões em um saco, caminhando no máximo trinta e dois quilômetros por dia.

Às vezes, quando ganhava algum dinheiro com sua habilidade em trabalhar peles, e seu esquema de viagem levava-o a uma hospedaria, Paulo podia alugar uma dormida — um lugar no chão, no pátio, perto do fogo ou, mais dispendiosamente, uma cama (provavelmente infestada de insetos), em um quarto afastado do pátio. Muitas vezes, porém, ele tinha de dormir em algum lugar perto da estrada, no frio, na chuva, na neve. Por ser homem pobre, teria sido facilmente vítima de bandidos, especialmente nas zonas rurais, que eram pouco controladas pela polícia. Viagens marítimas também não eram tão seguras. Em direção ao oeste, os ventos eram favoráveis, mas em direção ao leste eram perigosos; em qualquer direção, havia inúmeros naufrágios. Como passageiro, no convés de um barco de carga, comendo as limitadas provisões levadas a bordo, não viajava deveras de forma mais cômoda do que por terra.

As dificuldades não acabavam quando Paulo chegava ao destino pretendido. Hoje, os que percorrem as magníficas ruínas de uma cidade como Éfeso não podem deixar de reconhecer a grandeza e o poder da cultura greco-romana, incorporada a majestosos edifícios, santuários, templos e estátuas. No entanto, lá estava um judeu com uma mochila às costas que esperava desafiar tudo aquilo em nome de um malfeitor crucificado, diante do qual, proclamava ele, todo joelho no céu, na terra e nas profundezas deveria dobrar-se. O desprezo e a zombaria dos sofisticados gentios ante esse tagarela catador de idéias, narrados em At 17,18, soam verdadeiros. Ademais, os relatos de Atos, que dão conta de como ele foi levado ante os magistrados e jogado na prisão, lançam luz sobre a referência de Paulo a "perigos por causa dos gentios". Tais perigos poderiam ter sido suportáveis se os de sua própria "estirpe" (*genos*, "raça", "tronco"; 2Cor 11,26) lhe tivessem oferecido uma calorosa acolhida quando ele proclamou um Messias descendente de Davi. Todavia, tanto Atos quanto as cartas de Paulo descrevem luta e hostilidade. Paulo não possuía *status* para requerer espaço em um edifício público a fim de anunciar sua mensagem. At 16,13 mostra-o pregando em um lugar onde se fazia oração, à margem de um rio. Amiúde deve ter pregado nos lugares onde vivia e trabalhava, ou seja, nos cortiços-bodega das cidades maiores. Conforme Atos, ele encontrou o caminho dos encontros domésticos da sinagoga, onde várias vezes foi mal recebido (talvez porque se dirigia aos gentios e causava problemas?); isso é confirmado pelas cinco vezes que recebeu a punição das 39 chibatadas "dos judeus", um castigo associado à disciplina sinagogal. Paulo mesmo testemunha o fato de que suas pelejas não acabavam quando conduzia as pessoas à fé em Cristo. Ele dedica grande parte de Gálatas para contrapor-se a outros cristãos a quem ele considerava "falsos irmãos", porque solapavam seu trabalho tentando pregar outro evangelho. A correspondência com os coríntios também mostra vivamente sua preocupação com as igrejas.

B. Motivação de Paulo

Por que Paulo submeteu-se a toda esse "angústia"? Antes de um momento dramático, em meados dos anos 30 do século I d.C., Paulo estivera em paz com sua formação, consigo mesmo e com seu Deus. O estilo grego de suas cartas mostra que ele foi adequadamente educado na cultura greco-romana dominante. No que diz respeito à tradição judaica, ele afirma ter ido mais longe do que muitos de seus contemporâneos (Gl 1,14). Aparentemente, mantinha bons contatos com as autoridades religiosas da Palestina.[2] Quanto à observância religiosa, era irrepreensível (Fl 3,5-6). O que teria produzido tão drástica mudança, a ponto de tudo isso tornar-se tão-somente "lixo"? Atos 9,3-8 e Gl 1,12.16 oferecem uma explicação parcial: a Deus aprouve revelar a Paulo "seu Filho" Jesus Cristo. "[...] tudo considero perda, pela excelência do conhecimento de Cristo Jesus, meu Senhor" (Fl 3,8). Revelação e conhecimento, porém, não explicam adequadamente esse missionário arrojado, a "nova criatura" (para usar a própria linguagem de Paulo: 2Cor 5,17). Tampouco a especulação da ciência bíblica explica se essa revelação trouxe a compreensão imediata do que Cristo significava para os gentios, que podiam ser justificados sem a observância das obras da Lei. Algo bem mais significativo acontecera em nível pessoal.

Na revelação, Paulo, que já conhecia o amor demonstrado pelo Deus de seus ancestrais israelitas, descobriu um amor que ultrapassou sua concepção anterior. Ele sentiu-se "alcançado" por Jesus Cristo (Fl 3,12). Com admiração

---

[2] At 9,1-2 apresenta Paulo recebendo cartas do sumo sacerdote para as sinagogas de Damasco. Mesmo sem isso, podemos deduzir que sua perseguição à Igreja (Fl 3,6; Gl 1,13) dificilmente teria sido um empreendimento isolado.

Paulo exclama: "O Filho de Deus me amou e entregou-se por mim" (Gl 2,20). O que ele declara abertamente em Rm 8,35-37 deve ter sido pronunciado muitas vezes durante as tribulações descritas: "Quem nos separará do amor de Cristo? A tribulação, a angústia, a perseguição, a fome, a nudez, os perigos, a espada? [...] Mas em tudo isto somos mais que vencedores, graças àquele que nos amou". Esse amor tornou-se o fator propulsor da vida de Paulo, quando este chegou a entender quão abrangente era: [...] a caridade de Cristo nos compele, quando considerarmos que um só morreu por todos" (2Cor 5,14).

E como os seres humanos podem conhecer o amor de Cristo se não ouvirem falar dele? "E como poderiam ouvir sem pregador? E como podem pregar se não forem enviados?" (Rm 10,14-15). Destarte, a missão para os gentios, os quais, de outra forma não ouviriam, não é para Paulo uma conclusão abstrata, mas um inevitável traduzir em atos a abundância do amor que ele experimentara. Embora Paulo apresente argumentos para sua tese de que os gentios não estavam obrigados a aceitar o preceito da Lei quanto à circuncisão, seu argumento mais básico teria cunho existencial: eles deveriam conscientizar-se do amor manifestado por Deus em Cristo, e nada podia interpor-se a isso. A postura de Paulo perante a Lei, por amor aos gentios, fazia parte de seu ser tudo para todos, a fim de que todos pudessem ser salvos (1Cor 9,21-22).

As dificuldades encontradas na missão tornaram-se para Paulo mais do que meios a ser suportados por causa do fim. Se o amor de Deus foi manifestado na autodoação de Cristo, como o amor de Cristo poderia ser mostrado aos outros a não ser da mesma forma? "Tanto bem vos queríamos que desejávamos dar-vos não somente o Evangelho de Deus, mas até a própria vida, de tanto amor que vos tínhamos" (1Ts 2,8). Porque Paulo carregava em seu corpo a morte de Jesus, a vida de Jesus foi revelada (2Cor 4,10). "Se somos atribulados, é para vossa consolação e salvação" (2Cor 1,6). A fim de pôr fim às divisões em Corinto, Paulo oferece uma extraordinariamente comovente descrição do amor. Sua própria experiência é que o fez afirmar que de todos os dons ou carismas dados por Deus, "o maior é o amor" (1Cor 13,13). Na linguagem de 1Cor 13, a fim de anunciar um Cristo que incorporou o amor de Deus, Paulo tinha de ser paciente em seu amor e suportar todas as coisas. Em meio a desânimos, do amor de Cristo Paulo tirava esperança para todas as coisas, e tinha de ter certeza de que o que ardia nele era o amor de Cristo, não buscando seu próprio interesse nem guardando rancores. Em resposta ao amor de

Deus, pelo qual "Cristo morreu por nós quando ainda éramos pecadores" (cf. Rm 5,8), foi preciso que Paulo se alegrasse quando, até mesmo por aqueles que procuravam prejudicá-lo, o Cristo era proclamado (Fl 1,17-18).

Nos capítulos que se seguem, discutiremos se e quando Paulo escreveu cada carta; se algumas delas resultam da colagem de várias cartas, se ele foi para o Norte da Galácia ou somente ao Sul da Galácia. Tentaremos deslindar o que Paulo quis dizer precisamente com justificação e justiça de Deus; se "a fé de Cristo" significa a fé em Cristo ou a fé do próprio Cristo. Mas nossas reflexões sobre esses tópicos precisam ser comprovadas pela subjacente consciência de que Paulo rangeria os dentes se alguém pensasse que qualquer um deles fosse apenas lixo em comparação com a experiência do todo-compassivo amor de Cristo, o objetivo para o qual ele devotou toda hora de vigília. Quanto ao seu próprio valor, embora seja lembrado, ainda hoje, como o mais zeloso anunciador de Cristo no NT, ele lembraria a seus admiradores: "Sou o menor dos apóstolos, nem sou digno de ser chamado apóstolo [...]. Mas pela graça de Deus sou o que sou; e sua graça a mim dispensada não foi estéril" (1Cor 15,9-10). Por causa daquela graça, ele não podia ser derrotado: A força superior vem de Deus e não de nós. "Somos atribulados por todos os lados, mas não esmagados; postos em extrema dificuldade, mas não vencidos pelos impasses; perseguidos, mas não abandonados; prostados por terra, mas não aniquilados" (2Cor 4,7-8).

C. Herança viva de Paulo

Um componente importante na apreciação de Paulo é a herança que ele deixou: aqueles que ele trouxe para Cristo; suas cartas; seus discípulos e o que estes escreveram.

Aqueles que Paulo trouxe para Cristo. Conforme explicado no capítulo 15, as ações de graças fazem parte do formato-padrão das cartas desse período, mas Paulo tem suas peculiaridades. Com certeza ele seguiu tanto seu coração quanto a forma, ao dar graças por aqueles que tinham sido escolhidos para experimentar o amor de Deus em Cristo como ele experimentara, de modo que não lhes faltava nenhum bem espiritual (1Cor 1,7). Eles eram sua esperança, sua alegria, sua coroa, as estrelas de seu universo (1Ts 2,19-20; Fl 2,15). A fé deles o confortava; podia, pois, dizer: "Agora estamos reanimados, porque estais firmes no Senhor"

(1Ts 3,8); "Deus me é testemunha de que vos amo a todos com a ternura de Cristo Jesus" (Fl 1,8). Paulo era o pai deles em Cristo Jesus (1Cor 4,15; 1Ts 2,11); padecia dores de parto, como uma mãe, até que Cristo se formasse neles (Gl 4,9), e era tão gentil com eles como uma mãe carinhosa (1Ts 2,7). Eles eram seus irmãos e irmãs. De fato, ele podia chamar os filipenses (Fl 1,7) de parceiros no evangelho. Eles completavam sua alegria por serem unânimes sobre o Cristo, unidos de coração no mesmo amor (Fl 2,2.5).

Paulo podia, às vezes, mostrar-se áspero: repreendeu amargamente os gálatas e chamou-os de tolos (Gl 3,1); advertiu os coríntios de que, ao voltar, não seria tolerente (2Cor 13,2). Contudo, insistia: "[...] vos escrevi em meio a muitas lágrimas, não para vos entristecer, mas para que conheçais o amor transbordante que tenho para convosco" (2Cor 2,4). Podia até lançar um desafio que bem poucos outros na história cristã ousaram: "Sede meus imitadores, como eu mesmo o sou de Cristo" (1Cor 11,1; também 4,16); e muitos dos destinatários encontraram Cristo em Paulo: "Vós vos tornastes imitadores nossos e do Senhor" (1Ts 1,6). Que essa reivindicação não era arrogância solipsista pode ser visto na reação indignada de Paulo quando alguns coríntios confundiram a adesão a ele com a adesão a Cristo: "Paulo teria sido crucificado em vosso favor?" (1Cor 1,13). Embora Paulo tivesse falhas, o duradouro amor de seus conversos e a gratidão destes pelo que ele revelara de Cristo eram a paga mais importante de seu apostolado.

As cartas de Paulo. Nenhum outro seguidor de Jesus do tempo do NT deixou um testemunho escrito comparável ao de Paulo. Na verdade, Lucas-Atos (cerca de 37.800 palavras) são mais extensos do que as treze cartas atribuídas a Paulo (32.350 palavras); mas praticamente desconhecemos o autor lucano, ao passo que a personalidade de Paulo está presente em suas cartas. Ele afirma não ser dado à oratória: "Minha palavra e minha pregação nada tinham de linguagem persuasiva da sabedoria" (1Cor 2,4; 2Cor 11,6); contudo, ironicamente, é moda corrente na exegese despender considerável esforço para detectar a forma de oratória grega que ele empregou. Para os leitores comuns, porém, tal classificação contribui pouco para a apreciação de Paulo, pois quer ele seja julgado pela sua autodepreciação (não adepto da oratória), quer pelos padrões aristotélicos (usando técnicas de oratória), o modo segundo o qual comunica seu amor por Cristo é inesquecível. Em toda a biblioteca do cristianismo é difícil igualar sua apaixonada eloqüência. Ao que já foi citado, podemos acrescentar as seguintes amostras:

"De fato, pela Lei morri para a Lei, a fim de viver para Deus. Fui crucificado junto com Cristo. Já não sou eu que vivo, mas é Cristo que vive em mim" (Gl 2,19-20); "Pois para mim o viver é Cristo, e o morrer é lucro" (Fl 1,21); "Pois não quis saber outra coisa entre vós a não ser Jesus Cristo, e Jesus Cristo crucificado" (1Cor 2,2); "Quanto a mim, não aconteça gloriar-me, senão na cruz de nosso Senhor Jesus Cristo, por quem o mundo está crucificado para mim e eu para o mundo" (Gl 6,14); "Pois, em Cristo Jesus, nem a circuncisão tem valor, nem a incircuncisão, mas apenas a fé agindo pela caridade" (Gl 5,6); "Pois estou convencido de que nem a morte nem a vida, nem os anjos nem os principados, nem o presente nem o futuro, nem os poderes, nem a altura, nem a profundeza, nem qualquer outra criatura poderá nos separar do amor de Deus manifestado em Cristo Jesus, nosso Senhor" (Rm 8,38-39). Essa maneira de falar tem sido um fator decisivo na contínua admiração de Paulo por parte de leitores em lugares e tempos que ele jamais teria imaginado.

Os discípulos de Paulo e os escritos deles. Paulo era um homem muito emotivo e de temperamento intempestivo. Deve ter sido também capaz de fomentar profunda amizade, pois suas cartas dão prova de extraordinária lealdade da parte de um vasto elenco de personagens.[3] Timóteo, Tito e Silvano, durante vários anos, levaram cartas e mensagens de Paulo, agindo às vezes como embaixadores em circunstâncias muito difíceis; aparentemente, a devoção deles jamais foi questionada. Áquila e Priscila (Prisca) estavam dispostos a levantar tendas e mudar-se com Paulo de Corinto para Éfeso e, a seguir, partir para Roma, antecipando-se à chegada dele. O escravo Onésimo apegou-se a Paulo a ponto de ofender seu mestre (Filêmon), e tanto Onésimo quanto a mulher-diácono Febe (a quem Paulo considerava uma "irmã": Rm 16,1-2) foram calorosamente recomendados pelo apóstolo.

Além daqueles e de outros discípulos e companheiros nominados, uma duradoura apreciação de Paulo provém da pena daqueles que permaneceram no anonimato enquanto escreviam sobre ele ou em nome dele. O autor de Atos (Lucas?)

---

[3] Para uma lista completa, cf. E. E. ELLIS, em *Dictionary* of Paul and his letters, de G. F. Hawthorne (Downers Grove, IL, Intervarsity, 1993, p. 183-189). Um ponto digno de nota: conhecemos uma grande variedade de personagens, com os respectivos nomes, em torno de Jesus e de Paulo; em todo o corpo dos MMM, porém, parece que não há nome de nenhum membro da comunidade, nem mesmo de seu fundador. Tanto no sentido estrito quanto no sentido amplo da palavra, o evangelho estava "encarnado" em pessoas.

tem sido muitas vezes criticado por não entender plenamente a teologia de Paulo, por realçar temas que não eram paulinos (história da salvação), por simplificar a carreira do apóstolo e por evitar muitas das controvérsias da vida deste. Não deveríamos subestimar, porém, o extraordinário tributo que "Lucas" pagou ao devotar a Paulo metade de seu livro, narrando a expansão do cristianismo. Quer Paulo tenha tido importância na avaliação dos cristãos não-paulinos, quer não, Atos colocou Paulo ao lado de Pedro no "panteão" cristão, para sempre, como as duas figuras mais importantes no seguimento de Jesus. Em seus próprios escritos, Paulo fala da revelação de Deus do Filho divino "para que eu o evangelizasse entre os gentios" (Gl 1,16). Mas o cristianismo subseqüente teria entendido todas as ramificações daquele plano sem a dramatização de Atos, que começou a história de Paulo em Jerusalém, a capital judaica, e o levou a Roma, a capital gentia, onde falou de forma definitiva sobre a direção futura do cristianismo rumo aos gentios? Mais uma vez, Atos configurou de maneira indelével as viagens, os aprisionamentos e as aflições por que o apóstolo passou. Paulo diz: "Para os judeus, fiz-me judeu, a fim de ganhar os judeus. [...] Para os que vivem sem a Lei, fiz-me como se vivesse sem a Lei [...] para ganhar os que vivem sem a Lei" (1Cor 9,20-21). Graficamente, Atos corporifica essa adaptabilidade nos diversos sermões atribuídos a Paulo: quando se dirige a uma sinagoga (At 13,15-41), grande parte daquilo que Paulo diz provém do AT; quando se acha no centro do areópago ateniense (At 17,22-31), ele não apenas usa um grego mais literário, mas também cita os filósofos. O último discurso de Paulo, dirigido aos anciãos de Éfeso (At 20,17-38), resume maravilhosamente sua carreira e capta o terno amor que seus convertidos tinham por ele. Os próprios escritos paulinos podem ser notavelmente autobiográficos, mas a biografia em Atos contribuiu enormemente para essa imagem.

Uma grande homenagem a Paulo proveio dos discípulos que, em seu nome, escreveram a pseudônima literatura protopaulina (cf. capítulo 25).[4] Aparentemente, meia dúzia de autores considerara o apóstolo, mesmo depois de sua morte,

---

[4] Poder-se-ia estender a influência paulina mais além. A referência a "nosso irmão Timóteo" em Hb 13,23 trouxe aquele escrito ao campo paulino, e pela maior parte da Igreja foi atribuída a Paulo. Em muitas instâncias teológicas, 1 Pedro aproxima-se do pensamento paulino; conforme veremos, alguns críticos (erroneamente, em minha opinião) situam aquele escrito na escola paulina, e não na petrina. 2Pd 3,15-16 testemunha a influência dos escritos de "nosso amado irmão Paulo". Tg 2,24 demonstra preocupação pela circulação de uma fórmula paulina mal entendida. Alguns chegam a atribuir o formato epistolar de Ap 2–3 ao modelo paulino.

uma permanente autoridade a falar às Igrejas na última terça parte do século I. Por exemplo, 2 Tessalonicenses mostra Paulo enfrentando o grande mal do fim dos tempos e reconfirmando seus conversos. A vida de Paulo entre eles continuava a ser um modelo que eles deveriam imitar: "Portanto, irmãos, ficai firmes; guardai as tradições que vos ensinamos oralmente ou por escrito" (2Ts 2,15).

Ainda mais impressionante é a contribuição do autor de Colossenses. Mestre de gracioso estilo litúrgico, com profundidade desenvolve temas paulinos de cristologia, eclesiologia e escatologia. Os estudiosos discutem a autêntica tonalidade paulina de algumas das magníficas afirmações de Colossenses. Talvez uma questão mais significativa seja se Paulo não teria ficado contente por tê-las incorporado em sua herança. Durante sua vida, Paulo pensou sobretudo em Igrejas locais; mas, juntamente com Colossenses, não teria ele sentido a necessidade de aplicar suas idéias à visão mais ampla de Igreja que ora se desenvolvia? Seja como for, a contínua influência de Paulo está maravilhosamente ilustrada no apelo a seus sofrimentos em Cl 1,24 — um apelo tanto mais impressivo se Paulo já estava morto ("embora esteja ausente no corpo, no espírito estou convosco" [2,5], num sentido mais profundo). O uso por Paulo de "mistério" e "corpo" inspirou em Colossenses um exuberante desenvolvimento desses motivos, e os conselhos de Paulo sobre os problemas domésticos do esposo, da esposa e do escravo foram sistematizados e remodelados num código familiar (Cl 3,18–4,1). O hino em Cl 1,15-20 é um companheiro digno daquele oferecido pelo próprio Paulo em Fl 2,5-11.

Provavelmente Efésios, embora semelhante a Colossenses, foi a contribuição de outro admirador, o mais talentoso dos discípulos escritores de Paulo. Notamos a apaixonada eloqüência de Paulo sobre Cristo. Correspondente a ela são as palavras atribuídas a Paulo em Ef 3,8 — "A mim, o menor de todos os santos, me foi dada esta graça de anunciar aos gentios a insondável riqueza de Cristo" — e em Ef 3,17-19: "[...] que Cristo habite pela fé em vosso coração e que sejais arraigados e fundados no amor [...] para conhecer o amor de Cristo que excede todo conhecimento, para que sejais plenificados com toda a plenitude de Deus". Se Paulo professava que ao nome do Jesus exaltado todo joelho deveria dobrar-se no céu, na terra e no abismo (Fl 2,9-10), igualmente majestosa é a descrição em Ef 1,20-21 daquilo que Deus "fez operar em Cristo, ressuscitando-o de entre os mortos e fazendo-o assentar à sua direita nos céus, muito acima de [...] todo nome que se possa nomear não só neste século, mas também no vindouro". Ao enfatizar o tema de "um" (corpo, pão, espírito, mente: 1Cor 10,17; Fl 1,27; Rm 12,5), Paulo jamais alcança a grandeza da descrição que motivou em Ef 4,4-6: um só corpo, um só Espírito, uma só esperança, um só Senhor, uma só fé, um só batismo, um só Deus e Pai de todos. Imitar o mestre é uma forma de apreciação; inspirar-se nele para ir mais além é uma contribuição ainda maior à sua herança.

As cartas pastorais (Tito, 1 e 2 Timóteo) às vezes têm sido descartadas como indignas do *corpus* paulino por causa de sua preocupação rasteira com a estrutura da Igreja, diatribes contra os perigos heréticos e degradação da mulher. Certamente o escritor (ou escritores) não teve a elegância de alguns dos deuteropaulinistas antes discutidos. No entanto, a verdadeira preocupação que levou tais cartas a ser chamadas de "pastorais" é fiel a Paulo, e ele poderia ter-se tornado mais sistemático se tivesse enfrentado a perigosa desintegração da Igreja no final do século. Ademais, o menosprezo geral não faz justiça a algumas passagens admiráveis, por exemplo, a linguagem hínica de Tt 3,4-7; 1Tm 3,16; 6,15-16, e a comovente "confiante (fidedigna) mensagem" de 1Tm 1,15: "Cristo Jesus veio ao mundo para salvar os pecadores, dos quais eu sou o primeiro". Existe uma captação deveras admirável do espírito paulino em 2 Timóteo (a última obra escrita do *corpus*?). Quem esperaria um epitáfio mais pungente do que: "Combati o bom combate, terminei a minha carreira, guardei a fé. Desde já me está reservada a coroa da justiça, que me dará o Senhor, justo Juiz, naquele Dia" (2Tm 4,7)? E a herança continua, pois Paulo preparou uma nova geração que pode ser tão eficiente quanto ele: "[...] exorto-te a reavivar o dom espiritual que Deus depositou em ti [...]. Pois Deus não nos deu espírito de medo, mas em espírito de força, de amor e de sobriedade" (2Tm 1,6-7).

Além dessa homenagem, o autor de 2 Timóteo compreende que o legado do grande pregador, apóstolo e mestre (2Tm 1,11) não depende de uma geração ou duas de discípulos. Em 2Tm 2,8-9, ouve-se Paulo dizer que está sofrendo em cadeias por causa do evangelho; então ele exclama confiantemente: "Mas a palavra de Deus não está algemada". O dom definitivo de Paulo é ter anunciado um evangelho que tinha um enorme poder em si mesmo e, portanto, não podia ser aprisionado nem silenciado, mesmo quando seus anunciadores o eram. Os leitores que se recordarem do *apóstolo cuja pregação desencadeou o evangelho* não permitirão que a mensagem paulina seja soterrada sob os detalhes à medida que considerarmos os treze escritos neotestamentários que trazem o nome de Paulo.

# Capítulo 18

Primeira carta aos Tessalonicenses

Por ser o escrito cristão mais antigo conservado, esse documento tem um significado especial até mesmo fora do *corpus* paulino. No *corpus*, 1 Tessalonicenses tem sido negligenciada, às vezes, porque não trata o grande tema paulino da justificação pela fé, independentemente das obras da Lei. Contudo, tal atitude mesma suscita problemas da teologia paulina dos quais os leitores foram advertidos no capítulo 16. Pode nossa avaliação da importância de uma carta paulina ser independente da relação da carta com a situação vital para a qual e na qual foi composta? Não está a expressão do pensamento paulino modelada pelas necessidades de uma comunidade particular (talvez, nesse caso, ainda não afetada pela polêmica sobre as obras da Lei)? Ora, se houve crescimento no pensamento de Paulo, poderíamos estar aqui ouvindo um Paulo mais jovem — ainda bem próximo de suas experiências na Igreja de Antioquia, mas não ainda afiado pela crise gálata, que levou o problema da justificação ao proscênio de seu pensamento (capítulo 10, n. 102)? As perguntas apenas suscitadas implicam que um tratamento introdutório do Contexto no qual Paulo lida com seus destinatários é importante para compreender 1 Tessalonicenses (ou, na verdade, qualquer carta paulina). A seguir, a Análise geral da mensagem oferecerá uma orientação à medida que os leitores percorrerem o texto da carta, e outras subseções abrangerão Temas e problemas para reflexão e Bibliografia.

Contexto

Paulo, juntamente com Silas e Timóteo,[1] havia atravessado a província da Ásia (Ásia Menor ou a atual Turquia) em direção à Macedônia (Europa, Grécia

---

[1] E o "companheiro nós" de At 16,10ss, o qual, aparentemente, não era um deles; cf. *pp. 449-450*.

setentrional, atualmente), por volta do ano 50 d.C. Em um período relativamente curto, ele teria passado da Macedônia para a Acaia (Grécia meridional), parando em Filipos, Tessalônica, Beréia, Atenas e Corinto. Talvez missões de Jerusalém já tivessem levado o nome de Cristo à Europa;[2] contudo, para Paulo, esse era um passo importante na proclamação do evangelho, e seus cuidados, nos anos futuros, freqüentemente seriam dirigidos às Igrejas fundadas na evangelização da Grécia.

Sua primeira pregação foi em Filipos, onde "sofreu e foi insultado" (1Ts 2,2).[3] A seguir, prosseguindo uns 160 quilômetros em direção oeste, ao longo da Via Egnácia, a grande estrada romana que cruza a Grécia setentrional, Paulo e seus companheiros chegaram a Tessalônica,[4] onde proclamaram o evangelho "não somente com palavras, mas com grande eficácia no Espírito Santo e com toda a convicção" (1Ts 1,5). Não se sabe quanto tempo o apóstolo permaneceu lá. Em um quadro resumido e altamente estilizado, At 17,2 menciona três sábados consecutivos na sinagoga;[5] a seguir, indica um ministério centrado em torno da casa de Jasão (At 17,5-9), seguido de uma partida às pressas. Além de pregar, Paulo (1Ts 2,9) recorda que trabalhou noite e dia, de modo que não fosse um fardo financeiro; em Fl 4,16, ele recorda que os filipenses enviaram-lhe dinheiro diversas vezes para Tessalônica — uma informação que sugere mais do que uma permanência de algumas semanas.

---

[2] Cf. capítulo 24, para a data da fundação cristã em Roma. Uma nítida distinção entre a Ásia e a Europa não é atestada na literatura desse período; contudo, At 16,9-10 dramatiza o significado de continuar em direção à Macedônia, em vez de permanecer na Ásia.

[3] Cf. Contexto, no capítulo 20, para o relato das atividades de Paulo em Filipos, que implicaram desnudamento, espancamento e aprisionamento.

[4] Fundada em 316 a.C., por Cassiandro (um general de Alexandre Magno), que lhe deu o nome de sua mulher, Tessalônica, essa importante cidade comercial estivera sob o controle romano desde 168 a.C. A população local fora deportada e, em 146 a.C., Tessalônica tornou-se a capital da província romana da Macedônia.

[5] At 17,2 *não* afirma que toda a estada de Paulo em Tessalônica teve a duração de três semanas, embora alguns incrementem o atrito entre as cartas de Paulo e Atos interpretando dessa forma. O fato de o autor de Atos saber que as autoridades tessalonicenses locais eram magistrados (At 17,6.8), uma designação confirmada pelas inscrições descobertas ali, deveria precaver contra uma eliminação sumária do relato de Atos sobre a estada de Paulo em Tessalônica como inteiramente inexato.

Informações básicas

DATA: o documento cristão mais antigo preservado: 50 ou 51, na cronologia tradicional, durante a (segunda) viagem missionária de Paulo, empreendida depois do encontro em Jerusalém (ou 41-43, na cronologia revisionista,* antes do encontro em Jerusalém).

PROCEDÊNCIA: Corinto, alguns meses depois da pregação de Paulo em Tessalônica.

DESTINATÁRIOS: os cristãos de Tessalônica, provavelmente de origem mista — gentios e judeus.

AUTENTICIDADE: hoje, não seriamente questionada.

UNIDADE: um pequeno número de respeitáveis estudiosos (como W. Schmithals) propôs que duas cartas foram conjuminadas para formar 1 Tessalonicenses, mas a unidade é confirmada pela absoluta maioria.

INTEGRIDADE: a autoria paulina de 1Ts 2,13-16 é vigorosamente afirmada pela maioria; cf. Temas e problemas para reflexão, 2. Alguns consideram 1Ts 5,1-11 uma adição à carta.

DIVISÃO FORMAL

A. Fórmula introdutória: 1,1
B. Ação de graças: 1,2-5 ou 1,2-10; ou uma ação de graças mais longa: 1,2–3,13, subdividida em primeira (1,2–2,12) e segunda (2,13–3,13)
C. Corpo: 2,1–3,13 (ou 1,6–3,13): indicativo paulino (relacionamento com os tessalonicenses)
   4,1–5,22: imperativo paulino (instruções, exortações)
D. Fórmula conclusiva: 5,23-28.

DIVISÃO CONFORME O CONTEÚDO

1,1-10:	Endereço/saudação e ação de graças
2,1-12:	Comportamento de Paulo em Tessalônica
2,13-16:	Ulterior ação de graças pela recepção do evangelho
2,17–3,13:	Missão de Timóteo e o relacionamento atual de Paulo com a Igreja tessalonicense
4,1-12:	Admoestações e exortações éticas
4,13–5,11:	Instruções sobre a parusia
5,12-22:	Instruções sobre a vida da Igreja
5,23-28:	Bênção, saudação conclusiva (com um beijo, cf. pp. 560-561)

* Para as duas cronologias, cf. quadro 6, no capítulo 16

Tessalônica tinha uma comunidade judaica, marcada, porém, pela multiplicidade de cultos, reflexo da mistura da população. Dados arqueológicos e históricos indicam lugares para o culto ao panteão romano e ao imperador,[6] bem como uma multidão de divindades orientais, como Cabiras (*Kábeiroi*), Ísis, Serápis e Osíris. A carta que Paulo escreve de volta a seus convertidos de Tessalônica,

---

[6] Cf. HENDRIX, H. L. *Thessalonicans honor Romans*. Cambridge, MA, Harvard, 1984 (ThD Dissertation). A deusa Roma e os benfeitores políticos romanos eram interligados no culto. Construíra-se um templo para César e, já por volta de 27 a.C., moedas tessalonicenses retratavam Júlio como um deus.

que "romperam com a veneração de falsos deuses" (cf. 1Ts 1,9) indica que havia gentios e (1Ts 4,1) que a maioria pertencia à classe trabalhadora. At 17,4 pode não ser demasiado inexato, pois, ao narrar que em Tessalônica, embora Paulo pregasse primeiro na sinagoga, convertendo alguns que o escutaram ali, declara que no final das contas ele atraiu muitos tementes a Deus e gentios.[7] Da mesma forma, a profissão de Paulo como fabricante de tendas e coureiro tê-lo-ia levado a entrar em contato com gentios que ganhavam a vida da mesma maneira. (Atos provavelmente menciona apenas as pessoas mais importantes.) Em 1Ts 2,2, Paulo fala de "grandes lutas" em Tessalônica. Isso pode relacionar-se a At 17,5-10, em que o êxito de Paulo com os gentios irritou um grupo de judeus que, por sua vez, incitou as multidões da praça do mercado contra ele, obrigando-o a fugir da cidade com Silas. Tal partida às pressas, forçada, deixando as coisas inacabadas, poderia explicar por que Paulo escreveu-lhes pouco tempo depois que havia partido (1Ts 2,17) e seu intenso desejo de voltar a visitá-los, de modo que, estando impedido (1Ts 2,18), enviou Timóteo de volta de Atenas para Tessalônica[8] a fim de evitar que os cristãos ali fossem desestabilizados pelas dificuldades (1Ts 3,2-5) e por aquilo que eles estavam sofrendo da parte dos "conterrâneos" (2,14-15). Quais eram essas dificuldades e sofrimentos? Não é improvável que a oposição enfrentada por Paulo, seja da parte dos judeus, seja da parte dos gentios, tenha continuado depois de sua partida e perturbado seus convertidos.[9] Presumivelmente, os "conterrâneos" aos quais ele alude eram gentios; contudo, Paulo tam-

---

[7] Muitos rejeitam a informação de Atos, segundo a qual alguns dos convertidos eram judeus. Contudo, é difícil imaginar que alguns não o tenham sido, de modo que é exatidão exagerada argumentar, com base em 1 Tessalonicenses, que *todos* os cristãos tinham de ser gentios. Via de regra, fica-se preso entre a tendência de Atos de estabelecer um padrão fixo do ministério paulino na sinagoga e o uso cético exagerado do argumento de silêncio, proveniente da falta de menção aos judeus, por parte de Paulo. Para a aplicação de 1Ts 1,9-10 à situação local de Tessalônica, cf. MUNCK, J. NTS 9, 95-110, 1962-1963.

[8] Esse itinerário de Timóteo (de Atenas para Tessalônica) difere do quadro sumário de At 17,14-15, em que Silas e Timóteo permaneceram em Beréia, enquanto Paulo foi para Atenas. Finalmente, de acordo com At 18,1.5, Paulo prosseguiu de Atenas para Corinto, onde Silas e Timóteo juntaram-se a ele. Segundo 1Ts 1,1, Silvano e Timóteo estavam com Paulo (em Corinto) quando ele escreveu a carta.

[9] De acordo com At 17,5-9, Jasão, que ofereceu hospitalidade a Paulo, foi arrastado para diante das autoridades da cidade e obrigado a pagar fiança ou garantia. Ao que parece, era um judeu rico — o nome originou-se de um sumo sacerdote judeu em 2Mc 4,7. Se Jasão é a figura mencionada em Rm 16,21, finalmente ele foi a Corinto (de onde Romanos foi escrita), talvez sob constantes tribulações depois da partida de Paulo. Cf. MORGAN-GILLMAN, F. Jason of Thessalonica. TTC 39-49.

bém compara os sofrimentos dos cristãos tessalonicenses com o que as Igrejas de Deus, na Judéia, sofreram por parte dos judeus que mataram o Senhor Jesus e os profetas. No quadro do evangelho, as autoridades judaicas perpetraram a morte de Jesus com a colaboração do oficial romano, do mesmo modo que, conforme At 17,5-6.13, alguns judeus, em Tessalônica, açularam contra Paulo os vagabundos de rua e os magistrados (presumivelmente gentios). Com esse pano de fundo do relacionamento entre Paulo e os cristãos tessalonicenses, o que o apóstolo diz na carta escrita logo depois que pregou a eles?

Análise geral da mensagem

Visto que o pensamento de Paulo oscila para frente e para trás na carta, não tentarei uma análise puramente seqüencial.[10] Ao contrário, permitam-me sugerir que os leitores percorram 1 Tessalonicenses rapidamente, para ter uma impressão geral do conteúdo, o que possibilitará perceber a utilidade desta análise, que realça os tópicos principais.

Paulo gostava dos tessalonicenses. Dirigiu-se a eles como a seus "irmãos" (= irmãos e irmãs) catorze vezes — proporcionalmente à extensão da carta trata-se de um uso intenso. Um dos modos de traduzir 1Ts 2,8 é: "Tendo sido separados de vós, estamos dispostos a partilhar convosco não somente o evangelho de Deus, mas também nossa própria vida". Às vezes Paulo lisonjeia benevolamente seus destinatários, mas temos a impressão de que ele ficou deveras aliviado quando Timóteo voltou (em Corinto) com as boas notícias de que os cristãos tessalonicenses não tinham fraquejado nas aflições (1Ts 3,3) e permaneciam firmes no Senhor (1Ts 3,6-8). "Como poderíamos agradecer a Deus por vós, pela alegria que nos destes diante de nosso Deus?" (1Ts 3,9). De fato, eles parecem ter assumido o desafio de espalhar a fé em Cristo fazendo a palavra do Senhor ressoar fortemente alhures na Macedônia e na Grécia (Acaia; 1Ts 1,7-8; cf. 4,10). Assim, Paulo, que não pode ir até eles logo e talvez agora sinta menos necessidade de fazê-lo, está em condições de escrever essa amigável carta na qual existe estímulo para pro-

---

[10] No quadro com as Informações básicas, apresento duas divisões. A primeira é formal, de acordo com o padrão do formato carta, explicado no capítulo 15, mas, em Temas e problemas para reflexão, 1, a seguir, mostrarei como é difícil aplicar tal padrão a 1 Tessalonicenses. A segunda divisão obedece ao conteúdo, o que demonstra complicações no fluxo do pensamento de Paulo.

gredir (1Ts 4,10), mas pouca reprovação[11] expressa ou novas instruções importantes. De fato, ao longo de quase toda a carta, usando um estilo de oratória, Paulo é capaz de fazer apelos àquilo que os tessalonicenses já conhecem.[12] Uma exceção importante é 1Ts 4,13-5,11, em que ensina algo novo. Presumivelmente suas recordações e/ou seu novo ensinamento correspondem a problemas contados por Timóteo e a questões propostas pelos tessalonicenses. Mas, até que ponto, precisamente, Paulo está motivado por perigos específicos ou tendências presentes em Tessalônica, e pela formação religiosa, política e cultural daqueles que haviam chegado à fé em Jesus naquela cidade?[13] Examinemos esse problema mais detalhadamente sob a rubrica de duas questões.

Primeiramente, por que em grande parte da carta Paulo recorda aos tessalonicenses coisas que eles já conhecem? No nível mais simples, qualquer comunidade formada largamente por gentios convertidos depois de uma visita missionária relativamente breve, feita por Paulo, teria sofrido enorme mudança ao aceitar a fé em um Deus de Israel que era também o Pai de Jesus Cristo; destarte, um reforço com a recordação do que fora pregado seria deveras apropriado. Mais especificamente, K. P. Donfried (The cults of Thessalonica and the Thessaloniam Correspondence [Os cultos em Tessalônica e a correspondência Tessalonicense], NTS31, 1985, pp. 338-342) acredita que as práticas religiosas extáticas pagãs (Dionísio, Cabiras) em Tessalônica eram o pano de fundo das exortações de Paulo em 1Ts 4,3-8: "[...] que nos apartais da luxúria"; "sem se deixar levar pelas paixões, como os gentios, que não conhecem a Deus"; "Deus não vos chamou para a impureza, mas sim para a santidade ".[14] Trata-se de uma

---

[11] As admoestações em 1Ts 5,12-15.19-22 parecem ser genuinamente um corretivo para comportamentos vigentes em Tessalônica; aquelas em 1Ts 4,3-5.11-12, sobre a castidade, o matrimônio e o trabalho poderiam ser diretrizes gerais para todos os tempos; ver, porém, a posição de Donfried acerca do texto acima, no próximo parágrafo.

[12] A idéia de recordação é encontrada em 1Ts 1,3; 2,9; a expressão "sabeis" encontra-se nove vezes (1Ts 1,5; 2,1.2.5.11; 3,3.4; 4,2; 5,2).

[13] Pode-se argumentar inteligentemente que certos traços na carta seriam comuns a qualquer exortação geral. Por exemplo, identificar-se como pai (1Ts 2,11) seria apropriado para a postura geral de quem inculca preceitos morais (como um pai o faz a seus filhos). Um estímulo à imitação (1Ts 1,6) é igualmente típico da educação moral.

[14] 1Ts 4,4, que fala de conquistar ou controlar o próprio *skeuos* ("vaso") em santidade, refere-se ao órgão sexual masculino ou à própria esposa? Donfried opta pela primeira opção por causa da proeminência do falo nos cultos extáticos.

hipótese interessante; outros, porém, argumentam que muitas provas arqueológicas pertinentes às religiões pagãs provêm de uma época posterior, de modo que sua aplicabilidade à Tessalônica que Paulo conheceu é discutível (cf. H. Koester in TTC 442-444).

Mais uma vez Donfried (art. cit., pp. 347-352) nota possibilidades situacionais comparativas em 1Ts 1,6; 2,2.14; 3,3, em que Paulo escreve sobre aflição e oposição. Será que parte do problema era a estranha exclusividade desse grupo cristão, cujos conversos abandonaram a religião pública? De modo particular, a proclamação do evangelho do único Deus de Israel e do Senhor Jesus Cristo, feita por Paulo, causou aflição e perseguição em uma cidade onde o culto cívico romano era tão forte? (At 17,7 especifica a acusação: a pregação de Paulo sobre Jesus como rei contradiz os decretos de César.) Paulo precisa lembrar aos tessalonicenses que ele próprio padeceu sofrimentos quando pregou na cidade (1Ts 2,2), se está sendo acusado de covardia por ter fugido e deixado os outros a enfrentar as conseqüências de sua pregação (At 17,9-10)? No breve tempo depois da partida de Paulo de Tessalônica, crentes teriam sido mortos, donde o tema do destino dos que morrem em Cristo (1Ts 4,16)? Ou A. J. Malherbe (*Paul and the Thessalonians* [Paulo e os Tessalonicenses], Philadelphia, Fortress, 1987, pp. 46-48) está certo ao sugerir que a aflição e o sofrimento dos quais Paulo fala não são perseguição externa, mas tristeza e isolamento interiores? Isso certamente pode ter feito parte do quadro, mas, considerando sua atividade alguns anos mais tarde (2Cor 11,23-27), Paulo fala de espancamentos físicos, atentados contra sua vida e perigos externos, tanto da parte dos judeus quanto da parte dos gentios e, em Rm 8,35-36, ao referir-se "à espada" (se ele não está sendo puramente retórico), levanta a questão dos cristãos que estão sendo mortos. Tormentos físicos e perseguição tinham acontecido nos primeiros anos da missão de Paulo. Existe ainda outra possibilidade para aquilo a que Paulo se refere como aflição. Ele recorda a seus leitores sua atitude como pregador em Tessalônica em 1Ts 2,1-13. Eles tinham visto que ele não evangelizou com motivos sujos ou enganosos, com bajulação ou ganância, ou busca de louvor, mas de forma gentil como uma mãe carinhosa (1Ts 2,7) e um pai amoroso (1Ts 2,11), irrepreensivelmente pregando não uma palavra humana, mas a palavra de Deus. Tal lembrete teria sido provocado pelas acusações feitas contra ele por aqueles que afligiam a Igreja? Estava ele sendo comparado ao estereótipo do rude e ganancioso filósofo cínico itinerante, a vender sua mensagem?¹⁵ Essa acusação teria sido particularmente irritante para Paulo, que afirmara ser um apóstolo de Cristo que pregava o evangelho ou a palavra de Deus (1Ts 2,2.8.13). De fato, ele fazia eco a Jesus: "Aprendestes pessoalmente de Deus a amar-vos mutuamente" (1Ts 4,9; cf. também "palavra do Senhor" em 1Ts 4,15).

Em segundo lugar, por que 1Ts 4,13–5,11, em vez de lembrar aos tessalonicenses aquilo que já sabem, Paulo dá a entender que eles precisam de ulterior aprofundamento? Paulo tinha uma compreensão fortemente apocalíptica e escatológica daquilo que Deus fizera em Cristo: a morte e ressurreição de Jesus marcou a mudança dos tempos, de modo que todos estavam vivendo o fim dos tempos. Essa era uma mensagem de esperança para todos os que acreditavam;¹⁶ e Paulo ensinara aos tessalonicenses a plenitude definitiva da esperança, a saber, a segunda vinda de Cristo¹⁷ do céu, para ser visto por todos (1Ts 1,10; 4,16-17). À medida que eles padeciam aflição e sofrimento, essa expectativa dava-lhes forças. Contudo, provavelmente porque ele pensava que isso aconteceria logo, Paulo não mencionou o problema dos crentes que estariam mortos antes daquela vinda. Ele pode não ter previsto quão rapidamente alguns seriam votados à morte por causa de Cristo. Ora, talvez porque os tessalonicenses pediram orientação, Paulo desejava ser claro, apelando para a implicação daquilo que ele ensinara sobre o valor salvífico da morte e ressurreição de Jesus. Os cristãos podem lamentar seus mortos, mas não "como" os outros que não têm esperança" (1Ts 4,13). Uma vez que a parusia começou, "os mortos em Cristo" ressurgirão e, juntamente com os

---

[15] Cf. *pp. 158-159*, sobre os cínicos; também MALHERBE, A. J. NovT 12, 203-217 1970, e *Paul and the Thessalonians*, cit., pp. 18-28. O fato de que a maioria dos cristãos tessalonicenses *não* teve essa atitude em relação a Paulo fica claro no relato de Timóteo em 3,6: Paulo era lembrado afetuosamente e seria bem recebido se voltasse. Algumas partes da mensagem de Paulo poderiam assemelhar-se a respeitável ensinamento epicurista; por exemplo: "Empenhai a vossa honra em levar vida tranqüila, ocupar-vos dos vossos negócios e trabalhar com vossas mãos, conforme as nossas diretrizes" (1Ts 4,11).

[16] 1Ts 2,12 contém uma das poucas referências paulinas ao reino de Deus, e é otimista: "[...] Deus, que vos chama ao seu reino e à sua glória".

[17] O termo "parusia" ocorre quatro vezes em 1 Tessalonicenses e três em 2 Tessalonicenses — metade do total do uso paulino. Não há prova de que derivasse da apocalíptica pré-cristã. Era usado no grego secular para a chegada solene do rei ou do imperador a um lugar. Paulo imagina a vinda solene do soberano Jesus, do céu, ao encontro da comunidade cristã. Outros termos paulinos para esse evento são "revelação" (*apokalypsis*: 1Cor 1,7; 2Ts 1,7), "manifestação" (*epiphaneia*: 2Ts 2,8; pastorais) e "Dia do Senhor" (1Ts 5,2; 2Ts 2,2; passim).

vivos, serão levados ao encontro do Senhor no ar (1Ts 4,14-17). Nenhuma época ou data pode ligar-se a isso; com efeito, acontecerá de repente, de modo que eles devem estar atentos para permanecer vigilantes e sóbrios (1Ts 5,1-11). No entanto, de modo geral, o pensamento da parusia do Senhor Jesus Cristo é encorajador: "[...] na vigília ou no sono, vivamos em união com ele" (1Ts 5,10). Note-se que o Paulo de 1 Tessalonicenses não está interessado nos detalhes da parusia como tal; sua preocupação pastoral é acalmar qualquer perturbação na comunidade que evangelizara.

Temas e problemas para reflexão

1. Nesta *Introdução*, não poderemos dedicar muito tempo a detalhes precisos da estrutura das cartas paulinas (além da visão geral do capítulo 15), mas o modelo singular de 1 Tessalonicenses é digno de nota. Paulo alude aos co-enviados Silvano e Timóteo[18] na fórmula introdutória, mas não se identifica (ou a eles) como apóstolo ou servo de Cristo, conforme fará freqüentemente nas cartas futuras (ver, porém, 1Ts 2,6). A ação de graças começa em 1Ts 1,2. A expressão de agradecimento em 1Ts 2,13 pertence ao corpo da carta, constituindo uma segunda ação de graças, depois de 1Ts 1,2? Ou a ação de graças da carta estende-se até o fim do cap. 3?[19] O problema está parcialmente ligado à próxima questão.

2. 1Ts 2,13-16 originalmente faz parte da 1 Tessalonicenses escrita por Paulo, ou foi acrescentado por um editor posterior?[20] Refere-se aos "judeus que mataram o Senhor Jesus" e generaliza sobre eles com termos hostis. Se foi escrito por Paulo, que certamente estivera em Jerusalém nos anos 30, constitui uma refutação muito antiga e importante da teoria revisionista de que os romanos foram quase exclusivamente responsáveis pela morte de Jesus. *Os argumentos contra a autoria paulina de 1Ts 2,13-16 são*: a) constitui uma segunda ação de graças na

---

[18] Eles acham-se com Paulo e são conhecidos dos tessalonicenses, mas não têm papel algum na carta. Quanto à história prévia deles com Paulo em Tessalônica, At 17,1 (cf. 16,29) menciona Paulo e Silas (= Silvano) indo a Tessalônica, e At 16,1-4 dá a entender que Timóteo foi com eles.

[19] Cf. as referências apresentadas em J. Lambrecht, Thanksgivings in 1 Thessalonians 1–3, TTC 183-205, bem como a Bibliografia, no final do capítulo 15.

[20] Cf. BDM 1.378-381 para escritos pró e contra. Subseqüentemente, C. J. Schlueter (*Filling up the measure*, Sheffield, JSOT, 1994, JSNTSup 98) e R. A. Wortham (BTB 25, 37-44, 1995) uniram-se à opinião majoritária que favorece a autoria paulina.

carta; b) a afirmação de que os judeus[21] "são inimigos de toda gente" assemelha-se à polêmica pagã geral, dificilmente uma característica de Paulo; c) a afirmação de que os judeus "enchem a medida de seus pecados" e de que o divino castigo finalmente os alcançará contradiz Rm 11,25-26, que diz: "todo Israel será salvo". *Os argumentos a favor da autoria paulina de 1Ts 2,13-16 são*: a) todos os manuscritos contêm essa passagem; b) Paulo fala agressivamente dos "judeus" como perseguidores em 2Cor 11,24, e é capaz de hipérbole polêmica; c) em Rm 2,5; 3,5-6; 4,15; 11,25, Paulo fala da ira de Deus contra os judeus, de modo que a esperança da salvação definitiva deles não impede a imagem do desfavor divino. No pensamento de Paulo, os judeus invejosos de Tessalônica, que afligiram tanto a ele quanto àqueles que acreditaram em Jesus, representariam o que Rm 11,25 chama aquela porção de Israel sobre a qual o "endurecimento" (= a "ira" de 1 Tessalonicenses) viera. Se, antes da chegada de Paulo, os judeus que observavam a Lei tinham atraído alguns gentios tementes a Deus e mulheres importantes (At 17,4), compreensivelmente podem ter-se enfurecido quando seus conversos passaram para a proclamação paulina do Messias, que não exigia a observância da Lei.

3. A descrição da parusia em 1Ts 4,16-17 comporta a voz de um arcanjo, o sinal da trombeta celeste e o arroubo nas nuvens para o encontro com o Senhor, no ar. Em 1Ts 5,1-2 existe vaguidade quanto aos tempos e às estações. Algo aqui ressoa a linguagem da apocalíptica judaica (cf. *p. 1009*) e a linguagem atribuída a Jesus nos discursos apocalípticos dos evangelhos (cf. *pp. 226-227*, sobre Mc 13). Quis Paulo dar a entender isso em parte ou no todo como uma descrição literal? Se quis ou não, devem os leitores modernos (até mesmo aqueles que crêem na inspiração da Escritura) esperar que isso se cumpra literalmente? Se não, até que ponto a parusia é um modo simbólico de dizer que, a fim de instaurar o reino, Deus ainda tem algo a realizar que não pode ser feito por seres humanos, mas somente por meio de Jesus Cristo? Quão importante é para os cristãos a expectativa da parusia após 2 mil anos de espera pelo retorno de Jesus?[22] Que Jesus Cristo voltará (em glória) para julgar os vivos e os mortos faz parte tanto do Credo

---

[21] Para ser exato, os judeus "que mataram o Senhor Jesus [...] e nos perseguiram", ou seja, um grupo restrito. Cf. GILLIARD, F. NTS 35, 481-502, 1989.

[22] Questões sobre a vitória definitiva de Cristo já surgiam nos séculos I e II, conforme se vê em At 1,6-7 e em 2Pd 3,3-10.

Apostólico quanto do Credo de Nicéia. Cf. Temas e problemas para reflexão, 2, no capítulo 10.

4. Se 1Ts 4,13 significa que alguns cristãos tessalonicenses estavam profundamente entristecidos por causa daqueles que adormeceram, como se não tivessem esperança alguma, é porque estavam fazendo do esperado encontro com Jesus, na parusia, o momento de receber de Deus o dom da vida? Em 1Ts 4,14, Paulo fala que "Jesus morreu e ressuscitou", de modo que a morte e ressurreição de Cristo é o momento do dom da vida para todos aqueles que estão "nele" (até os mortos: 1Ts 4,17). O que significa ser arrebatado às nuvens para o encontro com o Senhor? Alguns cristãos modernos acreditam que significa um verdadeiro "arrebatamento", ao que dão extrema importância, outros quase nunca ouviram falar disso. Cf. G. Wainwright, em *The Westminster dictionary of christian theology* [Dicionário Westminster de teologia cristã] (Philadelphia, Westminster, 1983) e R. Jewett, *Jesus against the rapture* [Jesus contra o arrebatamento] (Philadelphia, Westminster, 1979).

5. Paulo esteve em Tessalônica apenas alguns meses antes de ser obrigado a partir. Contudo, logo depois, quando escreve 1 Tessalonicenses encoraja os destinatários a ter consideração pelos que os governam no Senhor, com a tarefa de admoestá-los (1Ts 5,12). Quais os possíveis modos pelos quais tais figuras conseguiram essa função/posição de autoridade? Paulo designou líderes antes de deixar a comunidade que fundara, como o indica At 14,23 (ainda que Atos seja julgado anacrônico ao identificar tais líderes com os presbíteros posteriores)? De que forma as personagens de Tessalônica se relacionam com os quase simultâneos supervisores/bispos e diáconos em serviço em Filipos (Fl 1,1) e com aqueles a quem Deus apontaria em Corinto como profetas, doutores e administradores (1Cor 12,28-30)?[23]

6. 1 Tessalonicenses é o escrito cristão mais antigo que foi preservado; certamente Paulo não tinha consciência de que estava compondo uma obra que teria tal prerrogativa. Contudo, o *status* de 1 Tessalonicenses oferece reflexões interessantes. Se esse fosse o único livro do século I que tivesse sobrevivido, o

---

[23] Não obstante Filipenses e 1 Coríntios terem sido escritas depois de 1 Tessalonicenses, Paulo estabeleceu as comunidades cristãs em Filipos, Tessalônica e Corinto em meio ano, em 50-51 d.C., e as cartas para aquelas comunidades trazem reminiscências de uma situação eclesial que remonta àquele tempo.

que saberíamos do modo como Paulo trabalhou, de sua autocompreensão, de sua cristologia, de sua concepção de Igreja ou de comunidade cristã? Dado que a maioria dos cristãos afirma que adere à fé apostólica, é interessante imaginar-se sendo transportado para o ano 51 e entrar na sala de reunião de Tessalônica, onde essa carta do apóstolo Paulo estava sendo lida pela primeira vez. Nos dez versículos iniciais, ouvir-se-iam referências a Deus Pai, ao Senhor Jesus Cristo e ao Espírito Santo, à fé, ao amor e à esperança. Esse é um notável testemunho de como tão rapidamente idéias que se tornaram modelo no cristianismo se espalham.

Bibliografia sobre 1 Tessalonicenses

Comentários e estudos em séries[24]

BEST, E. HNTC, 1972.*
BRUCE, F. F. WBC, 1982.*
DONFRIED, K. P. NTT, 1993.*
FRAME, J. ICC, 1912.*
JUEL, D. H. AugC, 1985.
MARSHALL, I. H. NCBC, 1983.* [Ed. bras.: *I e II Tessalonicenses*; introdução e comentário, São Paulo, Vida Nova/Mundo Cristão, 1984.]
MORRIS, L. NICNT, rev. ed., 1991.*
REESE, J. M. NTM, 1979.*
RICHARD, E. SP, 1995.*
WANAMAKER, C. A. NIGTC, 1990.*
WILLIAMS, D. J. NIBC, 1992.*

Bibliografias e panoramas da pesquisa

COLLINS, R. F. *Studies on the First Letter to the Thessalonians*. Leuven, Peeters, 1984. pp. 3-75. (BELT, 66.)
RICHARD, E. BTB 20, 107-115, 1990.*
WEIMA, J. A. D. *An annotated bibliography of the Thessalonians Letters.** Leiden, Brill, 1997/1998.

* * *

---

[24] Os livros marcados com asterisco tratam também de 2 Tessalonicenses.

BARCLAY, J. M. G.* Conflict in Thessalonica. CBQ 56, 512-530, 1993.

BOERS, H. The form-critical study of Paul's letters: 1 Thessalonians as a case study. NTS 22, 140-158, 1975-1976.

BRUCE, F. F.* St. Paul in Macedonia: 2. The Thessalonian correspondence. BJRL 62, 328-345, 1980.

COLLINS, R. F. A propos the integrity of 1 Thes. ETL 55, 67-106, 1979.

_____. *Studies on the First Letter to the Thessalonians*. Leuven, Peeters, 1984. (BETL, 66.)

_____. *The birth of the New Testament*. New York, Crossroad, 1993. Quase todo o livro é dedicado a 1 Tessalonicenses.

_____. (ed.). TTC 1-369. Artigos importantes, muitos em inglês.

DONFRIED, K. P.* The cults of Thessalonica and the Thessalonian correspondence. NTS 31, 336-356, 1985.

GILLMAN, J. Signals of transformation in 1 Thessalonians 4,13-18. CBQ 47, 263-281, 1985. Comparação com 1Cor 15.

JEWETT, R.* *The Thessalonian correspondence*; pauline rhetoric and millenarium piety. Philadelphia, Fortress, 1986. (Foundations and Facets.) Lista completa dos resumos possíveis; bibliografia excelente.

_____. Enthusiastic radicalism and the Thessalonian correspondence. *SBL 1972 Proceedings*, 1.181-232.

JOHANSON, B. C. *To all the brethren*; a text-linguistic and rhetorical approach to I Thessalonians. Uppsala/Stockholm, Almqvist, 1987. (CBNTS, 16.)

KAYE, B. N.* Eschatology and ethics in First and Second Thessalonians. NovT 17, 47-57, 1975.

KOESTER, H. I Thessalonians — Experiment in Christian Writing. In: CHURCH, F. F. & GEORGE, T. (eds.). *Continuity and discontinuity in Church history*. Leiden, Brill, 1979. pp. 33-44. (G. H. Williams Festschrift.)

LIGHTFOOT, J. B. *Notes on the epistles of St. Paul*. London, Macmillan, 1895. pp. 1-92. Um clássico.

LONGENECKEER, R. N. The nature of Paul's early eschatology. NTS 31, 85-95, 1985.

LÜHRMANN, D. The beginnings of the Church at Thessalonica. In: BALCH, D. L. et al. (eds.). *Greeks, Romans, and Christians*. Minneapolis, A/F, 1990. pp. 237-249. (A. J. Malherbe Festschrift.)

MALHERBE, A. J. Exhortation in First Thessalonians. NovT 25, 238-255, 1983.

_____. *Paul and the Thessalonians*. Philadelphia, Fortress, 1987. Análise social interessante das atividades de Paulo em Tessalônica.

MEARNS, C. L.* Early eschatological development in Paul: the evidence of I and II Thessalonians. NTS 20, 136-157, 1980-1981.

OLBRICHT, T. H. An Aristotelian rhetorical analysis of 1 Thessalonians. In: BALCH, D. L. et al. (eds). *Greeks, Romans, and Christians.* Minneapolis, A/F, 1990. pp. 216-236. (A. J. Malherbe Festschrift.)

PINNOCK, C. H. The structure of pauline eschatology. *Evangelical Quarterly* 37, 9-20, 1965.

PLEVNIK, J. 1 Thess 5,1-11: Its authenticity, intention and message. *Biblica* 60, 71-90, 1970.

_____. The taking up of the faithful and the resurrection of the dead in I Thessalonians 4,13-18. CBQ 46, 274-283, 1984. Comparação com 1Cor 15.

SCHMITHALS, W.* The historical situation of the Thessalonian Epistles. In: *Paul and the gnostics.* Nashville, Abingdon, 1972. pp. 123-218.

SMITH, A. *Comfort one another*; reconstructing the rhetoric and audience of 1 *Thessalonians.* Louisville, W/K, 1995.

STANLEY, D. M. "Become imitators of me"; the pauline conception of apostolic tradition. *Biblica* 40, 859-877, 1959.

WANAMAKER, C. A.* Apocalypticism at Thessalonica. *Neotestamentica* 21, 1-10, 1987.

Capítulo 19

Carta aos Gálatas

Em certo sentido, esse tem sido considerado o mais paulino dos escritos paulinos, aquele no qual a raiva levou Paulo a dizer o que realmente pensava. Apenas partes de 2 Coríntios igualam-se a Gálatas em intensidade de emoção, pois com o fervor profético de um Amós, Paulo deixa de lado a diplomacia ao questionar os gálatas. Não surpreende que os cristãos inovadores ou reformadores, ansiosos por levar a grande Igreja a uma reviravolta de 180 graus tenham apelado para as vigorosas linguagem e imagem de Gálatas. Marcião traduziu a antinomia paulina entre fé e obras da Lei[1] em uma antinomia entre o Deus criador e o Deus redentor.[2] Lutero chamou-a de sua "epístola predileta", pois encontrou na rejeição de Paulo da justificação pelas obras da Lei o apoio para sua rejeição da salvação por meio das boas obras. De fato, os confrontos de Lutero com os emissários papais foram vistos como uma reedição da condenação pública de Cefas (Pedro), por parte de Paulo, por causa da verdade do evangelho. Um sermão sobre Gálatas trouxe grande paz de coração a John Wesley. No século XIX, a oposição entre Pedro e Paulo descrita em Gálatas foi um elemento decisivo na reconstrução do cristianismo primitivo de F. C. Baur. Outros, porém, têm-se sentido incomodados pela crueza da polêmica e pela falta de nuança acerca da herança judaica. Na Antigüidade, Gálatas pode bem ter contribuído para uma situação que 2Pd 3,15-16 optou por descrever diplomaticamente: "Nosso amado irmão Paulo vos escreveu, segundo a sabedoria que lhe foi dada. [...] É verdade que em todas as cartas se encontram alguns pontos difíceis de entender, que os ignorantes e vacilantes

---

[1] Aqui, para todos os efeitos práticos, Paulo fala da Lei mosaica, mas cf. *pp. 624, 759-762*.
[2] J. L. Martyn (Galatians, TBOB 2.283) acrescenta que Marcião enrijeceu a antinomia apocalíptica numa antinomia ontológica. Cf. seu estudo Apocalyptic Antinomies in Paul's Letter to the Galatians, em NTS 31, 410-424, 1985.

torcem [...] para a própria perdição". Uma coisa é certa: ninguém pode acusar o Paulo de Gálatas de tornar a teologia maçante.

Depois do Contexto e da Análise geral da mensagem, as subseções serão estas: Conseqüências da carta aos Gálatas na carreira de Paulo, Para onde e quando?, A "fé de Cristo", Temas e problemas para reflexão e Bibliografia.

Informações básicas

DATA: 54-55, de Éfeso, é mais provável do que 57, da Macedônia (cronologia tradicional; cf. quadro 6, no capítulo 16, sobre a cronologia revisionista).

DESTINATÁRIAS: Igrejas na região de Ancira, no território étnico da Galácia, ou seja, região centro-norte da província da Galácia, na Ásia Menor (evangelizadas em 50 e 54), ou, menos provavelmente, às Igrejas de Antioquia, Listra e Derbe, no sul da província (evangelizadas em 47-48 e 50).

AUTENTICIDADE, UNIDADE E INTEGRIDADE: não questionadas seriamente.

DIVISÃO FORMAL

A. Fórmula introdutória: 1,1-5

B. Ação de graças: nenhuma

C. Corpo: 1,6–6,10

D. Fórmula conclusiva: 6,11-18

DIVISÃO CONFORME CONTEÚDO (e a análise retórica)

1,1-10:	Introdução
1,1-5:	Fórmula introdutória (já defensiva ao descrever o apostolado e aquilo que Cristo realizou)
1,6-10:	Exórdio ou introdução (estranheza em lugar de ação de graças), descrevendo o problema, os adversários e a seriedade do caso (com anátemas)
1,11–2,14:	Paulo narra sua carreira precedente para defender sua tese sobre o evangelho afirmada em 1,11-12
2,15-21:	Discussão com os oponentes, contrastando seu evangelho com o deles: justificação pela fé em Cristo, não pela observância da Lei; os cristãos vivem pela fé
3,1–4,31:	Provas da justificação pela fé e não pela Lei: seis argumentos tirados de experiências passadas dos gálatas e da Escritura, centrados particularmente em Abraão
5,1–6,10:	Exortação ética (parênese) a fim de que os fiéis conservem a liberdade e caminhem segundo o Espírito
6,11-18:	Conclusão: pós-escrito que confere autenticidade, da própria mão de Paulo (para distinguir do escriba que anotou o ditado); recapitulação da postura ante a circuncisão; bênção

Contexto

Nos anos anteriores a 55 d.C., Paulo tinha proclamado o evangelho (talvez duas vezes[3]) aos gentios que agora formam as Igrejas da Galácia. (Deixaremos para mais adiante a identidade exata deles.) Embora sua estada entre eles tenha sido provocada por um "espinho na carne" (Gl 4,13),[4] os gálatas mostraram-se muito gentis durante a enfermidade de Paulo e o trataram como um anjo de Deus. Aparentemente eles o viram realizar milagres (Gl 3,5). Essa lembrança aguça sua indignação pelo fato de os gálatas agora (Gl 4,6) o considerarem um inimigo que de alguma forma os enganou com sua pregação sobre o Cristo. Como isso aconteceu?

Depois que Paulo deixou a Galácia, chegaram cristãos de origem judaica (Gl 6,13), provavelmente de Jerusalém,[5] pregando outro evangelho (Gl 1,7), ou seja, uma *compreensão* diferente da de Paulo acerca daquilo que Deus realizara em Cristo. (Teriam eles ido à Galácia porque Paulo lá estivera, ou tratava-se apenas de uma parada na rota evangelizadora deles que, acidentalmente, colocou-os em contato com seu trabalho anterior? Eram tão incisivamente hostis com Paulo quanto este era com eles?) O "evangelho" deles tem de ser reconstruído como a partir de um espelho[6] da refutação agressiva da parte de Paulo — um processo marcado por incertezas, não arranjado para engendrar compreensão simpatizante de *uma* pregação que a maioria dos gálatas chegou rapidamente a julgar mais persuasiva do que a que tinha ouvido de Paulo.

---

[3] Em Gl 4,13, ele descreve como pregou o evangelho ali "originalmente" ou "pela primeira vez".

[4] A asserção de que os gálatas teriam arrancado os olhos para dá-los a ele (Gl 4,15) e a referência à escrita em "letras grandes" (Gl 6,11) deram origem à sugestão de uma enfermidade ocular que o incapacitava.

[5] Cf. Temas e problemas para reflexão, 1, a seguir. O ataque deles contra o evangelho de Paulo, insistindo na circuncisão, assemelha-se à mentalidade do grupo que tinha questionado seu evangelho em Jerusalém, por volta de 49 (Gl 2,1-5; At 15,1). Note-se que posteriormente "alguns vindos da parte de Tiago [de Jerusalém]", a quem Paulo chama de "circuncisos" (Gl 2,12), não se deixaram persuadir por seu sucesso na assembléia de Jerusalém, mas seguiram-no até Antioquia e criaram problemas. Embora os pregadores atacados em Gálatas possam ter afirmado que tinham o apoio das autoridades de Jerusalém (visto que "os da parte de Tiago" e Pedro haviam-se mostrado sensíveis às leis alimentares judaicas [Gl 2,11-14]), a insistência deles sobre a circuncisão certamente ultrapassava a opinião de Tiago, Pedro e João, conforme expressa em At 15,1-29 e Gl 2,1-10.

[6] Para os critérios, cf. J. M. G. Barclay, JSNT 31, 73-93, 1987; também Martyn, *Galatians* (AB).

Na história cristã subseqüente, o senso da sacralidade da Escritura do NT e o respeito por Paulo como o grande apóstolo levaram naturalmente os cristãos à convicção de que o evangelho dele era fiel a Cristo, ao passo que o de seus adversários não o era. Contudo, visto que não há nenhuma razão convincente para pensar que "os pregadores", conforme podem ser chamados, fossem todos falsos ou desonestos, tentarei mostrar por que o evangelho deles, até onde pode ser reconstruído, soava razoável. Paulo e os pregadores eram unânimes na proclamação daquilo que Deus realizara por intermédio de Jesus, o Messias, em relação à justificação, e ao dom do Espírito, que era tanto para judeus quanto para gentios. Contudo, como os gentios deveriam receber o dom de Deus em Jesus? Segundo a pregação de Paulo, Deus ofereceu a justificação pela "fé de/em Cristo" (cf. subseção A "fé de Cristo"). Consoante os pregadores, a fé em Cristo tinha um papel, mas a justificação não era completa sem a observância das obras da Lei — uma pregação que garantia aos gentios a grande herança do judaísmo, com toda a sua orientação ética.[7] Um fator-chave na pregação sobre as obras era a insistência na circuncisão e na observância das festas do calendário judaico (Gl 4,10). Conforme os pregadores explicavam, o Deus único e verdadeiro abençoara todas as nações do mundo em Abraão, que acreditara (Gn 15,6) e a seguir, como parte da aliança, deu a Abraão o mandamento da circuncisão (Gn 17,10) e o calendário celestial. Os judeus eram descendentes de Abraão por meio de Sara (a esposa livre) e observavam a aliança da circuncisão (Gn 17,14) e a Lei dada pelos anjos a Moisés (Gl 3,19); os gentios eram descendentes de Abraão por meio de Agar (a esposa escrava). Por intermédio dos pregadores, a obra de Jesus, o Messias, estendia-se agora aos gentios, que poderiam ser plenamente incluídos na aliança se fossem circuncidados, imitando Abraão, e fazendo as obras da Lei. (Borgen sustenta que, sem a circuncisão, os gentios que acreditavam em Cristo eram prosélitos, e a circuncisão era necessária se eles quisessem permanecer no povo com o qual Deus fizera aliança.)

Contudo, já não tinha Paulo levado o evangelho aos gentios crentes da Galácia? Não! A fim de conquistar rápidas conversões, Paulo pregara um evange-

---

[7] Se isso parecer estranho, ressalte-se que o Jesus de Mt 5,17-18 é lembrado por dizer que viera não para abolir a Lei, mas para levá-la à plenitude, e que nem a menor parte de uma letra da Lei passaria. Tendências na tradição de Jesus, semelhantes às que encontramos em Mateus, provavelmente alimentaram a cristologia e o vocabulário dos pregadores. Com efeito, Betz vê em Mt 5,19 uma condenação de Paulo como alguém que ensina os outros a relaxar os mandamentos.

lho truncado, que não lhes dizia que a participação na aliança de Abraão dependia da circuncisão. Paulo deixara-os sem a orientação da Lei, vítimas da "má inclinação"[8] e dos desejos da carne; por essa razão é que o pecado ainda mostrava sua fúria entre eles. Essa era uma mensagem persuasiva, especialmente se os pregadores salientavam que Paulo, um retardatário do evangelho, não conhecera Jesus como os verdadeiros apóstolos o conheceram. Afinal de contas, Jesus, circuncidado ele próprio, jamais eximiu ninguém da circuncisão, e os verdadeiros apóstolos de Jerusalém conservavam as festas e as leis alimentares. Como Paulo poderia responder aos pregadores e levar os gálatas a reconhecer que ele pregara a verdade? À medida que analisamos a carta que ele escreveu, devemos ter presente que a controvérsia com os pregadores modela sua expressão e seu estilo. Com muita freqüência, a "teologia" da justificação, da fé e da liberdade de Paulo é abstraída de Gálatas sem o reconhecimento do cunho apologético.[9]

Análise geral da mensagem

Na *fórmula introdutória* (Gl 1,1-5), diferentemente de 1 Tessalonicenses, Paulo designa-se como apóstolo, um *status* que provém não de seres humanos, mas de Jesus Cristo (Gl 1,1 — e de Deus: Gl 1,15).[10] Das sete cartas autenticamente paulinas, se deixamos de lado Romanos, que foi enviada a uma comunidade que Paulo não evangelizara, Gálatas é a única das seis restantes na qual Paulo não menciona um co-remetente.[11] Ele se dirige "às Igrejas da Galácia", ou seja, a

---

[8] Cf. Marcus, J. IBS 8, 8-21, 1986.

[9] I. G. Hong (*The Law in Galattians*, Sheffield, JSOY, 1993, JSNTSup, 81) presta um serviço ao lembrar-nos de levar em consideração o fraseado de Paulo em cada carta, antes de generalizá-las. A polêmica entre Dunn e Räisänen é igualmente pertinente: Dunn defende que Paulo não atacou a Lei como tal, mas somente de certa perspectiva; Räisänen postula uma ruptura mais radical entre Paulo e o judaísmo. Embora Paulo e os pregadores judeu-cristãos estivessem pensando na lei mosaica, é interessante perguntar o que os gálatas gentios compreendiam, com base em sua própria experiência, quando ouviam a discussão sobre a "Lei". Cf. Winger, M. *"By what Law?"* Atlanta, Scholars, 1992. (SBLDS, 128.)

[10] Isso pode ser parcialmente autodefesa, dada a hostilidade dos pregadores mencionados na carta. No entanto, seu objetivo primário não é defender seu apostolado, mas a autenticidade do evangelho que proclamou aos gálatas. (Cf. B. C. Lategan, NTS 34, 411-430, 1988.) Os "pilares" de Jerusalém reconheceram seu apostolado (Gl 2,9), e tal autoridade é empregada em sua interpretação da Escritura nos caps. 3-4, na defesa de seu evangelho.

[11] Ele menciona, na verdade, "todos os irmãos que estão comigo" (Gl 1,2); se escreveu de Éfeso, provavelmente Timóteo estava com ele.

um grupo de comunidades na região gálata ou na província mais ampla da Galácia (cf. a subseção seguinte). Paulo é alvo de ataque na Galácia, e apresenta uma resposta pessoal — marcada pela irritação — sem dar lugar a uma ação de graças.

O *Corpo* tem início com um tipo de *exórdio ou introdução* (Gl 1,6-10) que, com um leve tom de desapontado espanto,[12] apresenta rapidamente o problema, os adversários e a seriedade do caso: não existe nenhum outro evangelho além daquele proclamado por Paulo quando este chamou os gálatas à graça de Cristo; malditos são aqueles que pregam algo diferente.[13] Ato contínuo, *usando* o modelo retórico de defesas em tribunais, Paulo escreve em forma de carta *uma apologia* (Gl 1,11–2,21), polêmica no tom, mas empregando uma seqüência de artifícios retóricos.[14] No cenário de um tribunal implícito, os pregadores que foram à Galácia devem ser imaginados como os acusadores, Paulo como o acusado e os gálatas como os juízes. A fim de saber bem aonde Paulo quer chegar, é preciso lembrar as reivindicações dos pregadores conforme reconstruídas no Contexto. A tese principal de Paulo é de que o evangelho que ele proclama veio por meio de revelação divina e não de seres humanos (Gl 1,11-12). Como um paradigma,[15] Paulo narra

---

[12] Em conferências de seminário sobre Gálatas, não publicadas, N. A. Dahl nota que nas cartas irônicas antigas, uma expressão de espanto tal qual se encontra em Gl 1,6 podia tomar o lugar da expressão de agradecimento.

[13] Cf. também a maldição em Gl 3,10 e K. A. Morland, *The rhetoric of curse in Galatians*, Atlanta, Scholars, 1995.

[14] A retórica judicial ou forense é explicada por H. D. Betz (*Galatians*, Hermeneia, 1979, pp. 14-25), com paralelos em Platão, Demóstenes e Cícero. O esquema retórico de Betz sublinha os apresentados por Fitzmyer, Puskas e outros; cf. também HESTER, J. D. JBL 103, 223-233, 1984; MARTIN, T. W. JBL 114, 437-461, 1995. Outro tipo de retórica, deliberativa e ostentosa (cf. *p. 553*), foi detectada em Gálatas por R. G. Hall (JBL 106, 277-287, 1987), J. Smit (NTS 35, 1-26, 1989) e F. J. Matera (*Galatians*, SP, 1992, pp. 11-13) — uma tentativa de persuadir os gálatas a não aceitar o evangelho da circuncisão, anunciado pelos pregadores. H. Boers (*The justification of the Gentiles*; letters to the Galatians and the Romans, Peabody, MA, Hendrickson, 1994) oferece uma abordagem semiótica de Gálatas, e L. L. Belleville (JSNT 26, 53–78, 1986), uma análise estrutural de Gl 3,21–4,11. É questionável se alguns dos refinamentos retóricos e estruturais propostos incrementam grandemente nossa compreensão da mensagem de Paulo. R. G. Hall (NTS 42, 434-453) defende a tese de que a retórica da apocalíptica judaica é mais pertinente a Gálatas do que a retórica greco-romana.

[15] GAVENTA, B. R. NovT 28, 309-326, 1986. A narração que Paulo faz de sua "conversão" divinamente inspirada é motivada parcialmente pelos ataques dos pregadores à sua incoerência — antes, um ferrenho defensor do farisaísmo estrito (incluindo, obviamente, a circuncisão), e agora a dispensa (cf. Gl 5,11)? Um relato da vida passada de Paulo, comparando-se Gálatas e Atos, é oferecido nas *pp. 415, 425-429, 446*. Uma diferença importante no relato da controvérsia de Jerusalém é que At 15 entretece aí o problema dos alimentos ritualmente impuros, que não veio à tona senão pouco depois, de acordo com Gl 2,11-14. Cf. ACHTEMEIER, P. J. CBQ 48, 1-26.

a história de sua conversão e pregação, referindo-se aos pontos-chave; por exemplo: a revelação divina inicial e a missão; nenhuma dependência dos apóstolos de Jerusalém; o questionamento da parte daqueles que insistiam na circuncisão dos gentios; o acordo estabelecido entre ele e as autoridades de Jerusalém, rejeitando tal questionamento; e o reconhecimento de que a ele foi confiado o evangelho e o apostolado dos incircuncisos (Gl 1,13-2,10).

Ao descrever os do partido da circuncisão, que foram posteriormente de Jerusalém a Antioquia como representantes de Tiago, Paulo dá a entender que eles eram os progenitores daqueles que foram à Galácia (de Jerusalém?), pois mistura a defesa do evangelho em Antioquia, contra os primeiros adversários, com um tipo de diálogo com os *pregadores* judeu-cristãos na Galácia (Gl 2,11-14 com Gl 2,15-21). Parafraseando: "De nascimento, somos tanto judeus quanto conhecedores da Lei; contudo, sabemos também que ninguém pode ser justificado pelas obras da Lei; com efeito, ao buscar o Cristo, nós, judeus, descobrimo-nos pecadores. Assim, morri para a Lei e fui justificado pela fé de/em Cristo, que se entregou por mim e agora vive em mim".[16]

A seguir, Paulo elenca *seis argumentos tirados da experiência e da Escritura para convencer os insensatos gálatas que se deixaram enfeitiçar*[17] (Gl 3,1-4,31) — argumentos que passo a simplificar. Primeiro (Gl 3,1-5): quando ele proclamou Cristo crucificado, os gálatas receberam o Espírito sem a observância das obras da Lei; assim, como tais obras podem ser necessárias? Segundo (Gl 3,6-14): contra a insistência dos pregadores sobre a circuncisão de Abraão (Gn 17,10.14), ele cita a promessa de Deus de que em Abraão todas as nações seriam abençoadas (Gn 12,3) — uma promessa independente da circuncisão —, de modo que, ao doar o Espírito, por meio da fé, aos gentios incircuncisos, Deus cumpre a promessa feita a Abraão, um homem cuja fé foi tida em conta de justiça (Gn 15,6).[18] Terceiro (Gl 3,15-25): um testamento que foi ratificado não pode ser anulado por uma tradição posterior. A Lei veio quatrocentos e trinta anos depois das promes-

---

[16] Sobre a pergunta retórica sobre Cristo ser agente do pecado em Gl 2,17, cf. SOARDS, M. L. In: MARCUS, J. & SOARDS, M. L. (eds.). *Apocalyptic and the New Testament*. Sheffield, JSOT, 1989. pp. 237-254. (J. L. Martyn Festschrift; JSNTSup, 24.)

[17] J. H. Neyrey (CBQ 50, 72-100, 1988) estuda a acusação formal de feitiçaria nessa passagem.

[18] J. D. G. Dunn (NTS 31, 523-542, 1985) diagnostica as "obras da Lei" em Gl 3,10 como circuncisão e leis alimentares, que resumem a função da Lei como um marco divisório distintivo do povo judeu.

sas a Abraão; como pode a herança daquelas promessas depender da observância da Lei? A Lei era apenas uma guardiã temporária, até que o Cristo viesse. Quarto (Gl 3,26-4,11): os gálatas, que eram escravos dos espíritos elementares do universo, experimentaram, pela redenção do Filho de Deus e por adoção divina, a liberdade dos "filhos" (= crianças) de Deus; por que desejam agora tornar-se novamente escravos, desta vez das exigências da Lei? Quinto (Gl 4,12-20): os gálatas trataram Paulo extremamente bem, como a um anjo; como poderia ele tornar-se inimigo deles, como os pregadores desejavam? Sexto (Gl 4,21-31): os pregadores apelaram para Abraão, Agar e Sara, mas tiraram a lição errada.[19] Agar, a mulher escrava, não representa a descendência dos gentios, mas a Jerusalém atual, terrestre, e a aliança escravizante da Lei dada no Monte Sinai; Sara, a mulher livre, representa a Jerusalém celeste e a aliança da promessa de Deus a Abraão — ela é a mãe de todos os que foram libertados em Cristo.

Depois dos argumentos, Paulo conclui o corpo de Gálatas com *uma apaixonante exortação* (Gl 5,1-6,10) contra os pregadores e uma advertência de que a Lei não ajudará os gálatas contra as obras da carne (que contrastam com as obras do Espírito em Gl 5,19-26).[20] Uma afirmação magnífica em Gl 5,6 — "Pois, em Cristo Jesus, nem a circuncisão tem valor, nem a incircuncisão, mas apenas a fé agindo pela caridade" — mostra claramente que Paulo não considera a circuncisão algo mau, mas algo que não tem o poder de realizar a justificação dos gentios. Sugere também que Paulo considerava a aceitação, na fé, da eficácia do que Cristo realizara, algo que precisava encontrar expressão no amor manifestado na vida do crente. (Ele via a ação de Deus agindo seja na fé, seja no amor, e nenhum dos dois eram reações humanas.) Os pregadores podem falar da "lei de Cristo"; esta, porém, não é a Lei do Sinai, mas a obrigação de carregar o fardo uns dos outros (Gl 6,2).

---

[19] Martyn (Galatians, TBOB 277-278), utilizando duas tabelas, oferece um fascinante contraste entre as duas exegeses da história de Abraão. (Cf. também The covenants of Hagar and Sarah, in *Faith and history*, eds. J. T. Carroll et al. Atlanta, Scholars, 1990, pp. 160-190, Festschrift P. W. Meyer.) Martyn lembra-nos de que a polêmica interpretação de Paulo é direcionada contra uma imposição da Lei sobre os gentios, e é perigosamente mal compreendida quando lida com uma depreciação do judaísmo, como se fosse uma religião que tornou as pessoas escravas, ao passo que o cristianismo liberta-as. A exegese é alegórica e voltada para a experiência dos gálatas: cf. Fowl, S. E. JSNT 55, 77-95, 1994; Hays, R. B. *Echoes of Scripture in the letters of Paul*. New Haven, Yale, 1989.

[20] Altamente inusitada é a tese de J. C. O'Neill (ETL 71, 107-120, 1995) de que o "espírito", tal qual a "carne", faz parte do ser humano, não o Espírito Santo, e Gl 5,13-6,10 era originalmente uma coleção judaica de aforismos morais, incorporados posteriormente na carta de Paulo.

Depois, Paulo detém o escriba e escreve a *conclusão* (Gl 6,11-18), contra a circuncisão, de próprio punho, com letras grandes, de modo que os gálatas não podem deixar de entender o recado. Se os pregadores louvaram a superioridade de Israel, Paulo proclama "o Israel de Deus", no qual não faz diferença ser circuncidado ou não. Quanto aos ataques dos pregadores contra ele: "Doravante ninguém mais me moleste. Pois trago em meu corpo as marcas de Jesus". O que Paulo sofreu como apóstolo é mais importante do que as marcas da circuncisão!

Conseqüências da carta aos Gálatas na carreira de Paulo

Podemos apenas imaginar o que aconteceu quando essa carta foi lida nas Igrejas da Galácia. Alguns devem ter-se ofendido pela linguagem destemperada que os chamava de tolos (Gl 3,1). Será que convinha a um apóstolo cristão comprazer-se em baixa grosseria ao desejar que na circuncisão almejada pelos pregadores a faca pudesse escorregar e amputar o órgão genital masculino (Gl 5,12)? O que autorizava Paulo a desprezar, com os termos "os notáveis tidos como colunas da Igreja", os membros dos Doze que tinham caminhado com Jesus e aquele que era honrado como "o irmão do Senhor" (Gl 2,9)? Tal polêmica não era sinal da fraqueza de sua postura? Outros que se haviam afastado de Paulo, lembrados daquele que os trouxera para Cristo e compreendendo que sob a polêmica superfície da carta existia terno cuidado (Gl 4,19), podem ter sido levados a reexaminar se tinham agido corretamente ao dar ouvidos aos pregadores. No final das contas, a carta de Paulo teve êxito junto à maioria? De qualquer forma, foi conservada, e 1Cor 16,1 (escrita mais tarde?) diz-nos que ele planejava uma coleta em dinheiro nas Igrejas da Galácia, presumivelmente com esperança de obter êxito.

Seja como for, seguramente alguns elementos na carta prejudicaram Paulo. Ele expressara-se de forma descomedida. (O escriba teria tido suficiente coragem para perguntar-lhe se ele realmente queria escrever Gl 5,12 daquela forma?) Os pregadores que honestamente acreditavam que estavam servindo a Cristo ao advertir os gentios da necessidade da circuncisão certamente não se esqueceriam dos ataques pessoais de Paulo, até mesmo contra a integridade e os motivos deles (Gl 6,12-13).[21]

---

[21] Paulo acusa-os de promover a circuncisão a fim de evitar a perseguição, presumivelmente da parte de judeus não-cristãos, os quais, por causa dessa prática, não os tratariam como renegados. Ou poderia ser da parte das autoridades gentias, que considerariam judeus os conversos circuncidados, protegendo-os com a política imperial, em vez de tratá-los como membros de uma seita ilícita.

Se Filipenses (3,2ss) foi escrita pouco tempo depois de Gálatas, podemos perceber a contínua missão dos pregadores buscando corrigir a evangelização deficiente de Paulo. Suas observações sobre os assim chamados colunas da Igreja de Jerusalém, sua polêmica contra Pedro, que não se encontrava na vereda justa segundo a verdade do evangelho (Gl 2,14), e até mesmo sua afirmação unilateral de que a aliança do Sinai produziu a escravidão (Gl 4,24-25), com toda probabilidade, chegaram aos ouvidos das autoridades cristãs de Jerusalém, simpatizantes da herança judaica. Não admira que os planos futuros de Paulo, de retornar a Jerusalém com o fruto da coleta, causavam-lhe preocupação quanto à aceitação (Rm 15,22-32; também *pp. 730 e 742*). No século II, o vigoroso texto de Gálatas contra a Lei foi usado por Marcião em sua tese de que o AT deveria ser rejeitado como obra de um deus inferior (demiurgo) — tese que Paulo certamente teria rejeitado.

Para onde e quando?

Essas duas questões estão ligadas. Nessa carta endereçada "às Igrejas da Galácia" (Gl 2,1) e aos "gálatas" (Gl 3,1), Paulo menciona que seu primeiro anúncio do evangelho naquela área ocorreu por ocasião de uma doença (que aparentemente interrompeu de maneira inesperada sua viagem) e que ele foi bem recebido e bem tratado (Gl 4,13-15). Onde viviam os gálatas destinatários? Se o encontro de Jerusalém descrito em Gl 2,1-10 é o mesmo encontro em Jerusalém, acontecido depois da "primeira viagem missionária" de Paulo, narrado em At 15, como o pensa a maioria dos estudiosos, a carta foi escrita depois de 50 (cronologia tradicional). Enquanto escreve essa enfezada carta, Paulo expressa o desejo (obviamente não satisfeito) de fazer-se presente entre os gálatas (Gl 4,20). Seria mera expressão retórica de cuidado? Ou significa que ele, de alguma forma, não tem condições de ir? Talvez porque se ache distante demais? Talvez na prisão? Ou porque está demasiado envolvido com outra situação eclesial, por exemplo, as negociações com Corinto? Alguma dessas hipóteses ajuda a determinar quando Paulo escreveu? Consideremos mais detalhadamente os problemas entrelaçados.

Galatai eram indo-arianos, ligados aos celtas e aos gauleses, que invadiram a Ásia Menor por volta de 279 a.C. Dentro de cinqüenta anos, após a derrota para o rei de Pérgamo, o território deles foi restringido à parte montanhosa central perto de Ancira (moderna Ancara). Roma usou-os como aliados em várias guerras e, quando o último rei gálata morreu em 25 a.C., a pátria étnica deles foi incorporada à grande "Província da Galácia" romana, que se estendia ao Sul, em direção ao Mediterrâneo, incluindo Antioquia da Pisídia, Icônio, Listra e Derbe.[22] Os cristãos achavam-se naquelas cidades na parte Sul da província da Galácia endereçada por Gálatas (a teoria do Sul da Galácia)? Ou os destinatários eram os gálatas étnicos na região Centro-Norte (a teoria do Norte da Galácia)? O problema, veementemente discutido entre os estudiosos nos últimos duzentos e cinqüenta anos, não é realmente importante para o significado de Gálatas, de modo que a discussão será breve. Conquanto a maior parte do debate se concentre na comparação entre Gálatas e Atos, os leitores devem lembrar-se de que a informação de Atos pode ser confusa e certamente incompleta, não listando todas as viagens de Paulo.

Teoria do Sul da Galácia (proposta nos dois últimos séculos e defendida por estudiosos como W. M. Ramsay e F. F. Bruce). Existe uma prova clara em Atos de que Paulo evangelizara a parte Sul da província da Galácia, especificamente Antioquia, Icônio, Listra e Derbe (durante a "primeira viagem missionária" em 46-49 e, mais uma vez, na "segunda viagem", em 50). Tal prova, porém, deixa pouco espaço para que a doença de Paulo seja a ocasião de sua primeira visita ao local. Ademais, Atos jamais se refere claramente à região Sul como a Galácia. Com efeito, Atos situa as cidades do Sul em seus distritos, não a província: Antioquia, na Pisídia (At 13,14), Listra e Derbe, na Licaônia (At 14,6). Atos especifica que a missão de Paulo nas cidades sulistas atingiu tanto os judeus quanto os gentios, mas não existe indicação, em Gálatas, de que alguns dos convertidos fossem judeus. Argumentos a favor da teoria sulista incluem o costume de Paulo de normalmente (mas não sempre) empregar os nomes das províncias romanas (p. ex., Macedônia e Acaia) e a referência a Barnabé em Gl 2,1 como se ele fosse conhecido dos destinatários — ele estava com Paulo durante a "primeira viagem missionária", mas não depois. No entanto, o nome de Barnabé era conhecido apenas daqueles cristãos que ele evangelizara pessoalmente? Sua presença durante o famoso encontro de Jerusalém não teria sido mais difusamente conhecida?

Teoria do Norte da Galácia (a antiga hipótese e ainda a teoria da maioria). O termo "Galácia" pode ser ambíguo, mas os destinatários "gálatas", em Gl 3,1, nem tanto. O termo é mais apropriado para os povos que etnicamente pertenciam

---

[22] Quanto ao que se sabe da Galácia romana entre 25 d.C. e 114 d.C., cf. os artigos de R. K. Sherk e S. Mitchell, em ANRW VII/2, 954-1081.

àquela descendência do que para a população helenizada da cidade sulista. Quando teria Paulo chegado à região étnica dos gálatas? Durante a "segunda viagem missionária", depois que o apóstolo revisitou o Sul da província (mais ou menos no ano 50), At 16,6-7 narra: "Atravessaram depois a Frígia e a região da Galácia [Paulo, Silas, Timóteo], impedidos que foram pelo Espírito Santo de anunciar a palavra na [província da] Ásia. Chegando [em direção oposta] aos cofins da Mísia, tentaram penetrar na Bitínia, mas o Espírito de Jesus não permitiu". Atos quer dizer que eles foram em direção leste, através da região frígia da província da Galácia (portanto, ainda não no Norte da Galácia), ou quer dizer que eles foram em direção norte, através da Frígia, para o território (Norte) da Galácia propriamente dito? A primeira pode parecer geograficamente mais lógica, mas se se aceita a última interpretação, o misterioso comentário acerca de ser "impedido pelo Espírito Santo" pode estar relacionado com a doença de Paulo na Galácia (Gl 4,13), obstruída, assim, sua empreitada missionária. Qualquer que seja o significado de "Frígia e região da Galácia", em Atos, Paulo conquistou convertidos ali, pois de acordo com At 18,23, no início da "terceira viagem missionária" (54 d.C.), Paulo viajava de um lugar a outro, através da região da Galácia e da Frígia, "confirmando todos os discípulos", ou seja, implicitamente, discípulos feitos na viagem anterior.[23] (A inversão da ordem dos dois nomes geográficos indica quão difícil é obter dados precisos de Atos, cujo autor pode não ter sabido exatamente aonde Paulo foi.) Embora não seja fácil avaliar, de modo geral os argumentos que apóiam a teoria nortista parecem mais persuasivos.

Datação. De acordo com a teoria do Sul da Galácia, Paulo poderia ter escrito Gálatas em qualquer tempo depois de ter revisitado as cidades sulistas em 50 ("segunda viagem missionária").[24] Qual a data sugerida pela teoria mais aceita, a do Norte da Galácia? Existem duas propostas: 1. Depois de passar pelas

---

[23] Teoricamente Paulo pode ter escrito Gálatas àqueles discípulos antes de voltar da "terceira viagem missionária", mas Atos não mostra nenhum conhecimento da hostilidade nascida contra Paulo entre as duas visitas à Galácia. Quanto à rota dessa viagem, cf. capítulo 27, n. 3.

[24] Alguns acreditaram até que Gálatas foi escrita de Antioquia, por volta do ano 48, depois da "primeira viagem missionária", baseados em Gl 2,1, que não menciona a visita a Jerusalém narrada em At 15, mas a visita anterior de At 11,30; 12,25, por ocasião da carestia. Contudo, Atos oferece poucos detalhes sobre a visita durante a fome, e isso pode ser uma lembrança confusa. É muito improvável que Paulo estivesse na Galácia antes do encontro de Jerusalém de Gl 2,1. Caso estivesse ele teria mencionado a Galácia em Gl 1,21, juntamente com a Síria e a Cilícia. Ademais, Gl 2,11-14 faz pensar que a carta foi escrita depois que Paulo rompeu com a comunidade de Antioquia.

(étnicas) regiões da Galácia e da Frígia pela segunda vez, Paulo foi a Éfeso (At 19,1), onde permaneceu durante três anos (54-56). Pode-lhe ter chegado o rumor de que doutores chegaram e "rapidamente" (Gl 1,6) conquistaram gálatas para "outro evangelho" — notícias que provocaram o raivoso escrito de Gálatas em 54 ou 55.[25] Se a carta obteve êxito (ou, pelo menos, se Paulo esperava que desse certo), uma tentativa de sanação pode estar indicada no plano de Paulo, em 1Cor 16,1, quando ele estava prestes a deixar Éfeso, em 57, de fazer as Igrejas da Galácia contribuírem com a coleta para Jerusalém. 2. Alguns estudiosos, que pensam que não poderia haver nenhum remédio depois de uma carta como Gálatas, argumentam que o plano em 1Cor 16,1 foi formulado antes de Paulo inteirar-se do que acontecera a seus convertidos na Galácia. Ele ficou sabendo disso quando deixou Éfeso ou logo após; assim, abandonando o plano de uma coleta na Galácia,[26] escreveu Gálatas da Macedônia, no final de 57 (entre 2 Coríntios e Romanos), como uma dura repreensão. A proximidade entre Gálatas e Romanos (escrita de Corinto, em 58) é também aventada como argumento para essa datação tardia. A datação de meados dos anos 50 tem mais seguidores, e considero-a mais provável; os dados, porém, deixam a questão aberta.

A "fé [*pistis*] de Cristo" (Gl 2,16 etc.)

Uma discussão importante tem-se concentrado naquilo que Paulo quer dizer quando fala sobre ser justificado ou sobre justificação (cf. a subseção no capítulo 24), não pelas obras da Lei mas por causa/por meio da *fé de* (Jesus) *Cristo* (Gl 2,16; 3,22; também Rm 3,22.26; Fl 3,9). A construção "por causa/por meio da fé de Cristo" (*ek/dia pisteōs Christou*) pode ser entendida como um genitivo objetivo, ou seja, a fé do cristão em Cristo, ou como um genitivo subjetivo, ou seja, a fé possuída

---

[25] Gálatas pode ter sido a primeira carta paulina escrita de Éfeso. "Rapidamente", se não é pura oratória, dificilmente combina com uma data de três ou quatro anos depois, quando Paulo estava na Macedônia ou em Corinto. Éfeso distava cerca de 560 quilômetros de Ancira, mais perto, portanto, do território étnico da Galácia do que a Macedônia ou Corinto.

[26] Ressaltou-se que em Rm 15,26, escrita no final do movimento dessa coleta, Paulo alude a dinheiro levantado somente na Acaia e na Macedônia. Contudo, ao escrever aos romanos, Paulo pode ter tido um motivo diferente para não mencionar os gálatas, a saber, notícias sobre o que ele escreveu em Gálatas tinham provocado hostilidade em Jerusalém, e ele temia que a informação tivesse sido transmitida aos cristãos romanos.

ou manifestada por Cristo.[27] O debate afeta também a expressão mais simples e mais comum "da fé" (*ek pisteōs*).[28] Ambas a interpretações exigem um comentário.

Fé *em* Cristo é, provavelmente, a interpretação mais comum e talvez apoiada por Gl 3,26, que usa a preposição "em". Segundo essa interpretação, porém, embora a fé naquilo que Deus realizou em Cristo, especialmente por meio da crucifixão e ressurreição, possa ser vista como uma resposta que realiza a justificação, é preciso enfatizar que Deus também origina a resposta — a graça divina de acreditar, em reposta à graça divina manifesta em Cristo. A fé *de* Cristo é, às vezes, entendida como sua fidelidade ao plano de Deus, fidelidade que instaurou a justificação. Alguns acham fraca tal interpretação, e preferem pensar na fé manifesta por Jesus ao enfrentar a crucifixão sem um apoio divino visível, uma imagem que pode ser justificada pelas narrativas da paixão de Marcos e de Mateus, bem como por Hb 5,8. Martyn defende a tese de que Gl 2,20-21 mostra que a fé de Cristo é a fidelidade deste último na morte. Outros ainda combinam as duas abordagem e opinam que a fé de Cristo, manifestada em sua morte, é dada a seus seguidores mediante a fé em Cristo.[29] Uma visão geral sobre a discussão entre os estudiosos[30] e a pergunta sobre o que tudo isso significa para a compreensão de Paulo é um exercício básico no estudo da teologia paulina.

Temas e problemas para reflexão

1. Existe abundante literatura sobre os adversários de Paulo na Galácia,[31] envolvendo propostas diferentes para identificá-los. Desde o início do século XX,

---

[27] O grego não tem artigo entre a preposição e *pisteōs* em referência a Cristo. Em inglês, pode-se redigir o genitivo objetivo sem um artigo entre a preposição inicial e o nome ("from faith in Christ"), mas o genitivo subjetivo exige um artigo ("from *the* faith of Christ" [em português , o artigo aparece sempre: "por causa *da* fé em Cristo", "por causa *da* fé de Cristo" — N.T.]).

[28] Gl 3,7.8.9.11.12.24; 5,5; também "pela [*dia*] fé" (Gl 3,14), "pela adesão à fé" (Gl 3,2.5) ou simplesmente "fé" (1,23; 3,23.25; 5,6.22; 6,10).

[29] Cf. Hultgren, A. J. NovT 22, 248-63, 1980; Dodd, B. JBL 114, 470-473, 1995.

[30] Para "fé de": Hays, R. B. *The faith of Jesus Christ*; an investigation of the narrative substructure of Galatians 3,1–4,11. Chico, CA, Scholars, 1983. (SBLDS, 56); Hooker, M. D. NTS 35, 321-342, 1989; Williams, S. K. CBQ 49, 431-447, 1987; Campbell, D. A. JBL 113, 265-285, 1994. Para "fé em": Fitzmyer, J. A. *Romans*, AB, 1993, pp. 345-346 (com bibliografia); Harrisville, R. A. NovT 36, 233-241, 1994.

[31] Cf. Brinsmead, Howard, Jewett, Martyn (A Law-observant mission to the Gentiles, SJT 38, 307-324, 1985), Muck, Russell (resumo útil) e Wilson, na Bibliografia deste capítulo.

alguns estudiosos têm sustentado que Paulo lutava simultaneamente contra dois grupos: cristãos judaizantes de Jerusalém, que insistiam em que os gentios deveriam ser circuncidados, e libertinos defensores (quer judeus, quer gentios) do Espírito, os quais afirmavam que os crentes podiam satisfazer os desejos da carne.[32] Ao segundo grupo é que Paulo teria dirigido Gl 5,16-26. Outra proposta é: os pregadores não vieram de fora, mas pertenciam à comunidade dos gálatas, ou seja, eram judeu-cristãos que questionavam os membros gentios incircuncisos da comunidade. Outra sugestão, ainda (W. Schmithals, *Paul and the gnostics* [Paulo e os gnósticos], Nashville, Abingdon, 1972, pp. 13-64), é de que os pregadores eram gnósticos que advogavam a circuncisão como um rito místico que levaria os gálatas a um estado de perfeição superior, com ou sem a Lei (Gl 6,13). Na opinião da maioria, essas hipóteses introduzem complicações desnecessárias e desviam-se da prova mais clara de que um grupo de judeu-cristãos pregadores foi para a Galácia, exigindo a circuncisão dos gentios que se tinham tornado seguidores de Cristo.

2. Vimos, nas *pp. 624 e 628*, que Paulo e os pregadores discordavam acerca da interpretação da história de Abraão/Sara/Agar, dependendo de como combinavam os motivos de Gn 12, 15 e 17 (a promessa de Deus de que em Abraão os gentios seriam abençoados; a fé de Abraão que lhe foi creditada em justiça e a aliança da circuncisão). Ora, tanto Paulo quanto os pregadores usavam um estilo veterotestamentário de interpretação bem diferente da exegese moderna, muitas vezes porque a exegese deles, embora muito à vontade com o judaísmo do tempo, era bem livre e mais que literal segundo nossos modelos (cf. capítulo 2, subseção D). Descontada a diferença entre exegese antiga e moderna, vale a pena aprofundar a seguinte questão: Paulo e os pregadores aplicaram a história de Abraão ao problema de se os gentios crentes em Cristo deveriam ser circuncidados caso quisessem ser plenamente justificados como filhos de Abraão. Qual seria, pois, a aplicação mais convincente para os leitores modernos em busca do sentido literal do AT?

3. De quando em vez, novamente segundo os padrões modernos, existe um problema no uso que Paulo faz do AT, por causa da leitura textual que subjaz à sua interpretação. Um exemplo famoso é digno de nota, a saber, a referência à fé em Hab 2,3-4, uma passagem obscura que aparece com notável diversidade no

---

[32] Cf. ROPES, J. H. *The singular problem of the Epistle to the Galatians.* Cambridge, MA, Harvard, 1929.

hebraico do AT, no grego do AT, nos MMM, na carta aos Hebreus e nas citações de Paulo em Gálatas e Romanos. a) Segundo o texto hebraico massorético, o profeta, queixando-se da injustiça, tendo como pano de fundo as conquistas neobabilônicas (caldéias), por volta do ano 600 a.C., deve aguardar uma visão que virá certamente, ainda que possa tardar. Contrastando com a inflada e arrogante pessoa que não é justa, "o justo, por causa de *sua* fé/fidelidade, viverá", ou seja, presumivelmente por causa de sua fidelidade/confiança ao/no Deus da aliança. b) A tradução de Habacuc, versão da LXX, embora fale de uma visão, diz que, ainda que *ele* demore, deve-se esperar por ele, pois certamente virá; pressupõe-se que a visão é a de alguém que vem, talvez o rei dos caldeus como instrumento de Deus. Deus ficará desgostoso se aquele que aparece na visão retroceder, mas "o justo/inocente viverá de *minha* fidelidade", ou seja, a fidelidade de Deus às promessas feitas. c) No comentário a Habacuc dos MMM (1QpHab 7,5–8,3), a visão é explicada pelo Mestre da Justiça e aplica-se à comunidade daqueles que observam a Lei. Eles serão libertados da perseguição "por causa de suas ações e por causa da fidelidade *deles* ao Mestre da Justiça", ou seja, se aceitarem a interpretação da Lei que ele propõe. d) O autor de Hb 10,37-39 segue a LXX, com alguma alteração, aparentemente interpretando aquele que aparece na visão como Jesus em sua segunda vinda. "Meu justo viverá pela fé", ou seja, por ser fiel até que Jesus venha. e) Em Gl 3,11 (Rm 1,17), Paulo escreve: "O justo [inocente] viverá pela [= por meio da] fé", interpretando Hab 2,3-4 desta forma: o justo viverá pela fé em Cristo ou pela fidelidade a ele.

4. O parágrafo anterior sugere que alguns dos argumentos de Paulo para sua posição sobre a fé e sobre a Lei podem não ser, em si, muito convincentes. Embora os apresentemos, enganar-nos-íamos se pensássemos que ele faz seu posicionamento depender deles. Sua posição é uma expressão do evangelho que não lhe adveio por intermédio de mestres humanos, mas por meio de uma revelação (*apokalypsis*, desvelamento) de Jesus Cristo (Gl 1,12).[33] Tal revelação deu a Paulo nova perspectiva mediante a qual podia perceber como Deus transformou o mundo com a crucifixão de Cristo e, em Gl 3,23.25, ele dá um exemplo de como

---

[33] M. Winger (JSNT 53, 65-86, 19) mostra que o próprio evangelho não é uma questão de tradição recebida por Paulo, como o são descrições dele, que podem variar (Rm 1,3-4). A compreensão que os gálatas tiveram do evangelho proclamado por Paulo deu-se pelo poder divino.

sua visão mudou. Destarte, apesar de ter modelado algo do vocabulário e da argumentação de Gálatas à luz da propaganda dos pregadores, muito do que ele afirma sobre Cristo, a fé e a liberdade poderia ter sido dito mesmo que os pregadores não tivessem chegado. Extrair a mensagem *positiva* de Gálatas, independentemente de suas polêmicas, é muito útil para compreender Paulo. Note-se, de modo especial, a famosa afirmação cristológica de Gl 4,4-7.

5. Gálatas contrapõe a Lei (32 vezes) à liberdade (11 vezes, com sinônimos). Um dos atrativos da mensagem dos pregadores pode ter sido as claras diretrizes éticas contidas na Lei. Liberdade é atraente, mas precisa de definição, conforme constatamos ao enumerar liberdade do pecado, liberdade perante a Lei, liberdade da obrigação e do controle, liberdade para fazer o que quiser, liberdade para o amor e para o serviço. A liberdade pode abrir a porta à licenciosidade, como parece ter acontecido na Galácia. Paulo contra-ataca criticando o mal-entendido em relação à liberdade (Gl 5,13) e admoestando aqueles que andam segundo o Espírito a não se envolvem com "obras da carne", as quais ele enumera (Gl 5,17-21). Ironicamente, suas exatas palavras tornaram-se uma espécie de lei orientadora dos cristãos sobre esses pontos. Na prática pastoral, qual é a inter-relação entre liberdade responsável e as claras diretrizes que beiram a Lei?

6. Numa mentalidade apocalíptica como a de Paulo, existe pouco tempo para uma mudança nas estruturas sociais deste mundo. Conseqüentemente, a famosa oposição entre judeu e grego, escravo e livre, homem e mulher (Gl 3,28) não é primariamente uma afirmação de igualdade social ou política. É uma declaração de igualdade no plano de salvação de Deus, por meio de Cristo: "todos vós sois um em Cristo". O mesmo Paulo que formulou isso foi capaz de estabelecer desigualdades entre os cristãos: os gentios não passavam de um ramo de oliveira silvestre, enxertado na cultivada árvore de Israel; aqueles que eram escravos quando chamados para Cristo deveriam permanecer como tais; mulheres não tinham permissão de falar nas igrejas e deveriam ser submissas (Rm 11,24; 1Cor 7,20-21; 14,34). Contudo, muitos cristãos reconhecem um dinamismo evangélico na afirmação de Paulo que pode ou deve ultrapassar sua opinião. Como isso pode ser concretizado teologicamente sem que se faça injustificavelmente de Gl 3,28 uma antecipação do ideal de *igualdade* da Revolução Francesa?

7. O cânone do NT de Marcião era maciçamente paulino: Lucas e as dez cartas paulinas (começando com Gálatas!). Sua rejeição ao AT e a todo o legado

do judaísmo é considerada, geralmente, uma extremada derivação do paulinismo. Martyn (TBOB 2.283) cita uma frase memorável de F. Overbeck: "Paulo teve apenas um aluno que o entendeu: Marcião — e esse aluno entendeu-o mal". Por outro lado, os judeu-cristãos do século II chegaram a odiar Paulo como alguém que distorceu a herança judaica e impediu o êxito do evangelho entre os judeus. Percorrendo Gálatas, à procura de afirmações sobre a Lei que possam ter alimentado o absolutismo de Marcião e o antagonismo posterior dos judeu-cristãos, pode-se perceber como a Escritura pode ser lida de um modo jamais sonhado pelo autor.

Bibliografia sobre Gálatas

Comentários e estudos em séries

BETZ, H. D. Hermeneia, 1979.
BRUCE, F. F. NIGTC, 1982.
BURTON, E. D. ICC, 1921.
COLE, R. A. TNTC, 1989.
COUSAR, C. B. IBC, 1982.
DUNN, J. D. G. BNTC, 1993; NTT, 1993.
FUNG, R. Y. K. NICNT, 1988.
GUTHRIE, D. NCBC, 1974.
KRENTZ, E. AugC, 1985.
LONGENECKER, R. N. WBC, 1990.
MARTYN, J. L. AB, 1997.
MATERA, F. J. SP, 1992.
OSIEK, C. NTM, 1980.
SCHNEIDER, G. NTSR, 1969.
ZIESLER, J. A. EC, 1992.

Bibliografias

VAUGHAN, W. J. RevExp 59, #4, 431-436, 1972.
WAGNER, G. EBNT, 1996.

* * *

BAASLAND, E. Persecution: a neglected feature in the Letter to the Galatians. ST 38, 135-150, 1984.

BARCLAY, J. M. G. *Obeying the truth*; a study of Paul's ethics in Galatians. Edinburgh, Clark, 1988.

BARRETT, C. K. *Freedom and obligation*; a study of the Epistle to the Galatians. Philadelphia, Westminster, 1985.

BETZ, H. D. The literary composition and function of Paul's Letter to the Galatians. NTS 21, 353-373, 1974-1975.

BLIGH, J. *Galatians*. London, St. Paul, 1969. Útil se deixar de lado a tentativa de encaixar a carta em uma estrutura quiástica.

BOERS, H. *The justification of the Gentiles*; letters to the Galatians and the Romans. Peabody, MA, Hendrickson, 1994. Exegese semiótica.

BORGEN, P. *Paul preaches circumcision and pleases men*. Trondheim, Tapir, 1983.

BRINSMEAD, B. H. *Galatians*; dialogical response to opponents. Chico, CA, Scholars, 1982. (SBLDS, 65.)

BUCKEL, J. *Free to love*; Paul's defense of christian liberty in Galatians. Leuven, Peeters, 1993. (LTPM, 15.)

COSGROVE, C. H. *The cross and the Spirit*; a study in the argument and theology of Galatians. Macon, GA, Mercer, 1988.

DUNN, J. D. G. *Jesus, Paul and the Law*; studies in Mark and Galatians. Louisville, W/K, 1990.

EBELING, G. *The truth of the Gospel*; an exposition of Galatians. Philadelphia, Fortress, 1985.

GASTON, L. *Paul and the Torah*. Vancouver, Univ. of British Columbia, 1987.

GORDON, T. D. The problem at Galatia. *Interpretation* 41, 32-43, 1987.

HANSEN, G. W. *Abraham in Galatians*; epistolary and rhetorical contexts. Sheffield, JSOT, 1989. (JSNTSup, 29.)

HAYS, R. B. *The faith of Jesus Christ*; an investigation of the narrative substructure of Galatians 3,1–4,11. Chico, CA, Scholars, 1983. (SBLDS, 56.)

_____. Christology and ethics in Galatians. CBQ 49, 268-290, 1987.

HONG, I.-G. *The Law in Galatians*. Sheffield, JSOT, 1993. (JSNTSup, 81.)

HOWARD, G. E. *Paul*; crisis in Galatia. 2. ed. Cambridge, Cambridge Univ., 1990. (SNTSMS, 35.)

JEWETT, R. The agitators and the Galatian congregation. NTS 17, 198-212, 1970-1971.

LIGHTFOOT, J. B. *St. Paul's Epistle to the Galatians*. London, Macmillan, 1865.

LÜHRMANN, D. *Galatians*. Minneapolis, A/F, 1992.

LULL, D. J. *The Spirit in Galatia*. Chico. CA, Scholars, 1980. (SBLDS, 49.)

MACDONALD, D. R. *There is no male and female*; the fate of a dominical saying in Paul and gnosticism. Philadelphia, Fortress, 1986.

MARTYN, J. L. A law-observant mission to the gentiles. SJT 38, 307-324, 1985.

_____. Galatians. TBOB 2.271-284. Antecipa seu comentário em AB.

MUNCK, J. The judaizing Gentile Christians. In: *Paul and the salvation of mankind*. Richmond, Knox, 1959. pp. 87-134.

RÄISÄNEN, H. Galatians 2.16 and Paul's break with Judaism. NTS 31, 543-553, 1985.

RAMSAY, W. M. *A historical commentary on St. Paul's Epistle to the Galatians*. New York, Putnam's, 1900. Importante defensor da teoria do Sul da Galácia.

RIDDERBOS, H. N. *The epistle of Paul to the Churches of Galatia*. 8. ed. Grand Rapids, Eerdmans, 1953. (NICNT.)

RUSSELL, W. Who were Paul's opponents in Galatia? BSac 147, 329-350, 1990.

THIELMAN, F. *From plight to solution*; a Jewish framework for understanding Paul's view of the Law in Galatians and Romans. Leiden, Brill, 1989. (NovTSup, 61.)

TYSON, J. B. "Works of Law" in Galatian. JBL 92, 423-431, 1973.

WILLIAMS, S. K. Justification and the Spirit in Galatians. JSNT 29, 91-100, 1987.

_____. *Promise* in Galatians: a reading of Paul's reading of Scripture. JBL 107, 709-720, 1988.

WILSON, R. M. Gnostics — in Galatia? *Studia Evangelica* 4, 358-367, 1968.

YATES, R. Saint Paul and the Law in Galatians. ITQ 51, 105-124, 1985.

Capítulo 20

Carta aos Filipenses

De alguma forma, esta é a mais interessante das cartas paulinas, a que mais claramente mostra a cálida afeição do apóstolo por seus irmãos e irmãs em Cristo. Com efeito, Filipenses foi classificada como um exemplo da retórica da amizade. Contém uma das mais bem conhecidas e amadas descrições neotestamentárias da graciosidade de Cristo: aquele que se esvaziou e assumiu a forma de servo, até à morte numa cruz. Contudo, Filipenses está marcada por controvertidas dificuldades. Não podemos saber ao certo onde Paulo se achava quando a escreveu nem, portanto, a data da composição. Além do mais, temos dúvidas quanto à unidade, pois alguns chegam a dividir o documento atual em duas ou mais cartas originalmente distintas. Discutamos, porém, a carta tal qual se encontra, antes de voltarmo-nos para tais debates. Depois do Contexto e da Análise geral da mensagem, dedicar-se-ão subseções a: Hinos nas cartas do NT e o hino cristológico de Fl 2,5-11, De onde para quem?, Unidade: uma carta, duas ou três?, Temas e problemas para reflexão e Bibliografia.

Contexto

Conforme recordamos na p. *607*, Paulo havia cruzado o mar com Silas e Timóteo, passando da Província da Ásia (Ásia Menor ou Turquia atual) em direção à Macedônia (Europa, Norte da Grécia, hoje) em 50-51 d.C. Passando pelas ilhas montanhosas de Samotrácia, aportaram em Neápolis, onde a grande estrada romana, que cruzava a Macedônia, a Via Egnácia, tinha um acesso que dava no mar. É duvidoso que uma estrada tão extensa fosse sempre bem conservada nesses primeiros tempos imperiais; Filipos, portanto, que distava da Egnácia cerca de 16 quilômetros em direção ao interior, dependia muito do comércio feito pela curta estrada que dava acesso ao Mediterrâneo. Esse lugar, para o qual os missionários foram imediatamente, era uma importante cidade romana, onde, um século antes (42 a.C.), Marco Antônio e Otaviano (Augusto) tinham derrotado Brutus e Cassius, os assassinos de Júlio César, e instalado os veteranos dos exércitos vencedores.[1] Paulo proclamou lá o evangelho e fundou sua primeira Igreja na Europa (At 16,11-15; Fl 4,15). Uma homenagem à implantação dessa Igreja é prestada, quase um século depois, por Policarpo (*Filipenses* 1,2), que fala da firmemente enraizada fé dos filipenses, famosos nos anos passados e ainda florescentes.

Lendo At 16, tem-se a impressão de uma relativamente breve estada e algum êxito entre judeus e gentios, apesar das tribulações civis. No início (At 16,13-15), à margem de uma torrente fora do portal da cidade, Lídia, comerciante de Tiatira que vendia púrpura e que se sentia atraída pelo judaísmo ("uma temente a Deus"), foi batizada com o esposo e ofereceu hospedagem a Paulo em sua casa.[2] Essa história parece refletir acuradamente a realidade social de Filipos, especialmente a proeminente posição exercida pelas mulheres. Alguma confirmação pode ser acrescentada por Fl 4,2, em que Paulo menciona duas mulheres, Evódia e Síntique, que ora não se entendem, mas que tinham sido suas colaboradoras evangelistas ali. O nome delas e a alusão a Epafrodito e Clemente em Fl 2,25; 4,3 sugerem que havia grande percentagem de gentios entre os cristãos filipenses.

---

[1] A história prévia dessa cidade (subjugada ao domínio macedônio em 356 a.C. por Filipe II, pai de Alexandre Magno, e denominada segundo o nome dele; a seguir, subjugada pelos romanos em 168 a.C.) não é importante para nosso objetivo. At 16,12 descreve-a corretamente como uma *kolōnia* (um assentamento de tropas romanas aposentadas). O latim era a língua oficial, mas os contatos comerciais com as cidades vizinhas indicam que se falava também grego. Filipos era administrada sob *ius italicum*, ou lei romana aplicável na Itália. Isso pode explicar por que em At 16,38-39, quando perceberam que estavam maltratando cidadãos romanos (Paulo e Silas), os magistrados pediram desculpas. At 16,12 também descreve Filipos como a "cidade primeira/principal da região da Macedônia", mas não era a capital nem desse distrito da Macedônia, nem da província (respectivamente, Anfípolis e Tessalônica, mencionadas em At 17,1).

[2] Provas arqueológicas (V. Abrahamsen, BA 51, 46-56, 1988) de trácios nativos e de cultos orientais *fora* da cidade romana levaram à especulação de que os judeus também prestavam culto ali, donde a presença, fora do portão, tanto de Lídia quanto de Paulo. Tiatira situava-se na Lídia, e os escravos às vezes recebiam o nome de sua terra natal. Como pessoas ricas (especialmente mulheres donas de casa) compravam púrpura, Lídia teria feito bons contatos para Paulo em Filipos.

Informações básicas

Data: cerca de 56, se de Éfeso (ou 61-63, de Roma, ou 58-60, de Cesaréia).

Destinatários: cristãos de Filipos, uma colônia romana (At 17,12), onde exércitos veteranos recebiam propriedades depois de batalhas em guerras civis (42 a.C.); como Tessalônica (mais para o oeste), era uma cidade comercial importante vizinha à Via Egnácia. Evangelizada por Paulo por volta de 50 d.C. durante sua "segunda viagem missionária" (cf. quadro 6, no capítulo 16, para a cronologia revisionista).

Autenticidade: não questionada seriamente.

Unidade: os estudiosos estão divididos quase meio a meio: sugeriu-se difusamente que duas ou três cartas foram combinadas para formar Filipenses, mas pode-se fazer uma respeitável defesa da unidade.

Integridade: hoje, nenhuma teoria importante sobre interpolações. No passado, propuseram-se interpolações por razões teológicas: "epíscopos e diáconos" (1,1) ou o hino cristológico (2,6-11).

Divisão formal (da carta atual, unificada)

A. Fórmula introdutória: 1,1-2

B. Ação de graças: 1,3-11

C. Corpo: 1,12–4,20: mistura da situação de Paulo na prisão, exortações, admoestações contra falsos doutores, gratidão aos filipenses

D. Fórmula conclusiva: 4,21-23

Divisão conforme o conteúdo

1,1-11:	Endereço/saudação e ação de graças
1,12-26:	Situação de Paulo na prisão e atitude perante a morte
1,27–2,16:	Exortação baseada no exemplo de Cristo (hino cristológico)
2,17–3,1a:	Interesse de Paulo pelos filipenses e missões planejadas para eles
3,1b–4,1:	Advertência contra falsos doutores; o próprio comportamento de Paulo (uma carta diferente?)
4,2-9:	Exortação a Evódia e Síntique: unidade, alegria, coisas mais altas
4,10-20:	Situação de Paulo e os generosos presentes dos filipenses
4,21-23:	Saudação e bênção conclusivas

Mais conversões em Filipos são registradas em At 16,16-40. O fato de Paulo ter expulsado um espírito de uma jovem escrava que fazia predições de fortuna levou os donos dela a apresentá-lo, juntamente com Silas, perante os magistrados locais como judeu causador de problemas. Não admira que Paulo refira-se a sua estada em Filipos como o "tempo em que sofremos e fomos insultados" (1Ts 2,2). No entanto, embora tenham sido despojados de suas roupas, espancados e aprisionados, quando um terremoto escancarou as portas da prisão, Paulo e Silas recusaram-se a fugir — um gesto que levou à conversão do carcereiro e dos de sua casa. Finalmente, os magistrados desculparam-se por ultrajar cidadãos romanos, mas pediram-lhes que fossem embora, de modo que eles partiram em direção oeste, seguindo a Via Egnácia, rumo a Tessalônica.[3] Com esse pano de fundo, vamos dar uma olhada nessa carta endereçada a "todos os santos em Cristo Jesus que estão em Filipos, com seus epíscopos e diáconos".

Análise geral da mensagem

Embora minha análise da maioria das cartas paulinas proceda seqüencialmente, seguindo o formato tradicional de uma carta,[4] aqui, como em 1 Tessalonicenses, visto que o pensamento de Paulo oscila para frente e para trás, sugiro que os leitores passem a vista rapidamente na carta a fim de obter uma primeira impressão do conteúdo; a seguir, voltem a esta Análise, que sublinha os pontos principais.

Aqueles que Paulo converteu em Filipos entraram em uma parceria única com ele (Fl 1,5), que durou desde o momento em que ele partiu para Tessalônica (para onde eles enviaram presentes, diversas vezes: Fl 4,15-16; cf. também 2Cor 11,9) até o presente momento, em que ele está escrevendo da prisão.[5] Eles deram nova prova de fidelidade ao enviar Epafrodito a Paulo; agora, preocupado com a valorosa saúde do colaborador, Paulo envia-o de volta (Fl 4,18; 2,25-26). Um denso laço de amizade dá cor a essa carta, que expressa a gratidão de Paulo e mantém os filipenses informados; com efeito, a atração humana que o homem

---

[3] At 17,1. Paulo esteve em Filipos mais uma vez, entre sua primeira visita e o tempo em que escreveu Filipenses? Se ele a escreveu de Éfeso, não temos prova alguma de que se achasse em Filipos de novo *antes* que fosse a Éfeso para lá passar três anos (54-56); mas ele pode ter visitado a Macedônia e Filipos durante aquela permanência (capítulo 23, n. 3). Se Paulo escreveu Filipenses de Cesaréia ou de Roma (58-60 ou 61-63), realmente foi para a Macedônia *depois* de sua estada em Éfeso, a caminho de Corinto (por volta de 57: At 19,21; 20,1; 1Cor 16,5; 2Cor 2,13; 7,5), e depois, mais uma vez (especificamente para Filipos), depois que esteve em Corinto, a caminho de Cesaréia e de Jerusalém (por volta de 58: At 20,3.6; Rm 15,25-26?).

[4] Além das divisões de Filipenses apresentadas nas Informações básicas, A. B. Luter e M. V. Lee (NTS 41, 89-101, 1995) propõem uma disposição quiástica, na qual o prólogo em Fl 1,3-11 corresponde ao epílogo em Fl 4,10-20; 1,12-26 a 4,6-9 etc.

[5] Fl. 1,7.13.17; 4,10. Do começo ao fim aceitarei a hipótese de que Paulo escreveu Filipenses em Éfeso, por volta do ano 56; de acordo com a outra hipótese (Cesaréia [58-60], Roma [61-63]), o apoio dos filipenses a Paulo teria durado ainda mais tempo — quase dez anos! Paulo sustentava-se, em vez de pedir dinheiro aos membros da comunidade, durante o tempo que trabalhava entre eles; aparentemente, porém, tendo seguido viagem, ele teria aceitado dinheiro que lhe fora enviado à guisa de apoio para que continuasse seu ministério em outra parte.

Paulo exercia é revelada pela fidelidade deles. Não podemos simplesmente descartar como formalidades de carta suas emocionadas palavras aos filipenses, escritas em um contexto que o deixara face a face com a possibilidade da morte: "[...] vos tenho meu coração" (Fl 1,7); "Deus me é testemunha de que vos amo a todos com a ternura de Cristo Jesus" (Fl 1,8); "[...] Irmãos [e irmãs] amados e queridos, minha alegria e coroa" (Fl 4,1). Além da demonstração de profunda gratidão e amizade, que pode ser considerada a motivação principal da carta, existem indícios importantes acerca do pensamento de Paulo na prisão e da situação em Filipos que precisam ser considerados.

Pensamento de Paulo na prisão: a carta reflete pensamentos que se impunham a Paulo por ocasião de seu aprisionamento por pregar o evangelho. Em primeiro lugar, ele não está desanimado, não obstante o que está sofrendo. Seu aprisionamento, embora dificultado pela acusação legal e pelos guardas, faz avançar o evangelho, visto que ele está claramente sofrendo por Cristo (Fl 1,12-13; 3,8), enquanto outros, por causa de seu exemplo, tem-se enchido de coragem para proclamar sem medo (Fl 1,14). Infelizmente, alguns estão fazendo isso com espírito de rivalidade, a fim de superar Paulo (Fl 1,15),[6] e ele demonstra desprezo por tal rivalidade tanto em Fl 1,18 quanto na quase contemporânea 1Cor 1,13; 3,5-9. Os pregadores não importam; a única coisa que conta é que Cristo seja anunciado.

Em segundo lugar, a meditação sobre a morte acorre a Paulo na presente situação, como o testemunham a correspondência de Filipenses e de Coríntios. (Ela contribui para as discussões nas *pp. 583-584*, fazendo-nos perguntar até que ponto a teologia de Paulo sobre temas básicos desenvolveu-se ao longo do tempo.) Anteriormente, em 1Ts 4,17, Paulo disse: "Nós, os vivos que estivermos lá", por ocasião da vinda de Cristo. Se esse não for apenas um "nós" redacional, Paulo esperava sobreviver até a parusia. Em Fl 1,20-26, ele luta com a possibilidade de morrer (também 2Cor 5,1-10), tentando decidir se o acesso imediato a Cristo, proporcionado pela morte, é melhor do que a continuação do ministério da proclamação de Cristo. Em Fl 3,10-11, Paulo fala de partilhar o sofrimento de Cristo,

---

[6] Competição entre pregadores ou, no mínimo, entre seus adeptos parece ter sido comum nessas primeiras comunidades. Conforme 1Cor 1,11-12, em Corinto formaram-se grupos em torno de Paulo, Apolo e Cefas (Pedro). At 18,24-28 narra que, pouco antes de Paulo chegar a Éfeso para sua permanência de três anos (54-56), Apolo estivera lá (tendo ido, a seguir, para Corinto: At 19,1).

"para ver se alcanço a ressurreição de entre os mortos". Estaria ponderando sobre o martírio?[7]

A situação em Filipos: Paulo quer que os cristãos filipenses sejam sem mancha, resplandecentes como luzes em meio a uma geração perversa e depravada, e que ostentem a mensagem da vida como prova de que ele não correu em vão (Fl 2,14-16). Paulo deseja que eles permaneçam firmes num só espírito, trabalhando pelo evangelho, unânimes na fé — a *koinōnia* do Espírito (Fl 1,27; 2,1). Contudo, existem alguns que estão perturbando a Igreja filipense. Quantos grupos Paulo tem em mente?[8] Pelo menos três atitudes são condenadas no texto.

Primeira: existe dissensão interna em Filipos, até mesmo entre aqueles que haviam trabalhado lado a lado com Paulo, como Evódia e Síntique (Fl 4,2-3).[9] O motivo da divergência não é claro, mas, diante da natureza humana, provavelmente reflete presunção e falta de humildade, o que Paulo condena (cf. Fl 2,2-4). De fato, contra a imodéstia e a tentativa de fazer prevalecer os próprios interesses é que Paulo apresenta Cristo como exemplo de autodoação e serviço no hino cristológico de Fl 2,5-11 (subseção seguinte).

Segunda: além dos querelantes adeptos que haviam trabalhado com Paulo, existe uma oposição externa aos cristãos filipenses que os faz sofrer (Fl 1,28-29). Ao que parece, é a continuação do tipo de tribulação ao qual o próprio Paulo foi submetido quando esteve lá pela primeira vez e também em Éfeso (Fl 1,30; At 19,23–20,1), a saber, pessoas que se queixavam do estranho ensinamento dos cristãos — doutrina que não reconhece os deuses — e recorriam às autoridades locais para prendê-los ou expulsá-los. Nada pode ser feito contra tal injustiça, mas Deus triunfará.

---

[7] Otto, R. E. CBQ 57, 324-340, 1995.

[8] Cerca de dezoito análises diferentes dos adversários foram propostas (cf. J. J. Gunther, *St. Paul's opponents and their background*, Leiden, Brill, 1973, p. 2, NovTSup, 35). Algo dessa multiplicidade é desnecessário. Aqueles que pregam o Cristo invejando Paulo (Fl 1,15-18) podem encontrar-se no lugar onde ele está preso, não em Filipos.

[9] Paulo pede que alguém ("Meu fiel *syzyge*") intervenha na querela; não fica claro se o nome significa "meu fiel companheiro" ou "meu fiel Sízigo". Seria esse o "companheiro nós" de At 16,10-16 que foi com Paulo a Filipos em 50-51, tendo permanecido lá, aparentemente, até 58 (At 20,6)? Cf. *p. 448*.

Terceira: existem as obreiros do mal (Fl 3,2-3), a quem Paulo chama de cães,[10] contra os quais os filipenses devem resguardar-se. Eles mutilam a carne, aparentemente pela circuncisão, ao passo que os crentes em Jesus, que adoram em espírito, não devem fiar-se em tal ênfase sobre a carne. Paulo pode refutar esses adversários descrevendo suas próprias credenciais judaicas impecáveis — ainda que considere tudo isso perda, comparado ao supremo ganho do conhecimento de Cristo Jesus, o Senhor (Fl 3,4-11). Aqui não estamos longe do ataque de Paulo contra aqueles que insistiam na circuncisão, a saber, os judeu-cristãos, na quase contemporânea Gálatas. Alguns pensam que a passagem de Filipenses é uma advertência geral, caso tal gente aparecesse, pois, se eles já estivessem em ação em Filipos, Paulo teria dedicado um pouco mais da carta a eles. Ou, ainda, eles poderia estar apenas começando a surgir em pequeno número em Filipos, enquanto na Galácia obtinham grande êxito.[11]

O que complica o prosseguimento do diagnóstico desse terceiro grupo de adversários é a tendência dos estudiosos em deduzir que outras partes do cap. 3 referem-se a eles. Antes de entrarmos em detalhes, os leitores precisam ser advertidos sobre tal uso do cap. 3 para a reconstrução da situação histórica,[12] visto que ele mostra certo paralelismo temático com a mensagem cristológica do cap. 2. (Tal paralelismo também gera a dúvida a respeito de se o cap. 3 era originalmente uma carta separada, conforme sustentam muitos estudiosos; cf. adiante.). Assim como Paulo pediu aos filipenses que tivessem os mesmos sentimentos de Cristo (Fl 2,5), pode dizer-lhes: "Sede meus imitadores" (Fl 3,17). Semelhantemente a Cristo, que era igual a Deus, mas esvaziou-se e assumiu a forma de um escravo, Paulo, que antigamente punha sua confiança em suas origens carnais como israelita circuncidado e fariseu irrepreensível, considerou tudo isso

---

[10] O uso que Paulo faz desse termo pode simplesmente refletir um apelido comum aos judeus (Is 55,10-11; Mt 7,6; Mc 7,27). Alguns, porém, parecem ver aqui uma referência aos pregadores cínicos, pois o nome "cínico" (*Kynikos*) deriva de forma pejorativa de *kyōn*, *kynos*, "cão", supostamente refletindo o desagradável comportamento público (urinar e masturbar-se) associado polemicamente a eles. No entanto, o contexto filipense não aponta para tal comportamento.

[11] Combinando um pouco o que designei como os segundos e terceiros adversários, M. Tellbe (JSNT 55, 97-121, 1994), argumenta que os judaizantes estavam tentando persuadir os cristãos filipenses de que, se eles fossem circuncidados, seriam tolerados pelos romanos e pelos judeus.

[12] D. J. Doughty (NYS 41, 102-122, 1995) declara que Fl 3,2-21 não se dirige à situação de uma comunidade particular, envolvendo oponentes concretos; antes, trata-se de uma caracterização deuteropaulina de pessoas fora da comunidade.

lixo por causa de Cristo (Fl 3,4-9). E tal como Cristo foi elevado, assim também Paulo, que enfatiza que ele ainda não é perfeito, mas esforça-se para o alto, para Deus, em Cristo Jesus (Fl 3,12-14). Se se aceita tal paralelismo, o que se pode conhecer acerca dos adversários com base no cap. 3?

O reconhecimento de imperfeição da parte de Paulo é garantia suficiente para teorizar que os adversários tinham inclinações gnósticas, reivindicando ser perfeitos e professando uma escatologia radicalmente realizada, na qual Cristo já tinha vindo?[13] Em Fl 3,18-19, Paulo reitera a admoestação feita em tempos idos sobre aqueles que vivem como inimigos da cruz de Cristo, fazendo do ventre o deus deles, glorificando suas vergonhas e aplicando a mente às coisas terrenas (implicitamente ao contrário de Cristo, que foi exaltado às coisas divinas: Fl 2,9-11). Essas pessoas são os mesmos judaizantes obreiros do mal de Fl 3,2-3, agora descritos como aqueles que enfatizam as leis mosaicas alimentares e glorificam o órgão masculino circuncidado?[14] (A advertência em Fl 3,2-3, porém, parece ser contra um perigo novo, não passado.) Ou se trata de uma condenação mais generalizada dos libertinos baseados na inevitabilidade dos desejos humanos desregrados — uma acusação comum, mas não específica? Pode ser até mesmo uma condenação dos libertinos de Éfeso, de onde ele está escrevendo e onde lutou com "animais selvagens" (1Cor 15,32). Nossa incapacidade para responder a essas questões sobre Fl 3,12 e 3,18-19 previne-nos de complicar a condenação mais clara em Fl 3,2-3 de adversários que tentariam realçar a circuncisão e confundir os filipenses. Contudo, como muito do que Paulo diz sobre si mesmo e de sua visão no cap. 3 tem seu valor, não importa quem sejam ou quão distintos os adversários — e a descrição de tais adversários afeta relativamente poucos versículos — não é necessário uma definição sobre eles para fazer uma leitura inteligente de Filipenses.

---

[13] Essa tese está relacionada à detecção de pano de fundo gnóstico no hino cristológico de Fl 2,5-11, no uso de *gnōsis* em Fl 3,8 e na designação "inimigos da cruz", em Fl 3,18 (no sentido de negar que Jesus tenha morrido na cruz e, portanto, rejeitar a ressurreição).

[14] H. Koester (NTS 8, 317-332, 1961-1962) responde afirmativamente: cristãos missionários de origem judaica, pregadores da perfeição baseada na lei e nas práticas judaicas — uma perfeição que eles haviam alcançado.

Hinos nas cartas do NT e o hino cristológico de Fl 2,5-11

Hinos nas cartas do NT. Embora haja referência a cristãos que cantam "salmos, hinos e cânticos espirituais",[15] o NT não contém um livro que reúna hinos semelhante ao livro dos Salmos do AT, ao *Hodayot* dos MMM (1QH) ou aos *Salmos de Salomão* (dos fariseus). Ao contrário, os cânticos e hinos dos cristãos do século I estão incorporados em escritos mais amplos, de outro gênero, por exemplo, evangelho, carta, visão apocalíptica. (Compare-se 1Mc 4,30-33; 2Mc 1,24-29.) Às vezes o hino ou cântico do NT está claramente indicado, como no cantar celestial de Ap 4,8.10-11; 5,9. Os cânticos das narrativas lucanas da infância, porquanto não designados como cantos, distinguem-se dos textos que os rodeiam como oráculos ou louvores (cf. *p. 335*). O prólogo joanino, por seu próprio posicionamento no início do evangelho, figura à parte.

Um grande problema é apresentado pela proposta de que existem hinos entretecidos no centro das cartas e detectáveis somente mediante pesquisa científica. No mais das vezes, nada no contexto indica que um hino está sendo introduzido ou citado, embora ocasionalmente a transição para o hino incorporado seja truncada. Entre os critérios para a detecção de um hino, têm-se sugerido os seguintes:[16]

a) Ambiente cúltico; por exemplo: um cenário batismal proposto para Ef 5,14; os hinos de 1 Pedro.

b) Fórmulas introdutórias; por exemplo: "É por isso que se diz" em Ef 5,14; "Nós confessamos" em 1Tm 3,16; ou, no caso de hinos cristológicos, uma

---

[15] Cl 3,16; Ef 5,19; também At 16,25; Hb 2,12; 1Cor 14,15.26; Tg 5,13. "Salmo" é uma composição cristã, evidentemente julgada comparável aos salmos do AT. A carta de Plínio a Trajano (10,96-97), por volta do ano 110, diz que os cristãos se encontravam antes do amanhecer, em um dia determinado, e cantavam alternadamente (antifonariamente?) um "um hino a Cristo como a um Deus". A coleção de hinos cristãos mais antiga conservada podem ser as *Odes de Salomão*, uma coleção judaico-cristã em siríaco, do século II. O hino cristão mais antigo conservado, anotado musicalmente, parece ser o papiro Oxirinco 1786, do início do século III.

[16] As fronteiras entre hinos e fórmulas confessionais são imprecisas. Quanto à detecção de hinos, um trabalho pioneiro em alemão foi o de E. Norden, *Agnostos Theos*, Leipzig, Teubner, 1913. Em meio a ampla bibliografia, cf. SANDERS, J. T. *The New Testament christological hymns*. Cambridge, Cambridge Univ., 1971 (SNTSMS, 15); STAUFFER, E. *New Testament theology*. London, SCM, 1955. pp. 338-339; HENGEL, M. Hymns and christology, *Studia Biblica 1978*. Sheffield, Academic, 1980. pp. 173-197 (JSNTSup, 3); KRENTZ, E. BR 40, 50-97, 1995.

frase introduzida por uma pronome relativo: "Aquele que..." (Fl 2,6; Cl 1,15; 1Tm 4,16), expandida por conectivos causais.

c) Estilo rítmico, padrões paralelos, linhas ou estrofes de extensão igual; por exemplo: as séries de seis verbos no aoristo passivo em 1Tm 3,16; as descrições paralelas do Filho de Deus em Cl 1,15-16 e 1,8b-19. Não se trata de poesia rimada; de fato, alguns proporiam hinos em forma de prosa.

d) Vocabulário diferente daquele usado costumeiramente pelo autor epistolar — aplicável somente se não foi o próprio autor que compôs o hino. Similarmente, encontra-se muitas vezes uma sintaxe diferente; por exemplo: evitam-se as conjunções (parataxe, portanto).

e) Não um critério, mas freqüentemente uma característica dos hinos é uma cristologia alta; por exemplo: a afirmação de que o Verbo era Deus em Jo 1,1; ou de que o Filho era aquele no qual, para o qual e por intermédio do qual todas as coisas foram criadas (Cl 1,16); ou de que Jesus Cristo era aquele que recebeu o nome sobre todo e qualquer nome (Fl 2,9). Entre os temas salientes na cristologia encontram-se a criação, a luta contra o mal, levando à restauração, e a morte de Jesus, que conduz à ressurreição (exaltação, entronização). Sl 110,1: "Oráculo de Iahweh ao meu Senhor: 'Senta-te à minha direita'[...]" é motivo em alguns hinos (Rm 8,34; Ef 1,20-22; 1Pd 3,22), provavelmente segundo o princípio de que os salmos do AT podiam ser vistos como dirigidos a Cristo (Hb 1,5.8.13). Alguns dos hinos endereçados a Cristo são semelhantes a hinos a Deus.[17] Cl 3,16 relaciona salmos e hinos ao ensinamento da palavra de Cristo, de modo que eles logo se tornaram veículos de um evangelho cristológico. Hengel (Hymns and christology [Hinos e cristologia], art. cit., p. 192) afirma: "O hino a Cristo [...] é tão antigo quanto a própria comunidade".

f) Outra característica é a livre adição redacional de frases ou sentenças explanatórias aos hinos tradicionais, a fim de aplicá-los mais diretamente ao tema do autor (cf. nn. 20 e 21 neste capítulo; também n. 9, no capítulo 27).

---

[17] Compare-se Ef 5,19 ("ao Senhor") com Cl 3,16 ("a Deus"); Ap 4,8-11 (ao "Senhor, Deus Todo-poderoso") com 5,9 (novo cântico ao Cordeiro).

Não é fácil aplicar os critérios; como resultado, a detecção de hinos é "ciência" inexata. Isso será ilustrado nas discussões a serem apresentadas sobre os hinos em particular — debates quanto ao ponto em que terminam, ou como devem ser divididos, ou que linhas são originais. Ademais, a linha demarcatória entre hinos e fórmulas confessionais (p. ex., 1Cor 15,3-8) ou doxologias (p. ex., 1Tm 6,15-16) não é nítida. Segue-se uma lista de hinos freqüentemente apontados pelos estudiosos nas cartas do NT (as estimativas da pesquisa vão de cinco a trinta). A lista não pretende ser completa, e as referências marcadas com um asterisco são aquelas em torno das quais existe maior consenso:

Fl 2,6-11*	Cl 1,15-20*	Hb 1,3
1Cor 13	Ef 1,3-14*	1Pd 1,3-5
Rm 3,24-26	Ef 1,20-23	1Pd 1,18-21
Rm 6,1-11	Ef 2,14-18(22)	1Pd 2,21-25
Rm 8,31-39	Ef 5,14*	1Pd 3,18-22
Rm 11,33-36	Tt 3,4-7	
	1Tm 3,16*	
	2Tm 2,11-13*	

Vários contextos têm sido apresentados para a formação de tais hinos. Entre os paralelos pagãos sugeridos encontram-se os hinos órficos (séculos V-IV a.C.), o hino a Ísis de Cime (século II),[18] e a liturgia de Mitra (*p. 157*). O pano de fundo judaico é oferecido pelos poemas da Sabedoria personificada do AT (p. ex., Pr 1,20-33; 8–9; Eclo 24; Sb 7,22ss; Br 3,9ss), nos quais, antes da criação do mundo, a Sabedoria é criada por e procede de Deus, a seguir desce para morar entre os seres humanos e oferece-lhes o alimento e a bebida do conhecimento de Deus. Esse retrato da Sabedoria era um elemento importante na modelação da cristologia neotestamentária (BINTC 205-210).

O hino cristológico de Fl 2,5-11. A descrição de Cristo como um servo a ser imitado é a passagem mais famosa de Filipenses (e, de fato, está entre as linhas

---

[18] R. MacMullen e E. N. Lane (*Paganism and christianity 100-425 C.E.*, Minneapolis, A/F, 1992) incluem certo número de hinos antigos.

mais memoráveis escritas pelo apóstolo). Existe enorme literatura dedicada a ele,[19] e uma análise detalhada ultrapassa as possibilidades de um livro introdutório. Contudo, os seguintes pontos são dignos de nota, à guisa de familiarizar os leitores com os problemas:

- A maioria pensa que Paulo escreveu, mas não criou essas linhas; trata-se, provavelmente, de um hino pré-paulino que os filipenses conheciam e que podem ter ensinado a Paulo durante sua primeira visita.

- A estrutura do hino é discutida: seis estrofes de três linhas cada (E. Lohmeyer)[20] ou três estrofes de quatro linhas cada (J. Jeremias).[21] Em seu fluxo teológico, o hino é bipartido, com o tema da humilhação/abaixamento em Fl 2,6-8 e o da exaltação em Fl 2,9-11.

- As propostas sobre o contexto do hino (exclusivas ou em combinação) incluem: reflexões gnósticas sobre o Homem Primordial; o tratado de Poimandres na literatura hermética (cf. *pp. 154-155*); a história de Adão no livro do Gênesis e especulações sobre um segundo Adão; a imagem do Servo Sofredor no Deutero-Isaías;[22] a figura personificada da Sabedoria divina no judaísmo pós-exílico. Uma relação com o AT é clara; outras referências propostas não o são.

- Discute-se também se o hino foi composto primeiramente em grego, originando-se provavelmente na missão que evangelizou os judeus de língua grega, ou em aramaico, tendo-se originado numa empreitada missionária palestinense. Uma defesa plausível pode ser apresentada pela última alternativa e pela possibilidade de que Paulo tenha aprendido o hino no final dos anos 30, nos primeiros anos de sua conversão.[23]

---

[19] Para a bibliografia, cf. MARTIN, R. P. *Carmen Christi*; Philippians 2,5-11 in recent interpretation. 2. ed. Grand Rapids, Eerdmans, 1983; também WRIGHT, N. T. JTS 37, 321-352, 1986.

[20] Estrofes que correspondem a versículos assim: A = v. 6; B = 7a-c; C = 7d-8b; D = 9; E = 10; F = 11. "[...] à morte sobre uma cruz", no v. 8c, é considerado adição de Paulo ao hino original. (Para a subdivisão em versos indicados por letras do alfabeto [7a,b,c,d], cf. *p. 36* deste livro.)

[21] Assim: A = 6-7b; B = 7c-8b; C = 9-11. Além de "à morte sobre uma cruz" (8c), "nos céus, sobre a terra e sob a terra" (10c), e "para a glória de Deus Pai"(11c), são considerados acréscimos de Paulo.

[22] Enumerando seis propostas, D. Seeley (JHC 1, 49-72, 1994) argumenta que o hino contrasta o servo isaiano e o governador greco-romano cultuado como divino e todo-poderoso.

[23] Cf. FITZMYER, J. A. CBQ 50, 470-483, 1988; também seu sumário em NJBC 82.48-54.

- O debate acerca do foco exato da cristologia concentra-se em Fl 2,6-7: Cristo Jesus, "estando na forma [*morphē*] de Deus, não considerou o ser igual a Deus um *harpagmon* [algo a que apegar-se ou agarrar-se], mas se despojou, tomando a forma de escravo. Tornando-se [ou nascendo] semelhante aos homens [...]". "Estando na forma de Deus" é o mesmo que ser igual a Deus e, portanto, não criado (como no prólogo joanino: "O Verbo era Deus"), ou significa ser à imagem/semelhança de Deus (como em Gn 1,27: "Deus criou o homem à sua imagem") e, portanto, inferior ao ser igual a Deus? Correspondentemente, Cristo Jesus já era igual a Deus, mas não *apegou-se* a isso, ou foi-lhe oferecida a possibilidade de tornar-se igual a Deus, mas não *agarrou-se* a ela (como o fez Adão quando tentado pela serpente em Gn 3,5: "Sereis como deuses")? O movimento no hino parte do Cristo estando primeiramente na forma de Deus (isto é, igual a Deus) para o subseqüente tornar-se humano, assumindo, portanto, a forma de um servo? Ou o hino começa com o Cristo estando simultaneamente tanto na forma (imagem) de Deus (o que não é o mesmo que ser igual a Deus) quanto na forma humana, na forma de um servo, ou o movimento consiste em aceitar a forma de um servo, em vez de apegar-se ao tornar-se igual a Deus? Em outras palavras, o hino postula a encarnação de uma figura divina, como o faz o prólogo joanino, ou existe um jogo com as duas figuras de Adão (ou seja, modelos humanos arquetípicos): o Adão do Gênesis, que era à imagem de Deus, mas, por tentar ambiciosamente chegar mais alto, caiu mais baixo mediante o pecado, e Cristo, que era à imagem de Deus, mas, ao optar humildemente por descer mais baixo, findou por ser exaltado ao ser-lhe concedido um nome divino (Fl 2,9-11)?[24] Se o hino é encarnacionista e foi redigido em aramaico nos anos 30, o tipo de cristologia alta neotestamentária foi atingido realmente muito cedo.

---

[24] Cf. BINTC 133-135. Interpretações encarnacionistas em: Hurst, L. D. NTS 32, 449-457, 1986; Wanamaker, C. A. NTS 33, 179-193, 1987; não-encarnacionistas em: Murphy-O'Connor, J. RB 83, 25-50, 1976; Howard, G. E. CBQ 40, 368-387, 1978; cf. também Dunn, J. D. G. *Christology in the Making*. 2. ed. London, SCM, 1989.

- Não obstante em si mesmo o hino ser cristológico, o contexto parenético é soteriológico,[25] ou seja, exorta os destinatários, para a salvação deles, e a seguir exalta o Cristo. Em vez de buscar os próprios interesses e procurar tornar-se melhores (Fl 2,3-4), os filipenses devem pensar como um Cristo que mostrou que o caminho para Deus não passa pelo agarramento a um lugar mais alto na escada ("movimento ascendente"), mas pelo tornar-se humildemente obediente a Deus, mesmo até a morte numa cruz.

De onde e para quem?

De Filipenses recolhemos os seguintes itens que indicam a situação de Paulo quando escreveu a carta:[26]

a*) Ele estava na prisão (Fl 1,7.13.17)

b) Onde ele se achava prisioneiro, havia membros da guarda imperial (Fl 1,13), bem como cristãos entre os "da casa do Imperador" (Fl 4,22).[27]

c) Paulo mencionou a probabilidade de morrer (Fl 1,19-21; 2,17): iminentemente, se seu aprisionamento culminasse na condenação? Ou como um destino missionário sempre possível?

d*) No entanto, ele também esperava ser libertado (Fl 1,24-25; 2,25).

e*) Timóteo estava com Paulo (Fl 1,1; 2,19-23).

f) Cristãos, movidos por diferentes motivos, alguns por inveja de Paulo, sentiram-se encorajados a pregar a palavra de Deus (Fl 1,14-18).

---

[25] Infelizmente esse hino é muitas vezes estudado separadamente, sem referência ao seu lugar no fluxo do pensamento da carta. Para tal contexto, cf. KURZ, W. S. Kenot imitation of Paul and Christ in Phil 2 and 3. In: SEGOVIA, F. (ed.). *Discipleship in the New Testament*. Philadelphia, Fortress, 1985. pp. 103-126; HOOKER M. D. In: ELLIS, E. E. & GRÄSSER, E. *Jesus und Paulus*. Göttingen, Vandenhoeck & Ruprecht, 1975. pp. 151-164.

[26] Asteriscos indicam características em Filipenses que são também verdadeiras, no todo ou em parte, para a situação de Paulo quando escreveu Filêmon (capítulo 21). Quanto a Filipenses, se é formada daquilo que eram originalmente duas ou três cartas (cf. a próxima subseção), uma pode ter sido escrita de um lugar e a outra, de outro. (P. ex., o cap. 3 não fala do aprisionamento.) Essa, porém, é uma possibilidade inaveriguável para nosso objetivo aqui.

[27] Ou seja, oficiais, servos e escravos da administração e/ou serviço do imperador, tanto em Roma quanto em todo o império.

g) Havia freqüentes contatos entre Paulo e Filipos por intermédio de mensageiros que iam e vinham.

1. Os filipenses ficaram sabendo que Paulo estava na prisão.

2. Eles enviaram Epafrodito com um presente (Fl 4,15);[28] estando com Paulo, porém, adoeceu, ficando à beira da morte (Fl 2,26.30).

3. Os filipenses ficaram sabendo da enfermidade de Epafrodito.

4. Epafrodito ouviu dizer que essa notícia entristeceu os filipenses.

5. Paulo havia mandado ou estava mandando Epafrodito de volta a Filipos (Fl 2,25-30).

6. Paulo esperava enviar Timóteo em breve (Fl 2,19-23); esperava, na verdade, ir também (Fl 2,24).

Na carreira de Paulo, quais os lugares que corresponderiam a esses detalhes?

Cesaréia (58-60) — proposta pela primeira vez em 1799. At 23,33–26,32 narra como Paulo, após ser preso em Jerusalém, foi levado a Cesaréia para ser julgado perante Félix; a seguir, prisioneiro, foi deixado no cárcere durante dois anos, até que o novo procurador, Festo, examinou-o e mandou-o para Roma. Os itens *a, b, c* e *d* poderiam encaixar-se nessa situação, particularmente por volta do ano 60, quando Félix chegou e deu a Paulo esperança de ser libertado. Quanto ao item *e*, Timóteo e Paulo partiram de Jerusalém e chegaram até Trôade (At 20,4-5), mas não se ouve falar de Timóteo de novo em Atos. Devemos pensar que ele seguiu até Jerusalém e Cesaréia, tendo permanecido com Paulo por dois anos? No que diz respeito ao item *f*, o aprisionamento de Paulo desencadeou atividade evangelizadora competitiva entre os cristãos de Cesaréia, dos quais ouvimos falar anteriormente em At 21,8-14, ainda que todos eles parecessem estar do lado de Paulo? A maior dificuldade diz respeito ao item *g*. Filipos dista algo entre 1.440 e 1.600 quilômetros de Cesaréia, pela via marítima (que nem sempre era navegá-

---

[28] Poderíamos situar o aprisionamento de Paulo depois da chegada de Epafrodito; nesse caso, os filipenses teriam enviado o presente simplesmente para ajudar a atividade missionária de Paulo (como os presentes que lhe foram enviados em Tessalônica [Fl 4,16]).

vel) e muito mais de 1.600 quilômetros pela dificílima estrada de terra. São plausíveis todas essas viagens, de ida e volta, de Cesaréia a Filipos?[29]

Roma (61-63).[30] At 28,16.30 declara que Paulo, tendo sido levado a Roma, permaneceu em um tipo de prisão domiciliar (voluntariamente, com um soldado para vigiá-lo), durante dois anos, à própria custa, e tinha a liberdade de pregar sem impedimentos.[31] Como para Cesaréia, os itens *a*, *b*, *c* e *d* poderiam ajustar-se a Roma; de fato, *b* corresponderia melhor a Roma. Quanto ao item *e*, não há provas em Atos de que Timóteo estivesse com Paulo em Roma em 61-63, e a distância, no tempo, da última menção a ele (em Trôade) é grande; mas o item *f* é mais facilmente factível em Roma, uma vez que em Atos a pregação de Paulo é mencionada, e sabemos, com base em Rm 14 e 16,17-18, que os cristãos ali tinham diferentes modos de pensar.[32] Mais uma vez o maior problema diz respeito ao item *g*. De Roma a Filipos, pela estrada sudeste, ao longo da Via Ápia, até Brindisi, através do Mar Adriático, de navio até a Macedônia, e pela Via Egnácia até Filipos daria algo em torno de 1.120 quilômetros; e uma viagem marítima, ao longo da costa oeste da Itália, através do Adriático, com desembarque e reembarque no istmo de Corinto, subindo a costa oriental da Grécia (uma rota que deveria ser seguida, se os emissárias quisessem visitar a Igreja paulina em Corinto), chegaria a mais de 1.440 quilômetros. Embora as distâncias sejam menores do que as da

---

[29] O plano original de Paulo era ir de Jerusalém para Roma e Espanha (Rm 15,24-28); se ele tivesse sido libertado em Cesaréia, Filipos estaria na rota, desde que ele quisesse visitar as Igrejas que evangelizara na costa da Ásia Menor e da Grécia. Contudo, devemos nos lembrar de que o autor de Atos, que é nossa única fonte para o aprisionamento em Cesaréia, retrata Paulo como quem não tem esperança alguma de poder voltar para algum ponto daquela área da Ásia Menor (At 20,25.38).

[30] O Prólogo Marcionita (cerca de 200?) já sugeria essa localização, e permaneceu a tradicional até os tempos modernos, parcialmente porque Filipenses foi associada a Colossenses, Efésios e Filêmon como quatro ou cinco cartas da prisão (e Timóteo como co-remetente tanto de Filipenses quanto de Colossenses). Em tal hipótese, Colossenses e Efésios corresponderiam melhor à última parte da carreira de Paulo (os anos 60). Se considerada levemente anterior às demais, Filipenses seria datada do começo da detenção romana.

[31] WANSINK, C. S. *Imprisionment for the gospel*: the apostle Paul and Roman prisions. Sheffield, Academic, 1996. (JSNTSup, 130.) Talvez o aprisionamento de Paulo em Roma esteja atestado em *I Clemente* 5,7, escrita da Igreja de Roma, por volta de 96 d.C.: "Tendo chegado aos limites do oeste [cf. At 1,8] e *tendo testemunhado ante os chefes*, ele partiu, assim, deste mundo e foi elevado ao lugar santo [ou seja, ao céu]".

[32] Fl 1,15 fala de alguns que pregam movidos por *phthonos* ["inveja, zelo"]; *I Clemente* 5,2 declara que, por causa de *phthonos*, os grandes pilares (da Igreja: Pedro e Paulo) eram perseguidos até a morte (em Roma).

hipótese de Cesaréia, continuam sendo um enorme obstáculo para a freqüência das viagens necessárias para explicar os dados da carta.

Éfeso (54-56) — proposta no início do século XX. Nessa hipótese, o item *a* é um problema, pois não temos prova nenhuma de que Paulo estivesse na prisão em Éfeso. Contudo, At 19,23-41 menciona, durante a estada de três anos do apóstolo ali, um motim no qual os companheiros dele foram arrastados perante os magistrados, e ele próprio diz ter lutado com "animais"[33] em Éfeso, em um contexto de ameaça à sua vida (1Cor 15,32), e ter quase recebido uma sentença de morte quando estivera na Ásia (2Cor 1,8-10). Também em 2Cor 6,5; 11,23 (escrita antes que fosse aprisionado em Cesaréia e em Roma), Paulo diz que já padecera diversos aprisionamentos.[34] Aprisionamento em Éfeso, portanto, é uma possibilidade distinta; assim sendo, os itens *b, c, d* e *f* não ofereceriam dificuldades.[35] Quanto a *e*, com toda certeza Timóteo estava com Paulo em Éfeso (1Cor 4,17; 16,10; At 19,22); também os detalhes no item *g* correspondem melhor a Éfeso do que a Cesaréia ou Roma. De Éfeso a Filipos, em uma viagem marítima direta, ou por terra, até Trôade, e depois por mar, seriam apenas 640 quilômetros, levando de sete a nove dias. Além do mais, as referências a Timóteo, apenas citadas, mostram que Paulo deveras enviara emissários para a Macedônia quando estivera em Éfeso. Uma objeção à teoria de Éfeso é que enquanto 1 Coríntios, enviada de lá, menciona uma coleta a ser feita, em todo o território missionário paulino, para a Igreja de Jerusalém, Filipenses não toca no assunto.[36] Tampouco o faz Gálatas[37] (ou Filêmon),

---

[33] A. J. Malherbe (JBL 87, 71-80, 1968) considera "animais" uso paulino da linguagem polêmica tradicional contra oponentes. No entanto, visto que Inácio (*Romanos* 5,1) usa esse termo para descrever sua viagem da Síria a Roma, sob a custódia de guardas, poderia Paulo referir-se, além de a oponentes ferozes, mais especificamente àqueles que o aprisionaram em Éfeso?

[34] *I Clemente* 5,6 contém a tradição de que Paulo esteve sete vezes na cadeia. Mais tarde, enquanto viajava para Jerusalém, em 58, parte da razão por que ele evitou passar por Éfeso (At 20,16-17) teria sido o fato de ter estado na prisão ali e poder ser preso de novo?

[35] Quanto a *b*, Éfeso era a cidade mais importante da província romana da Ásia e sede do quartel-general proconsular, de modo que deve ter havido uma importante presença romana ali, até mesmo um *praitōrion*. "Os da casa do Imperador" (n. 27) poderiam ser funcionários do banco imperial na Ásia.

[36] Por outro lado, conforme indicado ao longo deste capítulo, existem paralelos próximos entre Filipenses e 1 Coríntios.

[37] Gl 2,10 mostra que Paulo, no encontro de Jerusalém (por volta de 59 d.C.), concordou em lembrar-se dos pobres, mas em Gálatas nada se fala de uma coleta de dinheiro, planejada para as várias Igrejas paulinas, a ser levada para Jerusalém, tal como explicitado nas cartas de 56-68 d.C.

plausivelmente escrita em Éfeso, ainda que a coleta fosse feita na área da Galácia (1Cor 16,1). A estada de Paulo em Éfeso e a viagem subseqüente para Corinto (de onde ele iria a Jerusalém) cobriram um período de quatro anos. Angariar e levar a coleta a Jerusalém não teria sido um assunto urgente durante o período inteiro, especialmente se durante aquele tempo ele estava na prisão em Éfeso e podia até morrer (obviamente sem alcançar Jerusalém). Tornar-se-ia mais urgente por volta do final do período em Éfeso, quando Paulo foi libertado da prisão e podia planejar suas viagens, e aí, de novo, quando deixara Éfeso e viajava, através da Macedônia, em direção a Corinto (cf. 2Cor 8–9; Rm 15,26-28 — tempo em que os cristãos macedônios realmente contribuíram). Com efeito, o argumento da coleta na verdade depõe a favor de Éfeso e da datação de 55, aproximadamente: se Filipenses foi escrita em Cesaréia ou em Roma, a coleta bem-sucedida seria história passada. Por que, então, ao referir-se à história da generosidade dos filipenses em Fl 4,10-20, Paulo não menciona a contribuição deles na empreitada? Ademais, em Fl 4,14-16, Paulo recorda aquela que parece ter sido sua primeira e única visita a Filipos. Se ele estava escrevendo de Cesaréia ou de Roma, teria estado em Filipos no mínimo três vezes (cf. n. 3).

Não há como resolver o problema, mas os melhores argumentos parecem estar do lado de Éfeso e os mais fracos, do lado de Cesaréia.

Unidade: uma carta, duas ou três?

Embora a unidade de muitas das cartas paulinas tenha sido questionada na infinda engenhosidade da exegese, apenas duas delas permaneceram como objeto de debate significativo: 2 Coríntios e Filipenses. Quais as provas internas e externas que provocam incerteza sobre a unidade de Filipenses (que começou a ser posta em dúvida no final do século XIX)? Externamente, em meados do século II, Policarpo (*Filipenses* 3,2) menciona "cartas" de Paulo aos filipenses.[38] Se tiver razão, isso pode referir-se à carta canônica e àquelas perdidas, ou à carta canônica e à 2 Tessalonicenses (capítulo 26, n. 9), ou à forma original da correspondência canônica antes que um editor combinasse diversas cartas em uma só. Internamente, Fl 3,1b ("Escrever-vos as mesmas coisas não me é penoso") sugere

---

[38] Contudo, *Filipenses* 11,3 (conservada apenas em latim) parece falar do começo da "epístola" (singular) de Paulo.

que Paulo tenha escrito previamente aos filipenses. Se assim for, estaria ele referindo-se a uma carta perdida ou a uma seção originalmente independente do que agora foi coligido como Filipenses? No final do cap. 2 (vv. 23-30), Paulo alude a seus planos de viagem, coisa que normalmente faz na conclusão de suas cartas; e o "Finalmente", no versículo seguinte (3,1a), soa como se ele estivesse prestes a concluir a carta; seguem-se, no entanto, dois capítulos. Tem lógica mencionar o retorno de Epafrodito (Fl 2,25-30) antes que ele leve os presentes para Paulo (Fl 4,18)? Alguns pensam que (se Fl 3,1b–4,3 for enxerto de outra carta) Fl 3,1a e 4,4 se encaixarão singularmente bem; da mesma forma, os diferentes adversários detectados em Filipenses poderiam ser atribuídos a cartas diferentes.

Quanto às cartas consideradas coligidas em Filipenses, o denominador comum nas diversas teorias é o fato de o cap. 3[39] constituir, no todo ou em parte, uma carta separada:

- *Duas cartas originais* (G. Bornkamm; J. Gnilka; E. J. Goodspeed; L. E. Keck). Por exemplo:

    I. Fl 3,1b–4,20: uma carta quando Paulo recebeu o presente de Epafrodito;

    II. Fl 1,1–3,1a + 4,21-23: uma carta depois que Epafrodito se recuperou da doença.[40]

- *Três cartas originais* (mais popular: F. W. Beare, J. A. Fiztmyer, R. H. Fuller, H. Koester, E. Lohse, W. Marxsen, W. Schmithals). Por exemplo:

    I. Fl 4,10-20: uma carta de agradecimento aos filipenses pelo presente recebido por Paulo;

    II. Fl 1,1–3,1a + 4,4-7.21-23: uma carta estimulando uma vida digna, de alegria no Senhor;

    III. Fl 3,1b–4,3 + 4,8-9: uma carta corretiva e polêmica.

---

[39] Descrito de forma variada como começando em 3,1b ou 3,2, e acabando em 3,21 ou 4,1. Aqueles que dividem Fl 3,1 em duas partes, muitas vezes vêem a primeira parte do versículo (3,1a) voltada para o cap. 2 e a segunda parte (3,1b) voltada para diante, para as admoestações a serem feitas.

[40] Uma variante sugerida detecta I: 1,1–3,1a + 4,2-7.10-23 (uma carta pastoral escrita depois de ambos os eventos acima) e II: 3,1b–4,1 + 4,8-9 (uma carta polêmica, escrita depois que Paulo foi libertado da prisão e os falsos doutores chegaram).

Não resta dúvida de que o corpo de Filipenses (1,12–4,20; cf. Informações básicas) contém uma mistura de material no qual Paulo oscila, para frente e para trás, entre descrição autobiográfica (sua situação na prisão e as relações com os filipenses por intermédio de Epafrodito e Timóteo), exortações e advertências contra os falsos doutores. A divisão em duas ou três cartas é realmente uma tentativa dos estudiosos para organizar o material de forma mais lógica e consistente. Contudo, não se podem encontrar em Filipenses duas ou três fórmulas introdutórias e conclusivas, de modo que, se houve originalmente diversas cartas, o compilador abreviou-as. Além disso, a lógica dele, no mover seções (p. ex., Fl 4,8-9) e no combinar essas cartas na atual seqüência irregular está longe de ser clara. A favor da unidade está o fato de que existem palavras paulinas raras e uma associação de idéias partilhadas pelas duas ou três cartas propostas. Por isso um número aproximadamente igual de estudiosos ainda sustenta que a forma atual de Filipenses é a original. Pode-se argumentar que Paulo, estando na prisão, escreveu num estilo de "fluxo de consciência", comunicando seus sinceros agradecimentos pelos relacionamentos passados e pela ternura do presente, suas exortações e correções conforme lhe acudiam à mente, sem as lavrar em uma seqüência lógica. Em todo caso, esse debate[41] não precisa preocupar muito os leitores comuns; em vista da imensa divisão no quadro da pesquisa, o melhor é ler a carta na seqüência atual, reconhecendo que ela reflete as comunicações durante certo período de tempo e que mais de um perigo pode estar sendo visado.

Temas e problemas para reflexão

1. Ao discutir a unidade de Filipenses, sugeri que o debate sobre se a carta conservada representa uma compilação de duas ou três cartas originais não é de grande importância para a maioria dos leitores. Essa afirmação pode ser testada com o estudo de uma das teorias de compilação para perceber se, de alguma maneira, ela afeta o sentido básico de Filipenses.

---

[41] B. D. Rahtjen (NTS 6, 167-173, 1959-1960) defende três cartas e B. S. Mackay (NTS 7, 161-170, 1960-1961) contradi-lo. J. F. Collange (*The Epistle of St. Paul to the Philipians*, London, Epworth, 1979) opina por três cartas e W. J. Dalton (*Biblica* 60, 97-102, 1979) opõe-se a ele. T. E. Pollard (NTS 13, 57-66, 1966-1967) traça conexões temáticas ao longo de Filipenses, ao passo que J. T. Reed (JBL 115, 63-90, 1996) pensa que Fl 3,1 não demarca uma carta diferente, mas é uma fórmula de hesitação que simplesmente indica mudança de tema.

2. Um exercício que vale a pena é revisar o modo segundo o qual o hino cristológico está impresso nas modernas traduções do NT. A definição do número de estrofes e de linhas atribuídas a cada uma (cf. nn. 19 e 20) tem algum efeito sobre o significado? Qual?

3. Paulo parece notavelmente auto-revelador em Filipenses. Com base no conteúdo, quais teriam sido os esforços de Paulo como pastor em relação à comunidade de Filipos? Ele mostra-se claramente polêmico em relação aos obreiros do mal em Fl 3,2ss. Qual é a eficácia do que ele diz ao refutá-los? Dado que Paulo provavelmente não os fará mudar de opinião, qual a probabilidade de sua abordagem proteger ou corrigir os filipenses aos quais tanto o apóstolo quanto seus oponentes se dirigem?

4. Por causa de seu aprisionamento, Paulo reflete diversas vezes nessa carta sobre seu relacionamento com Cristo, revelando, assim, sua própria "espiritualidade". Por exemplo, Paulo convida seus leitores a imitá-lo (Fl 3,17) e a imitar a Cristo (Fl 2,5). Com efeito, no começo da carta, Paulo denomina-se servo de Cristo, a fim de se preparar para falar de Cristo como aquele que assumiu ou aceitou "a forma de um escravo" em Fl 2,7. Note-se que a imitação não é simplesmente uma empreitada humana (Fl 2,13). Quão prática é tal imitação depois de quase 2 mil anos?

5. Na fórmula introdutória, Paulo dirige-se aos santos que estão em Filipos "com os *episkopoi* [supervisores/bispos] e *diakonoi* [ministros/diáconos]". A discussão a respeito desses dois grupos de funcionários[42] tem sido matizada pelas atitudes cristãs modernas, favoráveis e desfavoráveis em relação aos bispos. A fim de evitar presença tão antiga de bispos (sem nenhuma prova em outras cartas protopaulinas), alguns estudiosos têm descartado isso como uma interpolação tardia, ou têm procurado detectar algum desdém paulino para tais dignitários (implicitamente contrastados com a autodesignação de Paulo e de Timóteo, que reivindicam apenas ser "servos" de Cristo). Muitos outros estudiosos, hoje, advertem que os *episkopoi* filipenses não eram os mesmos funcionários de mesmo nome, descritos numa época posterior, nas pastorais deuteropaulinas. (Por exemplo, visto

---

[42] Collange e Soards entendem as palavras em aposição, de modo que "epíscopos" e "diáconos" referem-se a apenas um grupo de pessoas. O ministério, em Paulo, é um problema complicado; cf. Ellis, por exemplo, *Pauline theology*.

que os *episkopoi* seculares eram ecônomos de grupos, Paulo poderia dirigir-se àqueles de Filipos que ajudaram a levantar dinheiro para sustentá-lo?) Nada mais, porém, é dito em Filipenses, de modo que as afirmações da exegese em torno dessas figuras envolvem considerável suposição. Exercício mais útil, usando as provas dos escritos paulinos contemporâneos, é comparar os "supervisores" de Filipos com "aqueles que velam por vós [*proïstamenoi*] no Senhor" em 1Ts 5,12, aos "administradores" (*kybernēseis*), em 1Cor 12,28, e "o da exortação" (*parakalōn*), em Rm 12,8. A isso, pode-se acrescentar o que At 12,17; 15,2.4.6.22.23; 21,18 narra sobre Tiago e os anciãos/presbíteros de Jerusalém. Aparentemente, as Igrejas dos anos 50 estavam estruturadas, mas não do mesmo modo ou com títulos universalmente usados.

6. Depois de refletir sobre as diferentes opiniões narradas na subseção anterior sobre a cristologia do hino de Fl 2,5-11, podem-se comparar os temas dessa passagem com os de outras passagens paulinas e deuteropaulinas, tais como 1Cor 8,6; 2Cor 5,18-19; 8,9; Rm 5,12-19; Cl 1,15-20.

7. Paulo identifica-se como ex-fariseu (Fl 3,5; cf. At 23,6); portanto, antes mesmo de crer em Jesus, ele já contaria com a ressurreição dos mortos. Vimos uma modificação dessa crença em 1Ts 4,15-17, em que ele afirma que os mortos em Cristo ressuscitarão para encontrá-lo na parusia. Contudo, mesmo antes da parusia, Paulo pensa que, se ele partir, sua vida estará com Cristo (Fl 1,23). Em Fl 3,11, talvez retoricamente, ele diz: "Para ver se alcanço a ressurreição de entre os mortos".[43] Como se podem conciliar tais expectativas? De que forma tais expectativas fazem parte da esperança cristã hoje?

8. A situação social em Filipos, quando Paulo lá chegou pela primeira vez, pode ser mais apropriada ao estudo de At 16,12-40, mas Lídia era importante lá, como Evódia e Síntique eram importantes na comunidade para a qual Paulo escreveu cinco ou dez anos mais tarde (Fl 4,2). Thomas e Portefaix oferecem material que convida a uma fascinante reflexão acerca do que o evangelho de Cristo possa ter significado para mulheres nessa cidade romana que foi o primeiro lugar evangelizado por Paulo na Europa.

---

[43] Cf. R. E. Otto, n. 7.

Bibliografia sobre Filipenses

Comentários e estudos em séries[44]

BEARE, F. W. BNTC, 3. ed., 1973.
BRUCE, F. F. NIBC, 1989.
CAIRD, G. B. NClarBC, 1976.***
CRADDOCK, F. B. IBC, 1985.
FEE, G. D. NICNT, 1995.
GETTY, M. A. NTM, 1980.*
GNILKA, J. NTSR, 1971.
HAWTHORNE, G. F. WBC, 1983.
HOULDEN, J. L. PC, 1970.***
KOENIG, J. AugC, 1985.*
MARSHALL, I. H. EC, 1992; NTT, 1993.*
MARTIN, R. P. NCBC, 1980 (boas bibliografias); TNTC, 2. ed., 1987.
MÜLLER, J. J. NICNT, 1961.*
O'BRIEN, P. T. NIGTC, 1991.
SILVA, M. BECNT, 1992.
THIELMAN, F. NIVAC, 1995.
VINCENT, M. R. ICC, 1955, reprint (orig. 1897).* Ainda vale a pena ser consultado.
WITHERINGTON, B. III NTIC, 1994.

* * *

BARTH, K. *The Epistle to the Philippians*. Richmond, Knox, 1962. Notável abordagem teológica da obra.

BLOOMQUIST, L. G. *The function of suffering in Philippians*. Sheffield, JSOT, 1993. (JSNTSup, 78.)

COLLANGE, J. F. *The Epistle of St. Paul to the Philippians*. London, Epworth, 1979.

DUNCAN, G. S. Were St. Paul's imprisonment epistles written from Ephesus? ExpTim 67, 163-166, 1955-1956.

---

[44] As obras marcadas com um asterisco referem-se também a Filêmon; com três asteriscos, mais Colossenses, Efésios e Filêmon. Os negritos indicam as obras mais importantes, de modo geral comentários.

FURNISH, V. P. The place and purpose of Phil. III. NTS 10, 80-88, 1963-1964.

GARLAND, D. E. The composition and unity of Philippians. NovT 27, 141-173, 1985. Boa bibliografia.

GUNTHER, J. J. *St. Paul's opponents and their background*. Leiden, Brill, 1973. (NovTSup, 35.)

HOLLADAY, C. R. Paul's opponents in Philippians 3. *Restoration Quarterly* 12, 77-90, 1969.

JEWETT, R. Conflicting movements in the early Church as reflected in Philippians. NovT 12, 362-390, 1970.

_____. The epistolary thanksgiving and the integrity of Philippians. NovT 12, 40-53, 1970.

KLIJN, A. F. J. Paul's opponents in Philippians iii. NovT 7, 278-284, 1965.

KURZ, W. S. Paul's imitation of Paul and Christ in Phil 2 and 3. In: SEGOVIA, F. (ed.). *Discipleship in the New Testament*. Philadelphia, Fortress, 1985. pp. 103-126.

LIGHTFOOT, J. B. *St. Paul's Epistle to the Philippians*. 4. ed. London, Macmillan, 1885. Um clássico.

MARSHALL, I. H. Which is the best commentary? 12. Philippians. ExpTim 103, 39-42, 1991-1992.

PETERLIN, D. *Paul's Letter to the Philippians in the light of disunity in the Church*. Leiden, Brill, 1995. (NovTSup, 79.)

PORTEFAIX, L. *Sisters rejoice*; Paul's letter to the Philippians and Luke-Acts as received by first-century Philippian women. Uppsala/Stockholm, Almqvist, 1988. (CBNTS, 20.)

REUMANN, J. Philippians 3: 20-21 — a hymnic fragment? NTS 30, 593-609, 1984.

SCHMITHALS, W. The false teachers of the Epistle to the Philippians. In: *Paul and the gnostics*. Nashville, Abingdon, 1972. pp. 65-122.

THOMAS, W. D. The place of women in Philippi. ExpTim 83, 117-120, 1971-1972.

Capítulo 21

Carta a Filêmon

Que Paulo tenha escrito essa carta não é questionado seriamente nem mesmo por aqueles que afirmam que ele não escreveu Colossenses, uma carta que tem o mesmo cenário e muitas das mesmas *dramatis personae* que Filêmon. A pressuposição mais comum é de que um escritor pseudônimo forjou o contexto de Colossenses com base na genuína Filêmon. Inevitavelmente surge a pergunta sobre se as duas cartas não poderiam ser pseudepigráficas; a contraquestão é: por que alguém se daria ao trabalho de criar Filêmon, um bilhete com um objetivo tão estreito, e atribuí-lo a Paulo? Tal especulação deixa muito a desejar, mas nesta *Introdução*, da qual um dos objetivos é familiarizar os leitores com o que parece aceitável numa exegese centrista majoritária, Filêmon será aceita como genuinamente paulina, independentemente da posição assumida em relação a Colossenses. Após o Contexto e a Análise geral da mensagem, haverá as seguintes subseções: Importância social da visão de Paulo sobre a escravidão, De onde e quando?, Carreira subseqüente de Onésimo, Temas e problemas para reflexão e Bibliografia.

Contexto

Essa é a mais breve das cartas paulinas (335 palavras); no formato, é a que mais se aproxima do modelo ordinário de cartas helenistas, especialmente as intercessoras.[1] Contudo, é preciso acautelar-se para não considerá-la simples-

---

[1] É comparável à carta mais breve de Plínio, o Moço, apelando a Sabiano em favor de um jovem escravo alforriado, que buscou refúgio na casa de Plínio. Este apresenta as razões por que Sabiano deveria ser clemente (9,21; em inglês e em latim, em E. Lohse, *Colossians*, Hermeneia, 1971, pp. 196-197). Quanto à extensão, existem 245 palavras em 2 João e 219 em 3 João; normalmente se pensa que a pequena extensão delas foi determinada pelo tamanho de uma folha de papiro.

mente uma carta de um indivíduo a outro, pedindo um favor. Como alguém que teve vida longa[2] e muito sofreu no serviço de Cristo, Paulo escreve para o líder de uma Igreja doméstica cristã ou até mesmo a uma Igreja na pessoa de seu anfitrião (visto que Paulo conta com influência comunitária junto a Filêmon). Ele escreve como prisioneiro, ou seja, alguém que sacrificou sua liberdade por Cristo, apelando para a liberdade de outrem, e em cada linha, bem abaixo da superfície, está o questionamento fundamental do *status* social de senhor e escravo apresentado pela mudança de relacionamento introduzida pelo evangelho. A crítica literária e a sociologia têm enriquecido o estudo da carta (Petersen), mas Soards tem razão em insistir na primazia da dimensão teológica.

Como a carta trata de um escravo, algumas observações gerais sobre a escravidão no tempo de Paulo podem ser convenientes antes de considerarmos a situação específica. A sociedade nas províncias do Império Romano, onde Paulo desenvolvia sua atividade missionária, era altamente estratificada. No nível superior, estavam os romanos designados pelo Senado ou o imperador, que administrava política, fiscal e militarmente a província; a seguir, vinham as classes privilegiadas (por hereditariedade ou por dinheiro); depois os pequenos proprietários, donos de lojas e comerciantes. Na conjuntura social, estes seriam seguidos pelos homens e mulheres escravos alforriados, que tinham sido libertados da escravidão por meio da ação de seus senhores ou pela aquisição da própria liberdade; então, no fim, estava o imenso número de escravos com cuja existência o bem-estar econômico do império estava intimamente ligado. (Os terríveis resultados da revolta dos escravos na Itália, conduzida por Espártaco em 73-71 a.C., mostram que qualquer proposta de abolição da escravatura potencialmente abalaria o império.) As pessoas tornavam-se escravas de diversas maneiras: muitas eram prisioneiras de guerra; outras eram raptadas por caçadores de escravos; outras, ainda, tornavam-se escravas por causa de dívidas; e, naturalmente, havia as crianças filhas dos escravos. A escravidão com a qual a maioria dos leitores de língua portuguesa está acostumada é aquela dos negros, na América, mas a situação romana era mais complicada. Na categoria geral, a mais pesada forma de vida escrava era a daqueles que executavam penosos trabalhos manuais, por exemplo, nas minas, nas construções e nos bancos de remos das embarcações. Em

---

[2] No v. 9, a palavra *presbytēs*, "velho", encontra-se em todos os manuscritos, embora alguns prefiram ler ou substituir o tema por *presbeutēs*, "embaixador".

Capítulo 21 • Carta a Filêmon

Informações básicas

DATA: cerca de 55, se de Éfeso; 58-60, se de Cesaréia (improvável); 61-63, se de Roma.

DESTINATÁRIOS: Filêmon, com Ápia (sua esposa?), Arquipo e a Igreja que se reúne na casa de Filêmon.

AUTENTICIDADE, UNIDADE E INTEGRIDADE: não questionada seriamente.

DIVISÃO FORMAL

A. Fórmula introdutória: 1-3

B. Ação de graças: 4-7

C. Corpo: 8-22 (o texto de 21-22 pode ser considerado um corpo-conclusão ou parte da conclusão)

D. Fórmula conclusiva: 23-25

DIVISÃO CONFORME O CONTEÚDO (e estrutura retórica)

1-3:	Endereço, saudação
4-7:	Ação de graças que serve como *exórdio* a fim de conquistar a boa vontade de Filêmon com um elogio
8-16:	Apelo apresentando motivos a Filêmon em favor de Onésimo (*confirmação*)
17-22:	Reiteração e expansão do apelo (*peroração*)
23-25:	Saudação e bênção conclusivas

contrapartida, muitos dos que trabalhavam para famílias de senhores compreensivos não viviam pior do que os empregados das ricas famílias britânicas, no final do século XIX. Em um nível particularmente elevado encontravam-se os escravos bem instruídos que administravam as propriedades e os negócios de seus senhores, educavam as crianças e até mesmo ganhavam o próprio dinheiro. Estes formavam o grupo do qual muitos obtinham ou recebiam a liberdade.

A situação específica de escravidão implicada em Filêmon é bem familiar a Paulo, Filêmon e Onésimo. Infelizmente, os pressupostos não são perceptíveis, de modo que a seqüência dos acontecimentos tem de ser reconstruída de forma indireta. (Para avaliar a situação, devemos prestar atenção não somente aos nomes pessoais usados para identificar as *dramatis personae*, mas também aos títulos atribuídos a elas, o que indica suas funções como cristãs.) Uma reconstrução plausível é que Filêmon era um cristão abastado, Ápia era sua esposa e Arquipo era íntimo dele;[3] a casa de Filêmon serve como lugar de reunião da Igreja doméstica.

---

[3] Arquipo é identificado de formas variadas pelos estudiosos, como filho de Filêmon ou líder da Igreja que se reunia na casa de Filêmon (Stöger) ou até mesmo como o dono de Onésimo. (A última identificação é sustentada por J. Knox; também L. Cope, *Biblical Reasearch* 30, 45-50, 1985 — Paulo teria escrito, pois, a fim de ter Filêmon, o líder da Igreja, presente no momento em que o pedido acerca de Onésimo fosse

Não fica evidente se Paulo alguma vez encontrou Filêmon pessoalmente;[4] contudo, pelo menos a evangelização da região na qual Filêmon vivia fora, provavelmente, fruto da missão de Paulo, talvez por intermédio de colaboradores (vv. 23-24: Epafras?). Onésimo era um escravo de Filêmon que, ao que parece, havia fugido.[5] A expressão "que gerei", no v. 10, sugere que Paulo o tinha convertido (recentemente). Em outra cidade, ele fora preso (mas não como fugitivo, senão teria sido mandado de volta), e foi lá que encontrou Paulo, que o evangelizou? Ou o encontro foi mais deliberado: sem ser prisioneiro, ele, como fugitivo, buscou a ajuda de um grupo cristão (e de Paulo, de quem ouvira seu senhor falar) numa cidade estranha, onde agora se achava em dificuldade? Em todo caso, o fato de Paulo ter sido responsável pela nova vida partilhada tanto por Filêmon quanto por Onésimo sublinha essa mensagem destinada a ampliar os efeitos daquela realidade teológica no plano social.

Análise geral da mensagem

A carta, destinada a persuadir, é astuciosa, e quase cada versículo alude a algo mais do que o que está sendo dito. Com efeito, alguns (cf. F. F Church, Rhetorical structure and design in Paul's letter to Philemon [Estrutura retórica e projeto na carta de Paulo a Filêmon], HTR 71, 17-33, 1978) têm detectado regras e técnicas retóricas bem conhecidas. Nos vv. 4-7, que constituem a *captatio*

---

apresentado a Arquipo.) As duas últimas propostas dependem de interpretações duvidosas da instrução em Cl 4,17 para que Arquipo desempenhe seu ministério, administrando a Igreja ou libertando Onésimo. (No último caso, por que tal descortesia na passagem de Colossenses depois de toda a delicadeza de Filêmon?) A variedade das propostas exemplifica quão pouco se explica em Filêmon.

[4] Indicando *ausência de encontro*: "Ouço falar", no v. 5; indicando um *encontro*: "colaborador", no v. 1 (um termo usado por Paulo principalmente para referir-se a pessoas que estiveram com ele pessoalmente) e "tu és devedor de ti mesmo a mim", no v. 19. Aqueles que são a favor de um contato pessoal, geralmente, sugerem que o encontro não aconteceu onde Filêmon vivia na época (porque Paulo não evangelizou pessoalmente Colossas), mas talvez em Éfeso. Ápia e Arquipo estavam com Filêmon ou devemos afirmar diferentes relacionamentos entre Paulo e as três pessoas endereçadas?

[5] Temos exemplos antigos de cartazes "Procura-se", com oferta de dinheiro pela captura de escravos fugitivos, mas não está claro se Onésimo estava sendo procurado legalmente — talvez já uma indicação da sensibilidade cristã por parte do senhor. Onésimo podia não estar simplesmente buscando a liberdade; pode ser que no exercício de seu serviço, tenha feito algo que causou prejuízo monetário a Filêmon ("Outrora ele te foi inútil", no v. 11, mais 18-19); assim, em vez de enfrentar seu senhor, ele foi a outro lugar procurar alguém que pudesse interceder por ele.

benevolentiae, Paulo lisonjeia Filêmon (não necessariamente de modo insincero) ao contar o que ouviu a respeito de seu amor e fé cristãos. Teria sido por intermédio de Epafras e/ou de Onésimo ou porque todo o círculo paulino conhecia figura tão importante? A seguir, no v. 8, a autoridade apostólica de Paulo é lembrada indiretamente a Filêmon; contudo, por opção de Paulo, essa carta é um apelo acerca do destino de Onésimo (Fm 10). Embora como filho de Paulo, em Cristo, ele seja extremamente útil[6] a seu pai cristão na prisão, e este prefira conservá-lo como colaborador, o apóstolo não quer fazer nada sem o consentimento de Filêmon (e provavelmente a aprovação da Igreja doméstica). Conseqüentemente, envia Onésimo de volta com a esperança de que Filêmon o receba não mais como a um escravo, mas como a um irmão amado. Note-se quanto está sendo pedido: não somente que Onésimo escape à punição que poderia ser legalmente imposta, não apenas que Onésimo seja alforriado (o que se poderia esperar como gesto mais nobre), mas que ele seja transposto ao plano do relacionamento cristão: "Recebe-o como se fosse a mim mesmo" (v. 17). O pedido é um dramático exemplo do modo de pensar de Paulo, mantendo-se fiel à mudança de valores realizada por Cristo: a antinomia não é simplesmente entre escravo e livre, mas entre escravo e nova criatura em Cristo. Nos vv. 18-19, Paulo promete, escrevendo de próprio punho, restituir qualquer coisa que for devida;[7] mas, ao enfatizar que é alguém a quem Filêmon deve (direta ou indiretamente) a vida cristã, Paulo torna qualquer reivindicação de retribuição virtualmente impossível. Existe duplo toque retórico no v. 21, em que Paulo tanto relembra a Filêmon que ele deve obediência (a Paulo como apóstolo ou a Deus e ao evangelho?) quanto expressa sua confiança em que Filêmon fará mais do que se lhe pede. O "mais" é interpretado por alguns como uma insinuação de que Filêmon deveria livrar Onésimo, que é seu irmão em Cristo, da escravidão. Paulo irá fazer uma visita, depois de libertado (ocasião pela qual Filêmon tem rezado: v. 22). Seria essa uma indicação sutil de que Paulo averiguaria pessoalmente o modo como Onésimo seria tratado? Que Filêmon tenha reagido generosamente é quase certo; do contrário a carta não teria sido preservada.

---

[6] O nome Onésimo, comum entre os escravos, significa "útil", em grego; Paulo joga com as palavras no v. 11, no contraste entre "outrora ele te foi inútil, mas doravante será muito útil para ti, como se tornou para mim".

[7] Muitos acreditam que Onésimo roubou algo quando fugiu, mas isso pode ser simplesmente um reflexo da lei romana, segundo a qual aquele que abriga um escravo fugitivo deve prestar contas, ao dono, da perda do trabalho implicada.

Importância social da visão de Paulo sobre a escravidão

O próprio Jesus tinha forte mentalidade apocalíptica: o reino/senhorio de Deus fazia-se presente em seu ministério; a decisão era um imperativo ante o convite divino, que não seria repetido. Na tradição, Jesus evita estipular um momento específico para o fim dos tempos, mas, ainda que o instante preciso não possa ser conhecido, a impressão dominante é de que o fim está próximo. Paulo também tem uma visão apocalíptica de acordo com a qual a morte e a ressurreição de Cristo demarcaram a mudança dos tempos. Apocaliptismos fortes não encorajam planejamento social de longo fôlego. As estruturas sociais que impedem a proclamação do evangelho precisam ser neutralizadas. Contudo, precisamente porque Cristo está prestes a voltar, outras estruturas que não representam os valores do evangelho têm permissão para permanecer, desde que sejam utilizadas para possibilitar o anúncio de Cristo. Não será por muito tempo. As implicações do evangelho para a escravidão são claras para Paulo: em Cristo Jesus, "não há escravo nem livre" (Gl 3,28); todos têm o mesmo valor. Todos foram batizados no único corpo (1Cor 12,13) e devem tratar-se mutuamente com amor. A única escravatura que permanece depois da transformação é a sujeição a Cristo (1Cor 7,22). No entanto, revolucionar a sólida instituição social romana da escravatura não era uma empresa factível no limitadíssimo tempo antes da vinda de Cristo. Obviamente, no nível terreno, os escravos procurarão obter a liberdade, mas, se alguém agora é escravo e a liberdade física não é alcançável, tal situação não é essencialmente importante. "Irmãos, cada um permaneça diante de Deus na condição em que se encontrava quando foi chamado" (1Cor 7,24).

Para alguns intérpretes, Filêmon reflete uma oportuna e mais forte postura paulina ante a escravidão, que levaria finalmente os cristãos de bom senso a rejeitá-la. Vemos, aqui, que quando Paulo pode contar com a cooperação, estimula um senhor de escravos cristão a desafiar as convenções: a perdoar e acolher de volta em sua casa um escravo fugitivo; a recusar a reparação financeira que lhe é oferecida, consciente daquilo que se deve ao Cristo, conforme proclamado por Paulo; a ir além da generosidade, libertando o escravo e, o mais importante de tudo, em uma perspectiva teológica, acolhendo a Onésimo como irmão amado, reconhecendo, assim, sua transformação cristã. (Hoje, ao avaliar Filêmon, muitos podem não dar valor à última dimensão aludida, mas, para Paulo, era a exigência fundamental.) Assumir postura tão graciosa podia ter deletérias implicações sociais aos olhos dos de fora ou até de cristãos menos ousados. Alguém que agisse assim poderia ser visto como um perturbador da ordem social ou revolucionário; esse, porém, era um preço digno a ser pago pela lealdade ao evangelho.

Para outros exegetas, Filêmon representa uma falta de fibra. Na linha final, não obstante seu encorajamento implícito para libertar Onésimo, Paulo não diz abertamente a Filêmon que manter outro ser humano como escravo é negar, de fato, que Cristo tenha mudado os valores. Tolerar um mal social, apenas protestando de forma cortês, em nome do cristianismo, é o mesmo que desculpá-lo e assegurar sua persistência. De fato, ao longo dos séculos, a ausência de condenação da escravidão por parte de Paulo foi usada por leitores da Bíblia como prova de que a instituição não era má em si mesma. Não se levantou questão a respeito de se a tolerância parcial de Paulo não estava tão fundamentalmente determinada por sua visão apocalíptica, que não poderia servir de guia, uma vez que a expectativa da segunda vinda fora adiada para um futuro indefinido. Conforme veremos adiante, em Temas e problemas para reflexões, as questões sociomorais que giram em torno desse assunto podem estender-se igualmente a outros pontos.[8]

De onde e quando?

Paulo escreve essa carta da prisão, de modo que devemos examinar rapidamente os mesmos três candidatos a lugar do aprisionamento discutidos no capítulo 20, a respeito de Filipenses: Éfeso, Cesaréia, Roma.[9] Agora, porém, a situação é mais complicada. Essa carta oferece menos referências indiretas do que Filipenses: embora Paulo requeira um quarto de hóspedes preparado para sua visita (v. 22), jamais é dito onde o destinatário vive. (Todavia, deve-se admitir que um pedido para preparar um quarto de hóspedes, se Paulo teria de fazer uma longa viagem marítima, seja de Roma, seja de Cesaréia, mesmo que fosse para aproximar-se do lugar endereçado, parece estranho.) Vários dos fatores-chave (marcados com asterisco) na *p. 654*, que contribuíram para determinar o lugar de

---

[8] Com efeito, J. T. Burtchaell (*Philemon's problem*, Chicago, ACTA Foundation, 1973) usa essa carta como ingresso para problemas que constituem o dilema cristão do dia-a-dia.

[9] É impossível determinar se se tratava de uma detenção confinada ou de um tipo de prisão domiciliar, que permitia fácil acesso a Paulo. Estranhamente, os Prólogos Monarquianistas, do século II, associam Filêmon e Filipenses a Roma, mas Colossenses a Éfeso. Em minha opinião, quase nada aponta para Cesaréia como o lugar onde Filêmon foi escrita.

origem de Filipenses, verificam-se aqui; por conseguinte, se Éfeso era a candidata mais provável lá, deve ser considerada aqui também.

Contudo, deve-se também levar em consideração a clara relação entre Filêmon e Colossenses. O começo de ambas as cartas traz "o irmão" Timóteo como co-remetente, junto com Paulo, e o final das duas é provido pelo próprio punho de Paulo (Fm 19; Cl 4,18). Oito das dez pessoas mencionadas em Filêmon são mencionadas igualmente em Colossenses.[10] (Contudo, não se tem certeza se Paulo escreveu Colossenses, de modo que os detalhes nessa carta podem não ser verdadeiramente biográficos.) Uma vez que Colossenses refere-se a Onésimo e a Arquipo (Cl 4,9.17), a maioria dos intérpretes presume que Filêmon viveu na região de Colossas, e tal suposição viável[11] favorece Éfeso como candidata ao lugar onde Paulo se achava. Quanto à fuga de um escravo, aquela cidade distava apenas por volta de 175 quilômetros, em contraste com as imensas distâncias entre Colossas e Roma ou Cesaréia.[12] Existem obstáculos, porém. A cristologia de Colossenses é avançada e, se tal carta é genuinamente paulina, pode favorecer o cativeiro em Roma (61-63) e a composição de Colossenses e Filêmon no fim da carreira de Paulo. Mais especificamente, entre os que estavam com Paulo quando ele enviou Filêmon (vv. 1.24), a presença de *Timóteo* depõe a favor de Éfeso (cf. *p. 657*), mas *Aristarco* estava com Paulo em Éfeso, em 54-57, e partiu com ele de Cesaréia para Roma em 60 (At 19,29; 27,2); *Marcos* (qual deles?), *Lucas e Demas* não são mencionados na estada em Éfeso, mas posteriormente são associados a

---

[10] Timóteo, Arquipo, Onésimo, Epafras, Marcos, Aristarco, Demas e Lucas são comuns às duas obras; Filêmon e Ápia estão ausentes de Colossenses. No entanto, o papel atribuído a Onésimo em Cl 4,9 não corresponde de forma alguma ao papel que ele tem em Filêmon.

[11] Por que viável? *Se Colossenses foi escrita por Paulo*, pode-se confiar nas referências geográficas e históricas nela presentes e teorizar que Tíquico e Onésimo levaram consigo a Colossas a carta a Filêmon (Cl 4,7-9). No entanto, Colossenses, que contém muitas saudações a pessoas em Colossas (e Laodicéia), não faz alusão alguma a Filêmon. Será que a Igreja doméstica que se reunia em sua casa não se situava em Colossas, mas numa cidade vizinha? (A informação detalhada de que Laodicéia era a cidade liga-se à duvidosa tese de Knox, segundo a qual, depois de ter sido lida por Filêmon em Laodicéia, Filêmon foi levada a Arquipo em Colossas, tornando-se, assim, a carta *proveniente de* Laodicéia em Cl 4,16). *Se Colossenses não foi escrita por Paulo*, a alusão a Onésimo e Arquipo inspirou-se mui provavelmente na genuína carta a Filêmon, e o endereço da carta pseudônima pode provir de uma tradição confiável que ligava essas pessoas a Colossas.

[12] Com muita dificuldade, poder-se-ia argumentar a favor da fuga de um escravo para Roma, a fim de esconder-se na capital do império, a 1.600 quilômetros de distância, mas é menos plausível do que a fuga para Cesaréia.

Roma (respectivamente em 1Pd 5,13 [Babilônia = Roma]; 2Tm 4,11 [também At 28,16, se Lucas fizer parte do "nós"]; 2Tm 4,10). Tudo isso é muito incerto, porém, e no geral os argumentos em favor de Éfeso e uma composição por volta de 56 são tão bons, se não melhores, do que aqueles em favor de Roma. Nada de essencial para a interpretação, porém, depende de uma definição a respeito desse assunto.

Carreira subseqüente de Onésimo

Presumivelmente Paulo escreveu grande número de cartas pessoais a cristãos. Por que essa foi conservada? A resposta mais comum e provável é que essa carta é mais eclesial do que pessoal, contendo implicações teológico-pastorais importantes (mesmo que, conforme vimos, Paulo não determine o futuro da escravidão). Mas a fim de explicar a conservação, fez-se uma proposta mais romântica, associada a Goodspeed e Knox. Onésimo foi libertado por Filêmon e voltou a trabalhar com Paulo em Éfeso, permanecendo lá como a principal figura cristã depois que Paulo partira. Ele ainda permanecia na cidade, mais de meio século depois, quando Inácio de Antioquia, usando termos de uma estrutura de Igreja mais desenvolvida, dirigiu-se à Igreja de Éfeso "na pessoa de Onésimo, alguém inenarravelmente amoroso e vosso bispo" (*Ef* 1,3). Nessa condição, e em função da cara memória do homem que foi seu pai em Cristo, Onésimo estava em condição de recolher as dispersas cartas de Paulo, morto havia muito tempo. Com orgulho compreensível, ele incluiu entre os grandes escritos que o apóstolo endereçou às Igrejas uma pequena missiva entesourada todos aqueles anos, pois ela envolvia o próprio Onésimo e tornou possível toda a sua carreira subseqüente. Infelizmente, não existe na verdade nenhuma prova para essa teoria verdadeiramente interessante. O Onésimo de Éfeso, no ano 110 d.C., pode ter assumido o nome para homenagear o escravo que se convertera lá por meio do prisioneiro Paulo, havia muito tempo. Não há como decidir a questão, mas, adaptando um provérbio italiano — *Se non è vero, è ben trovato* —, ainda que não seja verdadeira, mesmo assim vale a pena ser proposta.

Temas e problemas para reflexão

1. Um exercício muito útil é listar as personagens principais, com os títulos que as qualificam em Filêmon. Até que ponto Paulo usa títulos para conscien-

tizar as pessoas envolvidas daquilo que elas e ele são, mediante o dom de Deus em Cristo? Como essa nova dimensão teológica afeta o relacionamento atual entre eles?

2. Muitas vezes recorre-se rapidamente à autoridade para a resolução de um problema eclesial. Paulo deixa bem claro que possui tal autoridade, mas prefere persuadir (vv. 8-9; cf. também 2Cor 8,8), ainda que procure alcançar habilidosamente tal persuasão pressionando retórica e psicologicamente. (Preferência pela persuasão fica evidente também em Mt 18,15-18.) Em que medida tal preferência é inerente à *metanoia* ou "conversão" quando esta é compreendida literalmente como mudança no modo de pensar? O NT realmente usa a linguagem do(s) mandamento(s) de Deus ao falar da vinda do reino. Qual a relação entre esse fato e a ênfase que o evangelho coloca na responsabilidade individual?

3. A tolerância parcial de Paulo à escravidão pode ser ligada a sua visão apocalíptica segundo a qual este mundo está prestes a desaparecer. A acusação que se faz muitas vezes é de que, mesmo hoje, cristãos que têm uma mentalidade fortemente apocalíptica insistem menos ainda na justiça social. Existem exemplos na história cristã em que forte apocaliptismo e vigorosa exigência de transformação das estruturas sociais coexistem? Como podem coexistir hoje?

4. Ligado a 3 está o problema da "ética do momento", ou seja, das atitudes morais expressas em um contexto no qual o tempo presente era visto como altamente passageiro porque o Cristo logo voltaria. Por um lado, a crença no retorno iminente de Cristo permitia a tolerância de instituições sociais injustas durante o curto período de expectativa (desde que se pudesse ainda proclamar o evangelho); por outro lado, parece que se fizeram exigências heróicas aos cristãos, precisamente porque as coisas às quais eles podiam apegar-se não durariam muito. Se, em 1Cor 7,20-24, pode-se dizer a um escravo que permaneça escravo sob o princípio de que alguém pode perfeitamente permanecer na condição na qual foi chamado, o mesmo se aplica a uma pessoa solteira ou a uma pessoa casada, cuja vida pode também ser atribulada. "[...] o tempo se fez curto. Resta, pois, que aqueles que têm esposa, sejam como se não a tivessem" (1Cor 7,29). Como determinar o que é permanentemente exigido pelo evangelho, no caso de aquela exigência ser feita com a pressuposição de que o tempo era breve?

Bibliografia sobre Filêmon

Comentários e estudos em séries[13]

Stöger, A. NTSR, 1971.

* * *

Burtchaell, J. T. *Philemon's problem*. Chicago, ACTA Foundation, 1973.

Church, F. F. Rhetorical structure and design in Paul's letter to Philemon. HTR 71, 17-33, 1978.

Daube, D. Onesimos. HTR 79, 40-43, 1986.

Derrett, J. D. M. The functions of the Epistle to Philemon. ZNW 79, 63-91, 1988.

Elliott, J. H. Philemon and house churches. TBT 22, 145-150, 1984.

_____. Patronage and clientism in early christian society. *Forum* 3, #4, 39-48, 1987.

Getty, M. A. The theology of Philemon. SBLSP, 503-508, 1987.

Goodenough, E. R. Paul and Onesimus. HTR 22, 181-183, 1929.

Harrison, P. N. Onesimus and Philemon. ATR 32, 268-294, 1950.

Knox, J. *Philemon among the letters of Paul*. rev. ed. Nashville, Abingdon, 1959.

Lewis, L. A. An African American appraisal of the Philemon-Paul-Onesimus triangle. In: *Stony the road we trod*. Minneapolis, A/F, 1991. pp. 232-246.

Mullins, T. Y. The thanksgivings of Philemon and Colossians. NTS 30, 288-293, 1984.

Petersen, N. R. *Rediscovering Paul*; Philemon and the sociology of Paul's narrative world. Philadelphia, Fortress, 1985.

Preiss, T. Life in Christ and social ethics in the Epistle to Philemon. In: *Life in Christ*. London, SCM, 1954. pp. 32-42. (SBT, 13.)

Riesenfeld, H. Faith and love promoting hope [Fhlm 6]. In: Hooker, M. D. & Wilson, S. G. (eds.). *Paul and paulinism*. London, SPCK, 1982. pp. 251-257.

Soards, M. L. Some neglected theological dimensions of Paul's letter to Philemon. PRS 17, 209-219, 1990.

White, J. L. The structural analysis of Philemon. SBLSP, 1-47, 1971.

Winter, S. B. C. Paul's letter to Philemon. NTS 33, 1-15, 1987.

---

[13] Cf. também as obras marcadas com asterisco na Bibliografia sobre Filipenses, no capítulo 20, e a Bibliografia sobre Colossenses, no capítulo 27.

Capítulo 22

Primeira carta aos Coríntios

Os conhecidos contatos de Paulo com Corinto duraram aproximadamente uma década, e existe mais correspondência paulina para aquela cidade do que para qualquer outro lugar. De fato, indícios de pelo menos sete cartas foram detectados (cf. *pp. 723-724*). A agitada situação dos cristãos em Corinto explica a necessidade de tanta atenção. Paradoxalmente, a lista dos problemas deles ("teólogos" rivais, facções, práticas sexuais problemáticas, direitos conjugais, liturgia, funções eclesiásticas) torna a correspondência excepcionalmente instrutiva para os cristãos e para as Igrejas perturbadas de nosso tempo. A tentativa de viver segundo o evangelho numa sociedade multiétnica e multicultural em Corinto levantava problemas ainda enfrentados nas sociedades multiétnicas, multirraciais e multiculturais de hoje. O estilo de Paulo de perguntas e debates, acompanhados de declarações citadas, torna vivaz e interessante a abordagem daqueles problemas, e tem levado os estudiosos a discutir a retórica exata empregada. Para os que estão estudando Paulo seriamente pela primeira vez, se os limites permitem que apenas uma das treze cartas seja examinada em profundidade, 1 Coríntios pode bem ser a que mais compensa. Por isso, depois do Contexto, a Análise geral da mensagem delineará a mensagem numa extensão maior do que a usual; a seguir, as subseções serão: Aqueles que Paulo critica em Corinto, A crítica de Paulo aos fornicadores e homossexuais (1Cor 6,9-10), Carismas em Corinto (1Cor 12 e 14), carismas hoje, O "hino" à caridade (1Cor 13), Paulo e Jesus ressuscitado (1Cor 15), Temas e problemas para reflexão e Bibliografia.

Contexto

A Grécia continental (Acaia) está ligada à grande península da Peloponésia ao sul, por um istmo estreito, de 6,5 quilômetros de extensão, tendo o Mar Egeu a leste e o Mar Jônico ou Adriático a oeste. Em um planalto que domina esse istmo, escanchada sobre a importantíssima estrada carroçável norte–sul que a liga à península, e situada entre dois portos, abertos a dois mares, estava a cidade de Corinto[1] (sobressaindo-se ao sul por uma colina acrópole de 607 metros de altura, aproximadamente, a Acrocorinto).

Chamada "a luz de toda a Grécia" por Cícero, esta marca já se havia estabelecido por mais de 4 mil anos, quando a cidade grega chegou ao fim, derrotada pelos romanos em 146 a.C. A cidade substituta à qual Paulo chegou em 50/51-52 d.C. tinha sido fundada havia um século (44 a.C.), como colônia romana, por Júlio César. Em certo sentido, Corinto era, pois, como Filipos, mas sua situação estratégica atraía uma população mais cosmopolita, pois imigrantes pobres partiam da Itália para morar lá, até mesmo escravos libertos de origem grega, síria, judaica e egípcia. Crinágoras, poeta grego do século I a.C., descreveu essas pessoas como velhacas, mas muitas delas logo se tornaram ricas. Suas habilidades fizeram o local desenvolver-se como centro artesanal (de objetos de bronze e de terracota) e comercial. De fato, sob Augusto, tornou-se a capital da província da Acaia; daí a presença do procônsul Galião (irmão do famoso Sêneca), que esteve com Paulo (At 18,12).

A arqueologia possibilita uma reconstrução cuidadosa da cidade romana[2] e atesta o ambiente multicultural. Embora o latim tenha sido a língua principal da colônia romana, inscrições mostram o uso difuso do grego, a língua do comércio. As divindades gregas comuns eram veneradas nos templos, e o culto egípcio a Ísis e Serápis foi comprovado. As homenagens aos imperadores aumentavam com

---

[1] Estrabão, *Geografia* 8.6.20, fala do "senhor de dois portos". Pelo modo como o istmo serpenteia, *Cencréia*, o porto que dava acesso ao mar oriental, através do golfo sarônico, ficava a uns 10 quilômetros a leste de Corinto; Licaônia ou *Lechaeum*, o porto que dava acesso ao mar ocidental, através do golfo de Corinto, distava cerca de 2,5 quilômetros ao norte de Corinto. Na Antigüidade, uma estrada pavimentada, o *diolkos*, que cruzava o istmo, facilitava o comércio entre os dois mares; e, além do transporte de mercadoria de um navio a outro, canais escavados no istmo permitiam que os navios leves fossem puxados de um mar a outro, evitando-se, assim, uma perigosa viagem de quase 300 quilômetros ao redor do traiçoeiro fim da península. Embora Nero tenha começado a escavar um canal, somente em 1893 os dois mares foram ligados pelo Canal de Corinto.

[2] Cf. os mapas e os planos da cidade em J. Murphy-O'Connor, *St. Paul's Corinth*; texts and archaeology, Wilmington, Glazier, 1983, pp. 6, 20, 24-25; também V. P. Furnish, Corinth in Paul's time, BAR 15, #3, 14-27, 1988.

Capítulo 22 • Primeira carta aos Coríntios

Informações básicas

DATA: final de 56 ou bem no início de 57, de Éfeso (ou 54/55, segundo a cronologia revisionista).

DESTINATÁRIA: Igreja mista de judeus e gentios em Corinto, convertidos por Paulo em 50/51-52 (ou 42-43).

AUTENTICIDADE: não questionada seriamente.

UNIDADE: alguns vêem duas ou mais cartas entretecidas, mas a unidade é favorecida por uma crescente maioria, ainda que uma carta tenha sido composta em estágios disjuntos, como informação, e outra, de Corinto, tenha chegado a Paulo.

INTEGRIDADE: nenhum consenso amplo sobre interpolações importantes, embora exista algum debate em torno de 14,34-35 e o cap. 13; uma carta perdida seria anterior (5,9).

DIVISÃO FORMAL

A. Fórmula introdutória: 1,1-3

B. Ação de graças: 1,4-9

C. Corpo: 1,10–16,18

D. Fórmula conclusiva: 16,19-24

DIVISÃO CONFORME O CONTEÚDO

1,1-9:	Endereço/saudações e ação de graças, rememoração aos coríntios dos seus dons espirituais
1,10–4,21:	Primeira parte: as facções
5,1–11,34:	Segunda parte: problemas de comportamento (incesto, processos, comportamento sexual, matrimônio, alimentos, eucaristia, liturgia); o que Paulo ouviu e questões que lhe foram apresentadas
12,1–14,40:	Terceira parte: problema dos carismas e a resposta da caridade
15,1–58:	Quarta parte: a ressurreição de Cristo e a do cristão
16,1-18:	A coleta, planos de viagem de Paulo, menções favoráveis a pessoas
16,19-24:	Saudações; sinal pessoal de Paulo; "Vem, Senhor!"

o patrocínio imperial dos pan-helênicos jogos ístmicos, realizados a cada dois anos, na primavera (até no ano 51 d.C.); superiores a eles, em importância, somente os jogos olímpicos. Embora faltem provas arqueológicas, à exceção de um dintel de sinagoga (cf. At 18,4), havia uma grande colônia judaica do século I, com seus chefes próprios e sua administração interna, talvez aumentada quando Cláudio expulsou os judeus de Roma, no ano 49 d.C. (cf. capítulo 16, n. 24).

A Corinto grega conquistou uma reputação exagerada (parcialmente por difamação) de licenciosidade sexual, de modo que palavras gregas para cafetões, prostituição e fornicação eram cunhadas empregando o nome da cidade. A despeito das referências a essa "cidade do prazer", com cerca de mil sacerdotisas de Afrodite (Vênus), que eram prostitutas sagradas, foram encontrados apenas dois pequenos templos dedicados àquela deusa. O que quer que tenha sido verdadeiro acerca da Corinto helênica, deveríamos pensar que a Corinto romana simplesmente enfrentava todos os problemas de uma rude, inchada e relativamente nova cidade próxima de dois portos. Os viajantes que passavam por Corinto, até mesmo aqueles que visitavam o famoso templo sanativo de Esculápio ou que assistiam aos jogos ístmicos, precisavam de tendas para um abrigo temporário, de modo que os fabricantes de tendas ou artesãos do couro, como Paulo (Áquila e Priscila; At 18,2-3), podiam encontrar trabalho e auto-sustento ali.[3] Por causa dos muitos que iam e vinham, o apóstolo não seria rejeitado como um estranho ou mesmo como um estrangeiro residente, e a semente do evangelho que semeou em Corinto bem podia ser levada adiante e disseminada por aqueles que ele evangelizou. Furnish (Corinth in Paul's time [Corinto no tempo de Paulo], cit.) traz muitas observações interessantes acerca do modo como Paulo escreve, influenciado pelos projetos arquitetônicos, festas, artefatos e agricultura do lugar.

Os contatos de Paulo com Corinto eram complicados. Pode ser útil proceder de forma simplesmente aritmética ao contar os que conduziram para 1 Coríntios (a continuação, que leva a 2 Coríntios, pode ser encontrada na *p. 715*). Em acréscimo aos algarismos usados para designar os momentos de contato, usarei letras maiúsculas do alfabeto para indicar cartas de Paulo a Corinto, correspondência em parte perdida. Manterei a referência a esses números (#) e letras ao longo deste capítulo e do próximo.

#1. Anos 50/51-52 d.C. De acordo com At 18,1-3, Áquila e Priscila (quase certamente judeu-cristãos) estavam em Corinto quando Paulo lá chegou. Alguns questionam tal seqüência, pois em 1Cor 3,6.10; 4,15, Paulo afirma que em Corinto plantou, lançou o fundamento e gerou a comunidade cristã. Podemos perguntar-nos, porém, se tal declaração exclui a possibilidade de que uns poucos cristãos estivessem em cena antes de sua chegada. As experiências de Paulo em Filipos e Tessalônica tinham sido marcadas pela hostilidade e/ou rejeição, de modo que ele foi a Corinto com receio e temor (1Cor 2,3); todavia, ele permaneceu na cidade um ano e meio. Ainda que possamos contar com exagero retórico, a declaração

---

[3] Cf. HOCK, R. F. *The social context of Paul's ministry*; tentmaking and apostleship. Philadelphia, Fortress, 1980.

de Paulo de que não falou com a eloqüência da sabedoria humana (1Cor 2,4-5; também 2Cor 11,6) provavelmente significa que ele não apelou ao discurso academicamente sofisticado — numa mudança de tática em relação à sua atitude anterior, havia pouco tempo, em Atenas, se podemos fiar-nos em At 17,16-34. A informação em At 18,2-4 é de que Paulo começou sua evangelização com os judeus, hospedando-se em casa de seus companheiros fabricantes de tendas Áquila e Priscila e pregando na sinagoga. A seguir (At 18,5-7; 1Ts 3,1.2.6), após a chegada de Silas e Timóteo da Macedônia, com as notícias sobre os cristãos tessalonicenses, Paulo voltou-se para os gentios, mudando-se para a casa de Jasão, um homem temente a Deus (ou seja, um gentio simpatizante do judaísmo). Com base nos nomes mencionados em 1Cor 16,15-18 e Rm 16,21-23, detectamos a presença tanto de convertidos judeus quanto de gentios em Corinto, estes um pouco mais numerosos. Predominantemente, os convertidos por Paulo seriam provenientes da classe média baixa da sociedade, os artesãos e ex-escravos superavam, em número, os ricos.[4] Veremos que algumas dificuldades sobre a refeição eucarística podem ter provindo da interação entre ricos e pobres em Corinto. A pregação inicial de Paulo na cidade deve ter sido fortemente escatológica ou até mesmo apocalíptica, pois, simbolicamente, ele rejeitou dinheiro, viveu de forma celibatária (uma indicação de que este mundo não seria duradouro), operou milagres e sinais (2Cor 12,12) e falou em línguas (1Cor 14,18; cf. *p. 399*). Antes do final da estada de Paulo em Corinto, os judeus arrastaram-no perante o procônsul Galião (At 18,12-17). Houve um revertério, porém: Galião libertou Paulo, ao passo que Sóstenes, o chefe da sinagoga, foi espancado.

---

[4] No total, conhecemos em torno de dezessete nomes de cristãos em Corinto. J. Becker (*Paul*; apostle to the Gentiles, Loisville, W/K, 1993, p. 147) supõe que Paulo deixou para trás em torno de cinqüenta a cem cristãos quando partiu no ano 52 d.C. G. Theissen (*The social setting of Pauline christianity*; essays on Corinth, Philadelphia, Fortress, 1982) estudou sociologicamente os cristãos de Corinto; cf. também MEEKS, W. A. *The first urban Christians*; the social world of the apostle Paul. New Haven, Yale, 1983 [Ed. bras.: *Os primeiros cristãos urbanos*; o mundo social do apóstolo Paulo. São Paulo, Paulus, 1992.]. O nome "Fortunato" (1Cor 16,17) pode indicar origem escrava. Aparentemente Áquila e Priscila tinham um *status* social mais elevado; em tempos diferentes, eles tiveram uma casa em Corinto (At 18,3 — própria ou alugada), em Éfeso (1Cor 16,19) e em Roma (Rm 16,3-5). Em Corinto, Crispo era o chefe da sinagoga (At 18,8; 1Cor 1,14), Gaio tinha uma casa (como também, ao que parece, Febe, nas proximidades de Cencréia; Rm 16,1) e Erastro era tesoureiro ou edil da cidade (Rm 16,23). E encontrou-se uma inscrição agradecendo a este sua notória generosidade (Murphy-O'Connor, op. cit, p. 37).

#2. Anos 52-56? d.C. Depois que Paulo deixou Corinto, em 52, com Priscila e Áquila (At 18,18), outros missionários chegaram à cidade, e a pregação vivaz de um homem como Apolo[5] pode ter estimulado espíritos irrequietos na comunidade de Corinto, dando origem ao entusiasmo criticado por Paulo em 1 Coríntios. #3. 1Cor 5,9 refere-se a uma carta que Paulo escrevera (carta A, perdida[6]), advertindo os coríntios a não se envolverem com pessoas imorais.

#4. Cerca de 56 d.C. Enquanto se encontrava em Éfeso (54-57), Paulo recebeu relatórios sobre Corinto, como o da parte de "pessoas da casa de Cloé" (1Cor 1,11; também 11,18). Nada sabemos a respeito de Cloé: se viveu em Corinto (tendo contatos em Éfeso?) ou em Éfeso; se era cristã; se "as pessoas da casa de Cloé" eram sua família ou empregadas de sua casa ou de seu estabelecimento comercial; se ela os tinha enviado ou se elas viajavam de Corinto a Éfeso. #5. No mesmo tempo ou logo depois, em Éfeso, Paulo recebeu uma carta vinda de Corinto (1Cor 7,1), talvez em resposta a sua carta A e, aparentemente, levada por Estéfanas, Fortunato e Acaio (1Cor 16,17-18), que provavelmente acrescentaram suas próprias notícias. #6. Paulo escreveu 1 Coríntios de Éfeso (carta B).[7] Embora se tenha procurado fazer de 1 Coríntios uma amalgamação de cartas outrora totalmente distintas, é melhor considerá-la uma única carta enviada aos cristãos coríntios, ainda que composta em dois estágios, correspondentes a #4 e #5, respectivamente. Com base nesse pano de fundo, demos uma olhada em 1 Coríntios.

---

[5] 1Cor 3,6; At 18,24-28; 19,1. Embora houvesse cristãos em Corinto que se identificassem como seguidores de Cefas (Pedro; 1Cor 1,12), e Paulo mencione o direito de Cefas (e dos irmãos do Senhor) viajar com uma esposa cristã (1Cor 9,5), não existe prova clara de que Pedro tenha estado em Corinto. Quando Paulo alude à atividade missionária em Corinto, cita apenas ele mesmo e Apolo (1Cor 3,4-6; 4,6; cf. 16,12). Também Atos, que fala sobre Apolo em Corinto, silencia acerca de algum papel de Pedro ali, conforme a antiga tradição (1Pd 1,1 não tem endereçamento à Acaia).

[6] A menos que, como alguns acreditam, tenha sido preservada parcialmente em 2Cor 6,14–7,1.

[7] Algum tempo antes do Pentecostes de 57 d.C. (1Cor 16,8 — cronologia tradicional; para a cronologia revisionista, cf. quadro 6, no capítulo 16). Certo número de fatos aconteceu entre o envio de 1 Coríntios e o final da estada de Paulo em Éfeso, quando partiu passando por Trôade, em direção à Macedônia e à Acaia (verão de 57; cf. #10, *p. 717*). Por conseguinte, uma data de composição do final de 56 ou bem do início de 57 parece a mais provável. O envio da carta está de alguma forma ligado à missão de Timóteo em Corinto (cf. n. 13 neste capítulo e #7 no capítulo 23).

Análise geral da mensagem

A *fórmula introdutória* (1Cor 1,1-3) junta Sóstenes a Paulo, como co-remetente. Aparentemente esse é o mesmo homem, agora cristão, que antes era o chefe da sinagoga coríntia e que fora espancado perante o *bēma* ["tribunal"], quando Galião se recusou a julgar Paulo (#1; At 18,17). Paulo ter-lhe-ia ditado a carta (1Cor 16,21)?[8] Nos primeiros nove versículos, que incluem a *Ação de graças* (1Cor 1,4-9), Paulo menciona (Jesus) Cristo nove vezes, uma ênfase adequada à vindoura correção ao facciosismo coríntio, insistindo em que os cristãos foram batizados em nome de Cristo, e não de nenhum outro. Agradece o fato de os coríntios terem recebido muitas graças (*charis*), enriquecido nas palavras e no conhecimento, sem que lhes faltasse carisma algum — um toque irônico, visto que ele, na carta, repreenderá a pretensa sabedoria deles e sua dissensão por causa dos carismas. A ação de graças também antecipa o conteúdo da carta, referindo-se ao Dia do Senhor, tema de 1Cor 15,50-58, em que a carta estará prestes a concluir-se.

Primeira parte do corpo da carta (1Cor 1,10-4,21). Quase quatro capítulos são dedicados ao problema de divisões ou facções que existiam em Corinto, sobre o qual Paulo foi informado pelos membros da casa de Cloé (#4).[9] Como resultado da atividade mencionada em #2, mas provavelmente sem nenhum incentivo dos próprios missionários,[10] existiam adesões conflitantes entre os cristãos coríntios, que haviam manifestado preferências: "Eu sou de Paulo!", ou "Eu sou de Apolo!", ou "Eu sou de Cefas [Pedro]!", ou "Eu sou de Cristo!" (1Cor 1,12).[11] Nós, cris-

---

[8] Acerca da co-autoria na correspondência coríntia, cf. MURPHY-O'CONNOR, J. RB 100, 562-579, 1993.

[9] Ao lidar com tais divisões, Paulo defende o próprio apostolado. D. Litfin (*St. Paul's theology of proclamation*; 1 Corinthians 1–4 and Greco-Roman rhetoric, Cambridge, Cambridge Univ., 1994, SNTSMS, 79) afirma que, comparada aos padrões greco-romanos, a eloquência de Paulo parecia deficiente, e isso lhe trazia dificuldades. C. B. Puskas Jr. (*The letters of Paul*; an introduction, Collegeville, Liturgical, 1993, pp. 59-63) fala de retórica judicial ou forense (cf. p. 553).

[10] 1Cor 3,6 defende Apolo como aquele que regou o que Paulo plantou e, em 1Cor 16,12, Paulo incentiva Apolo a visitar Corinto. Para uma visão geral, cf. DAHL, N. A. Paul and the Church at Corinth according to 1Cor 1:10–4:21. *Studies in Paul*. Minneapolis, Augsburg, 1977. pp. 40-61.

[11] Não está claro se "Eu sou de Cristo" era o chavão de um quarto grupo (o qual, em reação aos demais, rejeitava liderança humana) ou se é afirmação de Paulo, corrigindo os lemas anteriores. O paralelismo favorece a primeira interpretação (muitos estudiosos); a última interpretação apóia-se em 3,22-23, que menciona apenas três grupos (também *I Clemente* 47,3). G. F. Snyder (*First Corinthians*, Macon, GA, Mercer, 1992, pp. 21-22) acredita que o grupo de Cristo era uma Igreja local de tendência gnóstica que se considerava como espiritualmente perfeita e acima da lei e se achava na raiz de muitos dos abusos que Paulo corrigiria nos caps. 5–15.

tãos, hoje estamos acostumados à dissensão; assim, exceto por causa da rapidez com que aconteceram, tais divisões já não nos surpreendem. O que mais provavelmente nos surpreende é a resposta de Paulo, pois estamos acostumados a que as pessoas defendam sua escolha entre as divisões eclesiais e ataquem as posições rivais. Paulo nem defende a facção dos que lhe "pertencem" nem afirma sua própria superioridade, visto que todos os pregadores são apenas servos (1Cor 3,5). "Cristo estaria assim dividido? Paulo teria sido crucificado em vosso favor? Ou fostes batizados em nome de Paulo?" (1Cor 1,13). "Paulo, Apolo, Cefas [...], vós sois de Cristo, e Cristo é de Deus" (1Cor 3,22-23).

A existência dessas divisões reflete diferentes adesões pessoais entre os cristãos coríntios. Todavia, ao escolher um pregador particular, como Apolo, alguns cristãos possivelmente optavam por aquilo que soava como sabedoria maior, enquanto Paulo, sem eloqüência, havia pregado uma loucura deveras mais sábia do que a sabedoria humana, a saber, Cristo, este crucificado (1Cor 1,18–2,5).[12] Essa era a misteriosa sabedoria de Deus, escondida dos chefes deste mundo que crucificaram o Senhor da glória; ela foi proclamada por Paulo em palavras ensinadas pelo Espírito — portanto, eram verdades espirituais em palavras espirituais (1Cor 2,6-16). Paulo, de fato, lançara sólido fundamento, o único possível: Jesus Cristo; no dia do julgamento, tudo o mais que é acidental será posto a descoberto e destruído pelo fogo (1Cor 3,10-15). Os coríntios precisam compreender que são templo de Deus, no qual o Espírito vive, e desprezar a sabedoria deste mundo como loucura aos olhos de Deus (1Cor 3,16-23). De forma altamente retórica, Paulo contrasta "nós, apóstolos" (1Cor 4,9) aos coríntios, que se orgulham da própria postura religiosa, embora nada possuam que não tenham recebido (1Cor 4,7). "Somos loucos por causa de Cristo, vós, porém sois prudentes em Cristo [...]" (1Cor 4,10-13). Essa carta é a advertência de um pai a seus filhos, e Timóteo está sendo enviado a Corinto[13] para recordar aos Coríntios a vida e o ensinamento de Paulo, antes que este vá para

---

[12] Aqueles que admiravam Apolo enfatizavam a eloqüência (cf. At 18,24)? Paulo usa linguagem figurada para ilustrar as deficiências dos coríntios e seu papel entre eles. Eles são carnais, não espirituais, bebês despreparados para alimento sólido (1Cor 3,1-4; também 1Ts 2,7; Ef 4,13-14). Ele não era apenas paternal (1Cor 4,15), mas também maternal (1Cor 3,2; também 1Ts 2,7; Gl 4,19). Cf. GAVENTA, B. R. *Princeton Seminary Bulletim* 17, 29-44, 1996.

[13] O verbo em 1Cor 4,17 está no aoristo ("vos enviei"); contudo, em 1Cor 16,10, Paulo diz: "Se Timóteo for ter convosco", como se a carta devesse chegar lá antes de Timóteo. Presumivelmente, pois, Timóteo foi enviado pela via indireta através da Macedônia (cf. At 19,21-22). Cf. #7 no capítulo 23.

pôr à prova os arrogantes. "Que preferis? Que eu vos visite com vara ou com amor e em espírito de mansidão?" (1Cor 4,17-21).

Segunda parte do corpo da carta (1Cor 5,1–11,34). A seguir, Paulo volta-se para vários problemas do comportamento cristão dos coríntios.[14] Aparentemente, os caps. 5–6 abrangem coisas que ele escutara a respeito da prática cristã em Corinto,[15] e problemas relacionados ao sexo e ao matrimônio aparecem em mais da metade de suas instruções. Hoje, regras em relação ao sexo são rejeitadas como vitorianas, mas isso concede crédito a sua majestade britânica para algo que remonta ao século I do cristianismo. Comportamento sexual responsável dentro e fora do matrimônio é um ponto importante na vida, e, inevitavelmente, o que a fé em Cristo entendia por tal comportamento tornou-se um problema, especialmente porque judeus e gentios, que abraçaram a fé, não partilhavam as mesmas pressuposições. A primeira situação tratada por Paulo (1Cor 5,1-5) diz respeito a um homem e sua madrasta. Aparentemente, o pai do homem tinha morrido, e ele desejava desposar a viúva, que tinha mais ou menos a idade dele. Com base no ensinamento de Paulo, segundo o qual os cristãos eram novas criaturas, o homem e até mesmo a comunidade ("E vós, tão orgulhosos") pensavam que os relacionamentos anteriores não tinham mais importância? A revolta de Paulo ante esse comportamento revela suas raízes judaicas, pois o casamento em tal grau de parentesco era proibido pela lei mosaica (Lv 18,8; 20,11). Contudo, ele baseia sua argumentação na afirmação de que nem mesmo entre os gentios tolerava-se tal atitude.[16] Isso leva muitos estudiosos a pensar que os gentios convertidos ao cris-

---

[14] Puskas (op. cit., pp. 59-60) considera isso uma retórica exortativa deliberativa (cf. *p. 553*), preocupada com uma tomada de decisão, assumindo especialmente um tom prático ou expedito, e oferece paralelos gregos. B. S. Rosner (*Paul, Scripture and ethics*; a study of 1 Corinthians 5–7, Leiden, Brill, 1994) argumenta que os princípios morais de Paulo foram elaborados com base em sua herança escriturística judaica, mais do que no pensamento greco-romano.

[15] Alguns opinam que se trata de um relatório oral, além daquele recebido pelo pessoal de Cloé (1Cor 1,11), o qual teve sua resposta nos caps. 1–4. Não é improvável que os que levaram a carta de 1Cor 7,1, de Corinto (#5), possam ter fornecido a Paulo alguma informação de viva voz acerca dos cristãos lá. Hurd e Snyder acreditam que, como 1Cor 1–4, os caps. 5–6 foram escritos depois de 1Cor 7–15.

[16] Citam-se *Hipólito*, de Eurípedes, Cícero e os *Compêndios* de Gaio como suporte para a tese de Paulo de que aquilo não era tolerado nem mesmo pelos gentios; contudo, o casamento de irmão com irmã na família real egípcia indica atitudes diferentes em relação ao matrimônio entre parentes. O fortíssimo pano de fundo judaico das posturas de Paulo em 1 Coríntios é realçado por D. Daube em *Jesus and man's hope II* (eds. D. G. Miller e D. Y. Hadidian, Pittsburgh, Pittsburgh Theol. Seminary, 1971, pp. 223-245); hoje, porém, alguns questionam o apelo de Daube a material rabínico tardio.

tianismo tinham erroneamente entendido que as afirmações de Paulo a respeito da liberdade significava revogar as regras antigas de comportamento (cf. também 1Cor 6,12). A autoridade de Paulo para pronunciar uma excomunhão, mesmo a distância, é invocada em 1Cor 5,4-5, e o que se segue em relação à carta que ele já havia enviado (carta A; #3)[17] mostra que sua preocupação maior não era acerca da imoralidade do mundo exterior à comunidade, mas o pecado no interior da comunidade, que poderia fermentá-la danosamente (1Cor 5,6-13 — imagem judaica tirada dos costumes da Páscoa).

A desconfiança de Paulo em relação aos costumes do mundo pagão reflete-se em sua insistência para que as disputas fossem resolvidas tendo companheiros cristãos como juízes, em vez de ir aos tribunais dos gentios (1Cor 6,1-8), e em sua lista de vícios dos quais os cristãos coríntios eram anteriormente culpados (1Cor 6,9-11). Em 1Cor 6,12 há um chavão que circulava em Corinto e que provavelmente se encontra na base de tudo o que Paulo condena: "Tudo me é permitido".[18] Paulo restringe-o ao insistir em que nem tudo resulta no bem e ao reforçar que nenhuma de nossas opções pode dominar-nos. A verdadeira liberdade não precisa ser expressa para que continue sendo liberdade. As pessoas não vivem em um ambiente neutro: ser conivente com um comportamento lascivo não é ter liberdade, mas ser subjugado a compulsões que escravizam. A permissividade sexual afeta o corpo do cristão, que deve ser considerado membro do corpo de Cristo (1Cor 6,15) e templo do Espírito Santo (1Cor 6,19). O corpo é meio de comunicação, de modo que as relações sexuais produzem união entre os parceiros. A união de alguém que é membro de Cristo com um parceiro indigno, como uma prostituta, degrada o Cristo, assim como a união marital glorifica a Deus (1Cor 6,20).[19]

---

[17] O que ele lhes aconselhou na carta (1Cor 5,9) ou foi mal compreendido ou mal aplicado (1Cor 5,11). Isso está ligado ao problema dos lemas citados em 1 Coríntios: são eles as afirmações de Paulo mal compreendidas? (Cf. *pp. 696-697*.)

[18] Colocado na lista de vícios em 1Cor 6,9-10, sugere esse bordão que o comportamento dos cristãos coríntios era pior do que o dos convertidos paulinos de outros lugares?

[19] BYRNE, B. CBQ, 608-616, 1983. Nisso e em muito do que se segue, Paulo ocupa-se da prática sexual do homem, pois os costumes sociais do tempo concediam muito mais liberdade sexual aos — por assim dizer — respeitáveis homens do que às mulheres importantes. R. B. Ward (BRev 4, #4, 26-31, 1988) nota que, em 18 a.C., Augusto proclamou a *Lex Iulia* a fim de encorajar o matrimônio e a prole porque muitos homens estavam evitando o casamento e procurando seu prazer sexual com prostitutas e escravas.

Deixando de lado aquilo que ouvira sobre os coríntios, no cap. 7, Paulo começa a responder a perguntas que lhe foram apresentadas.[20] A primeira diz respeito à afirmação (dele próprio ou cunhada em Corinto?): "É bom ao homem não tocar em mulher".[21] (Esse ágil esquema de citar aforismos ou chavões e discuti-los a seguir tem sido considerado freqüentemente imitação por parte de Paulo dos modelos de diatribe cínica; cf. pp. *158-159*. Embora a abstinência sexual seja louvável, Paulo não a desencoraja no matrimônio porque poderia engendrar tentações e causar injustiça. Ele estimula ao casamento aqueles que não conseguem controlar-se, embora "quisera que todos os homens fossem como sou" — aparentemente, Paulo quer dizer sem mulher (viúvo ou jamais casado?) e, obviamente, praticante de abstinência sexual (1Cor 7,2-9).

Para os que já estão casados (talvez tendo em mente um casal específico), Paulo repete o ensinamento do Senhor (cf. pp. *222-223*) contra o divórcio e novo casamento (1Cor 7,10-11); a seguir, porém, acrescenta uma norma de sua própria autoria que permite a separação quando um dos parceiros não é cristão e não quer viver em paz com o crente (1Cor 7,12-16).[22] Em 1Cor 7,17-40, Paulo mostra até que ponto seu modo de pensar é apocalíptico: ele preferiria que todos (judeus circuncidados, gentios incircuncisos, escravos,[23] celibatários, casados, viúvos) permanecessem no estado no qual se encontravam quando foram chamados a

---

[20] Usam-se sete expressões equivalentes a "no que diz respeito a" (1Cor 7,1.25; 8,1.4; 12,1; 16,1.12) para indicar questões. Em 1Cor 7,1-16 Paulo trata dos problemas da continência para os casados e, em 1Cor 7,25-40, para os solteiros; entrementes, ele desencoraja mudança de estado de vida. A respeito do cap. 7, cf. MURPHY-O'CONNOR, J. JBL 100, 601-606, 1981; WIMBUSH, V. L. *Paul, the worldly ascetic*. Macon, GA, Mercer, 1987.

[21] Cf. PHIPPS, W. E. NTS 28, 125-131, 1982; também SNYDER, G. F. NTS 23, 117-120, 1976-1977, para as afirmações "é melhor".

[22] A separação aparentemente envolveria divórcio e possível novo casamento, não obstante Paulo não tratar desse último assunto. Um não-cristão que quisesse viver em paz com o cônjuge seria santificado por tal união da mesma forma que, inversamente, um crente ficaria contaminado com a união sexual com uma prostituta (1Cor 6,16). Surpreendente, porém, é a afirmação em 1Cor 7,14 de que os filhos são santificados mediante seu relacionamento com o(a) genitor(a) crente (ou ambos?). Mais tarde, considerou-se falha para um cristão ter filhos que não fossem crentes (Tt 1,6).

[23] BARTCHY, S. S. *Mallon Chrēsai*; first century slavery and the interpretation of 1 Corinthians 7:21. Missoula, MT, Scholars, 1973. (SBLDS,11); HARRIL, J. A. BR 39, 5-28, 1994.

Cristo, porque o tempo tornara-se breve.²⁴ Cf. *p. 674*, para o problema da avaliação dessa "ética do momento" e para a determinação, em tal mentalidade de "Cristo-voltará-em-breve", daquilo que constitui orientação moral permanente para os cristãos dois mil anos mais tarde. Certamente, tal visão do mundo permanece um componente na defesa do celibato: como virtude cristã, não tem nenhum sentido a não ser acompanhado de outros sinais (pobreza voluntária, autodoação) que expressam a crença de que este mundo é passageiro.

No cap. 8, Paulo responde a perguntas sobre alimentos que foram sacrificados aos ídolos e depois oferecidos a quem os quisesse comprar.²⁵ Como não existem outros deuses além do único Deus, o Pai e a fonte de todas as coisas,²⁶ é praticamente irrelevante que os alimentos tenham sido oferecidos aos deuses. Destarte, os cristãos têm a liberdade: "[...] se deixamos de comer, nada perdemos; e, se comemos, nada lucramos" (1Cor 8,8). Contudo, pastoralmente, Paulo está preocupado com os convertidos fracos, cuja compreensão é imperfeita e que podem pensar que sentar-se e comer no templo de um falso deus implica adoração daquele deus e que, ao comer, praticariam a idolatria. Portanto, é preciso acautelar-se para não escandalizar aqueles que são fracos na fé.²⁷ A postura de Paulo é determinada pela afirmação com a qual inaugura a discussão (1Cor 8,2): conhecimento, mesmo conheci-

---

[24] 1Cor 7,29. A que se refere 1Cor 7,36-38: a um pai e a sua filha não esposada (conservando-a solteira ou dando-a em casamento), a um homem e sua noiva ou a um esposo em relação a sua esposa, quando os dois haviam prometido abstinência (casamento espiritual)? Para o contexto, cf. ELDER, L. B. BA 57, 200-234, 1994; WHITE, J. L. BR 39, 62-79, 1994; DEMING, W. *Paul on marriage and celibacy*. Cambridge, Cambridge Univ., 1995. (SNTSMS, 83). Este último postula um contexto estóico e cínico para o cap. 7 (mas cf. n. 14).

[25] WILLIS, W. L. *Idol meat in Corinth;* the pauline argument in 1 Corinthians 8 and 10. Chico, CA, Scholars, 1985. (SBLDS, 68); GOOCH, P. D. *Dangerous food;* 1 Corinthians 8–10 in its context. Waterloo, Ont, Laurier Univ., 1993; GARDNER, P. D. *The gifts of God and the authentication of a Christian (1Cor 8,1–11,1)*, Lanham, MD, Univ. Press of America, 1994. Gooch enfatiza que o "liberalismo" de Paulo não vai além das leis alimentares e da circuncisão; ele não abandona a concepção judaica das exigências implícitas na relação entre o povo escolhido e Deus.

[26] Ao qual Paulo acrescenta o único Senhor Jesus Cristo, o agente por intermédio do qual todas as coisas existem (1Cor 8,6). Muitos intérpretes pensam que aqui Jesus está sendo apresentado como aquele que fez surgir o universo, mas J. Murphy-O'Connor (RB 85, 253-267, 1978) declara que Paulo está fazendo eco à linguagem batismal ao descrevê-lo como o salvador de todos. Para a obra do Espírito, não mencionada aqui, ver 1Cor 12,4-6, em que existe um modelo triádico do mesmo Espírito, do mesmo Senhor e do mesmo Deus.

[27] Cf. DAWES, G. R. DBQ 58, 82-98, 1996. Em 1Cor 8,7, Paulo fala do princípio de respeitar a *syneidēsis*, a "consciência"; e, conforme Snyder (*First Corinthians*, cit, p. 125) observa, esse é o primeiro uso do termo na história do cristianismo.

mento correto, pode inflar a pessoa, mas o amor edifica os outros e, assim, põe limites ao comportamento autocomplacente. (A noção de limites pastorais nos direitos de alguém pode ser importante questionamento para uma geração que constantemente fala de direitos, mas não de responsabilidades.) Se o comer causasse escândalo a alguém, melhor seria não comer (1Cor 8,13). De forma meio desconexa, ele volta a esse mesmo ponto em 1Cor 10,23-33: "Não vos torneis ocasião de escândalo, nem para os judeus, nem para os gregos, nem para a Igreja de Deus" (10,32).

No cap. 9, Paulo faz uma apaixonada defesa de seus direitos de apóstolo. Outros podem negar que ele seja apóstolo, mas ele viu o Senhor ressuscitado e o trabalho que realizou ao converter-se é a prova de seu apostolado. Não é a insegurança acerca de seu *status* que leva Paulo a enumerar os direitos dos apóstolos, como o de ser alimentados e sustentados, ou o de ser acompanhados por uma esposa cristã, que deve também ser sustentada.[28] Mas ele mantinha-se e pregava o evangelho sem nada cobrar, por receio de que um pedido de ajuda se tornasse obstáculo à fé (ou seja, as pessoas poderiam pensar que ele pregava por dinheiro). Duas passagens maravilhosamente retóricas (1Cor 9,15-18.19-23) mostram Paulo em sua melhor fase. Ele está francamente orgulhoso do que realizou mediante sacrifícios; no entanto, em outro sentido, ele é impelido por compulsão divina: "Ai de mim se eu não anunciar o evangelho!" E nessa proclamação ele se tornou tudo para todos, a fim ganhar o maior número de pessoas: aos que estavam sob a Lei, tornou-se alguém submisso à Lei; aos que se achavam excluídos da Lei, fez-se também um estranho à Lei; com os fracos, fez-se fraco. (Essa declaração deveria ser uma advertência a todos aqueles que vêem rigorosa ideologia no pensamento de Paulo: ele era acima de tudo um missionário — confira a discussão da coerência paulina nas *pp. 583-584*.) Em 1Cor 9,24-27, ele conclui o assunto de como se empenhou em seu ministério, apelando para um fascinante uso da imagem das competições no atletismo, bem conhecidas dos coríntios, para quem os jogos ístmicos eram grandiosos.[29] Ele

---

[28] Em 1Cor 9,4-6, ficamos sabendo que outros apóstolos (para Paulo, não precisa significar os Doze), os irmãos do Senhor (até mesmo Tiago?) e Cefas (Pedro) eram acompanhados de esposas cristãs, e aparentemente contavam com o apoio de seus convertidos, em vez de trabalhar para a própria subsistência enquanto pregavam. Barnabé, como Paulo, não se comportava assim. Essa referência favorável a Barnabé (mais ou menos em 55 d.C.) é interessante, dada a alusão hostil, em Gl 2,13, a seu comportamento em Antioquia (por volta de 49-50).

[29] BRONEER, O. BA 25, 1-31, 1962; HTR 64, 169-187, 1971.

submeteu-se a um treinamento disciplinar punitivo por receio de, após proclamar o evangelho aos outros, ser desclassificado.

Os caps. 10–11 tratam de outros problemas em Corinto, principalmente aqueles que afetam o culto comunitário. Em 1Cor 10,1-13, citando o êxodo, quando muitos israelitas, que haviam atravessado o mar e recebido alimento divinamente providenciado, desagradaram a Deus, Paulo adverte os coríntios contra a imoralidade sexual, o desfalecimento por causa dos protestos e a adoração de falsos deuses — todos exemplos tirados da provação de Israel no deserto que foram escritos "para a nossa instrução, nós que fomos atingidos pelo fim dos tempos".[30] Em 1Cor 10,2.14-22 Paulo escreve sobre o batismo e o cálice eucarístico da bênção, que é participação (*koinōnia*) no sangue de Cristo, e o partir do pão, que é participação no corpo de Cristo (1Cor 10,16). Paulo oferece algumas intuições importantes para a subseqüente teologia sacramental, pois torna claro que, por meio do batismo e da eucaristia, Deus liberta e sustenta os cristãos, e mostra ainda que tão excelsa ajuda não imuniza contra o pecado nem exime do julgamento divino aqueles que recebem os sacramentos. Visto que os muitos convivas são um único corpo,[31] a participação na eucaristia é inconciliável com a participação nos sacrifícios pagãos, que na verdade são oferecidos aos demônios e tornam as pessoas parceiras deles.[32] Não é possível participar tanto da mesa do Senhor quando da dos demônios. Interrompendo o assunto da eucaristia, 1Cor 11,1-16 oferece orientações para o "comportamento litúrgico" da comunidade: o homem deve orar ou profetizar com a cabeça descoberta, enquanto a mulher deve cobri-la. A base teológica oferecida para essa exigência (o homem é o reflexo glorioso de Deus, enquanto a mulher é reflexo do homem e, por causa dos anjos, deve ter um sinal da autoridade sobre sua cabeça[33]) pode não ter sido considera-

---

[30] MEEKS, W. A. JSNT 16, 64-78, 1982.

[31] Não está claro se 1Cor 10,17 significa que os cristãos participantes formam um corpo coletivo (mais ou menos na linha de Colossenses e Efésios, em que a Igreja é considera o corpo de Cristo) ou se são feitos partícipes no único corpo ressuscitado de Cristo; cf. 1Cor 12,12ss e pp. 803-804.

[32] Em 1Cor 8,1-6 e 10,23-32, Paulo deixa claro que, não sendo os deuses pagãos verdadeiros, o alimento oferecido a eles é igual a qualquer outro. Contudo, a participação ativa nos sacrifícios a eles não é indiferente.

[33] Tendo a cabeça descoberta, uma mulher casada estaria aparentemente negando em público o *status* marital? Acerca da aparência dos véus: GILL, D. W. J. *Tyndale Bulletin* 41, 245-260, 1990; THOMPSON, C. L. BA 51, 99-115, 1988. Quanto à posição social das mulheres coríntias: CLARK, G. *Theology* 85, 256-262, 1982.

da plenamente probatória nem mesmo para o próprio Paulo, pois, no final (1Cor 11,16), ele apela para a autoridade de seu próprio costume e do das Igrejas.

A seguir, em 1Cor 11,17-34, Paulo retoma a eucaristia e a refeição na qual era realizada,[34] expressando francamente sua desaprovação ao comportamento coríntio. Divisões (aquelas dos caps. 1–4?) estendiam-se para a "Ceia do Senhor", em que os cristãos se reunia *como Igreja* (1Cor 11,18), a fim de celebrar a memória daquilo que Jesus fez e disse na noite em que foi entregue, até que ele viesse (1Cor 11,20.23-26). Aparentemente, alguns tomavam uma refeição que precedia o especial partir do pão e a bênção do cálice, enquanto outros ("aqueles que nada têm") eram excluídos e passavam fome. *Talvez* isso seja eco de uma situação social em que a necessidade de um espaço maior obrigava os encontros eucarísticos a acontecer na casa de uma pessoa rica; todos os cristãos, até mesmo os pobres e os escravos, tinham de ser recebidos na área da casa reservada para a eucaristia, mas o dono da casa convidava apenas os amigos abastados para a refeição preparatória.[35] Essa não era a concepção de Paulo sobre a Igreja de Deus (1Cor 11,22); ou todos deveriam reunir-se para tomar a refeição, ou deveriam comer primeiro em suas próprias casas (1Cor 11,33-34). Todo o propósito do partir sagrado do pão é a *koinōnia* (1Cor 10,16), não a divisão da comunidade. Peca contra o corpo e o sangue do Senhor quem come o pão e bebe do cálice indigna-

---

Sobre a teologia de Paulo: HOOKER, M. D. NTS 10, 410-416, 1963-1964; TROMPF, G. CBQ 42, 196-215, 1980; WALKER, O. JBL 94, 94-110, 1975. A tentativa de Walker de explicar 1Cor 11,2-16 como uma interpolação não-paulina é rejeitada por J. Murphy-O'Connor (JBL 95, 615-621, 1976), o qual, no entanto, atenua a autoridade das opiniões de Paulo aí presentes, argumentando que não são formalmente ensinadas. Todavia, J. P. Meier (CBQ 40, 212-226, 1978) nota que Paulo apresenta sua opinião sobre a necessidade de as mulheres cobrirem a cabeça como uma tradição apostólica.

[34] Com freqüência é chamada de *agapē* ou refeição de amizade (Jd 12); quanto a se esta precedia ou se seguia à ação especial sobre o pão e o cálice, a que chamamos de eucaristia, o costume local pode ter sido variado.

[35] Restos arqueológicos de casas ricas em Corinto mostram um espaço público (sala de jantar e pátio) em que, contando com os móveis, não caberiam mais de cinqüenta pessoas (cf. Murphy-O'Connor, *St. Paul's Corinth*, cit, pp. 153-161). Talvez os socialmente aceitáveis tomavam a refeição na sala de jantar (triclínio), enquanto os outros ficavam no pátio. Os lugares de encontro cristãos, porém, não eram todos iguais. Murphy-O'Connor (BRev 8, #6, 48-50, 1992) descreve uma loja de dois níveis onde apenas dez ou vinte crentes podiam reunir-se. Às vezes fazem-se julgamentos com absoluta certeza sobre quem presidia à eucaristia: o chefe da casa (um dos lados do espectro teológico moderno) ou aqueles aprovados pelos Doze (o outro lado). Temos poucas provas sobre isso, e ambas as opiniões são suposições. Útil para evitar modernização ingênua é R. Banks (*Going to Church in the first century*, 3. ed., Auburn, ME, Christi Books, 1990).

mente (1Cor 11,27), aparentemente, sem discernir que é o corpo e o sangue do Senhor (1Cor 11,29).[36] Com efeito, Paulo declara que o julgamento já estava caindo sobre os coríntios, pois alguns morreram e outros estavam doentes (1Cor 11,30). Apesar do livro de Jó, a correlação entre pecado e doença/morte permaneceu forte no pensamento judaico!

Terceira parte do corpo da carta (1Cor 12,1–14,40). Os caps. 12 e 14 tratam dos dons espirituais ou carismas concedidos em abundância aos cristãos coríntios, enquanto o cap. 13, chamado às vezes de hino ao amor, aparece como uma interrupção corretiva contra qualquer pretensão de aquisição dos carismas.[37] Esses capítulos têm recebido tanta atenção que o melhor é discuti-los separadamente e de forma mais completa (cf. as subseções adiante). Eu poderia aqui comentar apenas um aspecto do que está implícito no quadro pintado por Paulo. Por 1Cor 12,28 citar apóstolos, profetas e doutores como os primeiros carismáticos, no mais das vezes tem-se pensado que a comunidade coríntia fora administrada por carismáticos, ou seja, aqueles considerados receptores de um dos dons concedidos pelo Espírito. Todavia, o quadro é complicado, pois um carisma especial de "administração" é também listado em 1Cor 12,28. Além do mais, sabemos relativamente pouco acerca de como as funções eram distribuídas entre os apóstolos, profetas e doutores, e até que ponto apóstolos, além de Paulo, estavam envolvidos. Ainda que Ef 4,11 tenha sido escrito anos depois, a seqüência em tal texto de apóstolos, profetas, evangelistas, pastores e doutores adverte-nos de que a designação de uma função pode não ter sido exata e uniforme. A declaração

---

[36] A indignidade refere-se à maneira da participação, de modo que Paulo não está pensando diretamente em dois grupos de pessoas, um digno e outro indigno. Na maneira indigna de receber, a falha em discernir significa não reconhecer a presença de Cristo, mas também não reconhecer a comunhão com os outros, realizada pela participação na eucaristia (1Cor 10,16-17). As palavras de Paulo têm importância para as divisões discutidas em Temas e problemas para reflexão, 8, adiante.

[37] J. T. Sanders (*Interpretation* 20, 159-187, 1966) analisa rapidamente a pesquisa sobre o cap. 13, que se apresenta tão interruptor que alguns (Barrett, Conzelmann) consideram-no um acréscimo posterior de Paulo. Contudo, encontra uma conexão com o que precede em 1Cor 13,1-3, uma vez que três carismas mencionados anteriormente (línguas, profecia e fé) são citados. Ademais, o pensamento de Paulo nessa carta parece brotar intermitentemente, de forma que uma interrupção não prova de forma alguma adição tardia; por exemplo: depois de uma interrupção, o conselho em 1Cor 7,8-11 aos não-casados e aos casados a que permaneçam como tais é retomado em 1Cor 7,17ss; o problema da liberdade e das comidas sacrificadas aos ídolos, no cap. 8, é retomado em 1Cor 10,23-33; a reflexão sobre a eucaristia em 1Cor 10,14-21 é recapitulada em 1Cor 11,17-34.

sobre a fala dos profetas em 1Cor 14,29-33 mostra quão difícil é ter certeza sobre o que os profetas faziam.[38] Em 1Cor 14,34-35, imediatamente depois de uma instrução a respeito de profecia, as mulheres são proibidas de manifestar-se nas Igrejas; contudo, 1Cor 11,5 permite que as mulheres orem ou profetizem, desde que tenham a cabeça coberta.[39] A idéia de que nos anos 50 todas as Igrejas paulinas eram administradas carismaticamente da mesma forma que em Corinto (e que vinte ou trinta anos depois transformaram-se em uma estrutura mais institucionalizada com bispos e diáconos, conforme afirmado nas pastorais) é arriscada tanto pela falta de informação em muitas das outras cartas escritas durante esse período quanto pela referência a bispos e diáconos em Filipos (Fl 1,1).[40]

Quarta parte do corpo da carta (1Cor 15,1-58). Paulo descreve o evangelho referindo-se à ressurreição de Jesus, e deduz, a seguir, as conseqüências desse fato para a ressurreição dos cristãos.[41] Dedicarei uma subseção, adiante, a muitos temas subsidiários, derivados desse capítulo, acerca da noção paulina da ressurreição, ao passo que aqui me concentrarei na função da ressurreição na mensagem de Paulo aos coríntios. Alguns cristãos de Corinto ouviram dizer que não existia ressurreição dos mortos (1Cor 15,12). Não se sabe o que tais pessoas pensavam a respeito do que acontecera com Jesus, mas o argumento é razoável se eles pensavam que Jesus ressuscitara corporalmente dos mortos,[42] e, em 1Cor 15,1-11, Paulo recorda-lhes a tradição comum. Jesus ressuscitou dos mortos e

---

[38] T. W. Gillespie (*The first theologians*; a study in early christian prophecy, Grand Rapids, Eerdmans, 1995) dedica atenção especial a 1 Coríntios.

[39] Também At 2,17-18 parece pressupor que as mulheres profetizam, e 1Cor 21,9 refere-se a quatro profetisas. Alguns têm tentado resolver a contrariedade sustentando que "falar" (*lalein*) às pessoas na Igreja era diferente de profetizar, quando a palavra provinha de Deus. Outros acreditam que 1Cor 14,34-35 é uma interpolação tardia, no estilo de 1Tm 2,11-14, e citam o fato de que alguns copistas antigos transpuseram os vv. 34-35 para depois do v. 40. Acerca de 1Cor 14,33b-36, cf. ALLISON, R. W. JSNT 32, 32-34, 1988; VANDER STICHELE, C. LS 20, 241-253, 1995; JERVIS, L. A. JSNT 58, 51-74, 1995; também WIRE, A. C. *The Corinthian women prophets*. Minneapolis, A/F, 1990; BAUMERT, N. *Woman and man in Paul*. Collegeville, Liturgical, 1996; e n. 20, no capítulo 30.

[40] Cf. capítulo 20, Temas e problemas para reflexão, 5. É possível que nos lugares onde tivera uma estada relativamente breve, Paulo tenha percebido a necessidade de deixar uma estrutura mais formal, ao passo que nos lugares onde dispusera de um tempo mais longo para formar a comunidade (Corinto), preferido deixar a designação das funções ao Espírito, por meio dos carismas.

[41] SAW, I. *Paul's rhetoric in 1 Corinthians 15*. Lewiston, NY, Mellen, 1995.

[42] J. Ruef (*I Corinthians*, PC. 1977, p. xxiv), porém, acredita que eles pensavam que Jesus, como Elias, fora elevado ao céu (da cruz), sem ter morrido.

apareceu a figuras conhecidas como Cefas, os Doze, Tiago (o irmão do Senhor) e o próprio Paulo (1Cor 15,3-8; também 9,1) — uma tradição totalmente conforme às Escrituras e solidamente atestada: "[...] tanto eu como eles, eis o que proclamamos. Eis também o que acreditastes" (1Cor 15,11). Quanto ao destino dos outros, aqueles aos quais Paulo corrigia podem ter pensado que o equivalente à ressurreição já tinha sido realizado pela vinda do Espírito, de modo que nada mais se podia esperar. Paulo, ao contrário, baseando-se no que acontecera a Cristo, declara que todos os mortos ressuscitarão (1Cor 15,12-19), que a ressurreição é futura (1Cor 15,20-34) e corporal (1Cor 15,35-50). Em sua argumentação, ele ensina que os que adormeceram em Cristo não estão perdidos (também 2Cor 4,14). Com efeito, Cristo recuperou as primícias dos que adormeceram: como em Adão todos morreram, assim em Cristo todos recuperarão a vida (1Cor 15,20-22).[43] Existe uma seqüência escatológica: primeiramente, Cristo; a seguir, no momento de sua vinda, aqueles que pertencem a Cristo; depois, no final, quando ele tiver destruído toda dominação, autoridade e poder, e tiver subjugado todos os inimigos (sendo a morte o último inimigo[44]), Cristo entrega ao Pai o reino; por fim, o próprio Filho subjugar-se-á a Deus, que tudo a ele submeteu, a fim de que Deus seja tudo em todos (1Cor 15,23-28).

Para Paulo, a ressurreição não é um assunto abstrato; antes, a esperança de ser ressuscitado explica sua disposição em sofrer, como o demonstra em Éfeso, de onde escreve essa carta (1Cor 15,30-34). Em 1Cor 15,35-58, Paulo concentra-se em outra objeção levantada em Corinto contra a ressurreição dos mortos: com que tipo de corpo? (Esta tem permanecido uma objeção ao longo dos séculos, pois os restos mortais de milhões de pessoas desintegraram-se ou desapareceram.) Paulo dá uma resposta perspicaz: a ressurreição comportará uma transformação do corpo, tão diferente quanto o é da semente a planta crescida que dela veio —

---

[43] Paulo volta a esse motivo em 1Cor 15,29-34, com o desconcertante argumento adicional de que, se os mortos não ressuscitam, por que as pessoas se fazem batizar pelos mortos? Esse texto (1Cor 15,29) tem sido usado desde os tempos antigos (por marcionitas e mórmons) para justificar o batismo vicário de cristãos pelos mortos. Cf. MURPHY-O'CONNOR, J. RB 88, 532-543, 1981; DE MARIS, R. E. JBL 114, 661-682, 1995.

[44] DE BOER, M. C. *The defeat of death*. Sheffield, JSOT, 1988. (JSNTSup, 22.) A apocalíptica judaica fala de duas "eras" mutuamente excludentes: uma governada por um poder maligno sobre-humano e outra, por Deus. 1Cor 15,26 não quer dizer que Cristo derrotou todos os poderes, exceto a morte. A morte e o pecado foram derrotados por Deus por intermédio de Cristo; porém, permanecem como o sinal "desta era", que foi invadida vitoriosamente por Deus mediante a morte e a ressurreição de Cristo.

um corpo imperecível, não perecível; poderoso, não fraco; espiritual (*pneumatikos*), não físico (*psychikos*); à imagem da origem celeste, não do pó da terra. Afinal de contas, "a carne e o sangue não podem herdar o Reino de Deus" (1Cor 15,50). Finalmente, quer vivos, quer mortos, seremos todos transformados e revestidos do imperecível e imortal (1Cor 15,51-54). O "ponto final", em resposta aos coríntios que negavam a ressurreição, é que a morte perdeu seu aguilhão, pois Deus nos concedeu a vitória por intermédio de nosso Senhor Jesus Cristo (1Cor 15,55-58).

Conclusão do corpo (1Cor 16,1-18) e *fórmula conclusiva* (1Cor 16,19-24). A conclusão de 1 Coríntios oferece instruções para que os coríntios fizessem uma coleta para Jerusalém[45] e esquematiza o plano de Paulo. Este queria permanecer em Éfeso ao menos até Pentecostes (maio/junho de 57 d.C.?) porque, apesar da oposição, abriu-se-lhe uma oportunidade para o trabalho evangelizador. Contudo, ele planejava ir a Corinto, via Macedônia, e talvez passasse lá o inverno (57-58 d.C.?). Quando Timóteo chegasse (cf. n. 13), deveria ser bem tratado (1Cor 16,10-11). Quanto a Apolo, embora Paulo tivesse-lhe pedido insistentemente para voltar a Corinto, ele não estava disposto a fazê-lo por enquanto, presumivelmente por receio de exacerbar o facciosismo lá existente (1Cor 16,12).

Embora as saudações conclusivas (até mesmo aquelas da parte de Áquila e Priscila) sejam calorosas, quando Paulo pegou da pena para acrescentar um toque de seu próprio punho, agiu como juiz, amaldiçoando quem quer que em Corinto não amasse o Senhor (1Cor 16,22). No entanto, suas últimas palavras são positivas, não apenas estendendo o amor a todos, mas também pronunciando uma oração que obviamente até os coríntios conheciam na língua materna de Jesus (aramaico *Maran atha:* "Vem, Senhor!").

Aqueles que Paulo critica em Corinto

Nos caps. 1–4, Paulo corrige o facciosismo entre os coríntios, não se dirigindo a cada grupo em particular, mas criticando toda a comunidade dos cristãos por se deixarem dividir em três ou quadro grupos de sequazes (cf. n. 11). Ele não diz se havia diferenças teológicas entre os grupos, além da lealdade destes indiví-

---

[45] VERBRUGGE, V. D. *Paul's style of Church leadership illustrated by his instructions to the Corinthians on the collection*. San Francisco, Mellen, 1992.

duos diversos, mas os estudiosos têm-se sentido livres para atribuir posturas específicas a cada um.[46] Por exemplo, muitas vezes uma adesão conservadora à Lei é atribuída à facção de Cefas (Pedro), apesar de 1Cor 15,5.11 indicar que Cefas e Paulo pregavam uma mensagem comum. Não há prova alguma de que Paulo tenha acusado os missionários cujos nomes designam as facções (Paulo, Apolo, Cefas) de encorajar tal separatismo. Foi espontânea a formação dos grupos ou alguns daqueles cujos lemas são criticados nos capítulos sucessivos de 1 Coríntios tiveram responsabilidade no surgimento do sectarismo? Nos próximos parágrafos, discutirei as idéias criticadas por Paulo, mas existem poucas provas de que estas tenham vindo de fora de Corinto. Talvez os grupos tenham dado voz a tendências já presentes, por exemplo, compreensão gentia inadequada das idéias cristãs derivadas do judaísmo. Estavam as três ou quatro facções organizadas em Igrejas domésticas separadas? Respostas a essa questão são altamente conjecturais, pois existe pouca informação em 1 e 2 Coríntios acerca das Igrejas locais, além da existência delas (1Cor 16,19; Rm 16,23). De fato, 1Cor 14,23 vislumbra a possibilidade de a Igreja tornar-se unida.

As palavras *sophia* ("sabedoria") e *sophos* ("sábio") ocorrem mais de vinte vezes nos caps. 1–3, à medida que a sabedoria de Deus (que outros consideram loucura) é contrastada com a sabedoria humana. A crítica aos judeus e aos gregos — ambos os grupos rejeitam o Cristo, a sabedoria de Deus — mostra que Paulo não reprova toda visão da sabedoria humana, ainda que formas da filosofia grega estivessem incluídas na sabedoria buscada pelos gregos (1Cor 1,22). Apesar de nos caps. 1–4 a palavra *gnōsis* aparecer apenas em 1Cor 1,5, considerável número de estudiosos tem afirmado que Paulo estava criticando um movimento gnóstico em Corinto.[47] Como prova, às vezes eles apelam para os últimos capítulos de 1 Coríntios; por exemplo: "Todos temos a ciência exata" (1Cor 8,1) e a discussão sobre o conhe-

---

[46] D. B. Martin (*The Corinthian body*, New Haven, Yale, 1995) declara que as disputas em Corinto refletem diferentes interpretações ideológicas do corpo. P. Vielhauer (JHC 1, 129-142, 1994 — original alemão de 1975) argumenta que 1Cor 3,11 está direcionado polemicamente contra as reivindicações de primazia da parte de Pedro. S. M. Pogoloff (*Logos and Sophia*; the rethorical situation of 1 Corinthians, Atlanta, Scholars, 1992, SBLDS, 134), porém, pensa que a lealdade era a pregadores, não a ideologias, e que, em toda parte, os cristãos coríntios estavam lutando pelo *status* de uma elite social.

[47] Em 1Cor 2,13-16, Paulo fala dos *pneumatikoi*, ou pessoas espirituais, às quais ele contrapõe as não-espirituais; R. A. Horsley (HTR 69, 269-288, 1976) opina sobre um grupo de tais pessoas em Corinto. Cf. PEARSON, B. A. *The pneumatikos-psychikos terminology in 1 Corinthians*. Missoula, MT, Scholars, 1973. (SBLDS, 12.)

cimento em 1Cor 8,7-11; ver também 1Cor 13,2.8; 14,6. Certamente havia cristãos em Corinto, mais bem informados do que outros, que se consideravam superiores. Mas é adequado a eles o termo "gnóstico", como se tivessem muito em comum com doutrinas do século II, que reivindicavam um conhecimento especial revelado acerca de como os receptores possuíam uma centelha do divino e podiam escapar do mundo material?[48] Paulo, o fundador da comunidade cristã de Corinto, partiu em 52 d.C., aproximadamente; mestres gnósticos importantes teriam ido à cidade e influenciado os cristãos por volta de 56? (Pedro não era gnóstico, e Paulo não demonstra nenhuma preocupação com as opiniões de Apolo em 1Cor 16,12.) A negação da ressurreição dos mortos, por parte de alguns em Corinto (1Cor 15,12.29), provinha da negação gnóstica de que Jesus fosse fisicamente um ser humano que morrera e/ou era a pretensão de que os verdadeiros crentes já estariam espiritualmente ressuscitados? Estariam os cristãos em Corinto dizendo: "Anátema seja *Jesus*" (1Cor 12,3), e, se assim fosse, estariam eles com isso rejeitando a idéia de que Cristo (distinto de Jesus) tivesse uma genuína existência terrena?

Isso nos leva ao problema da apreciação de alguns chavões em 1 Coríntios. Além dos já citados, poder-se-iam incluir os seguintes: "Tudo me é permitido" (1Cor 6,12; 10,23); "Os alimentos são para o ventre e o ventre para os alimentos" (1Cor 6,13); "Fugi da fornicação. Todo outro pecado que o homem cometa, é exterior ao seu corpo" (1Cor 6,18); "É bom o homem não tocar em mulher" (1Cor 7,1). Paulo corrige tais bordões, modificando-os, pois estavam sendo usados por aqueles a quem ele admoestava em Corinto. Tal modificação, porém, deixa abertas duas possibilidades: tais declarações foram originalmente cunhadas por Paulo, quando da evangelização dos coríntios (mas agora estavam sendo usadas abusivamente), ou pelos adversários de Paulo.[49] Em ambos os casos, poder-se-ia

---

[48] *Gnosticism in Corinth*, de W. Schmithals (Nashville, Abingdon, 1971), é um estudo importante sobre esse assunto. R. A. Horsley (NTS 27, 32-51, 1980-1981), encontrando paralelos na teologia helenista judaica, representada por Fílon e pela Sabedoria de Salomão, argumenta que a gnose em Corinto era verbalizada por missionários daquele contexto histórico. (Murphy-O'Connor acredita que Apolo era condutor do pensamento de Fílon de Alexandria, ridicularizado por Paulo.) Ainda R. M. Wilson (NTS 19, 65-74, 1973-1974) duvida que havia um gnosticismo desenvolvido.

[49] Cf. MURPHY-O'CONNOR, J. Corinthian slogans in 1 Cor 6:12-20. CBQ 40, 91-96, 1980; RAMSARAN, R. A. *Liberating words*; Paul's use of rhetorical maxims in 1 Corinthians 1–10. Valley Forge, PA Trinity, 1996. J. C. Hurd (*The origin of 1 Corinthians*, 2. ed., Macon, GA, Mercer, 1983) acredita que muitos dos erros em Corinto provêm do ensinamento de Paulo lá: sua imprudente defesa da liberdade e a visão abertamente entusiástica da parusia foram exageradas com o passar dos anos por aqueles que o tinham escutado. Cf. também CONZELMANN, H. *1 Corinthians*. Hermeneia, 1975, pp. 15-16.

postular a utilização deles para defender um sistema de pensamento de acordo com o qual um conhecimento superior conduz um grupo (o partido de "Cristo"?) à libertinagem, segundo o princípio de que o corpo não tem importância, tanto para aquilo que se faz com o corpo quanto para o que acontece depois da morte.

Por fim, há outros pontos na crítica de Paulo que podem nada ter com uma postura teológica profunda. A tendência de recorrer aos tribunais seculares para os processos (1Cor 6,1-7) e o fato de as mulheres rezarem com a cabeça descoberta (1Cor 11,5) podem ser nada mais que reflexos dos costumes coríntios.

Existem muitas conjecturas na discussão acerca daqueles a quem Paulo estaria corrigindo, e alguns têm buscado maior clareza apelando para a imagem dos oponentes em 2 Coríntios, como se houvesse uma continuidade entre os dois grupos. Embora isso seja discutido nas *pp. 731-733*, seria explicar o obscuro pelo igualmente obscuro, pois a fisionomia dos adversários de 2 Coríntios não é muito clara.

A crítica de Paulo aos fornicadores e homossexuais (1Cor 6,9-10)

Paulo adverte que aqueles que praticam alguns vícios não herdarão o reino do céu. Hoje, quase todos os cristãos ainda fariam coro à sua condenação dos idólatras, ladrões, avarentos, beberrões, caluniadores, assaltantes, quer assinalem, quer não o mesmo severo destino a todos eles. Contudo, problemas importantes desenvolveram-se em torno de três designações: *pornoi, malakoi* e *arsenokoitai*. (A primeira e a terceira, de que nos ocuparemos sobremaneira aqui, estão juntas em 1Tm 1,10.)

Algumas traduções da Bíblia atribuem *pornoi* ao que é (sexualmente) imoral, outras aos fornicadores. Hoje, a grande tolerância na sociedade do primeiro mundo à vida comum de homens e mulheres não-casados e/ou o relacionamento sexual entre eles tem dinamizado a discussão sobre se Paulo estaria proferindo uma condenação generalizada da "fornicação".[50] Como em 1Cor 6,15-18 Paulo prossegue com a proibição de um cristão unir seu corpo ao de uma prostituta (*pornē*) e com a condenação da *porneia*, e visto que existia uma história coríntia de prostitutas sagradas a serviço de Afrodite, alguns argumentam que Paulo, com *pornoi*, em 1Cor 6,9, quis indicar apenas aqueles que se envolvem com sexo por

---

[50] Paulo também menciona o adultério em sua lista.

dinheiro, isto é, os que se envolvem com prostitutas. Contudo, em 1Cor 5,1, como exemplo de *porneia* entre os coríntios, Paulo apresenta o caso de um homem que estava vivendo com sua madrasta — o que dificilmente seria sexo por dinheiro.[51] Visto que não existe prova adequada para limitar a referência de Paulo a *pornoi*, "Os que se entregam à fornicação" é uma tradução mais exata do que "Os que usam mulheres prostitutas".

Os dois próximos termos, *malakoi* e *arsenokoitai*, conduzem-nos ao problema da homossexualidade, e E. P. Sanders (*Paul* [Paulo], New York, Oxford, 1991, pp. 110-113, Past Masters) é sábio ao insistir em que uma condição prévia necessária é compreender as atitudes greco-romanas, que não condenavam as relações sexuais entre pessoas do mesmo sexo. Com efeito, nos círculos gregos, a atividade homossexual de um adulto com um jovem atraente podia ser considerada parte de refinada educação, porquanto a beleza do corpo masculino era altamente estimada. No geral, porém, era vergonhoso para um homem adulto ser o parceiro passivo ou fazer o papel da mulher — isso ficava para escravos. (Há menos informação sobre a homossexualidade feminina, mas deve ter existido desprezo correspondente para a mulher que assumia a função do homem ou o papel ativo.) Quanto aos judeus, conforme nota Sanders, condenavam completamente a homossexualidade, tanto a ativa quanto a passiva.[52] Embora alguns estudiosos discordem, com toda probabilidade, com esses dois nomes Paulo também condena a homossexualidade ativa e passiva.

Malakoi (literalmente, "macio") podia referir-se ao efeminado, e alguns defendem a tradução "dissoluto". Contudo, no mundo greco-romano, era uma designação para os homens ou meninos (particularmente estes) que eram conservados para uso sexual, fazendo o papel receptivo, da mulher. "Meninos prostitutos" ou "prostitutos" são traduções apresentadas. (Como na sociedade de hoje não há séria tendência em tolerar a pederastia ou a prostituição masculina, não é a palavra que causa o maior problema.) A discussão tem-se concentrado em *arsenokoitai* (literalmente, "aqueles que vão para a cama com homens"), traduzido por

---

[51] Tampouco é sensato restringir a prostituição o verbo *porneuein*, em 1Cor 10,8, usado em um contexto baseado no que os israelitas fizeram em Ex 32,6.
[52] *Carta de Aristéia* 152-153; *Oráculo sibilino* 2,73; Fílon, *Leis especiais* 3,37-42.

"sodomitas" (NRSV) ou "homossexuais" (NIV).[53] Movimentos em prol da justiça aos *gays* têm questionado tal tradução, e alguns acreditam que Paulo condena a prostituição masculina somente porque embrutece o participante ativo, além de prejudicar o parceiro passivo. Isso é altamente duvidoso por diversas razões. Conforme indicado, uma tentativa de estabelecer um paralelo com *pornoi*, ou seja, aqueles que fazem sexo com prostitutas, é improvável. Ademais, a composição lingüística de *arsenokoitai* empresta pouco apoio para restringir o uso do termo a prostitutos.[54] Os componentes *arsēn* e *koimasthai* são encontrados em Lv 18,22; 20,13, que proíbe deitar-se com um homem como se fora uma mulher, ou seja, praticar o coito com alguém do sexo masculino. Certamente Paulo, cuja Bíblia básica era a LXX, tinha tais passagens em mente quando usou o termo composto para condenar a homossexualidade.[55] O fato de 1Cor 6,9-10 colocar a referência a *arsenokoitai* no contexto de outras tantas práticas condenáveis impede os esforços de avaliar quão seriamente ele considerava o assunto. Seu pensamento é bem mais explícito em Rm 1,26-27, em que ele se baseia no fato de Deus ter criado o homem e a mulher um para o outro, para unir-se como se fossem um só. Conseqüentemente, denuncia como clara distorção da ordem estabelecida por Deus as mulheres que mudaram as relações naturais por outras contra a natureza, e os homens que abandonaram as relações naturais com as mulheres e arderam de desejo uns pelos outros.[56] De modo geral, pois, as provas

---

[53] A NABR traduz o termo por "prática homossexual", uma tradução destinada a corresponder à teologia romana católica segundo a qual a orientação homossexual não é pecaminosa, mas a prática, sim. Ao referir-se à prática, certamente Paulo não fazia tal distinção em seu pensamento. A expressão da RSV "*perversões* sexuais" introduz uma nota que não é explícita nessa passagem; cf. n. 56.

[54] R. Scroggs (*The New Testament and homosexuality*, Philadelphia, Fortress, 1983) argumenta que, em toda parte, os escritores do NT se opunham à pederastia, que era o único *modelo* de homossexualidade na cultura contemporânea deles; contudo, cf. P. Coleman, *Christian attitudes to homosexuality*, London, SPCK, 1980, esp. pp. 120ss. O argumento de que *arsenokoitai* significa prostitutos foi desenvolvido particularmente por J. Boswell (*Christianity, social tolerance, and homosexuality*, Chicago, Univ. of Chicago, 1980, pp. 335-353). Boswell foi arrasadoramente questionado por D. F. Wright (VC 38, 125-153, 1984), R. B. Hays (*Journal of Religious Ethics* 14, 184-215, 1986) e também por M. L. Soards (*Scripture and homosexuality*, Louisville, W/K, 1995).

[55] Pode ser verdade que os autores da Bíblia hebraica não conhecessem toda a escala de prática homossexual entre os gentios; é menos provável que os tradutores alexandrinos da Bíblia, para o grego, ou Paulo, com sua educação helenista, não conhecessem tal variedade.

[56] Exemplificando diferentes opiniões, J. A. Fitzmyer (*Romans*, AB, 1993, pp. 287-288) declara: "Paulo considera tal atividade sexual uma perversão [*planē*, em 1,27b]"; M. Davies (*Biblical Interpretation* 3, 315-331, 1995) assevera que Paulo estava mal informado acerca dessa visão de mundo do AT. J. E. Miller (NovT 37, 1-11, 1995) argumenta que Rm 1,26-27 rejeita relações *hetero*ssexuais "desnaturais" (não condizentes com o coito).

favorecem fortemente a tese de que Paulo condena não apenas a atividade sexual dos pederastas, mas também a dos homossexuais e, certamente, qualquer atividade sexual fora do casamento entre um homem e uma mulher.

Todas as afirmações dos seres humanos, até mesmo aquelas contidas na Bíblia, são limitadas pela compreensão do mundo daqueles que as pronunciaram. Nossa atenção voltou-se para o que Paulo reprovou no século I. Uma questão diferente, mas essencial, é: até que ponto tal condenação é obrigatória para os cristãos de hoje? Isso ultrapassa o problema da "ética do momento" (cf. *p. 674*). Sabemos bem mais do que Paulo sobre a fisiologia e a psicologia da atividade sexual. Contudo, o fato de que em 1Cor 6,16 Paulo cita Gn 2,24 — "os dois se tornam uma só carne" — sugere que sua condenação dos fornicadores e homossexuais em 1Cor 6,9 está enraizada no fato de Deus ter criado o homem e a mulher à imagem divina (Gn 1,27) e ordenado que eles se unissem pelo matrimônio — o mesmo contexto citado por Jesus em Mc 10,7-8 contra o divórcio. Uma mentalidade baseada na revelação da vontade de Deus na própria criação não poderia ser facilmente mudada. A discussão científica do problema continuará, questionando a visão de Paulo a respeito do "desnatural". No entanto, ao insistir nos limites sexuais impostos pela condição de matrimônio entre um homem e uma mulher, divinamente ordenado, Paulo e, com efeito, o próprio Jesus, vivendo entre nós, em nosso tempo, não teriam medo de ser considerados sexual e politicamente "incorretos", assim como não se importariam em ser considerados exageradamente exigentes no mundo greco-romano e judaico de seu tempo.[57]

Carismas em Corinto (1Cor 12 e 14), carismas hoje

Em 1Cor 12,28, encontramos uma lista de carismas. Há primeiramente um grupo de três, ordenado de acordo com a prioridade: apóstolos, profetas e doutores. A seguir, há um grupo não numerado: atos de poder [milagres], dons de cura, formas de ajuda ou assistências, capacidade administrativa [ou de liderança] e o

---

[57] Ao formar-se uma compreensão sobre quão vinculativas são as posturas escriturísticas, os cristãos de diferentes formações apelam para diversos fatores: inspiração, inerrância, autoridade bíblica e ministério eclesiástico (cf. *pp. 87-90*). Para uma abordagem sensata e perspicaz desse problema, cf. C. R. Koester, em *Lutheran Quarterly* 7, 375-390, 1993.

dom de falar diversas línguas.[58] Não se trata de uma lista completa, pois 1Cor 12,8-10 também menciona falar com sabedoria, falar com perspicácia, fé e discernimento dos espíritos, além de uma distinção entre falar línguas e interpretá-las.[59] Outros dons ainda aparecem em Rm 12,6-8. Alguns dos que já possuíam um carisma desejavam outro, e por isso, em 1Cor 12,12ss, Paulo usa a imagem do corpo humano, com seus vários membros, provavelmente tomada emprestada do estoicismo popular (cf. *p. 160*), para enfatizar a necessária diversidade. Até mesmo os membros menos apresentáveis têm um papel indispensável. A partir de 1Cor 14,1-33, compreendemos que o dom de falar em línguas,[60] talvez por ser o que mais chamava a atenção, era a fonte principal de disputas. Paulo critica de diversos modos tal situação. É preciso interpretar as línguas, de modo que é necessário um dom adicional de interpretação (1Cor 14,13). Comparados ao de falar em línguas, existem dons mais excelentes, como o da profecia, que edifica a Igreja (1Cor 14,5). Mais radicalmente, Paulo estimula a busca da caridade (*agapē*), que é mais importante do que qualquer carisma (1Cor 13,1-13), seja falar a língua dos anjos, seja profetizar, seja fazer milagres. Ao apresentar todos os seus argumentos, Paulo afirma que todo profeta verdadeiro e toda pessoa espiritual reconhecerá que o que ele escreveu é um mandamento do Senhor, e a pessoa que não o reconhecer não deve ser reconhecida na comunidade (1Cor 14,37-38)! Se Paulo tem de recorrer a esse "ponto final" autoritário, percebemos que estamos lidando com um assunto complicado.

Embora sempre tenham existido pequenas Igrejas e até mesmo seitas cristãs que exultam fenômenos carismáticos, nos últimos anos os "carismáticos" têm recebido maior atenção e ora se encontram entre os membros de muitas das grandes Igrejas. Existe uma variedade de carismas nessas experiências modernas, mas freqüentemente a atenção se concentra em falar em línguas, "ser arrebatado

---

[58] O grego traz uma mistura estranha de pessoas, habilidades e ações, de modo que é preciso completar com expressões como "formas de" ou "atributos de". Obviamente, "carismas" são variados em sua descrição mais básica. Quanto ao pensamento de Paulo sobre os carismas, cf. Marrow, S. B. *Paul*; his letters and his theology. New York, Paulist, 1986. pp. 149-159; Nardoni, E. CBQ 55, 68-80, 1993.

[59] No rol dos carismas, é estranho ler em 1Cor 12,9: "A outro o mesmo Espírito dá a fé", visto que todos os cristãos devem ter fé. Talvez Paulo refira-se a uma fé especialmente intensa (1Cor 13,2: fé capaz de remover montanhas) ou especialmente eficaz em fortalecer os outros.

[60] Cf. Sullivan, F. A. In: Malatesta, E. (ed.). *The Spirit of God in Christian life*. New York, Paulist, 1977. pp. 23-74. As notas bibliográficas finais contêm ampla bibliografia.

no espírito" e esconjurar demônios.⁶¹ De modo geral, reconhece-se que as experiências carismáticas têm o poder de intensificar a vida religiosa ou espiritual das pessoas. Contudo, os carismáticos de hoje estariam experimentado o que está descrito em 1Cor 12?

Convém fazer algumas observações: a) Nenhuma pessoa educada no século XXI tem a visão de mundo de uma pessoa educada no século I; portanto, é impossível, hoje, saber ou reproduzir exatamente o que Paulo descreve, não importa quão genuína seja a autoconfiança do carismático. Acerca do ponto básico do Espírito, por exemplo, os cristãos hoje são modelados por uma teologia trinitária elaborada no século IV; não existe prova nenhuma de que Paulo tivesse tal clareza a respeito da pessoa do Espírito. b) Quanto ao falar em línguas, Paulo reivindica ser capaz de falar em línguas em grau superior àqueles a quem ele se dirige em Corinto (1Cor 14,18). Contudo, não é fácil saber ao certo o que ele quer dizer com "línguas". Ele refere-se a um discurso que exige interpretação; a um discurso voltado para Deus, não para os outros, pois ninguém compreende os oradores; a sons, em si mesmos, ininteligíveis; a um dom que edifica o indivíduo, mas não a Igreja (1Cor 14,1-19); e à língua dos anjos (1Cor 13,1). Escrevendo algumas décadas depois, o autor de Atos parece oferecer duas interpretações do falar em línguas (At 2,4): uma, na qual o falar em línguas é um balbuciar confuso, como se os falantes estivessem embriagados (At 2,13-15), outra, na qual o falar em línguas é falar línguas estrangeiras sem ter aprendido (At 2,6-7). "Diversas línguas" quer dizer diferentes modos de compreender "línguas"? c) Os carismas descritos por Paulo são dons concedidos livremente por Deus; nenhum deles parece envolver experiência emocional ou comportamento dramático. Como já foi indicado, um dos dons é *kybernēseis* (de administração, liderança). Hoje, podemos reconhecer que uma pessoa é uma administradora talentosa e atribuir tal fato a Deus, mas normalmente não colocamos tal pessoa na mesma categoria carismática dos que falam em línguas. Paulo coloca. d) A apreciação moderna dos carismas às vezes esquece o fato de que eles eram decisivos em Corinto. Inevitavelmente, se um carisma ou uma função está envolvida, quando um cristão presume assumir um

---

[61] As tentativas neotestamentárias de explicar a diferença entre o batismo administrado por João Batista e aquele introduzido por Jesus às vezes têm fomentado a tentativa de distinguir o batismo de água (administrado a todos os cristãos) do batismo do Espírito, rodeado pela profusão dos carismas. Segundo Jo 3,5, porém, *todos* os verdadeiros crentes são gerados da água *e* do Espírito.

papel que os outros não têm, introduzem-se os problemas de superioridade e de inveja. No NT existem reflexões sobre o Espírito que quase vão de encontro à idéia da diversidade de carismas. Segundo Jo 14,15-16, qualquer pessoa que ama Jesus e guarda os mandamentos recebe o Espírito Paráclito, e não há alusão alguma a dons ou papéis diversos. Na visão de João, todos são discípulos, e isso é o que conta. e) Finalmente, ao avaliar os carismáticos modernos, na lealdade às provas do NT, podemos alegrar-nos de que à Igreja de hoje, como à Igreja em Corinto, não falta nenhum dom espiritual (1Cor 1,7). Contudo, podemos questionar aqueles que argumentam que alguém não é cristão se não recebe um carisma especial ou que, ao receber um carisma, tal pessoa se torna uma cristã melhor do que as outras não agraciadas.

O "hino" à caridade (1Cor 13)

Esse capítulo contém algumas das mais belas linhas que Paulo escreveu, daí a designação "hino". Depois do contraste entre o amor e os carismas (1Cor 13,1-3), 1Cor 13,4-8a personifica o amor e fá-lo sujeito de dezesseis verbos (alguns dos quais são traduzidos por predicativos em português). Isso leva ao contraste entre um presente marcado por carismas, no qual, porém, existe apenas um pobre reflexo no espelho, e um futuro, em que veremos face a face. Então, a fé, a esperança e a caridade permanecerão. "A maior delas, porém, é a caridade" (1Cor 13,8b-13).

O que significa o amor (*agapē*) cristão? Os autores do NT não têm necessariamente a mesma compreensão do termo, mas o que se segue aplica-se a algumas das passagens principais. A. Nygren, em seu famoso *Agape and eros* [Ágape e eros] (London, SPCK, 1932-1937, 2 v.), para realçar a singularidade do *agapē* cristão, contrastou-o tanto com a mais alta expressão do amor (*eros*) entre os filósofos pagãos quanto com o amor descrito no AT. A oposição é exagerada e exige sérios reparos; contudo, pode ser útil para esclarecer o que se quer dizer nesse capítulo de 1 Coríntios. Nygren descreve *eros* como o amor atraído pela bondade do objeto: pessoas buscam ou empenham-se pelo bem que querem possuir a fim de serem mais completas.[62] Na filosofia platônica, *eros* seria um componente motivador da

---

[62] Nygren não trata do amor sexual (que é uma forma de amor entre os seres humanos concedida por Deus). Às vezes, no NT (especialmente em João), palavras relacionadas com *philia*, "amizade", são quase intercambiáveis com palavras ligadas a *agapē*.

busca da verdade perfeita e da beleza que existe fora deste mundo. Na filosofia aristotélica, *eros* envolveria a conquista material ou limitada a fim de ser menos limitada e, assim, progredir na escala do ser. Deus, em quem existe toda perfeição, seria o supremo objeto do *eros*. *Agapē*, por outro lado, não tem interesses; ele confere a bondade ao objeto amado. Destarte, o *agapē* começa com Deus, que não tem necessidade de suas criaturas, mas que, mediante o amor, dá-lhes existência e as enobrece. De modo particular, a noção que Paulo tem do amor está baseada na autodoação de Cristo, que nos amou não porque éramos bons, mas enquanto ainda éramos pecadores (Rm 5,8). Conforme proclama 1Jo 4,8.10: "Deus é amor [...]. Nisto consiste o amor: não fomos nós que amamos a Deus, mas foi ele quem nos amou e enviou-nos seu Filho como vítima de expiação pelos nossos pecados". A eloqüente personificação do amor em 1Cor 13,5-8 praticamente torna o amor e Cristo intercambiáveis. Dignificados (justificados, santificados) pelo *agapē* de Cristo, tornamo-nos o canal pelo qual esse amor é transmitido a quem amamos, sem avaliar a bondade dele e sem interesses: "[...] amai-vos uns aos outros como eu vos amei" (Jo 15,12).[63]

Paulo e Jesus ressuscitado (1Cor 15)

A tradição conservada em 1Cor 15,3ss mostra que existia uma organizada seqüência primitiva da morte, sepultamento, ressurreição e aparições de Jesus — os blocos com os quais é construída a narrativa da paixão (especialmente quando combinada com 1Cor 11,23, que situa a Última Ceia na noite em que Jesus foi entregue). Tal seqüência oferece uma base para reconhecer que uma tradição sobre a carreira terrena de Jesus desenvolvia-se lado a lado com a pregação de Paulo, que narra poucos detalhes acerca de tal carreira. Embora esse

---

[63] Nygren escreve quase como se *eros* devesse ser erradicado em favor de *agapē*, quando de fato, ambas as formas de amor deveriam coexistir. No amor mútuo cristão, deve existir um aspecto de desinteresse, sem depender de quão boa a pessoa venha a ser; contudo, é praticamente impossível que o cristão não ame igualmente a bondade daquela pessoa. Mais uma vez, Nygren, que sustenta que amar a Deus por causa da bondade divina é *eros*, é demasiado purista ao argumentar que os cristãos não podem amar a Deus, uma vez que nada exista que possa ser oferecido a Deus. Por exemplo, ele chegou a afirmar que o mandamento de Jesus de amar o Senhor teu Deus, de todo o coração, alma e mente (Mc 12,30, do texto da LXX de Dt 6,5, ambos usando *agapan*) é uma concepção imperfeita do amor. Nygren argumenta, também erroneamente, que não há *agapē* no AT. A *hesed* ou aliança de amor de Deus com Israel é uma manifestação de *agapē*.

capítulo tenha sido incluído em 1 Coríntios como um argumento em favor da realidade da ressurreição dos que morreram em Cristo, tornou-se a peça central na argumentação acerca da realidade da ressurreição de Jesus. Na forma atual, existem dois grupos dos três pelos quais Jesus "foi visto": Cefas (Pedro), os Doze e mais de quinhentos; a seguir, Tiago, todos os apóstolos e, "em último lugar", Paulo.[64] A referência conclusiva a ele mesmo é extremamente importante, visto que Paulo é o único escritor do NT que declara ter testemunhado uma aparição de Jesus ressuscitado.[65] Podemos listar uma série de problemas:

a) Paulo situa a aparição que lhe coube, ainda que tenha sido a última, no mesmo nível da aparição a todas as outras testemunhas listadas. Atos oferece um quadro diferente: depois das aparições sobre a terra, Jesus subiu ao céu (At 1,9); conseqüentemente, uma luz e uma voz, vindas do céu, alcançaram Paulo (At 9,3-5; 22,6-8; 26,13-15). Alguns preferem o quadro lucano ao paulino.

b) Paulo emprega a seqüência verbal morto/sepultado/ressuscitado/aparecido em 1Cor 15,3-5 e volta a usar "apareceu" (o passivo de "ver") mais três vezes em 1Cor 15,6-8. No entanto, alguns argumentam que Paulo não se refere a ver Jesus em forma corporal. Uma vez que, na compreensão de Paulo, Jesus apareceu a mais de quinhentas pessoas de uma só vez, uma visão puramente interior deve ser descartada. Ademais, presumivelmente, a experiência que Paulo teve de Jesus ressuscitado tem algo a ver com suas expectativas acerca da ressurreição dos mortos no restante do capítulo. Ali ele fala mui explicitamente de uma ressurreição do *corpo* (ainda que transformado) e emprega a analogia do que se semeia na terra e o que dela brota (1Cor 15,35-37).[66]

c) Muito se tem feito com o silêncio de Paulo acerca do túmulo vazio de Jesus, como se tal silêncio contradissesse os relatos dos evangelhos. Todavia, não há nenhuma razão *a priori* para que ele mencionasse o túmulo vazio, e a seqüência sepultamento/ressurreição realmente presume que o corpo ressuscitado não mais se encontra onde foi sepultado.

---

[64] Os estudiosos estão divididos sobre em que ponto a tradição recebida termina e onde começam os acréscimos de Paulo. Cf. também 1Cor 9,1: "Não vi Jesus, nosso Senhor?"

[65] O autor de 2 Pedro (1,16-18), identificando-se como Pedro, declara ter visto a transfiguração; o autor profético do Apocalipse tem visões do Jesus celestial.

[66] DAHL, M. E. *The resurrection of the body*; a study of 1 Corinthians 15. London, SCM, 1962. (SBT).

d) A descrição lucana de Jesus ressuscitado, que fala de si mesmo como quem tem carne e ossos, e come (Lc 24,39.42-43), parece contrária à compreensão paulina do corpo ressuscitado como corpo espiritual, e não de carne e sangue (1Cor 15,44.50). Lucas (que não afirma ter visto Jesus ressuscitado) pode muito bem ter tido uma compreensão mais concreta, tangível do corpo ressuscitado (de Jesus) do que Paulo (do corpo ressuscitado dos cristãos). De novo, alguns preferem a imagem lucana à paulina.

Temas e problemas para reflexão

1. A opinião comum, adotada aqui, é de que 1 Coríntios é uma carta unitária, enviada de uma só vez. (J. C. Hurd — Good news and the integrity of 1 Corinthians [Boa-nova e a integridade de 1 Coríntios], em *Gospel in Paul*, eds. L. A. Jevis e P. Richardson, Sheffield, Academic, 1994 — discute exaustivamente o problema.) Na ação de graças, alguns motivos (1Cor 1,5-7, p. ex.: posse de conhecimento, nenhuma carência de carismas, expectativa da revelação de Jesus Cristo) antecipam temas presentes em 1Cor 8,1; 12,1; 15,23. Entretanto, não existe nenhuma conexão visível entre as facções mencionadas nos caps. 1–4 e as correções apresentadas depois de 1Cor 5,1. Por exemplo, não temos como saber se os membros das facções de Cefas (Pedro) ou de Apolo eram aqueles que negavam que Paulo fosse apóstolo (1Cor 9,2). As duas instâncias de informação mencionadas em #4 e #5 explicam melhor a natureza disjunta da carta, mas deixam abertas diversas teorias de composição. Snyder opina que uma carta, constituída pelos caps. 7–16, fora composta por Paulo em resposta à missiva vinda de Corinto, mencionada em 1Cor 7,1 (#5). Antes que pudesse enviar tal carta, Paulo recebeu notícias, por intermédio de Cloé, acerca de uma situação mais séria criada pelas facções em Corinto; por isso, acrescentou os caps. 1–6. De Boer é a favor da ordem inversa: a carta de Paulo, que consistia nos caps. 1–4, não foi enviada antes que a missiva recentemente chegada de Corinto (acompanhada de outros relatórios) exigisse a adição dos caps. 5–16.

2. A descrição paulina da excomunhão em 1Cor 5,4-5 não é muito clara, exceto por sua insistência em que o pecador deve ser excluído da comunidade. Em At 5,1-11, encontramos a extirpação daqueles cuja presença pecaminosa corromperia a comunidade. Como uma comunidade cristã poderia lidar com alguém que tivesse de ser corrigido está ilustrado em Mt 18,15-17. Contudo, note-se que

nem em Mateus (cf. 18,21-22), nem em 1 Coríntios (5,5b) a expulsão do pecador era a última palavra; existia ainda a esperança de perdão ou de salvação.

3. Vemos exemplos de como Paulo compreende sua autoridade apostólica em 1Cor 5,3-5 (para excomungar), 1Cor 7,10-16 (para emitir uma regra que modifica um preceito do Senhor) e em 1Cor 15,9-11 (para ser porta-voz, ao lado dos outros, de uma interpretação autorizada do evangelho). Segundo um antigo axioma, a revelação acabou com a morte do último apóstolo. Contanto que não fosse entendido de maneira mecânica, com isso se queria dizer que a revelação cristã incluía não somente o que Jesus disse em seu ministério, mas também a interpretação de Jesus pelos apóstolos, particularmente conforme contemplada no NT. (Cf. também Gl 1,8; Mt 16,19; 18,18; Jo 20,23.) Contudo, nas discussões modernas sobre assuntos polêmicos (particularmente no campo da moral), às vezes tem-se a impressão de que, se o próprio Jesus não afirmou algo, e se alguém deve recorrer à palavra de Paulo, esta tem menos autoridade. Além do mais, embora as Igrejas cristãs mais importantes tenham resistido à noção de nova revelação pós-apostólica, outros, que crêem em Cristo, de Montano, no século II, a Joseph Smith, no século XIX, sustentaram que nova revelação pode advir por intermédio de um profeta.

4. Em At 16,15.33, encontramos ocasiões em que Paulo batizou imediatamente aqueles a quem ele convencera sobre o Cristo; de acordo com 1Cor 1,14, porém, durante um ano e meio em Corinto, ele batizou apenas Crispo (confirmando At 18,8) e Gaio. Contudo, Paulo considerava-se o pai dos coríntios em Cristo, mediante o evangelho. Como o batismo se coadunava com a empreitada missionária de Paulo? Se ele não batizou a maioria dos coríntios, quem o fez? Paulo fala que plantou a semente e que Apolo regou-a (1Cor 3,6). Sem fazer jogo de palavras, será que Apolo realmente realizou o batismo com água? Isso seria interessante à luz de At 18,24-28, em que ele ainda não sabia que existia um batismo além daquele de João Batista. Que teologia do batismo explicaria a separação entre evangelizar e batizar? Em 1Cor 6,11, Paulo apresenta a seqüência: "lavados, santificados, justificados" (uma referência rara à justificação em 1 Coríntios; cf. 1Cor 1,30 e 4,4), mostrando que o batismo tinha uma centralidade. O cap. 10 compara o batismo à libertação de Israel, no êxodo, por meio de Moisés, e situa-o em um contexto em que fala da eucaristia. Confira também o estudo de Rm 6,1-11 na *p. 748*.

5. Em 1Cor 7,1-9, Paulo afirma que gostaria que todos fossem como ele: solteiros e abstinentes de sexo, mas a afirmação de que é melhor "casar-se do que abrasar-se"[67] tem sido fonte de muita discussão. Confira também 1Cor 7,28 — se você se casar, não peca, mas a pessoa casada terá aflições — e 1Cor 7,32-33 — o solteiro se preocupa com os assuntos do Senhor, ao passo que o casado se preocupa com os assuntos do mundo e em como agradar à esposa. Descontando-se que tais declarações são matizadas pelo pensamento da vinda iminente de Cristo, não oferecem um quadro muito animador das possibilidades de santificação da vida marital. No cristianismo subseqüente, o movimento monástico masculino e feminino levou à tese de que o celibato por causa do reino de Deus é melhor do que o casamento. Por outro lado, nos tempos da Reforma, o celibato foi atacado como uma distorção do evangelho, e, onde o protestantismo foi vitorioso, padres e freiras muitas vezes foram obrigados a casar-se. Hoje, muitos católicos e protestantes desejam evitar a categoria "melhor" e reconhecer que tanto o celibato quanto o casamento, vividos no amor de Deus, são escolhas/chamados nobres. A reflexão sobre esse ponto é proveitosamente incrementada pelo estudo de Mt 19,10-12 e Ef 5,21-33.

6. Diante da atitude pastoral de Paulo acerca de comer alimentos sacrificados aos ídolos (cap. 8; cf. *pp. 688-689*), o que existe de tão errado no comportamento de Cefas (Pedro) em Antioquia, mencionado em Gl 2,11ss? Judeu-cristão, ele sabia que era livre para comer com gentios cristãos, mas, quando os homens de Tiago chegaram e objetaram, ele parou de agir assim. Paulo opôs-se a esse comportamento, considerando-o covarde e hipócrita (ainda que Barnabé estivesse do lado de Pedro); na mente de Pedro, porém, não poderia ter estado o zelo pastoral que buscava evitar escandalizar os judeu-cristãos menos esclarecidos? Se em Corinto havia os que insistiam em exercer a própria liberdade comendo o que queriam, não poderiam ter acusado Paulo de traição à liberdade do evangelho por causa de sua atitude precavida, do mesmo jeito que ele acusou Pedro em Antioquia?

7. Em 1Cor 10,1-4, Paulo fala dos ancestrais israelitas que foram batizados em Moisés, na nuvem e no mar, comeram o alimento sobrenatural e beberam a bebida espiritual. A rocha, na cena de caminhada no deserto, era Cristo. Dadas

---

[67] M. Barré (CBQ 6, 193-202, 1974) argumenta que Paulo não quis dizer "arder de paixão", mas "arder nos fogos do julgamento".

as referências à eucaristia em 1Cor 10,14-22, Paulo reflete tanto sobre o batismo quanto sobre a eucaristia, tendo o AT como pano de fundo. Essa é uma de nossas primeiras indicações da íntima união do que seria designado mais tarde, pelos cristãos, como os sacramentos fundamentais. Na verdade, quão intimamente ligados estavam eles nos serviços "litúrgicos" cristãos primitivos? A passagem eucarística (também 1Cor 11,27) implica grande cautela acerca de quem podia participar. No entanto, 1Cor 14,22 sugere uma assembléia em que a palavra era pronunciada e não-crentes podiam entrar. Existiam encontros cristãos separados para a refeição eucarística e para a proclamação da palavra? (Assim, Becker, *Paul*; apostle to the Gentiles [Paulo; apóstolo dos gentios], cit., p. 252.)

8. Exacerbadas pelas polêmicas da Reforma, diferentes ideologias eclesiais da eucaristia têm constituído um elemento decisivo no cristianismo ocidental. 1Cor 10,14-22 e 11,17-34 são extraordinariamente importantes como as únicas referências à eucaristia nas cartas paulinas, bem como o mais antigo testemunho eucarístico escrito conservado.[68] A comparação de 1Cor 11,23-25 e Lc 22,19-20, com Mc 14,22-24 e Mt 26,26-28 sugere pelo menos duas formas diferentes preservadas de palavras eucarísticas de Jesus — talvez três, se introduzirmos Jo 6,51. (Paulo e Lucas podem referir-se à forma em uso na Igreja de Antioquia.) É sensato pensar que, se não tivessem existido abusos em Corinto, Paulo jamais teria mencionado a eucaristia, e certamente muitos estudiosos afirmariam que a eucaristia não existia nas Igrejas paulinas, baseados em que ele não poderia ter escrito tanto e ter acidentalmente silenciado sobre ela. Da mesma forma, como a segunda passagem menciona divisões em relação à prática e à compreensão da eucaristia em Corinto, cinco anos depois da conversão, ficamos sabendo quão rapidamente a eucaristia tornou-se fonte de discussão! Um ponto de desacordo entre as Igrejas cristãs de hoje é se existe um aspecto sacrificial na oferta eucarística. Outro aspecto de desarmonia diz respeito à presença real: aquele que comunga come o corpo e bebe o sangue do Senhor? Admitindo-se que os debates entre católicos romanos e protestantes certamente ultrapassam o pensamento de Paulo, a reflexão sobre 1Cor 10,14-22 e 11,27-29 contribui para a discussão, juntamente com Jo 6,51-64. Tais passagens contêm versículos que têm um con-

---

[68] Sobre a eucaristia e a Ceia do Senhor em 1 Coríntios, cf. CAMPBELL, R. A. NovT 33, 61-70, 1991; CHENDERLIN, F. *"Do this as my memorial"*. Rome, PBI, 1982 (AnBib 99); MARROW, op. cit., pp. 140-149; MURPHY-O'CONNOR, J. *Worship* 51, 56-69, 1977; MEIER, J. P. TD 42, 335-351, 1995.

texto sacrificial e versículos que apontam para o realismo, mas também para a necessidade da fé.

Bibliografia sobre 1 Coríntios

Comentários e estudos em série [69]

BARRETT, C. K. HNTC, 1968.
BRUCE, F. F. NCBC, 1971.*
CONZELMANN, H. Hermeneia, 1975.
DUNN, J. D. G. NTG, 1995.
ELLINGWORTH, P. & HATTON, H. TH, 2. ed., 1994.
FEE, G. D. NICNT, 1987.
FISHER, F. L. WBC, 1975.*
GROSHEIDE, F. W. NICNT, 1953.
HARRISVILLE, R. A. AugC, 1987.
MORRIS, L. TNTC, 2. ed., 1985.
MURPHY-O'CONNOR, J. NTM, 1979.
ORR, W. F. & WALTHER, J. A. AB, 1976.
ROBERTSON, A. & PLUMMER, A. ICC, 2. ed., 1914.
RUEF, J. PC, 1977.
THRALL, M. E. CCNEB, 1965.*
WATSON, N. EC, 1992.

Bibliografias

MILLS, W. E. BBR, 1996
WHITELY, D. E. H.* *Theology* 65, 188-191, 1962.

* * *

---

[69] As obras marcadas com asterisco referem-se também a 2 Coríntios.

BARRETT, C. K. Christianity at Corinth. BJRL 46, 269-297, 1964.

BELLEVILLE, L. L. Continuity or discontinuity: a fresh look at 1 Corinthians in the light of first-century epistolary forms and conventions. EvQ 59, 15-37, 1987.

BIERINGER, R. (ed.). * *The Corinthian correspondence.* Leuven, Peeters, 1996. (BETL, 125.)

BLENKINSOPP, J. *The Corinthian mirror.* London, Sheed and Ward, 1964.

BRONEER, O. Corinth: center of St. Paul's missionary work in Greece. BA 14, 78-96, 1951.

BROWN, A. R. *The cross and human transfiguration*; Paul's apocalyptic word in 1 Corinthians. Minneapolis, A/F, 1995.

CARSON, D. A. *Showing the Spirit*; a theological exposition of 1 Corinthians 12–14. Grand Rapids, Baker, 1987.

CHOW, J. K. *Patronage and power*; a study of social networks in Corinth. Sheffield, JSOT, 1992. (JSNTSup, 5.)

CLARKE, A. D. *Secular and christian leadership in Corinth... 1 Corinthians 1–6.* Leiden, Brill, 1993.

DE BOER, M. C. The composition of 1 Corinthians. NTS 40, 229-245, 1994.

ELLIS, E. E. Traditions in 1 Corinthians. NTS 32, 481-502, 1986.

FURNISH, V. P. Corinth in Paul's time. BAR 15, #3, 14-27, 1988.

HAY, D. M. * *1 and 2 Corinthians.* Minneapolis, A/F, 1993. (Pauline theology, 2.)

HÉRING, J. *The First Epistle of Saint Paul to the Corinthians.* London, Epworth, 1962.

HURD, J. C. *The origin of 1 Corinthians.* 2. ed. Macon, GA, Mercer, 1983.

_____. Good news and the integrity of 1 Corinthians. In: JERVIS, L. A. & RICHARDSON, P. (eds.). *Gospel in Paul.* Sheffield, Academic, 1994. (R. N. Longenecker Festschrift; JSNTSup, 108.)

KILGALLEN, J. J. *First Corinthians*; an introduction and study guide. New York, Paulist, 1987.

LAMPE, G. W. H.* Church discipline and the interpretation of the epistles to the Corinthians. CHI 337-361.

MARSHALL, P.* *Enmity in Corinth.* 2. ed. Tübingen, Mohr-Siebeck, 1991. (WUNT, 2.23.)

MARTIN, R. P. *The Spirit and the congregation*; studies in 1 Corinthians 12–15. Grand Rapids, Eerdmans, 1984.

MITCHELL, M. M. *Paul and the rhetoric of reconciliation.* Tübingen, Mohr-Siebeck, 1991.

MOFFATT, J. *The First Epistle of Paul to the Corinthians.* New York, Harper, 1938.

MORTON, A. Q.* *A critical concordance to I and II Corinthians*. Wooster, OH, Biblical Research, 1979.

MURPHY-O'CONNOR, J. *St. Paul's Corinth*; texts and archaeology. Wilmington, Glazier, 1983. (GNS, 6.)

_____. The Corinth that Saint Paul saw. BA 47, 147-159, 1984.

POGOLOFF, S. M. *Logos and Sophia*; the rhetorical situation of 1 Corinthians. Atlanta, Scholars, 1992. (SBLDS, 134.)

QUAST, K.* *Reading the Corinthian correspondence*. New York, Paulist, 1994.

SCHMITHALS, W. *Gnosticism in Corinth*. Nashville, Abingdon, 1971.

SCHÜSSLER FIORENZA, E. Rhetorical situation and historical reconstruction in 1 Corinthians. NTS 33, 386-403, 1987.

SNYDER, G. F. *First Corinthians*. Macon, GA, Mercer, 1992.

TALBERT, C. H.* *Reading Corinthians*. New York, Crossroad, 1989.

THEISSEN, G. *The social setting of pauline christianity*; essays on Corinth. Philadelphia, Fortress, 1982.

WALTER, E. *The First Epistle to the Corinthians*. London, Sheed & Ward, 1971.

WELBORN, L. L. On the discord in Corinth. JBL 106, 83-111, 1987.

WITHERINGTON, B. III. *Conflict and community in Corinth*. Grand Rapids, Eerdmans, 1995.

Capítulo 23

Segunda carta aos Coríntios

Embora não haja dúvida de que Paulo tenha escrito 2 Coríntios, as transições de uma parte a outra da carta têm sido consideradas tão abruptas que muitos estudiosos chegam a dividi-la em partes outrora independentes. Contudo, ela pode bem ser, de todos os escritos de Paulo, o mais eloqüentemente persuasivo, pois em várias das partes hipoteticamente autônomas, ele deixou passagens inesquecíveis. Talvez nenhuma outra carta de Paulo evoque tão vigorosamente a imagem de um apóstolo sofredor e rejeitado, mal compreendido por seus companheiros cristãos. A fim de não negligenciar a floresta por causa das árvores, depois do Contexto, a Análise geral da mensagem realçará o poder de oratória de 2 Coríntios. A seguir, subseções terão os seguintes títulos: Uma carta ou uma compilação de diversas cartas?, As imagens de 2Cor 4,16–5,10, Coleta de dinheiro para Jerusalém (2Cor 8–9), Os adversários ou falsos apóstolos em 2Cor 10–13, Temas e problemas para reflexão e Bibliografia.

Contexto

Nas *pp. 680-682*, há uma lista numérica de contatos (#1-6) entre Paulo e Corinto, incluindo as cartas A (perdida) e B (= 1 Coríntios), que faziam parte da correspondência de Paulo aos coríntios. Continuemos agora tal lista para explicar a gênese de 2 Coríntios.

#7. Depois que Paulo escreveu 1 Coríntios, no final de 56 ou bem no início de 57 d.C., Timóteo, que estivera viajando pela Macedônia, chegou a Corinto (At 19,21-22; 1Cor 4,17-19; 16,10-11; cf. *p. 684*). Isso teria acontecido no começo de 57 (depois da chegada de 1 Coríntios?). Timóteo encontrou péssima situação, e muitos presumem que esse seria o resultado da chegada dos falsos apóstolos descritos em 2Cor 11,12-15, que se opunham a Paulo. Timóteo foi a Éfeso a fim de narrar a situação a Paulo. #8. Essa emergência levou Paulo a sair de Éfeso e atravessar o mar[1] para fazer aquela que resultaria numa "dolorosa visita" a Corinto (2Cor 2,1). Essa visita, a segunda das três que Paulo fez a Corinto,[2] foi um desastre. Ele havia ameaçado ir "com a vara" em 1Cor 4,21; contudo, de acordo com 2Cor 10,1.10b, foi considerado covarde e ineficaz quando esteve face a face com os coríntios. Aparentemente, alguém o desafiou em público e minou-lhe a autoridade perante a comunidade (2Co 2,5-11; 7,12). Paulo decidiu que precisava de um tempo para esfriar a cabeça, de modo que deixou Corinto com o intento de lá voltar em breve, sem parar no caminho de volta, ao visitar primeiramente as Igrejas da Macedônia (como havia planejado em 1Cor 16,5).

#9. Seja antes, seja depois de seu retorno a Éfeso,[3] Paulo mudou de opinião sobre voltar diretamente a Corinto, compreendendo que seria apenas outra visita amargurada (2Cor 2,1); assim, em vez disso, ele escreveu uma carta "em meio a muitas lágrimas" (2Cor 2,3-4; 7,8-9: carta C, perdida[4]). Pode ter havido alguma severidade na carta, uma ocasião em que Paulo mostrou-se corajoso, pois estava longe de Corinto (2Cor 10,1.10). Contudo, sua intenção não foi entristecer os coríntios, mas dar-lhes a conhecer seu amor. Encorajado pela esperança de

---

[1] A via marítima direta tinha cerca de 400 quilômetros de comprimento (mas não podia ser sempre usada com segurança); a estrada Éfeso–Trôade–Macedônia–Acaia–Corinto (principalmente), seguida por Timóteo e também por Paulo em sua terceira visita a Corinto (cf. #10, #12), compreendia uma viagem de cerca de 1440 quilômetros.

[2] 2Cor 12,14; 13,1-2. Na primeira visita (#1), Paulo viu a fundação da Igreja; a terceira será contada em #12, adiante.

[3] Paulo foi por terra de Corinto até a Macedônia (Tessalônica, Filipos?), e de lá, decidindo que não era prudente voltar a Corinto tão cedo, seguiu para Éfeso? Ou foi pelo mar, de Corinto a Éfeso e, uma vez lá, parcialmente por causa do problema com que deparou, mudou os planos? (Em 2Cor 1,8-9, ele fala de sofrimentos insuportáveis na província da Ásia [= Éfeso] e até de uma sentença de morte.) 2Cor 1,15-16, que vem a propósito, é muito complicado.

[4] Na verdade, muitos estudiosos não acreditam que a carta "em lágrimas" tenha sido perdida. Alguns têm proposto que a referência é a 1 Coríntios, com suas seções corretivas. (Contudo, então por que a visita de Paulo foi aflitiva [#8; 2Cor 2,1], acontecida antes da carta "lacrimosa", não mencionada em 1 Coríntios?) Número maior sustenta que ela foi preservada na fortemente corretiva 2Cor 10–13. Esta é improvável por diversas razões. A carta "em lágrimas" (#9) foi escrita em um tempo em que Paulo havia decidido não fazer outra visita afligente (2Cor 2,1.4), mas, em 2Cor 10–13 (12,14; 13,1-2), Paulo fala de voltar. Ademais, 2Cor 12,18 indica que Tito (que levara a carta "em lágrimas") estivera em Corinto e contara tudo a Paulo. Assim, 2Cor 10–13 foi escrita depois da carta "em lágrimas".

Capítulo 23 • Segunda carta aos Coríntios

Informações básicas

Data: final do verão/início do outono de 57, da Macedônia (55/56, na cronologia revisionista).
Destinatária: a Igreja para a qual foi enviada 1 Coríntios.
Autenticidade: não questionada seriamente.
Unidade: muitos estudiosos pensam que diversas (de duas a cinco) cartas foram compiladas.
Integridade: alguns acreditam que 2Cor 6,14-7,1 é uma interpolação não-paulina.
Divisão formal (da carta atual)
A. Fórmula introdutória: 1,1-2
B. Ação de graças: 1,3-11
C. Corpo: 1,12-13,10
D. Fórmula conclusiva: 13,11-13*

Divisão conforme o conteúdo

1,1-11:	Endereço/saudação e ação de graças, enfatizando os sofrimentos de Paulo
1,12-7,16:	Primeira parte: as relações de Paulo com os cristãos coríntios
	a) 1,12-2,13: sua visita adiada e a carta "em lágrimas"
	b) 2,14-7,16: seu ministério (interrupção: 6,14-7,1)
8,1-9,15:	Segunda parte: coleta para a Igreja em Jerusalém
10,1-13,10:	Terceira parte: resposta de Paulo aos questionamentos sobre sua autoridade apostólica
13,11-13:	Saudações conclusivas, bênçãos

*A RSV divide o grego 13,12 em dois versículos, de modo que o versículo final (13,13) torna-se 13,14.

Paulo de que os coríntios reagiriam favoravelmente (2Cor 7,14), Tito levou essa carta.[5] #10. Finalmente, Paulo partiu de Éfeso, provavelmente no verão de 57, seguindo rumo ao norte, em direção ao porto de Trôade e de lá atravessando o mar, indo da província da Ásia para a Macedônia (1Cor 16,5.8; 2Cor 2,12-13; At 20,1). Enquanto isso, Tito fora bem recebido em Corinto (2Cor 7,15); de fato, conseguiu até dar início à coleta do dinheiro que Paulo levaria a Jerusalém (2Cor 8,6). No final do verão ou no início do outono de 57, Tito levou essa boa notícia para Paulo, na Macedônia (2Cor 7,5-7,13b). Embora a carta "lacrimosa" de Paulo tenha causado tristeza, os coríntios tinham-se arrependido e demonstrado preocupação pela tristeza que haviam causado ao apóstolo. De fato, com apreensão e

---

[5] Cf. 2Cor 7,7: "sua chegada". Paulo e Timóteo não haviam conseguido pacificar os coríntios em missões anteriores, de modo que agora é a vez de outra figura paulina tentar. É difícil saber quão literalmente devemos interpretar os louvores quase extáticos de Paulo em 2Cor 7,13-16.

alguma indignação, eles estavam ansiosos para mostrar que não tinham culpa (2Cor 7,7-13). #11. Como resposta imediata (portanto, da Macedônia [Filipos?], no final do verão ou no começo do outono de 57, tendo Timóteo a seu lado) Paulo escreveu 2 Coríntios (carta D).[6] Deveria ser levada por Tito (e por dois outros irmãos) como parte de uma demorada missão de levantar dinheiro em Corinto a fim de que Paulo levasse para Jerusalém (2Cor 8,6.16-24). #12. O próprio Paulo prosseguiu para Corinto (sua terceira visita; 2Cor 12,14; 13,1-2), onde passou o inverno de 57-58[7] antes de levar a coleta para Jerusalém através da Macedônia, Filipos e Trôade (At 20,2-5). #13. Não há prova clara de que ele tenha alguma vez voltado a Corinto. Se as cartas pastorais contêm alguma informação histórica confiável, 2Tm 4,20 pode querer dizer que o navio que levou Paulo de Éfeso para Roma, como prisioneiro, fez uma parada em Corinto. Após a morte de Paulo, havia um resquício de seus contatos com Corinto, datando do final do século I. A carta da Igreja de Deus em Roma à Igreja de Deus em Corinto, que conhecemos como *I Clemente*, estava, de novo, preocupada com o problema do facciosismo em Corinto (1,1), e no cap. 47 ela compara o novo sectarismo com aquele endereçado na carta escrita por Paulo a Corinto no início de sua pregação.

Análise geral da mensagem

Fórmula introdutória (2Cor 1,1-2) e *Ação de graças* (2Cor 1,3-11). Não sabemos por que Paulo aqui muda os remetentes de 1Cor 1,2 (à Igreja de Deus em Corinto e aos cristãos [santos] em toda parte) para incluir especificamente os cristãos "que se encontram na Acaia". Seria uma preparação para a coleta a ser feita em toda a Acaia (2Cor 9,2)? Em 2Cor 1,3-11, Paulo fala das tribulações que sofreu em Éfeso — uma experiência que sublinhou sua fraqueza e o conforto de Cristo, e serviu também como pano de fundo para seus recentes ajustes com os coríntios.

---

[6] Uma subseção adiante discutirá se 2 Coríntios é uma carta unitária ou uma coleção de cartas antigamente independentes (de duas a cinco); no entanto, começarei (Análise geral da mensagem) por examinar a carta tal como se apresenta hoje.

[7] Murphy-O'Connor acrescenta um ano à seqüência: depois que enviou 1 Coríntios, de Éfeso, antes da primavera, Paulo passou o inverno daquele ano na Macedônia, e escreveu 2Cor 1–9 na primavera do ano seguinte. Mais tarde, no verão do ano seguinte, por causa das novas degenerações em Corinto, ele escreveu 2Cor 10–13, do oeste da Grécia ou Ilíria (Rm 15,19); somente depois é que foi para Corinto, no inverno.

A *primeira parte do corpo da carta* (2Cor 1,12–7,16) discute transações com os coríntios, seja narrando-as, seja considerando-as teologicamente. Na subdivisão *a* (2Cor 1,12–2,13), ele concentra-se na alteração de seus planos depois da dolorosa visita que fizera, vindo de Éfeso (#8). A mudança não foi simplesmente uma questão de preferência humana, mas parte do "sim" àquilo que Deus quer para os coríntios e para o próprio Paulo. Em vez de expô-los a outro confronto afligente, que poderia fazê-lo parecer excessivamente arrogante (2Cor 1,23-24), ele escreveu uma carta "entre muitas lágrimas" (#9) a fim de convertê-los, de modo que sua visita pudesse ser uma experiência alegre. Com base em 2Cor 2,5-11, ficamos sabendo que o problema, durante a atribulada visita, concentrara-se num indivíduo violento.[8] Em resposta à carta "lacrimosa" de Paulo, os coríntios puniram tal pessoa, mas o apóstolo agora os incentiva à misericórdia e ao perdão.[9] (Esse é um exemplo interessante tanto do uso da correção quanto dos limites impostos a esta, tudo por amor à Igreja.) Paulo conta aos coríntios que sua vontade de sanar as relações entre eles era tão grande (depois de deixar Éfeso) que ele interrompeu sua atividade missionária em Trôade a fim de atravessar o mar, rumo à Macedônia, para ouvir de Tito os efeitos da carta escrita em lágrimas (2Cor 2,12-13).

Na subdivisão *b* (2,14–7,16) Paulo relaciona seu ministério em larga escala à crise coríntia.[10] Tal crise extrai de Paulo passagens de notável poder de persuasão; por exemplo 2Cor 5,16-21, que narra o que Deus realizou em Cristo. Muitos ainda consideram verdadeira a referência de Paulo a Deus, que fala " por nosso intermédio" (2Cor 5,20), pois o apelo continua eficaz até hoje. Se o fluxo do pensamento parece divagar, isso é em parte porque o argumento se constrói com base na atividade dos pretensos apóstolos em Corinto e em seus ataques contra Paulo (os quais ele mencionará novamente nos caps. 10–12). Salientando que não é nenhum mascate da palavra de Deus (2Cor 2,17), Paulo insiste em que,

---

[8] Alguns opinam que esse indivíduo era o incestuoso repreendido em 1Cor 5,1-2, do qual a comunidade sentia orgulho.

[9] À teoria de que 2Cor 10–13 constitua a carta "escrita em lágrimas", pode-se objetar que não existe tal concentração em um indivíduo naqueles capítulos.

[10] Sobre 2Cor 2,14–3,3, cf. HAFEMANN, S. J. *Suffering and ministry in the Spirit*. Grand Rapids, Eerdmans, 1990. Sobre 2Cor 3,1-18, BELLEVILLE, L. L. *Reflections of glory*. Sheffield, Academic, 1991. (JSNTSup, 52); FITZMYER, J. A. TS 42, 630-644, 1981; VAN UNNIK, W. C. NovT 6, 153-169, 1964; HAFEMANN, S. J. *Paul, Moses and the history of Israel*. Tübingen, Mohr-Siebeck, 1995. (Wunt, 81.) Sobre 2Cor 4,8-9; 6,3-10, FITZGERALD, J. T. *Cracks in an earthen vessel*. Atlanta, Scholars, 1988. (SBLDS, 99.)

diferentemente dos demais, ele não precisa de carta de recomendação para os coríntios[11] — eles próprios, como o fruto de seu ministério, são sua carta (2Cor 3,1-3). A seguir, Paulo discorre sobre a superioridade de um ministério que envolve o Espírito sobre um ministério gravado em pedra e que trouxe a morte (2Cor 3,4-11). Moisés cobriu o rosto com um véu para poder dirigir a palavra a Israel, e tal véu permanece quando os israelitas lêem a antiga aliança. Contudo, quando alguém se converte a Cristo, o véu é tirado, pois o Senhor, que falou a Moisés, agora se faz presente no Espírito (2Cor 3,12-18). O evangelho de Paulo não é velado senão para aqueles que estão perecendo porque o deus deste mundo lhes cegou o entendimento (2Cor 4,3-4). O poder de Paulo provém de Deus; mesmo assim, esse tesouro é levado em "vasos de argila" (2Cor 4,7). Numa obra de arte de ironia (2Cor 4,8-12),[12] Paulo distingue entre seu sofrimento físico de seu *status* em Cristo, pois "incessantemente e por toda parte trazemos em nosso corpo a agonia de Jesus, a fim de que a vida de Jesus seja também manisfetada em nosso corpo".

Em 2Cor 4,16–5,10, com uma série de contrastes (exterior/interior; visto/não visto; despido/vestido), Paulo explica por que não desanima. Suas tribulações são momentâneas, comparadas à glória eterna, e, quando a tenda terrestre for destruída, haverá uma morada eterna, celestial, vinda de Deus. Na subseção As imagens de 2Cor 4,16–5,10, a seguir, examinaremos mais detalhadamente essa passagem, mas ela nos diz até que ponto a vida de Paulo tira seu alento do invisível, pois ele vive na tensão do "já" e do "ainda não". Embora acentue que não se está recomendando aos coríntios, Paulo tenta claramente levá-los a valorizar seu trabalho com eles (2Cor 5,11-15), coisa que outros difamariam.[13] Quer se refira ao amor de Cristo por ele, quer a seu amor por Cristo, quer a ambos, a expressão de Paulo "a caridade de Cristo nos compele" (2Cor 5,14) é um resumo magnífico de

---

[11] A respeito de tais cartas, cf. BAIRD, W. R. JBL 80, 166-172, 1961.

[12] Existem diversos exemplos de ironia em 2 Coríntios. Cf. FORBES, C. NTS 32, 1-30, 1986, para o uso que Paulo faz dessa técnica literária, bem como KENNEDY, G. A. *New Testament interpretation through rhetorical criticism*. Chapel Hill, University of North Carolina, 1984.

[13] Cf. MARTYN, J. L. CHI 269-287; LEWIS, J. P. (ed.). *Interpreting 2 Corinthians 5.14-21*. New York, Mellen, 1989. Em 2Cor 5,13, Paulo fala que se excede por causa de Deus. Isso seria uma referência ao seu falar em línguas, que é um falar a Deus (1Cor 14,2.18)? Em 2Cor 5,16-17, Paulo escreve acerca de como outrora conhecera Cristo segundo a carne, mas, agora, não mais. Isso não significa que ele tenha conhecido Jesus durante o ministério público, mas que ele antigamente olhava o Cristo sem o olhos da fé. Agora que o antigo éon/era passou, em um novo éon, que é uma nova criação, Paulo enxerga diferentemente.

sua devoção. Deus "nos confiou um ministério de reconciliação [...]. Sendo assim, em nome de Cristo exercemos a função de embaixadores" (2Cor 5,18-20) revela dinamicamente a vocação que Paulo partilhava com eles. Rogando insistentemente a que os coríntios não recebam em vão a graça de Deus (2Cor 6,1), Paulo assegura-lhes que não colocará pedra de tropeço no caminho de ninguém (2Cor 6,3). Num comovente retrospecto de sua vida (2Cor 6,4-10), Paulo põe a descoberto sua alma aos coríntios, desafiando-os a abrir o coração para ele (2Cor 6,11-13).

Passando a contradições dualísticas (2Cor 6,14–7,1: justiça/injustiça etc.), Paulo incita-os a não ligar-se aos descrentes. (Na seqüência atual, essa passagem serve como indício de que nem tudo estava sanado em Corinto, e prepara para os corretivos caps. 10–13. Adiante, numa subseção sobre a unidade, discutiremos problemas importantes de seqüência, pensamento e derivação.) A seguir, em 2Cor 7,2, ele volta (cf. 2Cor 2,13) a explicar seu comportamento aos coríntios, dizendo-lhes quão feliz ficou, na Macedônia, quando Tito levou-lhe as boas-novas de que sua carta "lacrimosa" tinha produzido efeito positivo (#9, 10). Agora ele se alegra de poder confiar plenamente neles (2Cor 7,16).

A segunda parte do corpo da carta (2Cor 8,1–9,15) trata da coleta de Paulo para a Igreja em Jerusalém. A confiança nos coríntios leva-o a ousar pedir-lhes[14] dinheiro para sua coleta, um projeto que eles já haviam começado um ano antes (2Cor 8,10; 9,2, cf. n. 7). Paulo apresenta-lhes o exemplo dos cristãos macedônios, que eram generosos, não obstante a pobreza deles (2Cor 8,1-5), bem como o exemplo do próprio Jesus Cristo, "que, por causa de vós se fez pobre, embora fosse rico, para vos enriquecer com a sua pobreza" (2Cor 8,9). Talvez influenciado pelo costume judeu de enviar homens importantes com a coleta para o templo e desejando demonstrar sua própria honestidade, Paulo envia Tito, que fora recentemente bem recebido em Corinto, para providenciar a coleta (e provavelmente para levar 2 Coríntios). Com ele (de novo a fim de deixar clara sua lisura: 2Cor 8,16-23) segue um irmão famoso em todas as Igrejas (alguém da Acaia [especificamente de Corinto, como um gesto diplomático], que trabalha na Macedônia?) e

---

[14] 2Cor 8,8; note-se que, como em Fm 8-9, Paulo opta por não dar ordens. Anteriormente, os macedônios, especialmente os filipenses, tinham demonstrado generosidade (Fl 4,10-19; 2Cor 11,9), mas agora a situação na Macedônia parece ter-se complicado de modo particular (2Cor 7,5). Os cristãos tessalonicenses podem ter-se tornado particularmente pobres por causa da confusão que envolveu os que haviam parado de trabalhar (1Ts 4,11-12; 2Ts 3,6-13).

outro irmão zeloso, que tem ajudado Paulo — duas figuras que não podemos nomear, não obstante muitas propostas. A coleta para Jerusalém é também o assunto do cap. 9, que parece dirigir-se especificamente à Acaia (e que alguns estudiosos consideram um tratamento separado, mas cf. 2Cor 1,1 e a junção de Corinto e Acaia). Tal como Paulo se orgulha da generosidade dos macedônios ante os coríntios, louva os coríntios (Acaia) perante os macedônios, e não deseja passar vexame se os macedônios forem com ele recolher a coleta. A expressão de Paulo "Deus ama a quem dá com alegria" é compreensivelmente a eterna favorita quando se trata de angariar fundos.

A terceira parte do corpo da carta (2Cor 10,1–13,10) contém uma resposta de Paulo mais detalhada ao questionamento de sua autoridade apostólica. Enquanto os caps. 8–9 mostraram-se otimistas e entusiasmados acerca da reação dos coríntios, inopinadamente, os próximos quatro capítulos tornam-se mais pessimistas à proporção que Paulo demonstra incerteza quanto à recepção que lhe será oferecida quando for a Corinto pela terceira vez. De fato, ele teve de ameaçar comportar-se com severidade em seus escritos, incluindo, provavelmente, sua carta "lacrimosa" de #9 (2Cor 10,2.6.11; 13,2). Contudo, Paulo deseja enfatizar que a autoridade que lhe foi concedida pelo Senhor é para a edificação, não para a destruição (2Cor 10,8; 13,10; cf. Jr 1,10). Havia "apóstolos" (pretensos "superapóstolos": 2Cor 11,5; 12,11) solapando Paulo em Corinto; no entanto, no que diz respeito a Paulo, eles são dissimuladores e falsos apóstolos (2Cor 11,13-15) que, no final das contas, serão punidos. (Ampla literatura tem sido dedicada a esses oponentes, e eles serão analisados numa subseção adiante.) A permanente contribuição deles é ter arrancado de Paulo a mais longa e apaixonada descrição de seu próprio serviço apostólico.[15] Nesse momento altamente crítico de sua vida, do fundo de sua alma ecoa um grito de confiança no poder de Cristo: "[...] quando sou fraco, então é que sou forte" (2Cor 12,10). Embora 2Cor 12,12 enumere sinais, prodígios e milagres como "sinais que distinguem um apóstolo" que Paulo realizou entre os coríntios, obviamente as ocasiões em que ele foi aprisionado, flagelado, açoitado, apedrejado, naufragado, exposto ao perigo, faminto, sedento e despojado de suas vestes são mais importantes para ele como expressão

---

[15] M. M. DiCicco, *Paul's use of ethos, pathos, and logos in 2 Corinthians 10–13* (Lewiston, NY, Mellen, 1995), argumenta que Paulo conhecia e empregava diversos métodos da retórica aristotélica.

de sua preocupação apostólica com todas as Igrejas (2Cor 11,23-29).[16] Paulo está disposto a correr o risco de orgulhar-se para mostrar a sinceridade de seu questionamento aos coríntios: "[...] de bom grado despenderei, e me despenderei todo inteiro, em vosso favor. Será que, dedicando-vos mais amor, serei, por isto, menos amado?" (2Cor 12,15). Evidentemente esse foi o melhor jeito que ele concebeu para conseguir que os coríntios reagissem com generosidade e se livrassem das divisões e corrupções antes que ele chegasse, de modo que não precisasse mostrar severidade (2Cor 12,10–13,10).

A *fórmula conclusiva* (2Cor 13,11-13), tal como se encontra na carta agora, serve como exortação final de Paulo aos coríntios: "[...] alegrai-vos, procurai perfeição, encorajai-vos. Permanecei em concórdia, vivei em paz". Teria ele logrado êxito? Sua terceira visita foi pacífica ou belicosa? At 20,2-3 dedica apenas uma sentença aos três meses que ele permaneceu na Acaia (da qual Corinto era a capital), depois que partira da Macedônia; não oferece indicação alguma do conflito cristão interno. Tampouco o fazem as passagens de Rm 16,1.21-23, que mencionam os amigos cristãos de Paulo em Corinto (de cujo endereço ele estava escrevendo aquela carta). Qualquer que tenha sido a reação dos coríntios, a bênção triádica de Paulo para eles, em 2Cor 13,13, incluindo Deus, Jesus e o Espírito Santo (a mais completa bênção que Paulo compôs) tem servido na liturgia cristã, até hoje, como modelo de invocação.

Uma carta ou uma compilação de diversas cartas?

Entre as cartas do *corpus* paulino, a unidade de 2 Coríntios tem sido a mais questionada (juntamente com a unidade de Filipenses, um apoio remoto) e, em toda parte, têm-se diagnosticado de dois a cinco componentes anteriormente separados. A fim de acompanhar a discussão a seguir, em que a designação alfabética começa com a carta D, os leitores deverão lembrar-se de que de #3 a #6, na *p. 682*, havia uma carta A antes que 1 Coríntios fosse escrita; 1 Coríntios foi,

---

[16] Um misterioso "espinho" foi cravado na carne de Paulo, um mensageiro de Satánas, para importuná-lo (2Cor 12,7). Seria uma força demoníaca, estresse psicológico, doença física ou constante oposição humana? Gl 4,13 fala de uma doença ligada à primeira evangelização aos gálatas. Cf. FURNISH, V. P. *2 Corinthians*, AB, 1984, pp. 548-550; MULLINS, T. Y. JBL 76, 299-303, 1975; MINN, H. R. *The thorn that remained*. Auckland, Moore, 1972; MENOUD, P. H. *Jesus Christ and faith*. Pittsburgh, Pickwick, 1978. pp. 19-30.

portanto, a carta B. Depois, uma "lacrimosa" carta C foi escrita antes de 2 Coríntios (#9, *pp. 716-717*).

Muitos dos que avaliam 2 Coríntios como uma unidade consideram-na a carta D; por conseguinte, o total da quádrupla correspondência coríntia teria consistido em duas cartas perdidas e duas conservadas. Em favor da unidade de 2 Coríntios está o fato de existir apenas uma fórmula introdutória (2Cor 1,1-2) e uma fórmula conclusiva (2Cor 13,11-13). Se cartas outrora independentes estão contidas em 2 Coríntios, elas devem ter sido truncadas, e não se pode postular uma simples colagem de documentos.[17]

Por outro lado, aguda é a mudança de tom em 2 Coríntios: de generalizado otimismo, nos caps. 1–9, a crescente pessimismo, nos caps. 10–13. A maioria dos estudiosos argumenta a favor da origem independente desses dois blocos, pelo menos — assim Bruce, Barrett, Furnish e Murphy-O'Connor —, que se tornariam as cartas D e E, em nossa seqüência alfabética. Além disso, o texto de 2Cor 6,14–7,1 tem o ar de uma unidade autônoma, e os caps. 8 e 9 parecem implicar certa repetição ao referir-se à coleta. Com base nesses dados, G. Bornkamm descobriu cinco cartas em 2 Coríntios. Em nosso sistema alfabético, estas compreenderiam: carta C = 2Cor 10,1–13,10, a carta "em lágrimas" mencionada em 2Cor 2,3-4; carta D = 2Cor 2,14–7,14 (menos 2Cor 6,14–7,1), ou seja, a seção principal de 2 Coríntios; carta E = 2Cor 1,1–2,13 + 6,14–7,1, uma carta de reconciliação; carta F = 2Cor 8,1-24, escrita em Corinto, tratando da coleta para Jerusalém; carta G = 2Cor 9,1-15, uma carta circular para a Acaia acerca da coleta.[18] Nessa hipótese, cada assunto diferente em 2 Coríntios foi interpretado como uma carta separada.

O problema da seqüência pode ser acrescentado ao das unidades supostamente independentes. Por exemplo, M. L. Soards (*The apostle Paul*; an introduction

---

[17] Quanto à unidade, cf. BATES, W. H. NTS 12, 56-69, 1965-1966; STEPHENSON, A. M. G. In: *The authorship and integrity of the New Testament*. London, SPCK, 1965; YOUNG, F. M. & FORD, D. F. *Meaning and truth in II Corinthians*. Grand Rapids, Eerdmans, 1987. A. Stewart-Sykes (JSNT 61, 53-64, 1996) critica a argumentação da teoria mais complexa que divide 1 e 2 Coríntios em diversas cartas.

[18] Para uma análise levemente diferente das cinco cartas em 2 Coríntios, cf. TAYLOR, N. H. The composition and chronology of Second Corinthians. JSNT 44, 67-87, 1991. Outros postulam mais de seis cartas. H. D. Betz (*2 Corinthians*, Hermeneia, 1985, pp. 3-36) apresenta uma história das teorias que subdividem 2 Coríntios. Betz está tão convencido de que F e G constituem cartas separadas que chegou a escrever um comentário inteiro sobre elas (Hermeneia).

to his writings and teaching [O apóstolo Paulo; uma introdução a seus escritos e ensinamentos], New York, Paulist, 1987, p. 88), seguindo Bornkamm e D. Georgi, acredita que 2Cor 8 foi escrita primeiro e enviada por intermédio de Tito, que levou de volta as notícias sobre os problemas em Corinto. A seguir, Paulo escreveu 2Cor 2,14-7,4, uma carta que não logrou resultados. Em pouco tempo, Paulo visitou Corinto (#8), e, ante o malogro da visita, escreveu a "carta em lágrimas" (#9), consistindo em 2Cor 10-13. Tito levou novas notícias e, dessa vez, Paulo obteve êxito; assim, ele escreveu 2Cor 1,1-2,13 e 7,5-16. Finalmente, escreveu 2Cor 9. Quanto à questão óbvia de por que um editor reorganizou o material na ordem atual, alguns atribuem à estupidez. F. I. Fallon (*2 Corinthians* NTM, 1980, p. 7), no rastro de Bornkamm, acredita que 2 Coríntios foi organizada depois da morte de Paulo, como seu último testamento. Os caps. 10-13 tinham o propósito de profetizar sobre os falsos apóstolos, no futuro, e o texto de 2Cor 13,11-13 seria sua despedida e oração final. J. C. Hurd (Good news and the integrity of 1 Corinthians [Boas-Novas e a integridade de 1 Coríntios], em *Gospel in Paul*, eds. L. A. Jervis e P. Richardson, Sheffield, Academic, 1994) traz a explicação mais simples: três cartas "aos coríntios" foram coligidas com aquele título em ordem decrescente de extensão, ou seja, o que conhecemos como 1 Coríntios, 2 Coríntios 1-9, 2 Coríntios 10-13; mas a pessoa que as separou na ordem canônica não percebeu que uniu duas cartas independentes como 2 Coríntios.

O que está na raiz dessas e de uma dúzia de outras teorias? Um elemento importante na avaliação da unidade é verificar se as interrupções de uma seção de 2 Coríntios para outra são tão agudas que não podem ser interpretadas como mudança de foco na mesma missiva. Contudo, às vezes outros problemas intervêm. Nesta *Introdução* não se pode esperar uma análise de todas as seções problemáticas de 2 Coríntios, apenas mencionadas, mas os caps. 10-13 e 6,14-7,1 merecem atenção. (Para detalhes mais completos, cf. Furnish, op. cit., pp. 35-48, 371-383.)

a) 2Cor 10-13. Tem-se a impressão de que um relatório foi levado por Tito, em 2Cor 7,5-16, segundo o qual as dificuldades entre Paulo e os coríntios resolveram-se: "Regozijo-me por poder contar convosco em tudo". Contudo, nos caps. 10-13, a atmosfera é diferente. Paulo receia que, ao chegar, tenha de mostrar-se severo: existem falsos apóstolos que estão detraindo Paulo, e os coríntios dão-lhes ouvidos. Propuseram-se três explicações. A primeira explicação é de que os caps. 10-13 provieram de uma carta independente, escrita em outra ocasião.

Alguns dos que acreditam que tal carta foi composta antes dos caps. 1–9 identificam os caps. 10–13 com a carta C, a carta "lacrimosa" mencionada em 2Cor 2,3-4, mas existem sérias objeções a essa tese (cf. n. 4 e 9). Sugestão mais razoável é de que, após o envio de 2Cor 1–9, como a carta D, nova crise instaurou-se em Corinto com a chegada dos presumidos superapóstolos, forçando Paulo a escrever nova carta, da qual os caps. 10–13 são um resquício truncado (carta E).[19] A segunda explicação é de que os caps. 10–13 fazem parte da mesma carta (D) que os caps. 1–9, mas formavam um adendo provocado pelas novas e perturbadoras informações que chegaram até Paulo, antes que ele enviasse os caps. 1–9. Na verdade, a linha entre um acréscimo inesperado à carta original e uma nova carta é indistinta. O fato de que não existe fórmula introdutória no cap. 10[20] pode ser mais facilmente explicado se estivermos lidando com um apêndice, mas, então, a ausência de qualquer indício de que notícias perturbadoras chegaram até Paulo torna-se mais desnorteante do que se estivéssemos às voltas com uma nova carta *mutilada*. A terceira explicação é de que os caps. 10–13 fazem parte da mesma carta (D) que os caps. 1–9, e foram pensados por Paulo desde o momento em que começou a escrever 2 Coríntios. Temos, então, de supor que Paulo reagia à situação de Corinto por etapas. O respiro otimista, tão perceptível no cap. 7, deveu-se às notícias, levadas por Tito, de que a crise mais grave havia passado: o sujeito agitador, que pusera Paulo publicamente em embaraço, face a face, com a conivência da comunidade, fora corrigido e estava sendo punido. Decididamente, a comunidade não rejeitara Paulo. No entanto, persistia ainda o perigo daqueles que se apresentavam como apóstolos e difamavam Paulo. Ainda que Paulo tivesse confiança sempre maior na boa vontade dos coríntios, pois estes haviam rejeitado o arrogante indivíduo, teria de agir com severidade se eles não discernissem as verdadeiras intenções dos supostos apóstolos. Ao estudar 1 Coríntios, vimos que o senso de seqüência de Paulo nem sempre é linear; destarte, essa teoria não pode ser rejeitada sem mais nem menos. O principal argumento a favor é: algu-

---

[19] A tese de que os caps. 10–13 originalmente faziam parte de uma carta independente remonta a J. S. Semler, em 1776. F. Watson (JTS 35, 324-346, 1984) identifica-a com a carta C; J. Murphy-O'Connor (*Australian Biblical Review* 39, 31-43, 1991) considera os caps. 10–13 a última carta de Paulo para Corinto, escrita em Ilíria, antes de #12.

[20] J. Knox (in JBL 55, 145-153, 1936) sugeriu que um editor coligiu três cartas distintas (1 Coríntios; 2 Cor 1–9 e 2Cor 10–13) como uma coleção "aos Coríntios", extraindo as fórmulas introdutórias originais da segunda e da terceira cartas. Mais tarde, outro editor dividiu essa coleção em duas, a saber, 1 Coríntios e 2 Coríntios, e serviu-se da fórmula introdutória de 1 Coríntios para redigir uma introdução para 2 Coríntios.

mas das observações dos cap. 1-9 parecem ter em mente os mesmos oponentes descritos nos caps. 10-13 (cf. a subseção adiante, sobre os falsos apóstolos). Todavia, será que os ataques nos caps. 10-13 foram realmente organizados como seqüência de um pedido de dinheiro nos caps. 8-9?

b) 2Cor 6,14-7,1. Aqui também existe um problema de seqüência, pois o tema dos corações abertos, de 2Cor 6,13, é retomado em 2Cor 7,2, de modo que 2Cor 6,14-7,1 é claramente uma interrupção. Mas existem também questões a respeito do vocabulário e do pensamento. A passagem contém certo número de palavras e usos não atestados alhures nas cartas autênticas de Paulo, como Belial e as citações da Escritura. Se os "descrentes", que são o alvo principal, são gentios, contato excessivamente familiar com os gentios não é um problema em 2 Coríntios.[21] Paulo incentivaria os coríntios a não juntarem-se aos gentios, se em Antioquia ele discutira com Pedro (Gl 2,11-13), afirmando que a comensalidade com os gentios representavam a liberdade do evangelho?[22] Ou devemos pensar que os gentios "descrentes" representam uma ameaça moral específica na licenciosa atmosfera da "escancarada" cidade portuária de Corinto? Os três itens em dualismo (justiça/injustiça, luz/trevas, Cristo/Belial) contêm alguns termos familiares ao dualismo dos MMM, e certo número de intérpretes tem sugerido que ou Paulo ou um editor de 2 Coríntios apanhou essa passagem daquela fonte.[23] No entanto, alguns comentadores muito importantes declaram que o próprio Paulo compôs 2Cor 6,14-7,1 para o lugar atual.[24] "Descrentes" pode ser uma terminologia polêmica para os oponentes que serão mais bem focalizados nos caps. 10-13? Em qualquer hipótese que se aceite, existe ainda um problema: por que essa passagem foi colocada aqui e como se pensou que ela se encaixasse no pensamento do restante da carta.

---

[21] Alguns apelam para 1Cor 5,9-11, em que Paulo diz que escreveu uma carta (carta A; #3) pedindo aos coríntios que não se associassem com pessoas imorais. 2Cor 6,14-7,1 seria essa carta? Paulo classificaria globalmente os gentios descrentes como imorais?

[22] H. D. Betz (JBL 92, 88-108, 1973) argumenta que 2Cor 6,14-7,1 é uma fragmento *anti*paulino, defendendo idéias que Paulo condenava.

[23] Por exemplo, J. A. Fitzmyer (CBQ 23, 271-280, 1961; FESBNT 205-217) defende uma interpolação não-paulina. J. Murphy-O'Connor (RB 95, 55-69, 1988) argumenta que existem paralelos melhores em Fílon do que nos MMM; cf. capítulo 22, n. 48.

[24] Lambrecht, Murphy-O'Connor. Cf. também THRALL, M. E. NTS 24, 132-148, 1977; WEBB, W. J. *Returning home*; new covenant and second exodus as the context for 2 Corinthians 6.14-7.1. Sheffield, Academic, 1993. (JSNTSup, 85.)

Esses dois exemplos devem estabelecer uma escala que vai da possibilidade à plausibilidade para a tese de que 2 Coríntios é compósita. Não se pode ter certeza. O debate acerca da unidade de 2 Coríntios tem importância para um conhecimento histórico detalhado das relações de Paulo com Corinto, mas, desde os tempos mais antigos, 2 Coríntios tem sido apresentada no formato e seqüência atuais.[25] Conseqüentemente, os ouvintes e leitores tiveram a tarefa e a ocasião de compreender o formato atual. Como adverti diversas vezes nesta *Introdução*, os comentários baseados em reconstruções têm valor discutível. A fim de compreender o que Paulo deseja comunicar, para a maioria dos leitores é suficiente reconhecer que 2 Coríntios contém tópicos diversos, expressos com ênfase retórica diferente.

As imagens de 2Cor 4,16–5,10

Paulo expressa seu pensamento acerca da existência mortal e da existência escatológica em linguagem alusiva, não fácil de decifrar. Ele contrasta o ser humano exterior (*anthrōpos*) ao ser humano interior. Isso não significa corpo *versus* alma, mas a existência humana neste mundo, ou seja, a vida que alguém recebeu de seus pais, *versus* a vida que recebeu por meio da fé em Jesus Cristo ressuscitado. A primeira é mortal, constantemente fadada à morte; a segunda está sendo renovada e torna-se sempre mais gloriosa, dia após dia, à medida que alguém é transformado à semelhança de Cristo (2Cor 4,11; 3,18). Em sua vida mortal, Paulo chegou perto da morte diversas vezes; contudo, paradoxalmente, a cada vez, a vida de Jesus tornou-se mais evidente na carne de Paulo. Conforme observa Furnish (op. cit., p. 290), enquanto na filosofia estóica a alma torna-se mais perfeita por meio da disciplina, na fé de Paulo o crescimento na perfeição provém do Senhor, que é o Espírito (2Cor 3,18).

Além disso, a imagem usada por Paulo oferece uma compreensão do que ele espera para o outro mundo, do que acontecerá quando a tenda terrena[26] for destruída (2Cor 5,1) — tenda sob a qual ele forceja, como sob um fardo (2Cor 5,4),

---

[25] W. S. Kurz (JSNT 62, 43-63, 1996) nota que, mesmo que 2 Coríntios seja compósita, a situação vital original das partes componentes teriam tido pouca importância para o público da forma conjuminada. Tal compreensão relativiza a importância da reconstrução dos fragmentos originais.

[26] 2Cor 5,1.4 representa os únicos usos lingüísticos de tenda (*skēnos/ē*) nos escritos de Paulo, o fabricante de tendas (At 18,3).

o corpo que é sua pátria, enquanto está longe do Senhor (2Cor 5,6). Ser destruído, para Paulo, não significa que ele será despido ou encontrado nu (2Cor 5,3-4); ao contrário, será mais esplendidamente revestido. Para substituir a casa em forma de tenda, existe um edifício de Deus, uma casa não fabricada pelas mãos humanas, mas eterna no céu (2Cor 5,1). Na verdade Paulo preferiria estar longe de casa, do corpo, e estar em casa, com o Senhor (2Cor 5,8; cf. Fl 1,20-26). Se isso parece bastante claro,[27] muitas outras coisas não o são. Essa casa, não feita por mãos humanas, já existe ou será feita por Deus quando a tenda terrena for destruída? Um corpo espiritual substituirá o corpo mortal? Se assim for, quando o crente estará perante o trono judicial de Cristo (2Cor 5,10) e será revestido desse corpo: no momento da morte ou na ressurreição dos mortos (como em 1Cor 15,36-44)? Ou a referência é mais eclesiológica, envolvendo a incorporação no corpo de Cristo? Ou é mais apocalíptica, envolvendo um tipo de santuário celeste? Ou, sem ser específica, a imagem simplesmente faz um contraste entre a existência presente, transitória, e a existência futura, permanente? Em todo caso, a Paulo teria sido revelado algum conhecimento especial acerca do que aguarda os cristãos crentes depois da morte? Ou, no uso dessa imagem, ele simplesmente exprimiu confiança na vitória e no estar com Cristo?

Coleta de dinheiro para Jerusalém (2Cor 8–9)

Naquele que cronologicamente seria algum momento dos anos 40, de acordo com At 11,29-30, Paulo e Barnabé entregaram aos anciãos de Jerusalém uma doação de Antioquia "em ajuda aos irmãos que moravam na Judéia" — um gesto dificilmente compatível com as recordações de Paulo acerca de suas relações com os cristãos hierosolimitanos antes da assembléia de Jerusalém no ano 49 d.C., no qual o apóstolo aceitara o pedido das autoridades de Jerusalém — lembrar-se dos pobres —, algo que ele estava ansioso por fazer (Gl 2,10).[28] Não sabemos se Paulo instituiu imediatamente a coleta para atender ao pedido e se

---

[27] A respeito disso, J. Murphy-O'Connor (RB 93, 214-221,1986) argumenta que "enquanto habitamos neste corpo, estamos fora da nossa mansão, longe do Senhor" (2Cor 5,6b) não representa o pensamento de Paulo, mas um aforismo usado pelos oponentes do apóstolo, expressando o engano deles.

[28] Tem-se discutido se uma pobreza particularmente aguda em Jerusalém não tenha sido provocada pela partilha comum dos bens (conforme a descrição idealizada de At 2,44-45; 4,32.37); contudo, confira-se o otimismo acerca da partilha dos bens em 2Cor 4,34-35.

ele interrompeu-a depois que "aqueles da parte de Tiago" criaram um problema em Antioquia. Em todo caso, por volta de 56-57, meia dúzia de anos depois, a coleta para Jerusalém, "a ajuda para os santos", tornou-se preocupação importante em sua carreira missionária.[29] As Igrejas gálatas e coríntias deviam separar certa quantia de dinheiro a cada primeiro dia da semana (1Cor 16,1-4: presumivelmente o dia em que os cristãos se reuniam), e em 2Cor 8–9 e Rm 15,26 é mencionada a angariação de Paulo na Macedônia e na Acaia.[30] Por que Paulo estava tão preocupado com o êxito de seus esforços?

A generosidade para com os pobres é atestada no AT (Sl 112,9) e foi inculcada por Jesus. Os que gozam de fartura devem partilhar com os necessitados — algum dia as mesas podem inverter-se (2Cor 8,14). Mas por que os pobres *de Jerusalém*? Certamente um elemento é o desejo de Paulo de unificar suas comunidades gentias com Jerusalém (*koinōnia*; cf. Gl 2,9): os gentios tiveram parte nas bênçãos espirituais judaicas, de modo que devem aos judeus a partilha das bênçãos materiais (Rm 15,27). Dessa forma, torna-se claro que gentios e judeus (especialmente aqueles da Igreja-mãe) são um em Cristo. Tanto psicológica quanto praticamente, existem poucas coisas na vida que irmanam pessoas e instituições de forma mais efetiva do que a partilha de suas contas bancárias.

Tratava-se também de um assunto pessoal? Se os adversários de Paulo em Corinto provinham de Jerusalém e o estavam caluniando como desleal à comunidade cristã-mãe, uma coleta para os cristãos de Jerusalém ajudaria a provar o contrário? Os adversários da Galácia teriam relatado os comentários irônicos de Paulo acerca dos assim chamados pilares da Igreja de Jerusalém, que não tinham importância para ele (Gl 2,6.9), e sua descrição da Jerusalém atual como em estado de escravatura (à Lei), com seus filhos (Gl 4,25)? Se assim for, Paulo teria esperança de que a coleta curasse quaisquer ressentimentos entre ele e as autoridades de Jerusalém? Certamente em Rm 15,30-31 Paulo parece preocupado, pois não sabe se seu gesto em Jerusalém será agradável aos cristãos de lá. Nas

---

[29] BUCK JR., C. H. HTR 43, 1-29, 1950; KECK, L. E. ZNW 56, 100-129, 1965; MUNCK, J. *Paul and the salvation of mankind*. Richmond, Knox, 1959. pp. 282-308; NICKLE, K. F. *The collection*; a study in Paul's strategy. London, SCM, 1966 (SBT, 48.); GEORGI, D. *Remembering the poor*; the history of Paul's collection for Jerusalem. Nahsville, Abingdon, 1992; original alemão de 1965.

[30] Aparentemente, a chegada da coleta a Jerusalém é mencionada em At 24,17: "Depois de muito anos, vim trazer esmolas para meu povo e também apresentar ofertas".

entrelinhas de At 21,17-25, pode-se detectar tensão entre Paulo e Tiago quando aquele chega finalmente a Jerusalém. Desse modo, a coleta pode ter desempenhado uma função espiritual, esclesiológica e diplomática no ministério de Paulo — uma amostra dos complicados papéis que o levantamento de dinheiro tem tido nas Igrejas desde então.

Os adversários ou falsos apóstolos em 2Cor 10–13

Embora alguns respeitáveis estudiosos (Barrett, Käsemann) cheguem a declarar que os "eminentes apóstolos" de 2Cor 11,5 e 12,11 são diferentes dos "falsos apóstolos" (2Cor 11,13), trata-se de uma minoria envolvendo uma complicação desnecessária.[31] Admitindo-se que a tese de que apenas uma série de "apóstolos" é mencionada ao longo de 2Cor 10–13, quais são suas características? Percorrendo os capítulos com essa questão em mente, pode-se criar uma imagem não apenas do que Paulo diz, em crítica direta, mas também de sua autodefesa. Eles parecem ter "chegado" recentemente a Corinto. São de procedência judaica, mas têm habilidade retórica (presumivelmente helenista); eles pregam Jesus e o que se supõe ser um evangelho. Orgulham-se de poderes e experiências extraordinárias,[32] e o fato de eles pedirem apoio faz os coríntios se sentirem importantes. Curiosamente, Paulo concentra seus ataques mais nas vistosas pretensões e atitudes deles do que na doutrina, e o faz em grande parte num estilo apto a prevalecer. Se eles são hebreus e israelitas e servos de Cristo, também ele o é (2Cor 11,21-23). Se os superapóstolos falam de seus poderes, Paulo também realizou sinais, prodígios e milagres quanto esteve em Corinto (2Cor 12,11-12). Se eles falam de suas experiências, há catorze anos ele foi arrebatado ao terceiro céu e ouviu coisas que não pode expressar (2Cor 12,1-5). Eles têm de construir sobre o

---

[31] Com muita freqüência, de acordo com essa tese, os falsos apóstolos são pregadores em Corinto, enquanto os superapóstolos são as autoridades de Jerusalém, provavelmente os assim chamados pilares da Igreja de Gl 2,9. Certamente, porém, é preciso interpretar 2Cor 11,5 ("eminentes apóstolos") à luz de 2Cor 11,4, que menciona alguém que *vem* e prega outro Jesus. Cf. Furnish, op. cit., pp. 502-505. De modo mais geral: Kee, D. *Restoration Quarterly* 23, 65-76, 1980; Thrall, M. E. JSNT 6, 42-57, 1980.

[32] D. Georgi (*The opponents of Paul in Second Corinthians*. Philadelphia, Fortress, 1986) defende vigorosamente a tese de que os oponentes eram eloqüentes judeus helenistas extáticos, cheios do Espírito Santo, que manifestaram o poder de operar milagres, ligado à imagem do "homem divino" (*theios anēr*) no mundo helenista. Murphy-O'Connor, com modificações, retomou esse tema de "homens espirituais".

alicerce alheio, orgulhando-se daquilo que, na verdade, é trabalho dos outros; ele, porém, não constrói sobre a base de ninguém (2Cor 10,15; 1Cor 3,10). Mais do que qualquer outro ponto de comparação, porém, podem eles igualar seu recorde de sofrimento e de perseguição por Cristo (2Cor 11,23-29)? Quanto ao dinheiro, a fraqueza de Paulo, ao não buscar tal suporte, é um sinal de força, não de fraqueza — precisamente para evitar sobrecarregar os coríntios e por seu amor por eles (2Cor 11,7-15). Ele privava outras Igrejas do apoio a fim de servi-los. Ora, não obstante as insinuações dos falsos apóstolos, quando Paulo recolhe a coleta, tem o cuidado de agir com diligente probidade, enviando Tito e um irmão discípulo para coletar o dinheiro (2Cor 12,16-18).

O quadro dos falsos apóstolos pode ser ampliado e confirmado se reconhecermos que Paulo os tinha em mente em momentos anteriores, em 2Cor 3,1–6,13. Certamente eles chegaram a Corinto com cartas de recomendação de outros cristãos; Paulo não carecia de nenhuma, pois os cristãos que ele convertera para Cristo eram sua carta (2Cor 3,1-3). Encontra-se aqui a confirmação de que eles distorciam a mensagem (2Cor 2,17) e se orgulhavam do que tinham visto (2Cor 5,12). A defesa que Paulo faz de seus sofrimentos e das situações de ameaça à sua vida (2Cor 4,7–5,10; 6,4-10) seria uma indicação de que os falsos apóstolos invocavam isso como sinal de seu fracasso? A insistência de Paulo em que o tesouro recebido de Deus é mantido em vasos de barro é uma indicação de que os falsos apóstolos acreditavam que o poder lhes pertencia, e não a Deus (2Cor 4,7)?

Quanto à doutrina pregada por essas pessoas, era intrinsecamente errônea, na opinião de Paulo, ou a dificuldade residia apenas nas pretensões delas? Não se pode extrair muito da referência altamente retórica à possibilidade de alguém pregar outro Jesus ou um evangelho diferente (2Cor 11,4).[33] Em 2 Coríntios, não se encontra nada comparável ao ataque em Gálatas contra aqueles que exigiam a circuncisão dos cristãos gentios. Contudo, Paulo deveras insiste em suas raízes hebraicas e israelitas, e, em 2Cor 3,6-18, louva o novo ministério e aliança do Espírito como superiores àquilo que foi gravado com letras, sobre pedra, e afirma a superioridade de refletir a glória do Senhor com a face descoberta sobre o refle-

---

[33] Em Gl 2,14, ele acusa Pedro de não agir coerentemente com a verdade do evangelho, mas, em 1Cor 15,5.11, insiste em que Pedro e ele pregam a mesma mensagem básica, que deve ser acreditada. Em 2Cor 6,14–7,1, Paulo adverte de novo contra os descrentes; isso poderia ser excesso de oratória para os desencaminhados seguidores de Cristo que ele menciona nos caps. 10–13?

ti-la com o rosto velado, como fez Moisés. Essa ênfase pode sugerir que os oponentes davam muito valor à herança judaica.[34] No geral, porém, além das implicações teológicas das pretensões dos falsos apóstolos acerca de si mesmos, nenhuma falácia doutrinária emerge claramente de 2Cor 3–7; 10–13.

O que acontece se juntamos 1 Coríntios a 2 Coríntios? Aqueles que Paulo atacou em 1 Coríntios (*pp. 695-696*) são os adversários designados como falsos profetas em 2 Coríntios? De acordo com 1 Coríntios, os coríntios estavam divididos entre seguir Paulo, Apolo, Cefas (Pedro) ou Cristo, e pelo menos Pedro teria sido considerado apóstolo,[35] ainda que permaneça muito incerto se ele esteve em Corinto. 1Cor 9,1-27 defende os direitos de Paulo como apóstolo e 1Cor 15,8-10 defende seu *status* como testemunha de uma aparição de Jesus ressuscitado, algo que foi concedido a todos os apóstolos. Todavia, precisamente porque Paulo não vira Jesus durante o ministério público, muitas vezes, durante sua vida, uma defesa de seu apostolado pode ter-lhe sido imposta por diversos críticos que não reivindicavam, eles mesmos, ser apóstolos. Contra a identificação dos oponentes de 1 Coríntios com os de 2 Coríntios, interpõe-se a impressão que se tem, com base em 2Cor 3,1; 11,4, de que os falsos apóstolos tinham chegado recentemente; com efeito, eles podem ter emergido como a força mais importante a ser enfrentada somente depois da visita de Tito com a carta "lacrimosa" (#9). Contudo, como parece impossível que 1 Coríntios tenha vencido todos os oponentes de Paulo nela mencionados, o que é mais provável senão que alguns de seus inimigos mais antigos tenham juntado as forças com os recém-chegados, de modo que um tipo híbrido de inimigo tenha vindo à tona para causar problemas a Paulo em Corinto?

Os estudiosos têm teorizado longamente que os falsos apóstolos tinham raízes hierosolimitanas, como seguidores dos Doze ou de Tiago, ou eram judeus helenistas, pregadores que enalteciam Jesus como taumaturgo, ou eram gnósticos. Apesar de passagens ocasionais que possam emprestar apoio a uma ou outra dessas teorias, não existe prova explícita suficiente na correspondência coríntia para

---

[34] J. J. Gunther (*St. Paul's opponents and their background*, Leiden, Brill, 1973, pp. 299-303, NovTSup, 35) é um forte defensor do contexto judaico.

[35] Cf. Barrett, C. K. Cephas and Corinth. In: *Essays on Paul*. Philadelphia, Westminster, 1982. pp. 28-34. F. C. Baur fez de uma das mais antigas abordagens dos adversários de Paulo em Corinto (1831) a pedra angular de sua teoria de que a Igreja primitiva era modelada por uma peleja entre o cristianismo legalista petrino e o cristianismo liberal paulino.

estabelecer nenhuma delas de forma convincente. Em Gl 2,12, Paulo foi bem claro ao dizer que aqueles "da parte de Tiago" (ou de Jerusalém) foram atormentá-lo em Antioquia; se os emissários de Tiago de Jerusalém estavam minando sua causa em Corinto, por que ele seria menos específico? Talvez devamos contentar-nos em saber que os designados "apóstolos" orgulhavam-se dos dons maravilhosos que receberam do Espírito e pregavam um Cristo vitorioso, com pouca ênfase em seus sofrimentos ou na imitação cristã desses sofrimentos.

Temas e problemas para reflexão

1. "Aquele que não conhecera o pecado, Deus o fez pecado por causa de nós" (2Cor 5,21). Existe um ensinamento neotestamentário comum segundo o qual Jesus não tinha pecado (Jo 8,46; 14,30; Hb 4,15; 1Pd 2,22; 1Jo 3,5). Paulo vai de encontro à tradição, afirmando que Deus tornou Jesus pessoalmente um pecador que, afinal, seria objeto do desfavor de Deus? (Alguns defendem essa hipótese argumentando que Jesus tentava evitar beber o cálice da *ira* divina em Mc 14,36.) Se não, existem diversas possibilidades: a) Deus permitiu que Jesus fosse *considerado* pecador (blasfemo) e padecesse a morte de um pecador. Um paralelo é Gl 3,13: "Cristo nos resgatou da maldição da Lei tornando-se maldição por nós, porque está escrito: *Maldito todo aquele que é suspenso ao madeiro*" (o castigo por blasfêmia: Josefo combina Lv 24,16 e Dt 21,22-23). b) Deus permitiu que Jesus substituísse a humanidade pecadora. O restante da sentença de 2Cor 5,21 pode favorecer esta interpretação: "[...] para que nós, por seu intermédio, fôssemos inocentes diante de Deus". c) Deus fez de Jesus uma oferenda pelo pecado. No grego de Lv 4,25.29, "pecado" é usado em lugar de oferenda pelo pecado. Contudo, no contexto de 2 Coríntios, não existe nenhuma preparação para tal idéia.

2. A historicidade de Atos, com seu quadro de veneração de Pedro e Paulo como semideuses, com suas carreiras cheias de prodígios, tem sido muitas vezes questionada (até mesmo os milagres atribuídos a Jesus têm sido freqüentemente descartados como propaganda posterior). Vale a pena considerar 2Cor 12,12 à luz de tais opiniões. O próprio Paulo afirma ter realizado "sinais, prodígios e milagres" entre os Coríntios (também em Rm 15,19), ainda que não lhes atribua valor probatório, como o fazem outros. Uma comparação entre a narrativa de Paulo em 2Cor 11,23-33, acerca do que ele sofreu, e a imagem de Atos mostra que, quando menos, Atos pode levar-nos a subestimar a extraordinária carreira do apóstolo. Até mesmo al-

guns dos aspectos mais postos em dúvida no quadro de Atos, como a pregação inicial de Paulo nas sinagogas e a oposição dos judeus da dispersão, encontram confirmação (2Cor 11,24.26). Existem diferenças secundárias, por exemplo, que a partida de Paulo de Damasco envolveu a hostilidade do rei Aretas, e não apenas a dos judeus (cf. 2Cor 11,32-33 e At 9,22-25). No entanto, as semelhanças entre Atos e os escritos de Paulo não devem ser subestimadas (cf. quadro 5, no capítulo 16).

Bibliografia sobre 2 Coríntios

Comentários e estudos em série[36]

BARRETT, C. K. HNTC, 1973.
BEST, E. IBC, 1987.
BETZ, H. D. Hermeneia, 1985. Somente os caps. 8-9.
DANKER, F. W. AugC, 1989.
FALLON, F. T. NTM, 1980.
FURNISH, V. P. AB, 1984.
HUGHES, P. E. NICNT, 1962.
KREITZER, L. J. NTG, 1996.
KRUSE, C. TNTC, 1987.
MARTIN, R. P. WBC, 1986.
MURPHY-O'CONNOR, J. NTT, 1991.
OMANSON, R. L. & ELLINGTON, J. TH, 1993.
TASKER, R. V. G. TNTC, 1958.
THRALL, M. E. ICC, 1994, 1998, 2 v.
WATSON, N. EC, 1993.

Bibliografias

BIERINGER, R. & LAMBRECHT, J. *Studies on 2 Corinthians*. Louvain, Peeters, 1994. pp. 3-66 (BETL, 112.)

DUTILE, G. *Southwest Journal of Theology* 32, #1, 41-43, 1989. Comentada.

* * *

---

[36] Cf. também as obras com asterisco na Bibliografia do capítulo 22. Os negritos indicam as obras mais importantes, de modo geral comentários.

BARRETT, C. K. Paul's opponents in II Corinthians. NTS 17, 233-254, 1970-1971.

BEASLEY-MURRAY, G. R. *2 Corinthians*. Nashville, Broadman, 1971.

BIERINGER, R. & LAMBRECHT, J. *Studies on 2 Corinthians*. Louvain, Peeters, 1994. (BETL, 112.)

BORNKAMM, G. The history of the origin of the so-called Second Letter to the Corinthians. NTS 8, 258-264, 1961-1962.

BULTMANN, R. *The Second Letter to the Corinthians*. Minneapolis, Augsburg, 1985.

CARSON, D. A. *From triumphalism to maturity*; an exposition of 2 Corinthians 10–13. Grand Rapids, Baker, 1984.

CRAFTON, J. A. *The agency of the apostle*; a dramatic analysis of Paul's responses to conflict in 2 Corinthians. Sheffield, Academic, 1991. (JSNTSup, 51.)

GEORGI, D. *The opponents of Paul in Second Corinthians*. Philadelphia, Fortress, 1986; original alemão de 1964.

HANSON, R. P. C. *II Corinthians*. London, SCM, 1954.

HARRIS, M. J. *2 Corinthians*. Grand Rapids, Zondervan, 1976.

HÉRING, J. *The Second Epistle of Saint Paul to the Corinthians*. London, Epworth, 1967.

KENT, H. A. A. *A heart opened wide*; studies in II Corinthians. Grand Rapids, Baker, 1982.

MADROS, P. *The pride and humility of Saint Paul in his Second Letter to the Corinthians*. Jerusalem, Franciscan, 1981.

MENZIES, A. *The Second Epistle of Paul to the Corinthians*. London, Macmillan, 1912.

OOSTENDORP, D. W. *Another Jesus*; a gospel of Jewish-Christian superiority in II Corinthians. Kampen, Kok, 1976.

SAVAGE, T. B. *Power through weakness*; Paul's understanding of the Christian ministry in 2 Corinthians. Cambridge, Cambridge Univ., 1996. (SNTSMS, 86.)

STRACHAN, R. H. *The Second Epistle of Paul to the Corinthians*. New York, Harper, 1935.

SUMNEY, J. L. *Identifying Paul's opponents*; the question of method in 2 Corinthians. Sheffield, Academic, 1990. (JSNTSup, 40.)

TAYLOR, N. H. The composition and chronology of Second Corinthians. JSNT 44, 67-87, 1991.

THRALL, M. E. A second thanksgiving period in II Corinthians. JSNT 16, 101-124, 1982.

YOUNG, F. M. & FORD, D. F. *Meaning and truth in 2 Corinthians*. Grand Rapids, Eerdmans, 1987.

Capítulo 24

Carta aos Romanos

Mais longa do que qualquer outra carta do NT, mais reflexiva do que qualquer outra carta autenticamente paulina, mais calmamente pensada do que Gálatas ao tratar a questão-chave da justificação e da Lei, Romanos tem sido o mais estudado dos escritos do apóstolo — inquestionavelmente a obra de arte da teologia de Paulo. De Agostinho, passando por Abelardo, Lutero e Calvino, até Barth, essa carta tem desempenhado importante papel no desenvolvimento da teologia. Somente com um leve exagero poder-se-ia afirmar que as discussões acerca das idéias principais em Romanos dividiram o cristianismo ocidental.[1] Com efeito, poder-se-iam encher prateleiras apenas com os debates acerca do tema principal da justificação — discussões que são muitas vezes bem difíceis para os iniciantes. Grande parte da análise é matizada pelos conflitos da Reforma em torno da fé e das obras, e esses temas debatidos de Romanos parecem distantes da vida cristã normal dos dias de hoje. Para aqueles que dispõem de tempo para estudar em maior profundidade apenas uma carta paulina, eu não recomendaria Romanos, ainda que ela seja a mais importante. Nesta *Introdução*, portanto, dedico, de certa forma, menos espaço a Romanos do que a 1 Coríntios, cujas discussões e temas eram mais facilmente acompanhados e mais imediatamente aplicáveis.[2] Após o Contexto e a Análise geral da mensagem, dedicar-se-ão subdivisões a: A unidade de Romanos e o cap. 16, Justificação/retidão/direitura/justiça, Visão de Paulo sobre a observância judaica da Lei, Pecado original e Rm 5,12-21, Temas e problemas para reflexão e Bibliografia.

---

[1] Os *Loci communes*, de Melanchthon (1521), o primeiro manual de teologia sistemática protestante, organiza seus tópicos doutrinais conforme a estrutura geral de Romanos. Para a história da interpretação, cf. J. D. Godsey & R. Jewett, em *Interpretation* 34, 3-16, 17-31, respectivamente, 1980.

[2] Tampouco oferecerei bibliografia para todos os capítulos e tópicos; a bibliografia apresentada por J. A. Fitzmyer em seu *Romans* (AB, 1993) é exaustiva.

Informações básicas

DATA: inverno de 57/58, de Corinto (55/56, na cronologia revisionista).

DESTINATÁRIOS: amados de Deus em Roma, onde Paulo jamais esteve, mas onde tinha amigos.

AUTENTICIDADE: não questionada seriamente.

UNIDADE: uma insignificante minoria postula a junção de duas cartas separadas; uma minoria um pouco maior sustenta que o cap. 16 foi acrescentado posteriormente.

INTEGRIDADE: além do cap. 16 (ou da doxologia em Rm 16,25-27), alguns têm rejeitado os caps. 9–11 como não verdadeiramente paulinos.

DIVISÃO FORMAL

A. Fórmula introdutória: 1,1-7
B. Ação de graças: 1,8-10
C. Corpo: 1,11–15,13
D. Fórmulas conclusivas (15,14–16,23) e doxologia (16,25-27).

DIVISÃO CONFORME O CONTEÚDO

1,1-15: Endereço/saudação, ação de graças e proêmio acerca do desejo de Paulo de ir a Roma.

1,16–11,36: Seção doutrinal

    Primeira parte: 1,16–4,25: justiça de Deus revelada pelo evangelho

        1,18–3,20: ira de Deus e pecados dos gentios e judeus

        3,21–4,25: justificação pela fé, sem a Lei

    Segunda parte: 5,1–8,39: salvação de Deus para os justificados pela fé

    Terceira parte: 9,1–11,36: promessas de Deus a Israel

12,1–15,13: Seção exortativa

    Primeira parte: 12,1–13,14: conselhos imperativos para a vida cristã

    Segunda parte: 14,1–15,13: aquele que é forte deve amor ao fraco

15,14-33: Planos de viagem de Paulo e bênção

16,1-23: Recomendações sobre Febe e saudações a pessoas em Roma

16,25-27: Doxologia conclusiva

Contexto

Existem dois assuntos introdutórios importantes: a situação da vida de Paulo, que serviu de contexto para a carta, e a história da comunidade romana que a recebeu. A primeira é relativamente fácil de discernir. Paulo escreve das proximidades de Cencréia (o porto de Corinto), pois ele recomenda Febe, mulher-diácono daquela cidade (Rm 16,1-2), aos destinatários. Envia, juntamente, as saudações de Gaio, anfitrião de toda a comunidade de onde Paulo escreve; e existia um Gaio importante em Corinto (Rm 16,23; 1Cor 1,14). Conforme escreveu, Paulo planeja uma coleta para Jerusalém (Rm 15,26-33). O apóstolo passou o inverno de 57/58 (cronologia tradicional) em Corinto; a seguir (At 20,2-21,15), passando pela Macedônia, Ásia e Cesaréia, voltou para Jerusalém, onde foi preso. Destarte, os estudiosos estão de acordo em que Paulo escreveu para Roma de Corinto (em 57/58 ou mais cedo, na cronologia revisionista).

O segundo assunto diz respeito aos destinatários da carta. Certa maneira de tratar o assunto considera a história do cristianismo em Roma pano de fundo sem importância. Paulo não foi o fundador da comunidade cristã romana,[3] e os defensores dessa abordagem supõem que ele sabia pouco a respeito dos cristãos romanos. Em sua carta, um compêndio magisterial de sua teologia ou reflexões gerais baseadas em suas experiências passadas são mais importantes do que os assuntos de interesse imediato para os romanos cristãos, com conhecimento de causa. Freqüentemente essa visão está ligada à teoria de que o cap. 16, que contém saudações de Paulo a 26 pessoas, não pertence à carta, e, portanto, não foi endereçado a cristãos que Paulo conhecia em Roma. Contudo, se o cap. 16 pertence realmente a Romanos (a opinião dominante, atualmente, nos círculos de língua inglesa) e se Paulo conhecia tantas pessoas em Roma, presumivelmente ele sabia algo a respeito da Igreja romana.

Conseqüentemente, para uma abordagem mais popular, as origens cristãs em Roma, a capital do império, e a natureza da Igreja romana são importantes contextos. Havia provavelmente entre 40 e 50 mil judeus em Roma no século I d.C.[4] e, de acordo com os dados disponíveis, começando no século II a.C., muitos tinham lá chegado como comerciantes, imigrantes ou prisioneiros da região da Palestina/Síria. Laços políticos íntimos mantiveram-se por dois séculos, quando Roma supervisionava cuidadosamente os reinados vassalos na Palestina e príncipes herodianos eram enviados a Roma para ser educados. Após a queda de Jerusalém,

---

[3] Para os coríntios, Paulo era pai (1Cor 4,15) e podia corrigi-los com firmeza. Ele teve de dirigir-se aos romanos com todo o cuidado, quase se desculpando por ter escrito de forma tão ousada (Rm 15,15).

[4] Estimativas populacionais são incertas. Em todo o Império Romano, segundo Edmundson, *Church* 7, havia cerca de 4,5 milhões de judeus, em uma população total de 54 a 60 milhões, ou um judeu em cada treze pessoas. Outros calculam em 6 a 7 milhões o número de judeus. Acerca do material sobre o contexto judaico em Romanos, cf., R. E. Brown, BMAR e Further reflections on the origins of the Church of Rome (em *The conversation continues*, eds. R. T. Fortna & B. A. Gaventa, Nashville, Abingdon, 1990, pp. 98-115, J. L. Martyn Festschrift); WIEFEL, W. TRD 85-101; LEON, H. J. *The Jews of ancient Rome*. Philadelphia, Jewish Publication Society, 1960; WALTERS, J. C. *Ethnic issues in Paul's Letter to the Romans*. Philadelphia, Trinity, 1993; NANOS, M. D. *The mystery of Romans*. Minneapolis, A/F, 1996.

no ano 70 d.C., o historiador judeu Flávio Josefo foi viver em Roma como protegido dos imperadores flavianos, e nos anos 70, Tito, que em breve seria imperador, levou para Roma o rei judeu Agripa II, cuja irmã, Berenice, tornou-se amante de Tito.

Diante da história da presença judaica, não demoraria muito até que os judeus que acreditavam em Jesus e estavam conquistando convertidos em outras cidades do império, como Damasco e Antioquia, encontrassem o caminho para campo missionário tão promissor. Quando a primeira palavra sobre Cristo chegou até Roma? Procedamos retrospectivamente para responder a essa questão. A narrativa de Tácito sobre a perseguição de Nero depois do incêndio de 64 d.C. (*Anais* 15.44) indica que era possível distinguir cristãos (*chrestianoi*) de judeus em Roma. Os cristãos eram numerosos, e essa "perniciosa superstição [cristã]" tinha-se originado na Judéia — uma sugestão indireta de que o cristianismo tinha chegado a Roma proveniente da Judéia. A carta de Paulo em 57/58 implica que a comunidade cristã já existia por considerável período de tempo, pois ele declara que desejava visitá-la "havia muitos anos" (Rm 15,23). Com efeito, a fé dos romanos era "celebrada em todo o mundo" (Rm 1,8), um elogio que faria pouco sentido se Paulo estivesse escrevendo a um minúsculo grupo formado havia pouco tempo. Assim, parece que a comunidade cristã romana já existia por volta do início dos anos 50. At 18,1-3 declara que, quando Paulo foi a Corinto (por volta do ano 50 d.C.), hospedou-se em casa de Áquia e Priscila (= Prisca), um casal judeu que chegara recentemente da Itália "em vista de Cláudio ter decretado que todos os judeus se afastassem de Roma". Como jamais se menciona que Paulo os tenha convertido, eles partiram de Roma como judeus que já acreditavam em Jesus. Suetônio (*Cláudio* 25.4) afirma que Cláudio "expulsou os judeus de Roma por causa das constantes desordens que eles provocavam, impelidos por Chrestus [*impulsore Chresto*]". Conforme vimos no capítulo 16, n. 24, a expulsão pode indicar que, por volta do ano 49 d.C., a missão cristã estivera em Roma tempo suficiente para causar atritos nas sinagogas. Não dispomos de nenhuma prova suficiente antes desse tempo,[5] mas mui provavelmente o cristianismo chegara a Roma no começo dos anos 40.

De onde vieram os pregadores cristãos? Por volta de 375, Ambrosiáster, que vivia em Roma e escreveu um comentário sobre Romanos,[6] conta que os

---

[5] Para sugestões incertas, cf. BMAR 102-103. At 2,10 menciona judeus de Roma entre aqueles que ouviram falar de Jesus no primeiro Pentecostes.

[6] PL 17:46A; CSEL 81, p. 6, #4(3).

romanos "receberam a fé, embora com uma tendência judaica [*ritu licet Judaico*]". Paulo jamais esteve em Roma; nos relatos de Atos sobre Antioquia, nada sugere que tenha havido uma missão daquela cidade para Roma. De fato, não existem argumentos para outra fonte senão Jerusalém, e At 28,21 afirma que os judeus, em Roma, tinham canais de informação teológica provenientes de Jerusalém, uma conexão atestada pelos documentos judeus que mencionam personagens do final do século I.

Por que tudo isso é importante para a compreensão de Romanos? Pode ter dupla importância se aceitarmos o cap. 16 como parte da carta. Em primeiro lugar, conhecendo um número de cristãos surpreendentemente grande em Roma, Paulo teria modelado sua carta para falar pastoralmente à comunidade local. Atos e Gálatas indicam que o cristianismo originado de Jerusalém tinha toda probabilidade de ser mais conservador acerca da herança judaica e da Lei[7] do que o dos gentios convertidos por Paulo. Percebemos que a carta aos Romanos é mais cautelosa acerca do valor da herança judaica do que Gálatas, não somente ao ler os caps. 9–11, mas também ao comparar individualmente as passagens com Gálatas.[8] (Isso faz sentido se ecos de Gálatas tinham chegado até Jerusalém e ameaçavam a esperança de Paulo de uma boa acolhida [cf. *p. 730*]). Por exemplo, enquanto em Gl 5,2 Paulo escreveu: "Se vos fizerdes circuncidar, Cristo de nada vos servirá", em Rm 3,1-2 o apóstolo pergunta: "Que vantagem há então em ser judeu? E qual a utilidade da circuncisão? Muita e de todos os pontos de vista". Paulo não é incoerente, pois, diferentemente da situação enfrentada em Gálatas (e em Fl 3), não havia adversários em Romanos proclamando um evangelho contrário sobre a necessidade da circuncisão dos gentios.[9] Das cartas genuinamente paulinas, Romanos é a mais "litúrgica", pois emprega a

---

[7] Muitos estudiosos acreditam que, visto que os judeu-cristãos tinham sido enxotados anteriormente pelo imperador Cláudio, a comunidade romana conhecida de Paulo poderia conter alta percentagem de gentios. Os gentios, porém, espelhariam o cristianismo dos judeus que os converteram. Ademais, alguns judeu-cristãos teriam voltado depois da morte de Cláudio, em 54.

[8] J. L. Martyn chamou Romanos de o primeiro comentário a Gálatas; B. M. Metzger (*The New Testament; its background, growth, and content*, 2. ed., Nashville, Abingdon, 1983) diz que, se Gálatas é a carta magna do cristianismo universal, Romanos é sua organização.

[9] Em Rm 16,17-20 realmente Paulo adverte contra dissensões em oposição ao ensinamento que os romanos tinham recebido; contudo, com base no texto, não está claro se aqueles que promoveram tais discórdias por meio de falso ensinamento já se achavam em cena. Isso pode representar uma polêmica generalizada contra aqueles que provavelmente apareceriam.

linguagem do culto judaico; por exemplo, Cristo é concebido como vítima de sacrifício expiatório (Rm 3,25), as pessoas são exortadas a oferecer o corpo como sacrifício vivo (Rm 12,1) e o ministério de Paulo é definido como serviço sacerdotal ao evangelho (Rm 15,16). Essa linguagem poderia ter sido empregada levando em conta os destinatários que veneravam a liturgia do templo de Jerusalém? Em segundo lugar, Paulo estava planejando ir a Jerusalém, e, se o cristianismo romano provinha de Jerusalém, uma carta convincente a Roma, da parte de Paulo, podia ajudá-lo a antecipar aquilo que diria em Jerusalém e a persuadir os cristãos romanos a intervir, ao mesmo tempo, diante das autoridades de Jerusalém em seu favor.

Às vezes Romanos é definida como o último testamento de Paulo. Isso pode significar simplesmente que foi a última das cartas inquestionavelmente paulinas escritas — "última" por acidente. Algo mais intencional teria sido dito se Paulo tivesse previsto que Romanos seria possivelmente sua mensagem final. No parágrafo anterior, dei a entender que Paulo pode ter ficado preocupado com a viagem a Jerusalém para levar a coleta de dinheiro (dos gentios cristãos). Se ela fosse recusada, a *koinōnia* entre as comunidades de Paulo e Jerusalém estaria rompida? Paulo poderia se tornar *persona non grata* em muitos lugares, até em Roma; assim, ele pode ter escrito essa carta a fim de que os cristãos daquela Igreja tão influente pudessem saber a verdade acerca do evangelho pelo qual estava disposto a dar a vida — um último testamento literário a fim de que suas intuições não se perdessem. Essa é uma hipótese demasiado fantasiosa para basear-se no raso alicerce de Rm 15,22-32. Contudo, mesmo sem essa sombria previsão, Paulo certamente considerou sua viagem futura a Jerusalém, levando a coleta, um momento importante em sua carreira missionária; conseqüentemente, pode ter decidido enviar às Igrejas domésticas de Roma uma formulação bem elaborada de seu evangelho. Ele nutria esperanças de que seu evangelho, que tinha implicações para judeus e gentios, pudesse sarar animosidades na mista comunidade de Roma.

A interpretação mais satisfatória de Romanos combina elementos de diferentes propostas.[10] De certa forma, a carta era um sumário do pensamento de

---

[10] Cf. uma dúzia de opiniões diferentes em TRD 3-171; também WEDDERBURN, A. J. M. *The reasons for Romans*. Edinburgh, Clark, 1991.

Paulo, redigido com um ar de irreversibilidade, pois ele coordenava as idéias antes de ir a Jerusalém, onde teria de defendê-las.[11] Mas por que esse resumo foi enviado a Roma? Por diversas razões. Nesse momento de sua vida, Paulo havia acabado sua missão no Mediterrâneo oriental e pretendia iniciar uma importante missão na Espanha e no oeste distante. Roma poderia funcionar como uma base formidável para aquela missão (assim como Antioquia e Filipos tinham servido de bases nas quais ele fez os movimentos iniciais em direção oeste, em suas excursões anteriores.)[12] Além disso, Paulo julgou importante que os romanos tivessem uma correta percepção de seu ministério apostólico, de sorte que, ao mesmo tempo que Romanos servia como uma carta de recomendação para o próprio Paulo (L. T. Johnson), funcionava também como uma recomendação para seu evangelho (H. Koester). Mais pastoralmente, uma cuidadosa explanação das idéias de Paulo podia ajudar a incrementar as relações entre os cristãos de diferentes convicções em Roma (os "fortes" e os "fracos" de Rm 14,1-15,1), desempenhando a incumbência de Paulo como apóstolo das áreas gentias. Além do mais, os cristãos romanos, se se convencessem de que Paulo não era preconceituoso em relação ao judaísmo, poderiam ser intermediários junto a seus ancestrais de Jerusalém, pavimentando o caminho para uma acolhida favorável de Paulo por parte das autoridades judaico-cristãs dali. Em diversas frentes, pois, Romanos tinha a intenção de persuadir, e isso pode explicar o uso intenso do formato de diatribe (cf. *pp. 158-159*) — um gênero usado pelos filósofos greco-romanos para defender teses e responder a objeções.[13] Passemos agora a tratar Romanos seqüencialmente, constatando se essas observações são válidas.

---

[11] Muitos citariam a opinião de Filipe Melanchthon, companheiro de Lutero na Reforma alemã: "Um compêndio da religião cristã". Contudo, em Romanos existe uma ênfase quase desproporcional nos temas que aparecem em Gálatas.

[12] Em Rm 16,1-2, Paulo solicita apoio a Febe, aparentemente portadora da carta. Supõe-se que ela trabalharia em colaboração com Priscila e Áquila na instalação de uma base de apoio: os três tinham trabalhado com Paulo na atividade missionária no Mediterrâneo oriental.

[13] Se Romanos for considerada uma carta didática, existem paralelos entre ela e as cartas de Epicuro, bem como elementos da *Moralia*, de Plutarco; cf. STIREWALT JR., M. L. TRD 147-171. J. D. G. Dunn (*Romans*, WBC, 1988, p. lix) está perfeitamente correto, porém, ao sustentar que a singularidade da carta sobrepuja sua conformidade com os padrões literários ou retóricos greco-romanos e que os debates a respeito de se era epidíctica (demonstrativa), ou deliberativa, ou protréptica (persuasiva) não aumentam em grande coisa nossa compreensão do conteúdo de Romanos e do propósito de Paulo.

Análise geral da mensagem

A *fórmula introdutória* (Rm 1,1-7), e a *Ação de graças* (Rm 1,8-10) e um *Proêmio* (Rm 1,11-15), que servem de abertura do corpo, podem ser tratados em conjunto, pois apresentam interessantes traços que se entrelaçam. A omissão por Paulo da expressão "a Igreja de Deus que está em Roma" ou "as Igrejas de Roma" (cf. 1Cor 1,2; 2Cor 1,1; Gl 1,2; 1Ts 1,1) tem sido interpretada pejorativamente. Embora saúde de boa vontade a Igreja doméstica de Roma (Rm 16,5), especula-se que Paulo não considerava a comunidade romana uma verdadeira Igreja porque não a criou ou por causa da teologia dela. Isso é provavelmente errado: Paulo não seria desdenhoso numa carta destinada a ganhar o favor romano; a integrantes de um grupo que não considerasse Igreja, dificilmente poderia chamar de "amados de Deus e chamados à santidade" (Rm 1,7); ademais, a omissão da palavra "Igreja" no início de Filipenses, endereçada a uma comunidade que Paulo fundou e amou, mostra quão pouco confiável é esse argumento.

No v. 8, Paulo testemunha que a fé dos cristãos romanos é anunciada em todo o mundo — elogio altaneiro, pois se torna claro nos vv. 11-15 que o apóstolo jamais os viu, embora desejasse visitá-los havia muito tempo. Nesse contexto de saudação, o mais formal dos escritos paulinos, surpreende o modo como Paulo se apresenta aos cristãos romanos.[14] Ele usa apenas seu nome — nenhum co-remetente — e declara que é "apóstolo, escolhido para anunciar o evangelho de Deus" (Rm 1,1), explicitando: O evangelho "que diz respeito ao Filho de Deus, nascido da estirpe de Davi segundo a carne, estabelecido Filho de Deus com poder por sua ressurreição dos mortos, segundo o Espírito de santidade" (Rm 1,3-4). A pesquisa crítica reconhece que nesse texto Paulo não usa linguagem de sua própria lavra, mas apresenta uma formulação judaico-cristã do evangelho[15] — presumivelmente porque tal formulação seria familiar e aceitável aos cristãos romanos. Se o evangelho de Paulo foi apresentado falsamente ou difamado, o

---

[14] Morgan, *Romans* 17, nota que, nos versículos iniciais, Paulo pressupõe que seus ouvintes compreenderiam uma série de termos teológicos: Messias (Cristo), apóstolo, evangelho, Filho de Deus, Escritura, Espírito de santidade — muito cedo os cristãos desenvolveram uma terminologia comum.

[15] Por exemplo, a expressão "Espírito de santidade" reflete uma estrutura genitiva semítica, em lugar da expressão normal de Paulo, e em melhor grego, "Espírito Santo". Note-se que, no começo, Paulo não faz nenhuma referência à crucifixão e morte de Jesus (cf. Rm 4,25). Ambrosiáster, continuando aquilo que foi citado nas *pp. 740-741*, diz que, antes de Paulo, o mistério da cruz não tinha ainda sido exposto aos romanos.

apóstolo se protege, desde o começo, ao mostrar que o que prega harmoniza-se com a pregação daqueles que evangelizaram os romanos. Destarte, ele e os romanos podem encorajar-se mutuamente pela fé (Rm 1,12). A transição para o corpo da carta (Rm 1,10-15) relata o projeto futuro de Paulo de ir a Roma para anunciar o evangelho, do qual essa missiva é uma exposição antecipatória.

Seção doutrinal do corpo: primeira parte (Rm 1,16–4,25): *a justificação/ justiça [dikaiosynē] de Deus revelada por meio do evangelho*. Paulo avança na parte central de sua carta acentuando que esse evangelho é o poder de Deus para a salvação[16] de cada crente, primeiro do judeu, depois do grego. (Note-se a seqüência teológica, que teria bastante força contra quem quer que afirmasse que Paulo desvalorizava os crentes judeus.) Um tema central de Romanos é: "a justiça de Deus" agora foi revelada (cf. Rm 1,17; subseção adiante), a saber, a qualidade segundo a qual, no julgamento, Deus liberta as pessoas de seus pecados por meio da fé em Jesus Cristo. (Acerca do uso de Hab 2,4 — "O justo viverá pela fé" — cf. capítulo 19, Temas e problemas para reflexão, 3). Qual era a relação entre as pessoas e Deus antes da vinda do evangelho de Cristo? Voltando-se primeiramente para os gentios, nessa carta aos cristãos da capital de todo o mundo romano, Paulo deseja explicar que um Deus gracioso era cognoscível desde o início da criação (Rm 1,18-23).[17] Apenas por falha e estupidez humanas é que a imagem divina foi obscurecida no mundo pagão; daí a ira de Deus. Uma descrição realista da idolatria pagã, da lascívia e da conduta depravada à qual ela conduziu (Rm

---

[16] Nas cartas autenticamente paulinas, a salvação é um aspecto escatológico, futuro da ação de Deus na qual o Cristo intercessor, no céu, terá um papel importante; os judeus compreendê-lo-iam com base no contexto do AT, do Deus que salva e liberta Israel, enquanto os gentios poderiam ouvir o eco de um rei ou imperador como "salvador", no sentido de protetor de uma nação ou cidade. Via de regra Paulo mantém uma distinção entre salvação e justificação, que é uma realidade presente; contudo, conforme veremos, Efésios parece tratar a salvação juntamente com a justificação.

[17] Essa passagem tem levado à discussão sobre se Paulo adota uma teologia natural; debate tornado mais complicado pelas teorias patrísticas de revelação natural e pela insistência dos estudiosos modernos na pureza da teologia escatológica de Paulo (com base na qual eles vêem uma contradição na ênfase sobre os poderes do raciocínio humano). Numa discussão matizada, J. A. Fitzmyer (op. cit., pp. 217-274) mostra que Paulo reproduz um tipo de pensamento judeu-helenista acerca dos gentios encontrado em Sb 13,8-9: "Entretanto, nem estes sequer são perdoáveis: pois se foram capazes de conhecer tanto, para postular a unidade do mundo, como não descobriram antes o seu Senhor?". Paulo não busca uma revelação natural (*apokalyptein*) comparável à revelação em Cristo; ele fala daquilo que Deus tornou evidente sobre o poder divino, eterno, na criação material, e que os pagãos culposamente ignoraram.

1,24-32) reflete os valores judaicos de Paulo.[18] Na imagem dos gentios que abre Romanos, Paulo pode estar se servindo do modelo helenista sinagogal, de acordo com o qual ele foi criado. A seguir, porém, em Rm 2,1, em um estilo conhecido por nós como diatribe, Paulo fala a um judeu ouvinte imaginário, que pode julgar aquilo que Paulo condenou; no entanto, apesar de sua postura superior, pode estar fazendo as mesmas coisas. Deus não demonstra favoritismo: a vida eterna ou o castigo serão atribuídos de acordo com o que as pessoas fazem; primeiramente os judeus serão julgados de acordo com a Lei; a seguir, os gentios serão julgados conforme a natureza (*physis*) e de acordo com o que está escrito em seu coração e em sua consciência (Rm 2,5-16).

Em uma seção memorável (Rm 2,17-24), Paulo ridiculariza a orgulhosa pretensão da superioridade judaica. Ele afirma que a circuncisão tem valor,[19] mas somente se se observa a Lei. De fato, uma pessoa incircuncisa, que vive segundo as exigências da Lei, condenará o circunciso violador desta (Rm 2,25-29). Todos os seres humanos são culpados perante Deus. Qual, então, é a vantagem dos judeus circuncisos, se eles também estão sob a ira de Deus (Rm 3,1-9) e se ninguém é justo?[20] Em Rm 3,21-26 Paulo responde: aos judeus foram dadas as palavras da promessa de Deus, e Deus é fiel. O apóstolo menciona o que foi prometido ou prefigurado na Lei e nos Profetas, a saber, a justiça de Deus mediante a fé de/em Jesus Cristo, que justificou judeu e grego, sem distinção. A integridade de Deus está assegurada: ele não é infiel, pois os pecados de todos foram expiados pelo sangue de Cristo.[21] Ninguém tem o direito de orgulhar-se, visto que

---

[18] Sb 14,17-31. Para a condenação por Paulo das práticas homossexuais, cf. *p. 699*. R. A. Spivey e D. M. Smith (*Anatomy of the New Testament*, 5. ed., Englewood Cliffs, 342) argumentam que Paulo cita o comportamento homossexual não porque seja o pior pecado, mas porque exemplifica como o pecado inverte a ordem criada por Deus (cf. Jd 7).

[19] Em outra parte, Paulo é claramente contrário à circuncisão dos gentios convertidos, mas aqui ele refere-se aos judeus. Dificilmente seria mero acaso o fato de Paulo, em Romanos, discutir sua postura perante o judaísmo — os cristãos romanos estariam interessados no assunto.

[20] A fim de fundamentar o último ponto, em Rm 3,10-20 Paulo cita passagens da Escritura que os estudiosos definem como *testimonia*, ou seja, coleção de textos sobre um tema, talvez unidos num contexto litúrgico.

[21] O modelo que está na mente de Paulo é o dos sacrifícios de animais no templo e a aspersão do sangue deles. Fitzmyer (op. cit., p. 342) argumenta, com base no vocabulário, em grande parte ritual, que em Rm 3,24-26 utilizou-se uma fórmula pré-paulina — talvez outra passagem na qual Paulo expressa seu evangelho em linguagem familiar aos cristãos romanos. Para uma visão geral, cf. CAMPBELL, D. A. *The rhetoric of righteousness in Romans 3,21-26*. Sheffield, JSOT, 1992. (JSNTSup, 65.)

Deus gratuitamente justificou o circunciso e o incircunciso da mesma maneira, pela fé,[22] independente das obras/ações da (= prescritas pela) Lei (Rm 3,27-31).

Paulo citou a Lei e os Profetas e, no cap. 4, retrocede ao primeiro livro da Lei e cita Abraão para mostrar que Deus agiu coerentemente, pois a justiça de Abraão se deu pela fé, e não pela Lei.[23] Vimos, nas *pp. 623-628*, que o apelo de Paulo a Abraão foi provavelmente catalisado pelo uso de Abraão entre aqueles da Galácia que insistiam em que era necessária a circuncisão para a salvação. Agora o exemplo de Abraão tornou-se elemento formativo de sua compreensão a respeito do plano de Deus. Os judeus do tempo de Paulo consideravam Abraão um ancestral, mas para o apóstolo, ele era o "pai de todos nós" que partilhamos sua fé (Rm 4,16).[24] A seção conclui-se com uma declaração concisa da tese de Paulo: a história da justiça atribuída a Abraão foi escrita para nós, que cremos no Senhor Jesus, "o qual foi entregue pelas nossas faltas e ressuscitado para a nossa justificação" (Rm 4,25). Embora essa ação salvífica atingisse os indivíduos separadamente, Paulo considera os crentes relacionados uns aos outros na coletividade — uma comunidade religiosa ou Igreja, assim como Israel era o povo da aliança.

Seção doutrinal do corpo: segunda parte (Rm 5,1-8,39): *reconciliação com Deus em Cristo e seus benefícios.* Se as pessoas são justificadas por intermédio de Cristo, estão reconciliadas com Deus. Isso traz muitos benefícios: paz com Deus, esperança de partilhar a glória dele e uma infusão do amor divino (Rm 5,1-5). A explicação sobre como a morte de Cristo realizou a justificação, a salvação e a reconciliação (Rm 5,6-11) contém uma das maiores explanações neotestamentárias do que envolve o amor divino: a disposição de morrer pelos pecadores que não merecem tal graciosidade (cf. *pp. 704-705*). Após usar Abraão como exemplo de justificação pela fé na história de Israel, Paulo compara o que foi realizado por meio de Cristo com a condição de todos os seres humanos descendentes de Abraão: graça e vida são comparadas a pecado e morte. (Para Paulo, a morte não é simplesmente

---

[22] Em Rm 3,28, Lutero introduz um advérbio não encontrado no grego (*"somente pela fé"*, ou "pela fé *apenas*"); a expressão *sola fides* já existia nos escritores eclesiásticos latinos antes de Lutero, mas esse acréscimo em Romanos salienta o contraste teológico com Tg 2,24: "Vês que o homem é justificado pelas obras e não simplesmente pela fé".

[23] Sobre Abraão em Rm 4, cf. HAYS, R. B. NovT 27, 76-97, 1985.

[24] No decurso de sua exposição, Paulo faz uma de suas mais severas afirmações: "[...] o que a Lei produz é a ira, ao passo que onde não há Lei, não há transgressão" (Rm 4,15). A acusação de que esse quadro não faz justiça aos judeus do tempo de Paulo será analisada em uma subseção adiante (p. *759*).

a cessação da vida, mas, por ter vindo por meio do pecado, é a negação da vida.) Assim como a transgressão de Adão levou à condenação de todos, o ato de justiça de Cristo levou todos à justificação e à vida. Rm 5,12-21 deu origem à teologia do pecado original; confira a subseção a seguir.

Em Rm 6,1-11, Paulo explica que essa transformação é realizada por meio do batismo — a mais longa abordagem desse assunto em suas cartas, embora nem mesmo aqui ele explicite a relação exata entre batismo e fé na obra divina. Nosso velho ser foi crucificado com Cristo; fomos batizados em sua morte e sepultados com ele, para que, assim como ele ressuscitou dos mortos, nós possamos caminhar na novidade da vida.[25] O pecado, porém (personificado por Paulo), permanece uma força atuante, embora agora estejamos sob a graça e não sob a Lei, e Rm 6,12-23 adverte contra a escravidão pelo pecado. Alguns pensam que o apóstolo reutiliza um de seus sermões batismais aqui, talvez a fim de proteger-se contra qualquer acusação de que seu evangelho de justificação, à margem da Lei, incentiva a licenciosidade.

No cap. 7, Paulo volta ao tema da Lei mosaica. O princípio básico é de que a morte de Cristo anulou o poder vinculativo da Lei. Esta não pode equiparar-se ao pecado, mas as paixões pecaminosas são suscitadas por ela: "[...] eu não conheci o pecado senão através da Lei" (Rm 7,5.7). O monólogo em primeira pessoa do singular que pervaga Rm 7,7-25 está entre as mais dramáticas passagens retóricas de Paulo em Romanos: "Com efeito; não faço o bem que quero, mas pratico o mal que não quero. [...] Comprazo-me na lei de Deus segundo o homem interior; mas percebo outra lei em meus membros, que peleja contra a lei da minha razão". Esse arrebatado discurso suscitou muitas interpretações.[26] Fitzmyer (op. cit., pp.

---

[25] Sobre Rm 6,1-4, cf. STEPP, P. L. *The believer's participation in the death of Christ*. Lewiston, NY, Mellen, 1996. Alguns interpretam essa teologia do batismo com base nas iniciações das religiões místericas (cf. *p. 156*), mas ela deveria ser relacionada ao modo segundo o qual Jesus comparou sua morte ao batismo com que foi batizado (Mc 10,38-39). Gl 2,19-20 fala de morrer e viver em Cristo, sem referência ao batismo.

[26] Além da bibliografia em Fitzmyer, op. cit., pp. 469-472, cf. LAMBRECHT, J. *The wretched "I" and its liberation*; Paul in Romans 7 and 8. Louvain, Peeters, 1992. Entre as interpretações, sobressai-se a que considera o "eu" autobiográfico, ou seja, Paulo estaria refletindo sobre suas lutas pré-cristãs pela observância da Lei. Isso alimentou a identificação que Lutero faz de suas próprias lutas com os combates de Paulo (sua famosa descrição "justo e pecador, ao mesmo tempo" liga-se a Rm 7,15-20). Um corretivo essencial é: STENDAHL, K. The apostle Paul and the introspective conscience of the West. HTR 56, 199-215, 1963 (reimpresso em seu *Paul among Jews, and Gentiles and other essays*, Philadelphia, Fortress, 1976, pp. 78-96). Importante, ainda que precise de correções, é: BULTMANN, R. Romans 7 and the Anthropology of Paul. In: *Existence and faith*. New York, Meridian, 1960. pp. 147-157 (também sua *Theology of the New Testament*, London, SMC, 1952, 1.288-306).

465-466) oferece um fascinante paralelo com os MMM, em que o escritor encarna um "eu" que se engalfinha com o problema da salvação, começando com estas palavras: "Pertenço a uma humanidade má". Tanto o escritor do MMM quanto Paulo *referem-se a humanidade pecadora* de uma perspectiva judaica, mas, para o autor dos MMM, a libertação provém de um Deus gracioso, por meio da Lei ou Torá, enquanto, para Paulo, ela provém de um Deus gracioso mediante a fé em Jesus Cristo.

Se Cristo liberta da morte e do pecado, e traz a vida, como se deve levar essa vida, especialmente porque ainda nos encontramos na carne, e esta não se submete à lei de Deus? No cap. 8, a resposta de Paulo é: não devemos viver de acordo com a carne, mas conforme o Espírito de Deus, que ressuscitou Cristo dos mortos. "Pois se viverdes segundo a carne, morrereis, mas, se pelo o Espírito fizerdes morrer as obras do corpo, vivereis" (Rm 8,13).[27] Destarte, tornamo-nos filhos de Deus (capazes de clamar *"Abba,* Pai", como Jesus o fez), herdeiros de Deus e co-herdeiros de Cristo, com a promessa de que, se agora sofremos com ele, seremos também glorificados com ele (Rm 8,14-17). O povo de Israel compreendeu que era o primogênito de Deus ou os filhos de Deus (Ex 4,22; Is 1,2); agora, porém, o relacionamento aprofundou-se por meio do Espírito daquele que era o único Filho de Deus. (Paulo usa para "nós" a linguagem da "filiação" divina, *huiothesia,* linguagem que João restringe a Jesus.) Na história da criação do AT, a terra foi amaldiçoada por causa do pecado de Adão (Gn 3,17-19; 5,29), de modo que, na apocalíptica do AT, existem sonhos de um novo céu e de uma nova terra (Is 65,17; 66,22). Logicamente, pois, como parte do contraste entre Adão e Cristo, Paulo (Rm 8,18-23) fala também do efeito salvífico de Cristo sobre a criação material (inclusive o corpo humano). Nosso corpo será liberto dos laços da decadência e levado à liberdade. Nós ainda não vemos isso; esperamos, pacientemente, mas a fim de socorrer nossa fraqueza, o Espírito intercede por nós com suspiros inexprimíveis (Rm 8,24-27). No futuro, nada é casual: tanto a justificação quanto a glorificação fazem parte do plano de salvação que Deus traçou desde o começo (Rm 8,28-30). O Deus que "não poupou o seu próprio Filho e o entregou por todos nós" está do nosso lado, e isso é fonte de imensa confiança.

---

[27] Essa não é uma visão trinitária, pois o Espírito na exclamação de Paulo não funciona ainda claramente como uma pessoa; a atribuição, porém, de tal atividade ao Espírito de Deus moverá o pensamento cristão nessa direção. A "carne", para Paulo, não é má; contudo, por meio dela, o impulso mau pode apoderar-se de uma pessoa.

Em Rm 8,31-39 Paulo termina essa segunda parte da seção doutrinal de Romanos com uma das declarações mais eloqüentes de todos os escritos espirituais cristãos: "Se Deus está conosco, quem estará contra nós? [...] estou convencido de que nem a morte nem a vida, nem os anjos nem os principados, nem o presente, nem o futuro, nem os poderes, nem a altura [...] poderá nos separar do amor de Deus manifestado em Cristo Jesus, nosso Senhor".

Seção doutrinal do corpo: terceira parte (Rm 9,1–11,36): como a justificação por intermédio de Cristo se coaduna com as promessas de Deus a Israel?[28] Se existia um plano divino desde o começo, que conduzia a Cristo, como é que os israelitas (judeus), que receberam a promessa por meio da Lei e dos Profetas, rejeitaram Cristo? A lógica requerida para responder a essa questão brota de modo tão surpreendente desses capítulos que alguns estudiosos (começando já no século II, com Marcião) acabaram considerando-os estranhos à carta e contraditórios. O missionário que passou tantos anos proclamando o evangelho aos gentios estaria agora disposto a ser separado de Cristo e condenado por amor de seus irmãos judeus! Acusando de mentirosos todos aqueles que dizem que ele menospreza o judaísmo, enumera, com orgulho, os privilégios maravilhosos dos israelitas (Rm 9,4-5).

Em sua explicação de que a palavra de Deus não falhou, Paulo cita a Escritura para mostrar que nem toda a descendência de Abraão foi contada entre seus filhos: Deus escolheu Isaac, não Ismael, Jacó, não Esaú (Rm 9,14-23). Assim, não se podem pedir contas a Deus pelas escolhas que fez. Usando outra lista de *testimonia* (Rm 9,24-29), Paulo procura mostrar que Deus previu tanto a infidelidade de Israel quanto a vocação dos gentios. Israel falhou porque procurou a justificação pelas obras, não pela fé; aumentando seu erro, não obstante o zelo, não reconheceu que Deus manifestou sua justiça àqueles que acreditam em Cristo e que, de fato, Cristo é o fim da Lei (Rm 9,30–10,4).[29] Na continuação, Paulo

---

[28] MUNCK, J. *Christ and Israel*; an interpretation of Romans 9–11. Philadelphia, Fortress, 1967; BARRETT, C. K. Romans 9,30–10,21: call and responsibility of Israel. In: *Essays on Paul*. Philadelphia, Westminster, 1982. pp. 132-153; GUERRA, A. J. RB 97, 219-237, 1990.

[29] Acerca da validade desse julgamento da visão de Israel sobre a justificação pelas obras, cf. *p. 761*. Com a expressão "fim da Lei (mosaica)" não é evidente se Paulo quer indicar o objetivo da Lei, ou a cessação da Lei (Gl 4,4-5), ou uma combinação: o objetivo da Lei, que a conduz ao fim. Cf. BADENAS, R. *Christ the end of the Law*. Sheffield, JSOT, 1985. (JSNTSup, 10.); BECHTLER, S. R. CBQ 56, 288-308, 1994; HOWARD, G. E. JBL 88, 331-337, 1969.

enfatiza a futilidade de buscar ser justo diante de Deus com base nas obras, pois, "se confessares com tua boca que "Jesus é Senhor" e creres em teu coração que Deus o ressuscitou dentre os mortos, serás salvo" (Rm 10,9). Nesse "versículo" não há distinção entre judeu e grego (Rm 10,12); tudo isso realiza a profecia de Jl 3,5 (2,32): "[...] todo aquele que invocar o nome de Iahweh, será salvo".

Em Rm 10,14-21, Paulo deixa pouco espaço para Israel desculpar-se: o evangelho já fora anunciado pelos profetas, mas os israelitas não acreditaram. Não podem sequer apresentar o álibi de não ter compreendido, pois são um povo desobediente e rebelde, ao passo que a insensata nação dos gentios creu. "Não teria Deus, porventura, repudiado seu povo?" (Rm 11,1). Em uma indignada resposta negativa à questão que retoricamente levantara, Paulo fala como israelita, descendente de Abraão, da tribo de Benjamim, escolhido por graça. Cita exemplos da história de Israel, em que a maioria fraquejou, mas Deus preservou um resto (Rm 11,2-10). E Paulo prevê que tudo dará certo (Rm 11,11-32). O tropeço de Israel e o endurecimento parcial de seu coração foram providenciais, pois ensejaram a salvação dos gentios. Daí, num revés psicológico, Israel ficará enciumado; então, todo o Israel será salvo.[30] Os crentes gentios não devem orgulhar-se; são apenas um ramo de oliveira silvestre que foi enxertado num tronco cultivado, no lugar de ramos que foram cortados. O reenxerto dos ramos naturais (israelitas) será mais fácil (surpreende um pouco que o apóstolo dos gentios pareça considerar a conversão dos gentios não como um fim em si mesmo, mas como um passo em direção à conversão de Israel). Os gentios, anteriormente, e Israel, agora, foram desobedientes, mas Deus está usando de misericórdia com todos. Paulo conclui esse quadro com um hino de louvor à profundeza da riqueza e da sabedoria de Deus: "A ele a glória pelos séculos. Amém!" (Rm 11,33-36).

Seção exortativa do corpo: primeira parte (Rm 12,1–13,14): *conselhos imperativos para a vida cristã*. Agora Paulo apresenta aos cristãos romanos sugestões sobre o modo como eles podem viver em resposta à misericórdia de Deus. Por um lado, isso não surpreende, pois desde o começo (Rm 1,5) Paulo deixou

---

[30] Rm 11,26 — alguns, de fato, por meio do ministério de Paulo para os gentios (Rm 11,13-14). Para Stendahl, Paulo quer dizer que Deus realizará a salvação de Israel independentemente de Cristo. Em minha opinião, Fitzmyer (op. cit., pp. 619-620) está correto ao rejeitar essa opinião, pois tal solução milita contra a tese geral de Paulo sobre a justificação e a salvação, pela graça, para todos aqueles que acreditam no evangelho de Jesus Cristo.

claro que o dom de seu apostolado estava orientado a realizar a obediência da fé. Por outro lado, trata-se de uma empreitada ousada, dado que Paulo não tinha nenhum relacionamento pessoal com a maioria dos cristãos romanos. Começando, pois, em Rm 12,3, Paulo repete idéias que expressou também em 1 Coríntios, escritas provavelmente menos de um ano antes: um corpo, muitos membros, diferentes dons/carismas, entre os quais estão o da profecia e do ensinamento,[31] e uma ênfase no amor. Como um escritor sapiencial do AT, em Rm 12,9-21 ele oferece uma série de conselhos com acento especial na harmonia, autocontrole e perdão — tudo como parte do não conformar-se com este tempo/mundo (Rm 12,2) e do renovar-se num novo tempo e éon inaugurados por Cristo.[32]

O conselho a submeter-se às autoridades constituídas (Rm 13,1-7) é particularmente apropriado em uma carta para a capital. (1Pd 2,13-15, escrita da capital, tem um tom semelhante.) Por esse tempo, Cláudio, que expulsara os judeus de Roma, havia morrido, e o novo imperador (Nero) ainda não demonstrara hostilidade contra os cristãos; por conseguinte, Paulo podia falar do governo (romano) como servo de Deus. As orientações para que as taxas fossem pagas e as autoridades fossem respeitadas e honradas fariam dos cristãos cidadãos-modelo. A atitude obediente de Paulo provém de sua boa experiência pessoal com a autoridade romana (p. ex., com Galião, em Corinto, em At 18,12-17)? Ou suas instruções eram uma estratégia defensiva contra a acusação de que sua teologia da liberdade e da pertença a outro mundo incentivava perigosa irresponsabilidade civil? Ou estava ele pastoralmente preocupado que as duas expulsões dos judeus, relativamente recentes (19 d.C. e 49 d.C.), efetuadas por aborrecidos imperadores romanos, pudessem repetir-se, dessa vez, com os cristãos? (Os cristãos, visto que estavam convertendo os gentios, eram potencialmente mais incômodos do que os judeus? Cf. capítulo 8, n. 59.) Quando estudarmos o Apocalipse, veremos que, por volta do fim do século, desenvolveu-se atitude cristã diferente em relação ao imperador romano, forjada pela perseguição imperial e pelos abusos infligidos aos

---

[31] Capacidade de exortação e generosidade nas contribuições são dois carismas ausentes em 1Cor 12,8-10.28, mas mencionados em Rm 12,8. Em 1Cor 12,28, o carisma do "governo" (*kybernēseis*) seria o mesmo que "presidência com diligência" (*proïstamenoi*) em Rm 12,8?

[32] Apocalíptico: cf. *pp. 614-616, 674, 694*. Entre os estudiosos, discute-se se a lista dos conselhos é redação própria de Paulo ou foi tirada de uma composição grega ou semítica primitiva. Cf. TALBERT, C. H. NTS 16, 83-94, 1969-1970. WILSON, W. T. *Love without pretense*; Romans 12,9-21 and Hellenistic-Jewish wisdom literature. Tübingen, Mohr-Siebeck, 1991. (WUNT, 2.46.)

cristãos. Destarte, não se justifica absolutizar a admoestação de Paulo como se fosse *a* visão neotestamentária aplicável às autoridades governamentais de todos os tempos. Em Rm 13,8-10, em que "Não devais nada a ninguém a não ser o amor mútuo, pois quem ama o outro cumpriu a Lei" vem acompanhado da afirmação de que os mandamentos se resumem em "Amarás o teu próximo como a ti mesmo", Paulo aproxima-se da tradição de Jesus em Mt 22,38-40. Rm 13,11-14 conclui a primeira parte da seção exortativa enfatizando quão crítico é o momento escatológico, esse *kairos* inaugurado por Cristo. (O v. 12, com a imagem de noite e dia, de obras das trevas e de armadura da luz, pode refletir um hino batismal conhecido dos romanos.) A urgência leva Paulo a aconselhá-los a prevenir-se contra os desejos da carne: "[...] Revesti-vos do Senhor Jesus Cristo" (Rm 13,14).

Seção exortativa do corpo: segunda parte (Rm 14,1–15,13): *aquele que é forte deve amor ao fraco.* Não sabemos se as expressões "forte" e "fraco" que aparecem aqui são de cunho paulino ou já estavam em uso entre os romanos. Essas designações parecem contemplar maneiras de considerar as exigências cristãs, mais do que facções como aquelas que aderiam a diferentes figuras cristãs em Corinto. Os "fracos" estão convencidos de que podem comer qualquer coisa e não precisam levar em consideração dia algum especial; os "fracos" são cautelosos no comer, dependendo apenas de verduras e observando certos dias santos. Apesar dos esforços de alguns estudiosos em associar tais preferências com práticas helenistas ou de religiões mistéricas, o problema reflete, provavelmente, costumes provenientes da pureza e das exigências cúlticas da Lei mosaica. Os "fortes" consideram tais preceitos irrelevantes, enquanto os "fracos" (que parecem equivaler aos "fracos na fé", em Rm 14,1) acreditam que as leis são determinantes. Muitos intérpretes identificam os "fortes" com a maioria cristã gentia em Roma e os "fracos" com os judeu-cristãos; isso, porém, ultrapassa (ou até mesmo vai de encontro a) os dados. Os gentios cristãos podem muito bem ter sido maioria, donde as advertências a que não se vangloriassem porque os judeus rejeitaram o Cristo (Rm 11,17-18); isso, no entanto, não nos diz se os cristãos gentios observavam ou não a Lei mosaica.[33] Se os evangelizadores originais de

---

[33] Por exemplo, a comunidade gálata, convertida por Paulo, pode ter sido inteiramente gentia; todavia, depois que os pregadores antipaulinos os convenceram, muitos cristãos gentios gálatas aceitaram a circuncisão e as obrigações da Lei. Quanto aos debates acadêmicos sobre os "fortes" e os "fracos", cf. MINEAR, P. S. *The obedience of faith.* London, SCM, 1971; KARRIS, R. J. TRD 65-84; MARCUS, J. NTS 35, 67-81, 1989.

Roma tinham sido missionários de Jerusalém (uma possibilidade sugerida anteriormente), deve ter havido muitos gentios convertidos que eram observantes da Lei. Os "fracos", então, seriam uma combinação de tais gentios e de alguns judeu-cristãos que voltaram de Roma depois da morte de Cláudio. Por outro lado, outros judeu-cristãos, que eram amigos de Paulo e os quais ele menciona em Rm 16, estariam entre os "fortes".

Paulo deseja que os dois grupos não se julguem nem se desprezem mutuamente (Rm 14,3-4.10.13). Quer comam, quer se abstenham, devem fazê-lo pelo Senhor: "[...] quer vivamos, quer morramos, pertencemos ao Senhor" (Rm 14,6-8). Se os cristãos romanos, "fortes" ou "fracos", ouviram que Paulo não obriga seus cristãos gentios conversos a observar a Lei mosaica, aprenderam, como os coríntios antes deles (1Cor 8,7-13; 10,23-33), que o apóstolo jamais consentiria que essa liberdade fosse usada para dividir a comunidade. De modo particular, ele adverte os "fortes" de que é melhor não comer ou beber vinho, se isso leva o irmão ou a irmã a tropeçar ou titubear (Rm 14,21). Identificando-se com eles, Paulo proclama: "Nós, os fortes, devemos carregar as fragilidades dos fracos e não buscar a nossa própria satisfação" (Rm 15,1). Cristo não procurou a própria satisfação (Rm 15,3), mas tornou-se servo da circuncisão para mostrar a fidelidade de Deus, confirmando a promessa feita aos patriarcas, a fim de que os gentios possam glorificar a misericórdia de Deus (15,8-9a). Paulo finda esta seção com outra lista de *testimonia* (Rm 15,9b-12): dessa vez, são passagens dos Profetas, da Lei e dos Escritos (as três divisões do AT) pertinentes ao plano de Deus para os gentios.

Primeira seção conclusiva (Rm 15,14-33): *futuros planos de Paulo*. O apóstolo conclui essa carta com duas seções inter-relacionadas. A primeira explica suas relações com os romanos. Ele sabe que eles são bons, mas escreveu-lhes porque recebeu a graça de Deus para ser ministro dos gentios. Assim como um sacerdote judeu dedica-se ao serviço de Deus no templo, a pregação do evangelho é, para Paulo, um serviço litúrgico, de sorte que os gentios possam tornar-se uma aceitável oferta consagrada a Deus (Rm 15,16).[34] No desempenho de tal serviço, Paulo fora

---

[34] Todavia, conforme nota Fitzmyer, (op. cit., p. 712), não podemos concluir, com base nisso, que Paulo considerava-se um "sacerdote" cristão. Em grego, o nome para o sacerdote cúltico de Israel era *hiereus*; no NT, esse termo é usado para Cristo em Hb 5,6 etc., mas nunca para um cristão. Somente depois do final do século II é que os ministros cristãos (bispos) são chamados de sacerdotes.

de Jerusalém a Ilírica (Grécia ocidental).³⁵ Agora espera avançar em direção oeste, passando por Roma, cujos cristãos, por muitos anos, ele deseja visitar, e pregar o evangelho onde Cristo ainda não foi invocado, ou seja, na Espanha (Rm 15,14-24). Mas, antes de tudo, ele precisa levar aos pobres de Jerusalém o dinheiro que coletou na Macedônia e na Acaia, e essa viagem preocupa-o. Será que conseguirá escapar à hostilidade dos descrentes da Judéia (os quais, aparentemente, consideram-no um traidor que se passou para a Igreja que anteriormente perseguira)? Sua coleta será aceita pelos cristãos hierosolimitanos (os quais, podemos supor, ficaram ofendidos com alguns comentários desairosos feitos por Paulo contra os "pilares" da Igreja de Jerusalém — Gl 2,6.9)? Paulo deseja que os romanos o ajudem nessa viagem rezando por ele (Rm 15,25-33). Espera também que os romanos enviem uma palavra que lhe seja favorável aos amigos deles em Jerusalém?

Segunda seção conclusiva (Rm 16,1-27): *saudação aos amigos romanos*. Contudo, visto que Paulo deseja passar algum tempo em Roma, em sua viagem de volta de Jerusalém, rumo à Espanha, precisa outrossim de uma boa palavra em seu favor também em Roma. Primeiramente, Febe, uma mulher-diácono³⁶ da Igreja de Cencréia, distante alguns quilômetros de onde Paulo escreve, e de grande ajuda para ele, está indo a Roma (e talvez levando essa carta); espera-se que ela seja bem acolhida. Se existem cristãos romanos que desconfiam de Paulo, ela pode ajudar, como intermediária, como o podem várias pessoas que já se acham em Roma e que o conhecem, 26 das quais ele agora começa a saudar em Rm 16,3-16. (Estou considerando que esse capítulo foi autenticamente escrito por Paulo como parte de Romanos; cf. a primeira subseção.) Estamos familiarizados apenas com algumas delas, a partir de Atos e de outras cartas paulinas. Embora saibamos mais sobre Paulo do que sobre qualquer outro cristão neotestamentário, sabemos relativamente pouco. Referências a uma Igreja doméstica em Rm 16,14-15 fazem suspeitar que a comunidade romana era constituída de bom número de pequenas Igrejas; com efeito, tal modelo é atestado em Roma durante todo o século II. A atenção moderna tem sido despertada pelo fato de Andrônico e Júnia

---

[35] Região contígua à Macedônia que compreendia a costa da Dalmácia. Quando Paulo foi para lá? Talvez poucos meses antes de escrever essa carta, quando viajou de Éfeso e Trôade, pela Macedônia, a caminho de Corinto.

[36] Não sabemos se os diáconos nas Igrejas paulinas dos anos 50 (cf. Fl 1,1) eram um grupo tão estruturado quanto os diáconos de 1Tm 3,8-13, uma carta escrita diversas décadas depois. Contudo, o que quer que um diácono fizesse, presumivelmente uma mulher-diácono fazia também. (O termo "diaconisa" não é útil, pois essa instituição é bem posterior, não tendo o mesmo *status* que os diáconos.)

(preferível a Júnias) serem "salientes entre os apóstolos" (Rm 16,7). Júnia/Júnias é, com toda probabilidade, nome de mulher, e esta pode ter sido a esposa de Andrônico. Essa identificação demonstra que Paulo aplicava o termo "apóstolo" a mulheres.[37] O versículo é um problema especialmente para aqueles que, contrariando os dados do NT, confinam a apostolicidade aos Doze. (Dado que apenas anacronicamente cada apóstolo pode ser considerado um sacerdote ordenado, o versículo não é decisivo no debate moderno sobre se as mulheres podem ou devem ser ordenadas sacerdotisas eucarísticas.)

Paulo põe fim à carta (Rm 16,21-23) incluindo saudações da parte de outros cristãos de Corinto. O escriba Tércio apresenta-se (a única vez que um secretário de Paulo o faz), presumivelmente, porque foi um discípulo colaborador na carta. (Alguns copistas transpuseram a bênção de Rm 16,20b para seguir-se a Rm 16,23, acrescentando um versículo espúrio em Rm 16,24.) A doxologia (louvor de Deus) em Rm 16,25-27 falta em muitos manuscritos, e pode bem ser uma adição litúrgica mais recente, de um copista ou editor, para a leitura pública na Igreja.

A unidade de Romanos e o cap. 16

O Beatty Papyrus II (P[46]; cerca de 200 d.C.) oferece provas para uma versão de Romanos em 15 capítulos.[38] No século XIX, especialmente na Alemanha, começou-se a favorecer a teoria de que o cap. 16 fora anteriormente um carta paulina de recomendação endereçada a Éfeso, em favor de Febe, que, de Cencréia, para lá se dirigia (Rm 16,1-3).[39] Um estudo muito acurado de Gamble, porém,

---

[37] "Apóstolo" tem muitos significados, e, para Paulo, um significado comum é: alguém que viu Jesus ressuscitado e tornou-se anunciador do evangelho. Dado que mais de quinhentos, de uma só vez, viram o Senhor ressuscitado (1Cor 15,6), seria muito surpreendente que não houve apóstolas nesse sentido.

[38] Há prova textual latina, do século VI, para uma versão em 14 capítulos (forma já conhecida de Tertuliano e Orígenes, existindo, portanto, por volta de 200 d.C.). Contudo, uma vez que o cap. 15 é claramente paulino e intimamente ligado ao 14, o problema mais substancial é saber se o texto original de Romanos consistia em 15 ou em 16 capítulos.

[39] Tem-se afirmado que Priscila e Áquila, que são saudados em Rm 16,3, estiveram em Éfeso durante vários anos, antes que Romanos fosse escrita (At 18,24-26), o mais tardar em 56 (1Cor 16,19), e que Epêneto, que é cumprimentado em Rm 16,5, foi o primeiro convertido da *Ásia*. Todavia, essas pessoas poderiam ter-se mudado para Roma depois que Paulo saiu de Éfeso, no verão de 57. Certamente alguns daqueles saudados em Roma eram judeu-cristãos fugitivos, expulsos pelo imperador Cláudio em 49, os quais Paulo encontrara em Corinto e em outros lugares; eles podem ter voltado para a capital depois que o imperador morreu, em 54.

mostrou a fraqueza de qualquer teoria que dissociasse o cap. 16 de Romanos.[40] As provas textuais para o cap. 16 como parte de Romanos são esmagadoramente forte. Pretender que a carta termine com o último versículo do cap. 15 — "Que o Deus da paz esteja com todos vós! Amém" — seria postular um final diferente de qualquer carta autenticamente paulina, ao passo que Rm 16,21-23 é tipicamente paulino. O número de pessoas que Paulo saúda em Roma no cap. 16 não precisa constituir um problema. Paradoxalmente, Paulo, que não cumprimenta muitas pessoas, nominando-as, quando escreve para um lugar onde passou um longo período (p. ex., em suas cartas a Corinto), precisa de amigos que o recomendem a outros em Roma, onde ele jamais esteve. Muitos dos nomes aos quais Paulo se refere no cap. 16 correspondem à cena romana;[41] por exemplo, "Aristóbulo" (um neto de Herodes, o Grande, com esse nome, parece ter passado a vida em Roma) e "Narcísio" (nome de um poderoso escravo romano libertado no tempo de Cláudio). O Fragmento Muratoriano, do final do século II, considera Romanos uma das epístolas paulinas que visavam a toda a Igreja. Nessa mesma direção, as versões de Romanos com 14 e 15 capítulos eram, provavelmente, abreviações primitivas a fim de tornar a carta menos particularmente dirigida a uma Igreja, de modo que pudesse ser facilmente lida em Igrejas de outros tempos e lugares.[42]

Justificação/retidão/direitura/justiça

Essa idéia-chave no pensamento paulino e em Romanos é expressa com estes termos: o verbo *dikaioun*; os substantivos *dikaiosynē e dikaiōsis* e o adjetivo *dikaios*. A esse assunto tem-se dedicado enorme literatura, envolvendo notável dificuldade e agudas discussões. Usarei os termos "justiça" e "justificação"; mesmo

---

[40] Além de Gamble, *Textual*, cf. MacDonald, J. I. H. NTS 16, 369-372, 1969-1970; Donfried, K. P. JBL 89, 441-449, 1970; Petersen, N. R. In: Pearson, B. (ed.). *The future of early Christianity*. Minneapolis, A/F, 1991. pp. 337-347. (H. Koester Festschrift.)

[41] J. B. Lightfoot (*St. Paul's Epistle to the Philippians*, 4. ed., London, Macmillan, 1885, pp. 174-177) mostra que os nomes de Rm 16 são comprovados e, portanto, bem plausíveis na Roma dos primeiros séculos cristãos. Seis dos nomes cumprimentados são latinos; dezoito são gregos. Muitos são típicos de escravos e escravos alforriados, e podem representar judeus e não-romanos empregados nas grandes casas romanas. Obviamente, aqueles que Paulo chama de "patrícios" (Andrônico, Júnia, Herodião) são judeus. Para o problema apresentado por Rm 16,17-20, com a referência àqueles que criam dissensões, cf. n. 9.

[42] O mesmo objetivo explica a omissão textual (pobremente testemunhada) do endereçamento a Roma em Rm 1,7. Cf. Dahl, N. A. In: Van Unnik, W. C. *Neotestamentica et patristica*. Leiden, Brill, 1962. pp. 261-271. (O. Cullmann Festschrift; NovTSup, 6.)

assim, a tradução tem sido debatida (alguns temem que "justiça" seja entendida como punição, e "justificação", como autojustificação). Aqui, discorrerei brevemente e de modo elementar sobre alguns dos temas básicos, a fim de ajudar os leitores a aprofundar o assunto por conta própria.[43]

Paulo fala da *dikaiosynē theou*, "a justiça de Deus". Como, porém, deve-se entender o genitivo? Em tempos idos, este foi entendido como genitivo possessivo, constituindo uma descrição estativa de um atributo de Deus, uma virtude divina, quase equivalente a "o Deus justo ou reto". Contudo, a noção de Paulo implica atividade, e, a fim de fazer justiça a ela, duas outras interpretações gozam hoje de grande aceitação. A expressão pode ser entendida como genitivo possessivo que descreve um atributo ativo de Deus, como a ira ou o poder divino, equivalente à atividade justificadora de Deus; ver por exemplo, Rm 3,25-26, que fala da paciência[44] de Deus como demonstração "de sua justiça no tempo presente, para mostrar-se justo e para justificar aquele que apela para a fé em Jesus". Ora, a expressão pode ser entendida como genitivo de fonte ou de origem, que descreve o estado de justiça transmitido aos seres humanos como um dom procedente de e dado por Deus; por exemplo, Fl 3,9: "[...] não tendo como minha justiça aquela que vem da Lei, mas aquela pela fé em [de] Cristo, aquela que vem de [*ek*] Deus, e se apóia na fé". Pode-se perguntar, é claro, se Paulo fez distinção tão precisa na implicação desses genitivos, porquanto ambas as idéias podem ser encontradas em seu pensamento. O que deve ser retido é um contexto legal na raiz da palavra, como se as pessoas estivessem sendo levadas perante Deus para o julgamento, e Deus as declarasse inocentes, manifestando assim sua divina graciosidade. Nesse justo e misericordioso julgamento divino existiria também a percepção do exercício do poder

---

[43] Muito útil nesta panorâmica é J. A. Fitzmyer, NJBC 82:39,68-69; bibliografia completa em Fitzmyer, *Romans* 151-154. Entre os livros, incluem-se: REUMANN, J. *"Righteousness" in the New Testament*. Philadelphia, Fortress, 1982; SEIFRID, M. A. *Justification by faith*. Leiden, Brill, 1992. (NovTSup, 68). WESTCOTT, B. F. *St. Paul and justification*. London, Macmillan, 1913; ZIESLER, J. A. *The meaning of righteousness in Paul*. Cambridge, Cambridge Univ., 1972. (SNTSMS, 20.) Ecumenicamente, cf. ANDERSON, H. G. et al. (eds.). *Justification by faith*. Minneapolis, Augsburg, 1985. (Lutherans and Catholics in Dialogue, VII.) Importante: KÄSEMANN, E. The righteousness of God in Paul. In: *New Testament questions of today*. Philadelphia, Fortress, 1969. pp. 168-182.

[44] O elemento da paciência ou misericórdia no exercício divino da justiça é extremamente importante para compreender Paulo. O jovem Lutero atormentava-se com a *dikaiosynē theou*, compreendida como a justiça segundo a qual Deus pune os pecadores. A grande descoberta de sua vida se deu quando começou a compreender a justiça pela qual Deus, misericordiosamente, concede a vida por meio da fé.

e da autoridade de Deus, triunfando sobre as forças que desencaminhariam seu povo, colocando as coisas em seus devidos lugares e salvando o mundo. Embora tal noção de justiça de Deus, muitas vezes com outra terminologia, fosse uma realidade para o Israel do AT, para Paulo, em Jesus houve uma maior e escatológica manifestação da *dikaiosynē* de Deus, estendida para todos.

"Justificação" é usada também por Paulo para descrever um efeito operado naqueles que crêem no que Deus realizou em Cristo. Como foram perdoadas por Deus no julgamento, agora as pessoas estão justificadas. Isso aconteceu não porque as pessoas fossem inocentes, mas porque, embora fossem pecadoras, Jesus, o verdadeiro inocente, fez-se ele próprio pecado por amor aos outros (2Cor 5,21). Por um ato de amor, Cristo morreu pelos pecadores (Rm 5,8); ele "foi entregue pelas nossas faltas e ressuscitado para a nossa justificação" (Rm 4,25). Para Paulo, essa justificação ou justiça substituiu a justiça sob a Lei (Fl 3,6). Embora não tenha inventado o uso cristão dessa expressão — ser justificado —, Paulo a desenvolveu como um tema importante em diversas de suas cartas, enfatizando que se tratava de uma graça ou dom recebidos por meio da fé (Rm 3,24-25). É discutível se Paulo compreendeu essa teologia desde a primeira revelação que Deus lhe fez do Cristo ou se a compreendeu gradualmente, de modo particular a partir de sua experiência com os gálatas (cf. *p. 572*). A segunda hipótese explica por que a teologia e a linguagem da justificação aparecem principalmente em Gálatas, Filipenses e Romanos. Outra dúvida acadêmica importante concentra-se em se, para Paulo, Deus simplesmente declara justas as pessoas, por meio de um tipo de sentença judicial (justificação forense ou declarativa) ou se, na verdade, muda as pessoas e torna-as justas (justificação causativa ou factitiva). Contudo, é possível uma distinção precisa, uma vez que a declaração justificadora de Deus contém um elemento de poder que é também causativo? Podem as pessoas serem *reconciliadas* com Deus sem serem transformadas?

Visão de Paulo sobre a observância judaica da Lei

Mais uma vez devemos contentar-nos com observações preliminares, pois muito empenho exegético-teológico tem sido dedicado a esse dificílimo tópico.[45]

---

[45] Fiztmyer (op. cit., pp. 161-164) devota mais de duas páginas de bibliografia ao assunto; também se dedicam ao assunto F. Thielman (*Paul & the Law*, Downers Grove, IL, InterVarsity, 1994) e C. J. Roetzel, com um importante artigo crítico em CRBS 3, 249-275, 1995.

Na esteira da Reforma, a interpretação predominante era de que o judaísmo, no tempo de Paulo, era legalista, insistindo em que as pessoas eram justificadas somente se realizassem as obras mandadas pela Lei mosaica. A condenação paulina de tal judaísmo era usada para refutar um catolicismo romano legalista, que sustentava que as pessoas só poderiam salvar-se por meio das boas obras que realizassem ou que outros realizassem em seu favor. Mui prontamente, os católicos protestaram que, embora a função das indulgências possa ter sido distorcida na prática e na pregação popular do século XVI, na acurada teologia católica a justificação era um dom gratuito de Deus que não poderia ser obtido por boas obras. Ambos os lados, porém, presumiam que os judeus do tempo de Paulo acreditavam que a justificação era merecida pelas boas obras, de modo que um questionamento entre os cristãos sobre a exatidão de tal imagem veio mais lentamente. A sensibilidade moderna sobre o problema desenvolveu-se em diversas frentes: a) crescente consciência de que os problemas da Reforma muitas vezes foram retroprojetados na compreensão de Paulo; b) compreensão de que muitas vezes Paulo não estava polemizando contra o pensamento judaico, mas contra o pensamento dos judeu-cristãos; por exemplo, daqueles que afirmavam que os gentios convertidos ao judaísmo não poderiam ser justificados por intermédio de Cristo, a menos que aceitassem a circuncisão; c) exigência de maior precisão acerca do que Paulo na realidade diz sobre as obras e a Lei; d) protesto da parte de estudiosos judeus e peritos cristãos em judaísmo, para os quais os judeus não tinham uma teologia fácil de merecimento da salvação por meio de obras. Os dois últimos pontos precisam ser discutidos.

Quanto a *c*, Romanos ilustra a complexidade da atitude de Paulo em relação à Lei. Ele enaltece a Lei (Rm 3,31), considera-a santa (Rm 7,20) e realizada (Rm 8,4), e insiste nos mandamentos (Rm 13,8-10; 1Cor 7,19; também Gl 5,14). Contudo, nenhum ser humano será justificado perante Deus pelas obras da Lei (Rm 3,20); a Lei atrai a ira (Rm 4,15) e incrementa o pecado (Rm 5,20; Gl 3,19). Alguns estudiosos distinguem dois modos diferentes de compreensão da Lei, ou duas partes diferentes da Lei, com os mandamentos éticos (contra a idolatria e o comportamento sexual) obrigatórios para todos, até para os gentios cristãos, mas não as exigências cúlticas (circuncisão, festas calendáricas). E. P. Sanders, em seu livro *Paul* [Paulo] (New York, Oxford, 1991, p. 91, Past Masters), é mais flexível: Paulo rejeita aspectos da Lei contrários à sua própria missão, aqueles que separam o judeu do gentio no povo chamado por Deus em Cristo. Essa apreciação reconhece que a reação de Paulo à Lei provém de sua experiência da gratuidade de Deus em Cristo, mais do que de teorização sistemática.

Quando nos voltamos para *d*, quão relevantes são as observações de Paulo para aquilo que sabemos sobre a atitude judaica em relação à justificação/justiça por meio das obras da Lei? E. P. Sanders (*Paul and Palestinian Judaism* [Paulo e o judaísmo palestino], Philadelphia, Fortress, 1977) oferece uma explicação interessante da atitude judaica, digna de atenção. Deus escolheu livremente Israel, que se comprometeu, em aliança, a viver como povo de Deus, e tal graça não poderia ser adquirida. Ao contrário, a observância da Lei proporcionava uma maneira concedida por Deus de viver a aliança, de modo que não se deveria falar propriamente de obras de justiça, mas de justiça na observação da aliança (também conhecida pela rarefeita designação "nomismo da aliança"). Sanders argumenta que tal posição pode ser justificada com base nos escritos judaicos, ainda que não seja universal.[46] Outros objetam que, se tal era a visão comumente sustentada no judaísmo, Paulo não teria visto nenhum conflito agudo entre ela e sua própria concepção de que Deus concedeu gratuitamente a justiça por meio da fé em Cristo. Contudo, numa passagem como Fl 3,6-7, ele contrasta claramente seu estado de irrepreensibilidade em relação à justiça da Lei com aquilo que ele encontrou em Cristo. É suficiente opor-se a Sanders e afirmar que o que Paulo encontrou de errado no judaísmo é que este não era cristianismo?

Se as objeções de Paulo à justiça da Lei eram mais substanciais, pode ser que ele tenha entendido mal ou, em seu recentemente despertado entusiasmo por Cristo, tenha até mesmo polemicamente exagerado o papel das obras no conceito judaico de justiça? H. Räisänen (*Paul and the Law* [Paulo e a Lei], Philadelphia, Fortress, 1983), por exemplo, encontra incoerência nas opiniões de Paulo, e afirma que ele distorceu o quadro judaico. Contudo, dever-se-iam preferir as reconstruções, feitas no século XX, do pensamento judaico do século I, baseadas na leitura de documentos antigos,

---

[46] J. Neusner (em *Approaches to Ancient Judaism II*, ed. W. S. Green, Chico, CA, Scholars, 1980, pp. 43-63) critica Sanders por depender de material rabínico posterior, inaplicável ao tempo de Paulo. C. K. Barrett (*Paul; an introduction to his thought*, Louisville, W/K, 1994, pp. 77ss) apresenta um penetrante questionamento à análise de Sanders; também QUARLES, C. L. NTS 42, 185-195, 1996. I. H. Marshall (NTS 42, 339-358, 1996) ressalta que, enquanto algo da oposição de Paulo às obras da Lei pode ser explicado como decorrência de sua missão para os gentios (ou seja, a insistência nesses símbolos do judaísmo tornaria demasiado difícil a conversão dos gentios), existe um problema mais profundo: ele se opunha às obras como algo de que as pessoas podiam depender para a salvação, mais do que puramente da graça divina.

ao testemunho de um observador perspicaz como Paulo, que viveu como judeu observante naquele século? Afinal de contas, ao discutir o século I e Paulo, é preciso perguntar se as sutilezas da relação entre a Lei e a justiça na observação da aliança eram entendidas em um nível popular (não mais do que tem sido sempre compreendida em um nível popular uma refinada teologia católica sobre as indulgências). Existiam afirmações rabínicas iniciais que identificavam propriamente aliança e Lei (ou, mais apropriadamente, Torá), e elementos como a circuncisão, leis alimentares e observância sabática tinham-se tornado visíveis linhas de distinção entre judeus e pagãos. Assim, a observância das obras da Lei podia facilmente ter sido objeto de orgulho e entendida vulgarmente como aquilo que tornava o judeu "justo" perante Deus. (Cf. Dunn in TRD 305-306.) Ao escrever sobre o pensamento judaico (distinto daquele dos oponentes judeu-cristãos), Paulo poderia ter protestado contra tal *compreensão* legalista da aliança de Deus com Israel, não porque a entendia mal, mas porque corretamente a considerava a visão mantida por muitos judeus.

Pecado original e Rm 5,12-21

Paulo afirma que o pecado entrou no mundo por meio de um homem, e a morte, por meio do pecado, de modo que a morte espalhou-se para todos os seres humanos (Rm 5,12). Ele jamais usa a expressão "pecado original", e não se refere à decadência de uma graça anterior. Contudo, refletindo sobre Rm 5,12, é que Agostinho, no século IV, desenvolveu a teologia do pecado original (*peccatum originale*), parcialmente em polêmica com Pelágio. Agostinho declarava que, por meio desse pecado, Adão decaiu de seu estado sobrenatural original e, por meio da propagação humana, que envolve concupiscência, a ausência de graça foi transmitida a todo ser humano descendente de Adão. Essa discussão pertence ao âmbito da teologia sistemática, mas algumas observações sobre o pensamento de Paulo podem servir de esclarecimento:

1. No que concerne à história de Gn 2,4b–3,24, Adão não é um indivíduo do sexo masculino, mas uma figura representativa da humanidade. Para Paulo, porém, Adão é uma figura individual, como Jesus; assim, o apóstolo compara o primeiro homem[47] com o homem escatológico. 2. A interpretação que Paulo faz

---

[47] Dado que Paulo pensa retrospectivamente a partir de Jesus, "homem" é uma tradução mais apropriada do que "ser humano".

de Gênesis pode ter sido modelada parcialmente pela compreensão de seu tempo,[48] mas o que predomina em sua imagem de Adão é sua teologia de Jesus. Com outras palavras, ele não leu Gênesis e chegou à compreensão de Jesus; ele compreendeu Jesus e leu Gênesis à luz de tal compreensão. Essa abordagem retrospectiva significa que Paulo realmente nada tem de novo a ensinar-nos sobre as origens históricas da raça humana. 3. A visão paulina da universalidade do pecado e da morte provém da observação do mundo existente, e ele usa a história do Gênesis para explicitar isso. Na verdade, o autor de Gênesis, mesmo que se tenha servido de lendas primitivas, escreveu a história de modo semelhante, retrocedendo do mundo que ele conhecia para narrar as origens. 4. Para alguns, a idéia de uma pecaminosidade humana que ultrapassa as próprias más ações é estranha. No entanto, a experiência global humana obriga muitos outros a reconhecer um mistério do mal que conhece repercussões coletivas. Paulo procurou dar voz a isso apelando para a imagem das origens humanas. 5. O interesse primário de Paulo não é o pecado de Adão, mas a graça superabundante de Cristo. Ele declara que o ato de justiça de Cristo trouxe a justificação e a vida para todos — algo bem mais difícil de observar do que a pecaminosidade universal. De fato, com base nessa passagem, alguns defenderiam a salvação universal!

Temas e problemas para reflexão

1. Ao subdividir a seção doutrinal (Rm 1,16–11,36) de Romanos em três partes (Rm 1,16–4,25; 5,1–8,39; 9,1–11,36), estou seguindo o padrão de subdivisão que, com menores variações, é sugerido por Achtemeier, Cranfield, Fitzmyer e outros. Para C. B. Puskas Jr. (*The letters of Paul*; an introduction [As cartas de Paulo; uma introdução], Collegeville, Liturgical, 1995, pp. 76-78), Romanos é retórica epidíctica (cf. *p. 553*), e encontra na carta quatro partes (Rm 1,16/18-3,20 [argumento negativo]; 3,21-5,21 [argumento positivo]; 6,1-8,39; 9,1-11,36). J. C. Becker (*Paul*; apostle to the gentiles [Paulo; apóstolo dos gentios], Louisville,

---

[48] As fontes judaicas descrevem o pecado primordial de diversas formas; por exemplo, o pecado de Adão (*IV Esdras* 3,21; 7,116-118; *II Baruc* 54,15-16), ou desobediência de Eva (Eclo 25,24[23]), ou a inveja do demônio (Sb 2,24), ou o pecado dos filhos de Deus com as filhas dos homens (Gn 6,1-5), ou ainda o orgulho do príncipe de Tiro (Ez 28). Cf. TENNANT, F. R. *The sources of the doctrine of the fall and original sin*. New York, Schocken, 1968; orig. 1903; SCULLION, J. J. et al. *Original sin*. Victoria, Australia, Dove, 1975.

W/K, 1993, p. 355) afirma que Rm 5 tem função de gancho, concluindo Rm 1,18–5,21 e abrindo Rm 6,1–8,39. Visto que os estudiosos estão convencidos de que Romanos foi cuidadosamente planejada, um diagnóstico de sua estrutura equivale, às vezes, ao diagnóstico de sua teologia. (Cf. TRD 245-296.)

2. Rm 9,5 tem duas orações unidas: "dos quais [isto é, dos israelitas] descende o Cristo segundo a carne *aquele que é acima de tudo Deus bendito para sempre!* Amém" (grifos nossos). A quem se referem as palavras grifadas? a) Se for colocado um ponto final depois de "carne", as palavras seguintes se tornam uma oração separada, louvando a Deus. b) Pode-se colocar uma vírgula depois de carne e um ponto depois de "para sempre". A gramática favorece essa opção, ainda que o versículo se torne o único exemplo nas cartas autenticamente paulinas em que Jesus é chamado "Deus" e o exemplo mais antigo de tal uso no NT (cf. BINTC 182-183).

3. Optei por uma interpretação plausível dos termos teológicos de Paulo, mas alguns deles têm sido objeto de debates infindos. Por exemplo, muitos admitem que em Romanos "Lei" significa a lei mosaica, com relativa consistência. Contudo, para algumas passagens do cap. 7, por exemplo, outras sugestões são a lei romana, a lei em geral, os preceitos de Deus ou a lei natural (cf. Fitzmyer, op. cit., pp. 131-135). O "eu" do cap. 7 é, admissivelmente, a humanidade ainda não regenerada, na visão de um judeu-cristão; alguns, porém, acreditam que se refere a Paulo pessoalmente, ou a um jovem judeu, falando psicologicamente, ou a um cristão em luta, depois de ter-se convertido, ou até mesmo a Adão. Para os argumentos pró e contra, devem-se consultar os comentários.

4. Uma subseção foi dedicada ao problema do pecado original em Rm 5,12-21, mas tem havido debates acerca de como Paulo deve ser compreendido independentemente do assunto. A maioria entende que a morte que veio por meio do pecado é a morte espiritual, e não simplesmente a morte física (ainda que isso ultrapasse a história de Adão). Uma combinação de preposições gregas em Rm 5,12 é particularmente difícil: "[...] assim a morte passou a todos os homens, *eph hō* todos pecaram". Existe uma referência a Adão: "em quem" ou "por meio de quem" ou "por causa de quem" todos pecaram? Ou, sem uma conexão com Adão, Paulo quer dizer "a ponto de todos pecarem", ou "porque todos pecaram", ou "resultando no pecado de todos". (Para discussão detalhada, cf. J. A. Fitzmyer, NTS 39, 321-339, 1993.)

5. No AT, o Espírito é a ação de Deus ao criar (Gn 1,2; Sl 104,30), vivificar (Ez 37,5) e escolher as pessoas para o plano divino (Is 11,2; Jl 3,1 [2,28]) — uma ação que vem de fora, mas que opera no meio do povo. No dualismo dos MMM, existe o grande Espírito da Verdade — um tipo de força angélica que do alto governa as pessoas, mas também habita e guia-lhes a vida. (Fitzmyer [op. cit., p. 517] oferece exemplos do papel atribuído ao Espírito na vida daqueles que pertencem ao grupo dos MMM.) Algumas dessas mesmas idéias aparecem na imagem paulina do Espírito, um termo que o apóstolo emprega dezenove vezes no cap. 8. Outros exemplos de uso freqüente em textos paulinos aparecem em 1Cor 2; 12; 14; 2Cor 3 e Gl 5. É um bom exercício formar um quadro total paulino e compará-lo com outros conceitos de Espírito no NT. *God's impowering presence*; the Holy Spirit in the letters of Paul [Presença poderosa de Deus; o Espírito Santo nas cartas de Paulo], de G. D. Fee (Peabody, MA, Hendrickson, 1994, pp. 472-634), é o estudo mais acessível de *todas* as passagens paulinas referentes ao Espírito.

6. Em Rm 8,29-30, Paulo diz que os que Deus de antemão conheceu, esses também "predestinou" (de *proorizein*, "escolher com antecedência") e os que Deus predestinou também chamou.[49] No curso da história da teologia, essa passagem favoreceu importantes discussões sobre a predestinação de Deus dos que seriam salvos. Sem entrar em tais debates, devemos estar conscientes de que, apesar da expressão, a passagem não necessariamente abrange a ação de Deus com todas as pessoas, de todos os tempos. Em primeiro lugar, é provocada por um problema específico, a saber, muitos dos judeus que se viram diante da revelação em Cristo rejeitaram-no. Em segundo lugar, o objetivo da predestinação é salvífico. Paulo acredita que o objetivo fundamental do endurecimento de Israel é este: "que chegue a plenitude das nações; e assim todo o Israel se salve" (Rm 11,25-26). Ainda: "Deus encerrou todos na desobediência para a todos fazer misericórdia" (Rm 11,32). Isso está bem longe da predestinação de algumas pessoas à condenação. Em terceiro lugar, a percepção de como Jesus via a causalidade divina é importante. Nos MMM, lemos que Deus estabelece um plano completo, antes de as coisas existirem; contudo, outros textos deixam perfeitamente claro que as pessoas agem livremente. Uma lógica ocidental, segundo a qual, se Deus decidiu

---

[49] Também Rm 9,18: Deus "faz misericórdia a quem quer e endurece a quem quer".

antecipadamente, os seres humanos estão predestinados, não é facilmente imposta a Paulo.

7. Em Rm 11,25-26, Paulo fala sobre o destino de Israel como um mistério: um endurecimento até que chegue a plenitude das nações e, assim, todo o Israel será salvo. Isto implica que Paulo teve uma revelação futura acerca do destino de Israel ou ele expressa uma esperança? Mais provavelmente ele considera uma revelação, pois fala de um mistério nos pensamentos de Deus. Mas, então, pode-se perguntar se Deus está comprometido com a interpretação que Paulo faz da revelação. A queixa de Jeremias em Jr 17,15; 20,7-18 é feita porque Deus não corroborou a interpretação que Jeremias fez da palavra divina que ele autenticamente recebera. Ademais, Paulo exprime-se em linguagem de uma seqüência apocalíptica, que tem sempre um elemento figurado que não deve ser confundido com linearidade histórica.

8. Digno de nota é que Romanos, que fala de forma tão eloqüente sobre o pecado e a justificação, é relativamente sóbrio quanto ao arrependimento. Em Lc 24,47, deve existir uma proclamação de que as pessoas precisam *arrepender-se* para ser perdoadas em nome de Jesus. Muitos exegetas explicam que, para Paulo, o perdão divino não é uma resposta ao arrependimento humano, mas puramente gratuito, pois Deus age sem a iniciativa humana prévia. O contraste entre Paulo e Lucas é tão acentuado? Os escritores do NT, que insistem no arrependimento, propõem uma iniciativa puramente humana ou a penitência, em si, é uma graça de Deus? A proclamação lucana pode envolver uma dupla graça: estar abertos ao impulso, dom de Deus, para o arrependimento e receber o perdão, dom de Deus. Paulo discorda de tal compreensão?

Bibliografia sobre Romanos

Comentários e estudos em série[50]

ACHTEMEIER, P. J. IBC, 1985.
BARRETT, C. K. BNTC, 2. ed., 1991.
BARTLETT, D. L. WBComp, 1995.

---

[50] Os negritos indicam as obras mais importantes, de modo geral comentários.

BEST, E. CCNEB, 1967.
BLACK, M. NCBC, 2. ed., 1989.
BYRNE, B. SP, 1996.
CRANFIELD, C. E. B. new ICC, 1975, 1979, 2 v.
DUNN, J. D. G. WBC, 1988, 2 v.
EDWARDS, J. R. NIBC, 1992.
FITZMYER, J. A. AB, 1993.
HARRISVILLE, R. A. AugC, 1980.
KERTELGE, K. NTSR, 1972.
MOO, D. J. NICNT, 1996.
MORGAN, R. NTG, 1995.
SANDAY, W. & HEADLAM, A. C. ICC, 5. ed., 1902.

Bibliografias

MILLS, W. E. BBR, 1996.
SWEET, J. P. M. *Theology* 67, 382-387, 1964.
WAGNER, G. EBNT 1996

* * *

BARTH, K. *The Epistle to the Romans*. Oxford, Oxford Univ., 1933 [Ed. bras.: *Carta aos Romanos*. São Paulo, Novo Século, 1999].

_____. *A shorter commentary on Romans*. Richmond, Knox, 1959.

_____. *Christ and Adam*. New York, Collier, 1962.

BMAR 92-127

BROWN, R. E. Further reflections on the origins of the Church of Rome. In: FORTNA, R. T & GAVENTA, B. R. (eds.). *The conversation continues*. Nashville, Abingdon, 1990. pp. 98-115. (J. L. Martyn Festschrift.)

BYRNE, B. *Reckoning with Romans*. Wilmington, Glazier, 1986.

CRANFIELD, C. E. B. *Romans*; a shorter commentary. Grand Rapids, Eerdmans, 1985.

DODD, C. H. *The Epistle of Paul to the Romans*. New York, Harper & Row, 1932.

DONFRIED, K. P. (ed.). TRD. Coleção de ensaios muito importantes.

ELLIOTT, N. *The rhetoric of Romans*. Sheffield, JSOT, 1990. (JSNTSup, 45.)

FITZMYER, J.A. *Spiritual exercises based on Paul's Epistle to the Romans*. New York, Paulist, 1995.

GAMBLE, H. Y. *The textual history of the Letter to the Romans*. Grand Rapids, Eerdmans, 1977.

GUERRA, A. J. *Romans and the apologetic tradition*. Cambridge, Cambridge Univ., 1995. (SNTSMS, 81.)

HEIL, J. P. *Paul's letter to the Romans*; a reader-response commentary. New York, Paulist, 1987.

HENDRIKSEN, W. *Exposition of Paul's Epistle to the Romans*. Grand Rapids, Baker, 1980-1981. 2 v.

HULTGREN, A. J. *Paul's gospel and mission*; the outlook from his letter to the Romans. Philadelphia, Fortress, 1985.

JERVIS, L. A. *The purpose of Romans*; a comparative letter structure investigation. Sheffield, Academic, 1991. (JSNTSup, 55.)

KÄSEMANN, E. *Commentary on Romans*. Grand Rapids, Eerdmans, 1980.

KAYLOR, R. D. *Paul's covenant community*; Jew and Gentile in Romans. Atlanta, Knox, 1988.

LEENHARDT, F. J. *The Epistle to the Romans*. London, Lutteerworth, 1961.

MINEAR, P. S. *The obedience of faith*. London, SCM, 1971. (SBT, 19.)

MOXNES, H. *Theology in conflict*; studies of Paul's understanding of God in Romans. Leiden, Brill, 1980. (NovTSup, 53.)

NYGREN, A. *Commentary on Romans*. Philadelphia, Muhlenberg, 1949.

ROBINSON, J. A. T. *Wrestling with Romans*. Philadelphia, Westminster, 1979.

SCHLATTER, A. *Romans*; the righteousness of God. Peabody, MA, Hendrickson, 1995; original alemão de 1935.

STENDAHL, K. *Final accoun*; Paul's letter to the Romans. Minneapolis, A/F, 1995.

STOTT, J. R. W. *Romans*; God's good news for the world. Downers Grove, IL, Inter-Varsity, 1994.

STOWERS, S. K. *The diatribe and Paul's letter to the Romans*. Chico, CA, Scholars, 1981.

_____. *A rereading of Romans*. New Haven, Yale Univ., 1994. Lida contra o pano de fundo da cultura gentia.

STUHLMACHER, P. *Paul's letter to the Romans*. Louisville, W/K, 1994; original alemão de 1989.

VORSTER, J. N. The context of the letter to the Romans: a critique on the present state of research. *Neotestamentica* 28, 127-145, 1994.

WEDDERBURN, A. J. M. *The reasons for Romans*. Edinburgh, Clark, 1991.

_____. "Like an ever-rolling stream": some recent commentaries on Romans. SJT 44, 367-380, 1991.

ZIESLER, J. A. *Paul's letter to the Romans*. Philadelphia, Trinity, 1989.

Pseudonímia
e escritos deuteropaulinos

Antes de penetrarmos no problemático terreno das cartas deuteropaulinas, ou seja, aquelas que trazem o nome de Paulo, mas supostamente não foram escritas por ele, discutamos o difícil conceito de pseudepígrafe (literal, mas muitas vezes enganosamente, "título falso") ou pseudonímia (utilização de "nome falso")[1] — terminologia empregada em estudos bíblicos com nuança especial.

A. Composições pseudônimas em geral

Pode ser mais elucidativo falar aqui de "escritor" do que de "autor". Normalmente, para nós, "autor" significa não simplesmente a pessoa responsável pelas idéias contidas numa obra, mas aquela que de fato a escreveu. Os antigos, muitas vezes, não eram muito precisos, e por "autor" podem ter indicado apenas a autoridade por trás de uma obra. Tal distinção não nos é totalmente estranha, pois encontramos o fenômeno dos "escritores de aluguel", particularmente no caso de artistas que desejam escrever uma autobiografia, mas precisam da ajuda de um escritor habilidoso que possa redigir a história deles de modo correto ou

---

[1] Infelizmente alguns confundem composições pseudônimas (obras tidas como escritas por alguém que não as escreveu) com composições anônimas (obras que não identificam o autor pelo nome), especialmente no caso em que o escritor foi identificado externamente. Os evangelhos, por exemplo, são anônimos; eles não identificam os autores (cf., porém, Jo 21,24); as atribuições a Mateus, Marcos, Lucas e João, que aparecem nos títulos, provêm do (final do?) século II e não fazem parte das obras originais. São também anônimos Atos, Hebreus e 1 João (o autor 2 e 3 João identifica-se como o "presbítero"). As obras pseudônimas do NT, ou seja, aquelas cujas palavras identificam um autor que *pode* não tê-las composto são 2 Tessalonicenses, Colossenses, Efésios, 1 e 2 Timóteo, Tito, Tiago, 1 e 2 Pedro e Judas. (A auto-identificação do autor não é excessivamente questionada nas sete cartas paulinas já estudadas e no Apocalipse [o profeta João]). Neste capítulo, deixo de lado os livros que não são aceitos no cânone bíblico (cf. Apêndice II).

interessante. Agora, mais freqüentemente, porém, até mesmo um escritor de aluguel tem de ser reconhecido na obra desta forma: "Autobiografia de fulano/fulana, com a cooperação (ou assistência) de sicrano". Tal fenômeno avizinha-se de um dos costumes antigos dos escribas (cf. *pp. 551-552*) e pode ser encontrado numa carta genuinamente paulina, se Paulo ditou as palavras e alguém, como Silvano, redigiu-as. Isso *não* é o que os estudiosos querem dizer com pseudonímia em relação às obras do NT.

Os leitores modernos também se deparam com escritos que trazem pseudônimo ou nome literário, um método adotado por várias razões. No século XIX, Mary Anne Evans escreveu utilizando o nome masculino George Eliot porque às mulheres era difícil ter escritos sérios aceitos. No século XX, mais de um autor de romances de mistério escreveu sob diversos nomes, às vezes com um detetive particular fictício representado respectivamente por cada "nome"; por exemplo, John Dickson Carr e Carter Dickson são nomes para um só autor; Ruth Rendell e Barbara Vine são nomes para uma só autora. Escrever sob pseudônimo é condenável quando se tem a intenção de enganar (p. ex., escrever uma nova história de Sherlock Holmes e vendê-la como um original recém-descoberto e inédito de Arthur Conan Doyle), mas não quando alguém continua publicamente a escrever no estilo do autor original, ora defunto (p. ex., os roteiros de Sherlock Holmes usados em filmes que o mostram em atividade durante a Segunda Guerra Mundial).

Na pesquisa neotestamentária, alguns dos primeiros que propuseram que cartas atribuídas a Paulo eram deveras pseudônimas argumentavam que o objetivo podia ter sido fraudulento, mas tal conotação já desapareceu da discussão há longo tempo.[2] Com muita freqüência, o que se quer dizer é que um dos discípulos das "escolas" paulinas assumiu a responsabilidade de escrever em nome de Paulo porque queria que sua carta tivesse a autoridade de ser recebida como o que Paulo diria na situação enfrentada. Tal situação é compreensível, supondo-se que Paulo estava morto e o discípulo considerava-se um intérprete autorizado do apóstolo, cujo pensamento endossava. A atribuição da carta a Paulo, em tais circunstâncias, não era uso de falso nome ou falsa pretensão de que Paulo escreveu a

---

[2] D. Guthrie (The development of the idea of canonical pseudepigraphia in New Testament criticism, *Vox Evangelica* 1, 43-59,1962) oferece a história do desenvolvimento da tese de que as obras do NT poderiam ser pseudônimas. A tese da pseudonímia foi introduzida no final do século XVIII, mas F. C. Baur foi o primeiro a aplicá-la em larga escala.

carta. Era tratar Paulo como o autor no sentido da autoridade por trás da carta, entendida como uma extensão de seu pensamento — uma suposição da proteção do grande apóstolo, para a continuação de sua obra. Com efeito, tal atribuição podia servir para atualizar a presença do apóstolo, pois as cartas eram consideradas substitutas do diálogo pessoal, face a face (J. D. Quinn, ABD 6.564). *Mutatis mutandis*, pode-se dizer o mesmo de outros casos de pseudonímia propostos no NT: aqueles que se consideravam parte da escola de Tiago (de Jerusalém) ou de Pedro podem ter escrito cartas sob a autoridade do nome deles.[3]

No AT, encontra-se justificativa para a defesa desse tipo de pseudepígrafe.[4] Livros de leis, escritos setecentos ou oitocentos anos depois do tempo de Moisés, eram escritos em seu nome porque ele foi o grande legislador. Salmos (mesmo aqueles com títulos que os atribuíam a outros autores) eram colecionados num saltério davídico, pois Davi era um famoso compositor de salmos e hinos. Um livro como o da Sabedoria, escrito em grego, por volta do ano 100 a.C., foi atribuído a Salomão, que vivera oitocentos anos antes, pois ele era o sábio por antonomásia. Profetas da escola de Isaías continuaram a escrever duzentos anos depois da morte do profeta e tiveram suas composições incluídas no livro de Isaías. Apocalipses, tanto canônicos quanto não-canônicos, tendem a invocar o nome de famosas figuras do passado (Daniel, Baruc, Henoc, Esdras) como transmissores de visões que foram narradas muito tempo depois do tempo em que viveram.[5] Nos séculos imediatamente anteriores e posteriores ao tempo de Jesus, a pseudepígrafe parece ter sido particularmente freqüente mesmo nas obras judaicas de natureza não-apocalíptica: a *Oração de Nabônidas*, *Odes de Salomão*, *Salmos de Salomão*.

---

[3] A carta/epístola de são Judas pode ter sido escrita por um seguidor de Tiago, uma vez que o autor putativo é identificado como "irmão de Tiago".

[4] Alguns apelam para o exemplo de historiadores greco-romanos, que atribuíam discursos a figuras famosas; cf. o capítulo 10, n. 94. Embora ocasionalmente citado, o texto de Tertuliano, *Adv. Marcion* 4.5.4 (CC 1.551) — "É permitido aos discípulos publicar palavras consideradas pertencentes a seus mestres" — refere-se ao fato de Lucas escrever um evangelho inspirado por Paulo, e não à pseudonímia (D. Guthrie, ExpTim 67, 341-342, 1955-1956).

[5] Visto que Jesus e os primeiros cristãos partilhavam uma mentalidade altamente apocalíptica, pode-se invocar tal observação para explicar a freqüência da pseudonímia no NT? No apocalipse neotestamentário por excelência, porém, o livro do Apocalipse, existe ínfimo motivo para se duvidar da autodesignação do vidente como João (Ap 1,1.4.9; 22,8).

B. Problemas acerca da pseudonímia

Por mais verdadeiro que isso possa ser, quando se afirma o caráter pseudônimo de obras do NT (como farei), permanecem dificuldades que não devem ser subestimadas. Os leitores são convidados a conservá-las na memória durante os próximos capítulos. Citei exemplos de pseudonímia no AT nos quais séculos separavam a pessoa dos escritos; conseqüentemente, eles não são deveras paralelos a obras escritas alguns anos depois da vida de Paulo. Falamos de discípulos de Paulo ou de seguidores da escola paulina de pensamento, mas não conhecemos a identidade exata deles. (Silvano, Timóteo, Tito e até mesmo Lucas têm sido apontados para as diversas obras.) Quão próximo era preciso que alguém estivesse do Paulo histórico para escrever em seu nome? Bastava, às vezes, conhecer os escritos de Paulo e usar uma carta anterior como base para uma composição ulterior? (Essa hipótese tem sido levantada para se explicar a composição de 2 Tessalonicenses em dependência de 1 Tessalonicenses, e de Efésios em dependência de Colossenses). Alguns estudiosos datam as pastorais do ano 125 d.C. ou mais tarde, quando Paulo já estaria morto havia meio século ou três quartos de século. Quanto tempo depois da morte do mestre alguém podia ainda reivindicar autoridade para escrever no nome dele, especialmente quando outros escritores cristãos da geração pós-apostólica identificavam-se como escritores? Em que se diferenciam as obras pseudônimas canônicas dos apócrifos, escritos em nome de figuras do NT, mas rejeitados pela Igreja como não-canônicos?[6]

Deve-se considerar o público (Igreja) destinatário como histórico? Por exemplo, sendo pseudônima, 2 Tessalonicenses foi escrita para a Igreja de Tessalônica, como o foi 1 Tessalonicenses, ou o escritor simplesmente copiou o endereço, uma vez que usou 1 Tessalonicenses como guia para seu tema? No século I, como um público mais amplo teria recebido uma carta aparentemente voltada para problemas da Igreja de Tessalônica? O público que recebeu pela primeira vez uma carta

---

[6] K. Aland (The problem of anonymity and pseudonymity in Christian literature of the first two centuries, JTS12, 39-49, 1961) levanta essa questão. Entre os dois tipos, encontram-se as duas obras sub-apostólicas (nem canônicas nem apócrifas), pseudônimas (*Didaqué*, que se descreve como "O ensinamento do Senhor para os gentios por meio dos Doze Apóstolos") e anônimas (*I e II Clemente*; *Epístola de Barnabé*, cujas designações não provêm das próprias obras, mas de atribuição externa). Altamente especulativa é a tese de Aland, segundo a qual a atribuição das obras pseudônimas aos apóstolos era a conclusão lógica da pressuposição de que o Espírito era o autor e, quando o movimento do Espírito perdeu seu ímpeto, tal atribuição cessou. É preciso invocar uma explicação mais vizinha às circunstâncias de cada obra.

pseudônima sabia que na verdade esta fora escrita por outra pessoa, em nome de Paulo? A autoridade da carta seria diminuída se isso fosse sabido? O autor teria pensado se tal conhecimento faria alguma diferença? (2 Pedro atribui à identidade apostólica do autor importância capital; cf. 2Pd 1,16). A Igreja posterior teria aceitado tais cartas no cânone se soubesse que eram pseudônimas?[7] A percentagem de opinião dos estudiosos que sustentam que o escritor não era o reivindicante varia para cada obra, de modo que permanece a obrigação de fazer essa pergunta e responder a ela: que diferença faz a certeza sobre a questão da pseudepígrafe para entender uma carta/espístola?

Quais são os critérios para determinar a genuinidade e a pseudonímia? Eles comportam os dados internos, formato, estilo, vocabulário e pensamento/teologia.[8] Nas *pp. 551-552, 660 e 726*, vimos alguns problemas envolvendo esses critérios; contudo, uma vez que os estudiosos estão divididos quase meio a meio sobre se Paulo escreveu 2 Tessalonicenses, podemos examinar tais critérios de forma prática no próximo capítulo.

---

[7] Guthrie (op. cit.) e E. E. Ellis (Pseudonymity and canonicity of New Testament documents, in M. J. Wilkins e T. Paige (eds.). *Worship, theology and ministry in the early Church*, Sheffield, Academic, 1992, pp. 212-224) representam uma posição que tende a considerar as obras pseudônimas falsificações — uma designação a ser considerada irreconciliável com o caráter canônico delas. D. O. Meade (*Pseudonymity, and canon*, Tübingen, Mohr-Siebeck, 1986) argumenta que a origem pseudonímica ou a redação anônima não prejudicam nem a inspiração nem a canonicidade da obra.

[8] As estatísticas e a eficiência do computador em contar palavras e características têm sido incluídas no debate. A. Q. Morton e J. McLeman (*Paul, the man and the myth*, New York, Harper & Row, 1966), considerando a análise literária e teológica insuficiente, determinam estatisticamente que existem apenas cinco cartas genuinamente paulinas: Romanos, 1 e 2 Coríntios, Gálatas e Filêmon. Contudo, A. Kenny (*A stylometric study of the New Testament*, Oxford, Clarendon, 1986) emprega sofisticada teoria estatística para argumentar que doze cartas paulinas são autênticas (possível exceção: Tito). K. J. Neumann (*The authenticity of the pauline epistles in the light of stylostatistical analysis*, Atlanta, Scholars, 1990, SBLDS, 120) acredita que a melhor série de variáveis atribui 2 Tessalonicenses, Colossenses e Efésios a Paulo, mas não as pastorais. Usando variados métodos estatísticos, D. L. Mealand (JSNT 59, 61-92, 1995) declara que Colossenses, Efésios e as pastorais afastam-se das outras paulinas em diferentes direções.

Bibliografia sobre a pseudonímia no NT

ALAND, K. The problem of anonymity and pseudonymity in Christian literature of the first two centuries. JTS 12, 39-49, 1961.

BEKER, J. C. *Heirs of Paul*. Minneapolis, A/F, 1991.

COLLINS, R. F. *Letters that Paul did not write*. Wilmington, Glazier, 1988. (GNS. 28.) Abreviada como CLPDNW.

ELLIS, E. E. Pseudonymity and canonicity of New Testament documents. In: WILKINS, M. J. & PAIGE, T. (eds.). *Worship, theology and ministry in the early Church*. Sheffield, Academic, 1992. pp. 212-224. (R. P. Martin Festschrift, JSNTSup 87.)

GOODSPEED, E. J. Pseudonymity and pseudepigraphy in early Christian literature. In: *New chapters in New Testament study*. New York, Macmillan, 1937. pp. 169-188.

GUTHRIE, D. The development of the idea of canonical pseudepigrapha in New Testament criticism. *Vox Evangelica* 1, 43-59, 1962.

LEA, T. D. The early Christian view of pseudepigraphic writings. JETS 27, 65-75, 1984.

MEADE, D. O. *Pseudonymity and canon*. Tübingen, Mohr-Siebeck, 1986. (WUNT, 39.)

METZGER, B. M. Literary forgeries and canonical pseudepigrapha. JBL 91, 3-24, 1972.

PATZIA, A. G. The Deutero-Pauline hypothesis: an attempt at clarification. EQ 52, 27-42, 1980.

Capítulo 26

Segunda carta aos Tessalonicenses

Existe notável discussão sobre se 2 Tessalonicenses foi escrita por Paulo ou por um discípulo paulino. Depois da Análise geral da mensagem dedicar-se-ão subseções a: Paulo escreveu 2 Tessalonicenses?, Objetivos de 2 Tessalonicenses, Temas e problemas para reflexão e Bibliografia.

Análise geral da mensagem

Tal como em 1 Tessalonicenses, a *fórmula introdutória* (2Ts 1,1-2) lista "Paulo, Silvano e Timóteo", ainda que Paulo seja o único a expressar-se. A única referência possível a uma missiva anterior encontra-se em 2Ts 2,15, em que é dito aos tessalonicenses: "[...] ficai firmes; guardai as tradições que vos ensinamos, oralmente ou *por escrito*". A *ação de graças* (2Ts 1,3-10) louva a fé e o amor dos tessalonicenses, bem como a constância deles no sofrimento que lhes é imposto. Quando Jesus aparecer do céu, infligirá a vingança e o castigo eterno aos perseguidores, enquanto os fiéis receberão o descanso da aflição e serão glorificados. Uma oração (2Ts 1,11-12), a fim de que Deus os faça dignos de sua vocação, serve de transição.

Quando dá início à *seção expositiva do corpo* (2Ts 2,1-17), Paulo não deseja que os tessalonicenses fiquem excessivamente alvoroçados por causa de "espírito ou palavra",[1] ou qualquer carta atribuída a ele acerca da iminência do "Dia do Senhor" (2Ts 2,1-2). Ao contrário, eles devem acalmar-se, pois os sinais apocalípticos que precederão a vinda daquele dia ainda não aconteceram, isto é,

---

[1] A expressão refere-se a profetas extáticos que estavam surgindo entre os cristãos tessalonicenses, ou eles vinham de fora? Isso reflete o problema sobre se os adversários de Paulo já se encontravam na cena tessalonicense.

a apostasia, a aparição do homem ímpio ou do filho da perdição, que é o adversário, e a atividade de Satanás, com pretensos sinais e milagres (2Ts 2,3-12).[2] Contudo, o mistério da anomia já está em atividade, e algo/alguém está constantemente contendo o homem ímpio até que ele seja revelado no tempo oportuno (2Ts 2,6-7).

Paulo agradece, então, a Deus, que escolheu os crentes tessalonicenses desde o começo. Eles devem manter-se firmes nas tradições que lhes foram ensinadas "por nós". Ele reza a fim de que sejam confortados (2Ts 2,13-17).

Em 2Ts 3,1-2, que é transicional para a *seção imperativa do corpo* (2Ts 3,1-16), Paulo solicita uma oração correspondente "por nós [...], para que sejamos livres" de gente malvada.[3] O Senhor fortalecerá os tessalonicenses e os protegerá do Maligno, e Paulo está convicto de que eles farão aquilo que "mandamos" (2Ts 3,3-5). A seguir, Paulo enuncia uma ordem específica (2Ts 3,6-13), por causa das exacerbadas expectativas do Dia do Senhor. Alguns não têm mais trabalhado (provavelmente porque pensam que lhes resta pouco tempo, e o trabalho parece-lhes inútil). Isso não é imitar Paulo, o qual, durante sua estada entre eles, exatamente a fim de dar bom exemplo, trabalhou noite e dia. Conseqüentemente, "quem não quer trabalhar também não há de comer" (2Ts 3,10).[4] Para inculcar a seriedade dessa ordem, é dada ulterior orientação: "Se alguém desobedecer ao que dizemos nesta carta, notai-o, e não tenhais nenhuma comunicação com ele, para que fique envergonhado" (2Ts 3,14). Todavia, percebemos aqui um toque de sensibilidade pastoral: "Não o considereis, todavia, como inimigo, mas procurai corrigi-lo como irmão" (2Ts 3,15). Assim como a primeira parte do corpo concluiu-se com um desejo de oração pelos tessalonicenses em 2Ts 2,16-17, também a segunda parte, em 2Ts 3,16, dessa vez com uma oração pela paz.

---

[2] Não é um tempo definido, embora muitos intérpretes usem o termo. Que o autor pressupõe expectativas tradicionais deduz-se do "Apocalipse" marcano. Ele fala de um sacrilégio desolador e de anticristos e profetas que desencaminharão as pessoas com sinais e maravilhas (Mc 13,14-22); no entanto, somente o Pai celeste sabe o dia e a hora em que céus e terra passarão (Mc 13,32).

[3] Essas pessoas já estão, de fato, em cena ou são figuras esperadas para os últimos tempos?

[4] É importante notar que essas vigorosas palavras penetraram na constituição da extinta União Soviética (M. L. Soards, *The apostle Paul;* an introduction to his writings and teaching, New York, Paulist, 1991, p. 131). Tem-se afirmado que a solução prática da imitação da ética do trabalho de Paulo, visto que o fim ainda não é iminente, torna uma visão escatológica realmente irrelevante. Contudo, conserva a necessária tensão cristã entre o já e o ainda não.

Informações básicas

DATA: se de autoria de Paulo, por volta de 51/52 d.C., aproximadamente, pouco tempo depois de 1 Tessalonicenses. Se pseudônima, provavelmente no final do século I, quando o fervor apocalíptico era cada vez mais patente.

PROCEDÊNCIA: se de autoria de Paulo, provavelmente de Corinto, como 1 Tessalonicenses. Se pseudônima, não há como saber.

DESTINATÁRIA: se de autoria de Paulo, para Tessalônica. Se pseudônima, talvez a mesma cidade; contudo, o endereçamento a Tessalônica pode simplesmente ter sido tomado emprestado de 1 Tessalonicenses.

AUTENTICIDADE: os estudiosos estão quase meio a meio divididos a respeito de Paulo, embora a opinião de que ele não a escreveu pareça ganhar terreno mesmo entre os moderados.

UNIDADE: questionada por muito poucos (cf. Best, *Commentary* 17-19, 30-35).

INTEGRIDADE: nenhuma argumentação importante sobre interpolações.

DIVISÃO FORMAL

A. Fórmula introdutória: 1,1-2
B. Ação de graças: 1,3-10; oração: 1,11-12
C. Corpo: 2,1-17: indicativo paulino (instruções)
   3,1-16: imperativo paulino (parênese e exortações)
D. Fórmula conclusiva: 3,17-18.

DIVISÃO CONFORME O CONTEÚDO

1,1-2:	Saudação
1,3-12:	Ação de graças pela fé e pelo amor dos tessalonicenses que os salvarão na parusia, quando seus perseguidores serão punidos; oração contínua por eles
2,1-12:	Instrução sobre os sinais que precedem a parusia
2,13-17:	Ação de graças e instruções sobre a escolha deles por Deus para a salvação
3,1-5:	Pedido de orações de Paulo, que reza por eles
3,6-15:	Admoestações éticas e exortações (contra a preguiça e a desobediência)
3,16-18:	Bênção conclusiva, saudação

Na *fórmula conclusiva* (2Ts 3,17-18), Paulo passa do "nós" para o "eu", quando envia uma saudação de seu próprio punho.

Paulo escreveu 2 Tessalonicenses?

Já no final do século XVIII, pôs-se em dúvida a visão tradicional segundo a qual Paulo escreveu essa carta. No século XX, a exegese alemã, passando de W. Wrede, em 1904, a W. Trilling, em 1972, com a apresentação de argumentos contra a autenticidade paulina, gradualmente fez essa visão minoritária tornar-se mais aceita. A exegese de língua inglesa (p. ex., Aus, Best, Bruce, Jewett, L. T.

Johnson, Marshall e Morris) tem-se inclinado a defender a autenticidade da autoria paulina; mais recentemente, porém, Bailey, Collins, Giblin, Holland e Hughes têm-se incluído no crescente número dos que optam pela pseudonímia.

Não é fácil julgar os argumentos. 2 Tessalonicenses tem pouco mais da metade da extensão de 1 Tessalonicenses, e tem-se avaliado que as íntimas semelhanças entre 1 e 2 Tessalonicenses afetam cerca de um terço de 2 Tessalonicenses. A *semelhança de formato* entre as duas é impactante — de fato, maior do que entre quaisquer outras duas cartas genuínas: as mesmas fórmulas introdutórias;[5] uma dupla ação de graças (o que é peculiar em uma carta paulina) em 1Ts 1,2; 2,13 e 2Ts 1,3; 2,13;[6] uma bênção em 1Ts 3,11-13 e 2Ts 2,16-17, rogando a Deus Pai e ao Senhor Jesus Cristo que fortaleçam o coração dos tessalonicenses; o mesmo último versículo, igualmente. (Além do formato, 2Ts 3,8 repete quase literalmente 1Ts 2,9 a respeito do trabalho e esforço de Paulo, noite e dia). Por que Paulo copiaria o próprio texto de modo quase mecânico? Não é isso provavelmente a marca de outro escritor, o qual, em 2 Tessalonicenses coloca-se sob o manto do Paulo que escreveu 1 Tessalonicenses?

Invocam-se *argumentos de estilo e vocabulário*.[7] Existem, de fato, notáveis semelhanças no vocabulário das duas cartas, bem como notáveis diferenças peculiares a 2 Tessalonicenses. Em 2Ts 1,3-12, as frases são mais longas e mais complexas do que na primeira carta, de modo que, nesse ponto, 2 Tessalonicenses está mais próxima das estatísticas de Efésios e Colossenses, ao passo que 1 Tessalonicenses aproxima-se das cartas autenticamente paulinas. No tom, 2 Tessalonicenses é mais formal do que 1 Tessalonicenses. As referências à vida de Paulo em 2 Tessalonicenses são menos pessoais; no entanto, pode-se explicar o fato se a

---

[5] A sugestão apresentada no capítulo 23, n. 20, acerca da correspondência de Corinto e suas fórmulas introdutórias poderia ser aplicada à correspondência de Tessalônica, explicando tal similaridade.

[6] Existe uma terceira referência a uma ação de graças em 1Ts 3,9, que não corresponde a 2 Tessalonicenses. Alguns usam essa imperfeição no paralelismo como prova da autenticidade de 2 Tessalonicenses.

[7] Tanto Krentz quanto Schmidt concordam que a carta é pseudônima, mas Krentz é mais cético do que Schmidt sobre o valor probatório desse tipo de indício. (O último emprega a sofisticada análise de uma concordância gramatical computadorizada.) E. Best (*Thessalonians*, HNTC, 1972, pp. 52-53) acredita que as semelhanças estilísticas e lingüísticas entre 1 e 2 Tessalonicenses são um sério questionamento da pseudonímia. A lista de algumas expressões em 2 Tessalonicenses que não ocorrem em outra parte em Paulo não é um argumento muito convincente; escritores de mais de uma obra muitas vezes empregam expressões diferentes em cada uma.

carta foi escrita bem pouco tempo depois de 1 Tessalonicenses, não sendo necessário, assim, reiterar o que Paulo fizera quando fora pela primeira vez a Tessalônica. Ademais, "A saudação é de meu próprio punho, *Paulo*. É este o sinal que distingue as minhas cartas" (2Ts 3,17) é muito pessoal. Certamente a primeira oração nesse período favorece a genuinidade. (Se 2 Tessalonicenses é pseudônima e se a idéia de falsificação for descartada, o escritor insiste simbolicamente na autenticidade da mensagem, não da grafia.) Por outro lado, a segunda frase pode depor a favor da pseudonímia, porque "minhas cartas" seria mais compreensível depois de uma tradição de muitas cartas escritas por Paulo, e não somente 1 Tessalonicenses (que é a única carta que precedeu 2 Tessalonicenses, se esta foi escrita por Paulo).

Indícios internos sobre a data da composição fazem parte da discussão porque Paulo morreu em meados dos anos 60. Argumenta-se que a referência ao templo de Deus em 2Ts 2,4 mostra que o templo de Jerusalém ainda estava de pé; portanto, a obra foi escrita antes de 70 d.C. e perto da época de 1 Tessalonicenses. Por outro lado, o templo divino poderia ser interpretado simbolicamente (cf. Ap 21,22). A insinuação de falsificação das cartas paulinas (2Ts 2,2; 3,17) depõe a favor de um período posterior, mais do que anterior, não somente porque é improvável que Paulo tivesse tal autoridade a ser copiada perto do começo de sua carreira missionária,[8] mas também porque não temos nenhum caso de obra pseudônima judaica atribuída a um homem que ainda estivesse vivo. Se o "homem ímpio", em 2Ts 2,3, simboliza *Nero redivivus* (corporificação da expectativa de que Nero voltaria dentre os mortos), aquele imperador suicidou-se em 68; destarte, 2 Tessalonicenses deve ter sido escrita depois daquela data e depois da morte de Paulo.

A semelhança de 2 Tessalonicenses com as obras pós-paulinas é invocada como argumento para a pseudonímia. Por exemplo, a atmosfera da existência de falsos mestres (2Ts 2,2-3.10-11) e a necessidade de conservar as tradições previamente ensinadas (2Ts 2,15) assemelham-se à atmosfera das pastorais (1Tm

---

[8] Nos anos 50, os oponentes de Paulo negavam sua autoridade apostólica; falsificação pressupõe uma aceitação tácita de tal autoridade. Contudo, J. M. G. Barclay (Conflict in Thessalonica, CBQ 56, 525-530, 1993), que acredita que Paulo escreveu 2 Tessalonicenses, talvez algumas semanas depois da primeira carta, suspeita que esta deu origem a um desequilíbrio acerca da apocalíptica entre os tessalonicenses. Paulo ficara confuso a esse respeito e perguntava-se se alguém teria falsificado uma carta para eles.

1,6-7; 4,1-2; Tt 1,9). A semelhança entre a apocalíptica de 2 Tessalonicenses e aquela de Apocalipse apontaria para uma data por volta do final do século I.

O objetivo de 2 Tessalonicenses é aventado como importante argumento por parte dos dois lados, mas o problema merece análise numa subseção apropriada.

Objetivo de 2 Tessalonicenses

Se Paulo escreveu esta carta, podemos supor que, enquanto explicava que aqueles que tinham morrido ainda tomariam parte na parusia, 1 Tessalonicenses teria concentrado demasiada atenção naquele acontecimento e intensificado a expectativa de sua iminência. Tal expectação pode ter sido agudizada pela crescente perseguição e tribulação (2Ts 1,4). De fato, alguns afirmavam que Paulo dissera que o Dia do Senhor já havia chegado (2Ts 2,2) e pararam de trabalhar (2Ts 3,10-11). Paulo escreve, então, uma segunda carta para convencer os tessalonicenses de que haverá alguns sinais apocalípticos antes do Dia do Senhor. Levando em consideração a tese de que Paulo escreveu isso poucos meses depois de sua estada relativamente breve em Tessalônica, no começo dos anos 50, perguntamo-nos sobre a descrição dos sinais. Quem é a pessoa ou qual é a coisa que está retendo o mistério do anômico que já está em atividade? Além do mais, pode-se conciliar a insistência de sinais perceptíveis que devem acontecer antes do Dia do Senhor (2Ts 2,3-5) com 1Ts 5,2 — "[...] o Dia do Senhor virá como ladrão noturno — como se constituíssem o coerente pensamento paulino expresso no mesmo período de tempo?[9]

---

[9] Alguns dos que não querem considerar 2 Tessalonicenses como pós-paulina têm pelejado em torno da relação desta com 1 Tessalonicenses. A fim de explicar as diferenças estilísticas, sugeriu-se uma mudança nos secretários de Paulo, por exemplo, Silvano, para uma carta, e Timóteo para a outra. Alternativamente, propôs-se que 2 Tessalonicenses, que foi enviada logo depois de 1 Tessalonicenses, foi endereçada a um grupo diferente da comunidade tessalonicense (apesar de 1Ts 5,26: "Saudai a todos os irmãos") ou, ainda, a Tessalônica, a fim de ser enviada a uma comunidade vizinha (Filipos, que Paulo visitara antes de Tessalônica — cf. *pp. 658-659*, acerca de diversas cartas a Filipos — ou a Beréia, que ele visitou depois). Já em 1641, H. Grotius sugeriu inverter a ordem das duas cartas: Timóteo foi enviado de Atenas, levando 2 Tessalonicenses (antes da qual não havia nenhuma outra carta: 2Ts 2,2); resolvido o problema, de Corinto foi enviada 1 Tessalonicenses, mais específica, que pressupunha que os tessalonicenses tinham acolhido bem a instrução anterior de Paulo e precisavam apenas de algumas novas diretrizes (1Ts 4,9.13; 5,1). Essa tese tem relativamente poucos seguidores hoje (W. G. Kümmel, *Introduction to the New Testament*, Nashville, Abingdon, 1986, pp. 263-264); contudo, cf. MANSON, St. Paul in Greece, BJRL 53, 428-447, 1952, e TRUDINGER, P. *Downside Review* 113, 31-35, 1995.

A autêntica autoria paulina não precisa exigir uma data bem antiga para 2 Tessalonicenses, embora tal cálculo seja mais comum. Por exemplo, depois de ter escrito a primeira carta, com muita probabilidade Paulo visitou Tessalônica diversas vezes em suas viagens para a Macedônia (cf. 1Cor 16,5, no final de sua estada em Éfeso, por volta do verão de 57; e 2Cor 7,5 e At 20,1-6, antes de sua última visita a Jerusalém, em cerca de 58). Esses encontros posteriores podem explicar problemas em 2 Tessalonicenses, se esta foi escrita depois daquele período.

Se Paulo não escreveu a carta, de certa forma a interpretação torna-se mais complexa. Não pode ter sido escrita muito tarde, pois já era conhecida de Marcião e Policarpo, antes de meados do século II. Alguns consideram a carta enviada em decorrência de uma situação diferente (perigos gnósticos[10]), não claramente relacionada com a Igreja tessalonicense descrita na carta anterior. Outros, de forma mais plausível, vêem uma continuidade entre alguns dos temas de 1 Tessalonicenses. Donfried (The cults of Thessalonica and the Thessalonian correspondence [Os cultos de Tessalônica e a correspondência tessalonicense], NTS 31, 352-353, 1985) acredita que pode ter sido escrita pouco tempo depois de 1 Tessalonicenses, seja por Timóteo, seja por Silvano (co-autores de ambas as cartas) em nome de Paulo, enquanto este último estava ausente.

Talvez a maioria dos estudiosos que opta pela pseudonímia considere a carta endereçada à Igreja tessalonicense por volta do final do século I, em que os perigos corrigidos achavam-se mais bem contextualizados[11] do que nos anos 50. (Desse modo, haveria uma continuidade da Igreja destinatária, ainda que separada por décadas.) Por volta dos anos 90, ao menos em algumas regiões, os cristãos enfrentavam sérias tribulações (2Ts 1,4.6);[12] assim, começaram a ver o mal em escala global, agindo contra os que acreditavam em Cristo. Eles fizeram uso da

---

[10] Cf. KOESTER, H. *Introduction to the New Testament*. Philadelphia, Fortress, 1982, 2.242-246. Tentativas de encontrar incipientes oponentes gnósticos em 1 Tessalonicenses (p. ex., na condenação da libertinagem sexual ali; cf. C. B. Puskas Jr., *The letters of Paul*; an introduction, Collegeville, Liturgical, 1993, p. 103) são menos plausíveis do que as sugestões de Donfried (cf. *p. 612*).

[11] Os leitores podem tirar proveito de uma olhada no capítulo 37, sobre o livro do Apocalipse, para contexto semelhante, e talvez no capítulo 12, sobre 1 João, que, em 1Jo 2,18-19, afirma que os anticristos chegaram.

[12] Mencionam-se sofrimentos em 1Ts 2,14, mas aqueles narrados em 2 Tessalonicenses parecem ser em maior escala, levando o autor a invocar a destruição eterna dos perseguidores (2Ts 1,9), enquanto alguns tessalonicenses julgam que o fim está próximo. Contudo, devemos ser cautelosos sobre até que ponto tais descrições são mais convenção literária do que retrato dos fatos.

apocalíptica judaica, escrita em circunstâncias semelhantes, e reutilizaram seus símbolos, como a descrição de Daniel dos impérios mundiais hostis como animais selvagens. O livro do Apocalipse identifica simbolicamente um mal de origem satânica agindo graças à mediação do Império Romano e da adoração ao imperador. De modo especial, o imperador Domiciano (cf. *pp. 1042-1048*), cujas suspeitas de desvios religiosos parecem tê-lo levado a tratar com violência os cristãos locais, e que se designava como Senhor e Deus, pode ter condensado a ofensa. É possível conceber 2 Tessalonicenses à mesma luz, pois ela menciona a perseguição e o estratagema do mal, e associa a atividade de Satanás com a vinda do anômico, que se exalta acima de qualquer deus, procurando adoração, instalando-se no templo de Deus (2Ts 2,3.4.9). Nessa hipótese, um escritor que conhecia 1Ts 5,1-2, com a advertência de Paulo sobre os tempos e as estações e sobre a vinda do Dia do Senhor como um ladrão noturno, decidiu escrever uma carta pautando-se por ela. Paulo, morto havia um quarto de século, falaria de novo em meio a ebulientes expectativas apocalípticas, transmitindo uma mensagem com autoridade que deveria ser conservada (2Ts 2,15; 3,4.6). Ele admoesta as pessoas a não se deixarem enganar pelo entusiasmo de falsos mestres (2Ts 2,3)[13] e relembra aos destinatários os sinais-padrão, ainda não verificados, associados à parusia.[14] Na verdade, o mistério da iniqüidade está em ação. Contudo, algo ou alguém está retendo o anômico e, quando ele aparecer, o Senhor Jesus destruí-lo-á.

Considerando os argumentos pró e contra a autoria paulina de 2 Tessalonicenses, não posso decidir com segurança, ainda que alguns adeptos dos escritos pós-paulinos reivindiquem tal certeza. Embora a maré atual da exegese tenha-se voltado contra a possibilidade de que Paulo possa tê-la escrito,[15] os estudos bíblicos nada lucram com certezas sobre o incerto. Ademais, deixando abertas ambas

---

[13] Alguns acreditam que o surgimento de tais falsos mestres foi provocado pela demora da parusia (2Pd 2,1-2; 3,3-4). F. W. Hughes (*Early Christian rhetoric and 2 Thessalonians*, Sheffield, JSOT, 1989, JSNTSup, 30) argumenta que os falsos mestres eram *seguidores de Paulo* que pensavam numa escatologia completa (o Dia do Senhor havia chegado).

[14] Até que ponto a descrição do homem ímpio, assentado no templo de Deus, depende das expectativas primitivas cristãs e até mesmo das descrições apocalípticas de Jesus nos evangelhos, por exemplo, da abominação da desolação em Mc 13,14? Essa conexão é rejeitada por R. H. Shaw (*Anglican Theological Review* 47, 96-102, 1965).

[15] Esta *Introdução* procura apresentar a visão majoritária dos estudiosos; por isso, analisei 2 Tessalonicenses na seção das epístolas deuteropaulinas.

as possibilidades, os leitores são desafiados a pensar de forma mais perspicaz sobre os problemas implicados.

Temas e problemas para reflexão

1. É desafiador enumerar diferenças de ensinamento e de ênfase entre 1 e 2 Tessalonicenses, e esforçar-se para explicá-las. Além das diferenças óbvias nos ensinamentos teológicos, existem divergências mais sutis. Por exemplo, em 1 Tessalonicenses existe um tom de súplica e de exortação, ao passo que em 2 Tessalonicenses existe maior apelo à autoridade do ensinamento e à tradição (*paradosis*: palavra ausente na carta anterior). Em 1Ts 1,5; 2,1-9; 3,4, Paulo apela para ele mesmo como exemplo; o Paulo de 2Ts 2,15; 3,6.14 fala mais como uma autoridade apostólica. Esses elementos fornecem um argumento para datar 2 Tessalonicenses de um período pós-apostólico, quando Paulo estava sendo venerado como fundador de Igrejas (Ef 2,20)?

2. Qual é a cristologia de 2 Tessalonicenses e como pode ser comparada à de 1 Tessalonicenses? Por exemplo, note-se o uso de "Deus" em 1Ts 1,4; 5,23.24, e o uso de "o Senhor [Jesus]" em frases quase idênticas em 2Ts 2,13; 3,16; 3,3. Se 2 Tessalonicenses foi escrita em um período posterior, a exaltação de Jesus estava mais avançada?[16] Observe-se, porém, que o senhorio de Jesus parece primariamente estar ligado não à ressurreição, mas à parusia. Seria o reaparecimento de uma cristologia mais primitiva (cf. BINTC 110-112)?

3. Existe importante debate acerca da identidade do homem ímpio, o filho da perdição e agente de Satanás, que se assenta no templo de Deus e se proclama Deus (cuja vinda está associada à apostasia; 2Ts 2,3-5.9-10), e a identidade da coisa ou pessoa que agora o restringe (*to katechon*; *ho katechōn*, do verbo "reter"). Podemos apenas acenar ao problema aqui; os leitores devem consultar os comentários para os argumentos pró e contra a respeito das identificações propostas. Segundo a data atribuída a 2 Tessalonicenses, o homem ímpio tem sido muitas vezes identificado com o imperador romano que pretendia ser divino (Calígula,

---

[16] Provavelmente não se deve apelar para 2Ts 1,12. Embora alguns possam ler como "a graça de nosso Deus e Senhor Jesus Cristo", a leitura "a graça de nosso Deus e do Senhor Jesus Cristo" é preferível. Cf. BINTC 180.

Nero, Domiciano),[17] e o refreador foi identificado com a lei romana ou um agente dela, que/o qual impediu o fortalecimento da adoração imperial. Outras sugestões para o refreador são Deus, que, no pensamento judaico, havia aprisionado os anjos maus até os últimos dias e retardado o tempo do julgamento,[18] ou o plano divino de que o evangelho seja proclamado em todo o mundo. Alguns estudiosos (p. ex., Giblin) interpretam *katechon/katechōn* como uma força/pessoa "aprisionante", contrária a Deus, ou seja, um profeta falsamente inspirado, que enganou os tessalonicenses acerca do Dia do Senhor. Grande parte da discussão presume que o autor tinha clareza, em seu pensamento, da identidade seja do anômico, seja do refreador. Não é impossível, porém, que o autor tenha recebido a imagem de uma tradição e que, não sendo capaz de identificá-los,[19] na situação, apenas acreditava que o anômico não tinha vindo e, portanto, o refreador deveria estar agindo. (O fato de que o público tenha sido informado sobre eles e, portanto, os conhecia [2Ts 2,5-6] não significa necessariamente que a identidade deles fora revelada.)

Hoje, os leitores devem considerar um problema mais crucial. Os crentes devem ainda esperar uma apostasia, um homem ímpio, um refreador? Ao longo da história cristã, as pessoas têm pensado assim, identificando várias figuras com o anticristo.[20] Já no tempo do NT, porém, deparamo-nos com a tentativa de lidar com tais expectativas em um nível mais ao rés do chão: o autor de 1Jo 2,18-19 considera aqueles que apostataram da comunidade os anticristos esperados. O simbolismo de 2 Tessalonicenses pode ser aceito simplesmente com o significado de que existe sempre oposição ao reino de Deus e, antes da irrupção definitiva do reino em e por intermédio de Cristo, haverá uma suprema oposição? Alguns têm afirmado que 2 Tessalonicenses torna a escatologia irrelevante. De forma mais simples, será que não torna sem importância a busca de precisão acerca do que acontecerá exatamente, como se isso fosse um problema religioso importante?

---

[17] Grande parte das imagens da apocalíptica foi influenciada pelo livro de Daniel, em que o inimigo principal era o rei sírio Antíoco IV, que promoveu o culto falso.

[18] Cf. BASSLER, J. M. CBQ 46, 496-510, 1984.

[19] Ele fala do "mistério" da iniqüidade em 2Ts 2,7, e o vidente apocalíptico muitas vezes não entende completamente o mistério.

[20] Embora 2Ts 2,4 descreva o homem ímpio como uma figura contrária a Deus, a descrição de sua aparição (*apokalypsis*) como objeto de adoração faz dele claramente o anticristo — ele é uma falsa parusia, contraposta à verdadeira. No NT, o termo *antichristos* ocorre apenas em 1Jo 2,18.22; 4,3; 2Jo 7, em que aplicado a perigosos mestres enganadores. A idéia cristã primitiva de uma corporificação específica do mal, opondo-se a Deus, é tratada por L. J. Lietaert Peerbolte (*The antecedents of AntiChrist*, Brill, Leiden, 1996).

Bibliografia sobre 2 Tessalonicenses

Comentários e estudos em séries[21]

Aus, R. AugC, 1984.
Krodel, G. ProC, 1993.
Menken, M. J. J. NTR, 1994.

* * *

Bailey, J. A. Who wrote II Thessalonians? NTS 25, 131-145, 1978-1979.
Collins, R. F. CLPDNW 209-241.
_____. (ed.). TTC 371-515. Muitos artigos em inglês.
Giblin, C. H. *The threat to faith*; an exegetical and theological re-examination of 2 Thessalonians 2. Rome, PBI, 1967. (AnBib, 31.)
_____. 2 Thessalonians 2 re-read as pseudepigraphical. TTC 459-469.
Holland, G. S. *The tradition that you received from us*; 2 Thessalonians in the Pauline tradition. Tübingen, Mohr-Siebeck, 1988. (HUT, 24.)
Hughes, F. W. *Early Christian rhetoric and 2 Thessalonians*. Sheffield, JSOT, 1989. (JSNTSup, 30.)
Koester, H. From Paul's eschatology to the apocalyptic schemata of 2 Thessalonians. TTC 441-458.
Krentz, E. "Through a prism": the theology of 2 Thessalonians as a deutero-pauline letter. SBLSP 1986, 1-7.
Lightfoot, J. B. *Notes on the epistles of St. Paul*. London, Macmillan, 1895. pp. 93-136. Um clássico.
Manson, T. W. St. Paul in Greece: the letters to the Thessalonians. BJRL 35, 428-447, 1952-1953.
_____. *Studies in the gospels and epistles*. Philadelphia, Westminster, 1962. pp. 259-278.
Menken, M. J. J. The structure of 2 Thessalonians. TTC 373-382.
Russell, R. The idle in 2 Thess 3,6-12: an eschatological or social problem? NTS 34, 105-119, 1988.

---

[21] Cf. também a Bibliografia do capítulo 18 para os livros marcados com asterisco, que tratam tanto de 1 quanto de 2 Tessalonicenses.

SCHMIDT, D. The authenticity of 2 Thessalonians: linguistic arguments. SBLSP 1983, 289-296.

_____. The syntactical style of 2 Thessalonians: how pauline is it? TTC 383-393.

SUMNEY, J. L. The bearing of pauline rhetorical pattern on the integrity of 2 Thessalonians. ZNW 81, 192-204, 1990.

Capítulo 27

Carta aos Colossenses

Em sua visão de Cristo, da Igreja, seu corpo, e do mistério de Deus oculto nos tempos, Colossenses é deveras majestosa e certamente representante digna da herança paulina. Essa avaliação não deve ser esquecida em meio ao importante debate acadêmico sobre se a carta foi ou não escrita pelo próprio Paulo, um problema que tem lançado ampla sombra sobre a discussão em torno de Colossenses. Depois do Contexto, a Análise geral da mensagem refletirá acerca do que realmente é transmitido em Colossenses, uma vez que todas as teorias acerca do escrito devem fazer justiça a esse ponto. Subseções tratarão de: Hino cristológico (Cl 1,15-20), Falso ensinamento (Cl 2,8-23), Código doméstico (Cl 3,18–4,1), Paulo escreveu Colossenses?, De onde e quando?, Temas e problemas para reflexão e Bibliografia.

Contexto

Uma importante rota comercial, que atravessava as Montanhas Frígias, ligava Éfeso, costa ocidental da Ásia Menor, a Icônio e Tarso, a sudeste. A cerca de 176 quilômetros de Éfeso, ao longo da rota, em uma parte vulcânica da região frígia da província da Ásia, sujeita a terremotos, encontra-se o Vale do Rio Licus. À margem do rio, situava-se Laodicéia, considerável centro comercial e têxtil. De lá, podia-se tomar uma bifurcação da estrada em direção norte, por cerca de 9,6 quilômetros, e chegar a Hierápolis, famosa por suas fontes térmicas medicinais, por um templo a Apolo e pela púrpura. Ou, ainda, podia-se prosseguir pela estrada principal por mais 17,6 quilômetros em direção sudeste e chegar a Colossas, também um centro têxtil, conhecido pelos produtos de lã púrpura. Nos tempos romanos, Laodicéia tornara-se a mais importante, enquanto Colossas era a menos importante[1] dessas três cidades, dispostas quase a formar um triângulo. A população delas era, na maior parte, frígia e grega, mas as famílias judaicas da Babilônia tinham-se reinstalado na reigão logo depois de 200 a.C. No tempo de Paulo, a população judaica da área de Laodicéia parece ter sido mais de 10 mil e (segundo uma referência talmúdica posterior) praticamente helenizada.

Evidentemente as Igrejas das três cidades tinham íntimos relacionamentos. Paulo menciona Epafras, que trabalhara duro em todas as três (Cl 4,12-13); ele pede que a carta aos Colossenses seja lida na Igreja de Laodicéia e que os de Colossas leiam a enviada "aos de Laodicéia"[2] (Cl 4,16; cf. também Cl 2,1). As referências pessoais em Cl 4,7-17 são compreensíveis no caso de a comunidade cristã de Colossas ser um pequeno e bem coeso grupo, em que todos praticamente se conheciam pelo nome (P. V. Rogers, *Collossians*, NTS, 1980, p. xiii). Essa área não tinha sido evangelizada por Paulo, e jamais vira seu rosto (Cl 3,1).[3] Contudo, visto que Paulo se sente livre para dar instruções aos colossenses (passim) e dirige-se a eles (e aos laodicenos) com um senso de responsabilidade pastoral (Cl 1,9.24; 2,1-2), e como eles estão interessados no que se passa com o apóstolo (Cl 4,7.9), é provável que uma missão paulina tenha proclamado o Cristo no Vale do Licus, talvez enviada por Paulo quando se encontrava em Éfeso, em 54-57 d.C. Atos 19,10 declara que, durante os anos que Paulo passou ali, "todos os habitantes da [província da] Ásia [...] puderam ouvir a palavra do Senhor". Tal conexão intermediária de Paulo com a evangelização deles é secundada pelo fato de Epafras, gentio e um deles, que lhes ensinara a verdade, achar-se agora com Paulo (Cl 1,6-7; 4,12-13).

---

[1] De fato, teria sido a cidade menos importante para a qual uma carta de Paulo foi endereçada (Lightfoot).

[2] O NT nada mais nos diz acerca dessa carta. No século II, Marcião pensou que era o escrito que conhecemos como Efésios, e, no século XX, J. Knox (seguido por E. Schweizer) acreditou que era Filêmon (capítulo 21, n. 11). *Uma carta aos laodicenos*, forjada pelos marcionitas, é mencionada no Fragmento Muratoriano (final do século II?). Por volta do século IV, na Igreja Oriental reivindicava-se uma carta aos laodicenos, mas tal carta não foi conservada em grego. No Ocidente, do século VI ao XV, circulou um apócrifo latino *Aos laodicenos*, ao lado de traduções vernaculares (até mesmo a ed. rev. de Wycliffe); foi rejeitado por Erasmo, pelo Concílio de Trento e pelos reformadores protestantes. Mais breve do que Filêmon, essa obra, que é um pasticho de linhas de cartas autenticamente paulinas, começando com Gl 1,1 (HSNTA 2.42-46), provavelmente foi composta entre os séculos II e IV, em latim ou em grego, talvez pelos marcionitas.

[3] Isso é estranho, pois, de acordo com At 18,23; 19,1, em sua "terceira viagem missionária" (por volta de 54), Paulo atravessou a região da Galácia e da Frígia e o interior (da província da Ásia) a caminho de Éfeso — uma viagem que podia muito bem tê-lo conduzido ao Vale do Licus. O fato de não ter seguido aquela estrada pode favorecer a teoria de que Atos se refere ao *Norte* da Galácia (cf. *pp. 630-631*).

Informações básicas

DATA: se de autoria de Paulo (ou de Timóteo enquanto Paulo ainda estava vivo ou pouco tempo após a morte deste), 61-63 (ou pouco mais tarde), de Roma, ou 54-56, de Éfeso. Se pseudônima (cerca de 60% da pesquisa crítica), nos anos 80, de Éfeso.

DESTINATÁRIOS: cristãos de Colossas, no Vale do Rio Licus, na Frígia, na província da Ásia, não evangelizada por Paulo, mas por Epafras, que informou Paulo acerca da Igreja e de seus problemas.

AUTENTICIDADE: modesta probabilidade favorece a composição por um discípulo de Paulo, próximo de alguns aspectos de seu pensamento (talvez pertencesse uma "escola", em Éfeso), que se serviu de Filêmon.

UNIDADE E INTEGRIDADE: não discutida seriamente. Provavelmente, em Cl 1,15-20, um hino já existente foi adaptado.

DIVISÃO FORMAL

A. Fórmula introdutória: 1,1-2

B. Ação de graças: 1,3-8

C. Corpo: 1,9–2,23: indicativo paulino (instruções)

       3,1–4,6: imperativo paulino (parênese e exortações)

D. Saudações e fórmula conclusiva: 4,7-18

DIVISÃO CONFORME O CONTEÚDO

1,1-2:	Fórmula introdutória
1,3-23:	Proêmio formado por ação de graças (1,3-8), oração (1,9-11), louvor ao senhorio de Cristo, incluindo um hino (1,12-23)
1,24–2,5:	Ofício apostólico e pregação do mistério revelado por Deus
2,6-23:	Senhorio de Cristo *versus* leis humanas
3,1–4,6:	Prática: vícios, virtudes, código doméstico
4,7-17:	Saudações e mensagens
4,18:	Próprio punho de Paulo; bênção

Paulo está na prisão (Cl 4,3.10), e, assim, comunica-se com Colossas por essa carta a ser levada por Tíquico, acompanhado de Onésimo (Cl 4,7-9). Desse modo, embora ausente no corpo, o apóstolo pode estar com os colossenses em espírito (Cl 2,5).

Análise geral da mensagem

A *fórmula introdutória* (Cl 1,1-2) traz Timóteo como co-remetente, como em Filipenses e Filêmon (contribuindo para a tendência de juntar Colossenses a elas como as "cartas da prisão" ou "do cativeiro"). Na *ação de graças* (Cl 1,3-8) Paulo demonstra estar a par da situação de Colossas, por intermédio de Epafras, e está contente com o que ouviu,[4] passando a escrever palavras de encorajamento. Tem-se a impressão de que os destinatários, na opinião de Paulo, receberam bem o evangelho, que está produzindo frutos entre eles.

Paulo passa com leveza à *seção indicativa do corpo* (Cl 1,9–2,23), explicando que ele deseja aprofundar-lhes o senso de perfeição, apelando para o que eles conhecem de Cristo, em quem aprouve habitar toda a plenitude de Deus, conforme explicita o famoso hino cristológico (Cl 1,15-20), ao qual uma subseção especial será dedicada. Paulo quer que os colossenses compreendam plenamente o Cristo como um mistério de Deus, em que estão escondidos os tesouros da sabedoria e do conhecimento (Cl 2,2-3).

A razão do realce está no perigo apresentado pelo falso ensinamento (Cl 2,8-23) que ameaça os cristãos do Vale do Licus, os quais, subentende-se, eram gentios.[5] A segunda subseção, adiante, será devotada ao diagnóstico de tal ensinamento; os leitores ficam antecipadamente avisados, porém, de que o que pode ser inferido da crítica de Paulo é esquemático e incerto.[6] De maior importância é o que Colossenses enfatiza de maneira positiva. Implicitamente, o que se opõe ao falso ensinamento é o evangelho, "a Palavra da Verdade" (Cl 1,5). Os colossenses já adquiriram profundo conhecimento ao começar a compreender o plano de Deus para todos em Cristo (Cl 2,3). Nenhum elemento do universo tem poder sobre os colossenses porque os cristãos foram libertos do poder das trevas e transferidos para o reino do Filho amado de Deus (Cl 1,13). Com efeito, todos os principados e poderes foram criados por meio do Filho de Deus, e todas as coisas, quer as da terra, quer as do céu, foram reconciliadas por meio dele; ele está acima de tudo (Cl 1,16.18.20). Os crentes nele não precisam preocupar-se com o que

---

[4] T. Y. Mullins (The thanksgivings of Philemon and Colossians, NTS 30, 288-293, 1984) argumenta que essa seção de Colossenses não foi simplesmente tirada da ação de graças paralela em Filêmon. A mensagem em Cl 4,7-17 também presume um relacionamento amigável.

[5] Eles eram antigamente estranhos (Cl 1,21); Deus escolheu dar a conhecer sua riqueza entre os gentios (Cl 1,27).

[6] Por exemplo, Cl 2,8 refere-se a *quem quer que possa* escravizar os colossenses com "especulações da 'filosofia' segundo a tradição dos homens, segundo os elementos [ou espíritos elementares] do mundo [universo]". Dada a precisão da crítica de Paulo contra os perigos em Gálatas e em 1 Coríntios, a vaguidade da descrição em Colossenses tem sido usada como argumento contra a autenticidade paulina.

comer ou com o que beber (Cl 2,16), pois o Cristo, com sua morte, apresentá-los-á santos e imaculados perante Deus (Cl 1,22). Festas, lua nova e sábado são apenas sombras das coisas vindouras; o essencial pertence a Cristo (Cl 2,17).

Na *seção imperativa do corpo* (Cl 3,1–4,6), a mensagem de Paulo passa da cristologia ao modo como os cristãos devem viver. Não está claro se suas instruções são diretamente influenciadas pela reação aos falsos mestres. Indiretamente, o escritor pode estar dizendo aos colossenses que a isso é que eles devem prestar atenção, em vez de dar ouvidos aos argumentos capciosos dos mestres. Tendo ressuscitado com Cristo, eles devem pensar nas coisas do alto, pois, quando o Cristo aparecer, eles aparecerão com ele na glória (Cl 3,1-4). Em primeiro lugar, Colossenses apresenta duas listas, cada uma com cinco vícios a ser evitados; a seguir, uma lista de cinco virtudes a ser ostentadas por aqueles que se revestiram do novo ser em Cristo (Cl 3,5-17). Finalmente, numa instrução doméstica, que receberá atenção especial numa subseção adiante, o autor fala mais especificamente aos vários membros das famílias cristãs (esposas, maridos, filhos, escravos, senhores), mostrando como o mistério de Deus, revelado em Cristo, afeta cada aspecto da vida cotidiana (Cl 3,18–4,2). No capítulo 19 (Temas e problemas para reflexão, 6), ressaltamos que a lista de Gl 3,28, daqueles entre os quais não deveria existir diferença ("não há judeu, nem grego [...]"), não implicava necessariamente igualdade social. Isso se torna claro aqui, em que uma lista semelhante em Cl 3,11[7] é seguida por um ensinamento que engloba as desigualdades sociais de uma estrutura patriarcal.

As *saudações e a fórmula conclusiva* (Cl 4,7-18) mencionam oito das dez pessoas citadas em Filêmon. Esse paralelismo é muito importante para a discussão da autoria e do contexto de Colossenses nas subseções a seguir.

Hino cristológico (Cl 1,15-20)

Um elemento central na apresentação de Cristo em Colossenses é uma passagem poética que descreve seu papel na criação e na reconciliação, comumente considerada um hino. (Para a questão dos hinos no *corpus* paulino, cf. a subseção no capítulo 20.) Esse hino tem sido objeto de extensa bibliografia, grande parte

---

[7] Note-se a inversão "grego e judeu", e a ausência do par homem/mulher.

dela em alemão;[8] uma análise detalhada ultrapassa as possibilidades deste livro introdutório. Contudo, os pontos seguintes são dignos de menção à guisa de familiarizar os leitores com o assunto:

- Muitos acreditam que o escritor da carta usou um hino cristão já existente, conhecido dos colossenses e talvez de toda a região evangelizada a partir de Éfeso. Encontrando, no hino, idéias úteis para corrigir o falso ensinamento, o autor de Colossenses aguçou-as por meio de acréscimos secundários.[9]
- A estrutura do hino é discutida. Se deixarmos de lado as hipóteses que reorganizam as linhas num equilíbrio perfeito, as propostas de divisão das linhas do texto tal como está incluem: 1. três estrofes (vv. 15-16: criação; 17-18a: preservação; 18b-20: redenção); 2. duas estrofes de extensão desigual (15-18a: criação; 18b-20: reconciliação);[10] 3. duas estrofes aproximadamente da mesma extensão (15-16 e 18b-20), separadas por um refrão (17-18a, que corresponderia ao prefácio do hino em 13-14, segundo a opinião de alguns). Embora as divisões divirjam no modo de lidar com os vv. 17-18a, assemelham-se no reconhecimento de que, no interior desse hino ao Filho amado de Deus, o paralelismo mais evidente ocorre entre as descrições nos vv. 15-16a — "Ele é a Imagem do Deus invisível, o Primogênito de toda criatura, porque nele foram criadas todas as coisas" — e 18b-19 — "É o Princípio, o Primogênito dos mortos, tendo em tudo a primazia, pois nele aprouve a Deus fazer habitar toda a Plenitude".
- Quão elevada é a cristologia centrada no paralelismo do primogênito? Se Jesus foi ressuscitado dos mortos, antes de todos os demais, foi o primeiro a ser criado? Respondendo negativamente, muitos vêem uma referência à

---

[8] Para estudos em inglês, cf. ROBINSON, J. M. JBL 76, 270-287, 1957; MARTIN, R. P. VE 2, 6-32, 1963; KÄSEMANN, E. KENTT 149-168; LOHSE, E. *Colossians*, Hermeneia, 1971, pp. 41-61; VAWTER, B. CBQ 33, 62-81, 1971; MCGOWN, W. EQ 51, 156-162, 1979; BEASLEY-MURRAY, P. In: HAGNER, D. A. & HARRIS, M. J. (eds.). *Pauline studies*. Grand Rapids, Eerdmans, 1980. pp. 169-183; POLLARD, T. E. NTS 27, 572-575, 1988-1981; BRUCE, F. F. BSac 141, 99-111, 1984; BALCHIN, J. F. VE 15, 65-93, 1985; FOSSUM, J. NTS 35, 183-201, 1989; WRIGHT, N. T. NTS 36, 444-468, 1990; MURPHY-O'CONNOR, J. RB 102, 231-241, 1995.

[9] Duas propostas freqüentes são as expressões (grifadas) em Cl 1,18a — "É a Cabeça *da Igreja*", que é o seu Corpo" — e em Cl 1,20b — "[...] realizando a paz *pelo sangue da sua cruz*".

[10] Essa tese, provavelmente a mais popular, é bem defendida por Lohse, op. cit., 44-45.

singularidade do Filho, um primogênito que existia antes da criação (como no hino do prólogo de João). Contudo, o contexto mais aproximado e mais comumente aceito para a descrição de Cl 1,15-16a é a imagem veterotestamentária da personificação feminina da Sabedoria, a imagem da bondade de Deus (Sb 7,26), que atuava junto a Deus no estabelecimento de todas as outras coisas (Pr 3,19) — a Sabedoria foi criada por Deus no começo (Pr 8,22; Eclo 24,9).

- Além da Sabedoria personificada, sugeriram-se outros contextos para o hino. E. Käsemann enxerga um texto pré-cristão às voltas com o mito gnóstico do redentor: um homem primordial que irrompe na esfera da morte para libertar aqueles que lhe pertencem. (Contudo, "o Princípio da criação de Deus" e "o Primogênito dos mortos" é terminologia *cristã* em Ap 3,14 e 1,5.) E. Lohmeyer, servindo-se do tema da "reconciliação" em Cl 1,20a, compreende o hino à luz do Dia da Expiação judaico, quando o Criador é reconciliado com o povo de Deus. (Existe prova de que os judeus desse período acentuavam o tema da criação ao observar o Yom Kippur?) Na mesma direção, S. Lyonnet encontra em Cl 1,20 ecos do ano-novo judaico (Rosh Hashanah). O que se pode dizer é que, enquanto algo da linguagem do hino retoma as descrições judaico-helenistas da Sabedoria, também tem paralelos com a terminologia de Platão, de Hermes e de Fílon (cf. capítulo 5). Conseqüentemente, sua cristologia, que, conforme veremos adiante, é muito diferente daquela dos falsos doutores sincretistas criticados em Colossenses, está formulada, não obstante, numa linguagem não muito distante da deles.

- A ênfase do hino no fato de que *todas* as coisas foram criadas no Filho de Deus (Cl 1,16) sublinha a superioridade de Cristo sobre os principados e os poderes. Deve-se prestar atenção especial a todo o *plērōma* ("plenitude"), em Cl 1,19: "Pois nele aprouve a Deus fazer habitar toda a Plenitude". No gnosticismo valentino do século II, o *plērōma* era a plenitude das emanações que provinham de Deus, mas não era Deus que estava acima de todas aquelas. O *corpus* hermético (cf. *p. 154*) podia falar de Deus como o *plērōma* do bem, e o mundo como o *plērōma* do mal. Mas Colossenses não se refere a nenhum deles: Cl 2,9 ("todo o *plērōma* da divindade" corporalmente em Cristo) interpreta Cl 1,19. Por opção divina, Deus, em toda a plenitude, habita em Cristo. Por isso é que, por intermédio dele, todas as coisas podem ser reconciliadas com Deus (Cl 1,20a).[11]

Falso ensinamento (Cl 2,8-23)

O ensinamento que representa um perigo em Colossas precisa ser reconstruído como por meio de um espelho pela polêmica hostil da carta contra ele, o que torna difícil avaliar o tom e o teor do ensinamento. Em relação ao tom, obviamente a situação em Colossas não é como a narrada em Gálatas, em que os ingênuos gálatas estavam aderindo, em larga escala, a outro evangelho.[12] Tampouco se assemelha à de Filipos, onde, ainda que estivesse sã, a comunidade obteve de Paulo duras admoestações (Fl 3,2: "Cuidado com os cães, cuidado com os maus operários, cuidado com os falsos circuncidados!"). Com efeito, não podemos ter certeza de que os cristãos em Colossas estivessem ao menos conscientes do perigo que corriam; ademais, algo na descrição pode ser apenas potencial (p. ex., Cl 2,8: "Tomai cuidado para que ninguém vos escravize"). Mais do que provável, porém, como uma minoria, aqueles que investiriam contra os colossenses já estavam em cena. Se eles eram ou não membros da(s) Igreja(s) doméstica(s) de Colossas, não podemos saber.

Quanto ao teor, podemos começar por observar que as cidades do Vale do Rio Licus constituíam uma área onde as práticas religiosas refletiam uma mistura de cultos nativos frígios, importações orientais (Ísis, Mitra), divindades greco-romanas e judaísmo, com sua insistência em um único Deus. Na descrição do ensinamento que ameaçava os cristãos em Colossas, mencionam-se elementos que parecem estar ligados à judaização, pois Cl 2,11 enfatiza a circuncisão não realizada por mãos humanas, uma circuncisão de Cristo, implicitamente oposta à necessidade física da circuncisão. Além do mais (Cl 2,16), alguns estariam julgando os cristãos por questões de comida e bebida (dedicada aos ídolos?) e da

---

[11] Compare-se com 2Cor 5,19. "Pois era Deus que em Cristo reconciliava o mundo consigo".

[12] Conforme notado no capítulo 19, n. 14, Paulo empregava retórica forense ou judicial para defender-se em Gálatas. A retórica aqui é mais epidíctica, ou demonstrativa, censurando idéias e práticas inaceitáveis, mas não apontando danos causados a Paulo ou a seus companheiros (C. B. Puskas Jr., *The letters of Paul*; an introduction, Collegeville, Liturgical, 1993, p. 124). P. Pokorný (*Colossians*; a commentary, Peabory, MA, Hendrickson, 1991, pp. 21-31) oferece uma análise estrutural. A. E. Drake (NTS 41, 123-144), encontra propositadamente características estruturais crípticas.

observância de uma festa, lua nova ou sábados (observância do calendário judaico?).[13] Contudo, com a pressuposição de que Colossenses visava a um falso ensinamento mais do que à chaga de um grupo separado, o texto parece exigir algo mais complexo do que uma tentativa de conseguir que os cristãos colossenses observassem a Lei mosaica a fim de ser salvos. Em sua refutação, Paulo não oferece argumento algum do AT; tampouco relaciona explicitamente alguma das práticas com o judaísmo.

Em Cl 2,8, Paulo adverte os destinatários a não se deixarem seduzir por uma "filosofia" traiçoeira e vazia, que segue tradição humana. Ele pode referir-se ao pensamento de um dos filósofos gregos[14] ou representantes das religiões mistéricas (cf. p. 156), que também eram chamados de filósofos. No entanto, tal designação não exclui um elemento judaico, visto que Josefo (*Guerra* 2.8.2; #119; *Ant.* 18.1.2; #11) define as posições dos fariseus, saduceus e essênios como filosofias, e Mc 7,8 mostra Jesus condenando os fariseus por rejeitarem o mandamento de Deus em favor da tradição humana deles.

Cl 2,8 prossegue na advertência contra os erros enfatizando os "elementos" (*stoicheia*) do mundo/universo. Na filosofia grega, estes poderiam ser os elementos que constituem tudo (terra, fogo, água, ar), mas, nos tempos helenistas, o termo também se referia aos regentes cósmicos ou espíritos que dominavam o mundo, até mesmo os corpos celestes que controlavam astrologicamente os acontecimentos humanos. As duras alusões de Colossenses aos "principados" e "autoridades" (Cl 2,15), ao rebaixamento e ao "culto dos anjos" (Cl 2,18) apontam nessa direção.[15] O problema das festas, da lua nova e do sábado pode estar relacionando

---

[13] Festas e lua nova podem, mas não necessariamente, ser práticas judaicas; contudo, combinadas ao sábado, provavelmente o eram. Os três termos estão combinados em Os 2,13; Ez 45,17 etc.

[14] Os estudiosos têm detectado em Colossenses semelhanças com o pensamento pitagórico, cínico, do estoicismo popular ou do médio platonismo (cf. *pp. 157-160*). Para as discussões sobre os adversários de Paulo, cf. especialmente Arnold, Bornkamm, De Maris, Dunn, Evans, Hartman, Hooker, Lyonnet, T. W. Martin e E. P. Sanders, na Bibliografia deste capítulo.

[15] FRANCIS, F. O. CAC 163-195; YATES, R. ExpTim 7, 12-15, 1985-1986. De acordo com o pensamento de Qumrã (MMM), Deus colocou todos os seres humanos sob o controle de dois espíritos que são também anjos: o espírito mau da mentira e o espírito bom da verdade, ou Belial e Miguel (cf. E. W. Saunders, The Colossian heresy and Qumran theology, em *Studies in the history and text of the New Testament*, eds. B. L. Daniels e M. J. Suggs, Salt Lake City, Univ. of Utah, 1967, pp. 133-145; para diferenças: E. Yamauchi, Qumran and Colossae, BSac 121, 141-152, 1964). "Culto dos anjos" provavelmente significa adoração prestada aos anjos, mas alguns interpretam como culto por intermédio de anjos.

a tal culto? (Em seu arrazoado contra os pregadores judaizantes que desejavam impor a circuncisão e as obras da Lei aos gálatas, Paulo protestou contra o fato de eles tornarem-se escravos dos elementos/espíritos do universo, observando dias, meses, estações e anos: Gl 4,3.9-10.[16]) Cl 2,23 despreza a austeridade corporal. É possível que o autor da carta tivesse em mente os exageros do ascetismo ao referir-se a "comida e bebida" (Cl 2,16), e não a comida dedicada aos ídolos — um ascetismo que manifestava subserviência aos espíritos elementares, aos principados e às autoridades?

Combinando esses elementos, muitos descreveriam os falsos mestres em Colossas como judeu-cristãos sincretistas em cuja "filosofia" estavam misturados elementos judaicos (helenizados), cristãos e pagãos: uma "religião autoconcebida [ethelothrēskia]", na interpretação que R. P. Martin faz de Cl 2,23. Nela, os anjos estavam associados às estrelas e eram cultuados em festas, na lua nova e no sábado, quase como divindades que governavam o universo e a vida humana — elementos em um modelo cósmico que as pessoas deviam seguir na vida. (Como "filhos de Deus", na corte celeste, os anjos podiam ser entendidos como as divindades do panteão greco-romano.) Tal sincretismo podia incorporar crentes em Cristo sob a condição de que eles o subordinassem aos principados e autoridades angélicas. Afinal de contas, Cristo era carne, ao passo que os principados eram espíritos.

Dois outros fatores são detectados, às vezes, no ensinamento. Primeiro: alguns relacionam o ensinamento rejeitado em Colossenses com o gnosticismo (cf. *pp. 162-164*) por causa das referências a visões,[17] a homens inchados pela mente carnal, à satisfação da sensualidade (Cl 2,18.21-23) e aos espíritos elementares, se compreendidos como emanações de Deus. Todavia, não existe nenhuma alusão direta ao "conhecimento" na crítica aos falsos mestres. Na verdade, na apresentação positiva que Colossenses faz de Cristo, existe referência constante a "conhecimento", "intuição", "sabedoria" (Cl 1,9-10.28; 2,2-3; 3,10.16; 4,5) e "ple-

---

[16] Contudo, T. W. Martin (NTS 42, 105-119, 1996) afirma que são práticas do calendário judaico assumidas pela comunidade paulina, e que ele *não* as ataca. Não são as mesmas observâncias de Gl 4,10.

[17] Os sistemas gnósticos cristãos são muitas vezes revelados em uma aparição de Jesus ressuscitado. Lightfoot identifica a heresia colossense como gnóstica, exemplificando com o pensamento de Cerinto. M. D. Goulder (NTS 41, 601-619, 1995), que acredita que Colossenses foi escrita por um Paulo idoso e visava combater um gnosticismo judaico-cristão que se desenvolvia, faz notar os paralelos com o pensamento do *Apócrifo de João*.

nitude" (o *plērōma* discutido acima), e isso pode ser visto como uma crítica implícita ao uso da mesma linguagem pelos falsos mestres. Infelizmente, nossa informação acerca do gnosticismo incipiente no século I é muito limitada (em contraste com o conhecimento mais detalhado dos sistemas gnósticos desenvolvidos do século II), de modo que a identificação do ensinamento como gnóstico, com base nos vagos elementos apenas mencionados, resulta na elucidação do desconhecido pelo menos conhecido, além de não esclarecer em grande coisa nosso quadro da situação em Colossas.

Segundo: em suas seções positivas, Colossenses fala do mistério divino (*mystērion*) oculto nos séculos, mas revelado em Cristo — o conhecimento de tal mistério foi partilhado com os colossenses (Cl 1,26-27; 2,2-3; 4,3). Alguns vêem aqui uma crítica velada aos falsos mestres como seguidores de uma religião mistérica. Poder-se-ia indicar a vizinha Hierápolis como um centro de culto a Cibele, a grande deusa-mãe da Anatólia (cf. *p. 157*), e o possível uso da obscura palavra *embateuein* ("penetrar") com "visões", em Cl 2,18, para referir-se à iniciação nos celebrados ritos de uma religião mistérica.[18] É possível que os falsos mestres tivessem alguma conexão com as religiões mistéricas ou fizessem uso da linguagem de tais religiões. Contudo, o uso paulino de *mystērion* provém do judaísmo apocalíptico[19] e certamente não depende, de *sua* parte, de iniciação em religião mistérica.

Se essas observações compõem um quadro cheio de incertezas, trata-se de uma estimativa honesta do estado de nosso conhecimento acerca daquela doutrina. L. Hartman (Humble and confident. On the so-called philosophers in Colossians [Humilde e confiante. Sobre os chamados filósofos em Colossenses], *Studia Theologica* 49, 28-29, 1995) sabiamente divide o material de Colossenses pertinente à falsa doutrina em certo, provável e possível. Aqueles que escrevem com grande segurança sobre o assunto estão, em larga escala, fazendo conjecturas.

---

[18] Sobre *embateuein*, cf. Francis, F. O. CAC 197-207. Ele relaciona-o com o santuário de Apolo em Claros, perto de Éfeso, com seu oráculo. M. Dibelius (CAC 61-121) estuda a iniciação a Ísis e outros ritos iniciáticos.

[19] Cf. Brown, R. E. CBQ 20, 417-443, 1958; e *Biblica* 39, 426-448, 1958; 40, 70-87, 1959; e o capítulo 5, n. 40; também Coppens, J. PAQ 132-158. No pensamento apocalíptico, Deus revelou o plano divino no conselho celeste *secreto* dos anjos; profetas e videntes obtiveram conhecimento desse *plano misterioso* por uma visão do conselho celestial.

Naturalmente, nada há de errado em fazer pressuposições, desde que se tenha consciência de quanto se está presumindo. A esta distância no tempo e no espaço, podemos não estar em condições de decifrar todos os elementos que chegaram a formar o sincretismo combatido em Colossenses, ou de identificar o produto final com precisão. Os leitores comuns podem contentar-se com um diagnóstico que estabelece o que é deveras provável: os adversários elaboraram uma crença em Cristo misturada com idéias judaicas e pagãs a fim de modelar um sistema hierárquico de seres celestiais no qual Cristo estava subordinado a poderes angélicos, os quais se deviam cultuar.

Código doméstico (Cl 3,18–4,1)

Essa é a primeira de cinco listas neotestamentárias de regras para os membros da família cristã e talvez a mais antiga.[20] Tanto na literatura sapiencial do AT quanto nas discussões éticas dos filósofos gregos, debatia-se o comportamento dos membros de uma casa na relação uns com os outros. Mais especificamente, os filósofos populares desenvolveram detalhados catálogos de responsabilidades éticas atinentes às autoridades constituídas, aos pais, aos irmãos e irmãs, aos esposos, às esposas, às viúvas, aos filhos, a outros parentes e a clientes de negócios. Nas comunidades cristãs em via de amadurecimento, os crentes careciam de orientação, a fim de que os de fora pudessem perceber o efeito da fé em Cristo na vida deles e reconhecê-los como membros úteis à sociedade. Essa necessidade pode ter sido mais premente quando e onde a maioria dos cristãos eram gentios que não haviam sido educados com o conhecimento da Lei judaica.

Não resta quase dúvida nenhuma, portanto, de que tanto no formato quanto no conteúdo os códigos domésticos neotestamentários foram influenciados pe-

---

[20] Cf. Ef 5,21–6,9; Tt 2,1-10; 1Tm (2,1-2); 2,8-15 + 5,1-2; 6,1-2; 1Pd 2,13–3,7 (também na *Didaqué* 4,9-11; *I Clemente* 1,3; 21,6-8; Policarpo, *Filipenses* 4,1–6,2). Análises dos códigos domésticos (às vezes chamados pelos alemães de *Haustafeln*, "listas das obrigações domésticas", derivadas da Bíblia de Lutero) encontram-se nos comentários sobre as respectivas passagens, mas um quadro comparativo particularmente útil encontra-se em *The First Epistle of Peter*, de E. G. Selwyn (2. ed., London, Macmillan, 1947, pp. 422-439, esp. 423). Cf. também CROUCH, J. E. *The origin and intention of the Colossian Haustafel*. Göttingen, Vandenhoeck & Ruprecht, 1972; VERNER, D. C. *The household of God*; the social world of the Pastoral Epistles. Chico, CA, Scholars, 1983. (SBLDS, 71) (-códigos nas pastorais); MARTIN, C. J. The *Haustafeln* (Household Codes) in African American biblical interpretation. In: FELDER, C. (ed.). *Stony the road we trod*. Minneapolis, A/F, 1991. pp. 206-231.

las listas éticas da época. Mas existia nova motivação: "No Senhor" (Cl 3,18.20; também "Senhor" em Cl 3,22.24; "Senhor no céu" em Cl 4,1), um Cristo que está acima de todo principado e autoridade. Trata-se de regras domésticas sob o senhorio de Cristo. "[...] é Cristo o Senhor a quem servis" é dito aos servos em Cl 3,24, mas pode ser dito a todos. Tal princípio determina quais admoestações éticas serão enfatizadas e estabelece o tom — e remove qualquer contradição com Cl 2,20-22, que adverte os colossenses contra preceitos que seguem tradição e doutrina humanas. Isso é exemplificado pelo fato de que a primeira parte de cada um dos três pares (Cl 3,18-19: *esposas*/maridos; Cl 3,20-21: *filhos*/pais; Cl 3,22-4,1: *servos*/senhores) recebe a ordem de submeter-se e obedecer, pois a sujeição ao senhorio de Cristo abre caminho a submissões específicas no interior da comunidade.[21] A segunda parte de cada par, aquela à qual se deve a submissão, deve demonstrar os traços do Senhor que está acima de todos: amor, não-irritação, justiça. O fato de os servos receberem quatro versículos de instrução e os senhores apenas um pode refletir o *status* social cristão: muitos escravos, poucos senhores ricos. (A relação entre Colossenses e Filêmon, uma carta preocupada com o relacionamento escravo/senhor, também faz parte do quadro.)

Como devem os leitores cristãos de tempos posteriores avaliar essas instruções éticas formuladas como orientações para as famílias do século I? 1. Uma das hipóteses discute o problema no nível bíblico interno. Existem textos nas cartas autenticamente paulinas que reconhecem uma igualdade batismal dos benefícios salvíficos para todos os cristãos (Gl 3,27-29; 1Cor 12,13 — cf. Cl 3,10-11). Citando tais textos, alguns sugerem que os códigos domésticos dos escritos neotestamentários posteriores são retrógrados e refletem uma crescente organização eclesial autoritária e patriarcal. Ademais, apontando para passagens nas cartas paulinas primitivas que subordinam as mulheres aos homens (p. ex., 1Cor 14,34-36), outros respondem que os escritos posteriores são tão canônicos e detêm tanta autoridade quanto os escritos genuínos de Paulo. Reconhecendo isso, outros ainda ressaltam que nem todos os escritos do NT elaboram com a mesma profundidade as implicações do evangelho acerca da igualdade dos benefícios salvíficos, e que é necessário estudar cuidadosamente as tensões entre os textos, sem descartar nenhum deles.

---

[21] No capítulo 18 (em Temas e problemas para reflexão, 5), notou-se que, na obra paulina mais antiga conservada, os cristãos receberam ordens de respeitar aqueles que estavam *acima* deles, no Senhor (1Ts 5,12).

2. A segunda hipótese, não separada da primeira, debate o problema no nível hermenêutico da tradução de textos neotestamentários, culturalmente condicionados, para a vida das pessoas hoje. a) Uma visão que respeita o ambiente atual trata os códigos como lei cristã a ser de fato obedecida como a vontade eterna de Deus. Essa opinião permite um quadro no qual algumas leis são consideradas mais importantes do que outras; permanece, porém, uma questão básica: será que essa visão não canoniza um arranjo social particular, do século I, ainda que o NT o apresente "em nome do Senhor"? b) A outra opinião básica dá prioridade à nossa experiência social contemporânea ao avaliar os códigos. Mais uma vez existe um feixe de caminhos através dos quais os exegetas buscam o *valor* que estava sendo inculcado em um contexto do século I, e procuram traduzi-lo nas relações sociais modernas. Alguns acreditam que os códigos querem dizer que as esposas devem merecer o respeito dos maridos, e não a submissão. Mais radicalmente, outros defendem a idéia de que os valores do evangelho podem exigir que as orientações sejam de tal modo reformuladas que digam o contrário. Aos servos modernos (de um sistema econômico ou político) deve-se dizer que não obedeçam nem sejam submissos, mas que se revoltem e derrubem seus senhores opressores. Por causa das iniqüidades impostas às mulheres ao longo dos séculos, às esposas deve-se dizer que se expressem e até lutem contra seus maridos. Existe, igualmente, uma questão básica a ser enfrentada nessa opinião: não reduz ela o texto bíblico a uma interessante informação antiquada? Na busca de uma via intermediária entre a cruz e a água benta, os leitores são convidados a recordar a discussão sobre a autoridade bíblica, no capítulo 2, pois qualquer resposta refletirá, explícita ou implicitamente, a postura assumida em relação à inspiração, à revelação e ao ensinamento da Igreja — e o amor cristão de autodoação. O fato de que poucos alterariam as orientações dadas aos filhos serve como alerta de que uma única postura em relação às diretrizes domésticas pode não ser apropriada para todos os pares mencionados.

Paulo escreveu Colossenses?[22]

Até aqui, referi-me àquele que se dirige aos colossenses como "Paulo" porque desse modo é que a carta o apresenta. Ademais, em Colossenses grande parte

---

[22] Embora o problema seja o mais das vezes apresentado como o da autoria paulina, como expliquei anteriormente, o termo "autor" oferece dificuldades. Se a carta foi escrita vinte anos depois da morte de

do vocabulário, estilo e teologia é distintivamente paulina e, mesmo que o nome "Paulo" não aparecesse em Cl 1,1.23; 4,18,[23] certamente a carta ainda seria colocada no ambiente paulino. Somente a partir 1805 (E. Evanson), começando sistematicamente no final da década de 1830 (E. Mayerhoff), levantaram-se questionamentos acerca da autoria paulina de Colossenses. Como para 2 Tessalonicenses, Colossenses oferece boa oportunidade para avaliar o tipo de raciocínio apresentado. *No momento atual, cerca de 60% da crítica exegética sustentam que Paulo não escreveu a carta.*[24] Os leitores menos interessados em detalhes técnicos podem contentar-se com essa opinião e pular o resumo que se segue, contendo argumentos e contra-argumentos para considerar Colossenses como deuteropaulina.

De início, deve-se notar que a discussão se complica por causa de duas idéias bem diferentes acerca de pseudonímia em relação a Colossenses. Alguns estudiosos acreditam que a carta foi escrita por alguém íntimo de Paulo durante sua vida ou pouco tempo depois de sua morte, talvez com uma idéia do que o próprio Paulo pretendia escrever. Outros ponderam uma situação várias décadas depois, em que alguém, na herança paulina, assume o manto do apóstolo e fala de uma situação que só então se desenvolveu. Destarte, além de perguntar se é provável que alguém diferente de Paulo tenha escrito a carta, é preciso definir qual dos dois cenários pseudônimos é mais plausível.

1. *Vocabulário.* Em Colossenses há 87 palavras que não aparecem nas cartas genuínas de Paulo (34 delas não aparecem em mais nenhuma parte do NT).[25]

Paulo, por um discípulo paulino que procurou apresentar o pensamento de seu mestre, na concepção antiga Paulo podia muito bem ser chamado de "autor", ou seja, a autoridade por trás da obra. Uso "escritor" para referir-me à pessoa que compôs a carta, quer essa pessoa tenha quer não usado um escriba para redigir a obra.

[23] A repetição do nome leva os leitores a lembrar que *"o apóstolo"* dirige-se a eles. A referência a Paulo como "ministro [*diakonos*] do evangelho" e "ministro da Igreja", e aos sofrimentos vicários de Paulo (Cl 1,23-25) tem sido considerada representante de uma hagiografia pós-paulina na qual ele era altamente reverenciado.

[24] CLPDNW 171 faz uma análise geral de vários estudiosos e das nuanças de suas opiniões. Dois estudos importantes, em alemão, sobre a autoria paulina de Colossenses chegam a conclusões opostas: E. Percy (1946: sim); W. Bujard (1973: não). O estudo detalhado de Cannon favorece Paulo como o escritor.

[25] Uma apresentação detalhada, que sublinha os pontos 1 e 2, encontra-se em Lohse, *Colossians* 84-91. Das 87 palavras, algo em torno de 35 são encontradas em Efésios. Grande parte da argumentação contra a autoria paulina de Colossenses baseia-se em suas diferenças em relação às cartas autênticas e em sua proximidade de Efésios. E. P. Sanders, "Literary", porém, declara que Paulo não escreveu Colossenses, pois existem passagens nela que são quase literalmente as mesmas em 1 Tessalonicenses, 1 Coríntios e Filipenses.

Contudo, em Filipenses, genuinamente escrita por Paulo e de extensão equivalente, há 79 palavras que não aparecem em outras cartas autenticamente paulinas (36 delas que não figuram em nenhuma outra parte do NT). Assim, a quantidade de palavras inéditas nada prova e, ainda que elas fossem mais numerosas em Colossenses, isso não seria decisivo, pois o escritor podia estar pautando-se pelo falso ensinamento presente em Colossenses para o uso de terminologia específica. Outra objeção vocabular à autoria paulina é a ausência, em Colossenses, de termos prediletos de Paulo: "justiça/justificação", "crer", "lei", "liberdade", "promessa", "salvação". Uma vez mais essa estatística torna-se menos impressionante quando percebemos que "justificar" não se encontra em 1 Tessalonicenses, Filipenses e 2 Coríntios, nem "lei" se encontra em 1 Tessalonicenses e 2 Coríntios, nem "salvar/salvação" em Galátas. Ademais, o vocabulário de Colossenses pode ter sido, mais uma vez, modelado pelo problema existente.

2. *Estilo.* Existem períodos extraordinariamente longos em Colossenses, unidos por particípios e pronomes relativos (às vezes não aparecem nas traduções, que dividem as frases), por exemplo, em Cl 1,3-8; 2,8-15. Na verdade, existem longos períodos nas cartas autenticamente paulinas (p. ex., Rm 1,1-7), mas o estilo de Colossenses é marcado por sinônimos pleonásticos, amontoando palavras que transmitem a mesma idéia.[26] Lohse fala do "estilo do hino litúrgico", influenciado pela tradição existente, e ressalta características semelhantes nos hinos dos MMM. Tais diferenças são conciliáveis com a autoria paulina de Colossenses? Pressupondo que Paulo não evangelizou pessoalmente Colossas, teve ele o cuidado de enviar uma mensagem segundo um estilo influenciado pelos hinos e confissões litúrgicas conhecidos ali, de modo que sua correção da falsa doutrina não pareceria estranha? Serviu-se de um escriba que conhecia Colossas (Epafras ou alguém influenciado por ele?) e dependeu da cooperação deste para a formulação adequada? Isso poderia explicar parcialmente por que tantas partículas menores, advérbios e conectivos, comuns ao estilo genuinamente paulino, estão ausentes em Colossenses. Contudo, dado que as diferenças de estilo estendem-se à formulação de argumentos decisivos, muitos estu-

---

[26] Cl 1,11: "constância e longanimidade"; Cl 1,22: "santos, imaculados e irrepreensíveis"; Cl 1,26: "séculos e gerações"; Cl 2,11: "circuncidados por circuncisão" etc.

diosos diriam que nenhuma explanação envolvendo um escriba é satisfatória para Colossenses.

3. *Teologia.* A desenvolvida cristologia, eclesiologia e escatologia de Colossenses tem-se tornado o argumento principal contra a autoria de Paulo. a) Cristologicamente, a avaliação típica de Paulo sobre a morte/ressurreição de Cristo como fonte de justificação está ausente de Colossenses, embora a carta diga que nele temos o perdão redentor dos pecados (Cl 1,14) e, por meio do sangue de sua cruz, paz e reconciliação (Cl 1,20). A mudança de acento para a criação por intermédio de Cristo e sua proeminência é, sem dúvida, modelada pelo desejo de dar uma resposta à falsa doutrina, mas é harmonizável com o pensamento do Paulo histórico? Aqueles que sustentam que sim apontam para 1Cor 8,6: "para nós, contudo, existe [...] um só Senhor, Jesus Cristo, por quem tudo existe e para quem caminhamos". No outro extremo do leque cristológico, em Cl 1,24, Paulo diz: "Agora regozijo-me nos meus sofrimentos por vós, e completo o que falta às tribulações de Cristo em minha carne pelo seu corpo, que é a Igreja". Embora em nenhuma das cartas autênticas Paulo seja tão específico a respeito do valor vicário de seus sofrimentos, isso não seria explicável se Colossenses tiver sido escrita por volta do fim de sua vida, com maior oportunidade para carregar a cruz? b) Eclesiologicamente,[27] nas cartas autenticamente paulinas, "Igreja" indica, o mais das vezes, a comunidade cristã local, como "as Igrejas da Galácia" e "a Igreja de Deus que está em Corinto", com apenas alguns poucos casos de uso mais universal como "a Igreja" (Gl 1,13; 1Cor 12,28; 15,9). O uso local ainda aparece nas saudações de Cl 4,15-16, mas, em Cl 1,18.24, o Senhor exerce seu governo sobre o mundo inteiro como a Cabeça do corpo, a Igreja. Dessa forma, a Igreja atinge até os poderes celestiais. Em 1Cor 12,12–14,27 (cf. também 6,13-15; 10,16-17; Rm 12,4-5), Paulo falou a respeito do corpo ressuscitado de Cristo, do qual todo cristão é membro, assim como as partes físicas, até mesmo a cabeça, são membros do corpo físico. Contudo, ele nunca usou a imagem da Igreja como corpo de Cristo ou Cristo como a Cabeça — um tema importante em Colossenses

---

[27] Lohse (op. cit., pp. 177-183) desenvolve bem os argumentos teológicos contra a autoria paulina de Colossenses, mas na p. 179 ele apresenta um argumento baseado no silêncio de Colossenses acerca da estrutura da Igreja. A menos que houvesse uma razão de peso para que a carta apelasse para a estrutura da Igreja, esse argumento de omissão não é significativo.

(e Efésios).[28] Em Colossenses, tem-se a impressão de que a Igreja faz parte da suprema realização de Cristo, e é o objetivo do trabalho de Paulo (Cl 1,24). Uma eclesiologia tão desenvolvida pode ser atribuída à época em que Paulo viveu? c) Escatologicamente, o estado atual do cristão é grandemente exaltado — com outras palavras, a escatologia realizada parece dominar a escatologia futura. Os cristãos já se acham no reino do Filho amado de Deus (Cl 1,13). No batismo, são ressuscitados com Cristo (Cl 2,12; 3,1), algo que jamais é dito nos escritos inquestionavelmente paulinos e que, de acordo com alguns estudiosos, ele jamais teria expressado. Contudo, tais objeções podem interpretar demasiado literalmente o simbolismo de Colossenses. Com efeito, o Paulo histórico que escreveu Fl 3,11-12.20-21 não diria que os cristãos estão de tal forma glorificados que não precisam ser elevados, numa futura ressurreição corporal, ao encontro do Cristo ressuscitado; mas Cl 3,4, que se refere à vinda final de Cristo e à futura glorificação dos cristãos, mostra que o escritor da carta não defende uma escatologia assim totalmente realizada. Uma vez esclarecido o mal-entendido, será que o estar "ressuscitados com Cristo" distancia-se tanto assim do pensamento genuinamente paulino, segundo o qual todos morremos em Cristo, mas agora o Cristo ressuscitado vive nos cristãos?[29]

A observação ressaltada no final do último parágrafo é importante para a avaliação dos argumentos teológicos contra a autoria paulina de Colossenses. Muitos estudiosos trabalham quase com uma dialética de tese e antítese. Estão seguros da clareza de pensamento de Paulo, que provém da revelação que ele recebeu, e podem julgar com segurança o que lhe seria contraditório. (Vimos uma forma extrema de tal conceito na opinião que rejeita Rm 9–11 como inautêntico

---

[28] Cl 1,18; 2,17.19; 3,15 (Ef 1,22-23; 2,16; 4,4.12.15-16; 5,23.29-30). As variações da teologia do corpo de Cristo no *corpus* paulino têm sido objeto de muita discussão: CERFAUX, L. *The Church in the theology of St. Paul*. New York, Herder & Herder, 1959. pp. 262-286; ROBINSON, J. A. T. *The body*. London, SCM, 1952. (SBT, 5); BEST, E. *One body in Christ*. London, SPCK, 1955; BENOIT, P. *Jesus and the Gospel*. New York, Seabury, 1974; original francês de 1956. 2.51-92; SCHWEIZER, E. NTS 8, 1-11, 1961-1962; AHERN, B. A. CBQ 23, 199-209, 1961; CULLITON, J. T. CBQ 29, 41-59, 1967; WEDDERBURN, A. J. M. SJT 24, 74-96, 1971: HARRINGTON, D. J. HJ 12, 246-257, 367-378, 1971; GUNDRY, R. H. *Sōma in Biblical theology*. Cambridge, Cambridge Univ., 1976. (SNTSMS, 29); MEEKS, W. A. GCHP 209-221; DAINES, B. EvQ 54, 71-78, 1982; WORGUL, G. S. BTB 12, 24-28, 1982; PERRIMAN, A. EvQ 62, 123-142, 1990; YORKE, G. L. O. R. *The Church as the body of Christ in the pauline corpus*. Lanham, MD, Univ. Press of America, 1991; DUNN, J. D. G. In: SCHMIDT, T. E. & SILVA, M. (eds.). *To tell the mystery*. Sheffield, JSOT, 1994. pp. 163-181. (R. Gundry Festschrift, JSNTSup, 100.)

[29] Cf. 2Cor 5,14-15; Gl 2,20; Fl 1,21. Embora Rm 6,4-5 mantenha a ressurreição corporal do cristão para o futuro, associa o novo modo de vida cristão à ressurreição de Cristo.

porque Paulo não poderia ter pensado assim a respeito de Israel.) Outros acreditam que a revelação concedida a Paulo acerca da gratuidade de Deus em Cristo oferece uma orientação teológica geral que foi modelada e encontrou expressão nas situações que ele enfrentou. Comparando Gálatas e Romanos, eles conseguem perceber notável modificação e amadurecimento de expressão, influenciados pelo objetivo pastoral de Romanos. A pretensão de que Paulo não poderia ter defendido a visão cristológica, eclesiológica e escatológica apresentada em Colossenses é exagerada. Contudo, em si mesmo, o argumento teológico não reforça a postura contra a autoria paulina de Colossenses.

4. *Falsa doutrina.* F. C. Baur desautorizou Paulo como escritor de Colossenses porque a heresia mencionada na carta pertencia ao século II. Isso é claramente um exagero, mas alguns estudiosos declaram que, embora uma contenda contra os judaizantes seja razoável durante a vida de Paulo, a luta contra a doutrina descrita em Colossenses (seja gnóstica, seja sincretista, seja religião mistérica) é mais plausível posteriormente. Contudo, existe tanta suposição na diagnose da doutrina que qualquer argumento para datá-la com essa base é extremamente especulativo.

5. *Personagens e situação.* Uma imagem de Paulo extraordinariamente solene emerge de sua autodesignação como apóstolo pela vontade de Deus em Cl 1,1 e o ministro (*diakonos*) do evangelho e da Igreja, segundo o plano de Deus (Cl 1,23-25). Epafras é companheiro ministro de Cristo *da parte de Paulo* (Cl 1,7). Acentua-se o sofrimento vicário de Paulo em favor dos colossenses (Cl 1,24). Alguns exegetas acreditam que o escritor de Colossenses idealiza Paulo, uma figura do passado, como um santo; ele foi "um dos primeiros escritores cristãos a ter uma visão de Paulo, 'o apóstolo e mártir'" (CLPDNW 206).

Quanto às demais personagens, embora a pseudonímia de 2 Tessalonicenses tenha sido favorecida pela quase completa ausência de referências às *dramatis personae* e à situação local, Colossenses oferece-nos tais alusões em abundância e com notável semelhança com Filêmon. Além do próprio Paulo, dez pessoas são mencionadas em Filêmon: sete onde Paulo era prisioneiro e três no lugar de destino.[30] Ainda que não na mesma ordem, oito dessas pessoas

---

[30] Timóteo (co-remetente), Onésimo, Epafras, Marcos, Aristarco, Demas, Lucas, juntamente com Filêmon, Ápia e Arquipo. Cf. LADD, G. E. Paul's friends in Colossians 4,7-16. RevExp 70, 507-514, 1973.

são nominadas em Colossenses: as mesmas sete onde Paulo estava prisioneiro (mais duas não mencionadas em Filêmon: Tíquico e Jesus Justo[31]) e uma das mesmas pessoas no lugar de destino, Arquipo (mais uma mulher e um homem chamado Ninfa[s], não mencionado em Filêmon). Os dois únicos de Filêmon que não são mencionados em Colossenses são Filêmon e (sua esposa?) Ápia — uma ausência compreensível, dado que Filêmon fora enviada a eles para tratar de um problema na administração da casa deles que não está em foco em Colossenses. Como se explica essa semelhança entre as *dramatis personae* e a situação? Existem duas soluções prováveis:[32]

a) As duas cartas foram escritas pelo próprio Paulo (ou por um escriba sob sua supervisão direta), por volta da mesma época, e estavam sendo levadas para a região de Colossas por ocasião da mesma viagem de Tíquico, em companhia de Onésimo. De longe, essa é a solução mais fácil. Conforme veremos no próximo capítulo, alguns dizem que Efésios, uma carta mais geral, composta por Paulo e endereçada a diferentes Igrejas na mesma região, foi também incluída no malote postal. Uma objeção à simultaneidade advogada nessa solução é que em Filêmon existe um apelo em favor de Onésimo, enquanto em Cl 4,9 ele parece ser um emissário autorizado.

b) Paulo escreveu Filêmon e outro escritor tomou emprestadas as *dramatis personae* e a situação daquela carta para compor Colossenses.[33] Nessa hipótese, existem duas possibilidades de tempo. Se ambas as cartas foram lidas em Colossas, Colossenses pode ter sido escrita por Timóteo mais ou menos no mesmo tempo em que Paulo escreveu Filêmon, talvez porque as regras do aprisionamento de Paulo tinham mudado de forma a tornar impossível que ele escrevesse de seu próprio

---

[31] Fm 23 fala de "Epafras, meu companheiro de prisão em Cristo Jesus"; alguns, porém, colocariam uma pontuação entre "Cristo" e "Jesus", separando o último nome por referir-se a outro companheiro de Paulo, ou seja, esse Jesus Justo mencionado em Colossenses.

[32] A tese de que ambas as cartas são pseudônimas, com *dramatis personae* e situação fictícias, não tem muitos seguidores, visto que é difícil compreender por que tal contexto relativamente sem importância teria sido criado.

[33] Influência na direção contrária é improvável, pois dificilmente alguém se daria ao trabalho de formular um contexto fictício para um bilhete como Filêmon. Outra possibilidade teórica, em vez da dependência do escritor de Colossenses em relação a uma genuína Filêmon, trata-se de uma dependência em relação a fragmentos paulinos autênticos (p. ex., em 4,7-18), que foram incorporados a Colossenses e editados sob a influência de Efésios.

punho ou por meio de ditado. Timóteo é indicado como co-remetente, e podia falar com autoridade da parte de Paulo, pois este último não tinha "ninguém que se igualasse a ele" (cf. Fl 2,20). Todavia, se Timóteo soubesse com antecedência o que Paulo tencionava escrever a Colossas e redigisse isso por conta própria, realmente funcionaria como um tipo de escriba, e isso removeria Colossenses da classificação de pseudônima em sentido estrito. A possibilidade mais difícil de que Colossenses tenha sido escrita por outra pessoa depois que Paulo escrevera Filêmon é tratada na próxima subseção.

De onde e quando?

As personagens envolvidas em Filêmon e Colossenses não poderiam ter estado no mesmo lugar por muito tempo; assim, em qualquer solução, a composição de Colossenses precisa ser mantida próxima à de Filêmon, quer de fato, quer em ficção. Em algumas das sugestões que se seguem pode-se ouvir um eco do princípio de E. Käsemann: se Colossenses for autenticamente do tempo da vida de Paulo, que seja datada de o mais tardiamente possível; se for pós-paulina, que seja datada de o mais cedo possível.

Se Colossences foi deveras escrita por Paulo enquanto estava na prisão,[34] os mesmos três lugares de origem apresentados como possibilidades para Filipenses podem ser invocados aqui (Roma, Éfeso, Cesaréia). Apesar de B. Reicke (juntamente com Kümmel, Lohmeyer e J. A. T Robinson) defender Cesaréia, muitos estudiosos rejeitam tal lugar para Colossenses como a mais improvável base para um empreendimento missionário voltado para o interior da Ásia Menor. Conseqüentemente, a escolha tem oscilado normalmente entre Roma e Éfeso, as duas candidatas sugeridas para Filêmon no capítulo 21. Para Filêmon, tomada separadamente, com a pressuposição de que Filêmon vivia na região de Colossas, a proximidade geográfica fez de Éfeso, e não de Roma, o lugar mais lógico de onde a carta foi enviada, e nada, no conteúdo, impede datar Filêmon de cerca de 55. Contudo, dado que a

---

[34] O aprisionamento ao qual Colossenses se refere (Filêmon e Efésios) parece menos opressivo e ameaçador do que aquele ao qual Filipenses se refere (1,20-23.29-30; 2,17). Se escrita por Paulo, Colossenses pode representar um estágio anterior e mais mitigado do mesmo aprisionamento descrito em Filipenses; do contrário, houve dois aprisionamentos. Obviamente, se Colossenses e Efésios são pseudônimas, todo o cenário de aprisionamento é fictício, e o aprisionamento histórico de Filêmon é usado metaforicamente para falar do sofrimento de Paulo.

teologia de Colossenses parece desenvolvida e porque se detectaram paralelos entre Colossenses e Romanos (cf. Lohse, op. cit., p. 182), Roma e uma datação mais tardia, por volta de 61-63, são favorecidas por muitos dos defensores da autenticidade.[35] (Então, Filêmon deveria também ser atribuída àquele lugar e àquela data.)

Se Colossenses não foi escrita por Paulo e as personagens e a situação foram copiadas de Filêmon, genuinamente paulina, dispomos de muito poucas provas internas para o lugar de origem e para a data da carta. Com base nos dados externos, Inácio (que escreveu por volta de 110) aparentemente conhecia Efésios, de modo que esta não é normalmente datada de além do ano 100. Visto que o escritor de Efésios provavelmente serviu-se de Colossenses (e não vice-versa), uma data para Colossenses que não ultrapasse os anos 80 parece adequada. Algumas das personagens citadas em Colossenses (e em Filêmon) estão associadas a Roma no NT (cf. *p. 672*).[36] Contudo, se a autenticamente paulina Filêmon foi escrita de Éfeso (conforme acatado no capítulo 21), a dependência de Colossenses em relação a Filêmon e todo o Vale do Licus como cenário de Colossenses, geograficamente perto de Éfeso, faz desta cidade o lugar mais provável para a origem de uma Colossenses pseudônima.

Se se propõe um elevado número de cartas deuteropaulinas, a existência de uma escola de discípulos paulinos em Éfeso, os quais, depois da morte de Paulo, deram continuidade à sua herança nos anos 80, não é improvável.[37] Todavia, como poderia um escritor de tal escola endereçar Colossenses aos cristãos do Vale do Rio Licus, que possuíam a carta enviada a Filêmon vinte e cinco anos antes?[38] Presumivelmente, para eles faria alguma diferença se soubessem que

---

[35] Contudo, R. P. Martin (*Colossians*, NCBC, 1978, pp. 22-32) argumenta vigorosamente a favor de Éfeso. No final do século II, o prólogo marcionista de Colossenses situava a prisão de Paulo em Éfeso; no começo do século IV, Eusébio defendia Roma, mencionando Aristarco (Cl 4,10), que foi a Roma com Paulo (At 27,2). A menção ao aprisionamento ali (At 28,31), quando Paulo tinha permissão de pregar abertamente e sem impedimentos, corresponde à despreocupada abordagem do aprisionamento em Colossenses.

[36] Um pós-escrito situa a origem de Efésios em Roma, e isso poderia favorecer uma origem romana para Colossenses.

[37] Tem-se sugerido que a escola era uma continuação do grupo de discípulos que Paulo tinha formado na escola de Tirano, em Éfeso (54-56 d.C.; At 19,9). Para uma escola joanina de escritores, cf. *pp. 502 e 527* — possível também em Éfeso.

[38] É bom lembrar que Filêmon não foi uma carta meramente privada, pois a comunidade que se reunia na casa de Filêmon era também destinatária (Fm 2). Outros cenários são imagináveis; por exemplo, Filêmon jamais foi enviada, mas permaneceu como posse da escola de Éfeso.

Colossenses, não obstante as aparências, na verdade não fora escrita por Paulo, que morrera havia muito tempo. Se, portanto, o escritor desejasse disfarçar o caráter pseudonímico da carta, poderia tê-la apresentado como proveniente de longa data, digamos, da mesma época de Filêmon, mas descoberta apenas recentemente. Enquanto se dirigia à região em volta de Colossas, em ruínas por causa de um terremoto[39] — área de uma Igreja doméstica de onde uma vez Paulo escreveu Filêmon —, o escritor da escola paulina dos anos 80 estaria revestindo-se do manto do apóstolo ao tomar emprestadas de Filêmon as *dramatis personae* que constituíam a ligação de Paulo com o Vale do Licus. Uma falsa doutrina sincretista ameaçava a nova geração de cristãos ali, e a intenção do escritor seria relembrá-los daquilo que os missionários paulinos lhes haviam contado sobre Cristo e desenvolver aquela cristologia a fim de refutar o novo erro.

Nenhuma asseveração é possível, mas os argumentos juntos inclinam-se na direção da hipótese de uma escola, mencionada no último parágrafo. O que é certo é que Colossenses pertence à herança paulina. Analiso-a na seção deuteropaulina desta *Introdução* porque assim é que muitos estudiosos críticos o fazem.

Temas e problemas para reflexão

1. O hino de Colossenses professa que Cristo Jesus é a imagem do Deus invisível — Filho de Deus em quem todas as coisas foram criadas, em quem aprouve habitar toda a plenitude de Deus e por intermédio do qual todas as coisas foram reconciliadas com Deus. Como os cristãos, no lapso de cinqüenta anos (o mais tardar), chegaram a essa convicção acerca de um pregador galileu que foi crucificado como criminoso? Assim como outros hinos do NT, Cl 1,15-20 apresenta um desafio para a compreensão do desenvolvimento da cristologia (cf. BINTC). Dado o fato de que muitos estudiosos consideram os hinos das cartas paulinas pré-paulinos ou não-paulinos de origem, deve-se observar onde afirmações cristológicas "altas"

---

[39] Um importante terremoto devastou Laodicéia em 60-61 d.C. e presumivelmente as outras duas cidade também. Nada em Colossenses aponta para uma catástrofe no passado recente. Alguns pensam que Colossas não foi reconstruída, ou foi reduzida a um povoado; provas numismáticas para a permanência de uma cidade romana ali aparecem no século *seguinte*. A lista de nomes em Cl 4,7-17 pode indicar uma pequena comunidade cristã, de modo que não é preciso postular nenhum novo assentamento significativo.

em tais hinos assemelham-se a declarações na prosa das cartas inquestionavelmente paulinas, por exemplo comparando Cl 1,16 a 1Cor 8,6.

2. Contra a filosofia dos falsos doutores, Paulo descreve um Cristo que é proeminente, superior a todo principado e autoridade. Essa mensagem foi escrita para uma comunidade cristã do século I constituída relativamente pouco tempo antes. O que tal superioridade significa hoje, quando os cristãos representam uma percentagem minoritária da população mundial e quando existem poucos sinais da excelência de Cristo em relação ao que consideramos hoje principados e autoridades?

3. A definição de quem compôs Colossenses é importante, por exemplo, para saber quanto a eclesiologia avançou no tempo de Paulo. Contudo, quer tenha sido escrita durante a vida de Paulo, quer posteriormente em uma escola de discípulos paulinos, Colossenses descreve a Igreja como o corpo de Cristo e apresenta o apóstolo como sofredor pelo corpo de Cristo, a Igreja. Hoje, porém, existem muitos cristãos que professam amor a Cristo, mas não pela Igreja, ainda que o credo de Nicéia, depois de três frases "Nós cremos", que abrangem o Pai, o Filho e o Espírito, tenha uma quarta sentença, que diz: "Nós cremos na Igreja una, santa, católica e apostólica". O que Colossenses revela em relação a esse dilema?

4. Comparem-se os cinco códigos domésticos do NT (cf. n. 20) e as diferenças entre eles (tanto em relação aos grupos mencionados em um e em outro não, quanto ao tom das instruções). As diferenças são plausivelmente explicáveis com base nas situações sociais das comunidades destinatárias do século I? Na *p. 798*, levantaram-se questões sobre como interpretar a força desses códigos hoje.

5. Moule (*Colossians*, CGTC, 1962, pp. 47-48) usa Cl 1,3-14 para refletir sobre a substância e a forma da oração segundo a tradição paulina. É um exercício muito interessante comparar o começo das cartas de Paulo para perceber o que ele pede em suas orações.

6. Cl 4,10 identifica Marcos como "o primo de Barnabé" e Cl 4,14 apresenta Lucas como "o médico amado". Tais identificações estão faltando em Fm 24. Estaríamos aqui diante de uma hagiografia em desenvolvimento? Outras obras do NT trazem mais informações sobre Marcos e Lucas (cf. *pp. 224-247, 378-379*) dignas de ser analisadas em resposta a essa questão.

Bibliografia sobre Colossenses

Comentários e estudos em série [40]

ABBOTT, T. K. ICC, 1897.**
BARTH, M. & BLANKE, S. AB, 1994.
BRUCE, F. F. NICNT, 1984.***
BURGESS, J. ProC, 1978.
CAIRD, G. B. NClarBC, 1976.****
DUNN, J. D. G. NIGTC, 1966.*
HOULDEN, J. L. PC, 1970.****
HULTGREN, A. J. ProC, 1993.
LOHSE, E. Hermeneia, 1971.*
MARTIN, R. P. NCBC, 2. ed., 1978;* IBC, 1992.***
MOULE, C. F. D. CGTC, 1962.*
MUSSNER, F. NTSR, 1971.
O'BRIEN, P. T. WBC, 1982.*
PATZIA, A. G. NIBC, 1990.***
REUMANN, J. AugC, 1985.
ROGERS, P. V. NTM, 1980.
WEDDERBURN, A. J. M. NTT, 1993.
YATES, R. EC, 1993.

* * *

ANDERSON, C. P. Who wrote "The Epistle from Laodicea"? JBL 85, 436-440, 1966.
ARNOLD, C. E. *The Colossian syncretism*. Grand Rapids, Baker, 1996.
BAGGOTT, L. J. *A new approach to Collosians*. London, Mowbray, 1961.
BARBOUR, R. S. Salvation and cosmology: the setting of the Epistle to the Colossians. SJT 20, 257-271, 1967.
BORNKAMM, G. The heresy of Colossians. CAC 123-145.
BROWN, R. E.** The Pauline heritage in Colossians/Ephesians. BCALB 47-60.
BRUCE, F. F. St. Paul in Rome, 3. The Epistle to the Colossians. BJRL 48, 268-285, 1996.

---

[40] As obras marcadas com um asterisco referem-se também a Filêmon; com dois, a Efésios; com três, a Filêmon e Efésios; com quatro, a Filêmon, Efésios e Filipenses. Os negritos indicam as obras mais importantes, de modo geral comentários.

Cannon, G. E. *The use of traditional materials in Colossians*. Macon, GA, Mercer, 1983.

Collins, R. F. CLPDNW 171-208.

Cope, L.* On rethinking the Philemon-Colossians connection. BR 30, 45-50, 1985.

De Maris, R. E. *The Colossian controversy*. Sheffield, Academic, 1994. (JSNTSup, 96.)

Dunn, J. D. G. The Colossian philosophy: a confident Jewish apologia. *Biblica* 76, 153-181, 1995.

Evans, C. A. The Colossian mystics. *Biblica* 63, 188-205, 1982.

Francis, F. O. The christological argument of Colossians. In: Meeks, W. A. & Jervell, J. (eds.). *God's Christ and his people*. Oslo, Universitetsforlaget, 1977. pp. 192-208. (N. A. Dahl Festschrift.)

_____. (ed.). CAC. Coleção de ensaios importantes.

Harris, M. J. * *Colossians and Philemon*. Grand Rapids, Eerdmans, 1991.

Hartman, L. Humble and confident. On the so-called philosophers in Colossians. *Studia Theologica* 49, 25-39, 1995.

Hooker, M. D. Were there false teachers in Colossae? In: Lindars, B. & Smalley, S. S. (eds.). *Christ and Spirit in the New Testament*. Cambridge, Cambridge Univ., 1973. pp. 315-331. (C.F.D. Moule Festschrift.)

Kiley, M. *Colossians as pseudepigraphy*. Sheffield, JSOT, 1986. (The Biblical Seminar.)

Knox, J.* Philemon and the authenticity of Colossians. JR 18, 144-160, 1938.

Lightfoot, J. B.* *St. Paul's Epistles to the Colossians and to Philemon*. London, Macmillan, 1892. Um clássico.

Lyonnet, S. Paul's adversaries in Colossae. CAC 147-161.

Martin, R. P. *Colossians*; the Church's Lord and the christian's liberty. Grand Rapids, Zondervan, 1973.

Martin, T. W. *By philosophy and empty deceit*; Colossians as response to a cynic critique. Sheffield, Academic, 1996. (JSNTSup, 118.)

O'Neill, J. C. The source of the christology in Colossians. NTS 26, 87-100, 1979-1980.

Pokorný, P. *Colossians*; a commentary. Peabody, MA, Hendrickson, 1991.

Reicke, B. The historical setting of Colossians. RevExp 70, 429-453, 1993.

Robertson, A. T. *Paul and the intellectuals*; the Epistle to the Colossians. Garden City, NY, Doubleday, 1928.

Rowland, C. Apocalyptic visions and the exaltation of Christ in the Letter to the Colossians. JSNT 19, 73-83, 1983.

Sanders, E. P. Literary dependence in Colossians. JBL 85, 28-45, 1966.

Saunders, E. W. The Colossian heresy and Qumran theology. In: Daniels, B. L. & Suggs, M. J. (eds.). *Studies in the history and text of the New Testament*. Salt Lake City, Univ. of Utah, 1967. pp. 133-145. (K. W. Clark Festschrift.)

Schweizer, E. *The letter to the Colossians*. Minneapolis, Augsburg, 1982.

Capítulo 28

Epístola (carta) aos Efésios

Entre os escritos paulinos, apenas Romanos se equipara a Efésios como candidato àquele que maior influência exerceu no pensamento e na espiritualidade cristãos. De fato, Efésios, que tem sido chamada de "a coroa do paulinismo" (C. H. Dodd), é mais interessante para muitos porque lhes poupa a complexa argumentação de Romanos. A magnífica visão de Efésios sobre a Igreja universal e a unidade entre os cristãos é particularmente fascinante para uma época de ecumenismo. O escritor tem sido chamado de o supremo intérprete do apóstolo (antes do surgimento de Martinho Lutero — acrescentariam alguns protestantes) e "o melhor discípulo de Paulo".

Quem é o escritor? Já no século XVI, Erasmo, notando que o estilo de Efésios, com suas frases densas, é bem diferente do das principais cartas de Paulo, julgou que Efésios poderia ser de outra pessoa. Em 1792, E. Evanson questionou a autoria de Paulo e, durante o século XIX, argumentos contra Paulo como o escritor foram apresentados com crescente sistematização. Contudo, até mesmo no século XX, existiram defesas importantes de Paulo como escritor (E. Percy, na Alemanha, em 1946; M. Barth e A. van Roon, em 1974). Uma justa estimativa seria esta: no momento atual, cerca de 80% da exegese crítica sustenta que Paulo não escreveu Efésios. Depois de, na Análise geral da mensagem, tratar da mensagem básica da carta conforme chegou até nós (na qual Paulo é apresentado como o remetente),[1] dedicar-se-ão subseções a: Eclesiologia de Efésios e catolicismo primitivo, Para quem e por quem?, Qual o gênero literário?, Contexto das idéias, Temas e problemas para reflexão e Bibliografia.

---

[1] Minha única pressuposição é que "em Éfeso" não constava do texto original em Ef 1,1 (cf. *p. 820*); assim, a carta foi endereçada "aos santos e fiéis em Jesus Cristo".

Análise geral da mensagem

Paulo é prisioneiro por causa do Senhor (Ef 3,1; 4,1; 6,20) e Tíquico está sendo enviado para informar os destinatários sobre ele (Ef 6,21-22). No mais, não há nenhuma história em Efésios sobre as ações passadas de Paulo com os destinatários ou qualquer detalhe sobre eles.

Os destinatários na *fórmula introdutória* (Ef 1,1-2)[2] — "Os santos e fiéis em Jesus Cristo" — podem ser quaisquer cristãos, embora a menção a Tíquico (cf. Cl 4,7-8) provavelmente signifique que as comunidades cristãs no Oeste da Ásia Menor são aquelas que o escritor conhece.[3] Apesar de dizer em Ef 3,13 que oferece seu sofrimento por eles, Paulo não descreve nenhum detalhe angustiante de sua própria situação ou perigo iminente que ameace os receptores. Ao contrário, existe um sereno tom de plenitude e de encorajamento.

Em Ef 1,3-14, a primeira parte da *ação de graças* (Ef 1,3-23), usando a linguagem quase litúrgica encontrada nas bênçãos judaicas,[4] Paulo celebra o papel de Cristo e dos cristãos no plano de Deus de unir em Cristo todas as coisas no céu e na terra. Nesse mistério de sua vontade, antes mesmo da criação do mundo, Deus destinou os cristãos à "filiação" em Jesus Cristo, e por meio do sangue deste, eles obtêm a redenção, o perdão dos pecados e as riquezas da graça. Ele ouviram a palavra da verdade, o evangelho da salvação. A seguir (Ef 1,15-23), Paulo reconhece, com gratidão, a fé e o amor dos receptores, e reza para que eles possam crescer no conhecimento do Cristo glorioso, que foi estabelecido acima de todos os poderes, agora e para sempre. E tudo isso é, para a Igreja, seu corpo,

---

[2] O'Brien, P. T. Ephesians 1,1: an unusual introduction to a New Testament letter. NTS 25, 504-516, 1978-1979.

[3] Ele tem em mente os cristãos da esfera paulina, a qual conhecera. Dessa forma, não é preciso considerar Efésios uma encíclica escrita para a Igreja universal, ainda que o escritor presumivelmente tenha considerado que seu escrito seria apropriado para todos leitores/ouvintes cristãos.

[4] Tem sido comparada com o começo das Dezoito Bênçãos (*Shemoneh Esreh*) usadas no culto sinagogal do final do século I d.C. Muitos estudiosos identificam essa seção com um hino (também Ef 1,20-23), e um contexto batismal é freqüentemente sugerido. A detecção de hinos em Efésios, porém, é uma empreitada imprecisa e discutível; M. Barth (*Ephesians*, AB, 1974, 1.6) enumera dezesseis passagens. Certamente os hinos de Efésios têm uma estrutura menos definida do que a encontrada nos hinos cristológicos de Fl 2,6-11 e Cl 1,15-20, de modo que os estudiosos preferem falar de uso de estilo hínico, em vez de adaptação de hinos preexistentes. Ef 5,19 encoraja os destinatários a cantar salmos e hinos ao Senhor (Cristo). Cf. Sanders, J. T. Hymnic elements in Ephesians 1-3. ZNW 56, 214-232, 1965.

Capítulo 28 • Epístola (carta) aos Efésios

Informações básicas

DATA: se de autoria de Paulo, nos anos 60; se pseudônima (cerca de 80% da exegese crítica), nos anos 90.

DESTINATÁRIOS: cristãos paulinos (provavelmente conforme concebidos no Oeste da Ásia Menor).

AUTENTICIDADE: provavelmente escrita por um discípulo de Paulo (talvez membro de uma "escola" em Éfeso) que se serviu de Colossenses e de algumas das cartas genuinamente paulinas.

UNIDADE: não questionada seriamente.

INTEGRIDADE: "em Éfeso" foi provavelmente acrescentado em Ef 1,1; de outra forma, não seriamente discutida.

DIVISÃO FORMAL

A. Fórmula introdutória: 1,1-2
B. Ação de graças: 1,3-23
C. Corpo: 2,1–3,21: indicativo paulino (instruções)
         4,1–6,20: imperativo paulino (parênese e exortações)
D. Fórmula conclusiva: 6,21-24

DIVISÃO CONFORME O CONTEÚDO

1,1-2: Saudação aos santos
1,3–3,21: Seção doutrinal ou "indicativa"
    1,3-23: *Doxologia* louvando a Deus por aquilo que ele fez por "nós" em Jesus Cristo (1,3-14) e *oração* de intercessão a fim de que "vós" (destinatários) possam conhecer isto (1,15-23)
    2,1–3,13: Exposição da atividade salvadora, unificadora e reveladora de Deus
    3,14-21: Mais uma *oração* de intercessão (por "vós") e *doxologia* ("nós")
4,1–6,20: Seção parenética ou "imperativa"
    4,1–5,20: Exortações a respeito da unidade, ministério pastoral, dois modos de vida (dualismo), caminhar como filhos da luz, nada de obras das trevas
    5,21–6,9: Código doméstico
    6,10-20: Armadura na luta contra os poderes do mal; a oração, de modo especial
6,21-22: Missão de Tíquico
6,23-24: Bênção

a plenitude daquele que tudo plenifica. Assim sendo, Paulo considera a Igreja um objetivo no plano de Deus, que envolve toda a criação — a Igreja que tem, portanto, uma dimensão futura.

A *seção indicativa do corpo* (Ef 2,1–3,21) começa explicando como esse plano, que manifesta a riqueza da misericórdia e do amor de Deus, converteu os pecadores em santos, os espiritualmente mortos em espiritualmente vivos, salvos agora pela fé, que é dom de Deus (Ef 2,1-10). "[...] somos criaturas dele, criados em Cristo Jesus para as boas obras que Deus já antes preparara para que nelas andássemos". Além do mais, Ef 2,11-22[5] demonstra liricamente como a graça de Deus alcançou os gentios, de modo que aqueles que outrora estavam afastados foram aproximados. O muro da hostilidade foi derrubado: a comunidade de Israel e os gentios foram unificados. São concidadãos da família de Deus, construída sobre o alicerce dos apóstolos e dos profetas, tendo Cristo como a pedra angular (Ef 2,20). Em Ef 3,1-12, Paulo esclarece os ouvintes (ainda que eles já tenham ouvido) por que isto é particularmente importante: por meio da revelação, tornou-se conhecido o mistério de que Deus fizera dele, o último de todos os consagrados, ministro do evangelho para os gentios, que são co-herdeiros, membros do mesmo corpo e participantes da promessa. Com efeito, por meio da Igreja, a sabedoria de Deus é manifestada aos poderes celestiais. Paulo oferece seu aprisionamento e suas orações (Ef 3,13-19) a fim de que os cristãos destinatários possam compreender o amor de Cristo manifestado em tudo isso — um amor que ultrapassa todo conhecimento — de forma que eles possam ser locupletados pela plenitude (*plērōma*) de Deus. Paulo conclui essa parte indicativa da carta com uma doxologia, quase como se o simples pensar em Cristo levasse-o a louvar a Deus (Ef 3,20-21).

A *seção imperativa ou parenética do corpo* (Ef 4,1–6,20) esclarece as implicações desse grande plano de Deus com 36 verbos no imperativo.[6] Em Ef 1,4, Paulo disse que Deus "nos" escolheu em Cristo antes da fundação do mundo para sermos santos e sem mácula na presença divina. Em Ef 4,1, ele introduz as orientações para ter uma vida digna de tal vocação. Em primeiro lugar, Paulo pormenoriza sete manifestações da unicidade da vida cristã (Ef 4,4-6).[7] E prossegue realçando como o Cristo elevado[8] derramou uma diversidade de dons a fim de munir os cristãos para a edificação do corpo de Cristo: apóstolos, profetas, evangelistas, pastores e doutores (Ef 4,7-12). Quando tais dons foram discutidos em 1Cor 12, eles estavam dividindo os cristãos; agora, sem precisar corrigir as

---

[5] Juntamente com Ef 2,14-18 (e suas freqüentes referências à paz) e Ef 2,19-22, hinos talvez. MOORE, M. S. Ephesians 2:14-16: a history of recent interpretation. EvQ 54, 163-168, 1982.

[6] D. E. Garland e R. A. Culpepper tratam Ef 4,1-24 e 4,25–5,20 em RevExp 76, 517-527, 529-539, 1979.

[7] Igualmente dignos de nota como sinais da unidade são os cerca de dez verbos e substantivos que começam com *syn*, "juntamente com"; por exemplo, Ef 2,6: ressuscitados com e assentados com; Ef 2,21: unido/conservado junto com; Ef 3,6: herdeiros com.

[8] Quanto à subida-descida de Cristo, cf. CAIRD, G. B. StEv II, 535-545, 1964. Às vezes o padrão tem sido comparado à cristologia joanina.

pessoas, Paulo pode proclamar que eles ajudam "os santos" a alcançar a unidade da fé, à medida da estatura da plenitude (*plērōma*) de Cristo, e, assim, crescer em Cristo, a Cabeça do Corpo (Ef 4,13-16).[9]

Visto que os gentios e os judeus foram unificados, gentios cristãos não mais se encontram nas trevas da ignorância; não podem, portanto, viver na impureza e seguindo os impulsos de sua vida anterior (Ef 4,17-24). Em Ef 2,15, Paulo falou da obra de Cristo ao criar do judeu e do gentio um novo ser humano; agora ele ensina esse novo ser humano a não viver consoante o antigo modelo de vida. As regras para uma vida nova refletem as exigências dos Dez Mandamentos acerca de como não se deve tratar os outros (Ef 4,25–5,5). Paulo vê dois modos contrastantes de "caminhar", que correspondem à luz e às trevas, ao demônio e ao Espírito Santo, à verdade e à mentira. O dualismo produz filhos da luz e filhos da desobediência (Ef 5,6-20), o sábio e o néscio. Os cristãos que foram interpelados em Ef 1,1 como santos não devem tomar parte nas infrutíferas obras das trevas. O "Ó, tu, que dormes, desperta [...]" de Ef 5,14, provavelmente provém de um hino.[10] Em vez de embriagar-se, os cristãos devem cantar e entoar hinos ao Senhor.

Ef 5,21–6,9 especifica o modo de vida cristão em um código doméstico para *esposas*/mulheres, *filhos*/pais, *servos*/senhores. O padrão geral de sujeição/obediência da primeira parte e a obrigação da segunda parte (a quem se deve a submissão) de demonstrar os traços distintivos de Cristo são os mesmos do código doméstico de Cl 3,18–4,1; o código de Efésios, porém, é um terço mais longo do que o de Colossenses, e existem diferenças interessantes. Ef 5,21 contém uma instrução à mútua sujeição por reverência a Cristo; isso, é claro, diz respeito aos esposos em relação às esposas, bem como às esposas em relação aos maridos. Destarte, o início desse código modifica a ordem estabelecida mais radicalmente do que o código de Colossenses. A linguagem lírica de Ef 5,25-27 (considerada, às vezes, proveniente de um hino batismal) coloca o Cristo e a Igreja em um relacionamento de marido e mulher, de modo que a mútua sujeição e amor rece-

---

[9] Diferente da premente admoestação acerca da falsa filosofia e do culto aos anjos de Cl 2,8-23, a referência em Ef 4,14 ao perigo de ser sacudido por todo vento de doutrina e pela astúcia humana é breve e genérica. Pode ser aplicada em qualquer tempo e lugar, sem nada específico em mente.

[10] "Levanta-te de entre os mortos" significa que a ressurreição acontece no batismo? (Cf. também Ef 2,5-6 e a análise da escatologia realizada de Colossenses nas *pp. 804-805* deste livro). Efésios não fala da futura ressurreição dos cristãos nem da parusia.

bem um distintivo especificamente cristão. A obrigação do esposo de amar é mais extensamente tratada do que a obrigação da mulher de sujeitar-se, e ambos estão enraizados no plano inicial de Deus para a união no matrimônio (Ef 5,31 = Gn 2,24).[11] A instrução aos filhos/pais é também fortalecida com um motivo veterotestamentário. A mudança do relacionamento servo/senhor em Efésios encontra-se principalmente na seção do senhor: o senhor deve não somente ser imparcial no trato com os servos, como em Colossenses, mas também evitar ameaças — lembrado de que Cristo é o senhor dos senhores. O ímpeto radical do evangelho é pressionar aqueles que detêm autoridade e poder.

Fazendo uso da linguagem figurada do escudo e das armas, uma exortação final diz respeito à constante batalha com os principados e as autoridades (Ef 6,10-20).[12] Ouvimos que o Cristo exaltado assentou-se acima de todos esses poderes (Ef 1,20-21) e a todos eles o misterioso plano de Deus foi revelado por meio da Igreja (Ef 3,9-10). Entretanto, agora descobrimos que essa escatologia realizada não substituiu inteiramente a escatologia futura, pois a luta divina com os poderes e os soberanos das trevas atuais prossegue. Paulo pede orações para si mesmo, a fim de que lhe seja concedido, nessa luta, proclamar o mistério do evangelho. A magnífica autodefinição final como "embaixador em cadeias" (Ef 6,20) condensa o tema do triunfo com a ajuda de Deus; nenhum obstáculo humano pode impedir Paulo de prosseguir a vocação que anunciou no início: "apóstolo de Cristo Jesus, pela vontade de Deus" (Ef 1,1).

Na *fórmula conclusiva* (Ef 6,21-24), as pouquíssimas saudações referem-se a um companheiro, Tíquico, que está sendo enviado aos receptores, como em Cl 4,7-8.

Eclesiologia de Efésios e catolicismo primitivo

A exaltação da Igreja em Efésios, que ultrapassa a já elevada consideração em Colossenses, merece comentário especial. Ainda que Colossenses tivesse um conceito universal de "Igreja", em duas das quatro vezes em que o escritor da carta usou a palavra *ekklēsia*, referiu-se à Igreja local (Cl 4,15.16); não existe tal

---

[11] SAMPLEY, J. P. *"And the two shall become one flesh"*; a study of traditions in Ephesians 5:21-33. Cambridge, Cambridge Univ., 1971. (SNTSMS, 16.) Aqui, Efésios concorda com 1Cor 6,9 ao embasar a atitude cristã em relação ao matrimônio na história da criação, exatamente como o fez Jesus (Mc 10,7-8; cf. *pp. 222-223*).

[12] WILD, R. A. CBQ 46 (1984), 284-298, 1984.

alusão local nos nove empregos da palavra em Efésios. Estes encontram-se todos no singular e designam a Igreja universal. Como em Cl 1,18.24, a Igreja é o corpo de Cristo, e ele é a cabeça (Ef 1,22; 5,23). No entanto, em Efésios a Igreja tem um papel cósmico. Conforme a interpretação mais comum de Ef 1,21-23, Cristo foi constituído a cabeça de todas as coisas (até mesmo dos poderes angélicos) "para a Igreja" e, por meio da Igreja (Ef 3,10), a sabedoria de Deus é manifestada a tais poderes. Deus recebe a glória na Igreja (Ef 3,20). Cristo amou a Igreja e entregou-se por ela (Ef 5,25) — isso é diferente da idéia de que Cristo morreu pelos pecadores (Rm 5,6.8) ou por todos (2Cor 5,14-15). O intuito de Cristo era santificar a Igreja, purificando-a ao lavá-la na água e com a palavra, tornando-a sem mancha e sem mácula. Ele continua a nutri-la e a cuidar dela (Ef 5,23-32).[13] No capítulo 27 (Temas e problemas para reflexão, 3), comentei que muitos cristãos, hoje, podem encontrar dificuldades com a imagem de Paulo, em Colossenses, a oferecer seus sofrimentos por amor à Igreja. Podem ter maior dificuldade ainda com a imagem de Efésios na qual a Igreja é o escopo do ministério e da morte de Cristo!

Este é um momento oportuno para mencionar brevemente o problema do "catolicismo primitivo", considerado exemplificado pela eclesiologia de Efésios. O termo designa os estágios iniciais da eclesiologia alta, do sacramentalismo, da hierarquia, da ordenação e do dogma — numa palavra, o começo dos traços característicos do cristianismo *católico*. No começo do século XX, A. von Harnack propôs que não existia nenhum catolicismo primitivo no NT; o desenvolvimento da teologia e da organização eclesial começara no século II, sob a influência do espírito grego, numa distorção do caráter evangélico original do cristianismo (ao qual a Reforma retornou). Ao questionar tal posição, E. Käsemann destacou-se ao defender que existe um "catolicismo primitivo" no NT, mas que tais desdobramentos não são necessariamente normativos para o cristianismo.[14] Ele recorreu

---

[13] Cf. Sampley, op. cit. Acerca de aspectos da eclesiologia de Efésios, cf. Hanson, S. *The unity of the Church in the New Testament*; Colossians and Ephesians. Uppsala Univ., 1946; Metzger, B. M. *Theology Today* 6, 49-63, 1949-1950; C. F. Mooney, *Scripture* 15, 33-43, 1963; Gnilka, J. TD 20, 35-39, 1972; Houlden, J. L. StEv VI, 267-273, 1973; Steinmetz, F.-J. TD 35, 227-232, 1988.

[14] Cf. capítulo 2, n. 40; Harnack, A. *What is Christianity?* New York, Harper, 1957. pp. 190ss; Käsemann, E. Ministry and community in the New Testament. In: Kentt (original alemão de 1949), 63-134; Paul and Early Catholicism: In: *New Testament questions of today*. Philadelphia, Fortress, 1967 (original alemão de 1963). pp. 236-251; Küng, H. *Structures of the Church*. New York, Nelson, 1964. pp. 151-169; L. Sabourin, *Theology Digest* 35, 239-243, 1988; Brown, R. E. NJBC 66.92-97.

ao princípio do "cânone dentro do cânone". Assim como Paulo fez distinção entre a letra e o Espírito (2Cor 3), o cristão não pode fazer do cânone do NT uma autoridade infalível, mas precisa distinguir o verdadeiro Espírito no NT. Em relação a Paulo, segundo Käsemann (um luterano), não se pode apelar para os escritos deuteropaulinos como intérpretes autorizados do evangelho de Paulo; estamos mais perto dele em Gálatas e Romanos, com seu espírito de justificação pela fé.

Contudo, existe uma arbitrariedade nesse tipo de julgamento, pois afirma o direito de silenciar as vozes do NT com as quais alguém não concorda. Outros cristãos e até mesmo Igrejas podem ser menos explícitos em seu julgamento, mas de fato, mesmo que seja apenas por meio de um lecionário, todos tendem a dar mais peso a algumas partes do NT do que a outras. Uma Igreja que acentua a eclesiologia de Efésios, por exemplo, provavelmente o faz porque a eclesiologia alta dessa instituição assemelha-se à da carta. Em qualquer solução efetiva, é preciso reconhecer que existem diferenças importantes entre os livros do NT acerca de questões como a eclesiologia, o sacramentalismo e a estrutura da Igreja. Uma Igreja (ou um cristão) pode tomar uma decisão teológica de privilegiar uma visão em detrimento de outra. Todavia, uma consciência do que se diz no NT em relação ao outro lado do problema pode modificar alguns dos traços exagerados ou questionáveis da própria posição. Repetir as passagens do NT que apóiam as próprias opiniões pode dar segurança, mas escutar as outras vozes escriturísticas do lado oposto dá possibilidade ao NT de agir como uma consciência crítica.

Para quem e por quem?

1. *Para quem?* O endereço é textualmente duvidoso, pois a expressão grifada em 1,1b — "Aos santos *que estão em Éfeso* e fiéis em Cristo Jesus" — está faltando em manuscritos importantes.[15] Outros elementos também põem em dúvida se a carta foi dirigida aos cristãos efésios. Em algumas partes de suas cartas,

---

[15] No Chester Beatty Papyrus II (P^{46}, cerca de 200), no escrito original dos importantes códices do século IV, Sinaítico e Vaticano, no texto usado por Orígenes e provavelmente por Marcião (denominava essa carta "Aos laodicenos") e em Tertuliano. Alguns argumentam que o título laodicenos era original, mas foi mudado para Éfeso por causa da má reputação de Laodicéia (Ap 3,15-16). Para todas as possibilidades, cf. BEST, E. In: BEST, E. & WILSON, R. M. (eds.). *Text and interpretation*. (M. Black Festschrift) Cambridge, Cambridge Univ., 1979. pp. 29-41; e PAP 273-279.

Paulo alude a pertinentes circunstâncias pessoais ou a atividades anteriores e, mais para o fim, normalmente inclui saudações de e para pessoas chamadas pelo nome, e que são significativas para a comunidade destinatária. Não há tais saudações em Efésios, com exceção de uma referência às cadeias de Paulo e a Tíquico (Ef 6,20-21). Paulo passara algo em torno de três anos em Éfeso (54-57 d.C.; At 20,31). Assim sendo, é quase inconcebível que, em uma carta amigável aos cristãos de lá, ele não incluísse algumas saudações e lembranças. Além do mais, em Ef 1,15, o escritor diz: "Ao *ouvir* a respeito da vossa fé no Senhor Jesus". Em Ef 3,2, ele supõe que os receptores "estão a par" da ação da graça de Deus nele e, em Ef 3,7-13, explica-lhes seu ministério. Como Paulo poderia falar tão indiretamente de suas relações com os cristãos efésios? Ef 2,14 parece tratar como fato consumado a derrocada do muro de inimizade entre a comunidade de Israel e os gentios; não fica claro, porém, se isso ocorreu em Éfeso ou em outras comunidades paulinas durante a vida do apóstolo. Com efeito, visto que Efésios jamais menciona os judeus, e Ef 2,11 fala aos "gentios na carne", tem-se a impressão de que a carta é dirigida a uma comunidade inteiramente gentia. Isso não poderia de forma alguma ser verdadeiro em relação à situação descrita em At 19,10, em meados dos anos 50, quando a missão éfesia convertera "igualmente judeus e gentios". Assim, das treze cartas do NT que trazem o nome de Paulo, Efésios, a menos circunstancial, pode ter sido a única endereçada a um destino não mais específico do que a cristãos (provavelmente, de modo especial, na Ásia Menor) que consideravam Paulo um grande apóstolo.

O fato de que Efésios possa ser endereçada a quaisquer ou a todos santos em Cristo Jesus tem levado certo número de exegetas (começando com o arcebispo Ussher, no século XVII) a considerá-la uma carta circular, destinada a ser lida em muitas cidades diferentes, com um espaço em branco a ser preenchido, a cada vez, com o nome do lugar particular. (Assim, os manuscritos que trazem "em Éfeso" teriam preservado a cópia lida em Éfeso; o manuscrito de Marcião era aquele lido em Laodicéia.) Contudo, as provas do uso desse tipo de cartas no cristianismo primitivo são insuficientes, de modo particular para a idéia de um espaço em branco. Uma hipótese mais comum (a ser discutida adiante) é de que outro gênero de literatura foi adaptado ao formato carta.

2. *Por quem? A relação com Colossenses.* Se Efésios não é realmente uma carta aos cristãos de Éfeso, mas algum tipo de obra mais geral, quem a escre-

veu?[16] No capítulo anterior, discutimos, com abundância de detalhes, a questão da autoria de Colossenses, e encontramos dados que favoreciam, embora não de forma conclusiva, um escritor que não Paulo. Efésios assemelha-se a Colossenses de modo espantoso, na estrutura geral e nas palavras paralelas. Isso pode ser calculado de diversos modos; por exemplo, de um terço a metade dos 155 versículos de Efésios são paralelos a Colossenses tanto na ordem quanto no conteúdo. Um quarto das palavras de Efésios encontra-se em Colossenses, e um terço das palavras de Colossenses encontra-se em Efésios.[17] O quadro mostra tópicos paralelos.[18] Inevitavelmente os argumentos do vocabulário, do estilo e da teologia invocados contra a autoria paulina de Colossenses (cf. pp. *801-804*) têm sido invocados também no caso de Efésios. O argumento de que Efésios tem cerca de oitenta palavras não encontradas nas cartas autenticamente paulinas[19] perde muito de sua força quando sabemos que cerca de o mesmo número pode ser encontrado em Gálatas, que corresponde aproximadamente a Efésios na extensão e no número de palavras diversas que usa. Outros elementos são mais notáveis: o estilo floreado assemelha-se ao de Colossenses, ainda mais expansivo e hiperbólico, porém (p. ex., a palavra "todos" é usada quase cinqüenta vezes), produzindo sentenças de notável extensão, como em Ef 1,3-14 e 4,11-16.[20] Existe acúmulo de adjetivos e genitivos, estilo redundante e termos completamente alheios ao uso paulino nas cartas autênticas. Existem também diferenças entre Colossenses e Efésios que complicam uma definição do escritor. Efésios é mais longa e contém material ausente em Colossenses; por exemplo, grande parte do hino em Ef 1,3-14

---

[16] Cf. em F. L. Cross, *Studies in Ephesians* (London, Mowbray, 1956, pp. 9-35), o debate acerca da autoria paulina de Efésios (a favor, J. N. Sanders; contra, D. E. Nineham).

[17] Cf. Coutts, J. NTS 4, 201-207, 1957-1958; Polhill, J. B. RevExp 70, 439-450, 1975. Particularmente próximos são Ef 1,1-2 a Cl 1,1-2; Ef 1,22-23 a Cl 1,17-19; Ef 2,13-18 a Cl 1,20-22; Ef 4,16 a Cl 2,19; Ef 5,19-20 a Cl 3,16; Ef 5,22-6,9 a Cl 3,18-4,1 (com bastante concordância no vocabulário); e Ef 6,21-22 a Cl 4,7-8.

[18] Adaptado de C. B. Puskas Jr. (*The letters of Paul*; an introduction, Collegeville, Liturgical, 1993, pp. 130-131), com a gentil permissão do autor e da Liturgical Press. Os "tópicos" provêm de Efésios e seguem sua ordem. Um quadro mais bem elaborado dos paralelos é oferecido por J. Moffatt (*An introduction to the literature of the New Testament*, 3. ed., Edinburgh, Clarck, 1918, pp. 375-381), que imprime o texto das passagens.

[19] Note-se: o vocábulo *Satanas* é usado sete vezes nas cartas genuinamente paulinas, e jamais *diabolos*, palavra usada duas vezes em Efésios.

[20] C. J. Robbins (JBL 105, 677-687, 1986) nota que a extensão da frase é característica das sentenças do período descrita pelos retóricos gregos.

QUADRO 7. COMPARAÇÃO ENTRE EFÉSIOS E COLOSSENSES

Tópico	Efésios	Colossenses
1. Redenção, perdão	1,7	1,14.20
2. O todo-inclusivo Cristo	1,10	1,20
3. Intercessão pelos leitores	1,15-17	1,3-4.9
4. Riquezas de uma herança gloriosa	1,18	1,27 (esperança da glória)
5. Domínio de Cristo	1,21-22	1,16-18
6. Vós, a quem ele vivificou	2,5	2,13
7. Estrangeiros aproximados	2,12-13	1,21-22
8. Abolição dos mandamentos	2,15	2,14
9. Paulo, o prisioneiro	3,1	1,24
10. Mistério divino revelado a Paulo	3,2-3	1,25-26
11. Paulo, ministro do evangelho universal	3,7	1,23.25
12. Paulo deve revelar o mistério a todos	3,8-9	1,27
13. Ter uma vida digna da vocação	4,1	1,10
14. Com toda humildade, ternura, paciência, suportando-se mutuamente	4,2	3,12-13
15. Cristo une os membros da Igreja	4,15-16	2,19
16. Despir-se da natureza antiga e revestir-se da nova natureza	4,22-32	3,5-10.12
17. Acabar com a imoralidade	5,3-6	3,5-9
18. Caminhar sabiamente e aproveitar o tempo	5,15	4,5
19. Cantar salmos, hinos e cânticos espirituais dando graças a Deus	5,19-20	3,16-17
20. Quadro de obrigações domésticas para maridos, mulheres, filhos, pais, servos e senhores	5,21–6,9	3,18–4,1
21. Paulo, o prisioneiro, exorta à perseverança na oração	6,18-20	4,2-3
22. Tíquico enviado para informar à Igreja a respeito de Paulo e para encorajá-la	6,21-22	4,7-8

e a parênese em Ef 4,1-14. Por outro lado, o ataque à falsa filosofia em Cl 2 e a longa série de saudações em Cl 4 estão ausentes em Efésios. Temas comuns como "corpo", "cabeça", "plenitude", "mistério" e "reconciliação" muitas vezes têm um tom algo diferente em Efésios.[21] Quando discutimos a mensagem, vimos outras diferenças, por exemplo, nos códigos domésticos e na eclesiologia.

---

[21] Enquanto em Colossenses o mistério revelado em Cristo é o plano de Deus para a salvação dos gentios, em Efésios o mistério é a união de judeus e gentios no mesmo corpo de Cristo (Ef 3,3-6) — com efeito, a união de todas as coisas no céu e na terra, em Jesus (Ef 1,9-10).

Embora alguns estudiosos continuem a aceitar Paulo como o escritor de Efésios,[22] a força dos dados tem levado 70% a 80% da exegese crítica a rejeitar tal opinião, até mesmo um número significativo dos que pensam que Paulo escreveu Colossenses. Dentro dessa percentagem, *provavelmente grande parte postula um escritor de Efésios diferente da pessoa que compôs Colossenses*.[23] Outros aspectos de Efésios precisam ser agora examinados a fim de estabelecer algo mais sobre o autor.

3. *Por quem? A relação com outras cartas paulinas.* Em uma escala bem menor do que a semelhança entre Efésios e Colossenses, têm-se encontrado paralelos entre Efésios e as outras cartas paulinas. Uma cuidadosa lista de paralelos com as sete cartas autênticas (com provas duvidosas para 2 Tessalonicenses) é apresentada em G. Johnston, em IBD 2.110-211; os mais impressionantes são aqueles com Romanos, 1 e 2 Coríntios e Gálatas.[24] Se Paulo escreveu Efésios, pode ter-se servido de seus escritos anteriores (se estavam à sua disposição na prisão); contudo, é provável que ele os tivesse reutilizado dessa forma? Vimos que, em certo sentido, Romanos é o primeiro comentário a Gálatas, mas o uso que Paulo faz dos temas de Gálatas em Romanos representa o refinamento de suas próprias idéias, como um pensador criativo diante de nova situação. Muitos estudiosos interpretam a reutilização das cartas paulinas em Efésios como um procedimento mais secundário.

---

[22] Alguns estudiosos têm argumentado que Paulo escreveu Efésios e que outra pessoa assimilou as idéias ali contidas em Colossenses. Se Paulo escreveu ambas as cartas, Colossenses pode ter sido escrita no final do "primeiro" aprisionamento romano (61-63 d.C.) e Efésios pouco mais tarde, nas mesmas circunstâncias ou em outras (com base nos dados das pastorais, segundo as quais Paulo deixou Roma e para lá voltou), durante o "segundo" aprisionamento romano (por volta de 64-66). Contudo, dado que Tíquico, que levou a carta a Colossas (Cl 4,7-8), parece ter levado também Efésios (Ef 6,21-22), alguns declaram que Paulo escreveu Filêmon, Colossenses e Efésios ao mesmo tempo e enviou-as por meio de Tíquico: a primeira, a Filêmon e à sua Igreja doméstica como uma recomendação para Onésimo; a segunda, para a comunidade de Colossas; a terceira, para ser lida de forma mais geral em várias Igrejas da mesma região (L. T. Johnson, *The writings of the New Testament*, Philadelphia, Fortress, 1986, p. 354).

[23] Isso significa mais do que simplesmente um escrivão diferente anotando o ditado do escritor de Colossenses, pois se postula maior liberdade de expressão. E. Best (NTS 43, 72-96, 1997) alega que o relacionamento entre Efésios e Colossenses não provém de uma cópia escrita, mas de discussões entre dois discípulos paulinos.

[24] Se existem paralelos entre Efésios e as cartas pastorais (Ef 2,3-7 e Tt 3,3-7), a dependência pode ser da parte destas. Paralelos com Lucas-Atos e Apocalipse são discutíveis, e os mais espantosos com 1 Pedro (cf. n. 31) podem representar dependência de uma tradição comum.

Uma ousada explicação foi proposta por Goodspeed e parcialmente apoiada por Knox. Ele desenvolve a idéia de que o escravo Onésimo foi libertado por Filêmon e voltou a Éfeso para tornar-se bispo, diversas décadas após a morte de Paulo (cf. capítulo 21, Carreira subseqüente de Onésimo). O interesse em torno de Paulo tinha sido catalisado pelo surgimento de Atos, o que inspirou Onésimo a coletar, em Éfeso, cópias das cartas e, com base nelas, compor Efésios como um sumário das idéias de Paulo, colocando-a no começo da coleção.[25] A proximidade especial com Colossenses é explicável porque, depois de Filêmon, foi a carta com a qual Onésimo mais se envolveu, tendo acompanhado Tíquico, que a levou para Colossas.

Embora a teoria de Goodspeed seja interessante, é quase totalmente uma suposição e tem poucos seguidores. Outras teorias que identificam o escritor como um discípulo conhecido de Paulo incluem Timóteo, porque é considerado o escriba que redigiu Colossenses, Tíquico, porque é mencionado em Colossenses e em Efésios (Mitton), e Lucas, por causa de uma conexão proposta entre Efésios e Atos.[26] Vale salientar que tais propostas muitas vezes envolvem um discípulo paulino trabalhando com cartas colecionadas em Éfeso. A teoria de uma Colossenses pseudônima postula a existência de uma escola paulina em Éfeso; nos anos 80, um de seus membros compôs Colossenses, utilizando material de Filêmon como pano de fundo. Tal escola pode muito bem ter sido o contexto para a coleta das cartas de Paulo.[27] Uma teoria plausível, portanto, seria esta: *baseando-se nas cartas genuinamente paulinas, de modo especial em Colossenses (que fora composta anteriormente na escola), alguém da escola efésia dos discípulos de Paulo produziu Efésios como um retrato estimulador de aspectos do pensamento paulino.* Se "em Éfeso" estava faltando no original, pode ter sido acrescentado em uma cópia por um escriba que sabia que a composição da carta estava ligada àquela cidade.[28] Julga-se que um limite

---

[25] Na verdade, porém, Efésios não é colocada em primeiro lugar em nenhuma lista antiga ou coleção das cartas de Paulo.

[26] Cf. a lista de paralelismos em Puskas, op. cit., pp. 133-134. Alguns são bastante tênues. Cf. também E. Käsemann, em SLA 288-297. At 20,17-38 dirige aos anciãos de Éfeso as últimas palavras de Paulo às Igrejas que ele fundou.

[27] Afirmações de que o pensamento de Efésios tem semelhanças com o de João (p. ex., Allan), tradicionalmente associado com Éfeso, podem também favorecer Éfeso como o lugar de composição. Não obstante Efésios seja uma "carta da prisão", a questão sobre qual dos três aprisionamentos de Paulo foi o contexto não é realmente importante se pensarmos que a carta é deuteropaulina e as referências ao aprisionamento foram tomadas de empréstimo a Colossenses.

[28] Ou, ainda, pode ser a suposição primitiva de um copista quanto a uma possível destinação.

para a datação de uma Efésios pseudônima dos anos 90 seja oferecido por reminiscências de Ef 5,25.29 na carta escrita por Inácio, por volta de 110, a *Policarpo* (5,1), bispo de Esmirna, a 56 quilômetros ao norte de Éfeso. Provavelmente, também, por volta dos anos 90, existia pelo menos uma coleção incipiente das cartas de Paulo, da qual o escritor de Efésios pode ter-se servido.

Qual o gênero literário?

Na seção anterior, falei com deliberada vagueza de "outro gênero de literatura adaptado ao formato carta" (1) e de um "retrato estimulador de aspectos do pensamento paulino" (3). As semelhanças com uma carta são secundárias, mas o formato da carta grega antiga ultrapassava as cartas em sentido estrito (cf. *p. 550*), de modo que Efésios poderia quase funcionar como um sermão ou discurso proferido para os ouvintes das Igrejas paulinas. Efésios pode ser um escrito que se situa no meio da linha divisória entre "epístolas" e "cartas", segundo Deissmann. Muitos estudiosos têm-se esforçado para ser exatos, pressupondo que os mínimos elementos do formato carta (Ef 1,1-2 e 6,21-22), tomados emprestados de Colossenses, são apenas acidentais para a mensagem. Tratado teológico, manifesto, meditação e homilia são algumas das definições propostas. M. L. Soards (*The apostle Paul*; an introduction to his writings and teaching [O apóstolo Paulo; uma introdução a seus escritos e ensinamentos], New York, Paulist, 1987) pode estar próximo da opinião mais comum quando fala de sintetização e desenvolvimento de temas paulinos a fim de produzir "uma grandiosa teologia paulina na forma da comunicação paulina-padrão [...] para um novo tempo e lugar". De fato, existem passagens em Efésios que realmente resumem pensamentos tipicamente paulinos, (p. ex., Ef 2,8-10).[29] No entanto, a obra dificilmente é um resumo compreensível, pois apenas alguns aspectos, tais como a unidade, a escatologia triunfante e a cristologia elevada, são acentuados.

Os mais interessados na análise formal têm-se concentrado no tom congratulatório de Efésios e falam de retórica epidíctica (cf. *p. 552*), uma carta usada especificamente para elogiar, como base para um apelo (muitas vezes para um público com maior autoridade). Paulo, porém, é uma figura sobranceira, um

---

[29] LINCOLN, A. T. Ephesians 2:8-10: a summary of Paul's gospel. CBQ 45, 617-630, 1983.

angélico apóstolo idealizado como "*o* prisioneiro" por causa de Cristo, em Ef 3,1; 4,1. O que ele escreve não é louvor aos receptores, mas uma entusiasmada avaliação do que foi alcançado em Cristo para todos os cristãos e, de fato, para todo o universo.[30] Em vez de fazer apelos, ele encoraja o crescimento na vida cristã — daí as exortações gerais, não provocadas por problemas específicos.

Detectou-se um forte contexto de oração comunitária em Efésios. Seguindo essa veia, outra tese enxerga linguagem batismal em Ef 1,13-14; 4,5.30; 5,8.26 (cf. J. C. Kirby, *Ephesians, baptism and Pentecost* [Efésios, batismo e Pentecostes], Montreal, McGill Univ., 1968) e considera o escrito um ensinamento mais completo para aqueles que tinham sido recentemente batizados, donde o tom animador. A proximidade de Efésios a 1 Pedro, freqüentemente considerada uma homilia batismal, tem contribuído para essa tese.[31] (Mesmo sem uma orientação batismal específica, porém, o escritor, consciente ou inconscientemente, pode ter usado linguagem teológica familiar a ele e a seus destinatários, oriunda de uma tradição cristã comum, já sendo ensinada no batismo.) O fato de a primeira metade de Efésios (a seção "doutrinal"; cf. o boxe com as Informações básicas) começar e terminar com uma doxologia e uma oração tem feito alguns pensarem em um contexto litúrgico. Kirby (op. cit.) encontra nos caps. 1–3 o modelo de uma bênção judaica, talvez para uso na eucaristia, e, em várias partes de Efésios, ecos de uma cerimônia de renovação da aliança em Pentecostes.

Conclusão: sem ser demasiado específicos em relação à forma literária exata, podemos fazer as seguintes observações. *As cartas autenticamente paulinas dos anos 50* mostram um homem às voltas com o problema do retorno de Cristo e com o destino geral dos cristãos, bem como em luta com os judeu-cristãos que insistiam na circuncisão para os gentios e nas obras da Lei. Para aqueles que acreditavam, ele invocava um Jesus entregue à morte pelas transgressões deles e

---

[30] H. L. Hendrix (*Union Seminary Quarterly Review* 42, 3-15, 1988) compara Efésios a decretos honoríficos inscritos para celebrar benfeitores; estes ofereceriam paralelos para as carregadas construções gramaticais e para a hipérbole.

[31] Comparem-se Ef 1,3 a 1Pd 1,3; Ef 1,20-21 a 1Pd 3,22; Ef 2,19-22 a 1Pd 2,5-6.9; Ef 3,4-5 a 1Pd 1,10-12. Cf. COUTTS, J. NTS 3, 115-127, 1956-1957. Puskas (op. cit., pp. 139-140) considera Efésios uma homilia batismal adaptada para circulação geral entre as Igrejas da Ásia Ocidental, tendo sido transformada em carta por um escritor proveniente da comunidade onde ela foi proclamada. Alguns vêem a relação com 1 Pedro como um argumento para a origem de Efésios em Roma.

ressuscitado para a justificação deles. A maioria de Israel não aceitou as exigências de Jesus; contudo, Paulo anunciava que, no final das contas, os israelitas aceitariam. Embora tivesse logrado êxito entre os gentios, recordava-lhes que não passavam de um ramo de oliveira silvestre enxertado na árvore de Israel. Os crentes estavam unidos ao corpo do Cristo (ressuscitado), tendo sido batizados nele; deveriam, portanto, viver antecipadamente o retorno de Cristo entre o toque de trombetas. *Em Efésios*, tais lutas parecem ter passado,[32] e a missão de Paulo, triunfado. Aquele que outrora descreveu-se como o último dos apóstolos (1Cor 15,9) agora é descrito como o menor de todos os santos (Ef 3,8). Sua carreira é vista como parte integrante do misterioso plano de Deus para toda a criação em Cristo (Ef 3,1-12). Ao Paulo de Efésios foi dada uma compreensão não somente da redenção realizada pela crucifixão/ressurreição, mas também do inteiro plano de Deus, no qual tudo, no céu e na terra, está sujeito a um Cristo exaltado e unido a ele. Isso é perceptível na Igreja, que agora é vista como a obra de arte da realização de Cristo, pois nela judeus e gentios, sem perder a identidade, tornaram-se um.[33] O Paulo de Efésios não precisa enfatizar a segunda vinda por causa do muito que já foi realizado em Cristo.

Essa visão pode ser verificada nos últimos anos da vida de Paulo?[34] Não sabemos que mudança teológica houve em Paulo nos anos 60, pouco antes de sua morte, mas, em muitos aspectos, a visão de Efésios é certamente diferente da mentalidade das últimas cartas autênticas. Mais provavelmente, pois, deveríamos considerar Efésios a continuação da herança paulina em meio a seus discípulos que conseguiram compreender como a Igreja unificada de judeus e gentios (existentes então em lugares da Ásia Menor?) encaixava-se no plano de Deus e

---

[32] Existe apenas uma referência à Lei em Ef 2,14-15: "Ele [Cristo] é nossa paz: de ambos os povos fez um só, tendo derrubado o muro de separação e suprindo em sua carne a inimizade — a Lei dos mandamentos expressa em preceitos". Sobre esse ponto, cf. ROETZEL, C. J. ZNW 74, 81-89, 1983.

[33] Alguns exegetas acreditam que Efésios foi escrita como um corretivo universalista, a fim de reprovar tanto a exclusão judaico-cristã dos gentios quanto o exclusivismo gentio-cristão que romperia a herança histórico-salvífica de Israel ou dissociaria o cristianismo de um judaísmo considerado perigoso pelos romanos, por causa da Revolta Judaica de 66-70. O texto de Efésios, porém, tem uma atmosfera de unidade alcançada, que fortalece os destinatários ao recordar-lhes essa maravilha realizada por Deus por intermédio de Cristo — não os reprova nem os adverte. A seção parenética (Ef 4,1–6,20) é tão abrangente que nenhuma ameaça específica, por exemplo, ao libertinismo gnóstico, precisa ser aventada.

[34] A brandura de Efésios tem forçado os defensores da autoria paulina a atribuir a obra à velhice do apóstolo, quando as paixões já se haviam apagado.

levava à plenitude o evangelho proclamado por Paulo. Um dos discípulos havia escrito Colossenses uma década atrás (anos 80) para corrigir um perigoso ensinamento no Vale do Licus. Mas o perigo passara (talvez por influência de Colossenses), e outro escritor, animado pela experiência da Igreja unificada, quis partilhar com todos os santos o crescimento da cristologia e da eclesiologia de Paulo, que tornou possível resultado tão maravilhoso. Muitas das idéias de Colossenses foram aproveitadas e misturadas a idéias de cartas escritas pelo próprio Paulo, a fim de apresentar a completa expressão da visão paulina de como Cristo e a Igreja se encaixam no plano de Deus.

Para alguns, uma Efésios não escrita pelo próprio Paulo perde muito de sua autoridade. Contudo, uma tese de acordo com a qual a carta provém de uma escola de discípulos de Paulo, além de enraizar solidamente a obra na herança paulina, honra o apóstolo pela qualidade dos discípulos. Durante o tempo de sua vida, ele atraiu certo número de colaboradores verdadeiramente eminentes na pregação do evangelho: Timóteo, Tito, Silvano, Lucas, Áquila, Priscila etc. (cf. capítulo 17, n. 3). Na última terça parte do século I, eles e outros não mencionados deram continuidade ao trabalho de Paulo e aplicaram suas intuições a novos problemas, tal como os apóstolos prosseguiram e desenvolveram a obra de Jesus. Ao considerar o papel das cartas deuteropaulinas, pode-se pensar no profeta Isaías histórico, que não ficou diminuído pelo fato de, dois séculos depois de sua morte, sua imagem ter inspirado outros profetas a escrever segundo sua tradição e a acrescentar a obra deles à de Isaías, como parte integral da profecia deste.

Contexto das idéias

Se aceitamos que "em Éfeso" foi um acréscimo tardio, resta pouco na carta para informar-nos acerca do contexto dos destinatários, e não há indicação clara de que os pensamentos expressos na carta destinavam-se a corrigir as idéias errôneas deles ou más influências sobre eles. Praticamente, pois, nossa discussão concentrar-se-á no contexto das *idéias do escritor*. Algo de sua ênfase reflete a resposta de Colossenses a uma falsa profecia, por exemplo, a cristologia elevada de Efésios e a sujeição dos principados, das autoridades e do mal. Mas, e em relação a outras idéias, como a ênfase na Igreja e na unidade cósmica; o dualismo entre filhos da luz e obras das trevas (Ef 5,8-10), e a ascensão de Cristo aos céus (Ef 4,8-10)?

Tem-se proposto a costumeira variedade das filosofias gregas. Aqueles que vêem influência gnóstica em Colossenses (na falsa filosofia ou no escritor) tendem a vê-la também em Efésios, seja em relação ao uso que o escritor faz da linguagem e do pensamento gnóstico para combater a heresia, seja em reflexão ao desenvolvimento de um gnosticismo cristão como o melhor caminho para explicar o papel de Cristo no mundo. Eles afirmam que o Jesus de Efésios tornou-se um redentor gnóstico que, em vez de derrubar o muro que separava a esfera celeste da terrena, derrubou o muro divisório entre Israel e os gentios (Ef 2,14-16), tendo retornado ao reino celeste, resgatando aqueles que eram prisioneiros deste mundo (Ef 4,9-10). A incorporação no corpo de Cristo tem sido comparada ao tema gnóstico da incorporação no corpo cósmico do homem celestial. Grande parte das provas para as idéias gnósticas, porém, são posteriores ao século I, e algumas das analogias são forçadas (p. ex., a derivação da idéia do muro[35]). Em Efésios existem também relevos que seriam rejeitados por muitos dos gnósticos posteriores, como a afirmação de que Deus criou o mundo e planejou redimi-lo mediante o sangue de Cristo (Ef 3,9; 1,7-10), e a de que o casamento entre um homem e uma mulher é algo sagrado e desejado por Deus (Ef 5,21-33). No máximo, poder-se-ia conceber a possível influência, em Efésios, de elementos que seriam finalmente entremeados nos sistemas gnósticos.

Outros intérpretes propõem um contexto judaico para algumas das idéias do escritor. Efésios é bem mais semitizada do que as cartas autenticamente paulinas. Por exemplo, tanto no estilo hínico quanto no conteúdo teológico, detectaram-se paralelos na literatura dos MMM (Qumrã).[36] O tema do mistério (*mystērion*), que ocorre seis vezes em Efésios, avizinha-se do quadro dos mistérios na literatura de Qumrã,[37] na qual encontramos uma imagem dualística do

---

[35] Se é preciso fazer suposições, dada a imagem do templo em Ef 2,21, o muro divisório mencionado cinco versículos antes pode mais plausivelmente recordar o muro que mantinha os gentios fora da parte interior do átrio do templo de Jerusalém, reservada para os judeus.

[36] KUHN, K. G. PAQ 115-131; MUSSNER, F. PAQ 159-178. Deve-se distinguir cuidadosamente a discutível pretensão de que o escritor de Efésios estaria influenciado diretamente pela literatura de Qumrã ou pelos essênios de Qumrã do fato demonstrável de que a literatura qumranita exibe-nos idéias predominantes entre os judeus do século I. J. Murphy-O'Connor (Who wrote Ephesians?, TBT 1, 1201-1209, 1965) uma vez sugeriu que Efésios tinha sido escrita, sob a orientação de Paulo, por um escriba (amanuense) que era um convertido essênio.

[37] Cf. capítulo 27, n. 19. C. C. Caragounis (*The Ephesian mystērion*, Uppsala, Gleerup, 1977, CBNTS, 8) relaciona-o ao uso de *mystērion* em Daniel, outro contexto judaico, portanto.

mundo, dominado pelos espíritos da luz e das trevas. Ef 6,12 fala dos "Dominadores deste mundo de trevas". A literatura qumranita distingue os filhos da luz, que caminham na luz, dos filhos das trevas, que andam nas trevas, assim como Ef 2,2 menciona os filhos da desobediência. Códigos de comportamento, comparáveis ao código doméstico de Efésios, encontram-se também nas regras da comunidade de Qumrã. Em outra parte, no judaísmo, o tema da unidade cósmica em um corpo certamente tem um paralelo no pensamento de Fílon, de acordo com o qual o mundo é um corpo que tem o Logos como cabeça. Num quadro geral, pois, a visão de Efésios pode ser explicada pelo uso que o escritor faz das Escrituras, dos desdobramentos do pensamento judaico no mundo helenístico e das crenças cristãs, especialmente as verbalizadas na tradição paulina. Portanto, nem as religiões mistéricas pagãs nem o gnosticismo precisam ser postulados como elementos modeladores importantes.

Temas e problemas para reflexão

1. Ef 2,19-20 define os cristãos como "concidadãos dos santos e membros da família de Deus [...], edificados sobre o fundamento dos apóstolos e dos profetas, do qual é Cristo Jesus a pedra angular". Em 1Cor 3,10-11, Paulo diz: "[...] lancei o fundamento; [...] ninguém pode pôr outro diverso do que foi posto: Jesus Cristo". A diferença acerca do fundamento nessas duas afirmações tem constituído um argumento para a tese de que Efésios foi escrita por um discípulo paulino, e não por Paulo. Passagens tais como Mt 16,18; Ap 21,14; Mt 21,42; At 4,11; 1Pd 2,4-8 mostram que ambas as interpretações da imagem do alicerce eram conhecidas fora do círculo paulino. As duas interpretações conduzem a diferentes imagens da Igreja?

2. Todas as imagens fundacionais têm sido criticadas como demasiado estáticas. Quer o Cristo seja uma pedra angular, quer um fundamento, tal imagem apresenta-o principalmente como suporte da Igreja, mas não como agente nela. A imagem de Jesus em Jo 15, como a vinha que conduz a vida aos ramos, é mais adequada para transmitir a idéia de que Cristo é uma presença dinâmica. Contudo, em Ef 2,21-22 segue-se imediatamente ao retrato do alicerce/pedra angular, a imagem do crescimento (uma planta) e da construção conjunta (um edifício) de uma morada de Deus. Que aspectos da Igreja emergem dessa combinação?

3. 1Cor 12,28 enumera as disposições de Deus na Igreja: "[...] em primeiro lugar, apóstolos; em segundo lugar, profetas; em terceiro lugar, doutores [...]. Vêm, a seguir, os dons dos milagres, das curas, da assistência, do governo e o de falar línguas diversas". Em Ef 4,11, está escrito que Cristo nomeou apóstolos, profetas, evangelistas e doutores. A mudança de Deus para Cristo é significativa? As funções ou ministérios tornaram-se complicados no intervalo entre 1 Coríntios e Efésios, ou evangelistas e pastores já estavam presentes sob a vaga descrição coríntia de governo? Em que os evangelistas se diferenciam dos apóstolos (cf. At 21,8; 2Tm 4,5)? 1Pd 5,1-4 mostra Pedro, um apóstolo, no papel de pastor (também Jo 21,15-17).

4. Ef 4,4-6 enumera sete fatores ("um corpo...") que mantêm os cristãos unidos. Quantos deles ainda são partilhados pelos cristãos, mesmo num cristianismo dividido? É significativa a negligência em mencionar "uma eucaristia"? A eucaristia é um fator de desunião (cf. 1Cor 11,17-22)? Notou-se que "uma Igreja" *não* é também mencionada. Contudo, existe alguma prova, seja nas cartas autenticamente paulinas, seja em Efésios, de que o pensamento paulino teria tolerado Igrejas desunidas?

5. Ef 5,21-32 dá provas de um alto conceito do matrimônio, comparando-o à relação entre Cristo e seu Corpo, que é a Igreja, um relacionamento que faz parte do mistério divino. "Cristo amou a Igreja e se entregou por ela, a fim de purificá-la com o banho da água e santificá-la pela Palavra, para apresentar a si mesmo a Igreja, gloriosa, sem mancha nem ruga [...], santa e irrepreensível". Com adaptações, essa imagem deveria ser aplicada ao esposo e à esposa cristãos. Essa sublime opinião acerca do matrimônio é conciliável com 1Cor 7,8, que acentua que o solteiro deve permanecer sem casar (como Paulo)? Este estava dominado por uma perspectiva fortemente apocalíptica, na qual as coisas deste mundo estão passando, ao passo que Efésios dá voz a uma escatologia realizada na qual a comunidade é formada por famílias. Existem elementos de ambas as atitudes nos ensinamentos de Jesus (Mt 19,5-9.12), e os cristãos têm procurado conservar as duas, instituindo uma recompensa para o celibato por causa do reino, e exaltando o matrimônio como sacramento ou estado de vida singularmente abençoado por Deus.

6. Cl 1,13.16; 2,10.15 e Ef 1,21; 2,2; 3,10; 6,12 mencionam forças chamadas de governos/principados (p. ex. *archē*, seis vezes); príncipe (*archōn*, uma), poderes (*dynamis*, uma), autoridades (*exousia*, oito), tronos (*thronos*, uma), domí-

nios/senhorios (*kyriotēs*, duas).³⁸ Uma combinação especial aparece em Ef 2,2: "o príncipe [*archōn*] do poder [*exousia*] do ar". Tais forças estão relacionadas a tudo o que existe no céu, na terra e no abismo em Fl 2,10, bem como aos anjos, principados e poderes de Rm 8,38, e a todo Principado, Autoridade e Poder de 1Cor 15,24. Geralmente maus ou, no mínimo, capazes de ser compreendidos como rivais de Cristo, eles são sobre-humanos (angélicos ou diabólicos [Ef 6,11]) e detêm certo tipo de controle sobre o destino humano, talvez porque estão de alguma forma ligados aos planetas e às estrelas (cf. *stoicheia*, nas *pp*. 795-796). Como a visão paulina da superioridade de Cristo sobre eles relaciona-se com a imagem sinótica do Jesus que expulsa demônios como uma manifestação da vinda do reino? Uma interpretação moderna, demitologizante, considerá-los-ia poderosos agentes terrenos que procuram dominar a vida das pessoas (governo, exército etc.). Contudo, tal redução à tirania humana retém aquilo que os escritores paulinos quiseram transmitir? Ef 6,12 distingue explicitamente a luta contra os principados, poderes e os governantes terrenos (pl. de *kosmokratōr*) das trevas atuais e da luta contra a carne e o sangue.

Bibliografia sobre Efésios

Comentários e estudos em série[39]

ALLAN, J. A. TBC, 1959.
BARTH, M. AB, 1974, 2v.
BEARE, F. W. IB, 1953, v. 10.
BEST, E. NTG, 1993.
FOULKES, F. TNTC, 1963.
KITCHEN, M. NTR, 1994.

---

[38] Cf. MACGREGOR, G. H. C. In: MCARTHUR, H. K. (ed.). *New Testament sidelights*. Hartford (CT) Seminary, 1960. pp. 88-104 (A. C. Purdy Festschrift); SCHLIER, H. *Principalities and powers in the New Testament*. New York, Herder and Herder, 1961; HANSON, A. T. *Studies in Paul's technique*, 1-12; WINK, W. *Naming the powers*; the language of power in the New Testament. Philadelphia, Fortress, 1984; ARNOLD, C. E. JSNT 30, 71-87, 1987; *Ephesians: power and magic*; the concept of power in Ephesians in the light of its historical setting. Cambridge, Cambridge Univ., 1989. (SNTSMS 63.)

[39] Cf. também a Bibliografia do capítulo 27 para as obras assinaladas com um asterisco, que tratam tanto de Colossenses quanto de Efésios. Os negritos indicam as obras mais importantes, de modo geral comentários.

LINCOLN, A. T. WBC, 1990; NTT, 1993.
MITTON, C. L. NCBC, 1976.
SAMPLEY, J. P. ProcC, 1993.
SWAIN, L. NTM, 1980.
TAYLOR, W. F. AugC, 1985.
ZERWICK, M. NTSR, 1969.

* * *

ALLAN, J. A. The "in Christ" formulations in Ephesians. NTS 5, 54-62, 1958-1959.
BARTH, M. Traditions in Ephesians. NTS 30, 3-25, 1984.
BROWN, R. E. The Pauline heritage in Colossians/Ephesians. BCALB 47-60.
BRUCE, F. F. St. Paul in Rome, 3 and 4. The Epistle to the Ephesians. SJT 48, 268-285, 1966; 49, 303-322, 1967.
CADBURY, H. J. The dilemma of Ephesians. NTS 5, 91-102, 1058-1959.
CROSS, F. L. *Studies in Ephesians*. London, Mowbray, 1956.
DAHL, N. A. Cosmic dimension and religious knowledge [Eph 3:18]. In: ELLIS, E. E. & GRÄSSER, E. (eds.). *Jesus und Paulus*. Göttingen, Vandenhoeck & Ruprecht, 1975. pp. 57-75. (W. G. Kümmel Festschrift.)
GOODSPEED, E. J. *The meaning of Ephesians*. Chicago, Univ. of Chicago, 1933.
_____. *The key to Ephesians*. Chicago, Univ. of Chicago, 1956.
KIRBY, J. C. *Ephesians, baptism, and Pentecost*. Montreal, McGill Univ., 1968.
KOESTER, H. (ed.). *Ephesos — metropolis of Asia*. Valley Forge, PA, Trinity, 1995.
LINCOLN, A. T. The use of the OT in Ephesians. JSNT 14, 16-57, 1982.
MARTIN, R. P. An epistle in search of a life-setting. ExpTim 79, 296-302.
MITTON, C. L. *The Epistle to the Ephesians*. Oxford, Clarendon, 1951.
MURPHY-O'CONNOR, J. Who wrote Ephesians? TBT 1, 1201-1209, 1965.
ROBINSON, J. A(rmitage). *St. Paul's Epistle to the Ephesians*. 2. ed. London, Clarke, 1922. Um clássico.
SCHNACKENBURG, R. *The Epistle to the Ephesians*. Edinburgh, Clark, 1991.
VAN ROON, A. *The authenticity of Ephesians*. Leiden, Brill, 1974. (NovTSup, 39.)
WESTCOTT, B. F. *Saint Paul's Epistle to the Ephesians*. London, Macmillan, 1906.

Capítulo 29

Carta pastoral: Tito

Após algumas observações sobre as cartas "pastorais" em geral, nas quais discutirei o título e as semelhanças dentro do grupo, usarei este capítulo e os dois seguintes (30 e 31) para analisá-las na seguinte ordem: Tito, 1 Timóteo, 2 Timóteo. Conforme será visto, existe importante discussão sobre se Paulo as escreveu, mas prefiro deixar esse problema para a *p. 864*, e discuti-las, primeiramente, tal como se apresentam. No exame de Tito, após o Contexto e a Análise geral da mensagem, as subseções serão as seguintes: Presbíteros/bispos nas pastorais, Temas e problemas para reflexão e Bibliografia.

As cartas pastorais em geral: título e inter-relacionamento

O título. Muitos referem-se às três como "epístolas" (cf. *p. 550*). Contudo, elas têm o formato de carta, com um início que identifica o remetente e o destinatário, e (com exceção de 1 Timóteo) uma conclusão contendo saudações e uma bênção. Quanto a "pastoral", tal designação tem-lhes sido aplicada desde o começo do século XVIII como reconhecimento da preocupação central delas: não mais a expansão missionária que dominou os primeiros anos do cristianismo, mas o cuidado com as comunidades evangelizadas, depois que os missionários mudaram-se, quer geograficamente, quer pela morte.[1] Esse é um cuidado que reconhecemos como "pastoral". Em outro sentido, o termo é apropriado porque um tema saliente em Tito e 1 Timóteo é a estrutura ou ordem da Igreja, ou seja, a designação de oficiais para administrar a comunidade cristã, aos quais, amiúde, denominamos "pastores". Se o simbolismo do NT para o missionário é a(o) pesca(dor), o símbolo para aquele que guia e sustenta os conquistados pelo missionário é o

---

[1] 2Tm 4,6-8 retrata eloqüentemente Paulo às portas da morte.

pastor (do latim *pastor*). Repetirei a denominação "cartas pastorais" no título do capítulo que trata de tais obras porque, mais do que quaisquer outras cartas atribuídas a Paulo, essas são proveitosamente an{.qsadas em conjunto e em mútua relação.

Inter-relacionamento do ponto de vista da ordem. No geral, são muito homogêneas no estilo e na atmosfera. Uma dedução lógica é esta: ou a mesma pessoa as escreveu, ou se X escreveu uma e Y escreveu as outras, Y teve grande dificuldade em imitar X. Contudo, estudiosos de peso têm objetado que a análise das três como um grupo tem cegado os intérpretes para as peculiariedades de cada uma. De modo particular, existe uma crescente insistência em que ao menos 2 Timóteo merece uma consideração separada.[2]

Quanto ao gênero, alguns comparam Tito e 1 Timóteo à *Didaqué* (cerca de 100-120 d.C.), um manual primitivo da Igreja que também contém admoestações contra falsos mestres/profetas. Tais cartas também foram comparadas com manuais da Igreja (*Didascalia Apostolorum*, *Constituições Apostólicas*). R. F. Collins, porém (CLPDNW 110-111), tem razão ao questionar a comparação, pois as pastorais não oferecem instruções detalhadas sobre como deve funcionar a ordem da Igreja. 2 Timóteo não trata do assunto, e Tito o faz apenas de maneira esquemática. Mais tecnicamente, C. B. Puskas Jr. (*The letters of Paul*; an introduction [As cartas de Paulo; uma introdução], Collegeville, Liturgical, 1993, p. 183) argumenta que Tito e 1 Timóteo representam retórica deliberativa, parenética, ao passo que 2 Timóteo ilustra a retórica demonstrativa, epidíctica (cf. *pp. 552-553*). B. Fiore, (*The function of personal example in the Socratic and Pastoral Epistles* [A função do exemplo pessoal nas epístolas socráticas e pastorais], Rome, PBI, 1986, AnBib, 105) acentua as várias técnicas exortativas nas pastorais e o paralelo da forma literária com as cartas socráticas e pseudo-socráticas. Veremos que 2 Timóteo tem a atmosfera de um discurso de adeus; além disso, contém certos paralelos com as cartas da prisão, ou seja, Filipenses, Filêmon, Colossenses e Efésios, escritas no cativeiro.

---

[2] Conforme veremos na análise de 2 Timóteo, Murphy-O'Connor encontra mais de trinta pontos nos quais Tito e 1 Timóteo concordariam, contra 2 Timóteo; mesmo quando os mesmos termos são utilizados nas três obras, muitas vezes têm nuança diversa. Ele e outros estudiosos acreditam que dois escritores estão envolvidos, e o autor de 2 Timóteo está mais próximo do estilo autenticamente paulino.

Informações básicas

DATA: se de autoria de Paulo, cerca de 65 d.C. Se pseudônima (80% a 90% da exegese crítica), por volta do fim do século I, ou (menos provavelmente) no começo do século II.

DESTINATÁRIO: Tito, em Creta (Igrejas recém-fundadas?), da parte de um Paulo que, aparentemente, partira de lá havia pouco tempo e encontrava-se na costa da Ásia Menor (Éfeso?) ou na Grécia ocidental (Macedônia?), a caminho de Nicópolis.

AUTENTICIDADE: provavelmente escrita por um discípulo de Paulo ou um comentador simpatizante da herança paulina, várias décadas depois da morte do apóstolo.

UNIDADE E INTEGRIDADE: não questionada seriamente.

DIVISÃO FORMAL

A. Fórmula introdutória: 1,1-4

B. Ação de graças: nenhuma

C. Corpo: 1,5–3,11

D: Fórmula conclusiva: 3,12-15

DIVISÃO CONFORME O CONTEÚDO

1,1-4:	Endereço/saudações a Tito
1,5-9:	Estrutura da Igreja e designação de presbíteros/bispos
1,10-16:	Falsa doutrina que ameaça a comunidade
2,1–3,11:	Comportamento e fé da comunidade
2,1-10:	Código doméstico
2,11–3,11:	O que Cristo realizou e suas implicações
3,12-15:	Saudações e bênção conclusiva

Um problema importante é a ordem na qual elas foram compostas. Esta não pode ser depreendida da ordem canônica atual (1 e 2 Timóteo, Tito), que é simplesmente uma disposição segundo a extensão decrescente. Se as cartas são pseudepigráficas, devemos ser cuidadosos ao fazer juízos baseados no conteúdo, pois alguns detalhes podem não ser históricos. Conforme o que é narrado, a situação eclesial descrita em Tito é menos definida e detalhada do que a apresentada em 1 Timóteo. Visto que as cartas afirmam ser endereçadas a locais diferentes (Creta e Éfeso, respectivamente), talvez as Igrejas do Mediterrâneo ocidental não se achassem no mesmo estágio de desenvolvimento. Além disso, evolução eclesial similar não revela precisamente qual das cartas foi escrita primeiro. A morte de Paulo é mostrada como iminente em 2 Timóteo. Assim, de forma lógica, se ele é o autor das três, provavelmente escreveu 2 Timóteo por último. No entanto, 2 Timóteo não se ocupa dos mesmos problemas estruturais de Tito e 1 Timóteo; portanto, não é inconcebível que 2 Timóteo tenha sido escrita em primeiro lugar (talvez por

Paulo) e, após a morte de seu autor, um escritor desconhecido tenha composto Tito e 1 Timóteo, imitando o estilo da primeira, a fim de lidar com os problemas de estrutura da Igreja que se tornaram agudos. Em resumo, qualquer seqüência de composição é possível. Todavia, como nosso costume tem sido acatar as cartas tais quais se apresentam, existe certa conveniência na ordem: Tito (estrutura eclesial menos desenvolvida), 1 Timóteo (estrutura eclesial mais evoluída), 2 Timóteo (Paulo moribundo). J. D. Quinn (*Titus*, AB, 1990, p. 3) salienta que essa ordem, atestada no Fragmento Muratoriano (final do século II) e no Ambrosiáster (século IV) é, provavelmente, a mais antiga.

Contexto (de Tito)

Embora o conhecimento da carreira de Tito não seja necessário para entender a carta, no NT ele (jamais mencionado em Atos) é apresentado como um homem convertido por Paulo[3] e levado para o encontro de Jerusalém no ano 49 d.C. (Gl 2,1-3) a fim de demonstrar quão genuinamente cristão um gentio incircunciso podia ser. Na crise entre Paulo e a Igreja de Corinto, onde Paulo foi publicamente afrontado durante a "dolorosa visita", Tito levou a carta escrita "entre muitas lágrimas", de Éfeso a Corinto. Ele obteve êxito em uma reconciliação diplomática, levando boas notícias de Corinto a Paulo, que se achava na Macedônia (cerca de 56-57: 2Cor 2,1; 7,6-16; *pp. 715-717*). Mais tarde foi enviado a Corinto para recolher a coleta que Paulo levaria a Jerusalém em 58 (2Cor 8,6.16.23; 12,17-18; #11).

A carta atual afirma que Paulo esteve em Creta, com Tito, e deixou-o lá a fim de corrigir qualquer coisa que ainda se mostrasse deficiente e, especialmente, para designar presbíteros em cada comunidade cristã (Tt 1,5). Não se informa onde Paulo se encontrava ao escrever a carta, embora a costa da Ásia Menor (Éfeso) e a Grécia (Macedônia e Acaia) correspondessem aos seus planos de passar o inverno em Nicópolis, provavelmente a cidade situada na Grécia ocidental (Tt 3,12). Quatro pessoas são mencionadas em Tt 3,12-13, duas das quais (Ártemas, Zenas), em outro contexto, desconhecidas. Tíquico, da Ásia Menor, que se acha com Paulo, segundo At 20,4-5 teria acompanhado o apóstolo quando este saiu de Corinto em direção a Jerusalém, passando pela Macedônia e por Trôade, de onde

---

[3] Tt 1,4: "Meu verdadeiro filho na fé comum".

navegou, passando ao largo de Éfeso. Ele é mencionado também como o mensageiro de Colossenses (4,7-9) e de Efésios (6,21-22), cartas escritas em cativeiro, talvez em Éfeso (*pp. 808 e 825*). Apolo, que em suas viagens passaria por Creta, foi mencionado pela última vez em Éfeso, quando Paulo enviou 1 Coríntios (16,12). Esses detalhes poderiam inclinar levemente o fiel da balança a favor da região de Éfeso como o lugar real ou imaginário de onde Paulo escreveu a Tito e, se a composição das pastorais implica um seqüência, ele escreveu 1 Timóteo (1,3) depois de deixar Éfeso e ir para a Macedônia.

Na carreira de Paulo, narrada em Atos ou nas outras cartas paulinas (fora das pastorais), nada corresponde aos detalhes narrados no parágrafo precedente. Com base naquelas fontes, a única visita de Paulo a Creta foi durante a viagem em que o levavam como prisioneiro para Roma, por volta do ano 61: o navio aportou em Bons Portos e seguiu a costa de Creta, sendo, então, arrastado por uma tempestade (At 27,7-14). Rm 15,19 conta-nos que Paulo estivera em Ilíria por volta do ano 58 d.C.; após tal visita, passou o inverno em Corinto (*p. 718, #12*). A maioria dos estudiosos que aceita a autoria paulina de Tito, ou pelo menos a exatidão dos detalhes oferecidos na carta, postula uma "segunda carreira" para o apóstolo em meados dos anos 60, durante os quais ele foi libertado, seguindo-se os dois anos de cativeiro em Roma, narrados em At 28,30 (61-63 d.C.), e a volta ao Oriente, ou seja, a Creta, Éfeso e Nicópolis. 2 Timóteo é incluída nesta teoria a fim de determinar o fim da segunda carreira de Paulo em outra prisão, em Roma, e a execução ali em 65-67.[4]

Análise geral da mensagem

A seguir, após breve comentário sobre a fórmula introdutória, a mensagem do corpo de Tito será organizada em três tópicos: estrutura eclesial, falsa doutrina e relacionamentos e crença comunitários. Adotarei o mesmo procedimento no

---

[4] Eventualmente a afirmação de que Paulo esteve em cadeias sete vezes (*I Clemente* 5,6) é invocada como prova disso; contudo, J. D. Quinn (JBL 97, 574-576, 1978) afirma que o número provém simplesmente da soma das sete obras neotestamentárias disponíveis que mencionam aprisionamento (Atos, 2 Coríntios, Efésios, Filipenses, Colossenses, Filêmon e 2 Timóteo). Quanto à "segunda carreira" de Paulo, cf. Pherigo, L. P. JBL 70, 277-284, 1951; Meinardus, O. F. A. BA 41, 61-63, 1978. e *St. Paul's last journey*. New Rochelle, NY, Caratzas, 1979. pp. 112-147; Quinn, J. D. *Studia Biblica 1978*. Sheffield, Academic, 1980. pp. 289-299. (JSNTSup, 3.)

capítulo 30, ao tratar de 1 Timóteo, salientando que a carta completa o quadro apresentado em Tito. Somente após considerar ambas as cartas é que examinarei onde melhor se encaixa o quadro geral no pensamento e na prática cristã dos séculos I e II, e o problema pertinente a se essas obras se coadunam com o tempo da vida de Paulo.

Fórmula introdutória (Tt 1,1-4). Esta é a um tempo longa e formal; com efeito, somente a de Romanos, escrita para uma comunidade que Paulo jamais visitara, é notoriamente mais longa. É plausível que Paulo precisasse apresentar-se dessa maneira a um discípulo que conhecia havia anos? Muitos estudiosos respondem negativamente, usando tal inconsistência para questionar a autoria de Paulo e até mesmo propor que estamos diante de uma introdução às três pastorais, planejado como um *corpus* pseudepigráfico. Outros explicam a formalidade alegando que, embora dirigida a Tito, a carta funcionava como um apoio público a Tito na realização da difícil tarefa de delegado de Paulo,[5] destinada a ser lida publicamente nas Igrejas. Visto que uma das preocupações centrais é a preservação da fé dos cristãos em Creta, o início mostra Paulo insistindo em que uma das tarefas de um apóstolo é preocupar-se com a fé dos eleitos de Deus.

Corpo (Tt 1,5-9). *Primeiro tema: estrutura e ordem eclesial.* Esse é um problema central nas pastorais (ou ao menos em Tito e especialmente em 1 Timóteo),[6] conforme foi reconhecido em uma das mais antigas referências a elas. O Fragmento Muratoriano (final do século II) diz que, embora tenham sido escritas com base em sentimentos pessoais e afeição, tais cartas têm um lugar de honra na Igreja Católica por tratar da ordem eclesial. Tal ordem é uma preocupação em Tito por causa do perigo apresentado pelos falsos mestres. A carta diz que, durante sua demora em Creta, Paulo não estabeleceu uma estrutura fixa, de sorte que agora ele está confiando tal encargo a Tito, que permanecera na cidade depois da

---

[5] Às vezes os comentadores erroneamente apresentam Tito como o bispo de Creta (e Timóteo como o bispo de Éfeso). No entanto, não há prova suficiente de que a estrutura de um bispo para determinado local tenha-se desenvolvido quando as pastorais foram escritas. Ademais, Tito e Timóteo são apresentados, nas cartas, como companheiros missionários e mensageiros de Paulo, e não como supervisores com residência fixa.

[6] O tom da ênfase é importante: as cartas não tentam legitimar o tipo de estrutura que descrevem; elas têm-na por certo, mas procuram assegurar sua instalação e eficácia.

partida do apóstolo. 1 Timóteo retrata uma comunidade organizada, com presbíteros/bispos e diáconos, enquanto Tito menciona apenas a designação de presbíteros/bispos. As qualificações exigidas dessas autoridades deveriam garantir que elas exercessem uma liderança fiel ao ensinamento de Paulo, protegendo assim a fé de inovações, conforme veremos adiante.

Corpo (Tt 1,10-16). *Segundo tema: falsa doutrina.* Tito ataca um perigo premente. Contudo, a descrição dos mestres é formulada polemicamente,[7] e somente com muita dificuldade é que se pode discernir informação exata de vaga generalização. Assim, é difícil distinguir o ensinamento com base nas afirmações de que os adversários são insubordinados, maledicentes que devem ser silenciados, embusteiros que destroem as famílias, mestres que trabalham por dinheiro,[8] e que têm mente e consciência depravada — gente que renega Deus por meio de ações, pessoas vis, desobedientes e incapazes de fazer algo de bom. A citação em Tt 1,12, de Epimênides de Cnossos (século VI a.C.), que vilipendia os cretenses como mentirosos e glutões vadios faz pensar que os mestres eram nativos de Creta; ademais, a descrição dos falsos doutores de Éfeso em 1 Timóteo 1,3-11 não é diferente.

Os cristãos descendentes de judeus (os do "partido da circuncisão") são o alvo de Tt 1,10, e a alusão de que eles seguem regras humanamente ardilosas, declarando as coisas impuras (Tt 1,15), pode favorecer a tese de que tenham usado suas estritas tradições para interpretar a Lei mosaica (cf. Mc 7,8). Entretanto, o significado de mitos/fábulas judaicas em Tt 1,14 não é claro. Seriam os desenvolvimentos dos apócrifos judaicos, com sua ênfase em detalhes de calendário e no papel dos anjos? Ou seriam especulações gnósticas judaicas sobre as origens humanas? (A tese de um erro gnóstico foi defendida em 1835 por F. C. Baur, e J. B. Lightfoot referiu-se a um "judaísmo mesclado de gnosticismo".) A afirmação de que os mestres professam conhecer Deus (Tt 1,16) pode apontar nessa direção. Os elementos que indicam ambas as direções sugerem que o autor

---

[7] KARRIS, R. J. JBL 92, 549-564, 1973.

[8] Isso indica que eles são pagos para ensinar (como os presbíteros em 1Tm 5,17)? Ou, por meio do ensinamento, eles atraem um séquito do qual exigem dinheiro? Ou isso não passa de suposição geral, semelhante àquela comum entre muitas pessoas, hoje em dia, em relação aos chamados pastores da mídia?

estava enfrentando um sincretismo que combinava elementos judaicos e gnósticos?[9] A imprecisão do que é descrito adverte-nos de quanto é incerta qualquer opinião que date Tito de meados do século II alegando que ele ataca um gnosticismo completamente desenvolvido. Com efeito, a descrição que toca tantos elementos essenciais e mesmo assim permanece vaga deve ter pretendido tornar essa carta (bem como de 1 Timóteo) aplicável a quaisquer falsos mestres que pudessem surgir.

Corpo (Tt 2,1–3,11). *Terceiro tema: relações comunitárias e crença.* Abrange cerca de dois terços de Tito. A primeira seção (Tt 2,1-10) é um código doméstico do qual vimos exemplos em Cl 3,18–4,1 e Ef 5,21–6,9 (cf. *pp. 798 e 817-818*).[10] Aqueles estavam nitidamente divididos em conselhos para três pares, nos quais o componente submisso era mencionado em primeiro lugar: *mulheres*/maridos, *filhos*/pais, *servos*/senhores. Aqui o padrão é menos regular: anciãos/anciãs, moças/rapazes/ servos. Além do mais, o problema não é o relacionamento dos anciãos com as anciãs, mas o comportamento edificante geral de ambos os grupos e a atividade educadora deles em relação ao grupo mais jovem.[11] Não obstante, em Tt 2,4-5, em que se diz que as mulheres devem amar e ser submissas a seus maridos, e em Tt 2,9, em que se diz que os servos devem ser submissos a seus senhores, Tito aproxima-se dos códigos domésticos de Colossenses e Efésios. A exigência de sobriedade, comportamento digno, semelhante àquela feita aos presbíteros em Tt 1,7-9, remonta à sã doutrina e tem por objetivo prestigiar o ensinamento de Deus, nosso Salvador (Tt 2,10), a fim de que a fé e o modo de vida cristãos sejam uniformes. (Ao relacionar seu comportamento à fé e à doutrina cristã, os cristãos cretenses podiam diferenciar seu comportamento de conduta semelhante pregada por filósofos gregos[12] simplesmente como um modo de vida mais racional.)

Em Tt 2,11–3,11, com interesse proselitista, o autor fornece instruções pastorais baseadas no que Cristo realizou. Antes da conversão, os cristãos eram

---

[9] O quadro não se torna mais claro pela condenação, em Tt 3,9, de controvérsias insensatas, genealogias, dissensões e debates sobre a Lei. Tais polêmicas na comunidade seriam o produto de uma falsa doutrina consistente?

[10] D. C. Verner (*The household of God*; the social world of the Pastoral Epistles, Chico, CA, Scholars, 1983, SBLDS, 71) argumenta de maneira eficaz que o conceito de Igreja como a família de Deus é uma noção-chave nas pastorais: a família é a unidade básica da Igreja, e esta é uma estrutura social modelada naquela.

[11] Note-se que as idosas devem ensinar às jovens — cf. 1Tm 2,12, que proíbe uma mulher de ensinar ou ter autoridade sobre homens.

[12] Cf. MOTT, S. C. Greek ethics and Christian conversion: the Philonic background of Titus ii 10-14 and iii 3-7. NovT 20, 248-260, 1978.

insensatos e desobedientes, escravos da paixão (Tt 3,3), mas "nosso grande Deus e Salvador, Cristo Jesus",[13] entregou-se para redimir e purificar o povo que lhe pertence, dedicado às belas obras (Tt 2,13-14) — na verdade, para salvar a todos (Tt 2,11; cf. também 3,4-7, que pode ser um hino). Em suas cartas autênticas, Paulo exibe-se como modelo a ser imitado (Fl 3,17). Ele repete o mesmo nas pastorais (1Tm 1,16; 2Tm 1,13),[14] e agora deseja que os cristãos cretenses sejam modelos (Tt 2,7), a fim de atrair outros à fé. Para ser modelo de boas obras é necessário ser submisso aos governantes e autoridades (Tt 3,1)[15] e cortês com todos, até mesmo com os de fora (Tt 3,2). Nada é mais prejudicial a essa imagem pública do que as insensatas dissensões e querelas entre os cristãos (Tt 3,9-10).

Fórmula conclusiva (Tt 3,12-15). A informação oferecida aqui já foi discutida no final da seção Contexto, pois apóia a tese de uma "segunda carreira" de Paulo, além daquela narrada em Atos, e levanta agudamente o problema da historicidade a ser discutido na *p. 872.* A saudação final não é voltada somente a Tito, mas a um público mais amplo.

Presbíteros/bispos nas pastorais

Embora os estudiosos não estejam totalmente de acordo sobre o que é representado, aqui estão as probabilidades:[16]

---

[13] Julgo que esse texto, com muita probabilidade, chama Jesus de Deus (BINTC 181-182); cf. também HARRIS, M. J. In: HAGNER, D. & HARRIS, M. J. (eds.). *Pauline studies.* Exeter, Paternoster, 1980. pp. 262-277.

[14] Indireta ou diretamente, nas pastorais, escolhido de forma singular por Deus como mensageiro, Paulo é um modelo de muitas virtudes que ajudariam as comunidades; por exemplo, a perseverança no sofrimento, a paciência na esperança, o ensinamento digno de fé, a correção do erro.

[15] Alguns incluiriam essa instrução no código doméstico. Ela dá continuidade ao tema de uma sociedade ordeira (mulheres submissas aos maridos, servos aos mestres), mas certamente ultrapassa as relações familiares.

[16] De forma antecipada, insiro o dado de 1 Timóteo nos elementos de Tito, com a pressuposição de que 1Tm 3,1-7 e 5,17-22 descrevem a mesma estrutura. Citam-se, a seguir, amostras dos muitos estudos: SCHWEIZER, E. *Church order in the New Testament.* London, SCM, 1961. (SBT, 32); SCHNACKENBURG, R. *The Church in the New Testament.* New York, Herder and Herder, 1965; BROWN, R. E. *Priest and bishop;* biblical reflections. New York, Paulist, 1970; idem, *Episkopē* and *Episkopos;* the New Testament evidence. TS 41, 322-338, 1980; HOLMBERG, B. *Paul and power;* the structure of authority in the primitive Church. Lund, Gleerup, 1978. (CBNTS, 11); PERKINS, P. *Ministering in the Pauline Churches.* New York, Paulist, 1982; WITHERINGTON III, B. *Women in the earliest Churches.* Cambridge, Cambridge Univ., 1988. (SNTSMS, 59); BARTLETT, D. L. *Ministry in the New Testament.* Minneapolis, Fortress, 1993. esp. pp. 150-184; CAMPBELL, R. A. *The elders.* Edinburgh, Clark, 1994. Cf. especificamente MEIER, J. P. *Presbyteros* in the Pastoral Epistles. CBQ 35, 323-345, 1973.

1. Em cada comunidade deveriam ser designados presbíteros. Via de regra, conforme indica a designação *presbyteroi* (um adjetivo comparativo de "velho", *presbys*, daí "anciãos"), estes eram os homens[17] mais velhos e experientes da comunidade. Na Antigüidade, muitas vezes sessenta anos era a idade reconhecida para que alguém fosse considerado um ancião ou anciã (cf. 1Tm 5,9); todavia, a idade dos "anciãos" não era, certamente, calculada com exatidão. Ademais, um jovem, particularmente conhecido pela sensatez, podia ser considerado "ancião" na sabedoria. Os presbíteros cristãos deveriam desempenhar, no geral, duas importantes funções. Em primeiro lugar, aparentemente como um grupo, deveriam prover orientação a toda a comunidade,[18] por exemplo, guiar as decisões sobre planos de ação e supervisionar finanças. A relação entre um presbítero e uma Igreja doméstica particular é obscura, mas os presbíteros dirigiam toda a comunidade e, portanto, talvez um grupo de Igrejas domésticas. Em segundo lugar, deveriam exercer cuidado espiritual ou pastoral pelos cristãos em particular, em matéria de fé e de conduta moral. A sinagoga judaica tinha grupos de anciãos que desempenhavam a primeira e mais abrangente tarefa;[19] a estrutura presbiteral cristã foi influenciada por tal modelo.

2. Nas pastorais "supervisor, bispo" (*episkopos*[20]) é outro título para o *presbytero* (daí "presbítero/bispo"), de modo especial na segunda função de cuidado

---

[17] Embora no NT tenhamos indícios de apóstolas, profetizas, mulheres-diáconos e de um grupo formal de "viúvas", não há sinais de que existissem presbíteras. *Presbyterai*, palavra feminina comparativa de "anciãs", aparece em 1Tm 5,2, mas a comparação com mulheres mais jovens leva a pensar que Paulo se refira a anciãs no sentido de idosas, e não a mulheres que desempenhassem funções reconhecidas de presbíteros.

[18] 1Tm 5,17 declara que os presbíteros que "exercem bem a presidência" são dignos de dupla honra. Sem apresentar títulos, a primeira (1Ts 5,12) e a última (Rm 12,8) das cartas autenticamente paulinas usam o mesmo verbo grego ao referir-se a "presidir" os demais (atenção: as traduções variam). Destarte, a idéia básica de organização da Igreja é mais antiga do que as pastorais, ainda que nestas a estrutura tenha agora maior articulação e talvez maior estabilidade.

[19] Conquanto isso seja verdade, devemos reconhecer que não há muitos elementos para o título de ancião associado com a sinagoga judaica; cf. HARVEY, A. E. Elders. JTS 25, 318-332, 1974.

[20] Literalmente, aquele que observa ou olha (*skopein*) por cima (*epi*); compare-se com o termo "periscópio", aparelho através do qual se olha em volta (*peri*). Refletindo o latim *videre* "ver", ou *intendere*, "olhar", mais *super*, "acima", outras traduções possíveis são "supervisor" e "superintendente", embora esse último tenha um uso secular que é preferível evitar. Também por causa da ambigüidade de *oversight* ["supervisão", que também pode significar "negligência", "omissão" — N.T.], a tarefa desses homens é mais bem definida como *supervision* ou *overseeing*. [Em português estas palavras significam sempre "supervisão" — N.T.]

pastoral das pessoas.[21] Como em Tito e em 1 Timóteo *presbyteros* é usado no plural e *episkopos* somente no singular, alguns acreditaram que a estrutura envolvia um presbítero, entre os demais, que servia de bispo ou de supervisor em relação a toda a comunidade. Mui provavelmente essa interpretação está errada: o singular *episkopos* em Tt 1,7, que se segue a "um" dos presbíteros em Tt 1,5-6, é genérico, e prescreve o que todo presbítero/bispo deveria ser (de forma semelhante 1Tm 3,1-2). Dessa forma, podemos falar de presbíteros/bispos nas comunidades retratadas por Tito e 1 Timóteo com a plausível certeza de que existia um grupo que supervisionava, em vez de um solitário supervisor/bispo — o último sendo um desenvolvimento atestado somente mais tarde. Contudo, com base em 1Tm 5,17 (talvez uma estrutura eclesial mais desenvolvida do que a de Tito, com maior especificação das tarefas) fica evidente que nem todo presbítero exercia o mesmo tipo de supervisão pastoral, pois somente alguns pregavam e ensinavam. Em 1 Timóteo existem instruções acerca do culto comunitário (1Tm 2,8-10), de forma que o silêncio acerca de presbítero/bispo presidindo à liturgia provavelmente não é casual — presumivelmente essa não era uma de suas funções. Ademais, nas pastorais, não existe nenhuma semelhança entre o papel do presbítero/bispo (e o dos diáconos em 1 Timóteo) e o modelo de Cristo (e dos apóstolos) ou o da ordem sagrada dos sacerdotes (e levitas) no AT. Assim, dificilmente se pode falar de hierarquia.[22] Tampouco se desenvolve explicitamente uma teologia da estrutura, embora, sem dúvida, na mente do escritor ela tenha contribuído para tornar a Igreja de Deus uma coluna e um baluarte da verdade (1Tm 3,15).

---

[21] Johnson (*The writings of the New Testament*, Philadelphia, Fortress, 1986, p. 401) declara que a estrutura de comunidade visualizada em Éfeso assemelha-se à das sinagogas judaicas da diáspora. Contudo, não está claro se as sinagogas oficiais exerciam o tipo de cuidado pastoral em relação às pessoas que faziam os bispos cristãos. Antes, encontra-se um paralelo judaico para esse cuidado nos oficiais da comunidade dos MMM, chamados de "supervisores" ou "examinadores" (em hebraico *mĕbaqqēr* ou *pāqîd*, o equivalente literal de *episkopos*), definidos como pastores e responsáveis pelo comportamento daqueles sob seus cuidados. Outros procuram um paralelo no modelo grego de um *episkopos* como funcionário supervisor no interior de associações especiais, até mesmo grupos religiosos, ou como administrador financeiro.

[22] Infelizmente, no abuso moderno, o vocábulo "hierarquia" é usado praticamente para qualquer estrutura (particularmente na Igreja) na qual alguns estão acima de outros, como se a palavra fosse *higher-archy* [*hierarchy/higher-archy*: "autoridade mais alta" — jogo de palavras impossível em português — N.T.]. Mas a palavra deveria referir-se somente à ordem ou estrutura considerada sagrada (*hieros*), pois se assemelha à ordem no âmbito celeste ou à ordem estabelecida por Deus. Campbell (op. cit.) acredita que "anciãos", no NT, não designa uma função em sentido estrito, mas representa uma honra.

3. Antes das nomeações, as qualidades dos futuros presbíteros/bispos deviam ser examinadas cuidadosamente. Vimos que 1Cor 12,28 descreve as capacidades administrativas como um carisma ou dom do Espírito, assim como Rm 12,6-8 enumera "presidir" entre os carismas. Nas pastorais, não existe indicação alguma de que a pessoa que tivesse (ou pretendesse ter) o carisma de administração ou presidência deveria *ipso facto* ser reconhecida como presbítero/bispo. Presumivelmente, se alguém dispunha das qualificações e era designado presbítero/bispo, acreditava-se que tal nomeação acontecia sob a orientação do Espírito, mas isso jamais é explicitado;[23] dessa forma, a estrutura nas pastorais é freqüentemente contraposta à liderança carismática.

A fim de aprofundar tal contraste, permitam-me listar, com base em Tt 1,6-9 (e, para evitar repetição, com base em 1Tm 3,1-7[24]), as qualidades e qualificações necessárias a um presbítero/bispo. Podem-se distinguir quatro categorias: a) Descrições negativas de comportamentos ou atitudes desqualificativas: não presunçoso, não irasível, não violento,* *não briguento*, não beberrão,* não ambicioso, *não amante do dinheiro*. b) Descrições positivas de virtudes e habilidades desejadas: irreprochável, *irrepreensível*, hospitaleiro,* *cortês*, amante do bem, devoto, justo, controlado, sensato,* *sóbrio, nobre*. c) Estado de vida que se espera de uma figura pública que deve apresentar-se como modelo para a comunidade: casado apenas uma vez,*[25] seus filhos devem ter fé, não ser licenciosos nem

---

[23] Existem cerca de seis referências ao Espírito (Santo) nas pastorais, mas nenhuma delas em nítida relação com a estrutura presbiteral. Por exemplo, nas pastorais, os dons do Espírito têm um valor diferente daqueles descritos em 1Cor 12; cf. 2Tm 1,7: "Pois Deus não nos deu espírito de medo, mas um espírito de força, de amor e de sobriedade". Além disso, Paulo fala a Timóteo (2Tm 1,14): "Guarda o bom depósito, por meio do Espírito Santo que habita em nós", e 1Tm 3,1 considera a atividade do bispo maravilhosa e digna de ser desejada. 1Tm 4,14 fala do papel de Timóteo (que envolve o cuidado com a comunidade) como um "dom" (*charisma*), concedido pela profecia, com a imposição das mãos do presbítero.

[24] Habilitações partilhadas por Tito e 1 Timóteo estão assinaladas com um asterisco; qualificações mencionadas apenas por 1 Timóteo estão em itálico.

[25] Ainda que, nas pastorais, seja normal o presbítero/bispo ser casado, conforme podemos descobrir baseados nas observações acerca da família e dos filhos, essa qualificação particular — "marido de uma só mulher" — não é uma norma segundo a qual o presbítero/bispo deve ter uma esposa (conforme muitas vezes é usado na polêmica contra a Igreja Católica), mas ele não pode ter tido mais de uma mulher, ou seja, não pode ter-se casado de novo após divórcio ou morte de uma esposa (ou, *a fortiori*, ser polígamo onde tal era permitido pela sociedade). Isso é demonstrado pela exigência paralela à viúva em 1Tm 5,9: — "esposa de um só marido" — ora, viúva não tem mais marido, de modo que a referência é ao fato de ela ter sido casada apenas uma vez (cf. capítulo 30, n. 12). O novo casamento de viúvos ou viúvas, embora tolerado, não era considerado ideal, provavelmente com base na noção de que o homem e a mulher constituem uma só carne (1Cor 6,16; 7,8).

indisciplinados; *não deve ser recém-convertido.* d) Habilidades relacionadas ao trabalho a ser feito: *ter boa reputação com os de fora; governar com acerto a própria família; ser mestre capacitado*; manter a doutrina autêntica, que se harmoniza com o ensinamento da sã doutrina.

As virtudes qualificativas mencionadas em *a* e em *b* são chamadas, às vezes, de institucionais: levam à escolha de presbíteros/bispos os quais uma comunidade pode amar, admirar e com eles viver. As qualidades não têm um impulso dinâmico e não podem produzir líderes que mudam o mundo. Tem-se notado, às vezes, de forma cômica, que o próprio Paulo poderia ter dificuldades em apresentar as qualificações, pois, se o julgarmos com base em Gálatas, veremos que ele era colérico e imoderado na linguagem. Paulo, porém, era apóstolo e missionário, não um bispo com residência fixa. Ele foi uma figura cujo incansável dinamismo poderia ter tido efeito negativo nas pessoas se tivesse tentado permanecer e supervisionar uma Igreja durante uma década.

As exigências em *c* distanciam as pastorais de uma abordagem carismática do ministério.[26] Alguém com notável capacidade de liderança (que poderia ser considerada um carisma dado pelo Espírito) não seria eleito presbítero/bispo se seus filhos não fossem cristãos — uma situação que pode ter ocorrido com freqüência com aqueles que se converteram na meia-idade. Por que essa inelegibilidade? Porque, como chefe da comunidade, sua vida familiar deveria representar um ideal para a comunidade.

4. Em Tt 1 5, Tito recebe o encargo de nomear presbíteros em Creta, mas não é informado como uma continuação dos presbíteros será conservada quando ele for embora. Em Éfeso já existiam presbíteros, e em 1 Timóteo não há indicação clara de como isso aconteceu. Seja qual tenha sido o modo pelo qual a nomeação ou a seleção costumavam ser feitas,[27] existia um ato designador, que na

---

[26] No entanto, o mais provável é que estrutura e carisma tenham coexistido temporariamente (talvez, porém, em lugares diferentes) na expansão geográfica da Igreja primitiva, por exemplo, nos anos 50, 1Ts 5,12-13 pressupõe uma estrutura, ao passo que 1Cor 12 pressupõe uma variedade de carismas.

[27] Os procedimentos descritos na Igreja primitiva não são uniformes. Em At 14,23, Paulo designa presbíteros em cada Igreja e segue adiante, mas jamais ficamos sabendo como eles eram substituídos. At 20,28 diz que o Espírito Santo transformou os presbíteros de Éfeso em supervisores (*episkopoí*). Na *Didaqué* 15,1-2, as pessoas podem escolher para si bispos (e diáconos). Depois de afirmar que o apóstolo nomeou bispos e diáconos seus primeiros convertidos (42,4), *I Clemente* 44,2 mostra-os transmitindo instruções segundo as quais, depois da morte, homens (*andres*) autorizados deveriam sucedê-los no ministério (*leitourgia*).

linguagem da Igreja posterior pode ter sido considerado uma ordenação? Alguns apelam para 1Tm 4,14 — "Não descuides do dom [*carisma*] da graça que há em ti, que te foi conferido mediante profecia, junto com a imposição das mãos do presbítero" — e interpretam como se isso fizesse de Timóteo um presbítero; no entanto, não dispomos de nenhuma outra evidência de que Timóteo desempenhasse tal função. Outra compreensão do versículo considera a imposição das mãos orientada para a missão geral de Timóteo, exatamente como 2 Timóteo, que jamais menciona presbíteros, atribui o dom espiritual de Timóteo à imposição das mãos de Paulo (2Tm 1,6-7). Auxílio maior pode prestar 1Tm 5,22, em que, numa passagem que se segue imediatamente à discussão do comportamento dos anciãos, Timóteo é instigado a não apressar-se em impor as mãos ou ser cúmplice de pecados dos outros. Isso pode referir-se ao ato da designação dos anciãos, mas alguns interpretam-no como uma referência à absolvição dos pecados. Com base na história posterior da Igreja e das práticas judaicas referentes aos rabinos, pode-se seriamente suspeitar de que, no tempo em que as pastorais foram escritas, os presbíteros eram constituídos por meio da imposição das mãos. Contudo, mais uma vez, pode-se duvidar de que existisse, nesse tempo, uniformidade entre as Igrejas cristãs.

Temas e problemas para reflexão

.1. Se Paulo escreveu ou não as cartas pastorais é um assunto que será deixado para o próximo capítulo sobre 1 Timóteo. Um elemento que entra na discussão é se o estilo e o vocabulário são paulinos. Para ter uma idéia do problema, podemos usar o primeiro capítulo de Tito como exemplo. Aspectos ali contidos e que são encontrados nos escritos genuinamente paulinos são: a referência aos eleitos ou escolhidos de Deus (Tt 1,1; somente Paulo, no NT); o plano divino sobre a salvação em Cristo, o qual existe desde toda eternidade ou antes da criação (Tt 1,2-3); a missão que Paulo recebeu de manifestar esse plano por meio da pregação (Tt 1,3); a saudação contendo graça e paz (Tt 1,4). Os traços que não são encontrados nas outras cartas paulinas (fora das pastorais) são: Paulo como servo *de Deus* (Tt 1,1); "conhecimento da verdade" (Tt 1,1, embora Paulo use ambos os nomes separadamente); "Deus, nosso Salvador" (Tt 1,3); oficiais conhecidos como presbíteros (cf. "bispos" em Fl 1,1); muitas das qualificações em Tt 1,7-8 (não presunçoso, não irascível, não violento, não beberrão, não ganancioso, hospitaleiro, amante do bem, ponderado, devoto [*hosios*], controlado); a expressão "sã doutrina" (Tt 1,9); e algo da descrição dos adversários em Tt 1,10 (e Tt 1,16: rebeldes, maledicentes, mentirosos, corruptos, vis). Avaliar esses dados é sempre um ponto duvidoso, pois Paulo pode ter concedido considerável liberdade ao escriba.[28] Aqui, porém, muitos estudiosos postulam outro escritor que não Paulo.

2. Nas pastorais, existe ênfase na sã doutrina (Tt 1,9; 2,1; 1Tm 1,10; 2Tm 4,3) e no conhecimento da verdade (Tt 1,1; 1Tm 2,4; 2Tm 2,25; 3,7), bem como no fato de ser sãos na fé (Tt 1,13; 2,2), conservando as palavras sadias (1Tm 6,3; 2Tm 1,13), e de manter-se nutridos com a "palavra da fé" (1Tm 4,6 — uma expressão não-paulina). Obviamente certo conteúdo e linguagem tinham-se tornado parte da crença cristã. Embora alguns contestem que para os primeiros cristãos a fé significava somente confiança em Jesus ou crença de que ele fora enviado por Deus, com base em certas passagens do NT podemos perceber que um conteúdo cristológico logo começou a fazer parte do quatro, a saber, a fé em quem era/é Jesus. Por exemplo, confira-se Rm 1,3-4 para uma cristologia pré-paulina que pode remontar ao começo dos anos 40. Contudo, por volta da última terça parte do século I (pelo menos), os cristãos passaram a insistir em maior exatidão ao expressar a cristologia, pois existiam diferentes compreensões das formulações primitivas. Em Mt 16,16; 26,63 não basta afirmar que Jesus é o Cristo (Messias); é necessário dizer que ele o é de tal modo que é o verdadeiro Filho de Deus. Dessa forma, a doutrina torna-se parte da fé. As pastorais refletem o que se tornaria progressivamente uma característica do cristianismo do século II ao século IV: uma insistência cada vez mais aguda na ortodoxia (conteúdo correto da fé), combinada com a ortopráxis (comportamento correto).

3. Nas *pp. 799-800*, levantou-se uma questão acerca da aplicação moderna de instruções dadas nos códigos domésticos. Esse problema torna-se mais acerbo pelos elementos preconceituosos evidentes no código de Tt 2,1-10. Os perigos da calúnia e do excesso de vinho são mencionados somente em referência às *anciãs*. As tarefas dos escravos são especificadas, incluindo uma advertência contra o furto, mas nada se diz aos senhores em um relacionamento no qual a sociedade com menos probabilidade restringiria as potencialidades opressoras dos senhores do que puniria os escravos. Pode-se argumentar que a omissão ocorreu porque

---

[28] No entanto, como 1 Timóteo foi escrita quase certamente pela mesma pessoa que Tito, o escriba deve ter sido alguém que viajou com Paulo durante certo tempo.

relativamente poucos cristãos em Creta eram senhores, mas isso não resolve o problema gerado por tais preceitos em tempos posteriores, quando podiam dar a impressão de que o cristianismo apoiava aqueles que detinham *status* social e econômico superior. Outras passagens do NT deveriam ser lidas como corretivo.

4. Existe uma descrição hínica da salvação e do batismo em Tt 3,4-7 que é chamada de "a mensagem fiel (fidedigna)" (Tt 3,8)[29] e pode envolver tradição mais antiga. Muitas das idéias aí contidas (p. ex., gratuitamente, por graça, renovação, banho) são paulinas ou deuteropaulinas (Rm 3,24; 12,2; Ef 5,26), mas a palavra renascimento (*palingenesia*) não é usada em outro lugar por Paulo. Alguns diriam que a imagem deriva do estoicismo ou das religiões mistéricas, mas a idéia de que a aceitação de Cristo é tão importante que pode ser considerada um novo nascimento (de Deus) tem significado particular em um contexto judaico, em que nascer de um(a) pai (mãe) judeu (judia) tornava alguém membro do povo escolhido por Deus. Cf. Mt 19,28 para a palavra, e Jo 3,3-8 e 1Pd 1,3.23 para a idéia. O capítulo 22, em Temas e problemas para reflexão, 4, discute o batismo na prática paulina.

Bibliografia sobre as cartas pastorais em geral e sobre Tito[30]

Comentários e estudos sobre as (três) cartas pastorais em série

BARRETT, C. K. NClarBC, 1963.
DAVIES, M. EC, 1996; NTG, 1996.
DIBELIUS, M. & CONZELMANN, H. Hermeneia, 1972.
DONELSON, L. R. WBComp, 1996.
FEE, G. D. NIBC, 1988.
FULLER, R. H. ProcC, 1978.
GUTHRIE, D. TNTC, 1957.

---

[29] KNIGHT, G. W. *The faithful sayings in the Pastoral Epistles*. Grand Rapids, Baker, 1979; CAMPBELL, R. A. JSNT 54, 73-86, 1994. Existem cinco dessas mensagens nas pastorais (até mesmo 1Tm 1,15; 3,1a; 4,9; 2Tm 2,11), e alguns as consideram máximas catequéticas derivadas de Paulo ou declarações confessionais, construídas com base em temas soteriológicos paulinos. A fórmula não ocorre nas cartas autenticamente paulinas, mas ver "Deus é fiel", em 1Cor 10,13.

[30] Os negritos indicam as obras mais importantes, de modo geral comentários.

Hanson, A. T. NCBC, 1982.
Houlden, J. L. PC, 1976.
Hultgren, A. J. AugC, 1984.
Johnson, L. T. NTIC, 1996.
Karris, R. J. NTM, 1979.
Kelly, J. N. D. HNTC, 1960.
Knight, G. W. NIGTC, 1992.
Lock, W. ICC, 1924.
Oden, T. IBC, 1989.
Quinn, J. D. *Titus*, AB, 1990.
Taylor Jr., F. T. ProcC, 1993.
Young, F. M. NTT, 1994.

***

Barret, C. K. Pauline controversies in the post-Pauline period. NTS 20, 229-245, 1973-1974.

_____. Titus In: *Neotestamentica et Semitica*. Edinburgh, Clark, 1969. pp. 1-14. (M. Black Festschrift.)

Bratcher, R. G. *A translator's guide to Paul's letters to Timothy and Titus*. New York, United Bible Societies, 1983.

Brown, L. A. Asceticism and ideology: the language of power in the Pastoral Epistles. *Semeia* 57, 77-94, 1992.

Brown, R. E. The Pauline heritage in the Pastorals: Church structure. BCALB 31-46.

Collins, R. F. The image of Paul in the Pastorals. *Laval théologique et philosophique* 31, 147-173, 1975.

_____. The Pastoral Epistles. CLPDNW 88-130.

Colson, F. H. Myths and genealogies — a note on the polemic of the Pastoral Epistles. JTS 19, 265-271, 1917-1918.

Donelson, L. R. *Pseudepigraphy and ethical argument in the Pastoral Epistles*. Tübingen, Mohr-Siebeck, 1986.

Elliott, J. K. *The Greek text of the Epistles to Timothy and Titus*. Salt Lake City, Univ. of Utah, 1968.

Ellis, E. E. The authorship of the Pastoral Epistles. In: *Paul and his recent interpreters*. Grand Rapids, Eerdmans, 1961. pp. 49-57.

FIORE, B. *The function of personal example in the Socratic and Pastoral Epistles.* Rome, PIB, 1986. (AnBib 105.)

GRAYSTON, K. & HERDAN, G. The Pastorals in the light of statistical linguistics. NTS 6, 1-15, 1959-1960.

HANSON, A. T. *Studies in the Pastoral Epistles.* London, SPCK, 1968.

_____. The use of the Old Testament in the Pastoral Epistles. IBS 3, 203-219, 1981.

_____. The domestication of Paul. BJRL 63, 402-418, 1981.

HARRISON, P. N. *The problem of the Pastoral Epistles.* Oxford, Oxford Univ. 1921.

_____. *Paulines and Pastorals.* London, Villiers, 1964.

LEMAIRE, A. Pastoral Epistles: redaction and theology. BTB 2, 25-42, 1972.

MALHERBE, A. J. Medical imagery in the Pastorals. In: MARCH, W. E. (ed.). *Texts and testaments.* San Antonio, Trinity Univ., 1980. pp. 19-35.

METZGER, B. M. A reconsideration of certain arguments against the Pauline authorship of the Pastoral Epistles. ExpTim 70, 91-94, 1958-1959.

MORTON, A. Q.; MICHAELSON, S. & THOMPSON, J. D. *A critical concordance to the Pastoral Epistles.* Wooster, OH, Biblical Research, 1982.

MOULE, C. F. D. The problem of the Pastoral Epistles: a reappraisal. BJRL 47, 430-452, 1965.

ROGERS, P. V. The Pastoral Epistles as Deutero-Pauline. ITQ 45, 248-260, 1978.

SOARDS, M. L. Reframing and reevaluating the argument of the Pastoral Epistles toward a contemporary New Testament theology. In: MCKNIGHT, E. V. (ed.). *Perspectives on contemporary New Testament questions.* Lewiston, NY, Mellen, 1992. pp. 49-62. (T. C. Smith Festschrift.)

TOWNER, P. H. The present age in the eschatology of the Pastoral Epistles. NTS 32, 427-448, 1986.

VERNER, D. C. *The household of God; The social world of the Pastoral Epistles.* Chico, CA, Scholars, 1983. (SBLDS, 71.)

WILD, R. A. The image of Paul in the Pastoral Letters. TBT 23, 239-245, 1985.

WILSON, S. G. *Luke and the Pastoral Epistles.* London, SPCK, 1979.

ZIESLER, J. A. Which is the best commentary? X. The Pastoral Epistles. ExpTim 99, 264-267, 1987-1988.

Capítulo 30

Carta pastoral: Primeira a Timóteo

Há duas cartas endereçadas a Timóteo no cânone do NT, mas uma não demonstra ter consciência da existência da outra (cf. 2Pd 3,1). "Primeira" não significa que a missiva assim designada tenha sido escrita primeiro, mas apenas que é mais longa do que a outra, conseqüentemente chamada de "segunda". O assunto de 1 Timóteo assemelha-se ao de Tito, mas aqui também nenhuma das duas cartas denota conhecimento da outra e tampouco sabemos qual das três pastorais foi escrita em primeiro lugar.

Após a discussão do Contexto, a Análise geral da mensagem será dividida conforme o modelo usado para Tito (*pp. 839-843*). Dedicar-se-ão subseções a: Quem escreveu Tito e 1 Timóteo, Implicações da pseudepigrafia nas cartas pastorais e Temas e problemas para reflexão.

Contexto

Alguns detalhes biográficos sobre Timóteo, tirados de Atos e do restante do *corpus* paulino, podem ser úteis, visto que podem ter modelado a imagem que o escritor tinha do destinatário. Timóteo viveu em Listra, no sudeste da Ásia Menor, e converteu-se, presumivelmente, como resultado do trabalho de evangelização de Paulo na região, por volta do ano 46 d.C. Quando o apóstolo passou por lá outra vez, em cerca do ano 50, Timóteo juntou-se a ele como missionário itinerante e permaneceu a seu serviço, mostrando-se fiel colaborador durante a carreira subseqüente de Paulo. De acordo com At 16,1-3, embora o pai de Timóteo fosse gentio, sua mãe era judeu-cristã; assim, Paulo circuncidou-o a fim de não escandalizar os judeus.[1] Durante a "segunda viagem missionária" de 50-52, Timóteo acompanhou Paulo através da Frígia e da Galácia, até a Europa (Filipos, Tessalônica e Beréia). Foi enviado de volta a fim de confirmar os tessalonicenses, e voltou a encontra-se com Paulo em Corinto, levando boas notícias (1Ts 3,6; At 18,5), de modo que seu nome juntou-se ao de Paulo no envio de 1 Tessalonicenses (1,1). Ele colaborou com Paulo na evangelização de Corinto (2Cor 1,19), mas perdemos sua pista durante os anos em que, segundo At 18,18-19, Paulo retornou a Cesaréia, Jerusalém e Antioquia da Síria, para reencontrá-lo ("terceira viagem missionária") na travessia da Galácia e da Frígia, em direção a Éfeso. Durante a estada de Paulo em Éfeso, em 54-57, Timóteo estava com ele ao menos durante uma parte do tempo.[2] No final de 56 ou início de 57, presumivelmente para recolher o dinheiro que seria levado para Jerusalém, Paulo enviou-o de Éfeso para a Macedônia (At 19,22; 1Cor 4,17; 16,10), tendo combinado que ele, no final, fosse para Corinto. Ao que parece, Timóteo chegou a Corinto pouco tempo depois que 1 Coríntios fora enviada. A carta não foi bem recebida, de modo que Timóteo apressou-se em voltar para Éfeso e contar a Paulo o que acontecera. Provavelmente Timóteo estava com Paulo quando o apóstolo, finalmente, deixou Éfeso no verão de 57, pois quando Tito levou as boas notícias da solução do problema em Corinto, Paulo e Timóteo enviaram 2 Coríntios (1,1) da Macedônia. Timóteo passou o inverno de 57-58 com Paulo em Corinto, durante o tempo em que Romanos (16,21) foi enviada. De acordo com At 20,4-5 ele estava com Paulo no início da viagem de Corinto a Jerusalém, antes do Pentecostes de 58; ele foi adiante e esperou por Paulo em Trôade. Essa é a última alusão a Timóteo em Atos. Durante o período da composição das cartas genuinamente paulinas (por volta de 51-58?), o nome de Timóteo aparece como co-autor em 1 Tessalonicenses, Filipenses, Filêmon e 1 Coríntios. Dado que também se associa ao nome de Paulo em Cl 1,1, e estudiosos respeitáveis acreditam que a carta foi escrita por Paulo, de Roma, pensa-se, muitas vezes, que Timóteo esteve com Paulo no aprisionamento romano de 61-63; isso, porém, está longe de ser algo seguro.

---

[1] Muitos questionam a exatidão de Atos aqui, porque em Gl 2,3 Paulo afirma que se recusou a circuncidar Tito. No entanto, Tito, se nascido de pai e mãe gentios, era gentio, ao passo que Timóteo, como filho de mãe judia, pode ter sido considerado judeu. Apesar da suposição dos estudiosos, nos escritos paulinos não existe nenhuma indicação clara de que ele pensasse que os judeus não deveriam ser circuncidados. 2Tm 1,5 diz que a mãe de Timóteo se chamava Eunice e sua avó (também judeu-cristã) chamava-se Lóide.

[2] Seu nome aparece junto ao de Paulo em Fl 1,1 e Fm 1, e tais cartas podem ter sido enviadas de Éfeso.

Informações básicas

DATA: se de autoria de Paulo, por volta de 65 d.C. Se pseudônima (80% a 90% da exegese crítica), por volta do final do século I ou (menos provavelmente) no início do século II.

DESTINATÁRIO: Timóteo, em Éfeso (com a possibilidade de que Éfeso represente as Igrejas já existentes havia algum tempo), da parte de um Paulo que supostamente havia partido dali e ora se achava na Macedônia.

AUTENTICIDADE: escrita provavelmente por um discípulo de Paulo ou por um comentador simpatizante da herança paulina, diversas décadas depois da morte do apóstolo.

UNIDADE E INTEGRIDADE: não questionada seriamente.

DIVISÃO FORMAL

A. Fórmula introdutória: 1,1-2

B. Ação de graças: nenhuma

C. Corpo: 1,3–6,19

D. Fórmula conclusiva: 6,20-21

DIVISÃO CONFORME O CONTEÚDO

1,1-2:	Endereço/saudações a Timóteo
1,3-11:	Advertência contra falsos mestres
1,12-20:	A carreira de Paulo e a missão de Timóteo
2,1-15:	Organização do culto público (especialmente para homens e mulheres)
3,1-16:	Instruções para bispos e diáconos
4,1-5:	Correção da falsa doutrina
4,6–5,2:	Encorajamento a Timóteo para que ensine
5,3–6,2:	Instruções para viúvas, presbíteros e escravos
6,3-10:	Advertência contra falsos mestres e amor ao dinheiro
6,11-21a:	Incumbência a Timóteo
6,21b:	Fórmula conclusiva

Ao longo dos anos, Paulo escreveu afetuosas considerações sobre Timóteo. Em 1Ts 3,2, Timóteo é definido como "irmão" de Paulo e servo de Deus no evangelho de Cristo. Paulo escreveu aos filipenses (Fl 2,19-23): "Não tenho ninguém de igual sentimento"; para Paulo, Timóteo é um filho no serviço do evangelho, alguém que não busca o próprio interesse, mas o de Cristo. Em 1Cor 4,17; 16-10-11, Timóteo é retratado como filho querido e fiel de Paulo, que não deve ser desprezado, pois realiza a obra do Senhor.

Como a informação biográfica de 1 Timóteo se encaixa nesse quadro? Em sua postura em relação a Timóteo, 1 Timóteo (juntamente com 2 Timóteo) está muito próxima das cartas inquestionavelmente paulinas: Timóteo é o filho querido de Paulo e servo de Deus; ele deve servir de exemplo, conforme aprendeu com Paulo; não deve ser desprezado. Além disso, 1 Timóteo apresenta Timóteo como um jovem (1Tm 4,12; 5,1) que tem um dom, obtido "por indicação profética, com a imposição das mãos dos presbíteros" (1Tm 4,14); tem sido vítima, também, de freqüentes doenças (1Tm 5,23). Durante o tempo da redação, ele se achava em Éfeso, deixado lá por Paulo, que teve de ir à Macedônia (1Tm 1,3), esperando voltar a Éfeso em breve (1Tm 3,14-15; 4,13). Essa informação não se coaduna com a carreira de Paulo e de Timóteo que acabei de descrever em detalhes, com base em Atos e nas cartas autênticas. Por exemplo, quando Paulo partiu de Éfeso, rumo à Macedônia, em 57, Timóteo não ficou atrás. Conseqüentemente, tal como para a carta a Tito (cf. p. *839*), os estudiosos têm postulado uma "segunda carreira" de Paulo após o término do cativeiro em Roma, em 63. Eles declaram que Paulo voltou a Éfeso (apesar de At 20,25.38 declarar que ele disse aos anciãos de Éfeso, por volta de 58, que não o veriam de novo) e, a seguir, algum tempo em meados dos anos 60, deixou Timóteo lá e seguiu para a Macedônia.[3]

Análise geral da mensagem

A "Divisão conforme o conteúdo", no boxe das Informações básicas, mostra uma complicada seqüência em 1 Timóteo, marcada por considerável vai-e-vem. Às vezes, Paulo diz a Timóteo o que fazer (1,3-20; 4,6ss); outras vezes, dirige-se diretamente a problemas da comunidade (p. ex., cap. 2). Tópicos começados numa seção anterior são retomados mais à frente (falsa doutrina, estrutura eclesial). Quinn acredita que as instruções a Timóteo estão dispostas em duas partes: uma (1Tm 1,3–3,13) situada antes e outra (1Tm 4,6–6,21a) depois de um núcleo de textos proféticos, hínicos e oraculares (1Tm 3,14–4,5), que Paulo propõe e interpreta para Timóteo.[4] Para facilitar, seguirei a ordem de conteúdos

---

[3] Alguns objetam que, àquela altura, Timóteo já era cristão havia quase vinte anos, tendo provavelmente mais de 35 anos e, portanto, de modo algum em sua juventude! Paulo, porém, que poderia estar com uns trinta anos no tempo do apedrejamento de Estêvão, é apresentado nessa cena de At 7,58 como um jovem. Paulo, em suas cartas autênticas, fala de Timóteo como seu filho, mas tal expressão figurada fornece pouca exatidão.

[4] Para outra análise estrutural, cf. BUSH, P. G. NTS 36, 152-156, 1990.

adotada na análise de Tito, ainda que os assuntos não sejam tratados na mesma ordem em 1 Timóteo. Assim, depois de breve comentário sobre a fórmula introdutória, a mensagem será estudada em três tópicos: estrutura eclesial, falsa doutrina, e relações comunitárias e fé. Perícopes dispersas, que tratam desses tópicos, serão reunidas.

Fórmula introdutória (1Tm 1,1-2). É mais breve do que a de Tito. Em vez do inusitado "servo de Deus" encontrado ali, o apóstolo identifica-se como encarregado por Deus, nosso Salvador, e por Cristo Jesus, nossa esperança, construindo, assim, uma base sobre a qual ele pode emitir instruções para a Igreja. O endereço a Timóteo e a saudação são semelhantes aos encontrados em Tito.

Corpo (1Tm 3,1-13; 5,3-22a). *Tema da estrutura e ordem eclesiais.* Esse assunto foi tratado primeiramente em Tito, em que implicava apenas a nomeação de presbíteros/bispos em Creta. A situação é mais complicada em 1 Timóteo, pois o tratamento da estrutura da Igreja de Éfeso desdobra-se em dois segmentos estranhamente desconexos: o primeiro refere-se ao bispo (supervisor) e aos diáconos, o segundo concerne a viúvas e presbíteros. J. D. Quinn (*Titus*, AB, 1990, p. 16) considera-os instruções a dois grupos eclesiais diversos, sendo o primeiro direcionado a confrarias domésticas em Éfeso e o segundo (especialmente quanto ao assunto dos presbíteros) endereçado às Igrejas domésticas judaicas. Isso é incerto, e precisamos aventar apenas uma estrutura eclesial básica entre as comunidades paulinas em Éfeso,[5] ainda que tal estrutura fosse mais complicada do que a presente em Creta (Tito). O cristianismo em Éfeso remonta pelo menos aos anos 50, ao passo que o cristianismo em Creta pode não ter sido implantado senão várias décadas depois. O fato de 1Tm 5,19-20 sugerir um processo em Éfeso para se apresentarem acusações contra um presbítero leva a pensar em uma instituição que existia havia algum tempo. Muitas das qualidades prefixadas em Tt 1,5-9 para os presbíteros/bispos, os mestres da comunidade, são estipuladas em 1Tm 3,17 para o(s) bispo(s).[6] Com toda a probabilidade, tais bispos eram presbíteros; no entanto, uma vez que 1Tm 5,17 indica que somente certos presbíteros estavam envolvidos na pregação e no ensinamento, provavel-

---

[5] Se o evangelho segundo João foi escrito na região de Éfeso, deve ter havido outras assembléias cristãs não-paulinas, com diferentes atitudes em relação à estrutura.

[6] A palavra aparece apenas em 1Tm 3,2 como um singular genérico (cf. *pp. 844-845*).

mente nem todos os presbíteros eram bispos.[7] A afirmação de que aquele que aspira ao episcopado deseja boa obra (1Tm 3,1) mostra quão altamente estimada era tal posição.[8] A advertência aos que são bispos, a fim de que não se tornem soberbos (1Tm 3,6), teria significação especial em tal situação.

Ao lado dos presbíteros/bispos, em Éfeso, encontram-se os diáconos (1Tm 3,8-13), dos quais se exigem as mesmas qualificações: respeitáveis, não demasiado dados ao vinho, não ávidos de lucros desonestos, casados apenas uma vez, bons administradores da educação de seus filhos e de sua casa. Não está claro por que razão alguns homens são presbíteros/bispos e outros são diáconos. Em 1Tm 3,10, especifica-se que os diáconos devem ser provados antes de ser admitidos ao serviço, de modo que podem representar um grupo mais jovem.[9] Todavia, podem ter existido distinções sociais e econômicas sobre as quais não temos nenhuma informação, restando-nos apenas suposições; por exemplo, diáconos podem não ter sido suficientemente ricos para dispor de uma ampla casa na qual a comunidade cristã pudesse reunir-se. Se possuíssem tal espaço, esperava-se dos presbíteros/bispos, como parte das exigências, que fossem hospitaleiros. A promessa de que os diáconos que servissem bem obteriam uma posição excelente sugere a possibilidade de tornar-se presbíteros/bispos (o que poderia explicar por que as qualificações eram as mesmas). Provavelmente havia também mulheres-diáconos[10] (1Tm 3,11) para as quais são enumeradas as qualidades: respeitáveis, sóbrias, confiáveis.

---

[7] Assim, já devia existir um movimento em direção a uma especificação que, em última análise, levaria um presbítero a ser designado autoridade sobre todos: o tipo de episcopado incrementado por Inácio de Antioquia.

[8] Isso é definido como "norma fidedigna". Mas uma leitura paralela de 1Tm 3,1 traz "norma humana", presumivelmente significando que a ambição de aspirar ao episcopado reflete valores humanos que precisam ser disciplinados: NORTH, J. L. NovT 37, 50-67, 1995.

[9] Em 1Tm 5,1 são dadas instruções sobre as relações entre *presbyteroi* (forma comparativa de "velho") e *neōteroi* (forma comparativa de "jovem"). Alguns acreditam que, assim como somente presbíteros (anciãos) eram bispos, "os mais jovens" eram diáconos. Contudo, uma vez que 1Tm 5,2 trata do relacinamento entre anciãs (*presbyterai*) e moças (*neōterai*), 1Tm 5,1 provavelmente se refere ao relacionamento entre anciãos e jovens — designação de faixa etária, não referência a uma função.

[10] Tópico discutido por J. H. Stiefel (NTS 41, 442-457, 1995). Depois da análise dos diáconos homens em 1Tm 3,8-10, o próximo versículo começa com "Também as mulheres". A gramática favorece fortemente a interpretação de que isso significa "mulheres (que são diáconos)", em vez de "mulheres (esposas de diáconos)". A mulher do diácono é mencionada com papel diferente em 1Tm 3,12. Ademais, está claro que o termo *diakonos* pode referir-se a homens e mulheres (p. ex., Febe, em Rm 16,1 — cf. a passagem para evitar o termo não-bíblico "diaconisa").

Presumivelmente, elas prestavam o mesmo tipo de serviço oferecido pelos diáconos, mas alguns têm *especulado* que, às vezes, as mulheres-diáconos realizavam, para mulheres, tarefas que os diáconos realizavam para homens. Infelizmente, nada sabemos de preciso acerca de tal serviço, uma vez que não se diz sequer uma palavra em 1 Timóteo a respeito da função dos diáconos na comunidade cristã. Em At 6,1-6, *diakonein* é usado para o serviço às mesas; daí resultou a idéia de que os diáconos serviam às mesas e distribuíam a comida. Contudo, historicamente é um erro de interpretação considerar diáconos Estêvão e os líderes helenistas escolhidos naquela cena de Atos;[11] no máximo, podemos perguntarnos se Lucas interpretava-os à luz dos diáconos que conhecia nas Igrejas dos anos 80. Uma vez que Estêvão e Filipe pregavam, os diáconos posteriores também pregavam e ensinavam.

As viúvas (1Tm 5,3-16) constituíam outro grupo em Éfeso. Tinham *status* comunitário fixo, mas não está claro se elas são mencionadas porque desempenhavam uma função ou porque constituíam uma classe. Paulo faria clara distinção entre mulheres viúvas simplesmente porque seus maridos morreram e aquelas que detinham uma papel eclesial específico, cujas qualificações ele enumera. As viúvas especiais ("verdadeiras") precisavam ter sessenta anos de idade, ter sido casadas apenas uma vez (tendo-se comprometido, portanto, a viver solteiras[12]), não ter filhos ou netos para cuidar, ter criado bem os filhos e ser conhecidas pelas boas ações. Tem-se a impressão de que essas mulheres não possuem riqueza pessoal (1Tm 5,5.16), de forma que a Igreja as assistia com os bens comuns (At 6,1). Elementos da função delas na Igreja incluem a oração diuturna,[13] mostrando-se solícitas até em tarefas servis (lavar "os pés dos santos"), e o socorro aos necessitados. (Não temos nenhuma idéia de como o papel dessas viúvas se distinguia daquele dos diáconos e das mulheres-diáconos.)

---

[11] "Servir às mesas" é linguagem figurada para indicar responsabilidade pelos fundos monetários da comunidade e sua distribuição. Se usássemos a linguagem anacrônica das décadas posteriores para descrever os sete líderes helenistas que eram responsáveis pela direção da comunidade, pelas finanças comunitárias e pelo ensinamento público, eles teriam a função de bispos.

[12] Alguns têm tentado compreender a expressão simplesmente como referência a uma mulher que foi fiel ao marido, não importa quantas vezes tenha-se casado, mas as inscrições desse período usavam um adjetivo equivalente ("ter um único esposo") como descrição laudatória para uma viúva que se restringia a um só matrimônio.

[13] A descrição em Lc 2,36-37 da piedosa viúva judia Ana, que jamais deixava o templo e servia dia e noite, orando e jejuando, pode estar ligada ao ideal da viúva cristã nas comunidades conhecidas por Lucas.

O que é peculiar no texto de Paulo é o tom claramente hostil em relação às viúvas que não deviam ser incluídas no grupo especial de viúvas. Essas viúvas inelegíveis deveriam cuidar de seus filhos e netos. Ele temia que as mais jovens entre elas se tornassem até mesmo "viúvas alegres", que consentissem no prazer e nos desejos sensuais que poderiam sobrepujar-lhes a dedicação a Cristo, que andassem de casa em casa, mexericando, à procura de outro homem, rompendo, assim, a promessa solene, por toda a vida, feita ao primeiro marido. No final das contas, pois, Paulo declara que, a dar escândalo, é preferível que as viúvas jovens se casem outra vez e tenham filhos. "Porque já existem algumas que se desviaram, seguindo Satanás" (1Tm 5,15). J. M. Bassler[14] sugeriu que algumas das mulheres declaradas inelegíveis (talvez não somente viúvas, mas mulheres divorciadas e solteiras) poderiam ter insistido em maior liberdade de expressão. Elas seriam, portanto, o alvo das correções mais gerais em 1Tm 2,11-15, segundo as quais as mulheres deveriam ser submissas e, por ser facilmente enganadas, estavam proibidas de ensinar aos homens. Voltaremos a esse problema depois de analisar a falsa doutrina.

Corpo (1Tm 1,3-20; 3,14–4,10; 6,3-5). *Tema da falsa (e da verdadeira) doutrina.* A falsa doutrina é mencionada em diversos lugares em 1 Timóteo, e não podemos ter certeza se se tinha em mente o mesmo perigo. Tal qual na carta a Tito, existe muita polêmica no texto,[15] tornando difícil saber exatamente qual era o erro básico. Paulo (1Tm 1,13-16) declara que se converteu de blasfemo e perseguidor, pela misericordiosa graça de Cristo — encorajamento implícito, a fim de que aqueles que ora se opunham à sã doutrina pudessem converter-se, pois Cristo veio ao mundo para salvar os pecadores. Apesar de Timóteo ser jovem, profecias lhe diziam respeito. Além disso, seguiu a sã doutrina e estava apto a ser bom ministro de Cristo (1Tm 1,18-19; 4,6), em contraposição aos falsos doutores. Juntamente com uma indicação do cenário judaico dos oponentes que seriam doutores da Lei (1Tm 1,7), existe uma referência obscura à devoção deles a fábulas e genealogias (1Tm 1,4; 4,7; cf. Tt 1,14; 3,9; 2Tm 4,4). A condenação dos pecados

---

[14] JBL 103, 23-41, 1984.

[15] Por exemplo, 1Tm 6,3-5: qualquer um que ensinar algo que não seja a sã e piedosa doutrina é presunçoso, nada sabe, morbidamente ávido por controvérsias e querelas sobre palavras, gerando inveja, brigas, blasfêmias, suspeitas malignas e disputas intermináveis em meio aos depravados, que fazem da religião um negócio.

contra os Dez Mandamentos (implícita em 1Tm 1,8-10) avalia os mestres segundo um padrão geral de ortopráxis. Mas alguns do problemas criticados são mais específicos: os oponentes proibiram as pessoas de casar-se e ordenavam-lhes que se abstivessem de certos alimentos (1Tm 4,3). (De forma mais obscura ainda, como doutores [ou talvez gurus religiosos], eles estavam muito interessados em ganhar dinheiro: 1Tm 6,5.10.) Isso nos deixa com a mesma questão levantada na análise de Tito: a doutrina reflete um pano de fundo dos apócrifos judaicos ou do gnosticismo judaico (chamado "de falsa ciência" [*gnōsis*]: 1Tm 6,20), ou é uma combinação dos dois? M. L. Soards, argumentando que Paulo insistia nos valores tradicionais porque lutava contra um individualismo arrogante, declara que o objeto provável era uma filosofia cínica.[16] Filósofos cínicos isolados falavam com sarcasmo e ceticismo sobre Deus ou sobre os deuses, bem como acerca das crenças religiosas tradicionais, e louvavam aqueles que não se casavam nem constituíam família; eram acusados de mercenários. Em parte, a decisão acerca do conteúdo da falsa doutrina[17] depende de nossa análise daqueles — aos quais nos voltamos agora — que na comunidade foram os mais atingidos por tais doutoras.

Corpo (2Tm 2,1-15; 4,11–5,2; 5,22b–6,2; 6,6-19). *Tema das relações comunitárias e fé.* Esse tema é mais difícil de delinear em 1 Timóteo do que o que foi em Tito, pois parte dele está entremeada na condenação da falsa doutrina, por exemplo, em 1Tm 1,8-11. Como em Tt 2,1-10, há um *código doméstico*, mas de forma dispersa. Assim, em 1Tm 5,1-2, existem instruções acerca das inter-relações entre os membros mais velhos e os mais jovens da comunidade, homens e mulheres; em 1Tm 2,8-15 existem instruções para homens e mulheres acerca de como comportar-se durante o culto; em 1Tm 6,1-2, os escravos são instruídos a demonstrar não menos respeito a senhores cristãos do que a senhores não-cris-

---

[16] Reframing and reevaluating the argument of the Pastoral Epistles toward a contemporary New Testament theology. In: MCKNIGHT, E. V. (ed.). *Perspectives on contemporary New Testament questions*. Lewiston, NY, Mellen, 1992. pp. 54-65. (T. C. Smith Festschrift); cf. também FIORE, B. *The function of personal example in the Socratic and Pastoral Epistles*. Rome, PBI, 1986. (AnBib, 105.) É difícil saber se deveríamos implicar 2 Timóteo na diagnose do erro atacado em Tito e em 1 Timóteo. 2Tm 2,17-18 denuncia homens que afirmavam que a ressurreição já acontecera e Soards cita a rejeição cínica de uma vida após a morte.

[17] Alguns seriam mais do que céticos acerca de tentativas de discernir o pensamento dos oponentes criticados em 1 Timóteo. Johnson (*The writings of the New Testament*, Philadelphia, Fortress, 1986, p. 397): "Todavia, quando se excluem os caluniadores (p. ex., a acusação de cupidez), eles simplesmente representam mais uma vez o tipo de grupos elitistas esotéricos que tão freqüentemente encontramos na religiosidade do mundo helenista".

tãos (mais uma vez, nenhuma admoestação referente aos senhores); em 1Tm 2,1-2, inculca-se a oração em favor daqueles constituídos em autoridade.

As normas para homens e mulheres no culto são desproporcionalmente corretivas para as mulheres. Uma ênfase na modéstia e na decência no vestir-se conduz à exigência de que as mulheres permanecessem silenciosas e submissas enquanto aprendiam (1Tm 2,9-12). "Não permito que a mulher ensine, ou domine o homem" pode referir-se primeiramente a um contexto litúrgico,[18] mas provavelmente vai mais além, como o sugere a alusão a Eva. Normalmente esses versículos são lidos como uma atitude generalizada em relação às mulheres e, no contexto atual, são considerados extremistas ao limitar o papel das mulheres, especialmente quando combinados com a atitude proibitiva em relação às jovens viúvas em 1Tm 5,11-15.[19] Contudo, recentemente têm aparecido sustentáculos para outro modo de interpretar essa passagem, tendo como contexto as investidas da carta contra a falsa doutrina.[20] Que se tratava de mulheres *ricas* fica subentendido pela advertência contra ouro, pérolas e vestuário suntuoso (1Tm 2,9), e isso pode ligar-se à repreensão às viúvas comodistas que se comprazíam em adejar de casa em casa (1Tm 5,6.13); confiram-se também os ataques à riqueza em 1Tm 6,9.17. A hipótese de os falsos doutores estarem fazendo de tais mulheres o alvo de sua mensagem explicaria a acusação de que eles visavam ao ganho pecuniário (1Tm 6,5).[21] Assim, o objeto da proibição de ensinar e de deter autoridade (1Tm 2,12) não seriam as mulheres em geral, mas aquelas que se tornaram porta-vozes do erro para o qual foram

---

[18] Dado que uma estrutura eclesial com grupos de presbíteros (anciãos) autorizados ecoa o modelo sinagogal de presbíteros, muitos observam que a proibição às mulheres de ensinar na assembléia ou de ter autoridade sobre os homens assemelha-se à prática sinagogal.

[19] Muitas vezes a postura negativa em relação às mulheres nas pastorais é contrastada com um posicionamento mais favorável em relação a uma função eclesial para as mulheres nas cartas autenticamente paulinas (p. ex., em relação a Prisca, Febe e Júnia em Rm 16,1.3.7; 1Cor 16,19, e o elemento igualador na afirmação de Gl 3,28). Tal comparação, porém, deve levar em conta 1Cor 14,35: "Não é conveniente que a mulher fale nas assembléias" (cf. também Cl 3,18).

[20] A respeito das mulheres em 1Tm 2,9-15, cf. Spencer, A. D. B. JETS 17, 215-221, 1974; Kroeger, R. & Kroeger, C. *Reformed Journal* #10, 14-18, Oct. 1980; Knight, G. W. NTS 30, 143-157, 1984; Padgett, A. *Interpretation* 41, 19-31, 1987; Keener, C. S. *Paul, women & wives*. Peabody, MA, Hendrickson, 1992; Motyer, S. VE 24, 91-102, 1994; Baldwin, H. S. et al. *Women in the church*; a fresh analysis of 1 Timothy 2:11-15. Grand Rapids, Baker, 1995; cf. também o debate entre D. J. Moo e D. B. Payne em *Trinity Journal* 1, 62-83, 1980; 2, 169-222, 1981.

[21] Também 2Tm 3,2.6-7 define os falsos mestres como amantes do dinheiro, que invadem as famílias e seduzem as mulheres fracas.

atraídas.[22] Ao andar de casa em casa, as mulheres podem ter divulgado o erro. As mulheres que incorriam nesse falso ensinamento eram comparáveis a Eva, que enganou Adão (1Tm 2,13-14), enquanto a salvação de mulheres por meio da maternidade (1Tm 2,15,[23] correspondente ao estímulo às viúvas jovens a que se casassem de novo e gerassem filhos, em 1Tm 5,14) pode ter sido uma invocação da autoridade de Gn 3,16, com o fito de contradizer os mestres que proibiam o matrimônio (1Tm 4,3). Tal cenário não é impossível no contexto do final do século I e início do II. Tem-se chamado a atenção para *Atos* apócrifos, obra composta no século II, que ilustra um ensinamento que proíbe comer carne, beber vinho e manter relações sexuais. A obra também retrata uma viuvez cristã permanente, que oferece independência do matrimônio e da vida familiar, exibindo ocasionalmente tendências gnósticas. Alguns crêem que as mulheres tiveram importância na composição de *Atos*,[24] e acham que a crítica à "impiedade e às fábulas ímpias" em 1Tm 4,7 visava a esse tipo de tradição.

Além do código doméstico, pode-se notar desconfiança particular na riqueza em 1Tm 6,5-10.17-19, incluindo o famoso "a raiz de todos os males é o amor ao dinheiro" (1Tm 6,10). Grande número de *passagens hínicas* apóiam as instruções morais do escrito, entre a quais a mais famosa é 1Tm 3,16, em que, em

---

[22] A hipótese de a repreensão não ter sido direcionada universalmente contra as mulheres é favorecida ainda por Tt 2,3, em que anciãs são aconselhadas a ensinar. Se se aceita uma diretriz circunscrita, porém, deve-se reconhecer, ainda, que as expressões das pastorais (especialmente, 2Tm 3,6-7) podem ser ofensivas e precisam ser ressalvadas por uma ênfase nas situações sociais do tempo que influenciaram a mentalidade do autor.

[23] Isso pode soar como salvação por meio de obras, mas é atenuado pela exigência da fé, do amor e da santidade. No quadro paulino geral, deve ser equilibrado pelo louvor de Paulo ao celibato em 1Cor 7,25-38.

[24] S. L. Davies (*The revolt of the widows*; the social world of the apocryphal Acts, Carbondale, IL, Southern Illinois Univ., 1980) argumenta que os apócrifos *Atos de João, Pedro, Paulo, André, Tomé* e *Xantipe* foram escritos por mulheres cristãs (que eram celibatárias) para outras mulheres cristãs. Ele aponta para as relações entre pregadores cristãos taumaturgos e a imagem das mulheres no livro apócrifo de *Atos*. Em tal literatura, era considerada viúva uma mulher que deixara o marido e jamais se casara outra vez. D. R. MacDonald (*The legend and the apostle*, Philadelphia, Westminster, 1983) sustenta que elementos de genuíno radicalismo paulino persistiram nos *Atos de Paulo e Tecla* (160-190 d.C.), à medida que histórias sobre mulheres que ensinavam segundo a tradição paulina eram transmitidas e ampliadas por contadoras de histórias celibatárias. (Cf. n. 33, e R. A. Wild, *Chicago Studies* 24, 273-289, 1985). Para MacDonald, as pastorais foram escritas por homens literatos, afinados com o desenvolvimento do episcopado, e direcionadas contra profetizas e contadores de histórias; elas representam uma tentativa polêmica de domesticação do radicalismo apocalíptico, apelando para o exemplo de Paulo. Essa teoria encaixa-se na duvidosa tendência que considera as pastorais uma tentativa de correção da herança do apóstolo; cf. pp. 865 e 871.

seis breves linhas poéticas, o mistério da religião/piedade (*eusebeia*) é louvado referindo-se àquilo que aconteceu a Cristo.[25] Reconheceram-se também elementos hínicos em 1Tm 6,7-8 e invocação de bênção em 1Tm 6,15-16. Nas linhas dessa última passagem, ressoa um toque litúrgico: "O Bendito e único Soberano, o Rei dos reis e Senhor dos senhores, o único que possui a imortalidade, que habita uma luz inacessível, que nenhum homem viu, nem pode ver". Acredita-se que essa bênção aplique a Cristo títulos que, em outro contexto, poderiam ser reivindicados pelo imperador. Jesus tornou-se parte de uma declaração de fé monoteística da "verdade" em 1Tm 2,4-5: "Há um só Deus e um só mediador entre Deus e os homens, um homem, Cristo Jesus".

Na *fórmula conclusiva* (1Tm 6,20-21) não se encontram as saudações que concluem a maioria das cartas paulinas, até mesmo Tito e 2 Timóteo, mas apenas um veemente pedido a Timóteo. Assim como alguns interpretam a longa fórmula introdutória de Tito como uma introdução às três pastorais, consideram o final abrupto de 1 Timóteo uma preparação para a já planejada 2 Timóteo. Tal planejamento coletivo para o grupo será questionado adiante (*p. 872*).

Quem escreveu Tito e 1 Timóteo?

Agora dispomos de dados suficientes para considerar o assunto e, como 2 Timóteo é um problema parcialmente diferente, deixemo-la para o próximo capítulo. Paulo é o escritor aparente, até mesmo a ponto de apresentar detalhes acerca de suas viagens. Contudo, por razões a ser listadas adiante, isso tem sido questionado nos últimos duzentos anos. Uma alternativa proposta é de que um discípulo íntimo de Paulo tenha escrito as cartas para complementar os planos implícitos do mestre;[26] em outras palavras, a mesma solução apresentada para os

---

[25] Cf. GUNDRY, R. H. In: GASQUE, W. & MARTIN, R. P. (eds.). *Apostolic history and the Gospel*. Grand Rapids, Eerdmans, 1970. pp. 203-222. (F. F. Bruce Festschrift); também E. SCHWEIZER, Two early christian creeds compared. In: KLASSEN, W. & SNYDER, G. F. (eds.). *Current issues in New Testament interpretation* (O. Piper Festschrift; New York, Harper, 1962. pp. 166-177, compare-se com 1Cor 15,3-5.

[26] Embora se mostre crítico ante tal solução, Johnson (op. cit., p. 387) oferece boa exposição daquilo que pode ter acontecido: uma adaptação da mensagem paulina para uma nova geração, enfatizando a estrutura e a ordem, opondo-se, ao mesmo tempo, aos excessos ascéticos e igualitaristas; aceitação de uma expectativa escatológica amenizada; crescimento da estrutura da Igreja; crescente conformidade ao mundo depois da morte do apóstolo; veneração de Paulo como herói cuja índole autêntica se torna parte do "depósito" da fé das gerações futuras.

escritos deuteropaulinos. (Tal solução pode ou não aceitar a historicidade dos detalhes biográficos que aparecem nas pastorais.) No entanto, alguns estudiosos acreditam que há grande distância entre Paulo e o escritor das pastorais. Alguns declaram que elas não foram escritas por um discípulo de Paulo, mas por um comentador simpatizante da herança paulina (incluindo alguma informação sobre Tito e Timóteo que ele inseriu em uma seqüência fictícia) desejoso de fortalecer a organização da Igreja local contra o gnosticismo incipiente. Mais radicalmente, outros as vêem como uma tentativa não-paulina de corrigir o legado do apóstolo: em um tempo em que a memória de Paulo estava sendo invocada perigosamente por Marcião e por *Atos* apócrifos, as pastorais teriam sido escritas a fim de disciplinar aquela memória e reconduzir o apóstolo à corrente principal.[27] Com efeito, sugeriu-se até falsificação, como componente do plano de enganar os leitores. Parte do problema é se o conteúdo das pastorais pode de fato ser atribuído ao período da vida de Paulo (ou seja, a uma "segunda carreira" no período de 63-66, depois daquela narrada em Atos). Os que classificam as pastorais como pseudepigráficas atribuem-nas aos anos 80-90, ao começo do século II ou à última terça parte do século II. Consideremos os diversos fatores (nem todos de igual valor) que contribuíram para as decisões dos estudiosos. Se isso produz um resultado confuso, o efeito é realista, pois uma solução com grande segurança do problema acerca de quem escreveu as pastorais e quando não respeitaria os dados. Além da questão da autoria paulina, uma exposição um tanto detalhada desses fatores justifica-se pelo fato de muitos deles terem que ver com aspectos essenciais da continuidade entre a vida de Paulo e as duradouras comunidades que foram criadas durante sua missão.

1. O uso que as pastorais fazem de partículas, conjunções e advérbios difere notadamente do uso nos escritos autênticos de Paulo. Da mesma forma, aproximadamente um quarto do vocabulário das pastorais não aparece nas outras cartas paulinas,[28] mas tal estatística cumulativa não faz justiça ao fato de que o vocabulário de 2 Timóteo é menos estranho à herança paulina. À guisa de compa-

---

[27] Não é certo, porém, afirmar que as pastorais tinham a intenção de reabilitar a memória ou a imagem de Paulo, ou defender seu nome vilipendiado; sua autoridade é simplesmente dada por inconteste.

[28] Considerável vocabulário de Tito e de 1 Timóteo é encontrado em Lucas-Atos, cf. *p. 869*. A análise estatístico-lingüística aplicada por K. Grayston e G. Herdan (The Pastorals in the light of statistical linguistics, NTSG, 1-15, 1959-1960) foi questionada por T. A. Robinson (NTS 30, 282-287, 1984).

ração com as cartas autenticamente paulinas, o vocabulário coletivo das pastorais é menos tributário da LXX e mais próximo daquele das orientações éticas dos filósofos gregos populares; o estilo é menos hebraico, menos colorido e mais monótono (frases maiores, uso menos variado de partículas etc.). Mais especificamente, por exemplo, epítetos da piedade helenista são atribuídos exuberantemente tanto a Deus quanto a Cristo de modo distinto: "Nosso grande Deus e Salvador" (Tt 2,13); "Bendito e único Soberano, o Rei dos reis e Senhor dos senhores" (1Tm 6,15).[29] O valor do argumento de vocabulário e de estilo tem sido discutido, devido ao possível uso que Paulo tenha feito de escribas, aos quais ele pode ter concedido a liberdade que afetaria a comparação estatística (cf., porém, capítulo 29, n. 28).

O tema das pastorais, especialmente no que diz respeito à estrutura eclesial, é diferente do das outras cartas paulinas — um fato que poderia explicar algumas diferenças de vocabulário. Ademais, o vocabulário e o estilo paulinos estão estranhamente misturados nas cartas não-paulinas. Contudo, as estatísticas, especialmente quando combinadas com outros argumentos, geram uma dúvida quanto à autoria de Paulo.[30]

2. De forma geral, informação semelhante produziria uma comparação da teologia e da ética das pastorais com as das cartas autênticas de Paulo. Termos paulinos familiares (lei, fé, justiça) aparecem, mas com nuança levemente diferente. Por toda parte as mesmas diferenças podem ser encontradas nas outras cartas paulinas, mas não de maneira tão concentrada. Nas pastorais, existe inusitada quantidade de polêmica, freqüentemente estereotipada.

3. Conforme explicado no Contexto dos capítulos sobre Tito e 1 Timóteo, os dados acerca do ministério e paradeiro de Paulo não podem ser encaixados na-

---

[29] Muito se tem escrito a respeito da cristologia "particular" das pastorais, com sua ênfase na salvação e na *epiphaneia* ("manifestação, aparição") de Cristo Jesus, uma aparição na carne e na segunda vinda. (Quanto ao vocabulário, o termo ocorre cinco vezes nas pastorais, mas nunca nas cartas genuinamente paulinas, que usam *parousia*.) A discussão ultrapassa o escopo desta *Introdução*, mas está bem resumida em CLPDNW 111-118.

[30] Em uma análise muito cuidadosa, Johnson (op. cit., p. 386) declara que nem o apelo à mentalidade de um apóstolo envelhecido nem a menção de uma segunda geração parecem adequados para dar conta das diferenças nas pastorais. No entanto, ele se pergunta se Paulo poderia ter falado e escrito aos seus companheiros helenistas mais instruídos, Timóteo e Tito, de maneira diferente de como se dirigiu a suas comunidades.

quilo que sabemos da vida do apóstolo antes do aprisionamento romano de 61-63. Se o material é histórico e Paulo, na verdade, escreveu essas cartas, é necessário que postulemos uma "segunda carreira" em meados dos anos 60. *Terminus a quo*: Tito e 1 Timóteo não podem ter sido escritas, portanto, antes de 64-66.

4. Alguns dos que situam as pastorais no final do século II apontam para o fato de que elas estão faltando no cânone de Marcião (cerca de 150); contudo, Tertuliano (*Adversus Marcion* 5,21) afirma que Marcião as conhecia e rejeitava-as.[31] Estão também ausentes do Beatty Papyrus II (P[46]; cerca de 200[32]), mas esse códice em papiro contém apenas as cartas paulinas endereçadas a comunidades (cf. capítulo 15, n. 2) e não pretende ser uma coleção completa. O Rylands Papyrus, P[32], proveniente mais ou menos do mesmo período, contém Tito. Alguns têm afirmado que as pastorais foram escritas para corrigir os apócrifos *Atos de Paulo e de Tecla* (final do século II), que dão muito relevo à virgindade e mostram uma mulher ensinando a homens (cf. n. 24); todavia, na direção oposta, podemos ver nas pastorais material que mais tarde aparece completamente inflado em *Atos de Tecla*.[33] Embora *Atos* apresente parte das personagens e dos lugares mencionados em 2 Timóteo, sua narração da viagem de Paulo não corresponde de perto às viagens paulinas encontradas nas pastorais; ademais, se os detalhes das pastorais não são históricos, o máximo que se pode dizer é que elas e *Atos de Tecla* exibem tendên-

---

[31] Cf. *p. 68*, sobre Marcião. Tito e 1 Timóteo enfatizam a autoridade de presbíteros para ensinar, e Marcião entrou em conflito com os presbíteros da Igreja romana. 2Tm 3,15-16 fala das Escrituras do AT como inspiradas por Deus e úteis para ensinar — uma opinião que Marcião não aprovaria. Alguns têm contestado que as pastorais foram escritas para refutar Marcião (tendo sido compostas, assim, depois de meados do século II), mas, daí, dever-se-ia esperar uma correção mais clara e mais firme da rejeição do AT por parte de Marcião. C. B. Puskas (*The letters of Paul*; an introduction, Collegeville, Liturgical, 1993, pp. 178,180) argumenta que pode existir uma alusão às *Antíteses* de Marcião em 1Tm 6,20, mas ele acredita que o contato pode ter acontecido com o Marcião do começo, antes de ele ir a Roma (por volta de 140 d.C.), concedendo, assim, uma data para as pastorais do início do século II.

[32] Ou mais cedo (Y. K. Kim, *Biblica* 69, 248-257, 1988).

[33] Entre as personagens mencionadas negativamente em 2 Timóteo incluem-se Demas (2Tm 4,10), Fígelo e Hermógenes (2Tm 1,15), Himeneu e Fileto (falsamente ensinavam que a ressurreição dos crentes já havia acontecido: 2Tm 2,17-18), e Alexandre, o fundidor (2Tm 4,14). Por uma confusa combinação, Demas e Hermógenes, o fundidor, aparecem em *Atos de Tecla* como falsos companheiros de Paulo, que se voltam contra ele, tentam matá-lo e põem-se a ensinar que a ressurreição já aconteceu. Enviam-se saudações à família de Onesíforo em 2Tm 4,19, depois de ele ter sido mencionado de forma benevolente em 2Tm 1,16-18, com a possível implicação de que tivesse morrido ("Que o Senhor lhe conceda achar a misericórdia junto ao Senhor naquele dia"); ele e sua família aparecem como amigos de Paulo em *Atos de Tecla*. Comparativamente, estes parecem ser uma expansão do material de 2 Timóteo.

cia semelhante de expandir a carreira de Paulo. Por volta do fim do século II, o Fragmento Muratoriano já aceitava as pastorais como autorizadas. Policarpo (*Filipenses* 4,1) avizinha-se de 1Tm 6,10 e 6,7 e ao tema da viúva de 1Tm 5,3-6; muitos acreditam que a carta de Policarpo (120-130 d.C.) foi influenciada pelas pastorais, e não vice-versa. *Terminus ante quem*: Tito, a prova externa, favorece levemente a hipótese de que as pastorais foram escritas antes de 125 d.C.

5. A falsa doutrina que é criticada, muitas vezes, é considerada um gnosticismo judaizante que se desenvolveu depois da morte de Paulo. Embora essa identificação tenha sido defendida por exegetas de renome (M. Dibelius, H. Conzelmann), vimos que é difícil discernir a natureza exata do que foi criticado nas pastorais. Os dados das pastorais são insuficientes para apontar como alvo da crítica um dos grandes sistemas gnósticos do século II.

6. Também em relação à data, argumenta-se que a estrutura eclesial descrita nas pastorais ultrapassa o tempo de Paulo. Na verdade, nenhuma das cartas autênticas menciona presbíteros, mas a estrutura eclesial não é o assunto de tais escritos, de modo que o silêncio pode ser acidental. Ademais, existe uma equivalência entre os chamados presbíteros e o bispo (supervisor) ou bispos, e Fl 1,1 refere-se a estes. (A afirmação de que os *episkopoi* de Filipenses e os das pastorais são muito diferentes é feita sem provas, visto que Filipenses não oferece nenhuma informação sobre tais figuras.) Por conseguinte, não podemos ter certeza de quando a estrutura presbiteral, que se difundiu na última terça parte do século I (At 14,23; 1Pd 5,1-4; Tg 5,14), tornou-se comum. Apesar de a morte iminente de Paulo ter sido mencionada apenas em 2 Timóteo (não em Tito ou em 1 Timóteo), a preocupação de deixar atrás de si uma estrutura eclesial estabelecida seria compreensível porque se tornou mais forte a consciência de Paulo de estar prestes a sair de cena, ao morrer. Essa preocupação seria também razoável logo depois da morte de Paulo, quando as Igrejas recém-órfãs buscavam estabilidade.

7. De acordo com Tito, a principal estrutura a ser inaugurada em Creta pela nomeação de Tito é a de presbíteros/bispos; 1 Timóteo supõe a existência de presbíteros/bispos (com alguma especialização dos presbíteros) e diáconos em Éfeso. A estrutura bipartida não está longe daquela da *Didaqué* 15,1 (cerca de 100 d.C.?), que estimula as pessoas a escolher, para si mesmas, bispos e diáconos para assumir o lugar de apóstolos e profetas itinerantes, bem como daquela de *I Clemente* 42,4.5; 44,4-5; 54,2 (por volta de 96 d.C.), que se refere a presbíteros/

bispos e diáconos. É diferente da estrutura tripartida incrementada por Inácio em suas cartas (por volta de 110), a saber, um bispo, presbíteros e diáconos. Portanto, se se postulasse uma progressão linear (certamente um quadro demasiado simples), as pastorais seriam situadas no tempo antes dos escritos de Inácio.[34]

8. Conforme muitos notaram, na atmosfera e no vocabulário, as pastorais muito se aproximam de Lucas-Atos,[35] a ponto de alguns terem pensado que a mesma pessoa os escreveu ou que um escrito foi eleborado em dependência parcial do outro. A referência em 1Tm 3,11 aos sofrimentos de Paulo e àquilo que lhe aconteceu "em Antioquia, Icônio e Listra" ressoa a viagem de Paulo narrada apenas em At 13,14–14,20. A idéia de presbíteros em cada cidade (Tt 1,5) encontra-se em At 14,23. Os presbíteros que eram bispos/supervisores (Tito, 1 Timóteo) são mencionados em At 20,17.28. Viúvas idosas, que se recusavam a casar-se de novo, e dia e noite dedicavam-se à oração estão presentes em 1Tm 5,5.9 e Lc 2,36-37. Um discurso de adeus de Paulo, à luz de sua partida futura, encontra-se em 2Tm 3,10–4,8, e em At 20,18-35; a despedida em 2 Timóteo é dirigida, por intermédio de Timóteo, à Igreja em Éfeso, e o discurso de adeus de Atos é dirigido aos presbíteros/bispos de Éfeso. A datação mais plausível de Lucas-Atos é dos anos 80.

9. 1 Timóteo relata a existência de certo tipo de falsa doutrina em Éfeso. Se aceitarmos tal informação como história, devemos levar em consideração que a carta ao anjo da Igreja de Éfeso, em Ap 2,17 (provavelmente escrita nos anos 90), e a *carta aos Efésios* de Inácio (por volta de 110) não se referem à mesma heresia. Teria sido extinta por 1 Timóteo, que foi escrita para Éfeso antes daquelas duas cartas, daí o elogio aos efésios em Ap 2,2, por terem posto à prova os falsos apóstolos, e em *Efésios* 8,1, por não terem sido enganados? Ou a heresia desenvolveu-se depois daquelas duas cartas, de forma que 1 Timóteo foi escrita depois delas?

10. Mais do que as cartas autenticamente paulinas, as pastorais contêm grande quantidade de material biográfico, especialmente acerca de viagens

---

[34] Puskas (op. cit., p. 180) situa as pastorais fora da esfera de Inácio, argumentando que elas foram endereçadas a áreas não influenciadas pelo sistema monoepiscopal (de um só bispo). Para acatar tal hipótese é preciso considerar aistóricas as referências a Éfeso em 1Tm 1,3; 2Tm 1,18; 4,12, pois, no tempo de Inácio, o monoepiscopado foi estabelecido na cidade.

[35] Cf. Quinn, J. D. In: Talbert, C. H. *Perspectives on Luke-Acts*. Edinburgh, Clark, 1978. pp. 62-75. G. W. Knight (*The faithful sayings in the Pastoral Epistles*, Grand Rapids, Baker, 1979) acredita que Paulo tenha usado Lucas como secretário ao escrever as pastorais.

missionárias recentes, de outro modo não atestadas: onde Paulo esperava passar o inverno, o que lhe aconteceu em sua primeira audiência judicial (na Judéia ou em Roma), o nome e ocasionalmente o paradeiro de uns quinze amigos e inimigos de Paulo, que não são mencionados em nenhuma outra parte do NT. Outra pessoa, que não Paulo, inventou tais detalhes e dissipou-os nas cartas? Modificando suas hipóteses em diversos escritos, P. N. Harrison sugeriu que anotações verdadeiramente paulinas foram incorporadas às pastorais (Tt 3,12-15; partes de 2 Timóteo, especialmente o cap. 4). No entanto, tais notas não formam uma verdadeira seqüência narrativa; hoje, a tese tem relativamente poucos adeptos.[36] Servindo-se do exemplo de escritos pseudepigráficos atribuídos a Paulo, L. R. Donelson (*Pseudepigraphy and ethical argument in the Pastoral Epistles* [Pseudepigrafia e argumentos éticos nas epístolas pastorais], Tübingen, Mohr-Siebeck, 1986) afirma que dados pessoais que visavam impressionar o leitor e emprestar uma aparência de autenticidade eram típicos da pseudepigrafia antiga. Não se deve esquecer, porém, que muitos desses detalhes desempenham um papel no impulso exortatório das pastorais; eles mostram aspectos da vida de Paulo que devem ser imitados. Ademais, os pormenores não são vazios de significado para a datação, especialmente se incluirmos aqueles de 2 Timóteo. Tais minúcias exigiriam conhecimento de outras cartas paulinas e de Atos (cf. *p. 884*). Essas obras estariam facilmente à disposição antes de 100 d.C.?

11. Se as pastorais são criação de um pseudepigrafador, por que ele escolheu como modelo cartas dirigidas a pessoas (padrão do qual só existe um exemplo autenticamente paulino: Filêmon), em vez do esquema muito mais usual de cartas endereçadas a comunidades? Por que ele não modelou cartas de Paulo a Creta ou a Éfeso, em vez de a Tito e 1 Timóteo? Se as pastorais foram escritas no século II e os detalhes biográficos nelas presentes são fictícios, por que dar-lhes um destino tão agudamente diferente (aceitação no cânone bíblico) daquele de outras composições fictícias de ou sobre Paulo, como *3 Coríntios*, *Carta aos Laodicenos*, *Atos de Paulo e Tecla*, que não foram aceitas?

12. Aqueles que não acreditam na inspiração e os que acreditam, mas sem uma compreensão literal da comunicação divina, não consideram a noção de

---

[36] Cf. Cook, D. JTS 35, 120-131, 1984. Segundo ele, lingüística e estilisticamente essas passagens foram escritas pela mesma mão, bem como o restante das cartas respectivas.

pseudepigrafia um obstáculo quando compreendida como continuação da tradição paulina por intermédio de discípulos que se revestiram da autoridade do apóstolo para tratar lealmente, em nome dele, de problemas enfrentados por uma geração posterior. É difícil perceber, porém, como a opinião segundo a qual o escritor das pastorais foi intencionalmente malévolo e pretendeu conscientemente contrapor-se à genuína herança paulina pode harmonizar-se com a noção de inspiração, mesmo que sofisticada.[37]

De diversas formas, os elementos há pouco listados têm contribuído para uma situação na qual *cerca de 80% a 90% dos exegetas modernos estão de acordo em que as pastorais foram escritas depois da morte de Paulo,*[38] *e, entre aqueles, a maioria aceita o período entre 80 e 100 como o contexto mais plausível para a composição.* A maioria também as interpreta como portadoras de alguma afinidade com o ministério e pensamento de Paulo, mas não como uma continuação tão íntima quanto aquela manifestada em Colossenses, Efésios e até mesmo 2 Tessalonicenses.

Implicações da pseudepigrafia nas cartas pastorais

Se for aceita a autoria pseudepigráfica, cada problema pertinente às cartas precisa ser repensado.[39] Ninguém pode pretender oferecer respostas definitivas às questões que agora são levantadas, mas os leitores deverão estar a par dos problemas.

Autoridade das pastorais? A autoridade do Paulo histórico como intérprete de Jesus Cristo baseia-se no chamado de Deus e na revelação que lhe foi concedi-

---

[37] Surge um problema particular quando a inspiração é identificada com a revelação. L. M. Moloney (STS 361) opõe-se à atribuição de autoridade às pastorais, de modo especial no que concerne à postura opressiva delas em relação às mulheres. Seguindo E. Schüssler Fiorenza, ela assume a posição de que nenhum texto que destrói o valor pessoal das mulheres pode ser palavra revelada de Deus. De forma mais clássica, pode-se sustentar a hipótese de que as pastorais são inspiradas, ou seja, dadas por Deus à Igreja, sem defender a idéia de que todas as atitudes declaradas nas pastorais sejam reveladas. Por exemplo, segundo a mensagem revelada, o exercício da autoridade na Igreja é afetado pela situação social na qual está enquadrado e que, conseqüentemente, em qualquer sistema de autoridade, são inevitáveis atitudes opressoras de um ou outro tipo. Nossa percepção de atitudes opressoras no passado (p. ex., nas pastorais) deveria lembrar-nos de que as gerações futuras verão opressão no presente, mesmo entre aqueles que jamais se considerariam opressores.

[38] CLPDNW 109 cita H. von Campenhausen: "Os argumentos particulares contra a autenticidade, por mais importantes que sejam, não são decisivos; decisiva é a completa e abrangente convergência deles, contra a qual não existem argumentos significativos".

[39] PORTER, S. E. *Bulletin for Biblical Research* 5, 105-123, 1995.

da, bem como em sua resposta à graça de Deus por meio de sua generosa fidelidade à missão apostólica. Os discípulos de Paulo, que o acompanharam e tomaram parte em sua missão apostólica, lograram participação na autoridade. Contudo, para os discípulos dos discípulos, inevitavelmente, essa linhagem de autoridade começa a se enfraquecer. Se o escritor das pastorais era um discípulo distanciado muitas gerações do Paulo histórico, suas instruções têm a mesma força daquelas do Paulo histórico? A resposta a essa questão pode bem refletir a compreensão da inspiração e da autoridade bíblica: se o Espírito concedeu todos esses escritos à Igreja de Cristo, como Escritura, as pastorais não têm menos garantia do que as cartas autenticamente paulinas.

Compostas em grupo? O escritor pseudepigráfico compôs as cartas separadamente, à medida que um problema despontava em lugares reais, como Creta, Éfeso e Roma (onde Paulo morreu)? Essa seria a solução mais fácil, pois, se se postula um esquema principal desde o início, por que o escritor teria cogitado duas cartas para Timóteo, quando poderia ter incorporado Paulo às portas da morte na primeira carta? Questionável também é supor que o escritor começou com um plano-guia para as viagens de Paulo, detectável na análise das cartas como um grupo, a saber, um Paulo que supostamente deixou Creta (Tito) e foi para Éfeso, de onde, a seguir, partiu para a Macedônia (1 Timóteo), a fim de passar o inverno em Nicópolis, na Dalmática (Ilírica), apenas para ser levado prisioneiro, de novo, para Roma (2 Timóteo).

Historicidade das viagens? Mais radicalmente, deve-se perguntar se existe alguma historicidade na "segunda carreira" de Paulo. Obviamente, ainda que tenha escrito diversas décadas depois, o autor das cartas podia ter conhecido detalhes sobre os últimos anos de Paulo, não conservados em outro lugar; ademais, existe também a teoria de Harrison da incorporação de alguns fragmentos paulinos antigos nas pastorais. Contudo, muitos dos que postulam a pseudepigrafia consideram-nos um adorno fictício, baseando-se nos contextos imaginários que muitas vezes fazem parte do gênero. Ao criar um contexto plausivelmente realista do tipo de ministério apostólico desempenhado uma vez por Paulo, o escritor apelaria para Paulo como o apóstolo por excelência.

Historicidade dos endereços geográficos? Temos de perguntar-nos se são autênticos os sobrescritos imediatos das pastorais (a Tito em Creta, a Timóteo em Éfeso, em 1 Timóteo, a Timóteo provavelmente na Ásia Menor, em 2 Timóteo).

Geograficamente, Creta e Éfeso foram destinatárias (ainda que décadas depois da morte de Paulo)? Os receptores não sabiam que tais cartas não podiam provir de Paulo? Ou as cartas foram endereçadas de maneira mais ampla, de forma que os lugares da tradição paulina foram mencionados a fim de ilustrar modelos de Igrejas cristãs — Creta para exemplificar Igrejas ora recém-formadas e Éfeso para ilustrar Igrejas existentes havia muito tempo?[40]

Historicidade dos destinatários? Em uma teoria de pseudepigrafia, Paulo tornou-se o modelo de apóstolo, de profeta e de mestre, apontando soluções para situações eclesiais além de seu tempo — uma voz que fala de perigos que ainda virão. E quanto aos dois discípulos a quem esse Paulo se dirige? Tito e Timóteo ainda estavam em cena quando as pastorais foram escritas, de modo que, de alguma forma, ainda que do além-túmulo, essas cartas fortaleciam as tentativas deles de dar continuidade à herança paulina? Ou eles estavam mortos e essas cartas foram escritas para regiões onde eles haviam trabalhado, com o objetivo de abençoar, apoiar e incrementar estruturas implantadas por aqueles discípulos de Paulo? Ou os nomes simplesmente foram tirados da história paulina e usados paradigmaticamente para dirigir-se, de modo geral, aos líderes eclesiais e às Igrejas décadas mais tarde? Aqueles que concordam com a última solução mencionada vêem, de fato, as pastorais como duplamente pseudepigráficas: historicamente não escritas por Paulo, nem endereçadas a Timóteo e a Tito.

Historicidade dos lugares de composição? Uma vez que Tito não especifica o lugar de onde foi enviada, tanto Éfeso quanto a Macedônia são prováveis; 1 Timóteo indica a Macedônia; 2 Timóteo aponta para Roma. São verdadeiramente indicações de onde as pastorais tiveram sua origem ou, mais uma vez, lugares da vida de Paulo, escolhidos para realçar a mensagem? A Igreja de Roma escreveu à Igreja de Corinto com recomendações e correções, por volta do ano 96 d.C., apresentando o exemplo de Pedro e Paulo, que lutaram até a morte, e citando elementos da vida de Paulo, além da carreira narrada em Atos (*I Clemente* 5,2-7). As semelhanças com as pastorais são claras, de modo que pelo menos as origens romanas aventadas em 2 Timóteo podem ser históricas — não a Roma de quando Paulo estava prestes a morrer, mas a Roma onde ele morrera e passou a ser vene-

---

[40] Não vejo provas suficientes para a hipótese de Quinn, segundo a qual Creta representava as Igrejas judaico-cristãs e 1 Timóteo foi endereçada àquelas Igrejas e às Igrejas gentias.

rado como o apóstolo por excelência. Uma opinião acerca dessa questão dependerá, até certo ponto, da discussão no próximo capítulo, em que consideraremos a possibilidade de que Tito e 1 Timóteo tenham sido escritas à imitação de 2 Timóteo, mais próxima de Paulo.

Temas e problemas para reflexão

1. Inúmeros temas e problemas foram suscitados nas duas subseções anteriores, e são fundamentais para a compreensão das pastorais. Todavia, subjacente a todas as diversas soluções, existe uma questão básica para o significado das pastorais hoje: as instruções a respeito da estrutura/ordem eclesial são uma continuação legítima da tradição paulina? Ainda que se rejeite a idéia de que tais cartas não passam de falsificação deliberada, destinada a impor idéias não-paulinas, a questão pode ser levantada, dado que até mesmo um discípulo fiel e bem-intencionado pode inconscientemente distorcer o legado do mestre.[41] Às vezes, por causa do enraizamento em Igrejas nas quais não existe o episcopado e, outras vezes, por causa de sua antipatia por tal estrutura fixa, estudiosos têm argumentado que a ênfase das pastorais na estrutura é uma perversão da apreciação paulina dos carismas — um claro exemplo da influência corruptora do "catolicismo primitivo" (cf. *p. 819*). Outros têm notado que em 1Cor 12 e 14 Paulo declara que os carismas podem causar problemas e que passagens como as de 1Ts 5,12 ("aqueles que velam por vós no Senhor"), Fl 1,1 ("epíscopos e diáconos") e Rm 12,8 (compreendida em referência aos chefes ou líderes) mostram que Paulo não se opunha a estruturas autorizadas. Eles argumentam que uma estrutura mais articulada como a das pastorais era necessária para as Igrejas evitarem divisões desastrosas, uma vez que o apóstolo autorizado tinha sido tirado do palco pela morte. Ainda que fatores sociológicos inevitavelmente modelem o crescimento das estruturas autorizadas para que uma sociedade possa sobreviver, na teologia clássica das Igrejas que aceitam a tradição antiga, o desenvolvimento da estrutura presbíteros/bispos e diáconos foi apontada por Deus como normativa. Com efeito, até mesmo o desenvolvimento pós-NT de uma estrutura tripartida de bispo, presbíteros e diáconos é assumida por muitas Igrejas tanto como normativa

---

[41] Contudo, é preciso perguntar também se tal distorção é possível se as pastorais são consideradas Escritura inspirada.

quanto como irreversível. Obviamente a postura assumida ante o problema tem importância ecumênica.

2. Se o desenvolvimento da estrutura nas pastorais é considerado fiel às tendências de Paulo (ou, posteriormente, autorizadas, normativas e até mesmo irreversíveis), é irreformável? Essa estrutura desenvolveu-se em um tipo específico de sociedade (patriarcal), em circunstâncias particulares (perigo agudo de falsa doutrina). Até que ponto tais particularidades influenciaram o desenvolvimento, criando possibilidades de distorção? Uma instrução como "Não permito que a mulher ensine, ou domine o homem" (1Tm 2,12) constitui orientação permanente para uma Igreja dirigida por homens, presbíteros/bispos, ou é simplesmente produto de um tempo no qual a maioria das mulheres não tinha a mesma instrução que os homens? A perseverança na fé recebida é contrastada com a vinda da falsa doutrina (1Tm 1,19; 4,1). Tais alternativas levam em consideração novas idéias benéficas que questionam repetição irrefletida? São elas unilaterais, favorecendo o *statu quo*? Se as pastorais desenvolveram uma estrutura mais estável do que aquela dependente dos carismas, 1Cor 12 perdeu a importância para tal Igreja estruturada? Seria apenas o retrato de um estágio passado da vida da Igreja primitiva? Ou, a fim de ser fiel à totalidade do NT, não deveria uma Igreja estruturada por oficiais designados abrir espaço também para aquelas constituídas de modo não-sistemático, por meio do dom do Espírito? Em que medida aqueles assim agraciados pelo Espírito mostram obediência e respeito aos oficiais que fazem parte da estrutura que foi gerada pelo mesmo Espírito? Esses são problemas permanentes nas Igrejas cristãs.

(Nota: A Bibliografia geral para as cartas pastorais encontra-se no final do capítulo anterior, sobre Tito.)

Capítulo 31

Carta pastoral: Segunda a Timóteo

Os leitores devem lembrar-se de que nada nessa carta demonstra uma consciência das cartas pastorais anteriores, escritas a Timóteo e a Tito, e de que, portanto, não temos nenhuma indicação direta de que 2 Timóteo tenha sido escrita depois de Tito ou de 1 Timóteo. Embora estilisticamente seja muito semelhante a elas, não se ocupa da estrutura eclesial, que para elas é um tema central.[1]

Após o tópico 2 Timóteo e as probabilidades acerca das pastorais e da Análise geral da mensagem, as subdivisões terão estes títulos: Escritura inspirada (2Tm 3,15-16), Temas e problemas para reflexão e Bibliografia.

2 Timóteo e as probabilidades acerca das pastorais

A situação vital de Paulo de acordo com Tito e 1 Timóteo, conforme vimos, não poderia encaixar-se em sua "carreira original" conhecida por meio de Atos e das cartas autenticamente paulinas. Conseqüentemente, em cada caso, os estudiosos propõem uma "segunda carreira" (real ou fictícia) para Paulo, depois de ter sido libertado do cativeiro romano de 61-63. Tal carreira teria incluído um ministério ao lado de Tito, em Creta, um retorno a Éfeso (onde deixou Timóteo como encarregado) e, por fim, a partida para a Macedônia. A maioria defende que o que 2 Timóteo fala sobre Paulo e Timóteo não se enquadra também na "carreira original"; assim, esse grupo considera tal conteúdo como do final da "segunda carreira", na qual (de forma real ou fictícia), por volta de 65, Paulo foi mais uma vez aprisio-

---

[1] Em tudo o que se segue, o artigo de Murphy-O'Connor, 2 Timothy contrasted with 1 Timothy and Titus (RB 98, 403-418, 1991), é muito importante.

nado em Roma (2Tm 1,16-17; 2,9),[2] e escreveu 2 Timóteo pouco antes de morrer em 66-67.

Uma minoria importante, porém, argumenta que 2 Timóteo pode encaixar-se na carreira de Paulo narrada em Atos. Especificamente, 2 Timóteo é considerada conciliável com a pressuposição de que, depois de dois anos de detenção relativamente fácil em Roma (a última referência em At 28,30-31), Paulo foi submetido a um aprisionamento mais duro, que o levou à morte, por volta de 64 ou pouco depois. 2 Timóteo teria sido escrita pouco antes da morte de Paulo, sem nenhuma "segunda carreira" que tenha levado a um segundo aprisionamento por volta de 65. Como os dados de 2 Timóteo se encaixam na hipótese da minoria? Não há informação a respeito de onde Timóteo se encontrava. Sabe-se apenas que quando ele fosse ao encontro de Paulo, deveria levar Marcos, bem como um manto e livros que o apóstolo deixou em Trôade (2Tm 4,11.13). Com base nos primeiros elementos, portanto, pode-se presumir que Timóteo encontrava-se em Trôade;[3] e isso não é improvável com base em outros dados neotestamentários. At 20,5-13 afirma que em 58, em sua viagem a Jerusalém e eventual aprisionamento em Cesaréia e em Roma, Paulo encontrou Timóteo em Trôade e lá passou sete dias.[4] Se 2 Timóteo foi escrita de Roma, por volta de 64, em seu aprisionamento permanente, a carreira de Paulo não o levou de volta a Trôade depois de 58 a fim de recuperar coisas que deixou lá (talvez porque esperava pegá-las quando viajasse de Jerusalém, via Roma, para a Espanha: Rm 15,24-25). Trôade era um lugar que, historicamente, Paulo quisera evangelizar. Quando saiu de Éfeso, no verão de 57, ele começou a pregar o evangelho, com êxito, em Trôade, mas foi obrigado

---

[2] A primeira referência clara a um segundo aprisionamento em Roma ocorre no começo do século IV em Eusébio, HE 2.22.2.

[3] A maioria presume que Timóteo estava em Éfeso porque lá é que 1 Timóteo o deixou. Contudo, 2 Timóteo pode ter sido escrita antes de 1 Timóteo e, assim, precedeu a carreira (fictícia) criada para Paulo ali. Além do mais, em 2Tm 4,12, Paulo diz: "Enviei Tíquico a Éfeso" — uma formulação destoante, pois, se Timóteo, o destinatário da carta, supostamente se encontrava em Éfeso, não precisaria ser informado a respeito disso.

[4] A tese de que 2 Timóteo estava recordando a viagem de Paulo a Jerusalém em 58 obtém apoio das referências ao fato de ter deixado Erasto em Corinto e Trófimo em Mileto (2Tm 4,20), pois nessa viagem o apóstolo prosseguiu de Corinto, na Grécia, via Trôade e Mileto (a única outra referência neotestamentária a este último lugar: At 20,2-3.6.15). Contudo, como tal informação se harmoniza com At 21,29, que afirma que Trófimo foi a Jerusalém com Paulo nessa viagem? Paulo enviou-o de volta a Mileto? Ou o escritor cometeu um erro?

Informações básicas

DATA: escrita *antes* ou *depois* das outras pastorais. Se de autoria de Paulo, talvez com a ajuda de um secretário, por volta de 64 ou pouco depois (se escrita *antes*), ou 66-67 (se *depois*). Se pseudônima (80% a 90% da exegese crítica, no final dos anos 60, pouco depois da morte de Paulo (se escrita *antes*) ou décadas depois, mais provavelmente por volta do fim do século I (se *depois*).

DESTINATÁRIO: Timóteo (em Trôade? Em Éfeso?), de um Paulo supostamente prisioneiro e moribundo em Roma.

AUTENTICIDADE: provavelmente escrita por um discípulo de Paulo ou por um comentador simpatizante da herança paulina (seja logo depois da morte de Paulo, com memórias históricas, seja décadas mais tarde, com amplo conteúdo biográfico fictício). Contudo, tem maior probabilidade de ser autenticamente paulina do que as demais pastorais.

UNIDADE E INTEGRIDADE: não questionada seriamente.

DIVISÃO FORMAL

A. Fórmula introdutória: 1,1-2
B. Ação de graças: 1,3-5
C. Corpo: 1,6–4,18
D. Fórmula conclusiva: 4,19-22

DIVISÃO CONFORME O CONTEÚDO

1,1-5:	Endereço/saudações a Timóteo; recordação de seu ambiente familiar
1,6-18:	Encorajamento a Timóteo, da parte de Paulo, na prisão, sentindo-se abandonado
2,1-13:	Instrução à pregação confiante do evangelho, concluída com um dito poético
2,14–3,9:	Exemplos da verdadeira doutrina *versus* falsa doutrina
3,10–4,8:	Encorajamento final a Timóteo baseado no exemplo de um Paulo prestes a morrer
4,9-18:	Instruções práticas para ir até ele e permanecer vigilante; situação de Paulo
4,19-22:	Saudações conclusivas e bênção

a prosseguir rapidamente para a Macedônia, por causa de sua preocupação com Corinto (2Cor 2,12-13). Timóteo pode ter assumido a tarefa, o que levou Paulo a endereçar-lhe a carta. Em 2Tm 4,16 Paulo diz a Timóteo que em sua primeira audiência (em Roma?) ninguém tomou sua defesa, e todos o abandonaram. Pode ser que seu primeiro e único aprisionamento romano ora se tornara molesto (talvez porque a defesa não obtivera sucesso), e era importante que Paulo dissesse a Timóteo o que estava acontecendo em Roma,[5] a fim de convocar seu mais íntimo

---

[5] Na hipótese de uma "segunda carreira", Paulo estava com Timóteo em Éfeso, durante certo tempo, em 64-65 (portanto, antes que 2 Timóteo fosse escrita); é provável que ele jamais tivesse contado pessoalmente a Timóteo como fora abandonado em Roma? Se 2 Timóteo foi a primeira pastoral e precedeu de pouco tempo a morte de Paulo, toda a "segunda carreira" em meados dos anos 60, exigida por Tito e 1 Timóteo, não é histórica.

confidente para um último encontro antes da morte próxima (2Tm 4,6-8). As predições de Paulo verificaram-se em Roma, em 64 (ou até mesmo mais tarde), quando Nero começou a matar cristãos.

À guisa de avaliação geral, não há nenhuma objeção convincente à proposta dessa minoria, de modo que devemos ler 2 Timóteo sem nenhuma pressuposição acerca de como ela está ligada às demais pastorais.[6] De fato, existem quatro possibilidades sérias:

1. As três pastorais são genuinamente paulinas, escritas na seqüência Tito, 1 e 2 Timóteo, durante uma "segunda carreira", por volta de 65-67, culminando num segundo aprisionamento romano.

2. 2 Timóteo é genuinamente paulina, escrita por volta de 64 ou pouco depois do fim do seu único e prolongado aprisionamento romano que o levou à morte. Tito e 1 Timóteo são pseudônimas, escritas mais tarde, provavelmente por volta do final do século I, parcialmente à imitação de 2 Timóteo. Criou-se uma "segunda carreira".

3. As três pastorais são pseudônimas, mas 2 Timóteo foi escrita não muito tempo depois da morte de Paulo, como um testamento de despedida, por alguém que conheceu os últimos dias de Paulo, de modo que os detalhes biográficos nela contidos são largamente históricos, ainda que dramatizados com certa liberdade. Tito e 1 Timóteo são pseudônimas e foram escritas mais tarde, mui provavelmente por volta do final do século I, parcialmente à imitação de 2 Timóteo. Criou-se uma "segunda carreira".

4. As três pastorais são pseudônimas, escritas na seqüência Tito, 1 e 2 Timóteo, mui presumivelmente por volta do fim do século I. Uma "segunda car-

---

[6] L. T. Johnson (*The writings of the New Testament*, Philadelphia, Fortress, 1986, p. 382) afirma que se 2 Timóteo fosse lida juntamente com as outras cartas do cativeiro (Filêmon, Colossenses, Efésios), em vez de com Tito e 1 Timóteo, sua estranheza seria enormemente amenizada. A diferença no vocabulário e na teologia de 2 Timóteo em relação às autênticas paulinas é menor do que em relação a Tito e a 1 Timóteo. Embora a atribuição do título "Salvador" a Cristo (2Tm 1,10, encontrada também em Tt 2,13; 3,16; Ef 5,23) seja muito helenística, é também uso genuinamente paulino (Fl 3,20). A teologia de 2Tm 1,9 é também paulina: Deus salvou-nos não em virtude de nossas obras, mas em virtude do propósito divino e da graça que Deus nos concedeu em Cristo Jesus, há muito tempo.

reira" foi modelada (provavelmente de forma fictícia) para Paulo, com um segundo aprisionamento romano, de modo que ele pudesse pronunciar palavras finais acerca dos problemas que ora perturbavam as áreas anteriormente evangelizadas pelo apóstolo.

Embora a maioria dos estudiosos favoreça uma variante de 4, em minha opinião 3 responde melhor tanto aos problemas listados no capítulo 30, quando se discutiu a autoria de Tito e 1 Timóteo, como às implicações da pseudepigrafia.

Uma advertência talvez seja útil, antes de começarmos a Análise geral da mensagem. O complicado debate acerca de seqüência, autoria e data não deve obscurecer o poder dessa carta, lida simplesmente tal qual se apresenta: um eloqüente e apaixonado apelo do maior apóstolo cristão a fim de que sua obra prossiga para além de sua morte, por intermédio das gerações de seus discípulos. Paulo entregou sua vida a Deus em Cristo, e em meio a seus sofrimentos, sabe que Deus protegerá aquilo que lhe foi confiado (2Tm 1,12). Ele pode estar em cadeias, mas o evangelho que ele proclamou, que é a palavra de Deus, não pode ser aprisionado (2Tm 2,9). Alguns exegetas têm-se queixado de que o Paulo de 2 Timóteo tornou-se um gabarola; mas, em vez disso, ele é descrito como alguém que oferece o único argumento que lhe sobrou na prisão e às portas da morte: o exemplo de uma vida capaz de encorajar aqueles a quem se dirige. Se Paulo contribuiu imensamente para tornar o amor de Cristo (em ambos os sentidos) real para os cristãos, em não pequena medida 2 Timóteo tem contribuído para tornar Paulo amado.

Análise geral da mensagem

A *fórmula introdutória* (2Tm 1,1-2) assemelha-se à de 1 Timóteo, mas designa Paulo como apóstolo "por vontade" de Deus, em vez de "por ordem" de Deus. Nisso, 2 Timóteo aproxima-se mais intimamente do padrão normal das cartas autênticas (1Cor 1,1; 2Cor 1,1). Também mais íntima da prática autenticamente paulina é a presença de uma *ação de graças* (2Tm 1,3-5), um traço que falta em 1 Timóteo. Sua concentração em Timóteo ilustra o caráter bem pessoal, que a distingue das demais pastorais. A informação acerca da mãe e da avó judias de Timóteo, de que não temos nenhuma razão para duvidar, é apresentada sem a menor insinuação de que a fé em Cristo constituísse um conflito com o judaísmo. (De fato, em 2Tm 3,14-15,

Timóteo é estimulado a continuar fiel ao que ele aprendeu em sua infância, especialmente as Escrituras judaicas.) Essa atitude aprovadora sugere a atmosfera de Rm 9,1-5 e pode apoiar o contexto romano afirmado em 2Tm 1,17.[7]

O *corpo* (2Tm 1,6–4,18) de 2 Timóteo é cerca de 20% mais breve do que o de 1 Timóteo, e o conteúdo é menos disperso. Leva em consideração a personalidade e a situação de Timóteo, e reflete a solidão e o sofrimento de Paulo na prisão, à medida que a morte se avizinha. De certa forma, pois, 2 Timóteo constitui o terceiro dos testamentos de Paulo no NT, sendo o primeiro a carta aos Romanos (talvez o último escrito autenticamente paulino conservado), enviado de Corinto, no inverno de 57-58, com a consciência de que enfrentaria tempos difíceis em Jerusalém, mas com a esperança de que conseguiria chegar a Roma e seguir rumo à Espanha; o segundo é o sermão de Mileto, pronunciado perante os presbíteros/bispos de Éfeso (At 20,17-36), quando Paulo viajava para Jerusalém, no verão de 58, com a convicção de que jamais tornaria a vê-los. Em nenhum deles, porém, a morte é tão especificamente visualizada como em 2Tm 4,7-8, em palavras tais que, ainda que Paulo não as tenha redigido, são dignas de sua eloqüência: "Combati o bom combate, terminei a minha carreira, guardei a fé. Desde já me está reservada a coroa da justiça".

Na Bíblia, existem diversos exemplos do gênero literário discursos de testamento ou discursos de adeus.[8] Permitam-me enumerar algumas características desse gênero, indicando, ao mesmo tempo, as passagens de 2 Timóteo nas quais se encontram. O locutor, anunciando num tom de tristeza a iminência de sua partida (2Tm 4,6-8), pronuncia palavras de confiança, a fim de que aquele(s) que lhe é(são) caro(s) e que ficará(ão) para trás não se sinta(am) amedrontado(s) nem

---

[7] A linguagem litúrgica judaica que aparece na autodescrição de Paulo em 2Tm 4,6 — "Quanto a mim, já fui oferecido em libação"— assemelha-se à terminologia de origem semelhante em Rm 3,25 (Cristo como sacrifício expiatório); 12,1 (apresentar o próprio corpo como sacrifício vivo); e 15,16 (Paulo exerce o ministério no serviço sacerdotal do evangelho de Deus, a fim de que a oferenda dos gentios seja aceitável).

[8] BGJ 2.598-601; capítulo 11, n. 46. Esses discursos, porém, não são cartas; citando paralelos greco-romanos, Johnson (op. cit., pp. 391-392) argumenta que 2 Timóteo aproxima-se mais do gênero literário das cartas parenéticas pessoais, escritas a fim de exortar alguém a obter alguma coisa ou abster-se de outra, muitas vezes apresentando exemplos com o propósito de rivalizar ou polemizar contra adversários. Provavelmente, elementos de vários gêneros diferentes são encontrados em 2 Timóteo.

inseguro(s) (2Tm 2,1-2.14-15; 4,1-2).⁹ Muitas vezes o orador relembra sua própria situação e vida passada (2Tm 1,11-13.15-18; 3,10-17), incita à união aqueles de quem se está despedindo (2Tm 2,14.23-25), prevê perigos da parte dos inimigos (2Tm 2,16-17; 3,1-9.12-13; 4,3-4) e encoraja à fidelidade, prometendo recompensa por ela (2Tm 2,11-13; 3,14; 4,8). Ele exprime amor por aqueles (filhos) que está deixando (2Tm 1,4-5; 2,1: "meu filho"). Na atmosfera de despedida de 2 Timóteo, um Messias que foi crucificado como um malfeitor tem Paulo como arauto, ora na prisão, como um criminoso. Contudo, pelas palavras de Paulo, o escândalo torna-se um desafiante grito de vitória e um estímulo para Timóteo e para todos os que sofrem por causa do evangelho. Duas passagens captam o espírito da mensagem: "Tu, porém, me tens seguido de perto no ensino, na conduta, nos projetos, na fé, na longanimidade, na caridade, na perseverança, nas perseguições, nos sofrimentos [...]. E de todas me livrou o Senhor!" (2Tm 3,10-11); "Proclama a palavra, insiste, no tempo oportuno e no inoportuno, refuta, ameaça, exorta com toda paciência e doutrina" (2Tm 4,2).

O problema da falsa doutrina, que 2 Timóteo partilha com Tito e 1 Timóteo, faz parte da previsão dos perigos nos discursos de adeus. Em certa ocasião, a falsa doutrina mencionada em 2 Timóteo é bem específica: Himeneu e Fileto[10] estavam ensinando que a ressurreição já aconteceu (2Tm 2,17-18). Isso pode avizinhar-se daquilo que Paulo combate (cerca de 56-57) em 1Cor 15,12.[11] De certa forma, a definição da falsa doutrina em 2 Timóteo é mais ambígua, pois a lista de abusos daqueles que virão nos últimos tempos (2Tm 3,1-9) pode aplicar-se quase a qualquer um. A lista de vícios em 2Tm 3,2-5 é totalmente

---

[9] Devemos precaver-nos de historicizar alguns dos sentimentos que podem representar auto-expressão normal desse gênero. Por exemplo, não podemos concluir que Timóteo estava muito inseguro. Tampouco podemos concluir que a instrução para que Timóteo realize o trabalho de um evangelista em 2Tm 4,5 constitui prova de que ele detinha uma função eclesial de "evangelista" (At 21,8; Ef 4,11).

[10] Nada sabemos de Fileto, mas Himeneu, a quem Paulo critica aqui por destruir a fé, é aquele que (aparentemente de forma mais séria) em 1Tm 1,20 Paulo entrega a Satanás a fim de que aprenda a não blasfemar — uma seqüência que favorece a precedência de 2 Timóteo.

[11] Cf. R. A. Horsley, NovT 20, 203-231, 1978, para essa interpretação do erro coríntio. Mais adiante, a referência de 2 Timóteo — "O que de mim ouviste na presença de muitas testemunhas" — assemelha-se à ênfase em 1Cor 15,11, em que, depois de nomear outras testemunhas, Paulo escreve: "[...] tanto eu como eles, eis o que proclamamos. Eis também o que acreditastes". A alusão à coroa de justiça concedida a Paulo (2Tm 4,8) é parecida com a imagem da corrida pelo prêmio nos jogos atléticos (1Cor 9,24-27).

paradigmática[12] (mais próxima, porém, da de Rm 1,29-31 do que da de 1Tm 1,9-10), e o menoscabo das mulheres em 2Tm 3,6-7 é igualmente generalizado. Essa poderia ser a linguagem comum para referir-se ao perigo apocalíptico.[13] Se Tito e 1 Timóteo foram escritas mais tarde, o escritor dessas cartas pode ter pegado a deixa dessa seção de 2 Timóteo, tornando a definição mais específica à luz dos perigos a ser enfrentados.[14] A transmissão criativa da tradição de uma geração apostólica à próxima geração de mestres é visualizada em 2Tm 1,13-14; 2,1-2, e isso teria encorajado uma terceira e quarta gerações de discípulos paulinos a continuar a tradição do mestre: "O que de mim ouviste [...] confia-o a homens fiéis, que sejam idôneos para ensiná-lo a outros".

A conclusão do corpo em 2Tm 4,9-18, com as instruções a Timóteo e o quadro da situação de Paulo, conduz às saudações da *fórmula conclusiva* (2Tm 4,19-22). É impossível saber ao certo quantas personagens e incidentes mencionados nessa seqüência são lembranças verdadeiras do cativeiro (primeiro ou segundo) de Paulo em Roma ou criações de um escritor pseudepigráfico, reunidas com base em reminiscências encontradas em outras cartas paulinas e em Atos.[15] A última postura tem conseqüências para a datação, visto que podemos perguntar-nos se tais obras estiveram facilmente à disposição de um autor pseudepigráfico antes do ano 100 d.C.

---

[12] Cf. McEleney, N. J. The vice lists of the Pastoral Epistles. CBQ 36, 203-219, 1974.

[13] Por exemplo, a resistência dos magos egípcios Janes e Jambres a Moisés, citada em 2Tm 3,8, enquanto a rebelião de Coré, contra Moisés, é mencionada em Jd 11.

[14] Outro possível exemplo de especificação: 2Tm 2,22 dá a entender que Timóteo era jovem; sua juventude é especificada em 1Tm 4,12.

[15] Demas, que desertou e foi para Tessalônica, estava com Paulo quando este escreveu Fm 24 (de Éfeso, por volta de 55?) e Cl 4,14 (de onde? Genuinamente paulina?). Crescente, que foi para a Galácia ou Gália, é citado apenas aqui; se Gália, porém, é a leitura correta, a missão paulina espalhou-se pela Europa ocidental! Tito foi para a Dalmácia, mas antes ou depois do tempo em Creta, implícito em Tt 1,5? Alexandre, o fundidor, tratou Paulo muito mal. Um judeu com esse nome foi arrastado pela revolta de Éfeso, em cerca de 56 (At 19,33), o mais provável para dissociar a comunidade judaica do Paulo agitador. Um Alexandre foi amaldiçoado em 1Tm 1,20, a fim de ser entregue a Satanás. Se pensarmos nele, o comentário desairoso em 2Tm 4,14-15 refere-se a uma situação anterior àquela mencionada em 1 Timóteo? Quando Romanos (16,3) foi escrita, em 58, Prisca (Priscila) e Áquila estavam em Roma; agora estão de volta à Ásia Menor, com Timóteo ou perto dele. Acerca de Pudente, Lino e Cláudia, nada informam as outras cartas paulinas ou Atos, embora Irineu (AH 3.3.3.) refira-se a Lino como bispo (isto é, presbítero importante) da Igreja de Roma após a morte de Pedro. Em um período primitivo, um cristão de Roma, chamado Pudente, doou um terreno subseqüentemente ligado a uma Igreja importante. A respeito do papel de algumas das personagens de 2 Timóteo em *Atos de Paulo e Tecla*, cf. capítulo 30, n. 33.

Escritura inspirada (2Tm 3,15-16)

2Tm 3,16 contém as famosas palavras: "Toda [cada] Escritura é inspirada por Deus e útil para instruir, para refutar, para corrigir, para educar na justiça". Gramaticalmente o distributivo "cada" é a tradução mais provável, ou seja, "cada passagem da Escritura", referindo-se aos "escritos sagrados" conhecidos de Timóteo desde sua infância (2Tm 3,15). Não resta dúvida de que "Escritura" designa todos ou a maioria dos livros que chamamos AT; somente por meio do ensinamento posterior da Igreja pôde ser aplicado ao NT que, em sua forma completa (conforme agora aceito pelo cristianismo ocidental), não alcançou aceitação geral durante outros duzentos anos ou mais. O verbo "é" não aparece no grego, de modo que poderia ser uma afirmação restritiva, ou seja, "Cada Escritura que é inspirada por Deus é também útil…". Não importa como se traduza o versículo, a ênfase primária indicada pelo contexto é menos na inspiração de todas as passagens da Escritura e mais na utilidade da Palavra inspirada para dar continuidade àquilo que Timóteo aprendeu desde sua infância, a fim de ensinar e corrigir, contrapondo-se, assim, aos impostores. O escopo é que uma pessoa de liderança na comunidade, que pertence a Deus, possa estar formada, preparada para toda boa obra (cf. 2Tm 3,17). Implicitamente, isso é um indício de que o escritor paulino postula uma forte ligação entre as Escrituras de Israel e sua visão de Jesus Cristo.

A palavra para "inspirada", em relação à Escritura, em 2Tm 3,16, é "sussurrada [em] por Deus", um termo não encontrado na Bíblia grega, mas na literatura pagã pré-cristã e nos *Oráculos Sibilinos*. Expressão algo semelhante encontra-se em 2Pd 1,20-21 em relação às profecias da Escritura: "[...] a profecia jamais veio por vontade humana, mas os homens impelidos pelo Espírito Santo falaram da parte de Deus".[16] A literatura de Qumrã refere-se àquilo que "os profetas revelaram pelo Espírito Santo de Deus" (1QS 8.16). Josefo e Fílon, escritores judeus contemporâneos do NT, também falaram de uma ação de Deus na

---

[16] Em Mc 12,36 Jesus diz que Davi pronunciou um versículo de um salmo "no Espírito Santo" (afirmação de Pedro também, em At 1,16), enquanto, em At 28,25, o Espírito Santo fala por intermédio do profeta Isaías.

produção das "Escrituras sacras".[17] Os textos em 2 Timóteo e 2 Pedro são muito importantes no desenvolvimento da crença cristã na inspiração das Escrituras (AT e NT); contudo, deve-se reconhecer que nada existe de específico acerca de como o movimento divino acontece, além de uma descrição simbólica como "sussurrou em".

Temas e problemas para reflexão

1. Os cristãos têm várias opiniões sobre a inspiração, focalizadas na pessoa do escritor, ou no produto escrito, ou em ambos (cf. capítulo 2, B). Por exemplo, a afirmação clássica da Igreja Católica Romana, desde a encíclica *Providentissimus Deus*, do papa Leão XIII (1893), é de que Deus, mediante seu poder sobrenatural, moveu e impeliu os autores humanos e os assistiu ao escrever, de modo que eles entenderam retamente as coisas que Deus ordenou (e somente aquelas), dispuseram-se a escrever fidedignamente e, por fim, expressaram em palavras adequadas, com verdade infalível. Outra visão concentra-se na verdade e inerrância da Bíblia, mais do que no processo. Com base em 2Tm 3,15-16, pode-se refletir até que ponto as várias abordagens ultrapassaram a informação escriturística e por quê.

2. Uma famosa preocupação apocalíptica é verbalizada em 2Tm 4,3-4: "Pois virá tempo em que alguns não suportarão a sã doutrina; pelo contrário, segundo os seus próprios desejos, como que sentindo comichão nos ouvidos, se rodearão de mestres. Desviarão os seus ouvidos da verdade, orientando-os para as fábulas". Quase toda geração de cristãos, especialmente nas Igrejas mais tradicionais, tem invocado essa profecia como realizada em seu próprio tempo. Contudo, esse receio, com demasiada freqüência, tem tornado as instituições constantemente defensivas contra novas idéias. Em tal atmosfera, virá o momento em que nenhuma idéia constituirá maior perigo do que as novas, e os ouvidos moucos serão mais numerosos do que os ansiosos por ouvir.

---

[17] Com sofisticação, Fílon (*De vita Mosis* 2.35.188-191) distingue três possibilidades: a) o profeta interpreta pronunciamentos divinos que lhe foram transmitidos pessoalmente por Deus; b) a comunicação acontece em um diálogo com perguntas e respostas entre o profeta e Deus; 3) o porta-voz profético fala como um oráculo divino, um *porte-parole* possuído por Deus. Embora para Fílon o último é o profeta por excelência, hoje muitos aceitam a primeira como melhor definição de profecia. A literatura profética, porém, é apenas parte das Escrituras.

Bibliografia sobre 2 Timóteo[18]

Cook, D. 2 Timothy IV.6-8 and the Epistle to the Philippians. JTS 33, 168-171, 1982.

Johnson, L. T. II Timothy and the polemic against false teachers: a re-examination. JRS 6/7, 1-26, 1978-1979.

Malherbe, A. J. "In season and out of season": 2 Timothy 4:2. JBL 103, 23-41, 1982.

Murphy-O'Connor, J. 2 Timothy contrasted with 1 Timothy and Titus. RB 98, 403-418, 1991.

Prior, M. P. *Paul the Letter-Writer and the Second Letter to Timothy.* Sheffield, JSOT, 1989. (JSNTSup, 23.)

Skeat, T. C. Especially the parchments: a note on 2 Timothy 4:13. JTS 30, 173-177, 1979.

---

[18] Cf. também a Bibliografia geral para as cartas pastorais, no capítulo 29.

PARTE IV

Os demais escritos do Novo Testamento

- Hebreus
- 1 Pedro
- Tiago
- Judas
- 2 Pedro
- Revelação (Apocalipse)

Capítulo 32

Carta (epístola) aos Hebreus

Em todos os aspectos, essa é uma das obras mais notáveis do NT. Conscientemente retórica, cuidadosamente elaborada, habilmente redigida em grego primoroso e apaixonadamente entusiasta de Cristo, Hebreus oferece um número excepcional de inesquecíveis noções que modelaram o cristianismo subseqüente.

No entanto, por outro lado, Hebreus é um enigma. Nossa análise das cartas paulinas normalmente começa com uma subseção intitulada Contexto, baseada em informações, contidas na respectiva carta, sobre o autor, o local, as circunstâncias e os destinatários. Mas Hebreus nada nos diz de específico acerca de nenhuma dessas informações, e quase todo nosso conhecimento do contexto pertinente deve provir da análise da argumentação apresentada pelo autor. Começaremos, portanto, com a Análise geral da mensagem. Seja-me permitido advertir que a "Divisão conforme o conteúdo", no quadro das Informações básicas (usadas na Análise) é tão-somente um modo cômodo de salientar algumas das idéias principais. Não pretende ser a estrutura pensada pelo autor de Hebreus — para isso, os leitores devem consultar a primeira subseção que se segue à Análise, que trata do Gênero literário e estrutura e dedica atenção especial à estrutura detectada por A. Vanhoye (aceita por muitos, hoje em dia). Seções subseqüentes ocupar-se-ão do Ambiente pressuposto, Por quem, de onde e quando?, A que destinatários?, Temas e problemas para reflexão e Bibliografia.

Análise geral da mensagem

No contexto escatológico dos últimos dias,[1] a *introdução* (Hb 1,1-3) afirma imediatamente a superioridade de Cristo em relação a tudo o que aconteceu antes em Israel. O contraste principal é entre duas revelações divinas: uma por intermédio dos profetas, outra, por um Filho preexistente, por intermédio do qual Deus criou o mundo e agora nos fala. O texto, com vocabulário que pode ser proveniente de um hino,[2] mostra que o escritor interpreta o Cristo tendo a imagem da Sabedoria divina do AT como base. Assim como a Sabedoria é a emanação da glória de Deus, o límpido espelho do poder de Deus, que pode realizar todas as coisas (Sb 7,25-27), o Filho de Deus é o reflexo da glória de Deus e expressão do ser de Deus, que sustenta o universo com sua palavra poderosa (Hb 1,3). Ultrapassando o modelo da Sabedoria, porém, o Filho é uma pessoa real, que realizou a purificação dos pecados, e tal conquista está intimamente relacionada ao fato de o Filho assentar-se à direita da Majestade.

Superioridade de Jesus como Filho de Deus (Hb 1,4–4,13). Essa cristologia extraordinariamente "alta" é aplicada à superioridade do Filho em relação aos anjos e a Moisés. A superioridade em relação os anjos (Hb 1,4–2,18)[3] é desenvolvida por meio de uma cadeia ou série de sete citações do AT em Hb 1,5-14, que correspondem às designações do Filho na descrição introdutória de Hb 1,1-3.[4] O *status* sobreangélico de Cristo como Filho é, sem dúvida, sublime exaltação, se nos lembrarmos de que, no pensamento judaico, anjos eram "filhos de Deus"; nos MMM, dois anjos, que eram respectivamente os espíritos da verdade e da falsidade,

---

[1] Cf. também a linguagem de Hb 9,26: "Mas foi uma vez por todas, no fim dos tempos, que ele se manifestou [...]". A escatologia é um tema-chave em Hebreus: BARRET, C. K. In: DAVIES, W. D. & DAUBE, D. (eds.). *The background of the New Testament and its eschatology*. Cambridge, Cambridge Univ., 1956. pp. 363-393. (C. H. Dodd Festschrift.); CARLSTON, C. E. JBL 78, 296-302, 1959; TOUSSAINT, S. D. *Grace Theological Journal* 3, 67-80, 1982.

[2] FRANKOWSKI, J. BZ 27, 183-194, 1983.

[3] Seja-me permitido alertar os leitores de que estou seguindo uma seqüência de temas, mais do que uma divisão formal (a ser explicada na primeira subseção, a seguir); em uma obra cuidadosamente planejada como Hebreus, esta última é importante. Por exemplo, visto que Hb 1,4 é uma oração subordinada, a estrutura formal exigiria que fosse colocada junto de Hb 1,1-3, ainda que introduza um novo tema.

[4] MEIER, J. P. *Biblica* 66, 504-533, 1985; também THOMAS, K. J. NTS 11, 303-325, 1964-1965; THOMPSON, J. W. CBQ 38, 352-363, 1976. Note-se que as citações veterotestamentárias não apenas explicam o argumento, mas também são partes constitutivas dele.

Informações básicas

DATA: anos 60 ou, mais provavelmente, 80.

AUTORIA: não especificada; saudações enviadas da parte daqueles "da Itália".

DESTINATÁRIOS: não identificados, mas, com base no conteúdo, cristãos atraídos pelos valores do culto judaico; hipóteses os situam em Jerusalém ou em Roma, sendo a última mais provável.

AUTENTICIDADE: autor não identificado; a atribuição posterior da Igreja a Paulo foi abandonada.

UNIDADE E INTEGRIDADE: não questionada seriamente.

DIVISÃO FORMAL (cf. p. 900, para a proposta de Vanhoye)

DIVISÃO CONFORME O CONTEÚDO

1,1-2:	Fórmula introdutória
1,4–4,13:	Superioridade de Jesus como Filho de Deus
1,4-2,18:	em relação aos anjos
3,1-4,13:	em relação a Moisés
4,14–7,28:	Superioridade do sacerdócio de Jesus
8,1–10,18:	Superioridade do sacrifício de Jesus e seu ministério no tabernáculo celeste, inaugurando uma nova aliança
10,19–12,29:	Fé e paciência: utilidade da obra sacerdotal de Jesus
10,19-39:	Exortação a tirar proveito do sacrifício de Jesus
11,1-40:	Exemplos de fé do AT
12,1-13:	Exemplo do sofrimento de Jesus e da disciplina do Senhor
12,14-29:	Advertência contra a desobediência por meio de exemplos do AT
13,1-19:	Injunções sobre a ação
13,20-25:	Conclusão: bênção e saudações

dominavam toda a humanidade; os anjos eram os mediadores da Lei. Particularmente significativo é o texto de Hb 1,8-9, em que, usando as palavras do Sl 45,7-8, o escritor faz Deus endereçar a Jesus palavras que jamais dirigiu a um anjo: "O teu trono, ó Deus, é para os séculos dos séculos [...], por isso, ó Deus, te ungiu o teu Deus com o óleo da alegria" — um dos importantes textos do NT em que Jesus é chamado Deus (BINTC 185-187). No tempo do NT havia um perigo, entre alguns, de colocar os anjos acima de Cristo, mas precisamos ser cautelosos quanto à pressuposição de que tal erro circulasse entre o público destinatário de Hebreus. A fim de confirmar a posição exaltada de Jesus, para o escritor a superioridade em relação aos anjos pode ter parecido um esclarecimento óbvio.

Conforme amiúde em Hebreus, a seção descritiva (doutrinal) conduz a uma exortação moral (Hb 2,1-4): se a mensagem da Lei declarada por anjos tinha valor, como podemos escapar se negligenciarmos a grande salvação declarada pelo Senhor Jesus e que nos foi "transmitida pelos que a ouviram"? (A frase citada parece situar o escritor de Hebreus não entre as testemunhas apostólicas, mas na próxima geração.) Em Hb 2,5-18 encontramos uma visão que matiza a cristologia de Hebreus, a saber, uma combinação de abaixamento com exaltação. Usando o Sl 8,5-7, o autor mostra que o Filho de Deus que foi, por algum tempo, colocado abaixo dos anjos, agora tem tudo submisso a ele. A uma comunidade que está desanimada por causa das dificuldades, o autor ostenta, em Cristo, o plano de Deus para a humanidade: não exaltação sem sofrimento, mas exaltação por meio do sofrimento. Se a exaltação do Filho de Deus era soteriológica, ele não estava preocupado em salvar anjos. Ao contrário, Cristo provou a morte em favor de todo ser humano, e Deus conduziu muitos à glória mediante Jesus, o pioneiro da salvação deles, levado à perfeição por meio do sofrimento (Hb 2,10). Esse tema do povo de Deus andarilho, conduzido por Jesus, o precursor, ao santuário celeste e ao lugar do repouso voltará novamente em Hb 4,11.14 e 6,20.[5] Em sua função de pioneiro, o Filho partilhou da carne e do sangue dos filhos de Deus, e tornou-se semelhante a seus irmãos e irmãs em todos os aspectos, a fim de se tornar um sumo sacerdote misericordioso e fidedigno para realizar a expiação dos pecados de seu povo. Porque ele próprio sofreu e foi tentado, é capaz de socorrer aqueles que são tentados (Hb 2,14-18). Esse retrato, que será desenvolvido em maiores detalhes nos caps. 4–5, representa um dos grandes testemunhos neotestamentários da encarnação.

A primazia sobre Moisés (Hb 3,1–4,13) é exemplificada em Hb 3,1-6 pela glória maior do construtor em relação à casa construída, do filho sobre o servo, em uma família (cf. Jo 8,35). "O apóstolo e sumo sacerdote de nossa confissão" é outro exemplo dos magníficos títulos dados a Jesus. Em Hb 3,7–4,13 o escritor volta a exortações fundamentadas na Escritura, mas agora centralizadas no êxodo de Israel. Os cristãos destinatários correm perigo de tornar-se apáticos por causa do desânimo. Aqueles que entre os israelitas foram desobedientes não conseguiram atingir a meta, que era entrar no repouso de Deus, na Terra Santa. De maneira semelhante, agora se trata de uma provação para aqueles que crêem em Jesus, conforme Hb 4,12 torna explícito numa das mais conhecidas passagens do NT, ao afirmar que a palavra de Deus é mais afiada do que uma espada de dois gumes,

---

[5] Alguns encontram aqui um eco do gnosticismo (cf. a subseção adiante, Ambiente pressuposto).

que penetra até mesmo entre a alma e o espírito, capaz de discernir as ponderações e pensamentos do coração.

Superioridade do sacerdócio de Jesus (Hb 4,14–7,28). O verso inaugural declara o tema dominante: "Temos, portanto, sumo sacerdote eminente, que atravessou os céus, Jesus, o Filho de Deus". Embora Hebreus e João partilhem a noção de uma encarnação, não encontramos em João uma descrição da realidade da humanidade de Jesus comparada à apresentada por essa seção de Hebreus. Sumo sacerdote que é capaz de compadecer-se de nossa fraqueza, Jesus foi provado em tudo, como nós, exceto no pecado (Hb 4,15). Tal qual o sumo sacerdote israelita, Cristo não se exaltou, mas foi escolhido por Deus, um aspecto ilustrado pelos salmos de coroação real (Hb 5,1-6). Descrevendo os sofrimentos de Jesus nos dias de sua carne, quando apresentou orações e súplicas àquele que tinha o poder de salvá-lo da morte (Hb 5,7-9), o escritor afirma que Jesus aprendeu a obediência, não obstante fosse o Filho. (Esses versículos demonstram familiaridade com a tradição da paixão de Jesus, segundo a qual ele orou a Deus quando estava prestes a morrer.)[6] Quando ele foi levado à perfeição, transformou-se em fonte de eterna salvação para todos os que lhe obedecem (cf. Fl 2,8-9).

Em Hb 5,11-14, o escritor volta à exortação, repreendendo a imaturidade dos receptores, que necessitam beber leite, mostrando-se incapazes de absorver alimento sólido. A enumeração de seis pontos da doutrina elementar em Hb 6,1-2[7] é um pouco vexatória para os cristãos de hoje — quem dera que muitos conhecessem ao menos aqueles! Que a apostasia é uma preocupação do escritor torna-se claro em Hb 6,4-8 (também em Hb 10,26-31), quando ele declara que não existe arrependimento depois da iluminação[8] (isto é, do batismo: Jo 9; Justino, *Apologia*

---

[6] BDM 1.227-234 e 2.1107-1108 chama a atenção para as semelhanças entre Hebreus e a forma bipartida da oração de Jesus no Getsêmani e na cruz, em que ele pede para ser liberto da morte em meio à fraqueza de sua carne, em Marcos/Mateus. Conforme Hebreus e Marcos/Lucas, a oração de Jesus foi atendida em sua vitória sobre a morte, tornando-se fonte de salvação. (Hebreus pode ter desenvolvido sua narrativa com base em um hino cristão primitivo, enquanto, na oração na cruz, Marcos usa o Sl 22.) Hb 13,12 denota conhecimento da tradição encontrada também em Jo 19,17, segundo a qual Jesus morreu fora dos muros de Jerusalém.

[7] Alguns vêem aqui uma catequese cristã tradicional; a "imposição das mãos" provavelmente se refere à recepção do Espírito Santo (At 8,17; 19,6).

[8] Percorrendo as tentativas de lidar com a severidade dessa afirmação, D. A. de Silva (JBL 115, 91-11, 1996) declara que os crentes aceitaram a condescendência de Deus por intermédio de Jesus, e Hebreus faz da apostasia, que viola tal favor, alvo de sua crítica.

1.61.12; 65.1). No entanto, ele oferece asseveração retórica de que não tem dúvidas quanto ao futuro de seus destinatários, cuja obra amorosa não será negligenciada por Deus (Hb 6,9-12). Deus é fiel às promessas, e isso serve de garantia para a eficácia da intercessão de Jesus no interior do santuário celeste, como sumo sacerdote segundo a ordem de Melquisedec (Hb 6,13-20). Todo o cap. 7 é dedicado à superioridade desse sacerdócio possuído por Jesus, em comparação com o sacerdócio levítico (e poderia ser tratado com os caps. 8–10 de Hebreus, bem como com os que o precedem). Pelos MMM (11Q *Melquisedec*) ficamos sabendo um pouco mais a respeito do misticismo que envolvia Melquisedec como figura celeste.[9] Na verdade, porém, para entender o argumento em Hebreus, é preciso pouco mais do que o AT e as regras da exegese contemporânea; por exemplo, a omissão dos antepassados de Melquisedec permite argumentar como se ele não tivesse nem pai nem mãe. Diversos pontos constituem a superioridade de Melquisedec: ele abençoou Abraão; seu sacerdócio foi acompanhado por um juramento do Senhor; e, acima de tudo, um sacerdote segundo a ordem de Melquisedec é eterno (Sl 110,4). Já não há necessidade de numerosos sacerdotes (levíticos), que são substituídos depois da morte, pois Jesus, que possui o sacerdócio de Melquisedec, permanece para sempre, intercedendo (Hb 7,23-25).[10] Quando se ofereceu, esse sumo sacerdote santo, imaculado e sem mancha, separado dos pecadores e exaltado acima dos céus, realizou o sacrifício de uma vez para sempre (Hb 7,26-27).

Superioridade do ministério sacrifical de Jesus e do tabernáculo celeste, que inaugura uma nova aliança (Hb 8,1–10,18). A idéia de que Jesus é um sumo sacerdote perante Deus leva à noção de um tabernáculo celeste. Ex 25,9.40; 26,30 etc. relata como Deus mostrou a Moisés o modelo celeste segundo o qual o

---

[9] KOBELSKI, P. J. *Melchizedek and Melchireša'*. Washington, DC, CBA, 1981. (CBQMS, 10.) Também FESBNT 221-243; DE JONGE, M. & VAN DER WOUDE, A. S. NTS 12, 301-326, 1965-1966; THOMPSON, J. W. NovT 19, 209-223, 1977.

[10] W. Horbury (JSNT 19, 43-71, 1983) compara o tratamento do sacerdócio em Hebreus com o de vários escritos judaicos. Como base para considerar Jesus sacerdote, alguns apelam para os MMM e para a expectativa de um Messias sacerdotal neles contida, mas a expectativa está em torno de um sacerdote da ordem de Aarão, distinta do Messias davídico. Hebreus é enfático ao afirmar que Jesus não é um sacerdote levítico (= Aarão), e atribui a Jesus salmos pertinentes ao Messias davídico. O escritor não apela, provavelmente, a uma expectativa judaica estabelecida, mas usa uma imagem bíblica para revestir uma convicção a respeito de Jesus. *Testamento de Levi* 8,14: "De Judá surgirá um rei que estabelecerá um novo sacerdócio" — provavelmente se trata de uma interpolação ou edição cristã.

tabernáculo terreno fora construído. Em Hb 8,2-7, esse santuário anterior pode estar influenciado pelo esquema platônico da realidade, no qual o tabernáculo celeste, erigido por Deus, é verdadeiro, enquanto o tabernáculo terreno é uma cópia ou uma sombra. Os sacerdotes levíticos que servem nesse santuário-sombra têm um ministério inferior ao de Cristo, assim como a primeira aliança era inferior à segunda, mediada por Cristo. Hb 8,8-13 (cf. também Hb 8,6), usando a linguagem da nova aliança de Jr 31,31-34, torna claro que a primeira aliança, feita com Moisés, agora é velha, obsoleta e transitória.

No cap. 9, o escrito apresenta uma longa comparação entre a morte de Jesus e o ritual do Dia da Expiação (Yom Kippur) realizado no edifício sagrado portátil, nas andanças de Israel pelo deserto, o tabernáculo ou tenda, com suas divisões, cortinas e altares. Embora a prolongada comparação possa provir do autor, o fato de que tanto ele (Hb 9,5) quanto Paulo (Rm 3,25) apelam para a imagem do *hilastērion*, o lugar da expiação, onde o sangue dos sacrifícios era aspergido para a purificação dos pecados,[11] sugere uma consciência mais ampla de que a morte de Jesus pode ser comparada aos sacrifícios levíticos. O que é típico de Hebreus é o paralelo estabelecido entre o sumo sacerdote, que penetra no Santo dos Santos, uma vez por ano, levando o sangue dos bodes e dos touros, e Jesus, que penetrou de uma vez para sempre no santuário celeste, com seu próprio sangue,[12] ratificando, assim, a nova aliança. Ali, agora ele aparece na presença de Deus "a nosso favor" (Hb 9,24); e, tendo sido oferecido para carregar os pecados de muitos, ele aparecerá uma segunda vez para salvar aqueles que o esperam ansiosamente (Hb 9,28).[13]

---

[11] É também chamado de "propiciatório" ou "trono da graça". Alguns se opõem a essa designação porque ela subentende que um Deus irado está sendo aplacado ou apaziguado. Para o debate, cf. FITZMYER, J. A. NJBC 82.73-74; MORRIS, L. NTS 2, 33-43, 1955-1956.

[12] "Ele atravessou uma tenda maior e mais perfeita, que não é obra de mãos humanas, isto é, que não pertence a esta criação. Entrou de uma vez por todas no Santuário" (Hb 9,11-12). Alguns interpretam a tenda como o corpo de Cristo, mas, com maior probabilidade, trata-se das regiões celestes através das quais Jesus passou para os mais altos céus. O fato de ele levar seu sangue para o céu significa que seu sacrifício não foi completado na cruz, pois uma parte essencial deste era levar o sangue ao lugar da expiação, para ser ali aspergido.

[13] A ascensão ao céu, da cruz com seu sangue, seguida da parusia, parece não deixar espaço para uma ressurreição e aparições. Essa impressão é refutada não somente por Hb 13,20, mas também pela analogia com outras obras neotestamentárias. Lc 23,43 fala da ida de Jesus ao paraíso no dia de sua morte; contudo, Lc 24 narra aparições do ressuscitado.

A superioridade do sacrifício de Jesus, realizado com seu próprio sangue, é reiterada com ênfase em Hb 10,1-18; por exemplo, Hb 10,12: "[...] depois de ter oferecido um sacrifício único pelos pecados, sentou-se para sempre à direita de Deus". A tese básica é: Deus prefere a obediência à multiplicidade dos sacrifícios. A obediência do sacrifício de Jesus é expressa em Hb 10,5-9 com base em uma passagem do Sl 40,7-9: "Formaste-me um corpo [...]. Eis-me aqui — no rolo do livro está escrito a meu respeito — eu vim, ó Deus, para fazer tua vontade". Esse sacrifício tornou perfeitos para sempre aqueles que são chamados a participar da consagração de Jesus; os pecados deles são perdoados, de modo que não há mais necessidade de sacrifícios.

Fé e paciência: utilidade da obra sacerdotal de Jesus (Hb 10,19-12,29). Pelo caminho aberto por Jesus, aqueles a quem o escritor chama de "irmãos" devem entrar no Santuário, por meio do sangue de Jesus, com fé, esperança e caridade, reunindo-se como comunidade (Hb 10,19-25). Se eles pecarem propositadamente, não haverá sacrifícios para os pecados, mas punição horrenda: "Quão terrível é cair nas mãos do Deus vivo!" (Hb 10,26-31).[14] No entanto, não há razão para esmorecimento. No passado, depois que eles se converteram pela primeira vez e foram batizados ("iluminados"), com alegria suportaram maus-tratos, aflição e perseguição. Agora, mais uma vez, eles precisam de paciência e fé, a fim de salvar a alma (Hb 10,32-39). Em Hb 11,1-40, o escritor, tendo apresentado uma famosa definição de fé ("garantia antecipada [ou realidade] do que se espera, a prova [ou convicção] de realidades que não se vêem"), dá início a uma longa lista de personagens do AT que tiveram "tal tipo de fé ou confiança".[15] No final (Hb 11,39-40), fiel a seu contraste entre o velho e o novo, ele acentua que todas essas pessoas de fé não receberam o que fora prometido, pois "Deus previa para nós algo de melhor, para que, sem nós, não chegassem à plena realização".

Como transição (Hb 12,1-2), o escritor incita seus leitores, "rodeados de nuvem tão densa de testemunhas", a manter os olhos fixos em Jesus, "o autor e realizador da fé". Em Hb 12,3-13 ele adverte que eles não seriam deveras filhos

---

[14] Essa é, provavelmente, uma adaptação do imperdoável pecado contra o Espírito Santo encontrado alhures no NT (cf. capítulo 7, n. 11). Embora houvesse várias interpretações de tal pecado, evidentemente a apostasia era uma candidata freqüente.

[15] EISENBAUM, P. M. *The Jewish heroes of christian history*; Hebrews 11 in literary context. Atlanta, Scholars, 1997. (SBLDS, 156.) Para uma lista semelhante, elogiando homens famosos, cf. Eclo 44–50 e Sb 10, obras escritas no período helenista. Plutarco, contemporâneo do autor de Hebreus, oferece narrativas paralelas de personagens como ícones da história greco-romana.

de Deus sem a disciplina do sofrimento que Deus inflige. Jesus suportou grande hostilidade, enquanto os leitores ainda não resistiram a ponto de derramar o próprio sangue. Hb 12,14-29 dramatiza os castigos pela desobediência no AT; conclui-se com uma admoestação de que Deus é um fogo devorador, fazendo eco a Dt 4,24.

Exortação final (Hb 13,1-19).[16] Contendo as únicas injunções éticas, detalhadas e concretas de Hebreus, essa é a passagem do livro que mais se aproxima do estilo paulino. Após alguns imperativos sobre temas da vida comunitária, típicos das obras do NT, Hb 13,7 apela à fé dos líderes do passado que pregaram o evangelho na história da comunidade.[17] Pode-se recorrer ao passado porque "Jesus é o mesmo, ontem e hoje; ele o será para sempre" (Hb 13,8) — outro exemplo indelével da eloqüência do escritor. Este, porém, invoca também a obediência aos líderes atuais, que zelam pela vida dos leitores (Hb 13,17).

Conclusão (Hb 13,20-25). A exortação acaba com uma bênção invocada por meio "do Deus da paz, que fez surgir dentre os mortos aquele que se tornou, pelo sangue de uma aliança eterna, o grande pastor das ovelhas" (Hb 13,20). Entre as saudações e as alusões a Timóteo, que foi libertado, e àqueles da Itália, encontram-se alguns dos muito poucos indícios em Hebreus do lugar de origem e destino.

Gênero literário e estrutura

Em 1906, W. Wrede, um notável estudioso alemão, publicou uma obra cujo título pode ser traduzido como "O enigma literário da epístola aos Hebreus". H. E. Dana comenta: Hebreus "começa como um tratado, continua como um sermão e termina como uma epístola".[18] Contudo, existem problemas com a atribuição de cada um desses gêneros a Hebreus. Apesar de sua cuidadosa exposição da superioridade de Cristo, Hebreus não é simplesmente um *tratado* teológico. O escritor expôs sua doutrina com o escopo apologético de advertir os destinatários contra o abandono da fé em Cristo em favor dos valores idealizados do culto ju-

---

[16] FILSON, F. V. *"Yesterday"*; A study of Hebrews in the light of chapter 13. Naperville, IL, Allenson, 1967. (SBT, 4.)

[17] A referência ao "desenlace da conduta deles" significa que eles morreram martirizados? Vemos, adiante, a plausibilidade de que Hebreus tenha sido endereçada aos cristãos romanos, e alguns têm visto nos líderes do passado uma alusão a Pedro e Paulo.

[18] Apud GLAZE JR., R. E. *No easy salvation*. Zachary, LA, Insight, 1966. p. 9.

daico. Quanto a considerar Hebreus um *sermão*, a obra se autodenomina "palavra de exortação" (Hb 13,22), e existem expressões como "estamos falando" (Hb 2,5; 5,11; 6,9). Usando as categorias da retórica aristotélica (cf. *p. 552*), H. W. Attridge (*Hebrews*, Hermeneia, 1989, p. 14) afirma: "Trata-se claramente de um discurso epidíctico, que celebra a importância de Cristo". Mas existe também um elemento de retórica deliberativa, pois Hebreus convoca à ação com fidelidade e perseverança. Hoje, alguns distinguem homilia (que se liga intimamente ao texto da Escritura) de sermão (que é mais temático) — a argumentação de Hebreus mergulha profundamente na Escritura. Quanto a ser uma *carta*, apenas as diretrizes no cap. 13 e, de modo particular, a conclusão em Hb 13,20-25 emprestam à obra a aparência do formato carta conhecido dos escritos paulinos.[19] Talvez devêssemos contentar-nos com a definição relativamente simples de Hebreus como um sermão ou homilia com final epistolar.

A análise estrutural de Hebreus, proposta por A. Vanhoye tem tido ampla influência.[20] Trabalhando com características como refrãos, inclusões (isto é, o final de uma seção corresponde ao começo) e alternância de gênero, Vanhoye detecta uma elaborada composição concêntrica, que consiste em uma introdução (Hb 1,1-4) e em uma conclusão (Hb 13,20-21), rodeando cinco seções dispostas quiasticamente[21] (cada uma contendo diversas subseções):

I. 1,5–2,18: o nome superior aos anjos (escatologia)
II. 3,1–5,10: Jesus fiel e compassivo (eclesiologia)
III. 5,11–10,39: exposição central (sacrifício)
IV. 11,1–12,13: fé e paciência (parênese eclesiológica)
V. 12,14–13,19: o fruto pacífico da justiça (escatologia)

---

[19] Alguns estudiosos têm argumentado que o cap. 13 ou Hb 13,22-25 foi acrescentado precisamente com esse propósito, mas cf. TASKER, R. V. G. ExpTim 47, 136-138, 1935-1936.

[20] Seu trabalho anterior está resumido em *Structure and message of the Epistle to the Hebrews* (Rome, PIB, 1989); brevemente, Attridge, op. cit., pp. 15-16; para variantes: SWETNAM, J. *Biblica* 53, 368-385, 1972; 55, 333-348, 1974; GUTHRIE, G. H. *The structure of Hebrews*; a text-linguistic analysis. Leiden, Brill, 1994. (NovTSup, 73.) Ver também: BLOCK, D. A. *Grace Theological Journal* 7, 163-177, 1986; SWETNAM, J. *Melita Theologica* 45, 127-141, 1994.

[21] Nos quiasmos, o tema de I corresponde ao de V (escatologia); o tema de II corresponde ao de IV (eclesiologia). Uma alternativa popular divide Hebreus em três seções, com as transições (Hb 4,14-16; 10,19-25) assinaladas por exortações de confiança.

Certamente muitos dos traços que Vanhoye ressalta estão presentes em Hebreus; trata-se de uma obra artisticamente planejada, com acurada estrutura. A análise que Attridge faz da estrutura (op. cit.) está fortemente influenciada pela de Vanhoye; ele a considera um definitivo passo adiante, ultrapassando os simples católogos de conteúdos e estruturas temáticas, os quais — lamenta — muitas vezes focalizam as afirmações cristológicas que distorcem o texto ao torná-lo primariamente uma obra dogmática. No entanto, a concentração no conteúdo não precisa levar a esse resultado, enquanto um tratamento demasiado formal pode correr o risco de separar Hebreus do óbvio fim apologético que ele procura atingir ao afirmar a superioridade de Cristo.[22] É uma contradição ressaltar que se deve prestar atenção seja ao tratamento formal, que respeita a complexidade da obra, seja a um estudo mais temático? Visto que esta *Introdução* pretende oferecer uma familiaridade básica com os conteúdos de cada livro do NT, optei por seguir uma abordagem temática na Análise geral da mensagem; os leitores, porém, são encorajados a prosseguir o estudo, servindo-se das intuições dos tratamentos formais.

Ambiente pressuposto

Além do problema da estrutura, existe a questão do ambiente e do contexto intelectual do escritor. Podemos começar com paralelos em Fílon. O escritor de Hebreus demonstra habilidade alegórica em seus apelos à Escritura,[23] destreza semelhante àquela exibida por Fílon (cf. S. G. Sowers, *The hermeneutics of Philo and Hebrews* [A hermenêutica de Fílon e Hebreus], Richmond, Knox, 1965) e pelo autor da *Epístola de Barnabé*. Em Hebreus, a descrição do penetrante poder da palavra de Deus (Hb 4,12) assemelha-se à linguagem platônica (*Quis rerum divinarum heres* 26; #130-131). Quanto a Fílon, as categorias de pensamento que às vezes ele emprega têm paralelos com a filosofia da época, particularmente do

---

[22] Algumas análises de Hebreus têm exagerado o impulso apologético, mas farei notar, adiante, que não se deve negligenciar o duplo objetivo de prevenir a apostasia e a correção de uma má compreensão do evangelho que subestima aquilo que Cristo realizou.

[23] Ele utiliza a LXX. As diferenças ocasionais em relação à LXX que conhecemos ilustra a falta de uniformidade entre as versões gregas do século I d.C. Mui provavelmente não se mostra que o autor tenha citado as Escrituras hebraicas, não obstante Howard, G. E. NovT 10, 208-216, 1968; Buchanan, *Hebrews* xxvii-xxviii; cf. Thomas, K. J. NTS 11, 303-325, 1964-1965; McCullough, J. C. NTS 26, 363-379, 1979-1980.

médio platonismo (cf. *p. 158*).[24] Isso não significa que o escritor de Hebreus fosse um filósofo formal e bem instruído. Em filosofia e platonismo, ele era menos qualificado do que Fílon, mas pelo menos tinha uma familiaridade popular com as idéias de seu tempo. Em ambos os escritores as imagens cúlticas são usadas para simbolizar outros elementos. Em Hb 8,5 e 9,23-24, os sacrifícios israelitas e a liturgia no santuário terreno são cópias ou sombras da realidade correspondente no santuário celeste, assim como a Lei é uma sombra dos bens futuros (Hb 10,1). Entretanto, o contraste entre o terreno e o celeste que Hebreus faz em relação ao culto não provém simplesmente da natureza dos fatores envolvidos. Em parte, provém da mudança escatológica introduzida por Cristo,[25] e a escatologia não é uma das ênfases de Fílon (ou de Platão). Destarte, a relação com Fílon é, no máximo, indireta; há algo do mesmo ambiente de pensamento, mas não familiaridade direta.

Bem mais duvidosa é a tentativa de encontrar um pano de fundo gnóstico nas imagens de Hebreus. Tanto Bultmann quanto Käsemann detectaram isso na imagem de Jesus pioneiro ou precursor que conduz o povo de Deus em marcha rumo a seu repouso celeste (embora Käsemann, mais tarde, tenha reconhecido que o ímpeto para encontrar elementos gnósticos fora demasiado). No pensamento gnóstico, as almas ou centelhas do divino, provenientes de outro mundo,[26] que se encontram perdidas neste mundo material, são conduzidas ao mundo da luz pela revelação do redentor gnóstico. Existem também exemplos de dualismo em Hebreus, como a terra abaixo e a pátria celeste (Hb 11,15-16) e a existência de duas eras (Hb 2,5; 6,5; 9,26). Há, porém, sérias objeções à proposta gnóstica. Embora saibamos que o médio platonismo existia no contexto do pensamento do final do século I, no qual Hebreus foi escrita, não estamos certos de quanto o gnosticismo se desenvolvera e se difundira. O dualismo não se confinava ao

---

[24] Cf. THOMPSON, J. W. *The Beginnings of christian philosophy*; the Epistle to the Hebrews. Whashington, DC, 1982. (CBQMS, 13.) WILLIAMSON R. SJT 16, 415-424, 1963; HURST, L. D. SBLSP 41-74, 1984. Montefiore (*Hebrews*, pp. 6-8) liga Hebreus ao judaísmo alexandrino, mas enumera diferenças importantes em relação a Fílon. S. G. Sowers, op. cit.; WILLIAMSON, R. *Philo and the Epistle to the Hebrews*. Leinden, Brill, 1970; DEY, L. K. K. *The intermediary world and patterns of perfection in Philo and Hebrews*. Missoula, MT, Scholars, 1975. (SBLDS, 25.)

[25] Cf. MACRAE, G. W. *Semeia* 12, 179-199, 1978.

[26] Alguns vêem em Hb 2,11 (o santificador e os santificados têm uma só origem) a idéia gnóstica da preexistência celeste das almas, mas Hb 11,15-16 apresenta às pessoas uma caminhada rumo a uma pátria celeste onde elas jamais estiveram.

gnosticismo. A imagem de um pioneiro que lidera o povo de Deus tem suficiente base no papel de Moisés/Josué na condução de Israel à Terra Prometida, que é proeminentemente citada em Hebreus. Igualmente, Jesus desempenhou a função de pioneiro mediante seu sofrimento (Hb 2,9-10) — uma idéia nada gnóstica.

Após a descoberta dos MMM em Qumrã, houve forte tendência a associar Hebreus a judeu-cristãos daquele contexto, ou seja, a obra pode ter sido endereçada a sacerdotes essênios.[27] Os sectários dos MMM opunham-se ferozmente à apostasia; destarte, os que se tornaram cristãos podem ter tido um complexo de culpa que os impeliu a retornar. A comunidade de Qumrã tinha também uma forte casta sacerdotal e litúrgica, e os membros eram muito unidos; aqueles que saíram para seguir Cristo podem ter sentido profunda saudade do que deixaram para trás. Normalmente se pensa que os qumranitas não participavam do culto no templo de Jerusalém; daí, talvez, a razão pela qual Hebreus não invoca o templo em seus exemplos. Os MMM empregam o tema da nova aliança como o faz Hebreus. A maioria dos estudiosos, porém, é cética em relação à influência de Qumrã em Hebreus. O *Rolo do templo* de Qumrã faz Deus orientar a construção do templo; assim, não deveria existir em Hebreus nenhuma hesitação em apelar simbolicamente para um templo ideal. A idéia que o escritor tem de Jesus como um sacerdote segundo a ordem de Melquisedec é quase oposta à expectativa de Qumrã de um Messias sacerdotal, descendente de Aarão. Como destinatários, cristãos de um ambiente qumranita não são um alvo mais plausível de Hebreus do que quaisquer cristãos influenciados por outra forma de judaísmo. Attridge (op. cit., pp. 29-30) contesta com razão: "Não há uma única corrente de judaísmo que proporcione uma matriz clara e simples na qual se possa entender o pensamento de nosso autor ou seu texto".

Outra hipótese recorre a At 6,1-6 (e ao resultado do discurso de Estêvão em At 7), que distingue duas espécies de judeu-cristãos (ambas conseguiam conversos entre os gentios): os helenistas, que, representados por Estêvão, assumiam uma postura radicalmente depreciadora em relação ao templo de Jerusalém (At 7,47-50), e os hebreus, que, representados por Pedro e João, iam regularmente ao templo (At 3,1). O autor de Hebreus poderia ser um pregador helenista

---

[27] Para opiniões divergentes, cf. YADIN, Y. *Aspects of the Dead Sea Scrolls*. (Scripta Hierosolymitana 4 [1958].) 36-55; BRUCE, F. F. NTS 9, 217-232, 1962-1963; FENSHAM, F. C. *Neotestamentica* 5, 9-21, 1971.

que tentava conquistar hebreus cristãos[28] à sua convicção? Muitos acreditam que o evangelho de João é uma teologia helenista, e Hebreus aproxima-se de João em sua atitude em relação à substituição do culto israelita. Não obstante o título "aos Hebreus" (cf. pp. 908-910) provir muito provavelmente de uma análise do conteúdo, poderia ter raízes mais literais? Conquanto interessante, essa hipótese permanece improvável.

Se o conteúdo não identifica o contexto de Hebreus com uma corrente de pensamento ou com um grupo ideológico claramente definidos, outras questões pertinentes à obra poderiam ajudar?

Por quem, de onde e quando?

Por quem? Alguns se referem a Hebreus como pseudônima; "anônima", porém, é mais exato, pois nenhuma reivindicação a respeito do escritor é feita no interior da obra. No entanto, por volta do final do século II, alguns atribuíam Hebreus a Paulo. Refletindo a tradição alexandrina, o Beatty Papyrus II (P^{46}), nosso texto mais antigo preservado das cartas paulinas (contendo dez comunidades destinatárias), coloca Hebreus depois de Romanos.[29] A aceitação como obra de Paulo aconteceu mais lentamente na Igreja ocidental. Tanto em Alexandria quanto em Roma, porém, nas listas canônicas oficiais do final do século IV e começo do século V, Hebreus era contada entre as catorze cartas paulinas, às vezes situada antes das cartas pessoais (1 e 2 Timóteo, Tito, Filêmon), mais freqüentemente no final da coleção. De forma gradual o nome de Paulo foi introduzido no título da obra, aparecendo já na Vulgata. Os fatores que contribuíram para a atribuição a Paulo são: a) O surgimento do nome do "irmão Timóteo", em Hb 13,23 — doutra forma, o nome de Timóteo é encontrado somente em Atos e nas dez cartas do *corpus* paulino, e Paulo o chama de "irmão" em 1Ts 3,2; Fm 1 e 2Cor 1,1 (e Cl 1,1). Todavia, Timóteo deve ter sido íntimo de muitos outros cris-

---

[28] Cf. MANSON, W. *The Epistle to the Hebrews.* London, Hodder & Stoughthon, 1951; THURSTON, R. W. EvQ 51, 22-39, 1979. A maioria dos exegetas acredita que os cristãos de Roma são os destinatários. Se Roma foi evangelizada da parte de Jerusalém (cf. p. 740), o caráter de seu cristianismo podia muito bem aproximar-se daquele dos hebreus que dominavam o cristianismo hierosolimitano, uma vez que os helenistas foram expulsos durante a perseguição (At 8,4-5; 11,19).

[29] Veremos, adiante, que existem íntimas ligações entre Hebreus e Romanos; isso, porém, deve-se, em parte, ao fato de Hebreus ter sido enviada para Roma ou de Roma?

tãos. b) A bênção e as saudações em Hb 13,20-24 (e, em menor escala, os imperativos éticos dos caps. 12–13) assemelham-se ao final de uma carta paulina. c) Hab 2,3-4, citado em Hb 10,37-38, é usado por Paulo em Gl 3,11 e em Rm 1,17. Entretanto, o escritor de Hebreus não relaciona a passagem à justificação pela fé e não pelas obras, que é a interpretação paulina. d) Elementos no vocabulário e na teologia de Hebreus têm paralelos nas obras que trazem o nome de Paulo.[30]

Contudo, as provas contra a autoria paulina de Hebreus são sobrepujantes. O estilo grego bem elaborado e erudito é muito diferente do de Paulo, conforme Clemente e Orígenes já haviam reconhecido. Expressões paulinas comuns ("Cristo Jesus", cerca de noventa vezes) não aparecem em Hebreus. Mais importante, a mentalidade não é a de Paulo. A ressurreição é um elemento importante na teologia de Paulo, mas em Hebreus ela é mencionada apenas uma vez (Hb 13,20, numa oração subordinada); inversamente, o tema principal de Hebreus — Cristo como sumo sacerdote — não aparece em Paulo. Este negava que tivesse recebido o evangelho por intermédio de outros seres humanos; Deus revelara-lhe seu Filho (Gl 1,11-12). Como ele poderia ter escrito que a mensagem fora primeiramente declarada pelo Senhor e "transmitida [a nós] pelos que a ouviram" (Hb 2,3)?

Entre aqueles que não aceitam a autoria paulina,[31] as duas hipóteses mais comuns para a autoria envolvem um conhecido companheiro de Paulo ou uma figura totalmente desconhecida, sendo a última a opção mais comum. A figura mais letrada da era patrística, Orígenes, contentou-se em deixar no anonimato o verdadeiro escritor (que cogitou ser um possível secretário de Paulo), observando que somente Deus sabe quem escreveu Hebreus. Outros fazem suposições acerca do escritor ou (se presumem que foi Paulo) sobre o secretário utilizado. Tertuliano atribuía Hebreus a Barnabé; com efeito, a *Epístola de Barnabé*, no começo do século II, tem um estilo alegórico alexandrino similar ao de Hebreus. No entanto, a "epístola" é também anônima, e a atribuição a Barnabé não é mais sólida do que

---

[30] Por exemplo, auto-rebaixamento de Cristo até a morte (Hb 2,14-18; Fl 2,7-8); glória maior do que a de Moisés (Hb 3,2-3; 2Cor 3,7-8); sua obediência (Hb 5,8; Fl 2,8; Rm 5,19); *hilastērion*, "expiação" (Hb 9,5; Rm 3,25); a oferenda ou sacrifício de Cristo (Hb 9,28; 1Cor 5,7); Abraão como exemplo de fé (Hb 11,8; Gl 3,6-9); correr como expressão idiomática (Hb 12,1; 1Cor 9,24); endereçamento aos receptores como "santos" (Hb 13,24; Rm 1,7 e passim). Existem diferenças em todos esses paralelos.

[31] Nos primeiros séculos, pensou-se que Hebreus perderia autoridade se Paulo não a tivesse escrito. Agora, a compreensão de que não sabemos quem escreveu muitos dos livros do NT relegou tal objeção ao anonimato.

a atribuição a Paulo. Outras reivindicações antigas para Hebreus incluíam Lucas e Clemente de Roma. Lutero[32] considerava Apolo o autor, pois At 18,24 descreve-o com atributos que poderiam corresponder aos do autor (judeu, nativo de Alexandria, eloqüente, bem versado nas Escrituras), e tal hipótese atraiu considerável número de seguidores. Priscila e Áquila tinham contatos com Apolo (At 18,36), e cada um deles foi proposto como escritor. Silas e Filipe também foram sugeridos.[33]

Devemos satisfazer-nos com a ironia de que o orador mais sofisticado e o mais elegante teólogo do NT é um desconhecido. Para empregar sua própria descrição de Melquisedec (Hb 7,3), o escritor de Hebreus permanece sem pai nem mãe, nem genealogia. A qualidade de seu grego e seu domínio das Escrituras em grego sugerem que ele era um judeu-cristão com boa educação helenística e algum conhecimento das categorias filosóficas gregas. Seu estilo hermenêutico alegórico tem paralelos em Fílon e na interpretação alexandrina, mas esta era ensinada em outra parte, de modo que a alegação de que o escritor de Hebreus originava-se de Alexandria não é provada. Aqueles com quem ele aprendeu a respeito de Cristo (Hb 2,3) podem ter tido uma visão teológica semelhante àquela do movimento helenista e postura livre em relação à herança cúltica judaica.

De onde? A discutida tese de que Hebreus foi escrita de Alexandria seria pouco útil neste caso, pois nada sabemos das origens da Igreja cristã em tal localidade. A argumentação em Hebreus, baseada na liturgia e no sacerdócio judaicos, fez de Jerusalém ou da Palestina candidatas mais fortes. (Contudo, a apresentação que Hebreus faz da liturgia reflete mais um "conhecimento livresco" da LXX do que freqüência ao templo de Jerusalém, que não é mencionado.) Conforme vimos, encontraram-se paralelos entre a atitude de Estêvão, o líder helenista em Jerusalém, e a do escritor de Hebreus; ambos dependem fortemente das Escrituras e desconfiam de uma construção divina feita por mãos humanas.[34] Na

---

[32] Na tradução alemã do NT de Lutero, em setembro de 1522, Hebreus foi um dos quatro livros que não foram impressos na ordem tradicional do NT, mas colocados no fim. Para Lutero, eles não se incluíam entre os "verdadeiros e autênticos livros principais" porque em tempos passados foram considerados sob outra luz (ou seja, de origem não-apostólica).

[33] O prêmio para duvidosa ingenuidade vai para a sugestão de que Maria, a mãe de Jesus, seria responsável pelo conteúdo da carta: Ford, J. M. TBT 82, 673-694, 1976. Anteriormente, em CBQ 28, 402-416, 1966, ela pensava que Hebreus tivesse sido escrita em uma reação paulina à atividade de Apolo *em Corinto*.

[34] Para ser exato, porém, Estêvão se opunha a um templo feito por mãos, mas era favorável ao vocabulário anterior. Hebreus considera a substituição do tabernáculo terreno.

verdade, porém, de acordo com At 8,4; 11,19, os helenistas agiam principalmente fora de Jerusalém e até mesmo fora da Palestina. As saudações aos leitores, enviadas pelos "da Itália" (Hb 13,24) relembra algo da presença de judeus romanos em Jerusalém durante o Pentecostes (At 2,10); e, com efeito, se a carta foi dirigida aos cristãos romanos, At 28,21 sugere correspondência freqüente entre a Judéia e Roma. Todavia, as teorias acerca do lugar de onde Hebreus foi enviada são quase tão imaginárias quanto as teorias acerca do autor.

Quando? Essa questão está parcialmente relacionada com a resposta à anterior. Na ponta inferior do espectro, o escritor de Hebreus não pertence à primeira geração de cristãos, dado que, aparentemente, ele depende daqueles que ouviram o Senhor (Hb 2,3); seus leitores/ouvintes eram cristãos havia pouco tempo (Hb 5,12; 10,32). Na ponta superior, um limite é estabelecido por *I Clemente* 36,1-5 (escrita provavelmente no final dos anos 90, mas não depois de 120), que faz eco a Hb 1,3-5.7.13.[35] Destarte, a data mais freqüentemente sugerida para o surgimento de Hebreus é entre 60 e 90 d.C., estando divididos os estudiosos sobre se ela deveria ser datada de antes da destruição do tempo de Jerusalém (daí, dos anos 60) ou de depois (donde dos anos 80). Se Paulo, Apolo, Áquila ou Priscila escreveu a obra, sugere-se uma data não posterior aos anos 60, visto que quase todos eles já estariam mortos nos anos 80. A libertação de Timóteo (do cativeiro: Hb 13,23), um dado aparentemente histórico, não é obstáculo para uma data tardia, pois Timóteo era mais jovem do que Paulo (cf. *p. 856*), e poderia muito bem estar vivo nos anos 80.

O elemento principal de apoio para uma datação dos anos 60 é o silêncio de Hebreus acerca da destruição do templo de Jerusalém (ano 70 d.C.). A alusão à destruição pode ter reforçado a tese do autor de que Jesus substituiu a liturgia, o sacerdócio e o lugar santo judaicos. Contudo, em nenhuma parte da carta o autor demonstra interesse pelo templo (e, para ele, pode não ter sido o lugar santo mais importante, visto que o Deus do AT não ordenou que fosse construído); assim, não temos como saber se sua destruição se encaixaria na argumentação do escritor. As citações do culto, expressas no tempo presente (Hb 8,3; 9,7; 13,11), não provam que os sacrifícios continuavam a ser ofereci-

---

[35] Mais de vinte passagens em *I Clemente* são consideradas ecos de Hebreus; por exemplo, a lista dos exemplos de fé do AT em *I Clemente* 10–12 e 17, comparável a Hb 11.

dos no templo,[36] pois as *Ant.* de Josefo, escritas vinte anos depois da destruição do templo, também usam o tempo presente.

Um elemento de apoio para a datação dos anos 80 é a forte ênfase na substituição das festas, sacrifícios, sacerdócio e lugar de culto judaicos — de fato, a primeira ou antiga aliança foi substituída pela nova (Hb 8,7-8.13). A imagem cristã primitiva era a de uma renovação radical das instituições de Israel, mas depois de 70 e da destruição do templo, mudou-se a percepção, conforme é testemunhado em João (*pp. 462 e 467*). Cristo passou a ser visto como aquele que substituiu o que existia antes. De forma semelhante, na última terça parte do século é que o costume de usar a palavra "Deus" para Jesus começou a tornar-se proeminente. No entanto, embora teologicamente Hebreus pareça mais à vontade nos anos 80, precisamos reconhecer que um argumento para datação, tirado de teologia comparativa, é muito fraco, pois intuições teológicas "avançadas" não aconteceram ao mesmo tempo, em todo lugar. Nada pode ser concluído a respeito da data, mas, em minha opinião, a discussão em torno dos destinatários, na qual entramos agora, favorece os anos 80.

A que destinatários?

Comecemos pelo título da carta. A maioria dos estudiosos concorda que o título "Aos Hebreus" *não* foi dado pelo autor. No entanto, ele aparece no Beatty Papyrus II (P^{46}), o mais antigo manuscrito que conhecemos, e já estava em uso por volta do ano 200, no Egito e no Norte da África. (Nenhum outro título jamais apareceu como destinação.) Quase certamente representa uma conjectura afixada à obra como resultado de uma análise do conteúdo, que lida de forma ampla com o culto israelita.

Com base no conteúdo de Hebreus, o que se pode determinar acerca dos destinatários e de seu ambiente? A carta reflete três estágios,[37] dois dos quais estão no passado. a) No início, na avaliação do autor, eles foram devidamente

---

[36] A passagem mais difícil, porém, é Hb 10,1-2, em que o escritor argumenta retoricamente que os sacrifícios oferecidos ano após ano não podem aperfeiçoar as pessoas: "Se não fosse assim, não se teria deixado de oferecê-los".

[37] Dependemos necessariamente da redação do autor, mas devemos estar conscientes da possibilidade de exageração retórica em algumas das descrições.

iluminados (e batizados em Cristo; cf. *p. 895*). A comunidade recebeu a mensagem cristã de evangelizadores cuja obra fora acompanhada pela realização de milagres. A atividade do Espírito Santo era parte daquela experiência (Hb 2,3-4; 6,4-5). Por meio quer da educação judaica, quer da evangelização cristã, os destinatários valorizavam a riqueza religiosa do judaísmo. A argumentação supõe que a comunidade dos cristãos que leria/ouviria Hebreus compreendia o raciocínio alegórico baseado nas Escrituras judaicas,[38] e tinha um bom conhecimento da liturgia cúltica de Israel e uma postura favorável a ela. b) A seguir (quando?), os cristãos foram afligidos por um tipo de perseguição, hostilidade e/ou maus-tratos (Hb 10,32-34). Foram privados de propriedades, e alguns foram jogados na prisão. Aprisionamento faz pensar no envolvimento das autoridades locais contra os cristãos.

c) No tempo em que Hebreus foi escrita, a crise de perseguição ativa parecia ter passado, mas existia contínua tensão e desânimo, bem como perigo futuro. Ofensas da parte dos de fora constituíam ainda um problema (Hb 13,13); mais seriamente, porém, membros do grupo estavam tornando-se "apáticos" e "inertes" (Hb 5,11; 6,12), além de ter idéias errôneas. Uma exagerada nostalgia pelas raízes judaicas da proclamação cristã parece fazer parte do quadro. De modo específico, o autor pensava que alguns valorizavam demasiadamente o legado cúltico israelita, não apreciando a monumental transformação operada por Deus mediante Cristo, segundo a qual aquilo que pertencia à antiga aliança fora ultrapassado. Além do mais, parece que havia até mesmo algum perigo de os fiéis abandonarem completamente as riquezas que lhes foram trazidas pela fé em Cristo. Aparentemente, os afetados por essa opinião tinham parado de reunir-se em oração com outros cristãos (10,25). Os argumentos apresentados em Hebreus acerca da superioridade de Cristo[39] (especialmente comparado a Moisés) e a substituição dos sacrifícios e do sacerdócio judaicos, juntamente com as admoestações que acompanham tais argumentos, tinham a intenção tanto de inculcar uma adequada compreensão do evangelho quanto de desencorajar qualquer recaída. O

---

[38] Hebreus tem sido considerada até mesmo substancialmente um *midrash* (comentário livre) dos Sl 95 e 110 e de Jr 31,31-34, redigido em prosa retórica grega.

[39] Na oratória de Hebreus, a comparação é uma característica importante; contaram-se algo em torno de 27 comparativos. *Synkrisis* ou "comparação" era um termo técnico na retórica grega, mas podemos encontrar esse modelo na reflexão rabínica.

autor adverte severamente acerca da dificuldade em receber o perdão para um pecado cometido deliberadamente, após ter recebido o conhecimento da verdade (cristã). Ele usa o exemplo da paciência durante as perseguições passadas a fim de encorajar a perseverança agora, em meio à hostilidade de então, que poderia até mesmo intensificar-se.

O que emerge de uma análise da carta a respeito da história dos destinatários é muito vago; por conseguinte, as comunidades cristãs de quase todas cidades do mundo antigo, em um tempo ou noutro, têm sido sugeridas como destinatárias de Hebreus. A maior atenção, porém, tem sido dedicada a Jerusalém e a Roma. A hipótese da *região de Jerusalém* está ligada à pressuposição de que os destinatários eram judeu-cristãos que se sentiam constantemente tentados a voltar à religião ancestral, atraídos pela liturgia e pelos sacrifícios do templo, a que podiam assistir continuamente em Jerusalém. De acordo com essa teoria, um cristão na Itália, que escreveu a esses judeu-cristãos que viviam na Palestina ou em Jerusalém para incentivá-los a não abandonar Cristo, incluiu saudações daqueles "da Itália" (Hb 13,24). À guisa de avaliação, a idéia de que alguns dos destinatários fossem cristãos de ancestralidade judaica não é implausível. Todavia, gentios cristãos freqüentemente partilhavam a mentalidade da tendência dos judeu-cristãos que os converteram (cf. *p. 418*); destarte, é perfeitamente possível que uma comunidade mista de cristãos fosse a destinatária, em vez de simplesmente judeu-cristãos. A idéia de que a proximidade do templo constituía a atração magnética dos destinatários pelo culto israelita não leva em consideração que não existe nenhuma referência ao templo em Hebreus, e que um conhecimento literário das Escrituras da LXX poderia oferecer a descrição do culto em Hebreus. Com efeito, a omissão da menção ao templo milita contra Jerusalém/Palestina como lugar destinatário. Ademais, como poderia o ímpeto persuasivo de Hebreus harmonizar-se com aquilo que sabemos dos cristãos hierosolimitanos? Nossos dados fazem pensar que, após a expulsão dos helenistas, por volta de 36 d.C., os judeu-cristãos, em Jerusalém, participavam deveras do culto no templo (At 21,23-24.26); assim, se Hebreus foi escrita para eles antes de 70, por que precisariam de uma orientação a fim de que não voltassem àquilo a que já haviam renunciado? Se Hebreus foi escrita após 70, como os cristãos poderiam voltar a um culto sacrifical que não mais funcionava?

Algumas dificuldades são evitadas pela subtese de que Hebreus foi endereçada a um grupo especial de Jerusalém, como o de sacerdotes convertidos

(At 6,7), aos quais, presumivelmente, não era permitido oferecer sacrifício após confessar Jesus, ou a judeu-cristãos que fugiram de Jerusalém nos anos 60, em vez de juntar-se à revolta contra Roma, e não mais podiam ir diariamente ao templo. No entanto, mesmo com tais grupos, um cristão da segunda geração, de *status* não-apostólico, escrevendo nos anos 60, poderia esperar que sua correção ou dissuasão tivesse influência em uma cidade onde Tiago, o irmão do Senhor e fiel seguidor do culto judaico, tinha grande importância? Por que o autor comporia em um *grego* elegante uma despersuasão para sacerdotes judeu-cristãos que conheciam o hebraico como parte da liturgia ou a judeu-cristãos da Judéia, para quem o hebraico ou o aramaico era língua nativa?[40]

A teoria segundo a qual Hebreus foi endereçada à comunidade cristã na *região de Roma*[41] é mais recente (proposta pela primeira vez, ao que parece, em 1750). Quais os fatores que a favorecem? At 18,2 demonstra que havia judeu-cristãos entre os judeus expulsos de Roma por Cláudio (por volta de 49 d.C.?); assim, não importa de que lugar Hebreus tenha sido enviada para Roma, pode ter havido cristãos da Itália[42] para retribuir as saudações. A alusão a sofrimentos passados e a aprisionamento da comunidade destinatária (Hb 10,32-34) seria bastante plausível se Hebreus tivesse sido destinada a Roma, nos anos 80, pois os cristãos romanos foram violentamente perseguidos por Nero em 64-68, quando Pedro e Paulo ali morreram. O desafio lançado aos destinatários — "Vós ainda não resististes

---

[40] Que luz é lançada sobre os receptores por Hb 13,23: "Sabei que o nosso irmão Timóteo foi libertado. Se vier logo, irei ver-vos juntamente com ele"? O NT não apresenta Timóteo na prisão; jamais diz que ele foi a Jerusalém (cf. *pp. 853-856*), e não estamos seguros de que as pessoas ali soubessem grande coisa a seu respeito. Os cristãos de Roma, porém, teriam conhecido Timóteo. Em Rm 16,21, Timóteo é a primeira pessoa cujas saudações Paulo transmite aos cristãos romanos. Em 2 Timóteo, aparentemente enviada do aprisionamento em Roma, Timóteo é convidado a ir ao encontro de Paulo ali (2Tm 1,17; 4,9).

[41] Na Itália, havia cristãos em Putéoli (Pozzuoli), na Baía de Nápoles, em Pompéia e Herculano e, provavelmente, em Óstia; no entanto, apenas Roma pode ter sido a principal endereçada, pois Hebreus supõe um lugar com herança judaico-cristã significativa, onde Timóteo era conhecido, onde o evangelho foi pregado por testemunhas (Hb 2,3) e onde aparentemente os líderes morreram pela fé (cf. n. 17).

[42] Em "Os *da Itália* vos saúdam", gramaticalmente a expressão grifada pode significar residência (os que moravam na Itália) ou descendência (italianos). O escriba do Códice Alexandrino compreendeu-o conforme o primeiro sentido, pois acrescentou a Hb 13,25: "Escrito de Roma". Mas se a expressão for compreendida na segunda acepção, Hebreus pode ter sido enviada praticamente de qualquer lugar (italianos saudando italianos). Se foi enviada de Jerusalém/Palestina, At 2,10 atesta a presença de judeus romanos ali em Pentecostes e, segundo At 10,1, a coorte italiana estava assentada em Cesaréia, por volta do ano 40 (historicamente exato?).

até o sangue em vosso combate contra o pecado" (Hb 12,4) — pode sugerir uma data anterior aos anos 90, quando, sob o imperador Domiciano, as investigações dos cultos orientais secretos puseram os cristãos em perigo (*pp. 1042-1048*).

Os paralelos entre temas da carta de Paulo aos Romanos, por volta de 58, e Hebreus poderiam ser explicados se Hebreus tivesse sido escrita para a mesma comunidade uma década ou duas mais tarde. De todas as cartas de Paulo, Romanos é a mais sensível aos valores do judaísmo; nela há também muitas expressões da linguagem litúrgica judaica (cf. *p. 742*). Hebreus pode ter sido escrita para corrigir exageros naquelas atitudes. Paulo animou os romanos (Rm 12,10) a ser líderes (*prohēgoumenoi*) uns dos outros no respeito. 13,7 refere-se aos líderes (*hēgoumenoi*) dos destinatários, os quais, no passado, serviram de exemplo pela "excelência de sua conduta" (a morte? O martírio?) e fé (aqueles que morreram sob Nero?), e Hb 13,17 alude aos líderes do tempo em que estava sendo escrita (anos 80?), que eram responsáveis pelo cuidado das almas. *I Clemente* 21,6, escrita de Roma em cerca de 96-120, fala em honrar "nossos líderes". Existem também paralelos entre Hebreus e 1 Pedro, escrita de Roma, mas os deixaremos para o próximo capítulo, em que o presumido contexto de 1 Pedro será discutido.

Um argumento importante para a destinação romana é que Hebreus foi conhecida em Roma mais cedo do que em qualquer outro lugar. Conforme vimos ao discutir a datação, uma passagem de Hebreus é citada em *I Clemente*, escrita em Roma e, portanto, em um período relativamente curto após Hebreus ter sido escrita. Em meados do século II, Justino, escrevendo de Roma, demonstrava conhecimento de Hebreus. Não se pode explicar facilmente esse fato alegando que Hebreus era conhecida em Roma porque fora enviada *daquela* cidade, pois escritores da Igreja romana têm opiniões diferentes das contidas em Hebreus.[43] Mais plausível é a opinião de que Hebreus, cogitada como uma obra corretiva, foi acolhida pela Igreja romana, mas não entusiasticamente assumida. Com efeito, tal explanação é quase exigida pela atitude de Roma em relação ao *status* canônico de Hebreus. Ainda que a familiaridade alexandrina e oriental com Hebreus tenha sido pela primeira vez atestada quase um século depois do contato romano

---

[43] *I Clemente* difere nitidamente de Hebreus por conter uma avaliação positiva do culto levítico; *Hermas* é menos rigoroso do que Hebreus na questão do perdão após o batismo.

com a carta,[44] esta foi aceita com bastante rapidez como canônica no Oriente, e atribuída a Paulo.[45] Pode-se teorizar que a comunidade romana que recebeu pela primeira vez Hebreus sabia que ela não provinha de Paulo, mas de um mestre cristão de segunda geração. Não obstante fosse digno de respeito, não detinha a autoridade de um apóstolo (atitude compreensível em uma Igreja que se orgulhava de possuir dois "pilares" apostólicos: Pedro e Paulo [*I Clemente* 5,2-7]. As controvérsias trinitárias ajudaram a mudar o panorama, pois Hebreus (especialmente Hb 1,3) mostrou-se inestimável na defesa ortodoxa da plena divindade de Cristo, contra os arianos. A partir daí, a opinião segundo a qual Paulo escreveu Hebreus prevaleceu na grande Igreja (cerca de 400), e Roma estava disposta a aceitá-la como a décima quarta carta do apóstolo.

Detive-me no problema dos destinatários de forma mais extensa porque ele é mais importante do que a data e o local em que Hebreus foi escrita. Se foi escrita para Roma, destinada a uma geração posterior àquela que recebeu Romanos e imediatamente anterior à geração refletida em *I Clemente*, temos uma insinuação das constantes pelejas de uma comunidade cristã que demonstrou ser uma das mais importantes na história do cristianismo.[46]

Temas e problemas para reflexão

1. O sacerdócio (alto) de Jesus Cristo é um tema proeminente de Hebreus.[47] Até certo ponto, tal desenvolvimento é uma surpresa, visto que o Jesus histórico era enfaticamente um leigo, em certa medida crítico das práticas do templo e tratado com hostilidade pelo sacerdócio do templo. A solução de Hebreus, ao

---

[44] Somente no final do século II, Hebreus realmente aparece de forma clara no Oriente, com o alexandrino Panteno, e no Norte da África, com Tertuliano.

[45] Hebreus não é mencionada entre os livros bíblicos em *Hermas*, nos comentários ao AT de Hipólito (+ 235), no Cânone Muratório e no presbítero romano Gaio (Caio). O silêncio deste último empresta um apoio para juntar Hebreus e João como exemplos de um cristianismo mais radical (helenista). (Cf. o capítulo 11, n. 96, a respeito da resistência de Gaio em aceitar João na Igreja romana.) No mais tardar em 380, Ambrosiáster, padrão da mentalidade romana, comentou as treze cartas de Paulo, mas não Hebreus.

[46] Uma continuação do quadro do cristianismo romano pode ser encontrado em BMAR 159-183.

[47] DEMAREST, B. *A history of the interpretation of Hebrews 7,1-10 from the Reformation to the present*. Tübingen, Mohr-Siebeck, 1976; VANHOYE, A. *Old Testament priests and the new priest according to the New Testament*. Petersham, MA, St. Bede's, 1986; SCHOLER, J. M. *Proleptic priests*; priesthood in the Epistle to the Hebrews. Sheffield, JSOT; 1991. (JSNTSup, 49.)

afirmar que seu sacerdócio era segundo a ordem de Melquisedec, pode ser original, mas a idéia do sacerdócio de Jesus é encontrada em outras obras do NT, principalmente em relação à sua morte. De modo particular, Jo 10,36 e 17,19, ao referir-se a Jesus, usa os verbos "consagrar" e "santificar", os verbos empregados por Ex 28,41 para referir-se à consagração dos sacerdotes por Moisés. Muitos acreditam que a túnica sem costura, retirada de Jesus antes que ele morresse, foi influenciada pela túnica do sumo sacerdote judeu (Josefo, *Ant.* 3.7.4; #161).[48] A idéia do sacerdócio de Jesus provém da consideração de sua morte como um sacrifício expiatório auto-oferecido? Rm 3,25 descreve Cristo dessa forma (cf. também 1Jo 2,2).

2. Após refletir sobre os textos do parágrafo anterior, pode-se perguntar como o uso da linguagem litúrgica judaica (tabernáculo, templo, sacerdócio, sacrifícios, festas), para referir-se a Jesus, afeta o uso da linguagem pelos cristãos posteriores. A atitude não foi sempre consistente. Até mesmo os grupos mais literalistas não se importam de falar da Igreja ou da comunidade cristã como um templo; os termos tabernáculo ou templo são usados para designar a casa de reunião dos cristãos que se autodenominam cristãos bíblicos. Muitos não se opõem à celebração na Quinta-feira Santa/Ceia da Páscoa cristã. Contudo, podem rejeitar veementemente os termos sacrifício e sacerdote no culto cristão, apesar de, já por volta de 100, a *Didaqué* 14 considerar Ml 1,11 ("Oferenda [sacrifício] pura") realizado na eucaristia. Por lealdade à visão definitiva de Hebreus, as Igrejas que *deveras* usam a terminologia sacrifical muitas vezes enfatizam que a eucaristia não é nenhum novo sacrifício, mas a atualização litúrgica do sacrifício de Cristo. Ainda que, já por volta de 100, *I Clemente* 40,5; 42,1.4 justapusesse o sumo sacerdote judaico, o sacerdote e o levita ao Cristo, ao bispo e ao diácono, o primeiro uso evidente de "sacerdote" para o principal ministro eucarístico cristão (o bispo) apareceu no final do século II.[49] Por volta do século IV, todos os ministros da eucaristia eram considerados sacerdotes cristãos, participantes do sacerdócio

---

[48] Assim como em Hebreus, Jesus substitui muito do culto israelita, em João o Verbo veio "habitar entre nós", substituindo o tabernáculo ou tenda (Jo 1,14); o corpo de Jesus ressuscitado substitui o santuário do templo (Jo 2,21); e temas em seus discursos substituem temas de festas importantes (Jo 7,2.37-39; 10,22.36); ele foi condenado à morte como um cordeiro, na hora em que os cordeiros eram sacrificados no templo (Jo 1,29; 19,14.36).

[49] LEGRAND, H.M. *Worship* 53, 413-438, 1979.

de Cristo segundo a ordem de Melquisedec. Vale a pena refletir sobre os valores que o uso da linguagem cúltica israelita preserva e os problemas que ela suscita. (Cf. *p. 940*, a respeito do sacerdócio dos fiéis.)

3. Um problema algo diferente aparece quando se compara Hebreus com outra visão neotestamentária da eucaristia. Exceto por uma possível referência em Hb 9,20, a obra não menciona a eucaristia; é muito improvável, porém, que o autor não tivesse conhecimento dela. O silêncio é acidental? Outro pensamento do NT (Lc 22,19; 1Cor 11,24-25 — "[...] fazei isto em memória de mim" — e 1Cor 11,26 — "Todas as vezes, pois, que comeis desse pão e bebeis desse cálice, anunciais a morte do Senhor até que ele venha") envolve um ritual eucarístico constante, que representa a morte sacrifical de Jesus. Como o autor de Hebreus, com sua idéia da oferenda de Cristo uma vez por todas (Hb 7,27), teria reagido a essa visão? Uns poucos estudiosos radicais argumentam que Hebreus foi escrita em parte para rejeitar um culto eucarístico permanente. Os estudiosos também discutem se para Hebreus a oferenda sacrifical única de Jesus na cruz continua no céu, na esfera do eterno. Nesse caso, fazemos justiça ao pensamento de Hebreus ao sugerir que a eucaristia deve ser vista como uma participação terrena naquele sacrifício contínuo?

4. Ainda que uma continuação não seja totalmente rejeitada, de forma mais específica do que qualquer outra obra do NT, Hebreus fala da obsolescência da *diathēkē*, "aliança", que Deus fez com Moisés (cf. Hb 8,13).[50] Aquela aliança tornou-se obsoleta, envelheceu, estava prestes a desaparecer (também Hb 10,9: Jesus suprimiu a primeira a fim de estabelecer a segunda). Na direção oposta, hoje alguns suprimiram completamente os termos "velho [antigo]" e "novo" em referência a aliança e a testamento, substituindo-os por "primeiro" e "segundo" ou "israelita" e "cristão".[51] A mudança faz jus às várias intuições acerca da novi-

---

[50] A palavra grega também pode ser traduzida por "testamento"; por exemplo, pode significar "aliança" em Hb 9,15 e "testamento" [RSV: "última vontade"] em Hb 9,16.17. Dado que a morte de Jesus é um auto-sacrifício, tanto é o sacrifício que sela a aliança quanto o testador que realiza o testamento ou a última vontade. Apesar de Jr 31,31-34; 32,40 (Ez 37,26) falar de uma nova aliança eterna, a imagem não é enfatizada na literatura judaica subseqüente até os MMM. LEHNE, S. *The new covenant in Hebrews*. Sheffield, JSOT, 1990. (JSNTSup, 44); DUNNILL, J. *Covenant and sacrifice in the Letter to the Hebrews*. Cambridge, Cambridge Univ., 1992. (SNTSMS, 75.)

[51] O problema com a última substituição é que os cristãos do NT consideram-se o Israel de Deus. Cf. também *p. 38*.

dade do NT (especialmente em suas alusões à "nova aliança") que não têm a conotação de substituir o obsolescente? Em um nível mais profundo, muitos teólogos cristãos negam que a aliança de Deus com Israel (por meio de Abraão? ou de Moisés?) tornou-se ultrapassada e foi substituída. Em sua declaração *Nostra Aetate*, o Concílio Vaticano II adverte que "os judeus não devem ser vistos como rejeitados [...] por Deus, como se tais opiniões proviessem das Sagradas Escrituras". Deixando de lado, porém, todas as conotações de rejeição, como os cristãos devem reagir à aliança entre Deus e Moisés? Podem dizer que ainda é válida e, contudo, em lealdade a Paulo e a Hebreus, não estar ligados às exigências dela?[52]

5. Quando Hebreus foi escrita, o tabernáculo já não existia em Israel havia uns mil anos. Por que o autor da obra faz analogias com tabernáculo ou tenda (p. ex., no cap. 9), e não com templo? Sua escolha foi ditada pelo fato de que Deus era representado instruindo Moisés para a construção do tabernáculo (Ex 25–26), ao passo que no AT Deus não é mostrado ditando instruções para a construção do templo de Salomão (2Cr 2–3) ou do segundo templo, depois do exílio (Esd 3)?[53] Além do mais, o templo fora submetido a considerável correção profética, e tal não acontecera com o tabernáculo no deserto. Então, ainda que Deus tenha ensinado como edificar o tabernáculo terreno, este não mais existia; o fato pode ter servido ao autor como modelo para demonstrar como os sacrifícios levíticos e o sacerdócio poderiam deixar de existir, não obstante Deus ter instituído o desempenho deles. Finalmente, o tabernáculo era o espaço cúltico sagrado para Israel em suas andanças pelo deserto, e Hebreus se dirige a cristãos descritos como um povo em marcha, a caminho do repouso celeste. Jesus podia ser apresentado como quem entra no santuário celeste, do qual o tabernáculo terreno era apenas uma cópia, e prepara o caminho que o povo deve seguir.

---

[52] Cf. LOHFINK, N. *The covenant revoked*. New York, Paulist, 1991.

[53] Nos caps. 40–42, Ezequiel recebeu uma visão de como o templo novo, escatológico, deveria ser construído; muitos, porém, consideram a descrição uma utopia, porque tal templo jamais foi construído. No *Rolo do templo* dos MMM, Deus fala em primeira pessoa como o templo deveria ser construído. Quanto ao tabernáculo, cf. KOESTER, C. R. *The dwelling of God*. Washington, DC, CBA, 1989. (CBQMS, 22.)

Bibliografia sobre Hebreus

Comentários e estudos em série[54]

ATTRIDGE, H. W. Hermeneia, 1989.
BRUCE, F. F. NICNT, 1964.
BUCHANAN, G. W. AB, 1972.
CASEY, J. NTM, 1980.
DAVIES, J. H. CCNEB, 1967.
ELLINGWORTH, P. EC, 1991; NIGTC, 1993.
ELLINGWORTH, P. & NIDA, E. A. TH, 1983.
FULLER, R. H. ProcC, rev. ed., 1995.
GUTHRIE, D. TNTC, 1983.
HAGNER, D. A. NIBC, 1990.
HEWITT, T. TNTC, 1960.
LANE, W. L. WBC, 1991. 2 v.
LINDARS, B. NTT, 1991.
MOFFATT, J. ICC, 1924.
MONTEFIORE, H. W. HNTC, 1964.
SMITH, R. H. AugC, 1984.
TROTTER, A. H. GNTE, 1996.
WILSON, R. M. NCBC, 1987.

Panoramas da pesquisa

HAGEN, K. *Hebrews Commenting from Erasmus to Bèze 1516-1598*. Tübingen, Mohr-Siebeck, 1981.
KOESTER, C. R. CRBS 2, 123-145, 1994.
MCCULLOUGH, J. C. IBS 2, 141-165, 1980; 3, 28-45, 1981.

* * *

---

[54] Sou particularmente agradecido às contribuições do Prof. C. R. Koester, que está preparando um novo comentário sobre Hebreus na série AB. Os negritos indicam as obras mais importantes, de modo geral comentários.

BMAR 139-158.

Cody, A. *Heavenly sanctuary and liturgy in the Epistle to the Hebrews*. St. Meinrad, IN, Grail, 1960.

D'Angelo, M. R. *Moses in the Letter to the Hebrews*. Missoula, MT, Scholars, 1979. (SBLDS, 42.)

de Silva, D. A. *Despising shame*; honor discourse and community maintenance in the Epistle to the Hebrews. Atlanta, Scholars, 1996. (SBLDS, 152.). Relações sociais.

Evans, L. H. *Hebrews*. Waco, TX, Word, 1985.

Hagner, D. A. *Hebrews*. San Francisco, Harper, 1983.

Héring, J. *The Epistle to the Hebrews*. London, Epworth, 1970.

Horton, F. L. *The Melchizedek tradition*; a critical examination of the sources to the fifth century A.D. and in the Epistle to the Hebrews. Cambridge, Cambridge Univ., 1976. (SNTSMS, 30.)

Hughes, G. H. *Hebrews and hermeneutics*. Cambridge, Cambridge Univ., 1979. (SNTSMS, 36.)

Hughes, P. E. *A commentary on the Epistle to the Hebrews*. Grand Rapids, Eerdmans, 1977.

Hurst, L. D. *The Epistle to the Hebrews*; its background of thought. Cambridge, Cambridge Univ., 1990. (SNTSMS, 65.)

Isaacs, M. E. *Sacred space*; an approach to the theology of the Epistle to the Hebrews. Sheffield, JSOT, 1992. (JSNTSup, 73.)

Käsemann, E. *The wandering people of God*. Minneapolis, Augsburg, 1984; original alemão de 1957.

Kistemaker, S. J. *The Psalm citations in the Epistle to the Hebrews*. Amsterdam, Soest, 1961.

_____. *Exposition of the Epistle to the Hebrews*. Grand Rapids, Baker, 1984.

Kobelski, P. J. *Melchizedek and Melchireša'*. Washington, DC, CBA, 1981. (CBQMS, 10.)

Manson, W. *The Epistle to the Hebrews*. London, Hodder & Stoughton, 1951.

Peterson, D. *Hebrews and perfection*. Cambridge, Cambridge Univ., 1982. (SNTSMS, 47.)

Pursiful, D. J. *The cultic motif in the spirituality of the Book of Hebrews*. Lewiston, NY, Mellen, 1993.

Thompson, J. W. *The beginnings of christian philosophy*; the Epistle to the Hebrews. Washington, DC, 1982. (CBQMS, 13.)

Westcott, B. F. *The Epistle to the Hebrews*. 3. ed. London, Macmillan, 1909. Um clássico.

Capítulo 33

Primeira carta de Pedro[1]

Voltamo-nos agora para aquelas que, desde Eusébio, no começo do século IV, têm sido conhecidas como as (sete) epístolas católicas ou gerais, designação que (ao menos no cristianismo oriental) foi considerada apropriada para obras endereçadas à Igreja universal, a saber, Tiago; 1 e 2 Pedro; 1, 2 e 3 João; e Judas.[2] Com os títulos atuais, aparecendo na seqüência canônica depois do *corpus* paulino (incluindo Hebreus), elas dão a impressão de apresentar o testemunho a respeito de Jesus, da parte daqueles que o viram em sua carreira terrena, a saber, dois membros de sua família (Tiago e Judas) e dois dos mais importantes entre os Doze (Pedro e João).[3] Às vezes, esses escritos confirmam elementos importantes da mensagem de Paulo (1 Pedro); de quando em vez, apresentam uma atmosfera bem diferente (1, 2 e 3 João; Judas); outras vezes, chegam perto de um confronto com Paulo (Tiago, 2 Pedro). Quase todos os aspectos dessas epístolas/cartas católicas

---

[1] Na ordem canônica, bastante arbitrária (próxima nota), Tiago segue-se a Hebreus. Para ajudar o fluxo do pensamento, nesta *Introdução* decidi tratar 1 Pedro depois de Hebreus por três razões. Primeira: vimos que Hebreus pode bem ter sido enviada para Roma nos anos 80, e 1 Pedro pode também ter sido enviada de Roma nos anos 80. Segunda: Hebreus, que se segue às cartas paulinas, foi durante muito tempo (mesmo que erroneamente) atribuída a Paulo, e contém algumas semelhanças com o pensamento e o contexto paulinos, e 1 Pedro tem muitos pontos em comum com o pensamento paulino. Terceira: Tiago não tem ligação alguma com Roma e se opõe à ênfase (paulina?) na fé, de preferência às obras. Tiago é o suposto autor, enquanto a carta de Judas afirma ter como autor "Judas, o irmão de Tiago". 2 Pedro serve-se de Judas. Por conseguinte, o tratamento dos livros na ordem aqui proposta (cartas paulinas, Hebreus, 1 Pedro, Tiago, Judas, 2 Pedro) tem uma seqüência lógica. As epístolas joaninas já foram analisadas nos capítulos 12, 13 e 14, após o evangelho de João.

[2] HE 2.23.25: "as sete [epístolas] chamadas católicas". No uso cristão ocidental, "católico" tem a conotação de "canônico". A ordem canônica foi ditada provavelmente pela lista dos "pilares" da Igreja de Jerusalém em Gl 2,9 — "Tiago, Cefas [= Pedro] e João" —, tendo Judas como apêndice.

[3] Nas listas de algumas Igrejas orientais, essas epístolas aparecem de forma bastante lógica entre Atos e o *corpus* paulino.

são discutidos na exegese: o gênero (verdadeiras cartas?[4]), seus destinatários (alguns específicos, outros não) e o verdadeiro escritor.[5]

Mantendo meu procedimento costumeiro em relação aos escritos polêmicos, tratarei em primeiro lugar dessas epístolas assim com chegaram até nós. Em cada capítulo, será apresentado um Contexto da vida da figura cujo nome aparece no título. Ainda que tal pessoa não tenha escrito a obra, a reivindicação de sua autoridade sugere que a ênfase no escrito está ligado à sua imagem. Destarte, começaremos com o escrito atribuído a Pedro, o mais importante seguidor de Jesus do século I, mesmo que desbancado por Paulo no que concerne ao impacto com escritos neotestamentários. 1 Pedro é um dos escritos mais interessantes e pastoralmente ricos do NT, e merece cuidadosa atenção.

Após o Contexto e a Análise geral da mensagem de 1 Pedro, as subseções serão: O sofrimento descrito: perseguição imperial ou desestima?, 1Pd 3,19 e 4,6 e a descida de Cristo ao inferno; Relação com a tradição paulina; De quem, para quem, onde e quando?; Temas e problemas para reflexão e Bibliografia.

Contexto

Simão,[6] que mui rapidamente veio a ser chamado Cefas (aramaico: *Kēpā'*, "pedra") ou Pedro (grego: *Petros*, de *petra*, "pedra"),[7] é sempre nomeado primeiro

---

[4] 1 João não apresenta nenhum elemento do formato carta; 1 Pedro e Tiago contêm marcas do formato, mas o conteúdo aproxima-se do de uma homilia (1 Pedro) marcada por aspectos retóricos de um debate/diatribe (Tiago).

[5] 1, 2 e 3 João apresentam um nome de pessoa. Embora as demais também o façam, os intérpretes geralmente estão de acordo em que 2 Pedro é pseudônima, e discutem acerca de Tiago e Judas, mas a maioria favorece a pseudonímia. Apesar de discutida, 1 Pedro tem maior probabilidade de provir direta ou indiretamente do pretenso escritor.

[6] Ou Simeão — refletindo uma forma grega do nome mais próximo do original semítico; cf., adiante, sobre 2Pd 1,1.

[7] Apesar de questionamentos esporádicos, "Cefas" e "Pedro" referem-se ao mesmo homem: ALLISON, D. C. JBL 111, 489-495, 1992. Em dez menções paulinas, "Cefas" é usado oito vezes e "Pedro", duas. Existe ampla bibliografia sobre Pedro no NT, da qual menciono apenas livros: CULLMANN, O. *Peter: disciple, apostle, martyr.* 2. ed. Grand Rapids, Eerdmans, 1968; KARRER, O. *Peter and the Church*; an examination of Cullmann's thesis. New York, Herder, 1963. (Quaestiones Disputatae, 8); BROWN R. E. et al. PNT; SMITH, T. V. *Petrine controversies in early Christianity*. Tübingen, Mohr-Siebeck, 1985. (WUNT, 2/15.); PERKINS, P. *Peter*; apostle for the whole Church. Columbia, SC, Univ. of S. Carolina, 1994.

Capítulo 33 • Primeira carta de Pedro

Informações básicas

DATA: se de autoria de Pedro, 60-63; mais provavelmente, 70-90.

DESTINATÁRIA: uma região no Norte da Ásia Menor (talvez evangelizada por missionários de Jerusalém).

AUTENTICIDADE: possivelmente de Pedro, com a ajuda de um secretário; mais provavelmente, de um discípulo que dava continuidade à herança de Pedro em Roma.

UNIDADE: embora hoje a maioria opte pela unidade, alguns vêem dois documentos fundidos: um (1 Pedro 1,3–4,11), em que "perseguição" era apenas uma possibilidade, e outro (1Pd 4,12–5,11), em que a comunidade estava realmente sendo perseguida.

INTEGRIDADE: aqueles que detectam um fragmento confessional e/ou hinos normalmente pensam que eles foram incluídos pelo escritor.

DIVISÃO FORMAL

A. Fórmula introdutória: 1,1-2

B. Corpo: 1,3–5,11

    1,3–2,10: Afirmação da identidade e dignidade cristãs

    2,11–3,12: Comportamento adequado para dar bom testemunho em um mundo pagão

    3,12–5,11: Atitude cristã diante da hostilidade

C. Fórmula conclusiva: 5,12-14

---

nas listas dos Doze e foi claramente o mais importante desse grupo durante a vida de Jesus. A tradição unânime do evangelho é que ele negou Jesus e mostrou-se infiel durante a prisão (BDM 1.614-621). Contudo, após a aparição de Jesus ressuscitado a Simão Pedro (Lc 24,34; 1Cor 15,5; Jo 21), este foi restabelecido à proeminência e exerceu papel de liderança entre os cristãos em Jerusalém nos primeiros poucos anos (At 2–5; cf. p. 407). Seu retrato como o missionário mais ativo dos Doze, ousando aceitar novos grupos na comunidade cristã (At 8,14-25; 9,32–11,18), obtém apoio em Gl 2,8, pois Paulo considera o apostolado de Pedro a medida com a qual confrontar-se. De acordo com At 15 e Gl 2,1-10, Pedro foi uma figura importante no encontro de Jerusalém, no ano 49 d.C., em que se decidiu a aceitação dos gentios. Subseqüentemente, exerceu sua atividade na Igreja de Antioquia (onde houve uma controvérsia com Paulo) e, por volta de 55, havia um grupo de cristãos em Corinto que o considerava seu patrono (1Cor 1,12; 3,22). Foi martirizado (Jo 21,19) em Roma, em algum momento entre 64 e 68, durante a perseguição dos cristãos por Nero. *I Clemente* 5, escrita de Roma, trata Pedro e Paulo como os mais justos pilares da Igreja que foram perseguidos até a morte.

A imagem de Pedro permaneceu extremamente importante depois de sua morte, conforme podemos perceber nas passagens dos evangelhos, as quais, com toda probabilidade, foram registradas por escrito depois do ano 70. Em Jo 21, ele é retratado como o pescador (missionário) principal entre os Doze, levando a Jesus enorme quantidade de peixes, e, a seguir, como o pastor encarregado de apascentar as ovelhas de Jesus. Em Lc 22,32, ele é o apóstolo a quem Jesus diz: "Confirma teus irmãos". Em Mt 16,18, Pedro, que reagira com fé ao Messias, o Filho de Deus, é aquele sobre quem Jesus construirá a Igreja e a quem confiará as chaves do reino do céu. Contra esse pano de fundo é que devemos compreender essa carta escrita em nome de Pedro.

Mencionam-se duas outras figuras em 1Pd 5,12-13, supostamente presentes com Pedro na Babilônia (Roma): "Por Silvano, "que considero irmão fiel, vos escrevi"; "Marcos, meu filho". Quanto ao primeiro, At 15,22.32 menciona Silas, um judeu-cristão profeta da Igreja de Jerusalém que arriscou a vida por causa do Senhor (At 15,26). Juntamente com Judas Barsabás, ele levou as instruções do encontro de Jerusalém do ano 49 d.C. (ao qual estiveram presentes Pedro e Paulo) para Antioquia. Segundo At 15,36–18,5, como substituto para Marcos, que foi com Barnabé para Chipre, Paulo escolhe Silas como companheiro missionário durante a "segunda viagem missionária", pelo menos até Corinto, onde Silas é mencionado pela última vez em Atos. Ele é o mesmo Silvano,[8] que Paulo identifica como co-escritor em 1Ts 1,1, uma carta escrita de Corinto durante aquela viagem.[9] A pregação de Silvano em Corinto, naquele tempo, é recordada em 2Cor 1,19. Não sabemos como Silas/Silvano chegou a Roma, mas, presumivelmente, Pedro tê-lo-ia conhecido como "irmão fiel" durante os dias de Jerusalém.

No que diz respeito a Marcos, os leitores são convidados a rever a discussão (*pp. 244-245*) sobre se João, chamado Marcos, e Marcos são a mesma pessoa. Em resumo, é possível que um judeu-cristão chamado Marcos, que Pedro conheceu em Jerusalém (At 12,12) e que tinha sido companheiro de Paulo (bem no começo e, depois, mais uma vez), tenha ido para Roma nos anos 60, nos últimos dias de Paulo, tendo-se mostrado útil a Pedro.

---

[8] Forma latinizada de Silas e cognome ou nome romano de família.
[9] Alusão semelhante encontra-se em 2Ts 1,1, mas esta pode ser pseudepigráfica, tendo simplesmente copiado de 1Ts 1,1.

Análise geral da mensagem

Fórmula introdutória (1Pd 1,1-2). Em 1 Pedro há o mesmo tipo de saudação epistolar judaica que Paulo empregou, embora 1 Pedro modifique o padrão "graça e paz", acrescentando "vos sejam concedidos abundantemente!", presente nas cartas do AT, exemplificadas em Dn 3,98 (4,1). O fato de o escritor não usar o nome Simão (cf. 2Pd 1,1), mas "Pedro", faz pensar que o testemunho apresentado na carta (p. ex., 1Pd 5,1) apela não para a memória da testemunha ocular do ministério de Jesus, mas para o testemunho de alguém que tem servido como grande apóstolo e agora é considerado "um pilar" da Igreja (Gl 2,9, ainda que Paulo não simpatize com a expressão). O endereço é "aos estrangeiros da Dispersão", um termo usado no AT para os judeus que viviam fora da Palestina, o verdadeiro lar do povo escolhido. Contudo, fica perfeitamente claro, com base no conteúdo da carta, que os receptores eram gentios cristãos que se tornaram o povo "escolhido" (1Pd 1,1-2; 2,4.9) na diáspora — no sentido de estarem dispersos entre os pagãos e talvez também no de estarem longe da pátria celestial. A indicação geográfica específica sugere situar a rota do portador da carta, de forma crescente, no norte da Ásia Menor:[10] ele atingirá um dos portos do Mar Negro (p. ex., Sinope), no Ponto, irá para o sul atravessando o extremo leste da Galácia, já na Capadócia,[11] prosseguirá então em direção ao oeste, rumo à província da Ásia e, finalmente, em direção ao norte, por uma estrada que conduz de Éfeso a um porto do Mar Negro na Bitínia, nos confins da província da Bitínia-Ponto. Digna de nota na fórmula de 1 Pedro é a menção triádica de Deus Pai, do Espírito e de Jesus Cristo (cf. 2Cor 13,14).

Primeira seção do corpo (1Pd 1,3–2,10): *afirmação da identidade e dignidade cristãs.* 1 Pedro carece de uma ação de graças tão característica das cartas paulinas. Em lugar desta, o corpo da carta abre-se com uma notável seção declarativa que acentua a dignidade dos fiéis cristãos. A descrição ressoa fortemente a imagem do êxodo do Egito e a experiência do Sinai. Assim como os hebreus, na primeira Páscoa, deviam cingir os rins, os destinatários devem cingir a mente (1Pd 1,13). Aqueles que adentraram o deserto desejaram ardentemente voltar às panelas de carne do Egito, mas os cristãos destinatários não devem conformar-se

---

[10] Sobre a geografia, cf. HEMER, C. J. ExpTim 89, 239-243, 1977-1978.

[11] Depois de 72 d.C., Ponto, Galácia e Capadócia orientais passaram a formar uma província.

com os desejos de sua ignorância pregressa. A exigência de Deus no Sinai— "Sede santos, porque eu sou santo" — é repetida (Lv 11,44; 1Pd 1,16), e são retomados o bezerro de ouro, o cordeiro pascal e o resgate que Deus fez de Israel (Dt 7,8) na admoestação de que os destinatários foram resgatados não com prata e ouro, mas com o precioso sangue de Cristo, tal qual cordeiro sem mancha. A referência ao começo da vida cristã encontra-se em 1Pd 1,3 e 1,23: "Fostes regenerados, não de uma semente corruptível, mas incorruptível, mediante a Palavra viva de Deus".

Uma vez que 1Pd 3,18-22 é explícito — "Aquilo que lhe corresponde é o batismo que agora vos salva" — muitos estudiosos acreditam que o escritor tirou suas imagens da linguagem batismal, na qual a participação no povo cristão de Deus era compreendida por meio da analogia ao começo de Israel como povo de Deus. Alguns são bem específicos em considerar o uso em 1 Pedro de um hino ou hinos batismais que podem ser reconstruídos.[12] Outros pensam em uma liturgia batismal usada em Roma, na qual o batismo era conferido, em 1Pd 1,21 e 1,22. Por causa do simbolismo pascal, propôs-se uma liturgia batismal específica, em uma vigília pascal.[13] Outra tese sugere uma homilia batismal que abrange a totalidade de 1Pd 1,3–4,11.[14] Para nosso objetivo, não há nenhuma necessidade real de exatidão. Pode-se compreender o teor básico da seção se se considerar que o escritor evocou linguagem e passagens tradicionais da Escritura ouvidas no batismo pelos destinatários, que tinham sido evangelizados por missionários profundamente ligados às tradições de Israel. (Adiante, sugerirei que essa área da Ásia Menor foi evangelizada da parte da Jerusalém de Pedro e Tiago.)

Essa seção chega ao ponto culminante em 1Pd 2,4-10, concentrado em duas séries de três textos do AT: a série em 1Pd 2,6-8 centra-se no Cristo como a pedra escolhida por Deus, mas rejeitada por alguns seres humanos;[15] e a série em 1Pd 2,9-10 concentra-se na comunidade cristã, que não era, mas tornou-se, o

---

[12] As propostas incluem: 1Pd 1,3-5; 1,18-21; 2, 21-25; 3,18-22; 5,5b-9, com paralelos ao hino em Tt 3,4-7. Elementos de um credo ou confissão batismal foram detectados em 1Pd 3,18.19.21d.22; 4,5. Cf. SHIMADA, K. AJBI 5, 154-176, 1979.

[13] CROSS, F. L. *I Peter*; a Paschal liturgy. London, Mowbray, 1954. Ao contrário, Moule, "Nature"; THORNTON, T. C. G. JTS 12, 14-26, 1961.

[14] Nessa, propôs a influência do Sl 34 (1Pd 2,3 = Sl 34,9; 1Pd 3,10-12 = Sl 34,13-17).

[15] Cf. LEA, T. D. *Southwestern Journal of Theology* 22, 96-102, 1980.

povo de Deus. O importante v. 9 interpreta Ex 19,6 (LXX): "Mas vós sois uma raça eleita, um sacerdócio real, uma nação santa", ou seja, os privilégios de Israel agora são os privilégios dos cristãos.

Segunda seção do corpo (1Pd 2,11–3,12): *comportamento adequado para dar bom testemunho em um mundo pagão.* Dada a dignidade do povo cristão, existe um padrão de conduta que pode apresentar um exemplo para os pagãos do local, a fim de reagir à pouca estima que eles tinham dos cristãos. Isso conduz ao final dos cinco códigos domésticos do NT (1Pd 2,13–3,7) que começamos a discutir no capítulo 27.[16] Aqui não se dá nenhuma atenção à mudança da ordem social ou doméstica existente (ainda que seja injusta), mas somente ao comportamento adequado à situação atual para apresentar o exemplo da paciência e da autodoação de Cristo. (Cf. as questões levantadas nas *pp. 799 e 849.*) O código de 1 Pedro lida com cristãos que eram submetidos ao imperador e a governadores, escravos sujeitos as seus senhores e o relacionamento mútuo entre esposas (sendo submissas) e esposos (sendo respeitados). Assim, estruturalmente é menos equilibrado do que a tríade de relações recíprocas em Cl 3,18–4,1 e Ef 5,21–6,9; ademais, falta aqui a discussão sobre filhos/pais, presente em Colossenses e Efésios. Por um lado, o código de 1 Pedro não se avizinha de forma alguma da ênfase sobre idosos/idosas e moças/rapazes em Tt 2,1-10; por outro lado, os dois códigos domésticos partilham o escopo do comportamento edificante que atrairia outros à fé. 1 Pedro tem em comum com o(s) código(s) doméstico(s) ora disperso(s) em 1Tm 2,1-2; 2,8-15; 5,1-2; 6,1-2 os temas da oração/respeito pelos que detêm autoridade e da modesta vestimenta das mulheres. De forma semelhante a Tito e 1 Timóteo e diferente de Colossenses e Efésios, o código de 1 Pedro fala somente sobre o dever dos escravos em relação aos senhores, mas não vice-versa. Veremos na n. 21, que, a respeito do ministério institucional, 1 Pedro pode, de novo, aproximar-se mais das pastorais do que de Colossenses e Efésios.

---

[16] Mais tecnicamente, alguns são também códigos comunitários que tratam do comportamento durante a liturgia e em relação à autoridade pública. BALCH, D. L. *Let wives be submissive*; the domestic code in I Peter. CA, Scholars, 1981. (SBLMS 26, Chico.); também THOMPSON, J. W. ResQ 9, 66-78, 1966. Embora nesta ocasião o código devesse corresponder ao comportamento moral esperado pela sociedade circundante, de modo que os não-cristãos pudessem considerar os cristãos dignos de louvor, o escritor declara que tal modo de vida virtuoso brota do fato de os cristãos terem sido regenerados (1Pd 1,22-23). Alguns dos que admitem a abordagem de uma liturgia batismal a 1 Pedro vêem nos escravos, esposas e esposos grupos que iam ser batizados.

Quanto aos detalhes, a sujeição ao rei (imperador) e aos governadores, que punem os malvados, mostra que os cristãos não são malfeitores, apesar do que dizem as pessoas. Os escravos devem ser pacientes quando são surrados injustamente, da mesma forma que o Cristo inocente deixou um exemplo, aceitando resignadamente insultos e sofrimento. (A passagem em 1Pd 2,21-25 mostra quão intimamente a imagem do Servo Sofredor de Is 53 fora entretecida na descrição cristã da paixão de Cristo.) A exortação aos escravos conclui-se com a observação de que os sofrimentos deles foram curados e o Cristo é o pastor e o guardião da alma deles.

Essa parte termina em 1Pd 3,8-12, endereçado a "todos vós", com cinco breves imperativos sobre como devem tratar-se mutuamente, a fim de que possam viver como uma verdadeira comunidade cristã, e a promessa de uma bênção do Senhor, citada do Sl 34,13-17. Talvez, de novo, 1 Pedro esteja ressoando a oratória batismal-padrão, pois Tg 1,26 reflete o Sl 34,14 (cf. n. 14).

Terceira seção do corpo (1Pd 3,13–5,11): *atitude cristã diante da hostilidade.* A subseção a seguir tratará do problema a respeito de se o sofrimento em 1 Pedro provém de perseguição ou de desestima.[17] Esta parece mais plausível, e trabalharei com essa hipótese. Os cristãos estão sofrendo, sendo aviltados e maltratados por seus companheiros gentios que não compreendem a estranha mudança que o evangelho realiza na vida dos convertidos, distanciando-os da sociedade. Os cristãos, porém, têm o exemplo de Cristo, o justo que sofreu pelos injustos. Sua morte não foi o fim, pois ele ressuscitou no espírito e, a seguir, foi proclamar sua vitória sobre os anjos maus, que estavam aprisionados num poço, depois de pecar com mulheres, provocando o dilúvio (1Pd 3,18-19; cf. a subseção). Do dilúvio, Noé e outros — oito, no total — foram salvos,[18] tal como os cristãos são salvos mediante as águas purificadoras do batismo (1Pd 3,20-21).

Os cristãos são desestimados porque não podem viver como seus vizinhos pagãos. Vimos listas de vícios nas cartas paulinas (cf. *pp. 745-746 e 883*), mas em de 1Pd 4,3-4 a lista parece ser modelada por uma imagem malevolente das festas pagãs das quais os gentios cristãos não mais participam. 1Pd 4,5-6 promete que o

---

[17] D. Hill (NovT 18, 181-189, 1976) insiste no interessante ponto de que a concentração no sofrimento em 1 Pedro não está dissociada das referências ao batismo. O tornar-se cristão faz perceber o papel do sofrimento à luz da paixão de Cristo. Cf. também HALL, R. ResQ 19, 137-147, 1976.

[18] LEWIS, J. P. *A study of the interpretation of Noah and the flood in Jewish literature.* Leiden, Brill, 1968.

julgamento do Deus dos vivos *e dos mortos* cuidará da injustiça enfrentada por aqueles que aceitaram o anúncio do evangelho de Cristo. Os que morreram desprezados pelos outros ("julgados como os homens na carne") viverão ("no espírito, segundo Deus"). O julgamento de todas as coisas virá em breve porque o fim é iminente (1Pd 4,7). Quanto ao presente, em meio à hostilidade dos contemporâneos, eles podem sobreviver se amarem, apoiarem e servirem uns aos outros (1Pd 4,8-11).[19]

Uma vez que Cristo mostrou que o sofrimento era a vereda para a glória, os cristãos não devem surpreender-se se experimentarem "um incêndio purificador" e grandes sofrimentos (1Pd 4,12-19). O julgamento começará com a comunidade cristã, "a casa de Deus" (v. 17). Pedro, que foi testemunha dos sofrimentos de Cristo e partícipe da glória a ser revelada, encoraja os presbíteros da comunidade a cuidar do rebanho (1Pd 5,1-4).[20] A estrutura eclesial implícita está bem estabelecida, e os membros parecem receber salários, pois 1 Pedro insiste em que eles devem ser pastores com generosidade, e não por lucro sórdido. O modelo para eles é o Cristo, o pastor supremo.[21]

Uma série de admoestações (1Pd 5,5-9), empilhadas umas sobres as outras, conclui o corpo da carta. Correspondente ao cuidado exercido pelos presbíteros deve ser a obediência mostrada por aqueles que se acham sob a autoridade deles. Acentua-se a necessidade da vigilância. A imagem, que repercute o Sl 22,14, é memorável: "[...] vosso adversário, o diabo, vos rodeia como leão a rugir, procu-

---

[19] O escritor fala de carismas: aquele que fala, aquele que serve (*diakonei*). Refere-se por último a diáconos (também n. 21). Considera-os marcados por um carisma? Estamos prestes a ver (1Pd 5,1-3) que o escritor estimula os presbíteros/anciãos a apascentar o rebanho sem constrangimento. Isso não soa como se eles se tivessem apresentado como possuidores de um carisma de governo (1Cor 12,28); provavelmente eram escolhidos por outros.

[20] Ele podia falar como apóstolo, mas, para aqueles que detinham autoridade, ele tinha maior probabilidade de persuasão se falasse como "ancião como eles". A ênfase no "testemunho" é, provavelmente, não em primeiro lugar no testemunho ocular, mas no testificado: visto que Pedro experimentou o sofrimento e a glória de Cristo, podia dar testemunho. A "glória" pode referir-se à ressurreição, mas 2Pd 1,16-18 compreende a "glória" como uma referência à transfiguração.

[21] Sobre a ordem eclesial em 1Pd 5,1-5, cf. ELLIOTT, J. H. CBQ 32, 367-391, 1970. Para Cristo, o pastor como modelo para a Igreja, cf. Jo 10,11 + 21,15-19. A linguagem pastoril em 1 Pedro é semelhante àquela endereçada aos presbíteros/supervisores (bispos) de Éfeso, em At 20,28, enquanto as admonições assemelham-se, no tom, às de Tt 1,5-8. São diáconos os "jovens" (um comparativo, como "anciãos", ou seja, presbíteros), os quais, em 1Pd 5,5, são incentivados a submeter-se aos anciãos/presbíteros, de modo que, como as pastorais, 1 Pedro supõe um ministério bipartido de presbíteros/bispos e diáconos? Cf. capítulo 30, n. 9.

rando a quem devorar". De forma consoladora, a doxologia (1Pd 5,10-11) oferece a solene promessa de que nessa luta Cristo confirmará, fortalecerá e estabelecerá os cristãos depois que estes tiverem sofrido um pouco.

Fórmula conclusiva (1Pd 5,12-14). Pedro agora intervém com saudações pessoais, talvez acrescentadas de próprio punho. São formuladas diferentemente dos cumprimentos que caracterizam as cartas de Paulo. Não se sabe se escrever brevemente em poucas palavras por meio de Silvano significa que este é o portador (cf. At 15,23: "Por seu intermédio assim escreveram [...]") ou o secretário (amanuense). Alguns pensam que "em poucas palavras" favorece a segunda possibilidade. Comentei sobre Silvano e Marcos no Contexto. A Igreja de Roma[22] junta-se a Pedro nas saudações.

O sofrimento descrito: perseguição imperial ou desestima?

Em 1 Pedro, as várias passagens que lidam com o sofrimento têm atraído a atenção, entrando na discussão sobre a data e o propósito da carta. Por exemplo, se se pensa que Pedro escreveu a carta (de próprio punho ou com o auxílio de um secretário), podem-se interpretar as indicações como se os leitores estivessem experimentando ou tivessem experimentado algum tipo de tribulação (1Pd 1,6), e estivessem sendo tratados como malfeitores pelos gentios (1Pd 2,12), referindo-se às lutas, em Roma, entre judeus que acreditaram em Cristo e judeus que não acreditaram — refregas que levaram o imperador Cláudio a expulsar os judeus de Roma por volta de 49 d.C. (cf. p. 579). A provação por meio do fogo que estava para sobrevir aos destinatários (1Pd 4,12) e os sofrimentos previstos, prestes a atingir os cristãos em todo o mundo (1Pd 5,9), podem indicar perseguição[23] em

---

[22] "Aquela que está em Babilônia". Na literatura judaica pós-70 d.C., tal designação serve de imagem para Roma, que destruíra o segundo templo de Jerusalém, tal como Babilônia havia destruído o primeiro. Para o uso de uma figura feminina para simbolizar a Igreja, cf. 2Jo 1,13. *I Clemente*, escrita diversas décadas depois, provém da Igreja de Roma para a Igreja de Corinto e, conforme respeitável tradição, seu autor é Clemente, que pode ter sido o porta-voz autorizado dos presbíteros em Roma. Contudo, ele jamais nomeia (a si mesmo) o escritor da carta e, embora admire Pedro (*I Clemente* 5), não faz este falar à Igreja romana. 1 Pedro denomina Pedro escritor e o faz dirigir-se à Igreja em Roma.

[23] De fato, porém, a palavra correspondente a perseguição jamais aparece em 1 Pedro; o escritor fala de provação/tribulação e sofrimento. A teoria de Reicke, segundo a qual a obra foi escrita como admoestação contra o envolvimento cristão na atividade subversiva antiimperial, à moda zelota, teve pouca aceitação. Cf. SLEEPER, C. F. NovT 10, 270-286, 1968.

Roma *no tempo de Nero*, depois do incêndio de 64, próximo a acontecer ou já em andamento, e o medo cristão de que ela pudesse alastrar-se por todo o império. Se se considera a obra pseudônima e escrita por volta de 90, as referências podem aplicar-se aos maus-tratos *no tempo de Domiciano*: alguns interrogatórios/julgamentos consumados, mais o medo de maior intensidade e até mesmo de perseguição ativa (cf. *pp. 1042-1048*).[24] Contudo, se a perseguição imperial era o problema, quer sob Nero, quer sob Domiciano, 1 Pedro ordenaria: "Tributai honra ao rei [imperador]" (1Pd 2,17; também 2,13)?

Uma tendência mais recente tem buscado relacionar o texto de 1 Pedro sobre tribulação/sofrimento não à perseguição imperial, mas à hostilidade local na qual não-cristãos difamavam os cristãos, tratando-os como malfeitores (1Pd 2,12), detratando-lhes a conduta (1Pd 3,16), aviltando-os (1Pd 4,4) e insultando-os por causa de sua fé em Cristo (1Pd 4,14). Os cristãos teriam erigido um culto novo, exclusivo e, aos olhos dos de fora, secreto e subversivo — suspeito de imoralidade ou mesmo de ateísmo, dado que eles não participavam do culto público, insultando, assim, os deuses. Por um lado, "a provação do fogo" (1Pd 4,12) pode ser exageradamente hiperbólica para tal tratamento;[25] por outro lado, essa explicação leva muito bem em conta a atmosfera de malquerença que pervaga a carta. O forte acento na dignidade dos cristãos e na condição deles visaria encorajar um grupo que estava sendo repudiado por seus compatriotas, um grupo que pode ser chamado de sem-teto e peregrino (1Pd 2,11; também 1,1.17). Tais cristãos se assemelhavam a Israel no êxodo, a caminho da Terra Prometida; não deveriam olhar para trás, para a antiga condição, como o fizeram os israelitas (1Pd 1,14), mas agarrar-se à sua herança imperecível (1Pd 1,4). Embora possam ter sido anteriormente aceitos por seus vizinhos, naquele tempo "não eram povo", aos olhos de Deus, e não tinham experimentado a misericórdia divina (1Pd 2,10, fazendo eco a Os 1,9; 1,6); mas eles se tornaram raça escolhida, um sacerdócio real, uma nação santa, o povo de Deus (1Pd 2,9). J. H. Elliot foi muito feliz ao

---

[24] A minoria dos estudiosos que situa 1 Pedro depois de 100 pode encontrar em 1Pd 4,16 ("[...] se sofre como cristão, não se envergonhe, antes glorifique a Deus por esse nome") uma referência à perseguição que Plínio, o Moço, desencadeou em Ponto-Bitínia, por volta de 110, *no tempo do imperador Trajano*, com seu teste de reconhecimento de cristão pela indisposição em amaldiçoar o Cristo.

[25] No entanto, pode ser simplesmente uma imagem figurada para o sofrimento escatológico. A *Didaqué* 16,5 declara que, nos últimos dias, haverá "um fogo acrisolador" e 2Pd 3,12 diz que, no dia do Senhor, os elementos se fundirão no fogo.

intitular sua convincente análise de 1 Pedro "A home for the homelles" [Um lar para os sem-teto].

1Pd 3,19 e 4,6 e a descida de Cristo ao inferno

Dois textos em 1 Pedro são importantes para resolver esse problema:

1Pd 3,18-20: Cristo sofreu a morte no corpo, ressuscitou pelo Espírito e assim "foi também pregar aos espíritos em prisão, a saber, aos que foram incrédulos, outrora, nos dias de Noé, quando Deus, em sua longanimidade, contemporizava com eles, enquanto Noé construía a arca".[26]

1Pd 4,6: "Eis por que a Boa Nova foi pregada também aos mortos, a fim de que sejam julgados como homens [literalmente: 'conforme os homens'] na carne, mas vivam no espírito, segundo Deus".

Alguns vagos textos do NT indicam que Cristo, presumivelmente depois de sua morte, desceu às profundezas da terra (Rm 10,7; Ef 4,9), retirou de lá os santos mortos (Mt 27,52; Ef 4,8) e triunfou sobre as forças angélicas más (Fl 2,10; Cl 2,15). Entre os apócrifos do século II, a *Ascensão de Isaías* 9,16; 10,14; 11,23 mostra que Jesus despojou o anjo da morte antes de ressurgir dos mortos e subir ao céu, após o que os anjos e Satanás adoraram-no. Nas *Odes de Salomão* 17,9; 42,15, Cristo abre as portas que estavam cerradas e aqueles que estavam mortos correm-lhe ao encontro. Melitão de Sardes (*Considerações sobre a Páscoa* 102) faz Cristo dizer: "Eu sou aquele que pisoteou o inferno, acorrentou o homem forte e resgatou as pessoas, levando-as para o alto do céu". Mais tarde, o *Evangelho de Nicodemos* traz uma narrativa inteira da descida de Cristo ao inferno a fim de libertar os santos do AT — a fonte das lendárias penas do inferno. Do século IV ao VI, uma oração foi inserida no credo dos apóstolos: "Desceu aos infernos". A expressão é curiosa, pois a Igreja jamais decidiu o escopo exato de tal viagem. Com efeito, algumas Igrejas modernas suprimiram a frase por considerá-la sem sentido para a fé contemporânea. Trata-se de uma reação exagerada, pois é um modo de expressar figurativamente que a morte de Cristo afetou aqueles que vie-

---

[26] Esse é muitas vezes considerado parte do hino batismal ou confissão comparável ao hino em 1Tm 3, 16: "Ele foi manifestado na carne, justificado no Espírito, aparecido aos anjos". A última expressão permite a segunda interpretação de 1Pd 3,18-20 explicada anteriormente.

ram antes dele. Mas de que forma? Os dois textos de 1 Pedro referem-se à mesma pregação? E qual é a relação entre tais textos e o artigo de fé? Essas são as questões a que agora buscamos responder. Que durante o *triduum mortis* (três dias [ou partes deles], da sexta-feira à noite até o domingo pela manhã, em que seu corpo permaneceu na sepultura),[27] o Cristo tenha descido ao lugar dos mortos é proposição que se abre a duas importantes interpretações que foram entretecidas com a interpretação dos textos de 1 Pedro.

1. *Por razões salvíficas*. Essa é a interpretação mais antiga, datando, no mínimo, do começo do século II. No *Evangelho de Pedro* 10,41, quando o Cristo é retirado do túmulo por dois anjos gigantescos, seguido pela cruz, uma voz do céu pergunta: "Fizeste o anúncio aos adormecidos?" A cruz faz reverência ao responder: "Sim". O contexto sugere que a pregação seria benéfica, conforme afirma claramente Justino, em *Diálogo* 72, escrito por volta de 160. Clemente de Alexandria (cerca de 200) apresenta a primeira interpretação de 1Pd 3,19 dessa forma, uma visão que Orígenes, para quem o inferno não é eterno, julgou interessante. Uma modificação da abordagem, a fim de evitar a implicação acerca do inferno, sustenta que Cristo foi ao limbo a fim de anunciar aos *santos* defuntos que o céu agora está aberto para eles e/ou para oferecer aos pecadores uma segunda oportunidade, se eles aceitarem o anúncio.[28]

2. *Por razões condenatórias*. Se se interpreta 1Pd 3,19 à luz de 1Pd 4,6, pregar aos espíritos aprisionados é o mesmo que evangelizar os mortos e certamente tem um intento salvífico. Contudo, W. J. Dalton[29] declara veementemente

---

[27] Apesar do parabólico Mt 12,40, o evangelho não explicita que o corpo de Jesus esteve no túmulo por três dias, mas apenas que foi colocado na tumba na sexta-feira, antes do pôr-do-sol, e que, no domingo pela manhã, não mais estava lá. Do ponto de vista de Deus, não haveria nenhuma dimensão de tempo entre a morte e a ressurreição. Conseqüentemente, a esse propósito, o que estava acontecendo a Jesus entre a morte e a ressurreição é um pseudoproblema: conforme a fé cristã, ele estava com Deus, da mesma forma que os cristãos acreditam que aqueles que morrem no amor de Deus estão com Deus entre a morte e a ressurreição.

[28] Uma outra modificação, proposta por Agostinho, restitui a interpretação original do Ocidente: a proclamação salvífica de Cristo aos desobedientes contemporâneos de Noé não foi feita depois da morte destes, mas durante sua vida, no tempo do AT. Isso reflete a idéia, atestada em todos os lugares do NT, de que Cristo atuou no período do AT como um tipo de preexistência (BINTC 133-134).

[29] *Christ's proclamation to the spirits*; a study of 1 Peter 3,18–4,6, 2. ed., Rome, PBI, 1989, AnBib 23. Cf. também REICKE, B. *The disobedient spirits and christian baptism*; a study of 1Pet. iii 19. Copenhagen, Munksgaard, 1946.

que os dois versículos não se referem ao mesmo acontecimento. Em 1Pd 4,6, Cristo não faz o anúncio; ao contrário, o versículo refere-se à pregação sobre Cristo, que é a proclamação do evangelho. Os cristãos que aceitaram o evangelho e depois morreram estão vivos aos olhos de Deus (como em 1Ts 4,13-18). Em 1Pd 3,19, por outro lado, é Cristo quem faz a proclamação, mas aos espíritos encarcerados, sem nenhuma alusão aos mortos. Na antropologia semítica, a palavra "espíritos" (distintos de "fantasmas") é um modo inusitado de referir-se aos mortos; com maior probabilidade, subentender-se-iam os anjos. A referência à desobediência nos dias de Noé sugere que esses são anjos ou filhos de Deus que agiram mal ao manter relações com mulheres na terra, conforme Gn 6,1-4, uma maldade que levou Deus a enviar o grande dilúvio do qual Noé foi salvo (Gn 6,5ss). Na mitologia judaica pré-NT, a história desses anjos maus é magnificamente elaborada. Por exemplo, Deus juntou os espíritos e encerrou-os em um enorme poço sob a terra, até o dia em que eles seriam julgados (*I Henoc* 10,11-12; *Jubileus* 5,6). Em 1Pd 3,19, o Cristo ressuscitado desce até lá para proclamar sua vitória e esmagar as forças satânicas. A imagem é semelhante à de Jo 16,11, em que o retorno de Jesus para Deus assinala a condenação do Príncipe deste mundo, e à de Ap 12,5-13, em que, quando o Messias nasce (pela ressurreição) e é elevado ao céu, o mal e seus anjos são derrubados. Em minha opinião, essa é a explicação mais plausível para 1Pd 3,19.

Relação com a tradição paulina

H. Koester (*Introduction to the New Testament* [Introdução ao Novo Testamento], Philadelphia, Fortress, 1986, 2.xi) relaciona 1 Pedro (e 2 Pedro) com o legado de Paulo e a transformação da teologia paulina em doutrina eclesiástica. Esse é um exemplo algo extremado da detecção de influência paulina em 1 Pedro, e tem sido questionado ou grandemente restringido por outros que pensam em uma escola petrina de escritores com trajetória própria. Precisamos levar em consideração a semelhança entre 1 Pedro e a tradição paulina em diversos tópicos, pois o diagnóstico do relacionamento é importante para a reconstrução do cristianismo primitivo.

Semelhança na forma. Conforme vimos, a fórmula introdutória e a fórmula conclusiva de 1 Pedro assemelham-se às encontradas nas cartas de Paulo, mas com algumas diferenças significativas. Como a maioria das cartas do NT está associada a Paulo, não existe outro material comparativo suficiente para determinar se o formato das cartas paulinas é típico de Paulo. Alguns elementos parecidos em 1 Pedro podem representar um formato de carta cristão comum e podem não derivar de um conhecimento direto das cartas paulinas.

Semelhança na linguagem e no pensamento. Estas palavras e frases em 1 Pedro servem de exemplo: em Cristo (1Pd 3,16; 5,10.14), liberdade (1Pd 2,16), dom com exemplo (1Pd 4,10-11), os sofrimentos de Cristo (*pathēmata*: 1Pd 1,11; 4,13; 5,1), justiça (*dikaiosynē*: 1Pd 2,24; 3,14).[30] Quão difusa era tal terminologia? Em algumas ocasiões, a expressão pode ser distintamente paulina; por exemplo, "em Cristo" ocorre 164 vezes e "dom" aparece quinze vezes nos escritos paulinos, e em mais nenhum lugar no NT, exceto em 1 Pedro. Em outros casos, lidamos com termos encontrados alhures no NT; por exemplo, liberdade trazida por Cristo encontra-se em Marcos, Lucas e João; sofrimentos de Cristo, em Hb 2,9-10. De modo particular, diversos paralelos propostos entre 1 Pedro e Efésios (*p. 827:* usados por alguns para datar 1 Pedro de bem tardiamente) são comprovados em outras partes, com variações; por exemplo, Cristo como pedra angular (1Pd 2,7; Ef 2,20 — cf. Mt 21,42) e o código doméstico (cf. *p. 925*).

Diferenças significativas em relação a Paulo. Embora 1 Pedro fale de justiça ou justificação, não especifica "pela fé", que é o tema paulino. Em 1 Pedro não existem referências à tensão entre fé e obras, à Igreja como corpo de Cristo, à existência de Cristo antes da criação etc.

Finalmente, algumas semelhanças gerais na mensagem teológica — por exemplo, a morte salvífica e a ressurreição de Cristo e a eficácia do batismo (1Pd 3,18-22) — não significam necessariamente conhecimento direto das cartas paulinas. Paulo diz de forma explícita que ele e Cefas (e outros) tinham um anúncio comum (1Cor 15,11, em referência a 1Cor 15,5-7). Os paralelos cúlticos entre 1 Pedro e Romanos (ministério sacerdotal da pregação e oferendas espirituais em Rm 15,16 comparados a 1Pd 2,5) podem ser atribuídos a uma apreciação do culto judeu entre os cristãos romanos — exatamente a situação para a qual Hebreus

---

[30] J. N. D. Kelly (*1 Peter*, HNTC, 1969, p. 11) lista paralelos de 1 Pedro com Romanos, Efésios e as pastorais. K. Shimada (AJBI 19, 87-137, 1995) declara que não se pode provar dependência literária direta de 1 Pedro em relação a Paulo.

teria sido escrita como corretivo.[31] Tanto Silvano quanto Marcos estiveram com Paulo; eles podem ter sido canais da influência paulina sobre o escritor, se as referências a eles em 1Pd 5,12-13 forem históricas. 1 Pedro foi escrita de Roma, uma cidade onde ao menos parte da Igreja teria sido influenciada pela carta de Paulo aos Romanos e onde Paulo e Pedro podem ter-se encontrado nos anos 60. Portanto, não é preciso postular que o escritor leu grande parte do *corpus* paulino. Podemos considerar 1 Pedro como uma obra amplamente independente, não mais próxima do pensamento de Paulo nem mais distante dele do que historicamente Pedro teria estado de Paulo no final da vida. Os dois homens representam diferentes tendências de atividade missionária cristã, e 1 Pedro e 2 Pedro podem ser consideradas um *corpus* petrino, distinto do *corpus* paulino, mais amplo. Neste (treze cartas), conforme vimos, existem sete escritos genuínos de Paulo e seis outros escritos que podem ser considerados (com variados graus de probabilidade) pseudônimos; por exemplo, 2 Tessalonicenses pode mui provavelmente ser de Paulo, mas Efésios com toda probabilidade, não. No *corpus* petrino (duas cartas)[32] existem 1 Pedro, provavelmente pseudônima, conforme veremos, mas difícil de decidir, e 2 Pedro, mais claramente uma composição pós-petrina, de um admirador que pode ter sido um discípulo.

De quem, para quem, onde e quando?

Tentaremos responder a uma série de questões com base nos dados mencionados em 1 Pedro. Pode ser oportuno recordar, porém, que, se 1 Pedro é uma obra pseudepigráfica totalmente fictícia, sem nenhuma relação com Pedro, todos os elementos (p. ex., nomes geográficos e de pessoas) podem ser igualmente fictícios, e muitas das questões são irrespondíveis.

De quem? De todas as epístolas católicas, 1 Pedro tem maior probabilidade de ter sido escrita pela figura à qual é atribuída. Um argumento importante

---

[31] Em BMAR 128-158 relacionei tanto 1 Pedro quanto Hebreus à Igreja romana no período pós-paulino de 65-95 d.C., uma escrita de Roma, a outra para Roma (por alguém que conhecia a situação romana). Alguns dos temas que elas compartilham incluem os cristãos como "exilados" (1Pd 1,1; 2,11; Hb 11,13: *parepidēmoi*); aspersão com o sangue de Cristo (1Pd 1,2; Hb 12,24); Cristo como pastor (1Pd 2,25; 5,4; Hb 13,20).

[32] O *corpus* não-canônico é bem maior: *Evangelho de Pedro*, *Atos de Pedro*, *Carta de Pedro a Filipe* e *Apocalipse de Pedro*.

apresentado em favor de uma composição de Pedro é o conhecimento das palavras de Jesus demonstrado na obra. Uma vez que não há nenhuma citação explícita, é preciso decidir se possíveis repetições são mais provavelmente atribuíveis à memória de uma testemunha ocular (favorecendo a composição de Pedro) ou ao conhecimento de tradição pregada e/ou aos evangelhos escritos (tornando a composição de Pedro altamente improvável).[33]

Quais os argumentos que militam contra a autenticidade? Permitam-me listá-los e comentá-los (os mais persuasivos serão abordados *por último*). 1. A excelente qualidade do grego, exibindo rico vocabulário, e a citação do AT na versão da LXX tornam improvável que 1 Pedro tenha sido composta por um pescador galileu.[34] Contudo, como 1Pd 5,12 pode indicar que Silvano (Silas) era amanuense (secretário), se lhe foi concedida bastante liberdade e se ele conhecia bem o grego, pode ter redigido os pensamentos de Pedro. 2. A dependência de 1 Pedro dos escritos paulinos não corresponde às relações históricas entre Pedro e Paulo, que eram hostis. Na verdade, nem a dependência (cf. a subseção anterior), nem a hostilidade devem ser exageradas. Algo do relacionamento com Paulo pode ser explicado pelo local (ambos estavam em Roma nos anos 60) ou por colaboradores comuns (Silvano e Marcos). Quanto aos destinatários, a afirmação de que 1 Pedro foi enviada a território paulino é duvidosa, conforme veremos adiante. 3. Alusões a um "incêndio" (1Pd 4,12) e à experiência do sofrimento imposta à fraternidade em todo o mundo (1Pd 5,9) remetem a uma perseguição imperial universal, mas não houve nenhuma no tempo de Pedro. Contudo, visto que não houve perseguição universal alguma de cristãos até o século II, essa interpretação do sofrimento exigiria uma datação demasiado tardia para ser plausível. A passagem pode significar nada mais do que os maus-tratos e a exigência cristã comum de abraçar a cruz.

---

[33] As repetições incluiriam: 1Pd 1,4 e Mt 6,20; 1Pd 1,17 e Lc 11,2; 1Pd 2,19-20 e Lc 6,32-33; 1Pd 3,9 e Mt 5,39; 1Pd 3,14 e Mt 5,10; 1Pd 4,14 e Mt 5,11. E. Best (NTS 16, 95-113, 1969-1970) argumenta que as semelhanças confinam-se a alguns blocos de material em Mateus e Lucas, e sugere uma dependência oral, mais do que escrita; elas não dão suporte a Pedro como autor de 1 Pedro. Cf., porém, GUNDRY, R. H. NTS, 336-350, 1966-1967; *Biblica* 55, 211-232, 1974.

[34] É irrelevante a resposta segundo a qual as pessoas de negócio na Galiléia, especialmente em uma rota comercial como aquela em volta de Cafarnaum, aprendiam o grego. Elas podem ter aprendido o grego o suficiente para o comércio, mas não a habilidade para escrever utilizando o grego literário.

4. A organização eclesial implícita em 1Pd 5,1, com presbíteros estabelecidos, aparentemente nomeados e assalariados, corresponde melhor à última terça parte do século do que ao tempo da vida de Pedro (cf. n. 21). Isso pode ser verdade, mas a referência a carismas variados em 1Pd 4,10-11 sugere um período transicional, anterior, por exemplo, àquele apresentado por 1 Timóteo, que foi endereçada a Éfeso, na Província da Ásia (cf. 1Pd 1,1). Goppelt usa essa observação para propor uma datação entre 80-85. 5. O escritor identifica-se como "Pedro", em vez de Simão ou Simão Pedro. Essa parece ser a marca de um discípulo, acentuando a autoridade implícita na designação simbólica. 6. As circunstâncias contêm indicações, a ser discutidas nos parágrafos seguintes, que também tornam mais plausível uma data não muito distante do martírio de Pedro e da queda de Jerusalém. Conseqüentemente, grande número de estudiosos postula uma composição pseudepigráfica, feita não por um pretendente meramente fictício, mas por um representante daqueles de Roma (uma escola de discípulos?) que se consideravam herdeiros de Pedro.[35] Em ABD 5.278, J. H. Elliott escreve: "Falando em nome de seu líder martirizado, esse ramo petrino da família de Deus em 'Babilônia' assegura os companheiros, membros da família dispersa pela Ásia Menor, dos laços de sofrimento, fé e esperança que uniam a fraternidade cristã universal".

De onde? A saudação de despedida em 1Pd 5,13 inclui "a que está em Babilônia". Alguns intérpretes tentaram ligar essa referência a uma Babilônia geográfica no Egito ou na Mesopotâmia (parcialmente, às vezes, segundo o interesse da Reforma, a fim de evitar atribuir autoridade à Igreja de Roma). Hoje, quase universalmente,[36] aceita-se que essa carta foi escrita de Roma. As escavações na Colina do Vaticano, mostrando sólida tradição antiga de veneração pelo lugar onde Pedro foi sepultado,[37] confirmam a informação em *I Clemente* 5, escrita por volta de 96-

---

[35] SOARDS, M. L. 1 Peter, 2 Peter, and Jude as evidence for a Petrine school. ANRW II.25.5, 3828-3849, 1988. P. J. Achtemeier (*1 Peter*, Hermeneia, 1996, p. 43) opta por 1 Pedro como carta pseudônima que se serve da tradição associada a Simão Pedro.

[36] Em sua primeira edição, Beare (*The First Epistle of Peter*, 3. ed., Oxford, Oxford Univ., 1970) considerou fictícia a informação sobre Babilônia e declarou que 1 Pedro foi escrita na região para a qual foi endereçada (opinião que ele abandonou mais tarde). Tal localização visava explicar os ecos das religiões mistéricas da Ásia Menor, detectados por Beare em 1 Pedro — hipótese que seria igualmente relegada.

[37] A questão sobre se os ossos de Pedro foram encontrados é bem mais polêmica. Cf. O'CONNOR, D. W. *Peter in Rome*. New York, Columbia Univ., 1969; SNYDER, G. F. BA 32, 1-24, 1969.

120 d.C., de Roma, acerca da luta de Pedro até a morte. Diante disso, uma carta daquela cidade em nome de Pedro teria sido perfeitamente apropriada.

Para quem e para onde? 1Pd 1,1 é endereçada "aos estrangeiros da Dispersão do Ponto, da Galácia, da Capadócia, da Ásia e da Bitínia". Deduz-se que os gentios eram o foco principal de 1Pd 2,10: "Vós que outrora não éreis povo, mas agora sois o Povo de Deus". Quaisquer cristãos poderiam estar exilados na Dispersão, no sentido de encontrar-se distantes de seu verdadeiro lar com Cristo, no céu, mas a expectativa de que os destinatários pudessem entender a imagem do êxodo em 1 Pedro leva a crer que se tratava de judeu-cristãos que tinham sido catequizados com forte apreciação do judaísmo. Em 1Pd 2,9, os cristãos assumiram todos os privilégios de Israel.

Os cinco lugares mencionados, todos na Ásia Menor, são províncias romanas adjacentes, ou regiões ou distritos mais restritos no interior de tais províncias, refletindo origens nacionais antigas? Na primeira alternativa, subentende-se toda a metade ocidental da Ásia Menor, e Paulo estivera na Galácia e em Éfeso, na Ásia. Na segunda (que é mais plausível[38]), presume-se o norte da Ásia Menor, e Paulo provavelmente não estivera na maior parte daquela região; por exemplo, At 16,7 diz que o Espírito de Jesus não permitiu que Paulo fosse a Bitínia, e Atos não menciona sua ida ao Ponto, à Capadócia ou à Ásia setentrional. Não dispomos de nenhuma prova de que Pedro esteve naquela região, mas existe outra possibilidade que explicaria uma carta com seu nome, endereçada a tal localidade. Três entre os cinco nomes (Capadócia, Ponto e Ásia) são mencionados em At 2,9, em uma lista de judeus devotos, em Jerusalém, que ouviram o discurso de Pedro em Pentecostes e solicitaram o batismo. Aquele rol de pessoas (que inclui Roma) pode muito bem ser programático daquilo que Lucas sabia a respeito de como se expandira o cristianismo hierosolimitano, um cristianismo que não insistia na circuncisão e no sábado, mas que, mais do que a missão de Paulo, porfiava permanentemente na herança judaica. Quando analisamos Gálatas, vimos que aqueles que foram à Galácia (uma quarta região mencionada em 1 Pedro) pregaram um evangelho diferente do de Paulo, provavelmente declarando-se representan-

---

[38] Bitínia e Ponto (ocidental), nomes separados em 2 Pedro, tinham constituído uma província durante um século. Se alguém argumentar que aí se indica o Ponto oriental, ele fora, então, anexado à província da Capadócia por volta de 63-64 d.C.; a Capadócia, portanto, ligou-se à província da Galácia em cerca de 72. A ordem (geográfica) de 1Pd 1,1 teria em mente a parte norte daquela província compósita (cf. *p. 923*)?

tes das autoridades de Jerusalém, de modo que em Gl 2,9 Paulo refuta-os insistindo em que Tiago, Cefas e João haviam-lhe estendido a mão direita da amizade. Pedro era representante do cristianismo de Jerusalém, e parte de sua popularidade em Roma pode ter provindo do fato de que a Igreja romana era igualmente produto da missão hierosolimitana. Tal contexto pode explicar muito bem por que Pedro, ou um discípulo usando seu nome, escreveu de Roma para as Igrejas da Ásia Menor: tais comunidades e Roma partilhavam a mesma história, e Pedro era uma autoridade para ambas.

Contudo, em vez de fazer a carta provir de Roma, não seria mais lógico que a Igreja de Jerusalém (e, talvez, Tiago) tivesse endereçado os conselhos pastorais a áreas evangelizadas por seus missionários? Diversas observações podem ser úteis. Não obstante Pedro e Tiago tivessem algo em comum como representantes do cristianismo de Jerusalém (Gl 1,18-19; 2,11–12; 1Cor 9,5: "irmãos do Senhor e Cefas"), Pedro é retratado como missionário itinerante, com responsabilidade pela abertura aos gentios (At 9,32–11,18; 12,17), ao passo que Tiago permanece em Jerusalém, como líder da comunidade judaico-cristã. Portanto, a imagem de Pedro pode ter sido adequada para dirigir-se a Igrejas localizadas em regiões puramente gentias.[39] Ademais, consoante a tradição cristã, a revolta judaica provocou importante ruptura na Igreja de Jerusalém, pois os cristãos daquela cidade recusaram-se a participar da guerra e cruzaram o Jordão em direção a Pela. Assim, a conquista romana de Jerusalém no ano 70 d.C. pode ter inaugurado um período em que os cristãos em Roma haviam assumido o empreendimento evangelizador anteriormente efetuado a partir da capital judaica.[40] Em *I Clemente* (por volta de 96-120), a Igreja romana dirigiu admoestações à Igreja em Corinto, e Inácio escreveu à Igreja romana por volta de 110: "Vocês ensinaram a outros" (*Romanos* 3,1).

---

[39] Conforme veremos no próximo capítulo, Tiago, dirigida às doze tribos da Dispersão, pode bem ter sido escrita de Jerusalém ou da Palestina a judeu-cristãos/gentios, para os quais o nome de Tiago significaria autoridade. Existem certas semelhanças entre 1 Pedro e Tiago, além do vocabulário sobre a diáspora na fórmula introdutória: tema das provações (1Pd 1,6; Tg 1,2); gerado/produzido pela palavra (1Pd 1,23; Tg 1,18); exemplo da erva que se resseca (1Pd 1,24; Tg 1,10); rejeição de toda maldade (1Pd 2,1; Tg 1,21); paixões que promovem guerra contra a alma (1Pd 2,11; Tg 4,1); amor que cobre uma multidão de pecados (1Pd 4,8; Tg 5,20); "Deus resiste aos soberbos, mas dá sua graça aos humildes": exortação à humildade (1Pd 5,5-6; Tg 4,6-7); resistência ao demônio (1Pd 5,8-9; Tg 4,7).

[40] Atos desloca simbolicamente a história de Jerusalém para Roma, e esta serve como o lugar onde se anuncia: "Ficai, pois, cientes: aos gentios é enviada esta salvação de Deus. E eles a ouvirão" (At 28,28). Tal simbolismo pode representar um desenvolvimento histórico.

Quando? No extremo superior da possível escala cronológica, 1 Pedro é citada ou conhecida por muitas testemunhas do começo do século II, como 2Pd 3,1, *Filipenses*, de Policarpo, e Papias (HE 3.39.17),[41] de forma que uma data posterior a 100 é improvável. No extremo inferior da escala, precisamos postular uma data posterior à chegada de Pedro a Roma. Visto que não existe alusão a Pedro na carta que Paulo escreveu para Roma em 58, presumivelmente 1 Pedro não pode ter sido escrita antes do começo dos anos 60. Se Pedro escreveu a carta, o possível lapso seria 70-100. Pode-se duvidar de que o respeito ao imperador, recomendado em 1Pd 2,13.17, pudesse ser provável durante o tempo da perseguição de Nero, que começou depois do incêndio de 64 (ele foi assassinado em 68) ou nos últimos anos do reinado de Domiciano (81-96), depois da revolta de 89, quando ele deu vazão à sua hostilidade contra pessoas de comportamento suspeito (cf. *p. 1045*). Assim, os dois períodos podem ser reduzidos a 60-63 e 70-90. O cuidado pastoral pela Ásia Menor, exercido de Roma, seria mais inteligível depois de 70. Similarmente, o uso de "Babilônia" para indicar Roma tem mais sentido depois de 70, quando os romanos destruíram o segundo templo (cf. n. 22); todos os outros testemunhos desse uso simbólico do nome ocorrem no período pós-70. Os melhores paralelos para a estrutura eclesial apresentada em 1Pd 5,1-4 encontram-se em obras escritas depois de 70 (cf. n. 21). Tudo isso inclina a escala em favor de 70-90,[42] que atualmente parece ser a opinião da maioria dos estudiosos.

Temas e problemas para reflexão

1. Quanto à canonicidade, 1 Pedro e 1 João foram as primeiras das sete epístolas católicas a ganhar difusa aceitação como canônicas. Vimos anteriormente as testemunhas de 1 Pedro, provenientes do começo do século II. Eusébio (HE 3.3.1) menciona 1 Pedro em primeiro lugar, ao discutir os escritos dos apóstolos, e afirma que ela foi usada pelos anciãos dos tempos antigos (diferente de 2 Pedro). Estranhamente, 1 Pedro não é mencionada no Fragmento Muratoriano,

---

[41] Uma testemunha até mesmo mais antiga de 1 Pedro pode ser *I Clemente*: mesma saudação inicial desejando que a graça e a paz sejam multiplicadas; mesma asseveração de que o amor cobre uma multidão de pecados em 1Pd 4,8 e *I Clemente* 49,5; mesma citação a respeito da resistência de Deus aos soberbos em 1Pd 5,5 e *I Clemente* 30,2. Kelly (op. cit., p. 12) lista outros paralelos.

[42] Achtemeier (op. cit., p. 30) é a favor dos primeiros anos do período 80-100. 1 Pedro contém um código doméstico; se Colossenses é deuteropaulina, então o outro quarto código doméstico pertence ao último terço do século I.

mas tal ausência pode ser atribuída às precárias condições de conservação daquela lista. P⁷², um papiro do século II, continha 1 Pedro, 2 Pedro e Judas. Juntamente com 1 João e Tiago, 1 Pedro foi aceita pela Igreja de língua siríaca no século V.

2. Na história da eclesiologia, 1Pd 2,9 representa papel importante. Define a comunidade cristã batizada como um sacerdócio real.[43] Os sacrifícios que os cristãos oferecem são espirituais (1Pd 2,5), quer dizer, sua vida é virtuosa.[44] Durante as refregas da Reforma, a obra foi utilizada contra a manutenção católica romana de um sacerdócio ordenado, sob a alegação de que um sacerdócio distinto do da comunidade cristã não se justifica no NT. Diversas observações precisam ser feitas. Primeira: não existe indício algum de que o termo "sacerdote" tenha sido atribuído a alguma autoridade cristã no tempo do NT. A terminologia sacerdotal parece ter sido introduzida no século II, ligada ao uso da linguagem sacrifical para a eucaristia (cf. *p. 754*). Segunda: a definição do povo de Deus como sacerdócio real é terminologia veterotestamentária (Ex 19,6). Israel tinha tanto esse ideal quanto sacerdotes especialmente consagrados, com poderes e tarefas diferentes daqueles que não tinham tal cargo. Portanto, a noção de que um sacerdócio da comunidade batizada exclui a existência de sacerdotes especialmente ordenados não é biblicamente justificável. (Cf. *p. 914* a respeito da exclusão de sacerdotes especialmente ordenados pelo sacerdócio único e sacrifício de Cristo.) Digno de reflexão, porém, é o modo como as Igrejas que têm o conceito de um sacerdócio particularmente ordenado podem esforçar-se para manter a insistência adequada no sacerdócio cristão universal. Terceira: 1Pd 2,9 é comparável a Ap 1,6, em que, em linguagem litúrgica, Jesus Cristo é louvado por ter feito "de nós uma Realeza e Sacerdotes para Deus, seu Pai", e a Ap 5,10, em que o vidente, em relação àqueles que estão no céu, que foram resgatados para Deus, por Cristo, diz: "Deles fizeste, para nosso Deus, uma Realeza e Sacerdotes". Portanto, existe um tom escatológico no sacerdócio comum.[45]

---

[43] Às vezes denomina-se sacerdócio de todos os fiéis, mas isso pode parecer demasiado individualista. Não está claro se o escritor chamaria um cristão de sacerdote. Também não está claro se o escritor tinha uma teologia do sacerdócio de Cristo ao qual relacionava o sacerdócio da comunidade.

[44] D. Hill (JSNT 16, 45-63, 1982) chama a atenção para a conexão entre expressão litúrgica e vida cristã, de forma que os sacrifícios espirituais incluiriam orações e até mesmo a liturgia eucarística.

[45] Cf. J. H. Elliott (*The elect and the Holy*; an exegetical examination of 1 Peter. Leiden, Brill, 1996, NovTSup, 12) a respeito do conceito de sacerdócio em 1 Pedro; também BROWN, R. E. *The critical meaning of the Bible* (New York, Paulist, 1981, pp. 96-106) acerca de sacerdócios no NT. Para uma comparação com o conceito de Fílon, SELAND, T. JSNT 57, 87-119, 1995.

3. Os destinatários de 1 Pedro são hostilizados pela sociedade circundante por causa de sua crença e prática cristãs. Nos países desenvolvidos, hoje, particularmente nos Estados Unidos, misturar-se à sociedade é quase um ideal, e os cristãos que não o fazem são vistos como sectários. Se deixarmos de lado o contexto antigo particular dos gentios recém-convertidos ao cristianismo na Ásia Menor controlada pelos romanos, nas descrições que 1 Pedro faz dos cristãos como forasteiros, existe uma verdade a ser mantida para todos os tempos? Até que ponto a identidade cristã exige distinção de uma sociedade não-cristã?

4. Qualquer que seja a nuança que atribuímos a seu objetivo, a proclamação de Cristo aos espíritos encarcerados, que tinham sido desobedientes nos dias de Noé (1Pd 3,19 — cf. a subseção anterior), significa que sua vitória foi aplicada àqueles que viveram e atuaram no tempo do AT. Tal afirmação contém elementos imaginários, mas representa uma intuição cristã de que a vitória de Cristo afetou não somente aqueles que o seguiram temporariamente, mas também os que o precederam — uma universalidade temporal como parte da teologia de que todos são salvos por intermédio de Cristo. (Cf. também Mt 27,52.) Como os cristãos conciliam tal dependência a Cristo com a crença de que as pessoas que não conheceram Cristo são julgadas por Deus de acordo com o modo segundo o qual viveram à luz de seu próprio conhecimento e consciência?

5. 1Pd 2,9 fala aos gentios como povo de Deus escolhido, possuindo todos os privilégios de Israel no AT. Onde esse tipo de teologia coloca os judeus que não acreditaram em Jesus? O escritor diria que eles não são mais um sacerdócio real, uma nação santa, o povo de Deus? Ou ele simplesmente não pensa neles porque não constituem um problema na região para a qual se dirige?

Bibliografia sobre 1 Pedro

Comentários e estudos em série[46]

ACHTEMEIER, P. J. Hermeneia, 1996.
BEST, E. NCBC, 1971.

---

[46] Cf. também a Bibliografia do capítulo 34, para obras assinaladas com asteriscos. As obras assinaladas com um asterisco referem-se também a 2Pedro; com dois asteriscos, 2Pedro e Judas. Os negritos indicam as obras mais importantes, de modo geral comentários.

BIGG, C. ICC, 2. ed., 1902.**
CRADDOCK, F. B. WBComp, 1995.**
CRANFIELD, C. E. B. TBC, 1960.**
DANKER, F. W. ProcC, rev. ed., 1995.
DAVIDS, P. H. NICNT, 1990.
ELLIOTT, J. H. AugC, 1982.**
GRUDEM, W. A. TNTC, 1988.
HILLYER, N. NIBC, 1992.**
KELLY, J. N. D. HNTC, 1969.**
KRODEL, G. A. ProcC, 1977.
LEANEY, A. R. C. CCNEB, 1967.**
MARTIN, R. P. NTT, 1994.**
MICHAELS, J. R. WBC, 1988.
PERKINS, P. IBC, 1995.**
SENIOR, D. P. NTM, 1980.*
STIBBS, A. M. & WALLS, A. F. TNTC, 1959.

Bibliografias e panoramas

CASURELLA, A. *Bibliography of literature on first Peter*. Leiden, Brill, 1996.
ELLIOTT, J. H. JBL 95, 243-254, 1976.
MARTIN, R. P. VE 1, 29-42, 1962.
SYLVA, D. BTB 10, 155-163, 1980; JETS 25, 75-89, 1982.

* * *

BEARE, F. W. *The First Epistle of Peter*. 3. ed. Oxford, Oxford Univ., 1970.
COMBRINK, H. J. B. The structure of 1 Peter. *Neotestamentica* 9, 34-63, 1975.
CRANFIELD, C. E. B. *The First Epistle of Peter*. London, SCM, 1950.
CROSS, F. L. *1 Peter*; a paschal liturgy. London, Mowbray, 1954.
ELLIOTT, J. H. *The elect and the Holy*; an exegetical examination of 1 Peter. Leiden, Brill, 1966. (NovTSup, 12.)
_____. *A home for the homeless*; a social-scientific criticism of 1 Peter. Minneapolis, A/F, 1990.
_____. Disgraced yet graced: the Gospel according to 1 Peter in the key of honor and shame. BTB 25, 166-178, 1995.

Furnish, V. P. Elect sojourners in Christ: an approach to the theology of I Peter. *Perkins Journal* 28, 1-11, 1975.

Goppelt, L. *A commentary on I Peter*. Grand Rapids, Eerdmans, 1993; German orig. 1978.

Jonsen, A. R. The moral teaching of the First Epistle of St. Peter. *Sciences Ecclésiastiques* 16, 93-105, 1964.

McCaughey, J. D. On re-reading 1 Peter. *Australian Biblical Review* 31, 33-44, 1983.

Moule, C. F. D. The nature and purpose of 1 Peter. NTS 3, 1-11, 1956-1957.

Munro, W. *Authority in Paul and Peter*. Cambridge, Cambridge Univ., 1983. (SNTSMS, 45.)

Neyrey, J. H. First Peter and converts. TBT 22, 13-18, 1984.

Selwyn, E. G. *The First Epistle of Peter*. 2. ed. London, Macmillan, 1947.

Senior, D. P. The First Letter of Peter. TBT 22, 5-12, 1984.

Talbert, C. H. *Perspectives on First Peter*. Macon, GA, National Ass. of Baptist Profs. of Religion, 1986.

Thurén, L. *The motivation of the paraenesis*; discovering argumentation and theology in 1 Peter. Sheffield, JSOT, 1995. (JSNTSup, 117.)

van Unnik, W. C. The teaching of good works in I Peter. NTS 1, 92-110, 1954-1955.

Epístola (carta) de Tiago

Entre as "epístolas católicas", trataremos agora de uma obra a que Lutero chamou de epístola de palha ("epístola completamente de palha"), mas que obteve a devida consideração em nosso tempo como o escrito de maior consciência social do NT. Após o Contexto e a Análise geral da mensagem, as subseções serão: Tg 2,24 e Paulo: a fé e as obras, Tiago e Mateus: a tradição de Jesus, Unção dos enfermos (Tg 5,14-16), Gênero literário, Por quem, para quem, onde e quando?, Canonicidade de Tiago, Temas e problemas para reflexão e Bibliografia.

Contexto

Relegando para uma subseção adiante o problema histórico de quem escreveu a epístola, interessa-nos aqui identificar a figura apresentada como autor: "Tiago, servo de Deus e do Senhor Jesus Cristo". No NT, existem diversos homens chamados "Tiago" (em grego, *Jakōbos*, derivado do hebraico equivalente a "Jacó", o patriarca do qual descendem as doze tribos). Ao menos dois deles, ambos membros dos Doze, podem ser descartados por serem candidatos extremamente improváveis para a autoria: o irmão de João e filho de Zebedeu, Tiago ("o Grande"), que morreu no começo dos anos 40, e Tiago (filho?) de Alfeu, sobre o qual nada sabemos.[1] Sugeriu-se um Tiago totalmente desconhecido, não mencionado em nenhuma outra parte do NT (a fim de explicar por que a obra não obteve ampla aceitação); na tradição posterior, ao que parece, ele teria sido confundido com Tiago, o irmão do Senhor.

---

[1] O erro de identificá-lo com Tiago, o irmão do Senhor, tem sido repetido freqüentemente na hagiografia (esse Tiago erroneamente fundido é que é indicado pela designação Tiago, "o Menor"). Atos 1,13-14 é lucidamente claro ao distinguir os Doze e os irmãos do Senhor; cf. também 1Cor 15,5.7.

Um atalho em torno da última sugestão conduz-nos ao único verdadeiramente plausível candidato: o Tiago mencionado primeiro entre os "irmãos" de Jesus em Mc 6,3; Mt 13,55,[2] não um membro dos Doze, mas um apóstolo no sentido mais amplo da palavra (1Cor 15,7; Gl 1,19). Não há nenhuma prova de que ele tenha seguido Jesus durante o ministério público (Mc 3,21.31-32; 6,1-4); ao contrário, ele permaneceu retraído, em Nazaré, com os outros parentes. Contudo, o Jesus ressuscitado apareceu-lhe (1Cor 15,7; *Evangelho dos Hebreus* 7) e, aparentemente, daí em diante, Tiago tornou-se uma figura importante (Gl 1,19). Isso está refletido no copto *Evangelho de Tomé* 12, em que Jesus diz aos discípulos que, após sua partida, eles devem ir ao encontro de Tiago, o Justo, "por cuja causa o céu e a terra ganharam existência". Uma vez que a Igreja de Jerusalém estava estruturada, Tiago (acompanhado pelos anciãos) foi apresentado como[3] chefe e porta-voz. Ele foi executado no começo dos anos 60 por instigação do sumo sacerdote Anã II, o qual, na ausência do prefeito romano, convocou um sinédrio e acusou Tiago ("o irmão de Jesus, chamado o Messias") de ter transgredido a Lei (Josefo, *Ant*. 20.9.1; #200).[4] Diversos apócrifos trazem o nome de Tiago (*Proto-evangelho de Tiago; Apócrifo de Tiago*, e dois apocalipses), mas nenhum demonstra conhecimento da carta que ora discutimos.

Para nossa carta, o dado mais importante do contexto é a imagem de Tiago como um judeu-cristão conservador, muito leal à observância da Lei. Ele não era um legalista extremado, pois tanto At 15 quanto Gl 2 concordam em que ele ficou

---

[2] Visto que esses irmãos são associados a Maria (Mc 3,31-33; Jo 2,12), se dispuséssemos apenas do NT, deveríamos presumir que eles seriam filhos de Maria e de José, nascidos depois de Jesus — uma visão mantida na Antiguidade por Tertuliano e atualmente pela maioria dos protestantes. Contudo, já no começo do século II, eles foram identificados como filhos de José, provenientes de um casamento anterior (*Proto-evangelho de Tiago* 9,2). Essa interpretação é mantida em grande parte do cristianismo oriental, e Bauckham (*Jude and the relatives of Jesus in the early Church*, Edinburgh, Clark, 1990, p. 31) diz que "tem maior probabilidade de séria consideração do que se lhe tem concedido muitas vezes". A pretensão de que ele fosse primo de Jesus foi introduzida no século IV por Jerônimo e tornou-se comum na Igreja ocidental. Cf., porém, MEIER, J. P. CBQ 54, 1-28, 1992. No catolicismo romano, a tese de que Maria permaneceu virgem depois do nascimento de Jesus é geralmente considerada ensinamento infalível pelo magistério ordinário.

[3] Gl 2,9; At 12,17; 15,13-22; 21,18. Cf. CARROLL, K. BJRL 44, 49-67, 1961-1962. As conseqüências que a partida de Pedro de Jerusalém (At 12,17) trouxe para a liderança da Igreja são discutidas nas *pp. 420-421*.

[4] Não há razão para duvidar da autenticidade da referência de Josefo à morte de Tiago; MEIER, J. P. *Bible Review* 7, 20-25, 1991. Surgiram lendas em torno de sua morte; por exemplo, no século III, Clemente de Alexandria escreveu que ele foi atirado do pináculo do templo (HE 2.1.5; cf. Hegesipo em HE 2.23.15-16).

Capítulo 34 • Epístola (carta) de Tiago

Informações básicas

DATA: se pseudônima, depois da morte de Tiago, por volta de 62, no período entre 70 e 110; mais provavelmente nos anos 80 ou 90.

DESTINATÁRIAS: homilia que faz uso da diatribe, modelada em formato carta, às "doze tribos da Dispersão", ou seja, provavelmente cristãos fora da Palestina, bastante conservadores em sua visão do judaísmo.

AUTENTICIDADE: o suposto autor é Tiago (o irmão do Senhor), mas a maioria pensa que foi escrita por alguém (um discípulo?) que admirava a imagem de Tiago como a autoridade cristã mais leal ao judaísmo.

UNIDADE E INTEGRIDADE: não questionadas seriamente hoje.

DIVISÃO CONFORME O CONTEÚDO (TÓPICOS)

1,1:	Saudações (fórmula introdutória)
1,2-18:	A função das tribulações e provações
1,19-27:	Palavras e ações
2,1-9:	Parcialidade em relação aos ricos
2,10-13:	Conservação de toda a Lei
2,14-26:	Fé e obras
3,1-12:	Poder da língua
3,13-18:	Sabedoria do alto
4,1-10:	Desejos que causam divisão
4,11-12:	Julgar um ao outro é como julgar a Lei
4,13-17:	Manutenção de conduta arrogante
5,1-6:	Advertência aos ricos
5,7-11:	Paciência até a vinda do Senhor
5,12-20:	Admoestações a respeito do comportamento na comunidade

do lado de Paulo ao declarar que os gentios não precisavam ser circuncidados quando viessem a crer em Cristo. Contudo, o discurso que aparece em seus lábios em At 15,13-21 apresenta os motivos mais tradicionais para a aceitação dos gentios, aplicando-lhes os preceitos de Lv 17–18, válidos para os estrangeiros que viviam em Israel.[5] Para Paulo, a decisão em Jerusalém indicou liberdade perante a Lei para gentios convertidos, mas em Antioquia "alguns homens vieram da parte de Tiago" e questionaram a comensalidade entre judeu-cristãos e gentios-cristãos que não observavam as leis alimentares. Conforme At 21,18-25, quando Paulo chegou a Jerusalém, por volta de 58, Tiago contou-lhe quantos judeus ha-

---

[5] Embora At 15,22-23 declare que os apóstolos, anciãos e toda a Igreja de Jerusalém enviaram uma carta para Antioquia, Síria e Cilícia, insistindo nas exigências de Tiago, At 21,25 atesta que Tiago e os anciãos ("nós") enviaram a carta.

viam-se convertido na cidade, e aconselhou-o a purificar-se e ir ao templo. Na tradição posterior (os escritos do *Pseudo-Clemente*), Tiago foi considerado o bispo dos bispos por judeu-cristãos que desprezavam Paulo.[6] Tiago recebeu o título de "o Justo", de acordo com Eusébio (HE 2.23.4-7), por ter vivido como um nazireu (um asceta dedicado especialmente a Deus) e por orar no templo tão freqüentemente que seus joelhos tornaram-se calosos como os de um camelo. Não surpreende, portanto, que, escrita ou não por Tiago, a carta do NT que porta seu nome ecoa, de diversas formas, a crença e a piedade judaica tradicionais.

Análise geral da mensagem

Fórmula introdutória ou saudações (Tg 1,1). Tiago dedica pouco tempo à reflexão cristológica; alguns o consideram até mesmo um escrito judaico apenas levemente adaptado para o uso cristão. No entanto, a parelha "Deus" e "o Senhor Jesus Cristo" na primeira linha mostra a fé tradicional cristã do escritor. Interpretada com o AT como pano de fundo, a dedicatória "Às doze tribos da Dispersão" deveria significar que os destinatários eram judeus dispersos fora da Terra Santa. Contudo, os cristãos consideravam-se o Israel novo ou renovado, e 1 Pedro, endereçada a gentios cristãos, foi escrita "Aos estrangeiros da Dispersão" (1Pd 1,1). Muitos estudiosos argumentam, por isso, que Tiago foi ou poderia ter sido endereçada a gentios cristãos. Todavia, em Tiago não existe correção alguma de vícios que aos olhos dos judeus eram caracteristicamente gentios (idolatria,[7] impureza sexual); as "doze tribos" são mais judaicas do que os destinatários de 1 Pedro; os destinatários encontravam-se em uma "sinagoga" (Tg 2,2), e a autoridade judaico-cristã é representada como o autor. Ficamos, portanto, bem propensos a considerar os destinatários cristãos fortemente influenciados pelo legado judaico.

---

[6] Além dos escritos da Igreja subapostólica associados a Clemente, um presbítero da Igreja de Roma (*I* e *II Clemente* no Apêndice II), um corpo de literatura pseudônima narra uma história fabulosa acerca de como Clemente converteu-se a Cristo, viajou com Pedro e, por fim, encontrou membros perdidos da família — os pseudoclementinos. Composto originalmente em grego, por volta do século IV (?), com base em material precedente, chamado às vezes de documento básico (cerca de 150-200?), os componentes principais são intitulados Homilias e Reconhecimentos (estes conservados somente em siríaco e latim). Nessa literatura, fortemente apegada ao judaísmo e antipaulina, Tiago é um herói. Os pseudoclementinos tiveram papel importante na análise das origens cristãs de F. C. Baur, no começo do século XIX, o qual definiu o cristianismo judaico representado por Tiago como a antítese do cristianismo paulino — uma definição que ultrapassa consideravelmente as provas do NT.

[7] Em contraste com 1Pd 1,18; 2,10, Tg 2,19 simplesmente pressupõe o monoteísmo.

Abraão, Moisés e vários profetas do AT são chamados "servos de Deus", e todos os crentes em Jesus podiam ser assim denominados (Ap 1,1). Desse modo, Tiago (1,1), líder da Igreja de Jerusalém e irmão do Senhor, apresenta-se de forma modesta, conforme Jesus ordenou (Mt 23,8-12).

Tribulações, provações, palavras, ações (Tg 1,2-27). A saudação de "graça e paz" das cartas de Paulo (também de 1Pd 1,1) está ausente em Tiago, bem como o elemento da ação de graças no formato carta. Com efeito, depois de Tg 1,1, a obra tem pouca semelhança com uma carta normal, pois o autor lança-se imediatamente em uma série de exortações. A atitude e o tema ecoam fortemente os livros sapienciais tardios do AT,[8] adaptados a uma mentalidade escatológica e combinados com a ênfase no ensinamento atribuído a Jesus em Q, como o material do Sermão da Montanha (Mt 5–7) e o disperso em Lc 6 e alhures (cf. quadro 2, no capítulo 6). Por outro lado, o formato assemelha-se ao da diatribe greco-romana. A questão do gênero literário será tratada em uma subseção adiante, bem como o debate acerca da seqüência de pensamento em Tiago. Aqui, na Análise geral, nossa preocupação é fazer justiça aos tópicos principais, seguindo a divisão conforme o conteúdo. A maior parte daquilo que Tiago diz é clara até mesmo à primeira leitura, de modo que nos concentraremos na razão da escolha dos temas e no que a abordagem deles nos diz acerca da situação do escritor e dos destinatários.

Jesus advertira seus seguidores de que eles sofreriam provações e tribulações, durante as quais precisariam crer no poder divino de ir ao encontro das necessidades deles (Mt 5,11; 24,9-13). A presença de uma passagem semelhante em 1Pd 1,6-7 pode significar que o encorajamento diante das tribulações era parte normal das instruções batismais[9] e não, portanto, indicação de que os destinatários estivessem sendo perseguidos ou maltratados. Por outro lado, o discurso alternativo (Tg 1,9-11) àqueles de condição humilde e aos ricos, contrastando-lhes o

---

[8] Eclesiástico e Sabedoria, mais do que Provérbios. Os livros sapienciais são uma testemunha excelente da moral prática esperada dos judeus em sua vida pessoal, familiar e comercial. Como exemplo de estilo sapiencial, notem-se as metáforas tiradas do mundo que nos rodeia (mais do que da revelação) no primeiro capítulo de Tiago: as ondas do mar (Tg 1,6), o sol ressecando a grama (Tg 1,11), a pessoa que se olha no espelho (Tg 1,23).

[9] A bem-aventurança em Tg 1,12 promete a coroa da vida à pessoa que suporta a provação. Em Ap 2,10, Jesus promete a coroa da vida àqueles que permanecerem fiéis. 1Pd 5,4 promete a coroa imperecível de glória, quando vier o supremo pastor. Em 2Tm 4,8, Paulo está confiante de que existe, reservada para ele, a coroa da justiça, a ser-lhe concedida pelo justo Juiz no último dia.

destino, é impressionante. Tiago se aproxima da forma lucana (Lc 6,20.24) da bem-aventurança para o pobre, seguida do infortúnio para o rico. Diversas outras passagens em Tiago (2,1-9; 5,1-6) atacam os ricos, de modo que o tema pobres/ricos com muita probabilidade reflete uma situação social conhecida do escritor em sua própria Igreja,[10] da qual ele extrapola para outras. (O nome de Tiago eleva a imagem da Igreja de Jerusalém, com sua ênfase na partilha dos bens: At 2,44-45; 4,34-37; 5,1-11; 6,1; Gl 2,10.) Ao tratar da responsabilidade pelo mal, prosseguindo a tradição de Eclo 15,11-13, Tg 1,13 é categórico: "Deus não tenta ninguém". Ao contrário, em linguagem digna do dualismo entre luz e trevas dos MMM, Deus é chamado o Pai das luzes (Tg 1,17).[11] Deus gera cristãos pela palavra de verdade e quer que eles sejam como as primícias que, na liturgia judaica, pertencem ao Senhor (Tg 1,18).[12] Mas, para que tal aconteça, os cristãos não podem simplesmente ser ouvintes da palavra (do evangelho); devem demonstrar seu efeito em sua vida — um tema moral prático ao qual Tiago voltará em Tg 2,14-26. Desde o início, porém, vale notar que as boas obras brotam do poder da palavra do evangelho que foi implantada. Não existe nada de teórico na religião defendida por Tg 1,27: religião que se manifesta no cuidar das viúvas e órfãos necessitados e no conservar-se incontaminado pelo mundo.

Ricos e pobres e a totalidade da Lei (Tg 2,1-13). Apesar de a literatura sapiencial abundar em comparações e metáforas introduzidas simplesmente como ilustrações, é difícil pensar que o quadro retratado em Tiago seja puramente teórico. Tem-se a impressão de que Tiago e os destinatários viviam em uma comunidade cristã que se reunia naquilo a que ainda se chamava sinagoga (tradução

---

[10] Alguns consideram simplesmente os 'anãwîm do período veterotestamentário tardio, que são pobres *em espírito*, ou seja, aqueles que aceitam ser (e até mesmo escolheram ser) economicamente pobres porque rejeitam os valores deste mundo. As descrições em Tiago, porém, sugerem os pobres economicamente, lesados nos salários e explorados, sem que haja clareza sobre até que ponto essa pobreza fora benevolentemente escolhida ou aceita. Tiago repreende fortemente os ricos arrogantes, materialistas, cuja riqueza foi indiscriminadamente adquirida. Cf. CROTTY, R. *Colloquium* 27, 11-21, 1995.

[11] Cf. também *Testamento de Abraão* (recensão B) 7,5; da mesma forma, 1Jo 1,5: "Deus é luz".

[12] "Gerar" é a ação de uma mulher dar à luz o fruto do ventre; para a imagem masculina da geração divina, cf. Jo 1,12-13. A Lei mosaica é descrita como a palavra da verdade no Sl 119,43, enquanto Ef 1,13 chama o evangelho de salvação de palavra da verdade. O próprio Cristo ressuscitado representa as primícias dos mortos (1Cor 15,20), e os 144 mil redimidos por ele são as primícias apresentadas a Deus e ao Cordeiro (Ap 14,4). L. E. Elliott-Binns (NTS 3, 148-161, 1956-1957) liga as idéias de Tg 1,13-18 ao Gênesis, mais do que à influência helenística.

literal de Tg 2,2, muitas vezes vertida por "assembléia"), e que ali os membros ricos tendiam a ser recebidos com gentileza e atenções especiais. Deu-se a inevitável instituição de uma comunidade gerada pela pregação do evangelho, e Tg 2,5 tem caráter corretivo ao recordar aquilo que lhe fora ensinado no passado, acerca dos pobres como herdeiros do reino. Salta aos olhos, de modo particular, a afirmação de que os cristãos ricos[13] "vos" oprimem e "vos" arrastam aos tribunais. (Em Tg 5,6, os ricos são acusados de condenar e pôr à morte o justo.) O escritor estaria enfrentando uma situação semelhante àquela criticada por Paulo em 1Cor 6,1-8, em que os cristãos estavam recorrendo aos tribunais seculares para decidir os próprios litígios, ou isso é simplesmente um eco generalizado da linguagem do AT (Am 8,4; Sb 2,10)? Da mesma forma que previamente para Jesus (Mt 22,39-40, de Lv 19,18), agora também para Tg 2,8-10 o amor ao próximo resume a Lei e os mandamentos, e ofender esse ponto torna alguém culpado de infringir a Lei em sua totalidade.[14] A interessante expressão "Lei de Liberdade" em Tg 2,12 (repetição de Tg 1,25) desafia a dicotomia entre lei e liberdade.

Fé e obras (Tg 2,14-26). O escritor começa no estilo da diatribe greco-romana, com um exemplo imaginário de sua própria criação, ilustrando os resultados desastrosos da indiferença em relação às boas obras.[15] A seguir (Tg 2,21-25), ele apresenta exemplos bíblicos da importância das obras, tirados dos relatos de Abraão em Gn 15,6 e 22,16-17 e de Raab, em Josué 2.[16] A análise acadêmica dessa passagem tem sido dominada pelo contraste entre a insistência de Tiago na

---

[13] Tg 2,7 acusa-os de blasfemar o nome nobre que lhes foi dado (no batismo?). Aqueles "sobre os quais o nome do Senhor foi invocado" é uma descrição veterotestamentário do povo escolhido por Deus (Dt 28,10; Am 9,12).

[14] Tiago jamais menciona as "obras da Lei" ou a circuncisão, como o faz Paulo; tampouco se refere às leis rituais. C. H. Felder (*Journal of Religious Thought* 39, 51-69, 1982-1983) argumenta que a "lei", nessa seção, significa a lei moral do AT e da tradição de Jesus, contrastada com a parcialidade discriminatória. Cf. também JOHNSON, L. T. Leviticus 19 in James. JBL 101, 391-401, 1982). Apesar de o clima ser fortemente judaico, M. O. Boyle (NTS 31, 611-617, 1985) indica provas no estoicismo da idéia de que a ruptura de um preceito torna alguém transgressor de toda a Lei.

[15] Sobre o estilo de Tg 2,14-26, VAN DER WESTHUIZEN, J. D. N. *Neotestamentica* 25, 89-107, 1991. Tg 2,18 retrata (desdenhosamente) alguém que trata a fé e as obras quase como se elas fossem dois carismas diferentes, de modo que uma pessoa tem a fé e outra realiza as obras. Tiago concebe um único dom: a fé que se manifesta na vida da pessoa.

[16] O uso que Tiago faz de Abraão avizinha-se mais do padrão de pensamento judaico do que do uso em Paulo; cf. Eclo 44,19-21; 1Mc 2,52; *Jubileus* 19,9. (Cf. LONGENECKER, R. N. JETS 20, 203-212, 1977; SOARDS, M. L. IBS 9, 18-26, 1987.) As obras de fé de Raab são louvadas em Hb 11,31; *I Clemente* 12.

insuficiência da fé sem as obras e a rejeição de Paulo do valor salvífico das obras (da Lei mosaica). Conservando tudo isso até a próxima subseção, gostaria de ressaltar simplesmente que Tiago traduz na prática a advertência de Jesus de que não é aquele que diz "Senhor, Senhor" que entrará no reino do céu (Mt 7,21). Em qualquer tempo, os de fora certamente julgariam os cristãos pelo bom senso-padrão de Tg 2,26, segundo o qual a fé sem as obras é morta; para eles seria uma questão de "apostar no que se diz".

Falhas que dividem uma comunidade cristã (Tg 3,1–5,6). Em uma série de parágrafos, com sucessivos exemplos, Tiago trata dos pecados e defeitos que são particularmente ameaçadores para a harmonia exigida pelo mandado do amor mútuo. À semelhança de um mestre sapiencial do AT, em Tg 3,1-12 o escritor enfeixa exemplos (freios na boca do cavalo, leme num navio, fogo, veneno, água salgada) e descreve eloqüentemente o perigo que uma língua solta pode causar, especialmente da parte dos mestres.[17] Sua ironia em Tg 3,9 invoca o Sl 62,5; Eclo 5,15 (13): a língua é usada tanto para bendizer ao Senhor quanto para destruir os seres humanos criados à imagem de Deus! Assim como a fé precisa manifestar-se em obras, da mesma forma a sabedoria (Tg 3,13-18 parece ainda ter em mente os mestres). Se Jesus disse "Pelos seus frutos os reconhecereis" (Mt 7,16), a sabedoria do alto é identificável por seus frutos (pura, pacífica, moderada etc.). Aqui não estamos longe das bem-aventuranças, conforme veremos quando compararmos Tiago ao Sermão da Montanha ou ao(s) fruto(s) do Espírito, segundo Paulo, em Gl 5,22.

Essa ênfase em como o sábio deve viver conduz à condenação da cobiça e dos desejos que dividem as pessoas e tornam-nas infelizes (Tg 4,1-10)[18] — desejos que são o oposto do espírito de bem-aventurança. A citação de Pr 3,34 em Tg

---

[17] Tg 3,1 prepara o caminho para essa discussão da sabedoria mediante a admoestação: "Não queirais todos ser mestres". Se o ensinamento fosse totalmente um carisma do Espírito (cf. 1Cor 12,28 e a rejeição em 1Jo 2,27), haveria opção de ser mestre? Assim, a vida comunitária descrita em Tiago parece comportar a função de mestre, assim como conta com presbíteros (Tg 5,14).

[18] A crítica inicial às guerras indica que Tiago foi escrita depois dos turbulentos anos 60, quando a revolta judaica contra Roma forçou os cristãos a decidir se deveriam participar ou não? Ou Tiago ainda estava pensando nos mestres, que suscitavam divisões entre os cristãos? Tg 4,4 ataca: "Adúlteros". A maioria dos estudiosos compreende isso como uma referência simbólica ao povo de Deus que é infiel, à luz do contexto das repreensões proféticas contra Israel como esposa infiel de Deus (Jr 3,9; Ez 16; Os 3,1). Todavia, o plural em Tiago é problemático, e os copistas que leram "adúlteros e adúlteras" aparentemente pensaram em pessoas pecadoras. L. T. Johnson (NovT 25, 327-347, 1983) faz notar o tema da inveja na literatura moral judaico-helenista.

4,6 ("Deus resiste aos soberbos, mas dá graça aos humildes") resume o pensamento. (A mesma passagem é citada em 1Pd 5,5, e tanto esta quanto Tiago usam "Deus", em vez de "Senhor", como na LXX; ao que parece, desenvolvera-se um uso cristão comum de certas passagens do AT, talvez no treinamento "catequético"). Julgar o irmão ou a irmã é condenado em Tg 4,11-12 como arrogância contra a Lei de Deus, o supremo legislador e juiz. A investida contra a arrogância continua em Tg 4,13-17, em que os leitores são lembrados de que não são senhores da própria vida. (Compare-se a incerteza quanto ao amanhã com Pr 27,1.) O tema dos ricos, já tratado duas vezes (Tg 1,9-11; 2,1-9), retorna como causticante ataque em Tg 5,1-6, como reminiscência das maldições proféticas contra eles (Am 8,4-8)[19] e da pregação de Jesus.[20] O apelo à paciência, até a vinda do Senhor, em Tg 5,7-11 está relacionado à expectativa de que os pobres obterão pouca justiça das mãos dos ricos neste mundo. Uma refutação contra a opinião de que Tiago não tem visão cristã pode ser encontrada na ênfase na parusia nessa seção.[21]

Admoestações particulares acerca do comportamento na comunidade (Tg 5,12-20). Juramentos, oração e correção dos desviados são os últimos assuntos tratados, aparentemente ainda no contexto do julgamento final vindouro. A atitude enfaticamente negativa em relação a fazer juramentos em Tg 5,12 (cf. Eclo 23,9-11) novamente aproxima Tiago do Sermão da Montanha de Mt 5,33-37. Uma subseção especial, adiante, será dedicada a Tg 5,14-16, a qual abordará não somente a oração litúrgica pelos doentes (poderosa como aquela de Elias), mas também uma unção especial com óleo, efetuada pelos presbíteros, curando tanto o pecado quanto a doença. Subentende-se aqui uma vida comunitária com encarregados designados. Dada a forte atmosfera admoestatória de grande parte de Tiago, pode-se pensar que o escritor é severo e implacável. As últimas linhas (Tg 5,19-20) surgem, pois, como uma surpresa: ele mostra-se muito preocupado em reconduzir (e implicitamente perdoar) aqueles que se desviaram. (Aqui Tiago pode ser contrastado com a Hb 10,26-31.) Se, para 1Pd 4,8, a caridade cobre uma multidão de pecados, para Tiago, isso acontece na atividade de buscar o perdido.

---

[19] Defraudar os trabalhadores de seus salários (Tg 5,4) é condenado no AT (Lv 19,13; Dt 24,14-15). Tiago também reflete as queixas contra os maus-tratos do justo na literatura sapiencial, por exemplo, Sb 2,18-20.

[20] Particularmente em Lc: 6,24; 12,15-21.33-34; 14,33; 16,19-25; 18,22-25.

[21] A escatologia de Tiago torna-a diferente da corrente geral da doutrina henelística e aproxima-a da atmosfera do tipo de sabedoria judaica visível nos MMM. PENNER, T. C. *The Epistle of James and eschatology*. Sheffield, JSOT, 1995. (JSNTSup, 121.)

Tg 2,24 e Paulo: a fé e as obras

Em Gl 2,16, Paulo afirmou: "[...] o homem não se justifica pelas obras da Lei, mas pela fé em/ [de] Jesus Cristo". Pouco tempo depois, ele afirmou em Rm 3,28: "[...] o homem é justificado pela fé, sem a prática da Lei". Por contraste, Tg 2,24 declara: "[...] o homem é justificado pelas obras, e não simplesmente pela fé".[22] A linguagem é notavelmente próxima e, no contexto, ambos os escritores apelam para o exemplo de Abraão em Gn 15,6.[23] Assim, é muito difícil pensar que a semelhança seja acidental; uma das visões é uma reação contra a outra. O problema da fé/obras é bastante importante para Paulo em Gálatas e Romanos, enquanto para Tiago é mais circunstancial.[24] Poucos acreditam que Paulo modelou sua postura em reação a Tiago; assim, ao que parece, e o escrito de Tiago que corrige uma fórmula paulina. Ou, para ser mais exato, ele corrige um mal-entendido na fórmula paulina. Paulo argumentava que a observância ritual das obras prescritas pela Lei mosaica, particularmente a circuncisão, não justificaria os gentios;[25] exigia a fé naquilo que Deus realizou em Cristo — fé que requeria o envolvimento da vida. O escritor de Tiago pensa nas pessoas que já são cristãs e crêem intelectualmente em Jesus (como até o demônio pode crer: Tg 2,19), mas não traduzem tal crença na prática da vida; ele insiste em que as obras (não as obras rituais prescritas pela Lei, mas o comportamento que reflete o amor) precisam corresponder à fé — algo com que Paulo concordaria, conforme se pode ver nas seções "imperativas" de suas cartas, que insistem nas atitudes.[26] Se o escritor de Tiago tivesse lido Romanos,

---

[22] O contraste foi aguçado por Lutero, que inseriu um "somente" na passagem de Romanos: "pela fé somente". Assim respondiam os reformadores aos "estúpidos" que objetavam que essa palavra não estava presente no grego de Romanos: "Ela é apropriada ali, se a tradução quiser ser clara e vigorosa" (*Luther's Works* 35.188). Para o tópico geral da fé e das obras em Tiago e Paulo, cf. JEREMIAS, J. ExpTim 66, 368-371, 1954-1955; BURTCHAELL, J. T. *Interpretation* 17, 39-47, 1963; NICOL, W. *Neotestamentica* 9, 7-24, 1975; LODGE, J. G. *Biblica* 62, 195-213, 1981; DYRNESS, W. *Themelios* 6, #3, 11-16, 1981.

[23] Tg 2,21-23 combina isso com o exemplo da obediência de Abraão em Gn 22,9.18, especialmente os vv. 16-17. Para o estilo da argumentação, cf. JACOBS, I. NTS 22, 457-464, 1975-1976; Soards, n. 16.

[24] É uma interpretação errônea fazer da disputa com as idéias paulinas um tema dominante em Tiago; é um problema menor, em uma exortação mais ampla.

[25] Contudo, existem muitas passagens no legado paulino em que "obra(s)" é(são) usada(s) positivamente para indicar boas obras em geral, por exemplo, 1Ts 5,13; Rm 13,3; Ef 2,10.

[26] Cf. Gl 5,6: "fé agindo pela caridade"; 1Cor 13,2: "[...] ainda que tivesse toda a fé, a ponto de transportar montanhas, se não tivesse a caridade, nada seria"; Rm 2,13: "[...] não são os que ouvem a lei que são justos perante Deus, mas os que cumprem a Lei"; e a insistência na obediência em Rm 6,17; 16,19.26; 2Cor 10,6; Fm 21. Contudo, podemos estar bem seguros de que Paulo jamais teria formulado seu imperativo positivo acerca do comportamento na linguagem de Tg 2,24 — "obras, e não simplesmente a fé".

perceberia que Paulo e ele não estavam lidando com o mesmo problema: Paulo *não* proclamou a justificação mediante uma fé que não implicava viver como Cristo queria que seus seguidores vivessem. Por esse motivo, parece mais lógico pensar que, quando Tiago foi escrita, uma fórmula paulina tinha sido repetida fora de contexto e produzido uma interpretação falseada, que precisava ser corrigida.

Provavelmente Paulo repetia com freqüência a fórmula fé/obras em sua pregação, de modo que não podemos dizer onde e quando o escritor de Tiago deparou-se com o uso abusivo dela. (Obviamente, o escritor de Tiago pode não ter sabido que era uma fórmula de Paulo que estava sendo falseada e mal interpretada.) É tentador pensar que Tiago estava corrigindo a repetição (equivocada) da fórmula exata de Gl 2,16 ou de Rm 3,28. Quando analisamos Romanos, sugeri que um dos objetivos de Paulo ao escrever a carta aos cristãos romanos era corrigir equívocos que ali circulavam, em relação à sua postura, provavelmente oriundos de Jerusalém, a Igreja-mãe da missão que levou o cristianismo para Roma. Expressões do que Paulo escrevera em Gálatas (até sua crítica aos pilares da Igreja de Jerusalém) podem ter sido levadas (de volta) a Jerusalém pelos pregadores aos quais Paulo se opunha na Galácia. Se Tiago foi escrita no final dos anos 50 em Jerusalém, pode conter uma reação àquilo que estava sendo contado (com desvios) acerca do pensamento de Paulo expresso em Gálatas. Presumivelmente, Tiago foi transmitida às comunidades que corriam o perigo de ser corrompidas por tais idéias paulinas. Se se postula uma composição mais tardia para Tiago, a reação pode ter sido modelada por notícias do que Paulo escrevera em Romanos — cf. *pp. 742-743*, sobre a possibilidade de Paulo ter enviado a carta aos cristãos romanos em parte porque eles exerciam alguma influência sobre as autoridades de Jerusalém. Tudo isso envolve suposição, e voltaremos ao problema em subseções posteriores.

Tiago e Mateus: a tradição de Jesus

É notável a proximidade entre o conteúdo de Tiago e de seções de Mateus que apresentam o ensinamento de Jesus, conforme pode ser visto em uma lista de paralelos entre Tiago e o Sermão da Montanha de Mateus.[27]

---

[27] Fora do Sermão, estes são possíveis paralelos: Tg 1,6 = Mt 21,21 (fé, dúvida, mar); Tg 2,8 = Mt 22,39 (amar o próximo como a si mesmo); Tg 3,1 = Mt 23,8 (contra os mestres); Tg 3,2ss = Mt 12,36-37 (contra o falar displicente); Tg 5,7 = Mt 24,13 (perseverar até o fim); Tg 5,9 = Mt 24,33 (Juiz/Filho do Homem às portas). Cf. SHEPHERD, M. H. JBL 75, 40-51, 1956.

- Tg 1,2: [...] tende por motivo de grande alegria o serdes submetidos a múltiplas provações.

  Mt 5,11-12: Felizes sois, quando vos injuriarem e vos perseguirem e, mentindo, disserem todo o mal contra vós por causa de mim. Alegrai-vos e regozijai-vos.

- Tg 1,4: [...] a fim de serdes perfeitos e íntegros, sem nenhuma deficiência.

  Mt 5,48: Portanto, deveis ser perfeitos como o vosso Pai celeste é perfeito.

- Tg 1,5: [...] peça-a a Deus, que a concede generosamente a todos sem recriminações.

  Mt 7,7: Pedi e vos será dado.

- Tg 1,19-20: Que cada um esteja [...] lento para encolerizar-se; pois a cólera do homem não é capaz de cumprir a justiça de Deus.

  Mt 5,22: [...] todo aquele que se encolerizar contra seu irmão [/irmã] terá de responder no tribunal.

- Tg 1,22: Tornai-vos praticantes da Palavra e não simples ouvintes, enganando-nos a vós mesmos.

  Mt 7,24: [...] aquele que ouve essas minhas palavras e as põe em prática.

- Tg 2,5: Não escolheu Deus os pobres em bens deste mundo [...] para serem [...] herdeiros do reino [...]?

  Mt 5,3: Felizes os pobres em espírito, porque deles é o Reino dos Céus.[28]

- Tg 2,10: [...] aquele que guarda toda a Lei, mas desobedece a um só ponto, torna-se culpado da transgressão da Lei inteira.

---

[28] Essa é uma das inúmeras ocasiões em que Tiago aproxima-se mais do paralelo lucano (Lc 6,20), o qual, por sua vez, aproxima-se mais da forma Q original: "Felizes vós, os pobres, porque vosso é o Reino de Deus". DAVIDS, P. H. In: WENHAM, D. (ed.). *Gospel perspectives*; the Jesus tradition outside the Gospels. Sheffield, JSOT, 1985. pp. 63-84; DEPPE, D. B. *The sayings of Jesus in the Epistle of James*. Chelsea, MI, Bookcrafters, 1989; HARTIN, P. J. *James and the Q sayings of Jesus*. Sheffield, JSOT, 1991. (JSNTSup, 47.)

Mt 5,19: Aquele, porventura, que violar um só desses menores mandamentos e ensinar os homens a fazerem o mesmo, será chamado o menor no Reino de Deus.

- Tg 2,13: [...] o julgamento será sem misericórdia para quem não pratica a misericórdia.
  Mt 5,7: Felizes os misericordiosos, porque alcançarão misericórdia.

- Tg 3,12: [...] pode a figueira produzir azeitonas ou a videira produzir figos?
  Mt 7,16: [...] colhem-se uvas dos espinheiros ou figos dos cardos?

- Tg 3,18: Um fruto da justiça é semeado pacificamente para aqueles que promovem a paz.
  Mt 5,9: Felizes os que promovem a paz, porque serão chamados filhos de Deus.

- Tg 4,4: [...] aquele que quer ser amigo do mundo torna-se inimigo de Deus.
  Mt 6,24: Não podeis servir a Deus e ao Dinheiro.

- Tg 4,10: Humilhai-vos diante do Senhor e ele vos exaltará.
  Mt 5,4: Felizes os mansos, porque herdarão a terra.

- Tg 5,2-3: Vossa riqueza apodreceu e as vossas vestes estão carcomidas pelas traças. Vosso ouro e vossa prata estão enferrujados [...]. Entesourastes [= punição] como que um fogo nos tempos do fim.
  Mt 6,19-20: Não ajunteis para vós tesouros na terra, onde a traça e o caruncho os corroem e onde os ladrões arrombam e roubam, mas ajuntai para vós tesouros no céu.

- Tg 5,9: [...] não murmureis uns contra os outros, para que não sejais julgados.
  Mt 7,1: Não julgueis para não serdes julgados. Pois com o julgamento com que julgais sereis julgados.

- Tg 5,10: [...] tomai como exemplo de vida de sofrimento e de paciência os profetas.
  Mt 5,12: [...] foi assim que perseguiram os profetas, que vieram antes de vós.

- Tg 5,12: [...] não jureis, nem pelo céu, nem pela terra, nem por outra coisa qualquer. Antes, seja o vosso sim, sim, e o vosso não, não.

  Mt 5,34-37: [...] não jureis em hipótese nenhuma; nem pelo céu [...] nem pela terra [...]. Seja o vosso "sim", sim, e o vosso "não", não.

Note-se que, apesar da proximidade temática, nem a linguagem dos paralelos nem a ordem na qual aparecem são as mesmas. Conseqüentemente, muitos estudiosos acreditam que o escritor de Tiago não conhecia Mateus, mas uma tradição de Jesus familiar a Mateus, semelhante a Q (cf. n. 28).

Unção dos enfermos (Tg 5,14-16)

Essa passagem é introduzida em Tg 5,13 com um convite à oração, como resposta para o sofrimento, e louvor a Deus com cantos, como resposta ao sentimento de alegria. Nossa preocupação principal é a resposta apresentada para aquele que está doente:

> Mande chamar os presbíteros da Igreja para que orem sobre ele, ungindo-o com óleo em nome do Senhor. A oração da fé salvará o doente, e o Senhor o porá de pé; e se tiver cometido pecados, estes lhe serão perdoados. Confessai, pois, uns aos outros, vossos pecados e orai uns pelos outros, para que sejais curados (5,14-16).

Na prática posterior da Igreja, a cura dos doentes pela unção feita por um sacerdote foi considerada um sacramento; inevitavelmente, Tg 5,14-15 afetou os debates entre os reformadores e Roma sobre o número dos sacramentos. A Sessão XIV do Concílio de Trento (DBS 1716-1719) definiu a extrema-unção[29] como sacramento instituído por Cristo e promulgado por Tiago, e decidiu que os presbíteros da Igreja que Tiago aconselha chamar não são simplesmente membros idosos da comunidade, mas sacerdotes ordenados pelo bispo. Alguns pontos acerca da afirmação precisam ser esclarecidos para facilitar o diálogo:[30]

---

[29] Esta se tornou a designação quando, na Idade Média, a Igreja ocidental restringiu a unção aos gravemente enfermos ou doentes terminais.

[30] A respeito da cura em Tiago, cf. CONDON, K. *Scripture* 11, 33-42, 1959; WILKINSON, J. SJT 24, 326-345, 1971; HARRINGTON, D. J. *Emmanuel* 101, 412-417, 1995. Também EMPEREUR, J. *Prophetic anointing*. Wilmington, Glazier, 1982; PALMER, P. F. Who can anoint the sick? *Worship* 48, 81-92, 1974.

1. Trento fez sua declaração à luz do debate do século XVI e estabeleceu a compreensão daquele período. Trento declarou que a extrema-unção correspondia ao critério de "sacramento" que se desenvolvera na Idade Média. Não se alegou que a unção dos doentes era compreendida como um sacramento no século I; com efeito, não dispomos de nenhuma prova de que o termo sacramento tenha sido usado tão cedo. Da mesma forma, decidiu-se que essa ação sagrada deveria ser administrada por aqueles que, na Igreja do século XVI (e muito tempo antes), constituíam o clero, ou seja, sacerdotes ordenados, e não simplesmente membros mais velhos da comunidade leiga. Trento não declarou (embora os que estavam presentes ao Concílio possam ter presumido) que quando Tiago escreveu existiam claramente estabelecidas as funções de bispos e sacerdotes, bem como os ritos de ordenação. (Cf. *pp. 884-847 e 914-915*, para tais problemas.) Uma investigação ecumenicamente sensível da prática do século I, tanto da parte dos católicos romanos, que aceitam a autoridade do Concílio, quanto de outros cristãos, poderia expressar o problema sacramental desta forma: naquele tempo, a oração sobre os doentes e a unção para a cura e o perdão por meio de autoridades reconhecidas (chamadas presbíteros) eram consideradas ações especialmente sagradas, que davam continuidade à obra de Jesus?

2. Os presbíteros devem ser chamados para ajudar os doentes. Existia uma tradição de que tanto Pedro quanto Paulo realizaram curas (At 3,6; 5,15; 14,8-10; 28,8). Nos anos 50, na Igreja de Corinto, havia aqueles que tinham reconhecidamente o carisma do Espírito para curar (1Cor 12,9.28.30). Vimos que, no desenvolvimento da estrutura eclesial, de modo particular na última terça parte do século I, aqueles que eram apontados ou selecionados como presbíteros na comunidade assumiam algumas funções que antes ou alhures eram desempenhadas por aqueles que reconhecidamente tinham um dom carismático (cf. *pp. 847 e 848*). Assim, é bastante compreensível que o papel de rezar pela cura pudesse ser atribuído aos presbíteros.

3. Ungir com óleo em nome do Senhor é a primeira coisa na seqüência do que se espera que os presbíteros façam. O óleo de oliveira era usado como remédio na Antigüidade. Lv 14,10-32 prescreve a unção com óleo no ritual de purificação da lepra; Is 1,6 fala de feridas que são amolecidas ou aliviadas com óleo; Jr 8,22 pressupõe o poder sanativo do bálsamo de Galaad. (Além de valor medicinal, acreditava-se que o óleo tinha poder mágico, especialmente

em exorcismos.) No tempo do NT, Mc 6,13 narra um aspecto da obra dos Doze enviados por Jesus em Mc 6,7: "[...] eles curaram muitos enfermos, ungindo-os com óleo". Marcos queria fazer-nos pensar que isso fazia parte do que Jesus lhes mandara fazer? Mt 10,1 indica que a cura de doentes e enfermos era uma ordem. Por toda parte em Tiago, existem ecos da tradição de Jesus; assim, a prática descrita em Tg 5,14-15 pode ter sido vista como uma continuação de algo que Jesus havia ordenado.[31] Está isso implícito na realização da unção "em nome do Senhor"?[32]

4. A oração de fé dos presbíteros sobre o enfermo salvará (curará?) este, e o Senhor o soerguerá; e, se ele tiver cometido pecados, estes lhe serão perdoados (Tg 5,15). (A afirmação é formulada como uma seqüência, mas provavelmente se tem em mente uma ação compósita.) A visita aos enfermos e a oração pelos amigos doentes eram encorajadas no AT; por exemplo, Sl 35,13-14; Eclo 7,35. Orar a Deus pela cura de um doente tinha muitas vezes um acento especial porque o pecado era visto como raiz e causa da enfermidade. Por exemplo, os amigos que visitaram Jó queriam orar por e com ele, pedindo-lhe que reconhecesse seu pecado, para que assim Deus o pudesse curar. Tal crença é atestada no século II a.C. em Eclo 38,9-15: "Filho, não te revoltes na tua doença, mas reza ao Senhor e ele te curará. Evita as faltas, conserva as mãos puras, purifica o coração de todo pecado [...]. O que peca contra o seu Criador, que caia nas mãos do médico". A *Oração de Nabônidas*, nos MMM, descreve o rei afligido por uma tendência maligna orando ao Deus Altíssimo e sendo perdoado de seus pecados por meio de um exorcista (ed. García Martinez, 289).[33] Uma continuação do liame entre peca-

---

[31] De Jesus mesmo, jamais se diz que tenha usado óleo para curar ou para expulsar demônios. Que se pensasse que ele pudesse ordenar o que ele próprio não praticava não é uma dificuldade, se recordarmos que ele ordenara aos discípulos que batizassem em Mt 28,19, ainda que o evangelho jamais diga que Jesus mesmo batizava.

[32] Mais provavelmente "o Senhor" é Jesus, e não Deus; exorcismo e cura em nome de Jesus são bem atestados (Mt 7,22; Lc 10,17; Mc 16,17; At 3,6; 4,30; 16,18). S. Laws (*James*, HNTC, 1980, pp. 228-229) defende com propriedade a idéia de que "em nome" não se refere a uma invocação exorcista, mas à cura realizada por alguém que age sob o comando de Jesus em exercício de seu poder. Essa é precisamente a visão que levou a Igreja posterior a considerar a unção dos enfermos instituída por Cristo.

[33] Essa atitude prosseguiu no judaísmo tardio: no Talmude babilônico, *Nedarim* 41a, R. Alexandri afirma que nenhuma pessoa doente é curada de uma enfermidade até que seus pecados sejam perdoados. Cf. também *Baba Bathra* 116a: "Quem quer que tenha uma pessoa doente em casa deve ir ter com um sábio, a fim de que este implore misericórdia para tal pessoa".

do e doença pode estar implícita em 1Cor 11,29-30, em que a profanação da eucaristia está ligada à situação na qual muitos estão doentes, fracos e morrendo. Nos evangelhos, Jesus apresenta-se como médico (Mt 9,12; Lc 4,23), e para aqueles que ele curava, ser "salvos" às vezes implicava tanto ser curado da enfermidade quanto receber o perdão dos pecados.[34] Contra esse pano de fundo, Tg 5,15 mostra-se bastante coerente: a oração de fé salva o doente de modo duplo — soergue-o da doença e perdoa-lhe os pecados.

5. A relação entre Tg 5,16 ("Confessai, pois, uns aos outros, vossos pecados, e orai uns pelos outros, para que sejais curados") com aquilo que precede é muito discutida. Desde o tempo da Reforma, em oposição à doutrina tridentina da extrema-unção administrada por sacerdotes ordenados, alguns têm considerado o v. 16 uma especificação interpretativa dos vv. 14-15: os presbíteros eram simplesmente membros mais idosos da comunidade, e a oração (e a unção) era simplesmente a atividade destes — nada de autoridades ou o equivalente primitivo a "clero", se se permite um termo anacrônico. Outros, como M. Dibelius (*James* [Tiago], Hermeneia, 1975, p. 255), reconhecendo que o v. 16 refere-se a uma atividade diferente daquela autorizada nos vv. 14-15, insistem em que os dois são inconciliáveis: o v. 16 é uma interpolação.[35] Outros, ainda, rejeitando a desesperada solução de uma interpolação, consideram o v. 16 complementar: existia uma ação sagrada especial realizada pelos presbíteros designados para curar, mas havia *também* confissão, oração e cura comunitárias. (*Didaqué* 4,14 instrui: "Deverás confessar tuas ofensas na igreja, e não adiantar-te para rezar tendo má consciência".) A última interpretação mencionada parece ter o maior número de seguidores, e faz justiça a uma postura primordial, de acordo com a qual o surgimento de autoridades designadas ainda não tinha tornado supérfluas ações comunitárias sagradas.

---

[34] Mc 5,34; 10,52; note-se a conexão em Mc 2,5-12.
[35] Os teólogos procuraram aqui outro sacramento: penitência ou confissão sacramental.

Gênero literário[36]

Em Tg 1,1, há uma fórmula introdutória, mas faltam informações sobre o remetente, saudações enviadas e algo semelhante a uma fórmula conclusiva.[37] O conteúdo pressupõe certos elementos da vida da Igreja, como encontros na sinagoga, onde tanto ricos quanto pobres estão presentes, e uma estrutura na qual são nomeados mestres e presbíteros. Contudo, nada de específico identifica os destinatários. Assim, pode-se dizer que Tiago está mais próxima de uma epístola do que de uma carta, de acordo com a definição de Deissmann (cf. *p. 550*), embora, conforme vimos, tal distinção não se aplique a uma grande variedade de cartas. Alguns intérpretes declaram que Tiago não foi dirigida a um grupo específico de cristãos; era tão-somente uma coleção eclética de instruções morais, aplicáveis a todos. Tal análise, porém, não leva em conta o contexto e a ênfase daquelas instruções. Por exemplo, conforme já ressaltado, o endereçamento "às doze tribos da Dispersão", quando combinado com o conteúdo, sugere certa "marca" de cristãos bem leais à herança de Israel e não tão "liberais" quanto os judeus/gentios cristãos representados pelos seguidores de Paulo, que se tinham livrado de muitos dos liames da Lei — com outras palavras, o tipo de cristianismo representado pelo Tiago histórico, o irmão do Senhor, durante sua vida. Muitos objetam que, se tal era a situação, Tiago deveria ter passagens acentuando as leis alimentares ou as festas judaicas etc. e pressupõem que a obra foi escrita para convertidos que careciam de correção sobre tais pontos. Mas, na verdade, o silêncio de Tiago a respeito de tais temas e o tom de encorajamento sugerem que os destinatários tinham a mesma mentalidade do escritor, não precisando de admoestação alguma sobre assuntos doutrinais, e somente acerca de pontos em que eles foram afetados pela perniciosa influência da sociedade secular (parcialmente injusta, dando preferência aos ricos) e do pensamento paulino distorcido (fé, não obras). Isso faz sentido se Tiago foi enviada de Jerusalém ou da Palestina, dirigida especificamente para membros de Igrejas originalmente convertidas ou influenciadas pelos missionários da Igreja de Jerusalém. Voltaremos a essa possibilidade na próxima subseção.

---

[36] Cf. SONGER, H. S. RevExp 66, 379-389, 1969.

[37] F. O. Francis (ZNW 61, 110-126, 1970) defende a idéia de que a ausência de uma conclusão formal não é rara no estilo epistolar helenístico. Ele encontra duas afirmações temáticas introdutórias em Tg 1,2-11 e 1,12-25, e o corpo do documento trata-as na ordem inversa. L. Thurén (NovT 37, 262-284, 1995) apresenta uma análise retórica que divide Tiago em 1,1-18; 1,19-27; 2,1–5,6; 5,7-20.

Quais os gêneros e os estilos que podem ser identificados em Tiago? Essa coleção de observações e instruções morais, freqüentemente em estilo gnômico e proverbial, apresentadas com forte tom exortatório, assemelha-se, no conteúdo e no estilo, a todo um corpo de literatura sapiencial do AT,[38] conforme salientado na Análise geral da mensagem. Depois do período veterotestamentário, uma veia judaica de sabedoria persistiu em grego (p. ex., *The sentences of Pseudo-Phocyclides* [Ditos de Pseudo-Focíclides],[39] escritos provavelmente por um judeu helenizado, depois de 100 a.C.) e em hebraico (p. ex., *Pirke Aboth* [Aforismos dos pais], que contém material de antes do ano 200 d.C.). A literatura filosófica gentia greco-romana (Epiteto, Plutarco, Sêneca) oferece também tratados de ensinamento ético;[40] e, em algumas de suas aglomerações de máximas, Tiago concorda com os sentimentos e convicções encontrados em tal literatura (cf., porém, n. 21). Quanto à influência cristã, Jesus era às vezes lembrado como um homem de sabedoria, como pode ser visto na coleção Q de ensinamentos, preservada em Mateus e Lucas. Vimos quão próximo Tiago se encontra de Mateus precisamente nessa área. Além da lealdade à *Didaqué*, ou ensinamento de Jesus, Tiago denota forte mentalidade escatológica, típica da expectativa cristã primitiva da parusia (Tg 5,7-9). Há ensinamento/sabedoria moral nos escritos de Paulo também (muitas vezes na seção imperativa das cartas), mas em Tiago isso faz parte de toda a epístola. Se, ao desenvolver a cristologia quase ao ponto de doutrina, o NT difere consideravelmente dos escritos e pensamentos de Israel e, *a fortiori*, da literatura greco-romana, Tiago recorda-nos uma firme insistência sobre a moralidade que se acha em íntima continuidade com Israel e seria aprovada também por muitos gentios.

Como acontece com alguns escritos judaicos do período helenístico, Tiago não hesita em usar gêneros conhecidos no mundo greco-romano para veicular seu ensinamento.[41] Aspectos da diatribe (cf. *p. 158*) são importantes em Tiago. Por exemplo, uma tese é estabelecida por meio de uma séria de exemplos em Tg 2,14-26; o diálogo "vós...eu/nós" entre o escritor e os ouvintes/leitores percorre grande parte da carta; existe também uma série constante de imperativos, discurso direto

---

[38] A respeito do tema da sabedoria em Tiago, cf. Halson, B. R. StEv 4, 308-314, 1968; Kirk, J. A. NTS 16, 24-38, 1969-1970. Note-se que não existe personificação da sabedoria em Tiago.
[39] van der Horst, P. W. OTP 2.565-582.
[40] Cf. Malherbe, A. J. *Moral exhortation*; a Greco-Roman source book. Philadelphia, Westminster, 1986.
[41] Watson, D. F. NTS 39, 94-121, 1993; NovT 35, 48-64, 1993.

a oponentes teóricos (p. ex., Tg 4,13; 5,1) e refutação de uma objeção (p. ex., Tg 1,13; 2,18). No entanto, elementos de argumentação diatribal encontram-se em formas diversas de literatura, e dificilmente se pode equiparar Tiago a algumas das escolas formais de diatribe greco-romana. Tiago é também parenética, quer no estilo, quer no conteúdo; cf. os apelos a relembrar exortações já conhecidas e modelos a ser imitados.[42] Todavia, na transmissão de advertências morais tradicionais em forma de máximas, a parênese é quase um gênero secundário, visto que aparece no interior de obras que são predominantemente de outro gênero e refletem ambiente social diferente. Tiago tem sido também identificada como um discurso protréptico (animador), uma exortação a seguir uma forma de vida considerada superior a outra, pois ostenta a superioridade da vida moral judaico-cristã, que espelha a Lei. Esse gênero faz mais justiça a Tiago como um escrito propositadamente retórico, e não simplesmente uma coleção casual de máximas. Se se considerar como tudo isso está combinado com a abertura da carta, provavelmente o resultado será uma classificação mista para Tiago.

Por quem, para quem, onde e quando?

Por quem? A obra foi deveras escrita por Tiago de Jerusalém antes de sua morte em 62 d.C.? Consideremos parte dos argumentos invocados para apoiar uma resposta afirmativa. Uma tentativa de pseudonímia posterior não teria usado o título honorífico "irmão do Senhor", em vez de "servo de Deus" (Tg 1,1), ou não teria feito referências específicas a Jesus e fornecido alguns dados biográficos fictícios? A atmosfera judaica da carta também aponta para uma composição pelo líder da Igreja de Jerusalém. Contudo, tais argumentos não refutam a possibilidade de um discípulo ou admirador de Tiago bem informado, usando um epíteto modesto que o Tiago histórico aplicava a si mesmo e escrevendo de forma a dar continuação ao pensamento do líder. Tiago de Jerusalém foi uma das pessoas mais importantes no cristianismo do NT, e um pseudepígrafo pode não ter visto necessidade de apresentá-lo a seus destinatários (especialmente se eles encontravam-se em Igrejas evangelizadas por Jerusalém). O grego empregado em Tiago é fluente, até mesmo eloqüente, e denota estilo refinado;[43] existe pouca probabilidade de que a

---

[42] PERDUE, L. G. ZNW 72, 241-246, 1981; *Semeia* 50, 14-27, 1990; GAMMIE, J. G. *Semeia* 50, 41-77, 1990; WALL, R. W. *Restoration Quarterly* 32, 11-22, 1990.

[43] O verso hexâmetro grego pode ser encontrado em Tg 1,17; um imperativo ático em Tg 1,19 etc.

obra tenha sido traduzida do hebraico/aramaico e que a língua materna do escritor tenha sido semítica. A Escritura empregada é a LXX, não a Bíblia hebraica. Portanto, é improvável que um aldeão de Nazaré tenha escrito de próprio punho. Pode-se apelar para o auxílio de um escriba, mas, conforme veremos, outros fatores favorecem a tese de que a carta foi escrita depois da morte de Tiago por alguém que respeitava a autoridade daquela figura. As especulações sobre a identidade exata do escritor tornam-se, pois, desnecessárias.

Quando? À feição de evidência externa, a literatura pseudoclementina (a mais antiga fonte daquela que provém de cerca de 150-220) venera Tiago como o bispo dos bispos e estabelece uma hostilidade entre Tiago e Paulo mais acentuada do que transparece na obra.[44] Tiago parece ter sido familiar ao autor do *Pastor de Hermas*,[45] que foi provavelmente escrito em Roma, em 140, aproximadamente. Assim, a carta teria sido escrita algum tempo antes daquela data. No que concerne a provas internas, conforme vimos pela comparação entre Tiago e o Sermão da Montanha de Mateus, o escritor conhece, mas utilizando linguagem diversa, o tipo de ensinamento de Jesus encontrado em Q e nos evangelhos. Portanto, a dependência em relação aos evangelhos escritos é improvável. O escritor está a par também da tradição paulina acerca da fé e das obras, conservada em Gálatas e Romanos, escritas nos anos 50, mas, ao que parece, por meio de popularização descurada. Esse relacionamento com a tradição de Jesus e de Paulo pode ter sido possível antes de 62, mas uma data mais provável seria a última terça parte do século I. A estrutura eclesial subjacente a Tg 3,1, em que existe uma função (não simplesmente um carisma) de mestre, e a Tg 5,14-15, em que os presbíteros desempenham um papel, quase litúrgico, sugere também uma data por volta do final do século I. Uma data posterior a essa não é plausível. A datação de mais ou menos metade do século II aumentaria a probabilidade de que o escritor tivesse conhecido os evangelhos escritos e as epístolas.

---

[44] Essa literatura (cf. n. 6) manifesta conhecimento dos evangelhos canônicos. VAN VOORST, R. E. *The ascent of James*; history and theology of a Jewish-Christian community. Atlanta, Scholars, 1989. esp. pp. 79-80. (SBLDS, 112.) Também JONES, F. S. *An ancient Jewish christian source… Recognitions 1.27-71*. Atlanta, Scholars, 1995.

[45] Homem dividido (Tg 1,8; cf. *Mandatos* 9.1); idéia do Espírito doado por Deus e que habita os homens (Tg 4,5; cf. *Mandatos* 5.1.2); dominação da língua, de todo o corpo e do mau desejo (Tg 1,26; 3,2; cf. *Mandatos* 12.1.1). Cf. Laws, op. cit., pp. 22-23; JOHNSON, L. T. *James*, AB, 1995, pp. 75-79. *I Clemente*, documento da Igreja romana, provavelmente também usou Tiago; isso significaria que Tiago foi escrita antes de 120.

De onde, para quem e para onde? Existem parcos indícios para dirimir essas questões. Sensibilidade especial pelos pobres, conhecimento da tradição de Jesus, referência às primeiras e às últimas chuvas, típicas do clima palestinense (Tg 5,7),[46] têm sugerido Jerusalém ou a Palestina como lugar de origem. De acordo com Hegesipo (HE 3.19-20), os descendentes da família de Jesus (chamados desposinos), especialmente os netos de Judas, "seu irmão segundo a carne", governaram as Igrejas na Palestina até o tempo de Trajano (98-117). Embora Tiago fosse venerado de maneira mais ampla, certamente os cristãos das Igrejas palestinenses tinham especial devoção a ele, o líder original da comunidade de Jerusalém. Acredita-se que a mais antiga fonte pró-Tiago, os escritos de Pseudo-Clemente, foi composta em Pela, cerca de 96 quilômetros a nordeste de Jerusalém, atravessando-se o Jordão, aonde os cristãos hierosolimitanos teriam ido antes da destruição da cidade, em 70.

A exortação moral em Tiago é claramente direcionada a uma comunidade ou a comunidades (não a pessoas ou a famílias isoladas) como uma voz contra a cultura dominante (Tg 1,27; Johnson, *James* [Tiago], cit., pp. 80-88). No entanto, o escritor de Tiago não era sectário, no sentido de ser apenas contrário aos de fora; ele estava preocupado principalmente em corrigir os cristãos de dentro, os quais devia conhecer melhor. O uso do grego da LXX e a alusão à diáspora (Tg 1,1) levam a pensar em um público além da Palestina. O caráter fortemente judaico tem sugerido um escritor e público judeu-cristãos. Entretanto, gentios cristãos normalmente impregnavam-se da mentalidade dos missionários que os convertiam, de forma que havia também uma vertente de cristianismo judaico-gentio que era muito leal ao judaísmo. Se Tiago foi enviada de Jerusalém (ou da parte dos remanescentes da comunidade cristã da Palestina, depois de 70 d.C.) "às doze tribos da Dispersão", pode ter sido direcionada para aquelas comunidades judaico-gentio-cristãs originalmente evangelizadas por Jerusalém — comunidades marcadas pela fidelidade de Tiago ao judaísmo. Uma daquelas comunidades pode ter sido Roma, pois Tiago era conhecida em Roma por volta do começo do século II. Ao ser ali recebida, pode ter servido para corrigir os exageros da opinião sobre as obras, expressa por Paulo em Roma. Foi citada em Roma (*Hermas* e, possivelmente, *I Clemente*) porque correspondia à visão pró-judaica ainda domi-

---

[46] Obviamente isso pode ser simplesmente um eco do AT (p. ex., Dt 11,14).

nante ali (cf. *pp. 739-741*)? Em meados do século II, porém, a figura de Tiago estava sendo glorificada por judeu-cristãos que eram considerados heréticos (pseudoclementinos); assim, o entusiasmo por obras que traziam o nome desse líder pode ter arrefecido — daí a omissão de Tiago na enumeração canônica da Roma do final do século II. Essa proposta é demasiado hipotética, mas pugna contra a idéia de que Tiago fosse uma composição bem abrangente, sem escopo definido nem intenção pastoral.

Canonicidade de Tiago[47]

Tiago não é mencionada no Fragmento Muratoriano, considerado o representante das Escrituras de Roma no final do século II. A versão latina antiga de Tiago encontrada no Codex Corbeiensis (preservação do século IX), colocada entre os escritos extracanônicos, levanta a possibilidade de que a obra foi traduzida para o latim no século III (e talvez posteriormente às outras epístolas católicas). Assim, a evidência sugere que no Ocidente, por volta do ano 200, Tiago não era considerada canônica, ainda que tivesse sido conhecida bem cedo em Roma, como vimos ao discutir o *Pastor de Hermas*. No início do século III, no Oriente de língua grega, Orígenes reconheceu a carta, embora como um dos livros controversos, citando-a 24 vezes e atribuindo-a a Tiago apóstolo, o irmão do Senhor.[48] No começo do século IV, Eusébio (HE 2.23.24-25; 3.25.3) ainda a punha entre os livros controversos do NT; contudo, no fim do século IV, Atanásio deu provas da aceitação de Tiago nas Igrejas de língua grega do Oriente. A não muito entusiástica inclusão dela na Vulgata, por Jerônimo, e a autoridade de Agostinho significaram aceitação no Ocidente. Por esse tempo, porém, a obra não era aceita nas Igrejas de língua siríaca. Finalmente, nos albores do século V, Tiago apareceu em tradução siríaca oficial, a Peshitta, ainda que alguns líderes contemporâneos da Igreja não demonstrem consciência dela.

---

[47] BROOKS, J. A. *Southwestern Journal of Theology* 12, 41-55, 1969.

[48] Provavelmente Orígenes não a conheceu em sua Alexandria nativa, mas durante sua estada na Palestina. Eusébio (HE 6.14.1) afirma que "Judas e as demais epístolas católicas" já tinham sido comentadas por Clemente de Alexandria, mas nenhum dos escritos de Clemente conservados denota conhecimento de Tiago.

Não sabemos bem por que Tiago recebeu aceitação tão tardia. Alguns dos que a conheciam não conseguiram reconhecer o "Tiago" de Tg 1,1 como o líder da Igreja de Jerusalém? Outros teriam questionado a atribuição em Tg 1,1, julgando-a fictícia? Ou a circulação principalmente em meios cristãos leais à Lei tornou-a suspeita para a Igreja mais ampla? Sua deficiência cristológica tornou-a inaceitável como epístola geral (católica)?

As antigas discordâncias em torno de Tiago contribuíram para novas dúvidas no período da Reforma. Erasmo aceitou-a, mas questionou a atribuição ao irmão do Senhor, tal como o cardeal Caetano. Em sua tradução alemã de (setembro de) 1522, Lutero tentou colocar Tiago, juntamente com Hebreus, Judas e Apocalipse no final do NT, por considerá-la de qualidade inferior "aos verdadeiros, seguros e principais livros do NT". Entre os elementos importantes na oposição da Reforma a Tiago, além das polêmicas da Antigüidade, contavam-se o apoio que ela oferecia à extrema-unção como sacramento e à afirmação de que "a fé sem as obras é estéril" (Tg 2,20), que colidia com a exaltação luterana da fé. Ainda que Lutero encontrasse nela afirmações muito boas, considerava-a uma epístola de palha, quando comparada com o puro ouro do evangelho. No fim dos anos 40, no século XVI, em suas "conversas informais", Lutero desejava que Tiago ficasse de fora das discussões na Universidade de Wittenberg, pois ela não tinha muita importância. A reorganização do cânone, proposta por Lutero, foi posteriormente abandonada, e graças a Melanchthon, a aparente contradição entre Tiago e Paulo foi harmonizada. No entanto, nos séculos seguintes, de modo particular no interior do protestantismo, Tiago foi muitas vezes considerada uma obra inferior do NT, especialmente quando comparada às cartas de Paulo. Por vezes foi até mesmo descartada como produto tardio do cristianismo ebionita ou judeu-extremista.

À altura da segunda metade do século XX, porém, com a elevação do senso cristão acerca da moralidade social, a reticência de Paulo em mudar as estruturas sociais (p. ex., sua tolerância à escravidão) sofreu crescentes críticas, ao passo que Tiago foi ganhando simpatia. A máxima "Meus irmãos, se alguém disser que tem fé, mas não tem obras, que lhe aproveitará isso?" — exemplificada pela provisão de roupas aos maltrapilhos, alimento aos que diariamente passam fome (Tg 2,14-16) — foi considerada corretivo importante para a insensibilidade social do cristianismo. A ausência de declaração cristológica em Tiago permanece um problema ("Jesus Cristo" apenas duas vezes: Tg 1,2; 2,1), mas, para uma geração surgida na teologia da libertação, a preocupação social é mais importante. (De forma mais penetrante, pode-se dizer que Tiago mostra uma profunda compreensão de como tornar a cristologia significativa para a vida cristã, como o fez o próprio Jesus, pois, embora apresentado nos evangelhos sinóticos como o Filho de Deus, não apregoou tal identidade explicitamente, mas explicou a Boa-Nova do reino aos pobres, aos famintos e aos perseguidos.) Muitos, portanto, fazendo eco a Tg 1,27, que declara que a verdadeira religião consiste em socorrer os órfãos e as viúvas em suas necessidades, discordam vivamente da afirmação de que Tiago é uma carta de palha. Essa mudança de mentalidade é uma permanente advertência acerca da depreciação de uma ou outra obra do NT como de somenos valor. Aquilo que uma geração despreza outra pode considerar o coração do evangelho.

Temas e problemas para reflexão

1. O problema da estrutura é importante; por exemplo, quanto daquilo que se segue a Tg 3,1 se refere primariamente aos mestres? O cap. 4 também é direcionado a eles? Dibelius (op. cit., p. 5) define Tiago como parênese, ou seja, uma coleção de material ético, proveniente de várias fontes, com pouca ou nenhuma continuidade, exceto talvez pelas "palavras-gancho" ou "conectivos" que juntam algumas subunidades. Um estudo mais refinado, porém, acentua que a parênese pode ter forma e desenvolvimento, e a maioria dos comentadores recentes não considera Tiago sem estrutura, ainda que não concordem em relação aos detalhes de tal estrutura. Alguns declaram que a estrutura foi controlada externamente, por exemplo, por um *midrash* ou por uma interpretação homilética do Sl 12 (11), ou pela a extensão das partes usadas numa pregação.[49] A mais provável dessas hipóteses considera a escolha dos tópicos ditada pelos padrões já estabelecidos nas homilias batismais ou na instrução catequética acerca da moral cabível, conforme exemplificado por muitos paralelos com 1 Pedro. T. B. Cargal (*Restoring the diaspora*; discursive structure and purpose in the Epistle of James

---

[49] Respectivamente, GERTNER, M. *Journal of Semitic Studies* 7, 267-293, esp. 267-278, 1962; FORBES, P. B. R. EvQ 44, 147-153, 1972.

[Restaurando a diáspora; estrutura discursiva e objetivo na epístola de Tiago], Atlanta, Scholars, 1993, SBLDS, 144) analisa brevemente as propostas e procura, a seguir, aplicar a teoria semiótica de Greimas. Suas unidades não são facilmente conciliáveis com os tópicos e as indicações retóricas, como o princípio de uma dupla inclinação (*yēser* ou *yetzer*) em todo ser humano, para o bem e para o mal (cf. Tg 1,8; 4,8; e J. Marcus, The evil inclination in the Epistle to James [A inclinação para o mal na epístola de Tiago], CBQ 44, 606-621, 1982). Os leitores podem comparar a estrutura em diversos comentários a Tiago a fim de descobrir se e como as várias divisões afetam o significado.

2. Podemos perceber uma evolução nas reflexões veterotestamentárias acerca do problema da responsabilidade das pessoas pelo mal que fazem. A afirmação de que Deus endureceu o coração do faraó, de modo que este não fez o que Deus mandou por intermédio de Moisés (Ex 4,21; 7,3-4 etc., também 2Sm 24,1; Is 6,9-10) é uma fórmula que não distingue adequadamente a presciência de Deus da causalidade de Deus. Encontra-se progressão teológica na compreensão segundo a qual outra figura, e não Deus, move as pessoas para o mal: primeiramente, uma figura angélica que não é má (o Satã de Jó 1,6-12; Zc 3,1-2) e, a seguir, um tentador angélico perverso ou demônio (1Ts 2,18; Mt 4,1-11). Todavia, a sociedade moderna culpa demasiadamente a hereditariedade, que funciona como substituto, para não culpar Deus, e entre pessoas religiosas pode haver um exagero da expressão "o maligno me tentou". Tg 1,13-16 constitui um questionamento de ambas as vozes com a ênfase na responsabilidade pessoal pela atitude perante a tentação ou a provação. Contudo, a rejeição completa da existência de um princípio inteligente do mal, não obstante ainda em voga, choca-se com muitos dados do NT e do ensinamento tradicional cristão.

3. No pico da crise dos direitos civis nos Estados Unidos, em algumas Igrejas, afirmou-se muitas vezes que se poderia ler Tg 2,1-7 substituindo ricos e pobres por "brancos" e "negros", e obter um sermão de importância imediata. Com a integração das Igrejas, porém, não se deve pensar que o desafio lançado por Tiago perdeu sua relevância. Imaginemos uma paróquia cristã tão bem conscientizada socialmente que não pode ser acusada de indiferença para com os pobres. O administrador de tal paróquia pode fugir a uma atenção especial aos ricos generosos? A possibilidade de ulteriores presentes em dinheiro logo desaparecerá se as generosas doações não forem reconhecidas publicamente (no bole-

tim, em uma placa ou na lista anual das doações). É possível viver neste mundo sem demonstrar parcialidade? Tal como fez Jesus nos evangelhos, Tiago lança um desafio que jamais se cumprirá inteiramente até que o reino venha?

4. Dedicou-se uma subseção a Tg 5,14-16 e ao pensamento cristão dividido a respeito de a unção dos enfermos ser ou não um sacramento. Deixando de lado por um momento a específica unção sacerdotal do enfermo, não se pode negar que Tiago retomou e deu prosseguimento à cura, uma preocupação importante, que provinha de Jesus. Paulo citou curadores carismáticos, e alguns ainda hoje insistem na existência de tais na Igreja. A maioria dos cristãos não julga ter recebido um carisma especial para curar. Que responsabilidade eles têm na continuação da ênfase cristã primitiva na cura e no cuidado dos doentes, especialmente em uma cultura que confia cada vez mais a cura à medicina profissional e às organizações de saúde?

Bibliografia sobre Tiago

Comentários e estudos em série[50]

ADAMSON, J. B. NICNT, 1976.
BLACKMAN, E. C. TBC, 1957.
CHESTER, A. NTT, 1994.
DAVIDS, P. H. NIGTC, 1982; NIBC, 1984.
DIBELIUS, M. Hermeneia, 1975.
GENCH, F. T. ProcC, rev. ed., 1995.
JOHNSON, L. T. AB, 1995.
KUGELMAN, R. NTM, 1980.*
LAWS, S. HNTC, 1980.
MARTIN, R. A. AugC, 1982.
MARTIN, R. P. WBC, 1988.
PERKINS, P. IBC, 1995.
REICKE, B. AB, 1964.**

---

[50] As obras assinaladas com um asterisco referem-se também a Judas; com dois, Judas e 1 e/ou 2Pedro. Os negritos indicam as obras mais impostantes, de modo geral comentários.

Ropes, J. H. ICC, 1916.
Ross, A. NICNT, 1954.
Sidebottom, E. M. NCBC, 1967.**
Sloyan, G. S. ProcC, 1977.
Tasker, R. V. G. TNTC, 1956.
Townsend, M. J. EC, 1994.
Williams, R. R. CCNEB, 1965.

* * *

Adamson, J. B. *James*; the man and his message. Grand Rapids, Eerdmans, 1989.

Baker, W. R. *Personal speech-ethics in the Epistle of James*. Tübingen, Mohr-Siebeck, 1995. (WUNT, 2.68.)

Cabaniss, A. A note on Jacob's Homily. EvQ 47, 219-222, 1975.

Cargal, T. B. *Restoring the diaspora*; discursive structure and purpose in the Epistle of James. Atlanta, Scholars, 1993. (SBLDS, 144.) Abordagem semiótica.

Geyser, A. S. The Letter of James and the social condition of his addressees. *Neotestamentica* 9, 25-33, 1975.

Hort, F. J. A. *The Epistle of St James*. London, Macmillan, 1909. Comentário incompleto (até Tg 4,7) de um renomado estudioso do século XIX.

Marcus, J. The evil inclination in the Epistle of James. CBQ 44, 606-621, 1982.

Martin, R. P. The life-setting of the Epistle of James in the light of Jewish history. In: Tuttle, G. A. (ed.). *Biblical and near Eastern studies*. Grand Rapids, Eerdmans, 1978. pp. 97-103. (W. S. LaSor Festschrift.)

Mayor, J. B. *The Epistle of St James*. 3. ed. London, Macmillan, 1913.

Mitton, C. L. *The Epistle of James*. Grand Rapids, Eerdmans, 1928.

Moffatt, J. *The general epistles*. London. Hodder & Stoughton, 1928.

Reese, J. M. The exegete as sage: hearing the message of James. BTB 12, 82-85, 1982.

RevExp 66, #4, 1969. Dedicada a Tiago.

Capítulo 35

Carta (epístola) de Judas

Orígenes considerava Judas "impregnada de sonoras palavras de graça celestial". Atualmente, porém, exceto pela memorável expressão em Jd 3 — "[...] combaterdes pela fé, uma vez por todas confiada aos santos" — a maioria das pessoas acha essa breve obra desmesuradamente negativa, ultrapassada e exageradamente apocalíptica para ter muita utilidade. Ademais, Judas contém notável número de dificuldades textuais, refletindo liberdades tomadas na transmissão, talvez porque se acreditava que a obra não tinha autoridade. Não adianta negar as dificuldades; com efeito, pode ser útil ler a subseção introdutória do capítulo 37, O gênero literário apocalíptico, adiante, antes de estudar Judas. Contudo, esta realmente nos fornece uma idéia de como uma autoridade eclesial enfrentou perigos, reais ou previstos, quando os cristãos começaram a dividir-se internamente.

Após o Contexto e a Análise geral da mensagem, dedicar-se-ão subdivisões aos seguintes tópicos especiais: Uso de literatura não-canônica em Judas, Gênero literário, Por quem, para quem, de onde e quando?, Canonicidade de Judas e Bibliografia.

Contexto

Em subseção adiante, discutiremos se ela foi deveras escrita por Judas. Aqui, discutiremos a figura que foi subentendida quando o escritor identificou-se como "Judas, servo de Jesus Cristo, irmão de Tiago". O mesmo nome grego *Ioudas*[1] é traduzido para inglês como *Judas* e *Jude** — a segunda opção visa evitar a

---

[1] Derivado do hebraico Judá, um dos doze filhos de Jacó/Israel.

* Nas Bíblias em português, não há tal distinção [N. E.].

confusão com o Judas Iscariotes, aquele que entregou Jesus. Se pusermos de parte o Iscariotes, existe um Judas (filho?) de Tiago, no fim da lista dos Doze "aos quais [Jesus] deu o nome de apóstolos", em Lc 6,16.[2] Nada sabemos sobre ele, e não há razão para pensar que ele foi o escritor de Judas, para o qual "os apóstolos do Senhor nosso Jesus Cristo" formavam um grupo separado (Jd 17). Em At 15,22.27-33 há um profeta Judas (chamado Barsabás), enviado com Silas para Antioquia, levando a decisão de Tiago e dos outros, fruto do encontro de Jerusalém, no ano 49 d.C. Alguns intérpretes argumentam que, metaforicamente, ele era o "irmão" (= amigo cristão e colaborador) de Tiago, conforme o autor de Judas se identifica.

Contudo, a hipótese mais comum e plausível sobre a razão por que o escritor se identifica por meio de uma relação com Tiago é esta: o Judas subentendido era um dos quatro chamados irmãos de Jesus (terceiro em Mc 6,3 — "Tiago, Joset, *Judas* e Simão" — quarto em Mt 13,55); assim, literalmente, era irmão de Tiago. Com tal *status* familiar, esse Judas teria o tipo de autoridade implicada pela intenção declarada do autor em escrever uma obra geral "a respeito da nossa salvação comum" (Jd 3) — um projeto concebido antes que surgisse o problema que o levou a enviar essa curta missiva coibindo a presença dos intrusos. Ele podia recordar o que os apóstolos predisseram (Jd 17); assim, embora não fosse apóstolo, apresentou-se como mestre com algum grau de distinção na tradição. O escritor sabia o hebraico, se R. J. Bauckham estiver correto em sua tese de que o uso que Judas faz da Escritura implica a forma hebraica, e não a da LXX.[3] Na autodesignação do v. 1, o escritor se identificou, modestamente, como servo, em relação a Jesus (cf. Tg 1,1), mas de forma mais específica como irmão de Tiago, o famoso líder da Igreja de Jerusalém, provavelmente porque a carta fora enviada de Jerusalém/Palestina. Naquela região, Judas teria tido autoridade, a julgar pela tradição sobre seu itinerário. Aparentemente, os irmãos do Senhor tornaram-se

---

[2] Também At 1,13. Presumivelmente ele é "Judas, não o Iscariotes" apresentado em companhia de Jesus durante a Última Ceia em Jo 14,22. Esse Judas não aparece na lista marcana dos Doze (que em Mc 3,18 traz Tadeu) nem na mateana (Mt 10,3: Tadeu ou Lebeu). Cf. capítulo 7, n. 7, para o híbrido "Judas Tadeu".

[3] *Jude and the relatives of Jesus in the early Church*, Edinburgh, Clark, 1990, pp. 136-137. A tentativa de situar a composição de Judas em Alexandria (p. ex., GUNTHER, J. J. NTS 30, 549-562, 1983) teve poucos seguidores. Seria de esperar que a LXX fosse a Escritura usada ali.

Informações básicas

Data: impossível precisar. Alguns estudiosos situam-na nos anos 50; muitos em 90-100.

De/para: provavelmente *da* área palestinense, onde os irmãos de Jesus eram figuras importantes, *para* cristãos influenciados pela(s) Igreja(s) de Jerusalém/Palestina. Alguns exegetas pensam que Judas foi escrita em Alexandria.

Autenticidade: muito difícil saber. Se pseudepigráfica, escrita por alguém para quem os irmãos de Jesus eram mestres autorizados.

Unidade e integridade: não questionada seriamente.

Divisão formal

A. Fórmula introdutória: 1-2

B. Corpo: 3-23

    3-4: Circunstância: luta pela fé por causa de certos invasores ímpios

    5-10: Três exemplos de punição pela desobediência e aplicação deles

    11-13: Mais três exemplos e uma descrição polêmica dos ímpios invasores

    14-19: Profecias de Henoc e dos apóstolos acerca da vinda de tais pessoas sem religião

    20-23: Reiterado apelo à fé; diversos tipos de julgamento a ser exercitados

C. Doxologia conclusiva: 24-25

---

apóstolos missionários (no sentido paulino: 1Cor 9,5); a principal missão deles, porém, pode ter-se desenvolvido no interior da Palestina, onde Júlio Africano (HE 1.7.14) informa que a família de Jesus se reuniu. Hegesipo (HE 3,19-20) afirma que os netos de Judas, o "irmão de Jesus segundo a carne", eram responsáveis pelas Igrejas da Palestina até o tempo de Trajano (98-117).[4] O detalhado estudo da tradição, de Bauckham (*Jude and the relatives of Jesus in the early Church* [Judas e os parentes de Jesus na Igreja primitiva], cit., pp. 45-133), defende convincentemente a tese de que os membros da família eram força preponderante entre os cristãos, seja na Galiléia, seja em Jerusalém.[5] Pressuponhamos, pois, no que se segue, que essa é uma carta enviada em nome de Judas, o irmão de Jesus e de Tiago. (Acerca do parentesco dos irmãos, cf. o capítulo 34, n. 2).

---

[4] Na lista dos bispos judeus de Jerusalém (HE 4.5.3-4; 4.22.4), Simeão/Simão (irmão ou primo de Tiago?) sucedeu a Tiago. No final da lista, figuram José/Joset e Judas (nomes dados aos irmãos de Jesus em Marcos/Mateus). Isso seria no tempo do imperador Adriano (por volta de 130), se a lista for seqüencial.

[5] Judas tornou-se popular em alguns círculos (especialmente gnósticos) na Síria, mas de forma confusa. Judas, o irmão de Jesus, foi amalgamado com Tomé (Dídimo), cujo nome significa "gêmeo", e surge como Judas Tomé, o irmão gêmeo de Jesus.

Análise geral da mensagem

Fórmula introdutória (vv. 1-2). As questões pertinentes ao gênero literário e à identidade dos destinatários serão tratadas adiante. Aqui, notamos que para Judas (como para Paulo: Rm 1,6; 1Cor 1,24) os cristãos são os "chamados"; ademais, eles assumiram a denominação tradicional de Israel como "os preferidos (bem-amados)" de Deus (Dt 32,15; 33,5.26).

O corpo (vv. 3-23) tem como moldura alusões à fé nos vv. 3 e 20. Na abertura do corpo, a circunstância é esclarecida nos vv. 3-4. O escritor fala aos "diletos" destinatários de "nossa salvação comum" — aparentemente já partilhada, como na deuteropaulina Ef 2,8, enquanto nos escritos paulinos anteriores a salvação seria concedida ainda no futuro escatológico (1Ts 5,8-9; 1Cor 3,15; Rm 5,9-10). Judas considera a fé um corpo tradicional de ensinamentos (provavelmente tanto doutrinal quanto moral), "uma vez por todas confiada aos santos", no passado, e julga-se no direito de expô-la. Seus projetos de assim proceder, num plano geral, foram interrompidos pelo surgimento de "uns ímpios [*anthrōpoi*]", que traduzem o favor de Deus em dissolução e renegam o Senhor Jesus Cristo (v. 4).[6] A polêmica descrição dos intrusos "que se infiltraram" a fim de causar danos já aparece em Gl 2,4, e torna-se comum na última terça parte do século I (At 20,29; 2Tm 3,6; 2Jo 10). Contudo, devemos nos lembrar de que estamos diante de uma descrição desfavorável dessas figuras, ao passo que elas podem ter-se considerado missionárias evangelizadoras. Alguns vêem os intrusos como mestres por causa da referência ao "apascentar a si mesmos" no v. 12, mas, diante da condenação no v. 4, pouco podemos reconstruir do ensinamento deles.

Três exemplos de punição pela desobediência e a aplicação deles (Jd 5-10). Conforme veremos, alguns exegetas duvidam de que Judas tenha sido endereçada a uma situação real; para eles, tratava-se de uma epístola geral, destinada a ser aplicada sempre que a ocasião o exigisse. Considerando-se uma situação

---

[6] Existem diversas leituras possíveis: "negar o único Mestre [= Deus] e nosso Senhor Jesus Cristo", ou "negar nosso único Mestre, nosso Senhor Jesus Cristo" (como o compreendeu 2Pd 2,1). O fato de negar Deus pode indicar que os intrusos eram ateus ou politeístas (mas nada mais existe na carta para reforçar tal idéia), ou gnósticos que negavam o Deus criador do AT. A rejeição a Jesus Cristo pode indicar uma cristologia questionável ou um estilo de vida inadequado para um cristão. Alguns sustentam que esses mestres questionavam a autoridade "de Judas" sobre os ouvintes/leitores, mas na carta não consta nada como "ouçam o que eu digo, e não os escutem".

concreta, o escritor parece presumir que os destinatários conhecem o que há de errado no ensinamento que ele combate; assim, ele se concentra em como Deus rejeitará tal doutrina. (É concebível que ele tenha ouvido falar de ensinamentos estranhos, mas não com especificidade suficiente para enumerá-los?[7]) Nos vv. 5-7, ele apresenta três exemplos da tradição israelita, nos quais Deus puniu a desobediência. (Se o autor presume que os leitores estão familiarizados com tais exemplos, visualiza judeu-cristãos que foram educados nesse contexto ou gentio-cristãos instruídos a respeito?) Ainda que uma geração tenha sido tirada do Egito pelo Senhor,[8] por ter demonstrado sua falta de fé no deserto, foi destruída pela morte antes que Israel entrasse na Terra Prometida (Nm 14). Os anjos de Deus deixaram seu lugar privilegiado no céu e arderam em busca de mulheres (Gn 6,1-4); Deus trancafiou-os sob a terra, na escuridão, até o dia do julgamento (*I Henoc* 10,4-6; caps. 12–13).[9] Sodoma e Gomorra praticavam a imoralidade e foram punidas com fogo (Gn 19,1-28). Esses três exemplos são seguidos nos vv. 8-10 por um comentário prático (v. 8: "Ora, estes [...]"), um modelo interpretativo fortemente defendido por Ellis e Bauckham como uma chave para a estrutura de Judas. Embora a aplicação resuma a condenação geral do v. 4, extraindo três acusações contra os intrusos ímpios, não transparece como tais acusações correspondem exatamente aos três exemplos dos vv. 5, 6 e 7 (talvez em ordem inversa?). Essas pessoas tornam sua carne impura (como os sodomitas), rejeitam o senhorio (de Deus ou de Cristo?) e insultam os gloriosos (anjos?) — provavelmente não precisamos procurar doutrinas errôneas específicas que tenham dado azo a tal polêmica

---

[7] 2Jo 10 exclui qualquer um que não aceite o ensinamento que o escritor apresenta e 2Tm 4,3 adverte que as pessoas se reunirão em torno de mestres que falarão aquilo que ouvidos excitados quiserem ouvir. Tal admoestação geral acerca do ensinamento não exclui a possível presença de problemas concretos na comunidade destinatária.

[8] Os manuscritos oscilam entre ler "Jesus", "o Senhor" ou "Deus" no v. 5. O Senhor pode significar Jesus; por exemplo, 1Cor 10,4 define Cristo como a rocha encontrada nas andanças pelo deserto. A respeito desse versículo: BLACK, M. In: *Apophoreta*. Berlin, Töpelmann, 1964. pp. 39-45. (Festschrift E. Haenchen; Beihefte ZNW, 30); OSBURN, C. D. *Biblica* 62, 107-115, 1981; KLIJN, A. F. J. In: WEINRICH, W. C. J. *New Testament Age*. Macon, GA, Mercer, 1984. pp. 237-244. (Festschrift B. Reicke); FOSSUM, J. NTS 33, 226-243, 1987.

[9] Alguns veriam uma referência clássica à narrativa de Hesíodo (*Teogonia* 713-735) sobre os Titãs acorrentados e confinados nas trevas do Tártaro; é mais provável, porém, para 2Pd 2,4 (que realmente se refere ao Tártaro) do que para Judas. *Ouvintes* familiarizados com a mitologia grega podem ter-se lembrado de Hesíodo; metodologicamente, porém, dado que o contexto judaico da narrativa é óbvio, devemos supor que o *escritor* conhecia ou serviu-se do mito grego clássico?

generalizada.[10] Nos vv. 9-10, a irônica arrogância dos adversários é contrastada com a modéstia do supremo arcanjo Miguel, que não blasfemou quando o demônio tentou reivindicar o corpo defunto de Moisés, mas apenas o repreendeu — uma história derivada da lenda de Moisés que se desenvolveu além do relato da morte de Moisés em Dt 34.[11] Clemente de Alexandria é uma das diversas testemunhas primitivas a dizer-nos que Judas extraiu seu relato da *Assunção de Moisés*, um apócrifo que não chegou até nós.[12]

Mais três exemplos e uma descrição polêmica dos ímpios intrusos (Jd 11-13).[13] Em um "ai" contra os adversários, o escritor enfeixa três exemplos daqueles que, na tradição rabínica (*'Aboth R. Nathan* 41,14), "não têm parte no mundo vindouro": Caim (cujo mal expandira-se na tradição posterior para além do assassinato, por ex., 1Jo 3,12), Balaão (aquele que, por causa de uma propina, ensinou os madianitas a conduzir Israel para a idolatria — Nm 31,8; Dt 23,5; Js 24,9-10, conforme difuso na tradição posterior[14]) e Coré (que se amotinou contra Moisés e Aarão: Nm 16). A seguir (vv. 12-13), o escritor libera uma torrente de expressivas invectivas contra os ímpios, "estes" dos quais falara anteriormente, denuncia a maldade deles, a inconsistência de suas pretensões e a punição final que os espera. Mais uma vez, essa polêmica nada nos diz de preciso a respeito dos oponentes. A imagem mais interessante é a contaminação das festas (v. 12), visto que nos recorda as refeições cristãs primitivas — *agapē* — ligadas à eucaristia e freqüentemente objeto de disputas (1Cor 11,17-34). Tem-se a impressão de que os intrusos tinham conseguido atingir o coração do(s) grupo(s) destinatário(s).

Profecias de Henoc e dos apóstolos acerca da vinda dos ímpios (14-19). Faz parte do estilo de advertências como as de Judas a lembrança de que a vinda

---

[10] Aqueles que buscam idéias particulares propõem, às vezes, que os libertinos desdenhavam os anjos por terem dado a Lei a Moisés.

[11] LOEWENSTAMM, S. E. The death of Moses. In: NICKELSBURG, G. W. E. (ed.). *Studies on the Testament of Abraham*. Missoula, MT, Scholars, 1976. pp. 185-217.

[12] O *Testamento de Moisés* (aparentemente do século I d.C.) foi conservado de forma incompleta. A *Assunção* era uma obra separada ou o final perdido do *Testamento*? Cf. o Apêndice II.

[13] Sobre esses versículos: BOOBYER, G. H. NTS 5, 45-47, 1958; OLESON, J. P. NTS 25, 492-503, 1979; OSBURN, C. D. CBQ 47, 296-303, 1985; WHALLON, W. NTS 34, 156-159, 1988.

[14] Existe uma imagem mais positiva de Balaão em Nm 22-24, em que ele recusa as gratificações do rei Balac e não ousa profetizar contra a vontade de Deus; prevaleceu, porém, a imagem negativa, como podemos perceber com base em Fílon, Josefo e comentários rabínicos.

dos ímpios fora predita para os últimos tempos (1Tm 4,1; 2Tm 3,1ss); com efeito, o próprio Jesus é lembrado como aquele que alertou apocalipticamente sobre falsos messias e falsos profetas nos últimos tempos (Mc 13,22). Jd 14-15 começa com uma profecia feita contra os ímpios, proferida por Henoc, a misteriosa figura que caminhava com Deus e foi arrebatada ao céu sem passar pela morte; mais uma vez, porém, o escrito ultrapassa a referência a Gn 5,23-24 e alcança a tradição judaica, dessa feita conforme preservada para nós em *I Henoc* 1,9.[15] Alguns vêem um antecedente para a descrição polêmica dos ímpios por parte de Judas no *Testamento (Assunção) de Moisés* 7,7.9; 5,5, mas o paralelismo está longe de ser translúcido. A seguir, o escritor volta-se para uma profecia dos apóstolos — "No fim do tempo surgirão escarneadores, que levarão a vida de acordo com suas próprias concupiscências". Tal passagem não está conservada no NT; assim, aparentemente, o escritor serviu-se de uma tradição cristã mais ampla, tal como usou uma tradição israelita que ultrapassava o AT.

Reiterado apelo à fé; diversos tipos de julgamento a ser exercitados (Jd 20-23). Não obstante o espaço proporcionalmente maior dedicado à polêmica, pode-se argumentar que tais versículos representam tanto o propósito quanto o verdadeiro clímax da carta. No v. 3, o escritor declara que deseja "escrever-vos [...] para exortar-vos a combaterdes pela fé". À guisa de inclusão, no v. 20 ele explicita como combater: "Mas vós, amados, edificando-vos a vós mesmos na vossa santíssima fé". Isso deve ser feito por meio da oração no Espírito Santo e pela permanência no amor de Deus — conselho oportuno para qualquer tempo, mas tornado mais urgente agora, pois enquanto aguardam a misericórdia que lhes será demonstrada no dia do julgamento pelo Senhor Jesus Cristo, os destinatários precisam lidar com zombeteiros que não têm o Espírito (v. 19).[16] Dada a quantidade de polêmica até aqui, é surpreendente encontrar uma nuança no tratamento a ser dispensado: deve-se demonstrar misericórdia para com aqueles que hesitam ou duvidam; outros devem ser salvos e arrancados ao fogo; outros ainda devem rece-

---

[15] A citação de Judas, em certos lugares, aproxima-se mais do fragmento aramaico de *I Henoc*, preservado em Qumrã, do que do etíope ou do fragmentário texto grego. Cf. OSBURN, C. D. NTS 23, 334-341, 1976-1977.

[16] A. L. Webb (The eschatology of the Epistle of Jude and its rhetorical and social functions, BulBR 6, 139-151, 1996) faz notar que Judas está preocupado não apenas com o julgamento futuro, mas também com o julgamento presente, exercido em e por meio da comunidade ao separar os intrusos.

ber misericórdia com extrema prudência, rejeitando a corrupção.[17] Evidentemente os conselhos de Jesus acerca de julgamentos na comunidade não ficaram sem efeito (Mt 18,15-22).

Doxologia conclusiva (vv. 24-25). Nenhuma mensagem pessoal aos destinatários conclui Judas. A obra termina com uma doxologia solene, provavelmente tirada de uma liturgia, mas adaptada ao estado periclitante dos destinatários. Judas bendiz ao único (*monos* = monoteísmo) Deus que pode guardá-los em segurança, sem falha, e conduzi-los exultantes para o julgamento, sem tropeços (cf. 1Ts 5,23; 1Cor 1,8). A ressalva cristã desse louvor monoteísta judaico é que é feita por meio de Jesus Cristo, nosso Senhor — não distante de um Senhor e um Deus de Ef 4,5-6 (cf. Tg 1,1).

Uso de literatura não-canônica em Judas

Esse uso tem sido um problema: ao longo dos séculos, os teólogos têm porfiado que, se o autor fosse inspirado, deveria ser capaz de reconhecer o que era inspirado e o que não era. (Às vezes os argumentos seguiam outra direção: dado que o autor de Judas era inspirado, os livros que ele cita, como *I Henoc*, devem ter sido inspirados.) Hoje, a maioria considera esse um pseudoproblema que pressupõe uma compreensão simplista da inspiração e da canonicidade. A inspiração divina era reconhecida quando um livro era declarado canônico por Israel ou pela Igreja cristã.[18] Não obstante houvesse comum acordo entre os judeus do século I d.C. de que "a Lei e os Profetas" era inspirados e canônicos, não havia unanimidade acerca "dos outros escritos".

Contudo, a falta de um cânone fixo — resposta dada por muitos estudiosos ao problema das citações em Judas — pode não vir a propósito. Aparentemente, os judeus e os cristãos primitivos consideravam livros sagrados e detentores de autoridade (tratavam-nos, assim, virtualmente, como inspirados), sem questionar

---

[17] As cópias gregas de Judas diferem textualmente acerca do que deveria acontecer e se o escritor distingue três ou dois grupos. Cf. Kubo, S. In: Epp, E. J. & Fee, G. D. (eds.). *New Testament text criticism*. Oxford, Clarendon, 1981. pp. 239-253; Ross, J. M. ExpTim 100, 297-298, 1989.

[18] Alguns cristãos pensam que a moção interior do Espírito capacita-os a reconhecer o que é inspirado; contudo, as discordâncias produzidas por tal inspiração privada leva a maioria a recorrer a um critério externo.

se eles estavam no mesmo nível da Lei e dos Profetas. Não podemos confinar a dependência de Judas em relação aos livros não-canônicos à citação de *I Henoc*, nos vv. 14-15, e à da *Assunção de Moisés*, no v. 9. Em acréscimo, a punição dos anjos, no v. 6, deriva de *I Henoc*, e a polêmica no v. 16 pode provir da *Assunção de Moisés*.[19] Nos exemplos de Caim e de Balaão, do v. 11, Judas depende da tradição a respeito das personagens bíblicas, desenvolvida além do relato bíblico. Igualmente, nos vv. 17-18, ele cita palavras dos apóstolos não encontradas nos livros que os cristãos consideram definitivamente bíblicos. Em outras palavras, o escritor aceita e sente-se livre para citar uma ampla coleção de tradições israelitas e cristãs, e não se limita a uma coleção de livros escritos já considerados canônicos por algum grupo de nosso conhecimento. Destarte, a canonicidade pode jamais ter entrado no pensamento do autor.

Gênero literário

Recentemente, o estudo de Judas ressurgiu mediante novas abordagens da carta. Por exemplo, Neyrey concentrou-se no uso dos modelos e perspectivas das ciências sociais para complementar outros métodos. O bem-estar do grupo, não de indivíduos, seria primordial na Antigüidade. Neyrey recorda-nos o modelo patrão-cliente, no qual Deus e Jesus seriam vistos como os benfeitores celestiais e os escritores, seus agentes. Ataques contra aquilo que os escritores julgassem benéfico para o grupo seriam considerados indignadamente agressões a Deus.

Tem-se dedicado também considerável atenção aos problemas literários e à estrutura retórica, segundo os padrões greco-romanos (p. ex., J. D. Charles, *Literary strategy in the Epistle of Jude* [A estratégia literária na epístola de Judas], Scranton, Scranton Univ., 1993, pp. 20-29). Das formas retóricas (cf. *pp. 551-552*), pode-se detectar retórica deliberativa nas exortações, dissuasões e advertências de Judas. Contudo, existem também elementos de retórica epidíctica nas pungentes emoções expressas e evocadas, e de retórica judicial nas acusações e nos "ais". Ao mesmo tempo, o uso de paralelismos e de ilustrações tripartidas (triádicas) na argumentação de Judas tem ecos do AT.

---

[19] Alguns estudiosos vêem paralelos entre os *Testamentos dos Patriarcas* e Jd 6-7 quanto aos anjos e Sodoma (*T. Neftali* 3,4-5; *T. Benjamim* 9,1). Todavia, existem elementos cristãos nos *Testamentos*, e é difícil saber em que direção a influência teria ido.

Se procurarmos aplicar a distinção de Deissmann entre epístola e carta (cf. *p. 551*), em qual delas Judas se encaixa? Ela tem um pouco mais do formato de uma carta cristã do que Tiago. Em vez da insípida "saudação" de Tg 1,1, "misericórdia, paz e caridade" de Jd 2 não está longe do início "graça, misericórdia, paz" de 1 e 2 Timóteo e de 2 João. Tiago termina sem nenhum sinal de saudação conclusiva; Jd 24-25 tem uma majestosa doxologia que pode ser comparada ao louvor conclusivo de Rm 16,25-27.

O endereçamento "às doze tribos da Dispersão" em Tg 1,1 pode ser mais exato do que o de Jd 1: "aos que foram chamados, amados por Deus Pai e guardados em Jesus Cristo", que poderia ser aplicado a quaisquer cristãos. No entanto, internamente, o conteúdo de Judas parece ser mais específico acerca da situação daqueles destinatários. Isso nos conduz a um problema muito difícil: quanto da polêmica de Judas deve ser tomado ao pé da letra e quanto deve ser atribuído à linguagem tradicional? Que devemos ser cautelosos indica-o o fato de que algo da descrição dos adversários em Jd 16 pode ter sido tirado da *Assunção de Moisés*; em contrapartida, grande parte da polêmica em 2 Pedro simplesmente foi tirada de Judas, conforme veremos no próximo capítulo. Os três escritores dificilmente enfrentaram a mesma situação, de modo que havia uma convenção no uso de descrições polêmicas. Isso significa que Judas foi endereçada a todas as Igrejas, não descrevendo nenhuma heresia particular, mas advertindo todos a respeito de um problema geral, como pretende certo número de estudiosos? Talvez não precisemos ir tão longe. Judas não declara que é endereçada a nenhuma comunidade, como acontece em muitas cartas paulinas. Contudo, a situação descrita em Jd 3-4 pode basear-se em fatos: a saber, uma intenção inicial de dirigir uma exortação geral a cristãos sobre os quais Judas teria autoridade (assim, presumivelmente, aqueles que teriam uma ligação com a(s) Igreja(s)-mãe(s) de Jerusalém/Palestina, às quais o nome de Judas estava associado), interrompida pelo reconhecimento urgente de que um falso ensinamento fora introduzido em algumas daquelas comunidades. Obviamente, a polêmica descrição da indignidade dos culpados pode ser estereotipada (p. ex., "uns ímpios", nos vv. 4.10-13.16-19), sem descartar a historicidade da presença deles. E quanto ao ensinamento perigoso? Com base na descrição, poder-se-ia reconstruir uma situação na qual as Igrejas judaicas/gentias, ensinadas a respeitar a herança judaica e suas exigências morais (conforme se deveria esperar de áreas onde Judas e Tiago de Jerusalém tinham a primazia), estavam sendo minadas por cristãos fortemente influenciados pelo mundo gentio, que afirmavam que o evangelho libertara os crentes de obrigações morais. A fim de condenar tais idéias libertinas, Judas estaria recorrendo aos maus exemplos da tradição israelita, envolvendo tentativas de seduzir Israel e suas figuras proeminentes. Se tal reconstrução primária é aceitável, dada a presença de elementos do formato carta, existe motivo para acreditar que Judas tem a especificidade para ser definida como carta, em vez de epístola.

Por quem, para quem, de onde e quando?

Honestamente, dispomos de pouca informação para responder a tais questões, talvez menos do que para qualquer outra obra do NT.

Por quem? O irmão de Jesus e de Tiago realmente escreveu essa breve carta (ainda que com ajuda de um escriba), ou foi um discípulo, ou até mesmo alguém mais distante, usando o nome de Judas? Alguns defendem a autenticidade argumentando que Judas não era suficientemente importante para que alguém invocasse seu nome em uma composição pseudônima; essa declaração, porém, subestima a importância dos parentes de Jesus e dos descendentes de Judas nas Igrejas de Jerusalém/Palestina. Ninguém consegue sustentar positivamente que Judas escreveu a carta, mas podemos perguntar se existe uma aspecto da carta que exclui a autenticidade. Por exemplo, ela foi escrita de um lugar fora da Palestina, onde Judas viveu, ou num estilo que ele provavelmente não possuía, ou nalgum tempo posterior à sua vida?

De onde? A autenticidade favorece a Palestina como lugar de origem, pois Tiago foi o chefe da Igreja de Jerusalém, e os descendentes de Judas continuaram a ser importantes na Palestina.[20] Judas não cita literalmente o AT, mas as alusões parecem depender de um conhecimento das Escrituras hebraicas, em vez do uso da LXX (diversamente do procedimento na maior parte do NT, até mesmo Tiago),

---

[20] Alguns propõem a Síria, onde Judas, o irmão de Jesus, tornou-se popular, especialmente na literatura gnóstica. Entretanto, ali ele era freqüentemente conhecido como Judas Tomé ou Dídimo (cf. n. 5), não simplesmente como Judas, "o irmão de Tiago" (Jd 1). A hipótese de que na Síria, a fim de combater o apelo gnóstico a Judas Tomé, um pseudepígrafo escolheu "Judas" é implausível: para obter autoridade ele teria acrescentado a identificação "irmão de Jesus". M. L. Soards (1Peter, 2 Peter, and Jude as evidence for a Petrine school, ANRW II. 25.5, 3828-3849, 1988) associa Judas a 1 e 2 Pedro como a obra de uma escola petrina, mas isso seria mais provável se Judas tivesse usado 2 Pedro, em vez desta servir-se de Judas.

e isso dá à Palestina uma vantagem sobre os centros cristãos de língua grega. Em Qumrã, encontram-se numerosas cópias aramaicas de *I Henoc*, um apócrifo citado por Judas, e, embora, afinal, *I Henoc* circulasse mais amplamente e em outras línguas, existe evidência de que o escritor de Judas conhecia a forma aramaica (cf. n. 15).

O que o estilo de argumentação nos diz acerca do lugar de origem? O escritor tem bom domínio do vocabulário grego e é bastante competente no uso de conjunções, orações participiais e aliterações. Conseqüentemente, alguns acreditam que o grego era sua língua-mãe. Outros estudiosos defendem a idéia de que um falante nativo do hebraico ou do aramaico pode ter aprendido esse estilo grego pelo aprendizado da retórica e pela própria imersão na literatura judaico-helenística. Bauckham descobriria na disposição dos exemplos, tirados da tradição judaica em Judas, reminiscências de técnicas exegéticas do modo pelo qual os textos são fundidos em alguns dos comentários dos MMM. Se alguém duvida que um camponês galileu, como Judas, o "irmão" de Jesus, pode ter escrito de próprio punho a carta, existe sempre a possibilidade de ter empregado um escriba mais instruído no grego. Destarte, o argumento do estilo não exclui autenticidade e origem na Palestina, ainda que favoreça um pouco a pseudonímia.

Quando? A escala de propostas plausíveis vai de 50 a 120 d.C. O argumento para a datação do século II, segundo o qual Judas teria sido endereçada a gnósticos, tem pouco valor, como veremos no próximo parágrafo. Tampouco é pertinente o raciocínio que faz de Judas representante do "catolicismo primitivo" porque, nos vv. 3 e 20, a carta apresenta a fé como um corpo de doutrina. Além de tal fenômeno não ser datável, Judas não contém as características que os estudiosos classificam como primitivamente católicas, como o desprezo pela parusia (contrastem-se os vv. 14.21.24) e a insistência na autoridade da estrutura eclesial. De fato, não se pode datar Judas de demasiado tarde porque ela foi usada extensivamente pelo autor de 2 Pedro, esta devendo provavelmente ser datada de não mais tarde do que 125-150. No outro extremo do espectro, alguns tem tentado datar Judas de posterior a Tiago, presumindo que ambas foram escritas para o mesmo público e que, visto que Tiago não menciona a falsa doutrina, Judas foi escrita mais tarde, quando, repentinamente, surgiram "uns ímpios". Isso é basear-se demasiadamente no fato de Judas identificar-se com o irmão de Tiago. A referência a palavras pronunciadas previamente pelos apóstolos de nosso Senhor

Jesus Cristo (v. 17) soa como se os apóstolos (os Doze?) pertencessem a uma geração passada,[21] mas isso seria verdadeiro em qualquer momento da última terça parte do século I. Também naquele período podem-se encontrar ocasiões do uso da "fé" para descrever um corpo de crenças e práticas, como em Jd 3.[22] Se o próprio Judas escreveu a obra, o fato de ser mencionado como o terceiro ou o quarto entre os irmãos de Jesus faz pensar que ele era um dos mais jovens; destarte, pode ter vivido no máximo até 90-100 d.C., que pode ser a data mais plausível para a carta. A datação, portanto, pode favorecer levemente a pseudonímia, mas certamente não a comprova.

A quem? Uma vez mais se trata de um exercício de suposição mais ou menos inteligente. Alguns procuram identificar o público-alvo de Judas com base no erro combatido. Se é a libertinagem, pode provir de um mal-entendido da proclamação paulina da liberdade em relação às obrigações da Lei mosaica (assim D. J. Rowston, The most neglected book in the New Testament [O livro mais negligenciado do Novo Testamento], NTS21, 554-563, 1974-1975)? Isso pode indicar um público na esfera de influência paulina. Contudo, não existe nenhuma citação implícita de Paulo, como há em Tg 2,24, e a polêmica contra possíveis atitudes libertinas em Jd 4.7.16.18.19 é demasiado geral e estereotipada para capacitar-nos a ser específicos em relação à fonte. A acusação, no v. 8, de que os intrusos ímpios difamam os gloriosos tem alimentado a especulação em torno da identidade deles, mas certamente é um caso de explicação do obscuro pelo mais obscuro ainda. Tem-se encontrado uma implicação de que os "ímpios" eram gnósticos na asseveração feita aos destinatários "embora já saibais tudo de uma vez por todas" (v. 5) — e na afirmação de que os ímpios intrusos amaldiçoam "o que não conhecem" (v. 10). A acusação formal de que os adversários estavam negando a Deus, no v. 4, e a insistência na afirmação de que existe um e único Deus, no v. 25, são interpretadas como ataque à rejeição gnóstica do Deus criador, mas tanto a interpretação quanto a leitura do v. 4 são dúbias (cf. n. 6). A referência a Caim no v. 11 tem sido associada a um grupo gnóstico do século II chamado cainita, que considerava o Deus do AT responsável pelo mal (cf. Jd 8:

---

[21] A afirmação de que Judas refere-se simplesmente a predições passadas, e não a apóstolos do passado, não é de todo persuasiva.

[22] Na verdade, tal referência à fé pode ser encontrada mais cedo (Gl 1,23), mas "uma vez por todas confiada aos santos" não dá a impressão de um acontecimento recente.

eles desprezam a Autoridade [de Deus?]). Deve estar claro quão desabonadamente especulativas são tais afirmações, ainda que se assuma literalmente a polêmica de Judas. Elas provêm de duvidosas pressuposições acerca do difuso gnosticismo no cristianismo do século I, de sorte que toda referência ao conhecimento das coisas dissimula uma pretensão gnóstica.[23] De forma realista, o ataque às pessoas ímpias em Judas não nos ajuda a identificar ou situar os destinatários.

Com base na auto-identificação do escritor como o irmão de Tiago tem-se pressuposto que Judas foi cogitada para o público destinatário de Tiago. Todavia, em Judas falta "às doze tribos da Dispersão" de Tg 1,1, bem como alguma referência, explícita ou implícita, à carta de Tiago. Não é improvável que tanto Tiago quanto Judas tenham sido escritas para regiões onde os "irmãos de Jesus" eram altamente respeitados, mas tal seria uma ampla área, envolvendo diversas Igrejas. Em harmonia com esse quadro está a suposição de que os destinatários conheciam extensa porção da tradição judaica, de modo que teriam considerado convincentes os exemplos citados em Judas. Mais do que isso não podemos dizer.

Canonicidade de Judas

Já no começo do século II, Judas era suficientemente importante para ser copiada pelo autor de 2 Pedro. Por volta do ano 200, no Ocidente (Fragmento Muratoriano, Tertuliano), Judas era reconhecida como Escritura. No Oriente, mais ou menos na mesma época, segundo HE 6.14.1, Clemente de Alexandria comentou-a, e certamente Orígenes respeitava-a, embora estivesse cônscio de que outros a rejeitavam. Dois papiros, P^{72} e P^{78}, atestam o uso de Judas nos séculos III e IV. No entanto, a utilização de um livro apócrifo como *I Henoc* em Judas suscitou problemas e, no início do século IV, Eusébio ainda listava-a entre os livros controversos. Finalmente, lá pelos anos 400, com as contribuições de Atanásio e de Jerônimo para a formação do cânone, Judas foi aceita no Oriente de língua grega e no Ocidente. A aceitação nas Igrejas de língua siríaca ocorreu no século VI.

Em seu NT de 1522, Lutero colocou Judas, juntamente com Tiago, Hebreus e Apocalipse, no final, considerando-a de qualidade inferior, e tanto o cardeal Caetano quanto o protestante Ecolampádio viam problemas nela. Entretanto, nos

---

[23] Para a rejeição de uma análise gnóstica dos oponentes, cf. EYBERS, I. H. Aspects of the background of the letter of Jude. *Neotestamentica* 9, 113-123, 1975.

séculos seguintes, não houve nenhum debate permanente sobre a obra, comparável àquele em torno de Tiago, pois não era teologicamente muito importante. Embora se tenha dedicado considerável bibliografia a Judas, esta não teve grande influência na formação do pensamento das Igrejas.

* * *

Normalmente concluímos nossa discussão dos livros do NT com "Temas e problemas para reflexão". Judas, porém, é uma obra muito curta e, hoje, a maioria não apreciaria ou não julgaria pertinente sua argumentação da tradição israelita sobre anjos que pecaram com mulheres, a batalha de Miguel pelo corpo de Moisés, Sodoma, Balaão e Coré. Devemos respeito a Judas como livro da Sagrada Escritura, mas sua aplicabilidade à vida ordinária permanece uma dificuldade imensa. É interessante notar que no lecionário trienal em uso na Igreja Católica Romana e em outras Igrejas importantes, que abrange uma parte muito ampla da Escritura, Judas jamais é lida em nenhum dos 156 domingos, e apenas em um dia ferial (em que os vv. 17.20-25, dificilmente o coração da carta, formam uma perícope).

Bibliografia sobre Judas

Comentários e estudos em série

Os asteriscos marcam comentários sobre Judas nas Bibliografias dos capítulos 33 (1 Pedro), 34 (Tiago) e 36 (2 Pedro).

* * *

BAUCKHAM, R. J. *Jude and the relatives of Jesus in the early Church*. Edinburgh, Clark, 1990. Cap. 3, pp. 134-178, resume a pesquisa sobre Judas.

CHARLES, J. D. *Literary strategy in the Epistle of Jude*. Scranton, Scranton Univ., 1993. Reutiliza artigos anteriores em vários periódicos; longa bibliografia.

DUNNETT, W. M. The hermeneutics of Jude and 2 Peter: the use of ancient Jewish tradition. JETS 31, 287-292, 1988.

ELLIS, E. E. Prophecy and hermeneutic in Jude. In: _____. (ed.). *Prophecy and hermeneutic in early Christianity*. Tübingen, Mohr-Siebeck, 1978. pp. 221-236. (WUNT, 18.)

EYBERS, I. H. Aspects of the background of the Letter of Jude. *Neotestamentica* 9, 113-123, 1975.

HIEBERT, D. E. Selected studies from Jude. BSac 142, 142-151, 238-249, 355-366, 1985.

JOUBERT, S. J. Language, ideology, and the social context of the Letter of Jude. *Neotestamentica* 24, 335-349, 1990.

_____. Persuasion in the Letter of Jude. JSNT 58, 75-87, 1995.

KING, M. A. Jude and 1 and 2 Peter: notes on the Bodmer Manuscript. BSac 121, 54-57, 1964.

ROWSTON, D. J. The most neglected book in the New Testament. NTS 21, 554-563, 1974-1975.

THEKKEKARA, M. Contend for the faith: the Letter of Jude. *Biblebhashyam* 15, 182-189.

WATSON, D. F. *Invention, arrangement, and style*; rhetorical criticism of Jude and 2 Peter. Atlanta, Scholars, 1988. pp. 29-79. (SBLDS, 104.)

WEBB, R. L. The eschatology of the Epistle of Jude and its rhetorical and social functions. BulBR 6, 139-151, 1996.

WISSE, F. The Epistle of Jude in the history of heresiology'. In: *Essays on the Nag Hammadi texts*. Leiden, Brill, 1972. pp. 133-143. (Festschrift A. Böhlig)

WOLTHUIS, T. R. Jude and Jewish traditions. CTJ 22, 21-41, 1987.

_____. Jude and rhetoricism. CTJ 24, 126-134, 1989.

Capítulo 36

Segunda epístola (carta) de Pedro

Com toda probabilidade, essa obra pseudônima foi o último livro do NT a ser escrito e, conforme veremos, apesar de uma primeira impressão algo branda, em nossos dias tem sido objeto de acrimonioso debate. Após o Contexto e a Análise geral da mensagem, dedicar-se-ão subdivisões a: Por quem, para quem, de onde e quando?, Canonicidade e catolicismo primitivo, Temas e problemas para reflexão e Bibliografia.

Contexto

Dada nossa prática de começar a análise da obra tal como se encontra, que informações sobre Pedro se pressupõem, além daquelas apresentadas por 1 Pedro (capítulo 33)? O escritor invoca a carreira história de Simeão Pedro (2Pd 1,1), identificando-se como "apóstolo de Jesus Cristo", uma forma grega de seu nome pessoal, semelhante ao original hebraico (não *"Simōn"*, mas *"Symeōn"*, de *Šimĕ'ōn* — em outra ocasião, para Pedro, apenas em At 15,14), e salientando sua presença na transfiguração (2Pd 1,16-18). Ele se envolve no manto do autor de 1 Pedro em 2Pd 3,1: "Amados, esta já é a segunda carta que vos escrevo". Ele demonstra conhecer o que "nosso amado irmão Paulo vos escreveu, segundo a sabedoria que lhe foi dada. Isto mesmo faz ele em todas as cartas, ao falar nelas desse tema" (2Pd 3,15-16). Com efeito, de forma um pouco condescendente, Simeão Pedro acena à sua posição superior de quem ensina como intérprete das Escrituras, visto que nas cartas de Paulo "se encontram alguns pontos difíceis de entender, que os ignorantes e vacilantes torcem, como fazem com as demais Escrituras, para a sua própria perdição". Sem nomear sua fonte, cita amplas seções da carta de Judas, o irmão de Tiago (modificando o que poderia ser motivo de objeção), servindo-se, assim, de uma tradição venerada por aqueles cristãos para os quais "os irmãos do Senhor" eram autoridades. Passaram-se as querelas nas quais Paulo fez observações mordazes sobre Tiago e Cefas (Pedro), "os notáveis tidos como colunas" da Igreja de Jerusalém, e enfrentou Pedro abertamente (Gl 2,9.11). Estamos mais perto da mentalidade de *I Clemente* 5,2-5, escrita de Roma, entre 96 e 120, que fala de Pedro e de Paulo como pilares da Igreja. Se no século II os judeu-cristãos da literatura pseudoclementina exaltaram Tiago, opondo-o a Paulo, o qual ofenderam, e se Marcião exaltou Paulo como o único apóstolo e rejeitou o legado judaico, o Simeão Pedro que dá instruções em 2 Pedro é uma figura que procura manter unidas as várias heranças. Nesse sentido, trata-se de uma verdadeira "epístola católica".

Análise geral da mensagem

A *fórmula introdutória* (2Pd 1,1-2) é o único traço substancial de 2 Pedro característico do formato carta. Oferece uma definição dos destinatários como "os que receberam [...] uma fé de valor igual à nossa". Isso não tem o fito de assegurar aos gentios conversos que eles têm a mesma fé que os judeu-cristãos (como em At 11,17), mas afirmar que, por meio "da justiça de nosso Deus e Salvador Jesus Cristo",[1] todos os cristãos têm a mesma fé dos companheiros originais de Jesus, dos quais Simeão Pedro é o porta-voz por excelência (2Pd 1,16). Em outros termos, como em Ef 4,5, existe apenas uma fé cristã. Muitos chamam a atenção aqui para a "fé" como um depósito de crenças, em vez do sentido paulino de confiança, ainda que Paulo tenha escrito sobre a "fé" em sentido mais objetivo (p. ex., Gl 1,23). A saudação "graça e paz vos sejam abundantemente concedidas" foi copiada de 1Pd 1,2.[2] O "conhecimento [*epignōsis*] de nosso Senhor" (2Pd 1,2) é um tema que se repetirá mais tarde em 2 Pedro, pois é o antídoto para a falsa doutrina.

---

[1] "Justiça" (*dikaiosynē*) tem nesse caso dupla conotação: tanto do *poder* divino, que torna justos os afetados por ele, quanto da *justiça*, já que isso acontece sem distinção (cf. *pp. 758-759*). Essa é uma das mais evidentes passagens do NT em que Jesus é chamado de "Deus": BINTC 184.

[2] Outras passagens em que 2 Pedro retoma 1 Pedro incluem: 2Pd 2,5 e 1Pd 3,20b: Noé e aqueles que com ele se salvaram do dilúvio; 2Pd 2,14 e 1Pd 4,3: pecado ininterrupto; 2Pd 2,18 e 1Pd 4,2: desejos carnais; 2Pd 3,1: a referência a uma carta anterior; 2Pd 3,2 e 1Pd 1,10-12: os profetas do AT e os apóstolos ou pregadores cristãos; 2Pd 3,14 e 1Pd 1,19: "sem defeito e sem mácula". Cf. BOOBYER, G. H. In: HIGGINS, A. J. B. (ed.). *New Testament essays*. Manchester, Manchester Univ., 1959. pp. 34-53. (Memorial T. W. Manson.)

CAPÍTULO 36 • Segunda epístola (carta) de Pedro

Informações básicas

DATA: depois da cartas paulinas; depois de 1 Pedro e Judas; mais provavelmente no ano 130 d.C., adicionando-se ou subtraindo-se uma década.

DE/PARA: provavelmente para um público amplo de cristãos do Mediterrâneo oriental (Ásia Menor?) que conhecia os escritos paulinos e 1 Pedro. Talvez de Roma, mas Alexandria e Ásia Menor foram sugeridas.

AUTENTICIDADE: pseudônima, por alguém desejoso de apresentar uma mensagem final com um conselho de Pedro.

UNIDADE E INTEGRIDADE: nenhum debate importante.

DIVISÃO FORMAL

A. Fórmula introdutória: 1,1-2
B. Corpo: 1,3–3,16
    1,3-21: Exortação a progredir na virtude
    2,1-22: Condenação dos falsos doutores (polêmica de Judas)
    3,1-16: Adiamento da segunda vinda
C. Exortação conclusiva e doxologia: 3,17-18.

O corpo (2Pd 1,3–3,16). 2Pd 1,3-21, uma exortação[3] a progredir na virtude, elenca termos com exuberante abundância (p. ex., 1,5-7: fé, virtude, conhecimento, autodomínio, perseverança, piedade, amor fraterno, caridade). Com uma frase memorável, o escritor deseja que seus receptores se tornem "participantes da natureza divina" (2Pd 1,4), um modo mais abstrato, grego, de expressar a idéia de 1Pd 5,1: "participante da glória que há de ser revelada" (ou de 1Jo 1,3: *koinōnia* com o Pai e o Filho).[4] Os cristãos que não progridem tornam-se cegos e se esquecem de que foram purificados dos pecados (2Pd 1,9) — uma teologia do batismo como iluminação (cf. Hb 6,4) e purificação.

Falando como Pedro perante a morte, em 2Pd 1,12-15 o escritor deseja deixar isso como lembrança aos destinatários, a fim de que, depois de sua partida, eles possam ser capazes de recordar que ele falou sobre tais coisas. Ele tem autoridade para agir assim porque as verdades acerca de Cristo que ele (e os outros apóstolos: "nós") proclamou não eram "fábulas sutis", mas testemunho ocular da revelação de Deus, vinda do céu, no momento da transfiguração, confir-

---

[3] F. W. Danker (CBQ 40, 64-82, 1978) indica um tipo de estilo imperial romano, em que o benfeitor do império se dirige a assembléias civis.

[4] Essa é a opinião comum, mas A. Wolters (CTJ 25, 28-44, 1990) argumenta que não existe elemento grego algum em 2Pd 1,4, pois se refere à parceria na aliança.

mando Jesus como o divino Filho amado (2Pd 1,16-19). A referência à transfiguração provavelmente é a exegese que 2 Pedro faz de 1Pd 5,1, em que Pedro identifica-se como "participante na glória que há de ser revelada". Contudo, ainda devemos perguntar-nos: por que 2 Pedro considera a transfiguração tão útil como fonte de asseveração, em vez de, por exemplo, apelar para as famosas aparições do Cristo ressuscitado a Pedro (1Cor 15,5; Lc 24-34)? No v. 16, a transfiguração serve como uma afirmação da prometida "parusia de nosso Senhor Jesus Cristo" (que estava sendo negada por escarnecedores [3,3-4]), porque estava mais próxima do tipo de teofania esperado nos últimos dias do que uma aparição ressurrecional? Trata-se de um recurso à transfiguração porque o escritor deseja estabelecer certa prioridade de Pedro em relação a Paulo (2Pd 3,15-16), o qual podia reivindicar ter visto o Cristo ressuscitado, mas não o Cristo transfigurado durante o ministério? A autoridade da transfiguração é mais segura do que a de uma aparição ressurrecional porque o escritor pretende rejeitar os mitos dos visionários gnósticos que com muita freqüência usavam o Cristo ressuscitado como fonte de discursos para estabelecer a própria doutrina?

A profecia também faz parte do quadro de 2 Pedro. Conforme 2Pd 1,14, Jesus anunciou antecipadamente a morte (próxima) de Pedro — uma tradição que se acha também em Jo 21,18-19. Igualmente em 2Pd 1,19, depois da declaração "nós" que estávamos "com ele no Monte Santo" para a transfiguração, a afirmação "Temos também, por mais firme a palavra dos profetas" provavelmente alude a profecias veterotestamentárias[5] da aparição de Deus, intervindo nos últimos dias. Isso nos leva à mais famosa passagem de 2Pd (1,20-21): "Antes de mais nada, sabei isto: que nenhuma profecia da Escritura resulta de uma interpretação particular, pois que a profecia jamais veio por vontade humana, mas os homens impelidos pelo Espírito Santo falaram da parte de Deus".[6] Quem é o "sujeito" da "interpretação particular"? Alguns acreditam que seja o/a profeta/profetisa (a quem não é dado formular profecia por conta própria); outros entendem que sejam os receptores da profecia. Nessa hipótese, a passagem parece questionar o direito privado de interpretação da Escritura, e tem sido atacada como um aspec-

---

[5] Contudo, J. H. Neyrey (CBQ 42, 504-519, 1980), ao tratar 2Pd 1,16-21, declara que o escritor de 2 Pedro defende sua interpretação da transfiguração como uma profecia da parusia.

[6] Cf. CURRAN, J. T. TS 4, 347-368, 1983; HIEBERT, D. E. Selected studies from 2 Peter. Bsac 141, 158-168, 1984.

to do "catolicismo primitivo" de 2 Pedro (subseção adiante). Da mesma forma, embora a passagem fale especificamente de profecia (do AT), tem sido empregada para defender a inspiração divina de toda a Escritura. Tal problema não deve fazer-nos esquecer de que a intenção primordial do escritor era oferecer um suporte à veracidade da esperada parusia de Cristo.

A polêmica condenação dos falsos mestres (2Pd 2,1-22) reforça esse objetivo ao comparar os adversários aos falsos profetas que atormentaram Israel.[7] Que o escritor tenha em mente uma asserção falsa específica acerca da parusia torna-se patente em 2Pd 3,3-4, mas, a fim de preparar o caminho, ele usa uma polêmica que poderia adequar-se a quase todos mestres equivocados. Na verdade, embora ele jamais informe os leitores, retomou essa polêmica globalmente de Judas,[8] usando no todo ou em parte dezenove dos 25 versículos da obra. Diversas diferenças, porém, são dignas de nota. Os exemplos "não-canônicos" de Judas (argumento do corpo de Moisés e a profecia de *I Henoc*) não são utilizados, aparentemente, porque o escritor de 2 Pedro tinha uma definição mais estável do que constituía a Escritura. Da tríade dos punidos por Deus, em Jd 5-7 — o povo no deserto, os anjos e Sodoma e Gomorra —, 2Pd 2,4-8 conservou o segundo e o terceiro, mas substituiu o primeiro pelo dilúvio, provavelmente sob a influência do uso do dilúvio em 1Pd 3,20. Existe uma versão helenizada da punição dos anjos: para Jd 6, em cadeias eternas e trevas, mas no Tártaro para 2Pd 2,4.[9] Diferentemente de Judas, 2 Pedro (2,5-9) está interessado naqueles que foram excluídos do castigo divino — Noé, do dilúvio; Ló, de Sodoma e Gomorra — como prova de que Deus sabe como resgatar os fiéis à tribulação. Além disso, 2 Pedro omite a alusão ao desejo desnaturado presente no aceno de Jd 7 a Sodoma e Gomorra.

2Pd 2,10-16 ecoa Jd 8-13, mas existem novamente diferenças; por exemplo, a jumenta de Balaão (2Pd 2,16) torna-se parte da referência bíblica. 2Pd

---

[7] Cavallin, H. C. C. NovT 21, 263-270, 1979; Hiebert, art. cit, pp. 2552-65. Para a implicação da ruína prevista em 2Pd 2,1, cf. Chang, A. D. BSac 142, 52-63, 1985.

[8] Cf. 2 Pd 2,1-2 e Jd 4 sobre a vinda secreta dos falsos mestres/ímpios, suas heresias, sua licenciosidade e a negação do Senhor; 2Pd 2,4.6 e Jd 6-7 sobre os exemplos dos anjos rebeldes e de Sodoma e Gomorra; 2Pd 2,10-16 e Jd 8,13 sobre o desprezo à autoridade do Senhor, a semelhança aos animais, as punições correspondentes e o exemplo de Balaão.

[9] Cf. Pearson, B. A. *Greek, Roman and Byzantine Studies* 10, 71-80, 1969. T. Fornberg (*An early Church in a pluralistic society*; a study of 2 Peter, Lund, Gleerup, 1977, p. 53, CBNTS, 9) propõe a influência dos mistérios eleusínios.

2,17-22 acentua diversas vezes um aspecto particular da impiedade dos falsos profetas, não saliente em Judas. Eles escaparam às impurezas do mundo por meio do conhecimento de Cristo, mas emaranharam-se de novo, de modo que a situação final é pior do que a primeira.[10] Para eles, teria sido preferível não ter conhecido o caminho da justiça a ter de retroceder depois de havê-lo conhecido. Como ilustração, 2Pd 2,22 cita um provérbio bíblico a respeito do cão que retorna ao vômito, de Pr 26,11, e outro sobre a porca que fora lavada e volta a espojar-se na lama. O último, não do AT, era conhecido na sabedoria semítica (*Ahikar* 8,18, siríaco) e na tradição grega (Heráclito, Demócrito, Sexto Empírico).

Adiamento da segunda vinda (2Pd 3,1-16). A polêmica prossegue, adaptando elementos de Jd 16-17. Até agora, as acusações foram tão genéricas (tal como em Judas) que não pudemos dizer muita coisa a respeito daquilo que possivelmente falavam os falsos profetas/mestres concretos, se é que eles existiram de fato; mas em 2Pd 3,4, o autor torna-se específico, citando claramente a ironia, que é seu alvo. Os falsos mestres negam a promessa da parusia, alegando que os líderes ("pais") da primeira geração cristã morreram e "tudo continua como desde o princípio da criação!"[11] A fim de refutar tal afirmação, o escritor usa diversos estratagemas. Em primeiro lugar (2Pd 3,1), ele invoca autoridade ao colocar-se sob o manto de Pedro, o qual numa carta anterior (1 Pedro) demonstrara a justa compreensão. Em segundo lugar (2Pd 3,2), ele esclarece que o objeto de tal entendimento, que apóia a parusia, consiste nas predições dos profetas e dos apóstolos.[12] Como Simeão Pedro, ele pode exercer autoridade a respeito da profecia e da apostolicidade: em 2Pd 1,19, ele afirmou: "Temos, também, por mais firme a palavra dos profetas", e em 1,1, identificou-se como "apóstolo de Jesus Cristo" — com efeito, ele utilizou o pronome "nós", incluindo as outras testemunhas oculares apostólicas (2Pd 1,16-18). Em 2Pd 3,14-16, ele acrescenta o testemunho de "nosso amado irmão Paulo", que lhes havia dito, em suas cartas, que

---

[10] Cf. Dunham, D. A. BSac 140, 40-54, 1983.

[11] Esse pode ser o ceticismo comum diante dos prognósticos religiosos acerca do futuro; à guisa de um paralelo mais formal, os epicureus contestavam a providência de Deus baseando-se em que nenhum julgamento divino do mundo se realizara. C. H. Talbert (VC 20, 137-145, 1966), adaptando a tese de Käsemann, argumenta que 2 Pedro não foi dirigida contra as perturbações cristãs primitivas acerca da demora da parusia, mas contra gnósticos, que defendiam uma escatologia realizada e uma salvação inteiramente presente, o que permitia a prática libertina.

[12] Jd 14-17 cita a profecia de Henoc e a predição dos apóstolos (em cujo número Judas não estava incluído).

procurassem manter-se imaculados perante Deus até o julgamento futuro, ainda que os ignorantes e vacilantes distorcessem suas palavras. Em terceiro lugar (2Pd 3,5-7), o escritor apresenta uma prova de que todas as coisas não permaneceram tais quais eram desde o começo da criação. O Deus que manifestou poder na criação inundou o mundo, e o mesmo Deus julgará, com fogo, o céu e a terra criados, destruindo os ímpios, punindo, assim, os falsos mestres e assegurando a parusia.[13] Em quarto lugar (2Pd 3,8-10), ele descarta o "atraso" da parusia alegando a inescrutabilidade do "tempo" divino, que é diferente do nosso: aos olhos do Senhor, mil anos são como um dia (Sl 90,4). Se existe uma dilação, é porque o Senhor é longânime e deseja conceder a todos tempo suficiente para a conversão (2Pd 3,9) — uma visão que explica por que 2 Pedro chamou a atenção para Noé e Ló, que foram poupados do castigo divino. Finalmente, porém (conforme Jesus predissera em Mc 13,32.36), o Dia do Senhor virá inesperadamente, como um ladrão, e a terra e todas as suas obras serão consumidas.[14] Portanto, conforme 2Pd 3,11-16, ante tal dissolução definitiva, os destinatários são aconselhados a levar uma vida de santidade e piedade, a fim de ser encontrados sem mancha e sem defeitos.

Exortação conclusiva e doxologia (2Pd 3,17-18). Trata-se, da soma de tudo o que precedeu. No formato literário desse discurso de despedida, Simeão Pedro lança uma advertência final sobre a precaução ante o erro dos homens sem princípios, que poderão levar os destinatários a perder a estabilidade. A seguir, ele volta a seu desejo inicial (2Pd 1,5-8) de que eles progridam não somente em graça, mas também no conhecimento de "nosso Senhor e Salvador Jesus Cristo". A doxologia dá graças não somente agora, mas até o dia da eternidade, um dia cuja vinda inequívoca Simeão Pedro asseverou (2Pd 3,7).

Por quem, para quem, de onde e quando?

Por quem? Ao analisar 1 Pedro, vimos que estudiosos de peso defendiam Simão Pedro como o escritor (com a ajuda de um escriba), ainda que as probabili-

---

[13] MEIER, S. BZ 32, 255-257, 1988.

[14] O final de 3,10 é difícil: "consumidas" é a leitura correta? É uma idéia negativa (como pode estar implicado nas frases precedentes que falam do desaparecimento dos céus e da combustão dos elementos)? Cf. DANKER, F. W. ZNW 53, 82-86, 1962; WOLTERS, A. *Westminster Theological Journal* 49, 405-413, 1987; WENHAM, D. NTS 33, 477-479, 1989.

dades favorecessem a pseudonímia. Uma comparação entre 1 Pedro e 2 Pedro mostra que o mesmo escritor não compôs ambas as obras, conforme já assinalado por Jerônimo, no século IV. Por exemplo, existem citações do AT em 1 Pedro, mas não em 2 Pedro; algo em torno de 60% do vocabulário de 2 Pedro não se encontra em 1 Pedro;[15] o estilo de 2 Pedro é mais solene, até mesmo pomposo e rebuscado, e a visão acerca de problemas como o da segunda vinda é bem diferente. Isso, além dos elementos que serão discutidos na datação, adiante, deixa claro que 2 Pedro é pseudônima, escrita presumivelmente por alguém da tradição petrina.[16] De fato, a pseudonímia de 2 Pedro é mais certa do que a de qualquer outra obra do NT.

Quando? Em um dos extremos do espectro, 2 Pedro certamente já existia por volta de 200 d.C., uma vez que o texto está conservado no Papiro Bodmer P[72], do século II, e era conhecido de Orígenes. No outro extremo, certo número de "depois" indica uma data não anterior a 100; por exemplo, *depois* que a geração apostólica morreu e as expectativas da segunda vinda durante a vida deles desaparecera (2Pd 3,4 — portanto, depois de 80); *depois* de 1 Pedro (2Pd 3,1),[17] que pode ter sido composta nos anos 80; *depois* de Judas, que pode ter sido redigida por volta de 90; *depois* de existir uma coleção de cartas paulinas (2Pd 3,15-16), que provavelmente não surgiu muito tempo antes do ano 100; *depois* que tais cartas foram aparentemente consideradas Escrituras (2Pd 3,16: "como fazem com as demais Escrituras") — um desenvolvimento verificado nos escritos cristãos do começo do século II; *depois* de existir uma bem conhecida tradição da profecia de Jesus sobre a morte de Pedro (2Pd 1,14) — o prognóstico em João encontra-se numa seção (Jo 21,18-19) provavelmente não acrescentada ao evangelho até depois do ano 100, ainda que contenha tradição mais antiga. Há outros elementos que indicam tardeza, por exemplo, harmonização de Pedro e Paulo como autoridades afinadas, com implícita superioridade concedida a Pedro; sensibilidade em excluir as referências não-canônicas do material apanhado de Judas. Contudo, na escala de datação de 100-200 d.C., nada citado neste parágrafo exige uma

---

[15] De modo particular, enquanto 1 Pedro usa *apokalypsis* para a futura vinda/aparição de Jesus, 2 Pedro usa *parousia*.

[16] O século II viu todo um corpo de literatura petrina pseudepigráfica que não foi aceito como canônico (cf. capítulo 33, n. 32).

[17] "Amados, esta já é a segunda carta que vos escrevo" indica que o escritor desejava sugerir que 1 Pedro tinha sido escrita havia não muito tempo antes?

data depois da primeira metade do século II. Destarte, a datação em 130, adicionando-se ou subtraindo-se uma década, é a que mais se encaixa nos dados.

De onde? 2 Pedro foi escrita de um lugar onde Pedro era considerado uma autoridade mesmo depois de sua morte (à qual se faz alusão em 2Pd 1,14-15) e onde 1 Pedro, uma coleção das cartas paulinas e Judas eram conhecidas.[18] Se a comunidade romana foi fundada por cristãos de Jerusalém, no final das contas ela pode ter chegado a conhecer Judas, uma carta escrita sob os auspícios do irmão de Tiago, o líder da Igreja de Jerusalém. Paulo escreveu para Roma e, finalmente, ali morreu. 1 Pedro foi escrita de Roma, e essa cidade, onde Pedro foi martirizado, teria sido um lugar apropriadíssimo para a composição de 2 Pedro como um tipo de discurso de adeus do grande apóstolo. As imagens de Pedro e Paulo foram harmonizadas em Roma, como *I Clemente* 5 o atesta. Roma é, pois, no mínimo uma candidata plausível para a redação de 2 Pedro, no seio de uma "escola" petrina.

Para onde? 1 Pedro (1,1) foi endereçada a áreas da Ásia Menor, talvez evangelizadas por cristãos de Jerusalém, mas para a qual, após a destruição de Jerusalém, Roma não poderia falar em nome de Pedro, que passara boa parte da vida na Igreja de Jerusalém antes de ir para Roma. 2Pd 1,1 é endereçada "aos que receberam [...] uma fé de valor igual à nossa", o que pode indicar todos os cristãos. Contudo, 2Pd 3,1 supõe o mesmo público de 1 Pedro. Em 2Pd 3,15-16, existe também a pressuposição de que o público fora destinatário de Paulo e conhece todas as (ou muitas de) suas cartas. Assim, não todos os cristãos, mas aqueles do Mediterrâneo oriental (provavelmente da Ásia Menor) é que estavam em mira.[19] A helenização de 2 Pedro (p. ex., Tártaro, em 2Pd 2,4) também se

---

[18] Nenhum desses itens confirmadores seria alterado pela pseudonímia, pois é preciso perguntar por que o escritor escolheu os auspícios sob os quais escreveu. Argumentando com base no conhecimento de 2 Pedro demonstrado no *Apocalipse de Pedro*, que *possivelmente* é de origem alexandrina e *possivelmente* datado de cerca de 135, Kelly opta pela proveniência alexandrina de 2 Pedro. Uma coletânea de cartas paulinas era conhecida tão cedo em Alexandria? Conforme seu típico interesse, Neyrey, em *2 Peter* (128-132) volta a atenção para o ambiente social do autor: um homem, não aristocrata, escrevendo em uma cidade da Ásia Menor (igualmente Fornberg), onde tivera acesso a uma ampla variedade de documentos cristãos. Mas em qual cidade de tal descrição o último testamento de Pedro teria uma composição plausível?

[19] A disputa entre comentadores mais antigos sobre se os destinatários eram judeu-cristãos ou gentio-cristãos é particularmente supérflua aqui, visto que eles podem ter tido suas raízes em atividade missionária de várias correntes, nas quais as memórias de Pedro, de Paulo e provavelmente de Tiago de Jerusalém tinham influência.

encaixaria nessa região. As bem generalizadas instruções e a polêmica de 2 Pedro não nos permitem diagnosticar os problemas teológicos dos destinatários (além da decepção acerca do malogrado retorno de Jesus); antes, eles fizeram de 2 Pedro um epístola aplicável a muitas épocas e situações.[20]

Epístola ou carta? No capítulo sobre Judas, toda uma subseção foi dedicada ao Gênero literário, na qual foi discutido até se se tratava de uma epístola ou de uma carta, segundo a terminologia de Deissmann (cf. *p. 551*). Isso não parece necessário aqui. Os dois versos iniciais seguem verdadeiramente o formato carta, mas com um endereçamento aplicável a todos os cristãos. A doxologia, no final, é bem menos ampla do que a de Judas, e não propriamente pertinente a uma carta. A exortação e a instrução que constituem boa parte da obra não são exatas, e a polêmica contra os falsos mestres é tomada totalmente de Judas. Assim, comunidades específicas que pudessem ser nomeadas com seus problemas não parecem ter sido cogitadas. O escritor apresenta uma homilia que constitui a última vontade e testamento de Pedro, dirigida a cristãos que estariam influenciados por sua reputação — uma homilia ajustada a um mínimo formato carta. Mesmo ressalvando a diversidade das cartas helenísticas, "epístola" aplica-se melhor a 2 Pedro do que "carta".

Canonicidade e catolicismo primitivo

Dos 27 livros do NT, 2 Pedro tinha a menor aprovação na Antigüidade. Na Igreja ocidental (diferentemente de Judas), 2 Pedro foi desconhecida ou ignorada até cerca de 350 e, mesmo depois dessa data, Jerônimo declara que muitos a rejeitavam porque diferia de 1 Pedro no estilo. Na Igreja oriental, Orígenes reconhecia as disputas em torno dela. O Bodmer P^{72} (século III) mostra que 2 Pedro foi copiada no Egito; contudo, no começo do século IV, Eusébio não a considerou canônica, e a maioria dos grandes escritores eclesiásticos de Antioquia ignoraram-na. No entanto, durante o século IV, 2 Pedro foi aparecendo em algumas listas de Igrejas orientais e ocidentais (Atanásio, III Cartago) e, por volta do começo do século VI, até mesmo a Igreja de língua siríaca começou a acatá-la. Apesar de história tão variegada, Lutero não relegou 2 Pedro para o final de seu

---

[20] Não necessariamente aquelas visadas em Judas, de que 2 Pedro tomou emprestadas.

NT de 1522 (como o fez com Tiago, Judas, Hebreus e Apocalípse), provavelmente porque não encontrou grandes dificuldades em seu ensinamento. Nos tempos modernos, porém, especialmente entre estudiosos protestantes mais radicais, 2 Pedro tem sido atacada, e uma voz esporádica tem-se erguido reivindicando sua remoção do cânone por causa da antipatia pelo suposto "catolicismo primitivo".

Käsemann é o expoente-líder da presença de características "católicas primitivas" em 2 Pedro. Em sua tentativa de corrigir os gnósticos que rejeitavam a parusia, o escritor da epístola acentua a fé como um corpo de crenças. As Escrituras proféticas não eram assunto de interpretação privada, mas tinham de ser interpretadas por mestres autorizados, como Pedro. Supunha-se, então, uma cadeia de autoridade apostólica de testemunhas oculares do ministério de Jesus. Käsemann queixa-se também de que as idéias paulinas da fé como confiança e justificação estão ausentes, e a terminologia da filosofia helenista ("participantes da natureza divina") substituiu a linguagem existencial dos livros primitivos. Aos olhos de Käsemann (luterano), tudo isso, no final das contas, resultou em um tipo de cristianismo exemplificado pelo catolicismo romano, e representa uma direção equivocada. Ele pergunta ardentemente (An apologia for primitive Christian eschatology [Uma apologia da escatologia cristã primitiva], KENTT 195):

> Que poderíamos dizer acerca de uma Igreja tão preocupada em defender-se contra os hereges que não mais distingue Espírito de letra; que identifica o evangelho com sua própria tradição e, ademais, com uma visão de mundo religiosa particular, e que disciplina a exegese conforme seu sistema de magistério e torna a fé mero assentimento aos dogmas da ortodoxia?

Uma conseqüência lógica é que a Igreja cometeu um erro ao canonizar 2 Pedro e, de fato, vozes radicais têm proposto sua erradicação.

A discordância dessa opinião tem-se mostrado em dois pontos. Primeiro: tem crescido o questionamento contra o direito que se arrogam intérpretes de decidir que o que favorece sua teologia e a tendência de sua Igreja é a verdadeira mensagem do NT, e o que as desfavorece, é uma distorção. Até que ponto a objeção ao catolicismo primitivo é um reflexo do desacordo protestante em relação a aspectos do catolicismo romano e da ortodoxia oriental? Não seria mais salutar reconhecer que as tradições das Igrejas particulares tiraram vantagem de idéias *escolhidas* no NT e que o diálogo entre as Igrejas será facilitado quando cada tradição prestar contas do que tem negligenciado? Se grupos cristãos podem eliminar do cânone aquilo com que não concordam, como pode a Escritura ser capaz de fazê-los repensar? Segundo: Fornberg e outros têm questionado se a análise que Käsemann faz do pensamento de 2 Pedro como catolicismo primitivo é correta. O autor de 2 Pedro realmente representa apenas as visões indicadas no parágrafo de Käsemann citado anteriormente? Na tese do catolicismo primitivo, não estaríamos lendo a reação do escritor de 2 Pedro a uma série particular de problemas à luz das questões bem mais tardias da Reforma? Igualmente, muitas das idéias em questão (fé como verdade crida, importância da autoridade apostólica, interpretação autorizada, perigo de mestres particulares não tradicionais) são encontradas amplamente no NT, até nas cartas genuinamente paulinas. 2 Pedro pode oferecer a oportunidade para discutir a validade de tais idéias, mas o isolamento dialético delas pode não facilitar uma exegese válida da intenção do escritor.

Temas e problemas para reflexão

1. A "fé" como um conjunto de crenças (2Pd 1,1) é muitas vezes contrastada pejorativamente com o sentido paulino de fé como confiança naquilo que Deus realizou em Cristo. Admitindo-se que é preciso responder à graça de Deus com fé como confiança e compromisso, é provável que o cristianismo tenha continuado sem formular suas crenças? Confissões como "Jesus é Messias, Senhor etc." eram necessárias não somente a fim de que aqueles dos quais se pedia o compromisso pessoal pudessem saber em que consistia a gratuidade de Deus, mas também, afinal, porque outros negavam tal identidade. Hoje, algumas Igrejas cristãs recusam-se a formular um credo além das Escrituras, mas isso não deve disfarçar o fato de que existe um incipiente corpo de convicções nas próprias Escrituras. Por conseguinte, a fé como confiança e a fé como conjunto de doutrinas podem ser vistas de forma complementar.

2. Apesar de certa adaptação à linguagem da filosofia grega, que contrasta este mundo com o eterno, ser perceptível em várias obras tardias do NT, como Atos e as pastorais paulinas, em nenhuma parte é mais patente do que em 2 Pedro; por exemplo, um ideal de piedade (*eusebeia*, em 2Pd 1,3.6.7; 3,11) e de participação na natureza divina, fugindo do mundo corrupto (2Pd 1,4). Sem levar em conta que essa não foi a linguagem original da mensagem de Jesus, trata-se de

uma corrupção dessa mensagem, como alguns oponentes do "catolicismo primitivo" afirmam, ou é um impulso inevitável da proclamação de um evangelho de encarnação? Nessa direção, não se pode argumentar que, quando pregadores se recusam a expressar o evangelho na linguagem e cultura de outros povos, enfraquecem sua missão e limitam a compressão do que Deus perfez em Cristo? Tal reformulação não significa rejeitar as expressões e formulações anteriores ou a perda das intuições do passado.

3. 2Pd 3,7.12-13 constitui a prova neotestamentária de que o céu e a terra serão destruídos pelo fogo no final dos tempos,[21] a fim de ser substituídos por um novo céu e uma nova terra. (Na verdade, os cristãos que entendem isso literalmente muitas vezes descartam qualquer troca terrena e pensam em um céu imaterial como substituição.) A idéia apocalíptica de um novo céu e uma nova terra ecoa Is 65,17; 66,22; o fogo é um elemento tradicional do castigo divino (Mt 3,10; 5,22; 13,40.50; 18,8-9). Além de refletir a particularidade estilística bíblica, o escritor pode fazer-se compreender também por aqueles cujo contexto elementar incluía a doutrina estóica de uma imensa conflagração que consumiria o que é finito e seria seguida pela regeneração do círculo sem fim. Teologicamente, a crença de que 2 Pedro é um escrito inspirado pode assegurar a verdade da parusia (a realização definitiva do reino de Deus por Cristo), que é um ponto importante na epístola. Mas teve o autor alguma revelação divina sobre o que aconteceria no final dos tempos? Devem os cristãos crer na destruição do mundo, tal qual o conhecemos, pelo fogo? Cf. R. L. Overstreet, BSac 137, 354-371, 1989.

4. De muitas formas 2 Pedro assemelha-se a 2 Timóteo. Cada uma é um testamento final de um apóstolo famoso, e cada uma apela para o testemunho do apóstolo, respectivamente Pedro e Paulo. Cada uma está preocupada com a intromissão de falsos mestres sobre os quais se amontoam reprimendas. Como orientação, cada uma pressupõe um depósito de fé. Exercício interessante seria buscar outros paralelos teológicos como exemplo de como, em diversas partes da Igreja no final do período do NT, desenvolviam-se atitudes e respostas semelhantes.

---

[21] Cf. Thiede, C. P. JSNT 26,79-96, 1986, sobre a conflagração.

Bibliografia sobre 2 Pedro

Comentários e estudos em série[22]

BAUCKHAM, R. J. WBC, 1983.*
DANKER, F. W. ProcC, 2. ed., 1995.*
GREEN, M. TNTC, 2. ed., 1987.*
KNIGHT, J. NTG, 1995.*
KRODEL, G. A. ProcC, rev. ed., 1995.
NEYREY, J. H. AB, 1993.*

Panoramas da pesquisa

BAUCKHAM, R. J. JETS 25, 91-93, 1982; ANRW II.25.2, 3713-3752, 1988.
HUPPER, W. G. JETS 23, 65-66, 1980.
SNYDER, J. JETS 22, 265-267, 1979.

* * *

ABBOTT, E. A. The Second Epistle of St. Peter. *Expositor* 2/3, 49-63, 139-153, 204-219, 1882. Importante estudo antigo.

COOPER, W. H. The objective nature of prophecy according to II Peter. *Lutheran Church Quarterly* 13, 190-195, 1940.

CREHAN, J. New light on 2 Peter from the Bodmer Papyrus. StEv 7, 145-149, 1982.

DESHARDINS, M. The protrayal of the dissidents in 2 Peter and Jude. JSNT 30, 89-102, 1987.

ERNST, C. The date of II Peter and the deposit of faith. *Clergy Review* 47, 686-689, 1962.

FARMER, W. R. Some critical reflections on Second Peter. *Second Century* 5, 30-46, 1985.

FORNBERG, T. *An early church in a pluralistic society*; a study of 2 Peter. Lund, Gleerup, 1977. (CBNTS, 9.)

GREEN, M. *2 Peter reconsidered*. London, Tyndale, 1961.

GRISPINO, J. A. & DILANNI, A. The date of II Peter and the deposit of faith. *Clergy Review* 46, 601-610, 1961.

---

[22] As obras marcadas com um asterisco referem-se também a Judas. Cf. também obras marcadas com um asterisco na Bibliografia do capítulo 33, sobre 1 Pedro, e com dois asteriscos na Bibliografia do capítulo 34, sobre Tiago. O negrito indica a obra mais importante.

HARVEY, A. E. The Testament of Simeon Peter. In: DAVIES, P. R. & WHITE, R. T. *A tribute to Geza Vermes*. Sheffield, JSOT, 1990. pp. 339-354.

HIEBERT, D. E. Selected studies from 2 Peter. BSac 141, 43-54, 158-168, 255-265, 330-340, 1984.

JAMES, M. R. *2 Peter and Jude*. Cambridge, Cambridge Univ., 1912.

KÄSEMANN, E. An apologia for primitive Christian eschatology. KENTT 169-195.

KLINGER, J. The Second Epistle of Peter: an essay in understanding. *St. Vladimir's Theological Quarterly* 17/1-2, 152-169, 1973.

MAYOR, J. B. *The Second Epistle of St. Peter and the Epistle of St. Jude*. New York, Macmillan, 1907.

MCNAMARA, M. The unity of Second Peter. A reconsideration. *Scripture* 12, 13-19, 1960. Rara voz a propor que 2 Pedro se compõe de duas ou três cartas.

PICIRILLI, R. E. Allusions to 2 Peter in the Apostolic Fathers. JSNT 33, 57-83.

ROBSON, E. I. *Studies in the Second Epistle of St. Peter*. Cambridge, Cambridge Univ., 1915.

WATSON, D. F. *Invention, arrangement, and style*; rhetorical criticism of Jude and 2 Peter. Atlanta, Scholars, 1988. pp. 81-146. (SBLDS, 104.)

WITHERINGTON, III, B. A Petrine source in 2 Peter. SBLSP 1985, 187-192, 1985.

Capítulo 37

O livro da Revelação (Apocalipse)

Chegamos agora ao livro que figura no fim do NT canônico, ainda que não tenha sido o último a ser composto — 2 Pedro tem esse privilégio. Qualquer um dos dois nomes que aparecem no título deste capítulo pode ser usado para o livro (fineza notar, porém, que não se deve chamar o livro de Revelações) e ambos, literalmente, significam "desvelamento". Contudo, "Apocalipse" (do título grego do livro: *Apokalypsis*) tem a vantagem de captar o caráter esotérico do gênero dessa obra, que não é pensada simplesmente como revelação no sentido religioso comum da comunicação divina de uma informação. Essa observação conduz-nos à dificuldade principal do livro.

O livro do Apocalipse é largamente popular por razões equivocadas, pois grande número de pessoas o lê como um guia de como o mundo vai-se acabar, pressupondo que o autor recebeu de Cristo o conhecimento detalhado do futuro e o comunicou em símbolos codificados. Por exemplo, pregadores há que identificaram a Besta da Terra, cujo número é 666, com Hitler, Stalin, o Papa e Saddan Hussein, e relacionaram acontecimentos do Apocalipse com a Revolução Comunista, a bomba atômica, a criação do Estado de Israel, a Guerra do Golfo etc. Os séculos XIX e XX viram muitos intérpretes de profecia que usam cálculos do Apocalipse para predizer a data exata do fim do mundo. Até o momento, todos se enganaram! Alguns dos expoentes mais militantes do Apocalipse têm incomodado as autoridades responsáveis pelo cumprimento da lei com intervenção armada. Por outro lado, muitos fiéis cristãos não acreditam que o autor conhecia o futuro além de uma absoluta convicção de que Deus triunfaria salvando aqueles que permanecessem fiéis e derrotando as forças do mal. Tal avaliação pode ser defendida com um estudo do Gênero literário apocalíptico, com o qual começarei. Depois disso, virá a Análise geral da mensagem, um pouco mais longa do que de costume, pois o Apocalipse é de difícil compreensão: "Esse livro, mais do que qualquer outro do NT, exige comentário" (W. J. Harrington, *Revelation* [Revelação], SP, 1993, p. xiii). A seguir, dedicar-se-ão subseções a: Estrutura do livro, O papel da liturgia, Milenarismo (o reino de mil anos: Ap 20,4-6), Autoria, Data e situação vital: perseguição sob Domiciano?, Temas e problemas para reflexão e Bibliografia.

O gênero literário apocalíptico

"Apocaliptismo" normalmente se refere à ideologia de obras desse gênero ou de grupos que as aceitam. Alguns preferem usar o nome "apocalipse" como a designação para o gênero; a fim de evitar confusão com o livro do NT ora analisado, usemos o adjetivo "apocalíptico" nessa acepção.[1] O fato de tal designação ser derivada do título do livro do NT diz-nos que, de alguma forma, o Apocalipse é um modelo para o gênero — um gênero difícil de definir, em parte, porque não encontramos exemplos verdadeiramente comparáveis dele em nossa literatura contemporânea. Existem, obviamente, livros modernos, da autoria de pessoas que têm imaginação fértil ou que reivindicam visões acerca do futuro, especificamente sobre a libertação de Satanás e a respeito do fim do mundo; a maioria deles, porém, não passa de imitação ou aplicação inovadora de Daniel e Apocalipse.

À medida que nos voltamos para os aspectos apocalípticos, termos delimitadores como "freqüentemente", "muitas vezes" e "às vezes" tornam-se indispensáveis, pois muito pouco do que se segue é verdadeiro para todos os apocalipses. Típica dos apocalipses bíblicos é uma moldura narrativa na qual uma visão reveladora é concedida a um ser humano, o mais das vezes por meio da

---

[1] Apresento aqui apenas amostras da abundante literatura: ROWLEY, H. H. *The relevance of Apocalyptic*. 3. ed. London, Lutterworth, 1963; RUSSELL, D. S. *The method and message of Jewish Apocalyptic*. Philadelphia, Fortress, 1964; KOCH, K. *The rediscovery of Apocalyptic*. Naperville, IL, Allenson, 1972. (SBT, 22); HANSON, P. D. *The dawn of Apocalyptic*. Philadelphia, Fortress, 1978; HANSON, P. D. (ed.). *Visionaries and their apocalypses*. Philadelphia, Fortress, 1983; HANSON, P. D. *Old Testament Apocalyptic*. Nashville, Abingdon, 1987; ROWLAND, C. *The open heaven; a study of Apocalyptic in Judaism and Christianity*. New York, Crossroad, 1982; HELLHOLM, D. (ed.). *Apocalypticism in the Mediterranean world and the Near East*. Tübingen, Mohr-Siebeck, 1983; COLLINS, J. J. *The apocalyptic imagination*. New York, Crossroad, 1987; COOK, S. L. *Prophecy and apocalypticism*. Minneapolis, A/F, 1995. Também *Journal for Theology and the Church* 6, 1969; CBQ 39, #3, 1977; *Semeia* 14, 1979; 36, 1986; CRBS 2, 147-179, 1994.

Informações básicas

DATA: provavelmente entre 92 e 96 d.C., no final do reinado do imperador Domiciano.

DESTINATÁRIAS: Igrejas no setor ocidental da Ásia Menor.

AUTENTICIDADE: escrito por um profeta judeu-cristão chamado João, que não era nem João, filho de Zebedeu, nem o escritor do evangelho joanino ou das epístolas.

UNIDADE: apenas alguns estudiosos afirmam que dois apocalipses (da mesma mão ou escola) foram reunidos — uma tentativa de explicar as repetições e as aparentemente diversas perspectivas de tempo.

INTEGRIDADE: o escritor pode ter incluído visões e passagens que já faziam parte da tradição apocalíptica cristã, mas, no geral, a obra é de sua lavra.

DIVISÃO CONFORME O CONTEÚDO

A. Prólogo: 1,1-3

B. Cartas às sete Igrejas: 1,4–3,22

   Fórmula introdutória com louvor, promessa e resposta divina (1,4-8)

   Visão preparatória (1,9-20)

   Sete cartas (2,1–3,22)

C. Primeira parte da experiência reveladora: 4,1–11,19

   Visões da corte celeste: o Entronizado e o Cordeiro (4,1–5,14)

   Sete selos (6,1–8,1)

   Sete trombetas (8,2–11,19)

D. Segunda parte da experiência reveladora: 12,1–22,5

   Visões do Dragão, das Bestas e do Cordeiro (12,1–14,20)

   Sete pragas e sete taças (15,1–16,21)

   Julgamento de Babilônia, a grande Prostituta (17,1–19,10)

   Vitória de Cristo e o fim da história (19,11–22,5)

E. Epílogo (com bênção conclusiva): 22,6-21

intervenção de um ser do outro mundo,[2] como um anjo que leva o agraciado a uma posição celestial privilegiada, a fim de mostrar-lhe a visão e/ou explicá-la. Às vezes, para chegar lá, o visionário tem de viajar até os confins da terra ou fazer uma viagem vertical, através de vários céus. Os segredos revelados envolvem uma transformação cósmica, que resultará na transição deste mundo para um mundo ou uma era futura, e um julgamento divino para todos. (Os cristãos apocalípticos do NT diferem dos judeus apocalípticos do mesmo período, pois

---

[2] COLLINS, J. J. ABD 1.279. Os apocalipses "pretendem interpretar as circunstâncias terrenas atuais à luz do mundo sobrenatural e do futuro, e influenciar tanto a compreensão quanto o comportamento do público pela autoridade divina" (A. Yarbro Collins, *Semeia* 36, 7, 1986). Embora a Bíblia mencione profetisas, na apocalíptica bíblica os visionários são todos homens.

aqueles acreditam que a nova era já começou, por causa da vinda de Cristo.) A visão do mundo sobrenatural ou do futuro ajuda a interpretar as circunstâncias presentes sobre a terra, que são quase sempre trágicas. Conforme veremos, a apocalíptica tem suas raízes na profecia, e os profetas também tiveram experiência sobrenatural na qual foram admitidos à corte celeste, que se reúne na presença de Deus, e introduzidos no misterioso plano divino (Am 3,7; 1Rs 22,19-23; Is 6). Na apocalíptica, porém, as visões do outro mundo tornaram-se bem mais exuberantes, o mais das vezes acompanhadas por vívidos símbolos (templo ideal, ambientes litúrgicos, fenômenos cósmicos, série de feras selvagens, estátuas) e números misteriosos.[3] A mensagem profética envolve também as ambiências concretas sobre a terra (política internacional e nacional, prática religiosa, preocupação social), mas a situação e a solução são diferentes daquelas da apocalíptica. Quando as circunstâncias para as quais se dirige são prósperas e confortáveis, o profeta escritor pode condenar a situação como espiritual e moralmente estéril, e advertir a fim de impedir o desastre nos limites da história (invasões, cativeiro, queda da monarquia, destruição do templo); quando as circunstâncias são desesperadoras por causa da escravidão ou da opressão, o profeta pode oferecer esperança de retorno à pátria ou destruição do opressor e restauração da monarquia. Os apocalipses são dirigidos, o mais da vezes, àqueles que vivem em tempos de sofrimento e perseguição — tão desesperadores que são vistos como a corporificação do mal supremo. Se a história está dividida em períodos divinamente determinados (numerados de várias formas), o autor vive no último deles.[4] A esperança de uma solução histórica desapareceu em favor de uma intervenção divina direta que levará tudo à consumação. Mui freqüentemente, numa abordagem fortemente dualista, os apocaliptistas visualizam o que acontece sobre a terra como parte de uma luta titânica no mundo entre, de um lado, Deus ou os anjos de Deus e, do outro, Satanás e os anjos deste. Em alguns apocalipses, a pseudonímia

---

[3] Adiante, distinguiremos diversos períodos da história israelita nos quais os apocalipses foram escritos; os mais tardios tiram grande parte de seu simbolismo dos livros apocalípticos anteriores. Calculou-se que cerca de 65% dos versículos do Apocalipse têm alusões ao AT; contudo, é muito difícil encontrar uma única citação explícita do AT. MOYISE, S. *The Old Testament in the Book of Revelation*. Sheffield, Academic, 1995. (JSNTSup, 115.)

[4] L. Hartman (NTS 22, 1-14, 1975-1976) recolhe provas para demonstrar que os apocaliptistas não estavam preocupados em marcar uma data para o fim do tempo, mas em imprimir no público a urgência da situação.

é um fator-chave. O escritor toma o nome de uma figura famosa do passado; por exemplo, Daniel, um sábio legendário, Henoc, que foi arrebatado ao céu, ou Esdras, o grande legislador. Tal figura empresta autoridade ao apocalipse, pois pode predizer exatamente tudo o que acontecerá entre seu tempo e o tempo presente, no qual o autor escreve (na verdade, porque tudo isso já aconteceu).[5] Com efeito, quando conhecemos a história subseqüente, um modo de datar tais obras é determinar exatamente o período em que a exatidão do retrato da história se detém e a inexatidão e a vaguidade começam.

Para ilustrar a história da apocalíptica judaica e cristã e sua variedade, permitam-me mencionar alguns exemplos representativos do gênero. Nossa ilustração mais antiga da apocalíptica bíblica, e uma indicação de seu começo, pode ser datada do exílio na Babilônia. Aquela catástrofe, seguida da tomada de Jerusalém, da destruição do templo e da queda da monarquia, levou ao questionamento da possibilidade de salvação na história. Embora o livro de Ezequiel seja dominantemente profético no sentido de o profeta aguardar a libertação na história, as extravagantes imagens em suas visões (Ez 1–3; 37) e sua antecipação idealizada do Novo Israel ultrapassam a história (40–48) e sobrepõem-se ao estilo e à antecipação apocalípticos. Com efeito, Ezequiel excogitou a maior parte da linguagem e das imagens apocalípticas que seriam utilizadas no futuro: as quatro criaturas viventes (semelhantes a um homem, um leão, um boi e uma águia); uma figura entronizada acima do firmamento, descrita com pedras e metais preciosos, devorando rolos; a prostituta; a ímpia e próspera cidade imperial, blasfema em sua arrogância (Tiro, nos caps. 27–28); Gog, rei de Magog; medição do templo etc. Uma combinação de mensagem profética histórica com elementos e imagens apocalípticos (o Dia do Senhor, nuvens de gafanhotos destrutivos) encontra-se no livro de Joel, de data incerta, mas provavelmente pós-exílico. Do mesmo período geral provém Zc 4,1–6,8, com suas visões (interpretadas por anjos) de lampadários, rolos, quatro cavalos de cores diferentes; e de um período algo posterior,

---

[5] O Apocalipse não distribui a história passada em um modelo de períodos representados simbolicamente, como o fazem *I Henoc* e Daniel; não instrui as pessoas a selar ou ocultar sua mensagem, como o fazem Daniel e *II Baruc*. Não existe razão alguma para pensar que o Apocalipse é pseudônimo; o uso de João como pseudônimo faria sentido somente se o autor reivindicasse autoridade apostólica. A verdadeira identificação do vidente como um homem chamado João pode ser satisfatoriamente explicada pelo fato de que o Apocalipse é parcialmente uma profecia, como veremos.

vieram o dêutero e trito Zacarias (Zc 9–14), com uma alegoria dos pastores, e imagens de julgamento e de uma Jerusalém ideal. Cf. também Is 24–27.[6]

Outro período importante para o surgimento dos escritos apocalípticos foram os séculos III e II a.C., quando as dinastias gregas no Egito (ptolomeus) e na Síria (selêucidas), provenientes das conquistas de Alexandre Magno, tornaram-se mais autoritárias no governo da Judéia. De modo especial a perseguição da religião judaica em favor do culto aos deuses gregos sob o rei selêucida Antíoco IV Epífanes (176-164 a.C.) aguçou um sentimento de poder diabólico que somente Deus poderia vencer. A idéia de uma vida além da morte desenvolvera-se claramente entre alguns judeus, o que abriu a possibilidade de a felicidade eterna substituir uma existência marcada pelo sofrimento e pela tortura. Nesse período, passa-se dos livros proféticos, com traços apocalípticos, para apocalipses completamente desenvolvidos. A seção inicial de *I Henoc* (caps. 1–36) foi composta no século III a.C e, para o tesouro do simbolismo apocalíptico, ofereceu imagens do julgamento final e dos anjos maus que caem e são encarcerados até os últimos dias. Uma seção posterior do livro (caps. 91–105) dispõe uma história predeterminada dividida em semanas. Daniel, o maior apocalipse bíblico do AT, foi escrito por volta de 165 a.C. A visão das quatro bestas monstruosas, seguida da coroação celestial de um Filho de Homem (cap. 7), e a visão das setenta semanas (cap. 9) tiveram um forte impacto nos apocalipses posteriores. O aparecimento da comunidade dos MMM foi relacionado aos problemas de meados do século II, e existiam intensos elementos apocalípticos no pensamento dos MMM, conforme testemunhado em QM, um plano para a guerra dos últimos tempos entre os filhos da luz e os filhos das trevas. Outro período importante, ainda, da produção de apocalipses judaicos foi o das décadas posteriores ao ano 70 d.C. e à destruição do templo de Jerusalém — a antiga devastação babilônica, revivida seiscentos e cinqüenta anos depois. *IV Esdras* e (pouco tempo depois) *II Baruc* foram compostos naquela época, quando Roma era a personificação do mal.[7]

---

[6] MILLAR, W. R. *Isaiah 24–27 and the origin of apocalyptic.* Missoula, MT, Scholars, 1976. (Harvard Semitic Monograph, 11.) Também FEKKES III, J. *Isaiah and prophetic traditions in the Book of Revelation.* Sheffield, JSOT, 1994. (JSNTSup, 93.)

[7] Sobre os dezessete apocalipses entre os pseudepígrafos judaicos, cf. BAUCKHAM, R. J. JSNT 26, 97-111, 1986.

Não sabemos se o autor do Apocalipse conhecia o longo discurso apocalíptico de Jesus (Mc 13 e par.), mas ele tinha informação sobre elementos apocalípticos tradicionais, que circulavam entre os cristãos do século I. Por exemplo, na tradição paulina, existe um forte senso apocalíptico de que Cristo desencadearia o fim dos tempos, bem como antecipações da ressurreição dos mortos e a figura do anticristo (1Cor 15; 2Ts 2).[8] O Apocalipse, porém, é o livro mais apocalíptico do NT. A perversa perseguição de Nero contra os cristãos em Roma e aparentemente os maus-tratos sob Domiciano (cf. subseção adiante), situados no contexto mais amplo da deificação do imperador, emprestaram um colorido diabólico à luta entre César e Cristo, e a destruição do templo judaico foi vista como o começo do julgamento divino sobre todos os que se opunham a Cristo. O Apocalipse reutiliza muitos dos elementos de Ezequiel, Zacarias, o apocalipse de Isaías e Daniel, mas o faz com notável criatividade. Ademais, outros elementos, como as cartas às Igrejas, a vinda de Cristo, o Cordeiro, a corte celeste e as núpcias do Cordeiro, atestam a originalidade. O apocaliptismo cristão continuou após o período do NT tanto nos círculos considerados ortodoxos (*Pastor de Hermas*; *Apocalipse de Pedro*) quanto entre os gnósticos (*Apócrifo de João*; *Apocalipse de Paulo*).[9] Até o presente, tempos catastróficos continuam a reacender o espírito apocalíptico entre alguns cristãos (e alguns judeus), os quais acreditam que os tempos tornaram-se tão perversos que Deus precisa intervir logo.

Embora, como visto há pouco, seja possível traçar uma linhagem entre escritos proféticos e apocalípticos,[10] alguns dos mais importantes apocalipses judaicos pré-cristãos foram escritos em uma época na qual a profecia não mais florescia, período em que a literatura sapiencial era mais abundante e Israel entrava em contato com a civilização greco-romana. Tal situação ilumina dois as-

---

[8] Para uma comparação entre a escatologia de Ap 20 e de Paulo, cf. PAGE, S. H. T. JETS 23, 31-34, 1980. Existe igualmente acentuado tom apocalíptico em Judas (aproveitado em 2 Pedro), mas é difícil datar essa obra em relação ao Apocalipse. Para um quadro maior, cf. MINEAR, P. S. *New Testament apocalyptic*. Nashville, Abingdon, 1981; também MARCUS, J. & SOARDS, M. L. (eds.). *Apocalyptic and the New Testament*. Sheffield, JSOT, 1989. (J. L. Martyn Festschrift; JSNTSup, 24.)

[9] No artigo citado na n. 7, Bauckham (pp. 111-114) argumenta que não podemos confinar-nos à pseudepigrafia do AT, pois até o ano 200 d.C., cristãos e judeus apocalípticos permaneceram intimamente ligados.

[10] Sobre apocalíptica e profecia: VAWTER, B. CBQ 22, 33-46, 1960; LADD, G. E. JBL 76, 192-200, 1957; RUSSELL, D. S. *Prophecy and the apocalyptic dream*. Peabody, MA, Hendrickson, 1994.

pectos da apocalíptica. Primeiro: alguns têm afirmado que a apocalíptica substituiu a profecia. Isso não é exato: há obras com elementos mistos dos dois gêneros, o que certamente é verdadeiro quanto ao Apocalipse. Embora o vidente do Apocalipse intitule sua obra *apokalypsis*, seis vezes se refere a ela como profecia, especificamente no começo e no fim (Ap 1,3; 22,19). De fato, as cartas às Igrejas (Ap 1,4–3,22) contêm elementos de admoestação e consolação profética.[11] Conforme J. Roloff (*The revelation of John* [A revelação de João], Minneapolis, A/F, 1993, p. 8) observa, naquelas cartas ouve-se a autoproclamação de Jesus Cristo, e uma das tarefas dos profetas cristãos era anunciar às comunidades a vontade do Cristo glorioso. Segundo: existem certas semelhanças entre correntes apocalípticas e a literatura sapiencial. Alguns vão mais longe, como G. von Rad, fazendo a apocalíptica derivar da tradição sapiencial, mas uma visão determinista da história (distribuída em padrões numéricos) e uma ostentação de erudição marcam, às vezes, ambas as tradições. Em *I Henoc* 28–32; 41; 69, por exemplo, encontram-se descrições detalhadas de vários tipos de árvores, um interesse por segredos astronômicos e um gosto pelo conhecimento geral. A literatura sapiencial existia em outros lugares, e algumas porções da literatura sapiencial hebraica serviram-se de fontes estrangeiras. Semelhantemente, não apenas a criação semítica antiga de mitos, mas também os mitos greco-romanos sobre os deuses deixaram seus traços nas imagens apocalípticas, especialmente nas descrições das bestas e do combate entre o bem e o mal. O culto à deusa Roma, rainha do céu, pode ter sido combinado com Sião, a figura feminina do AT, na formação da imagem da mãe do Messias em Ap 12.

Finalmente, devemos ter consciência de que a linguagem figurada da apocalíptica suscita problemas hermenêuticos. Muitas vezes é possível detectar

---

[11] Cf. HILL, D. NTS 18, 401-418, 1971-1972; BORING, M. E. SBLSP, 2.43-62, 1974; MAZZAFERRI, F. D. *The genre of the Book of Revelation from a source-critical perspective*. Berlin, De Gruyter, 1989. (BZNW, 54.) Essas características têm convencido uma minoria de estudiosos de que o Apocalipse deve ser classificado preferentemente como profecia, e não como apocalipse. Para argumentos de que o livro é mais bem classificado como (pelo menos predominantemente) um apocalipse, cf. COLLINS, J. J. CBQ 39, 329-343, 1977; HELLHOLM, D. *Semeia* 36, 13-64, 1986; AUNE, D. E. *Semeia* 36, 65-96, 1986. Ao defender a idéia seja de profecia, seja de apocalíptica, E. Schüssler Fiorenza (*The Book of Revelation*; justice and judment, Philadelphia, Fortress, 1985, pp. 133-156, 175-176) argumenta que o escritor modelou suas cartas com base na forma das cartas paulinas que gozam de autoridade, de modo que toda a obra é uma carta profético-apostólica, escrita num padrão quiástico concêntrico. Não temos prova suficiente de que as cartas paulinas fossem tão singulares, tão amplamente conhecidas e tão definitivas nesse período inicial.

uma referência histórica na descrição, por exemplo, que uma das bestas grotescas de Daniel ou do Apocalipse se refira a um poder mundano específico (o império sírio ou selêucida, Roma). Contudo, às vezes os símbolos são polivalentes; por exemplo, a mulher, em Ap 12, pode significar Israel que dá à luz o Messias, bem como a Igreja e seus filhos no deserto, sob o ataque satânico, depois que o Messias fora elevado aos céus. (Ela poderia também ser a esposa do Cordeiro, a Nova Jerusalém, que desce do céu em Ap 21,2, mas existe menos consenso a esse respeito.) Além da questão da intenção do escritor, o simbolismo apocalíptico estimula a participação imaginativa dos ouvintes/leitores. Ele encontra seu sentido pleno quando expressa emoções e sentimentos que não podem ser conceituados. Portanto, a identificação das referências do século I de modo puramente descritivo não faz justiça ao persuasivo poder do Apocalipse (E. Schüssler Fiorenza, *Revelation* [Revelação], ProcC, 1991, p. 31). Apocaliptistas de um período posterior enganam-se ao pensar que vários itens na apocalíptica bíblica representam previsões exatas de acontecimentos que se verificarão mil ou dois mil anos depois; mas os que se acham envolvidos em tais movimentos compreendem o poder dessa literatura melhor do que as inquirições exegéticas impassíveis, que se contentam com identificações históricas.

Análise geral da mensagem

A. *Prólogo* (Ap 1,1-3). O livro anuncia-se como a "revelação de Jesus Cristo", ou seja, a revelação concedida por Cristo a respeito do significado divino da época do autor e acerca de como o povo de Deus será libertado em breve. Essa revelação é entregue, por meio de um anjo, a um vidente chamado João,[12] o qual, conforme descobriremos no v. 9, encontra-se na pequena ilha de Patmos, no Mar Egeu, mais ou menos a 104 quilômetros a sudoeste de Éfeso. A localização da ilha pode afetar algo das imagens do livro, como a besta que surge do mar. A bênção no v. 3, a primeira de sete no Apocalipse, indica que essa mensagem profética deve ser lida em voz alta e ouvida, provavelmente em liturgias das Igrejas destinatárias.

---

[12] No Apocalipse os anjos intervêm sempre; que João seja preeminentemente um vidente é exemplificado pela ênfase naquilo que "ele *viu*", um verbo que aparece algo em torno de 55 vezes no livro.

B. *Cartas às sete Igrejas* (Ap 1,4–3,22). Essa seção começa com uma fórmula introdutória (1,4-51), como se as sete cartas que se seguirão fizessem parte de uma carta maior.[13] Os elementos básicos atestados nas fórmulas de abertura no NT (Paulo, 1 Pedro; *p. 554*) estão presentes aqui, mas os modelos triádicos da abertura são redigidos no estilo simbólico que pervaga essa obra. Numa descrição que provém de uma reflexão sobre Ex 3,14, Deus é "Aquele-que-é, Aquele-que-era e Aquele-que-vem". Similarmente, três expressões descrevem Jesus em referência a sua paixão e morte (Testemunha fiel), sua ressurreição (Primogênito dos mortos) e sua exaltação (Príncipe dos reis da terra). Os "sete Espíritos" de Ap 1,4 são obscuros; cf. também os sete Espíritos de Deus (Ap 3,1; 4,5; 5,6). Talvez a imagem se relacione ao Espírito Santo, pois essa figura deveria ser incluída na graça triádica com o Pai e o Filho (2Cor 13,13[14]; 1Pd 1,2; 2Ts 2,13-14).[14]

A linguagem batismal pode ressoar na doxologia de Cristo em Ap 1,5b-6, visto que o que foi realizado mediante seu sangue e a dignidade resultante dos cristãos com a conquista de reino e sacerdócio, fazendo eco a Ex 19,6, são temas encontrados em 1Pd 1,2.19; 2,9.[15] Tal linguagem relembra aos destinatários a identidade destes, e Ap 1,7 é um eco do AT (Dn 7,13; Zc 12,10), assegurando-os de que o Cristo virá para julgar todos os inimigos. Para o vidente, que conclui seu louvor e sua promessa com um "Amém", em 1,8, o Senhor Deus confirma a designação triádica de 1,4 (que é, era e virá), prefaciando a afirmação com "Eu sou o Alfa e o Ômega", e concluindo-a com "o Todo-poderoso". A primeira e a última letra do alfabeto grego assinalam a existência de Deus no começo e no fim, e a designação *Pantokratōr*, "Todo-poderoso", é uma das favoritas no Apocalipse (nove

---

[13] Ora, dada a bênção conclusiva em Ap 22,21, pode parecer que toda a obra seja uma carta, mas a maioria do que está de permeio está mais próximo de uma narrativa reveladora. A presença de uma carta em uma obra apocalíptica não é sem paralelos; cf. *II Baruc* 78–87.

[14] Os sete dons do espírito de Deus no texto de Is 11,2-3, da LXX, podem explicar essa forma de descrição do Espírito Santo. Outros, porém, defendem uma alusão ao sete anjos que servem diante do trono celestial (Tb 12,15; *I Henoc* 90,21; Ap 8,2). Outros, ainda, pensam nos anjos guardiães das sete Igrejas.

[15] Em Ap 1,6 e 5,10, Cristo ou o Cordeiro fez dos santos fiéis uma Realeza e Sacerdotes para seu Deus e Pai — portanto, um privilégio aparentemente já conquistado. Em Ap 20,4-6, aqueles que tinham sido decapitados por causa do testemunho que deram de Jesus, e que não tinham adorado a besta, voltarão à vida e serão sacerdotes de Deus e de Cristo, e reinarão com ele durante mil anos — portanto, um privilégio aparentemente futuro. Isso está relacionado ao problema do sacerdócio em 1 Pedro (cf. *p. 940*); também BANDSTRA, A. J. CTJ 27, 10-25, 1992.

vezes; em outras partes do NT, somente em 2Cor 6,18) e deveria tornar-se modelo na Igreja bizantina para designar o Cristo majestoso, todo-poderoso e entronizado.

Visão inaugural (1,9-20). João, falando da tribulação e perseverança dos destinatários, explica que esteve em Patmos "por causa da Palavra de Deus". A maioria acredita que o texto se refira a aprisionamento ou exílio, um pano de fundo que explicaria a atmosfera de perseguição no Apocalipse. (De fato, Patmos era uma das pequenas ilhas usadas para o exílio, e existia um tipo de banimento que podia ser imposto pelo governador provincial romano.) Movido pelo Espírito "no dia do Senhor", ele ouve e "vê" uma voz (da mesma forma que os profetas viram palavras: Is 2,1; Am 1,1 etc.). O contexto do domingo pode explicar os plausíveis ecos da liturgia cristã nas visões celestiais do profeta (cf. subseção adiante). Que ele possa ver uma voz e que um constante "como" domine as descrições do vidente advertem-nos de que ultrapassamos o reino que se confina aos sentidos externos, e entramos no da experiência religiosa e do simbolismo. A visão do Cristo é resplendente, rica de simbolismo, em grande parte derivada de Daniel. Cristo não é apenas identificado com "um como Filho de Homem" (Dn 7,13), mas é descrito também com atributos pertencentes ao Ancião dos Dias (Dn 7,9 = Deus). O ambiente em meio aos sete candelabros (Ap 1,12) antecipa as sete Igrejas, mas também evoca o templo de Jerusalém (1Cr 28,15, de Ex 25,37), onde Deus fora visto por Isaías (Is 6). As sete estrelas na mão direita são simbolismos régios e imperiais — uma preparação para as visões posteriores no Apocalipse que colocarão o Cristo contra César. As imagens dessa visão inicial serão exploradas para as descrições de Cristo nas cartas que se seguem.

Cartas às sete Igrejas (Ap 2,1–3,22). São muito importantes para a compreensão de todo o livro. Elas dão-nos mais informações sobre um grupo de Igrejas na Ásia Menor ocidental do que a maior parte dos outros livros do NT o faz em relação a seus destinatários. Ao chegar às grandes visões dos caps. 4ss, precisamos continuar a lembrar-nos de que estas são narradas a fim de veicular uma mensagem aos cristãos daquelas cidades. Parte do mau-uso do Apocalipse baseia-se no mal-entendido de que a mensagem é endereçada primariamente aos cristãos de nosso tempo, se eles conseguirem decodificar os símbolos do autor. Mas, ao contrário, o significado do simbolismo deve ser inferido com base na perspectiva dos destinatários do século I — um significado que precisa de adaptação, se quisermos que o livro seja significativo para o momento atual.

O quadro 8, adiante, mostra a disposição das cartas,[16] notavelmente paralelas em algumas partes, contudo consideravelmente diversas em outras. Por exemplo, em relação ao julgamento efetuado pelo Filho do Homem que dita as cartas, nada de ruim é dito de Esmirna e de Filadélfia; nada de bom é dito de Sardes e de Laodicéia. Antes de voltar-nos aos detalhes das cartas, seja-me permitido fazer uma avaliação geral da mensagem. As sete Igrejas enfrentam três tipos de problemas: falsa doutrina (Éfeso, Pérgamo, Tiatira), perseguição (Esmirna, Filadélfia) e desvanecimento (Sardes, Laodicéia). A maioria dos leitores modernos que conhece algo sobre o Apocalipse pensa que a perseguição é o único problema tratado; conseqüentemente, reinterpreta o livro à luz de situações ameaçadoras hoje. A luta contra o esmorecimento pode ser muito mais aplicável ao cristianismo moderno. A falsa doutrina está muito condicionada pelo século I em um ponto (comer carne oferecida aos ídolos); no entanto, o problema subjacente de cristãos que se conformam despudoradamente à sociedade circundante permanece um desafio bem atual.

A carta mais longa é a destinada a Tiatira que é, ironicamente, a cidade menos conhecida; a mais breve é para Esmirna, cidade muito famosa. Existem abundantes referências veterotestamentárias na maioria das cartas, mas relativamente poucas nas destinadas a Sardes e a Laodicéia. As cidades, todas situadas na parte ocidental da Ásia Menor, estão listadas numa ordem que sugere uma rota circular para o portador das cartas, começando em Éfeso, dirigindo-se ao norte através de Esmirna até Pérgamo, seguindo em direção sudeste e, finalmente (depois de Laodicéia), presumivelmente a oeste, refazendo o caminho de volta para Éfeso. (Não obstante a plausibilidade da proposta, deve-se notar que não se encontrou nenhuma rota postal circular.) Os títulos ou descrições de Cristo que dão início às cartas fazem eco, em diversos graus, às descrições no cap. 1.

Os detalhes no resto das cartas (concernentes ao *status* da Igreja, admoestações ou encorajamento e uma promessa) refletem a situação geográfica ou comer-

---

[16] D. E. Aune (NTS 36, 182-204, 1990), ao discutir várias propostas acerca do gênero literário das cartas, ressalta paralelos com os éditos imperiais em quatro partes: *praescriptio* (declaração inicial), *narratio* (informações conhecidas sobre os destinatários), *dispositio* (imperativos sobre o que deve ser feito) e *sanctio* (sanção para assegurar a observância). De acordo com esse modelo, a profética proclamação do vidente flui. Essa visão deve precaver-nos contra a tendência em considerar as cartas do Apocalipse simplesmente uma imitação do estilo paulino (cf. n. 11). T. M. S. Long (*Neotestamentica* 28, 395-511, 1994) discute o uso da interpretação baseada na resposta do leitor usando Ap 2,1-7 como exemplo.

cial da respectiva cidade, pois obviamente o profeta conhecia bem a área.[17] À guisa de exemplo, em Ap 2,7, a promessa a Éfeso — "[...] ao vencedor, conceder-lhe-ei comer da árvore da vida que está no paraíso de Deus" — pode remeter ao fato de que o grande templo de Ártemis, uma das sete maravilhas do mundo antigo, foi construído sobre a raiz de uma antiga árvore sagrada, e o recinto do templo era um lugar de refúgio.[18] A coroa ou os louros da vida em Ap 2,10 podem ter sido inspirados pela posição de Esmirna, com seus edifícios esplêndidos, que se erguiam em direção ao cume do Monte Pagus. A referência a Pérgamo como o lugar do trono de Satanás, pode referir-se ao *status* da cidade como o centro do culto imperial na Ásia Menor, pois existia lá um templo ao espírito de Roma já em 195 a.C. e, em gratidão a Augusto, um templo à divindade de César fora construído lá em 29 a.C.[19] (Com efeito, havia templos imperiais em todas as cidades endereçadas, exceto em Tiatira.) A advertência a Sardes acerca da vinda de Cristo como um ladrão, em uma hora inesperada (Ap 3,3), pode refletir a história daquela cidade, que foi tomada duas vezes de surpresa, e a alusão a um nome novo para os fiéis de Filadélfia (Ap 3,12) pode referir-se às diversas vezes em que o nome da cidade foi mudado (Neocesaréia, Flávia). A imagem da inútil água morna a ser cuspida da boca de Jesus é usada para descrever a Igreja de Laodicéia (Ap 3,16), um contraste com as fontes térmicas da vizinha Hierápolis e a fria água potável de Colossas.

Algumas Igrejas são fortes, outras são fracas, mas, quer elogiando, quer repreendendo, o escritor usa freqüentemente designações que não nos são claras. Não sabemos a opinião dos nicolaítas em Éfeso e em Pérgamo (Ap 2,6.15).

---

[17] A análise clássica é de W. M. Ramsay (*The letters to the seven Churches of Asia*, London, Hodder & Stoughton, 1904; ed. atualizada por M. W. Wilson: Peabody, MA, Hendrickson, 1994). Para abordagens mais recentes, cf. MEINARDUS, O. F. A. *St. John of Patmos and the seven Churches of the Apocalypse*. New Rochelle, Caratzas, 1979; YAMAUCHI, *Archaeology* (1980); HEMER, C. J. *The letters to the seven Churches of Asia in their local setting*. Sheffield, JSOT, 1986. (JSNTSup, 11.) Meinardus também trata da história subseqüente das Igrejas. No século II, uma década e meia depois que o Apocalipse havia sido escrito, Inácio escreveu aos cristãos de Éfeso, Filadélfia e Esmirna, bem como a Policarpo, bispo de Esmirna; cf. TREVETT, C. JSNT 37, 117-135, 1989. Algo posterior é a narrativa do martírio de Policarpo em Esmirna.

[18] Ártemis era a Diana dos efésios; para os problemas de Paulo com o homem que construiu o santuário argênteo dela, cf. At 19,23-40(41). Essa imagem da árvore pode também ecoar Gn 2,9; 3,22, e possivelmente a cruz como uma árvore; o escritor selecionou as imagens do AT à luz da situação local.

[19] Ou o "trono" pode referir-se ao grande altar de Zeus, sobre a colina de aproximadamente 250 metros, acima da cidade (agora magnificamente preservado em um museu de Berlim), enquanto "Satanás" pode estar ligado ao emblema da serpente do culto a Esculápio, que havia florescido ali.

QUADRO 8. CARTAS AOS ANJOS DAS IGREJAS (AP 2–3)

Tópicos em cada carta	Éfeso (2,1-7)	Esmirna (2,8-11)	Pérgamo (2,12-17)
Títulos ou descrição do locutor (Cristo)	Aquele que tem na mão direita as sete estrelas e caminha entre os sete candelabros de ouro	O Primeiro e o Último, que estava morto e reviveu	Aquele que tem a espada de dois gumes
Situação da Igreja: *coisas boas* reconhecidas pelo locutor .... Situação da Igreja: *coisas ruins* que o locutor tem contra elas	Conheço tua conduta, tua fadiga e tua perseverança; intolerância com os malvados; submeteste à prova os pretensos apóstolos, comprovando-lhes a falsidade; sofreste pacientemente por minha causa; sem desfalecer .... Abandonaste o primeiro amor	Conheço tua tribulação; rica, apesar da pobreza; injúria da parte daqueles que se dizem judeus, mas que não passam de uma sinagoga de Satanás .... Não se diz nada de mau	Sei que moras onde Satanás tem o seu trono; conservas meu nome; não me renegaste; Antipas, minha testemunha fidedigna, foi assassinado aí, onde mora Satanás .... Alguns toleram os ensinamentos de Balaão, que seduziu Israel para o alimento dos ídolos e para a imoralidade; alguns mantêm o ensinamento dos nicolaítas
Admoestações; encorajamento	Recorda-te de onde caíste; arrepende-te e retoma a conduta de outrora; do contrário, virei e removerei teu lampadário de seu lugar; odeias as obras dos nicolaítas, as quais odeio	Não temas o que deverás padecer; o Diabo lançará alguns na prisão a fim de pôr-te à prova, e sofrerás tribulações durante dez dias; sê fiel até a morte, e eu te darei a coroa da vida	Arrepende-te; se não, virei em breve e guerrearei contra eles com a espada de minha boca
Promessa a quem tem ouvidos para ouvir o que o Espírito diz às Igrejas	Ao vencedor permitirei comer da árvore da vida, que está no paraíso (jardim) de Deus	O vencedor não será atingido pela segunda morte	Ao vencedor darei o maná escondido e uma pedra branca com um nome novo gravado, que somente conhece quem o recebe

QUADRO 8. *Continuação*

Tiatira (2,18-29)	Sardes (3,1-6)	Filadélfia (3,7-13)	Laodicéia (3,14-21)
O Filho de Deus, cujos olhos parecem chamas de fogo e cujos pés são semelhantes ao bronze	Aquele que tem os sete Espíritos de Deus e as sete estrelas	O Santo, o Verdadeiro, aquele que tem a chave de Davi; o que abre e ninguém mais fecha; fecha e ninguém mais abre	O Amém, a Testemunha fiel e verdadeira; o *Archē* (o Soberano ou o Princípio) da criação de Deus
Conheço tuas obras, amor, fé, serviço, perseverança; tuas obras recentes superam as anteriores .... Toleras a mulher Jezabel, "profetisa" cujo ensinamento seduz à prostituição e ao alimento sacrificado aos ídolos; concedi-lhe tempo, mas ela se recusa a converter-se	Não se diz nada de bom .... Conheço tuas obras; passas por viva, mas estás morta	Conheço tuas obras; diante de ti abri uma porta que não pode ser fechada; tens pouco poder, mas tens conservado minha palavra e não renegaste meu nome .... Não se diz nada de mau	Não se diz nada de bom .... Conheço tua conduta: não és fria nem quente, és morna; estou prestes a vomitar-te de minha boca. Pretendes ser rica, influente, não necessitada; não sabes que és desgraçada, miserável, pobre, cega e nua
Vou lançá-la num leito de morte e em grande tribulação aqueles que cometem adultério com ela, a menos que se arrependam de suas ações. Todas as Igrejas saberão que sou eu quem sonda os rins e o coração; pagarei a cada um segundo sua conduta. Não imporei nenhum peso sobre o resto de ti que não tolerou tal ensinamento, que não conheceu as profundezas de Satanás; conserva, porém, o que tens até que eu volte	Desperta; fortalece o que ainda resta e está para morrer; não encontrei tuas obras perfeitas diante de meu Deus. Recorda e conserva o que recebeste e ouviste; arrepende-te; se não vigiares, virei como um ladrão, numa hora que desconheceis. Tens, porém, alguns nomes que não mancharam suas vestes; eles caminharão comigo, vestidos de branco, porque são dignos	Farei os da sinagoga de Satanás (que não são verdadeiros judeus: eles mentem) prostrar-se perante teus pés. Porque conservaste minha recomendação de perseverança, poupar-te-ei da hora da tribulação que está prestes a vir sobre todo o mundo, a fim de pôr à prova os que habitam a terra. Virei em breve; conserva o que tens, a fim de que ninguém possa arrebatar-te a coroa	Aconselho-te a comprares de mim ouro purificado pelo fogo, para que enriqueças, e vestes brancas, para que te cubras e não apareçam as vergonhas de tua nudez, e colírio, a fim de que possas ver. Repreendo e educo todos os que amo. Sê, pois, zeloso e arrepende-te. Eis que estou à porta e bato; se alguém ouvir minha voz e abrir a porta, entrarei em sua casa e cearei com ele
Ao vencedor, ao que observar minha conduta até o fim, darei poder sobre as nações, para governá-las com cetro de ferro, como se quebram vasos de argila; assim é que o recebi de meu Pai; dar-lhe-ei também a estrela da manhã	O vencedor se trajará com vestes brancas e eu jamais apagarei seu nome do livro da vida, mas o proclamarei diante de meu Pai e dos seus anjos	Farei do vencedor uma coluna no templo do meu Deus; escreverei nele o nome de meu Deus e de sua cidade (a nova Jerusalém que desce do céu, de meu Deus), e o meu novo nome	Farei o vencedor sentar-se comigo em meu trono, da mesma forma que eu venci e estou sentado com meu Pai em seu trono

São eles cristãos de prática moral libertina? São gnósticos? Não está claro se em Pérgamo aqueles que mantêm os ensinamentos de Balaão (Ap 2,14) são os nicolaítas, todos ou parte deles; as atitudes deles parecem ser responsáveis pela promoção sedutora da idolatria e da fornicação, talvez afirmando que todas as coisas são permitidas. Se a "Jezabel" em Tiatira (Ap 2,20-21) é uma figura pagã (uma sibila) ou uma mulher da comunidade cristã que não conhecemos. A designação dos de Esmirna e Filadélfia, que "se afirmam judeus", mas de fato são uma sinagoga de Satanás (Ap 2,9; 3,9), pode espelhar o costume segundo o qual os fiéis em Cristo, em vez de usar a autodesignação "Israel", identificam-se como os verdadeiros judeus. A mensagem abrangente que recobre as sete cartas e corresponde ao tema do resto do livro é a perseverança e a não-concessão àquilo que o autor chama de mal. As promessas otimistas ao vencedor em cada carta coadunam-se com o escopo de encorajar, que é uma característica da apocalíptica.

C. *Primeira parte da experiência reveladora* (Ap 4,1–11,19). Conforme veremos na subseção sobre a Estrutura, é muito difícil diagnosticar o plano organizacional geral do autor no corpo do Apocalipse, uma vez que ultrapassamos as cartas às Igrejas. Contudo, muitos estudiosos detectam duas grandes subdivisões: uma começando com a porta aberta no céu, vista em Ap 4,1, a outra, depois dos céus abertos, em Ap 11,19, começando com um grande sinal visto, em Ap 12,1. Será útil revisar o esquema no início deste capítulo, a fim de perceber o paralelismo entre as duas. Essa primeira parte abre-se com os caps. 4 e 5, que descrevem a corte celeste, centrados em Deus e no Cordeiro; em tal visão, menciona-se um rolo com sete selos. Começando em Ap 6,1, o Cordeiro abre os selos, o sétimo dos quais (Ap 8,1) apresenta o visionário a sete anjos, com sete trombetas, as quais começam a soar em Ap 8,6.

Visões da corte celeste: o Entronizado e o Cordeiro (Ap 4,1–5,14).[20] Há pouco vimos que o visionário conhece a situação local da Ásia Menor; simultaneamente, ele vê o que acontece no céu como parte de sua compreensão de que "as coisas que devem acontecer depois destas" entretecem a terra e o céu. Tiradas de Ez 1,26-28, pedras preciosas — não traços antropomórficos — são usadas para descrever o Senhor Deus sentado no trono celestial; o relâmpago e os quatro Seres vivos ecoam a visão dos querubins em Ez 1,4-13; 10,18-22. Os 24 anciãos/

---

[20] Para analogias na apocalíptica judaica, cf. HURTADO, L. W. JSNT 25, 105-124, 1985.

presbíteros, porém, parecem ter procedência diversa. O número 24, que não é usado em nenhum outro lugar da literatura apocalíptica, pode compor-se de dois grupos de doze, representando o antigo e o novo Israel.[21] O hino de louvor ao Deus entronizado, entoado pelos Seres vivos e pelos anciãos/presbíteros, reproduz o tríplice "Santo" dos serafins em Is 6,3, e concentra-se na criação.

Uma visão correspondente, em Ap 5, concentra-se no Cordeiro,[22] introduzida pela habilidade desse animal personalizado em abrir o livro com os sete selos, o qual está escrito nos dois lados. O Cordeiro, que está de pé, como que imolado, é identificado como o Leão da tribo de Judá, o Rebento de Davi que venceu. (Aqui, o simbolismo paradoxal claramente excede a lógica descritiva.) O hino cantado a Jesus, o vitorioso Messias davídico, contém um refrão sobre o ser "digno" semelhante àquele no hino a Deus do capítulo precedente. Destarte, Deus e o Cordeiro são colocados virtualmente no mesmo plano, sendo um saudado como o criador e o outro, como o redentor.

Sete selos (Ap 6,1–8,1). Os quatro primeiros selos abertos pelo Cordeiro (Ap 6,1-8) são os quatro cavalos de cores diferentes, respectivamente branco, vermelho, preto e pálido (verde?), cavalgados pelos famosos cavaleiros do Apocalipse, representando correspondentemente conquista, luta sangrenta, fome e peste. A imagem dos cavalos coloridos é derivada de Zc 1,8-11; 6,1-7, e a descrição dos cavaleiros e a seleção das catástrofes, que fazem parte do julgamento escatológico de Deus, podem ter sido modeladas pelas circunstâncias da época do autor, como o ataque dos partos contra os romanos.[23] O quinto selo (Ap 6,9-11) representa a alma dos mártires (assassinados na perseguição promovida por Nero nos anos 60?) sob o altar celestial, que é a réplica do altar dos holocaustos do templo de Jerusalém (cf. Ap 11,1). Eles clamam a Deus por justiça punitiva contra os que derramaram o sangue, mas o julgamento é retardado um pouco mais, até que o número predeterminado de mártires se complete. O sexto selo (Ap 6,12-17) representa perturbações cósmicas que são parte do castigo de Deus.

---

[21] Outros pensam que todos os 24 são santos do AT (às vezes incluindo João Batista); outros ainda os consideram a corte celeste.

[22] Esse título é usado para Jesus 29 vezes no Apocalipse; a referência é o Servo do Senhor, que caminhou para a morte como um cordeiro para o matadouro (Is 53,7), ou o cordeiro pascal, ou ambos.

[23] Embora às vezes, na apocalíptica, quatro animais sejam usados para representar estágios passados da história mundial, não é o caso aqui. O cavaleiro parto usa arcos (Ap 6,2).

Não devem ser tomadas literalmente (como o são por alguns que continuam tentando identificá-las com os acontecimentos de nosso tempo), pois elas correspondem às imagens tradicionais, sempre repetidas na apocalíptica.[24] Nem mesmo os grandes da terra escaparão à ira do Cordeiro.

Antes de descrever o sétimo selo (Ap 8,1ss), no cap. 7 o vidente narra uma visão intermediária na qual anjos, segurando os quatro ventos (cf. *I Henoc* 76), recebem ordens de não causar nenhum dano até que os servos de Deus sejam selados na fronte, a fim de indicar que pertencem a Deus. Não está claro por que a visão distingue os simbólicos 144 mil cristãos (12 mil de cada tribo)[25] da inúmera multidão de toda nação, raça, povo e língua, cujas vestes foram lavadas no sangue do Cordeiro. O primeiro grupo, o dos imaculados que são as primícias por causa do martírio ou da continência [cf. Ap 14,1-5], é mais selecionado, mas dificilmente judeu-cristãos diferenciados de gentios cristãos, ou santos do AT distintos dos seguidores de Cristo. Uma hipótese interessante é de que as duas descrições oferecem perspectivas diversas da Igreja: esta é a herdeira e continuadora de Israel (144 mil das doze tribos); no entanto, atinge todo o mundo (multidão de toda nação etc.). Ora, dado que os 144 mil se encontram na terra, esperando ser selados, e a multidão acha-se no céu, de pé, ante o Cordeiro, as descrições podem representar a Igreja, que é tanto celestial quanto terrena, triunfante e militante. (Cf. Boring, *Revelation* [Revelação], pp. 129-131). A paz alcançada na presença de Deus é maravilhosamente descrita em Ap 7,16-17: nem fome, nem sede, nem sol ou calor ardente, pois o Cordeiro-pastor os conduz às fontes de água da vida.

Sete trombetas (Ap 8,2–11,19). A abertura do sétimo selo em Ap 8,1 é culminante, pois logicamente o livro agora pode ser lido e o julgamento do mundo deve ser revelado; contudo, como em um quebra-cabeça de caixinhas chinesas, revelam-se agora outros sete (sete anjos, com sete trombetas). A meia hora de silêncio que dá início à visão cria um contraste com o som da trombeta que se segue. Em Ap 8,3-5, o contexto se torna cada vez mais litúrgico e dramático, à

---

[24] Há um terremoto em Am 8,8; Jl 2,10; o sol e a lua escurecem-se em Am 8,9; Jl 2,10; fortalezas caem como figos em Na 3,12. Essas imagens são também encontradas no apocalipse atribuído a Jesus em Mc 13,8.24.25.

[25] Com Levi substituindo Dã, a tribo que foi considerada infiel e idolátrica (Jz 18; 1Rs 12,28-30) e cujo príncipe guardião é Satanás (*Test. dos Doze Patriarcas: Dã* 5,6). Posteriormente, atestou-se a tradição de que o antimessias ou anticristo sairia da tribo de Dã.

medida que o incenso[26] é misturado às orações dos santos, tudo acompanhado por trovões, relâmpagos e terremoto. As sete trombetas estão divididas, tal como estavam os sete selos, em um grupo inicial de quatro (granizo, mar transformado em sangue, estrela chamada "Absinto", escurecimento dos corpos celestes); agora, porém, o referencial são as pragas do Êxodo.[27] Assim como as pragas do Êxodo anteciparam a libertação do povo de Deus do Egito, as do Apocalipse preparam a libertação dos servos de Deus (os marcados com selo; cf. Ap 7,3) nos últimos dias. O fato de apenas um terço ser atingido mostra que não se trata do julgamento total de Deus (cf. Ez 5,2). Os acontecimentos são símbolos escatológicos; conseqüentemente, uma identificação precisa com as catástrofes de nosso tempo é inútil.

Em Ap 4,8, os quatro Seres vivos cantam um tríplice "Santo" em honra do Senhor Deus assentado no trono; por contraste, em Ap 8,13, uma águia grita um tríplice "ai", antecipando os últimos três toques de trombeta do julgamento. A visão da quinta trombeta (Ap 9,1-11) envolve gafanhotos semelhantes a cavalos de batalha, emergindo do abismo sem fim, e harmoniza as oito pragas do Egito (Ex 10,1-20) com Jl 1–2, e (junto com o próximo "ai") pode ser também matizada pelas invasões do império pelos partos, na parte oriental. O demoníaco agora está à solta, conforme indica o nome do rei dos gafanhotos: "Destruição", tanto em hebraico quanto em grego (Ap 9,11). Esse é o primeiro dos três "ais".

Ao toque da sexta trombeta (Ap 9,13-21), os anjos liberam imenso número de cavaleiros do exército, provenientes do outro lado do Eufrates, que aguardavam o tempo determinado. Apesar dessas horríveis e diabólicas punições, o restante da humanidade nega-se a crer. De maneira semelhante ao que se seguiu após o sexto selo, depois da sexta trombeta a seqüência é interrompida a fim de se narrarem visões intermediárias que preparam para a sétima da série, a trombeta que não soará até Ap 11,15. Em Ap 4,1, o vidente foi elevado ao céu por uma porta aberta, mas em Ap 10,1-2, ele está de volta a Patmos, quando o poderoso anjo desce do céu com o pequeno livro. O anjo é descrito com os atavios de Deus, do Jesus transfigurado (Mt 17,2) e da visão inicial do Filho do Homem em Ap

---

[26] Existe alguma probabilidade de que o incenso já se tornara parte do culto cristão sobre a terra, ou essa é tão-somente a imagem do templo de Jerusalém?

[27] Talvez acontecimentos da época acrescentados ao simbolismo, como a erupção do Vesúvio em 79 d.C., como motivo para a grande montanha incandescente, em chamas, em Ap 8,8.

1,12-16. Simultaneamente à aparição angélica, reboam os sete trovões (Ap 10,4), cuja mensagem o vidente é curiosamente proibido de escrever. (Será porque o conteúdo é demasiado horrendo ou trata-se de mistificação, simplesmente?) Esse anjo imenso, que recobre terra e mar, adverte o vidente de que, ao som da sétima trombeta, realizar-se-á o misterioso desígnio de Deus, prometido aos profetas (Am 3,7). A ordem dada ao vidente para que devore o livrinho, doce na boca, mas amargo no estômago, ecoa o início da vocação profética de Ezequiel (2,8-3,3). Diverso do livro maior em Ap 5,1,[28] ele contém as agradáveis notícias de vitória dos fiéis e as notícias amargas das dolorosas catástrofes que sobrevirão ao mundo, e que o vidente deverá profetizar.

As imagens apocalípticas da experiência visionária narrada no cap. 11 podem também retratar a história contemporânea ao autor. Com base no contexto oferecido pela disposição do templo de Jerusalém, faz-se uma distinção entre a área do santuário do templo (*naos*), pertencente a Deus, e ao átrio exterior do santuário. A medição do santuário de Deus e daqueles que lá adoram (Ap 11,1-2) é sinal de proteção. Tal área pode representar o templo celestial ou espiritual e/ou a comunidade cristã protegida em meio à destruição. Por contraste, o átrio exterior, onde se permite o pisoteio dos gentios, pode representar o templo de Jerusalém, destruído pelos romanos em 70 d.C. (cf. Lc 21,24) e/ou um judaísmo não mais protegido por Deus. O mesmo período lança alguma luz sobre as duas testemunhas proféticas — as duas oliveiras e os dois candelabros (Ap 11,3-4) — que profetizarão com maravilhoso poder, até que sejam assassinadas pela Besta que sobe do Abismo na grande cidade, onde o Senhor foi morto? Os 1.260 dias (também Ap 12,6) da profecia das testemunhas equivalem aos 42 meses durante os quais os gentios espezinharam o átrio do templo, e aos três tempos ou três anos e meio de Ap 12,14; Lc 4,25; Tg 5,17. (Esses vários modos de contar em metade de sete estão ligados a Dn 7,25; 9,27; 12,7 como o tempo em que se concedeu liberdade ao perverso Antíoco Epífanes para que perseguisse os judeus crentes.) O vidente fala de figuras meramente escatológicas ou existiram dois mártires históricos que contribuíram para o quadro durante a destruição romana de Jerusalém? Os relatos veterotestamentários de Zorobabel e Josué, o sumo sacerdote (Zc 4,1-

---

[28] Há várias hipóteses sobre os dois livros; por exemplo: o maior = AT, o menor = NT; ou o maior = Primeira parte do Apocalipse, o menor = Segunda parte.

14), de Moisés e Elias fornecem parcialmente as imagens, mas não excluem referências a figuras da época do autor.[29] Jerusalém é subentendida, mas os agentes parecem ser gentios, não judeus, pois se recusam a sepultar os corpos numa tumba (Ap 11,9). Dado que em Ap 14,8; 16,19 etc. "a Grande Cidade" é Roma, existe um duplo significado e tem-se em mente o martírio de Pedro e de Paulo, em Roma, nos anos 60? Em qualquer caso, as duas figuras tornam-se vitoriosas ao ser elevadas ao céu, enquanto um terremoto inflige grande destruição à cidade. Esse é o segundo dos três "ais" (Ap 11,14).[30]

A sétima trombeta finalmente soa em Ap 11,15-19, avisando que o reino do mundo tornou-se o reino de nosso Senhor e de seu Cristo, cujo anúncio é feito por um hino cantado pelos 24 anciãos/presbíteros. Isso pode fazer-nos pensar que o fim do mundo chegara. Existe, porém, muito mais ainda por vir, pois a abertura do templo de Deus, no céu, a fim de mostrar a arca da aliança (Ap 11,19),[31] introduz a segunda parte, como a porta celestial aberta em Ap 4,1 introduzira a primeira parte.

D. *Segunda parte da experiência reveladora* (Ap 12,1–22,5). Assim como a primeira parte começou com dois capítulos de visões inaugurais, a segunda inicia-se com três capítulos de visões preliminares. Elas apresentam as personagens, o Dragão e as duas Bestas, que atuarão permanentemente no restante do livro. Com efeito, esses capítulos têm sido considerados o coração do Apocalipse.

Visões do Dragão, das Bestas e do Cordeiro (Ap 12,1–14,20). Certamente algo das imagens de Gn 3,15-16 e da luta da serpente contra a mulher e sua descendência faz parte do pano de fundo do cap. 12 (cf. Ap 12,9). A Mulher vestida de sol, tendo a lua sob os pés e uma coroa de doze estrelas na cabeça representa Israel, ressoando o sonho de José em Gn 37,9, em que esses símbo-

---

[29] R. J. Bauckham (JBL 95, 447-458, 1976) defende a adaptação das expectativas judaicas em relação a Henoc e Elias; A. Greve (NTA 22, #209, 1978) opta por figuras contemporâneas ao autor: Tiago, o irmão de João, e Tiago, o irmão do Senhor (martirizados no começo dos anos 40 e 60, respectivamente).

[30] O terceiro deve vir em breve, mas Apocalipse jamais explicita quando. "Ais", sem especificação numérica, são pronunciados em Ap 12,12; 18,10.16.19.

[31] Conforme 2Mc 2,4-8, a arca fora escondida por Jeremias em um lugar secreto até que o povo de Deus disperso fosse reunido novamente e a glória do Senhor fosse vista na nuvem.

los representam seu pai (Jacó/Israel), sua mãe e seus irmãos (os filhos de Jacó, considerados os ancestrais das doze tribos).[32] Existe também o mito da imagem da serpente marinha, encontrado na poesia bíblica como Leviatã ou Raab (Is 27,1; 51,9; Sl 74,14; 89,11; Jó 26,12-13 etc.) e até mesmo fora de Israel. M. E. Boring (*Revelation* [Revelação], IBC, 1989, p. 51) chama atenção para um mito centrado numa ilha perto de Patmos, a saber, Delos, berço de Apolo, filho do deus Zeus e matador do dragão de Delfos. Os romanos apropriaram-se dessa imagem da vitória da vida e da luz sobre as trevas e a morte para propagandear a Idade Áurea que estavam inaugurando, e tanto Augusto quanto Nero se apresentaram como Apolo. O Apocalipse usa as imagens do mito para inverter a propaganda: em vez de matar o dragão, o imperador seria o instrumento do dragão?

O nascimento metafórico do povo de Deus é um tema do AT (Is 26,17; 66,7-8), e Sião dá à luz uma criança em *IV Esdras* 9,43-46; 10,40-49. No Apocalipse, a Mulher dá à luz seu filho, o Messias (Sl 2,9) em meio a dores; esse é um exemplo das expectativas judaicas das dores de parto sofridas pela mãe do Messias, indicando a miserabilidade da situação do mundo, que se torna sinal da vinda da libertação enviada por Deus (Mq 4,9-10). O Dragão (a antiga serpente, Satanás) tenta devorar a criança, que escapa, sendo arrebatada por Deus. Isso conduz a uma guerra no céu, e o Dragão é arremessado na terra[33] onde, enfurecido contra a Mulher, declara guerra à descendência desta (Ap 12,6.13.17). Não existe aqui nenhuma referência ao nascimento físico de Jesus ou a Jesus como criança (e, a seguir, um salto para sua ascensão a Deus), mas ao "nascimento" de Jesus como o Messias por sua morte. O simbolismo da morte como nascimento encontra-se em Jo 16,20-22: na noite de sua morte, Jesus diz que a tristeza dos discípulos é semelhante à de uma mulher prestes a parir um filho, mas tal tristeza será vencida pela alegria, quando a criança nascer, ou seja, quando Jesus retornar

---

[32] Na descrição da Mulher em Ap 12,1, A. Yarbro Collins (*The combat myth in the Book of Revelation*, Missoula, Scholars, 1976, pp. 71-76) vê um eco dos atributos da deusa suprema do mundo antigo. Na teologia subseqüente, especialmente na Idade Média, a mulher vestida de sol foi identificada com Maria, a mãe de Jesus.

[33] A história em Ap 12,7-12 da vitória de Miguel e de seus anjos em uma grande batalha e o júbilo no céu podem ser inserções provindas de outra fonte. Uma antiga luta entre Miguel e Satanás pelo corpo de Moisés é mencionada em Jd 9.

dentre os mortos.[34] No que diz respeito à oposição satânica, Jo 12,31; 14,30; 16,11 descreve a paixão e a morte de Jesus como uma luta com o Príncipe deste mundo, que é expulso precisamente quando Jesus volta a seu Pai. A batalha seguinte, retratada no Apocalipse, entre o Dragão e a Mulher (agora a Igreja)[35] e seus filhos no deserto[36] dura 1.260 dias e três tempos e meio, ou seja, o tempo da perseguição que conduzirá ao fim dos tempos; ela, porém, é protegida por Deus (com asas de águia; cf. Ex 19,4). Tomando posição nas areias do mar (Ap 12,18[17]), o Dragão emprega duas grandes Bestas em seu empreendimento sobre a terra: uma vinda do mar e outra vinda da terra.[37]

A primeira Besta surge do mar (Ap 13,1-10), e tem dez chifres e sete cabeças. Dn 7 ilustrara o uso de quatro bestas quiméricas para representar os impérios do mundo, e os dez chifres das quatro bestas representavam os governadores. Conseqüentemente, a Besta do Apocalipse combina elementos das quatro de Daniel, a fim de simbolizar o Império Romano (que viera do Ocidente, por via marítima, até as cidades destinatárias do Apocalipse), tão perverso quanto todos os outros combinados. As sete cabeças são explicadas em Ap 17,9-11 como as sete colinas (de Roma) e também como os sete reis, cinco dos quais tinham caído, o sexto continua reinando e o sétimo ainda está por vir, mas durará pouco tempo; a seguir, o texto acrescenta um oitavo, destinado à perdição. Provavelmente Domiciano deve ser considerado o oitavo,[38]

---

[34] At 2,24 fala de Deus que ressuscita Jesus, libertando-o das "dores" da morte; Cl 1,18; Ap 1,5 referem-se a Jesus como o Primogênito dos mortos, e, em Rm 1,4 e At 13,33, a ressurreição de Jesus é considerada a engendração do Filho de Deus.

[35] A vinda do Messias mediante os sofrimentos de Israel é paralela aos sofrimentos da Igreja, os quais conduzirão à segunda vinda do Messias, pois a Igreja deve permanecer no deserto depois que o Cristo for arrebatado por Deus, até que ele volte. Discute-se se essa Mulher é também a esposa do Cordeiro (Ap 19,7) e a Nova Jerusalém (Ap 21,2.9). A plasticidade dos símbolos apocalípticos permite uma figura que é tanto mãe quanto esposa, quer na terra, quer vinda do céu.

[36] Trata-se de uma referência à luta dos cristãos de Jerusalém, por volta de 66, do Jordão a Pela, durante o tempo da revolta judaica contra Roma? Assim Sowers, S. G. TZ 26, 305-320, 1990.

[37] Essas mesmas imagens de duas Bestas encontram-se em *I Henoc* 60,7-8; *IV Esdras* 6,49-52; *II Baruc* 29,3-4.

[38] Propuseram-se diversos modos de compreender a contagem, dependendo de onde se começa: se com Júlio César ou com Augusto e se se contam os imperadores (cf. quadro 1, para a cronologia). Começando-se com Augusto, os cinco primeiros que caíram incluiriam Nero; omitindo-se os três imperadores transicionais do ano 69 (é justificável?), o sexto, "que está reinando", seria Vespasiano, e o sétimo, que ainda virá, mas permanecerá por pouco tempo, seria Tito, o predecessor de Domiciano, que reinou apenas três anos. Se o Apocalipse foi escrito durante o reinado de Domiciano, é datado de antes do tempo de Vespasiano (quando o templo de Jerusalém foi destruído). Datação retroativa não é rara em apocalipses, pois, conforme explicado na *p. 1009*, existe neles conhecimento "prévio" exato até o presente.

o último conhecido do autor, se ele escreveu durante o reinado de Domiciano. A afirmação de que uma das cabeças parecia estar mortalmente ferida, mas foi curada, pode representar a lenda de Nero redivivo (ou seja, que voltou à vida).[39] Nas imagens do Apocalipse, além de declarar guerra contra os santos (Ap 13,7), o império levou o povo a adorar o demônio (Ap 13,4), excluindo-o, assim, do livro da vida (Ap 13,8).

A segunda Besta, a que vem da terra (Ap 13,11-18), é uma paródia perversa de Cristo. Possui dois chifres como um cordeiro, mas fala como um dragão; mais tarde será associada ao falso profeta (Ap 16,13; 19,20; 20,10); opera milagres e sinais, como os de Elias; marca as pessoas na mão direita e na fronte, tal como os servos de Deus são selados na fronte (Ap 7,3; 14,1). Essa Besta, descrita como proveniente da terra, ou seja, da região da Ásia Menor, é o culto ao imperador[40] (e o sacerdócio pagão que o promovia), que teve início muito cedo ali. O ferimento da Besta, causado por espada (Ap 13,14), pode ser o suicídio de Nero; o renascimento, o reino de Domiciano. A descrição em Ap 13,18 conclui-se com a provavelmente mais famosa do Apocalipse: o número da Besta, número humano que exige discernimento, é 666. Por meio da gematria (em que as letras também servem como números, como em latim), as consoantes hebraicas, que transliteram a forma grega do nome Nero César, totalizam 666.[41]

O Cordeiro e os 144 mil numerados simbolicamente (Ap 14,1-5) formam um quadro consolador, destinado a assegurar os cristãos de que sobreviverão às investidas do Dragão e das duas Bestas. (A imagem das cítaras faz parte de muitas representações populares, até mesmo extravagantes, do céu.) A alusão à castidade certamente significa que eles não se inclinaram à idolatria, mas pode ser também uma referência à abstinência sexual (1Cor 7,7-8).

---

[39] Juvenal (*Sátiras* 4.38) e Plínio, o Moço (*Panegíricos* 53.3-4), escrevendo ambos logo depois do reinado de Domiciano, consideravam o imperador um segundo Nero.

[40] S. J. Scherrer (JBL 103, 599-610, 1984) mostra que os sinais e maravilhas faziam parte do aparato do culto imperial. Cf. também Kreitzer, L. J. BA 53, 210-217, 1990; Kraybill, J. N. *Imperial cult and commerce in John's Apocalypse*. Sheffield, Academic, 1996. Cultos provinciais, aprovados pelo Senado romano, existiam em Pérgamo, para Augusto, e em Esmirna, para Tibério e Lívia; S. Friesen (BAR 19, #3, 24-37, 1993) afirma que o grande templo dos Sebastos [gr. *Sebaston*, "digno de honra", "imperador" – N. T.], em Éfeso, era dedicado a Vespasiano, Tito e Domiciano.

[41] Uma antiga variante é 616 (presente em notas de rodapé de muitas Bíblias), que poderia ser o valor numérico das letras hebraicas transliterando a forma latina do nome Nero César.

Três anjos (Ap 14,6-13) proclamam exortações solenes: um evangelho eterno, dirigido a todo o mundo, enfatizando a necessidade de glorificar a Deus porque é chegada a hora do julgamento, um "ai" contra Babilônia (Roma) e uma severa advertência: aqueles que adoram a Besta e trazem sua marca padecerão no fogo do inferno. Uma voz, vinda do céu, abençoa aqueles que morrem no Senhor. A seguir (Ap 14,14-20), o Filho de Homem, tendo na mão uma foice, juntamente com mais alguns anjos, executa um julgamento de sangue, lançando a videira da terra no lagar da fúria de Deus.

Sete pragas e sete taças (Ap 15,1–16,21). Comparáveis aos sete selos e às sete trombetas da primeira parte do Apocalipse, agora entram em cena sete taças contendo sete pragas, prenunciando o julgamento final. Mas antes de serem derramadas, o cap. 15 mostra uma cena na corte celeste, onde é entoado o cântico de Moisés, lembrando a vitória dos hebreus ao cruzar o Mar dos Juncos (Vermelho) (cf. Ex 15,1-18). Em meio a nuvens de incenso, o templo/tabernáculo celestial fornece aos anjos o conteúdo das taças. Mais uma vez as pragas que antecederam o êxodo dos hebreus do Egito (Ex 7–10) servem de pano de fundo, embora dessa vez o efeito delas não se limite apenas a um terço do mundo, como quando dos selos. Os sapos que saem da boca do falso profeta são três espíritos demoníacos que realizam sinais como os mágicos do Egito. Ap 16,16 apresenta uma imagem famosa: Harmagedôn como o lugar da batalha final contra as forças do mal.[42] As sete taças (Ap 16,17-21) assinalam o clímax da ação de Deus: o conteúdo delas despedaça Roma, enquanto uma voz proclama: "Está realizado!"

Julgamento de Babilônia, a grande Prostituta (Ap 17,1–19,10). Essa queda de Roma é descrita com vívidos detalhes, seguindo-se a convenção veterotestamentária de descrever cidades marcadas pela idolatria ou pela impiedade (Tiro, Babilônia, Nínive) como prostitutas, enfeitadas com a riqueza do comércio, e aqueles que aceitam sua idolatria como fornicadores que lamentarão a derrocada da cidade (Is 23; 47; Na 3; Jr 50-51; Ez 16; 23; 26–27).[43] Em Ap 17,7, o anjo explica o misterioso significado da Prostituta e da Besta que ela cavalga, proveniente do mar, mas ficamos a especular sobre o simbolismo dos números (cf.

---

[42] Transliteração do hebraico *har Mĕgiddô*, a montanha de Meguido, ou seja, o desfiladeiro na planície de Esdrelon, em Israel, onde exércitos do Norte e do Sul freqüentemente se defrontavam.

[43] RUIZ, J.-P. *Ezekiel in the Apocalypse [16:17–19:10]*. Frankfurt, Lang, 1989.

comentário sobre Ap 13,1). A ruína de Babilônia/Roma, embriagada com o sangue dos mártires (particularmente sob Nero), é proclamada dramaticamente por intermédio de anjos, em grandes lamentos, no cap. 18. Assim como a antiga Babilônia devia ser simbolicamente lançada no Eufrates (Jr 51,63-64), Babilônia/Roma deve ser atirada ao mar (Ap 18,21).[44] Contrabalançando o lamento sobre a terra, existe um coro de alegria no céu (Ap 19,1-10). Em tal júbilo, ficamos sabendo das núpcias do Cordeiro e de sua noiva (Ap 19,7-9), as quais antecipam a visão final do livro. O tema do matrimônio de Deus com seu povo provém do AT (Os 2,1-25[23]; Is 54,4-8; Ez 16 — às vezes em contexto de infidelidade) e foi transferido para o Cristo e os fiéis (Jo 3,29; 2Cor 11,2; Ef 5,23-32).

Vitória de Cristo e fim da história (Ap 19,11–22,5).[45] Reutilizando elementos de visões anteriores, o vidente descreve Cristo como um grande guerreiro que lidera os exércitos celestes, o Rei dos reis e Senhor dos senhores (Ap 19,16; 1Tm 6,15). Os urubus são convocados a comer a carne dos exércitos derrotados[46] que seguiram as duas Bestas, ambas lançadas no lago de fogo, símbolo da danação eterna. O cap. 20 descreve o reino milenar de Cristo, o que tem dado azo a inúmeras disputas teológicas na história do cristianismo (subseção adiante). Da tríade bestial, permanece somente o Dragão satânico, que agora é encerrado no Abismo por mil anos, enquanto Cristo e os santos mártires cristãos reinam sobre a terra. Os santos que morreram viverão para sempre como sacerdotes de Deus e de Cristo, pois a segunda morte (a destruição final) não tem poder sobre eles (Ap 20,6). Depois dos mil anos, Satanás será libertado para reunir Gog e Magog, todas as nações da terra;[47]

---

[44] E. Corsini (*Revelation*, GNS, 1983) afirma que o Apocalipse não se refere ao futuro (segunda vinda etc.), mas à primeira vinda de Cristo e às conseqüências de sua crucifixão e ressurreição. Ele identifica a prostituta com Jerusalém (que condenou Jesus à morte), pois esta foi destruída pela besta romana.

[45] A respeito dessa parte, cf. RISSI, M. *The future of the world*. London, SCM, 1972. (SBT, 23); DUMBRELL, W. J. *The end of the beginning*; Revelation 21–22 and the Old Testament. Exeter, Paternoster, 1985.

[46] Alguns acham a imagem da Palavra de Deus envolta num manto empapado de sangue e a do banquete da carne dos inimigos (Ap 19,13.17.18) demasiado vingativas para os padrões morais do evangelho. Contudo, como A. Yarbro Collins ressaltou, o Apocalipse funciona parcialmente como uma catarse, a fim de ajudar aqueles que se sentem impotentes ante as autoridades governantes a obter um senso de vigor, dado que Deus está do lado deles e os fará triunfar. Assim, é necessário uma forte descrição da vitória para alcançar o objetivo de superar a marginalização e a frustração.

[47] Gog de Magog (isto é, a terra de Gog) lidera as forças contra Israel em Ez 38–39; o nome provavelmente deriva de Gigues, rei de Lídia, no século VII a.C. Que uma pessoa em Ezequiel tenha-se tornado duas no Apocalipse ilustra a maleabilidade das imagens na apocalíptica.

mas virá fogo do céu para consumi-los, enquanto o Dragão será atirado no lago de fogo onde as bestas tinham sido lançadas. À medida que a Morte e o Hades devolvem os mortos, estes são julgados diante do trono de Deus, segundo o que está escrito no livro da vida; tem lugar a segunda morte (Ap 20,11-15).

A fim de substituir a devastação do primeiro céu e da primeira terra, existe um novo céu e uma nova terra, e uma Nova Jerusalém que desce do céu (Ap 21,1– 22,5), como uma esposa adornada para seu esposo (cf. Ap 19,9). A morada de Deus entre os seres humanos é descrita liricamente, infundindo esperança em todos os que vivem neste vale de lágrimas: não mais haverá pranto, morte, dor ou noite; uma cidade tão bela quanto uma pedra preciosa, construída sobre alicerces cujos muros trazem o nome dos doze apóstolos do Cordeiro, uma cidade em forma perfeitamente cúbica, suficientemente grande para conter todos os santos. Naquela cidade não existe templo, nem sol, nem lua, pois o Senhor Deus e o Cordeiro estão presentes ali como sua luz, e nada de impuro é encontrado em seu perímetro. Como no paraíso de antigamente, um rio de água da vida jorra através da cidade, irrigando a árvore da Vida, e os santos viverão para sempre.

E. *Epílogo (com bênção conclusiva)* (Ap 22,6-21). João, o vidente, e as palavras da profecia são salientados, tal como o foram no prólogo (Ap 1,1-3). Ele recebe ordem de não ocultar as palavras, pois o tempo está próximo. Como na visão inicial, antes das sete cartas (Ap 1,9-20), o Senhor Deus, falando como o Alfa e o Ômega, empresta autoridade às palavras de admoestação e convite ouvidas pelo vidente. O público é advertido a não acrescentar ou subtrair nada das palavras proféticas do livro.[48] Em resposta à afirmação de Jesus de que virá em breve, João, o vidente, pronuncia um entusiasmado "Amém! Vem, Senhor Jesus!", um eco de uma das mais antigas orações usadas pelos cristãos (1Cor 16,22).

Tendo começado em formato carta, o Apocalipse termina da mesma forma (Ap 22,21), com uma simples bênção conclusiva para "todos os santos", ou seja, aqueles que não cederam a Satanás e às Bestas.

---

[48] Dado que, no final das contas, o Apocalipse foi colocado no final do cânone, alguns consideram essa admoestação (Ap 21,18-19) referência ao NT: nada mais de Escritura, nada que goze autoridade além do NT. Não foi isso que se quis dizer. Trata-se simplesmente de outro exemplo do cuidado tradicional na preservação de um apocalipse, como *II Baruc* 87,1 e *IV Esdras* 14,46-47 (em que Esdras é admoestado a conservar os setenta livros apocalípticos longe do público). Ademais, uma obra como 2 Pedro foi escrita depois do Apocalipse e tornou-se parte do NT.

Estrutura do livro

Um comentador observou que quase todo exegeta traz para o estudo da estrutura do Apocalipse uma série de pressuposições que encontram expressão no esquema definitivo proposto para o livro. O resultado é a existência de um número de esquemas proporcional ao de intérpretes.[49] Os estudiosos discernem uma estrutura baseando-se nos fatores externos ou no conteúdo interno. Fatores externos supõem uma avaliação sobre o que mais modelou o livro, como liturgia cristã, drama grego, jogos imperiais ou uma série de padrões apocalípticos perceptíveis em outros apocalipses, judeus e cristãos. Obviamente existem elementos que o Apocalipse partilha com esses fatores externos, mas é questionável se algum deles dominou de de tal forma a mente do autor que este estruturou o livro em torno de tal elemento. Quanto à série de aspectos discerníveis em outros apocalipses, conforme já observei (*pp. 1006-1008 e 1011*), a combinação de profecia e apocalíptica no Apocalipse contém traços únicos. Embora possa parecer seguro deixar que o conteúdo interno fale por si mesmo, isso não é tão fácil na apocalíptica. Os apocalipses conduzem os leitores para os misteriosos planos de Deus, revelando parte do que está velado à visão normal. Assim, inevitavelmente, no procedimento deles, existe uma atmosfera de mistério e ocultação. Como se seguissem um plano, os autores procedem de uma forma que desafia a lógica humana. Por exemplo, parece ilógico que, após explicar seis dos sete selos e das trombetas, o vidente do Apocalipse afaste-se tangencialmente antes de explicitar o sétimo e que, no caso do selos, o sétimo dê início a outros sete. Além disso, é comum nos apocalipses que uma fórmula, tendo sido repetida diversas vezes, repentinamente sofra variações, sem nenhum propósito de modificar o significado ou indicar uma direção diferente.[50] Dessa forma, com base no conteúdo, muitas vezes é difícil diagnosticar a estrutura nesse gênero literário.

---

[49] Um discussão cuidadosa das teorias encontra-se em SMITH, C. R. NovT 36, 373-393, 1994. J. Lambrecht tem razão (em *L'Apocalypse johannique et l'apocalyptique dans le Nouveau Testament*, Leuven, Leuven Univ., 1980, pp. 77-104, BETL, 53) quando diz que existe consenso em relação a três seções do Apocalipse: o prólogo (Ap 1,1-3), as cartas às sete Igrejas (Ap 1,4–3,22) e o epílogo com a bênção (Ap 22,6-21). Portanto, a maioria dos debates gira em torno da estrutura de Ap 4,1–22,5.

[50] Existem bons antecedentes bíblicos para tais variações; por exemplo, as sete referências ao castigo, em Am 1–2, são todas formuladas como "Enviarei fogo", exceto a quinta (Am 1,14), que, repentinamente, passa a "Atearei fogo".

À guisa de exemplo, A. Yarbro Collins (*Combat* [Combate], p. 19) concentra-se em um princípio organizacional do número sete, e entre o prólogo e o epílogo encontra seis séries de setes interligadas: mensagens das cartas (Ap 1,9-3,22), selos (Ap 4,1-8,5), trombetas (Ap 8,2-11,19), visões não numeradas (Ap 12,1-15,4), taças (Ap 15,1-16,21), visões numeradas (Ap 19,11-21,8). Conforme assinalamos, a consistência nem sempre é característica dos modelos na apocalíptica; contudo, se sete é o padrão organizador, somos tentados a perguntar por que existem seis setes e não sete,[51] por que alguns setes são numerados e outros não, por que se contam duas passagens como apêndices intercalados (Ap 17,1-19,10 e 21,9-22,5), uma vez que não se encaixam no padrão de sete, e por que as visões não numeradas não podem ser consideradas igualmente apêndices.[52]

Parecem existir algumas repetições no Apocalipse, visto que diversas vezes tem-se a impressão de que o fim chegou (Ap 11,15-19; 16,17-21); é quando começam novas visões. Isso pode simplesmente fazer parte do estilo literário, um jeito de expressar o inexprimível. A segunda parte, em relação à primeira (*pp. 1020 e 1025*), parece repetitiva. Os estudiosos têm explicado o fato de diversas maneiras: a) Alguns afirmam que as duas partes tratam do mesmo material de perspectivas diferentes,[53] por exemplo, a primeira parte trata do julgamento de Deus sobre todo o mundo, enquanto a segunda lida com o material do ponto de vista da Igreja, com ênfase no controle de Deus sobre o demoníaco. Uma variante é que a primeira parte ocupa-se da Igreja e do mundo judaico; a segunda parte, da Igreja e dos gentios. Contudo, é difícil dividir tão simetricamente assim os temas. b) Outros pensam numa seqüência cronológica, na qual a primeira parte se refere a coisas que já aconteceram e a segunda, àquelas, que ainda virão.[54] Na verdade,

---

[51] Existe outro modo de contar uma estrutura de sete partes, com o prólogo e o epílogo como a primeira e a sétima, separados por cinco seções.

[52] Smith (cf. n. 49) apresenta diversos outros esquemas, bem diversificados, baseados no conteúdo, optando por um que se fundamenta na observação da expressão "no Espírito" (Ap 1,10-11; 4,1-2; 17,1-3; 21,9-10), que assinala início de seções. Cf. também Schüssler Fiorenza, *The Book of Revelation...*, cit., pp. 159-180.

[53] A opinião de que existe recapitulação remonta até Vitorino de Pettau (cerca do ano 300). C. H. Giblin (CBQ 56, 81-95, 1994) vê três estágios de recapitulação que anunciam progressivamente a guerra santa de Deus em favor de seu povo atormentado.

[54] Uma variante é a abordagem do estudioso francês M.-É. Boismard (BJ), que acredita que há dois apocalipses, um escrito no tempo de Nero e outro escrito no tempo de Domiciano, combinados de forma bem complexa no Apocalipse.

existem algumas referências a acontecimentos passados no Apocalipse; por exemplo, em Ap 11,2, o átrio externo do santuário (= o templo terreno de Jerusalém?) "foi entregue" às nações, que o pisotearão; o autor, porém, não repassa simbolicamente a história em detalhes, como o fazem outros apocalipses. c) Outra vertente, ainda, acredita que há um movimento espiral da glória no céu à tribulação na terra, e vice-versa. Os capítulos celestiais seriam (no todo ou em parte) 4–5; 7,9-17; 11,15-19; 15; 19; 21,1–22,5; os capíulos terrenos intermediários seriam 6,1–7,8; 8,1–11,14; 12–14; 16–18; 20. Essa abordagem, além de enfatizar a dimensão céu-terra do Apocalipse, impede que o livro seja mal interpretado como visão de história futura seqüenciada.

Com tal variedade de opiniões, achei por bem não defender nenhuma estrutura em particular. A divisão que apresentei é simplesmente um modo de listar o conteúdo, e não pretende constituir o plano elaborado pelo autor. O conhecimento do conteúdo é um auxílio essencial para os leitores, caso desejem, a seguir, por meio de leituras ulteriores, investigar em maior profundidade o problema da estrutura.

O papel da liturgia[55]

As visões do vidente do Apocalipse incluem simultaneamente o que acontece no céu e na terra. A visão do céu é situada num contexto litúrgico. Aquele que se assemelha a um Filho de Homem, que fala a João e transmite uma mensagem aos anjos das sete Igrejas, encontra-se de pé no meio de sete candelabros de ouro (Ap 1,12-13). A adoração a Deus e ao Cordeiro dominam o que acontece no céu. No cap. 4, com aparência semelhante à das pedras preciosas, Deus está sentado em um trono, em companhia de 24 anciãos/presbíteros em seus tronos.[56] Uma menorá de sete tochas arde diante do trono. Como os serafins em Is 6, os quatro Seres vivos, que são querubins, cantam o triságio (o hino com o tríplice

---

[55] SHEPHERD, M. H. *The Paschal liturgy and the Apocalypse*. Richmond, Knox, 1960; também: PIPER, O. A. *Church History* 20, 10-22, 1951; MOWRY, L. JBL 71, 75-84, 1952. Em relação à adoração divina de Jesus, R. J. Bauckham (NTS 27, 322-341, 1980-1981) compara o Apocalipse com a *Ascensão de Isaías*, e afirma que tal adoração era típica da apocalíptica cristã.

[56] Provavelmente formando um semicírculo, com o trono de Deus no centro e doze em cada lado.

"Santo"), e todos se unem ao cantar "Digno és", louvando ao Deus criador.[57] No cap. 5, enquanto o Cordeiro permanece nesse cenário e recebe um livro, um novo "Digno és" é cantado em louvor a Jesus por ter resgatado povos de todas as origens, e todas as criaturas, no céu, sobre a terra e nos abismos juntaram-se ao louvor daquele que está sobre o trono e do Cordeiro. Outros hinos estão espalhados pelo livro, juntamente com o som da cítara (Ap 14,2). Em Ap 11,19, somos informados sobre o templo de Deus no céu, agora aberto para mostrar a arca da aliança; do templo, em meio à fumaça da glória de Deus, saem anjos carregando taças (presumivelmente cheias de brasas ardentes) para ser derramadas sobre a terra (Ap 15,5-8). O Apocalipse (22,20) termina ecoando a oração cristã tradicional: "Amém! Vem, Senhor Jesus!"

A maioria das imagens litúrgicas inspira-se no templo de Jerusalém,[58] o lugar da glória de Deus sobre a terra, com o altar, hinos, candelabros e incenso. As diversas referências aos cristãos como sacerdotes de Deus, aparentemente tanto agora quanto no futuro escatológico (cf. n. 15), provêm também daquele ambiente. Em uma escala geral, A. Farrer pensa que o Apocalipse serviu-se de imagens que eram usadas em várias festas judaicas. Outra hipótese é de que o vidente visualiza a celebração de uma festa ideal dos Tabernáculos, na Jerusalém celeste, baseado em Zc 14,1-21.[59]

Uma questão importante é se a liturgia *cristã* também modelou as imagens do autor. A freqüência com que são mencionadas vestes brancas (Ap 3,5.18; 4,4 etc.) tem levado alguns estudiosos a pensar em um contexto em que os recémbatizados vestiam roupas brancas. Mais especificamente, por causa da forte ênfase no Cordeiro, M. H. Shepherd propõe uma liturgia pascal na qual as pessoas

---

[57] Entre os muitos hinos no NT (cf. pp. 335 e 649), os do Apocalipse são os mais especificamente identificados como tal. Eles são cantos corais, e não individuais ou espontâneos. J. J. O'Rourke (CBQ 30, 399-409, 1968) acredita que foi usado material hínico preexistente na composição. W. C. van Unnik (*Mélanges bibliques en hommage au Béde Rigaux*, eds. A. Descamps e A. Halleux, Gembloux, Duculot, 1970, pp. 445-461) menciona o amplo uso de "digno" no mundo helênico, particularmente para designar segredos diversos e livros sagrados.

[58] O pano de fundo da liturgia judaica não é peculiar ao Apocalipse. O autor de Hebreus, pensando no tabernáculo, descreve o Cristo-sacerdote subindo ao céu e abrindo o véu do Santo dos Santos celestial, a fim de entrar com seu sangue e completar, assim, o que fora iniciado na cruz.

[59] Draper, J. A. JSNT 19, 133-147, 1983; Ulfgard, H. *Feast and future*; Revelation 7:9-17 and the feast of Tabernacles. Stockholm, Almqvist, 1989. (CBNTS, 22.)

eram batizadas. Uma vez que o vidente recebeu a visão no dia do Senhor (Ap 1,10), o encontro cristão semanal para o culto é uma possibilidade. Esse seria o contexto no qual o Apocalipse teria sido lido e escutado em alta voz (Ap 1,3; 22,18).[60] Alguns encontram uma alusão à refeição eucarística no "banquete das núpcias do Cordeiro" (Ap 19,9). A maioria das provas para cultos ou festas cristãs primitivas provém de documentos datados de um período posterior ao Apocalipse (Inácio, Justino, Hipólito). Podemos listar como paralelos ao Apocalipse testemunhos da atmosfera litúrgica que possivelmente influenciaram o vidente, mas também é possível que o Apocalipse tenha influenciado tais documentos. No ano 110 d.C., aproximadamente, Inácio (*Magnésio* 6,1; também *Tralianos* 3,1) define o bispo como aquele que tem o primeiro lugar entre os anciãos/presbíteros, assim como Deus, e tem o primeiro lugar na assembléia dos apóstolos. Teria isso influenciado a visão de João da assembléia celestial, com Deus no trono e os 24 anciãos/presbíteros ao redor dele? Por volta de 96-120 d.C., *I Clemente* 34,6-7 descreve o canto do triságio pelas miríades celestes (como o fazem os serafins em Ap 4,8) e incentiva os cristãos, estando reunidos, a clamar em uma só voz a Deus. Levando em consideração a freqüência de hinos no Apocalipse, deveríamos lembrar a opinião comum de que o livro foi escrito na Ásia Menor ocidental, no final dos anos 90. Ao investigar os cristãos, na região vizinha da Ásia Menor, dez ou quinze anos depois, Plínio, o Moço (*Epístolas* 10.96.7), declara que eles cantavam hinos a Cristo como a um deus. Por volta de 150 d.C., servindo-se de uma liturgia que deve ter sido celebrada por algum tempo, Justino (*Apologia* 1,67) menciona um encontro semanal, no dia do Senhor, em que os evangelhos e os escritos dos profetas eram lidos. Tal prática teria influenciado a visão de João do livro desselado durante uma liturgia celestial? De acordo com Justino (*Diálogo* 41), o objetivo do memorial eucarístico entre os cristãos era agradecer a Deus por ter criado o mundo e por ter-nos libertado do mal — os temas dos hinos "Digno és" em Ap 4 e 5.[61] De tudo isso, o que se pode dizer é que os cristãos do século II acreditavam não apenas que a liturgia terrena supunha a simultaneidade de uma adoração celeste, de modo que uma pertencia à outra, mas também que deveriam seguir o mesmo modelo. Por causa da imensa distorção do Apocalipse hoje, como

---

[60] Cf. BARR, D. L. *Interpretation* 40, 243-256, 1986.

[61] Essa visão encontra-se ainda hoje no prefácio do cânone eucarístico, que começa por proclamar que Deus é digno de ser louvado, e conclui com um tríplice "Santo".

uma predição detalhada do futuro, o uso do livro nas leituras do ano litúrgico da Igreja pode ser um salutar contexto para a aproximação de ao menos um dos aspectos do contexto original.[62]

Milenarismo (o reino de mil anos: Ap 20,4-6)

Em sua previsão, o Apocalipse afirma que, no final, aqueles que foram decapitados por causa do testemunho que deram de Jesus e por causa da palavra de Deus, e que não adoraram a Besta, voltaram à vida e reinaram com Cristo durante mil anos, enquanto os demais mortos não reviveram senão quando os mil anos se passaram. As origens de tal crença podem ser encontradas em certa tensão entre as expectativas proféticas e apocalípticas. De acordo com a história do messianismo (p. ex., NJBC 77, 152-163), uma predição que sobreviveu ao exílio babilônico foi de que um dia Deus restauraria o reino de Davi por intermédio de um rei exemplar ungido, o Messias; com efeito, a Escritura antiga era relida com essa compreensão (p. ex., Am 9,11). Ainda que idealizado e apresentado como definitivo, esse seria um reino terreno, histórico, e, na maioria das vezes, sua relação com o fim dos tempos não era explicitada. Por outro lado, em uma visão pessimista da história, parte da literatura apocalíptica representava a intervenção final de Deus sem nenhuma alusão à restauração do reino davídico (Is 24–27; Daniel; *Assunção de Moisés*; *Apocalipse de Abraão*).

Um modo de combinar as duas expectativas foi postular duas intervenções divinas: (1) a restauração de um reino terreno[63] ou período de feliz prosperidade seguido pela (2) vitória e julgamento final de Deus. Onde existia uma forte influência do pensamento greco-romano, a expectativa clássica de uma idade áurea pode ter modelado a representação judaica do reino messiânico. Usavam-se vários números para simbolizar a duração do período aguardado. Em uma seção intitulada

---

[62] Cf. VANNI, U. NTS 37, 348-372, 1991. Para o desenvolvimento dessa idéia, cf. DUMM, D. *Worship* 63, 482-489, 1989; RUIZ, J.-P. *Worship*. 68, 482-504, 1994. Ruiz cita o Concílio Vaticano II, *Sacrosanctum Concilium* (sobre a Liturgia) 1.8: "Na liturgia terrena, como pregustação, participamos da liturgia celeste, que é celebrada na cidade santa de Jerusalém". C. Rowland (*Priests and People* 8, 428-431, 1994), perito em apocalíptica, narra sua tentativa de pregar sobre o Apocalipse no contexto de uma liturgia vespertina anglicana.

[63] A. S. Geyser (NTS 28, 388-399, 1982) assevera que o autor do Apocalipse esperava que o Messias restaurasse o reino judaico das doze tribos, e era representante da expectativa da Igreja judaica.

"Apocalipse de semanas" (séculos III-II a.C.), *I Henoc* 91,12-17 declara que, depois de transcorridas sete das dez semanas de anos, a oitava será um período de justiça; a nona, um período marcado pela destruição; na décima, os anjos serão julgados, conduzindo à eternidade. De acordo com *IV Esdras* 7,28 (final do século I d.C.), depois que Deus puser fim à era do mal, o Messias reinará por quatrocentos anos, com os justos da terra. A seguir, virá a ressurreição dos mortos e o juízo. Tradição semelhante, em que a alma dos justos será ressuscitada no tempo do surgimento do Messias, encontra-se em *II Baruc* 29–30 (início do século II d.C.).

Na apocalíptica cristã, 1Cor 15,23-28 oferece esta seqüência: em primeiro lugar, a ressurreição de Cristo; a seguir, aqueles que pertencem a Cristo, que reina até que tenha posto os inimigos sob seus pés; o fim será, pois, quando Cristo entregar o reino a Deus, destruindo todo principado, autoridade e poder. Na *Ascensão de Isaías* 4,14-17, do final do século I d.C., depois que Belial reinou como um anticristo durante 1.332 dias, o Senhor virá com seus anjos e santos e lançará Belial na geena; haverá, então, um período de descanso para aqueles que se encontram neste mundo, após o que serão arrebatados para o céu.

A variedade de números nessas expectações deve advertir-nos de que nenhum dos escritores tem um conhecimento exato acerca dos futuros períodos de tempo e (a maioria) provavelmente jamais pretendeu transmitir exatidão. Com efeito, de acordo com a análise da expectativa de uma primeira intervenção divina para estabelecer um reino ou tempo ideal neste mundo e de uma segunda intervenção divina para substituir o mundo temporal pelo eterno, podemos considerar as duas intervenções simplesmente modos simbólicos de predizer a vitória divina sobre as forças do mal, que são um obstáculo ao reino ou senhorio de Deus sobre todo o mundo. O escritor do Apocalipse, pois, teria usado o reino milenar de Jesus sobre a terra não para designar um reino histórico, mas um modo de dizer que as esperanças escatológicas serão realizadas.

No entanto, ao longo da história cristã, alguns têm tomado os mil anos do Apocalipse bem ao pé da letra e especulado a respeito. (Vale a pena lembrar que apenas uma passagem do Apocalipse, consistindo em dois versículos, menciona o milênio; tem sido um desenvolvimento enorme, dir-se-ia extravagante, com base em começo tão miúdo.) Tal crença era amplamente sustentada nos séculos II e III entre os que se consideravam ortodoxos (Papias, Justino, Tertuliano, Hipólito,

Lactâncio) e heterodoxos (Cerinto e Montano). Contudo, o perigo de que as expectativas da abundância e da felicidade se tornassem demasiado sensuais e mundanas levou gradualmente a uma rejeição do milenarismo (quiliasmo). Orígenes alegorizou o milenarismo a fim de representar o reino espiritual de Deus sobre a terra; Agostinho acreditava que a primeira ressurreição referia-se à conversão e à morte ao pecado, e a segunda dizia respeito à ressurreição do corpo no final dos tempos. Os escritores da Igreja do séculos IV dizem-nos que Apollinaris (Apolinário) de Laodicéia era quiliasta (seus escritos sobre o assunto perderamse), e o Concílio Ecumênico de Éfeso (431) condenou suas fantasiosas teorias.

De modo especial na Igreja ocidental subseqüente, de quando em vez expectativas quiliásticas têm sido revividas de várias formas. O cisterciense Joaquim de Flora (1130-1202), depois de mil anos de cristianismo, proclamou uma nova era do Espírito, representada pelo monaquismo, a sobrevir por volta de 1260, que iria ultrapassar a era do Pai (AT) e a do Filho (NT). Embora o milenarismo fosse rejeitado pela Confissão de Augsburg, alguns grupos "radicais" produzidos pela Reforma abraçaram-no, como os profetas de Zwickau, T. Münzer e João de Leiden. A ida de protestantes perseguidos para a América do Norte era muitas vezes acompanhada por esperanças do estabelecimento de um reino perfeitamente religioso no Novo Mundo. Nos Estados Unidos da América, durante o século XIX, proliferaram grupos milenaristas, normalmente tendo um pé em Daniel e outro no Apocalipse, reforçados, às vezes, por revelações privadas. Estes são ilustrados pelos seguidores de William Miller e Ellen G. White (adventistas do sétimo dia), Joseph Smith (mórmons) e Charles T. Russell (testemunhas-de-jeová). Em alguns grupos evangélicos, surgiram agudas divisões entre pré-milenaristas e pós-milenaristas: os primeiros acreditando que a idade áurea virá somente depois que esta era for destruída pela segunda vinda; os últimos, exibindo liberalismo otimista, com a visão de que esta era gradualmente vai-se transformando no milênio pelo progresso natural da sociedade e da reforma religiosa. Uma forma do movimento pré-milenarista favorecia o providencialismo, identificando períodos de tempo na história mundial. Normalmente a tese era de que estamos vivendo na sexta disposição da providência divina, e a sétima está para vir. As Igrejas maiores e mais estabilizadas permanecem convencidas de que, embora o estágio final do plano divino deverá ser realizado por intermédio de Jesus Cristo, os mil anos são simbólicos e ninguém sabe quando ou como o fim do mundo acontecerá. At 1,7 dá o tom: "Não compete a nós conhecer os tempos e os momentos que o Pai fixou com sua própria autoridade". Ainda em 1944 a Igreja Católica Romana condenou até mesmo uma forma mitigada de milenarismo (DBS 3839).[64]

Autoria

O vidente do Apocalipse, por quatro vezes, identifica-se como João. Justino Mártir (*Diálogo* 81,4) identifica-o como João, um dos apóstolos de Cristo. Que ele fosse um apóstolo é altamente implausível, dado que tem uma visão da Nova Jerusalém descendo do céu com o nome dos doze apóstolos do Cordeiro em seus muros fundacionais (Ap 21,14), um grupo, portanto, distinto dele próprio. Já no século III, um cuidadoso estudo da linguagem, do estilo e do pensamento corretamente convenceu Dionísio de Alexandria de que o Apocalipse não foi escrito pelo homem responsável pelo evangelho de João[65] e por 1, 2 e 3 João, que ele presumia ser o apóstolo João. Conseqüentemente, Dionísio atribuiu o Apocalipse a João, o ancião/presbítero — uma distinção que refletia a referência a dois Joões: João, um dos Doze, e João, o presbítero, em Papias (por volta de 125; cf. *p. 539*). Entretanto, visto que "João" era um nome comum entre os cristãos do NT, a conclusão que faz maior jus aos dados é de que o vidente do Apocalipse era um João desconhecido.

O que se pode saber acerca do autor com base no próprio Apocalipse? O grego da obra, que é o mais pobre do NT, a ponto de conter erros gramaticais, provavelmente reflete alguém cuja língua nativa era o aramaico ou o hebraico.[66]

---

[64] Para uma bibliografia sobre os escritos milenaristas, cf. STONE, J. R. *A guide to the end of the world*. New York, Garland, 1993; para uma visão geral e exegese, cf. MEALY, J. W. *After the thousand years*; resurrection and judgment in Revelation 20. Sheffield, JSOT, 1992. (JSNTSup, 70.) Uma avaliação é apresentada por S. Harding (Imagining the last days, em *Accounting for Fundamentalism*, eds. M. E. Marty e R. S. Appleby, Chicago, Univ. of Chicago, 1994, pp. 57-78, v. 4, 5 v.).

[65] O grego do evangelho de João é simples, mas correto. O grego do Apocalipse é, às vezes, irregular. Muitos termos-chave do evangelho estão ausentes do Apocalipse como "verdade", "vida eterna", "permanecer em", "trevas" e "acreditar".

[66] MUSSIES, G. *The morphology of Koine Greek as used in the Apocalypse of St. John*. Leiden, Brill, 1971. (NovTSup, 27.) S. Thompson (*The Apocalypse and Semitic Syntax*, Cambridge, Cambridge Univ., 1986, SNTSMS, 52) declara que o Apocalipse representa um dialeto greco-judeu. S. E. Porter (NTS 35, 582-603, 1989) sugere simplesmente que o autor tinha limitada competência lingüística grega, resultando que sua obra cai na esteira do grego vulgar do século I. Hipóteses mais provocadoras (e menos prováveis) diriam que o autor propositadamente usou um grego pobre a fim de mostrar desprezo pela civilização greco-romana ou combinou a linguagem profana deste mundo com a linguagem inexprimível, sagrada, da corte celeste.

O impacto produzido pela queda de Jerusalém é importante na formação de sua visão; assim, a tese de alguns estudiosos, segundo a qual ele era um profeta cristão apocalíptico que deixou a Palestina durante o tempo da Revolta Judaica no final dos anos 60 e foi para a Ásia Menor (provavelmente para Éfeso, de onde foi exilado para Patmos) tem plausibilidade. Tal como um profeta veterotestamentário, ele pode falar com autoridade aos cristãos da Ásia Menor,[67] e considera-se a voz do Espírito (cf. o refrão "o Espírito diz às Igrejas", no final de cada uma das sete cartas). Seu apocalipse/profecia não é simplesmente uma releitura do AT, mas uma mensagem escatológica de Deus aplicada à situação presente.[68]

O problema do relacionamento do Apocalipse com a tradição joanina é complicado. Certamente a obra não seria considerada um escrito joanino no sentido em que tal denominação é aplicada a João e 1, 2 e 3 João. Contudo, existem paralelos interessantes com elementos da literatura joanina, especialmente o evangelho, que sugerem uma relação,[69] por exemplo, Cristo como Cordeiro (vocabulário diferente, porém); Cristo como fonte de água viva (Jo 7,37-39; Ap 22,1); Cristo como luz (Jo 8,12; Ap 21,23-24); contemplação do Cristo traspassado (Jo 19,37; Ap 1,7); o verbo (de Deus) como nome ou título de Jesus (Jo 1,1.14; Ap 19,13); a importância do "começo" (Jo 1,1; 8,25; Ap 3,14; 21,6); as declarações de Jesus — "Eu sou" (Jo *passim*; Ap 1,8.17-18; 2,23 etc.); a imagem da esposa de Cristo usada para o povo de Deus (Jo 3,29; Ap 21,2.9; 22,17); referência à mãe de Jesus e à mãe do Messias como "mulher" (Jo 2,4; 19,26; Ap 12,1.4.13 etc.); ênfase no testemunho/testificação (ambos *passim*); término da função do templo de Jerusalém (Jo 2,19-21; 4,21; Ap 21,22); atitude hostil no confronto com os "judeus" (Jo *passim*; Ap 2,9; 3,9); conflito importante com o demônio/Satanás (Jo 6,70; 8,44;

---

[67] Ele conhece as Igrejas e parece ser conhecido delas, de modo que pode tê-las visitado. Obviamente existem vários profetas (Ap 11,18; 22,9); mas por trás das cartas às Igrejas existe a pressuposição da autoridade do autor a sugerir que ele era mais do que um profeta itinerante e andarilho. D. E. Aune (The social matrix of the Apocalypse of John, BR 26, 16-32, 1981) insiste em um ponto interessante, a saber, não obstante a autoridade do autor, ele procura instaurar uma relação de simpatia com seus destinatários: "Vosso irmão e companheiro na tribulação" (Ap 1,9).

[68] Schüssler Fiorenza, *The Book of Revelation*..., cit., pp. 133-156, esp. 135-137.

[69] Assim, H. B. Swete (*The Apocalypse of St. John*, 3. ed., London, Macmillan, 1909, pp. cxxvi-cxxx), com sua comparação detalhada entre o Apocalipse e o evangelho quanto ao vocabulário, à gramática e ao estilo. Cf. também du Rand, *Johannine*, pp. 244-248. A tendência em dissociar nitidamente o Apocalipse da órbita joanina é ilustrada por E. Schüssler Fiorenza, *Book*, pp. 85-113: a autora afirma que o vidente parece ter maior familiaridade com as tradições da escola paulina do que com as da escola joanina.

13,2.27; Ap 2,9.13.24 etc.). Existem paralelos também com as epístolas: o tema de Deus como luz (1Jo 1,5; Ap 21,23; 22,5); a vinda do(s) anticristo(s) (1Jo 2,18.22; Ap 13,11); falsos profetas (1Jo 4,1; Ap 2,20; 16,13; 19,20; 20,10); figura feminina e seus filhos representando uma/a Igreja (2Jo 1,13; Ap 12,17); existência de maus filhos, bem como do demônio ou de uma mulher má (1Jo 3,10; Ap 2,20.23).

Contudo, tais semelhanças são muito menos numerosas do que aquelas entre o evangelho e as epístolas de João. Ademais, existem muitas diferenças significativas entre o Apocalipse e as obras joaninas.[70] Por conseguinte, na opinião da maioria dos estudiosos não há justificativa para considerar o autor do Apocalipse membro da escola joanina de escritores que produziram o corpo do evangelho e as epístolas e editaram o evangelho. No entanto, para fazer justiça a todos os fatores, deve-se conceder a possibilidade de algum contato entre o vidente e a tradição ou escritos joaninos. Pode-se argumentar com propriedade que o estágio primitivo da tradição joanina foi modelado na Palestina ou em uma área bem próxima e que algumas ou todas as comunidades joaninas mais tarde mudaram-se para a área de Éfeso. Semelhante itinerário tem sido apresentado para o profeta/vidente do Apocalipse. Períodos anteriores e posteriores de possível contato podem encontrar fundamento nas observações teológicas. Por exemplo, existia uma escatologia futura (dominante no Apocalipse) em um estágio primitivo da tradição do evangelho (ainda que tenha voz diminuta no evangelho desenvolvido) e nas epístolas, as quais, embora escritas em um período posterior ao evangelho, recorreram ao início da tradição. Destarte, os anos 50 ou 60, na Palestina, e/ou os anos 80 ou 90, em Éfeso, são tempos e lugares de contato plausíveis.

Data e situação vital: perseguição sob Domiciano?

No Apocalipse existem algumas indicações que podem ajudar-nos a datá-lo. Nas cartas às Igrejas, não existe indício algum da presença de um bispo com autoridade suprema, como acontece quando Inácio se dirige a algumas Igrejas

---

[70] Além da diferença de vocabulário e estilo, existe marcante diferença de mentalidade. Por exemplo, a escatologia dominante no evangelho está realizada, de modo que existe pouca concentração na vinda futura de Cristo. O evangelho refere-se à Escritura, e a cita formalmente; o Apocalipse não contém citações da Escritura. Contudo, quanto à defesa moderna da tese de que o apóstolo João escreveu tanto João quanto Apocalipse, e as semelhanças superam de longe as diferenças, cf. SMALLEY, S. S. *Thunder and love*; John's Revelation and John's community. Milton Keynes, Word, 1994.

por volta do ano 110. Se a disposição cultual dos 24 anciãos ao redor daquele que está sentado no trono, em Ap 4,4, supõe a presença de presbíteros (anciãos), o vidente pode estar mais perto de um período refletido em Tito e em 1 Timóteo (anos 90) e na *Didaqué* 15,1 (pouco depois?), em que presbíteros/bispos e diáconos estão sendo/foram designados, mas ainda não substituíram os apóstolos e os profetas. Alguns destinatários puseram à prova os falsos profetas, mas outros os acataram (Ap 2,2.20); os últimos podem espelhar uma visão próxima à da *Didaqué* 11,7, em que os profetas não podem ser postos à prova.[71]

Os elementos simbólicos do Apocalipse têm sido amiúde considerados a chave para a datação do livro.[72] Por exemplo, a referência a cinco reis defuntos (provavelmente, de Júlio a Cláudio, o predecessor de Nero) em Ap 17,9-10 tem levado muitos a propor a composição, no todo ou em parte, no tempo de Nero (54-68 d.C.).[73] Todavia, é mais histórico datar Augusto como o primeiro imperador, pois Ap 17,11 parece indicar que um oitavo rei podia estar governando. Existe referência a Nero (o número 666, em Ap 13,18), mas talvez como morto (mortalmente ferido na cabeça). Além do mais, demasiados elementos no Apocalipse parecem inconciliáveis com o tempo da vida de Nero. Muitos pensam que o Apocalipse implica a destruição do templo terreno pelos gentios (o simbolismo do átrio exterior, em Ap 11,2, e o uso do simbolismo de Babilônia para Roma), culto imperial e perseguição na Ásia Menor; Nero, porém, reinou antes da destruição do templo de Jerusalém, rejeitou a construção de um templo para sua divindade e empreendeu perseguições, não registradas, fora de Roma.

Conseqüentemente, durante muito tempo, a maioria dos estudiosos manteve a idéia de que o Apocalipse foi escrito durante o reinado de Domiciano (81-96),[74]

---

[71] Prudência em toda essa especulação é ditada pela observação de Aune, "Social", de que o Apocalipse não está interessado no governo das Igrejas destinatárias, mas em um mundo superior de apóstolos, profetas e santos. Daí o silêncio pode ser ocasional.

[72] Deve-se notar, porém, que uma minoria de estudiosos insiste em que o Apocalipse emprega simbolismo puro, sem nenhuma referência à história calendárica, de modo que tal simbolismo é inútil para a fixação da data. Próximo a essa opinião encontram-se as interpretações segundo as quais o Apocalipse estaria atacando simplesmente a cultura contemporânea, sem nenhuma alusão à perseguição romana (R. H. Smith, CurTM 22, 356-361, 1995). Mais nuançado é A. Yarbro Collins (*Forum* 8, 297-312, 1992): ataca não somente o aparato romano, mas também a visão de mundo comum de então.

[73] BELL JR., A. A. NTS 25 (1978-1979), 93-102.

[74] Já em torno do ano 170, Irineu (AH 5.30.3) datou as visões do Apocalipse de "cerca do final do reinado de Domiciano".

que governou depois da destruição do templo de Jerusalém, auto-intitulou-se Senhor e Deus e foi considerado Nero redivivo. Na n. 38, vimos como o cálculo dos reis poder-se-ia aplicar a Domiciano. Como parte dessa tese, presumiu-se, quase como um fato consumado, que uma perseguição aos cristãos em todo o império foi deflagrada por Domiciano em seus últimos anos. Agora, porém, vê-se muitas vezes, quase como um fato inconteste, a reivindicação oposta de que não houve perseguição alguma sob Domiciano (81-96).[75] Entre essas duas hipóteses, existe uma possibilidade intermediária? Repassemos os dados,[76] visto que a postura assumida em relação a Domiciano pode afetar a datação de outras obras do NT, como 1 Pedro e, talvez, Judas.

O pai de Domiciano, Vespasiano (69-79), e seu irmão Tito (79-81) tinham sido imperadores e, durante o governo deles, Domiciano viu suas ambições frustrar-se, pois exercia poder real mínimo. Em seu próprio reino, ele era um administrador razoavelmente bom, mas menos judicioso e popular do que seus parentes predecessores. Extremamente aristocrático, Domiciano exibia sua autoridade, portando os sinais de suas vitórias até mesmo no Senado, e logrou um controle tão absoluto que sua consulta ao Senado era perfuntória. Costumava identificar-se como "Senhor e Deus".[77] O efeito permanente de seu reinado foi transformar o modo de governo romano em algo parecido com uma monarquia absoluta. Não obstante ele jamais ter revogado os privilégios antigos dos judeus, foi mais rigoroso do que seus antecessores na cobrança de taxas fixas dos israelitas (*fiscus judaicus*). Uma revolução, liderada por Saturnino, governador da Alemanha, em 89, exacerbou a tendência vingativa de Domiciano; ele tornou-se neurótico por farejar traição. O historiador Suetônio (*Domiciano* 8,10) descreve seus últimos

---

[75] Cf. MERRILL, E. T. *Essays in early Christian history*. London, Macmillan, 1924. pp. 148-173; WELLBORN, L. L. BR 29, 35-54, 1984; DOWNING, F. G. JSNT 34, 105-123, 1988. L. L. Thompson (*The Book of Revelation*; Apocalypse and empire, New York, Oxford, 1990) faz uma resoluta tentativa de exonerar Domiciano. A. Yarbro Collins (BR 26, 35-45, 1981) questiona a perseguição, mas ainda data o Apocalipse do tempo de Domiciano.

[76] Quanto à relação de Domiciano com os judeus e os cristãos: SMALLWOOD, E. M. *Classical Philology* 51, 1-13, 1956; KERESZTES, P. VC 27, 1-28, 1973; THOMPSON, L. L. *Historia* 31, 329-342, 1982.

[77] Suetônio, *Domiciano* 8,13; Martial, *Epigramas* 10.72. Com efeito, porém, não surgiu nenhuma prova de tal designação em uma moeda, inscrição ou manuscrito. As moedas mostram-no entronizado como "pai dos deuses". O estímulo para o culto ao imperador parece ter provindo dos povos do Oriente, e não do próprio imperador.

anos como um reino de terror; isso pode ser exagero, mas preservou-se o nome de pelo menos vinte oponentes executados por Domiciano. Como parte de sua campanha pela pureza da religião oficial, não somente os inimigos políticos eram seu alvo, mas também aqueles que tinham uma visão (filosofia) diferente. Em 95, ele não só executou seu primo, o cônsul Flávio Clemente, como também baniu a esposa deste, Flávia Domitila (sobrinha de Domiciano), acusada de traição e ateísmo.[78] Multiplicaram-se as conspirações para destronar Domiciano e, em setembro de 96, antes do seu quadragésimo quinto aniversário, ele foi assassinado em uma conspiração que envolveu sua esposa, Domícia, e um dos ou ambos os prefeitos pretorianos.

De que forma as suspeitas e a severidade de Domiciano afetaram os cristãos? No início dos anos 300, Eusébio (HE 3.18.4) relata uma perseguição e martírios no décimo quinto ano de Domiciano (96 d.C.). Quais as provas disso? 1. Díon Cássio (por volta de 225 d.C.) diz que o ateísmo que causou a execução de Clemente e o banimento de Domitila era "uma acusação com base na qual muitos outros que se reuniam à moda dos judeus eram condenados". Em outras vezes, acusações de ateísmo eram lançadas contra os cristãos, e alguns os consideravam membros de uma seita judaica. A passagem de Eusébio refere-se ao desterro de Flávia Domitila, uma sobrinha de Flávio Clemente, por causa de seu testemunho de Cristo. Que existia uma mulher cristã chamada Domitila, sugere-o a catacumba — contendo sepultamentos cristãos — que traz o seu nome; mas ela deve ter sido confundida com Flávia Domitila, esposa de Clemente (mencionada na parágrafo anterior), que se sentia atraída pelo judaísmo — atração atestada entre as esposas da nobreza. Confusão semelhante é testemunhada na identificação de Clemente, o notável presbítero da Igreja de Roma que escreveu *I Clemente*, com o cônsul Flávio Clemente, a vítima de Domiciano.[79] A semelhança de nomes (Domitila e Clemente) levanta a possibilidade de membros da casa de Flávio Clemente — escravos que assumiam o nome dos senhores — ter-se sentido atraídos pelo cristianismo, incentivados pelo interesse dos patronos pelo judaísmo.

---

[78] Suetônio (*Domiciano* 8,15) narra a execução de Clemente por causa de levíssimas suspeitas; Díon Cássio (História romana 67.14.2) narra a acusação de ateísmo.

[79] Essa confusão pode estar implícita nas lendas acerca de Clemente na literatura pseudoclementina, cujas raízes remontam a 150-200 d.C. Cf. capítulo 34, n. 6.

2. Melitão de Sardes (170-180 d.C.) dirigiu uma petição ao imperador de seu tempo afirmando que, dos imperadores precedentes, somente Nero e Domiciano, "persuadidos por certas pessoas maliciosas, desejaram arrastar nossa doutrina à má fama". Visto que Nero certamente perseguiu os cristãos, esse pode ser um modo diplomático de informar sobre a perseguição de Domiciano. Por volta do ano 197, Tertuliano (*Apologeticum* 5,4) escreve que Domiciano, que se assemelhava a Nero em crueldade, procurou fazer o que este fizera (atacar a seita cristã com a espada imperial), mas, por razões humanas, logo interrompeu o que havia começado e até mesmo restabeleceu aqueles que expatriara. A atenuante conclusão do texto de Tertuliano pareceria estranha se ele estivesse inventando todo o relato.

3. *I Clemente* 1,1 (96-120 d.C.) explica a demora do escritor em enviar sua carta a Corinto causada por "*acontecimentos e experiências* repentinos e repetidos que nos têm sobrevindo". Muitos estudiosos traduzem os dois termos grifados como "infortúnios e calamidades", interpretando-os como referência à perseguição sob Domiciano, utilizável para datar *I Clemente* de cerca de 96, quando Domiciano morreu. Trata-se de uma interpretação exagerada de *I Clemente* 1,1. Contudo, o apelo do escritor, no cap. 5, aos nobres exemplos "de nossa própria geração", concentra-se na perseguição que culminou na morte dos pilares mais justos — Pedro e Paulo. O trecho sugere uma data não muito posterior aos anos 60, quando os dois apóstolos morreram. A afirmação em *I Clemente* 7,1, de que parte da razão pela qual ele escreve sobre essas coisas é que "nos encontramos na mesma arena, e a mesma batalha nos espera", faz pensar que algo comparável à perseguição neroniana está sendo vivido ou previsto.

4. A conexão entre Nero e Domiciano como figuras hostis aos cristãos é indicada pela mais provável interpretação de Ap 13,3, em que uma das cabeças parece ter sido mortalmente ferida (Nero foi apunhalado mortalmente), mas foi curada, de modo que as blasfêmias se renovaram (cf. n. 39) e a guerra foi declarada contra os santos. Visto que o Apocalipse foi escrito na Ásia Menor, o quadro adverso aponta para perseguição ali.

5. Escrevendo na Ásia Menor (Ponto-Bitínia) em 110, Plínio, o Moço (*Epístolas* 10.96.6), menciona aqueles acusados de professar o Cristo, que diziam ter deixado de ser cristãos havia vinte anos, portanto, em cerca de 90. Essa data indica perseguição ali, nos últimos dias de Domiciano.

6. Hegesipo (cerca de 160-180) faz parte da antiga autoridade citada em HE 3.19-20 com o propósito de que, como conseqüência das ordens de Domiciano, segundo as quais os descendentes de Davi deveriam ser condenados à morte, os netos de Judas, irmão de Jesus segundo a carne (cf. *p. 975*), fossem interrogados, mas dispensados como inofensivos. Finalmente, Domiciano deu ordens para que cessasse a perseguição contra a Igreja.

Os dados não nos permitem atribuir a Domiciano uma perseguição em Roma com uma ferocidade quase semelhante à de Nero. Não garantem a probabilidade de que, em suas suspeitas de perigosos desvios, Domiciano tenha demonstrado hostilidade contra os gentios que trocaram a religião oficial por cultos orientais que defendiam a adoração de um Deus único, não representado iconograficamente (judaísmo e cristianismo). Durante seu reinado, alguns "cultores" foram executados, especialmente nos casos em que a postura religiosa deles podia estar ligada à oposição política. Sob Nero, as ações contra os cristãos não parecem ter extrapolado Roma, mas sob Domiciano as perquirições eram mais amplas, por exemplo, na Ásia Menor e na Palestina. Quer sob ordens pessoais de Domiciano, quer não, autoridades locais podem ter empreendido suas próprias investigações, especialmente em áreas onde os cristãos tinham incomodado seus vizinhos pagãos, que os consideravam anti-sociais e irreligiosos. A recusa dos cristãos em participar do culto público e talvez em venerar Domiciano divinizado, quando denunciada por aqueles que lhes eram adversos, teria resultado em julgamento, condenação e martírio.[80] As ocasiões podem ter sido bem limitadas, mas a memória do que Nero fizera em Roma trinta anos antes teria dado o tom à apreensão cristã do que poderia estar por vir. (Note-se que, em Ap 2,10; 3,10, a perseguição é futura.) O exílio do profeta João em Patmos, a morte de Antipas em Pérgamo (Ap 2,13), o ostracismo local, a disparidade de riquezas e a discriminação social que resultava em alienação[81] teriam sido somados para compor o quadro geral do opressivo governo romano no Apocalipse. Por fim, a tradição cristã subseqüente, influenciada pela posterior perseguição romana generalizada, teria simplificado

---

[80] No ano 110 d.C., Plínio seguia um modelo que parece ter-se estabilizado (*Epístolas* 10.96-97): ele não ia à procura de cristãos, mas, uma vez denunciados, estes eram perseguidos.

[81] Vimos, ao analisar 1 Pedro (*p. 928*), que havia fatores que isolavam os cristãos no modo como eram tratados, mas é preciso reconhecer também que a atitude do autor do Apocalipse encorajava tal isolamento. Ele não queria que os cristãos tivessem nenhum relacionamento com o poder, a riqueza e a pompa romana.

e tornado os dois imperadores igualmente culpados de perseguição. Esta análise do reino de Domiciano, que combina uma base real para perseguição ou maus-tratos de cristãos com o reativo exagero cristão, parece corresponder mais adequadamente às evidências do que uma negação de perturbação dos cristãos sob Domiciano ou a suposição de uma perseguição importante.

Temas e problemas para reflexão

1. Na Antigüidade, havia problemas em relação à canonicidade do Apocalipse, parcialmente por causa da dúvida sobre a autoria de João (o apóstolo). O livro era largamente aceito nas Igrejas ocidentais. (A rejeição da parte de Caio, que também desprezava o evangelho segundo João, não era significativa.) Na Ásia Menor, por volta do final do século II, a oposição às crenças montanistas sobre uma nova infusão do Espírito levou os alogianos a repelir o Apocalipse (bem como João). Em outra parte, no Oriente, após Dionísio de Alexandria (cerca de 250) demonstrar que o Apocalipse não fora escrito por João, o apóstolo, a obra foi freqüentemente rejeitada, especialmente em reação ao uso da obra para apoiar o quiliasmo lascivo. Contudo, o Apocalipse foi aceito no século IV por Atanásio e, finalmente, as Igrejas de língua grega chegaram a acolhê-lo. No entanto, continuou a ser refugado na Síria e pela Igreja de língua siríaca. No tempo da Reforma, Lutero relegou o Apocalipse a um *status* inferior, Zwinglio negou que a obra fosse Escritura, além de ser o único livro do NT sobre o qual Calvino não escreveu um comentário. Hoje, não existe nenhum problema sério de negação do *status* canônico do Apocalipse. Todavia, a obra é demasiadamente usada de forma errônea (p. ex., como predições exatas do futuro), e a reação contra tais abusos às vezes impede outros de descobrir-lhe o verdadeiro valor. Pode ser igualmente importante, pois, propor para discussão uma declaração fortemente esclarecedora — algo que escandaliza alguns cristãos, mas que é aceitável pela maioria (e não implica nenhuma rejeição da inspiração ou revelação): Deus não revelou aos seres humanos os detalhes acerca de como o mundo começou nem como irá terminar; a incapacidade de reconhecer isso, provavelmente, leva a ler erroneamente tanto o primeiro quanto o último livro da Bíblia. *O autor do Apocalipse não sabia como ou quando o mundo irá acabar, como nenhum outro o sabe.*

2. Como pode o Apocalipse ser apresentado de forma que possa mostrar-se histórico e significativo? O primeiro passo pode ser insistir em que o livro seja

lido na íntegra, por inteiro. Isso evita a tendência a extrair umas poucas referências simbólicas e fazer especulações em torno delas. O segundo passo é acentuar que o livro foi endereçado às sete Igrejas de acordo com as circunstâncias e o contexto histórico pertinentes ao século I, e não ao século XX ou XXI. (A brochura de Vawter, citada adiante, pode ser útil em um nível bem elementar.) Isso dispensará a fantasiosa decodificação do Apocalipse (e de Daniel) à luz das manchetes de hoje. Entretanto, tal conhecimento factual, em si mesmo, pode resultar em uma lição de história sobre a política administrativa romana do final do século I — dificilmente uma mensagem salvífica. Como passo ulterior, portanto, é preciso acentuar outros aspectos do Apocalipse e da apocalíptica em geral.

Para uma cultura contemporânea que idolatra a ciência e o conhecimento calculável, a apocalíptica é testemunha permanente de uma realidade que desafia todas as nossas medições; ele testemunha outro mundo, que foge a todas as estimativas científicas e encontra expressão em símbolos e visões. Esse mundo não é criado pela imaginação, mas as imagens servem como acesso. Os artistas, de Pieter Brueghel, passando por William Blake, a Salvador Dalí, entenderam isso. No nível psicológico, Jung procurou uma entrada para aquele mundo por meio dos símbolos. Em um plano religioso, os místicos têm oferecido intuições. A liturgia, compreendida adequadamente, coloca os fiéis comuns em contato com essa realidade celestial. Para um mundo que aceita somente aquilo que consegue ver, ouvir e sentir, o Apocalipse é o último portal escriturístico para aquilo que o olho não viu e o ouvido não ouviu. Como suas visões estão plenas de símbolos teológicos e não de reproduções fotográficas, o Apocalipse não oferece um conhecimento exato do outro mundo, um universo que não pode ser traduzido em conceitos humanos. Ao contrário, atesta vigorosamente que em todos os momentos da história, até mesmo nos mais exasperados, que levam as pessoas a perder a esperança, Deus está presente. O Cordeiro, de pé como que imolado, é a garantia definitiva do cuidado vitorioso e da libertação de Deus, especialmente para os espezinhados e oprimidos.[82]

---

[82] O comentário e os artigos de C. Rowland são particularmente úteis para descobrir o valor da apresentação que o Apocalipse faz da verdade de Deus. Cf. também SCHÜSSLER FIORENZA, E. & BOESAK, A. *Comfort and protest*; reflections on the Apocalypse of John of Patmos. Philadelphia, Westminster, 1987; EWING, W. *The power of the lamb*; Revalation's theology of liberation for you. Cambridge, MA, Cowley, 1994.

3. A questão da atitude do NT em relação ao que chamamos governo secular tem sido amiúde um problema na busca de orientação para a postura a ser assumida pelos cristãos hoje. (Em tal busca, é importante compreender que uma separação entre o secular e o religioso é inexata para os tempos do NT quando, p. ex., o culto imperial era um modo de inculcar piedoso respeito pela autoridade governante.) Na verdade, não existe nenhuma instrução consistente no NT acerca do governo "secular"; recebe aprovação aquilo que promove a causa de Deus. Uma vez que a maioria das obras cristãs foi escrita em épocas em que não havia perseguição, incentivavam-se o respeito e as orações pelas autoridades constituídas (Rm 13,1-7; 1Pd 2,13-17; 1Tm 2,1-4), em parte como um sinal de que as particularidades cristãs não constituíam uma ameaça à ordem civil. De acordo com Lc 20,20-26 e Mt 22,15-22 (cf. Mt 17,24-27), Jesus não aceita o desafio de recusar-se a pagar impostos a César, e At 22,25-29 não revela nenhum pejo em mostrar Paulo apelando para sua cidadania romana a fim de obter tratamento justo por parte das autoridades. No Apocalipse, porém, Roma é uma prostituta embriagada com o sangue dos mártires e instrumento de Satanás. Ao discutir o reinado de Domiciano, vimos que provavelmente não houve perseguição cerrada dos cristãos nos anos 90, de modo que alguns diriam que o visionário estava exagerando. No entanto, pode-se afirmar que ele estava sendo mais perspicaz do que outros ao perceber o que inevitavelmente aconteceria aos cristãos, dadas as pretensões do império. Note-se que, apesar da horrenda imagem de Roma no Apocalipse, os leitores não são incitados à revolta armada e não se lhes atribui nenhuma função participativa na batalha escatológica. Eles devem agüentar a perseguição e permanecer fiéis.[83]

Bibliografia sobre o Apocalipse

Comentários e estudos em série[84]
BAUCKHAM, R. J. NTT, 1993.
BEASLEY-MURRAY, G. R. NCBC, 1974.
BORING, M. E. IBC, 1989.

---

[83] Acerca da política no Apocalipse: YARBRO COLLINS, A. JBL 96, 241-256, 1977; GARRETT JR., J. C. *Journal of Church and State* 18, 433-42, 1976; 19, 5-20, 1977.

[84] Os negritos indicam as obras mais importantes, de modo geral comentários.

CAIRD, G. B. HNTC, 1966.
CHARLES, R. H. ICC, 1920, 2 v.
CORSINI, E. GNS, 1983.
COURT, J. NTG, 1994.
FORD, J. M. AB, 1975.
GIBLIN, C. H. GNS, 1991.
HARRINGTON, W. J. SP, 1993.
KRODEL, G. A. AugC, 1989.
LAWS, S. GNS, 1988.
MICHAELS, J. R. GNTE, 1992.
MORRIS, L. TNTC, 2. ed., 1987.
MOUNCE, R. H. NICNT, 1977.
ROWLAND, C. EC, 1993.
SCHÜSSLER FIORENZA, E. ProcC, 1991.
SWEET, J. P. M. PC, 1979.
WALL, R. W. NIBC, 1991.
YARBRO COLLINS, A. NTM, 1979.

* * *

AUNE, D. E. The social matrix of the Apocalypse of John. BR 26, 16-32, 1981.
BAUCKHAM, R. J. *The climax of prophecy*; studies in the Book of Revelation. Edinburgh, Clark, 1992.
BLEVINS, J. L. *Revelation*. Atlanta, Knox, 1984.
BRUCE, F. F. The Spirit in the Apocalypse. In: LINDARS, B. & SMALLEY, S. S. (eds.). *Christ and Spirit in the New Testament*. Cambridge, Cambridge Univ., 1973. pp. 333-344.
BUCHANAN, G. W. *The Book of Revelation*. Lewiston, Mellen, 1993.
COURT, J. *Myth and history in the Book of Revelation*. Atlanta, Knox, 1979.
ELLUL, J. *Apocalypse*; the Book of Revelation. New York, Seabury, 1977.
FARRER, A. *The Revelation of St. John the Divine*. Oxford, Clarendon, 1964.
FEUILLET, A. *Johannine Studies*. New York, Alba, 1964. pp. 181-292.
_____. *The Apocalypse*. New York, Alba, 1965. Representa a abordagem que pressupõe duas fontes.
FULLER, R. C. *Naming the Antichrist*. New York, Oxford, 1995.

GUTHRIE, D. *The relevance of John's Apocalypse*. Grand Rapids, Eerdmans, 1987.

HANSON, A. T. *The wrath of the lamb*. London, SPCK, 1957.

HUGHES, P. E. *The Book of Revelation*; a commentary. Grand Rapids, Eerdmans, 1990.

INTERPRETATION 40, #3, 1986. Número completamente dedicado ao Apocalipse.

KEALY, S. P. *The Apocalypse of John*. Wilmington, Glazier, 1987.

KIDDLE, M. *The Revelation of St. John*. London, Hodder & Stoughton, 1940.

KOESTER, C. R. On the verge of the millennium: a history of the interpretation of Revelation. *Word & World* 15, 128-136, 1995. Número inteiramente dedicado ao Apocalipse.

LADD, G. E. *A commentary on the Revelation of John*. Grand Rapids, Eerdmans, 1972.

LAMBRECHT, J. (ed.). *L'Apocalypse johannique et l'apocalyptique dans le Nouveau Testament*. Leuven, Leuven Univ., 1980. (BETL, 53.) Contém importantes artigos em inglês.

LAWS, S. *In the light of the lamb*; imagery, parody, and theology in the Apocalypse of John. Wilmington, Glazier, 1988.

MALINA, B. J. *On the genre and message of Revelation*. Peabody, MA, Hendrickson, 1995.

METZGER, B. M. *Breaking the code*. Nashville, Abingdon, 1993.

MINEAR, P. S. *I saw a new earth*. Washington, Corpus, 1968.

MORRIS, L. *The Revelation of St. John*. London, Tyndale, 1969.

MURPHY, F. J. The Book of Revelation. CRBS 2, 181-225, 1994. Excelente bibliografia.

O'LEARY, S. D. *Arguing the Apocalypse*; a theory of millennial rhetoric. New York, Oxford, 1994.

PERKINS, P. *The Book of Revelation*. Collegeville, MN, Liturgical, 1983.

PIPPIN, T. *Death and desire*; the rhetoric of gender in the Apocalypse. Louisville, W/K, 1992.

PRÉVOST, J.-P. *How to read the Apocalypse*. New York, Crossroad, 1993. Bom instrumento didático, com imagens e diagramas.

ROLOFF, J. *The revelation of John*. Minneapolis, A/F, 1993.

SCHÜSSLER FIORENZA, E. *Invitation to the Book of Revelation*. Garden City, NY, Doubleday, 1981. Revisada como ProcC em 1991 (cf. Comentários e estudos em série).

_____. *The Book of Revelation*; justice and judgment. Philadelphia, Fortress, 1985. Seus ensaios reunidos.

SMALLEY, S. S. *Thunder and love*; John's Revelation and John's community. Milton Keynes, Word, 1994.

SWETE, H. B. *The Apocalypse of St. John*. 3. ed. London, Macmillan, 1909.

TALBERT, C. H. *The Apocalypse*. Louisville, W/K, 1994.

Thompson, L. L. *The Book of Revelation*; Apocalypse and empire. New York, Oxford, 1990.

(Vawter, B.) *Revelation*; a divine message of hope. New Haven, Knights of Columbus, 1956. (Pamphlet, 51.) Essa brochura, que não traz o nome do autor, é uma introdução muito boa, simples, para os que ficam perplexos perante o livro.

Vorster, W. S. "Genre" and the Revelation of John. *Neotestamentica* 22, 103-123, 1988.

Wainwright, A. W. *Mysterious Apocalypse*. Nashville, Abingdon, 1993.

Yarbro Collins, A. *The combat myth in the Book of Revelation*. Missoula, Scholars, 1976.

_____. *Crisis and catharsis*; the power of the Apocalypse. Philadelphia, Westminster, 1984.

_____. Reading the Book of Revelation in the twentieth century. *Interpretation* 40, 229-242, 1986.

Apêndices

- O Jesus histórico
- Escritos judaicos e cristãos ligados ao NT

APPENDICES

Apêndice I

O Jesus histórico

Breve exame da pesquisa sobre o Jesus histórico é pertinente a esta *Introdução*. O NT é uma pequena biblioteca de obras escritas em um período de cem anos, depois da morte de Jesus, por aqueles que acreditavam que ele era o Messias. Destarte, sem ele, não haveria o NT. O avanço no estudo do Jesus histórico tem assinalado também mudanças importantes nos rumos da pesquisa do NT, de modo que esta visão panorâmica pode familiarizar os leitores com o que tem acontecido nesse campo. Finalmente, nos últimos anos, tem-se feito muita publicidade em torno dos estudos sobre essa questão e, sem uma explicação, os iniciantes podem adquirir uma visão distorcida dos rumos e da importância do assunto.

Duzentos anos de pesquisa moderna (1780-1980)

Durante cerca de mil e oitocentos anos, o cristianismo em grande medida teve por certo que a imagem de Jesus no evangelho, com todas as suas considerações cristológicas, era um relato factual da vida de Jesus.[1] O "Iluminismo", ou o movimento do século XVIII que exaltava a razão humana e a investigação científica empírica, levou inevitavelmente a uma nova abordagem da Bíblia. Os mesmos princípios históricos usados para o estudo de outras obras antigas começaram a ser aplicados ao NT por R. Simon, um sacerdote católico (1690), e por um estudioso protestante, J. D. Michaelis (1750).[2] H. S. Reimarus, cuja obra foi

---

[1] Isso não significa que nesse período não tenha havido intuições acerca das diferenças entre os evangelhos, algo que tornou mais inteligíveis as questões dos séculos XVIII a XX; cf. McArthur, H. K. *The quest through the centuries*. Philadelphia, Fortress, 1966.

[2] Para uma visão geral muito útil dos estudos do NT no período moderno, cf. Kselman, J. S. & Witherup, R. D. NJBC 70.

publicada postumamente em 1778, foi o primeiro a desenvolver uma imagem de Jesus distinta da do Cristo descrita nos evangelhos. No caso do primeiro, trata-se de um judeu revolucionário que tentou malogradamente estabelecer um reino messiânico sobre a terra, enquanto no caso do segundo, tratava-se de uma projeção fictícia posterior daqueles que roubaram seu corpo e reivindicavam que ele ressuscitara dos mortos. Infelizmente, porém, desde o começo, a aplicação da pesquisa histórica sistemática a Jesus misturou-se a um racionalismo (que se pretendia científico, mas na verdade era muito falto de objetividade[3]) que negava *a priori* a possibilidade do sobrenatural. Muitas vezes a pesquisa acerca do Jesus histórico foi conduzida com exagerada ênfase em libertar Jesus das imposições teológicas da Igreja posterior; na verdade, porém, muitos dos pesquisadores impuseram o próprio ceticismo e preconceitos antiteológicos à imagem que pretendiam ter "descoberto". Em 1835, D. F. Strauss, aluno de F. C. Baur (cf. *p. 87*), publicou uma *Vida de Jesus* baseada no princípio de que os evangelhos tinham transformado e enfeitado, pela fé, a imagem de Jesus, de modo que o resultado era mítico. A mudança fora tão profunda que ele julgou quase impossível escrever um relato histórico da vida de Jesus. Com base em tal posição, mas movendo-se em uma direção diferente, B. Bauer (1877) argumentava que Jesus e Paulo jamais existiram, e E. Renan (1863) retratava um Jesus puramente humano. Em tal investigação, o quarto evangelho logo foi descartado como criação teológica e, portanto, fonte histórica nada confiável, enquanto Marcos (juntamente com Q) foi estudado atentamente como uma chave para o Jesus humano. Contudo, em 1901, W. Wrede (cf. *p. 238*) afirmou que Marcos era também o produto de teologia, no qual Jesus era apresentado como divino, não sendo, igualmente, fonte histórica confiável. Por trás dos diferentes modelos daquilo a que se chamou a "primeira busca" do Jesus histórico estava a implicação de que a teologia moderna deveria mudar conforme o que os estudiosos decidissem sobre Jesus.

Em sua obra *The quest for the historical Jesus* (...*from Reimarus to Wrede* [A busca do Jesus histórico — ... de Reimarus a Wrede]; edição alemã: 1906; edição inglesa: 1910), A. Schweitzer resenhou o período de mais de um ano de tal pesquisa em torno do "Jesus histórico". Ele afirmou que a maior parte da pesquisa

---

[3] Nenhuma pesquisa sobre Jesus é puramente objetiva, mas as investigações mais equilibradas admitem as próprias pressuposições e respectivas limitações.

mencionada no parágrafo anterior informou-nos mais sobre os investigadores do que sobre Jesus, pois eles descreveram o reflexo da própria imagem no espelho. Seguindo a orientação de J. Weiss, Schweitzer argumentou que a busca anterior subestimara a visão apocalíptica de Jesus, segundo a qual ele se via como o Messias que, por sua morte, faria o mundo chegar ao fim. Para Schweitzer, portanto, Jesus foi um nobre malogro. M. Kähler, em seu livro *The so-called historical Jesus and the historic biblical Christ* [O chamado Jesus histórico e o Cristo histórico-bíblico] (edição alemã: 1892; edição inglesa: 1964), apresentou uma reação cética à "pesquisa sobre Jesus", sustentando que era impossível separar o Jesus histórico do Cristo da fé, visto que todos os escritos do NT focalizam este último. O Cristo da fé foi aquele proclamado pelos cristãos, e o único com que ocupar-se. R. Bultmann moveu-se na mesma direção. Em BHST (em alemão: 1921), ele usou a crítica das formas não apenas para classificar o que era dito sobre Jesus nos evangelhos sinóticos, mas também para julgar a historicidade, e atribuiu a mais alta percentagem da tradição sobre Jesus à criatividade dos primeiros cristãos. Destarte, a busca pelo Jesus histórico era virtualmente impossível. O pessimismo bultmanniano quanto àquilo que se pode saber historicamente acerca de Jesus corresponde ao seu princípio teológico (influenciado pelo contexto luterano) segundo o qual não se deve buscar uma base histórica para a fé. Assim, se podemos simplificar, contrariamente à "busca", Bultmann não mudaria a teologia consoante as "descobertas" sobre o Jesus histórico, que eram irrelevantes para a fé. Paradoxalmente, Bultmann não queria desfazer-se da exaltada imagem de Jesus no evangelho, pois a proclamação daquele quadro do evangelho apresentava um desafio para a fé das pessoas, hoje, existencialmente semelhante ao desafio que Jesus apresentou às pessoas em seu tempo. Àqueles que respondem pela fé, Deus liberta da desesperada incapacidade de suas habilidades humanas.

A reação a Bultmann, conduzida amplamente por seus próprios alunos, constituiu a "nova" (ou segunda) busca do Jesus histórico. Em 1953, E. Käsemann proferiu uma conferência publicada com o título "The problem of the historical Jesus" [O problema do Jesus histórico] (KENTT 15-47), na qual ele chamou atenção para o perigo da lacuna que Bultmann abriu: se não existe nenhuma conexão rastreável entre o Senhor glorificado dos evangelhos e o Jesus histórico, o cristianismo é um mito. Para Käsemann, a fé, em vez de tornar-se indiferente, exige uma identidade entre o Jesus terreno e o Senhor glorioso. Reconhecendo que as fontes dos evangelhos não eram fria biografia factual, ele buscou desenvolver critérios a fim de determinar o que poderia ser histórico na tradição do evangelho. Outros "pós-bultmannianos" procuraram determinar traços históricos sob a apresentação do evangelho;[4] o resultado incluiu várias imagens de Jesus de importância religiosa; por exemplo, alguém que se considerava a representação escatológica de Deus, demonstrando o amor e os valores de Deus por meio de suas ações, ensinamento ou autoridade, e oferecendo a possibilidade de um encontro com Deus. A influência de Bultmann permanece no fato de um toque existencial dominar todas essas imagens — um Jesus com quem se pode ter um relacionamento, mas não alguém que ofereça formulação cristológica explícita, pois esta é produto da reflexão subseqüente dos cristãos.

Depois de 1980: O *Jesus Seminar* e estudiosos afins

O restante deste Apêndice ocupar-se-á do último quarto do século XX, pois a data 1980 é aproximada.[5] Pode-se falar de duas tendências, embora a mais conservadora geralmente seja tratada mais como estudo da cristologia do que como pesquisa sobre o Jesus histórico. (O aprofundamento desse tópico é mais apropriado em um livro sobre a teologia do NT do que numa *Introdução* ao NT; por essa razão, este Apêndice devota-lhe apenas um parágrafo.) A tendência de atribuir cristologia explícita ao tempo da vida de Jesus ganhou novo fôlego na pesquisa do final do século XX, quando mais uma vez tornou-se abalizado sustentar que Jesus, na verdade, acreditava que tinha um relacionamento singular com Deus e mostrava tal mentalidade em seus discursos e atitudes. "Filho do Homem" é um título que muitos estudiosos julgam que ele usou para si mesmo. "Messias" permanece um epíteto que outros podem ter usado para ele durante

---

[4] Por exemplo, BORNKAMM, G. *Jesus of Nazareth*. New York, Harper & Row, 1960; FUCHS, E. *Studies of the historical Jesus*. London, SCM, 1964. (SBT, 42.); CONZELMANN, H. *Jesus*. Philadelphia, Fortress, 1973. Para visões gerais: ROBINSON, J. M. *A new quest of the historical Jesus*. London, SCM, 1959. (SBT, 25); BROWN, R. E. & CAHILL, P. J. *Biblical tendencies today*; an introduction to the pos-Bultmannians. Washington, DC, Corpus, 1969.

[5] Ao escolher quem analisar, foi-me muito útil *The Jesus quest*; the third search for the Jew of Nazareth, de B. Witherington III (Downers Grove, IL, InterVarsity, 1995). Esse período tem sido definido como a "terceira busca"; cf. BORING, M. E. *Interpretation* 50, 341-354, 1996.

sua vida, quer ele tenha, quer não aceitado tal designação.⁶ As descobertas de Qumrã mostram que títulos como Filho de Deus e Senhor eram conhecidos nos círculos de língua semítica da Palestina durante a vida de Jesus. Ademais, a prática exegética de atribuir a introdução de certos títulos cristológicos a estágios pós-Jesus na expansão geográfica e temporal do cristianismo é considerada agora demasiado simples. Portanto, um prolongamento entre a vida de Jesus e os retratos do evangelho pode ser mais inclusivo do que se pensou até agora. Os leitores são encorajados a explorar a corrente que enfatiza essa continuidade, que tem grande aceitação entre estudiosos altamente respeitáveis.⁷

O Jesus Seminar. Uma tendência mais radical do estudo sobre Jesus recebeu grande atenção, muitas vezes porque seus proponentes divulgaram os resultados na mídia. O *Seminar* foi fundado em 1985 por R. Funk, tendo J. D. Crossan como vice-presidente; é formado por 50 a 75 estudiosos que se encontram regularmente, escrevem ensaios e votam as decisões acerca do que o Jesus histórico fez e disse.⁸ As cores-código para a votação foram ideadas para chamar a atenção: vermelho = indubitavelmente ele disse isto ou algo muito parecido; rosa = provavelmente ele disse algo semelhante; cinza = as idéias são suas, ainda que não tenha dito isso; preto = ele não o disse.

---

[6] Visto que o tema do "Messias" aparecerá na discussão que se segue, algumas ficções precisam ser enterradas. Deparamo-nos com a afirmação de que havia muitos pretensos messias na Palestina naquele tempo. Na verdade, não há nenhuma prova de que algum judeu tenha reivindicado ou afirmado ser o Messias antes de Jesus de Nazaré (ou até um século depois de sua morte). Assim, é preciso oferecer uma explicação para a unanimidade atestada no NT de que Jesus era o Cristo (Messias). Como B. Witherington III (*The Jesus quest*; the third search for the Jew of Nazareth, Downers Grove, IL, InterVarsity, 1995) ressalta, estudiosos muito importantes postulam uma afirmação ou confissão de messianidade durante a vida de Jesus: DE JONGE, M. *Jesus, the servant Messiah*. New Haven, Yale, 1991; DUNN, J. D. G. In: CHARLESWORTH, J. H. *The Messiah*. Minneapolis, A/F, 1992. pp. 365-381; STUHLMACHER, P. *Jesus of Nazareth — Christ of Faith*. Peabody, MA, Hendrickson, 1993; WRIGHT, N. T. *Who was Jesus?* Grand Rapids, Eerdmans, 1992 (e seus outros livros sobre Jesus).

[7] BINTC oferece argumentação e bibliografia detalhadas para as afirmações desse parágrafo e uma avaliação de livros sobre cristologia (214-217). Para apanhados gerais, cf. Cowdell e Hultgren na *Bibliografia* deste.

[8] Para ensaios típicos, cf. SHANKS, H. (moderador). *The search for Jesus*. Washington, DC, Biblical Archaeology Society, 1994. O número de participantes tem variado (p. ex., duzentos), dependendo de como se conta — todos os que já participaram e/ou aqueles que apenas recebem comunicação. A participação como membro é auto-seletiva (e na maioria das vezes segundo uma mentalidade particular), pois, quando o grupo foi fundado, muitos estudiosos recusaram-se a participar. Até 1995, entre seus associados não se contava nenhum membro ativo das faculdades que estudam o NT em Harvard, Yale, Union (NYC), Princeton (seminário), Duke, Emory, Vanderbilt, Universidade de Chicago ou das maiores faculdades européias.

Embora se sirva parcialmente de critérios desenvolvidos pelos pós-bultmannianos, o *Seminar* sobressai-se de diversas maneiras. Primeira, tem operado em notável medida com princípios *a priori*, alguns dos quais refletem preconceito anti-sobrenatural. Por exemplo, a ressurreição corporal não tem nenhuma probabilidade real de ser aceita como fato histórico. A sessão que tratou da autenticidade das previsões de Jesus acerca de sua paixão e morte foi dominada pela recusa inicial da maioria dos participantes em levar em consideração a possibilidade de que Jesus pudesse ter falado de sua provável morte em virtude de poderes "extraordinários"; conseqüentemente, deram voto preto para onze predições sinóticas da paixão. Mais uma vez, quase como um elemento predominante, o caráter escatológico do ministério de Jesus foi descartado, com um óbvio resultado negativo na avaliação da autenticidade das afirmações do evangelho que fazem eco a tal visão.

Segunda, os resultados têm sido excepcionalmente céticos. Dos ditos atribuídos a Jesus nos quatro evangelhos, algo em torno de 50% receberam voto preto e 30% cinza, restando menos de 20% com a probabilidade de ser autênticos (vermelho ou rosa). Nenhuma afirmação de Jesus em João recebeu voto vermelho, e apenas a um dito peculiar de Marcos foi concedido!

Terceira, desde o começo, o seminário buscou cobertura da mídia em larga escala — um colunista comparou-o ao estilo de P. T. Barnum. Declarando que as opiniões da pesquisa que aparecem em livros e em periódicos científicos não alcançam o público em geral, as figuras proeminentes do *Jesus Seminar* voltaram-se para entrevistas em jornais e em programas de variedades da TV, atraindo a atenção até mesmo de suplementos dominicais e periódicos. Parte do estímulo é atribuível a uma propalada intenção de libertar Jesus da tirania do "funcionalismo religioso", presente na Igreja ou na tradição doutrinal e no culto cristão. Assim, após quase toda sessão do seminário, fazem-se pronunciamentos bombásticos para chamar a atenção do público, dizendo, por exemplo, que Jesus não pronunciou a Oração do Senhor ou alguma outra palavra predileta que aparece em João. Criou-se a impressão de que essas escandalosas breves aparições representam o estágio em que os estudiosos se encontram.

De fato, porém, embora os porta-vozes do *Jesus Seminar* costumem alegar que as detrações principais às suas posturas provêm de "fundamentalistas", as avaliações e revisões científicas das produções do *Jesus Seminar*[9] têm sido francamente críticas, por exemplo, as de estudiosos do NT como A. Culpepper (Baylor), R. B. Hays (Duke), L. T. Johnson (Emory), L. E. Keck (Yale), J. P. Meier (Catholic University) e C. T. Talbert (Wake Forest/Baylor). Encontram-se aí opiniões devastadoras, tais como: metodologicamente equivocado; nenhum avanço significativo no estudo do Jesus histórico; apenas uma miúda ondulação na pesquisa do NT; resultados que representam o Jesus que os pesquisadores queriam encontrar; busca de um programa confessional específico e perigoso ao passar uma falsa impressão. Não podemos entrar aqui nos detalhes da discussão,[10] mas farei observações avaliatórias pertinentes ao concluir este Apêndice.

Vários participantes do *Jesus Seminar* têm escrito seus próprios livros,[11] mas aqui discutiremos, separadamente, apenas J. D. Crossan e M. J. Borg. O *Seminar* tem tratado amplamente dos ditos de Jesus; esses escritores têm dado corpo a imagens de Jesus na direção de algumas das sugestões do *Seminar*.

---

[9] Muitas das revisões têm-se concentrado em FUNK, R. W. et al. *The five Gospels*. New York, Macmillan, 1993. O quinto evangelho é o copta *Evangelho de Tomé*, cuja primeira edição os participantes do seminário propõem ter existo nos anos 50 e, juntamente com Q, precedeu Marcos.

[10] Uma das objeções mais comuns ao *Seminar* é sua arbitrariedade ao descartar a historicidade de aspectos bem atestados do retrato de Jesus no evangelho, como seus exorcismos (contraste com G. H. Twelvetree, *Jesus the exorcist*, Tübingen, Mohr-Siebeck, 1993, WUNT, 2.54) ou sua mentalidade escatológica (ainda que parte das provas para os ditos acerca da vinda do Filho do Homem satisfaça os critérios para discernir o que é autêntico).

[11] Alguns não são formalmente estudiosos, como o bispo John Spong, cujas obras, que despem Jesus da cristologia, são tratadas por L. T. Johnson, em *The real Jesus* (San Francisco, Harper, 1995), sob o título "Amateur Night". Em BBM 702-704, comento o livro de J. Spong, *Born of a woman* (San Francisco, Harper, 1992), incluindo a seguinte observação: "Não creio que nenhum autor do NT reconheceria no Jesus de Spong a figura que foi proclamada ou sobre a qual se escreveu". G. O'Collins (*Tablet* 248, 529-530, 1994) numa sarcástica crítica ao livro de J. Spong, *Resurrection: myth or reality?* (San Francisco, HarperCollins, 1994), evidencia espantosas imprecisões e conclui: "Meu conselho para seu próximo livro [...] é que alguns verdadeiros peritos revisem o texto antes da publicação". Ainda que não sejam membros do *Jesus Seminar*, A. N. Wilson (*Jesus*, London, Norton, 1992) e S. Mitchell (*The Gospel according to Jesus*, New York, HarperCollins, 1991) são divulgadores de um Jesus semelhante, que eles consideram ter sido erroneamente divinizado.

J. D. Crossan[12] baseia sua apresentação de Jesus em fontes que, segundo ele, datam de antes de 60: por exemplo, Q reconstruído e evangelhos apócrifos (*Evangelho de Tomé, Evangelho Secreto de Marcos*, uma forma primitiva do *Evangelho de Pedro*). Ele se serve de análises sociais do governo romano na Palestina do tempo de Jesus que postulam muita agitação política e considera aplicável a Nazaré um modelo de poder atestado em cidades maiores. Jesus é visto como a combinação entre um pregador cínico itinerante e um camponês galileu literato, fortemente igualitário.[13] A historicidade da narrativa da infância de Jesus é descartada por Crossan à semelhança de uma narrativa da vida de Moisés do século XII d.C. (*Sepher ha-Zikronot* [Livro das Memórias] — cf. BBM 600). Não há demônios; por conseguinte, Jesus não realizou exorcismos no sentido estrito, embora tenha libertado pessoas de compulsões consideradas possessões. Havia elementos mágicos[14] porque Jesus agia fora dos padrões religiosos normais, mas não houve milagres sobrenaturais. A maior parte da narrativa da paixão foi criada com base em reflexões sobre o AT; não houve julgamento judaico de Jesus; ele foi executado pelos romanos e seu corpo provavelmente foi devorado pelos cães; não houve ressurreição do corpo. Inevitavelmente Crossan foi acusado de devaneio, o que compromete sua pretensão de abordagem histórica.[15]

---

[12] *The historical Jesus*; the life of a Mediterranean Jewish peasant, San Francisco, Harper, 1991 [Ed. bras.: *O Jesus histórico*; a vida de um camponês judeu do Mediterrâneo. Rio de Janeiro, Imago, 1994.]; *Jesus, a revolutionary biography*, San Francisco, Harper, 1994 [Ed. bras.: *Jesus*; uma bibliografia revolucionária. Rio de Janeiro, Imago, 1995.].

[13] Cf. também a tentativa feita por B. Mack de referir-se, servindo-se de Marcos, a Jesus como um pregador cínico; cf. pp. *158-159*. Crossan descreve Jesus e seus seguidores como *hippies*; e, para L. E. Keck (*Christian Century*, 785, Aug. 24-31, 1994), Crossan imagina Jesus como centro de um Camelot [famoso castelo medieval pertencente ao rei Artur — N. T.] galileu. Todos os argumentos de Crossan são discutíveis. Ele próprio admite (*Jesus, a revolutionary biography*, cit., pp. 121-122) que não podemos saber se ou quanto Jesus conhecia o cinismo; a *única* prova conservada a respeito da literariedade de Jesus (Lc 4,16), ainda que incerta, mostra que ele sabia ler; ele não era um campesino no sentido de um dos pobres da zona rural que lutavam para viver da terra; para apoiar o igualitarismo, Crossan precisa negar que Jesus tenha escolhido os Doze — evasiva que implica considerar invenção de Paulo aquilo que ele apresenta como tradição (1Cor 15,3-5).

[14] O elemento mágico está relacionado à tese de M. Smith (*Jesus the magician*, San Francisco, Harper & Row, 1978). Para uma veemente defesa da distinção adequada entre milagres (como aqueles atribuídos a Jesus) e magia, cf. MEIER, J. P. *A marginal Jew*. New York, Doubleday, 1991-##. 2.538-552. 3 v.

[15] B. F. MEYER, CBQ 55, 576, 1993: "Como pesquisa sobre o Jesus histórico é inaproveitável. Não é que uma longa luta histórica tenha-se revelado inútil; na verdade, não há sinal algum de que tal luta tenha acontecido".

M. J. Borg harmoniza-se, de diversos modos, com o *Jesus Seminar*; por exemplo, para ele, o Jesus "pré-pascal" não era um Messias ou salvador divino, tampouco estava escatologicamente preocupado com o fim do mundo — tais opiniões tornariam Jesus irrelevante para nossos tempos.[16] Espelhando sua própria peregrinação na fé, Borg busca um Jesus significativo, e sua eloqüência acerca da espiritualidade de Jesus tem atraído alguns que, de outro modo, considerariam inofensivas as pretensões do *Seminar*. Borg apresenta um sábio compassivo,[17] que ensinava uma sabedoria subversiva (com efeito, alguém que se considerava porta-voz da sabedoria divina), e um crítico social profético que, pela abrangência de seu apelo, rejeitava um programa de santidade que envolvia separação. Um ponto central nessa imagem é que Jesus era um carismático, um santo homem guiado pelo espírito — alguém que tinha freqüentes experiências místicas de Deus ou do Espírito, e tornou-se o canal do Espírito para os demais. Assim, ele assemelhava-se a Honi, o fazedor de chuva do século I a.C, e ao galileu Hanina, do século I d.C.[18] Alguns aspectos da apresentação de Borg podem encontrar ampla aceitação, mas muitos sustentam que ele não faz suficiente justiça à evidência essencial do evangelho por meio de sua imagem de um Jesus que não tinha nenhuma revelação definitiva e que não se apresentou como aquele que detinha uma função distintiva (ou seja, escatológica) na ação final de Deus que já começara. Tem-se perguntado, mais uma vez, como quando da descoberta do Jesus liberal, no século XIX, se a busca não está produzindo o Jesus que o pesquisador deseja encontrar.

---

[16] *Jesus, a new vision*. San Francisco, Harper, 1987; *Meeting Jesus again for the first time*. San Francisco, Harper/Collins, 1994. Borg rejeita como incompletas muitas reações cristãs comuns ante Jesus; por exemplo, a imagem de Jesus como salvador divino leva a crer em coisas *a respeito de* Jesus; Jesus como educador moral leva a considerar boa a vida cristã. Borg enfatiza primeiramente Jesus como aquele que modela um relacionamento com Deus que envolve transformação.

[17] Tão compassivo que o Jesus de Borg parece não fazer nenhuma exigência absoluta de pureza moral; o Jesus mais severo, por exemplo, em suas exigências acerca do matrimônio, não emerge.

[18] Tudo isso pode ser questionado. Jesus não é particularmente lembrado como místico ou comunicador do Espírito a outros durante seu ministério. O paralelo com Honi e Hanina reflete a tese de G. Vermes, *Jesus the Jew* (Philadelphia, Fortress, 1973); mas a imagem de taumaturgos carismáticos de tais figuras é historicamente duvidosa e reflete dependência em relação à literatura rabínica tardia, que, nesse caso, engrandeceu-os — cf. Meier, op. cit., pp. 581-588. Na tradição mais primitiva, Honi era um homem de oração convincente que atraía a ajuda extraordinária de Deus. Jesus não é lembrado como alguém que realizava milagres pedindo a ajuda de Deus na oração.

Depois de 1980: opiniões diversas

Voltamo-nos agora para uma variedade de estudiosos cujas abordagens são parcial ou completamente diferentes daquelas do *Jesus Seminar* (que alguns deles criticam asperamente).

E. P. Sanders,[19] em vez de apelar para o modelo greco-romano do pregador cínico, enfatiza a judaicidade de Jesus, que era um profeta escatológico (não um reformador social), preconizando uma nova era, para o qual Israel carecia de restauração. Comparativamente, ele não constrói a imagem de Jesus sobre uma coleção de ditos, mas deposita maior confiança nos padrões básicos do evangelho a respeito dos fatos e ações da vida de Jesus.[20] Sanders aceita a tradição de que Jesus operou milagres (que não devem ser confundidos com magia), mas os atribui a um poder natural, mais do que a causas sobrenaturais. Ele duvida da historicidade das polêmicas entre Jesus e os fariseus, pois as posições de Jesus perante a Lei acham-se em uma tolerável discordância. O elemento historicamente ofensivo é a oferta feita por Jesus de um lugar para os pecadores no reino, sem exigir-lhes arrependimento. Outros estudiosos, além de questionar tal atitude de não-conversão, afirmam que havia mais conflitos entre Jesus e seus contemporâneos judeus do que Sanders admite.[21] Outros ainda se queixam de que Sanders não dá a devida atenção aos "ditos" de Jesus nas parábolas e no Sermão da Montanha.

Estudiosos que apresentam Jesus como um ativista sociopolítico. Embora seu quadro dos aspectos sociais da Palestina tenha recorrido aos de alguns dos participantes do *Jesus Seminar*, G. Theissen[22] difere nitidamente do *Seminar* ao enfatizar

---

[19] *Jesus and Judaism.* Philadelphia, Fortress, 1985; *The historical figure of Jesus.* London, Penguin, 1993.

[20] Jesus nasceu por volta do ano 4 a.C, viveu em Nazaré, foi batizado por João Batista, convocou discípulos (também o grupo dos Doze), pregou o reino de Deus (que tinha um aspecto tanto presente quanto futuro), foi a Jerusalém, envolveu-se em uma controvérsia a respeito do templo, foi interrogado pelas autoridades judaicas e executado pelos romanos. Por vezes, seus discípulos, que afirmavam tê-lo visto depois que morrera, entraram em conflito com judeus que não acreditavam nele.

[21] M. Casey (*From Jewish prophet to Gentile God*, Louisville, W/K, 1991) considera Jesus um profeta apregoador da conversão que teve conflitos reais com os fariseus e previu que sua morte, como um mártir, seria aceita por Deus. B. D. Chilton (*Tyndale Bulletin* 39, 3-18, 1988) declara que havia diferenças cúlticas entre Jesus e os fariseus.

[22] Sua análise mais formal de Jesus é um tipo de romance (*The shadow of the Galilean*, Philadelphia, Fortress, 1987 [Ed. bras.: *A sombra do Galileu*. Petrópolis, Vozes, 1989.]), mas reflete estudos sociais anteriores, especialmente *Sociology of early Palestinian Christianity* (Philadelphia, Fortress, 1978 [Ed. bras.: *Sociologia da cristandade primitiva*. São Leopoldo, Sinodal, 1987.]). Cf. também *The Gospels in context*; social and political history in the synoptic tradition (Minneapolis, A/F, 1991).

a antiguidade do material canônico dos evangelhos. Ele acredita que a Galiléia e a Judéia estavam maduras para a revolta durante o ministério público de Jesus e, nesse contexto, descreve Jesus e seus seguidores como andarilhos radicais (pacíficos) carismáticos, que tinham abandonado e renunciado à família e à casa.[23] De forma mais radical, R. A. Horsley (rejeitando a imagem quer de um pregador cínico, quer de uma andarilho carismático) imagina Jesus como um revolucionário social, oposto à violenta e rapinante elite. Historicamente Jesus não fazia o tipo messiânico; ao contrário, seus contemporâneos perceberam uma semelhança com os profetas reformadores político-sociais do passado, como Jeremias.[24] Na opinião de Horsley, os partidos religiosos ou "seitas" mencionados por Josefo (saduceus, fariseus, essênios) tinham pouca influência na população da Galiléia, cuja constituição era altamente campesina. Jesus tentou reorganizar a vida aldeã na Palestina em um reino deste mundo, na expectativa de que Deus derrubasse os diversos governantes políticos, romanos e judeus, da região.[25] Aqueles que ele "curou", enviou-os de volta aos respectivos povoados para que se juntassem à causa. Obviamente existe apenas uma tênue conexão entre um tal Jesus (e seus seguidores históricos) e os grupos cristãos do NT que tinham uma cristologia alta e um impulso primordialmente religioso.

---

[23] Apesar de Theissen fazer considerações sociais valiosas em muitos de seus escritos, sua análise política é altamente discutível e pode refletir uma retroprojeção da agitada e revolucionária situação de décadas posteriores (BDM 1.676-705). Além do mais, tanto Jesus quanto aqueles que foram chamados a segui-lo e que possuíam uma profissão e bens não eram extremamente pobres (Theissen modificou um pouco sua postura a respeito); e podemos perguntar-nos se a renúncia deles às posses (que é apresentada escatologicamente nos evangelhos) pode ser ligada tão diretamente à situação político-social.

[24] *Jesus and the spiral of violence*. San Francisco, Harper, 1987; *Sociology and the Jesus movement*. New York, Crossroad, 1989. Embora a contribuição de Horsley tenha sido a insistência na distinção entre os pretensos reis, profetas, bandidos e zelotas (BDM 1.682-693), muitos insistem em que Jesus não teria sido visto apenas como um profeta, mas possivelmente como um Messias. (Algum profeta do AT fala com a autoridade atribuída a Jesus nos evangelhos?) Para uma crítica à tentativa feita por Horsley de aplicar sua visão às narrativas do nascimento de Jesus (*The liberation of Christmas*, New York, Crossroad, 1981), cf. BBM 625-626.

[25] Não existem muitas provas no evangelho de que Jesus se dirigisse primeiro aos aldeães, distintamente dos citadinos, ou de seu confronto com a poderosa elite política, embora suas palavras criticassem valores que tanto os camponeses quanto a elite teriam abraçado. Aqueles que discordam de Horsley muitas vezes insistem em que ele exagerou a dimensão da classe social do ministério de Jesus, negligenciando os aspectos escatológicos e espirituais.

Estudiosos que interpretam Jesus relacionando-o à Sabedoria divina (Sophia). Estes são de difícil classificação. Os livros sapienciais do AT (Provérbios, Eclesiástico, Sabedoria de Salomão) apresentam uma figura de sabedoria feminina personificada que era considerada a primícia da criação de Deus (Pr 8,22), saída da boca de Deus (Eclo 24,3) ou ainda uma emanação da glória de Deus (Sb 7,25), e que participou da criação. Estudiosos provenientes de vários contextos reconhecem que uma adaptação dessa figura desempenhou importante papel na compreensão neotestamentária das origens divinas de Jesus.[26] Contudo, quanto dessa adaptação remonta ao próprio Jesus? (É importante reconhecer que esse não é simplesmente um problema a respeito de Jesus ser um sábio ou alguém que se expressava como um sábio.) Até certa medida, isso tem sido coligado à abordagem feminista do NT. E. Schüssler Fiorenza,[27] a qual, assim como alguns do *Jesus Seminar*, considera o *Evangelho de Tomé* importante fonte antiga e especula acerca da comunidade de Q, defende a tese de que Jesus considerava Deus como a *Sophia* e a si mesmo como filho da *Sophia* e profeta. Prova importante disso é a versão lucana (Lc 7,35) do dito de Q: "A Sabedoria [compreendida como Deus] é justificada por todos os seus filhos [por Jesus]".[28] Existem também passagens nas quais Jesus identifica-se utilizando imagens femininas, por exemplo, Lc 13,34, mas dificilmente confirmam Deus como *Sophia*. Apesar da argumentação de Schüssler Fiorenza, é difícil saber se Jesus, que falou conscientemente em linguagem sapiencial (p. ex., em parábolas), traduziu seu relacionamento com Deus nos moldes da *Sophia*. Schüssler Fiorenza declara que a esse nível antigo seguiu-se um outro, no qual o próprio Jesus foi identificado como *Sophia*, ainda que a terminologia tenha mudado para títulos masculinos como "Senhor". Contudo, pre-

---

[26] Cf. JOHNSON, E. A. ETL 61, 261-294, 1985, para uma boa análise geral.

[27] Em *Jesus: Miriam's child and Sophia's prophet* (New York, Continuum, 1994), Schüssler Fiorenza desenvolve temas em *In memory* (2. ed., New York, Crossroad, 1994). Com base em sua análise de Jesus como líder de um renovado movimento igualitário em tensão com o etos patriarcal dominante de seu tempo — uma análise abertamente expressa em terminologia moderna —, às vezes é difícil remontar ao pensamento do Jesus histórico, pois certamente ele não teria pensado nesses termos.

[28] Ainda que deixemos de lado a possibilidade de que a versão em Mt 11,19, que não menciona os filhos da Sabedoria e não se refere a "todos", seja mais antiga, concluímos que esse não é um texto lúcido (cf. Meier, op. cit., 2.152-153). A afirmação de que havia uma comunidade da fonte Q, que venerava Deus como *Sophia*, ultrapassa de longe os dados. As razões mais fortes para Jesus orar a Deus como *'Abbā'*, "Pai", não favorecem tal visão não-patriarcal de Deus.

cisamente esse nível é que outros estudiosos consideram o mais antigo,[29] pois acreditam que Jesus via-se como alguém que se relacionava de forma única como Deus, um relacionamento que remontava às suas origens. Alguns dos hinos pré-paulinos, tal como Fl 2,6-11, que pode ser bem antigo, e passagens de João (BINTC 205-210) refletem a influência da imagem da sabedoria em tal relacionamento.

J. P. Meier empreendeu a mais ambiciosa reconstrução moderna do Jesus histórico.[30] Disposto inicialmente a levar em consideração todas as fontes, examina e rejeita os evangelhos apócrifos como inúteis, e, enquanto supõe Q, não reconstrói uma comunidade Q ou gnóstica primitiva ou grupos feministas mais genuínos do que o dos cristãos que produziram o NT. Meticuloso na metodologia, ele aplica alguns dos critérios do *Jesus Seminar*, mas com consciência das limitações deles; evita, ainda, exclusões *a priori* do escatológico, do sobrenatural e do miraculoso.[31] Ele analisa tanto os ditos quanto as ações de Jesus. Contra a tendência de caracterizar Jesus como cínico, carismático andarilho etc., Meier enfatiza a dificuldade de qualquer classificação de Jesus, que era um "judeu marginal", diferindo de outros em diversos aspectos de sua vida e ensinamento. Meier vê um Jesus fortemente influenciado por João Batista, cuja mensagem escatológica de necessidade de conversão ele aceitou. "Um profeta escatológico, que usava o manto de Elias e realizava milagres", Jesus não proclamou um programa social, mas o reino de Deus no sentido da vinda de Deus para transformar as pessoas e reinar nos últimos tempos. Esse reino já se fazia presente no ministério de cura e de exorcismo de Jesus; com efeito, Meier considera criação da Igreja primitiva os ditos que situam a vinda do reino em um período de tempo iminente depois da morte de Jesus. Da imponente obra de Meier emerge um Jesus mais tradicional, que tem muito em comum com o Jesus Cristo descrito em Paulo e nos evangelhos. NJBC 78:22 antecipa o terceiro volume de Meier, que trata do ensinamento de Jesus e atribui sua autoridade à reivindicação de saber direta e intuitivamente a vontade de Deus em qualquer situação. Obviamente isso tem fortes implicações cristológicas.

---

[29] Cf. Witherington III, B. *Jesus the Sage*; the pilgrimage of Wisdom. Minneapolis, A/F, 1994.

[30] Op. cit. Os dois primeiros volumes publicados totalizam 1.600 páginas; o terceiro abrangerá as parábolas, os últimos dias da vida de Jesus e sua morte.

[31] Em op. cit., 2.686-698, Meier defende a historicidade de três curas de cegos (Mc 8,22-26; 10,46-52; Jo 9,1-7); assim, ele não exclui João da pesquisa histórica sobre Jesus.

Observações críticas

1. Alguns falam como se os métodos modernos oferecessem grande grau de segurança a respeito do "Jesus histórico", não importa quão limitado seja o quadro. Isso simplesmente não é verdade em pelo menos dois pontos. Primeiro: as imagens do Jesus histórico são construídas por estudiosos cujas opiniões acerca dos evangelhos estão muito divididas.[32] Ainda que, como pensa a maioria, Mateus e Lucas tenham-se servido de Marcos, João era independente de Marcos. Temos, então, dois testemunhos separados? Existe algo de histórico na apresentação joanina de Jesus? Se, como o julga a maioria, Mateus e Lucas usaram uma coleção Q de ditos de Jesus, essa fonte era mais antiga do que Marcos? A fonte Q, construída, reflete uma comunidade que não sabia ou não acreditava em mais nada a respeito de Jesus além do que se encontra em Q? Pode-se reconstruir uma fonte pré-marcana? As obras não-canônicas (nenhuma delas, na forma atual, é datada de antes do século II) dizem-nos algo histórico a respeito de Jesus? Segundo: os estudiosos também se encontram divididos quanto ao valor real dos critérios para o discernimento do Jesus histórico. Tais critérios visam eliminar qualquer coisa para a qual possa existir outra proveniência, por exemplo, aquilo que possa provir do judaísmo contemporâneo ou da pregação cristã. Contudo, uma aplicação rigorosa de tais critérios deixar-nos-ia com uma monstruosidade: um Jesus que jamais disse, pensou ou fez alguma coisa que outros judeus tenham dito, pensado e feito, e um Jesus que não teve relacionamento ou ligação alguma com o que seus seguidores disseram, pensaram ou fizeram em referência a ele depois de sua morte.

2. O que se quer dizer com "o Jesus histórico"? Tal designação refere-se ao que depois de quase dois mil anos podemos recuperar da vida de Jesus de Nazaré, por meio da aplicação de critérios modernos a registros escritos por aqueles que acreditaram que ele era o único instrumento de Deus para a salvação de todos (Messias, Senhor, Filho do Homem, Filho de Deus, Deus). Necessariamente, os resultados são bastante limitados, e é grave engano pensar que o "Jesus histórico" (ou reconstruído), uma imagem totalmente moderna, represente o Jesus por

---

[32] Cf., por exemplo, o apêndice IX em BDM 2.1492-1524, em que M. L. Soards estuda 35 reconstruções diferentes da narrativa da paixão pré-marcana e exemplifica com vivacidade a falta de acordo entre os pesquisadores.

inteiro, ou seja, Jesus como ele era, na verdade, durante sua vida. Com efeito, numa estimativa generosa, se os estudiosos chegassem a um acordo quanto a uma imagem do "Jesus histórico", esta não corresponderia nem a 1% do verdadeiro Jesus. É igualmente errôneo equiparar "o Jesus histórico" (reconstruído) com o Jesus verdadeiro — que deveras significa algo para as pessoas, alguém em quem elas podem fundamentar a vida. Cf. *pp. 178-179.*

3. As observações anteriores previnem-nos contra a tolice de fazer do "Jesus histórico", constituído por um estudioso ou por um seminário de estudiosos, a norma do cristianismo, de modo que a tradição das Igrejas cristãs deva ser constantemente alterada pela última imagem. Por outro lado, a reação bultmanniana à busca, que quase torna a fé independente (e inevitavelmente incerta) da pesquisa histórica, não precisa ser a única solução. De fato, pode-se argumentar que as Igrejas e os fiéis não devem ficar indiferentes ante a cuidadosa pesquisa histórica em torno da Bíblia. Ao contrário, incrementar e expressar de outra forma as idéias tradicionais, sob o impacto da pesquisa acurada, é melhor do que repelir as idéias ou ignorar os estudos bíblicos. Seguindo o princípio *fides quaerens intellectum* (a fé que busca na inteligência expressão adequada), a fé cristã nada tem a temer da pesquisa bíblica sólida, responsável. Tal postura exige abertura de ambas as partes. Da parte das autoridades da Igreja, deveria haver o reconhecimento de que as expressões passadas da fé são condicionadas pelo tempo e são suscetíveis de reformulações.[33] Por meio do estudo bíblico crítico, aquilo que antigamente se presumia um aspecto necessário da fé (p. ex., a criação em seis dias, repouso no sétimo) pode revelar-se apenas um modo dramático de expressar o que permanece essencial (a saber, seja qual for o modo pelo qual as coisas vieram a existir, tudo aconteceu mediante o plano e o poder de Deus). Os estudiosos, por sua vez, fariam bem em evitar uma retórica segundo a qual suas descobertas são apresentadas como certas, tornando os achados árbitros infalíveis da fé cristã. Os livros bíblicos são documentos escritos por aqueles que acreditaram no Deus de Abraão e Pai de Jesus Cristo; o bom senso sugere que as comunidades que partilham tal fé detêm certa autoridade ao lidar com tais livros.

---

[33] A Igreja Católica Romana, que é muitas vezes considerada a mais dogmática em sua apresentação da fé cristã, reconheceu isso em *Mysterium Ecclesiae*, emitido pela Congregação Romana para a Doutrina da Fé, em 1973.

4. O Jesus histórico "descoberto" (na verdade, porém, reconstruído) no *Jesus Seminar* e por alguns dos autores analisados neste Apêndice dificilmente poderia ser objeto do anúncio da Igreja cristã. Se Jesus era um sábio cínico, pregador e mestre, e nada mais, por que deveria existir uma religião baseada nele, dada a proeminência de outros mestres antigos (Aristóteles, Platão, Sêneca etc.)? Se Jesus foi principalmente um pregador apocalíptico desiludido, que pensou erroneamente que o fim do mundo chegaria em breve, por que continuar a proclamá-lo como salvador do mundo? Se a ressurreição de Jesus dos mortos é simplesmente um modo de expressar a convicção de que ele está com Deus, por que ele é adorado, dadas as inúmeras outras pessoas santas que certamente estão com Deus? Aqueles que apresentam tais opiniões acerca de Jesus muitas vezes afirmam que estão tentando reformular a fé e a proclamação cristã. Francamente, porém, suas visões sobre Jesus tornariam a fé cristã primitiva ilusória e o anúncio tradicional irresponsável.

5. Os evangelhos apócrifos são um instrumento importante na pesquisa mais radical do "Jesus histórico", com a pressuposição de que, no todo ou em parte, são anteriores aos evangelhos canônicos e são guia mais confiável para o Jesus real. Por exemplo, da coleção dos ditos de Jesus encontrada no *Evangelho de Tomé*, em copto, afirma-se que representa uma coletânea já em existência nos anos 50 ou 60 (juntamente com Q) e constitui prova de que Jesus era um pregador cínico. Enquanto alguns renomados estudiosos acreditam que algo do material do *Evangelho de Tomé* pode representar uma tradição primitiva, muitos outros argumentam que a obra, na inteireza ou na maior parte, depende dos evangelhos canônicos, não lançando, portanto, nenhuma luz sobre o Jesus histórico.[34] Para a narrativa básica da paixão e morte de Jesus, Crossan faz todos os evangelhos canônicos depender de seções do *Evangelho de Pedro*, o qual, em sua opinião, contém um relato bem antigo que mostra que a história da paixão não estava baseada em memórias do que aconteceu, mas em invenções imaginativas, sugeridas por passagens do AT. Na verdade, porém, a maioria dos exegetas que revisou a obra de Crossan discorda veementemente, afirmando que, direta ou indiretamente, o *Evangelho de Pedro* depende dos evangelhos canônicos e, portanto, não oferece

---

[34] A situação é bem resumida por G. J. Riley (CRBS 2, 232, 1994): "O único ponto mais controvertido que os estudiosos enfrentam é se o *Evangelho de Tomé* é ou não testemunha autêntica de uma corrente de tradição independente que remonta a Jesus".

nenhuma informação autônoma acerca da paixão e morte históricas de Jesus.[35] Não obstante freqüentes declarações na mídia, já está mais do que confirmado que não dispomos de grandes fontes de conhecimento histórico sobre Jesus além do NT.

Bibliografia sobre o Jesus histórico[36]

BOCKMUEHL, M. *This Jesus*; Martyr, Lord, Messiah. Edinburgh, Clark, 1994.

CHILTON, B. D. & EVANS, C. A. (eds.). *Studying the historical Jesus*. Leiden, Brill, 1994.

COWDELL, S. *Is Jesus unique?* A study of recent christology. New York, Paulist, 1996.

DAVIES, S. L. *Jesus the healer*. New York, Continuum, 1995.

EVANS, C. A. *Jesus and his contemporaries*. Leiden, Brill, 1995.

_____. *Life of Jesus research*; an annotated bibliography. Leiden, Brill, 1996.

EVANS, C. A. & PORTER, S. E. (eds.). *The historical Jesus*. Sheffield, Academic, 1995.

GNILKA, J. *Jesus of Nazareth*. Peabody, MA, Hendrickson, 1997 [Ed. bras.: *Jesus de Nazaré*. Petrópolis, Vozes, 2000.].

HENGEL, M. *Studies in early christology*. Edinburgh, Clark, 1995.

HULTGREN, A. J. *The rise of normative christianity*. Minneapolis, A/F, 1994.

JOHNSON, L. T. *The real Jesus*. San Francisco, Harper, 1995.

MEIER, J. P. *A marginal Jew*. New York, Doubleday, 1991-##. 3 v. [Ed. bras.: Um judeu marginal; repensando o Jesus histórico, Rio de Janeiro, Imago, 1996-1998, 2003, 3 v.]

_____. Why search for the historical Jesus? BRev 9, #3, 30-32,57, 1993.

_____. Dividing lines in Jesus research today. *Interpretation* 50, 355-372, 1996. Diversos artigos nesse número são importantes para este Apêndice.

NEILL, S. & WRIGHT, N. T. *The interpretation of the New Testament: 1861-1986*. 2. ed. New York, Oxford, 1988.

SCOTT, B. B. From Reimarus to Crossan: stages in a quest. CRBS 2, 253-280, 1994.

SENIOR, D. P. The never ending quest for Jesus. TBT 34, 141-147, 1996.

STRIMPLE, R. B. *The modern search for the real Jesus*. Philippsburg, NJ, P & R, 1995.

---

[35] Cf. BDM 2.1317-1349; KIRK, A. NTS 40, 572-595, 1994; EVANS, C. A. BulBR 6, 159-165, 1996.

[36] O tópico é tangencial ao propósito principal desta *Introdução*, que se ocupa dos livros do NT; assim, aqui se oferece apenas uma lista limitada, indicando possibilidades de ulterior estudo. Algumas das obras de teologia do NT e de Panoramas da Pesquisa do NT, mencionadas na Bibliografia do capítulo 1, contêm seções sobre o Jesus histórico.

WILKINS, M. J. & MORELAND, J. P. (eds.). *Jesus under fire*; modern scholarship reinvents the historical Jesus. Grand Rapids, Zondervan, 1995.

WITHERINGTON III, B. *The Jesus quest*; the third search for the Jew of Nazareth. Downers Grove, IL, InterVarsity, 1995.

WRIGHT, N. T. *Jesus and the victory of God*. Minneapolis, A/F, 1996.

_____. *The original Jesus*. Grand Rapids, Eerdmans, 1996.

Apêndice II

Escritos judaicos e cristãos ligados ao NT

Como pano de fundo para o NT, além do AT (incluindo-se os livros deuterocanônicos), existe uma série de escritos extracanônicos do século III a.C. ao século II d.C., abrangendo os MMM, os apócrifos e as obras de Josefo.[1] Existem também escritos cristãos do período 90-200 d.C., alguns considerados apócrifos, outros chamados "Padres Apostólicos" e (no lado oposto) gnósticos[2] e escritos patrísticos primitivos. Nesta *Introdução*, fizeram-se referências a tais obras, e o escopo aqui é oferecer, de maneira brevíssima, informações úteis sobre as mais importantes. Maiores detalhes podem ser encontrados em NJBC 67 e 80:34-82.

Escritos judaicos[3]

Os MMM. O título "Literatura de Qumrã" compreende algo em torno de dez rolos e milhares de fragmentos encontrados, inicialmente em 1947, em grutas perto de Qumrã, à margem noroeste do Mar Morto. Escritos ou copiados entre o final do século III a.C. e o começo do século I d.C., os aproximadamente oitocentos manuscritos encontrados consistem em livros do AT, incluindo muitos livros deuterocanônicos (freqüentemente com uma variedade de tradições textuais), apócrifos (geralmente em desconhecidas línguas originais) e composições da comunidade particular de judeus que viveram na colônia de Qumrã. A maioria dos estudiosos identifica tal comunidade com os essênios (primeira subseção no ca-

---

[1] Fílon deveria ser incluído, mas já foi tratado nas pp. *161-162 e 166-167*.
[2] Marcião deveria ser incluído, mas já foi tratado na p. *68*.
[3] Embora a maior parte do NT (ou todo) e alguns dos escritos cristãos a ser discutidos na próxima subseção tenham sido compostos por judeus de nascimento, este título pretende tratar das obras escritas por judeus que não eram cristãos.

pítulo 5) e acredita que eles se mudaram para Qumrã durante a período macabaico (por volta de 150 a.C.) e foram destruídos pelos romanos somente por volta do ano 68 d.C. O chamado "Mestre de Justiça", provavelmente de família sacerdotal da mais pura linhagem sadoquita, é considerado o fundador da comunidade e sua figura mais marcante. As composições mais importantes da comunidade são QS,[4] a regra de vida da comunidade (150-125 a.C.); QSa, breve adendo à regra, visando aos últimos dias; QSb, outro adendo consistindo em bênçãos; QH, uma coleção de hinos ou salmos, muitos compostos, provavelmente, pelo Mestre de Justiça; QM (século I d.C.), uma descrição criativa da guerra final a ser deflagrada entre as forças do bem e as do mal; QpHab, o "p" indicando uma *pesher* ou comentário de cada linha de um livro do AT (p. ex., Habacuc), aplicando-o às circunstâncias da vida de Qumrã; QapGen (25 a.C a 25 d.C.), uma elaboração do Gênesis em aramaico; 3Q15 (final do século I d.C., e talvez não proveniente dos qumranitas), um rolo ou placa de cobre em um hebraico próximo ao da Mixná, descrevendo onde eram enterrados os tesouros do templo; 11QMelq (50-25 a.C.), fragmentos de um *midrash* escatológico encontrado na Gruta 11, que trata Melquisedec como uma figura celestial; 11QTemplo (século I d.C.), rolo bastante longo das revelações de Deus a Moisés acerca de como o templo deveria ser construído. Não obstante reivindicações em contrário, não existe nenhuma prova clara de influência ou componente cristão nos MMM de Qumrã.

I Henoc (etíope). Escrito apocalíptico acerca do que foi visto por Henoc (arrebatado da terra por Deus em Gn 5,24), circulava em aramaico a partir de 300 a.C. Existem fragmentos de cerca de doze manuscritos de Henoc entre os MMM; por acréscimo, a disparatada coleção que conhecemos como *I Henoc* está parcialmente preservada (33%) em grego, e completamente em etíope. Dividida em cinco livros, contém expansões fictícias da queda dos anjos em Gn 6,1-4; descrições apocalípticas e visões oníricas (comparáveis às de Daniel); especulações astronômicas; divisões apocalípticas das idades do mundo; e, nos caps. 37–71, rebuscados discursos visionários ou parábolas que descrevem a preexistência do Filho do Homem. Essa seção parabólica não foi descoberta nos fragmentos dos MMM e alguns afirmam que foi composta por cristãos. Obras posteriores são *II Henoc (eslavo)* e *III Henoc (hebraico)*.

---

[4] Os leitores verão com freqüência um documento iniciado com um numeral que indica o número da gruta de Qumrã onde foi encontrado; portanto, 1QS indica o manuscrito de QS encontrado na Gruta 1.

Jubileus. Essa reescritura de Gn 1–Ex 1, proveniente do século II a.C., está ligada a outro material apócrifo de Moisés. Fragmentos de cerca de doze manuscritos hebraicos dos *Jubileus* foram encontrados na área do Mar Morto; cerca de um quarto dos *Jubileus* foi preservado em latim, mas o livro por inteiro foi conservado apenas em etíope. Atribui o mal a anjos decaídos. A característica mais notável é o interesse calendárico, a divisão da história do mundo em 49 períodos (jubileus) de 49 anos cada. O cálculo dos anos reflete o calendário solar de 364 dias (doze meses de trinta dias e quatro dias intercalados), nos quais as mesmas datas caem no mesmo dia da semana, a cada ano — calendário seguido também pela comunidade de Qumrã, que protestava contra o uso macabeu de um calendário lunar para as observâncias do templo.

(Carta de) Aristéias a Filócrates. Espelhando a numerosa comunidade judaica de Alexandria, esse opúsculo do século II a.C. (não mais tarde) narra a origem (*lendária*) da tradução do Pentateuco do hebraico para o grego. No reinado de Ptolemeu II, Filadelfo (285-246 a.C.), o bibliotecário real, que desejava uma cópia da Lei judaica para a famosa biblioteca de Alexandria, providenciou o envio de 72 anciãos (seis de cada tribo) pelo sumo sacerdote de Jerusalém. Eles produziram a LXX (Septuaginta, do latim, do número setenta, arredondado), embora, de fato, o nome seja aplicado às traduções e composições em grego de *todo* o AT, realizadas ao longo de quatro séculos, começando provavelmente antes de 300 a.C (NJBC 68.63).

Vida dos profetas. Trata-se de numerosos manuscritos, muitos deles com acréscimos cristãos. O melhor manuscrito grego, um códice do século VI d.C., da Biblioteca do Vaticano, trata de 23 profetas judaicos sem interpolações cristãs *evidentes*. A obra foi escrita provavelmente na Palestina antes de 70 d.C. Se o original era em grego, servindo-se de fontes semíticas, ou em hebraico ou aramaico, traduzido depois para o grego, permanece incerto. O objetivo prefixado é oferecer o nome do profeta, sua procedência, onde e como morreu e o lugar da sepultura; a quantidade de informações, porém, varia enormemente, sendo a vida de Joel a mais breve e a de Daniel relativamente longa. Como pano de fundo para os evangelhos, *Vida* atesta um interesse biográfico pela figura profética, desproporcionalmente centrado na morte (às vezes é narrada a morte de um mártir não atestado no AT), bem como uma tentativa de indicar um lugar de sepultamento conhecido.

Testamento (ou Assunção) de Moisés. A Antigüidade conhecia tanto um *Testamento de Moisés* quanto uma *Assunção de Moisés*. Uma obra latina sem título que sobreviveu, embora intitulada *Assunção* por seu primeiro editor, é o discurso ou testamento final de Moisés (cf. Dt 31-34) para Josué acerca da história futura de Israel, chegando a uma conclusão com a intervenção romana, após a morte de Herodes Magno. Foi supostamente composto em aramaico ou em hebraico, e revisado antes de 30 d.C. Judas parece referir-se à *Assunção* perdida.

IV Macabeus. Esse discurso filosófico ou "diatribe" acerca da supremacia do raciocínio religioso judaico em relação às paixões e sofrimentos humanos é elucidado com exemplos do AT, especialmente dos mártires de 2Mc 6-7. Composto em grego, na diáspora (Antioquia?), provavelmente por volta do ano 40 d.C., incorpora uma teologia do sofrimento vicário no martírio, o que inspirou a comemoração cristã dos mártires.

IV Esdras ou Apocalipse de Esdras.[5] Uma obra conhecida como 2 Esdras (ou IV Esdras na Vulgata latina) contém dezesseis capítulos, dos quais os caps. 1-2 e 15-16 são composições cristãs. Os caps. 3-14 constituem o *IV Esdras*, obra judaica de cerca de 90-120 d.C., escrita originalmente em hebraico ou aramaico, mas agora conservada quase inteiramente em latim. Consiste em sete diálogos/visões envolvendo Salatiel, que foi levado prisioneiro no tempo da destruição babilônica de Jerusalém (1Cr 3,17; Esd 3,2) e confusamente identificado como Esdras (que viveu um século mais tarde). O paralelo entre aquele período e os efeitos da destruição romana de Jerusalém no ano 70 d.C. fez desabrochar uma literatura apocalíptica judaica contemporânea da última parte do NT, exemplificada por obras que traziam o nome de Esdras e Baruc.

II Baruc ou o Apocalipse Siríaco de Baruc. Conservado numa tradução siríaca do (original?) grego, essa obra judaica de 95-120 d.C. depende de *IV Esdras* ou de uma fonte comum a ambos. Baruc, secretário de Jeremias que viveu no tempo da destruição de Jerusalém pelos babilônios, serviu como sujeito adequado, se fictício, para proferir admoestações e encorajamentos apocalípticos/proféticos. Existe também *III Baruc ou o Apocalipse Grego de Baruc*, composto provavelmente no Egito, em 70-150 d.C.; investiga os mistérios dos reinos celestiais.

---

[5] M. E. Stone (Hermeneia, Minneapolis, A/F, 1990) oferece um comentário importante.

Salmos de Salomão. Conservados em manuscritos gregos medievais e em siríaco, esses dezoito salmos foram originalmente compostos em hebraico, na Palestina (Jerusalém), em 65-40 a.C. Visto que interpretam a invasão romana, comandada por Pompeu, como punição pela corrupção dos sumos sacerdotes saduceus, foram atribuídos aos fariseus (embora outros grupos anti-saduceus, como os essênios de Qumrã, sejam uma possibilidade). As descrições nos Sl 17–18 do vaticinado Messias davídico, que iria conquistar os gentios e estabelecer o reino para as tribos de Israel, formam contexto importante para o NT.

Flávio Josefo. Nascido na Palestina, de um clã sacerdotal no ano 37 d.C., Josefo ben Matias morreu depois de 94, provavelmente em Roma. Embora fosse líder das forças judaicas na Galiléia durante a revolta contra Roma (66-70), rendeu-se a Vespasiano, que o pôs em liberdade quando ele predisse que o general romano se tornaria imperador. A partir de 69, tornou-se hóspede da "flaviana" (donde "Flávio") família imperial de Vespasiano, de modo que Tito o levou para Roma e instalou-o no palácio imperial. Ali, nos anos 70, ele escreveu *A Guerra Judaica* (originalmente em aramaico, mas traduzida para o grego) como propaganda a fim de mostrar a futilidade da revolta contra os romanos. Por volta de 94, concluiu as *Antigüidades Judaicas* (*Ant.*) em vinte volumes, uma sólida história dos judeus, dos tempos patriarcais à era romana. (Suas obras menores foram *Vida*, sua autobiografia, e *Contra Apião*, uma defesa contra a maledicência pagã.) Josefo oferece informações inestimáveis — mas não imparciais — acerca do período pós-bíblico, e às vezes uma comparações entre *Guerra* e *Ant.* demonstra suas parcialidades. O famoso *Testimonium Flavianum* (*Ant.* 18.3.3; #63-64) é o testemunho de Josefo sobre Jesus; podados os acréscimos cristãos posteriores, fala dos admiráveis feitos e ensinamentos de Jesus, e da condenação deste à morte por Pilatos, sob a acusação de ser "o homem mais proeminente entre nós".[6]

Testamento dos Doze Patriarcas. (Acerca dessa forma literária, cf. *p. 481.*) Se Jacó abençoa seus doze filhos em Gn 49, essa obra (conservada em manuscritos gregos tardios, mas composta antes de 200 d.C.) contém o testamento de cada um daqueles doze para seus próprios filhos. Contém importante testemunho das expectativas messiânicas. Existem passagens cristãs, e os estudiosos estão divididos: foram acréscimos a um original grego escrito antes de 100 a.C. ou a obra

---

[6] Cf. BDM 1.373-376; Meier, J. P. CBQ 52, 76-103, 1990.

básica era uma composição cristã que se serviu de fontes anteriores? O importante comentário de H. W. Hollander e M. de Jonge (Leiden, Brill, 1985) defende essa última hipótese. A valiosa tradução de De Jong encontra-se em H. F. D. Sparks, *The Apocryphal Old Testament* [O Antigo Testamento apócrifo] (Oxford, Clarendon, 1994).

Oráculos sibilinos. A partir de 500 a.C., declarações poético-oraculares e profecias sibilinas (Cumes, Delfos etc.) eram valorizadas e conservadas. Isso não obstante, as coleções se perderam. Judeus e cristãos imitaram aqueles oráculos pagãos, e essa obra grega em catorze livros representa uma combinação de duas coleções, proveniente de cerca de 150 a.C a 650 d.C. Nem sempre é possível distinguir oráculos judaicos de cristãos.

Escritos cristãos (e gnósticos)

Evangelho dos Hebreus. Esse evangelho judaico-cristão, independente de Mateus e aparentemente conhecido por Papias (cerca de 125), sobreviveu apenas em algumas citações patrísticas. Estas tratam da descida em Maria do Cristo preexistente, da vinda do Espírito Santo sobre Jesus no batismo e da aparição do Jesus ressuscitado a Tiago (seu irmão) durante uma refeição eucarística. Não deve ser confundido com o *Evangelho dos Nazarenos*, que contém variantes de Mateus, ou com o *Evangelho dos Ebionitas*, que contém variantes baseadas em Mateus e Lucas.

Evangelho Secreto de Marcos. Passagens dessa obra aparecem em uma cópia de uma carta de Clemente de Alexandria (cerca de 175-200), doutra forma desconhecida, do séc. XVIII, que M. Smith conta ter encontrado em 1958 num mosteiro da Palestina. De acordo com Clemente, Marcos escreveu uma narrativa dos "Atos do Senhor" (Marcos canônico) em Roma; a seguir, depois do martírio de Pedro, Marcos levou suas anotações para Alexandria e expandiu a obra anterior em um "evangelho mais espiritual" para o uso daqueles que estavam sendo levados à perfeição — um guia para os mistérios que conduziriam para o santuário mais íntimo da verdade oculta por sete véus. Marcos deixou essa segunda edição para a Igreja alexandrina, em cujos arquivos foi conservada e lida apenas por aqueles iniciados nos grandes mistérios. Infelizmente, Carpócrates (herege do século II) obteve uma cópia, a qual, segundo Clemente, interpretou erroneamente em favor de sua "doutrina blasfema e carnal". A passagem mais importante no

Evangelho Secreto de Marcos fala de um jovem que Jesus ressuscitou do túmulo, e que amou Jesus e lhe veio ao encontro, à noite, tendo um lençol de linho sobre o corpo nu. Alguns estudiosos (H. Koester, Crossan) argumentam que a passagem está mais próxima da composição "marcana" original, mais ampla, e que o Marcos canônico é uma abreviação secundária, pois algumas passagem do *Evangelho Secreto de Marcos* foram consideradas escandalosas. A maioria pensa que essa obra é um pasticho composto com base nos evangelhos canônicos, usado para apoiar iniciações esotéricas (conforme o sugere Clemente). Cf. capítulo 6, n. 20.

Evangelho de Pedro. Essa obra grega era conhecida no século II e foi hesitantemente rejeitada como malsã pelo bispo Serapião, de Antioquia. A única porção considerável, conservada num códice de cerca do ano 800, trata de uma parte da paixão, do final do julgamento de Jesus até a ressurreição. Existem elementos que claramente não são históricos: Herodes e os judeus condenaram Jesus à morte; Pilatos precisou pedir permissão a Herodes para o corpo; a cruz, que fora colocada dentro da tumba de Jesus, saiu do túmulo e falou. Crossan, porém, declara que grandes porções do *Evangelho de Pedro* são mais antigas do que as narrativas da paixão, que se serviram dele. A maioria dos estudiosos considera o *Evangelho de Pedro* expansão imaginativa dos evangelhos canônicos, conhecidos quer pela leitura, quer pela escuta. Cf. capítulo 6, n. 4 e n. 21.

Proto-evangelho de Tomé. Essa obra, conservada em muitos manuscritos gregos, a partir do século III, circulava em meados do século II. Diz respeito à família de Maria, a sua educação e ao casamento com José, bem como ao nascimento de Jesus, e pretende ter sido escrito por Tiago (presumivelmente porque, como "irmão do Senhor", ele teria conhecido a história da família). O conhecimento imperfeito do judaísmo demonstra que não é um relato histórico, ainda que possa conter alguns itens confiáveis de tradição anterior. O *Proto-evangelho de Tiago* diz que os pais de Maria chamavam-se Joaquim e Ana, que Maria foi apresentada no templo em tenra idade e descreve os "irmãos" de Jesus como filhos de José provenientes de um casamento anterior; sugere, ainda, que Maria deu Jesus à luz sem dor e sem ruptura do hímen. Tem grande influência na arte religiosa e no desenvolvimento da mariologia.[7]

---

[7] Este e os apócrifos listados a seguir estão traduzidos e anotados em HOCK, R. F. *The infancy Gospels of James and Thomas*. Santa Rosa, CA, Polebridge, 1995.

Evangelho da Infância de Tomé. O original grego foi conservado apenas em um manuscrito bem tardio, embora existam textos latinos e siríacos provenientes do século V. Narra certo número de episódios lendários que mostram os poderes miraculosos do menino Jesus dos cinco aos doze anos. (O mais conhecido é como ele fez voar pássaros de argila.) Cristologicamente, pretende mostrar que o menino Jesus tinha os mesmos poderes (e a mesma oposição) do Jesus adulto.

Odes de Salomão. É incerto se a composição original (de um judeu-cristão no começo do século II d.C., provavelmente na Síria) era em hebraico, aramaico ou grego, mas o texto mais completo das 42 *Odes* está em siríaco. Embora alguns as considerem gnósticas, contêm paralelos com a apocalíptica judaica e os MMM, bem como com certos aspectos do quarto evangelho. As *Odes*, expressando alegria pela aparição do Messias, podem ter tido uso batismal.

I Clemente.[8] Uma carta-tratado da Igreja de Roma à Igreja de Corinto, visando apoiar alguns presbíteros coríntios que foram depostos. Dionísio de Corinto (cerca de 170) atribuiu-a a Clemente, importante figura da Igreja romana (secretário correspondente e/ou presbítero principal?).[9] A maioria data a obra de cerca de 96 (parcialmente em dependência da tese da perseguição sob o imperador Domiciano: *pp. 1042-1048*), embora 96-120 seja uma escala de tempo mais segura. A carta ressalta a autoridade e faz a (dupla) estrutura eclesial de bispos e diáconos provir dos apóstolos (cf. *pp. 847-848*). Uma homilia sobre o arrependimento e a condução de uma vida santa, conhecida como *II Clemente*[10] (meados do séc. II?), não escrita pelo mesmo autor, pode originar-se das conseqüências do intercâmbio Corinto–Roma em *I Clemente*.

---

[8] Esse e os próximos cinco parágrafos fazem uma seleção dos escritos eclesiásticos primitivos chamados "Padres Apostólicos", porque considerados escritos, de modo geral, no período subapostólico, ou seja, depois da morte dos apóstolos. Alguns deles foram escritos antes das obras finais do NT. O texto grego e uma tradução inglesa (não muito satisfatória) encontram-se em *Loeb Classical Library*, por K. Lake (New York, Putnam's, 1912, 2 v.); também uma brochura em inglês, editada por J. N. Sparks (New York, Nelson, 1978).

[9] A estrutura de um bispo que preside os presbíteros não parece ter sido estabelecida na Igreja romana muito antes do século II d.C.; anacronicamente, porém, Clemente seria depois identificado como bispo. Cf. BMAR 159-183. Para a literatura pseudoclementina, cf. capítulo 34, n. 6.

[10] DONFRIED, K. P. *The setting of Second Clement.* Leiden, Brill, 1974. (NovTSup, 38.)

Didaqué.[11] Mais conhecida como *A Doutrina (Didachē) do Senhor por meio dos Doze Apóstolos para as Nações*, trata-se de um manual de instruções morais e práticas litúrgicas (batismo, eucaristia). Não se sabe se é uma composição unificada. A proximidade com Mateus fez da Síria, no começo do século II, o contexto mais provável para as seções mais antigas. Os ensinamentos sobre a eucaristia têm paralelos com a linguagem joanina; a imagem da organização eclesial (bispos e diáconos substituindo profetas e mestres: cf. *pp. 844-845*) parece implicar uma situação pré-inaciana.

Cartas de Inácio de Antioquia.[12] O bispo de Antioquia foi preso, condenado, levado para Roma como malfeitor e lá executado por volta de 110. Durante a viagem, foi visitado por representantes dos cristãos, quando então escreveu sete cartas: seis a comunidades — *Éfeso, Magnésia, Trália, Roma, Filadélfia* e *Esmirna* — e uma a *Policarpo* (bispo de Esmirna). À exceção da carta aos *Romanos*, as demais atestam e apóiam a tríplice estrutura com um bispo, presbíteros e diáconos, porque a autoridade do bispo pode ser um baluarte contra a divisão e a heresia. Na carta a *Esmirna* 8,2, ele usa a expressão "a igreja católica" (*hē katholikē ekklēsia*).

Carta de Policarpo (aos Filipenses). Essa carta-título para uma coleção de cartas de Inácio pode ser compósita; os caps. 13–14 foram escritos pouco depois da visita de Inácio e enquanto ele ainda estava vivo (13,1-2), mas os caps. 1–12 foram redigidos depois de seu martírio (9,1). Em todo caso, uma data entre 110 e 135 é provável. Policarpo admoesta a Igreja filipense acerca do tratamento de um presbítero que defraudara os fundos. Parece demonstrar conhecimento de vários escritos paulinos e está especialmente próximo das pastorais. Em uma cadeia de escritores eclesiásticos do século II, Policarpo (martirizado em Esmirna em 155-160 — o *Martírio de Policarpo*) tinha familiaridade com a ponta mais antiga, com Inácio, e com o extremo mais tardio, com Irineu (bispo de Lyon, que escreveu os cinco volumes de *Adversus Haereses*, contra os gnósticos em 180-190, e pode ter sido martirizado por volta de 202).

---

[11] WALTERS, B. S. *The unknown teaching of the Twelve Apostles*. San Jose, CA, Bibliographies, 1991; JEFFORD, C. N. (ed.). *The Didache in context*. Leiden, Brill, 1994. (NovTSup 77); DRAPER, J. A. *The Didache in modern research*. Leiden, Brill, 1996.

[12] W. R. Schoedel (Hermeneia, Philadelphia, Fortress, 1985) oferece comentário detalhado.

Pastor de Hermas.[13] Na Igreja primitiva, alguns elevaram ao nível de Escritura canônica esse vibrante apelo à conversão do coração, composto em Roma antes de 150 d.C.; por exemplo, fazia parte do Códice Sinaítico do NT, no século IV. Vendido no passado de um dono a outro, Hermas parece ter sido um escravo alforriado, que era profeta (provavelmente não era presbítero). De um anjo-pastor, ele recebeu revelações e ordens que estão escritas em três seções do documento: cinco visões, doze mandatos (ou mandamentos) e dez comparações ou parábolas. As visões apocalípticas são difíceis de diagnosticar. As instruções sobre a virtude, nos mandatos, supõem uma antropologia espiritual na qual os espíritos bons e os maus estão em ação (cf. os MMM e a *Didaqué*), e precisam ser discernidos. As comparações (a parte mais longa do livro) acentuam fortemente o cuidado pelos pobres. *Hermas* dá testemunho da sobrevivência de uma vigorosa tendência judaica no cristianismo romano.

Epístola de Barnabé.[14] Esse tratado foi escrito em grego por um autor desconhecido (provavelmente gentio), usando o estilo alegórico da interpretação veterotestamentária em voga em Alexandria. Está também contido no Códice Sinaítico. A instrução moral de *Barnabé* diz respeito aos "dois caminhos", ou seja, o caminho da luz e o caminho das trevas (tema bastante acentuado no dualismo dos MMM). Embora o autor esteja muito influenciado pelo pensamento judaico, critica o ritual judaico. Em 16,3-4 muitos encontram uma referência ao plano de Adriano para construir um templo a Zeus na área do derribado templo de Jerusalém, e isso faz pensar em uma data antes de 135.

Escritos de Justino Mártir. Gentio proveniente da Palestina (moderna Nablus), passou algum tempo em Éfeso e foi martirizado em Roma por volta de 165. Estivera à volta com filósofos gregos antes de tornar-se cristão. Em 156, endereçou uma *Apologia* ao imperador Antônio Pio, defendendo o cristianismo contra os caluniadores, e, mais tarde, escreveu o *Diálogo com o judeu Trifo*. "Trifo" pode ser uma figura criada com base nos porta-vozes ou nas atitudes judaicas do tempo, mas a obra nos dá uma idéia (ainda que parcial) das objeções judaicas ao cristianismo e as refutações desenvolvidas contra elas.

---

[13] Para breve e excelente tratamento desse complicado documento, OSIEK, C. BRev 10, #5, 48-54, 1994.

[14] Existem diversos problemas pendentes acerca dessa obra; cf. PAGET, J. C. *The Epistle of Barnabas*. Tübingen, Mohr-Siebeck, 1994. (WUNT, 2.64.)

Diatessaron de Taciano. Nascido no Oriente, na área do Eufrates, Taciano foi para Roma, converteu-se ao cristianismo e tornou-se aluno de Justino. Escreveu contra a cultura grega e, a seguir, voltou para a Mesopotâmia, em 172. Segundo a tradição, era um herege (defendia ascetismo exagerado, apregoado em oposição às relações matrimoniais, associado ao encratismo).* É lembrado por ter composto o *Diatessaron* (harmonização dos quatro evangelhos e de algum material não-canônico), mas não sabemos se ele escreveu em Roma ou quando de volta ao Oriente; se em grego ou (mais provavelmente) em siríaco. Tal obra teve enorme influência e substituiu os evangelhos canônicos durante séculos na Igreja de língua siríaca. O original perdeu-se, de modo que o *Diatessaron* teve de ser reconstruído de harmonizações tardias e particularmente a partir de um comentário de santo Efrém.[15]

Evangelho de Tomé.[16] Em Nag Hammadi, no Egito, a cerca de 480 quilômetros ao sul do Cairo, perto de um mosteiro do século IV, descobriram-se, em 1945, treze códices coptas, contendo algo em torno de 60 tratados diversos, quase quarenta dos quais não eram conhecidos. São traduções gregas de documentos anteriores, sendo muitos gnósticos (de várias tendências), mas a linha entre a ascética cristã e a gnóstica não é sempre definível. O *Evangelho de Tomé*, uma coleção de 114 ditos do Jesus vivente (ressuscitado), é o tratado mais importante para os fins do NT. (Apesar de denominado evangelho, tal coletânea de ditos, sem moldura biográfica, oferece um paralelo para a fonte hipotética Q de Mateus e Lucas). Desses, 79 têm algum paralelo na tradição sinótica, e tem havido grande discussão sobre se a forma de alguns deles, no *Evangelho de Tomé*, é mais original. No *Jesus Seminar*, a obra, no todo ou em parte, é tratada como uma composição dos anos 50, antedatando-se ao evangelhos canônicos; a maioria do estudiosos, porém, pensa que, não obstante o *Evangelho de Tomé* possa ter preservado alguns ditos originais de Jesus, a obra como um todo é composição do século II e reflete, às vezes, gnosticismo incipiente. Em si mesmos, os ditos são muitas vezes obscuros, sem a chave hermenêutica oferecida pelo mito gnóstico da

---

* Do grego *enkratēs*, "autodisciplinado", seita do século II que condenava as relações sexuais, o clericalismo, o uso de carne e de bebidas fortes [N. T.].

[15] Está disponível em uma edição de C. McCarthy (New York, Oxford, 1994). Para um panorama da pesquisa: PETERSEN, W. L. *Tatian's Diatessaron.* Leiden, Brill, 1994. (VC Supplement, 23.)

[16] Para a pesquisa recente, RILEY, G. J. CRBS 2, 227-252, 1994.

queda das origens celestiais rumo a este mundo de ignorância, e a possibilidade da volta por meio do conhecimento. Cf. capítulo 8, Temas e problemas para reflexão, 6, e capítulo 9, n. 48.

Evangelho da Verdade. O original dessa eloqüente reflexão homilética sobre Jesus, encontrada em Nag Hammadi, foi composta em grego no século II d.C., e pode ter sido escrita pelo famoso mestre gnóstico Valentino. O mito gnóstico da queda da Sofia, do reino divino em direção a este mundo, parece subjazer à imagem de Jesus como manifestação do inescrutável Deus Pai. Reflete paráfrase dos evangelhos canônicos.

Bibliografia: obras gerais

Escritos judaicos

EVANS, C. A. *Noncanonical writings and New Testament interpretation.* Peabody, MA, Hendrickson, 1992. Informações muito breves sobre as obras judaicas e cristãs não-canônicas.

MANUSCRITOS DO MAR MORTO: *bibliografia no final do capítulo 5; também NJBC 67.79-117.*

APÓCRIFOS (AT): *a coleção mais completa é OTP.*

    CHARLES, R. H. (ed.). *Apocrypha and Pseudepigrapha of the Old Testament.* Oxford, Clarendon, 1913. 2 v.

    SPARKS, H. F. D. (ed.). *The Apocryphal Old Testament.* Oxford, Clarendon, 1994.

JOSEFO: *bibliografia no final do capítulo 4.*

Escritos cristãos (e gnósticos)

APÓCRIFOS (NT): *a coleção mais completa é HSNTA.*

    ELLIOTT, J. K. (ed.). *The Apocryphal New Testament.* Oxford, Clarendon, 1993.

    _____. *The Apocryphal Jesus.* New York, Oxford, 1996. Textos selecionados dos evangelhos apócrifos.

ESCRITORES DA IGREJA PRIMITIVA: *para bibliografia mais detalhada, cf. NJBC 80.34-82.*

    WAGNER, W. H. *After the apostles;* christianity in the second century. Minneapolis, A/F, 1994.

GNOSTICISMO: *uma bibliografia sobre o gnosticismo aparece no final do capítulo 5.*

ÍNDICES

- Índice bibliográfico de autores
- Índice de assuntos

Índice bibliográfico de autores

As referências às obras de outros autores encontram-se tanto nas notas de rodapé quanto nas bibliografias no final dos capítulos. Permitam-me enfatizar que tais bibliografias *não* são listas de livros recomendados — em minha opinião, alguns dos itens listados são idiossincrásicos e até mesmo equivocados em seu direcionamento. Esta *Introdução*, porém, foi pensada para o uso de leitores e professores com vários interesses e opiniões diferentes dos meus; propositadamente, portanto, as bibliografias incluem ampla gama de registros. As notas de rodapé contêm registros pertinentes aos assuntos ou seções particulares de um capítulo (e muitas vezes citam obras bem mais importantes do que as listadas nas bibliografias).

Este índice, que abrange tanto as bibliografias quanto as notas de rodapé, não contém as discussões das opiniões dos autores; apenas cita a página na qual os leitores podem encontrar as informações sobre um livro ou artigo. Neste índice as referências a livros são feitas por meio do sobrenome do autor e uma ou duas palavras significativas do título, a fim de facilitar a busca dos dados completos. (Para comentários e estudos em série, o título abreviado é o livro bíblico tratado no capítulo.) Outras obras (artigos nas bibliografias, referências em notas de rodapé) estão indicadas apenas pelos números das páginas nas quais aparecem.

Sobrenomes que começam com *de*, *di*, *du* e com *van*, *von* são encontrados nas letras *d* e *v*, respectivamente; ä, ö, ü são tratados como ae, oe e eu, também respectivamente.

A

Aageson, J. W. *Written* 590
Abbott, E. A. 1002
　Johannine 515
Abbott, T. K. *Colossians* 811
Abrahamsen, V. 642
Achtemeier, P. J. 221, 234, 236, 240, 626
　Mark (ABD & ProcC) 256
　1 Peter 941
　Romans 766
Adam, A. K. M. *Postmodern* 81
Adamson, J. B. *James* 971
　James Man 972
Ahern, B. A. 804
Aland, B. *NT Text Criticism* 116
Aland, K. "Problem" 774
Aland, K. and B. *Text NT* 772
Albright, W. F. *Matthew* 323
Alexander, L. 328
Alexander, N. *1-3 John* 531
Allan, J. A. *Ephesians* 833
　"In Christ" 834
Allison, D. C. 920
　Matthew 324
　New 267
Allison, R. W. 693
Ambrozic, A. M. *Hidden* 257
Anderson, B. W. *Books* (TBOB) 70
Anderson, C. P. 811
Anderson, G. 161
Anderson, H. *Mark* 256
Anderson, H. G. 758
Anderson, J. C. (Survey) 324
　Mark 257
　Matthew's narrative 325
Anderson, P. N. *Christology* 515
Arnold, C. E. 833
　Colossian 811

Arzt, P. 557
Ashton, J. *Interpretation & Understanding* 515
Attridge, H. W. 198
　Hebrews 917
Aune, D. E. 1012, 1016
　"Problem" 200
　"Social" 1051
Aus, R. *2 Thess* 785
Avi-Yonah, M. *Encyclopedia* 140

B

Baasland, E. 634
Bacon, B. W. 538
　Gospel 515
　Studies 325
Badenas, R. 750
Báez-Camargo, G. *Archaeological* 140
Baggott, L. J. *Colossians* 811
Bailey, J. A. 497, 785
Bailey, K. E. 351
Baird, W. 720
　NT Research 74
Baker, W. R. *Personal* 972
Balch, D. L. 925
　NT Social 139
　Social History 325
Balchin, J. F. 792
Baldwin, H. S. 862
Ball, D. M. 476
Balz, H. *Exeget. Dictionary* 72
Bandstra, A. J. 1014
Banks, R. 691
　Paul's 590
Barbour, R. S. 811
Barclay, J. M. G. 569, 623
　"Conflict" 618
　Obeying 639

Índice bibliográfico de autores

Barr, A. *Diagram Synoptic* 201
Barr, D. L. 1036
Barraclough, R. 166
Barré, M. 709
Barrett, C. K. 464, 482, 711, 733, 735, 851, 892
   Acts 456
   1 Corinthians 711
   2 Corinthians 736
   Essays 515
   Essays on Paul 750
   Freedom 639
   John 515
   Luke Historian 389
   NT Background 164
   Pastorals 850
   Paul 590
   Romans 766
Bartchy, S. S. 687
Barth, G. 281
Barth, K. *Christ & Romans* 767
   Philippians 663
Barth, M. *Colossians* 811
   Ephesians 833
   "Traditions" 634
Bartlet, V. 540
Bartlett, D. L. 843
   Romans 766
Barton, S. C. 211
Bassler, J. M. 784, 860
   Pauline Theol. 1 592
Bates, W. H. 724
Batey, R. A. 136
Bauckham, R. J. 1002, 1010, 1025, 1034
   Climax 1051
   Jude Relatives 987
   Palestinian 137
   2 Peter 1002
   Revelation 1050

Bauer, B. 1058
Bauer, D. R. 264, 266
   Treasures 325
Baumert, N. 693
Beale, G. K. *Right* 97
Beall, T. S. *Josephus* 164
Beardslee, W. A. *Literary* 82
Beare, F. W. *Ephesians* 833
   1 Peter 942
   Philippians 663
Beasley-Murray, G. R. 227
   2 Corinthians 736
   John & Gospel 515
   Revelation 1050
Beasley-Murray, P. 792
Beavis, M. A. 213
Bechtler, S. R. 750
Beck, N. A. 219
Becker, J. *Paul* 590
Beker, J. C. *Heirs* 774
   NT Introd. 71
   Paul books 590
Bell, I. H. *Cults* 166
Bell Jr., A. A. 1043
Belleville, L. L. 626, 711, 719
Bellinzoni, A. J. *Two-Source* 201
Benko, S. *Pagan Rome* 166
Benoit, P. *Jesus* 804
Bernard, J. H. *John* 513
Best, E. 241, 804, 820, 824, 935
   2 Corinthians 735
   Ephesians 833
   Mark 257
   1 Peter 941
   Romans 766
   Temptation 257
   Thessalonians 618
Betz, H. D. 638, 727
   2 Corinthians 735

Essays & Sermon 269
   Galatians 639
   Matthew 323
Betz, O. 149, 240
Beutler, J. 477
Bickerman, E. J. *Chronology* 140
   Maccabees 146
Bieringer, R. *Corinthian* 712
   Studies 735
Bigg, C. *1 Peter* 942
Bilezikian, G. C. *Liberated* 257
Birdsall, J. N. 116
Bittner, W. 496
Black, C. C. 80, 227, 234, 244, 248, 532
   Exploring (em Culpepper) 515
Black, M. 284, 977
   Romans 766
Blackman, E. C. *James* 971
   Marcion 68
Blanke, S. *Colossians* 811
Blenkinsopp, J. *Corinthian* 712
Blevins, J. L. *Messianic* 238
   Revelation 1051
Bligh, J. *Galatians* 639
Block, D. A. 900
Blomberg, C. L. 214, 349
   Matthew 325
Bloomquist, L. G. *Function* 663
Blount, B. K. *Cultural* 107
Boccaccini, G. *Middle Judaism* 137
Bock, D. L. *Luke* 388
Bockmuehl, M. *This Jesus* 1073
Boers, H. 618
   Justification 639
Boesak, A. 1049
Bogart, J. *Orthodox* 532
Boismard, M.-É. 451, 501, 526
Boobyer, G. H. 978, 990
Borg, M. J. 1064

Borgen, P. 131, 447, 496
   Bread & Logos 474
   Paul 639
   Philo writings 166
Boring, M. E. 211, 1012, 1060
   Continuing 202
   Hellenistic 164
   Matthew 324
   Revelation 1050
   Sayings 202
Bornkamm, G. 538, 736, 811, 1060
   Paul 590
   Tradition 325
Boswell, J. 700
Botha, P. J. J. 247
Boucher, M. I. 212
Bovon, F. *Luke Theologian* 389
Boyle, M. O. 951
Braaten, C. E. *Reclaiming* 107
Bratcher, R. G. 41
   Timothy 851
Braun, W. 355
Brawley, R. L 383
Briggs, R. C. (Survey) 532
Brinsmead, B. H. *Galatians* 639
Broadhead, E. K. *Prophet* 257
Brocke, M. 271
Bromiley, G. W. (abridg. Kittel) 73
Broneer, O. 689, 712
Brooke, A. E. 1-3 John 531
Brooks, J. A. 967
Brown, A. R. *Cross* 712
Brown, C. 214
Brown, J. P. 233
Brown, L. A. 851
Brown, R. E. 149, 156, 187, 271, 420, 452,
   482, 505, 512, 529, 797, 811, 819, 834,
   843, 851, 940, 1060
   BBM 27

BCALB, BDM, BEJ, BGJ, BINTC, BMAR, BNTE, BROQ 228
Community 515
"Further" 767
MNT, NJBC 32, 70
Once 457
PNT 33
Brown, R. M. 84
Brown, S. 390
Apostasy 390
Origins 71
Browning, W. R. F. *Luke* 388
Bruce, F. F. 74, 619, 792, 811, 834, 903, 1051
Acts 456
Colossians 811
Commentary Acts 457
1 Corinthians 711
Epistles John 532
Galatians 638
Hebrews 917
NT History 137
Paul 590
Philippians 663
Survey 532
Thessalonians 619
Bryan, C. A. *Preface* 257
Buchanan, G. W. 504
Hebrews 917
Revelation 1051
Buck Jr., C. H. 730
Paul 594
Buckel, J. *Free* 639
Bujard, W. 801
Bultmann, R. 159, 749
BHST 23
1-3 John 531
John 515
Second Corinthians 736
Theology 72

Burge, G. M. *Anointed* 482
John 513
Burgess, J. *Colossians* 811
Burkert, W. *Greek Religion* 166
Burkett, D. 466
Burkill, T. A. 234
Burnett, F. W. 294
Burney, C. F. 460, 503
Burridge, R. A. *What* 200
Burtchaell, J. T. 854
Philemon's Problem 675
Burton, E. D. *Galatians* 633
Bush, P. G. 856
Bussby, F. 194
Butler, B. C. *Originality* 201
Byrne, B. 500, 686
Reckoning 767
Romans 767
Byrskog, S. *Jesus* 325

C

Cabaniss, A. 972
Cadbury, H. J. 328, 380, 834
Acts 457
Making & Style 390
Cahill, P. J. 1060
Caird, G. B. 816
Colossians 811
Luke 388
NT Theology 72
Philippians 663
Revelation 1051
Callan, T. 828
Calloud, J. 81
Campbell, D. A. 634, 746
Campbell, R. A. 710, 850
Elders 843
Campbell, T. H. 566

Cannon, G. E. *Use* 811
Caragounis, C. C. 830
Cargal, T. B. *Restoring* 972
Carlston, C. E. 281, 285, 892
Carrington, P. *Mark* 257
Carroll, J. T. *Response* 390
Carroll, K. 946
Carson, D. A. 460, 496
   John 515
   Showing 712
   Survey 514
   Triumphalism 736
Carter, W. 269, 290
   Matthew 325
Cartlidge, D. R. *Documents* 164
Casey, J. *Hebrews* 917
Casey, M. 1066
Cassidy, R. J. 285
   Jesus 390
   John's Gospel 515
   Political 390
   Society 457
Casurella, A. *Bibliography* 942
Catchpole, D. R. 279
   Quest 202
Cavallin, H. C. C. 993
Cerfaux, L. *Christ* 590
   Christian & Church 590
Chang, A. D. 993
Chapman, J. 540
Charles, J. D. *Literary* 987
Charles, R. H. *Apocrypha* 1086
   Revelation 1051
Charlesworth, J. H. 500, 1061
   John DSS 149
   OTP 33
Chenderlin, F. 710
Chester, A. *James* 971
Childs, B. S. *Introd. OT* 80
   New 71

Chilton, B. D. 513, 1066
   Studying 1073
Chow, J. K. *Patronage* 712
Church, F. F. "Rhetorical" 675
Clark, G. 690
Clark, K. W. 309
Clarke, A. D. *Secular* 712
Cody, A. *Heavenly* 918
Coetzee, J. C. "Holy" 532
Cohen, S. J. D. 150
   From 137
   Josephus 139
Cole, D. P. 579
Cole, R. A. *Galatians* 638
   Mark 256
Coleman, P. 700
Coleridge, M. 331
Collange, J.-F. *Philippians* 663
Collins, J. J. 1006, 1007, 1012
Collins, R. F. 270, 618, 851
   Birth & Studies 619
   CLPDNW 774
   Introd. NT 71
   Proclaiming 590
   TTC 35
Colson, F. H. "Myths" 851
Combrink, H. J. B. 942
Comfort, P. W. *Early* 116
Condon, K. 958
Conzelmann, H. *Acts* 456
   1 Corinthians 711
   Gentiles 137
   Interpreting 71
   Jesus 1060
   Outline 72
   Pastorals 850
   Theology 390
Cook, D. 870, 887
Cook, J. G. *Structure* 257

Cook, M. J. 234, 309
Cook, S. L. 1006
Cooper, E. J. 532
Cooper, W. H. 1002
Cope, L. 667, 812
Coppens, J. 797
Corsini, E. *Revelation* 1051
Cosgrove, C. H. *Cross* 639
Court, J. *Myth* 1051
   Revelation 1051
Cousar, C. B. *Galatians* 638
Coutts, J. 822, 827
Cowdell, S. *Is Jesus* 1073
Craddock, F. B. *1 Peter* 942
   Luke 388
   Philippians 663
Craffert, P. F. 571
Crafton, J. A. *Agency* 736
Cranfield, C. E. B. *First Epistle* 942
   Mark 256
   1 Peter (TBC) 942
   Romans 767
   Romans Shorter 767
Creed, J. M. *Luke* 390
Crehan, J. 1002
Cribbs, F. L. 497
Cross, F. L. *Studies* 834
Cross Jr., F. M. *Ancient* 165
Crossan, J. D. 188, 212, 1064
   Sayings 164
Crotty, R. 950
Crouch, J. E. 798
Crump, D. M. 340
Culliton, J. T. 804
Cullmann, O. 512, 920
   Joh. Circle 515
   Salvation 72
Culpepper, R. A. 501, 816
   Anatomy & Exploring & School 515

1-3 John 531
Luke 388
Cunningham, P. A. *Jewish* 590
Curran, J. T. 992

D

Dahl, M. E. 683
Dahl, N. A. 626, 683, 757, 834
   Studies in Paul 590
Daines, B. 804
Dalton, W. J. 660, 931
D'Angelo, M. R. *Moses* 918
Danker, F. W. 991, 995
   2 Corinthians 735
   Luke & Jesus 390
   1 Peter 942
   2 Peter 1002
Danove, P. L. 231
Darr, J. A. *Character* 390
Daube, D. 285, 675, 685
Davids, P. H. 956
   James 971
   1 Peter 942
Davidsen, O. *Narrative* 258
Davies, J. H. *Hebrews* 917
Davies, M. 700
   Matthew 324
   Pastorals 850
   Rhetoric 515
Davies, S. L. 863
   Jesus 1073
Davies, W. D. 269, 892
   Invitation 71
   Matthew (com Allison) 324
   Paul 590
Dawes, G. R. 688
Dawsey, J. M. *Lukan* 390

Deardorff, J. W. *Problems* 201
de Boer, M. C. 417, 523, 525, 586, 694, 712
   From Jesus 516
   Joh. Perspectives 515
Deissmann, A. *Light* 164
de Jonge, M. 505, 896, 1061, 1080
   EJ 30
Delobel, J. *NT Text Criticism* 116
Demarest, B. 913
de Maris, R. E. 694
   Colossian 812
Deming, W. *Paul* 688
Denaux, A. 159, 496
Deppe, D. B. 956
Derrett, J. D. M. 675
Deshardins, M. 1002
de Silva, D. A. 895
Deutsch, C. *Lady* 325
Dewey, J. 86, 234, 236
Dexinger, F. 142
Dey, L. K. K. 902
Dibelius, M. 78, 797
   James 971
   Pastorals 850
   Paul 590
   Studies 457
DiCicco, M. M 722
Dillon, R. J. 328, 369
Dodd, B. 634
Dodd, C. H. 178, 212, 526
   Historical & Interpretation 516
   1-3 John 531
   Meaning Paul 590
   Romans 767
Doig, K. F. *NT Chronology* 140
Donahue, J. R. 212, 228, 238, 241, 247, 295
Donelson, L. R. *Pastoral* 850
   Pseudepigraphy 851

Donfried, K. P. 159, 294, 447, 540, 757, 1082
   "Chronology" 594
   "Cults" 619
   Theology 590
   Thessalonians 618
   TRD 35
Doty, W. G. *Letters* 563
Doughty, D. J. 647
Dowd, S. E. 225
Downing, F. G. 1044
   Cynics 166
Drake, A. E. 794
Drane, J. W. *Paul* 590
Draper, J. A. 1035, 1083
Drury, J. *Tradition* 390
Duke, P. D. 462
Duling, D. C. 84
   NT Introd. 72
Dumbrell, W. J. 1030
Duncan, G. S. 663
Dunderberg, I. 193
Dungan, D. L. *Documents* 164
   Interrelations 201
   Sayings 590
Dunham, D. A. 994
Dunn, J. D. G. 234, 398, 591, 627, 804, 811, 1061
   Christology 653
   Colossians 811
   1 Corinthians 711
   Galatians (BNTC & NTT) 638
   Jesus, Paul 639
   Romans 767
Dunnet, W. M. 987
Dunnill, J. *Covenant* 915
Dupont, J. *Salvation* 457
   Sources 456
du Rand, J. A. *Johannine* (panorama) 514

Dutile, G. 735
Dyrness, W. 954

E

Easton, B. S. 494
   Early 457
Ebeling, G. *Truth* 639
Edwards, J. R. 210
   Romans 767
Edwards, R. A. *Concordance & Theology* (Q) 202
Edwards, R. B. *1-3 John* 531
Edwards Jr., O. C. *Luke's* 390
Egelkraut, H. L. 349
Ehrman, B. D. *Orthodox & Text NT* 116
Eisenbaum, P. M. *Jewish* 898
Elder, L. B. 688
Ellington, J. *2 Corinthians* 735
Ellingworth, P. *1 Corinthians* 711
   Hebrews 917
Elliott, J. H. 84, 675, 927, 936, 942
   Elect & Home 942
   1 Peter 942
Elliott, J. K. *Apocryphal* 1086
   Greek 851
   Language 258
   Manuscripts 116
Elliott, N. *Rhetoric* 767
Elliott-Binns, L. E. 950
Ellis, E. E. 248, 583, 602, 712, 851, 987
   Eschatology 390
   Luke 388
   Paul Interpreters 589
   Pauline Theology 591
   Paul's Use 591
   "Pseudonymity" 774
   World 516

Ellis, P. F. *Genius* 463
   Matthew 325
Ellul, J. *Apocalypse* 1051
Empereur, J. 958
Engberg-Pedersen, T. *Paul* 591
Epp, E. J. 451
   NTIMI 70
   Studies 117
Ernst, C. 1002
Esler, P. F. *Community* 390
   First 137
Evans, C. A. 225, 812, 1073
   Jesus books 1073
   Joh. Writings (em Porter) 517
   Luke 388
   Luke Scripture 390
   Nag Hammadi 167
   Noncanonical 1086
   Paul 591
   Pauline (em Porter) 592
   Studying (em Chilton) 1073
   Word 464
Evans, C. F. *Luke* 390
Evans, L. H. *Hebrews* 918
Ewing, W. *Power* 1049
Eybers, I. H. "Aspects" 987

F

Falk, H. *Jesus* 149
Fallon, F. T. *2 Corinthians* 735
Farmer, W. R. 201, 232, 1002
   CHI 29
   Formation 73
   Gospel & Synoptic 201
Farrer, A. 202
   Revelation 1051
Farris, S. *Hymns* 335

Fee, G. D. *1 Corinthians* 711
   God's Presence 591
   NT Exegesis 107
   Pastorals 850
   Philippians 663
   Studies 117
Fekkes III, J. 1010
Felder, C. H. 84, 798, 951
Feldman, L. H. *Jew Gentile* 137
   Josephus writings 139
Fensham, F. C. 903
Ferguson, E. 56
   Backgrounds 137
Feuillet, A. 530
   Apocalypse 1051
   Joh. Studies 1051
Filson, F. V. 532, 899
Fine, S. 142
Finegan, J. *Archaeology* 140
   Chronology 140
   Myth 166
Fiore, B. *Function* 851
Fisher, F. L. *1 Corinthians* 711
Fitzgerald, J. T. 719
Fitzmyer, J. A. 144, 152, 222, 226, 282, 304, 563, 566, 579, 652, 719, 727, 764, 897
   According Paul 591
   Biblical Commission 108
   Bibliography 70
   FESBNT, FTAG 30
   Luke 389
   Luke Theologian 390
   Paul 591
   Response — DSS writings 165
   Romans 719
   Scripture 107
   Spiritual 767
   Wandering 152

Fleddermann, H. T. *Mark* 202
Flender, H. *St. Luke* 390
Foakes Jackson, F. J. *Beginnings* 457
Foerster, W. *Gnosis* 167
Forbes, C. 720
Forbes, P. B. R. 969
Ford, J. M. 383, 906
   Revelation 1051
Forestell, J. T. *Word* 516
Fornberg, T. *Early* 1002
   Texts 136
Fortna, R. T. 477
   Fourth Gospel 516
   Gospel Signs 516
Fossum, J. 792, 977
Foulkes, F. *Ephesians* 833
Fowl, S. E. 588, 628
Fowler, R. M. 217
   Let 258
Frame, J. *Thessalonians* 618
France, R. T. *Bibliographic* 324
   GP 30
   Matthew 324
Francis, F. O. 530, 795, 797, 812, 962
   CAC 29
   Pauline 589
Franklin, E. *Christi & Luke* 390
Frankowski, J. 892
Franzmann, M. *Jesus* 167
Freed, E. D. 480, 504
   Apostle 591
   NT Introd. 71
Frend, W. H. C. *Archaeology* 140
Freyne, S. 136
   Galilee & World 137
Fridrichsen, A. 214
Friedrichsen, T. A. 191
Friesen, S. 1028
Fuchs, E. 1060

Fuller, R. C. *Naming* 1051
Fuller, R. H. *Critical Introd.* 71
   Hebrews 917
   Miracles 213
   NT Study 74
   Pastorals 850
Fung, R. Y. K. *Galatians* 638
Funk, R. W. 279, 540, 563, 1063
   Parallels 164
Furnish, V. P. 586, 591, 663, 943
   "Corinth" 712
   2 Corinthians 735
   Theology 591
Fusco, V. 362

G

Gärtner, B. *Areopagus* 431
Gager, J. G. *Kingdom* 137
Gamble, H. Y. 66
   Books 63
   NT Canon 73
   Textual 767
Gammie, J. G. 964
García Martínez, F. *People*; DSS writings 165
Gardner, P. D. 688
Gardner-Smith, P. 494
Garland, D. E. 285, 292, 663, 816
Garrett, S. R. 347
Garrett Jr., J. C. 1050
Gasque, W. *History* 456
Gaston, L. 578
   Paul 639
Gaventa, B. R. 457, 626, 684
Geddert, T. J. 227
Geldenhuys, N. *Luke* 388
Gench, F. T. *James* 971
Georgi, D. 730
   Opponents 736

Gerhardsson, B. 192, 226, 268, 272
Gertner, M. 969
Getty, M. A. 675
   Philippians 663
Geyser, A. S. 972, 1037
Giblin, C. H. 354, 463, 785, 1033
   Revelation 1051
   Threat 785
Gibson, J. B. 268
Gill, D. W. J. 690
   Greco-Roman 137
Gillespie, T. W. 693
Gilliard, F. 616
Gillman, J. 619
Glasson, T. F. *Moses* 516
Glaze Jr., R. E. 899
Glover, R. 438
Gnilka, J. 819
   Jesus 1073
   Philippians 663
Godsey, J. R. 737
Gooch, P. D. 688
Goodenough, E. R. 675
   Philo 166
Goodman, M. 293
Goodspeed, E. J. 774
   Key & Meaning 834
Goosen, G. *Studying Gospels* 200
Goppelt, L. *I Peter* 943
   Theology NT 72
Gordon, T. D. 639
Goulder, M. D. 420, 447, 796
   Luke 390
   Midrash 325
   Type 457
Gowler, D. B. 343
Grabbe, L. L. *Judaism* 138
Grant, F. C. *Hellenistic & Roman Religion* 166

Grassi, J. A. 488, 500
Grayston, K. *1-3 John* 531
    "Pastorals" 852
Green, J. B. *Hearing* 108
    Luke & Luke-Acts 389
Green, M. *2 Peter* 1002
    2 Peter Reconsidered 1002
Greenlee, J. H. *Introduction* 117
Greenwood, D. C. *Structuralism* 81
Greve, A. 1025
Grispino, J. A. 1002
Grosheide, F. W. *1 Corinthians* 711
Grudem, W. A. *1 Peter* 942
Guelich, R. A. *Mark* 256
    Sermon 269
Guerra, A. J. 768
    Romans 768
Guilding, A. 474
Gundry, R. H. 304, 804, 935
    Mark 258
    Matthew 325
Gunther, J. J. 974
    St. Paul's (Opponents) 664
Guthrie, D. 770
    "Development" 774
    Galatians 638
    Hebrews 917
    NT Introd. 71
    Pastorals 850
    Relevance 1052
Guthrie, G. H. 900

H

Haenchen, E. *Acts* 457
    John 514
Hafemann, S. J. 719
Hagen, K. *Hebrews* 917

Hagner, D. A. 505
    Hebrews 918 (NIBC), 918
    Matthew 324
Hahneman, G. M. *Muratorian* 73
Hall, D. R. 546
    Seven 74
Hall, R. 926
Hall, R. G. 626
Halson, B. R. 963
Hamerton-Kelly, R. G. 162
    Gospel 258
Hammond, N. G. L. *Oxford Classical* 138
Hansen, G. W. *Abraham* 639
Hanson, A. T. 833, 852
    Pastorals 850
    Studies Pastorals 852
    Studies Paul 591
    Wrath 1052
Hanson, P. D. 1006
Hanson, R. P. C. *Acts* 456
    II Corinthians 736
Hanson, S. 819
Harding, S. 1040
Hare, D. R. A. *Mark* 256
    Matthew 324
Harnack, A. (von) *Luke* 391
    NT Studies 457
    What 105
Harner, P. B. 271
    Relation 516
Harrill, J. A. 687
Harrington, D. J. 324, 804, 958
    Matthew 324
    NT Bibliography 70
    Paul 591
Harrington, W. J. *Revelation* 1051
Harris, E. 464
Harris, M. J. 843
    Colossians 812
    2 Corinthians 736

Harrison, P. N. 675
   Paulines & Problem 852
Harrisville, R. A. 634
   Bible 74
   1 Corinthians 711
   Romans 767
Hartin, P. J. 956
Hartman, L. 227, 1008
   "Humble" 812
Harvey, A. E. 844, 1003
Hastings, A. *Prophet* 391
Hass, C. *1-3 John* 531
Hatton, H. *1 Corinthians* 711
Hauser, A. J. 83
Havener, I. *Q* 202
Haverly, T. P. 236
Hawkin, D. J. *Johannine* 516
Hawthorne, G. F. *Dictionary* 591
   Philippians 663
Hay, D. M. *1 and 2 Corinthians* 712
   Pauline Theol. 2,3 592
Haynes, S. R. *To Each* 108
Hays, R. B. 639, 700, 747
   Echoes 591
   Faith 639
Hedrick, C. W. 210, 212
   Nag Hammadi 167
Heil, J. P. *Mark* 258
   Romans 768
Held, H. J. 272
Hellholm, D. 1006, 1012
Hemer, C. J. 923, 1017
   Acts 457
Henaut, B. W. 192, 212
Hendrickx, H. 212, 213
Hendriksen, W. *Romans* 768
Hendrix, H. L. 609, 827
Hengel, M. *Acts* 457
   "Hymns" 649

Jews & Judaism 138
   Pre-Christian Paul 591
   Question 516
   Studies 258
   Studies Christology 1073
Hennecke, E. HSNTA 30
Herdan, G. 865
Héring, J. *First Cor* 712
   Hebrews 918
   Second Cor 736
Hester, J. D. 626
Hewitt, T. *Hebrews* 917
Hiebert, D. E. "Selected Jude" 988
   "Selected 2 Pet" 1003
Hill, D. 926, 940, 1012
   Matthew 324
Hill, R. C. 474
Hillyer, N. *1 Peter* 942
Hobart, W. K. 380
Hobbs, H. H. *Epistles John* 532
Hock, R. F. 1081
   Social 567
Hodgson, R. *Nag Hammadi* 167
Hoffman, R. J. 68
Hoffmann, D. L. 163
Holladay, C. R. 153, 664
   Fragments 164
Holland, G. S. *Tradition* 785
Hollander, H. W. 1080
Holmberg, B. 84, 843
Holmes, M. W. *Text NT* 116
Holwerda, D. E. 482
Hong, I.-G. *Law* 639
Hooker, M. D. 634, 654, 691, 812
   Mark 256
   PAP 33
Hoppe, L. J. *Synagogues* 140
Horbury, W. 508, 896
Horsley, R. A. 696, 883, 1067

Hort, E. *Bible* 70
Hort, F. J. A. *James* 972
Horton, F. L. *Melchizedek* 918
Horvath, T. 546
Hoskyns, E. *Fourth Gospel* 516
Houlden, J. L. 271, 819
   Colossians 811
   1-3 John 531
   Pastorals 851
   Philippians 663
Howard, G. E. 308, 653, 750, 901
   Paul 639
Howard, W. F. 526
   Fourth Gospel 514
Howell, D. B. *Mathew* 325
Hubbard, B. J. 300
Hughes, F. W. *Early* 785
Hughes, G. H. *Hebrews* 918
Hughis, P. E. *Hebrews* 918
   2 Corinthians 735
   Revelation 1052
Hull, J. H. E. 398
Hultgren, A. J. 634
   Colossians 811
   Pastorals 851
   Paul's Gospel 768
   Rise 1073
Humphrey, H. M. *Bibliography* 257
   Risen 257
Hunter, A. M. *Interpreting* 74
   Mark 256
Hupper, W. G. 1002
Hurd, J. C. *Bibliography* 70
   "Good News" & *Origin* 712
   "Pauline" 594
Hurst, L. D. 653, 902
   Hebrews 918
Hurtado, L. W. 236, 1020
   Mark 256

I

Isaacs, M. E. *Sacred* 918

J

Jacobs, I. 954
Jacobson, A. D. *First* & "Literary" 202
James, M. R. *2 Peter* 1003
Jefford, C. N. 1083
Jenson, R. W. *Reclaiming* 107
Jeremias, J. 212, 271, 954
   Jerusalem 140
Jervell, J. GCHP 30
   Luke & Unknown 391
Jervis, L. A. 693
   Purpose 768
Jewett, R. 617, 619, 639, 737
   Chronology 594
   Paul 591
   Thessalonian 619
Johanson, B. C. *To All* 619
Johnson, E. A. 1068
Johnson, E. E. *Pauline Theol. 3* 592
Johnson, L. T. 323, 374, 382, 887, 951, 952
   Acts 456
   James 971
   Luke 388
   Pastorals 851
   Real Jesus 1073
   Writings 71
Johnson, M. 276
Johnson, S. E. *Griesbach* 201
   Mark 256
   Paul 591
Johnson, T. F. *1-3 John* 531
Johnston, G. 482
Jonas, H. *Gnostic* 167
Jones, D. L. 155

Índice bibliográfico de autores

Jones, F. S. 965
Jones, P. R. 530
Jongeling, B. *Bibliography* 165
Jonsen, A. R. 943
Joubert, S. J. 988
Judge, E. A. 553
Juel, D. H. *Luke-Acts* 391
   Mark 256
   Master 258
   Messiah 228
   Thessalonians 618
Just Jr., A. A. 370

K

Kähler, M. 1059
Käsemann, E. 105, 758, 792, 819, 825, 1059
   "Apologia" 1003
   KENTT 31
   Perspectives 591
   Romans 768
   Testament 516
   Wandering 918
Karrer, O. 920
Karris, R. J. 346, 753, 841
   Invitation Acts 457
   Invitation Luke 391
   Luke: Artist 391
   Pastorals 851
   What 389
Kaye, B. N. 619
Kaylor, R. D. *Paul's* 768
Kazmierski, C. R. 242
Kealy, S. P. *Apocalypse* 1052
   Mark 257
Keck, L. E. 234, 730, 1064
   Paul 591
   SLA 391
Kee, D. 731

Kee, H. C. 84, 208, 214
   Community 258
   Understanding 71
Keener, C. S. 862
Kelber, W. H. 192, 228
   Mark's Story 258
Kelly, J. N. D. *Pastorals* 851
   1 Peter 942
Kennedy, G. A. *NT Interpretation* 83
Kenny, A. 773
Kent, H. A. A. *Heart Opened* 736
Keresztes, P. 1044
Kermode, F. 238
Kertelge, K. *Romans* 767
Kiddle, M. *Revelation* 1052
Kiley, M. *Colossians* 812
Kilgallen, J. J. 412
   First Corinthians 712
   Luke 391
Kilpatrick, G. D. *Origins Matt* 325
   Principles 117
Kim, Chan-Hie, *Form* 563
Kim, Y. K. 867
Kimelman, R. 508
King, M. A. 988
Kingsbury, J. D. 278, 325
   Christology 258
   Conflict Luke 391
   Conflict Mark 258
   Matthew books 324, 325
Kinman, B. R. 360
Kinukawa, H. *Women* 258
Kirby, J. C. *Ephesians* 834
Kirk, A. 188, 963, 1073
Kissinger, W. S. 269
Kistemaker, S. J. *Heb & Psalm* 918
Kitchen, M. *Ephesians* 833
Kittel, G. TDNT 72
Klassen, W. 561

Klijn, A. F. J. 664, 977
Klinger, J. 1003
Kloppenborg, J. S. *Formation* 202
   other Q writings 202
Knight, G. W. 851, 862
   Pastorals 851
Knight, J. *2 Peter* 1002
Knox, J. 68, 726, 812
   Chapters 594
   Philemon 675
Knox, W. *Acts* 457
Kobelski, P. J. *Melchizedek* 918
Koch, K. 78, 1006
Kodell, J. 391
Koenig, J. *Philippians* 663
Koester, C. R. 701, 917, 1052
   Dwelling 916
   Symbolism 460
Koester, H. 173, 187, 316, 613, 613, 648, 785
   Ephesos 834
   "History" 258
   Introd. (NT) 71
Kopas, J. 346
Kopp, C. *Holy Places* 140
Kraabel, A. T. 417
Kraft, R. A. *Early Judaism* 138
Kraybill, J. N. 1028
Kreitzer, L. J. 1028
   2 Corinthians 735
Krentz, E. 70, 93, 649, 785
   Galatians 638
Krodel, G. A. *Acts* 456
   1 Peter 942
   2 Peter 1002
   Revelation 1051
   2 Thessalonians 785
Kroeger, C. 862
Kroeger, R. 862

Kruse, C. *2 Corinthians* 735
Kselman, J. S. 1057
Kubo, S. 980
Kümmel, W. G. *Introduction* 71
   NT Investigation 74
   Theology NT 73
Küng, H. *Structures* 105
Kürzinger, J. 307
Kugelman, R. *James* 971
Kuhn, K. G. 830
Kurz, W. S. 728
   "Kenotic" 664
   Luke-Acts 391
Kysar, R. *1-3 John* 531
   Fourth Evangelist 514
   John (AugC, ABD) 514
   Maverick & Story 516

L

Ladd, G. E. 805, 1011
   Revelation 1052
   Theology 73
Lake, K. *Beginnings* 457
Lambrecht, J. 212, 233, 278, 615, 735, 748
   L'Apocalypse 1052
   Pauline Studies 591
Lamouille, A. 451
Lampe, G. W. H. 712
Lane, E. N. 651
Lane, W. L. *Hebrews* 917
   Mark 256
Langevin, P.-E. *Bibliographia* 70
Lategan, B. C. 625
La Verdiere, E. A. 381
Law, R. *Tests* 532
Laws, S. *James* 971
   Light 1052
   Revelation 1051

Layton, B. *Gnostic* 167
Lea, T. D. 774, 924
Leaney, A. R. C. *1 Peter* 942
   Jewish 138
   Luke 389
Lee, D. A. 489
   Symbolic 460
Lee, E. K. *Religious* 516
Lee, M. V. 644
Leenhardt, F. J. *Romans* 768
Legrand, H.-M. 914
Lehne, S. 915
Lemaire, A. 852
Lentz Jr., J. C. *Luke's Paul* 457
Leon, H. J. *Jews* 739
Léon-Dufour, X. *Dictionary* 73
Levinsohn, S. H. *Acts* 457
Lewis, J. P. 720, 926
   English Bible 41
Lewis, L. A. 675
Lieberman, S. *Hellenism* 138
Liefeld, W. L. *Acts* 456
Lienhard, J. T. *Bible* 73
Lietaert Peerbolte, L. J. 784
Lieu, J. M. 505
   Epistles 540
   1-3 John 531
Lightfoot, J. B. *Colossians* 812
   Galatians 639
   Notes I Thess 619
   Notes II Thess 785
   Philippians 664
Lightfoot, R. H. *Mark* 258
   St. John 516
Lincoln, A. T. 826, 834
   Ephesians 834
   Theology 591
Lindars, B. 210, 496, 512
   Behind 516

Hebrews 917
John 514
Lindemann, A. *Interpreting* 71
Linnemann, E. 203
Litfin, D. 683
Loader, W. *Christology* 516
   1-3 John 532
Lock, W. *Pastorals* 851
Lodge, J. G. 954
Loewenstamm, S. E. 978
Logan, A. H. B. *Gnostic & NT Gnosis* 167
Lohfink, N. 89, 916
Lohmeyer, E. 271, 652
Lohse, E. *Colossians* 801, 811
Long, A. A. *Hellenistic* 166
Long, T. M. S. 1016
Longenecker, R. N. 619, 951
   Galatians 638
Longstaff, T. R. W. *Synoptic* 201
Louw, J. P. 516
Lüdemann, G. *Early* 457
   Opposition 591
   Paul 594
Lührmann, D. 203, 619
   Galatians 639
   Itinerary 108
Lull, D. J. *Galatia* 640
Luter, A. B. 644
Luz, U. *Matthew* 324
   other Matt books 325
Lyonnet, S. 812
Lyons, G. *Pauline* 591

M

MacDonald, D. R. 863
   No Male 640
MacDonald, J. I. H. 757

Macgregor, G. H. C. 833
  John 514
  Structure (em Morton) 391
Mack, B. L. *Lost* 203
  Myth 258
  Who 71
Mackay, B. S. 660
MacMullen, R. 651
MacRae, G. W. 505, 902
  NTIMI 70
  Studies 167
Maddox, R. *Purpose* 391
Madros, P. *Pride* 736
Magness, J. L. 232
Malatesta, E. *Epistles John* 530
  Interiority 532
  St. John 514
Malbon, E. S. 236, 241
  Narrative 258
  New 108
Malherbe, A. J. 166, 546, 614, 619, 657, 852, 887
  Ancient & Moral 563
  Paul 619
  Paul Philosophies 166
Malina, B. J. *Calling* 325
  Genre Rev 1052
  Social writings 84
  Windows 138
Maloney, L. M. 871
Mandell, S. 285
Mann, C. S. *Mark* 256
  Matthew 323
Manson, T. W. "St. Paul" 785
Manson, W. *Hebrews* 918
Marcus, J. 207, 212, 238, 249, 625, 753, 972
  Apocalyptic 1011
  Way 258
Marrow, S. B. *John* 516
  Paul 592

Marsh, J. *John* 514
Marshall, I. H. 663, 761
  Acts 456
  1-3 John 532
  Luke (NIGTC) 389
  Luke: Historian 391
  NT Interpretation 108
  Philippians 664
  Theology (em Donfried) 590
  Thessalonians 618
Marshall, P. *Enmity* 712
Martin, B. L. *Christ* 592
Martin, C. J. 798
Martin, D. B. 696
Martin, R. A. 439
  James 971
  Studies 592
Martin, R. P. 652, 792, 834, 942, 971
  Colossians 811
  Colossians Lord 812
  2 Corinthians 735
  James 972
  Mark 257
  NT Book 70
  NT Foundations 71
  1 Peter 942
  Philippians 663
  Spirit 712
Martin, T. W. 626, 796, 812
Martin, V. 508
Martyn, J. L. 621, 628, 720
  Galatians (AB) 638
  "Galatians" TBOB 640
  Gospel John & History 516
  "Law-Observant" 640
  SLA (em Keck) 391
Marxsen, W. *Introd. NT* 71
  Mark 258
  NT Foundations 73

Mason, S. *Josephus NT* 139
  Josephus Pharisees 165
Massaux, E. 316
Mastin, B. A. *John* 514
Matera, F. J. 383
  Galatians 638
  NT Ethics 73
  What 257
Matlock, R. B. *Unveiling* 592
Matson, D. L. 430
Matsunaga, K. 512
Matthews, V. H. "Atlases" 140
Mattill Jr., A. J. 457
  Bibliography 456
  "Johannine" 516
  Luke 391
May, D. M. 84
Mayor, J. B. *James* 972
  Second 1003
Mazzaferri, F. D. 1012
McArthur, H. K. 833
McCarthy, C. 1085
McCaughey, J. D. 943
McCullough, J. C. 901, 917
McDonald, L. M. *Formation* 73
  NT Introd. 71
McEleney, N. J. 218, 884
McGaughy, L. C. 295
McGown, W. 792
McIver, R. K. 318
McKeever, M. C. *Luke-Acts* 389
McKenzie, S. L. *To Each* 108
McKim, D. K. *Guide* 108
McKnight, E. V. 78, 96
  Meaning & New 108
McLaren, J. S. *Power* 138
McNamara, M. 1003
Meade, D. O. *Pseudonymity* 774
Meagher, J. C. *Clumsy* 258

Mealand, D. L. 773
Mealy, J. W. 1040
Mearns, C. L. 619
Meeks, W. A. 505, 690, 804
  CAC 29
  First 592
  GCHP 30
  Prophet-King 516
  Writings 592
Meier, J. P. 315, 691, 710, 843, 892, 946, 1068, 1073, 1079
  Law History 325
  Marginal 1073
  Matthew (ABD) 324
  Matthew (Glazier) 325
  Vision 325
Meier, S. 995
Meinardus, O. F. A. 839, 1017
  Livros sobre Paulo 592
Mendels, D. *Rise* 138
Mendelson, A. *Philo* 166
Menken, M. J. J. 515, 785
  2 Thessalonians 785
Menninger, R. E. *Israel* 825
Menoud, P. H. 723
Menzies, A. *Second Cor* 736
Menzies, R. P. 398
Merrill, E. T. 1044
Metzger, B. M. 774, 819, 852
  Breaking 1052
  Canon 73
  Index Christi 71
  Index Paul 590
  Manuscripts 117
  New 72
  Text & Versions 117
  Text & Commentary 117
Meurer, S. *Apocrypha* 40
Meyer, B. F. 1065
  Reality 108

Meyer, M. W. 155, 187
Meyer, P. D. 203
Meyers, E. M. Bibliography 140
   Encyclopedia 140
Michaelis, J. D. 1057
Michaels, J. R. *John* 514
   1 Peter 942
   Revelation 1051
Millar, W. R. 1010
Miller, J. E. 700
Miller, R. J. *Complete Gospels* 173
Mills, W. E.:
   BBR 28, 257, 324, 389, 456, 514, 711, 767
   Bibliography: Acts 456
   Index Paul 590
Minear, P. S. 491, 500, 1011
   I Saw 1052
   Obedience 768
Minn, H. R. *Thorn* 723
Minor, M. *Literary-Critical* 82
Mitchell, M. M. *Paul* 712
Mitchell, S. 475, 631, 1063
Mitton, C. L. *Ephesians* (NCBC) 834
   Epistle Eph 834
   James 972
Moessner, D. P. 349
Moffatt, J. *First Cor* 712
   General Epistles 972
   Hebrews 917
   Introd. NT 72
Moir, I. *Manuscript* 116
Moloney, F. J. 466, 512, 513
Moloney, L. M. 871
Momigliano, A. *Pagans* 138
Monloubou, L. 81
Montefiore, H. W. *Hebrews* 917
Moo, D. J. 862
   Romans 767
Moody, D. *1-3 John* 532

Mooney, C. F. 819
Moore, G. F. *Judaism* 138
Moore, M. S. 816
Moore, S. D. 81
   Mark (em Anderson) 257
Morgan, R. 74
   Romans 767
Morgan-Gillman, F. 610
Morland, K. A. 626
Morris, L. 474, 897
   1 Corinthians 711
   John 514
   Luke 389
   Revelation 1051, 1052
   Thessalonians 618
Morton, A. Q. *Concord. Pastorals* 852
   Critical 712
   Making 258
   Paul 773
   Structure 391
Moses, A. D. A. 284
Mott, S. C. 842
Motyer, S. 862
Moule, C. F. D. 852
   Birth NT 72
   Colossians 811
   Mark 256
   "Nature" 943
Mounce, R. H. *Matthew* 324
   Revelation 1051
Mowry, L. 1034
Moxnes, H. 382
   Theology 768
Moyer, J. C. (em Matthews) 140
Moyise, S. 1008
Müller, J. J. *Philippians* 663
Mullins, T. Y. 723
   "Thanksgivings" 675
Munck, J. 538, 610, 640, 750
   Acts 456
   Paul 592

Munro, W. *Authority* 943
Murphy, F. J. 1052
  Religious 164
Murphy-O'Connor, J. 572, 579, 596, 653, 683, 687, 688, 691, 694, 697, 711, 712, 726, 727, 729, 792
  Becoming 592
  1 Corinthians 711
  2 Corinthians 735
  Holy Land 140
  PAQ 33
  Paul Life 592
  Paul the Letter-Writer 563
  "Pauline Missions" 594
  St. Paul's Corinth 712
  "2 Timothy" 887
  "Who" 834
Mussies, G. 1040
Mussner, F. 830
  Colossians 811
Myers, C. *Binding & Who* 259

N

Nanos, M. D. 739
Nardoni, E. 220, 702
Navone, J. *Themes* 391
Neale, D. A. 345
Neil, W. *Acts* 456
Neill, S. *Interp. NT* 1073
Neirynck, F. 186, 187, 191, 193, 198, 203, 233, 235, 496
  FGN 30
  Gospel Mark 257
  Gospel Matt 324
  Minor Agreements 201
  Q-Synopsis 203
Nelson, P. K. 365
Nepper-Christensen, P. 309
Neufeld, D. *Reconceiving* 533

Neumann, K. J. 773
Neusner, J. 151, 418, 761
  Christianity 138
  Judaism 165
  Social World 138
Neville, D. J. *Arguments* 201
New, D. S. *OT Quotations* 201
Newman, B. M. *John* 514
Newport, K. G. C. 292
Neyrey, J. H. 325, 382, 627, 943, 992
  Ideology 517
  Paul 592
  2 Peter 1002
  Social 391
Nicholson, G. C. *Death* 517
Nickelsburg, G. W. E. 138
Nickle, K. F. 730
Nicol, W. 954
  Sēmeia 517
Nida E. A. *Hebrews* 917
  John 514
Nineham, D. E. 822
  Mark 256
Nolland, J. 264, 266
  Luke 389
Norden, E. *Agnostos* 649
North, J. L. 858
Nygren, A. *Agapē* 704
  Romans 768

O

O'Brien, P. T. 814
  Colossians 811
  Gospel 592
  Introductory 563
  Philippians 663
O'Collins, G. 1063
  Luke 391
O'Connor, D. W. 936

O'Conner, M. 80
O'Day, G. R. *John* 514
   Revelation 462
Oden, T. *Pastorals* 851
O'Fearghail, F. *Luke-Acts* 391
Ogg, G. *Chronology* 594
O'Grady, J. F. *Four* 200
Olbricht, T. H. 83, 620
O'Leary, S. D. *Arguing* 1052
Oleson, J. P. 978
Olsson, B. *Structure* 517
Omanson, R. L. *2 Corinthians* 735
O'Neill, J. C. 628, 812
   Puzzle 533
   Theology 457
Oostendorp, D. W. *Another* 736
Orchard, B. 248
   Matthew & Order 201
O'Rourke, J. J. 1035
Orr, W. F. *1 Corinthians* 711
Osburn, C. D. 977, 978, 979
Osiek, C. 1084
   Galatians 638
O'Toole, R. F. 436
   Unity 391
Otto, R. E. 646
Overman, J. A. 136
   Matthew (NITC) 324
   Matthew's Gospel 325
Overstreet, R. L. 1001

P

Padgett, A. 862
Page, S. H. T. 1011
Pagels, E. H. *Gnostic Gospels* 167
   Johannine 517
Paget, J. C. 293, 1084
Painter, J. 529
   Quest & Reading John 517

Palmer, P. F. 958
Pamment, M. 500, 504
Pancaro, S. *Law* 517
Parkin, V. 234
Parsons, M. C. 327, 394
Paschal, R. W. 512
Patte, D. *Matthew* 326
   Paul's Faith 592
   Structural 81
Patterson, S. J. 194
Patzia, A. G. 774
   Colossians 811
   Making NT 72
Payne, D. B. 862
Pearson, B. A. 696, 993
Penna, R. *Paul* 592
Penner, T. C. 953
Percy, E. 801
Perdue, L. G. 964
Perkins, P. 159, 843
   Dialogue & Gnosticism 167
   James 971
   1-3 John 532
   John 517
   Mark 257
   Peter 920
   1 Peter 942
   Reading NT 72
   Revelation 1052
Perriman, A. 804
Perrin, N. 79, 212, 240
   NT Introd. 72
   "Towards" 259
Pervo, R. I. 327
   Luke's Paul & Profit 257, 258
Peterlin, D. *Paul's* 664
Petersen, N. R. 82, 212, 757
   Perspectives 259
   Rediscovering 675
Petersen, W. L. 1085

Peterson, D. *Hebrews* 918
Pettem, M. 373
Petuchowski, J. J. 271
Pherigo, P. 839
Phipps, W. E. 687
Picirilli, R. E. 1003
Pickering, S. 316
Pilch, J. J. Social writings 84
Pilgaard, A. 153
Pilgrim, W. E. 374
Pinnock, C. H. 620
Piper, O. A. 533, 1034
Piper, R. A. Writings on Q 203
Pippin, T. *Death* 1052
Plevnik, J. 620
Plummer, A. *1 Corinthians* 711
   Luke 389
Plymale, S. F. 340
Pogoloff, S. M. *Logos* 713
Pokorný, P. *Colossians* 812
Polhill, J. B. 540, 822
Pollard, T. E. 660, 792
   Joh. Christology 517
Polzin, R. M. 81
Portefaix, L. *Sisters* 664
Porter, S. E. 83, 871, 1040, 1073
   Approaches 108
   Joh. Writings 517
   NT Introd. 71
   Pauline Writings 592
Powell, J. E. *Evolution* 326
Powell, M. A. 82, 293
   God 326
   Treasures (em Bauer) 325
   What 389
Pregeant, R. *Engaging* 108
Preiss, T. 675
Prévost, J.-P. *Apocalypse* 1052
Price, J. L. *Interpreting NT* 72
Prior, M. P. *Paul* 887

Pryor, J. W. *John* 517
Przybylski, B. *Righteousness* 326
Pummer, R. 413
Pursiful, D. J. *Cultic* 918
Purvis, J. D. 504
Puskas, C. B. *Introd. NT* 72
   Letters 563

Q

Quarles, C. L. 761
Quast, K. *Reading* 713
Quesnell, Q. *Mind* 259
Quinn, J. D. 378, 550, 771, 839, 869
   Titus 851

R

Radice, R. D. *Philo* 166
Räisänen, H. 218, 238, 640
   NT Theology 74
   Paul 593
Rahner, H. 156
Rahtjen, B. D. 660
Rajak, T. *Josephus* 139
Ramsaran, R. A. 697
Ramsay, W. M. 1017
   Galatians 640
   Luke 380
   St. Paul 593
Rappaport, U. *Josephus* 139
Rapske, B. 436
Ravens, D. A. S. *Luke* 391
Reed, J. T. 557, 660
Reese, J. M. 972
   Thessalonians 618
Reicke, B. 812, 931
   James 971
   Luke 392
   NT Era 138

Reid, B. E. 346, 348
Reiling, J. *Luke* 389
Reim, G. 517
Reimarus, H. S. 1058
Reimer, J. R. *Women* 458
Reinhartz, A. *Word* 517
Renan, E. 1058
Rengstorf, K. H. *Concordance* 139
Rensberger, D. *Joh. Faith* 517
Reumann, J. 501, 664, 758
   Colossians 811
Rhoads, D. M. *Israel* 138
   Mark 259
Rice, G. E. 386
Richard, E. 409, 460, 618
   Jesus 73
   New 392
   Thessalonians 618
Richards, E. R. *Secretary* 563
Richards, W. L. *Classification* 533
Richardson, A. *Introd. Theology* 73
   John 514
   Miracle 213
   Word Book 73
Richardson, N. *Panorama* 342
Riches, J. 138
   Century 74
   Matthew 324
Ricoeur, P. *Essays* 108
Ridderbos, H. N. *Paul* 593
   To Galatia 640
Riesenfeld, H. 675
Riley, G. J. 1072, 1085
   Resurrection 505
Riley, H. *Making* 201
Ringe, S. H. 341
   Acts 456
Rissi, M. *Future* 1030
Robbins, C. J. 822

Robbins, V. K. 200, 230, 328, 445
   Jesus & New 259
Roberts, C. 316
Robertson, A. *1 Corinthians* 711
Robertson, A. T. *Paul* 812
Robinson, J. A(rmitage) *Ephesians* 834
Robinson, J. A. T. 251, 804
   Priority 517
   Wrestling 768
Robinson, J. M. 792, 1060
   Nag Hammadi 167
   Problem 259
   Q writings 203
Robinson, M. A. 111
Robinson, T. A. 865
Robinson Jr., W. C. *Way* 392
Robson, E. I. *Studies* 1003
Roetzel, C. J. 759, 828
   Letters 593
   World 166
Rogers, P. V. *Colossians* 811
   "Pastoral" 852
Rohrbaugh, R. I. 249
Roloff, J. *Revelation* 1052
Ropes, J. H. 635
   James 971
Rose, H. R. *Religion* 166
Rosenblatt, M.-E. 415
   Paul 458
Rosner, B. S. *Paul* 685
Ross, A. *1-3 John* 532
   James 971
Ross, J. M. 980
Rowland, C. 812, 1006, 1037, 1049
   Revelation 1051
Rowley, H. H. 1006
Rowston, D. J. "Most" 988
Ruckstuhl, E. 494
Rudolph, K. *Gnosis* 167

Ruef, J. *1 Corinthians* 711
Ruiz, J.-P. 1029, 1037
Russell, D. S. 1006, 1011
Russell, R. 785
Russell, W. 640
Ryan, R. 346
Ryken, L. *Literary Criticism* 108

S

Sabourin, L. 590, 819
Safrai, S. *Jewish People* 138
Saldarini, A. J. 292
   Matthew's 326
   Pharisees 165
Salom, A. P. 526
Sampley, J. P. *"And"* 818
   Ephesians 834
   Pauline 589
Sanday, W. *Romans* 767
Sanders, E. P. 801, 1066
   Jewish Christian 165
   Jewish Law & Judaism 165
   "Literary" 812
   Livros sobre Paulo 593
Sanders, J. A. 390, 591
   Canon & Torah 80
Sanders, J. N. 822
   John 514
Sanders, J. T. 383, 563, 692, 814
   Hymns 649
   Schismatics 138
Sandmel, S. *Genius* 593
   Philo 167
Saunders, E. W. "Colossian" 812
Savage, T. B. *Power* 736
Saw, I. 693
Schaberg, J. 300
Scharlemann, M. H. 412

Schelkle, K.-H. *Theology NT* 73
Scherrer, S. J. 1028
Schiffman, L. H. 508
Schlatter, A. *Romans* 768
Schlier, H. 833
Schlueter, C. J. 615
Schmid, J. *Mark* 259
Schmidt, D. 786
Schmithals, W. 421, 620, 664
   Gnosticism 713
   Paul 593
Schnackenburg, R. 269, 843
   Ephesians 834
   Joh. Epistles 533
   John 517
Schneider, G. *Galatians* 638
Schneiders, S. M. 106
   Revelatory 108
Schnelle, U. *Anti-Docetic* 517
Schoedel, W. R. 1083
Schoeps, H. J. *Paul* 593
Scholer, D. M 525
   Nag Hammadi & Studies 167
Scholer, J. M. 913
Scholes, R. 236
Schottroff, L. *Let* 108
Schreiner, T. R. *Interpreting & Law* 593
Schubert, P. *Form* 563
Schuchard, B. G. 480
Schürer, E. *History* 138
Schüssler Fiorenza, E. 713, 1049, 1068
   Aspects 165
   Book 1052
   In Memory 84
   Invitation 1052
   Revelation 1051
   Searching (STS) 84
Schütz, J. *Paul* 593
Schwartz, D. R. *Studies* 139

Schwartz, S. *Josephus* 139
Schweitzer, A. *Paul* 593
   Quest 1058
Schweizer, E. 494, 804, 843, 864
   Colossians 812
   Luke 392
   Mark 259
   Matthew 326
   Theological Introd. 72
Scobie, C. H. H. 413, 504
Scott, B. B. 1073
Scott, M. *Sophia* 474
Scroggs, R. 211, 700
   Christology 517
Scullion, J. J. 763
Seccombe, D. P. 374
Seeley, D. 81, 225, 652
Segal, A. F. *Paul* 593
   Rebecca 139
Segovia, F. 483, 532
   Farewell & Love 517
Seifrid, M. A. 758
Seitz, C. R. 38
Seland, T. 940
Sellew, P. 234, 236
Selwyn, E. G. *1 Peter* 943
Senior, D. P. 228, 248, 296, 943, 1073
   1 Peter 942
   Passion John 517
   What 324
Shanks, H. 1061
Shaw, R. H. 782
Shedd, R. 460
Sheeley, S. M. *Narrative* 392
Shepherd, M. H. 955, 1034
Shepherd, T. 210
Shepherd Jr., W. H. 392
Sherk, R. K. 631
Sherwin-White, A. N. *Roman* 139

Shimada, K. 924, 933
Shiner, W. 241
Shuler, P. L. *Genre* 200
Sidebottom, E. M. *James* 972
Silva, M. *Philippians* 663
Sim, D. C. 314
Skeat, T. C. 316, 887
Sleeper, C. F. 928
Slingerland, D. 579
Sloan Jr., R. B. 341
Sloyan, G. S. *1-3 John* 532
   James 972
   John & What 514
Smalley, S. S. 491, 515
   1-3 John 532
   John 518
   Thunder 1052
Smallwood, E. M. 1044
   Jews 139
Smit, J. 626
Smit Sibinga, J. 316
Smith, A. *Comfort* 620
Smith, C. R. 1032
Smith, D. M. *Anatomy (NT)* 72
   Composition 518
   Joh. Christianity 518
   1-3 John 532
   John 514
   John among Gospels 496
Smith, M. 187, 1080
   Jesus 155
Smith, R. H. 1043
   Hebrews 917
   Matthew 324
Smith, T. V. 920
Snodgrass, K. 386
Snyder, G. F. 687, 936
   First Corinthians 683
Snyder, J. 1002

Soards, M. L. 94, 440, 627, 675, 700, 936, 951, 1070
   Apocalyptic 1011
   Apostle 593
   "Reframing" 852
Soares-Prabhu, G. M. 304
Songer, H. S. 533, 962
Souter, A. *Text* 73
Sowers, S. G. 901, 1027
Sparks, H. F. D. 383
   Apocryphal 1086
Spencer, A. D. B. 862
Spicq, C. *Lexicon NT* 73
Spivey, R. A. *Anatomy (NT)* 72
Spong, J. 1063
Squires, J. T. *Plan* 392
Stagg, F. 533
Staley, J. L. 464
   Print's & Reading 518
Stambaugh, J. E. *NT Social* 139
Stanley, D. M. 620
Stanton, G. N. 67
   Gospel 326
   Gospel & Gospel Truth? 201
   "Matthew" 200
   TIMT 324
Stauffer, E. *NT Theology* 73
Stein, D. *Parables* 212
Stein, R. H. 191
   Synoptic 201
Steinmetz, F.-J. 819
Stemberger, G. 151
   Jewish 165
Stendahl, K. 586, 748
   Final 768
   Paul among Jews 593
   School 304
Stenger, W. *Introd. NT* 108
Stephenson, A. M. G. 724

Stepp, P. L. 748
Sterling, G. E. 208
Stern, E. *Encyclopedia* 140
Stern, M. *Jewish People* 138
Stewart-Sykes, A. 724
Stibbe, M. W. G. *John* 514
   other John books 518
Stibbs, A. M. *1 Peter* 942
Stiefel, J. H. 858
Stirewalt Jr., M. L. 563, 743
Stock, A. *Method Mark* 259
   Method Matthew 326
Stöger, A. *Luke* 276
   Philemon 675
Stoldt, H.-H. *History* 201
Stone, J. R. 1040
Stone, M. E. *Fourth Ezra* 1078
   Jewish Writings 165
Stott, J. R. W. *1-3 John* 532
   Men 72
   Romans 768
Stowers, S. K. *Diatribe & Rereading* 768
Strachan, R. H. *Second Cor* 736
Strack, H. L. *Introd. Talmud* 151
Strauss, D. F. 1058
Strauss, M. L. 387
Strecker, G. 269, 309
   1-3 John 532
   Minor 201
Streeter, B. H. 533
Strimple, R. B. *Modern* 1073
Stuhlmacher, P. *Jesus* 1061
   Romans 768
Styler, G. M. 202
Suggs, M. J. 276, 594
Sullivan, F. A. 702
Sumney, J. L. 786
   Identifying 736
Sundberg Jr., A. C. 56

Swain, L. *Ephesians* 834
Swartley, W. M. *Israel's* 200
Sweet, J. P. M. 767
   Revelation 1051
Swellengrebel, J. L. *Luke* 389
Swete, H. *Apocalypse* 1052
Swetnam, J. 900
Sylva, D. (survey) 942
Syreeni, K. 269

T

Talbert, C. H. 382, 389, 752, 994
   Apocalypse 1052
   Literary Patterns 392
   Luke-Acts & Reading Luke 392
   Reading Corinthians 713
   Reading John 518
   Perspectives 392
   Perspectives I Pet 943
   What 200
Tambasco, A. *Days* 593
Tannehill, R. C. 82, 253
   Narrative 392
Tasker, R. V. G. 900
   2 Corinthians 735
   James 972
Taylor, G. *Paul* (em Buck) 594
Taylor, J. "Making" 458
Taylor, K. A. "Living Bible" 41
Taylor, M. J. *Companion* 593
Taylor, N. H. 227
   "Composition" 736
   Paul 593
Taylor, V. *Formation* 202
   Mark 259
Taylor, W. F. *Ephesians* 834
Taylor Jr., F. T. *Pastorals* 851
Tcherikover, V. *Hellenistic* 139
Teeple, H. *Literary* 518

Telford, W. R. 225, 257
   Mark 257
   TIM 35
Tellbe, M. 647
Tennant, F. R. 763
Tenney, M. 463
Terian, A. 167
Thackeray, H. St. J. *Josephus* 140
Theissen, G. 84, 1066
   Gospels Context 202
   Psychological 593
   Social 713
Thekkekara, M. 988
Thiede, C. P. 1001
   Earliest & Eyewitness 251
Thielman, F. 759
   From Plight 640
   Philippians 663
Thiselton, A. C. *New* 108
Thomas, K. J. 892, 901
Thomas, W. D. 664
Thompson, C. L. 690
Thompson, G. H. P. *Luke* 389
Thompson, J. W. 892, 896, 925
   Beginnings 918
Thompson, L. L. 1044
   Revelation 1053
Thompson, M. M. *Humanity* 518
Thompson, M. R. *Magdala* 346
Thompson, S. 1040
Thompson, W. G. 286, 381
   Paul 593
Thomson, I. H. *Chiasmus* 563
Thornton, T. C. G. 924
Thrall, M. E. 727, 731, 736
   1 Corinthians 711
   2 Corinthians 735
Throckmorton, B. H. 233
Thüsing, W. *1-3 John* 532

Thurén, L. 962
  Motivation 943
Thurston, R. W. 904
Tiede, D. L. 153
  Luke 389
  Prophecy 392
Timmins, N. G. 496
Tinsley, E. J. *Luke* 389
Tolbert, M. A. 212
  Sowing 259
Tolmie, D. F. 481
Tombs, D. *Approaches* 108
Tompkins, J. P. *Reader* 108
Toussaint, S. D. 892
Towner, P. H. 852
Townsend, J. T. 385
Townsend, M. J. *James* 972
Trevett, C. 316, 1017
Trible, P. 83, 84
Trilling, W. *Conversation* 593
Trobisch, D. *Paul's* 66
Trocmé, E. *Formation* 259
Trompf, G. 691
Trotter, A. H. *Hebrews* 917
Trudinger, P. 525, 780
Tuckett, C. M. 187, 194, 238
  Luke 389
  Luke's Literary 392
  Q writings 203
  Revival 202
Turner, H. E. W. 244
Turner, N. "Q" 203
Twelvetree, G. H. 1063
Tyson, J. B. 240, 640
  Images & Luke-Acts 383

U

Ulfgard, H. 1035
Urbach, E. E. *Sages* 165

V

Vaage, L. E. *Galilean* 203
Vaganay, L. *Textual* 117
Van Belle, G. *Joh. Bibl.* 514
  Signs 518
van der Horst, P. W. 963
VanderKam, J. C. *DSS Today* 165
van der Loos, H. 213
Vander Stichele, C. 693
van der Westhuizen, J. D. N. 951
van der Woude, A. S. 896
Vanhoye, A. 900, 913
van Iersel, B. M. F. *Reading* 259
van Minnen, P. 567
Vanni, U. 1037
van Roon, A. *Authenticity* 834
Van Segbroeck, F. FGN 30
  Luke Bibl. 389
van Tilborg, S. *Reading* 501
van Unnik, W. C. 376, 458, 538, 719, 943, 1035
  Tarsus 594
Van Voorst, R. E. 965
  Readings 108
Vassiliadis, P. 203
Vaughan, W. J. 638
Vawter, B. 512, 792, 1011, 1053
Vellanickal, M. *Sonship* 518
Verbrugge, V. D. 695
Verheyden, J. 227
Vermes, G. 1065
  DSS English & Complete DSS 166
Verner, D. C. *Household* 852
Via, D. O. 81
  Ethics 259
Vielhauer, P. 447, 696
Vincent, M. R. *Philippians* 663
von Wahlde, U. C. 518, 529, 540
  Earliest 518

Vorster, J. N. 768
Vorster, W. S. 227, 533, 1053
Votaw, C. W. *Gospels* 200

W

Wachtel, K. 316
Waetjen, H. C. *Reordering* 259
Wagner, G.:
    EBNT 29, 257, 324, 389, 456, 514, 532, 638, 767
Wagner, W. H. *After* 1086
Wainwright, A. W. *Mysterious* 1053
Wainwright, E. M. *Toward* 326
Wainwright, G. 1053
Walasky, P. W. 392
Walker, W. O. 691
    "Acts" 458
Wall, R. W. 964
    Revelation 1051
Waller, E. 279
Walsh, P. G. 157
Walter, E. *First Corinthians* 713
Walters, B. S. 1083
Walters, J. C. 739
Walther, J. A. *1 Corinthians* 711
Wanamaker, C. A. 620, 653
    Thessalonians 618
Wansbrough, H. 192
Wansink, C. S. 656
Ward, R. B. 686
Watson, D. F. 83, 540, 546, 963
    Invention 988
Watson, F. 726
    Paul 594
Watson, N. *1 Corinthians* 711
    2 Corinthians 735
Watty, W. W. 225
Wead, D. W. *Literary* 518

Weatherly, J. A. 383
Weaver, D. J. 274
Webb, R. L. "Eschatology" 988
Webb, W. J. 727
Wedderburn, A. J. M. 399, 590, 768, 804
    Colossians 811
    NT Gnosis (em Logan) 167
    Romans 768
    Theology (com Lincoln) 591
Weeden, T. J. 240
    Mark 259
Weima, J. A. D. 563
    Bibliography 618
    Neglected 563
Wellborn, L. L. 713, 1044
Wenham, D. 214, 587, 995
    GP 30
Wenham, J. *Reading* 202
Westcott, B. F. 758
    Ephesians 834
    Epistles 533
    Hebrews 918
    History Canon 73
    John 518
Whallon, W. 978
Whitacre, R. A. *Joh. Polemic* 518
White, J. L. 564, 675, 688
    Body & Light 564
White, L. M. *Social World* 139
Whitely, D. E. H. 711
    Theology 594
Wiefel, W. 739
Wiens, D. 412
Wikenhauser, A. *NT Introd.* 72
Wilcox, M. *Semitisms* 458
Wild, R. A. 818, 852, 863
Wilder, A. N. *Rhetoric* 83
Wiles, M. E. *Spiritual* 518
Wilkins, M. J. *Jesus* 1074

Wilkinson, J. 958
   Jerusalem 140
Willett, M. E. 474
Williams, D. J. *Acts* 456
   Thessalonians 618
Williams, J. F. *Other* 259
Williams, R. R. *Acts* 456
   James 972
   1-3 John 532
Williams, S. K. 634, 640
Williamson, L. *Mark* 257
Williamson, R. 902
Willimon, W. H. *Acts* 456
Willis, W. L. 688
Wilson, A. N. 1063
Wilson, M. W. 1017
Wilson, R. M. 162, 640, 697
   Gnosis 167
   Hebrews 917
Wilson, S. G. 378, 392
   Gentiles & Luke/Law 392
   Luke Pastorals 852
   PAP 33
   Related 139
Wilson, W. G. 526
Wilson, W. T. 752
Wimbush, V. L. 687
Wind, A. 518
Windish, H. 482
Winger, M. 625, 636
Wink, W. 833
Winter, B. W. *Literary Setting* 164
   TBAFC 458
Winter, S. B. C. 675
Wire, A. C. 693
Wisse, F. 988
Witherington III, B. 525, 843, 1003, 1060, 1069
   Conflict 713
   Jesus Quest 1074

   John's Wisdom 518
   Paul's Narrative 594
   Philippians 663
Witherup, R. D. 415, 417, 1057
   Conversion 400
   Cross 296
Wolfson, H. A. *Philo* 167
Woll, D. B. *Joh. Conflict* 518
Wolters, A. 991, 995
Wolthuis, T. R. 988
Worden, R. D. 203
Worgul, G. S. 804
Wortham, R. A. 615
Wrede, W. *Messianic* 238
Wright, A. G. 362
Wright, D. F. 188, 700
Wright, N. T. 652, 792, 1061
   Interp. NT (em Neill) 1074
   Livros sobre Jesus 1074
   NT People 72
Wuellner, W. 83

Y

Yadin, Y. 903
Yamauchi, E. 795
   Archaeology 140
   Gnosticism 167
Yarbro Collins, A. 227, 1007, 1043, 1044, 1051, 1053
   Beginning 259
   Combat & Crisis 1053
   Revelation 1051
Yates, R. 640, 795
   Colossians 811
Yonge, C. D. *Philo* 167
Yorke, G. L. O. R. 804
Young, F. M. *Meaning* 736
   Pastorals 851

Z

Zehnle, R. F. 406
Zeitlin, S. *Rise* 139
Zerwick, M. *Ephesians* 834
Ziesler, J. A. 758, 852
    Galatians 638
    Pauline 594
    Romans 768
Zwiep, A. W. 386

Índice de assuntos

A

Abraão e descendentes (semente) 266, 624, 627-628, 635, 747, 750, 951
Ação de graças de carta (*cf.* Cartas)
Adão 340, 652, 694, 748, 762-764, 863
Adoração (*cf.* Liturgia)
Adriano, imperador 45, 128-129, 1084
Aelia Capitolina 128
Agapē (*cf.* Amor)
Agapē (refeição) 691, 978
Agostinho (santo) 189, 586, 737, 762, 931, 967, 1039
Alexandria 32, 39, 43, 63, 65, 69, 110-113, 130, 161, 173, 432, 579, 904-906, 1077, 1080
Aliança (renovação, nova) 55-56, 398, 464, 828, 896-897, 903, 915-916 (*cf.* também Testamento)
Amor 351, 481, 483, 509, 511, 521-523, 531, 535, 537, 599-600, 692, 705, 747, 753, 759
Anjos (espíritos) 231, 299, 331, 366, 396, 420, 465, 489, 795, 833, 841, 931-932, 977, 978, 1007, 1008, 1013, 1026, 1029, 1076, 1084; e Cristo 296, 366, 796, 892-893, 930 (*cf.* também Demônio; Poderes)
Anticristo (antideus, falsos cristos) 521-524, 535, 537, 542, 775, 781, 783-784, 1011-1022, 1041-1042; homem ímpio 775-776, 779, 780-784
"Antigo" Testamento (uso do termo) 39, 63, 103-104
Antijudaísmo 99, 254-255, 291, 299, 303, 323, 451, 616, 628-629, 941, 1020, 1041; "os judeus" em João 465, 468, 487-488, 503, 508-509, 527, 1041 (*cf.* também Fariseus, NT – crítica)
Antíoco IV Epífanes 121, 421, 784, 1010, 1024
Antioquia (da Síria), Igreja de 64, 95, 127, 249, 290, 311-314, 380, 399, 402, 419-421, 424, 428, 448, 573, 575, 608, 947, 1083
Apocalipse (*cf.* Revelação, Livro)
Apocalíptica 198, 294, 452, 670, 771, 780, 884, 1001, 1049, 1059, 1072, 1076, 1078, 1084; em Paulo 448, 587, 614-616, 636, 670, 674, 681, 687, 694, 751, 766, 782, 797, 832, 882, 1011; gênero, desenvolvimento 61, 1006-1013; sinais 227, 775-776, 780, 782 (*cf.* também Escatologia; Marcos, apocalipse)
Apócrifos 771-772, 788, 796, 980, 1072, 1075 (*cf.* Livros deuterocanônicos)

Apolo 137, 431, 579-580, 682-684, 695, 697, 707, 708, 839, 906, 907

Apóstolo(s) 210, 329, 393, 438-439, 692, 701, 756, 974, 975, 979, 985, 1043; como autores do NT 63, 183-184, 306-310, 316, 329-330, 378-379; como pregadores 182, 399-400, 405-407; ensinamento dos 404-405, 994, 999-1000; falso(s) 715, 720, 722, 725, 726, 731-734; mulheres 489, 755; (*cf. também* Doze)

Áquila e/ou Priscila (Prisca) 432, 579, 602, 680-681, 740, 743, 756, 862, 884, 906, 907

Aretologia 175 (*cf. também Theios anēr*)

Aristéias, Carta de 120, 699, 1077

Arrebatamento, o 617

Ascensão, exaltação (de Jesus) 371, 394, 654, 816

Ascensão de Isaías 930, 1034, 1038

Assunção de Moisés (*cf. Moisés, Assunção*)

Atos apócrifos 863, 865, 867, 870, 884

Atos dos Apóstolos 61, 69, 103, 393-458; "Atos" – título 393; autoria 444-450; diferenças em relação à teologia de Paulo 385, 446-449; e cartas pastorais de Paulo 411, 424, 433, 869 (*cf. também* Paulo, "segunda carreira"); fontes 437-441; historicidade (exatidão) 399, 408, 414, 415, 418, 419, 425, 427, 437, 440, 565-566, 570, 571, 576, 577, 582-583, 602, 608, 617, 734; "Nós" (companheiro de Paulo) 327, 378-380, 430, 433-434, 436, 438, 440, 444-446, 578, 646 (*cf. também* Lucas, evangelho; autoria, sumários; Paulo); organização, plano 395, 396, 413, 421, 429; sermões (discursos) 399-402, 406, 412-413, 417, 423, 431, 434, 437, 440-441, 603; texto mais longo 110, 394, 451

Augusto, imperador 42, 122-123, 135, 155, 336-337, 360, 642, 678, 686, 1026, 1028, 1043

Autor/escritor – distinção 101, 551-552, 554-555, 770-771, 800

B

Babilônia, nome para Roma 928, 936, 939, 1029, 1030

Bar-kókeba (*cf.* Simeão ben Koseba)

Barnabé 155, 407, 408, 416, 419, 421-429, 438, 575-578, 689, 709, 810, 905, 922

Barnabé, Epístola de 112, 772, 901, 905, 1084

Baruc, II 45, 61, 555, 763, 1009-1010, 1014, 1027, 1031, 1078

Batismo (cristão) 107, 163, 183, 224, 300, 395, 400-401, 418-419, 453, 469, 476, 478, 499, 512, 527, 690, 694, 708-710, 748, 804, 817, 827-828, 850, 895, 898, 924, 926, 930, 949, 991, 1014, 1035 (*cf. também* João Batista)

Baur, F. C. 87, 94, 442, 588, 621, 733, 770, 805, 841, 948, 1058

Beatty, C. (*cf.* Papiros)

Bem-aventuranças 252, 261, 270, 302, 336, 344, 352, 950

Bíblia – traduções (*cf.* Traduções)

Birkat ha-mînîm 151, 313, 508

Bispos (*cf.* Presbíteros)

Bultmann, R. 78, 159, 587, 748, 1059-1060, 1071; teoria sobre João 460, 469, 494, 498, 503, 505, 512, 521, 530 (*cf. também* Pós-bultmannianos)

C

Cabiras, *Kábeiroi* 157, 609, 612

Índice de assuntos

Calígula, imperador 43, 125, 155, 227, 575, 783
"Caminho", o 150, 402, 435
Cânone, canonicidade 8, 56, 63-69, 112-114, 904, 939, 967-969, 980-981, 986-987, 993, 996, 998-1000, 1031, 1048, 1084; cânone do AT 38-39; centro do ... (dentro) 103-105, 818-820, 1000
Carisma 683, 692-693, 701-704, 752, 845-848, 875, 926, 960
Carta(s)/Epístola(s) (NT) 57-60, 62, 66, 535, 541, 549-563, 919; Ação de graças 556-557, 600, 615, 626 (*cf.* também Retórica, tipos de); co-autor (co-remetente, escriba, secretário) 551-552, 554-555, 626, 629, 671, 745, 756, 769, 780, 781, 789-790, 802, 806-807, 825, 848, 865, 923, 928, 983, 994; como eram compostas 551-552, 561; corpo 537, 541-543, 557-560; de recomendação 543, 720, 732, 743, 756; "epístola" *versus* "Carta" (Deissmann) 529-530, 550-553, 826, 835, 962, 981, 998; formato, gênero 57-60, 62, 550-562, 611, 615, 665, 826-827, 899-900, 919, 963-964, 981-982, 990, 998, 1013, 1016; fórmula introdutória 536, 541, 554-556; fórmula conclusiva 538, 543, 560-561; organização (disposição) das 9-10, 519, 549-551, 561, 837, 919
Católica (*cf.* Catolicismo primitivo; Católica Romana)
"Catolicismo primitivo" 104, 819-820, 874, 984, 993, 998-1000
Cefas (*cf.* Pedro)
Celibato (*cf.* Matrimônio)
Censo (de Quirino) 42, 124, 336, 443
Cínicos 154, 158-159, 195, 199, 569, 613, 647, 688, 795, 861, 1064, 1067-1068, 1072

Circuncisão 416-419, 424-429, 416-419, 584, 623-628, 635, 746, 853
Cláudio, imperador, 43, 125, 575, 579, 679, 740, 752, 757, 911, 928, 1043
Clemente, I 8, 45, 66, 112, 127, 322, 539, 561, 583, 586, 656, 683, 718, 772, 798, 847, 868, 873, 907, 912-914, 928, 936, 939, 946, 965-966, 990, 997, 1036, 1045-1046, 1082
Clemente, II 112, 173, 561, 772, 1082 (*cf.* também Pseudoclementina, literatura)
Códices (gregos) do NT 112-113
Códigos domésticos (comportamento) 569, 604, 794, 798-800, 810, 817-818, 842-843, 849-850, 862; aplicabilidade hoje 799-800
Coiné, grego 137, 402
Coleta de Paulo para Jerusalém 403, 435, 581, 633, 657, 695, 718, 721, 724, 729-731, 742, 755, 854
Colossas 668, 787-788, 794, 809, 1017
Colossenses, Carta aos 59, 589, 604, 665, 671-672, 772, 787-811; de onde 671, 807-809; de Paulo (?) 245, 603, 769, 787, 789, 800-807; relação com Filêmon 789, 791, 799, 805-809
Cordeiro de Deus 462, 465, 914, 924, 1011, 1020-1022, 1028-1031, 1034-1036, 1041, 1049
Co-rementes (*cf.* Cartas/Epístolas, co-autor)
Corinto 132, 677-681, 1082; adversários de Paulo em 695-698, 730-734 (*cf.* também Apóstolos, falsos); Paulo em 431-432, 578-579, 678-682, 715-782, 737-738
Coríntios, cartas perdidas aos 63, 580, 682, 686, 715-717, 723; Primeira carta aos 572, 574, 580, 677-713; unidade 679, 682, 684, 707; Segunda carta aos 433,

572, 574, 580, 715-735; unidade 715, 717, 723-728
Corpo de carta (*cf.* Cartas)
Corpo de Cristo 182, 484, 588, 604-605, 686, 690, 696, 803, 810, 817, 827, 898, 932
Credo (dos Apóstolos, Nicéia) 617, 810, 930, 1000
Cristão (o nome) 402, 419
Cristologia (títulos cristológicos) 176, 182, 195, 207, 222, 238-239, 242-243, 252, 266, 275, 277, 318, 332, 338, 371, 374, 399-401, 411, 466, 476, 479, 490, 525, 537, 541, 545, 649, 653, 892-893, 901, 980, 1013-1015, 1021, 1036, 1060, 1063, 1069, 1082; paulina 586-587, 649-654, 662, 744-745, 782-783, 791-794, 802-803, 810, 848-849, 865; preexistência da ... encarnacionista 463-464, 476, 495, 504, 508, 528, 653, 892, 895, 933-934, 1068, 1080 (*cf. também* Filho de Deus; Filho do Homem)
Crítica canônica 80, 102-105
Crítica da redação 79-80, 192, 236, 261
Crítica das fontes 77, 93, 99-100 (*cf. também* Fontes em cada escrito do NT em particular)
Crítica das formas 77-78
Crítica histórica 76-77, 93-100
Crítica narrativa 82-83, 105-106, 342
Crítica social/sociológica (contexto, preocupações) 84, 87, 98, 343, 403, 567, 569, 637, 642, 662, 666, 681, 690-691, 968-969, 996
Crítica textual 76, 109-110, 116, 973
Cronologias 42-45, 432, 493, 573-574, 594

D

Deissmann, A. 550 (*cf. também* Cartas, NT)
Desconstrução 81

Deliberativa ou demonstrativa (*cf.* Retórica)
Demônio (anjos maus, Beelzebu, Belial, mal, Satanás) 208-209, 211, 221, 243, 268, 278, 341, 347, 352, 363, 365, 408, 475, 480, 496, 509, 521, 522, 525, 727, 776, 782, 822, 833, 927, 970, 1008, 1010, 1017, 1023, 1026, 1030-1031, 1064
Despedida (cf. Testamento)
"Deus", aplicado a Jesus (*cf.* Jesus, como Deus)
Deuterocanônicos (livros) 40, 129, 567, 1075
Deuteropaulinos, escritos 10, 59, 66, 562, 583, 589, 603-605, 770-773, 828-829, 864-871, 880
Diácono(s) 411, 661, 755, 841, 858-859, 874, 926-927, 1082; mulheres 602, 738, 755, 858-859
Diatessaron de Taciano 67, 1085
Diatribe 62, 158, 160, 687, 743, 746, 920, 949, 951, 963, 1078
Didaqué 18, 45, 173, 316, 318, 422, 772, 798, 836, 847, 868, 914, 929, 961, 1043, 1083, 1084
Dikaiosynē (*cf.* Justificação)
Discípulo Amado 465, 481, 487-489, 492, 500-504, 507-509, 520, 539-540
Divórcio (*cf.* Matrimônio)
Domiciano, imperador 45, 128, 155, 782, 784, 929, 939, 1011, 1027-1028, 1033; perseguição sob? 1042-1048, 1050, 1082
Doze, os 58, 69, 80, 215, 274, 289, 331, 343, 350, 393, 397, 408, 410, 415, 420, 422, 443, 446, 475, 539, 756, 920, 922, 946, 960, 1031, 1040, 1064, 1066; aparições do Jesus ressuscitado aos (Onze) 232, 299, 370-371, 394-395, 489-491, 694, 706; lista dos 210, 274, 306, 343, 397, 974 (*cf. também* Apóstolos)

E

Ebionitas (*Evangelho dos*) 313, 1080
Educação no tempo do NT 135-137
Efésios, Epístola aos 59, 589, 605, 772, 813-834; autor 813, 821-825; comparada a Colossenses 806, 808, 816-819, 821-824, 829; destinação da 813, 820-821
Éfeso 64, 127, 433, 597, 857-858, 869, 1016-1017, 1041; João e 459, 501, 527, 530, 808, 825, 856, 1041; Paulo e 432, 578-581, 633, 644, 648, 657-658, 682, 715-718, 788, 807-808, 825-826, 839, 854-855, 869
Egerton (*cf.* Papiros)
Epicureu(s) 153, 159, 431, 569, 614, 743, 994
Epidíctico (*cf.* Retórica)
Epístolas (*cf.* Cartas)
Epístolas católicas (em geral) 59, 519, 551, 553-554, 561-562, 919, 939, 966, 968, 990
Escatologia 195, 207, 286, 289, 319-320, 344, 350, 353, 355, 358, 362-363, 388, 395, 397-398, 469, 499, 521-522, 526, 559, 587, 681, 729, 745, 752, 762, 804, 816, 818, 833, 892, 900, 902, 953, 1021, 1023, 1041-1042, 1064, 1070 (*cf.* também Apocalíptica)
Escolas de escritores do NT (*cf.* joanina, escola; Paulo; autoria das cartas; Pedro, cartas de, Escola de escritores)
Escravo(s), escradivão 135-135, 567, 570, 637, 666-672, 674, 799, 926
Escriba(s) (*cf.* Cartas/Epístolas, co-autor)
Esdras, IV 45, 61, 763, 1010, 1026, 1027, 1031, 1038, 1078
Espírito (Santo) 88, 185, 208, 211, 252, 266, 277, 284, 318, 332, 340, 351, 370, 384, 395, 397, 401, 407, 412, 414, 417-419, 432, 455, 475, 488, 490, 510, 522-529, 544, 703, 720, 731, 744, 749, 765, 846, 895, 909, 979, 992, 1014, 1033, 1041, 1065, 1080; Paráclito 482,485, 513, 521, 526, 529; pecado contra 211, 277, 352, 525, 897
Espiritual, sentido da Escritura 101-102
Essênios ("seita" judaica) 144-145, 161, 795, 1075-1076, 1079 (*cf.* também Manuscritos do Mar Morto)
Estêvão 42, 65, 393, 409-413, 441, 442, 570, 859, 903, 906 (*cf.* também Helenistas)
Estóicos (estoicismo) 153, 155, 160-161, 567, 688, 728, 794, 850, 1001
Estruturalismo (semiótica) 80-81, 237
Ética 141, 270-271, 285, 320, 375, 405, 510, 528-529, 537, 541, 567, 624, 637, 684, 760, 899, 963, 969; do momento 674, 688, 701 (*cf.* também Códigos domésticos)
Euaggelion ("evangelho"), terminologia 171-173, 177
Eucaristia 59, 102, 107, 134, 182, 217, 219, 364, 370, 380, 404, 422, 433, 447, 454, 473-474, 480, 492, 499, 512, 513, 681, 689-691, 709-710, 827, 914, 940, 1083; significado da 404
Europa, evangelização da 429-430, 578-579, 607-608, 642, 662 (*cf.* também Roma, Igreja de)
Evangelho(s): escritura dos 59-61, 66-67, 184-185 (*cf.* também Prefácio, evangelhos/NT, títulos (prólogos); Sinóticos (evangelhos); cada um dos evangelhos); formação (três estágios) 8, 181-183; quatro 66; harmonização 109-110, 185, 191, 290, 340, 489; relatos (literais) de testemunhas oculares? 77, 184, 309,

1058; significado e gênero 60, 78, 171-183

Evangelho Secreto de Marcos (*cf.* Marcos, Evangelho Secreto de)

F

Falsos mestres/ensinamentos 422, 520, 522, 535, 537, 539-540, 544, 779, 782, 789-799, 802, 805, 809, 810, 841, 861, 862, 869, 976-979, 993-995 (*cf.* também Apóstolos, falsos).

Fariseus ("seita" judaica) 145-149, 250, 293, 1079; crítica do NT 147, 82, 151, 199, 277, 282, 291-293, 299, 314-315, 323, 343, 352, 354, 356, 407, 476, 626, 795, 1066; mal uso de hipócrita 147, 314, 358

Fé 467-472, 474-478, 488-491, 527-528, 704, 898, 951-952, 968, 973, 979 (e passim); conteúdo da (corpo de doutrinas) 524, 848-850, 984-985, 990, 1000, 1001; de Cristo 624, 633-634 (*cf.* também Justificação); somente (*sola fides*) 103, 747, 954-955

Febe 738, 743, 755, 756, 858, 862

Festas (*cf.* Liturgia)

Filêmon, carta a 574, 654, 656, 665-675, 799, 806-809

Filho de Deus 62, 96, 153, 172, 182, 207, 208, 209, 229, 241-242, 277, 280, 283-284, 295, 318, 319, 322, 332, 338, 416, 469, 478, 491, 528, 586, 599, 650, 744, 849, 922, 969, 1019, 1061, 1070

Filho do Homem 205, 209, 242, 277, 283-284, 294-295, 318, 348, 401, 413, 465-466, 476, 504, 1015, 1023, 1029, 1060, 1070

Filipos 132, 430, 448-449, 641-644, 718, 1083

Filipenses, carta aos 449, 574, 580, 641-663, 802; de onde 643, 654-658, 671-672; hino 651-652, 661; unidade 643, 660-662

Fílon 125, 131, 144, 148, 161-162, 166-167, 320, 398, 697, 699, 727, 793, 831, 885, 901-902, 906, 978, 1075

Fórmula introdutória (*cf.* Cartas)

G

Gálatas, carta aos 574, 580, 621-639; área endereçada 578, 622, 625-626, 630-633; data 622, 632-633; e Romanos 741-742

Gamaliel (I) 336, 409, 570

Gloria in excelsis (*cf.* Hinos, cânticos lucanos)

Gnose, gnosticismo, gnósticos 67, 68, 154, 162-163, 315-316, 414, 505, 510, 528, 648, 696, 733, 781, 793, 796-797, 830, 841, 863, 865, 868, 894, 976, 983, 985, 994, 1075, 1082, 1085

Goodspeed, E. J. (teoria paulina) 673, 825

Greco-romano (ou pagão): contexto religioso 131, 152-158, 175-176, 237, 423-424, 431, 569, 598, 609, 612, 644, 651, 678-679, 746, 795-796, 1012, 1017, 1026, 1037; contexto social 129-137, 596-597

Griesbach, hipótese de 189-192, 200, 252-253, 387

H

Habacuc (passagem sobre a fé) 636, 745

Hanuká (Dedicação), festa 122, 142, 477-478

Harmagedôn 1029

Hebreus, carta aos 62, 162, 891-918, 933, 968, 1035; autor 562, 603, 893, 899-

900, 904-907; data 893, 908; destinatários 63-64, 892, 904, 906, 908-913; título 62, 904, 908
Hebreus, Evangelho dos 307, 946, 1080
Helenistas 312, 409-410, 418-419, 430, 442, 443, 859, 903, 906, 910, 912
Henoc 771, 979, 1009, 1076
Henoc, I 932, 977, 979, 980, 986, 993, 1009, 1010, 1012, 1014, 1022, 1038, 1076
Hermas, Pastor de 45, 112, 511, 912, 965, 967, 1011, 1084
Hermenêutica (em geral) 56, 75-107
Hermética(o), literatura/pensamento 154, 504-505, 652, 793
Herodes, o Grande 42, 122-125, 267, 360, 757
Hinos (no NT) 649-654, 892, 895, 924, 930, 1021, 1025, 1034-1035; cânticos lucanos (Gloria, Magnificat) 133, 335-336, 344, 376, 386, 403, 649; paulinos 587, 604, 651-652, 692, 705, 751, 753, 788-793, 809, 816-817, 822, 843, 850, 863-864
Prólogo de João 463-464, 491, 520, 526, 530, 649, 653, 792
Homem ímpio (cf. Anticristo)
Homossexualidade 698-701, 746

I

Igreja 59, 282, 285, 287, 315, 318, 453, 803, 810, 814-815, 819, 831, 1022, 1042; administração, estrutura 59, 412, 421, 424, 433, 455, 492, 501, 510, 538-539, 545, 584, 589, 617, 661-662, 693, 816, 818, 820, 831, 836, 840, 843-848, 856-860, 868-869, 874-875, 926-927, 952 (cf. também Presbítero(s)); unidade 477, 486, 814-815, 816, 828, 832; uso do nome 282-283, 287, 403, 542 (cf. Koinōnia)
Igreja(s) doméstica(s) 134, 241, 382, 538, 539, 543, 667, 669, 672, 683, 696, 742, 744, 755, 794, 809, 844, 857; constituição física 691
Imperador, culto ao 155, 609, 652, 678, 784, 1017, 1028, 1044
Inácio de Antioquia 8, 45, 69, 128, 182, 314, 315, 386, 528, 539, 544, 554, 561, 673, 626, 869, 1017, 1036, 1042-1043, 1083
Inclusão 462-463, 477-478, 480, 491
Infância, narrativas da (cf. Jesus, infância)
Inspiração da Escritura 87-90, 101, 340, 700, 871, 873, 885-886, 980, 1001; posição católico-romana 87-90

J

Jâmnia (Iabne) 45, 150, 285, 310, 313
Jerusalém, Igreja de; encontro/controvérsia em (acerca dos gentios, cerca de 49 d.C.) 400, 411-412, 424-428, 573, 576, 630-633, 730, 921, 947 (cf. Coleta de Paulo para Jerusalém; Pobres); missão evangelizadora 399, 414, 419-421, 607, 740, 924, 938, 962; vida comunitária 400-405, 409-413, 421, 443, 938
Jesus (de Nazaré); busca do Jesus histórico 8, 77-181, 198-199, 1057-1073; como Deus 223, 464, 490-491, 525, 653, 764, 783, 843, 893, 908, 990; concepção virginal 265, 317, 319, 332 (cf. também Cristologia; Lei, Messias; Milagres de ...; "Nome" de ...; Parábolas de ...; Paixão de ...; Sacerdote; Ressurreição; Transfiguração); contexto vital/político 124-125, 153, 181, 1066-1067; educação, ocupação de 133-136, 181,

215, 280, 1064, 1067; expectativa do fim 275, 283-284, 294, 363, 394, 491, 895; infância (narrativas da) 106, 124, 172, 185, 190, 252, 261, 263-267, 302, 319, 328, 331-338, 382; irmãos (família) de 211, 215, 310, 347, 421, 946, 966, 974-975, 1081 (*cf. também* Tiago de Jerusalém, irmão de ...; Judas, irmão de ...; Maria, mãe de ...); *Jesus Seminar* 179, 1060-1065, 1069, 1072, 1085; limitações de 179, 1070-1073 (*cf. também* Schweitzer, A.); língua falada por 135-136, 182; livre de pecado 734; tentação/provação de 207, 268, 340-341, 363

Jesus histórico (*cf.* Jesus, busca do ...)

Joanina, comunidade 503, 507-510, 519, 526-530, 543-545

Joanina, escola (testemunhas, escritores) 502, 520, 526, 529, 539, 542-543, 545, 1040-1042

João, epístolas de 62, 507-510, 509-546, 556, 919, 1040; autor 519, 526-527, 535-536, 554, 1041; datas 521, 527, 536, 543

João, evangelho de 60, 67, 150, 158, 163-164, 172, 459-518, 461, 832, 904, 913, 914, 1062; aspectos estilísticos 459-463; autor 461, 500-504, 1041; data 461; fontes 461, 491, 493-496; lugar 461, 463, 507-508, 1042; redator 462, 470, 483, 491, 498-499, 500, 512; relação com os sinóticos 178, 234, 268, 471, 473, 479, 480, 486-491, 493-497, 502, 511 (*cf. também* Discípulo Amado; Hinos; Prólogo; Cordeiro de Deus; Lucas, relação com João; Espírito, Paráclito)

João, o presbítero/ancião 501, 502, 526, 538

João, o profeta/vidente (autor do Apocalipse) 63, 1007, 1009, 1013, 1031, 1040-1042, 1047

João apóstolo, filho de Zebedeu 493, 501, 519, 538, 586, 1040-1042, 1047

João Batista 149, 178, 207, 216, 221, 225, 268, 276-277, 321, 331-335, 339-341, 345, 356, 377, 400, 432, 465-466, 469-470, 1021, 1069

Josefo, escritos de 45, 127, 147, 740, 978, 1075, 1079

Jubileus, Livro dos 932, 1077

Judaico(a), judeu(s): contexto religioso no tempo do NT 131, 142-152; "judeus", terminologia 37, 142, 616; relação com os cristãos 114, 127, 132, 150-151, 610-611 (*cf. também* Antijudaísmo; Fariseus, Crítica do NT); revolta contra Roma 126, 128, 227, 313, 384, 828, 952, 1026, 1040, 1079; seitas 143-151, 1067, 1079 (*cf. também* Essênios; Fariseus; Saduceus)

Judas, irmão de Jesus 554, 771, 965, 973-976, 983-984, 1047

Judas, carta de 920, 967, 968, 973-988, 993

Judas Iscariotes 228, 295, 364, 408, 475, 480, 486, 561, 973; morte de 297, 397

Justiça (*cf.* Justificação)

Justificação (justiça) 223, 261, 447, 587, 588, 607, 708, 737, 745-746, 750-751, 758-761, 763-764, 820, 905, 933, 955, 990

Justino (Mártir) 383, 895, 931, 1036, 1038

K

Kērigma 182

Knox, J. (teorias paulinas) 673, 726, 788, 825

Koinōnia (comunidade) 150, 313, 403, 407, 410, 411, 420, 427, 454, 520, 538, 689-691, 730, 742, 991

L

Laodicéia 787-789, 808-809, 1017; Carta a 672, 788, 820, 870
Lei (mosaica ou judaica): Jesus e a 218, 270, 282, 314-315, 338, 373, 383-384, 405, 427, 624, 824; Paulo e a 103, 270-271, 311, 435, 571-572, 577, 599, 624, 627-628, 637, 686, 689, 746, 753, 760-763, 802-803, 828, 841, 954, 985
Línguas, falar em 681, 702, 720
Liturgia (culto, festas, ritual, adoração) 142, 182, 185, 237, 370, 422, 452, 454, 471, 474-475, 478, 512, 557, 690, 710, 741-742, 747, 754, 802, 816, 827, 845, 862, 864, 882, 897-898, 902, 906, 913, 924, 925, 933, 949, 1013, 1015, 1037, 1034-1037
Lucas, discípulo de Paulo 378-380, 439, 450, 772, 810, 825
Lucas, evangelho de 327-392; autor 329, 378-380, 444-450; comunidade (local) 64, 329, 380-382; data 329, 385-386; fontes 176-200, 363, 371-378, 437-441; geografia no 329, 341-343, 347, 349, 358, 379-380; metodização, historicidade 99, 328, 330, 336, 340, 343-344, 364, 366, 373, 377, 441, 443; plano do 329, 331, 367-369; propósito 382-384, 444; relação com Atos 327, 330, 366-367, 370-371, 395-396, 406, 413, 424, 435-436, 438-439; relação com João 327, 342, 350, 351, 357, 367, 369-370, 387, 486-487, 490, 497, 513; relação com Marcos 189-191, 285, 327, 347-349, 358, 363, 365, 366, 369, 372-376, 497; sumários em Lucas-Atos, uso de 341, 401, 407, 412, 441 (*cf.* também Hinos, cânticos lucanos)
Lutero, M. 68, 104, 386, 586, 621, 737, 747, 798, 813, 906, 946, 954, 968, 986, 998-999, 1039, 1048
LXX (*cf.* Septuaginta)

M

Macabeus, IV 1078
Magia, mágico, mago 106, 155, 208, 215, 218, 267, 281, 302-303, 337, 422, 1064, 1066 (*cf.* também Simão Mago)
Magnificat (*cf.* Hinos, cânticos lucanos)
Mandeístas 163, 494, 505
Manuscritos do Mar Morto (MMM, Qumrã) 143, 148-149, 150, 222, 251, 335, 354, 403-404, 443, 506, 520, 524, 636, 727, 749, 765, 795, 802, 830-831, 845, 885, 892, 896, 903, 915, 950, 960, 979, 984, 1010, 1061, 1075-1076, 1077, 1084; lista dos 1076
Maran atha 58, 271, 404, 695, 1031, 1035
Marcião (marcionitas) 66, 68, 69, 173, 540, 586, 621, 630, 637-638, 750, 781, 788, 808, 820, 821, 865, 990, 1075
Marcos (João Marcos) 60, 206, 244-245, 421, 422, 429, 438, 501, 576, 672, 810, 922, 935, 1080
Marcos, evangelho de 60, 66, 205-259, 1058, 1063, 1080-1081; apocalipse (cap. 13) 227, 250, 263, 776, 979, 1011, 1021-1022; autor 244-247; data 250-252; finais (apêndices) de 116, 206, 232, 350, 370; fontes 186-190, 233-236, 240-241; local (de, para) 206, 247-250; Galiléia x Jerusalém 249; mensagem básica 242-243; visão dos discípulos 240, 241, 253, 280 (*cf.* também Segredo messiânico)

Marcos, Evangelho Secreto de 45, 173, 187, 233, 239, 248, 251, 1063, 1080-1081

Maria, mãe de Jesus 92, 93, 191, 192, 211, 215, 252, 265-266, 277, 320, 332-333, 337, 346, 376-377, 396, 467, 489, 502, 946, 1025, 1080 (*cf.* também Jesus, irmãos de)

Maria Madalena 231, 346, 479, 489

Mateus, evangelho de 60, 261-326, 952, 953, 955-958, 1083; autor (judeu ou gentio?) 262, 290, 310; comunidade (local) 64, 262, 266-267, 270, 274, 311-315; data 316-317; discursos (sermões) em 183, 194, 263, 269-272, 274-275, 278-280, 285-286, 294-295; fontes 186-193, 300-306; estrutura 262, 264, 298; língua original 187-188, 194, 307-310 (*cf. também* Bem-aventuranças; Oração do Senhor; Sermão da Montanha)

Mateus, o apóstolo 306-307

Matrimônio 359, 674, 686-688, 700-701, 709, 779, 818, 832, 846, 925; divórcio 222-223, 271, 288-289, 356-357, 405, 687, 700

Messias (davídico), messianismo 172, 177, 182, 404, 471, 475, 1026, 1037, 1061, 1079, 1082; Jesus como 266, 332, 387-388, 401, 453, 464, 465, 471, 478, 491, 508, 571-572, 896, 1026, 1058, 1065, 1067

Mestres (*cf.* Falsos mestres)

Midrash 151, 909, 969

Milagres de Jesus 214, 216-217, 240, 261, 271-273, 279, 281, 302, 341, 345, 347, 353, 376, 734, 1063-1064, 1070; sinais/obras 466-467, 490-491, 494

Milenarismo (reino milenar, quiliasmo) 66, 105, 130, 137-140, 148

Mistéricas, religiões 156, 504, 569, 748, 753, 794, 797, 831, 833, 850, 936, 994

Mistério (*mystērion*) 156, 213, 604, 684, 766, 790-791, 816, 824, 827, 830, 831

Mixná 83, 135, 147-148, 150-152, 472, 1076

Moisés, Assunção (Testamento) de 978, 979, 981, 982, 1037, 1077

Moisés e Cristo 62, 267, 269, 277, 292, 406, 464, 474, 504, 508, 720, 894, 903, 909 (*cf. também* Lei, Jesus e a)

Morte, atitudes do NT em relação à 478, 613-614, 645-646, 662, 728-729

Mulheres, papel das 163, 844, 1007; como apóstolas 489, 756; em Paulo 430, 602, 605, 637, 642, 662, 669, 844, 858-863, 871, 875; nos Evangelhos 231, 240, 265, 346, 369

Muratoriano, Fragmento 56, 583, 757, 788, 838, 840, 868, 913, 939, 986

N

Nag Hammadi 162, 494, 505, 1081, 1086

Nazarenos, Evangelho dos 295, 308, 311, 1080

"Nome" de Jesus 401, 405, 407, 453, 485, 542, 650, 959

Nero, imperador 44, 126, 155, 249, 250, 381, 420, 582, 740, 752, 784, 880, 911, 912, 921, 929, 939, 1011, 1022, 1026, 1028-1030, 1033, 1043-1047; redivivo (= Domiciano) 779-780, 1028, 1047

Niceno, credo (*cf.* Credos)

"Nós" (companheiro de Paulo) (*cf.* Atos dos Apóstolos)

Novo Testamento, composição do 55-74; ordem do 9, 561, 919

O

Ocidental, não-interpolação (Lucas-Atos) 110, 329, 364, 371, 386

Odes de Salomão 494, 649, 771, 930, 1082
Onésimo 602, 667-673, 805-806; colecionador das cartas de Paulo (?) 673, 825
Oração do Senhor 114, 184, 252, 271, 316-319, 352, 404
Oráculos Sibilinos 699, 1080
Oralidade (ensinamento oral) 85, 187, 192, 304

P

Pagão (uso do termo) 131, 141
"Pai-nosso" (*cf.* Oração do Senhor)
Paixão de Jesus 227-232, 254-255, 295-300, 365-369, 485-489, 616, 706, 1065, 1081; predições da 219-220, 222, 224, 282, 285, 290, 295, 349, 359, 1062
Palavra (*logos* de Deus) 162-163, 464, 482, 504, 519, 526, 650, 653, 894-895, 1030, 1041-1042
Papado 221-222
Papias 58, 67, 183, 188, 192, 244, 307-308, 316, 539, 939, 1038, 1040, 1080
Papiro(s) 111-112, 553, 556, 940, 986; Beatty 66, 112, 550, 756, 820, 867, 904; Bodmer 112, 986, 996, 998; Egerton 226; Magdalen 316; Oxirinco 560, 649; Rylands 111-867
Parábolas de Jesus 186, 195, 211-213, 225, 241, 279, 291, 294, 321, 346, 351-352, 353, 377, 460, 483, 496, 1066
Paráclito (*cf.* Espírito)
Parenético (*cf.* Retórica)
Parusia (segunda vinda, julgamento) 220, 231, 300, 466, 504, 522, 526, 535, 616, 776, 777, 780-783, 405, 816-817, 828, 866, 897, 979, 984, 991-995, 1001, 1014, 1027, 1073
Pastor de Hermas (*cf.* Hermas)
Pastorais, cartas de Paulo 550-551, 581, 583, 589, 605, 718, 772, 780, 835, 800-887; autor 848, 864-871, 877-881; e Lucas 378, 865, 869; ordem das 836, 837, 853, 865, 872, 877-881 (*cf. também* Timóteo; Tito)
Patmos 1013, 1015, 1023, 1026, 1041
Paulo (Saulo); aprisionamento(s) de 385, 435-436, 573, 581-583, 605, 645, 654-655, 666, 671-672, 789, 806, 807, 825, 836, 839, 854, 867, 877-881, 884, 911; autoria das cartas 57-60, 66, 769-770; escola de 770, 789, 808, 815, 825, 829, 1041 (*cf. também* Cartas/epístolas); como apóstolo 415, 422, 447-448, 554, 572, 600, 615, 625, 627, 629, 669, 689, 707, 708, 722, 733, 744, 752, 805, 818, 840, 847, 872, 881; conversão de 415, 424, 433-436, 576, 598-600, 627, 860; data 433, 435, 570, 573-574, 578-579; discípulos de 555, 602-605, 638, 806, 808, 825, 829, 884 (*cf. também* Timóteo; Tito); e as autoridades romanas 430, 432, 435-436, 611, 624, 642, 643, 646; e Igreja 603, 617, 661, 803, 810, 816, 819-820, 831, 840, 857-861; e Pedro 102, 312, 342, 423-429, 571, 575, 577, 586, 603, 621, 623, 693, 709, 733, 921, 933-935, 937, 989, 992, 995, 997, 1001; e sinagogas/judeus 385, 423-424, 449, 570, 577, 585, 598, 603, 609, 616; e temas sexuais 612, 685-687, 698-701, 709; e temas sociais 637, 662, 670-671, 674 (*cf. também* Códigos Domésticos); educação 124-125, 153, 556-568, 597, 746; eloquência/retórica 551-552, 569, 601-602, 604-605, 680-681, 684, 689, 720, 743, 748, 749, 822, 826-827; "espinho na carne" (doença) 623, 631, 632, 723 (*cf. também* Apocalíptica, em Paulo; Deuteropaulinos, escritos; Mulheres, papel das ... em Paulo); morte/

últimos dias de 44, 59, 420, 582, 657, 662, 828, 835, 837, 868, 877-878, 899, 911; oponentes judaizantes 623-624, 648, 731-734, 997; primeiros anos, origens 446, 566-570, 750; "segunda carreira" 839, 843, 856, 865, 870, 872, 877-880, 884; trabalho (profissão, ocupação) 432, 567, 597, 608, 680, 681, 776; vida (imagens) de 154, 565-594, 595-598, 720-721, 742-743; viagens de 371, 423-424, 429-437, 443, 448, 575-581, 631, 695, 754-755, 781, 788, 837, 853-855, 869, 872-873, 878, 922; viagens de ... à Espanha 571, 582, 656, 743, 755, 878

Pecado (cf. Pecado original; Espírito, pecado contra)

Pecado original 762-763

Pedro (Cefas, Simão) 192, 246, 252-253, 280-283, 285, 287, 313-314, 319, 348, 366, 369, 373, 406-409, 416-419, 439, 443, 465, 481, 486, 489, 491, 500-501, 510, 539, 545, 572, 682, 689, 694, 697, 706, 707, 709, 732, 884, 920-922, 989-991; confissão de Jesus 220, 282-284, 322, 387, 475, 478; e Tiago 420-421, 427, 627, 709; morte de 44, 59, 420, 582, 656, 899, 921, 937 (cf. também Paulo, e Pedro; Roma, Pedro em)

Pedro, cartas de: Escola de escritores 934, 936, 983, 997; Primeira 132, 434, 603, 919-943, 969, 996; e escritos paulinos 826-828, 933-934; Segunda 603, 773, 782, 919, 934, 982, 989, 1003, 1031

Pedro, Evangelho de 8, 45, 64, 65, 173, 187, 233, 239, 303, 316, 931, 1063-1064, 1072, 1081

Platonismo 158, 704-705, 793, 795, 902, 1072

Plēroma ("plenitude") 163, 793, 816, 817

Plínio (o Moço) 128, 155, 649, 664, 929, 1028, 1036, 1046

Pobres (e ricos) 133, 312, 336, 344, 352-353, 356, 359, 362, 374, 382, 403, 523, 691, 730, 950, 966, 970 (cf. também Coleta, de Paulo)

Poderes (principados) 790, 793, 795, 799, 810, 814, 817, 819, 829, 833 (cf. também Anjos)

Policarpo 45, 66, 173, 527, 540, 555, 558, 561, 642, 658, 781, 798, 826, 868, 939, 1017, 1083

Pós-bultmannianos 1060, 1062

Preexistência (cf. Cristologia)

Predestinação 765, 970

Prefácio, evangelhos/NT, títulos (prólogos) 56, 172, 183, 244, 305-306, 656, 671, 769, 807

Presbítero(s) (presbítero[s]/bispo[s]) 59, 128, 150, 424, 434, 534, 538-539, 555, 617, 661-662, 693, 841, 843-848, 857-859, 862, 868-869, 875, 927, 936, 959-961, 965, 1021, 1025, 1034, 1043, 1082, 1083; como eram escolhidos 847; palavras "presbítero", "bispo" 844-845; tipos de 538-539; um bispo (monoepiscopado) 128, 386, 537, 544, 657-658, 845, 874

Principados (cf. Poderes)

Priscila e/ou Áquila (cf. Áquila)

Prólogos (cf. Prefácio, Evangelho/NT títulos)

Proto-evangelho (cf. Tiago, ... de)

Pseudepigrafia (pseudonímia) 665, 769-774, 777-783, 800-807, 820-826, 827, 837, 840, 848, 864-875, 885-886, 920, 935, 939, 996, 1008-1009

Pseudoclementina, literatura 313, 948, 964-965, 966, 990, 1045

Índice de assuntos

Público-alvo (leitores) – interpretação 76, 96-98, 154, 176, 343

Q

Q (fonte do evangelho) 60, 67, 100, 159, 193-200, 233, 271, 277, 300, 302, 314, 339, 340, 343, 375, 437, 949, 958, 963, 965, 1058, 1063, 1068-1069, 1070, 1072, 1085; comunidade 100, 195, 1068; quadro do material 196-197
Qumrã (cf. Manuscritos do Mar Morto)
Quiliasmo (cf. Milenarismo)

R

Rabi Aqiba 45, 128, 150
Recomendação (cf. Carta, de ...)
Reino 208, 209-212, 223, 243, 268, 279, 286, 319, 354, 358, 387, 395, 452, 460, 614, 695, 790, 1069
Ressurreição (e aparições): de Jesus 185, 231-232, 298-300, 369-371, 394-395, 415, 499, 693-694, 706, 898, 905, 992, 1027, 1062, 1064, 1072, 1080; dos mortos 694-695, 705, 706-707, 729, 817, 927, 1011, 1031; ressuscitações realizadas por Jesus, Pedro 215, 345, 416, 433, 478
Retórica (crítica retórica), tipos 83-84, 106, 161, 552-553, 626, 668-669, 683, 685, 722, 743, 763-764, 794, 826, 882, 900, 909, 962-964, 970, 981
Revelação: cessação da 708; divina 90-93, 101, 598, 627, 636, 708; natural 745
Revelação, livro da (Apocalipse) 61-62, 604, 649, 771, 781, 940, 968, 1005-1053; relação com o evangelho de João 1041-1042; título 1005 (cf. também Apocalíptica; João, o profeta/vidente)

Revolta (cf. Judaico(a), judeu(s), revolta contra Roma)
Roma: aprisionamento de Paulo 385, 420, 582, 655, 672, 807, 839, 854, 856, 867, 873, 878, 911; escritos de/para 382, 911, 928, 934, 1082, 1083; Igreja de 64, 127, 248, 322, 420-421, 432, 436-437, 608, 672-673, 738-741, 754, 904, 911-913, 934, 966, 1084; judeus em (expulsão de) 579, 692, 739, 740, 756, 911; Pedro em 245, 247, 322, 420-421, 873, 884, 911, 921, 936, 990, 997, 1080
Romana(s): estradas 130, 596, 608, 641-642, 656 (cf. também Greco-romano); história política 42-45, 119-129
Romanos, carta aos 433, 574, 581-583, 737-768, 807-808, 912; objetivo da 740-743 (cf. também Justificação; Lei, Paulo e; Pecado original)
Romanos, católicos (concílios, documentos, liturgia, doutrina) 11-12, 39-40, 88-93, 104, 115, 181, 186, 210, 231, 282-283, 292, 318, 321, 322, 386-387, 452, 510, 511, 521, 527, 700, 760, 761, 789, 819, 886, 916, 939, 946, 959, 961, 987, 999-1000, 1037, 1039, 1071
Rylands (cf. Papiro(s))

S

Sabedoria (personificada), *Sophia* 162, 277, 318, 352, 460, 464, 474, 508, 651, 652, 793, 892, 963, 1068-1069, 1086
Sacerdote: cristão 754-755, 844, 914, 940, 958, 1014, 1035; Jesus como 754, 896-898, 903, 913-914, 940
Sacramentos 101, 104, 107, 181, 499, 511-512, 690, 820, 832, 958-961 (cf. também Batismo; Eucaristia)

Saduceus ("seita" judaica) 143-144, 310, 361, 435, 582, 795, 1079
Salmo, numeração/versificação 36
Salmos de Salomão 112, 649, 771, 1079
Salomão (*cf. Odes de*; *Salmos de*)
Samaritanos 42, 120, 122, 127, 146, 350, 351, 358, 413-414, 443, 470, 504, 508
Sapiencial, Literatura (AT) 651, 798, 949, 951, 963, 1011-1012, 1068
Satanás (*cf.* Demônio)
Schweitzer, A. 275, 1058-1059
Segredo messiânico 209, 238, 242
666 (número simbólico) 1005, 1028, 1043
Sêneca 160, 550, 678, 963, 1072
Sensus plenior da Escritura 102
Sentido ampliado da Escritura 101-102
Sentido literal da Escritura 76, 93-100
Septuaginta (LXX, Escrituras gregas) 32, 39, 95, 120, 161, 172, 306, 319, 337, 379, 570, 636, 700, 901, 906, 925, 935, 965, 966, 974, 983, 1077
Sermão da Montanha 511, 949, 953, 955-958, 965, 1066
Simão (o Mago) 154, 155, 303, 414, 422
Simeão Ben Koseba (Bar-Kókeba) 45, 126, 128, 150
Sinagoga: expulsão dos cristãos da 132, 150, 182, 292, 313-316, 381, 484, 508, 545; origem/existência 130-142
Sinédrio, formação do 228-229
Sinóticos (evangelhos), inter-relação 186-192 (*cf. também* os evangelhos individualmente)
Sócrates, socráticos 158, 175, 237, 836
Sofistas 161, 195, 241
Sophia (*cf.* Sabedoria)

T

Tabernáculo 221, 897, 906, 913-914, 916

Talmude 152, 788, 960 (*cf. também* Mixná)
Tanak 38
Targum(im) 95, 151, 306
Tementes a Deus 381-382, 416-417
Templo de Jerusalém 142, 126-127, 410, 412-413, 416, 475, 503, 571, 721, 742, 754, 830, 903, 910, 916, 1015, 1021, 1035, 1076; destruição do 45, 274, 361, 385, 571, 907, 939, 1010, 1011, 1024, 1027, 1078; Jesus e o 184, 226, 250, 291, 293, 296, 317, 338, 360-361, 462, 468-469, 478, 545
Tessalônica 430-431, 607-611, 655
Tessalonicenses: Primeira carta aos 431-432, 447, 578, 588, 607-620, 778, 922; Segunda carta aos 589, 604, 772, 775-786; autoria 771, 772, 777-780
Testamento: termo usado para a Escritura 56; último (discurso de despedida) 433, 481, 604, 742, 837, 883, 997, 1001, 1078 (*cf. também* Aliança)
Testamento de Moisés (*cf. Moisés, Assunção de*)
Testamentos dos Doze Patriarcas 481, 896, 981, 1022, 1079-1080
Testimonia 746, 750, 754
Testimonium Flavianum 1079
Texto grego do NT 109-117; edições críticas 115; famílias de manuscritos 110-111, 113; *Textus Receptus* 111, 114
Theios anēr ("homem divino") 153, 175, 731
Tiago, epístola de 62, 313, 919, 938, 945-972, 982; e Mt 949, 953, 955-958
Tiago, filho de Zebedeu, irmão de João 126, 420, 442, 501, 945, 1025
Tiago, Proto-evangelho de 45, 946, 1081
Tiago de Jerusalém, irmão de Jesus 44, 126, 148, 254, 410, 411, 416, 421, 694, 706, 911, 938, 945-948, 964, 974, 1025, 1080; e Paulo 102, 103, 312, 442-423, 426-429, 434, 573, 577, 581, 586, 603,

623, 627, 629, 733, 946-947, 954-955, 962, 968, 989
Tibério, imperador 125, 1028
Timóteo (discípulo de Paulo) 450, 555, 607, 610-612, 615, 654-657, 684, 715, 772, 789, 806-807, 825, 852-854, 878-879, 904, 907, 911; circuncisão de 429, 853; Primeira carta a 835-838, 843-847, 853-875; Segunda carta a 835-838, 877-887
Tito 450, 554, 717, 721, 772, 838-839, 853; autoria 837, 864-871; Carta a 835-852;
Tito, imperador 45, 126-127, 740, 1027, 1079
Títulos dos livros do NT (*cf.* Prefácio, evangelhos/NT, títulos)
Tomé, Evangelho de 173, 187, 194, 198, 321, 355, 490, 505, 946, 1063, 1068, 1072, 1085-1086
Tomé, Evangelho de Infância 338, 1082

Tosepta 152
Traduções do NT 39-41, 114-115
Trajano, imperador 45, 128, 929, 975
Transfiguração 221, 284, 348, 706, 927, 989, 991

U

Último testamento (*cf.* Testamento)
Unção dos enfermos 953, 958-961, 971

V

Verdade, Evangelho da 355, 1086
Vespasiano, imperador 45, 126-127, 1027, 1079
Vida dos Profetas 175, 1077
Viúva(s) 859-860
Vulgata (tradução latina) 114

Rua Dona Inácia Uchoa, 62
04110-020 – São Paulo – SP (Brasil)
Tel.: (11) 2125-3500
http://www.paulinas.com.br – editora@paulinas.com.br
Telemarketing e SAC: 0800-7010081